DEUTSCHER MIETERBUND

Das Mieterlexikon

Ausgabe 2024/2025

Aktuelles Mietrecht
und neueste Rechtsprechung

GOLDMANN

Verantwortlich für den Inhalt:
RA Lukas Siebenkotten,
Präsident Deutscher Mieterbund (DMB)

Redaktion:
Ass. Martina Föller, DMB
RA Stefan Bentrop, DMB
Ass. Ulrich Ropertz, DMB
RAin Sabine Schuhrmann, DMB
RA Dietmar Wall, DMB
(Stichwortverzeichnis am Schluss des Lexikons)

Dieses Buch erscheint auch im DMB-Verlag
ISBN 978-3-944608-22-8

Originalausgabe

MIX
Papier | Fördert gute Waldnutzung
FSC® C014496

Verlagsgruppe Random House FSC-DEU-N001967

1.Auflage
Originalausgabe Juni 2024

Umschlaggestaltung: Uno Werbeagentur, München
Umschlagmotiv: FinePic®, München
Satz: Vornehm Mediengestaltung GmbH, München
Druck und Bindung: GGP Media GmbH, Pößneck
Printed in Germany
ISBN 978-3-442-18006-6

www.goldmann-verlag.de

Seit über 40 Jahren informiert das Mieterlexikon des Deutschen Mieterbundes auf inzwischen rund 700 Seiten umfassend über das Mietrecht. Weit über eine Million Exemplare wurden verkauft – und das längst nicht nur an Mieterinnen und Mieter. Auch Richterschaft, Anwaltschaft, Hausverwaltungen und nicht zuletzt Vermieterinnen und Vermieter finden in unserem Ratgeber zuverlässige Auskünfte. Dabei sind die Erklärungen bewusst so gehalten, dass sie auch für juristisch nicht vorgebildete Leserinnen und Leser möglichst gut verständlich sind.

Durch den alphabetischen Aufbau und die Kopfzeilen ist jedes Stichwort leicht zu finden. Um das Auffinden der gesuchten Informationen noch weiter zu erleichtern, gibt es am Ende ein ausführliches Stichwortregister und im Text unzählige Querverweise. Auf besondere Probleme und Risiken wird hingewiesen; Praxistipps und Formulierungsbeispiele geben gut umsetzbare Hilfestellungen. Gerichtsentscheidungen sind mit Aktenzeichen oder Fundstelle angegeben; die Entscheidungen der obersten Gerichte sind zudem durch Fettdruck hervorgehoben. Aber bitte denken Sie daran, dass Richterinnen und Richter in ihrer Entscheidungsfindung unabhängig sind. Die zitierten Gerichtsentscheidungen geben also grundsätzlich nur die Rechtsansicht des erkennenden Gerichts wieder. Es ist durchaus möglich, dass andere Gerichte wegen anders gelagerter Tatbestände oder einer anderen Rechtsauffassung zu abweichenden Entscheidungen kommen. Die Rechtsansichten des für Sie zuständigen Amts- oder Landgerichts kennt ihr örtlich zuständiger Mieterverein!

Im Zweijahresturnus wird unser Mieterlexikon überarbeitet, sodass sich unsere Leserinnen und Leser immer auf die Aktualität verlassen können. Dafür haben die Mietrechtsspezialisten/innen des Deutschen Mieterbundes auch diesmal gesorgt. Mehr als tausend Änderungen wurden vorgenommen, neue Urteile ausgewertet und auch neue Themen – z.B. das Heizungsgesetz – bearbeitet. Dabei gab es weniger zu ändern, als uns lieb gewesen wäre: Während der geltende Koalitionsvertrag zwischen SPD, BÜNDNIS 90/DIE GRÜNEN und FDP unter dem Titel »Mehr Fortschritt wagen – Bündnis für Freiheit, Gerechtigkeit und Nachhaltigkeit« im Abschnitt Bauen und Wohnen (ab S. 88) viel verspricht, ist bisher praktisch nichts passiert. Obwohl die 20. Legislaturperiode bereits mehr als zur Hälfte verstrichen ist, hat das Bundesjustizministerium unter der Federführung von Minister Dr. Marco Buschmann (FDP) von den angekündigten Vorhaben bisher nichts angepackt. Von dem Bau von 400000 neuen Wohnungen im Jahr, davon 100000 öffentlich gefördert, sind wir noch immer weit entfernt. Auch die Einführung einer neuen Wohnungsgemeinnützigkeit ist nicht absehbar. Last, but not least wurde auch bezüglich der Evaluierung und ggf. Verlängerung der (noch) geltenden Mieterschutzregelungen, der Absenkung der Kappungsgrenze, der Verlängerung der Mietpreisbremse bis 2029 und der Erstreckung der Wirkung der Schonfristzahlung auf die ordentliche Kündigung noch nichts unternommen.

Änderungen im Mietrecht stehen dennoch ins Haus. Nach dem Referentenentwurf für das sog. Bürokratieentlastungsgesetz IV soll die Pflicht zur Vorlage von Originalbelegen zur Prüfung der Betriebskostenabrechnung abgeschafft werden; dies soll das Führen eines papierlosen Büros ermöglichen. Umgekehrt wird aber der Forderung des Deutschen Mieterbundes, Mietenden nach ihrer Wahl einen Anspruch auf Übersendung von Belegkopien zu geben, nicht entsprochen; die Hürden für die Prüfung der Abrechnung bleiben also hoch. Mietende müssen zur Einsichtnahme in der Regel das Büro der Vermieterin oder des Vermieters aufsuchen und dort »unter Aufsicht« in eher unbehaglicher Atmosphäre die Belege durchforsten – das wird oft von der Wahrnehmung der Rechte abschrecken.

Zum Schluss noch eine Bemerkung in eigener Sache: Auch in dieser Ausgabe des Mieterlexikons verzichten wir auf das Gendern, da dies den Umfang der Texte um etwa 5% steigern würde. Dies hätte entweder eine entsprechend höhere Seitenzahl und einen höheren Preis zur Folge oder die Streichung wichtiger Inhalte. Wir meinen daher, dass wir mit unserer Entscheidung in Ihrem Sinne handeln.

Berlin, im Februar 2024
RA Lukas Siebenkotten
Präsident
Deutscher Mieterbund e.V.

Abkürzungsverzeichnis

a.A. anderer Auffassung
a.a.O. am angegebenen Ort
AG Amtsgericht
Abs. Absatz
AGB Allgemeine Geschäftsbedingungen
AGG Allgemeines Gleichbehandlungsgesetz
Art. Artikel
BAföG Bundesausbildungsförderungsgesetz
BauR Zeitschrift »Baurecht«
BayObLG Bayerisches Oberstes Landesgericht
BB Zeitschrift »Der Betriebsberater«
BerlVerfGH Berliner Verfassungsgerichtshof
Beschl. Beschluss
BFH Bundesfinanzhof
BGB Bürgerliches Gesetzbuch
BGH Bundesgerichtshof
BImSchG Bundesimmissionsschutzgesetz
BSG Bundessozialgericht
BT-Drs. Bundestags-Drucksache
BV Berechnungsverordnung
BVerfG Bundesverfassungsgericht
BVerwG Bundesverwaltungsgericht
BVG Bundesversorgungsgesetz
DIN Deutsche Industrienorm
DMB Deutscher Mieterbund
DWE Zeitschrift »Der Wohnungseigentümer«
DWW Zeitschrift »Deutsche Wohnungswirtschaft«
EEG Erneuerbare-Energien-Gesetz
FamRZ »Zeitschrift für das gesamte Familienrecht«
GE Zeitschrift »Das Grundeigentum«
GEG Gebäudeenergiegesetz
gem. gemäß
GG Grundgesetz
GKG Gerichtskostengesetz
grds. grundsätzlich
GuT Zeitschrift »Gewerbemiete und Teileigentum«
GWW Zeitschrift »Gemeinnütziges Wohnungswesen«
HeizkV Heizkostenverordnung
i.d.R. in der Regel
InsO Insolvenzordnung

InVo Zeitschrift »Insolvenz und Vollstreckung«
i.V.m. in Verbindung mit
KG Kammergericht (= Oberlandesgericht in Berlin)
LG Landgericht
MDR Zeitschrift »Monatsschrift für Deutsches Recht«
MM Berliner Zeitschrift »MieterMagazin«
NJ Zeitschrift »Neue Justiz«
NJW Zeitschrift »Neue Juristische Wochenschrift«
NJWE-MietR Zeitschrift »NJW-Entscheidungsdienst Miet- und Wohnungsrecht«
NJW-RR NJW Rechtsprechungs-Report
NMV Neubaumietenverordnung
NZM »Neue Zeitschrift für Miet- und Wohnungsrecht«
OLG Oberlandesgericht
OVG Oberverwaltungsgericht
RdE Zeitschrift »Recht der Energiewirtschaft«
RE Rechtsentscheid
Rpfleger Zeitschrift »Der Deutsche Rechtspfleger«
RuS Zeitschrift »Recht und Schaden«
StGB Strafgesetzbuch
u.U. unter Umständen
Urt. Urteil
VersR Zeitschrift »Versicherungsrecht«
VG Verwaltungsgericht
VuR Zeitschrift »Verbraucher und Recht«
VVG Versicherungsvertragsgesetz
WE Zeitschrift »Wohnungseigentum«
WEMoG Wohnungseigentumsmodernisierungsgesetz
WiStG Wirtschaftsstrafgesetz
WoBauG Wohnungsbaugesetz
WoBindG Wohnungsbindungsgesetz
WoFG Wohnraumförderungsgesetz
WoGG Wohngeldgesetz
WoVermittG Gesetz zur Regelung der Wohnungsvermittlung
WuM Zeitschrift »Wohnungswirtschaft und Mietrecht«
ZIP Zeitschrift für Wirtschaftsrecht
ZMR Zeitschrift für Miet- und Raumrecht
ZPO Zivilprozessordnung
ZVG Zwangsversteigerungsgesetz
ZWE Zeitschrift für Wohnungseigentumsrecht

A

Abflussverstopfung

Der Vermieter ist grds. verpflichtet, Wasser- und Abwasserrohre instand zu setzen und Verstopfungen auf seine Kosten zu beseitigen. Die Kosten zur Beseitigung von Rohr-(Abfluss-)verstopfungen hat der Mieter nur dann zu tragen, wenn er die Verstopfung durch eine vertragswidrige Nutzung schuldhaft verursacht hat. Vertragswidrig handelt der Mieter z.B., wenn er Katzenstreu oder Binden in der Toilette entsorgt und hierdurch eine Verstopfung verursacht (LG Berlin GE 93, 917). Dagegen haftet der Mieter für eine Rohrverstopfung im Regelfall nicht, wenn sich das Abwasserrohr durch jahrelanges Einleiten von Fett, Essensresten und Haaren zugesetzt hat. Denn es ist normal und beruht auf einem vertragsgemäßen Gebrauch, wenn beim Abwaschen fetthaltige Kochflüssigkeiten oder kleinere Essensreste oder beim Haarewaschen Haare in die Abflussleitungen gelangen (AG Ravensburg NZM 2005, 538).

Ist die Ursache der Rohrverstopfung streitig, so muss der Vermieter zunächst nachweisen, dass die Verstopfung nicht auf einen baulichen Mangel zurückzuführen ist (LG Kiel WM 90, 499). Hat der Vermieter diesen Beweis erbracht und dargelegt, dass die Schadensursache im Mietgebrauch des Mieters liegt, so muss sich der Mieter entlasten und nachweisen, dass er die Verstopfung nicht durch eine vertragswidrige Nutzung verursacht hat (OLG Karlsruhe WuM 84, 267).

Mietverträge enthalten oft die Klausel, dass sich bei Verstopfung des Hauptstranges der Abwasserleitung **alle** Mieter anteilig an den Reinigungskosten beteiligen müssen, wenn der Verursacher nicht ermittelt werden kann. Eine solche Regelung in einem Formularmietvertrag verstößt gegen Vorschriften zur Regelung von ⇨ ALLGEMEINEN GESCHÄFTSBEDINGUNGEN und ist unwirksam (OLG Hamm RE WuM 82, 201). Kann der Vermieter nicht beweisen, dass ein bestimmter Mieter die Verstopfung verschuldet hat, so trägt er die Kosten der Beseitigung (AG Schöneberg MDR 77, 54). Der Vermieter kann die Kosten auch nicht über eine vertragliche Kleinreparaturklausel als ⇨ BAGATELLSCHADEN von dem Mieter verlangen. Denn Abwasserrohre sind – anders als z.B. der Wasserhahn – nicht dem direkten und häufigen Zugriff des Mieters ausgesetzt (AG Charlottenburg GE 2011, 1311).

Ist der Mieter infolge der Abflussverstopfung geschädigt worden, kann er vom Vermieter Ersatz verlangen, wenn dieser die Verstopfung zu verantworten hat oder der Fehler bereits bei Abschluss des Mietvertrages vorhanden war ⮳ MÄNGEL DER WOHNUNG. Auch wenn der Vermieter grundsätzlich nicht verpflichtet ist, die Abflussrohre im Haus in regelmäßigen Abständen überprüfen zu lassen, trifft ihn ein Verschulden zumindest dann, wenn häufigere Verstopfungen auf eine Zusetzung der Rohre hindeuten und der Vermieter trotzdem auf eine regelmäßige Überprüfung verzichtet (LG Berlin GE 88, 413).

Abmahnung

Eine Abmahnung ist die (schriftliche oder mündliche) Aufforderung, ein vertragswidriges Verhalten zu unterlassen.

Wenn es z.B. auf einer Geburtstagsfeier zu laut wurde, dann darf der Vermieter deshalb nicht gleich zum Gericht gehen und das für die Zukunft verbieten lassen. Erst recht darf er nicht gleich kündigen. Er muss erst den Mieter ermahnen, dass dieser sein Verhalten ändert (Abmahnung). Erst wenn dies nicht hilft, kann der Vermieter kündigen oder auf Unterlassung der vertragswidrigen Handlung klagen (**BGH WuM 2007, 387;** LG Stuttgart WuM 2006, 523).

Das Gleiche gilt für den Mieter. Wenn z.B. der mitvermietete Keller bei Vertragsbeginn noch nicht frei ist, darf der Mieter deswegen nicht sofort kündigen, sondern er muss dem Vermieter zunächst eine angemessene Frist zur Abhilfe setzen. Erst wenn dies vergeblich war, kann im Einzelfall das Recht zur fristlosen Kündigung bestehen.

Abmahnung oder Fristsetzung ist ausnahmsweise dann nicht erforderlich, wenn

– der Mieter in Zahlungsverzug ist,

– Frist oder Abmahnung offensichtlich keinen Erfolg versprechen,

– die sofortige Kündigung aus besonderen Gründen unter Abwägung der Interessen von Mieter und Vermieter gerechtfertigt ist.

Beispiel: Die Vertragsverletzung des Mieters besteht in einer Straftat (z.B. Sachbeschädigung, LG München I WuM 2006, 524; tätlicher Angriff gegen Mitmieter, AG Münster WuM 2007, 19; Drogenhandel in der Wohnung, AG Pinneberg NZM 2003, 553) ⮳ FRISTLOSE KÜNDIGUNG.

Hält der Mieter eine vom Vermieter ausgesprochene Abmahnung für unberechtigt, kann er sich nicht gerichtlich dagegen wehren; er kann also nicht verlangen, dass der Vermieter die Abmahnung wieder zurücknimmt oder ein Gericht ihre Unwirksamkeit feststellt. Ein Nachteil entsteht dem Mieter dadurch nicht; denn wenn der Vermieter sich später auf diese Abmahnung beruft, muss er den vollen Beweis dafür liefern, dass die damaligen Vorwürfe zutreffend waren **(BGH WuM 2008, 217)**.

Abmeldung

Zieht der Mieter in eine andere Gemeinde, muss er sich beim zuständigen Amt am neuen Wohnort anmelden. Eine Abmeldung beim alten Einwohnermeldeamt ist hingegen grundsätzlich nicht notwendig. Das Amt leitet die Daten an die Meldebehörde am bisherigen Wohnort weiter.

Das persönliche Erscheinen auf dem Einwohnermeldeamt ist in der Regel notwendig, da im Personalausweis die neue Anschrift eingetragen werden muss. In einigen Gemeinden akzeptiert die Behörde aber auch eine postalische Anmeldung. In einigen Städten kann man sich elektronisch ummelden. Der komplette Meldevorgang lässt sich online erledigen. Anders als bei der Ummeldung im Amt fallen in der Regel keine Gebühren an. Diese Möglichkeit soll schrittweise erweitert werden und künftig in ganz Deutschland zur Verfügung stehen. Wer sich nicht umgehend anmeldet, muss mit einem Bußgeld rechnen.

Der Vermieter oder sein Verwalter ist verpflichtet, bei der Anmeldung mitzuwirken. Das ist seit November 2015 wieder vorgeschrieben. Dadurch sollen Scheinanmeldungen verhindert werden. Der Vermieter muss innerhalb von zwei Wochen eine entsprechende schriftliche oder elektronische Erklärung gegenüber dem Mieter abgeben. In der Erklärung müssen der Name und die Anschrift des Vermieters, das Ein- oder Auszugsdatum, die Anschrift der Wohnung sowie der Name der meldepflichtigen Person enthalten sein. Verweigert der Vermieter oder sein Verwalter die Bestätigung, oder erteilt er sie nicht rechtzeitig, muss der Mieter das der Meldebehörde unverzüglich mitteilen. Der Vermieter kann in diesem Fall mit einem Bußgeld von bis zu 1000 Euro belangt werden.

Wer zur Untermiete wohnt, muss sich die Einzugsbestätigung von seinem (Unter-)Vermieter geben lassen. Ein Mieter, der seine Wohnung oder einzelne Räume untervermietet, ist also ebenfalls verpflichtet, den Einzug schriftlich zu bescheinigen. Das gilt auch für einen Hauptmieter innerhalb einer Wohngemeinschaft.

Besonderheiten bestehen bei einem Umzug ins Ausland oder wenn eine von mehreren Wohnungen (Haupt- oder Nebenwohnsitz) aufgegeben wird, ohne eine neue zu beziehen. Hier ist eine Abmeldung erforderlich. Es besteht die Verpflichtung, sich innerhalb von zwei Wochen nach dem Auszug bei der Meldebehörde abzumelden. Frühestens ist das eine

Woche vor dem Auszug möglich. Wer bereits ins Ausland verzogen ist, kann sich auch auf elektronischem Weg über das Internet bei der zuständigen Behörde registrieren lassen. Bei einem Wegzug ins Ausland ist eine Bestätigung des Vermieters nicht (mehr) erforderlich.

Der Vermieter kann bei der Meldebehörde eine Auskunft einholen, ob sich der Mieter ordnungsgemäß an- oder abgemeldet hat. Er kann kostenfrei beim Einwohnermeldeamt nachfragen, welche Personen in seiner Wohnung gemeldet sind. Auf diese Weise kann der Vermieter ggf. herausfinden, ob ein Mieter die Wohnung unerlaubt untervermietet ⮚ UNTERMIETE.

Achtung: Das Meldegesetz wird reformiert. Künftig wird es möglich sein, die Meldebescheinigung elektronisch zu beantragen. Die bislang notwendige Bestätigung des Vermieters soll entfallen. Diese geplanten Änderungen sollen nach einer Testphase umgesetzt werden.

Abstandszahlung ⮚ WOHNUNGSVERMITTLUNG

Abwesenheit des Mieters

Der Mieter ist nicht verpflichtet, seine Wohnung zu bewohnen. Eine längere Abwesenheit (Urlaub, Kur, Krankenhausaufenthalt, berufs- oder studienbedingter Auslandsaufenthalt) verstößt nicht gegen den Mietvertrag. Ggf. besteht bei längerer Abwesenheit gem. § 553 BGB ein Anspruch auf Genehmigung der Untervermietung gegen den Vermieter ⮚ UNTERMIETE.

Der Mieter muss seine Miete zahlen, auch wenn er die Wohnung nicht nutzt. Für mietvertragliche Pflichten wie Treppenhausreinigung und Winterdienst muss er während seiner Abwesenheit – notfalls auch entgeltlich – Dritte beauftragen. Andernfalls darf der Vermieter die erforderlichen Arbeiten auf Kosten des Mieters durchführen lassen.

Der Mieter muss dafür sorgen, dass Schäden in der Wohnung verhindert werden können ⮚ OBHUTSPFLICHT. Ausreichend ist, wenn er Freunden, Nachbarn oder einem ⮚ HAUSHÜTER die Wohnungsschlüssel zu diesem Zweck übergibt und Vermieter, Hausverwalter oder Nachbarn darüber unterrichtet, sonst macht er sich schadensersatzpflichtig (**BGH WuM 72, 25**; AG Tempelhof-Kreuzberg GE 88, 781). Der Mieter darf zur Betreuung der Wohnung vorübergehend (ca. 4–6 Wochen) auch ohne Erlaubnis des Vermieters Verwandte oder Bekannte aufnehmen, da es sich nicht um Untermieter handelt; 3 Monate überschreiten jedoch die normale Besuchsdauer (AG Frankfurt a.M. WuM 95, 396).

Treten während der Abwesenheit des Mieters erhebliche Schäden, z.B. Rohrbruch, in der Wohnung auf, darf der Vermieter sich Zutritt zur Wohnung verschaffen ⇨ BESICHTIGUNGSRECHT DES VERMIETERS.

Änderung des Mietvertrages ⇨ MODERNISIERUNG, ⇨ SCHRIFTFORM, ⇨ TEILKÜNDIGUNG

Ist ein ⇨ MIETVERTRAG abgeschlossen, können die vertraglichen Vereinbarungen später weder vom Mieter noch vom Vermieter **einseitig** gegen den Willen des anderen abgeändert werden. Nur in **gegenseitigem** Einvernehmen kann der Mietvertrag geändert werden. Mietverträge sind grundsätzlich formlos gültig. So kann ein Mietvertrag auch mündlich abgeändert werden, selbst wenn er schriftlich abgeschlossen wurde (Achtung – das kann sich auf eine Befristung des Vertrages auswirken ⇨ ZEITMIETVERTRAG). Eine Klausel im Mietvertrag, dass nachträgliche Änderungen und Ergänzungen nur dann wirksam sind, wenn sie schriftlich niedergelegt werden, ist unwirksam (LG Wuppertal, Urteil v. 13.6.2013 – 9 S 245/12; LG München WuM 88, 145).

Ein Vertrag kann aber auch stillschweigend oder durch schlüssige Handlungen geändert werden (AG Würzburg WuM 80, 2), also dadurch, dass Mieter und Vermieter längere Zeit wissentlich und übereinstimmend etwas anderes machen, als im Vertrag steht (Beispiel: Der Vermieter gestattet dem Mieter im Laufe der Zeit die Gartenbenutzung oder überlässt ihm einen weiteren Kellerraum). Auch eine Gesetzesänderung kann in den Mietvertrag eingreifen, z.B. müssen heutzutage Heizkosten verbrauchsabhängig abgerechnet werden, auch wenn im Mietvertrag eine Pauschale vereinbart wurde (**BGH WuM 2006, 518**; OLG Hamm RE WuM 86, 267; OLG Schleswig RE WuM 86, 330).

Wichtig: Es gibt auch Klauseln im Mietvertrag, die trotz der Unterschrift des Mieters unwirksam sind ⇨ ALLGEMEINE GESCHÄFTSBEDINGUNGEN, ⇨ UNABDINGBARE RECHTE DES MIETERS.

Bei einem Haus- oder Wohnungsverkauf gilt der alte Mietvertrag automatisch weiter, der neue Eigentümer hat keinen Anspruch auf einen neuen Vertrag ⇨ HAUSVERKAUF UND MIETVERTRAG, ⇨ MIETKAUTION.

Allgemeine Geschäftsbedingungen ⇨ UNABDINGBARE RECHTE DES MIETERS

Wer eine Wohnung sucht, muss häufig alles unterschreiben, was ihm vorgehalten wird. Auch hat der Mieter in der Regel kaum die Zeit, das ganze »Kleingedruckte« im Mietvertrag durchzulesen. Und wer will schon den Vermieter gleich zu Anfang dadurch verärgern, dass er den vorgehaltenen Mietvertrag misstrauisch und sorgfältig studiert?

Deshalb passiert immer wieder Folgendes: Der Mieter unterschreibt ohne nähere Prüfung den Vertrag, und wenn es dann zum Streit kommt, ob der Mieter z.B. beim Auszug die Wohnung renovieren muss, dann zeigt der Vermieter auf den Vertrag: »Hier steht es, und Sie haben unterschrieben.« Kann der Mieter da überhaupt noch etwas machen? Jeder Mieter sollte in solchen Fällen zum Mieterverein gehen und prüfen lassen, ob das, was im Vertrag steht, trotz Unterschrift auch gültig ist.

Wichtig: Es gibt gesetzliche Bestimmungen, die durch vertragliche Abmachungen nicht geändert werden können, das sog. »zwingende Recht« ⇨ UNABDINGBARE RECHTE DES MIETERS. Vertragsklauseln, die davon abweichen, sind automatisch unwirksam, aber der Vertrag bleibt im Übrigen gültig. Beispiel: Der gesetzliche Kündigungsschutz darf zulasten des Wohnraummieters nicht vertraglich eingeschränkt werden.

Viele gesetzliche Regelungen können aber durch Regelungen im Vertrag abgeändert werden. Auch im Mietrecht gibt es solche »abdingbaren Vorschriften«. Beispiel: Trotz der grundsätzlichen Instandsetzungspflicht des Vermieters für die Wohnung dürfen »Kleinreparaturen« und »Schönheitsreparaturen« im Mietvertrag auf den Mieter abgewälzt werden. Solche Änderungen dürfen aber nicht gegen tragende Rechtsgrundsätze oder gegen Treu und Glauben verstoßen, und sie müssen für einen durchschnittlichen Mieter verständlich sein. Der Mieter darf durch sie nicht »unangemessen benachteiligt« werden. Alle Vertragsklauseln können also auf Transparenz und Angemessenheit hin überprüft werden.

Zum Schutz des Verbrauchers, also auch zum Schutz des Mieters, gibt es allgemeine Vorschriften im BGB zur Regelung des Rechts der Allgemeinen Geschäftsbedingungen. Danach werden Vertragsbestimmungen, die der Vermieter vorgibt, auf Wirksamkeit und Angemessenheit geprüft. Für den Mieter bedeutet das: Wenn der Vermieter etwas in den Vertrag hineinschreibt, das gegen gesetzliche Verbote oder Treu und Glauben verstößt, also besonders ungerecht ist, ist es unwirksam. Der Vermieter kann sich nicht auf solche Regelungen im Mietvertrag berufen, selbst wenn der Mieter sie unterschrieben hat.

Der Vermieter kann sich sogar schadensersatzpflichtig machen, wenn er wissentlich unwirksame Allgemeine Geschäftsbedingungen verwendet und dem Mieter dadurch ein Schaden entsteht, etwa weil er die

Unwirksamkeit nicht direkt erkennt und daher unberechtigte Beträge zahlt oder auf Rechte verzichtet **(BGH WuM 2009, 395)**.

Achtung: Eine unzulässige Klausel ist endgültig unwirksam, und an ihre Stelle tritt wieder die gesetzliche Regelung. Eine Umdeutung unwirksamer Klauseln mit dem Ziel, sie mit dem »gerade noch« zulässigen Inhalt aufrechtzuerhalten, ist nicht erlaubt, eine sogenannte »geltungserhaltende Reduktion« ist daher unzulässig **(BGH WuM 87, 259)**.

Aber Achtung: Hat eine Vertragsklausel mehrere voneinander trennbare eigenständige Regelungen, kann ein Teil unwirksam sein, und die restliche, eigenständige Verpflichtung kann aufrechterhalten bleiben.

Zu beachten ist allerdings: Gibt es zu einem einheitlichen Thema an unterschiedlichen Vertragsstellen Regelungen, zum Beispiel verschiedene Passagen über laufende Schönheitsreparaturen während der Mietzeit und an anderer Stelle über die Renovierung beim Einzug oder Auszug, sind diese im Zusammenhang zu bewerten, um festzustellen, ob der Mieter möglicherweise dadurch unangemessen benachteiligt wird, dass er insgesamt zu viel renovieren muss **(BGH WuM 2015, 348; ZMR 2005, 527; WuM 2004, 660; WuM 2003, 436; WuM 2003, 561)**.

Im Ergebnis führt dieser »Summierungseffekt« zur Unwirksamkeit aller Regelungen zu dem Thema, auch wenn eine Klausel isoliert betrachtet wirksam wäre und die andere unwirksam **(BGH WuM 2003, 436)**, selbst in den Fällen, in denen beide Klauseln einzeln betrachtet jeweils wirksam wären, in der Summe aber zu einer unbilligen Belastung führen **(BGH WuM 2006, 306)**.

Bei dieser Gesamtbeurteilung werden auch diejenigen Vertragsteile berücksichtigt, die zusätzlich zu den vom Vermieter gestellten AGB im Einzelfall individuell zwischen Mieter und Vermieter vereinbart wurden **(BGH WuM 2006, 306;** LG Konstanz WuM 2003, 479).

Bei der AGB-Kontrolle werden alle Erklärungen des Verwenders berücksichtigt; das können auch Zusicherungen oder technische Vorschriften im Anhang sein (z.B. zum Lüften der Wohnung). Entscheidend ist, wie ein rechtlich nicht vorgebildeter Durchschnittsmieter die Angaben verstehen muss **(BGH NZM 2014, 481)**. Unwirksam ist z.B. das generelle Verbot des Haltens von KFZ in einem autofreien Wohngebiet in einem Zusatz zum Mietvertrag (AG Münster WuM 2014, 408).

Wichtig: Derjenige, der die Allgemeinen Geschäftsbedingungen vorgelegt hat, also i.d.R. der Vermieter, kann sich nicht auf eine unwirksame Klausel berufen, um aus der Unwirksamkeit für sich einen Vorteil abzuleiten. Beispiel: Enthält der Mietvertrag eine unwirksame Klausel zur Kündigung des Vermieters, kündigt der Vermieter unter Berufung auf diese Regelung, und zieht der Mieter dann aus, darf der Vermieter sich anschließend nicht darauf berufen, diese Regelung sei ja unwirksam und der Vertrag daher nicht ordnungsgemäß gekündigt. Das Gesetz schützt nicht den Verwender der Klausel, sondern nur seinen Vertragspartner vor unangemessener Benachteiligung **(BGH ZMR 2016, 368)**.

Für welche Mietverträge gilt die Inhaltskontrolle?
Grundsätzlich für alle Wohnraummietverträge, wenn der Vermieter das Vertragsformular gestellt hat.

Bei Mietverträgen über ⇨ GESCHÄFTSRÄUME gibt es Einschränkungen, da es sich hierbei nicht um Verbraucherverträge handelt; hier können Klauseln wirksam sein, die bei Wohnraumverträgen unzulässig sind. Näheres zu Formularklauseln in Gewerbemietverträgen bei ⇨ GESCHÄFTSRÄUME. Im Folgenden wird die Rechtsprechung zu Wohnraummietverträgen dargestellt.

Wann liegen AGB vor?
Allgemeine Geschäftsbedingungen sind alle für eine Vielzahl (mindestens 3 Fälle) von Verträgen vorformulierten Vertragsbedingungen, die der Vermieter dem Mieter bei Abschluss des Vertrages stellt **(vgl. BGH WuM 95, 481)**. Allgemeine Geschäftsbedingungen liegen nicht vor, soweit der Inhalt der Klausel zwischen Mieter und Vermieter im Einzelnen tatsächlich ausgehandelt ist. Aushandeln bedeutet mehr als bloßes Verhandeln (AG Köln WuM 2009, 450). Es setzt voraus, dass der Vermieter den Mieter über Inhalt und Tragweite der Klausel belehrt, also z. B. auf eine Abweichung von der gesetzlichen Regelung hinweist **(BGH NJW 2005, 2543)**, und ihm die Möglichkeit einräumt, auf den Inhalt der Klausel Einfluss zu nehmen. Allein ein Erläutern der Klausel reicht nicht aus (LG Düsseldorf WuM 2007, 87). Als Individualklausel gilt natürlich nur die ausgehandelte Regelung, die anderen vom Vermieter gestellten Vertragsklauseln bleiben Allgemeine Geschäftsbedingungen.

Es handelt sich auch dann um Allgemeine Geschäftsbedingungen, wenn von zwei alternativen Klauseln eine angekreuzt wird (**BGH WuM 86, 53;** OLG Celle BB 76, 1287) oder wenn der Formulartext die Aufforderung enthält, nicht gewollte Teile zu streichen **(BGH NJW 87, 2011)**.

Der Vermieter kann die Kontrolle nicht dadurch umgehen, dass er regelmäßig mit der Hand in das Vertragsformular hineinschreibt: »Der Mieter muss bei Auszug die Wohnung renovieren.« Diese Klausel bleibt kontrollfähig, und sie ist unwirksam, eben weil sie nicht ausgehandelt, sondern vom Vermieter vorgeschrieben wird (vgl. LG Wuppertal WuM 99, 301). Manche Vermieter lassen sich vom Mieter unterschreiben, dass er vor Abschluss ausreichend Zeit zum Durchlesen, Prüfen und zur Kenntnisnahme des Vertrags hatte und mit allen Bestimmungen des Vertrags einverstanden ist. Eine solche pauschale Erklärung hat keine Bedeutung **(BGH JZ 87, 725;** OLG Hamm RE WuM 81, 77). Zum Aushandeln reicht es auch nicht, wenn der Mieter die strittige Klausel erst nach langen Erläuterungen des Vermieters akzeptiert hat **(BGH NJW 88, 410)**.

Tipp: Benutzt der Vermieter ein gedrucktes Mietvertragsformular, handelt es sich immer um kontrollfähige Allgemeine Geschäftsbedingungen.

Die Verträge können per Computer, mit der Maschine oder mit der Hand geschrieben sein. Auch wenn der Vermieter die Klausel jeweils nur aus dem Gedächtnis in seine Mietverträge hineinschreibt, ist sie eine Allgemeine Geschäftsbedingung (**BGH NJW 88, 410**; LG Berlin WuM 2000, 183). Hierzu reicht es, dass die Klausel zur Verwendung in mindestens 3 Fällen vorgesehen war. Die Inhaltskontrolle gilt bei solchen Klauseln nur dann nicht, wenn der Vermieter beweisen kann, dass sie auf Wunsch des Mieters ausgehandelt und in den Vertrag aufgenommen worden sind.

Achtung: Die Inhaltskontrolle greift auch bei solchen Klauseln, die in einem Verbrauchervertrag (Vertrag zwischen einem Unternehmer und einem Verbraucher) nicht zur mehrfachen, sondern nur zur einmaligen Verwendung bestimmt sind, soweit der Verbraucher, also der Mieter, aufgrund der Vorformulierung auf den Inhalt keinen Einfluss nehmen konnte (§ 310 Abs. 3 Ziff. 2 BGB). Hierfür hat allerdings der Mieter die Beweislast **(BGH WuM 2008, 395)**.

Diese Regelung gilt praktisch für alle Wohnraummietverträge, nicht nur für die, die von gewerbsmäßig handelnden Vermietern, Wohnungsgesellschaften usw. abgeschlossen werden. Auch dann, wenn der Vermieter nur seine einzelnen Wohnungen zur privaten Vermögensverwaltung vermietet, ist er insoweit »Unternehmer« im Sinne des Gesetzes (OLG Düsseldorf ZMR 2005, 187; WuM 2003, 621). Diese Erleichterung gilt nicht, wenn ein Gewerberaum-Mietvertrag zwischen zwei Unternehmern abgeschlossen wird.

Wer muss was beweisen?

Wenn Mieter und Vermieter darüber streiten, ob es sich bei einer Klausel um Allgemeine Geschäftsbedingungen handelt, gilt Folgendes: Der Vermieter muss bei zur mehrfachen Verwendung vorgesehenen Klauseln beweisen, dass es sich um eine Regelung handelt, die der Mieter vorgelegt hat. Legt der Vermieter einen gedruckten Vertrag vor, dann handelt es sich um Allgemeine Geschäftsbedingungen des Vermieters. Dies gilt aber nicht für hand- oder maschinenschriftliche Änderungen in dem Vordruck. Denn dies erweckt den Anschein einer individuellen Abrede **(BGH NJW 2000, 1110; NJW 72, 46)**. Was diese Änderungen betrifft, so muss der Mieter darlegen, dass es sich um Formulierungen handelt, die der Vermieter vorgegeben hat (LG Frankfurt WuM 79, 151). Hierfür kann der Mieter Zeugen stellen oder Indizien vortragen, etwa eine inhaltlich enge Verbindung mit anderen im Vertrag vorgedruckten Regelungen oder die Verwendung identischer Texte in Mietverträgen der Nachbarn. Der Vermieter muss dann beweisen, dass der handschriftliche Zusatz tatsächlich ausgehandelt worden ist **(BGH WuM 2003, 561;** LG Köln WuM 94, 19).

Bei nur zur einmaligen Verwendung vorgesehenen vorformulierten Klauseln muss der Mieter beweisen, dass er wegen der Vorformulierung auf den Inhalt keinen Einfluss nehmen konnte. Haben sich Vermieter und Mieter wirklich auf ein Formular geeinigt, ist es nicht einseitig »gestellt«, eine Inhaltskontrolle scheidet aus **(BGH NJW 2010, 1131).**

Wann werden AGB wirksamer Teil des Mietvertrags?

Allgemeine Geschäftsbedingungen werden nur dann Bestandteil des Vertrages, wenn der Verwender bei Vertragsabschluss der anderen Partei die Möglichkeit verschafft, in zumutbarer Weise von ihrem Inhalt Kenntnis zu nehmen. Wenn der Mieter also erst nach der Unterschrift das ganze Kleingedruckte durchlesen konnte (und das auch beweisen kann), kann sich der Vermieter auf alle diese Vertragsklauseln gar nicht berufen.

Beispiel: Der Vertrag ist vollkommen unübersichtlich und hat mit verschiedenen Anlagen 50 Seiten (AG Köln WuM 2009, 450).

Mieter und Vermieter haben in solchen Fällen wirksam einen Mietvertrag abgeschlossen, für den nur die Konditionen gelten, über die sich beide Parteien vorher einig waren, die vorher also z. B. mündlich angesprochen worden sind, wie z. B. Miethöhe, Nebenkostenvorauszahlungen etc.

Wichtig: Auch mündliche Verträge sind wirksam.

Der Vermieter muss bei Vertragsschluss auf eine erkennbare körperliche Behinderung des Mieters beim Lesen, also z. B. auf eine Sehbehinderung, Rücksicht nehmen.

Aber auch wenn der Mieter vor der Unterschrift die Möglichkeit hatte, das Vertragsformular durchzusehen, gilt zu seinem Schutz:

Überraschende Klauseln mit einem Überrumpelungseffekt sind unwirksam, § 305 c BGB. Das Gleiche gilt für Klauseln an unerwarteter Stelle,

z. B. Nebenkosten in der Hausordnung **(BGH WuM 2010, 646)**. Auch Klauseln, die die Beweislast zum Nachteil des Mieters verändern, sind unwirksam. Dies gilt auch für formularmäßige Bestätigungen, z. B. für Besichtigungsklauseln. »Der Mieter hat die Räume besichtigt und erklärt hiermit, dass sie sich in ordnungsgemäßem Zustand befinden.«: unwirksam nach § 309 Nr. 12 BGB (LG Berlin GE 83, 1113). Klauseln, durch die der Mieter über seine Rechte getäuscht wird, sind unwirksam (LG Stuttgart WuM 87, 252; AG Lörrach WuM 98, 216). Beispiel: Der Vermieter lässt sich im Vertrag bestimmte Tatsachen bestätigen, z. B. dass die Wohnung bei Übernahme in Ordnung gewesen sei, und hält den Mieter so davon ab, seinen Anspruch auf Beseitigung von Mängeln durchzusetzen **(BGH WuM 86, 304)**. Wenn der Mieter deshalb einen Schaden erleidet, hat er unter Umständen einen Ersatzanspruch (siehe oben).

Eine im Formularmietvertrag gesondert ausgewiesene Verwaltungskostenpauschale ist unwirksam, wenn der Vertrag nicht eindeutig klarstellt, dass es sich bei der Pauschale um einen Teil der Grundmiete (Nettomiete) handelt **(BGH WuM 2019, 92)**. Unwirksam ist auch die Klausel »Ersatzansprüche des Vermieters wegen Veränderungen oder Verschlechterungen der Mietsache und Ansprüche des Mieters auf Ersatz von Aufwendungen oder Gestattung der Wegnahme einer Einrichtung verjähren in 12 Monaten nach Beendigung des Mietverhältnisses« (**BGH WuM 2017, 703**) sowie eine Klausel, die dem Mieter das Recht nimmt, bei mehreren offenen Forderungen die Tilgungsreihenfolge zu bestimmen (OLG Düsseldorf ZMR 2009, 275).

Wichtig ist das Transparenzgebot nach § 307 BGB. Die Klauseln im Mietvertrag müssen auch von einem Laien verstanden werden können, sonst kann sich der Vermieter hierauf nicht berufen **(BGH ZMR 2016, 368)**. Das gilt auch in den Fällen, in denen die Unverständlichkeit auf einen Schreibfehler zurückzuführen ist, den ein Fachmann erkannt hätte (AG Waldbröl WuM 89, 71). Ist der Vertrag unklar, indem er z. B. zwei sich widersprechende Bestimmungen enthält, geht das nach § 305 c BGB zulasten des Vermieters **(BGH WuM 2016, 164)**. Es gilt also das, was für den Mieter am günstigsten ist.

Immer gilt:
Auch wenn die Vertragsklauseln als Allgemeine Geschäftsbedingungen Vertragsinhalt geworden sind, geht nach § 305 b BGB eine einzelne individuelle Vereinbarung der dazu aufgestellten Formularklausel vor. Das gilt für einzelne Absprachen bei Vertragsabschluss und auch für spätere Änderungen. Daran ändert auch eine Formularklausel »mündliche Ver-

einbarungen mit dem Mieter sind ungültig« nichts, sie ist nach § 305 b BGB unwirksam **(BGH NJW 85, 320)**.

Auch die Klausel »Nachträgliche Änderungen und Ergänzungen des Vertrages sind nur wirksam, wenn sie schriftlich niedergelegt sind« ist ungültig (OLG München WuM 89, 128) ⮚ SCHRIFTFORM. Nachträgliche Vertragsänderungen müssen nicht schriftlich abgeschlossen werden ⮚ ÄNDERUNG DES MIETVERTRAGES. Zum Beispiel kann dadurch, dass der Vermieter eine Tierhaltung wissentlich duldet, ein Vorbehalt im Mietvertrag gegenstandslos werden (LG Aachen WuM 88, 348) ⮚ TIERHALTUNG.

Allgemeines Gleichbehandlungsgesetz (AGG)

Das AGG dient dem Schutz vor Benachteiligungen aufgrund der Rasse oder ethnischen Herkunft, des Geschlechts, der Religion oder Weltanschauung, einer Behinderung, des Alters oder der sexuellen Identität. Es regelt die Abwehr von Diskriminierungen im Verhältnis zwischen Bürgern und entfaltet so auch Wirkung im Mietrecht.

Das AGG verbietet die Benachteiligung aus den o.g. Gründen beim Zugang zu Wohnraum. Voraussetzung ist, dass der Wohnraum öffentlich angeboten wird, etwa durch Makler, Inserate (auch im Internet – LG Mönchengladbach – 11 O 99/15), Aushänge oder Ähnliches. Werden Wohnungen privat an Verwandte oder Freunde vergeben, gilt das AGG nicht. Ausgenommen sind außerdem Kleinvermieter, die nicht mehr als 50 Wohnungen vermieten.

Eine Benachteiligung kann auch mittelbar aufgrund scheinbar neutraler Kriterien (z.B. fehlende Deutschkenntnisse, ungesicherte Aufenthaltserlaubnis) erfolgen. Wird ein Bewerber aus einem dieser Gründe bei der Vergabe von Wohnungen ausgeschlossen oder schon nicht zur Besichtigung oder Eintragung in Bewerberlisten zugelassen, kann dies eine Benachteiligung im Sinne des AGG sein. Zeigt sich bei sog. Testing-Verfahren, dass ausländische Mietinteressenten gar nicht erst zu Besichtigungsterminen eingeladen werden, liegt ein Verstoß gegen das AGG vor (AG Hamburg-Barmbek WuM 2017, 393; AG Augsburg WuM 2020, 777). Auch darf z.B. ein Afrikaner nicht wegen seiner Hautfarbe von vornherein abgelehnt werden (OLG Köln WuM 2010, 81). Es verstößt aber nicht gegen das AGG, wenn ein genossenschaftlicher Vermieter nur bei finanziell schwachen Personengruppen eine Mietsicherheit verlangt (AG Kiel ZMR 2012, 201).

Umgekehrt kann allein daraus, dass der Bewerber eine Wohnung nicht bekommen hat, nicht schon auf Diskriminierung geschlossen werden. Hinzukommen müssen Tatsachen, die es wahrscheinlich machen, dass der Bewerber aus einem der genannten Gründe eine Wohnung nicht bekommen hat, z.B. wenn der Vermieter Ausländern nachweislich wahrheitswidrig erklärt, die Wohnung sei bereits vergeben.

Die Benachteiligung muss nicht vom Vermieter persönlich ausgeübt werden. Es genügt, wenn er Dritte (z.B. Hausverwalter) anweist, nicht an bestimmte Personengruppen zu vermieten (OLG Köln WuM 2010, 81). Anspruchsgegner eines Schadensersatzanspruchs ist auf jeden Fall der Eigentümer als Vermieter (LG Aachen WuM 2009, 341); gegen den Verwalter kann aber ein Auskunftsanspruch bezüglich Namen und Anschrift des Eigentümers bestehen (OLG Köln WuM 2010, 81).

Das AGG sieht auch Ausnahmen vor. So dürfen bei der Vermietung das Ziel einer sozial stabilen Bewohnerstruktur, einer ausgewogenen Siedlungsstruktur sowie ausgeglichene wirtschaftliche, soziale und kulturelle Verhältnisse verfolgt werden. Dient die unterschiedliche Behandlung z.B. der Vermeidung von Gefahren, der Verhütung von Schäden oder anderen Zwecken vergleichbarer Art oder dem Bedürfnis nach Schutz der persönlichen Sicherheit, kann sie gerechtfertigt sein.

Der Benachteiligte kann bei einem Verstoß gegen ein Benachteiligungsverbot u.a. die Beseitigung der Beeinträchtigung oder Schadensersatz verlangen (OLG Köln WuM 2010, 81; LG Mönchengladbach – 11 O 99/15; AG Hamburg-Barmbek WuM 2017, 393: dreifache Monatsnettomiete als Entschädigung, wenn wegen ausländisch klingenden Namens Besichtigung verweigert wurde; AG Augsburg WuM 2020, 777: mindestens 1 000 Euro, wenn explizit »nur an Deutsche« vermietet wird). Werden in einer größeren Wohnanlage Mieterhöhungen nur an ausländische Mieter gerichtet, um diese zum Auszug zu bewegen, besteht ein Entschädigungsanspruch (AG Tempelhof-Kreuzberg WuM 2015, 73).

Die Ansprüche können nur innerhalb von 2 Monaten geltend gemacht werden; danach nur noch, wenn der Benachteiligte ohne Verschulden an der Einhaltung der Frist gehindert war. Im Prozess müssen nur Indizien bewiesen werden, die eine Benachteiligung vermuten lassen; dann trägt der Vermieter die Beweislast dafür, dass kein Verstoß gegen das AGG begangen wurde (AG Charlottenburg ZMR 2020, 409). § 23 AGG lässt bei der Durchsetzung von Ansprüchen – auch vor Gericht – die Unterstützung durch Antidiskriminierungsverbände zu.

Altenheim

Heime sind entgeltlich betriebene Einrichtungen, die dazu dienen, alte Menschen sowie pflegebedürftige oder behinderte Volljährige nicht nur vorübergehend aufzunehmen, ihnen Wohnraum zu überlassen sowie Betreuung und Verpflegung zur Verfügung zu stellen. Für solche Heime gelten die Regelungen des Wohn- und Betreuungsvertragsgesetzes (WBVG), das die zivilrechtlichen Vorgaben für die Heimverträge zwischen Bewohnern und Heimbetreiber regelt. Es findet aber keine Anwendung, wenn in dem Vertrag neben der Überlassung des Wohnraums nur allgemeine Unterstützungsleistungen wie die Vermittlung von Pflege- oder Betreuungsleistungen, Leistungen der hauswirtschaftlichen Versorgung oder Notrufdienste vereinbart sind. Liegt ein Heimvertrag im Sinne des WBVG vor, ist das allgemeine Wohnraummietrecht nicht anwendbar.

Ein Heimvertrag im Sinne des WBVG liegt auch vor, wenn die Überlassung des Wohnraums und die Erbringung der Betreuungsleistungen in getrennten Verträgen geregelt sind und der Bestand des Vertrags über den Wohnraum von dem Bestand des Betreuungsvertrags abhängig ist. Das Gleiche gilt, wenn der Bewohner den Vertrag über den Wohnraum nicht ohne den Betreuungsvertrag beibehalten kann, oder wenn der Betreiber den Abschluss des Vertrags über den Wohnraum von dem Abschluss des Betreuungsvertrags tatsächlich abhängig macht (§ 1 WBVG).

Für die Anwendung des WBVG kommt es nicht darauf an, wie die Unterbringung bzw. der Vertrag bezeichnet wird. Das WBVG kann deshalb auch bei Verträgen über ⇨ BETREUTES WOHNEN gelten, wenn die Voraussetzungen für eine Anwendung des Gesetzes erfüllt sind.

Für Heimverträge gelten nach dem WBVG u.a. folgende Regeln: Der Betreiber muss den Bewohner rechtzeitig vor Vertragsschluss in leicht verständlicher Sprache über sein Leistungsangebot und den wesentlichen Inhalt der speziell für den Bewohner in Betracht kommenden Leistungen informieren. Dazu gehört u.a. die Darstellung der Ausstattung und Lage des Gebäudes, der Gemeinschaftsanlagen und ihrer Nutzungsbedingungen und der Ergebnisse von Qualitätsprüfungen, die nach anderen gesetzlichen Bestimmungen veröffentlicht werden müssen. Darzustellen sind ferner die Pflege- und Betreuungsleistungen sowie weitere Leistungen der Einrichtung und die jeweils zu zahlenden Entgelte. Auch muss über die Voraussetzungen informiert werden, unter denen Leistungen und Preise geändert werden können (§ 3 WBVG).

Der Vertrag wird dann grundsätzlich auf unbestimmte Zeit geschlossen. War der Bewohner schon beim Abschluss des Vertrages geschäftsunfähig, muss der Vertrag von einem Bevollmächtigten oder von seinem Betreuer genehmigt werden. Der Vertrag endet automatisch mit dem Tod des Bewohners. Mit Personen, die mit dem Verstorbenen einen gemeinsamen Haushalt in der Einrichtung geführt haben, aber selbst nicht Vertragspartner des Betreibers sind, wird der Vertrag noch 3 Monate fortgeführt, wenn die Personen dem nicht widersprechen (§ 5 WBVG).

Der Bewohner muss für die Leistungen des Betreibers das vereinbarte Entgelt bezahlen. Für Bewohner, die Leistungen nach dem SGB IX (Rehabilitation und Teilhabe von Menschen mit Behinderungen), dem SGB XI (Soziale Pflegeversicherung) oder dem SGB XII (Sozialhilfe) in Anspruch nehmen, werden die Kosten für die Unterbringung, Pflege und Versorgung nach den Vorschriften des jeweiligen Sozialgesetzbuchs festgelegt. Soweit der Bewohner länger als drei Tage abwesend ist, muss der Betreiber den Wert der dadurch ersparten Aufwendungen anrechnen (§ 7 WBVG). Werden vertragliche Leistungen ganz oder teilweise nicht erbracht, oder weisen sie erhebliche Mängel auf, kann der Bewohner bis zu 6 Monate rückwirkend eine angemessene Kürzung des vereinbarten Entgelts verlangen (§ 10 WBVG).

Der Bewohner kann den Vertrag spätestens am 3. Werktag eines jeden Kalendermonats zum Ablauf desselben Monats schriftlich kündigen. Wurden getrennte, aber inhaltlich voneinander abhängige Verträge über den Wohnraum einerseits und Betreuungs- und Pflegeleistungen andererseits abgeschlossen, können beide Verträge nur einheitlich gekündigt werden (§ 11 Abs. 1 WBVG). Zieht ein Leistungsbezieher der Pflegeversicherung (SGB XI) nach der Kündigung noch vor dem Kündigungstermin am Monatsende aus der Einrichtung aus, darf ihm nicht der gesamte Monat berechnet werden. Es muss taggenau entsprechend seiner Anwesenheit abgerechnet werden **(BGH NZM 2018, 956)**.

Außer dem Kündigungsrecht mit Monatsfrist hat der Bewohner nicht fristgebundene Sonderkündigungsrechte. Zum einen kann er in den ersten beiden Wochen nach Beginn des Vertragsverhältnisses jederzeit ohne besonderen Grund fristlos kündigen. Zum anderen kann er jederzeit aus wichtigem Grund fristlos kündigen, wenn ihm die Fortsetzung des Vertrags bis zum Ablauf der Kündigungsfrist nicht zuzumuten ist. Bei getrennten, aber inhaltlich voneinander abhängigen Verträgen muss der wichtige Grund nur in Bezug auf einen Vertrag gegeben sein; der Bewohner kann dann alle Verträge kündigen (§ 11 Abs. 2 bis 4 WBVG).

Der Betreiber kann den Vertrag nur aus wichtigem Grund kündigen (§ 12 WBVG). Er kann z. B. bis zum 3. Werktag eines Kalendermonats zum Ablauf des nächsten Monats kündigen, wenn er den Betrieb einstellt, wesentlich einschränkt oder in seiner Art verändert und die Fortsetzung des Vertrages mit dem Bewohner deshalb für ihn unzumutbar wird. Der Bewohner kann in diesem Fall u.U. verlangen, dass der Betreiber ihm eine Ersatzunterkunft nachweist und die Umzugskosten trägt (§13 WBVG); auch kommt ein Schadensersatzanspruch des Bewohners wegen Mehrkosten für die neue Unterbringung in Betracht (LG Bonn, Urt. v. 17.7.2018, 5 S 155/17). Der Betreiber kann z.B. fristlos kündigen, wenn er eine fachgerechte Pflege- oder Betreuungsleistung nicht erbringen kann, weil sich der Gesundheitszustand des Bewohners so verschlechtert, dass eine Betreuung nicht mehr möglich ist **(BGH NZM 2011, 326)**, oder wenn der Bewohner seine vertraglichen Pflichten schuldhaft so gröblich verletzt, dass dem Betreiber die Fortsetzung des Vertrages nicht mehr zugemutet werden kann, z.B. bei sexuellen Übergriffen gegenüber Mitbewohnern (LG Kleve ZMR 2016, 959). Der Betreiber kann auch dann fristlos kündigen, wenn der Bewohner im Zahlungsverzug ist, und zwar entweder für zwei aufeinanderfolgende Termine mit mehr als einem Monatsentgelt oder in einem Zeitraum von mehr als zwei Zahlungsterminen in Höhe des Entgeltes für 2 Monate. Allerdings muss der Betreiber dem Bewohner vor der Kündigung zunächst erfolglos eine angemessene Zahlungsfrist gesetzt haben.

Anfechtung eines Mietvertrages ⇨ WIEDERRUF

Meist werden Mietverhältnisse durch ⇨ KÜNDIGUNG beendet. Dabei beendet die sog. ordentliche Kündigung das Mietverhältnis zum Ablauf der gesetzlichen ⇨ KÜNDIGUNGSFRIST, die fristlose Kündigung mit sofortiger Wirkung bei Zugang des Kündigungsschreibens. Im Gegensatz dazu beendet die Anfechtung das Mietverhältnis rückwirkend; es hat dann von Anfang an nicht bestanden. Deswegen müsste der Vertrag eigentlich rückabgewickelt werden; aber da der Mieter die erhaltene Leistung – das Wohnen in der Vergangenheit – nicht zurückgeben kann, hat der Vermieter nur einen Anspruch auf Wertersatz in Höhe der ortsüblichen Miete einschl. Nebenkosten, der mit dem Mietrückzahlungsanspruch des Mieters verrechnet wird. Daher ist die Rückabwicklung – außer wenn die vereinbarte Miete überhöht war – meist ein »Nullsummenspiel«. Für den Mieter kann sich die Anfechtung aber trotzdem lohnen, etwa wenn er eine Maklerprovision gezahlt hat. Da die Anfechtung den Vertrag rückwirkend vernichtet, entfällt auch der Provisionsanspruch des Maklers; der Mieter kann die Rückzahlung verlangen **(BGH NZM 2005, 711)**.

Die Anfechtung setzt einen Anfechtungsgrund voraus, der vom Anfechtenden im Prozessfall auch bewiesen werden muss. Anfechtungsgründe können bestimmte Irrtümer (§ 119 BGB) oder die arglistige Täuschung durch den Vertragspartner (§ 123 BGB) sein.

Der **Vermieter** kann z. B. anfechten, wenn der Mieter vor oder bei Vertragsschluss falsche Angaben gemacht hat; allerdings nur, soweit diese das Mietverhältnis betreffen. Besteht bzgl. einer Tatsache keine Offenbarungspflicht des Mieters (⇨ SELBSTAUSKUNFT), kann darauf gestützt auch nicht angefochten werden. Über ein laufendes Insolvenzverfahren besteht in jedem Fall eine Offenbarungspflicht; gleichfalls bei Fragen zu früheren Mietschulden oder offenen Mietforderungen (LG Itzehoe WuM 2008, 281). Die Falschbeantwortung der Frage, ob dem Mieter in einem früheren Mietverhältnis gekündigt wurde, berechtigt zur Anfechtung (AG Kaufbeuren NZM 2013, 577).

Grundsätzlich muss der Mieter selbstverständlich keine Angaben zu seinen politischen Ansichten machen; eine Ausnahme kann aber z.B. gelten, wenn der Mieter als AfD-Aktivist »Anziehungspunkt« für Angriffe wie Farbbeutelwürfe oder Brandstiftung ist und dadurch die Mietsache in Gefahr geraten kann (AG Göttingen WuM 2017, 702 mit anschl. Vergleich).

Die Vorlage einer gefälschten Vermieterbescheinigung rechtfertigt eine fristlose Kündigung **(BGH WuM 2014, 333)**; ob dies auch zur Anfechtung wegen arglistiger Täuschung berechtigt, wurde nicht entschieden, ist aber wahrscheinlich. Hat sich eine fehlerhafte Angabe des Mieters zu seinem Einkommen nicht auf das Mietverhältnis ausgewirkt, scheidet ein Anfechtungsrecht des Vermieters aus (LG Wiesbaden WuM 2004, 399).

Der Mieter muss bei Vertragsunterzeichnung nicht darauf hinweisen, dass er behindert ist. Offenbart der Mieter erst kurz nach Vertragsschluss, dass er Sozialleistungen in Anspruch nehmen muss, kann der Vermieter, der dies zunächst hinnimmt, nicht Monate oder Jahre später doch noch anfechten (LG Osnabrück – 1 S 166/17). Die wahrheitswidrige Behauptung eines Paares, verheiratet zu sein, berechtigt nicht zur Anfechtung (AG Lüdinghausen WuM 2019, 31). Eine bevorstehende Haftstrafe von nur einigen Monaten muss der Mieter nicht offenbaren (LG Osnabrück – 1 S 166/17).

Dass ein Mieter unter Betreuung steht, berechtigt den Vermieter gleichfalls nicht zur Anfechtung (LG Hannover – 2 S 74/09).

Die Rüge einer überhöhten Miete durch den Mieter im Rahmen der ⇨ MIETPREISBREMSE berechtigt den Vermieter nicht zur Anfechtung des Mietvertrags (LG Berlin WuM 2019, 262).

Der **Mieter** kann z. B. anfechten, wenn er sich über eine verkehrswesentliche Eigenschaft der Wohnung geirrt hat, etwa wenn er eine als »kinderfreundlich« angepriesene Wohnung mietet und schon kurze Zeit später Beschwerden über normalen Kinderlärm kommen (LG Essen WuM 2005, 47). Verschweigt der Vermieter erhebliche Mängel (z. B. Schimmelbefall) oder dass er bereits wegen Betrugs im Zusammenhang mit seiner Vermietertätigkeit verurteilt wurde (AG Donaueschingen WuM 2014, 595), berechtigt dies den Mieter gleichfalls zur Anfechtung. Das Gleiche gilt, wenn sich herausstellt, dass der Vermieter hoch verschuldet und unzuverlässig ist (LG Konstanz WuM 2017, 258).

Die Angabe einer falschen Wohnungsgröße in der Annonce soll dagegen nicht zur Anfechtung berechtigen (AG Frankfurt WuM 2007, 315). Ein Motivirrtum, der mit der Mietsache als solcher nichts zu tun hat, berechtigt den Mieter nicht zur Anfechtung (z. B. wenn er die Wohnung im Hinblick auf die Nähe zur neuen Arbeitsstelle mietet, den Job dann aber doch nicht bekommt). In diesen Fällen bleibt nur die Kündigung.

Anpassungsklausel ⇨ GLEITKLAUSEL, ⇨ INDEXMIETE, ⇨ LEISTUNGSVORBEHALTSKLAUSEL, ⇨ STAFFELMIETE

Antenne ⇨ FERNSEHEMPFANG

Anzeigepflicht des Mieters

Der Mieter muss dem Vermieter Mängel unverzüglich mitteilen; wenn er schuldhaft eine rechtzeitige Anzeige unterlässt, kann er sich schadensersatzpflichtig machen und eigene Rechte verlieren ⇨ MÄNGEL DER WOHNUNG, ⇨ MIETMINDERUNG, ⇨ OBHUTSPFLICHT.

Anzeigepflicht des Vermieters ⇨ MODERNISIERUNG, ⇨ STILLSCHWEIGENDE VERTRAGSVERLÄNGERUNG, ⇨ VORKAUFSRECHT, ⇨ ZEITMIETVERTRAG

Aufrechnung

Der Mieter kann gegen eine Mietforderung des Vermieters mit einer Forderung wegen eines Fehlers der Mietwohnung aufrechnen oder ein ⇨ ZURÜCKBEHALTUNGSRECHT ausüben. Er kann z. B. einen ihm zustehenden Mietminderungs- oder Schadensersatzanspruch mit der nächsten Mietforderung des Vermieters verrechnen.

In vielen Formularmietverträgen (⇨ ALLGEMEINE GESCHÄFTSBEDINGUNGEN) finden sich aber Klauseln mit sogenannten Aufrechnungsverboten, die dem Mieter dieses Recht absprechen oder von weiteren Bedingungen abhängig machen wollen.

Generelles Aufrechnungsverbot
In Wohnraummietverträgen ist ein generelles Aufrechnungsverbot ohne irgendwelche Einschränkungen unwirksam (**BGH NJW 85, 319; NJW 84, 2404;** OLG Celle WuM 90, 103). Grund: Nach § 309 Nr. 3 BGB kann das Recht des Mieters, mit unbestrittenen oder rechtskräftig festgestellten Forderungen aufzurechnen, nicht beschränkt werden.

Eingeschränktes Aufrechnungsverbot
Mietvertragsklauseln, nach denen der Mieter nur mit unbestrittenen oder rechtskräftig festgestellten Forderungen aufrechnen darf, während für alle übrigen Mieterforderungen aber ein Aufrechnungsverbot gilt, sind grundsätzlich zulässig. Letztendlich kommt es jedoch auf die Art der Ansprüche an. Macht der Mieter z. B. Ansprüche geltend, weil er eine zu hohe Kaution gezahlt hat, darf er seine Forderung nicht entgegen einer vertraglichen Vereinbarung aufrechnen.

Anders ist es, wenn dem Mieter Schadens- oder Aufwendungsersatzansprüche aufgrund von Mängeln zustehen oder er ein Rückforderungsrecht wegen zu viel gezahlter Miete hat. In diesen Fällen kann der Mieter gegen die Mietforderung des Vermieters immer aufrechnen, egal was im Mietvertrag steht, wenn er dem Vermieter seine Aufrechnungsabsicht mindestens 1 Monat vor Fälligkeit der Miete in Textform ⇒ TEXTFORM angezeigt hat. Das Gleiche gilt, wenn der Mieter aufrechnen will, weil ihm im Anschluss an Modernisierungsarbeiten Aufwendungen entstanden sind (AG Pinneberg WuM 90, 73). Eine Formularklausel, nach der der Mieter eine Aufrechnung einen Monat zuvor ankündigen muss, ist nicht zu beanstanden (**BGH WuM 2011, 418; WuM 2011, 674**).

Aufrechnung durch den Vermieter
Inwieweit das Recht des Vermieters zur Aufrechnung eingeschränkt ist, hängt von den zugrunde liegenden Ansprüchen ab. Während des laufenden Mietverhältnisses darf der Vermieter nicht mit streitigen Forderungen gegen das Kautionsguthaben aufrechnen (**BGH WuM 2014, 418**); nach Ende des Mietverhältnisses ist dies aber zulässig (**BGH WuM 2019, 524**) ⇒ MIETKAUTION.

Aufwendungsbeihilfe ⇒ WOHNUNGSBAUFÖRDERUNG

Aufwendungsersatz ⇒ MÄNGEL DER WOHNUNG

Aufzug ⇒ FAHRSTUHL

Auszug des Mieters ⇨ NACHMIETER, ⇨ RÜCKGABE DER WOHNUNG, ⇨ UMZUG

Der Mietvertrag berechtigt den Mieter in der vertraglich festgelegten Mietzeit bzw. bei einem Mietverhältnis auf unbestimmte Zeit bis zum Ablauf der Kündigungsfrist zur Benutzung der Mietwohnung. Bis zur Beendigung der Mietzeit ist er zur Mietzahlung verpflichtet, unabhängig davon, ob er seine Wohnung bewohnt. Wenn der Vermieter damit einverstanden ist, dass der Mieter die Wohnung unmittelbar an den Nachmieter übergibt, endet sein Mietverhältnis mit der Übergabe (LG Berlin WuM 88, 271).

Vorzeitiger Auszug
Zieht der Mieter vor Ablauf der Mietzeit oder der Kündigungsfrist aus, entfällt für ihn nicht die Pflicht, Miete zu zahlen. Der Vermieter darf die Wohnung grundsätzlich leer stehen lassen und bis zum Ende der Mietzeit auf Zahlung der Miete bestehen **(OLG Hamm RE WuM 95, 577)**. Auch die vereinbarten monatlichen Betriebskosten muss der Mieter weiterhin entrichten, obwohl die Wohnung unbewohnt ist.

Eine Ausnahme soll nach Auffassung einiger Gerichte möglich sein, wenn es sich beim Vermieter um ein großes Wohnungsunternehmen handelt, das Wartelisten führt und deshalb jederzeit anderweitig vermieten kann (LG Berlin WuM 95, 106; AG Gießen WuM 93, 609; AG Schöneberg WuM 91, 267).

Weitere Ausnahme: Unter bestimmten Voraussetzungen wird der Mieter von seinen Verpflichtungen aus dem Mietvertrag vor Ablauf der Mietzeit befreit, wenn er dem Vermieter einen zumutbaren ⇨ NACHMIETER besorgt.

Bietet der Vermieter dem Mieter anlässlich einer Kündigung an, er könne vorzeitig aus der Wohnung ausziehen, braucht der Mieter nicht mehr weiterzuzahlen, wenn er dieses Angebot annimmt (LG Lüneburg WuM 89, 8). Das kann auch gelten, wenn der Vermieter wegen besonders dringenden Eigenbedarfs gekündigt hat und der Mieter mit Rücksicht darauf vor Ablauf seiner Kündigungsfrist auszieht (AG Dortmund WuM 88, 300).

Wenn vor Ablauf der Kündigungsfrist ein neuer Mieter die Wohnung bezieht, braucht der alte Mieter ab diesem Zeitpunkt keine Miete mehr zu zahlen (AG Neuruppin WuM 2009, 227; AG Lörrach WuM 99, 303). Kann der Vermieter jedoch nur eine geringere Miete erzielen, muss der Mieter ihm die Differenz ersetzen, wenn der Vermieter ihn vorher von der geplanten Vermietung informiert hat, es sei denn, der Mieter hatte

Grund zu der Annahme, das Mietverhältnis sei beendet, oder der Vermieter hat ohne Grund unter der bisher gezahlten Miete weitervermietet **(BGH WuM 93, 346; OLG Hamm RE WuM 86, 201)**. Ein nachvollziehbarer Grund, von der Beendigung des Mietverhältnisses auszugehen, liegt z.B. dann vor, wenn der Mieter wegen der kategorischen Weigerung des Vermieters, die Erlaubnis zur Untervermietung zu erteilen, kündigt, ohne den Untermieter zu benennen **(KG Berlin RE WuM 96, 696)**.

Auch wenn der Vermieter die Wohnung selbst benutzt, braucht der Mieter keine Miete mehr zu bezahlen. Das Gleiche gilt, wenn der Vermieter in der Zwischenzeit umfangreiche Umbau- und Renovierungsarbeiten in der Wohnung vornimmt (KG Berlin WuM 2012, 142; LG Hildesheim ZMR 2003, 266; LG Köln WuM 87, 84; **a.A.** LG Mannheim WuM 2009, 398), es sei denn, die Arbeiten dienen dazu, eine vorzeitige Weitervermietung zu ermöglichen (OLG Koblenz WuM 95, 154). Allerdings trägt der Mieter die Beweislast für eine anderweitige Nutzung der Wohnung durch den Vermieter **(OLG Oldenburg RE WuM 81, 177)**.

Auto ⇨ GARAGEN/STELLPLÄTZE

Wer ein Wohngebäude errichtet, muss aufgrund baurechtlicher Vorschriften in der Regel auch eine bestimmte Anzahl von Pkw-Stellplätzen schaffen. Zudem muss bei der Errichtung von Wohngebäuden mit mehr als fünf Stellplätzen jeder Stellplatz mit Schutzrohren für Elektrokabel ausgestattet werden. Hierdurch soll die Elektromobilität vorangetrieben werden. Dasselbe gilt auch bei bestehenden Wohngebäuden mit zehn Stellplätzen, wenn eine größere Renovierung des Gebäudes einschließlich der Parkplätze oder der elektrischen Infrastruktur erfolgt. Daraus lässt sich aber nicht ableiten, dass der Mieter mit Anmietung der Wohnung verlangen kann, dass ihm der Vermieter einen Stellplatz zur Verfügung stellt, wenn dies nicht vertraglich vereinbart ist. Auch im Hof des Hauses darf der Mieter sein Auto nur dann abstellen, wenn ihm dies der Vermieter erlaubt hat (LG Wuppertal WuM 96, 267).

Ist der Hof des Hauses nur über ein Nachbargrundstück erreichbar, kann vom Vermieter nicht verlangt werden, dass dieser sich beim Nachbarn um eine Zufahrt bemüht, solange in benachbarten Straßen Pkws abgestellt werden können **(BGH ZMR 80, 115)**.

Auch wenn der Mieter seinen Pkw auf der Straße, auf dem Bürgersteig oder im Hof abstellen darf, dürfen hierdurch die anderen Mitbewohner nicht beeinträchtigt werden (AG Wiesbaden WuM 98, 605). Wer z.B. dadurch stört, dass er den Motor unnötig laufen lässt oder Fahrzeugtüren übermäßig laut schließt, muss nicht nur mit einem Bußgeld wegen Verstoßes gegen die Straßenverkehrsordnung rechnen (§§ 30, 49 StVO); der Vermieter kann ihm unter Umständen auch das Parken auf dem Grundstück versagen.

Anspruch auf Installation einer elektrischen Ladesäule
Der Mieter kann verlangen, dass der Vermieter ihm den Einbau einer Ladestation für ein E-Auto erlaubt (§ 554 BGB). Liegen die gesetzlichen Voraussetzungen vor, muss der Vermieter die dafür notwendigen baulichen Änderungen gestatten. Darüber hinaus hat der Vermieter die Verlegung von Leitungen sowie Eingriffe in die Stromversorgung zu gestatten, soweit dies zur Nutzung der Ladesäule erforderlich ist.

Der Vermieter darf die Einwilligung nur in seltenen Fällen verweigern, z.B. wenn das Gebäude unter Denkmalschutz steht. Der Einwand, dass die Stromkapazität künftig nicht für mehrere Anschlüsse ausreicht, wird erst relevant, wenn noch andere Mieter Ladestationen wünschen (LG München I ZMR 2022, 643).

Die Kosten für die Anschaffung und den Einbau der Ladestation muss der Mieter selbst tragen. Die Durchführung der Arbeiten liegt in seinem Verantwortungsbereich. In der Regel darf der Mieter den Anbieter für die Umbauten selbst wählen und auch die konkrete Ausgestaltung des Anschlusses bestimmen (LG München I ZMR 2022, 643).

Tipp: Wenn der Mieter vom Vermieter die Erlaubnis zum Einbau einholen will, sollte er konkrete Einzelheiten zur geplanten Wallbox und der notwendigen Elektroinstallation vorlegen, etwa auf Grundlage des Angebots einer Fachfirma.

Achtung: Bei Mietende besteht grundsätzlich eine Rückbaupflicht. Der Mieter muss dann nochmals Geld investieren. Nach Möglichkeit sollte mit dem Vermieter als Ergänzung zum Mietvertrag vereinbart werden, dass dieser bei Beendigung des Mietverhältnisses auf die Entfernung der Ladestation verzichtet. Aber auch, wenn eine solche Vereinbarung besteht, erhält der Mieter beim Auszug vom Vermieter nur dann einen finanziellen Ausgleich für seine Modernisierungsarbeiten, wenn er dies mit dem Vermieter vereinbart hat. Dies sollte der Mieter vor der Installation ansprechen und versuchen, eine Vereinbarung zu treffen ⇨ MIETERMODERNISIERUNG.

Autowäsche

Der Mieter darf seinen Wagen nicht mit Leitungswasser aus dem Haus waschen, da das Leitungswasser in der Regel nur für den normalen

Familiengebrauch bestimmt ist, und der Wasserverbrauch eines Hauses auf alle Mieter nach einem bestimmten, vertraglich festgelegten Verfahren umgelegt wird ⇨ BETRIEBSKOSTEN. Durch das Autowaschen wird aber Wasser in einem über den normalen Haushaltsgebrauch hinausgehenden Umfang verbraucht. Es geht nicht an, dass die anderen Mitbewohner diesen Mehrverbrauch an Wasser mitbezahlen (**a. A.** AG Dortmund WuM 86, 262). Im Übrigen ist es in vielen Kommunen generell verboten, Autos selbst auf der Straße zu waschen.

B

Bad

Ob eine Wohnung mit Bad ausgestattet ist, erlangt bei der Frage der Berechtigung von Mieterhöhungen Bedeutung. Erforderlich ist ein separater Raum, der mit Waschbecken sowie Badewanne oder Dusche ausgestattet ist.

Hat der Mieter die Kosten für die Einrichtung des Bades ganz oder überwiegend getragen, so hat das Bad bei der Einstufung der Wohnung nach Ausstattungsmerkmalen unberücksichtigt zu bleiben **(BGH WuM 2010, 569);** es sei denn, dass etwas anderes vereinbart wurde oder der Vermieter die vom Mieter verausgabten Kosten erstattet hat.

Der Mieter hat ein außerordentliches Kündigungsrecht, wenn der Vermieter ihm das mitvermietete Badezimmer abgeschlossen hat (AG Darmstadt WuM 78, 29). Vor allem aber kann er bei Gericht eine einstweilige Verfügung beantragen, dass ihm der Vermieter die Badezimmertür wieder öffnet.

Der nachträgliche Einbau von Bädern wird als eine Wertverbesserung angesehen, die der Mieter zu dulden hat, sofern sie ihm zumutbar ist. Wegen der Kosten der Wertverbesserung und der Frage einer höheren Miete ⇨ MIETERHÖHUNG, ⇨ MODERNISIERUNG, ⇨ MIETERMODERNISIERUNG.

Ist eine Badewanne im Sitzbereich stumpf und rau geworden, muss der Vermieter diesen Mangel beseitigen. Es ist allerdings ihm überlassen, ob er dazu die Wanne erneuert oder neu beschichtet (AG Hannover WuM 2009, 585). Ersatzansprüche des Vermieters gegenüber dem Mieter bestehen nur, wenn dieser die Schäden z.B. durch unsachgemäße Behandlung verursacht hat. Der Vermieter muss sich dann aber einen Abzug »neu für alt« gefallen lassen (AG Herborn WuM 2006, 643).

Bagatellschäden

Die laufende ⇨ INSTANDHALTUNG der Wohnung obliegt nach dem Gesetz grundsätzlich dem Vermieter. Häufig enthalten Mietverträge jedoch Formularklauseln, wonach der Mieter die Kosten für »kleinere Instandsetzungen« bzw. zur »Beseitigung von Bagatellschäden« zu tragen hat.

Achtung: Sehr viele solcher Klauseln, vor allem in älteren Mietvertragsvordrucken, sind nach den Vorschriften über die ⇨ ALLGEMEINEN GESCHÄFTSBEDINGUNGEN unwirksam, weil sie den Mieter unangemessen benachteiligen oder überraschend sind. Der Mieter muss dann für unverschuldete Bagatellschäden und kleinere Instandsetzungen gar nicht zahlen. Wir empfehlen, im Zweifel den Vertrag durch den örtlichen Mieterverein prüfen zu lassen. Formularklauseln, nach denen der Mieter nicht nur die Kosten zu tragen, sondern selbst für die Instandsetzung oder -haltung zu sorgen hat, sind immer unwirksam (BGH WuM 92, 355; OLG Frankfurt WuM 97, 609); dies kann allenfalls individualvertraglich ausgehandelt werden, muss dann aber bei der Miethöhe berücksichtigt werden.

Der Vermieter kann keinen Zuschlag zur ortsüblichen Vergleichsmiete verlangen, weil eine Klausel zur Übertragung von Schönheits- oder Bagatellreparaturen unwirksam ist **(BGH WuM 2008, 487)**.

Für die Kostenabwälzung kleiner Instandhaltungen auf den Mieter hat der **Bundesgerichtshof (WuM 91, 381; 89, 324)** Regeln aufgestellt, welche von der Rechtsprechung weiter konkretisiert wurden:

■ Die Klausel muss eine angemessene Obergrenze für die Kosten je Reparatur enthalten. Die frühere Grenze von 75 Euro dürfte angesichts der Inflation allerdings nicht mehr gelten. Mittlerweile werden 100 Euro (AG Braunschweig ZMR 2005, 717), 120 Euro (AG Schöneberg WuM 2018, 463; a.A. AG Bingen WuM 2013, 349) oder sogar bis zu 150 Euro (AG Berlin-Mitte ZMR 2020, 517) als zulässig angesehen. Es ist unzulässig, bei teureren Reparaturen bzw. Neuanschaffungen die Kosten bis zur vereinbarten Bagatellhöhe abzuwälzen **(BGH WuM 89, 324)**.

■ In der Mietvertragsklausel muss außerdem eine angemessene Höchstgrenze für einen bestimmten Zeitraum (z.B. pro Jahr) für den Fall genannt werden, dass sich Kleinreparaturen häufen **(BGH WuM 89, 324)**. Nicht mehr angemessen ist ein Höchstbetrag von einer Monatsmiete (AG Hannover WuM 2008, 721) oder 10% der Jahreskaltmiete (OLG Hamburg WuM 91, 385); die zulässige Grenze liegt bei 6% der Jahresbruttokaltmiete (AG Stuttgart-Bad Cannstatt WuM 2014, 22). Teilweise werden auch 8% als zulässig angesehen (AG Berlin-Mitte ZMR 2020, 517; AG Braunschweig ZMR 2005, 717).

■ Die Klausel darf sich nur auf solche Teile der Mietwohnung beziehen, die dem direkten und häufigen Zugriff des Mieters ausgesetzt sind. Unangemessen benachteiligt wird er nämlich dann, wenn er für Reparaturen an Gegenständen zahlen soll, die er gar nicht direkt abnutzen kann, wie z. B. die Heiztherme (AG Hannover WuM 2007, 504) oder Leitungen für Gas, Wasser (AG Charlottenburg GE 2011, 1311) und Strom oder Spiegel, Verglasungen und Beleuchtungskörper (AG Zossen WuM 2015, 476).

Tipp: Wer in der Vergangenheit für Bagatellschäden gezahlt hat, sollte durch seinen Mieterverein Rückforderungsansprüche überprüfen lassen.

Trägt der Mieter bei Sozialwohnungen ⇨ WOHNUNGSBAUFÖRDERUNG die Kosten für kleine Instandhaltungen in der Wohnung, muss der Vermieter in der Wirtschaftlichkeitsberechnung bei den jeweiligen Pauschalen für die Instandhaltungskosten den Betrag von 1,05 Euro/m^2 jährlich abziehen.

Balkon ⇨ GRILLEN, ⇨ WOHNFLÄCHE

Gehört ein Balkon zur vermieteten Wohnung, kann ihn der Mieter grundsätzlich nach seiner freien Verfügung nutzen, soweit nicht die Rechte der Mitmieter oder des Hauseigentümers beeinträchtigt werden. Das bedeutet z. B., dass der Mieter auf dem Balkon Wäsche trocknen darf (LG Nürnberg-Fürth WuM 90, 199). Ebenso darf der Mieter grundsätzlich einen unauffälligen Sichtschutz (AG Köln WuM 99, 331) und ein Rankengitter anbringen (AG Schöneberg MM 85, 277). Ein überwiegendes Informationsinteresse des Mieters kann ihn auch berechtigen, eine ⇨ PARABOLANTENNE am Balkon zu befestigen **(BGH WuM 2006, 28)**. Grundsätzlich darf der Mieter auch Blumenkästen am Balkon anbringen, aber nicht an der Außenseite (LG Berlin GE 2011, 1230). Die evtl. herabfallenden Blätter müssen die darunter wohnenden Mitbewohner dulden, es sei denn, die Bepflanzung (Knöterich) wächst in erheblichem Umfang über die Brüstung und führt zu einer übermäßigen Belästigung durch herabfallenden Vogelkot und Blätter (LG Berlin GE 2003, 188). Ein Bergahorn auf dem Balkon ist nicht erlaubt (LG München I WuM 2017, 14).

Ist der Balkon reparaturbedürftig, muss der Vermieter die notwendigen Instandsetzungsmaßnahmen vornehmen. Der Vermieter hat nicht das Recht, den Balkon wesentlich zu verkleinern, um hohe Reparaturkosten zu vermeiden (LG Berlin GE 95, 1013). Er darf aber im Rahmen der Instandsetzung Fliesen durch Estrich ersetzen (LG Berlin NJW-RR 2001, 1162). Hat in einem Altbau die Balkonbrüstung nicht die für den Neubau vorgeschriebene Höhe von 90 cm, gibt es kein Mietminderungsrecht (LG Berlin GE 2010, 343).

Gehört der Balkon zu einem Objekt mit Eigentumswohnungen, muss der

Vermieter auch die Rechte der übrigen Wohnungseigentümer beachten. Baut er ohne deren Zustimmung einen Balkon in einen Wintergarten um, kann er verpflichtet werden, dies rückgängig zu machen; der Mieter muss das dulden, auch wenn er mit der Änderung einverstanden war **(BGH WuM 2007, 77)**.

Balkonkraftwerk ⇨ MIETERMODERNISIERUNG

Barrierefreiheit ⇨ MIETERMODERNISIERUNG

Baukostenzuschuss

Ein Baukostenzuschuss ist eine finanzielle Zuwendung des Mieters zur Finanzierung einer baulichen Maßnahme des Vermieters. Die Zahlung kann als abwohnbare Mietvorauszahlung oder als verlorener Zuschuss erbracht werden. Insbesondere in der Nachkriegszeit haben viele Mieter Baukostenzuschüsse gezahlt und dafür einen Mietvertrag über eine Neubauwohnung erhalten.

Wurde ein **abwohnbarer** Baukostenzuschuss vereinbart, kann dieser dem Zwangsverwalter oder dem Ersteher in der Zwangsversteigerung mit dem Argument entgegengehalten werden, dass damit die Miete schon für Monate oder Jahre im Voraus gezahlt wurde. Das setzt voraus, dass der Mieter eine Zahlung (Arbeitsleistung steht dem gleich) zur Erstellung, zum Ausbau oder zur Instandsetzung erbracht hat, diese tatsächlich dafür verwandt wurde und sich der Wert des Grundstücks dadurch erhöht hat (**BGH WuM 2012, 210**; OLG Brandenburg – 3 U 221/05). Beweisen muss all dies der Mieter **(BGH NJW-RR 2002, 1304)**.

Bei einem sogenannten **verlorenen Baukostenzuschuss** kommt eine (teilweise) Rückerstattung nur in Betracht, wenn der Betrag bei Beendigung des Mietverhältnisses als noch nicht abgewohnt anzusehen ist, z. B. weil das Mietverhältnis früher als ursprünglich geplant endet oder der Zuschuss unverhältnismäßig hoch war **(BGH ZMR 96, 122; NJW 67, 561)**. Nach Artikel VI § 2 des Gesetzes zur Änderung des II. WoBauG, anderer wohnungsbaurechtlicher Vorschriften und über die Rückerstattung von Baukostenzuschüssen gilt ein Betrag in Höhe einer Jahresmiete durch eine Mietzeit von 4 Jahren als getilgt. Ist der Zuschuss nicht vom Mieter, sondern für ihn von einem Dritten gezahlt worden, steht der Erstattungsanspruch nicht dem Mieter zu, sondern dem Dritten; eine Abtretung ist aber möglich **(BGH NJW 67, 561)**.

Der Rückerstattungsanspruch des Mieters verjährt nach Ablauf eines Jahres von der Beendigung des Mietverhältnisses an. Tritt ein Mietnachfolger in das Mietverhältnis ein, der dem ausscheidenden Mieter den noch nicht abgewohnten Teil des Zuschusses erstattet, kann der Nachfolger seinerseits bei vorzeitiger Beendigung des Mietverhältnisses den dann noch nicht abgewohnten Teil vom Vermieter zurückfordern (**BGH NJW 66, 1705**). **Achtung:** Bei Sozialwohnungen ist die Vereinbarung eines verlorenen Baukostenzuschusses unwirksam. Eine dennoch erbrachte Leistung kann der Mieter zurückfordern.

⮚ EINMALIGE LEISTUNGEN BEI GEFÖRDERTEM WOHNRAUM, ⮚ MIETVORAUSZAHLUNG, ⮚ MIETERMODERNISIERUNG.

Bearbeitungsgebühr ⮚ EINMALIGE LEISTUNGEN BEI GEFÖRDERTEM WOHNRAUM

Gebühr für das Ausstellen des Mietvertrags
Ist im Formularmietvertrag festgelegt, dass der Mieter für den Abschluss des Vertrags eine Bearbeitungsgebühr zu zahlen hat, ist das nach Auffassung der meisten Gerichte unwirksam (LG Bonn NJW-Spezial 2014, 98; LG Hamburg WuM 2009, 452; AG Neukölln WuM 2017, 714; AG Münster NZM 2016, 163; AG Hamburg-Altona WuM 2009, 451). Der Vermieter darf kein Geld für eine Leistung verlangen, die er als Verwaltungstätigkeit ohnehin erbringen muss. Außerdem ist zu bedenken, dass der Abschluss eines Formularvertrags in aller Regel vorwiegend den Interessen des Vermieters dient. Der Mieter kann einen bereits gezahlten Betrag zurückfordern.

Andere Gerichte halten die Vereinbarung für zulässig, wenn sich die Gebühr in einem angemessenen Rahmen hält. Angemessen sind 50 bis 75 Euro (AG Hamburg WuM 99, 215; AG Wuppertal WuM 94, 194). Ein Betrag in der Größenordnung von 150 Euro ist als überhöht anzusehen (AG Bremerhaven WuM 94, 194; **a.A.** AG Bochum WuM 98, 595). Überhöhte Zahlungen kann der Mieter zurückverlangen (LG Hamburg WuM 90, 62; AG Neuss WuM 96, 532).

Fehlt eine genaue Angabe der Kosten und sieht der Vertrag lediglich vor, »Kosten und Abgaben, die mit dem Abschluss des Vertrages verbunden sind, gehen zulasten des Mieters«, ist diese Klausel mangels Bestimmtheit unwirksam (OLG Celle WuM 90, 103).

Auszugsgebühr
Verlangt der Vermieter eine Bearbeitungsgebühr für die Beendigung des Mietverhältnisses, ist das nach Auffassung der meisten Gerichte unzulässig (LG Augsburg ZMR 99, 257; AG Wiesbaden WuM 96, 25; AG Kamen WuM 88, 109). Unwirksam ist eine Klausel im Formularmiet-

vertrag, wonach der Mieter eine Kostenpauschale in Höhe einer Monatsmiete zu zahlen hat, wenn das Mietverhältnis einvernehmlich beendet wird **(OLG Karlsruhe RE WuM 2000, 236)**. Eine solche Vereinbarung ist hingegen zulässig, wenn sie erst anlässlich einer auf Wunsch des Mieters zustande gekommenen Aufhebung des Mietvertrags getroffen wird **(OLG Hamburg RE WuM 90, 244)** ⇨ MIETAUFHEBUNGSVERTRAG. Bedenklich ist aber ein formularmäßig vereinbarter pauschalierter Anspruch, der als ⇨ ALLGEMEINE GESCHÄFTSBEDINGUNG anzusehen ist. **Beispiel:** »Für den Aufwand des Vermieters wegen der vorzeitigen Vertragsauflösung zahlt der Mieter eine Pauschalabgeltung von einer Monatsmiete.« Eine derartige Klausel im Mietaufhebungsvertrag ist nur unter einer zusätzlichen Voraussetzung wirksam. Nach dem Wortlaut der Abrede muss dem Mieter (theoretisch) der Nachweis ermöglicht sein, dass dem Vermieter geringere Kosten entstanden sind. Wird dem Mieter diese Möglichkeit nicht eingeräumt, ist die Klausel unwirksam.

Befristeter Mietvertrag ⇨ NACHMIETER, ⇨ ZEITMIETVERTRAG

Belegungsbindung ⇨ FÖRDERZUSAGE, ⇨ WOHNBERECHTIGUNG, ⇨ WOHNUNGSBAUFÖRDERUNG

Beratungshilfe

Bürger mit geringem Einkommen haben nicht nur im Prozessfall Anspruch auf ⇨ PROZESSKOSTENHILFE, sondern können im außergerichtlichen Bereich auch Beratungshilfe beanspruchen, z. B. zur Klärung der Frage, ob man es auf einen Prozess ankommen lassen soll oder ob die Betriebskostenabrechnung ordnungsgemäß ist.

Beratungshilfe wird gewährt, wenn

1. der Rechtsuchende die erforderlichen Mittel nach seinen persönlichen und wirtschaftlichen Verhältnissen nicht aufbringen kann – dies ist der Fall, wenn ratenzahlungsfrei Prozesskostenhilfe zu gewähren wäre,

2. keine anderen zumutbaren Hilfsangebote zur Verfügung stehen, deren Inanspruchnahme zumutbar ist (z. B. Beratung durch den örtlichen Mieterverein für Mitglieder oder eine Schuldnerberatungsstelle), und

3. die Inanspruchnahme der Beratungshilfe nicht mutwillig erscheint; dies ist der Fall, wenn ein Rechtsuchender ohne Anspruch auf Beratungshilfe bei »verständiger Würdigung« davon absehen würde, sich auf eigene Kosten rechtlich beraten oder vertreten zu lassen.

Beratungshilfe wird i.d.R. von Rechtsanwälten erteilt. Anders ist es nur in Hamburg und Bremen, wo nur die öffentliche Rechtsberatung in Anspruch genommen werden kann, und in Berlin, wo neben der anwaltlichen auch die öffentliche Rechtsberatung angeboten wird. Rechtsanwälte sind zur Beratung im Regelfall verpflichtet. Der Anwalt kann vom Rechtsuchenden eine Gebühr von 15 Euro fordern; er kann sie aber auch erlassen.

Der Antrag kann beim Gericht auch mündlich gestellt werden; für schriftliche Anträge gilt Formularzwang. Es ist u. a. eine Erklärung über die persönlichen und wirtschaftlichen Verhältnisse nebst Belegen erforderlich. Bei Verstoß gegen die Formularpflicht kann der Antrag abgelehnt werden (**BGH WuM 2013, 61**). Die Formulare können im Internet heruntergeladen werden.

Berechtigtes Interesse ➯ EIGENBEDARF, ➯ KÜNDIGUNGSSCHUTZ, ➯ TEILKÜNDIGUNG, ➯ ZEITMIETVERTRAG

Berufsausübung in der Wohnung ➯ PROSTITUTION, ➯ CORONA-PANDEMIE, ➯ ZWECKENTFREMDUNG

Wird eine Wohnung oder ein Haus zu Wohnzwecken vermietet, ist eine berufliche oder gewerbliche Nutzung grundsätzlich nicht gestattet. Etwas anderes gilt, wenn das Mietverhältnis von vornherein als ➯ MISCHMIETVERHÄLTNIS geschlossen ist, also die gewerbliche Nutzung schon im Vertrag festgehalten wurde. Eine ausschließliche gewerbliche Nutzung ist nur gestattet, wenn ein Gewerbemietvertrag abgeschlossen wurde.

Allerdings gilt nicht jede Nutzung im Zusammenhang mit dem Beruf des Mieters als gewerbliche Nutzung. Bestimmte Tätigkeiten, die der Mieter in der Wohnung ausübt, ohne dass dies nach außen hin in Erscheinung tritt, ordnet die Rechtsprechung (**BGH WuM 2009, 517**) von vornherein dem Wohnen zu. Hierzu gehören z. B. schriftstellerische Tätigkeiten, die Unterrichtsvorbereitung von Lehrern, typische »Home-Office«-Tätigkeiten ➯ CORONA-PANDEMIE oder gelegentliche Büroarbeiten am Abend oder am Wochenende (LG Hamburg WuM 92, 241; LG Stuttgart WuM 92, 250) oder die gelegentliche Bewirtung von Geschäftsfreunden des Mieters. Auch Goldschmiedearbeiten sind zustimmungsfrei (LG Hamburg WuM 98, 491). Solche und vergleichbare Tätigkeiten sind also unabhängig vom Einverständnis des Vermieters immer zulässig. Eine solche zulässige Nutzung rechtfertigt auch keinen Zuschlag zur Miete (LG Berlin WuM 2023, 33). Ohne vertragliche Regelung ist der Vermieter nicht verpflichtet, Maßnahmen zu treffen, um dem Mieter die Arbeit im

Home-Office zu ermöglichen (Internetanschluss, Lärmschutz, Umbauten etc.); der Mieter muss sich selbst darum kümmern. Wünscht der Mieter bauliche Maßnahmen, etwa eine gemauerte Trennwand zur Einrichtung einer Arbeitsecke, muss er die Kosten selbst tragen und benötigt zudem die Einwilligung des Vermieters. Bei Auszug ist der Mieter grundsätzlich zum Rückbau verpflichtet, bei umfangreichen Maßnahmen kann der Vermieter die Genehmigung ggf. davon abhängig machen, dass der Mieter für die Kosten des Rückbaus eine finanzielle Sicherheit leistet. Näheres unter ⇨ MIETERMODERNISIERUNG.

Wenn die Tätigkeit nach außen hin in Erscheinung tritt, zu einer erhöhten Abnutzung der Wohnung führt oder die Mitmieter stört, ist sie ohne Genehmigung durch den Vermieter nicht zulässig (LG Hamburg WuM 98, 491). Es genügt schon, wenn die Wohnung beim Gewerbeamt als Betriebsstätte angegeben bzw. als Geschäftsadresse genutzt wird **(BGH WuM 2013, 554)**. Das Erteilen von Musikunterricht ist gleichfalls genehmigungspflichtig **(BGH WuM 2013, 349)**. In jedem Fall ist die Grenze zur Genehmigungspflicht überschritten, wenn Kundenverkehr in der Wohnung herrscht oder Angestellte des Mieters dort ihren Arbeitsplatz haben, so z. B. beim Betrieb eines Ingenieurbüros mit Laufkundschaft (LG Schwerin WuM 96, 214) oder eines Kosmetik- und Fußpflegestudios in einem »zu Wohnzwecken« angemieteten Einfamilienhaus (LG Berlin GE 88, 947).

Zu Streitigkeiten kommt es häufig bei Tätigkeiten als Tagesmutter, also der entgeltlichen Betreuung fremder Kinder in der Wohnung. Die Rechtsprechung hat die Betreuung von bis zu drei Kindern in der – entsprechend großen – Mietwohnung noch zum genehmigungsfrei möglichen vertragsgemäßen Gebrauch der Mietsache gezählt (LG Hamburg NJW 82, 2387; AG Hamburg WuM 89, 625). Die Betreuung von fünf Kindern ist auf jeden Fall vertragswidrig **(BGH WuM 2012, 515)**, kann aber vom Vermieter – ggf. unter Vereinbarung eines Zuschlags auf die Miete – genehmigt werden. Die Betreuung eigener Kinder durch fremde Personen ist keine Berufsausübung in der Wohnung.

Kommt es beim Abholen der Kinder zu Störungen durch vor dem Haus parkende Autos der Eltern, sind diese für kurze Zeit (5 Minuten) hinzunehmen (AG Wiesbaden WuM 2003, 88).

In einer Eigentumswohnung bedarf die Tätigkeit als Tagesmutter der Genehmigung der Eigentümergemeinschaft; fehlt die Genehmigung, kann die Tagesmutter gerichtlich auf Unterlassung in Anspruch genommen werden (LG Koblenz ZWE 2021, 125 bei Tagespflege von 5 Kindern in der Wohnung). Unter welchen Bedingungen oder Auflagen die Genehmigung zu erteilen ist, hängt von den konkreten Gegebenheiten in der

Wohnanlage ab. Dabei muss berücksichtigt werden, dass Kinderlärm gem. § 22 Abs. 1 a BImSchG in der Regel nicht als Störung eingestuft werden darf **(BGH WuM 2012, 515)**.

Die Ausübung einer genehmigungspflichtigen Tätigkeit ohne sein Einverständnis muss der Vermieter nicht dulden. Er kann eine ⮳ ABMAHNUNG aussprechen, den Mieter auf Unterlassung der vertragswidrigen Nutzung verklagen oder ihm wegen vertragswidrigen Gebrauchs kündigen.

Es gibt aber auch Fälle, in denen der Mieter zwar das Einverständnis benötigt, aber nach den Grundsätzen von Treu und Glauben gegen den Vermieter einen Anspruch auf die Erteilung der Erlaubnis hat. Dies kann insbesondere der Fall sein, wenn die Tätigkeit zwar nach außen in Erscheinung tritt, aber keine Mitarbeiter beschäftigt werden, kein ins Gewicht fallender Publikumsverkehr stattfindet und die Tätigkeit nur einen geringen Umfang hat, etwa bei reiner Schreibtischarbeit von Rechtsanwälten oder Maklern oder in der Existenzgründungsphase von Unternehmen **(BGH WuM 2009, 517)**. Verweigert in diesen Fällen der Vermieter treuwidrig die Gestattung und übt der Mieter gleichwohl die Tätigkeit in seiner Wohnung aus, wäre dies kein Kündigungsgrund.

Wird eine **Eigentumswohnung** vermietet, sind ggf. die Regelungen der Gemeinschaftsordnung oder der Teilungserklärung zu beachten. Die Gemeinschaft der Wohnungseigentümer kann vom Mieter unmittelbar über § 1004 BGB Unterlassung verlangen, daneben kann sie auch den Vermieter in Anspruch nehmen aus § 14 Abs. 2 Nr. 1 WEG, § 1004 BGB. Der Vermieter ist nämlich aus § 14 Abs. 1 Nr. 1 WEG verpflichtet, dafür zu sorgen, dass sich der Gebrauch durch den Mieter in den zulässigen Grenzen hält **(BGH WuM 2012, 515** noch zum alten § 14 Nr. 2 WEG). Daher werden in Mietverträgen über Eigentumswohnungen oft ⮳ ALLGEMEINE GESCHÄFTSBEDINGUNGEN verwendet, wonach künftige Mehrheitsbeschlüsse der Wohnungseigentümergemeinschaft für den Mieter Bindungswirkung haben sollen. Diese Klauseln sind aber oft unwirksam, weil sie undifferenziert nicht nur für solche Beschlüsse gelten sollen, die übliche und zu erwartende Konkretisierungen des zulässigen Gebrauchs enthalten (AG Schorndorf WuM 2012, 495).

Eine genehmigungspflichtige ⮳ ZWECKENTFREMDUNG der Wohnung nach dem Wohnungsbindungsgesetz oder ggf. landesrechtlichen Regelungen (z. B. Zweckentfremdungsverbotsverordnungen) durch die berufliche Nutzung setzt voraus, dass die Wohnung ihrer Wohnbestimmung dauerhaft entzogen wird. Dies ist in der Regel nicht der Fall, solange die Wohnung hauptsächlich noch zum Wohnen vom Mieter genutzt wird (LG Stuttgart WuM 92, 250).

Wird eine gewerbliche Nutzung nur zum Schein vereinbart, gilt trotzdem der gesetzliche Mieterschutz für die Wohnraummiete (LG Berlin WuM 93, 396).

Will der Vermieter die Wohnung für sich selbst oder für einen Familienangehörigen zur Berufsausübung verwenden, kann er nur unter engen Voraussetzungen wegen ⮱ EIGENBEDARF kündigen.

Besichtigungsrecht des Vermieters

Ein generelles Besichtigungsrecht des Vermieters gibt es nicht; denn mit Abschluss des Mietvertrages steht dem Mieter grundsätzlich das Recht zu, in seiner Wohnung in Ruhe gelassen zu werden **(BVerfG WuM 2004, 80; WuM 93, 377; BGH WuM 2014, 495)**. Daraus ergibt sich, dass der Mieter nur in engem Rahmen und zu vertretbaren Zeiten die Besichtigung seiner Wohnung gestatten muss. Auch ist eine Klausel, die dem Vermieter ein generelles Besichtigungsrecht einräumt, z. B. alle 1 bis 2 Jahre, unwirksam **(BGH WuM 2014, 495)**. Umgekehrt darf der Vermieter von seinem Recht nur in schonender Weise Gebrauch machen und muss auf den Mieter Rücksicht nehmen (AG Hamburg NZM 2007, 211). Will der Vermieter die Besichtigung einem Dritten übertragen, muss dieser dem Mieter zumutbar sein (LG Frankfurt/M. WuM 2013, 301).

Darf der Vermieter fotografieren?
Der Vermieter oder von ihm beauftragte Personen dürfen in bewohnten Mieträumen ohne Einverständnis des Mieters keine Fotos anfertigen. Das stellt einen erheblichen Eingriff in die geschützte Privatsphäre dar, den der Mieter nicht hinnehmen muss (LG Frankenthal WuM 2012, 141). Keine Einwände kann der Mieter hingegen erheben, wenn er die Wohnung bereits geräumt hat und sie leer steht. Auch aus anderen nachvollziehbaren Gründen darf der Vermieter Fotos erstellen, etwa wenn sie der Bestandsaufnahme für einen Mietmangel oder einen Schaden dienen (AG Hamburg MietRB 2021, 38).

Voraussetzung für eine Besichtigung ist zunächst einmal, dass der Vermieter einen **konkreten sachlichen Grund** hat **(BGH WuM 2014, 495)**. Dieser kann sich z. B. daraus ergeben, dass der Vermieter Haus oder Wohnung verkaufen will (OLG Frankfurt WuM 2011, 95; LG Frankfurt/M. NZM 2002, 696). Der Erwerber hat ein eigenes Besichtigungsrecht erst ab Eintragung im Grundbuch (LG Berlin WuM 89, 495).

Ein Recht zur Besichtigung besteht aber auch, wenn das Ende des Mietverhältnisses bevorsteht und der Vermieter die Räume möglichen Mietnachfolgern zeigen will (AG Stuttgart-Bad Cannstatt WuM 2015, 148).

Auch aus der Vorbereitung von Modernisierungs- oder Instandsetzungsarbeiten kann sich ein solcher Anspruch ergeben (LG Berlin WuM 2016, 736). Der Vermieter darf z. B. prüfen lassen, ob ein Wasserschaden in der Wohnung auf einen Rohrbruch zurückzuführen ist **(BGH WuM 2023, 696)**. Ein generelles Zutrittsrecht für Handwerker, also ohne konkrete Anhaltspunkte für drohende Schäden oder zu beseitigende Mängel, besteht nicht (LG Frankfurt/M. NZM 2002, 696).

Womöglich muss der Mieter die Besichtigung nicht dulden, wenn sich als Folge schwerwiegende gesundheitliche Beeinträchtigungen oder sogar eine Lebensgefahr des Mieters ergeben könnten. Es ist aber abzuwägen, ob sich der Mieter beim Besichtigungstermin nicht durch eine Vertrauensperson vertreten lassen kann **(BGH WuM 2023, 403)**. In besonders gelagerten Fällen kann der Mieter verlangen, dass der Vermieter oder von ihm beauftragte Personen beim Betreten der Wohnung eine Gesichtsmaske tragen ⇨ CORONA-PANDEMIE.

Der Vermieter muss die Besichtigung rechtzeitig vorher **ankündigen**. Er muss sich deshalb insbesondere bei berufstätigen Mietern mindestens 3–4 Tage vorher anmelden (LG Frankfurt/M. NZM 2002,696; AG Stuttgart WuM 2009, 732; LG Berlin MM 2004, 125: 1 Woche) und den Grund angeben (LG München II NJW-RR 2009, 376).

Die gebotene Rücksichtnahme auf die Interessen des Mieters muss auch beim **zeitlichen Rahmen** des Besichtigungsrechts zum Ausdruck kommen. So darf ein Termin nur zu üblichen Zeiten angesetzt werden. Angemessen sind z. B. Termine an Wochentagen zwischen 10 und 13 Uhr sowie zwischen 16 und 18 Uhr; an Sonn- und Feiertagen darf eine Besichtigung nur in Ausnahmefällen stattfinden. Bietet der Mieter einen Besichtigungstermin für Samstag an, kann der Vermieter nach Ansicht des AG Köln (NZM 2001, 41) nicht auf einem Termin von Montag bis Freitag bestehen. Sieht der Mietvertrag ein Besichtigungsrecht »werktags bis 19 Uhr« vor, kann der Vermieter auch einen Termin am Samstag von 11 bis 12 Uhr verlangen (OLG Frankfurt WuM 2011, 95). Allgemein gilt, nach Möglichkeit muss der Vermieter versuchen, sich mit dem Mieter zu einigen (AG Neukölln MM 90, 230).

Der Vermieter kann von seinem Besichtigungsrecht auch **nicht dauernd** Gebrauch machen. Nach Auffassung des LG Frankfurt/M. (NZM 2002, 696) genügt der berufstätige Mieter seiner Pflicht, wenn er Besichtigungen dreimal monatlich zwischen 19 und 20 Uhr für jeweils 30 bis 45 Minuten ermöglicht. Andere erlauben die Besichtigung einmal wöchentlich während 3 Vormittagsstunden und gestehen nur in Eilfällen einen weiteren Tag zu (LG Kiel WuM 93, 52).

Der Vermieter darf sein Recht zum Betreten und zur Besichtigung der Wohnung jedoch nicht gewaltsam erzwingen (§ 123 StGB; OLG Köln WuM 77, 173; LG Berlin WuM 80, 185) ⇨ HAUSFRIEDENSBRUCH. Eine Weigerung des Mieters ist auch kein Kündigungsgrund **(BGH WuM 2014, 495)**. Weigert der Mieter sich, den Vermieter in seine Wohnung zu lassen, muss der Vermieter die Hilfe des Gerichts in Anspruch nehmen. Nur in Ausnahmefällen ist dies mittels ⇨ EINSTWEILIGER VERFÜGUNG möglich (LG Duisburg NJW-RR 2007, 85). Dabei muss das Gericht eine Abwägung der Grundrechte von Mieter und Vermieter vornehmen **(BVerfG WuM 2004, 80)**.Verweigert der Mieter hartnäckig und endgültig eine Besichtigung anlässlich des vorgesehenen Hausverkaufs, kann eine Kündigung gerechtfertigt sein (AG Frankfurt a.M. MietRB 2023, 158).

Besuch

In der Mietwohnung darf allein der Mieter bestimmen, welche Gäste er wann empfängt **(BVerfG WuM 2004, 80)**. Der Vermieter darf das Besuchsrecht weder zeitlich einschränken noch bestimmte Besucher ausschließen, es sei denn, gegen diese sprechen besonders schwerwiegende Gründe (z. B. Belästigung der Nachbarn bei früheren Besuchen).

Auch ein Besuch auf längere Dauer ist gestattet. Der Mieter darf für mehrere (ca. 4–6) Wochen auch ohne Einwilligung des Vermieters Besucher in seiner Wohnung aufnehmen, wenn darin keine ⇨ UNTERMIETE oder unerlaubte Daueraufnahme in seinen Haushalt zu sehen und damit keine Überbelegung der Wohnung verbunden ist (LG Mannheim WuM 73, 5). Kurzfristige Überbelegung schadet nicht (AG Dortmund WuM 82, 86). Ein Zeitraum von 3 Monaten überschreitet die normale Besuchsdauer (AG Frankfurt WuM 95, 396); etwas anderes kann gelten bei der längerfristigen Aufnahme von Austauschschülern oder Au-pairs.

Die besuchsweise Aufnahme von Geflüchteten ist gestattet; die Motivation für die Aufnahme der Besucher spielt keine Rolle.

Wichtig: Der Mieter muss sich das vertragswidrige Verhalten seiner Besucher anrechnen lassen (AG Köln WuM 87, 21; AG Hagen WuM 79, 15). Ausnahme: ungebetene Besucher (AG Köln WuM 92, 118: ungebetener »Gast« tritt die Wohnungstür ein, die ihm nicht freiwillig geöffnet wurde).

Betreutes Wohnen

Als Alternative zur traditionellen Heimversorgung im ⇨ ALTENHEIM wird das sog. »Betreute Wohnen« angeboten, auch »Service-Wohnen« genannt.

Das Deutsche Institut für Normung e.V. (DIN) hat die DIN-Norm 77800 »Qualitätsanforderungen an Anbieter der Wohnform ›Betreutes Wohnen für ältere Menschen‹« veröffentlicht, in der Mindeststandards beschrieben sind. Rechtlich verbindlich sind diese jedoch nicht.

Hier führen die Bewohner nach wie vor einen eigenen Hausstand, werden aber dabei durch Betreuungs- und Dienstleistungen unterstützt. Diese können direkt im Mietvertrag mit vereinbart sein. In der Regel wird allerdings ein besonderer Betreuungs- oder Servicevertrag mit einem Betreuungsunternehmen abgeschlossen; dazu gehören sowohl Privatfirmen als auch Wohlfahrtsverbände, die mobile häusliche Pflege anbieten.

Mit dem Betreuungsvertrag bucht der Mieter gegen eine monatliche Pauschale einen Grundservice. Zusätzlich werden vielfach Wahlleistungen angeboten, die bei Bedarf individuell abgerufen werden können. Zu den Grundleistungen zählen oft z.B. ein Hausnotruf, die Stellung von Ansprechpartnern und Kontaktpersonen zur Vermittlung kleinerer Besorgungen, Dienstleistungen und die Beratung sowie auch die kurzfristige Betreuung im Krankheitsfall. Als Wahlleistungen können bei Bedarf Unterstützung bei der Körperpflege, medizinische Versorgung, Wohnungsreinigung, Verpflegung, Begleitung zu Arztbesuchen etc. bestellt werden. Zum Teil werden gesellige und kulturelle Freizeitangebote für die Mieter der Wohnanlage angeboten; manche Anlagen für »Betreutes Wohnen« verfügen auch über Aufenthaltsräume, Therapieräume oder angeschlossene Pflege- und Behandlungseinrichtungen.

Verträge für betreutes Wohnen richten sich unabhängig von der Bezeichnung der Wohnform oder des Vertrags nach den für Heimverträge geltenden Vorschriften des Wohn- und Betreuungsvertragsgesetzes (WBVG), wenn die Voraussetzungen für die Anwendung des WBVG im konkreten Fall erfüllt sind ⮚ ALTENHEIM. Andernfalls werden sie als typengemischte Verträge betrachtet, auf die Vorschriften des Mietrechts, des Dienstvertragsrechts und des Kaufrechts Anwendung finden **(BGH WuM 2005, 399)**.

Angebote für betreutes Wohnen sollten vor Vertragsunterzeichnung sorgfältig geprüft und verglichen werden. Unter anderem sind folgende Fragen zu berücksichtigen:

– Welche Ausstattung und Qualitäten hat der angebotene Wohnraum? Nach Abschluss des Vertrags hat der Mieter keinen Anspruch gegen den Vermieter, dass dieser z.B. behindertengerechte Ausstattungen auf seine Kosten nachrüstet. Der Mieter kann lediglich die Genehmigung des Vermieters für eigene und von ihm selbst zu bezahlende Maßnahmen der Wohnungsanpassung verlangen ⇨ MIETERMODERNISIERUNG.

– Was kostet der angebotene Wohnraum? Wohnungen des betreuten Wohnens sind im Vergleich zu anderen Wohnungen mit gleicher Größe meist teurer. Ein Grund kann die barrierefreie Ausstattung sein. Ein in der Gemeinde vorhandener Mietspiegel kann eine Orientierung geben, um die Höhe der Wohnkosten einordnen zu können. Liegen diese mehr als 20% über der ortsüblichen Vergleichsmiete, kommt eine unzulässige ⇨ MIETPREISÜBERHÖHUNG in Betracht, für die allerdings weitere strenge Voraussetzungen erfüllt sein müssen.

– Welche Betreuungsleistungen sind als Grundleistungen erhältlich, und welche Wahlleistungen können ggf. hinzugebucht werden?

– Was kosten Grund- und Wahlleistungen, und wie sind die Möglichkeiten zur Preiserhöhung im Vertrag geregelt?

– Kann der Mieter Betreuungsleistungen unabhängig vom Mietvertrag kündigen, wenn er keinen Betreuungsbedarf hat, oder muss dann auch der Mietvertrag beendet werden? Und umgekehrt: Endet mit der Kündigung des Mietvertrags auch die Vereinbarung über die Betreuungsleistungen?

Ausführliche Informationen gibt es beim Kuratorium Deutsche Altershilfe (KDA), Michaelkirchstr. 17, 10179 Berlin; www.kda.de.

Betriebsbedarf ⇨ WERKWOHNUNG

Wenn eine GmbH oder eine Kommanditgesellschaft als Vermieter auftritt, kann diese keinen ⇨ EIGENBEDARF geltend machen **(BGH WuM 2007, 457 und 459; WuM 2017, 94).**

Solche Vermieter können sich aber auf Betriebsbedarf berufen, wenn die Wohnung an einen Betriebsangehörigen vermietet werden soll: Hat der Vermieter eine ⇨ WERKWOHNUNG an einen Arbeitnehmer vermietet, und ist das Arbeitsverhältnis beendet, so kann er das Mietverhältnis mit ordentlicher Frist kündigen, wenn er die Wohnung einem anderen Arbeitnehmer überlassen will und dies aus betriebsbedingten Gründen notwendig ist.

Ein Kündigungsrecht wegen Betriebsbedarfs besteht auch, wenn eine bislang an eine betriebsfremde Person vermietete Wohnung **erstmals** einem Arbeitnehmer überlassen werden soll und betriebliche Gründe die Nutzung gerade **dieser** Wohnung notwendig machen **(BGH WuM 2007,**

457; WuM 2017, 342). Ob das Wohnen des Mitarbeiters gerade in dieser Wohnung aus betrieblichen Gründen erforderlich ist, beurteilt sich nach dessen Aufgaben und Funktion im Betrieb **(BGH NZM 2021, 432)**.

So ist Betriebsbedarf z.B. denkbar für einen Angestellten, dem die Aufgaben eines »Concierge« oder eines Hausmeisters übertragen sind (LG Regensburg WuM 98, 160; LG Aachen ZMR 1990, 303), nicht aber bei einem Hausmeister, der mehrere Objekte des Vermieters betreuen soll und bereits in der Nähe eines der Objekte wohnt **(BGH WuM 2017, 342)**.

Voraussetzung ist jedoch, dass die betriebsbedingten Umstände erst **nach** Abschluss des Mietvertrages eingetreten sind (LG Karlsruhe WuM 85, 148) oder der Mietvertrag bereits unter Hinweis auf einen möglichen Betriebsbedarf befristet abgeschlossen wurde (LG Berlin WuM 2001, 241).

Dass der Vermieter die Wohnung neu anzuwerbenden Fachkräften zur Verfügung stellen will, genügt nicht (OLG Stuttgart RE WuM 91, 330; LG Heilbronn WuM 90, 507). Auch der Umstand, dass der Arbeitnehmer einen konkreten Wohnbedarf hat, rechtfertigt selbst dann keine Kündigung wegen Betriebsbedarfs, wenn es sich um den Geschäftsführer des Unternehmens handelt (LG Wuppertal WuM 94, 686; a.A. LG Berlin WuM 96, 145 bei einer »Schlüsselkraft«). Erforderlich ist, dass gerade das Bewohnen dieser Räume durch diesen Arbeitnehmer für die ordnungsgemäße Führung des Betriebs notwendig ist (OLG Stuttgart RE WuM 91, 330). Dass der Geschäftsführer den Betrieb durch den Bezug der Wohnung schneller erreichen könnte (LG Wuppertal WuM 94, 686) oder sich sein Heimweg deutlich verkürzen würde **(BGH WuM 2007, 457)**, ist nicht ausreichend. Der Vermieter kann aber einen ⇨ ZEITMIETVERTRAG abschließen, um die Wohnung nach Ablauf der vereinbarten Mietzeit einem anderen Betriebsangehörigen zu überlassen.

Betriebskosten ⇨ HEIZKOSTEN

Welche Betriebskosten gibt es?

Zu den Betriebskosten gehören nach der Betriebskostenverordnung: Grundsteuer, Wasser, Entwässerung, Heizungs- und Warmwasserkosten, Kosten für Personen- und Lastenaufzug, Straßenreinigung, Müllbeseitigung, Beleuchtung, Schornsteinreinigung, Gartenpflege, Sach- und Haftpflichtversicherungen, Hauswart, Gemeinschaftsantenne oder Breitbandkabelnetz, maschinelle Wascheinrichtungen, Hausreinigung, Ungezieferbekämpfung und sonstige Betriebskosten.

Es muss sich um laufende, regelmäßig wiederkehrende Kosten im Zusammenhang mit dem Haus oder dem Grundstück handeln. Einmalige Kosten sind nie Betriebskosten.

Eine Vereinbarung, nach der noch weitere Kosten (z. B. Verwaltungskosten, Instandhaltungsrücklagen) umgelegt werden, ist unwirksam (**OLG Karlsruhe RE WuM 88, 204; OLG Koblenz RE WuM 86, 50**). Ein sogenanntes **Umlageausfallwagnis** darf nur für Sozialwohnungen berechnet werden (LG Trier WuM 2007, 626). Verwaltungs- und Instandhaltungskosten muss der Mieter nie als Nebenkosten zahlen, auch nicht als Mieter einer Eigentumswohnung. Mieter müssen auch keine Verwaltungskosten zahlen, wenn diese unter der Nebenkostenposition »Hausmeister«

versteckt oder als sogenannte »Regie-Aufschläge« kaschiert werden. Verwaltungskosten schuldet der Mieter einer Wohnung nur, wenn sie als Teil der Grundmiete (⇨ MIETE) vereinbart sind **(BGH WuM 2019, 92)** ⇨ VERWALTUNGSKOSTEN.

Bei Geschäftsraummietverhältnissen kann die Umlage von Verwaltungskosten vereinbart werden **(BGH NZM 2014, 830; NZM 2010, 123)**.

Ebenfalls keine Betriebskosten sind – egal was im Mietvertrag steht – z.B. Erbbauzinsen (AG Mannheim NZM 2009, 28), Haus- und Mietrechtsschutz (AG Bonn WuM 87, 274), Kosten einer Reparaturversicherung (AG Köln WuM 90, 556), Kosten eines Wach- oder Sicherheitsdienstes für ein Wohngebäude (AG Neubrandenburg WuM 2018, 808; AG Köln ZMR 2003, 684; die Kostenumlage auf gewerbliche Mietobjekte ist hingegen zulässig – OLG Düsseldorf MDR 2012, 1025), Bankgebühren, Portokosten des Vermieters oder Kosten für die Erstellung der Abrechnung (LG Stuttgart WuM 89, 521; AG Hameln WuM 83, 239), anders aber bei den Kosten für eine verbrauchsabhängige Abrechnung; Instandhaltungsrücklage oder die Zinsabschlagsteuer hierauf. Nicht in der Abrechnung auftauchen dürfen außerdem **Miet- oder Leasingkosten**. Das gilt z.B. für ⇨ RAUCHWARNMELDER **(BGH WuM 2022, 428)**, für einen Öltank und einen Heizungsbrenner **(BGH WuM 2009, 115)**, für einen Gastank (AG Bad Kreuznach WuM 89, 310) sowie für Müllbehälter (LG Neuruppin WuM 2003, 153). Eine Ausnahme besteht nur für gesetzlich ausdrücklich genannte Anmietungskosten, etwa für Wasserzähler sowie für ⇨ HEIZKOSTENVERTEILER UND WÄRMEZÄHLER.

Welche Betriebskosten muss der Mieter übernehmen?
Nach dem Bürgerlichen Gesetzbuch muss der Vermieter die Betriebskosten tragen. Sind sie in der Miete enthalten, spricht man von einer Bruttomiete ⇨ MIETE. Das bedeutet: Ohne Vereinbarung hierzu muss der Mieter keine Nebenkosten gesondert zahlen!

Es ist aber allgemein üblich, im Mietvertrag festzulegen, dass der Mieter die Betriebskosten neben der Grundmiete übernimmt. Dann vereinbart der Vermieter üblicherweise auch monatliche Vorauszahlungen auf die Betriebskosten. Das sind Abschlagszahlungen, über die nach Ablauf der Abrechnungsperiode (1 Jahr) abgerechnet werden muss. Voraussetzung ist natürlich, dass die Kosten auch tatsächlich angefallen sind. Der Vermieter darf z.B. keinen pauschalen Betrag für einen Hausmeister ansetzen, wenn er gar keinen beschäftigt hat. Erbringt der Vermieter aber bestimmte Arbeiten in Eigenleistung, z.B. Gartenpflege, Reinigungs- oder Hausmeisterarbeiten, kann er dafür in der Abrechnung die

Kosten ansetzen, die er einem Unternehmen dafür zahlen müsste, aber ohne Mehrwertsteuer. Der BGH hat entschieden, dass auch ein größerer Vermieter auf diese Weise verfahren darf. Er kann für Arbeiten, die seine Angestellten erbracht haben, fiktive Kosten abrechnen, also Kosten, die gar nicht angefallen sind. Dazu muss er nur ein Angebot eines Unternehmens vorlegen und darf dann diese Kosten in der Abrechnung ansetzen **(BGH WuM 2013, 44)**. Macht der Vermieter hiervon Gebrauch, ist eine genaue Kontrolle der einzelnen Kostenpositionen sinnvoll. Der Vermieter muss nachweisen können, dass die angegebenen Arbeiten tatsächlich durchgeführt wurden.

Im Mietvertrag muss festgelegt sein, dass Betriebskosten gesondert zu zahlen sind. Ist vertraglich lediglich bestimmt, dass monatliche Vorauszahlungen zu entrichten sind, ohne zu erläutern, welche Betriebskosten darunterfallen, besteht keine wirksame Rechtsgrundlage für die Abrechnung von Betriebskosten **(BGH WuM 2012, 453)**. Auch wenn es der Vermieter versäumt hat, die für die Vereinbarung von Betriebskosten vorgesehene Stelle auszufüllen, sind sie durch die Miete abgegolten (LG Berlin GE 2015, 387). Das gilt entsprechend, wenn von den vorgesehenen Alternativen, »die Betriebskosten sind in der Miete enthalten – nicht enthalten«, keine ausgewählt oder angekreuzt wurde (LG Konstanz NJW 2014, 1895; AG Münster WuM 2018, 722).

Ansonsten stellen die Gerichte an die Vereinbarung von Betriebskosten keine hohen Anforderungen. Viele Mietverträge verweisen zur Vereinbarung der Kostenumlage lediglich auf den gesetzlich festgelegten Katalog der Betriebskosten. Im Mietvertrag steht dann z.B.: »Neben der Miete sind Betriebskosten nach der Betriebskostenverordnung zu zahlen.« Das sehen die Gerichte als ausreichend an, um den Mieter mit allen rechtlich zulässigen Betriebskosten gesondert zu belasten **(BGH WuM 2007, 571; WuM 2004, 290)**. Noch nicht einmal einen Hinweis auf die Betriebskostenverordnung hält der BGH für notwendig. Es genügt auch der Hinweis im Mietvertrag: »Der Mieter trägt die Betriebskosten.« **(BGH WuM 2016, 498; WuM 2016, 211)**. Ausreichend ist es auch, wenn statt »Betriebskosten« der Begriff »Nebenkosten« gewählt wird (LG Berlin GE 2016, 1514). Es schadet dem Vermieter auch nicht, wenn alle Betriebskosten aufgezählt sind, ohne dass sich aus dem Mietvertrag ergibt, welche Betriebskosten tatsächlich anfallen **(OLG Karlsruhe RE WuM 86, 9)**.

In einigen Mietverträgen sind die gesondert zu zahlenden Betriebskosten einzeln aufgelistet oder angekreuzt. Dann besteht eine abschließende Vereinbarung. Nicht genannte Betriebskosten können nicht auf den Mieter abgewälzt werden. Verweist der Mietvertrag zur Umlage auf die gesetzliche Aufstellung der Betriebskosten, und bestimmt er an anderer Stelle, dass als Betriebskosten die nachstehend aufgezählten Positionen anfallen, ist das widersprüchlich. Es sind nur die ausdrücklich genannten Kosten als umlegbar vereinbart **(BGH WuM 2007, 694).** Das gilt entsprechend, wenn der Mieter nach dem Mietvertrag die »nachstehenden Nebenkosten« zu tragen hat und in den einzelnen Spalten für die Vorschüsse nur einige Betriebskosten betragsmäßig ausgewiesen sind (LG Berlin ZMR 2003, 427; AG Hamburg-Blankenese ZMR 2016, 118; AG Winsen ZMR 2014, 217).

Wichtig: Die Mieter müssen vor Unterschrift unter den Mietvertrag genau darauf achten, welche Klauseln sie zu Betriebskosten unterschreiben. Im Zweifel sollten sie ausdrücklich nachfragen, welche Betriebskosten zusätzlich zur Miete hinzukommen und wie hoch die voraussichtlichen Kosten sind. Die Antwort sollte sich der Mieter am besten schriftlich geben lassen oder im Mietvertrag unter »Sonstige Vereinbarungen« festhalten.

Hat der Vermieter bei Vertragsschluss nicht alle umlagefähigen Kosten vereinbart, kann er dies nicht einseitig von sich aus ändern. Dies ist nur mit Einverständnis des Mieters möglich. Der BGH hatte zunächst ohne nähere Begründung entschieden, dass durch jahrelange Zahlung nicht geschuldeter Betriebskosten eine Vereinbarung zustande kommen kann **(BGH WuM 2004, 292)**. In einer späteren Entscheidung sieht er dies aber anders **(BGH WuM 2007, 694)**. Es reicht nicht aus, dass der Mieter die Betriebskostenabrechnung unbeanstandet lässt. Wenn er einen in der Abrechnung ausgewiesenen Nachzahlungsbetrag begleicht, dann in der Regel deshalb, weil er glaubt, dazu verpflichtet zu sein. Der Mieter will nicht den Mietvertrag ändern.

Diese Rechtslage besteht auch im umgekehrten Fall zugunsten des Vermieters. Rechnet er längere Zeit nicht ab, obwohl das im Mietvertrag vereinbart ist, verliert er dadurch nicht das Recht, **künftig** eine Abrechnung zu erstellen. Das gilt sogar, wenn über 20 Jahre lang keine Abrechnungen vorgelegt wurden **(BGH WuM 2008, 225)**.

Achtung: Mieter können die meisten Betriebskosten, die der Vermieter berechnet hat, von ihrer Steuer absetzen ⇨ HAUSHALTSNAHE DIENSTLEISTUNGEN.

Neu entstandene Betriebskosten

Von dem Grundsatz, dass der Mieter nur die im Mietvertrag vereinbarten Betriebskosten zahlen muss, gibt es Ausnahmen. In bestimmten Fällen kann der Vermieter auch Betriebskosten umlegen, die erst nach Abschluss des Mietvertrags entstanden sind:

■ Der Vermieter führt eine Modernisierung durch, und als Folge daraus ergeben sich neue Betriebskosten. Z. B. kann er nach dem Einbau eines Aufzugs die für den Betrieb anfallenden laufenden Kosten umlegen. Voraussetzung ist, dass er die Modernisierung ordnungsgemäß mitgeteilt und darin die voraussichtlich anfallenden Betriebskosten genannt hat (§ 555c BGB). Mieter mit geringem Einkommen können der Mieterhöhung nach Abschluss der Modernisierungsmaßnahmen unter Umständen entgegenhalten, dass sie mit einer höheren Grundmiete und den zusätzlich anfallenden Betriebskosten finanziell zu sehr belastet werden ⇨ MODERNISIERUNG.

■ Der Vermieter will die Heizungsanlage nicht mehr selbst betreiben, sondern die Wärme von einem gewerblichen Anbieter liefern lassen. Dann kann er auf eine Versorgung mit Nahwärme oder ⇨ FERNWÄRME umstellen und dem Mieter den Preis für die »gewerbliche Wärmelieferung« in Rechnung stellen. Das ist aber an bestimmte, gesetzlich festgelegte Voraussetzungen geknüpft ⇨ CONTRACTING.

■ Die Kostenart ist als umlegbar vereinbart, und der Mietvertrag enthält einen Erhöhungsvorbehalt **(BGH WuM 2006, 612)**. Ergibt sich z. B. aus dem Mietvertrag (mit Erhöhungsvorbehalt), dass der Mieter die Kosten der Sach- und Haftpflichtversicherungen zu tragen hat, kann der Vermieter eine weitere Versicherung abschließen und die Kosten umlegen. Es darf sich aber nicht um überflüssigen Versicherungsschutz handeln (siehe S. 74 – Grundsatz der Wirtschaftlichkeit).

■ Der Vermieter lässt Wasserzähler einbauen und will anschließend die Wasserkosten nach Verbrauch umlegen. Waren die Wasserkosten bisher in der Grundmiete enthalten, kann er sie als Betriebskosten gesondert berechnen. Für die Abwasserkosten gilt das entsprechend. Und auch Müllkosten kann er als Betriebskosten einführen, wenn er nach angefallenen Müllmengen abrechnen will. Die Umstellung muss der Vermieter dem Mieter vorher in ⇨ TEXTFORM mitteilen. Außerdem muss er die Grundmiete senken, wenn die Betriebskosten bisher Teil der Grundmiete waren (§ 556 a Abs. 2 BGB).

Pauschale

Haben die Mietparteien zur Abgeltung der Betriebskosten die Zahlung einer monatlichen Pauschale durch den Mieter vereinbart, sind damit die Nebenkosten abgegolten. Sind die Nebenkosten durch den Pauschbetrag nicht abgedeckt, muss der Mieter keine Nachzahlung leisten. Er kann allerdings auch keine Rückzahlung verlangen, falls die Pauschale höher war als die tatsächlichen Kosten. Die Pauschale anheben darf der Vermieter nur, wenn das im Mietvertrag geregelt ist. Das geht nur für die Zukunft. Außerdem muss er nachweisen, welche Betriebskosten sich erhöht haben ⮚ S. 84 Erhöhung der Pauschale.

Betriebskosten im Überblick
Welche Betriebskosten auf den Mieter umgelegt werden dürfen, ist in der Betriebskostenverordnung im Einzelnen festgelegt.

Es gibt 17 verschiedene Betriebskosten. Drei Kostenarten beziehen sich auf die ⮚ HEIZKOSTEN und die Kosten für das Warmwasser, angefangen bei der Zentralheizung und bei der zentralen Warmwasserversorgung bis hin zur Etagenheizung und den Wartungskosten für eine Etagenheizung oder ein Warmwassergerät. Die übrigen 14 »kalten« Betriebskosten sind:

Grundsteuer
In vielen Verträgen steht auch »öffentliche Lasten des Grundstücks«. Gemeint ist in erster Linie die Grundsteuer. Sie wird von der jeweiligen Kommune erhoben. Steht im Mietvertrag dagegen nur etwas von »Hausgebühren« oder »städtischen Gebühren«, muss der Mieter die Position Grundsteuer mangels Bestimmtheit nicht zahlen.

Ende 2019 ist die Grundsteuerreform mit neuen Berechnungsmethoden beschlossen worden. Vielen Mietern, besonders in Großstädten, werden dadurch höhere Kosten entstehen. Andere Mieter, z. B. in ländlichen Gebieten, werden entlastet. Die neuen Regelungen sollen spätestens am 1.1.2025 in Kraft treten.

Der Deutsche Mieterbund fordert, dass die Grundsteuer nicht länger über die Betriebskostenabrechnung auf die Mieter abgewälzt werden darf. Die Grundsteuer ist eine Steuer auf den Besitz von Grundstücken und Gebäuden, daher müssten diese Kosten von den Vermietern getragen werden.

Wasser
Hierzu zählen: Wassergeld, Kosten der Wasseruhr (einschl. Ablesung und Abrechnung), Kosten für eine Wasseraufbereitungs- und Wasserhebeanlage. Kaltwasserzähler müssen nach 6 Jahren geeicht werden. Das Jahr der letzten Eichung ist auf dem Gerät vermerkt. Die Eichung wird üblicherweise am kostengünstigsten dadurch vorgenommen, dass die vorhandenen Geräte durch neue ersetzt werden. Die hierfür entstehenden Kosten kann der Vermieter ebenfalls umlegen ⮚ EICHPFLICHT. Der Vermieter kann die Wasserzähler auch anmieten oder leasen. Diese

Kosten gehören ebenfalls zu den Wasserkosten. Zu den Messdifferenzen zwischen dem Hauptzähler und den Zwischenzählern, siehe S. 61 – Verteilerschlüssel. Der Mieter darf ohne Erlaubnis des Vermieters nicht einfach selbst einen Wasserzähler in seine Wohnung einbauen ⇨ MIETERMODERNISIERUNG, und er kann vom Vermieter dann auch nicht verlangen, dass die Wasserkosten nach dem abgelesenen Verbrauch abgerechnet werden (AG Wedding GE 2002, 536).

Extrem hohe Verbräuche – z. B. im Vergleich zum Vorjahr – muss der Vermieter aufklären (LG Hamburg NZM 2001, 806). Möglicherweise ist das Rohrleitungssystem undicht oder der Wasserzähler defekt.

Wassermengenregler werden an den Armaturen des Waschbeckens und der Dusche aufgeschraubt und dienen der Wassereinsparung. Sie müssen regelmäßig gewartet werden, damit sie ihre Funktion ausreichend erfüllen können. Die Umlage der laufenden Kosten für die Wartung macht sich bezahlt, weil bereits bei einem durchschnittlichen Wasserverbrauch beträchtliche Kosten eingespart werden.

Entwässerung

Das sind städtische Gebühren für die Nutzung einer öffentlichen Entwässerungsanlage (Kanalisation), die dem Eigentümer gegenüber durch Abgabenbescheid jeweils für ein Rechnungsjahr festgesetzt werden (»Kanalgebühren«/Sielgebühren). Umlagefähig sind alle im Zusammenhang mit der Entwässerung erhobenen Gebühren. Dazu gehören die »Grundstücksentwässerung«, »Regenwasserabgabe«, »Regenwasserkanalkosten« oder »Oberflächenentwässerung« (OLG Düsseldorf WuM 2000, 591). Falls das Haus nicht an das öffentliche Kanalnetz angeschlossen ist, sind dies z. B. Kosten der Abfuhr und Reinigung einer eigenen Klär- und Sickergrube (AG Greiz WuM 99, 65). Abrechnen darf der Vermieter auch die Wartungskosten für eine Pumpe, die der Entwässerung dient (AG Rheine WuM 2023, 63).

Fahrstuhlkosten

Hierzu gehören die Kosten des Betriebsstroms, der Beaufsichtigung, Bedienung, Überwachung, Pflege der Anlage, der regelmäßigen Prüfung der Betriebsbereitschaft und Betriebssicherheit, einschließlich der Einstellung durch einen Fachmann sowie die Kosten der Reinigung der Anlage, nicht aber die Kosten einer Notdienstpauschale **(BGH WuM 2020, 83)**.

Reparaturkosten gehören – wie immer – nie zu den umlagefähigen Betriebskosten. Viele Vermieter schließen sogenannte Vollwartungsverträge ab. In den Kosten sind auch Reparaturkosten enthalten, die nicht auf den Mieter umgelegt werden dürfen. Deshalb ist vom Gesamtbetrag ein Abzug vorzunehmen, z. B. von 37% (LG Hamburg NZM 2001, 806), von 40% (LG Braunschweig ZMR 2003, 114; LG Duisburg WuM 2004, 717) oder sogar von 50% (AG Duisburg WuM 2015, 525).

Bei den Wartungsarbeiten werden auch häufig Verschleißteile ausgetauscht. Diese Kosten darf der Vermieter nicht auf die Mieter umlegen (LG Hamburg NZM 2001, 806; LG Berlin GE 1988, 463; **a. A.** OLG Düsseldorf NZM 2000, 762). Die vorgeschriebenen regelmäßigen Prüfungen des Fahrstuhls dürfen auch durch freie Sachverständige durchgeführt werden. Die Kosten hierfür zählen wie die eventuellen TÜV-Gebühren zu den Betriebskosten.

Zulässig ist es, den Parterremieter von der Umlage vertraglich auszuschließen (LG Frankfurt/M. ZMR 2015, 307). Ohne entsprechende Vertragsvereinbarung dürfen die Fahrstuhlkosten grundsätzlich auch auf den Parterremieter umgelegt werden. Das gilt auch dann, wenn der Erdgeschossmieter keinen konkreten Nutzen von dem Aufzug hat, weil weder Keller noch Dachboden mit dem Aufzug erreichbar sind **(BGH WuM 2006, 613)**.

Gibt es in einer Wirtschaftseinheit mehrere Aufzugsanlagen, muss über die jeweiligen Kosten getrennt abgerechnet werden (LG Berlin GE 90, 651). Kann die Wohnung durch den Aufzug gar nicht erreicht werden, etwa weil er sich in einem anderen Gebäude oder Gebäudeteil befindet, dürfen Aufzugskosten nicht berechnet werden **(BGH WuM 2009, 351)**.

Straßenreinigung und Müllbeseitigung

Müllbeseitigungskosten sind die Kosten, die die Gemeinde dem Vermieter durch Abgabenbescheid in Rechnung stellt. Umlagefähig sind auch die Kosten der vom Vermieter veranlassten Müllbeseitigung. Dabei ist es gleichgültig, ob der Vermieter die Maßnahmen selbst durchführt oder ein Unternehmen beauftragt. Der Vermieter kann die Kosten für die Entsorgung sämtlichen Mülls umlegen, der in einem Wohnhaus üblicherweise regelmäßig anfällt. Dazu gehören die Kosten für eine Mülltrennung, wenn separate Behälter für Glas, Papier, recycelbare Wertstoffe, Bioabfälle usw. bereitstehen.

Einige Großvermieter schalten ein Unternehmen ein, das sich um eine Verringerung der Müllkosten kümmert **(»Müllmanagement«)**. Es trennt z. B. Wertstoffe vom Restmüll oder verdichtet das Müllvolumen. Die Kosten für ein Müllmanagement kann der Vermieter als Betriebskosten auf die Mieter umlegen **(BGH WuM 2023, 204; WuM 2022, 733)**. Ein Verstoß gegen den Grundsatz der Wirtschaftlichkeit kann darin zu sehen sein, dass sich die Einschaltung eines Unternehmens teilweise als unnötig herausstellt. Hätte der Vermieter die Einsparmaßnahmen ohne weiteres auch selbst durchführen können, darf er die zusätzlichen Kosten für das Unternehmen insoweit nicht umlegen (AG Berlin-Mitte WuM 2005, 393). Werden z. B. ungenutzte Müllbehälter abbestellt, kann der Vermieter das nicht als Erfolg der Müllmanagement-Firma darstellen. Nachweispflichtig ist dem BGH zufolge der Mieter.

Nach der Betriebskostenverordnung sind außerdem umlegbar: die Kosten für Müllkompressoren, Müllschlucker, Müllabsauganlagen sowie für Müllmengenerfassungsanlagen. Mithilfe von Müllmengenerfassungsanlagen, etwa von Müllschleusen, lässt sich ermitteln, wie viel Müll jeder Mieter entsorgt. Die Kosten sind dann nach der individuellen Müllverursachung umzulegen. Dann kann der Vermieter nach der Betriebskostenverordnung auch die Kosten der Berechnung und Aufteilung auf den Mieter umlegen.

Der Vermieter muss Größe und Anzahl der Müllbehälter am Bedarf ausrichten. Andernfalls hat er die entstehenden Mehrkosten selbst zu tragen (AG Wennigsen WuM 2003, 90; AG Dannenberg WuM 2000, 379). Zu beachten ist aber, dass in vielen Gemeinden ein Mindestvolumen für den Müll angesetzt wird, das sich nach der Anzahl der Hausbewohner richtet.

Eine **Leihgebühr für die Müllbehälter** darf der Vermieter nicht auf die Mieter umlegen (LG Neuruppin WuM 2003, 153). Durch die »Leihe« spart er sich den Kauf der Müllgefäße, und Anschaffungskosten sind nicht umlagefähig. Etwas anderes gilt, wenn die Leihkosten Teil der städtischen Müllgebühr sind.

Zu den Kosten der Müllabfuhr zählen auch solche Kosten, die der Vermieter aufbringen muss, weil er selbst Müll entsorgen lässt. Nicht dazu gehören aber die Kosten für einen Container, um Bauschutt wegzuschaffen.

Sperrmüll- und Entrümpelungskosten sind Betriebskosten, wenn der Vermieter für eine geregelte Abfuhr sorgt (LG Berlin GE 2001, 65; AG Köln WuM 2001, 469). Das setzt voraus, dass er den Mietern einen Platz anbietet, wo sie ihren Sperrmüll lagern können, und dieser dann mehr oder weniger regelmäßig abgeholt wird. Ist die Sperrmüllabfuhr so ausgestaltet, dass sich einzelne Mieter bei Bedarf beim Vermieter melden müssen, kann der Vermieter nur die Mieter mit Kosten belasten, die das Angebot jeweils wahrnehmen (LG Berlin GE 2000, 126). Der BGH hat entschieden, dass auch die Kosten für den Abtransport von illegal gelagertem Sperrmüll umgelegt werden dürfen, wenn sie regelmäßig anfallen **(BGH WuM 2010, 153)**. Nicht als Betriebskosten abrechnen darf der Vermieter derartige Kosten, wenn es sich um eine einmalige Aktion handelt, etwa weil ein Kellerraum vor einer anstehenden Renovierung leer geräumt werden muss oder ein Mieter beim Auszug »vergessen« hat, seine Sachen im Kellerverschlag mitzunehmen.

Zu den Kosten der **Straßenreinigung** zählen neben den öffentlichen Straßenreinigungsgebühren auch die Kosten, die der Vermieter selbst für die Säuberung der zum Grundstück gehörenden Fußwege und Plätze aufwendet. Das schließt den Winterdienst mit ein. Besteht eine Vereinbarung, dass der Mieter diese Arbeiten übernimmt, darf der Vermieter die Kosten nicht umlegen ⇨ SCHNEEFEGEN.

Gebäudereinigung und Ungezieferbekämpfung
Zur **Gebäudereinigung** gehören die Kosten für die Säuberung von Zugängen, Fluren, Treppen, Keller, Wohnräumen oder Waschküchen. Werden diese Arbeiten von einer Reinigungskraft erledigt, gehört deren Lohn inklusive Weihnachtsgeld und Berufsgenossenschaftsbeitrag zu den Kosten der Hausreinigung. Neben den Personalkosten gehören auch die Kosten der Reinigungsmittel hierzu.

Der Vermieter ist nicht gezwungen, immer die preiswerteste Variante zu wählen. Er kann sich auch für eine etwas teurere – dafür aber zuverlässigere – Reinigungsfirma entscheiden. Der Aufwand für die Reinigung muss sich aber in einem vernünftigen Rahmen halten. Normalerweise muss nicht dreimal in der Woche gereinigt werden (LG Hamburg NZM 2001, 806). Vergleiche S.75 – Grundsatz der Wirtschaftlichkeit.

Sind die Mieter laut Mietvertrag oder Hausordnung verpflichtet, die Gemeinschaftsflächen selbst zu putzen, entfällt natürlich die Position Hausreinigung in der Betriebskostenabrechnung (AG Münster WuM 2023, 615). Der Vermieter darf auch nicht ohne weiteres den Mietvertrag oder die Hausordnung dahingehend ändern, dass er zukünftig die Gemeinschaftsflächen von einer Putzkraft reinigen lässt (AG Leipzig WuM 2018, 508; AG Steinfurt WuM 2014, 369; AG Magdeburg WuM 2002, 576).

Kosten für **Ungezieferbekämpfung** sind meistens sehr gering – z.B. Kosten für Schädlingsbekämpfungsmittel wie Insektenspray (AG Frankfurt WuM 89, 171).

Einmalige Kosten der Ungezieferbekämpfung kann der Vermieter nicht auf die Mieter umlegen, da es sich insoweit nicht um Betriebskosten handelt (LG München I WuM 2001, 245; AG Oberhausen WuM 96, 715; AG Hamburg WuM 99, 485; WuM 93, 619). Voraussetzung für die Umlage ist immer, dass die Kosten regelmäßig entstehen, es sich also um laufende Kosten handelt. Keine Betriebskosten sind deshalb die Kosten eines Feuerwehreinsatzes zur Beseitigung von Bienen oder Wespen (AG München WuM 2011, 629; AG Meppen WuM 2003, 355).

Gartenpflege
Hierunter fallen Sach- und Personalkosten, die durch die Pflege der hauseigenen Grünanlage entstehen. Hierzu gehören unter anderem die Kosten der Neuanlegung eines Rasens oder die Kosten für eine Erneuerung von Pflanzen und Gehölzen (LG Hamburg WuM 89, 191; AG Steinfurt WuM 99, 721), Gießwasser und Kosten der Pflege (einschließlich Sandaustausch) von Spielplätzen.

Früher war sehr umstritten, ob der Vermieter die Kosten für die Fällung und den Abtransport von abgestorbenen Bäumen auf die Mieter umlegen darf. Die Gerichte waren sich nicht einig. Eine Entscheidung des BGH hat für Klarheit gesorgt. Der Aufwand für die Fällung von morschen, nicht mehr standsicheren Bäumen gehört grundsätzlich zu den umlagefähigen Kosten der Gartenpflege **(BGH WuM 2022, 40)**. Auch wenn nicht jedes Jahr ein Baum gefällt werden müsse, seien Baumfällkosten Kosten, die »laufend« anfielen.

Anders verhält es sich, wenn ein gesunder Baum beseitigt wurde, etwa weil er einzelnen Wohnungen zu viel Licht weggenommen hat. Diese Kosten darf der Vermieter keinesfalls auf die Mieter abwälzen (AG Hamburg-Wandsbek WuM 86, 123). Das Gleiche gilt, wenn der Vermieter sämtliche Bäume auf dem Grundstück fällen lässt. Darin ist eine wesentliche Umgestaltung des Grundstücks zu sehen (LG Hamburg WuM 94, 695; LG Berlin GE 88, 355).

Nicht zur Gartenpflege gehört auch eine regelmäßig durchgeführte Baumkontrolle (AG Bottrop WuM 2014, 568; **a.A.** AG Frankfurt MietRB 2017, 132). Zulässig ist aber die Umlage als »sonstige Betriebskosten«, wenn das im Mietvertrag ausdrücklich festgelegt ist.

Die Kosten für die Erneuerung von Gehwegplatten darf der Vermieter nicht umlegen. Das sind Instandhaltungskosten (AG Stuttgart-Bad Cannstatt WuM 96, 481). Auch die Anschaffungskosten für Gartenpflegegeräte, etwa einen Rasenmäher oder eine Gartenschere, sind nicht umlagefähig (LG Potsdam MM 2003, 143; LG Hamburg WuM 89, 640; AG Steinfurt WuM 99, 721).

Die für die Gartenpflege berechneten Kosten müssen der Art und Höhe nach angebracht sein. Es ist zu prüfen, ob die durchgeführten Arbeiten, die Anzahl der angesetzten Stunden und das aufgewandte Material angemessen und übliche Preise angesetzt worden sind (AG Münster WuM 2000, 197).

Für die Gartenpflege müssen die Mieter auch zahlen, wenn sie die Gartenfläche nicht nutzen können oder dürfen **(BGH WuM 2004, 399)**. Eine gepflegte Anlage verschönert das Wohnanwesen und verbessert die Wohn- und Lebensqualität. Deshalb sollen die Mieter dafür auch zahlen, so der BGH. Das betrifft z. B. einen Vorgarten oder eine Gemeinschaftsfläche, die nicht zu betreten ist. Anders hingegen verhält es sich bei Gartenflächen, die dem Vermieter oder anderen Mietern zur alleinigen Nutzung überlassen sind. An den Kosten für die Pflege solcher Gartenteile dürfen die Mieter nicht beteiligt werden.

Grünanlagen und andere Flächen, die auch für die Benutzung durch die Öffentlichkeit vorgesehen sind, haben keinen Bezug zur Mietsache. Die hierfür anfallenden Pflegekosten sind nicht umlegbar **(BGH WuM 2016, 214**; LG Berlin WuM 2020, 24).

Die Pflegekosten für eine Dachbegrünung sind nicht umlagefähig, da es in erster Linie um die Verbesserung der Isolationseigenschaften geht (KG Berlin WuM 2006, 35; LG Karlsruhe WuM 96, 230). Ist vereinbart, dass der Mieter den Garten pflegt, kann der Vermieter nicht zusätzlich Kosten für Pflegearbeiten umlegen **(BGH WuM 2009, 41)**.

Beleuchtung
Das sind die Stromkosten für Treppenhaus, Kellerräume, Waschküche usw. Dazu gehören auch die Kosten für die Außenanlagen. Teile des Grundstücks, die dem Mietshaus nicht zugeordnet sind, müssen von der Kostenumlage ausgenommen werden (AG Pinneberg ZMR 2008, 304).

Umlegen darf der Vermieter nur die Stromkosten für die Beleuchtung, nicht aber für andere Einrichtungen, etwa für die Klingelanlage (AG Leipzig WuM 2007, 576). Auch die Betriebsstromkosten für die Heizungsanlage muss er abziehen. Gibt es keinen Zwischenzähler zur Ermittlung des Betriebsstroms, können die Kosten geschätzt werden. Die Grundlagen der Schätzung sind auf Nachfrage des Mieters offenzulegen **(BGH WuM 2008, 285)**.

Auch für das Auswechseln von Leuchtstoffröhren darf der Vermieter keine Kosten berechnen (OLG Düsseldorf NZM 2000, 762).

Schornsteinreinigung
Das sind die Kehrgebühren, die der Schornsteinfeger oder eine andere beauftragte Firma berechnet haben. Ist die Wohnung eines Mieters nicht an einen Schornstein angeschlossen, muss er diese Kosten nicht mittragen (AG Berlin-Köpenick GE 2013, 819), vorausgesetzt, der Schornstein wurde endgültig stillgelegt.

Die Kosten der Immissionsmessung gehören dagegen in die Heizkostenabrechnung. Die Kosten einer Feuerstättenschau, die der Schornsteinfeger etwa alle 3½ Jahre durchführt, sind ebenfalls nicht mit den Schornsteinfegerkosten, sondern als Teil der Heizkosten abzurechnen. Die Kehrgebühren dürfen bei den Heizkosten abgerechnet werden. In diesem Fall dürfen die Schornsteinfegerkosten natürlich nicht mehr bei den »kalten« Betriebskosten auftauchen.

Sach- und Haftpflichtversicherung
Das sind die Kosten der Versicherung des Gebäudes gegen Feuer-, Sturm- und Wasserschäden, Kosten der Glasversicherung, der Elementarschadenversicherung, der Haftpflichtversicherung für das Gebäude, den Öltank und den Aufzug. Die Prämien für eine Terrorschadenversicherung darf der Vermieter nur umlegen, wenn das Gebäude in der Nähe gefährdeter Objekte liegt **(BGH NJW 2010, 3647)**.

Rechtsschutzversicherung (LG Berlin GE 89, 43), die Hausratversicherung oder eine Mietverlustversicherung (AG Frankfurt WuM 88, 170) gehören nicht hierher. Ist der Schutz gegen Mietausfall jedoch in der Gebäudeversicherung enthalten, sind diese Kosten umlegbar **(BGH WuM 2018, 505)**.

Die einzelnen Versicherungen müssen in der Betriebskostenabrechnung nicht gesondert aufgeführt sein. Der Vermieter darf die Kosten in einer Summe unter der Position »Versicherungen« abrechnen **(BGH WuM 2009, 669)**.

Hauswart
Dazu gehören nicht nur die Lohnkosten, sondern auch Lohnnebenkosten wie Sozialbeiträge und ein pauschaler Lohnsteuerbetrag (AG Kleve WuM 89, 28). Außerdem sind die Kosten für eine Vertretung bei Urlaub oder Krankheit umlegbar (LG Kassel WuM 2016, 740).

Typische Hausmeisteraufgaben sind die zum Haus gehörenden Bürgersteige vom Schnee zu reinigen, Treppenhauseingänge und Bürgersteige sauber zu halten sowie den Garten zu pflegen (LG Köln WuM 92, 258). Betreut der Hauswart die Wasserversorgung, die Heizung, die Warmwasserversorgung, den Aufzug, oder reinigt er die Straßen und kümmert sich um die Müllabfuhr und die Entwässerung, und hat er die Hausbetreuung und die Ungezieferbekämpfung sowie die Gartenpflege übernommen, dürfen diese Kostenarten in der Regel nicht gesondert in der Betriebskostenabrechnung angesetzt werden, da diese mit der Vergütung für den Hauswart abgegolten sind (AG Hamburg WuM 76, 29).

Ist der Hausmeister »Mädchen für alles«, erledigt er kleinere Reparaturen und Verwaltungsaufgaben im Haus, können die Kosten für diese Arbeiten nicht auf die Mieter umgelegt werden (**BGH WuM 2020, 83;** LG München I WuM 2000, 258); denn Reparaturarbeiten und Verwaltungsaufgaben sind nie Betriebskosten, auch dann nicht, wenn ein Hausmeister sie übernimmt. Abzüge müssen z.B. vorgenommen werden, wenn der Hausmeister Wohnungen abnimmt oder neue Mieter einweist, wenn er sich um Mängel kümmert oder Ausbesserungen übernimmt. Erhält der Hauswart eine Notdienstpauschale, damit er in Störfällen auch außerhalb der Geschäftszeiten erreichbar ist, darf der Vermieter diese Kosten nicht auf die Mieter umlegen **(BGH WuM 2020, 83)**.

In der Betriebskostenabrechnung muss nicht aufgeführt sein, in welcher Höhe der Vermieter nicht umlagefähige Kosten abgezogen hat. Der Mieter sollte nachfragen oder die Belege einsehen. Er braucht es nicht zu akzeptieren, wenn für Verwaltungs- und Reparaturarbeiten lediglich ein geringer Pauschalbetrag abgezogen wird, z.B. nur 10%. Meldet er Zweifel an, muss die Aufteilung der Kosten erläutert werden. Der Vermieter muss dann aufschlüsseln, welche Kostenanteile er umgelegt hat und welche nicht. Die Aufteilung hat sich nach dem Zeitaufwand des Hausmeisters für die einzelnen Arbeiten zu richten **(BGH WuM 2008, 285)**. Dazu sind die Angaben im Arbeitsvertrag oder in einem Leistungsverzeichnis nicht hilfreich, weil sie keinen Aufschluss über die tatsächlich durchgeführten Arbeiten geben (AG Duisburg WuM 2015, 427). Der Vermieter muss zumindest eine Zeit lang Protokoll führen über die einzelnen Tätigkeiten des Hauswarts.

Schließt der Vermieter mit einem Hausbetreuungsunternehmen einen Hausmeisterdienstvertrag ab, gelten die gleichen Grundsätze (LG Frankfurt WuM 96, 561). Außerdem muss der Vermieter bei Verträgen mit derartigen Dienstleistern immer das Gebot der Wirtschaftlichkeit berücksichtigen (AG Köln WuM 99, 466). Sind die Kosten eines Hausmeister- oder Service-Dienstes doppelt so hoch wie bei einem vergleichbaren Unternehmen, liegt ein Verstoß gegen das Wirtschaftlichkeitsgebot vor.

Hausmeisterkosten sind umlagefähig, soweit sie ortsüblich sind und dem Gebot der Wirtschaftlichkeit entsprechen (LG München I NZM 2002, 286; LG Wuppertal WuM 99, 342; AG Köln WuM 97, 273).

Wichtig: Die Höhe des üblichen Gehalts für den Hausmeister hängt wesentlich davon ab, welche Aufgaben ihm übertragen sind. Zahlt der Vermieter ein hohes Gehalt, z.B. über 40000 Euro im Jahr, spricht alles für Verwaltertätigkeit und gegen eine einfache Hausmeisterarbeit (AG Dortmund NJWE-MietR 96, 225).

Ist der Hausmeister gleichzeitig Mieter im Haus, muss er in die Kostenumlage miteinbezogen werden (AG Stuttgart WuM 97, 231). Das gilt sowohl hinsichtlich seines Gehalts als auch hinsichtlich sonstiger Vermieterleistungen, wie z. B. »mietfreies« Wohnen (AG Köln WuM 97, 273).

Kosten für einen Pförtner oder ähnliche Dienste wie »Doorman« oder »Concierge« sind nicht als Hauswartkosten umlegbar **(BGH WuM 2005, 336)**. Diese Kosten können bei den **sonstigen** Betriebskosten angesetzt werden, aber nur, wenn der Mietvertrag das ausdrücklich festlegt (s. u.).

Satellitenschüssel, Breitbandkabel, Glasfaser
Umlagefähig sind die Kosten für den Betriebsstrom und für die regelmäßige Prüfung der Betriebsbereitschaft. Beim Kabelfernsehen kann die monatliche Grundgebühr angesetzt werden. Ist die Umlage dieser Kosten laut Mietvertrag vereinbart, muss der Mieter sie auch übernehmen, wenn er kein Fernsehgerät besitzt **(BGH WuM 2007, 571)**.

Die Kabelgebühren dürfen nicht überteuert sein. Kosten von gut 250 Euro jährlich für einen Mieter sind aber noch als angemessen anzusehen (AG Duisburg WuM 2015, 427).

Keine Betriebskosten sind einmalig anfallende Kosten für den Anschluss. Auch die Kosten für eine Reparatur oder Störungsbeseitigung darf der Vermieter nicht auf die Mieter umlegen.

Der Vermieter darf die Gebühren für das Kabelfernsehen ab dem 1.7.2024 nicht mehr auf die Mieter umlegen. Mieter können dann selbst bestimmen, ob sie einen anderen Anbieter wählen, sich anderweitig um den ⇨ FERNSEHEMPFANG kümmern, oder ob sie ganz auf einen Fernsehanschluss verzichten. Der BGH hat entschieden, dass der Mieter nicht schon früher den vom Vermieter vorgegebenen und mit den Betriebskosten zu bezahlenden Kabelanschluss kündigen kann **(BGH WuM 2022, 92)**.

Hat der Vermieter neue Glasfaserleitungen verlegen lassen, darf er den Mietern dafür Betriebskosten berechnen (⇨ GLASFASERBEREITSTELLUNGSENTGELT). Voraussetzung ist, dass er ein Glasfasernetz mit sehr hoher Kapazität zur Verfügung stellt. Der Umlagebetrag ist auf 60 Euro pro Jahr und Wohnung begrenzt. Die Umlage ist befristet auf 5 Jahre. War die Einrichtung des Glasfaseranschlusses besonders aufwändig, können insgesamt 540 Euro je Wohnung für maximal 9 Jahre umgelegt werden. Dann muss der Vermieter aber nachweisen, dass er – soweit möglich – mindestens drei Angebote eingeholt und das wirtschaftlichste ausgewählt hat.

Für die Mieter bedeutet das, dass die Betriebskosten für Glasfaser noch zu den Kosten für Fernsehen und Internet hinzukommen. Sie müssen diese Kosten auch tragen, wenn sie den Glasfaseranschluss nicht nutzen.

Kosten der Wäschepflege
Hierunter fallen die Betriebskosten für die Waschmaschine sowie für Wäschetrockner, Wäscheschleudern und Bügelautomaten, die der Hausgemeinschaft zur Verfügung stehen. Umlegbar sind die Kosten für Strom, Reinigung und Wartung der Geräte. Stellt der Vermieter Münzgeräte auf, muss er nachweisen, dass seine Kosten nicht bereits durch diese Einnahmen gedeckt sind.

Die Einnahmen durch den Münzbetrieb dürfen nur die laufenden Kosten abdecken. Sie dürfen nicht der Instandhaltung oder der Amortisation, also der Wiederanschaffung, dienen (AG Hamburg WuM 2003, 565). Etwas anderes gilt nur, wenn es ausdrücklich vereinbart ist.

Für Sozialwohnungen ist geregelt, dass der Vermieter die laufenden Kosten nur auf die Benutzer der Waschmaschine umlegen darf. Die Kosten für die erforderliche Ablesung und Umrechnung kann der Vermieter nicht auf die Mieter abwälzen (AG Mülheim WuM 2000, 424).

Sonstige Betriebskosten
»Sonstige« ist kein Auffangbecken für alle nur denkbaren Kosten. Will der Vermieter »sonstige Betriebskosten« abrechnen, muss schon im Mietvertrag stehen, um welche Kosten es sich dabei konkret handelt. Der bloße pauschale Hinweis in einem Mietvertrag, »sonstige Betriebskosten« seien zu zahlen, reicht nicht aus **(BGH WuM 2004, 290; OLG Oldenburg RE WuM 95, 430).**

Bei »sonstigen« Betriebskosten kann es sich um die Kosten für ein Schwimmbad, eine Sauna oder andere Gemeinschaftseinrichtungen im Haus handeln. Zulässig wäre auch eine Vereinbarung, dass die Wartungskosten für den Feuerlöscher (LG Berlin GE 2001, 63; AG Hamburg WuM 98, 352), die Lüftungsanlage oder die Dachrinnenreinigung **(BGH WuM 2004, 292; WuM 2004, 290)** umgelegt werden. Für umlegbar erklärt hat der BGH auch die Kosten für die regelmäßige Prüfung der Betriebssicherheit, z. B. für die Elektroanlage **(BGH WuM 2007, 198).** Umlagefähig sind auch die Kosten für die Prüfung von ⇨ RAUCHWARNMELDERN.

Immer mehr Großvermieter gehen dazu über, einen **Pförtner** einzusetzen. In einigen Häusern heißt es »Concierge« oder »Doorman«. Die hierfür entstehenden Kosten sind nur unter gewissen Voraussetzungen auf die Mieter umlegbar. Der Vermieter kann diese Dienstleistung nicht allgemein damit begründen, dass sich besonders ältere Mieter dann sicherer fühlen. Ein Pförtner muss aufgrund der Verhältnisse vor Ort geboten sein, etwa um die Sicherheit und Ordnung aufrechtzuerhalten oder wegen eines gesteigerten Sicherheitsbedürfnisses **(BGH WuM 2005, 336)**.

Achtung: Betriebskosten, die als »sonstige« einzustufen sind, müssen in der Betriebskostenabrechnung immer einzeln aufgeführt sein. Steht in der Abrechnung nur „sonstige Betriebskosten", ist das aus formalen Gründen unwirksam **(BGH WuM 2021, 558)**. Der Mieter muss diese Kosten dann gar nicht zahlen.

Verteilerschlüssel
Üblicherweise wird im Mietvertrag vereinbart, nach welchem Maßstab die vom Mieter zu tragenden verbrauchsabhängigen Nebenkosten verteilt werden. An diese Vereinbarung ist der Vermieter gebunden. Ebenfalls zulässig ist es, dem Vermieter die Wahl des Verteilerschlüssels »nach billigem Ermessen« zu überlassen **(BGH WuM 2015, 33)**.

Steht nichts im Mietvertrag, ist für freifinanzierte Wohnungen gesetzlich vorgeschrieben, dass die Betriebskosten nach der Wohnfläche umzulegen sind. Der Vermieter darf dann keinen anderen Verteilerschlüssel festlegen. Er muss nach Quadratmetern verteilen.

Eine Sonderregelung besteht für Eigentumswohnungen. Wenn im Mietvertrag nichts anderes vereinbart ist, darf der Vermieter die Betriebskosten nach dem gleichen Maßstab umlegen, den die Wohnungseigentümer untereinander festgelegt haben. Das bedeutet, dass sich die Verteilung in der Regel nach den Miteigentumsanteilen richtet. Die Grundsteuer darf der Vermieter anhand des für die Wohnung ergangenen Grundsteuerbescheids umlegen, auch wenn im Mietvertrag die Umlage nach Wohnfläche vorgesehen ist **(BGH WuM 2013, 358)**.

Leerstand: Stehen Wohnungen im Haus leer, muss der Vermieter die darauf entfallenden Kosten selbst tragen. Das gilt auch für Betriebskosten, die von einem Verbrauch abhängen, aber nicht nach Verbrauch abgerechnet werden, sondern etwa nach Wohnfläche oder Personenzahl. Der Vermieter muss die auf unvermietete Wohnungen entfallenden Kosten für Wasser, Abwasser, Müll und Allgemeinstrom übernehmen **(BGH WuM 2006, 440)**. Der Vermieter kann auch nicht verlangen, dass die Mieter einer Änderung zustimmen und nur nach vermieteter Fläche abzurechnen ist. Eine Klausel im Mietvertrag, wonach die Betriebskosten nur nach dem Verhältnis der vermieteten oder bewohnten Flächen verteilt werden, ist unwirksam (OLG Hamburg WuM 2001, 343; AG Görlitz WuM 97, 648);

ebenso eine Klausel, nach der die Kosten nach dem Verhältnis der Einzelmieten zu verteilen sind (AG Görlitz ZMR 2003, 269). In besonders gelagerten Fällen (bei dauerhaften erheblichen Leerständen) ist laut BGH eine Ausnahme möglich. Der Vermieter kann dann darauf bestehen, dass der Mieter einer Änderung des Verteilerschlüssels zustimmt.

Bei einer Verteilung nach Personenzahl sind die unvermieteten Wohnungen zumindest bei größeren Leerständen in die Umlage der Kosten einzubeziehen. Das gilt vor allem für Kosten, die nicht von der Anzahl der im Haus wohnenden Personen abhängen **(BGH WuM 2013, 227)**. Für die leer stehenden Wohnungen ist die durchschnittliche Belegungszahl im Haus zugrunde zu legen (AG Köln WuM 2002, 285). Andere Gerichte setzen eine Person je Wohnung an (AG Saarbrücken WuM 2018, 428; AG Köln WuM 98, 290).

Werden die Betriebskosten nach dem festgestellten Verbrauch verteilt, gibt es bei der Verteilung der Kosten normalerweise keine Probleme. Da in den leer stehenden Wohnungen kein Verbrauch anfällt, werden ihnen auch keine Kosten zugeordnet. Das kann aber zu Ungerechtigkeiten führen, wenn die Mieter die Fixkosten für die leer stehenden Wohnungen mittragen müssen. Bei den Wasserkosten sind das die Grundgebühren, die Zählermiete und die Abrechnungskosten. Der BGH hat entschieden, dass eine Kostenverteilung nach der je Wohnung erfassten Wassermenge grundsätzlich zulässig ist. Dieser Grundsatz findet aber seine Grenze, wenn ein Mieter bei erheblichem Leerstand im Haus mit unzumutbar hohen Kosten belastet wird. Eine Klausel im Formularmietvertrag, wonach die Wasserkosten einschließlich der Grundgebühren nach dem Ergebnis der Wasserzähler abgerechnet werden, ist unwirksam **(BGH WuM 2010, 685)**.

Übliche Umlagemaßstäbe: Die gebräuchlichsten Verteilerschlüssel orientieren sich an der Wohnungsgröße, der Personenzahl oder der Anzahl der Wohneinheiten:

Beispiel für die Verteilung nach Wohnfläche: 10 000 Euro Betriebskosten für das gesamte Haus, Größe des Hauses 500 Quadratmeter, Wohnungsgröße 50 Quadratmeter.
10 000 : 500 = 20
20 x 50 = 1000 Euro.

Beispiel für die Verteilung nach Personenzahl: 10 000 Euro Betriebskosten für das gesamte Haus, Gesamtzahl der Mieter im Haus 40, Personen im Mieterhaushalt 4.
10 000 : 40 = 250
250 x 4 = 1 000 Euro.

Beide Verteilerschlüssel können kombiniert werden. Die verbrauchsabhängigen Betriebskostenarten, wie z.B. Wasser, Entwässerung oder Müll, werden dann nach der Personenzahl und die anderen Betriebskostenarten nach der Wohnfläche abgerechnet.

Vertraglich vereinbart werden kann sowohl die einheitliche Betriebskostenverteilung nach der Personenzahl als auch nach der Wohnfläche. Beide Verteilerschlüssel haben ihre Stärken und Schwächen **(OLG Hamm RE WuM 83, 315).** Bei einer Abrechnung nach **Personen** muss der Vermieter laufend ermitteln, wie viele Personen im Haus leben. Das ist für ihn mit einem gewissen Aufwand verbunden. Dabei darf er sich nicht nach der im amtlichen Einwohnermelderegister erfassten Bewohnerzahl richten, weil das zu ungenau ist **(BGH WuM 2008, 151).**

Werden die Kosten **nach Fläche** verteilt (☞ WOHNFLÄCHE), muss der Vermieter immer die tatsächliche Wohnungsgröße ansetzen **(BGH WuM 2019, 144; WuM 2018, 425).** Eine ältere Entscheidung des BGH, die Abweichungen bis 10 % für zulässig erklärt hat, ist überholt.

Wichtig: Den vereinbarten oder einmal gewählten Verteilerschlüssel darf der Vermieter nicht einfach abändern. Das geht nur, wenn er mit allen Mietern eine entsprechende Vereinbarung trifft. Eine Vereinbarung kommt nicht dadurch zustande, dass der Vermieter den Verteilerschlüssel in der Betriebskostenabrechnung ändert und die Mieter hiergegen nicht protestieren (LG Bautzen WuM 2001, 288).

Oft führt der gewählte Abrechnungsmaßstab zu Ungerechtigkeiten bei der Verteilung der Kosten. Die Hausbewohner haben unterschiedliche Gewohnheiten, einige gehen verschwenderisch mit Energie und Wasser um, andere sind sparsam. In einigen Wohnungen leben nur Einzelpersonen, in anderen mehrköpfige Familien. Der BGH hat entschieden, dass benachteiligte Mieter dagegen keine Einwände erheben können. Ungerechtigkeiten bei der Kostenverteilung sind grundsätzlich hinzunehmen **(BGH WuM 2006, 200; BGH WuM 2006, 684).** Der Mieter kann nicht verlangen, dass zum Beispiel die Wasserkosten nach Anzahl der Personen verteilt werden (LG Mannheim NJW-RR 99, 365). Der Vermieter muss den Umlageschlüssel auch nicht von Wohnfläche auf Personenzahl ändern, weil die Gemeinde die Gebühren für die Müllabfuhr nach Wohnungsbelegung (Personenzahl) erhebt (AG Siegburg WuM 95, 120).

Nur in besonders krassen Fällen kann der Mieter einen Anspruch auf Änderung des Abrechnungsmaßstabs haben, z.B. wenn ein alleinstehender Mieter so viel Wassergeld zahlt wie die 7-köpfige Nachbarsfamilie (LG Düsseldorf WuM 94, 30; LG Aachen WuM 91, 503; AG Lippstadt WuM 95, 594). Die Abrechnung der Wasserkosten nach Verbrauch kann der Mieter nicht verlangen, wenn seine Kosten dann nur halb so hoch wären; der Unterschied müsste krasser sein **(BGH WuM 2008, 288).**

Werden die Kosten **nach Personenzahl** verteilt, gibt es häufig Streit darüber, ob jemand als Hausbewohner oder als Besucher anzusehen ist. Nach Auffassung des AG Frankfurt (WuM 85, 374) kann der Vermieter eine weitere Person dann in der Nebenkostenabrechnung berücksichtigen, wenn durch die Häufigkeit und Dauer der Besuche nach außen der Eindruck entsteht, dass eine weitere Person in der Wohnung lebt, unabhängig davon, ob wirklich ein dauerndes Wohnen vorliegt. **Aber:** Kurzzeitige Abwesenheit bzw. kurzzeitiger Besuch bleiben unberücksichtigt (AG Homburg WuM 87, 359). Säuglinge und Kleinkinder sind bei der Kostenumlage als eine volle Person zu berücksichtigen (AG Saarbrücken WuM 2018, 428).

Den im Mietvertrag vereinbarten Personenschlüssel darf der Vermieter grundsätzlich nicht einfach ändern und stattdessen nach Wohnfläche abrechnen. Das gilt auch für die Umlage von Betriebskosten, die unabhängig von einem Verbrauch anfallen, wie z.B. die Grundsteuer (AG Bonn WuM 2023, 31).

Einige Vermieter rechnen nach »Personenmonaten« oder auch nach »Personentagen« ab. Damit soll die Wohndauer im Abrechnungsjahr berücksichtigt werden. War eine Wohnung z.B. mit 3 Personen belegt, ergeben sich bei einer Mietdauer von 8 Monaten 24 Personenmonate.

Sehr streitträchtig ist, ob Besuch bei der Umlage der Betriebskosten zu berücksichtigen ist. Grundsätzlich hat es keine Auswirkungen auf die anzusetzende Personenzahl, wenn ein Mieter häufig Gäste empfängt (AG Ahaus WuM 97, 232; AG Homburg WuM 87, 359). Längerfristiger Besuch muss aber in die Kostenverteilung einbezogen werden. Ein Zeitraum von 3 Monaten überschreitet in jedem Fall die normale Besuchsdauer (LG Münster WuM 2022, 681; AG Frankfurt a.M. WuM 95, 373). Behauptet der Vermieter, dass sich ein Lebensgefährte der Mieterin im Abrechnungsjahr dauerhaft in der Wohnung aufgehalten hat, ist er dafür beweispflichtig (LG Münster WuM 2022, 681).

Das Bürgerliche Gesetzbuch bestimmt ausdrücklich, dass ein tatsächlich erfasster Verbrauch auch **verbrauchsabhängig** abgerechnet werden muss. Sind entsprechende Messgeräte vorhanden, muss der Vermieter die Kosten – zumindest teilweise – anhand der abgelesenen

Verbrauchswerte verteilen. Bei den Wasserkosten besteht diese Pflicht aber nur, wenn **alle** Wohnungen mit Wasserzählern ausgestattet sind. Fehlen sie in einer Wohnung, darf der Vermieter weiter nach Wohnfläche abrechnen **(BGH WuM 2008, 288).** In einigen Gemeinden werden die angefallenen Müllmengen jeder einzelnen Mietpartei mithilfe eines Erfassungssystems gemessen. Dann ist der Vermieter ebenfalls verpflichtet, die Kosten anhand der festgestellten Müllverursachung abzurechnen. Nach dem Einbau von Wasserzählern oder der Einführung eines Scannersystems für den Hausmüll muss der Vermieter den vereinbarten Verteilerschlüssel ändern. Er muss dann festlegen, dass die Kosten ganz oder teilweise nach dem angefallenen Verbrauch oder der Verursachung verteilt werden.

Manche Vermieter halten sich nicht daran und rechnen nicht nach Verbrauch ab, obwohl in allen Wohnungen Wasserzähler installiert sind. Dann hat der Mieter das Recht, von den berechneten Wasserkosten 15% abzuziehen. Das Gleiche gilt, wenn im Mietvertrag die verbrauchsabhängige Abrechnung vereinbart ist und der Vermieter die Wasserkosten trotzdem komplett nach Wohnfläche verteilt **(BGH WuM 2012, 316).**

Messdifferenzen: Rechnet der Vermieter Wasserkosten verbrauchsabhängig ab, ergeben sich immer wieder »Verteilungs- bzw. Messprobleme«. Grund: Der Hauptwasserzähler im Haus, anhand dessen der Vermieter die Wasserrechnung des Versorgungsunternehmens bezahlt, zeigt praktisch nie den gleichen Wert an wie alle Wohnungswasserzähler zusammen. Der Hauptwasserzähler arbeitet exakter, außerdem gelten auch für eichpflichtige Wasserzähler Fehler- und Toleranzgrenzen. Deshalb kann es zulässig sein, dass der Vermieter die durch den Hauptwasserzähler gemessene Wassermenge abrechnet und die Wohnungszähler nur zur Kostenverteilung benutzt, wie z. B. auch bei Heizkostenverteilern (AG Dortmund DWW 92, 180) ⇨ HEIZKOSTENVERTEILER UND WÄRMEZÄHLER.

Dieses Verfahren ist zulässig bei Messdifferenzen bis zu 20% (LG Braunschweig WuM 99, 294; AG Salzgitter WuM 96, 285). Bei größeren Abweichungen spricht alles für »ungeklärte« Wasserverluste oder -entnahmen (z. B. einen Wasserrohrbruch), die der Vermieter selbst tragen muss. Wird die 20%-Grenze überschritten, muss der Vermieter nach den Wohnungszählern abrechnen (LG Braunschweig WuM 99, 294; AG Hamburg WuM 2000, 213; AG Münster WuM 2000, 152; AG Salzgitter WuM 96, 285).

Fällt ein Wohnungswasserzähler aus, oder ist eine Wohnung nicht mit

Wasserzählern ausgestattet, darf der Vermieter deshalb auch nicht einfach die Differenz zwischen Hauptwasserzähler und der Summe der Wohnungswasserzähler auf diese Wohnung verteilen. Er muss auch hier die üblicherweise auftretende Restdifferenz zwischen den Zählern berücksichtigen und anteilig auf alle Mieter des Hauses umlegen.

Getrennte Berechnung für gewerbliche Mieter: Sind im Haus auch gewerbliche Mieter ansässig, verursachen sie häufig höhere Betriebskosten. Für Gewerberäume sind im Allgemeinen höhere Versicherungsprämien zu entrichten, es wird unter Umständen mehr Wasser verbraucht oder mehr Müll produziert. Die Gerichte haben deshalb überwiegend geurteilt, dass der Vermieter die Betriebskosten für Wohnungen und Gewerbe getrennt berechnen muss. Der BGH hat jedoch entschieden, dass eine Aufteilung nur geboten ist, wenn die Kosten zu einer ins Gewicht fallenden Mehrbelastung für die Wohnungsmieter führen. Der Vermieter muss die Betriebskosten nicht getrennt umlegen, wenn den Wohnungsmietern dadurch keine erheblichen Nachteile entstehen **(BGH WuM 2006, 200)**. Für die Wohnungsmieter ergeben sich z. B. keine Nachteile, wenn im Gebäude ein Job-Center und ein Café ansässig sind. Die Entscheidung des BGH bringt letztlich keine Klarheit. Im Einzelfall muss darüber gestritten werden, ob eine erhebliche Mehrbelastung für die Wohnungsmieter besteht. Bei der Grundsteuer kann der Mieter keine getrennte Berechnung der Kosten verlangen **(BGH WuM 2017, 399)**.

Der BGH hat unverständlicherweise entschieden, dass die Beweislast nicht den Vermieter, sondern zunächst den Mieter trifft **(BGH WuM 2010, 627; WuM 2006, 684)**. Das bedeutet, dass der Mieter eine erhebliche Mehrbelastung nach Möglichkeit belegen muss. Hat der Vermieter keinen Abzug für gewerbliche Mieter vorgenommen, sollten die Wohnungsmieter das nicht ohne weiteres akzeptieren, sondern nach den konkreten Zahlen für die Gewerbemieter fragen oder sich die Belege vom Vermieter vorlegen lassen. Das betrifft vor allem die Hausversicherungen, aber auch andere Kostenarten.

Eine getrennte Berechnung ist immer geboten, wenn sie im Mietvertrag vereinbart ist. Bei Sozialwohnungen (⇨ SOZIALMIETE) ist eine Kostentrennung vorgeschrieben (§ 20 Abs. 2 Satz 2 NMV). Außerdem muss der Vermieter eine getrennte Berechnung erstellen, wenn sich auf dem Grundstück ⇨ GARAGEN/STELLPLÄTZE befinden, die nicht an alle Mieter vermietet sind. Es versteht sich von selbst, dass Betriebskosten, die (anteilig) für Stellplätze anfallen, nicht auf die Wohnungsmieter umgelegt werden können, die keinen Stellplatz nutzen **(BGH WuM 2012, 98)**.

Auch wenn einige Stellflächen fremdvermietet sind, müssen die Betriebskosten reduziert werden (LG Itzehoe ZMR 2010, 690).

Wirtschaftseinheit
Werden die Betriebskosten für mehrere Gebäude oder Hauseingänge zusammengefasst und gemeinsam abgerechnet, spricht man von einer Wirtschaftseinheit. Der Vermieter kann eine Wirtschaftseinheit auch für einzelne Betriebskosten bilden, z. B. nur für die Hauswart- oder die Gartenpflegekosten. Viele Großvermieter verfahren auf diese Weise, um die Verwaltung zu vereinfachen und den Arbeitsaufwand für die Erstellung der Abrechnung zu verringern. Diese Abrechnungsmethode ist jedoch an bestimmte Bedingungen geknüpft. Die Voraussetzungen dazu sind unterschiedlich, je nachdem, ob es sich um freifinanzierte oder aber um öffentlich geförderte Wohnungen handelt.

Bei **öffentlich geförderten Wohnungen** (⇨ WOHNUNGSBAUFÖRDERUNG) ist eine Wirtschaftseinheit eine Mehrheit von Gebäuden, die demselben Eigentümer gehören, in örtlichem Zusammenhang stehen und deren Errichtung ein einheitlicher Finanzierungsplan zugrunde gelegt worden ist oder zugrunde gelegt werden soll **(KG Berlin RE WuM 87, 181)**.

Wichtig: Ob eine Wirtschaftseinheit vorliegt oder nicht, hängt nicht vom Belieben des Vermieters ab. Der Vermieter muss nämlich bei einer Wirtschaftseinheit entsprechende Wirtschaftlichkeitsberechnungen vorlegen und genehmigt bekommen. Außerdem: Eigentümer und Vermieter der Wirtschaftseinheit müssen identisch sein. Gehören die Wohnungen zweier nebeneinanderliegender Häuser einer Vielzahl von unterschiedlichen Eigentümern (Wohnungseigentum), kann keine Wirtschaftseinheit gebildet werden **(KG Berlin RE WuM 87, 181)**.

Bei **freifinanzierten Wohnungen** darf der Vermieter mehrere Gebäude zu einer Wirtschaftseinheit zusammenfassen, sofern sich aus dem Mietvertrag nichts Gegenteiliges ergibt **(BGH WuM 2010, 742)**.

Anders als bei öffentlich geförderten Wohnungen ist nach dieser Entscheidung keine Identität zwischen Eigentümer und Vermieter erforderlich; es genügen vielmehr folgende Voraussetzungen:

- Die Gebäude müssen einheitlich verwaltet werden. Dazu genügt es nicht, wenn der Vermieter von acht baugleichen Reihenhäusern nur zwei verwaltet (AG Dortmund WuM 2018, 44).
- Die Gebäude müssen in einem unmittelbaren örtlichen Zusammenhang stehen, unmittelbare Nachbarschaft ist aber nicht erforderlich.

Mietshäuser, die weit voneinander entfernt oder sogar über die gesamte Stadt verteilt sind, darf ein Vermieter keinesfalls gemeinsam abrechnen.

■ Es dürfen bei den Gebäuden keine wesentlichen Unterschiede im Wohnwert bestehen. Bautechnischer Stand, Ausstattung, Nutzungsart müssen gleich sein und die Wohnungen einen vergleichbaren Zuschnitt haben **(BGH WuM 2010, 742)**. Gebäude mit reiner Wohnnutzung dürfen nicht zusammengefasst werden mit Gebäuden, die als Büros, Arztpraxen, Läden, Gastronomie oder Hotels genutzt werden (AG Nürnberg WuM 2017, 206). Es schadet hingegen nicht, wenn einzelne Räume im Mietobjekt an gewerbliche Betriebe vermietet sind.

In der Betriebskostenabrechnung muss der Vermieter angeben, dass er mehrere Gebäude oder Hauseingänge zusammen abrechnet. Dazu genügt es z. B., wenn er die einzelnen Gebäude mit Hausnummern bezeichnet **(BGH WuM 2010, 493)**. Im Streitfall ist der Vermieter beweispflichtig, dass die Voraussetzungen für eine Wirtschaftseinheit erfüllt sind (AG Gelsenkirchen ZMR 2022, 802).

Vorauszahlung und Abrechnung ⇨ HEIZKOSTEN
Zu Vorauszahlungen auf die Nebenkosten ist der Mieter nur bei ausdrücklicher Vereinbarung im Mietvertrag verpflichtet (AG Köln WuM 82, 307).

Wichtig: Bei Vertragsabschluss kann der Mieter nicht ohne weiteres darauf vertrauen, dass der Vermieter die Vorauszahlungen nach den tatsächlich anfallenden Betriebskosten festlegt **(BGH WuM 2004, 201; OLG Dresden RE WuM 2004, 83; OLG Stuttgart RE WuM 82, 272)**. Das bedeutet: Der Vermieter darf eine unrealistisch niedrige Vorauszahlung vereinbaren. Er kann sogar ganz auf eine Vorauszahlung verzichten. Hat der Vermieter den Mieter jedoch über die Höhe der tatsächlich anfallenden Betriebskosten **arglistig getäuscht**, kann der Mieter fristlos kündigen (LG Hamburg ZMR 2003, 683). In bestimmten Fällen kann der Vermieter zum Schadensersatz verpflichtet sein. Das ist denkbar,

■ wenn er ausdrücklich zugesichert hat, dass die Vorauszahlungen ausreichen, oder

■ wenn er den Betrag bewusst zu niedrig angesetzt hat, um eine günstige Miete vorzuspiegeln (**BGH WuM 2004, 201**; OLG Düsseldorf ZMR 2000, 604; LG München II ZMR 2002, 758; LG Berlin ZMR 99, 637; LG Karlsruhe WuM 98, 479).

Schadensersatz in Höhe der verlangten Nachzahlung für die Betriebskosten steht dem Mieter jedoch nur in Ausnahmefällen zu. Dazu muss er nachweisen, dass ihm ein finanzieller Schaden entstanden ist **(OLG Dresden RE WuM 2004, 83;** LG Berlin GE 2019, 667). Davon ist auszugehen, wenn der Mieter eine vergleichbare Wohnung erheblich günstiger hätte anmieten können, oder wenn er sich die Wohnung wegen der hohen Betriebskosten nicht leisten kann und ihm zu wenig Geld zur Lebensführung zur Verfügung steht.

Wichtig: Dem Mieter ist zu empfehlen, sich vor dem Abschluss des Mietvertrages die letzte Abrechnung für diese Wohnung zeigen oder sich schriftlich bestätigen zu lassen, dass die festgelegten Vorauszahlungen in etwa ausreichen, um die Kosten zu decken.

Achtung: Die Vorauszahlungen sind Teil der ⇨ MIETE. Ist der Mieter mit den Vorauszahlungen in Höhe von mehr als einer Monatsmiete in Rückstand, kann der Vermieter eine ⇨ KÜNDIGUNG aussprechen **(BGH 2012, 682).**

Abrechnungszeitraum
Über die Vorauszahlungen hat der Vermieter jährlich abzurechnen. Jährlich bedeutet, dass der Abrechnungszeitraum ein Jahr betragen muss. Meistens entspricht er dem Kalenderjahr. Der Vermieter kann aber auch eine andere Abrechnungsperiode wählen, etwa vom 1. Juli bis 30. Juni. Möglich sind auch unterschiedliche Abrechnungszeiträume für die ⇨ HEIZKOSTEN und die »kalten« Betriebskosten **(BGH WuM 2008, 404).** Ein längerer Zeitraum als ein Jahr ist grundsätzlich nicht zulässig (LG Gießen ZMR 2009, 189; LG Leipzig WuM 2004, 481). Aber auch eine kürzere Zeit, z. B. 7 Monate, ist nur in Ausnahmefällen erlaubt (AG Dortmund NZM 2004, 96). Der BGH hat eine Ausnahme zugelassen, wenn sich die Änderung auf eine Abrechnungsperiode beschränkt und für den Mieter nicht nachteilig ist, z. B. wenn der Vermieter künftig nach dem Kalenderjahr abrechnen will. Zulässig ist das aber nur, wenn der Mieter ausdrücklich zustimmt **(BGH WuM 2011, 511).**

Der Vermieter muss einzelne Kosten dem betroffenen Abrechnungszeitraum zuordnen. Die Zuordnung zu dem richtigen Zeitraum richtet sich danach, wann die berechnete Leistung erbracht worden ist, und nicht danach, wann der Vermieter die Rechnung bekommen oder bezahlt hat. Trifft in 2024 eine Rechnung oder ein Gebührenbescheid für das Jahr 2023 ein, muss der Vermieter die Kosten dem Abrechnungszeitraum 2023 zuordnen. Das nennt man **»Leistungsprinzip«.**

Eine andere Abrechnungsmethode wird vor allem bei der Abrechnung von Eigentumswohnungen angewandt. Hier kommt es darauf an, wann eine Rechnung oder ein Bescheid eingetroffen ist oder bezahlt wurde **(Abflussprinzip).** Der BGH hat entschieden, dass der Vermieter auch nach diesem Prinzip verfahren darf **(BGH WuM 2008, 285; BGH WuM 2008, 223)**. In eine Abrechnung kann er alles aufnehmen, was er in diesem Zeitraum bezahlt hat, auch wenn die Rechnungen einen anderen Zeitraum betreffen. Diese Verfahrensweise kann für Mieter, die im Abrechnungszeitraum ein- oder ausgezogen sind, erheblich höhere Betriebskosten zur Folge haben. Die Anwendung des Abflussprinzips verstößt dann womöglich gegen die Grundsätze von Treu und Glauben (LG Heidelberg ZMR 2020, 751). Bei der Abrechnung der Heizkosten nach Verbrauch darf hingegen nicht nach diesem Prinzip verfahren werden. Wegen der zwingenden Vorschriften der Heizkostenverordnung gilt ausschließlich das Leistungsprinzip **(BGH WuM 2012, 143)**. Bei der Abrechnung der »kalten« Betriebskosten darf der Vermieter die beiden Prinzipien nicht miteinander vermischen, weil dies dem Mieter die Überprüfung der Abrechnung wesentlich erschweren würde (AG Hamburg-Blankenese ZMR 2010, 613; **a.A.** LG Berlin WuM 2019, 377).

Formale und inhaltliche Fehler der Abrechnung
Bei der Gestaltung der Betriebskostenabrechnung hat der Vermieter weitgehend freie Hand. Sie muss aber gewisse Mindestanforderungen erfüllen **(BGH WuM 82, 207)**. So wie bei einer Kündigung ⇨ KÜNDIGUNGSFORM oder bei einer ⇨ MIETERHÖHUNG muss der Vermieter bestimmte **Formalien** beachten. Die Abrechnung muss die Betriebskosten einzeln aufführen und für jede Kostenart den Gesamtbetrag nennen. Der Anteil des Mieters ist zu berechnen. Der Mieter muss der Abrechnung entnehmen können, mit welchem Verteilerschlüssel die einzelnen Kostenpositionen auf ihn umgelegt wurden **(BGH WuM 2009, 42)**. Allgemein gebräuchliche Umlagemaßstäbe müssen aber nicht erklärt sein. Bei Miteigentumsanteilen, Personenzahl, Wohnfläche und Wohneinheiten genügt es, wenn die Gesamteinheiten und der auf die Wohnung entfallende Anteil angegeben sind, z.B. Personenzahl im Haus: 24, Bewohner in der Wohnung: 2. Auch die Angabe einer »krummen« Personenzahl ist zulässig, z.B. »21,42« **(BGH WuM 2011, 367)**. Der Vermieter muss in der Abrechnung nicht erklären, wie er die Gesamtpersonenzahl ermittelt hat **(BGH WuM 2010, 683)**. Auch die Angabe »Personenmonate« ist nach Auffassung des BGH allgemein verständlich und muss nicht erläutert werden **(BGH WuM 2014, 722)**.

Die vom Mieter im Abrechnungsjahr gezahlten Vorauszahlungen sind abzuziehen. Außerdem muss die Abrechnung klar und verständlich sein, sodass auch ein mit der Materie nicht näher Vertrauter nachvollziehen kann, wie die Kosten berechnet wurden. Ein durchschnittlich gebildeter, juristisch und betriebswirtschaftlich nicht geschulter Mieter muss in der Lage sein, den Anspruch des Vermieters nachzuprüfen. Sind diese Vorgaben nicht eingehalten, ist die Abrechnung formell unwirksam. Sie ist dann sozusagen nicht existent. Ein ausgewiesener Nachzahlungsbetrag steht dem Vermieter nicht zu. Er muss erst eine neue Abrechnung erstellen. Nach dem BGH kann eine Abrechnung aber auch nur teilweise unwirksam sein. Sind nur einzelne Betriebskosten betroffen, bleibt die Abrechnung im Übrigen wirksam, wenn die Einzelpositionen unschwer herausgerechnet werden können **(BGH WuM 2007, 196)**. Enthält die Abrechnung z.B. eine Position »Tiefgarage«, kann der Mieter nicht erkennen, welche Kosten hierfür im Einzelnen entstanden sind. Die Umlage dieser Kosten ist formell unwirksam. Sie sind herauszurechnen. Der ausgewiesene Nachzahlungsbetrag ist entsprechend zu kürzen (LG Krefeld WuM 2023, 20).

Davon zu unterscheiden ist ein **inhaltlicher Fehler.** Erfüllt die Betriebskostenabrechnung die genannten Mindestanforderungen, ist damit noch nicht gesagt, dass alles korrekt in Rechnung gestellt wurde. Ein inhaltlicher Fehler liegt z.B. vor, wenn bestimmte Kosten gar nicht angefallen oder falsch berechnet sind. Solche Fehler kann der Vermieter korrigieren. Der Unterschied zwischen einem formellen und einem inhaltlichen Fehler ist vor allem von Bedeutung, wenn die Jahresfrist für die Vorlage der Abrechnung abgelaufen ist. Ist die Abrechnung formell nicht ordnungsgemäß, kann der Vermieter nach Fristablauf keine neue Abrechnung erstellen. Einen inhaltlichen Fehler kann er auch nach Ablauf der Jahresfrist – eingeschränkt – korrigieren **(BGH WuM 2009, 42;** siehe S.78 – Bis wann muss abgerechnet werden?).

Der BGH hat mehrfach entschieden, dass an die Formalien keine allzu hohen Anforderungen gestellt werden dürfen:

■ In der Abrechnung muss nicht angegeben sein, dass der Vermieter bei einzelnen Nebenkosten etwas abgezogen hat **(BGH WuM 2016, 170)**. Der Mieter kann also anhand der Abrechnung nicht immer ersehen, ob z.B. bei den Hausmeisterkosten die gesetzlich vorgeschriebenen Abzüge für Verwaltungs- und Reparaturarbeiten vorgenommen wurden. Dazu muss er beim Vermieter nachfragen oder die Belege einsehen.

■ Nicht vorgeschrieben ist, dass zu den einzelnen Positionen die jeweiligen Einzelkosten mit Rechnungsdatum aufgenommen werden. Eine Zusammenfassung der entsprechenden Einzelkosten, die zu einer Kostenart gehören, reicht aus **(OLG Brandenburg RE WuM 99, 107; KG Berlin RE WuM 98, 474)**.

■ Die Abrechnung nach einem nicht vereinbarten Verteilerschlüssel ist nur ein inhaltlicher, kein formeller Fehler **(BGH WuM 2005, 61, BGH WuM 2005, 200)**. Das betrifft z.B. den Fall, dass der Vermieter die

Betriebskosten nach Wohnfläche verteilt hat, obwohl nach dem Mietvertrag die Umlage nach Miteigentumsanteilen vereinbart ist.

■ Enthält die Abrechnung andere Flächenangaben als in den Vorjahren, ist eine fehlende Erläuterung hierzu kein formeller Mangel. Der Vermieter muss die Abweichung aber auf Nachfrage des Mieters erläutern **(BGH WuM 2008, 407)**.

■ Das Gleiche gilt für einen nicht nachzuvollziehenden starken Kostenanstieg gegenüber dem Vorjahr. Die Abrechnung ist nicht aus formellen Gründen fehlerhaft, weil sie keine Erklärung hierzu enthält. Auch diese Ungereimtheit muss der Vermieter aber erklären, wenn der Mieter das verlangt **(BGH WuM 2008, 407)**. Vergleiche S. 75 – Grundsatz der Wirtschaftlichkeit.

Kontrollrecht des Mieters

Der Mieter darf zur Überprüfung die Originalbelege in den Büroräumen des Vermieters bzw. seines Verwalters einsehen **(BGH WuM 2022, 154)**. Die Abrechnungsunterlagen sind am Ort der Mietwohnung vorzulegen (LG Hanau und LG Hannover WuM 85, 346; AG Wiesbaden WuM 2001, 361). Bei Wohnungsunternehmen mit überregionalen Wohnungsbeständen kann der Mieter die Einsicht in die Belege in den Räumen der örtlich zuständigen Verwaltung verlangen. Der Mieter kann eine Person seines Vertrauens hinzuziehen, z. B. den Berater des Mietervereins (AG Hamburg WuM 91, 282; AG Schöneberg MM 89, 362). Er kann die beauftragte Person auch zur Belegeinsicht bevollmächtigen. Verweigert der Vermieter die Einsichtnahme, kann der Mieter eine eventuelle Nachzahlung ablehnen, die Abrechnung ist nicht fällig **(BGH WuM 2012, 276)**.

Der Mieter hat das Recht, alle notwendigen Unterlagen einzusehen. Dazu gehören nicht nur die Rechnungen, sondern auch die Zahlungsbelege **(BGH WuM 2021, 104)**, der Hauswartvertrag (AG Siegburg WuM 91, 598) und die Verbrauchswerte aller anderen Wohnungen im Gebäude **(BGH WuM 2018, 288)**. Der Vermieter darf das nicht mit dem Argument des Datenschutzes verweigern. Die Interessen des Mieters an der Prüfung der Abrechnung haben Vorrang (LG Berlin WuM 2014, 28; LG Potsdam WuM 2011, 631; AG Münster WuM 2000, 198). Der Mieter kann verlangen, dass der Vermieter ihm die Originalbelege vorlegt. Mit Kopien oder digitalen Scans muss er sich grundsätzlich nicht zufriedengeben **(BGH WuM 2022, 155)**.

Achtung: Wer die Abrechnung beanstanden will, darf sich nicht auf allgemeine Aussagen beschränken. Nicht reagieren muss der Vermieter auf Bemerkungen wie: »Die Kosten erscheinen zu hoch!« oder: »Das kann nicht stimmen!« Der Mieter muss im Einzelnen geltend machen, was zu bemängeln ist. Dazu muss er gegebenenfalls zunächst die Belege beim Vermieter einsehen (**BGH NJW 2015, 855**; OLG Düsseldorf GE 2011, 1616; LG Frankfurt/M. ZMR 2015, 307; LG Karlsruhe NZM 2014, 388). Eine Pflicht zur Prüfung der Belege besteht jedoch nicht, wenn ein Fehler bereits aus der Abrechnung klar zu ersehen ist (LG Hamburg WuM 2018, 88) oder wenn sich den Unterlagen des Vermieters nichts Genaues entnehmen ließe.

Der **BGH** hat entschieden, dass der Mieter grundsätzlich **keinen Anspruch auf Zusendung von Fotokopien** der Abrechnungsbelege geltend machen kann **(WuM 2006, 200)**. Nur der Mieter einer Sozialwohnung (⇨ SOZIALMIETE) kann die Zusendung von Ablichtungen verlangen. Das steht ausdrücklich im Gesetz (§ 29 Abs. 2 NMV).

Der Deutsche Mieterbund hält das Urteil für falsch. Es schränkt die Kontrollmöglichkeiten stark ein. Der Mieter muss sich in die Büroräume des Vermieters begeben und kann nur dort die Belege, Rechnungen und Gebührenbescheide überprüfen. Zu einer eingehenden Überprüfung ist er oft nicht in der Lage, weil ihm die Fachkenntnisse fehlen. Übersendung von Kopien der Belege kann er aber auch nicht verlangen, wenn er sie durch den Mieterverein überprüfen lassen will (LG Zwickau WuM 2003, 271; LG Gera WuM 2003, 457; AG Bremen WuM 2005,129). Der Deutsche Mieterbund setzt sich dafür ein, dass dem Mieter zumindest ein Anspruch auf Übermittlung von Betriebskostenunterlagen in **digitaler Form** zusteht, z.B. per E-Mail oder über ein Webportal des Vermieters. Bislang gibt es einen solchen Anspruch des Mieters nicht.

Empfehlung: Mieter sollten den Vermieter fragen, ob er trotz fehlender Verpflichtung bereit ist, einzelne Belege gegen Kostenersatz zu kopieren und per Post oder in digitaler Form zuzusenden. Vermieter, die von der Richtigkeit der Abrechnung überzeugt sind, werden hierzu eher bereit sein als Vermieter, die etwas zu verbergen haben. Weigert sich der Vermieter, besteht erst recht Anlass zur näheren Überprüfung vor Ort. Dabei kann der Mieter einzelne Belege z. B. fotografieren. Das darf der Vermieter ihm nicht verbieten (LG Potsdam WuM 2011, 631; AG München NJW 2010, 78).

Ausnahmen: Der Mieter kann die Zusendung von Kopien verlangen, wenn ihm die Einsichtnahme in den Räumen des Vermieters nicht zugemutet werden kann. Davon ist auszugehen, wenn die Mietwohnung vom Sitz des Vermieters bzw. seiner Verwaltung zu weit entfernt ist (LG Freiburg NJW-RR 2011, 1096; LG Hamburg WuM 2000, 197; LG Frankfurt/M.

WuM 99, 576). Für zumutbar gehalten werden Entfernungen bis ca. 30km (AG Halle/Saale WuM 2014, 337). Liegen die Räume des Vermieters im selben Ort, besteht in der Regel kein Recht auf Zusendung von Kopien (LG Frankfurt/M. ZMR 2015, 307). Anders verhält es sich aber, wenn der Mieter bereits in eine andere Stadt umgezogen oder länger abwesend ist, etwa wegen eines studienbedingten Auslandsaufenthalts **(BGH WuM 2010, 363; WuM 2010, 296)**. Dem Mieter kann die Einsichtnahme vor Ort außerdem nicht zugemutet werden, wenn er mit dem Vermieter heillos zerstritten ist (OLG Düsseldorf GuT 2006, 233; AG Bergisch-Gladbach ZMR 2012, 198). Weitere Ausnahmen bestehen, wenn der Mieter schwer erkrankt ist, wenn er an einer Geh- oder Sehbehinderung oder einer anderen erheblichen Beeinträchtigung leidet (LG Berlin NJW 2014, 2593; AG Dortmund WuM 2011, 631).

Weigert sich der Vermieter trotzdem, Kopien zu schicken, darf der Mieter eine geforderte Nachzahlung aus der Abrechnung solange einbehalten **(BGH WuM 2010, 630; WuM 2010, 296)**. Dieses Recht steht dem Mieter auch zu, wenn der Vermieter die Kontrolle der Originalbelege in seinem Büro verweigert **(BGH WuM 2012, 276)** oder auf mehrmalige Anfrage nicht reagiert. Weist die Abrechnung keine Nachzahlung aus, kann der Mieter stattdessen die monatlichen Vorauszahlungen für die Betriebskosten in angemessener Höhe als Druckmittel vorläufig zurückhalten **(BGH WuM 2022, 217)**.

Stehen dem Mieter Ablichtungen zu, muss er die Kosten für das Kopieren erstatten. Angemessen sind 25 Cent je Kopie (AG Pinneberg ZMR 2004, 595; AG Delmenhorst WuM 2003, 657; AG Aachen WuM 2003, 220). Übersendet der Vermieter ungefragt Belegkopien, kann er keinen Kostenersatz verlangen (AG Bingen WuM 2016, 217).

Grundsatz der Wirtschaftlichkeit

Bei der Entstehung und Erhöhung von Betriebskosten muss der Vermieter ein wirtschaftlich vernünftiges Maß anlegen. Der Grundsatz der Wirtschaftlichkeit ist gesetzlich ausdrücklich festgeschrieben. Der Vermieter ist zum sparsamen Umgang mit dem erhaltenen Geld verpflichtet. Der Grundsatz der Wirtschaftlichkeit erlangt unter anderem in folgenden Fällen Bedeutung:

- Betriebskosten sind der Art nach nicht gerechtfertigt. Zum Beispiel eine Versicherung gegen Erdbeben in einer Gegend, in der mit solchen nicht zu rechnen ist, oder ein Wartungsvertrag für eine Türschließanlage (AG Schöneberg MM 98, 354).

- Der Umfang der Betriebskosten ist nicht gerechtfertigt. Beispiele:

Eine volle Hausmeisterstelle für eine kleine Wohneinheit, zu viele Müllbehälter (AG Münster WuM 2001, 46; AG Dannenberg WuM 2000, 379), Hausreinigung dreimal wöchentlich (LG Hamburg NZM 2001, 806), eine aufwändige Beleuchtungsanlage (LG Berlin GE 92, 989).

■ Die Kosten sind zu hoch. Zum Beispiel ein überhöhtes Gehalt für den Hausmeister oder die Reinigungskraft oder Wartungskosten, die verglichen mit den Preisen anderer Firmen wesentlich höher liegen, etwa für die Warmwassergeräte (AG Köln WuM 99, 466) oder für elektronische Heizkostenverteiler (LG Köln NZM 2005, 453; LG Berlin WuM 2004, 340). Häufig sind auch die laufenden Kosten für Wärmezähler überteuert ⇨ HEIZKOSTEN – Kosten der Verwendung einer Ausstattung zur Verbrauchserfassung.

Der Vermieter hat darauf zu achten, dass er preisgünstig einkauft, und hat Preisvergleiche anzustellen. Dabei muss er aber nicht unbedingt den Anbieter mit dem niedrigsten Preis wählen (LG Itzehoe WuM 85, 398). Bei seiner Entscheidung kann er auch andere Gesichtspunkte berücksichtigen, zum Beispiel die Zuverlässigkeit des jeweiligen Unternehmens, die Qualität der Arbeit oder Dienstleistung.

■ Erhebliche Kostensteigerung. Ein steiler Kostenanstieg gegenüber den Vorjahren widerspricht in der Regel ebenfalls dem Grundsatz der Wirtschaftlichkeit. Das lässt sich durch einen Vergleich mit den vergangenen Abrechnungen leicht feststellen. Der Vermieter muss die Abweichung auf Nachfrage des Mieters erläutern **(BGH WuM 2008, 407)**. Der Mieter sollte den Vermieter deshalb auffordern, die Gründe anzugeben, wenn z. B. die Allgemeinstromkosten (AG Brühl WuM 91, 121), die Versicherungskosten (AG Mönchengladbach-Rheydt WuM 2007, 128) oder die Hausmeisterkosten (KG Berlin NZM 2006, 294; LG Kiel WuM 96, 628) wesentlich höher sind als das letzte Mal. Gibt der Vermieter für die kräftig gestiegenen Kosten keine einleuchtende Erklärung an, muss er die Mehrkosten selbst tragen (LG Hamburg NZM 2001, 806; LG Düsseldorf DWW 95, 286; AG Köln WuM 99, 221).

Im Allgemeinen gilt: Der Vermieter darf nur Kosten abrechnen, die bei einer »ordnungsgemäßen Geschäftsführung« gerechtfertigt wären. Übermäßige Kosten hat der Vermieter selbst zu tragen. Die Betriebskostenabrechnung muss um die entsprechenden Beträge gekürzt werden.

Achtung: Der Mieter kann einen Verstoß gegen das Wirtschaftlichkeitsgebot nicht geltend machen, wenn der Vermieter das Dienstleistungsunternehmen bereits vor Abschluss des Mietvertrags beauftragt hat **(BGH WuM 2023, 204)**.

Einschaltung eines Tochterunternehmens: Viele große private Wohnungsunternehmen gründen eigene Unternehmen, denen sie Aufgaben wie Hausmeisterdienste, Reinigungsarbeiten, Winterdienst sowie Pflege der Grünflächen und Außenanlagen übertragen. Auch beim ⇨ CONTRACTING wird das so gehandhabt. Diese Form der Organisation ist zwar nicht von vornherein unzulässig. Sie führt aber tendenziell zu höheren Kosten für die Mieter. Hier gilt es, ganz genau hinzuschauen! Folgendes ist zu beachten:

■ Der Vermieter muss Belege vorweisen können, die nachvollziehbar dokumentieren, wie die Kosten für das abgerechnete Gebäude zustande gekommen sind und verteilt wurden. Lassen sich die abgerechneten Kosten nicht durch entsprechende Unterlagen belegen, besteht für die betreffenden Betriebskosten keine Zahlungspflicht (AG Leipzig ZMR 2020, 127; AG Bremen WuM 2019, 607).

■ Der Vermieter hat alle seine Tochterunternehmen betreffenden Belege vorzulegen. Dazu zählen der mit dem Unternehmen abgeschlossene Vertrag, Rechnungen, Zahlungsbelege und andere Unterlagen. Hat die Tochtergesellschaft ihrerseits ein Unternehmen beauftragt, muss der Vermieter in diese Rechnungen und sonstigen Belege keine Einsicht gewähren. Eine Ausnahme besteht, wenn der Vermieter mit seiner Tochtergesellschaft nur die Erstattung der Kosten – ohne Gewinnanteil – vereinbart hat **(BGH WuM 2022, 26)**.

■ Der Vermieter muss belegen können, dass z. B. der beauftragte Hauswart, die Reinigungskraft oder der Gartenbetrieb die übertragenen Aufgaben tatsächlich erledigt hat (AG Gelsenkirchen WuM 2020, 151).

■ Die Kosten dürfen nicht erheblich über dem liegen, was andere Anbieter am Markt für Contracting, Hauswarttätigkeiten, Pflege von Außen- und Grünanlagen, Reinigung oder Winterdienst etc. berechnen würden. Die berechneten Betriebskosten sind ggf. auf ein angemessenes Maß zu reduzieren.

Beweislast: Anders als bei einem starken Kostenanstieg genügt es nicht, wenn der Mieter lediglich auf zu hohe Kosten hinweist. Nach dem BGH muss er, und nicht der Vermieter, zunächst den Nachweis erbringen, dass die Kosten überhöht sind **(BGH NZM 2015, 132; WuM 2011, 513; WuM 2007, 393)**. Dazu kann er z. B. das Vergleichsangebot eines anderen Anbieters vorlegen. Außerdem mutet der BGH dem Mieter zu, die Belege einzusehen, um sich gegebenenfalls Klarheit über die Ursache der überhöhten Kosten zu verschaffen. Hält der Mieter also z. B. die Müllgebühren für zu hoch, sollte er zunächst den Gebührenbescheid und die Rechnungen kontrollieren.

Betriebskostenspiegel

Anhaltspunkte über die Höhe der angemessenen Kosten gibt der DMB-Betriebskostenspiegel. Diese Übersicht enthält Durchschnittswerte für die einzelnen Betriebskosten. Daran können sich die Mietparteien, ähnlich wie an einem Mietspiegel, orientieren. Der aktuelle Betriebskostenspiegel ist kostenfrei erhältlich unter www.mieterbund.de.

Weil die Betriebskosten einen großen Teil der Miete ausmachen und auch künftig starke Kostensteigerungen zu erwarten sind, ist es wichtig, eine Vergleichbarkeit zu ermöglichen. Der Betriebskostenspiegel basiert auf mehr als 10 Millionen Quadratmetern Mietwohnfläche. Er wird jährlich aktualisiert. Darüber hinaus gibt es Durchschnittszahlen für die einzelnen Bundesländer und für einzelne Städte. **Wichtig:** Der Betriebskostenspiegel für Deutschland ist ein Transparenz-, kein formales Rechtsinstrument. Er hilft den Mietvertragsparteien, den Gerichten und den Behörden vor allem bei der Aufdeckung von Kosten-Ausreißern.

Die wichtigsten Vorteile des Betriebskostenspiegels sind:

- Die Mieter können mit einem Blick erkennen, ob die einzelnen Kosten der Höhe nach plausibel sind.
- Wohnungssuchende können vor Abschluss eines Mietvertrags abschätzen, ob die vorgegebenen Vorauszahlungen der Höhe nach angemessen sind. Außerdem erhalten sie Informationen, mit welcher Gesamtmietbelastung tatsächlich zu rechnen ist.
- Bei der Überprüfung von Nebenkostenabrechnungen bieten Betriebskostenspiegel Anhaltspunkte für überhöhte oder unwirtschaftliche Kostenpositionen.
- Vermieter haben die Chance, vergleichsweise hohe Ausgaben für einzelne Betriebskostenarten zu erkennen und gegebenenfalls Maßnahmen zur Kostensenkung einzuleiten.

Wichtig: Mithilfe des Betriebskostenspiegels lassen sich keine verbindlichen Überprüfungen der Abrechnungen oder einzelner Kostenhöhen durchführen. Der BGH hat ausdrücklich gesagt, dass sich überhöhte Betriebskosten nicht allein durch einen Vergleich mit einem überregionalen Betriebskostenspiegel belegen lassen **(BGH WuM 2011, 513).** Abweichungen von den Durchschnittswerten können aber für den Mieter oder den Mieterverein Anlass sein, einzelne Kostenpositionen genauer unter die Lupe zu nehmen. Das gilt unter dem Gebot der Wirtschaftlichkeit erst recht, wenn der obere – kritische – Grenzwert überschritten wird. Dann sollten beim Vermieter zusätzliche Erläuterungen und Erklärungen eingeholt oder Einblick in die Originalbelege gefordert werden.

Bis wann muss abgerechnet werden?
Der Vermieter muss die Abrechnung spätestens 12 Monate nach Ende des Abrechnungszeitraums vorlegen. Diese Frist ist eine **Ausschlussfrist**. Das bedeutet: Hat der Vermieter nicht innerhalb von 12 Monaten abgerechnet, kann er nichts mehr nachfordern. Das gilt selbst dann, wenn der Mieter vor Ablauf der Ausschlussfrist erklärt hat, dass er zahlen werde **(BGH WuM 2008, 351)**. Hat der Mieter seine monatlichen Vorauszahlungen (teilweise) nicht gezahlt, kann der Vermieter nach Vorlage der Abrechnung noch die Betriebskosten bis zur Höhe der geschuldeten Vorauszahlungsbeträge verlangen **(BGH WuM 2007, 700)**.

In einigen Mietverhältnissen bestehen für die ⇨ HEIZKOSTEN und die »kalten« Betriebskosten unterschiedliche Abrechnungszeiträume. Die Abrechnungsfrist beginnt dann mit dem Ende des Abrechnungszeitraums für die »kalten« Betriebskosten zu laufen **(BGH WuM 2008, 404)**. Meistens ist das das Jahresende. Dafür gibt es jedoch eine nicht selten anzutreffende Ausnahme: Für die »kalten« Betriebskosten und die Heizkosten ist jeweils ein eigener Vorauszahlungsbetrag und eine getrennte Abrechnung vereinbart. Dann muss der Vermieter über die Heizkosten und die »kalten« Betriebskosten getrennt abrechnen. Daraus ergeben sich auch unterschiedliche Fristen.

Hat der Vermieter die Verspätung nicht verschuldet, darf er ausnahmsweise nach Ablauf der Abrechnungsfrist noch abrechnen. Deshalb kann der Vermieter eine von der Gemeinde erklärte rückwirkende Erhöhung der Grundsteuer nachträglich umlegen, auch wenn die ursprüngliche Abrechnung für das betroffene Abrechnungsjahr schon einige Zeit zurückliegt. Der Mieter kann nicht einwenden, dass der Anspruch verjährt ist **(BGH WuM 2013, 108)**. Der Vermieter muss die Abrechnung spätestens innerhalb von 3 Monaten nachholen, nachdem das Abrechnungshindernis weggefallen ist **(BGH WuM 2006, 516)**. Für Nachlässigkeiten seiner Abrechnungsfirma oder Verwaltung muss er jedoch einstehen. Auch Verzögerungen auf dem Postweg entlasten den Vermieter nicht **(BGH WuM 2009, 236)**. Hat er die Betriebskostenabrechnung kurz vor Weihnachten abgesandt, trifft sie aber erst Anfang des neuen Jahres beim Mieter ein, kann er nichts mehr nachfordern.

Der Vermieter einer Eigentumswohnung benötigt die Jahresabrechnung der Eigentümergemeinschaft als Grundlage für die Abrechnung gegenüber seinem Mieter. Er kann sich aber nicht darauf berufen, dass der Verwalter sie zu spät erstellt hat. Nur wenn er nachweist, dass er den Verwalter der Eigentümergemeinschaft vergeblich zur Vorlage der Abrechnung aufgefordert hat, ist er entschuldigt **(BGH WuM 2017, 138)**.

Achtung: Der Auszug des Mieters ändert an den Fristen nichts. Die Ausschlussfrist beginnt immer erst mit Ende der Abrechnungsperiode zu laufen. Beispiel: Der Mieter zieht im Januar aus. Der Abrechnungszeitraum entspricht dem Kalenderjahr. Der Mieter muss sich unter Umständen bis zum Ende des folgenden Jahres gedulden, bevor er die Abrechnung erhält.

Solange die Ausschlussfrist noch nicht abgelaufen ist, kann der Vermieter die Abrechnung zulasten des Mieters korrigieren. Das gilt auch, wenn er ein berechnetes Guthaben bereits ausgezahlt hat **(BGH WuM 2011, 108).**

Legt der Vermieter die Abrechnung rechtzeitig vor, ist sie aber nicht ordnungsgemäß erstellt, greift die Ausschlussfrist trotzdem durch. Schwerwiegende Fehler führen dazu, dass die Abrechnung gar nicht wirksam ist (siehe oben – Ordnungsgemäße Abrechnung). Hat der Vermieter die notwendigen Formalien nicht eingehalten, muss er erst eine neue Abrechnung vorlegen. Nachforderungen, die sich aus der neuen Abrechnung ergeben, kann er aber nur verlangen, wenn die Jahresabrechnungsfrist bei deren Vorlage noch nicht abgelaufen war **(BGH WuM 2008, 352).** Inhaltliche Fehler kann er hingegen auch nach Fristablauf korrigieren. Das gilt z.B. für Rechenfehler oder »Zahlendreher« (AG Witten ZMR 2005, 209).

Aber: Verbessert der Vermieter den Fehler erst nach Fristablauf, darf das den Mieter nicht benachteiligen. Der Vermieter kann den ursprünglich ausgewiesenen Nachzahlungsbetrag zwar weiterhin fordern. Ergibt sich nach der Neuberechnung aber eine höhere Nachzahlung, steht der Mehrbetrag dem Vermieter nicht zu. Stellt sich nach Ablauf der Jahresfrist z.B. heraus, dass der Vermieter eine Einzelrechnung »vergessen« hat, kann er diesen Betrag deshalb nicht nachfordern. Generell gilt: Der Vermieter kann das Ergebnis der Abrechnung nach Fristablauf nicht mehr zuungunsten des Mieters ändern. Weist die Abrechnung ein Guthaben für den Mieter aus, darf es nicht verringert werden **(BGH WuM 2008, 150; WuM 2005, 61).** Ein bereits an den Mieter ausgezahltes Guthaben kann der Vermieter nicht zurückfordern **(BGH WuM 2011, 42).**

Achtung: Zahlt der Mieter einen geforderten Nachzahlungsbetrag, obwohl der Vermieter die Jahresfrist nicht beachtet hat, steht dem Vermieter das Geld grundsätzlich nicht zu. Der Vermieter ist »ungerechtfertigt bereichert«. Er muss den Betrag erstatten, wenn der Mieter in Unkenntnis der Ausschlussfrist gezahlt hat **(BGH WuM 2006, 150).**

Wichtig: Die Ausschlussfrist betrifft nur Nachforderungen des Vermieters, nicht aber Rückzahlungsansprüche des Mieters. Der Mieter kann auch nach Ablauf der 12 Monate noch verlangen, dass der Vermieter eine Abrechnung vorlegt. Dazu wird der Mieter immer dann Anlass haben, wenn die Abrechnung vermutlich ein Guthaben zu seinen Gunsten ergibt. Nach Ablauf der Ausschlussfrist ist der Vermieter mit der Erteilung der Betriebskostenabrechnung in ⇨ VERZUG. Diese Grundsätze betreffen auch die Heizkostenabrechnung (⇨ HEIZKOSTEN), da sie Teil der Betriebskostenabrechnung ist.

Was tun, wenn der Vermieter nicht abrechnet?
Ist die 12-Monatsfrist abgelaufen, kann der Mieter den Vermieter auffordern, die Abrechnung vorzulegen. Reagiert der Vermieter nicht, kann der Mieter die Abrechnung vor Gericht einklagen. Das ist aber sehr umständlich. Einfacher ist es, die Vorauszahlungen für die laufende Abrechnungsperiode (nicht die Miete – OLG Koblenz WuM 95, 154) zurückzubehalten **(BGH WuM 2006, 383; WuM 84, 128)**. Der Mieter kann aber nicht die Rückzahlung **aller** früher geleisteten Nebenkostenvorauszahlungen fordern **(BGH WuM 2006, 383)**.

Anders ist die Situation, wenn das Mietverhältnis bereits beendet und der Mieter ausgezogen ist. Der Mieter hat dann nicht mehr die Möglichkeit, die laufenden Vorauszahlungen zurückzuhalten, um den Vermieter zur Erstellung der Abrechnung anzuhalten. In diesem Fall kann er verlangen, dass der Vermieter ihm sämtliche Vorauszahlungen zurückzahlt, die er für den betreffenden Abrechnungszeitraum entrichtet hat **(BGH WuM 2005, 337)**. Nur wenn der Vermieter dann doch abrechnet, kann er verhindern, dass er die Vorauszahlungen zurückerstatten muss **(BGH WuM 2010, 688)**. Der Mieter hat allerdings keinen Rückzahlungsanspruch, wenn er es während der Mietzeit versäumt hat, seinen Anspruch auf Abrechnung durch Zurückhalten der laufenden Vorauszahlungen durchzusetzen **(BGH WuM 2012, 620)**. Auf diese Weise darf der Mieter auch verfahren, wenn nach einem Vermieterwechsel der alte Eigentümer die Abrechnung für vergangene Zeiträume erstellen muss (LG Berlin WuM 2015, 735). Siehe dazu S. 82 – Vermieterwechsel – wer rechnet ab?

Von der Ausschlussfrist zu unterscheiden ist die Verjährungsfrist nach Vorlage der Abrechnung. Die Ausschlussfrist regelt, bis wann der Vermieter die Abrechnung dem Mieter spätestens zusenden muss. Die Verjährungsfrist betrifft hingegen die Frage, bis wann eine Forderung aus der Abrechnung geltend zu machen ist. Hat der Mieter die Abrechnung erhalten, verjähren Nachzahlungsansprüche des Vermieters oder Rückzahlungsansprüche des Mieters nach 3 Jahren. Diese Frist wird erst in Gang gesetzt mit Vorlage der Abrechnung, auch wenn sie noch »kleinere« Fehler enthält **(BGH RE WuM 91, 150)**, und zwar immer erst am Ende des betreffenden Jahres ⇨ VERJÄHRUNG.

Einwendungsfrist für Mieter
Hat der Vermieter die Abrechnung vorgelegt, muss der Mieter seine Einwände bis zum Ablauf des 12. Monats vorbringen, nachdem er die Abrechnung erhalten hat. Die Frist endet immer am letzten Tag des Monats (LG Frankfurt/O. WuM 2013, 40). Ist diese Frist abgelaufen, kann die Betriebskostenabrechnung nicht mehr beanstandet werden, es sei denn, der Mieter hat die verspätete Geltendmachung nicht zu vertreten. Nach Ablauf dieser Frist kann der Mieter z. B. nicht mehr geltend machen, dass bestimmte Kosten zu hoch angesetzt oder fehlerhaft berechnet sind. Die Frist beginnt jedoch nur zu laufen, wenn die Abrechnung die Formalien einhält und den Mindestanforderungen genügt **(BGH WuM 2011, 101)**.

Die Einwendungsfrist ist auch einzuhalten, wenn der Vermieter Betriebskosten berechnet, die der Mieter laut Mietvertrag gar nicht zahlen muss. Das gilt für den Fall, dass einige Betriebskosten in der Grundmiete enthalten sind **(BGH WuM 2007, 694)** oder für bestimmte Betriebskosten eine Pauschale vereinbart ist **(BGH WuM 2012, 229; BGH WuM 2011, 158; BGH WuM 2008, 283)**.

Die Frist für einen Widerspruch gegen die Abrechnung gilt laut BGH sogar für Kosten, die gar keine Betriebskosten sind. Eine Ausnahme besteht, wenn in der Abrechnung für eine Eigentumswohnung vermerkt ist, dass die Instandhaltungs- und Verwaltungskosten nicht auf den Mieter umgelegt werden dürfen. Dann kann der Mieter sie auch nach Fristablauf noch reklamieren und bereits gezahlte Kosten zurückfordern **(BGH WuM 2016, 420)**.

Achtung: Einwendungen gegen die Abrechnung muss der Mieter jedes Jahr neu geltend machen **(BGH WuM 2010, 420)**. Hat der Mieter z. B. bei den letzten Abrechnungen beanstandet, dass die Grundsteuer laut Mietvertrag nicht umlegbar ist, muss er den Vermieter nochmals darauf hinweisen.

Die Einwendungsfrist von 12 bis (nahezu) 13 Monaten bedeutet nicht, dass sich der Mieter immer so lange Zeit lassen darf. Es ist lediglich gesetzlich festgelegt, ab welchem Zeitpunkt keine Beanstandungen mehr möglich sind. Bestehen keine Einwendungen gegen die Betriebskostenabrechnung, muss der Mieter die geforderte Nachzahlung innerhalb angemessener Zeit, spätestens nach einem Monat, begleichen.

Der Mieter kann die Abrechnung trotz abgelaufener Frist noch beanstanden, wenn er den verspäteten Widerspruch »nicht zu vertreten hat«. Als Begründung kommt z.B. eine plötzlich aufgetretene schwere Krankheit in Betracht. Im Streitfall muss er beweisen, dass ihn keine Schuld trifft. Nicht zu vertreten hat der Mieter eine Verspätung außerdem, wenn der Vermieter sich geweigert hat, ihn die Belege einsehen zu lassen (AG Hamburg WuM 2016, 663).

Für den preisgebundenen Wohnraum gibt es keine Einwendungsfrist des Mieters, da eine entsprechende gesetzliche Regelung fehlt **(BGH WuM 2005, 579)**.

Vermieterwechsel – wer rechnet ab?
Wechselt während der Abrechnungsperiode der Eigentümer, taucht die Frage auf, wer über die Betriebskostenvorauszahlungen abrechnen muss. Der **BGH** hat entschieden, dass der neue Vermieter über die gesamte **laufende** Abrechnungsperiode, also über alle während dieser Zeit geleisteten Beträge, abrechnen muss **(WuM 2004, 94)**. Der Verkäufer, das heißt der alte Vermieter, muss nicht über Vorauszahlungen abrechnen, die der Mieter noch an ihn geleistet hat.

War das Mietverhältnis zum Zeitpunkt des Eigentümerwechsels aber bereits beendet, übernimmt der neue Vermieter die Abrechnungspflichten nicht **(BGH WuM 2007, 267)**. Dann muss sich der Mieter an den alten Vermieter wenden.

Etwas anderes gilt außerdem für die Abrechnungsperioden, die beim Eigentümerwechsel bereits abgeschlossen waren. Auch wenn der alte Eigentümer über die Vorauszahlungen, die er erhalten hat, noch nicht abgerechnet hat, übernimmt der neue Vermieter diese Verpflichtung nicht. Der Mieter muss sich also an seinen früheren Vermieter wenden **(BGH WuM 2004, 94; WuM 2000, 609)**.

Rechnet der neue Eigentümer oder dessen Verwaltung aber einen früheren Abrechnungszeitraum ab, muss der neue Eigentümer auch ein eventuelles Nebenkostenguthaben auszahlen (OLG Naumburg NZM 98, 806).

Insolvenz des Vermieters
Wird das Mietshaus unter Zwangsverwaltung gestellt, übernimmt der Zwangsverwalter die Pflichten des Vermieters. Er muss eine noch ausstehende Abrechnung erstellen ⇨ ZWANGSVERWALTUNG. Anders als bei einem Vermieterwechsel muss der Zwangsverwalter auch über zurückliegende Abrechnungszeiträume vor seiner Bestellung abrechnen **(BGH WuM 2006, 402; WuM 2003, 390)**.

Während bei einer Zwangsverwaltung nur das Mietshaus »beschlagnahmt« wird, ist bei einer ⇨ INSOLVENZ des Vermieters sein gesamtes

Vermögen betroffen ⇨ VERMÖGENSVERFALL DES VERMIETERS. Der Insolvenzverwalter hat ebenfalls die Pflicht, über die Betriebskosten abzurechnen, auch über Abrechnungsperioden, die vor der Eröffnung des Insolvenzverfahrens bereits beendet waren. Eine sich aus der Abrechnung ergebende Nachforderung muss der Mieter bezahlen. Ergibt sich hingegen ein Guthaben zugunsten des Mieters, handelt es sich um eine sog. Insolvenzforderung. Das bedeutet an sich, dass der Mieter von dem Guthaben zumeist gar nichts oder allenfalls einen geringen Teil erhält. Dies gilt sowohl für Abrechnungszeiträume vor als auch nach der Eröffnung des Insolvenzverfahrens. Der Mieter kann das Guthaben aber mit den laufenden Mietzahlungen verrechnen. Das muss er dem Insolvenzverwalter vorher mitteilen ⇨ AUFRECHNUNG. Voraussetzung ist, dass der betroffene Abrechnungszeitraum vor Eröffnung des Insolvenzverfahrens bereits abgelaufen war **(BGH NZM 2007, 162)**. Für spätere Zeiträume kann er hingegen nicht aufrechnen. Ist das Mietverhältnis bereits beendet, kann der Mieter ebenfalls nicht mehr wirksam die Aufrechnung erklären.

Erhöhung/Senkung der Betriebskostenvorauszahlung
Der Vermieter darf einen zu niedrigen Vorauszahlungsbetrag anheben. Dieses Recht steht ihm aber erst zu, wenn er die Nebenkostenabrechnung vorgelegt hat. Die Anpassung kann sich immer nur auf die künftig zu entrichtenden Abschlagszahlungen beziehen. Eine rückwirkende Erhöhung ist ausgeschlossen **(BGH WuM 2011, 424)**. Die Höhe einer monatlichen Vorauszahlung ergibt sich aus dem Ergebnis der Abrechnung geteilt durch zwölf. Dabei darf der Vermieter keinen pauschalen Sicherheitszuschlag, z.B. von 10%, für allgemeine Kostensteigerungen vornehmen. Ein Zuschlag ist nur zulässig, wenn er konkret belegen kann, dass die Kosten steigen oder bereits gestiegen sind **(BGH WuM 2011, 686)**.

Der BGH hat auch entschieden, dass der Vermieter die Vorauszahlungen nur auf Grundlage einer inhaltlich korrekt erstellten Abrechnung erhöhen kann. Demnach darf der Vermieter die Vorauszahlungen nicht heraufsetzen, wenn die Abrechnung Fehler aufweist und sich daraus ein zu hoher Vorauszahlungsbetrag ergibt **(BGH WuM 2012, 321)**. Der Mieter riskiert also keine ⇨ KÜNDIGUNG durch den Vermieter, wenn er nicht die überhöhten, sondern nur die angemessenen Beträge zahlt. Damit hat der BGH seine frühere Rechtsprechung korrigiert.

Achtung: Auch der Mieter darf eine Anpassung vornehmen. Die Vorauszahlungen sollen keinen zinsfreien Kredit für den Vermieter darstellen. Ergibt sich aus der Abrechnung eine erhebliche Rückzahlung, sind die monatlichen Vorauszahlungen zu hoch und dürfen angemessen gesenkt werden. Bevor die Anpassung des Vorauszahlungsbetrags vorgenommen werden darf, müssen Vermieter oder Mieter der anderen Mietpartei dies in ⇨ TEXTFORM mitteilen. Textform heißt, dass die Mitteilung nicht persönlich unterschrieben sein muss, sondern die Übermittlung per Telefax oder E-Mail geschehen kann ⇨ SCHRIFTFORM.

Der Mieter darf eine Abrechnung selbst korrigieren, wenn er Fehler entdeckt. Ergibt sich daraus eine niedrigere Vorauszahlung, darf er sie anpassen **(BGH WuM 2013, 235)**. Es ist aber Vorsicht geboten. Kürzt der Mieter die Vorauszahlungen unberechtigt, droht eine ⇨ KÜNDIGUNG, wenn der Rückstand mehr als eine Monatsmiete beträgt. Im Zweifelsfall sollte die Abrechnung vorher vom Mieterverein geprüft werden.

Erhöhung der Pauschale oder der Bruttomiete ⇨ MIETE
Haben die Mietparteien eine **Pauschale** für die Betriebskosten vereinbart, ist eine einseitige Erhöhung durch den Vermieter nur möglich, soweit das im Mietvertrag vereinbart ist. Ohne entsprechenden Vorbehalt im Mietvertrag kann der Vermieter eine Pauschale also nicht anheben.

Will der Vermieter die Pauschale heraufsetzen, muss er bestimmte Voraussetzungen beachten. Die Erhöhung richtet sich nach dem Unterschied der in der Pauschale enthaltenen Betriebskosten beim Abschluss des Mietvertrags oder nach der zuletzt vorgenommenen Erhöhung einerseits und der Kostenbelastung zum Zeitpunkt des Erhöhungsverlangens andererseits (AG Waiblingen WuM 88,129). Der Vermieter muss eine Erklärung in Textform abgeben, in der der Grund der Erhöhung bezeichnet und erläutert wird. Erforderlich ist eine vollständige Gegenüberstellung der bisherigen und der neuen Betriebskostenbelastung (AG Bayreuth WuM 89, 423). Fehlt diese Erläuterung, ist die Erhöhungserklärung unwirksam (LG Köln WuM 82, 301).

Der Mieter muss die höhere Pauschale mit dem übernächsten Monatsersten nach Eintreffen des Erhöhungsschreibens zahlen.

Ist eine Erhöhung vereinbart, ist darin aber keine »Einbahnstraße« zu sehen. Wenn sich die Betriebskosten **verringern**, muss die Pauschale ab dem Zeitpunkt der Ermäßigung herabgesetzt werden. Der Mieter kann verlangen, dass der Vermieter ihm mitteilt, ob sich die Pauschale ermäßigt hat. Zur Auskunft verpflichtet ist der Vermieter aber nur, wenn dafür konkrete Anhaltspunkte bestehen. Dabei sind Ermäßigungen bei einzelnen Betriebskosten nicht relevant, wenn sie durch Erhöhungen anderer Betriebskosten ausgeglichen werden **(BGH WuM 2011, 688)**.

Die Möglichkeit zur Erhöhung einer **Bruttomiete** nach diesem Verfahren besteht nicht mehr. Der Gesetzgeber hat sich dafür entschieden, diese Art der Betriebskostenerhöhung nur noch bei Mietverträgen zuzulassen, die am 1.9.2001 bereits bestanden und in denen diese Erhöhungsmöglichkeit auch vereinbart ist. Im Übrigen bleibt dem Vermieter bei einer Bruttomiete die allgemeine ⇨ MIETERHÖHUNG.

Der Mieter muss die erhöhten Betriebskosten grundsätzlich nur für die Zukunft zahlen, nicht für die Vergangenheit. Eine Ausnahme gilt nur dann, wenn sich für den Vermieter selbst die Betriebskosten **rückwirkend erhöht** haben. Allerdings muss der Vermieter die Erklärung innerhalb von 3 Monaten von der Kenntnis der Erhöhung an abgeben, sonst entfällt sein Anspruch. Der Vermieter von nicht preisgebundenem Wohnraum kann nach dem **Wegfall der Grundsteuervergünstigung** für das Wohngrundstück die von ihm geschuldete höhere Grundsteuer als Erhöhung der Betriebskosten anteilig auf den Mieter umlegen, wenn er nach dem Inhalt des Mietvertrages den Ersatz von Grundsteuer gesondert fordern kann und der Wegfall der Grundsteuervergünstigung zur Erhöhung der gesamten Betriebskosten geführt hat **(OLG Karlsruhe RE WuM 81, 56)**.

Sonderregelungen für Sozialwohnungen

Für Sozialwohnungen ist vorgeschrieben, dass die Betriebskosten gesondert abzurechnen sind. Umlegen darf der Vermieter nur die Betriebskosten nach der Betriebskostenverordnung (siehe Aufzählung zu Beginn dieses Stichworts) sowie das Umlageausfallwagnis ⇨ MIETAUSFALLWAGNIS. Außerdem müssen die Betriebskosten dem Mieter nach Art und Höhe bei Vertragsabschluss mitgeteilt worden sein. Nur dann kann er wissen, welche Kosten noch auf ihn zukommen **(OLG Oldenburg RE WuM 97, 609)**. Es genügt aber, wenn der Mietvertrag auf die Betriebskostenverordnung bzw. bei älteren Mietverträgen auf die »Anlage 3 zu § 27 II. BV« verweist und die Höhe der gesamten Vorauszahlungen angegeben ist. Die Vorauszahlungen müssen nicht auf die einzelnen Betriebskosten aufgeschlüsselt sein **(BGH WuM 2010, 153)**.

Früher durfte der Vermieter die Betriebskosten (teilweise) in die Miete einkalkulieren. Diese Möglichkeit besteht seit 1.5.1984 nicht mehr. Existiert ein Mietverhältnis, das älter ist, kann der Vermieter eine Umstellung vornehmen und dem Mieter erklären, dass er die bisher in der Miete enthaltenen Betriebskosten gesondert abrechnen will. Dazu genügt es, wenn er eine ordnungsgemäße Betriebskostenabrechnung erstellt **(BGH WuM 2011, 280; WuM 2010, 364)**. Die Umstellung wirkt aber nur für die Zukunft, nicht für vergangene Abrechnungszeiträume.

Achtung: Die bisher in der Miete enthaltenen Betriebskosten muss er herausrechnen. Diesen Betrag kann er dann als Vorauszahlung auf die Betriebskosten erheben.

Betriebsrat

Nach dem Betriebsverfassungsgesetz unterliegen Werkmietwohnungen (nicht aber Werkdienstwohnungen – **BAG WuM 93, 353)** dem Mitbestimmungsrecht des Betriebsrats ⇨ WERKWOHNUNG. Ebenso hat der Personalrat bei der Vergabe von Plätzen in einem Personalwohnheim eines Krankenhauses mitzubestimmen (OVG Münster WuM 97, 444).

Das Mitbestimmungsrecht besteht nicht nur bei der Vergabe von Wohnraum, sondern auch bei der Kündigung. Eine Kündigung ist unwirksam, wenn sie ohne Zustimmung des Betriebsrats erfolgt, es sei denn, das Arbeitsverhältnis ist wirksam aufgelöst **(OLG Frankfurt RE WuM 92, 525)**. Das gilt auch für den Widerruf der Zuweisung einer Dienstwohnung für einen Angestellten im öffentlichen Dienst, hier muss der Personalrat mitbestimmen (OVG Münster WuM 2000, 136).

Auch generelle Regelungen über die Nutzungsbedingungen (Miete, Nebenkosten) fallen unter die Mitbestimmung **(BVerwG WuM 95, 596)**. Das gilt auch für die ehemaligen posteigenen Bundesmietwohnungen **(BAG WuM 99, 636)**. Besteht für Mieterhöhungen eine Betriebsvereinbarung, muss der Vermieter sowohl diese als auch die allgemeinen gesetzlichen Vorschriften für ⇨ MIETERHÖHUNGEN beachten (LG Freiburg WuM 85, 154).

Beweissicherungsverfahren ⇨ SELBSTSTÄNDIGES BEWEISVERFAHREN

Briefkasten

Der Vermieter muss dem Mieter die Wohnung in einem vertragsgemäßen Zustand überlassen. Hierzu gehört auch, dass der Vermieter einen Briefkasten für die Wohnung des Mieters anbringt. Die Mitglieder einer ⇨ WOHNGEMEINSCHAFT können nicht für jeden Mieter einen eigenen Briefkasten verlangen. Sie müssen den vorhandenen gemeinsam nutzen (AG Ebersberg 7 C 1/20).

Es muss sichergestellt sein, dass den Mieter wichtige Post, z.B. vom Gericht, auch erreicht (OLG Köln NJW-RR 2001, 1221). Hat der Mieter keinen mit seinem Namen beschilderten Briefkasten, kann er sich schadensersatzpflichtig machen, z.B. wenn ihm deshalb ein Zahlungsverbot nicht zugestellt werden kann (LG Berlin NZM 2003, 21).

Gegen unerwünschte Werbung darf der Mieter auf dem Briefkasten einen Aufkleber »Keine Werbung einwerfen!« anbringen (AG München WuM 89, 231). Wer dennoch Werbung einwirft, kann auf Unterlassung verklagt werden. Eine einstweilige Verfügung ist aber im Regelfall nicht zulässig (AG Charlottenburg MDR 99, 565).

Schutz bieten diese Aufkleber auf jeden Fall vor unerwünschten Werbezetteln, die Firmen in die Hausbriefkästen einwerfen lassen (**BGH NJW 89, 902;** OLG Karlsruhe NJW-RR 90, 244). Ob derartige Aufkleber aber auch gegen Werbematerial helfen, das per Postwurfsendung in Briefkästen gelangt, ist noch nicht endgültig geklärt. Das Kammergericht Berlin (NJW 90, 2142) meint, die werbende Firma müsse die Post anweisen, nicht zuzustellen, wenn der Empfänger derartige Postwurfsendungen eindeutig ablehne, und die Post müsse dann entsprechend verfahren. Dagegen sind das OLG Bremen (NJW 90, 2140) und der VGH Mannheim (NJW 90, 2145) der Auffassung, die Post dürfe auf jeden Fall Postwurfsendungen verteilen, sie brauche sich nicht an Antiwerbeaufkleber zu halten.

Bruttomiete ⮚ MIETE

C

CO_2-Abgabe

Die CO_2-Abgabe ist eine Umweltsteuer auf die Freisetzung von Treibhausgasen wie Kohlenstoffdioxid (CO_2). Sie ist Teil der Brennstoffkosten für Erdgas, Öl und andere fossile Brennstoffe. Sie fällt auch an bei der Versorgung mit Fern- und Nahwärme, wenn zur Wärmeerzeugung die genannten Brennstoffe eingesetzt werden.

Seit 2023 kann der Vermieter diese Kosten nicht mehr komplett mit der Heizkostenabrechnung an die Mieter weitergeben. Es besteht ein Stufenmodell, das zehn Stufen umfasst. Je schlechter der energetische Zustand des Gebäudes, desto höher ist der Kostenanteil des Vermieters. In der höchsten Stufe, wenn der CO_2-Ausstoß des Gebäudes mehr als 52 kg pro m² im Jahr beträgt, muss der Vermieter 95% der Kosten übernehmen, der Mieter entsprechend 5%. Das sind Häuser mit älterer Heizungsanlage und schlechter Wärmedämmung. In der niedrigsten Stufe mit weniger als 12 kg CO_2-Emissionen pro m² jährlich ergeben sich für den Vermieter keine Kosten, der Mieter trägt 100%. Die anteilige Belastung mit der CO_2-Abgabe auf Grundlage des Stufenmodells soll auch den Vermieter motivieren, fossile Energien einzusparen. Die Aufteilung ist erstmals anzuwenden auf Abrechnungszeiträume, die ab dem 1.1.2023 beginnen.

Menge CO_2 pro m² und Jahr	< 12 kg	12–<17 kg	17-<22 kg	22–<27 kg	27–<32 kg	32–<37 kg	37–<42 kg	42–<47 kg	47–<52 kg	>=52 kg
Anteil Vermieter	0%	10%	20%	30%	40%	50%	60%	70%	80%	90%
Anteil Mieter	100%	90%	80%	70%	60%	50%	40%	30%	20%	10%

Kostenanteile nach dem Stufenmodell

Ausnahmen von der Verpflichtung zur CO_2-Aufteilung bestehen, wenn staatliche Vorgaben die Möglichkeiten zu energetischen Sanierungen einschränken oder verbieten. Das gilt z. B. für Denkmalschutzvorgaben, die einer Wärmedämmung des Gebäudes entgegenstehen, und für Gebäude in Milieuschutzgebieten, wenn gesetzliche Vorgaben zu Veränderungen am Erscheinungsbild des Gebäudes bestehen. Auch bei einem Anschluss- und Benutzungszwang für Fernwärme können Ausnahmen bestehen. Dann muss sich der Vermieter mit einem geringeren Anteil oder gar nicht am CO_2-Preis beteiligen.

In einem Mietgebäude mit Zentralheizung erhält der Vermieter vom Brennstofflieferanten eine Rechnung, die die CO_2-Emissionen im Gebäude und die zu zahlende CO_2-Abgabe ausweist. Auf dieser Grundlage muss der Vermieter seinen Anteil berechnen und vor der Umlage auf die Mieter in Abzug bringen. Die Umlage des auf den Mieter entfallenden Anteils erfolgt dann als Teil der Brennstoffkosten nach den Vorgaben der Heizkostenverordnung bzw. dem vereinbarten Verteilerschlüssel ➾ HEIZKOSTEN. Die Heizkostenabrechnung muss Angaben zu den Berechnungsgrundlagen, dem CO_2-Ausstoß des Gebäudes, der Einstufung des Gebäudes in das Stufenmodell und den auf den Mieter entfallenden Anteil an den CO_2-Kosten enthalten.

Kürzungsrecht: Berücksichtigt der Vermieter den auf ihn entfallenden Anteil an den CO_2-Kosten in der Heizkostenabrechnung nicht, hat der Mieter das Recht, die ihm in Rechnung gestellten Heizkosten um 3% zu kürzen. Dieses Recht besteht auch, wenn die Heizkostenabrechnung nicht die oben genannten Informationen enthält. Der Mieter darf also auch kürzen, wenn der Vermieter die anteiligen CO_2-Kosten gutgeschrieben hat, dies jedoch aus der Abrechnung nicht ersichtlich ist oder die Angaben dazu unvollständig sind.

Ganz anders ist die Lage für den Mieter einer Wohnung mit Einzelofen, Etagenheizung oder Gastherme ➾ HEIZUNG oder eines Einfamilienhauses. Er bezieht den Brennstoff in aller Regel selbst vom Versorger. Einige Mieter haben einen Direktvertrag für ➾ FERNWÄRME oder Nahwärme ➾ CONTRACTING. Diese Mieter müssen sich selbst darum kümmern, die Erstattung vom Vermieter zu erhalten. Zunächst sind mithilfe der Angaben in der Brennstoffrechnung die notwendigen Berechnungen anzustellen. Dazu muss der Mieter anhand der Fläche seiner Mietwohnung den CO_2-Ausstoß je Quadratmeter berechnen und die Wohnung anhand des Ergebnisses in die zutreffende Stufe des Stufenmodells einordnen. Daraus ergeben sich die vom Vermieter zu erstattenden CO_2-Kosten. Das Bundesministerium für Wirtschaft und Klimaschutz stellt auf seiner Webseite ein Rechentool zur Verfügung, mit dem sich die Aufteilung der Kosten zwischen Vermieter und Mieter berechnen und überprüfen lässt unter https://CO_2kostenaufteilung.bmwk.de.

Der Mieter muss seinen Anspruch innerhalb von 12 Monaten beim Vermieter in ➾ TEXTFORM (nicht mündlich!) geltend machen, nachdem er vom Brennstoff- oder Wärmelieferanten die Rechnung erhalten hat. Der Vermieter ist aber nicht verpflichtet, dem Mieter den zu erstattenden

Betrag umgehend auszuzahlen. Ist – wie allgemein üblich – eine Vorauszahlung auf andere ⇨ BETRIEBSKOSTEN als Heiz- oder Warmwasserkosten vereinbart, darf der Vermieter den geltend gemachten Erstattungsbetrag mit der nächsten Betriebskostenabrechnung verrechnen. Verbleibt dann ein Guthaben, muss der Vermieter es dem Mieter umgehend nach Vorlage der Betriebskostenabrechnung zurückzahlen. Verrechnet der Vermieter die geschuldeten CO_2-Kosten nicht mit der Betriebskostenabrechnung, hat er dem Mieter den Betrag spätestens 12 Monate nach Anzeige durch den Mieter zu erstatten. Diese Frist gilt auch, wenn der Vermieter vereinbarungsgemäß nicht über Betriebskosten abrechnet, z.B. weil eine Pauschale für die ⇨ BETRIEBSKOSTEN vereinbart ist.

Contracting ⇨ KRAFT-WÄRME-KOPPLUNG

Die meisten Mietshäuser werden über eine vom Vermieter betriebene Zentralheizung beheizt. Immer häufiger nehmen Vermieter jedoch eine erstmals in den 90er Jahren angebotene Dienstleistung in Anspruch, die gewerbliche Wärmelieferung, auch Contracting genannt. Der Vermieter bzw. der Hauseigentümer schließt einen Vertrag mit einem Unternehmen über die Versorgung mit Wärme. Der Wärmelieferant (Contractor) erhält das Recht, das Mietshaus, ganze Gebäudekomplexe oder sogar kleinere geschlossene Siedlungen mit Wärme und manchmal auch mit Warmwasser zu beliefern. Man spricht auch von Nahwärme. Um ⇨ FERNWÄRME handelt es sich hingegen, wenn ganze Städte oder Stadtteile über ein Fernwärmewerk mit Wärme versorgt werden.

Der Wärmelieferungsvertrag ist ein Kaufvertrag. Für die gelieferte Wärme muss der vertraglich vereinbarte Kaufpreis gezahlt werden – der Wärmepreis. Er setzt sich üblicherweise aus einem Grund- und einem Arbeitspreis zusammen. Der Wärmepreis unterscheidet sich ganz erheblich von den Heizkosten für eine herkömmliche Zentralheizung. Denn er enthält nicht nur die Energiekosten, sondern u.a. auch Kapitalkosten, Abschreibungen, Instandhaltungskosten und den Unternehmergewinn **(BGH WuM 2003, 501)**.

Der Wärmepreis wird gegenüber den Mietern in der Regel nach der Heizkostenverordnung abgerechnet. Zwischen 50% und 70% der Kosten müssen verbrauchsabhängig verteilt werden ⇨ HEIZKOSTEN.

Die Grundidee des Contractings besteht darin, dass der Contractor die bestehende Heizungsanlage modernisiert oder eine komplett neue erstellt. Durch lange Vertragslaufzeiten von 10 bis 15 Jahren ist er in der Lage, seine Investitionen in die Heizungsanlage über den berechneten

Wärmepreis wieder »hereinzuholen«. Der Vermieter profitiert vom Contracting, weil er sich nicht mehr um die Beheizung kümmern muss. Und da sich durch eine neue oder modernisierte Heizungsanlage viel Energie einsparen lässt, kann auch der Mieter sparen, weil er weniger Heizkosten zahlen muss. Doch oft wurde diese Grundidee nicht verwirklicht. Der Contractor achtete vor allem darauf, dass er Profit erwirtschaftete. Leidtragender war der Mieter, weil er erheblich höhere Heizkosten als bisher zahlen musste. Besonders problematisch waren die Fälle, in denen der Wärmelieferant einfach nur die veraltete Heizungsanlage des Vermieters übernahm, ohne in eine bessere Heizungstechnik zu investieren. Deshalb hat der Gesetzgeber Regelungen zum Schutz des Mieters und im Interesse des Klimaschutzes geschaffen.

Die gesetzliche Regelung zum Contracting
Der Vermieter kann im bestehenden Mietverhältnis von der Versorgung durch die von ihm betriebene Heizungsanlage auf Wärmelieferung umstellen und dem Mieter einen Wärmepreis berechnen (§ 556 c BGB). Dazu müssen folgende Voraussetzungen erfüllt sein:

- Der Mieter hat bisher die Heiz- oder die Warmwasserkosten gesondert zu tragen. Nicht zulässig ist die Umstellung auf Wärmelieferung, wenn zulässigerweise eine Warmmiete vereinbart ist ⇨ HEIZKOSTEN.

- Der Wärmelieferant errichtet eine neue Anlage oder liefert die Wärme aus einem Wärmenetz. Aus einem Wärmenetz stammt die Wärme z. B., wenn sie in einem Fernwärme- oder Blockheizkraftwerk produziert wird. Das bedeutet, dass für die Umstellung auf ⇨ FERNWÄRME genau die gleichen Voraussetzungen gelten wie für die Einführung des Contractings.

- Eine bereits bestehende Heizungsanlage darf der Wärmelieferant nur übernehmen, wenn sie vor der Umstellung noch einigermaßen effizient betrieben werden konnte. Ältere, nicht modernisierte Anlagen kommen dafür zumeist nicht in Betracht. Die Anlage muss einen sog. Jahresnutzungsgrad von mindestens 80% aufweisen. Dann muss der Contractor keine neue Anlage erstellen. Er kann sich darauf beschränken, den Betrieb der Anlage zu verbessern, sodass sie weniger Energie benötigt.

- **Kostenneutralität:** Die Umstellung muss für den Mieter kostenneutral sein. Das heißt, dass der vom Mieter zu zahlende Wärmepreis nicht höher sein darf als die bisherigen Kosten für Beheizung und ggf. Warmwasser. Das gilt sowohl für den Anschluss an das Fernwärmenetz als auch für die Errichtung einer neuen oder die Verbesserung einer bestehenden Anlage. Es müssen also die Kosten »vorher« und »nachher« verglichen werden. Einzelheiten sind in einer hierzu erlassenen Verordnung geregelt (Wärmelieferverordnung). Bei dem Kostenvergleich sind gegenüberzustellen:

– Die Kosten, die der Vermieter bisher für die Versorgung mit Heizwärme und Warmwasser berechnet hat. Dabei wird der durchschnittliche Energieverbrauch der letzten drei Abrechnungsjahre zugrunde gelegt, um gegebenenfalls aufgetretene witterungsbedingte Schwankungen des Energieverbrauchs in den einzelnen Abrechnungszeiträumen auszugleichen. Die Kosten für die Wartung der Heizung, den Betriebsstrom und andere Nebenkosten sind einzubeziehen, soweit sie auch im Wärmepreis enthalten sind.

– Die künftigen Kosten der Wärmelieferung. Der Preis ist anhand des Angebots des Wärmelieferanten und der benötigten Wärmemenge für das Gebäude zu bestimmen. Zwischenzeitlich eingetretene Preissteigerungen, vor allem bei den Brennstoffkosten, sind herauszurechnen.

■ **Verbesserte Effizienz:** Der Sinn der gesetzlichen Regelung besteht darin, eine Energieeinsparung zu bewirken. Die Anlage, in der die Wärme erzeugt wird, muss mit einer besseren Effizienz arbeiten als die alte Heizungsanlage. Die Umlage von Wärmelieferkosten auf den Mieter ist deshalb ausgeschlossen, wenn das nicht verwirklicht wird. Das gilt sowohl für die Errichtung einer neuen Anlage als auch für den Anschluss an das Fernwärmenetz. Vor allem, wenn der Vermieter eine bestehende Anlage übernimmt, ist darauf zu achten, dass er die Anlagentechnik verbessert und auch tatsächlich Heizenergie eingespart wird.

■ **Umlage des Wärmepreises:** Sind alle Bedingungen eingehalten, darf der Vermieter den Wärmepreis auf den Mieter umlegen. Die Abrechnung hat nach der Heizkostenverordnung zu erfolgen ⇨ HEIZKOSTEN. An die Stelle der Brennstoffkosten treten die Kosten der Wärmelieferung.

Ist eine der aufgezählten Voraussetzungen nicht erfüllt, kann der Vermieter die vom Wärmelieferanten berechneten Kosten nicht in voller Höhe an den Mieter weitergeben. Das gilt vor allem, wenn sich nach Vorlage der ersten Abrechnung nach der Umstellung herausstellt, dass die Kosten für die Wärmelieferung (inflationsbereinigt) höher sind als die bisherigen Kosten für Heizung oder Warmwasser. Dann darf der Vermieter vom Mieter nur die Kostenarten verlangen, die angefallen sind, als er die Heizungsanlage noch selbst betrieben hatte ⇨ HEIZKOSTEN. Alle anderen Kosten des Wärmelieferanten, etwa für Abschreibung, Zinsen, Verwaltung, Instandhaltung usw., müssen abgezogen werden. Der Wärmelieferant ist verpflichtet, dem Vermieter eine entsprechende Berechnung vorzulegen.

- **Ankündigung:** Der Vermieter muss die Umstellung spätestens 3 Monate vorher in ⮱ TEXTFORM ankündigen. Dann kann der Mieter prüfen, ob die Voraussetzungen für eine spätere Umlage der Wärmelieferkosten vorliegen. Die Erklärung muss alle notwendigen Angaben enthalten, u. a. zur Verbesserung der Effizienz sowie die Berechnungen dazu, dass es für den Mieter nicht teurer wird.

- **Nachteilsverbot:** Von diesen gesetzlichen Vorschriften darf der Vermieter nicht zum Nachteil des Mieters abweichen. Anderslautende Vereinbarungen sind unwirksam.

Auch nachdem der Contractor die Versorgung des Gebäudes übernommen hat, bleibt der Vermieter mietrechtlich gegenüber den Mietern für die ordnungsgemäße Beheizung und für die Lieferung von Warmwasser verantwortlich. Bei Heizungsausfall oder Mängeln der Versorgung ist also der Vermieter nach wie vor der Ansprechpartner des Mieters.

Preiserhöhungen: Die Umstellung auf Contracting muss für den Mieter zwar kostenneutral sein. Das hindert den Wärmelieferanten aber nicht, künftig die Preise heraufzusetzen. Das geschieht üblicherweise auf Grundlage von Preisanpassungsklauseln, die im Wärmeliefervertrag festgeschrieben sind. Es ist darauf zu achten, dass diese Klauseln den gesetzlichen Vorgaben entsprechen und sich der Wärmelieferant keine zu hohen Preissteigerungen genehmigt ⮱ FERNWÄRME. Der Wärmelieferant muss dem Vermieter eine Preiserhöhung in ⮱ TEXTFORM mitteilen und sie nachvollziehbar erläutern, sodass sie der Vermieter auch seinem Mieter erklären kann. Die üblicherweise verwendeten mathematischen Formeln sind allerdings nur schwer zu verstehen.

Alte Rechtslage: Umstellungen auf die Kosten der Wärmelieferung, die vor dem 1.7.2013 vorgenommen wurden, richten sich noch nach der alten Rechtslage. Danach darf der Vermieter den Wärmepreis nur abrechnen, wenn das im Mietvertrag vereinbart ist **(BGH WuM 2006, 256; WuM 2005, 456; WuM 2005, 387).** Das gilt auch, wenn die Heizungsanlage erneuert wurde **(BGH WuM 2006, 322).** Für eine Vereinbarung zur Umlage von Wärmelieferkosten reicht es aus, wenn der Mietvertrag einen Verweis auf die »Anlage 3 zu § 27 der Zweiten Berechnungsverordnung« enthält **(BGH WuM 2008, 350; WuM 2007, 571).** Entsprechend genügt ein Bezug auf die seit dem 1.1.2004 geltende Betriebskostenverordnung oder ein bloßer Vermerk im Mietvertrag, wie z.B. »Der Mieter trägt die

Betriebskosten« ⇨ BETRIEBSKOSTEN. Besteht keine Vereinbarung, ist die Umlage nicht rechtens. Der Mieter kann die zu Unrecht gezahlten Kosten zurückfordern **(BGH WuM 2006, 322).**

Neu abgeschlossene Mietverträge

Achtung: Die gesetzlichen Vorschriften gelten nicht, wenn ein neuer Mietvertrag abgeschlossen wird. Nach wie vor ist der Mieter dann also nicht vor überhöhten Heizkosten geschützt. Wer ein neues Mietverhältnis in einem Mietshaus eingeht, das über gewerbliche Wärmelieferung beheizt wird, muss nach wie vor mit einer hohen Kostenbelastung rechnen. Nur wenn der Mietvertrag die Umlage der Kosten für die »eigenständig gewerbliche Lieferung von Wärme« vorsieht, muss der Mieter sie auch bezahlen (LG Lübeck IMR 2017, 185). Aus dem Mietvertrag lässt sich das aber oft gar nicht entnehmen. Fragen Sie den Vermieter vor der Unterschrift unter den Mietvertrag besonders bei älteren Gebäuden ausdrücklich danach, wie das Haus beheizt wird und welche Heizkosten anfallen.

Wirtschaftlichkeitsgebot

Der Vermieter muss bei der Umlage von Wärmelieferkosten auf angemessene Preise achten. Unverständlicherweise hat der BGH entschieden, dass der Mieter zunächst einen Nachweis für überhöhte Kosten erbringen muss, etwa durch Vergleichspreise anderer Anbieter **(BGH WuM 2007, 393)** ⇨ BETRIEBSKOSTEN. Durch die gesetzlichen Regelungen wird der Mieter aber bei einer Umstellung im laufenden Mietverhältnis vor überhöhten Kosten geschützt. Das gilt aber nicht für Mietverhältnisse, bei denen die Umstellung vor Inkrafttreten dieser Regelungen vollzogen wurde. Und wenn die Wohnung bereits bei Mietvertragsbeginn über Wärmecontracting versorgt wurde, kann der Mieter einen Verstoß gegen das Wirtschaftlichkeitsgebot gar nicht geltend machen. Diesen Einwand hat der BGH dem Mieter unverständlicherweise abgeschnitten **(BGH WuM 2008, 29).**

Vertrag zwischen Mieter und Wärmelieferanten

Der Vermieter kann seine Verantwortung für die Heizung vollständig abgeben und mit dem Mieter vereinbaren, dass dieser selbst den Wärmeliefervertrag mit einem gewerblichen Unternehmen abschließt. Dann spricht man von einem Direktlieferungsvertrag oder »Full-Contracting«.

In einem bestehenden Mietverhältnis ist eine Umstellung auf Direktlieferung nur möglich, wenn der Mieter damit einverstanden ist. Der Deutsche Mieterbund rät grundsätzlich davon ab, sich darauf einzulassen. In jedem Fall sollte der Mieter dann auf einer Mietsenkung bestehen.

Erbringt der Vermieter einen Teil der Pflichten, die ihm laut Mietvertrag obliegen, nicht mehr (z.B. die Instandhaltung der Heizungsanlage), muss der Mietpreis angepasst, d.h. gekürzt werden. Für ⇨ SOZIALWOHNUNGEN steht das sogar ausdrücklich im Gesetz.

Achtung: Bei Abschluss eines neuen Mietvertrags kann von Anfang an vereinbart werden, dass der Vermieter nichts mit der Beheizung zu tun hat und der Mieter einen Wärmeliefervertrag direkt mit dem Lieferanten abschließt. Hier kann dem Mieter nur geraten werden, das Mietvertragsformular genau durchzulesen, damit er weiß, worauf er sich einlässt. Ist der Vermieter nicht mehr für die Beheizung verantwortlich, muss das nach Auffassung des Deutschen Mieterbundes bei einer ⇨ MIETERHÖHUNG IM RAHMEN DER ORTSÜBLICHEN VERGLEICHSMIETE berücksichtigt werden. Es ist ein Abschlag von den üblichen Mietspiegelwerten vorzunehmen, weil es sich in diesem Sinne um eine Wohnung ohne Zentralheizung handelt.

Corona-Pandemie

Nach den ersten Wellen der Corona-Pandemie arrangiert man sich inzwischen allgemein bestmöglich mit dem Infektionsrisiko; zu einem weiteren Lockdown wird es aller Voraussicht nach nicht kommen. Dennoch hat die Pandemie zu gesellschaftlichen Veränderungen geführt, die auch im Mietrecht weiterhin Auswirkungen haben.

Geklärt ist, dass die **Pflicht zur pünktlichen und vollständigen Mietzahlung** für Wohnräume auch in der Pandemie weiter bestand und besteht; auch ein **Mangel der Mietsache** ⇨ MÄNGEL DER WOHNUNG, der zu einer ⇨ MIETMINDERUNG berechtigen würde, ist nicht gegeben, denn Wohnungen waren und sind im vollen Umfang nutzbar. Soweit mitgemietete Gemeinschaftseinrichtungen (z.B. Spielplätze, Wasch- und Trockenräume) zeitweilig nicht benutzt werden durften, konnten – allenfalls – geringfügige Mietminderungen geltend gemacht werden; dies dürfte aber jetzt nicht mehr aktuell sein.

Für ⇨ KÜNDIGUNGEN gelten (wieder) die üblichen Regelungen. Die Regelung zur Beschränkung der Kündigung wegen Zahlungsverzugs nach Art. 240 § 2 EGBGB für Mietzahlungen, die zwischen dem 1.4.2020 und dem 30.6.2020 fällig wurden, wurde nicht verlängert.

Endet das Mietverhältnis, wird üblicherweise im Rahmen der ⇨ RÜCKGABE DER WOHNUNG eine ⇨ WOHNUNGSABNAHME durchgeführt. Da das Wohnungsübergabeprotokoll, das bei dieser Gelegenheit erstellt wird, später auch den Mieter davor schützt, wegen angeblicher Mängel in Anspruch genommen zu werden, ist es nicht unbedingt ratsam, darauf zu verzichten. Im Falle der Durchführung in Anwesenheit von Vermieter und Mieter kann weiterhin die Einhaltung der gängigen **Hygienemaßnahmen** (Masken, Abstand usw.) verlangt werden. Dies gilt auch, soweit es Instandsetzungs- und Modernisierungsmaßnahmen erfordern, dass Sachverständige, Handwerker etc. die Wohnung betreten.

Die Arbeit im **Home-Office** hat infolge von Corona stark zugenommen. Der Mieter darf grundsätzlich nur solche Arbeiten genehmigungsfrei im Home-Office ausüben, die nach außen nicht in Erscheinung treten und keine gesteigerte Abnutzung der Wohnung oder Störungen der anderen Mieter mit sich bringen. Näheres unter ⮚ BERUFSAUSÜBUNG IN DER WOHNUNG.

Unter dem Stichwort ⮚ GESCHÄFTSRÄUME finden sich Hinweise zu Besonderheiten, die im Zusammenhang mit der Corona-Pandemie für Mietverhältnisse über Gewerberäume gelten.

D

Dachlawinen ⇨ SCHNEEFEGEN.

Wer durch herabstürzende Dachlawinen geschädigt wird, kann von dem Gebäudeeigentümer nur dann Schadensersatz verlangen, wenn er ihm eine Sorgfaltspflichtverletzung nachweisen kann.

Fehlt z.B. ein örtlich vorgeschriebenes Schneefang-Gitter, muss der Gebäudeeigentümer haften (OLG Dresden WuM 97, 377; OLG Karlsruhe NJW 83, 2946). Solche Sicherungsgitter sind aber in schneearmen Gegenden nicht üblich, das fehlende Gitter ist dann kein Pflichtverstoß (OLG Düsseldorf NZM 2013, 701).

Ob der Eigentümer Warntafeln aufstellen muss oder den Schnee zu beseitigen hat, lässt sich nicht generell sagen. Dies hängt von vielen Einzelheiten wie den örtlichen Gegebenheiten, der Schneemenge, der Witterungslage, den Verkehrsverhältnissen oder dem Neigungsgrad des Daches ab (OLG Naumburg NJW-RR 2011, 1535; OLG Hamm NJW-RR 2003, 1463). Wenn nur eine allgemeine Gefahrenlage gegeben ist, nicht aber die konkrete Gefahr besteht, dass eine Dachlawine niedergeht, muss sich jeder Verkehrsteilnehmer selbst durch besondere Achtsamkeit schützen (OLG Jena WuM 2007, 138; OLG Karlsruhe NJW 83, 2946).

Datenschutz

Im Jahr 2018 ist die Datenschutzgrundverordnung (DSGVO) in Kraft getreten. Hierdurch wurden weitreichende Regelungen zum Datenschutz getroffen. Zu den geschützten Daten gehören alle personenbezogenen Daten, wie z.B. Name, Adresse, Geburtstag oder auch Verbrauchsdaten von beispielsweise einem ⇨ STROMZÄHLER oder von ⇨ HEIZKOSTENVERTEILERN UND WÄRMEZÄHLERN.

Der Vermieter darf personenbezogene Daten des Mieters nur verarbeiten, wenn er hierzu vertraglich oder gesetzlich berechtigt ist, eine freiwillige Einwilligung vorliegt oder der Vermieter ein berechtigtes Interesse nachweisen kann, welches gegenüber den Interessen des Mieters überwiegt. Das Informationsinteresse des Vermieters und das Datenschutzinteresse des betroffenen Mieters stehen sich gegenüber. Außerdem ist die Datenverarbeitung zweckgebunden. Ist der Zweck erfüllt, müssen die Daten wieder gelöscht werden.

Datenschutz vor Abschluss des Mietvertrags
Für den Erstkontakt eines Wohnungsinteressenten kann der Vermieter ein berechtigtes Interesse zur Verarbeitung geltend machen. Daher dürfen z.B. Informationen zu Namen, Anschrift oder Vorliegen eines Wohnberechtigungsscheins (WBS) erfragt werden.

Sobald der Interessent ein konkretes Anmietinteresse bekundet, darf der Vermieter im Rahmen der Mieterselbstauskunft z.B. nach der Anzahl der einziehenden Personen, Haustieren, Beruf, Arbeitgeber, einem laufenden Insolvenzverfahren, dem Nettoeinkommen oder dem Vermögen fragen. Außerdem kann er Auskunft verlangen, ob ein Räumungstitel wegen Mietrückständen (letzte 5 Jahre) besteht. Nicht abgefragt werden dürfen höchstpersönliche Informationen, wie z.B. Religion, Staatsangehörigkeit, Heirats- oder Kinderwunsch, Schwangerschaft, Vorstrafen oder Ermittlungsverfahren ⇨ SELBSTAUSKUNFT.

Wenn der Vermieter sich anschließend für einen Mieter entschieden hat, darf er Informationen erfragen, soweit diese für den Abschluss des Mietvertrags erforderlich sind. Hierzu zählen Einkommens- und Bonitätsnachweise sowie Nachweise zur regelmäßigen Zahlung der Miete im Vormietverhältnis, z.B. Kontoauszüge. Eine Mietschuldenfreiheitsbescheinigung darf der Vermieter nicht verlangen; es reichen auch Kontoauszüge **(BGH WuM 2009, 647)**.

Datenschutz nach Abschluss des Mietvertrags
Die Weitergabe der Telefonnummer des Mieters an eine vom Vermieter beauftragte Fremdfirma, wie z.B. einen Handwerker, ist bei einem dringenden Reparaturbedarf zulässig. In diesem Fall stützt sich die Rechtmäßigkeit der Datenverarbeitung auf den Mietvertrag selbst, da der Vermieter zur Erhaltung des vertragsgemäßen Zustands verpflichtet ist. Ein sonstiger Reparaturbedarf rechtfertigt eine Weitergabe der Telefonnummer dann, wenn eine beschleunigte Reparatur erfolgen soll. In diesem Fall hat der Vermieter ein berechtigtes Interesse. Eine Einwilligung des Mieters ist dann nicht erforderlich.

Für die Abrechnung der ⇨ BETRIEBSKOSTEN darf der Mieter vom Vermieter die Einzelverbrauchsdaten anderer Mieter im gemeinsam versorgten Mietobjekt herausverlangen **(BGH WuM 2019, 373; WuM 2018, 288)**. Zwar sind die Heizverbrauchsdaten personenbezogene Daten, da sie Rückschlüsse auf das Heizverhalten der Bewohner und damit z.B. ihre An- und Abwesenheit ermöglichen. Jedoch ist der Vermieter gegenüber dem Mieter zur Gewährung der Belegeinsicht verpflichtet. Für die Datenweitergabe hat der Vermieter also ein berechtigtes Interesse; eine Einwilligung der betroffenen Mieter ist nicht erforderlich. Sie können der Verarbeitung zwar widersprechen. Der Vermieter muss dann jedoch weiterhin Belegeinsicht gewähren, indem er z. B. Namensdaten unkenntlich macht.

Datenschutz nach Beendigung des Mietverhältnisses
Nach einer Kündigung ist die Weitergabe der Telefonnummer an einen potentiellen Nachmieter nur zulässig, wenn der Mieter einwilligt. Zieht von mehreren Mietern nur eine Person aus, darf der Vermieter vom ausziehenden Mieter keine Auskunft über den zukünftigen Aufenthaltsort verlangen. Der Vermieter darf lediglich eine Auskunft darüber verlangen, wer die Wohnung tatsächlich noch nutzt (LG Kiel ZMR 2010, 532).

Vorgehen bei Datenschutzverstoß
Die DSGVO gewährt Betroffenen mehrere Rechte. Zum einen kann die Auskunft über verarbeitete Daten verlangt werden (AG Wiesbaden GE 2021, 174) oder die Berichtigung unrichtiger Daten. Außerdem hat der Mieter ein Recht auf Datenlöschung, Einschränkung der Verarbeitung und Übertragung. Sofern die Datenverarbeitung auf einem berechtigten Interesse beruht, kann jederzeit Widerspruch einlegt werden. Bei einem Datenschutzverstoß haben betroffene Mieter Ersatzansprüche für Schäden gegenüber dem Verantwortlichen. Außerdem können Betroffene eine Beschwerde bei der Aufsichtsbehörde einlegen. Die Beschwerde ist kostenfrei.

Dauermietvertrag ⇨ GENOSSENSCHAFTEN

Die ehemals gemeinnützigen Wohnungsunternehmen schließen seit 1953 sog. Dauermiet- bzw. Dauernutzungsverträge ab. In diesen Verträgen räumen die Wohnungsunternehmen ihren Mietern ein Dauernutzungsrecht ein. Dem vertragstreuen Mieter kann also nicht gekündigt werden. Bei einem Verkauf von Wohnungen bleibt dieses Recht bestehen. Auch ein neuer Eigentümer kann nur unter den gleichen eingeschränkten Voraussetzungen wie die Genossenschaft vorher auch kündigen **(OLG Karlsruhe RE WuM 85, 77)** ⇨ HAUSVERKAUF UND MIETVERTRAG, ⇨ KÜNDIGUNGSSCHUTZ, ⇨ UMWANDLUNG VON MIET- IN EIGENTUMSWOHNUNGEN.

Denkmalschutz

Wenn ein Mietshaus unter Denkmalschutz gestellt wird, müssen grundsätzlich alle Veränderungen an den unter Denkmalschutz stehenden Teilen des Hauses genehmigt werden. Das gilt nicht nur für die Fassade, sondern auch für die unter Schutz gestellten Innenräume. Daher ist für den Mieter einer unter Denkmalschutz stehenden Wohnung Vorsicht geboten. Will er – auch mit Genehmigung des Vermieters – die Wohnung instand setzen oder gar modernisieren, sollte vor Beginn der Umbaumaßnahmen die Denkmalschutzbehörde bei der jeweiligen Gemeinde eingeschaltet werden. Die Behördenvertreter können zwecks Überprüfung der Maßnahme Auskünfte einholen und die Wohnung betreten. Hat der Mieter ohne Erlaubnis An- oder Umbaumaßnahmen vorgenommen, kann die Behörde oder der Vermieter u.U. sogar die Beseitigung der Maßnahmen verlangen (AG Frankfurt/M. NZM 98, 664).

Darüber hinaus sind Mieter nach den Denkmalschutzgesetzen unabhängig von den Bestimmungen des Mietrechts und Vereinbarungen mit dem Vermieter zur Duldung aller Maßnahmen verpflichtet, die zur Sicherung und Instandhaltung des Denkmals notwendig sind.

Maßnahmen zum Denkmalschutz, die dem Vermieter durch Gesetz, Verordnung oder gemeindliche Satzung auferlegt werden, berechtigen ihn nur dann zu einer Mieterhöhung wegen ⇒ MODERNISIERUNG, wenn sie nicht gleichzeitig eine ⇒ INSTANDHALTUNG, INSTANDSETZUNG darstellen. Eine Denkmalschutzauflage führt aber regelmäßig nicht zu Kosten, die vom Vermieter nicht zu vertreten wären. Das wäre nur dann der Fall, wenn sie durch eine denkmalschutzrechtliche Pflicht entstünden, unabhängig von sonstigen Erhaltungspflichten seitens des Vermieters. Instandsetzungsarbeiten an Fenstern und Fassade berechtigen jedoch nicht zu einer Mieterhöhung (AG Lichtenberg GE 2004, 302).

Deutscher Mieterbund ⇒ MIETERVEREIN/MIETERBUND

Dienstwohnungen

Dienstwohnungen sind Wohnungen, die Inhabern öffentlicher Ämter (z.B. Schulrektor, Landgerichtspräsident) in der Nähe ihrer Dienststelle unter ausdrücklicher Bezeichnung als Dienstwohnung zugewiesen worden sind, um sie auch außerhalb der Dienstzeit leicht erreichen zu können. In diesen Fällen beruht das Benutzungsrecht **nicht auf einem Mietvertrag, sondern auf einer öffentlich-rechtlichen Zuweisung**. Das Mietrecht findet also keine Anwendung. Die Zuweisung einer Dienstwohnung kann widerrufen werden, z.B. aus fiskalischen Gründen. Die Wohnung darf aber praktisch erst entzogen werden, wenn für die Bewohner eine angemessene Ersatzwohnung verfügbar ist (BayVGH WuM 95, 599).

Wird eine Wohnung im Zusammenhang mit der Begründung eines privatrechtlichen Dienstverhältnisses überlassen, kann es sich um eine

⇒ WERKWOHNUNG handeln.

Doppelvermietung

Von Doppelvermietung spricht man, wenn der Vermieter ein und dieselbe Wohnung mehrfach vermietet. In einem solchen Fall hat jeder Mieter einen Anspruch auf die Überlassung der Wohnung, jedoch kann nur einer sie bewohnen. Das Recht schützt den Mieter, der zuerst rechtmäßigen Besitz an der Wohnung erlangt hat. Der Vermieter kann jedoch selbst entscheiden, wem er die Wohnung überlässt.

Der Überlassungsanspruch kann nicht mit einer ⇒ EINSTWEILIGEN VERFÜGUNG gegen den Vermieter durchgesetzt werden (KG Berlin WuM 2018, 398; WuM 2007, 207); wohl möglich ist aber eine einstweilige Verfügung gegen den Vermieter gerichtet auf Unterlassung der Besitzüberlassung an einen Dritten (OLG Frankfurt NZM 2022, 467). Dadurch kann verhindert werden, dass durch die Inbesitznahme durch den »Konkurrenten« Tatsachen geschaffen werden, die die Durchsetzung des eigenen Überlassungsanspruchs endgültig vereiteln. Möglich ist eine einstweilige Verfügung im Wege des Besitzschutzes gegen den Vermieter außerdem dann, wenn der Vermieter nachträglich, also nach Gebrauchsüberlassung, eine Neu- bzw. Doppelvermietung der Wohnung vornimmt (OLG Celle ZMR 2008, 288; LG Mannheim GE 2021, 40). Eine Rückgabe der Wohnung kann hierdurch jedoch nicht verlangt werden. Dies ist allenfalls möglich, wenn der neue Mieter böswillig ist und Bescheid wusste, dass der Vermieter doppelt vermietet.

Die anderen Mieter, die nicht mehr einziehen können, haben gegen den Vermieter Anspruch auf Schadensersatz (z. B. höhere Miete für Ersatzwohnung, vorübergehender Hotelaufenthalt, Möbelunterstellung; OLG Schleswig MDR 2000, 1428; OLG Köln WuM 98, 602; LG Berlin WuM 2013, 665). Bei Doppelvermietung des Kellers kann die Miete gemindert werden (vgl. AG Brühl WuM 2020, 333).

Dübellöcher ⇒ SCHÖNHEITSREPARATUREN

Duldungspflicht des Mieters ⇒ BESICHTIGUNGSRECHT, ⇒ MODERNISIERUNG

Durchlauferhitzer

Gehört zur gemieteten Wohnung ein Durchlauferhitzer, ist es grundsätzlich Aufgabe des Vermieters, diesen in funktionstüchtigem Zustand zu halten oder erforderlichenfalls austauschen zu lassen. Reinigung und

Wartungsarbeiten des Vermieters können bei den ⇨ BETRIEBSKOSTEN berücksichtigt werden. Dem Mieter können diese Arbeiten aber nicht pauschal durch eine Klausel im Mietvertrag auferlegt werden **(BGH WuM 91, 381; 92, 355)** ⇨ ALLGEMEINE GESCHÄFTSBEDINGUNGEN, ⇨ INSTANDHALTUNG, INSTANDSETZUNG, ⇨ THERMENWARTUNG.

E

Eheleute als Mieter/Vermieter

Bei Eheleuten ist – wie bei anderen Personenmehrheiten auch – grundsätzlich nur derjenige Vertragspartner, der den Mietvertrag als Mieter unterschrieben hat. Gleiches gilt bei mehreren Vermietern ⮱ VERMIETERGEMEINSCHAFT. Unterschreiben **beide**, sind auch beide Vertragspartner; unterschreibt nur **ein Ehepartner** den Vertrag, ist auch nur dieser Mieter (**Ausnahme:** Bei Mietverträgen, die vor dem 3.10.1990 in der DDR abgeschlossen worden sind, sind beide Eheleute Mieter, auch wenn nur einer von ihnen den Vertrag unterzeichnet hat).

Problematisch kann es werden, wenn im »Kopf« des Mietvertrages beide Eheleute genannt sind, aber nur einer unterschreibt. Die meisten Gerichte gehen davon aus, dass dann die Unterschrift im Zweifel zugleich in Vertretung des Ehepartners abgegeben wurde, also beide Vertragspartner sind (OLG Düsseldorf WuM 89, 362; LG Gießen WuM 2008, 591; LG Heidelberg WuM 97, 547); andere fordern die zweite Unterschrift oder zumindest einen Vertretungshinweis (LG Osnabrück WuM 2001, 438; LG Baden-Baden WuM 97, 430; LG Mannheim NJW-RR 94, 274). Möglich ist aber auch die Annahme eines stillschweigend vereinbarten Vertragsbeitritts, wenn der andere Ehegatte sich jahrelang wie ein normaler Mieter verhalten hat **(BGH WuM 2005, 570)**.

Für den umgekehrten Fall, dass beide Eheleute unterschreiben, obwohl nur einer im »Kopf« des Vertrages steht, geht das LG Schweinfurt (WuM 89, 362) davon aus, dass beide Vertragspartner sind.

Am besten ist eine eindeutige Vereinbarung. Die größte Sicherheit bietet es den Mietern, wenn bei einer Personenmehrheit alle im Vertrag aufgeführt werden und auch unterschreiben.

Wichtig ist die Frage, wer Vertragspartner geworden ist, vor allem für Kündigungen und Mieterhöhungen.

Personenmehrheit

Der Vermieter muss eine Kündigung grundsätzlich gegenüber **allen Mietern** aussprechen, auch bei Eheleuten (AG Ludwigsburg WuM 2023, 156) ⮱ KÜNDIGUNGSFORM. Eine gegenüber nur einem Mitmieter erklärte Kündigung ist unwirksam, selbst wenn ein Ehegatte ausgezogen ist. Der Auszug führt nicht automatisch zum Ausscheiden aus dem Mietvertrag. Ist die neue Adresse des verzogenen Ehegatten unbekannt, muss der Vermieter Erkundigungen z. B. beim Einwohnermeldeamt vornehmen. Die Kündigung muss jedoch nicht in einem einzigen Schreiben enthalten sein; es ist zulässig, jedem Mitmieter separat zu kündigen, wenn der zeitliche Zusammenhang gewahrt bleibt (LG München I WuM 99, 218). Ein Zeitraum von mehr als einem Monat ist zu lang; es ist dann eine erneute Kündigung gegenüber beiden Mietern erforderlich (OLG Düsseldorf NJW-RR 87, 1369).

Ausnahme: Wenn einer der beiden Mieter nach Trennung oder Scheidung die Mietwohnung seit Jahren endgültig verlassen und aufgegeben hat, ohne dem Vermieter dies mitzuteilen oder eine Anschrift zu hinterlassen. Hier reicht nach Treu und Glauben allein die Kündigung des noch in der Wohnung lebenden Mieters **(BGH NZM 2004, 419;** OLG Frankfurt RE WuM 91, 76; AG Bonn NJW-RR 2012, 345). Das Gleiche gilt u. U., wenn der ausziehende Mieter sich nur mit dem Vermieter auf eine Entlassung aus dem Mietvertrag einigt. Denn: Der verbleibende Mieter darf seine Zustimmung hierzu nach Treu und Glauben nicht verweigern, wenn er kein schutzwürdiges Interesse vortragen kann **(BGH WuM 2005, 341)**. Gleiches gilt, wenn der verbleibende Mieter ein Mieterhöhungsschreiben des Vermieters mit dem Argument abwehren will, dass das Schreiben nicht auch an den ausgezogenen Mieter adressiert ist und er einer Entlassung aus dem Mietvertrag auch nicht zugestimmt hat **(BGH WuM 2004, 280)**.

Empfangsvollmacht möglich; Erklärungsfiktion nicht
Es ist aber zulässig – auch per Formularmietvertrag –, dass sich die Mieter gegenseitig zum Empfang einer Kündigung bevollmächtigen **(BGH RE WuM 97, 599)**. Es genügt dann, dass die Kündigung einem der Mieter zugeht; sie muss aber an beide Mieter gerichtet sein (LG Darmstadt WuM 96, 708).

Ähnlich ist es bei **Mieterhöhungen**. Auch hier muss das Schreiben im Regelfall an beide Eheleute gerichtet sein (**BVerfG WuM 92, 514**; LG Chemnitz WuM 93, 665). Ist im Mietvertrag aber eine Empfangsvollmacht vereinbart, reicht es aus, wenn das an beide gerichtete Mieterhöhungsschreiben **einem** zugeht.

Wichtig: Unzulässig ist eine Klausel, wonach Erklärungen des Vermieters zu ihrer Wirksamkeit nur gegenüber einem Mieter abgegeben werden müssen: eine sog. **Erklärungsfiktion** (LG München ZMR 2017, 185). Dies gilt sowohl für eine Kündigung seitens des Vermieters (OLG Schleswig NJW 1983, 1863) als auch bei einer Mieterhöhung (OLG Celle RE WuM 82, 102; BayObLG RE WuM 83, 107; LG München ZMR 2017, 56; **a.A.** OLG Schleswig NJW 83, 1863; KG NJW-RR 86, 1733). Im Klartext bedeutet dies: zu unterscheiden sind Zugang und Adressierung. Der Vermieter muss rechtserhebliche Erklärungen immer an alle Mieter adressieren; für die Frage des Zugangs kann er formularmäßig eine gegenseitige Empfangsvollmacht regeln.

Beachte: Wenn die Klausel sowohl eine Empfangsvollmacht als auch eine Erklärungsfiktion beinhaltet, ist sie i.d.R. insgesamt unwirksam. Konsequenz ist, dass rechtserhebliche Erklärungen des Vermieters dann doch allen Mietern zugehen müssen.

Im Übrigen haften die Eheleute für die Mietzahlung und die sonstigen sich aus dem Mietvertrag ergebenden Verpflichtungen gemeinsam. Der Vermieter kann sich also aussuchen, von wem er die Miete verlangt. Das ist bei der Trennung besonders wichtig. Der Vermieter kann auch von dem Ehegatten noch die ganze Miete verlangen, der bereits aus der Wohnung ausgezogen ist ⇨ EHESCHEIDUNG UND TRENNUNG. Für diesen kann es von besonderem Interesse sein, weiterhin selbst informiert zu werden. Dazu müsste er seine Empfangsvollmacht widerrufen. Ein solcher Widerruf ist aus »wichtigem Grund« selbst bei einer unwiderruflich erteilten Vollmacht möglich; der Auszug aus der Wohnung zählt als wichtiger Grund **(BGH RE WuM 97, 599)**.

Einzelmieter

Unterschreibt **nur ein Ehegatte** den Mietvertrag, ist nur er aus dem Mietvertrag berechtigt und verpflichtet (LG Hannover WuM 83, 235). So schuldet nur er dem Vermieter die Miete. Der Vermieter muss eine Kündigung nur ihm gegenüber aussprechen. Eine eventuelle Räumungsklage muss er aber gegen beide Ehepartner erheben **(OLG Schleswig RE WuM 92, 674)**. Ein Vollstreckungstitel allein gegen den Mieter reicht nicht aus, um auch dessen Ehegatten, der nicht Mietpartei ist, aus der Wohnung hinauszubekommen **(BGH WuM 2004, 555)**. Ein besonderer Räumungstitel ist auch gegenüber dem nichtehelichen Partner erforderlich, der selbst nicht Mieter ist, nicht aber gegenüber den Kindern, die keinen eigenen Mitbesitz haben **(BGH WuM 2008, 364)**.

Heiratet ein Mieter nach Abschluss des Mietvertrages, ist es ihm gestattet, ohne besondere Erlaubnis des Vermieters seinen Ehepartner und dessen Kinder in seine Wohnung aufzunehmen, wenn die Wohnung dadurch nicht überbelegt wird **(BayObLG RE WuM 97, 603)** ⇨ FRISTLOSE KÜNDIGUNG. Der Ehepartner ist nicht verpflichtet, dem Mietvertrag beizutreten (LG Aachen NJW-RR 87, 1373).

Für den Fall des Todes eines Ehepartners ⇨ TOD DES MIETERS.

Ehescheidung und Trennung

Im Fall der Trennung und Ehescheidung zieht meist einer der Ex-Partner aus der gemeinsamen Wohnung aus, oft auch beide, weil die Wohnung für einen Einzelnen zu groß und/oder zu teuer ist. Gerade bei angespannten Wohnungsmärkten dürfte es auch häufig vorkommen, dass einer bereits ausgezogen ist, während der andere noch nach einer Wohnung sucht und daher übergangsweise weiter in der bisherigen gemeinsamen Wohnung lebt.

Haben Eheleute oder Partner einen Mietvertrag gemeinsam abgeschlossen, können sie ihn nach den »normalen« Regeln des BGB grundsätzlich auch nur **gemeinsam wirksam kündigen** ⇨ MIETERKÜNDIGUNG mit der Folge, dass der Vertrag für beide mit Ablauf der Kündigungsfrist endet und die Wohnung herausgegeben werden muss. Dies wird aber häufig nicht gewollt sein, weil einer der Ex-Partner zumindest vorläufig in der Wohnung verbleibt. Wird auf die Kündigung aus diesem Grund verzichtet, und zieht einer aus der Wohnung aus, bleibt er trotzdem Mieter. Der Vermieter kann weiter die volle (!) Miete von ihm verlangen, selbst wenn intern etwas anderes zwischen den Ex-Partnern vereinbart wurde. Umgekehrt muss der Vermieter ein Mieterhöhungsverlangen oder andere bedeutsame Erklärungen an beide Eheleute oder Partner richten, auch wenn sie getrennt leben.

Will der verbliebene Ehegatte/Partner dann später ausziehen und die Wohnung daher kündigen, ist er auf die **Mitwirkung** des anderen angewiesen. Dieser Anspruch auf Mitwirkung an der Kündigung gegen den ausgezogenen Ex-Partner muss im Fall der Weigerung schlimmstenfalls gerichtlich durchgesetzt werden. Ein stattgebendes Urteil würde in diesem Fall die Kündigung ersetzen. Bis es ergeht, kann aber einige Zeit vergehen, und die Mietzahlungen müssen währenddessen weiter geleistet werden. Ggf. bestünde dann ein Anspruch auf Schadensersatz gegen den Ex-Partner.

Um diese Probleme zu vermeiden, ist eine **einvernehmliche oder stillschweigende Vertragsänderung** dahingehend möglich, dass einer der Mieter aus dem Vertrag ausscheidet. Dies erfordert allerdings die **Mitwirkung bzw. das Einverständnis sämtlicher Vertragspartner auf Mieter- und Vermieterseite**. Selbst wenn dann kein neuer (schriftlicher) Vertrag zwischen dem verbliebenen Ehepartner und dem Vermieter aufgesetzt wird, kann der andere Mieter, der die Wohnung über Jahre allein nutzt und bezahlt, als Alleinmieter behandelt werden **(BGH WuM 2004, 280)**. Ebenso ist es, wenn der Vermieter, dem der Auszug eines Ehepartners mitgeteilt wird, zu verstehen gibt, er akzeptiere, dass der bleibende Mieter künftig mit seinem neuen Partner zusammenwohne (LG Wuppertal FamRZ 80, 138). Von Vermietern wird eine solche Vertragsänderung leider oft nicht gewünscht, weil sie damit einen Schuldner »aufgeben«, an den sie sich im Fall der Nichtzahlung der Miete halten könnten.

Bei **(Ex-)Ehegatten und Lebenspartnern nach dem LPartG** gelten zudem **Sonderregelungen**:

Eheleute und Lebenspartner nach dem LPartG ⇨ LEBENSPARTNERSCHAFT – nicht aber »sonstige« Paare! – können auf anderem Weg erreichen, dass der Mietvertrag auf den verbleibenden Teil als alleiniger Mieter übergeht. Sie müssen hierzu gem. § 1568 a Abs. 3 Satz 1 Nr. 1 BGB **übereinstimmend** gegenüber dem Vermieter erklären, dass das Mietverhältnis künftig nur mit einem (Namen nennen!) von ihnen fortgesetzt werden soll. Dies kann sogar dazu führen, dass ein Mietvertrag, der mit einem Ehepartner geschlossen wurde, mit dem anderen als alleinigem Mieter fortgesetzt wird. Empfehlenswert ist es, die Erklärung(en) so zu übermitteln, dass ein Zugangsnachweis vorliegt ⇨ EINSCHREIBEN.

Können sich die Eheleute oder Lebenspartner nach dem LPartG nicht einigen, wer von ihnen in der Ehewohnung bleibt, wird im sog. **Wohnungszuweisungsverfahren** (§ 1568 a Abs. 3 Satz 1 Nr. 2 BGB) vom zuständigen Familiengericht entschieden, wer ausziehen muss. Dies hängt von den Umständen des Einzelfalls ab, insbesondere davon, wer stärker auf die Wohnung angewiesen ist und ob es gemeinsame Kinder gibt, die in der Wohnung verbleiben sollen. Dies gilt auch schon bei Getrenntleben vor Einreichung der Scheidung (§ 1361 b BGB). Darauf, wer ursprünglich Mieter war, kommt es nicht an. Das Gericht kann sogar eine Genossenschaftswohnung demjenigen zuweisen, der selbst nicht Genossenschaftler ist **(BVerfG WuM 91, 572)**. Bei gemeinsamem Eigentum gelten die gleichen Regeln. Steht die Wohnung allerdings im Eigentum nur eines der Ehegatten, muss er die Wohnung dem anderen nur überlassen, wenn dies zur Vermeidung einer unbilligen Härte notwendig ist. Auch die Überlassung einer ⇨ DIENSTWOHNUNG oder einer ⇨ WERKWOHNUNG kann nur ausnahmsweise verlangt werden, wenn der Dienstherr einverstanden ist oder die Überlassung zur Vermeidung schwerer Härten erforderlich ist.

Der Mieterwechsel tritt bei beiden Verfahren nach § 1568 a BGB **ohne Zustimmung**, sogar gegen den Willen des Vermieters ein; dieser hat nur dann, wenn in der Person des eintretenden Mieters ein wichtiger Grund vorliegt, ausnahmsweise das Recht zur außerordentlichen ⇨ KÜNDIGUNG mit gesetzlicher Frist (3 Monate).

Stichtag für den Mieterwechsel ist bei Erklärung dem Vermieter gegenüber der Zeitpunkt des Zugangs einer entsprechenden Mitteilung bzw. der letzten der beiden Mitteilungen der Ehegatten an den Vermieter (AG Tempelhof-Kreuzberg NJW 2010, 2445); die Wirkung der Erklärung(en) tritt aber frühestens mit Rechtskraft der Scheidung ein. Kommt es zum Wohnungszuweisungsverfahren, erfolgt der Mieterwechsel mit Rechtskraft der Endentscheidung im Wohnungszuweisungsverfahren. Dies kann z.B. wichtig sein, wenn es um die Frage geht, ob der ausgezogene Ehepartner noch für Mietschulden haftet.

Wichtig: Der Anspruch auf Eintritt in den Mietvertrag oder auf Begründung eines Mietverhältnisses erlischt ein Jahr nach Rechtskraft der Endentscheidung im Scheidungsprozess, wenn er nicht vorher rechtshängig gemacht worden ist **(BGH WuM 2021, 316)**. Dann gelten wieder die allgemeinen Regelungen (s.o.).

Was tun bei Gewalt?

Kommt es in einer Partnerschaft zu Gewalttätigkeiten, werden diese angedroht, oder wird einem der (Ex-)Partner nachgestellt (»Stalking«), sind unter Umständen zum Schutz von Leib und Leben staatliche Maßnahmen und Eile geboten. In diesen Fällen soll das **Gewaltschutzgesetz** (GewSchG) helfen. Es ermöglicht – auf Antrag – sog. Schutzanordnungen (»gerichtliche Maßnahmen zum Schutz vor Gewalt und Nachstellungen«), etwa Betretungsverbote (§ 1 GewSchG). Bei akuter Bedrohungslage ist auch der Erlass einer einstweiligen Anordnung ⮱ EINSTWEILIGE ANORDNUNG/VERFÜGUNG durch das Gericht möglich. Letztlich werden diese Maßnahmen aber nie einen wirklich hundertprozentigen Schutz des Opfers sicherstellen können.

Hat die bedrohte, verfolgte oder verletzte Person »mit dem Täter einen auf Dauer angelegten gemeinsamen Haushalt geführt, so kann sie von diesem verlangen, ihr die gemeinsam genutzte Wohnung zur alleinigen Benutzung zu überlassen« (§ 2 GewSchG). Handelt es sich dabei um eine gemeinsam gemietete Wohnung, besteht der Überlassungsanspruch allerdings maximal auf 6 Monate befristet mit einmaliger Verlängerungsmöglichkeit um weitere 6 Monate.

Zuständig ist für Regelungen nach dem GewSchG jeweils das Familiengericht. Anträge können bei den Rechtsantragstellen der Gerichte zu Protokoll gegeben werden. In akuten Notfällen ist die Polizei (Notruf 110) zur Hilfe verpflichtet. Das Hilfetelefon »Gewalt gegen Frauen« ist aus dem deutschen Fest- und Mobilnetz unter 116016 erreichbar. Weitere Informationen im Internet z.B. unter https://www.bmj.de/DE/the

men/praevention_opferhilfe/praevention/haeusliche_gewalt/haeusliche_gewalt_node.html sowie unter www.hilfetelefon.de.

Eichpflicht

Wärmezähler und Warmwasserzähler (⇨ HEIZKOSTENVERTEILER) sowie Kaltwasserzähler (⇨ BETRIEBSKOSTEN) sind eichpflichtige Geräte nach dem Mess- und Eichgesetz. Es dürfen nur Geräte verwendet werden, die die Voraussetzungen dieses Gesetzes erfüllen. Der Hersteller muss für die Zähler eine sog. Konformitätserklärung abgeben und eine entsprechende Kennzeichnung am Messgerät anbringen. Seit November 2016 dürfen Wasserzähler ausschließlich nach diesem Verfahren in den Verkehr gebracht werden. Die Eichfristen für Kalt- und Warmwasserzähler sowie Wärmezähler wurden 2021 vereinheitlicht. Ab diesem Jahr eingebaute Geräte müssen nach 6 Jahren neu geeicht werden. Das Jahr der letzten Eichung (Konformitätserklärung) ist auf dem Zähler vermerkt. »M23« bedeutet z.B., dass das Gerät im Jahr 2023 zuletzt geeicht wurde. Der Vermieter kann mit einem Bußgeld belegt werden, wenn er die Eichvorschriften nicht einhält.

Der Ablauf der Eichfrist schließt die Berücksichtigung des Ergebnisses bei der Abrechnung nicht aus. Entscheidend ist, ob der tatsächliche Verbrauch zutreffend angegeben wurde **(BGH WuM 2011, 21)**. Bei einem **nicht geeichten** Gerät muss der Vermieter das beweisen, z.B. durch die Bescheinigung einer staatlich anerkannten Prüfstelle.

Eine Nacheichung vor Ort ist nicht möglich. Deshalb müssten die Geräte an sich ausgebaut und ein Ersatzgerät installiert werden. Dieses müsste nach der vorgenommenen Eichung wiederum durch das geeichte Gerät ersetzt werden. Um den Aufwand für zweimaliges Aus- und Einbauen zu vermeiden, wird stattdessen sofort ein generalüberholtes oder neues Gerät anstelle des alten eingebaut. Auf diese Weise wird die Eichung in der Regel am kostengünstigsten vorgenommen.

Die Kosten für die Eichung kann der Vermieter auf die Mieter umlegen. Die hierfür berechneten Kosten dürfen nicht überteuert sein. Sie müssen in einem vernünftigen Verhältnis zu der mit den Messgeräten zu erzielenden Einsparung stehen ⇨ HEIZKOSTEN – Kosten der Verwendung einer Ausstattung zur Verbrauchserfassung.

Eigenbedarf ⇨ BETRIEBSBEDARF, ⇨ EINLIEGERWOHNUNG, ⇨ KÜNDIGUNG, ⇨ KÜNDIGUNGSSCHUTZ, ⇨ UMWANDLUNG VON MIET- IN EIGENTUMSWOHNUNGEN, ⇨ ZEITMIETVERTRAG

Nach dem Gesetz kann der Vermieter dem vertragstreuen Mieter nur kündigen, wenn er ein berechtigtes Interesse an der Beendigung des Mietverhältnisses hat. Hauptanwendungsfall ist hierbei der sogenannte Eigenbedarf. Danach darf der Vermieter die vermietete Wohnung gem. § 573 Abs. 2 Nr. 2 BGB kündigen, wenn er die Wohnung für sich selbst, für eine zu seinem Haushalt gehörende Person oder für einen Familienangehörigen benötigt.

Eigennutzung durch den Vermieter
Will der Vermieter die Mietwohnung selbst nutzen, kann er Eigenbedarf geltend machen. Bei mehreren Vermietern genügt es, wenn einer von ihnen die Räume nutzen will **(OLG Düsseldorf NZM 2010, 276)**. Eine Gesellschaft bürgerlichen Rechts kann Eigenbedarf zugunsten eines ihrer Gesellschafter oder dessen Angehörigen geltend machen **(BGH WuM 2017, 94; WuM 2012, 31; WuM 2010, 165)**. Ob der Gesellschafter schon bei Abschluss des Mietvertrags oder bei Eintritt der Gesellschaft in den Mietvertrag der Gesellschaft angehörte, spielt keine Rolle **(BGH WuM 2012, 31)**.

Eine KG, GmbH, OHG, AG oder Genossenschaft kann sich nicht auf Eigenbedarf berufen, weil sie keinen Wohnbedarf haben kann **(BGH WuM 2017, 94)**; hier kommt allenfalls ➯ BETRIEBSBEDARF in Frage.

Verkauft der Vermieter die Wohnung, kann der Erwerber ab dem Zeitpunkt seiner Eintragung im Grundbuch das Mietverhältnis wegen Eigenbedarfs kündigen. Kündigt der Erwerber vorher wegen Eigenbedarfs, ist die Kündigung unwirksam, selbst wenn der Verkäufer ihn zur Kündigung ermächtigt hat (LG Stuttgart WuM 2018, 99), denn der Eigenbedarf kann nicht auf den Erwerber übergehen.

Achtung: Wird die Wohnung nach Überlassung an den Mieter an eine Personengesellschaft (GbR, OHG, KG) oder an mehrere Erwerber veräußert, so können Gesellschafter bzw. Erwerber erst nach Ablauf einer **Kündigungssperrfrist** von mindestens 3 Jahren wegen Eigenbedarfs kündigen, § 577a BGB. Diese Sperrfrist gilt auch, wenn nach Überlassung der Wohnung an den Mieter Wohneigentum an den Wohnräumen begründet und das Wohneigentum veräußert wird.

Tipp: Die Kündigung wegen Eigenbedarfs kann zugunsten des Mieters vertraglich **ausgeschlossen** werden. Die Parteien können auch vereinbaren, dass eine Eigenbedarfskündigung nur auf besondere Ausnahmefälle beschränkt sein und dem Mieter ein besonderer Bestandsschutz zukommen soll (**BGH WuM 2013, 739**; LG Berlin WuM 2022, 282 und GE 2023, 495: »wichtige berechtigte Interessen«; LG Berlin WuM 2022, 745:

Kündigungsverzicht für die Dauer der Förderbindung; LG Berlin WuM 2023, 91: Kündigungsbeschränkung in DDR-Mietvertrag; LG Berlin GE 2015, 1405). Ein Ausschluss der Eigenbedarfskündigung kann zugunsten des Mieters auch im notariellen Grundstückskaufvertrag zwischen dem veräußernden Vermieter und dem Erwerber vereinbart werden (**BGH WuM 2019, 19;** LG Berlin WuM 2020, 652; AG Stuttgart-Bad Cannstatt WuM 2021, 374). Verzichtet der Vermieter für mehr als ein Jahr auf die Kündigung wegen Eigenbedarfs, so muss die ⇨ SCHRIFTFORM eingehalten werden. Der Kündigungsverzicht muss in der Mietvertragsurkunde schriftlich festgehalten sein, sonst ist er nicht wirksam (**BGH WuM 2007, 272;** AG Dortmund ZMR 2020, 759). Haben die Vertragsparteien einen Kündigungsverzicht wirksam vereinbart oder die Voraussetzungen für eine Kündigung auf besondere Ausnahmefälle beschränkt, so ist im Falle der Veräußerung auch der **Erwerber** an diese Vereinbarung gebunden (**BGH WuM 2013, 739**; LG Berlin WuM 2022, 282). Erwirbt der Vermieter die Mietwohnung aber durch Zuschlag im Zwangsversteigerungsverfahren, so ist ein vertraglich vereinbarter Kündigungsverzicht gegenüber dem gesetzlichen Sonderkündigungsrecht gem. § 57a ZVG unwirksam (**BGH WuM 2021, 686;** AG Frankfurt a.M. WuM 2022, 620).

Nutzung durch Familienangehörige

Zu den Personen, für die der Vermieter Eigenbedarf geltend machen kann, gehören alle Familienangehörigen, die nach dem Gesetz ein **Zeugnisverweigerungsrecht** haben, unabhängig davon, ob tatsächlich enge persönliche Bindungen zum Vermieter bestehen (**BGH WuM 2010, 163**). Dazu zählen neben Verlobten alle diejenigen, die mit dem Vermieter in gerader Linie verwandt oder verschwägert sind, sowie diejenigen, die in der Seitenlinie bis zum 3. Grad verwandt oder bis zum 2. Grad verschwägert sind oder waren. Neben den Eltern und Kindern des Vermieters zählen also auch die Geschwister (**BGH WuM 2003, 464**), die Ehegatten, die Enkel, die Schwiegereltern, die leiblichen Nichten und Neffen sowie der Schwager des Vermieters zu den begünstigten Personen (**BGH WuM 2010, 163**). Die Familienzugehörigkeit wird durch eine Trennung nicht aufgehoben. Ein Kündigungsrecht besteht daher auch zugunsten des getrennt lebenden oder geschiedenen Ehepartners (**BGH WuM 2020, 730**).

Zu den begünstigten Familienangehörigen gehören **nicht** die Lebensgefährten (LG Berlin GE 2020, 119), die Eltern oder Tochter der Lebensgefährtin (LG Hamburg WuM 97, 177), die Stiefkinder (AG Siegburg WuM 2019, 33) oder die Tochter der Schwiegertochter (LG Weiden WuM 2003, 210).

Für **entfernte** Verwandte, die kein Zeugnisverweigerungsrecht haben, kann der Vermieter Eigenbedarf nur geltend machen, wenn zwischen ihm und dem Angehörigen eine besondere persönliche oder soziale Bindung besteht **(BGH WuM 2010, 163)**. Aus dieser Bindung muss sich für den Vermieter eine moralische Verpflichtung ergeben, den Angehörigen mit Wohnraum versorgen zu wollen (AG Fürstenfeldbruck WuM 2020, 35). Hier gilt der Grundsatz: Je entfernter die Verwandtschaft, desto enger muss die Bindung sein.

Nutzung durch Haushaltsangehörige
Zu den Haushaltsangehörigen gehören alle Personen, die seit längerer Zeit mit dem Vermieter in einer Hausgemeinschaft zusammenleben **(BGH WuM 2009, 294)** und nun eine Wohnung außerhalb der Wohnung des Vermieters beziehen sollen. Hierzu zählen Lebensgefährten (LG Berlin GE 2020, 119), Stiefkinder, Pflegekinder, Haushaltshilfen, Pflegekräfte, Au-pairs usw.

Nutzung als Wohnung
Der Vermieter oder seine Angehörigen müssen die Mieträume als Wohnung benötigen. Hierfür ist es ausreichend, wenn der Vermieter die Mieträume nur teilweise zu Wohnzwecken und überwiegend **beruflich**, z.B. als Büro, nutzen will **(BGH WuM 2005, 779; WuM 2012, 684)**. Auch die beabsichtigte Nutzung als **Zweitwohnung (BGH WuM 2017, 721)** oder Ferienwohnung **(BGH WuM 2018, 776)** kann im Einzelfall eine Kündigung wegen Eigenbedarfs rechtfertigen. Will die Gesellschafterin einer GbR die Wohnung allenfalls in Ausnahmefällen als Zweitwohnung nutzen, reicht dies nicht aus (LG Berlin WuM 2023, 297).

Stehen dem Vermieter **mehrere** gleichartige Wohnungen zur Verfügung, so kann er grundsätzlich frei wählen, welche Wohnung er kündigt. Nach Auffassung des LG Berlin handelt der Vermieter nicht treuwidrig, wenn er die Wohnung mit dem ältesten Mietverhältnis und der niedrigsten Quadratmetermiete wählt. Die besondere Schutzbedürftigkeit des Mieters sei erst im Rahmen der Härteprüfung (⇨ SOZIALKLAUSEL) zu berücksichtigen (LG Berlin ZMR 2020, 582). Etwas anderes gilt, wenn der Vermieter seinen Wohnbedarf in dem Alternativobjekt »ohne wesentliche Abstriche« befriedigen kann **(BVerfG NJW 89, 969)**.

Nutzungswille
Der Vermieter muss die **ernsthafte** Absicht haben, die Wohnung selbst zu nutzen oder einem Angehörigen zu überlassen. Fehlt es hieran, und ist der Eigenbedarf nur vorgeschoben, ist die Kündigung unwirksam.

Setzt der Vermieter den behaupteten Selbstnutzungswillen nach dem

Auszug des Mieters nicht in die Tat um, so liegt der Verdacht nahe, dass der Eigenbedarf nur **vorgeschoben** war. In diesem Fall kommt ein Schadensersatzanspruch des Mieters in Betracht. Der Vermieter muss dann genau darlegen, weshalb der Eigenbedarf nachträglich entfallen sein soll (**BGH WuM 2017, 342; WuM 2016, 743; WuM 2015, 677**; LG Bonn WuM 2021, 378). An diese Darlegung sind strenge Anforderungen zu stellen. Erst wenn der Vortrag des Vermieters diesem Maßstab genügt, obliegt dem Mieter der Beweis, dass ein Selbstnutzungswille des Vermieters schon vorher nicht bestand.

Der Vermieter muss die konkrete Absicht haben, die Wohnung **alsbald** zu nutzen oder einem Angehörigen zu überlassen. Er darf nicht auf Vorrat kündigen. Eine bislang nur vage oder für einen späteren Zeitpunkt verfolgte Nutzungsabsicht rechtfertigt keine Eigenbedarfskündigung **(BGH NZM 2015, 812)**. Kann der Vermieter zum Zeitpunkt der Kündigung noch gar nicht absehen, wann er die Mietwohnung konkret benötigt, liegt eine unzulässige Vorratskündigung vor (LG Berlin WuM 2021, 627; AG Hamburg GE 2023, 149).

Der Nutzungswille des Vermieters muss zum Zeitpunkt der Kündigung bestehen. Fällt der Nutzungswille nach Zugang der Kündigung, aber **vor** Ablauf der Kündigungsfrist **weg**, so ist die Kündigung zwar formal gesehen wirksam. Nach der Rechtsprechung des BGH verhält sich der Vermieter aber treuwidrig, wenn er weiterhin die Räumung verlangt, obwohl der Kündigungsgrund nicht mehr besteht. Er muss den Mieter auf den Wegfall des Eigenbedarfs **hinweisen** und ihm die Fortsetzung des Mietverhältnisses anbieten **(BGH WuM 2021, 116; NZM 2006, 50)**. Diese Hinweispflicht besteht aber nur bis zum Ablauf der Kündigungsfrist. Entfällt der Eigenbedarf erst **nach** Ablauf der Kündigungsfrist, besteht keine Hinweispflicht. Dies gilt auch, wenn die Parteien im Prozess einen Räumungsvergleich schließen und der Eigenbedarf innerhalb der vereinbarten Räumungsfrist wegfällt **(BGH WuM 2021, 116)**. Entfällt der Eigenbedarf also erst nach Ablauf der Kündigungsfrist und während des Räumungsprozesses, darf der Vermieter an der Kündigung grundsätzlich festhalten.

Benötigen der Wohnung

Ob der Vermieter die Wohnung »benötigt« und die Kündigung gerechtfertigt ist, beurteilt sich danach, ob sich sein Nutzungswunsch auf **vernünftige und nachvollziehbare** Gründe stützt **(BGH WuM 2019, 385; BGH WuM 88, 47)**. Hierfür ist es nicht erforderlich, dass der Vermieter oder sein Angehöriger auf die Nutzung der Wohnung zwingend angewiesen ist **(BGH WuM 2019, 385)**.

Vernünftige, nachvollziehbare Gründe für Eigenbedarf liegen beispielsweise bei einer **Trennung** der Ehegatten und einem dadurch bedingten Wohnbedarf des Vermieters vor. Hierfür reicht die ernsthafte Absicht, sich zu trennen und die häusliche Lebensgemeinschaft zumindest vorläufig aufzuheben (LG Heidelberg WuM 2013, 49).

Hat der Vermieter seine bisherige Wohnung verloren, ist es für seinen berechtigten Eigenbedarf unerheblich, ob er seinen Wohnbedarf selbst verursacht hat **(BGH WuM 2019, 385)**. Kauft der Vermieter eine Eigentumswohnung, um in dieser selbst zu wohnen, so ist dies grundsätzlich vernünftig und nachvollziehbar **(sog. gekaufter Eigenbedarf, BVerfG WuM 93, 729; BGH WuM 2019, 385)**. Dass er die Wohnung trotz Kenntnis der Vermietung mit der Absicht erworben hat, diese selbst zu nutzen, macht den Eigenbedarf noch nicht treuwidrig **(BayObLG WuM 81, 200)**. Allerdings muss er damit rechnen, dass insbesondere ältere Mieter sich im Fall der Kündigung auf die Sozialklausel ⇨ KÜNDIGUNGSSCHUTZ berufen.

Auch der Wunsch des Vermieters nach einer Verbesserung seiner **Wohnverhältnisse** kann ein vernünftiger, nachvollziehbarer Grund sein. Dies kann beispielsweise der Fall sein, wenn er eine größere Wohnung haben will **(BVerfG WuM 94, 131 und 183)** oder seine bisherige Wohnung zu groß geworden ist und er die kleinere, vermietete Wohnung beziehen möchte (LG Wuppertal WuM 89, 386; LG Münster WuM 90, 304). Abgelehnt wurde der Eigenbedarf eines Vermieters, der im 1. Stock wohnte und die Erdgeschosswohnung wegen des ebenerdigen Zugangs zu seinem auch bisher schon genutzten Garten beziehen wollte (LG Essen WuM 95, 142).

Die Pflege **familiärer Beziehungen** kann ein ausreichender Grund sein, so z.B. wenn ein zwei Autostunden von der gekündigten Wohnung entfernt wohnender Vermieter den Kontakt zur Familie der Tochter intensivieren und am städtischen Kulturleben wieder stärker teilnehmen will **(BGH WuM 2018, 780)**. Eigenbedarf kann auch berechtigt sein, wenn der Vermieter beabsichtigt, die Wohnung lediglich als Zweitwohnung zu nutzen, um in unregelmäßigen Abständen seine Tochter am Wochenende zu besuchen **(BVerfG WuM 2014, 399)**.

Vernünftig und nachvollziehbar kann es sein, wenn der Vermieter vorträgt, er wolle seiner Tochter die Wohnung zur Verfügung stellen, damit diese die Möglichkeit zur Familiengründung und Verwirklichung des **Kinderwunsches** habe. Nicht erforderlich ist, dass die Tochter verheiratet oder bereits zum Zeitpunkt der Kündigung oder während des Räumungsprozesses schwanger ist **(BVerfG WuM 95, 260)**. Eine nähere

Konkretisierung des behaupteten Kinderwunsches kann der Mieter nicht verlangen **(BVerfG WuM 2003, 435)**.

Der Vermieter kann auch Eigenbedarf für eine **Pflegehilfe** geltend machen, wenn mit einiger Sicherheit feststeht, dass er in naher Zukunft die Pflege der Hilfsperson benötigt (OLG Hamm RE WuM 86, 269; BayObLG RE WuM 82, 125; LG Lübeck ZMR 99, 830). Die Pflegebedürftigkeit muss also zum Zeitpunkt der Kündigung noch nicht eingetreten sein und eine bestimmte Pflegeperson noch nicht feststehen (LG Stuttgart WuM 2021, 496). Es ist auch nicht erforderlich, dass der Vermieter auf die Hilfe der Pflegekraft Tag und Nacht angewiesen ist **(BVerfG WuM 2000, 232)**. Der Vermieter muss sich auch nicht dafür rechtfertigen, dass er die Pflegekraft nicht in seine eigene Wohnung aufnehmen möchte. Es ist Sache des Vermieters, darüber zu entscheiden, ob er eine Person zu seiner Pflege in die eigene Wohnung aufnehmen will (**BGH WuM 2009, 294**; LG Stuttgart WuM 2021, 496).

Nach Ansicht des **BVerfG (WuM 99, 449; 94, 183; 94, 132; 94, 130; 94, 129; 93, 377; 89, 114)** müssen die Gerichte die Entscheidung des Eigentümers über seinen Wohnbedarf grundsätzlich achten und dürfen ihm nicht fremde Vorstellungen über angemessenes Wohnen und seine weitere Lebensplanung aufdrängen. Zu der Entscheidung des Eigentümers, welchen Wohnbedarf er für sich und seine Angehörigen als angemessen ansieht, gehört auch die Festlegung, zu welchem Zeitpunkt dieser Wohnbedarf Anlass für eine Eigenbedarfskündigung sein soll **(BVerfG WuM 99, 449)**. Die Gerichte haben aber allen Anhaltspunkten nachzugehen, die Zweifel an der Ernsthaftigkeit des Selbstnutzungswunsches begründen oder auf einen Rechtsmissbrauch hindeuten **(BVerfG WuM 94, 994; WuM 2002, 21; BGH WuM 2019, 385)**. Eine vorgeschobene oder rechtsmissbräuchliche Kündigung wegen Eigenbedarfs ist unwirksam (Einzelfälle s.u.).

Begründungspflicht
Der Vermieter muss die Kündigung wegen Eigenbedarfs schriftlich begründen ⇨ KÜNDIGUNGSFORM. In der Kündigung muss er zum einen die Person angeben, für die die Wohnung benötigt wird. Zum anderen muss er alle Umstände mitteilen, aus denen sich das Interesse dieser Person an der Wohnung ergibt (**BGH WuM 2021, 314; BGH WuM 2010, 301**; LG Hamburg ZMR 2019, 197). Damit soll dem Mieter die Möglichkeit gegeben werden, zum frühestmöglichen Zeitpunkt den konkreten Kündigungsgrund zu prüfen und sich gegebenenfalls dagegen zu verteidigen (**BGH WuM 2021, 314; WuM 2010, 301**). Der Mieter muss in die Lage versetzt werden, seine Verteidigung auf den konkret genannten

Kündigungsgrund auszurichten. Daher darf der Vermieter den Kündigungsgrund nicht nachträglich austauschen **(BGH WuM 2021, 451)**.

Die **Bedarfsperson** muss für den Mieter aus den Angaben in der Kündigung hinreichend individualisierbar sein. Der Name muss hierfür nicht unbedingt angegeben werden **(BVerfG WuM 2003, 435)**. Es ist ausreichend, wenn der Vermieter mitteilt, die »Tochter« benötige die Wohnung, um mit ihrem »Lebensgefährten« einen gemeinsamen Haushalt zu begründen **(BGH WuM 2014, 423)**. Bei einer beabsichtigten Überlassung der Wohnung an einen Familienangehörigen reicht also grundsätzlich die Angabe des Verwandtschaftsgrads (Tochter, Sohn, Nichte, Schwager). Hat der Vermieter hingegen mehrere Töchter oder Söhne, so ist die Bedarfsperson allein durch die Angabe »mein Sohn« oder »meine Tochter« nicht unverwechselbar bezeichnet (AG Neuss DWW 92, 245). Hier muss die Person entweder namentlich oder durch weitere Angaben wie »mein 20-jähriger Sohn« (LG Berlin WuM 2023, 425; LG München I ZMR 2020, 585) kenntlich gemacht werden. Bezeichnet der Vermieter die Bedarfsperson in der Kündigung mit einem vollständig **unzutreffenden Nachnamen**, ist die Kündigung unwirksam. Der Mieter kann die Person dann nicht identifizieren und damit seine Verteidigungsmöglichkeiten gegen den behaupteten Eigenbedarf nicht prüfen (LG Berlin GE 2023, 352).

Der Vermieter muss sich in dem Kündigungsschreiben auf eine bestimmte Bedarfsperson festlegen. Er darf nicht alternativ angeben, er benötige die Wohnung nach einer Trennung entweder für sich oder seine Ehefrau (AG Leonberg WuM 2019, 594), oder er wolle die Wohnung einer seiner drei Töchter überlassen (LG München I WuM 91, 490).

Außerdem muss der Vermieter im Kündigungsschreiben das **Nutzungsinteresse** an der Wohnung konkret mitteilen. Die pauschale Angabe »ich kündige wegen Eigenbedarfs« oder »weil ich die Wohnung für mich selbst benötige« genügt nicht (LG Hamburg ZMR 2019, 197; LG Hamburg WuM 89, 385; LG Mannheim ZMR 90, 19).

Ausreichend ist es, wenn der Vermieter den Eigenbedarf damit begründet, dass sein Sohn für Home-Office-Tätigkeiten einen größeren Wohnbedarf habe und hierfür die Wohnung benötige **(BGH WuM 2021, 314)**. Ob dieser Kündigungsgrund tatsächlich besteht und berechtigt ist, betrifft die inhaltliche Richtigkeit und nicht die formalen Anforderungen an die Begründung.

Kündigt der Vermieter, weil er die Wohnung seinem Kind zur Begründung eines eigenen Hausstandes überlassen will, muss er nach Ansicht des BGH die **bisherigen Wohnverhältnisse** des Kindes nicht mitteilen **(BGH WuM 2010, 757; WuM 2011, 518)**. Begründet der Vermieter seine Kündigung aber damit, dass seine bisherige Wohnung zu klein oder zu groß sei, muss er die Wohnverhältnisse in der Kündigung konkret darlegen (LG Mannheim WuM 96, 707; LG Hamburg ZMR 93, 167). Pauschale Angaben wie »vielköpfige Familie« oder »unzumutbare Wohnverhältnisse« reichen nicht aus (LG Gießen WuM 94, 684). Vielmehr muss der Vermieter Angaben zur Größe der Wohnung und Anzahl der Bewohner machen. Hierfür kann der Hinweis auf die Anzahl der Zimmer und die Größe der Familie genügen; nähere Angaben zur Größe der einzelnen Zimmer sind nicht erforderlich **(BVerfG WuM 2003, 435)**.

Umstände, die dem Mieter bereits bekannt sind, muss der Vermieter nicht nochmals in dem Kündigungsschreiben wiedergeben **(BGH WuM 2017, 285; WuM 2011, 518)**. Der Vermieter kann auch auf die Kündigungsgründe aus einer früheren Kündigung Bezug nehmen **(BGH WuM 2011, 518)**.

Nach Ansicht des BGH ist der Vermieter nicht verpflichtet, durch die Angabe weiterer Details den Mieter schon im Vorfeld eines etwaigen späteren Prozesses auf rechtliche Verteidigungsmöglichkeiten hinzuweisen **(BGH WuM 2021, 314; WuM 2015, 555)**. Gründe, die gegen die Kündigung sprechen, muss der Vermieter nicht offenlegen. Er muss daher in seiner Kündigung nicht mitteilen, welche weiteren Wohnungen er besitzt **(BGH WuM 2017, 285)**. Der Mieter kann aber Einsicht in die erste Abteilung des ⇨ GRUNDBUCHS nehmen, um zu prüfen, ob dem Vermieter weitere Wohnungen zur Verfügung stehen (LG Mannheim WuM 92, 130; OLG München NZM 2018, 989; OLG Frankfurt a.M., Beschl. v. 9.5.2019 – 20 W 102/19). Macht der Vermieter allerdings Angaben zu seinem weiteren Immobilienbesitz, so müssen diese vollständig sein (LG München I NZM 2003, 20).

Fehlen die notwendigen Angaben zur Bedarfsperson und dem Nutzungsinteresse, ist die Kündigung unwirksam. Eine unzureichend begründete Kündigung kann auch nicht durch das **Nachschieben** von Kündigungsgründen geheilt werden (LG Frankfurt a.M. WuM 2000, 606). Auch vor Gericht dürfen nur die Kündigungsgründe berücksichtigt werden, die im Kündigungsschreiben aufgeführt sind. Treten nach der Kündigungserklärung Umstände ein, die einen Eigenbedarf nun rechtfertigen würden, so kann der Vermieter seine zunächst unwirksame Kündigung nicht durch das Nachschieben dieser neuen Umstände heilen **(BVerfG WuM 93, 235)**.

Hiervon zu unterscheiden sind **Erläuterungen und Ergänzungen** zum

Kündigungsgrund. Diese dürfen nachträglich vorgetragen werden, solange der Kündigungsgrund unverändert bleibt **(BGH WuM 2021, 451)**. Zulässig ist es also, im Prozess den Kündigungsgrund zu ergänzen bzw. zu konkretisieren **(BVerfG WuM 2003, 435; WuM 2000, 232; WuM 88, 246)**. Dies ist beispielsweise der Fall, wenn der angegebene Kündigungsgrund, die Tochter wolle einen eigenen Hausstand in der Wohnung begründen, unverändert bleibt und nur später konkretisiert wird, ob die Tochter in der Wohnung mit einem Freund leben oder eine Wohngemeinschaft begründen möchte **(BGH WuM 2021, 451)**.

Gerichtliche Überprüfung des Eigenbedarfs

Bei einer Kündigung wegen Eigenbedarfs steht das Eigentumsrecht des Vermieters dem Besitzrecht des Mieters und seinem schützenswerten Interesse an der Aufrechterhaltung des Mietverhältnisses gegenüber. Das Bundesverfassungsgericht hat in zahlreichen Entscheidungen hervorgehoben, dass die Gerichte den Entschluss des Vermieters, die Wohnung selbst nutzen zu wollen, grundsätzlich zu achten haben. Aus Art. 14 GG folge das Recht eines Eigentümers, eine vermietete Wohnung zu kündigen, wenn er diese selbst nutzen wolle. Die Gerichte dürften bei der Überprüfung des Eigenbedarfs dem Vermieter nicht fremde Vorstellungen über angemessenes Wohnen und seine weitere Lebensplanung aufdrängen (**BVerfG WuM 99, 449; 94, 183; 94, 132; 94, 130; 94, 129; 93, 377; 89, 114)**.

Nach ständiger Rechtsprechung des Bundesverfassungsgerichts schützt Art. 14 GG aber nicht nur die Eigentumsposition des Vermieters. Auch das Besitzrecht des Mieters an der gemieteten Wohnung ist Eigentum im Sinne von Art. 14 Abs. 1 Satz 1 GG **(BVerfG WuM 93, 377; WuM 2000, 298; WuM 2004, 80)**. Das Grundgesetz schützt also das Erlangungsinteresse des Vermieters und das Bestandsinteresse des Mieters gleichermaßen. Hieraus folgt für die Gerichte, dass sie in den Verfahren alle Einwendungen des Mieters gegen die Eigenbedarfskündigung gründlich zu prüfen haben. Der Mieter hat Anspruch darauf, dass die Gerichte seinen Einwänden gegen die Eigenbedarfskündigung in einer Weise nachgehen, die der Bedeutung und Tragweite seines Bestandsinteresses und seiner durch Art. 14 GG geschützten Position gerecht werden **(BVerfG WuM 95, 140; BGH WuM 2016, 743**; LG Berlin WuM 2023, 100).

Insbesondere sind nach Ansicht des **Bundesverfassungsgerichts (WuM 93, 377)** folgende Punkte zu berücksichtigen und sorgfältig zu prüfen:

– Hat der Vermieter wirklich die ernste Absicht, die Wohnung selbst zu nutzen oder dem Angehörigen zu überlassen? Oder ist der Eigenbedarf nur vorgeschoben? Die Gerichte müssen allen Hinweisen nachgehen, die Zweifel an der Ernsthaftigkeit des Nutzungswunsches begründen **(BVerfG WuM 89, 114)**.

– Beruht der Nutzungswille auf vernünftigen und nachvollziehbaren Gründen?

– Ist der geltend gemachte Wohnbedarf weit überhöht? Dann ist eine Eigenbedarfskündigung rechtsmissbräuchlich (**BVerfG WuM 90, 479**: einer 22-jährigen Studentin soll eine 4-Zimmer-Wohnung mit 107m² überlassen werden).

– Kann der Wohnbedarf des Vermieters befriedigt werden, ohne auf die gekündigte Wohnung zurückzugreifen, z.B. weil eine andere im Eigentum des Vermieters stehende Wohnung frei ist und er dort ohne wesentliche Abstriche seinen Wohnbedarf verwirklichen kann **(BVerfG WuM 90, 536)**?

Außerdem betont das **Bundesverfassungsgericht (WuM 93, 377; 93, 380)** ausdrücklich, dass der Mieter verlangen kann, dass das Gericht bei der Anwendung der Sozialklausel (⇨ KÜNDIGUNGSSCHUTZ) und insbesondere bei der Auslegung des Begriffs »Härte« Bedeutung und Tragweite des Bestandsinteresses des Mieters hinreichend erfasst und berücksichtigt.

Unabhängig von diesen in der Entscheidung des Bundesverfassungsgerichts genannten Kriterien müssen die Gerichte natürlich auch allen sonstigen Einwendungen des Mieters nachgehen, die darauf abzielen, die vom Vermieter behaupteten Kündigungsvoraussetzungen oder die Ernsthaftigkeit des Einzugswunsches in Frage zu stellen. Soweit notwendig, müssen die Gerichte dann Beweis erheben, zum Beispiel die »einzugswilligen Kinder« bzw. deren »Verlobte« vernehmen (**BVerfG WuM 91, 147; 89, 481**; LG München I WuM 90, 346). Das Gericht darf den vom Vermieter behaupteten Eigenbedarf nicht ohne Beweisaufnahme seiner Entscheidung zugrunde legen, wenn der Mieter dessen Voraussetzungen mit Nichtwissen bestritten hat (BerlVerfGH GE 2005, 542; HessStGH WuM 99, 624). Der Mieter kann sich auch auf ein einfaches Bestreiten der Nutzungsabsicht beschränken. Denn der Nutzungswunsch des Vermieters oder seiner Bedarfsperson bezieht sich auf innere Tatsachen, die der Mieter nicht wissen kann. Dies gilt auch dann, wenn sein Bestreiten auf Vermutungen beruht (LG Berlin WuM 2023, 100). Wenn aber der Mieter von sich aus keine konkreten Einwände gegen den Eigennutzungswunsch des Vermieters erhebt, kann er auch nicht erwarten, dass sich die Gerichte von selbst damit auseinandersetzen **(BVerfG WuM 2001, 330)**. Das Gericht ermittelt auch in Eigenbedarfsverfahren nicht von sich aus. Der Mieter muss daher im Verfahren alle Einwände gegen den Eigenbedarf vortragen und sollte sich rechtlich beraten lassen.

In folgenden Fallgruppen verneint die Rechtsprechung einen Eigenbedarf des Vermieters:

■ **Vorgeschobene Eigenbedarfskündigungen**
Vorgeschoben ist der Kündigungsgrund »Eigenbedarf«, wenn der Vermieter in Wirklichkeit die Wohnung gar nicht selbst nutzen oder einem Angehörigen überlassen, sondern den Mieter loswerden oder die Wohnung zu einer höheren Miete neu vermieten oder verkaufen will. Zwar ist es hier für den Mieter meistens schwierig, dem Vermieter auf die Schliche zu kommen. Anhaltspunkte für eine vorgeschobene Kündigung sind aber beispielsweise vorangegangene Streitigkeiten über Heiz- oder Nebenkostenabrechnungen oder Mieterhöhungen (AG Görlitz WuM 2023, 296; AG Münster WuM 2023, 216; LG Köln WuM 95, 109). Hier lohnt sich ein Blick in die Vermieter-Korrespondenz aus dem letzten Jahr. Liegt der Verdacht nahe, dass es dem Vermieter vor allem auf den »Rauswurf« des Mieters ankommt und weniger auf seinen eigenen Einzug, werden Gerichte hier die (vorgeschobenen) »vernünftigen und nachvollziehbaren« Gründe besonders sorgfältig prüfen müssen.

Dazu folgende **Beispiele**:

– Nach einigen Streitigkeiten mit seinen Mietern kündigte der Vermieter wegen Eigenbedarfs. Seine 18-jährige Tochter wolle mit ihrem Verlobten einen gemeinsamen Hausstand gründen. Als sich herausstellt, dass der Verlobte gar nicht existiert, behauptet der Vermieter, seine Tochter wolle alleine in die Wohnung einziehen. Hier hat die Glaubwürdigkeit des Vermieters und seiner Tochter stark gelitten **(BVerfG WuM 89, 481)**, vieles spricht für einen »vorgeschobenen Eigenbedarf«.

– Der Vermieter übersendet dem Mieter kurz nach der Kündigung wegen Eigenbedarfs einen neuen Mietvertrag, der eine höhere Miete sowie einen Kündigungsverzicht wegen Eigenbedarfs für 7 Jahre vorsieht. Nach dem Scheitern der Verhandlungen über diesen Mietvertrag verklagt der Vermieter den Mieter auf Räumung. Hier deutet vieles darauf hin, dass es dem Vermieter darum geht, die Wohnung freizukündigen und zu einer höheren Miete neu zu vermieten (LG München I ZMR 2019, 343). Ziehen der Vermieter oder die von ihm benannte Bedarfsperson in die Wohnung nie ein, so liegt der Verdacht eines vorgetäuschten Eigenbedarfs nahe. In diesen Fällen muss der Vermieter konkret und plausibel darlegen, aus welchem Grund der Eigenbedarf nach der Kündigung entfallen sein soll; an diese Darlegungen sind strenge Anforderungen zu stellen (**BGH WuM 2016, 743; BVerfG WuM 2002, 22**; LG Bonn WuM 2021, 378). Dazu folgende Beispiele:

– Nachdem der Mieter erfolgreich eine Mieterhöhung abgewehrt hat, erhält er die Eigenbedarfskündigung. Grund: Der Sohn des Vermieters wolle in Frankfurt Betriebswirtschaft studieren, er benötige die Wohnung in Universitätsnähe. Während des Gerichtsverfahrens stellt sich heraus, dass auch einer anderen Mieterin, die einer Mieterhöhung nicht zugestimmt hatte, zwischenzeitlich wegen Eigenbedarfs gekündigt worden ist. Zudem studiert der Sohn zu der Zeit in Hamburg Forstwirtschaft und schreibt gerade seine Diplomarbeit. In Frankfurt war er nur für zwei Veranstaltungen als Gasthörer eingeschrieben. Auch hier spricht vieles für einen »vorgeschobenen Eigenbedarf«. Das **BVerfG (WuM 91, 146)** hob die Landgerichtsentscheidung auf, weil sich Zweifel an der Ernsthaftigkeit des Selbstnutzungswunsches ergeben hätten.

– Eine Kündigung wegen Eigenbedarfs kann auch dann vorgeschoben sein, wenn ein Vermieter seit längerem Verkaufs- oder Sanierungsabsichten hegt und der von ihm benannten Eigenbedarfsperson die Wohnung in der Erwartung überlässt, diese ohne Schwierigkeiten zum Auszug bewegen zu können, wenn der gewinnbringende Verkauf oder die Sanierungsmaßnahmen anstehen (**BGH WuM 2016, 426;** LG München I ZMR 2020, 652). Bei derartigen Konstellationen wird die angebliche Bedarfsperson lediglich als »Strohmann« eingesetzt, um den behaupteten Eigenbedarf durchsetzen zu können (LG München I ZMR 2020, 652).

– Nach der Abweisung der Räumungsklage einer AG wegen Eigenbedarfs, weil eine AG keinen Wohnbedarf geltend machen kann, übertrug ein Vorstandsmitglied seiner Tochter unentgeltlich einen minimalen Miteigentumsanteil (5/100) an der Eigentumswohnung. Die Tochter wurde so Mit-Vermieterin und kündigte dem Mieter wegen Eigenbedarfs. Hier hat der BGH ein Umgehungsgeschäft angenommen; die schenkweise Übertragung des geringen Miteigentumsanteils sei erfolgt, um eine Kündigung wegen Eigenbedarfs zu ermöglichen. Die Kündigung sei daher rechtsmissbräuchlich und unwirksam **(BGH WuM 2021, 491)**.

■ Rechtsmissbräuchliche Kündigungen
Hier liegt zwar Eigenbedarf »auf dem Papier« vor, die Kündigung ist aber grob unbillig und damit auch nach Auffassung des **BVerfG (WuM 89, 114)** unzulässig.

Alternativwohnungen
Steht dem Vermieter eine andere freistehende Wohnung zur Verfügung, ist es unter Umständen unvernünftig, wenn er auf seinem Wunsch beharrt, gerade in die gekündigte Mietwohnung einziehen zu wollen **(BVerfG WuM 99, 381; WuM 91, 247; WuM 89, 114)**.

Der Vermieter muss aber nicht auf bisher gewerblich genutzte Wohnungen (Ferienwohnung) zurückgreifen. Selbst dann nicht, wenn die Ferienwohnungen zurzeit leer stehen und im gleichen Haus wie die gekündigte Mietwohnung liegen. Voraussetzung hierfür ist, dass der Vermieter beabsichtigt, diese Ferienwohnungen auch weiterhin gewerblich zu nutzen **(BVerfG WuM 89, 607)**. Ob eine Eigenbedarfskündigung rechtsmissbräuchlich bzw. unvernünftig ist, weil der Vermieter nicht in eine andere, freistehende Wohnung im gleichen Haus einziehen will, hängt letztlich von der Frage ab, ob er seinen Wohnbedarf in der Alternativwohnung »ohne wesentliche Abstriche« verwirklichen kann **(BVerfG WuM 90, 535; WuM 89, 114).** Die Gerichte müssen hierbei die Vorstellungen des Vermieters über seinen Wohnbedarf grds. achten und dürfen ihm nicht ihre Vorstellungen über angemessenes Wohnen aufdrängen **(BVerfG WuM 89, 114).** Die Alternativwohnung muss zum Zeitpunkt des Zugangs der Kündigung frei sein und nach Größe, Lage und Zuschnitt mit der gekündigten Wohnung vergleichbar sein (**BVerfG WuM 89, 114**; LG Berlin ZMR 2020, 582). Hat der Vermieter die Dachgeschosswohnung gekündigt, weil er sich beispielsweise eine Penthousewohnung einrichten will, kann der Mieter nicht einwenden, der Vermieter solle die leer stehende Wohnung im Parterre oder im 1. Stock beziehen.

Beispiel: Will ein jungverheiratetes Ehepaar die gekündigte, etwa 74 m^2 große 3-Zimmer-Wohnung beziehen, muss es sich nicht auf eine freistehende, deutlich kleinere 2-Zimmer-Wohnung verweisen lassen (**BVerfG WuM 91, 145**; so im Ergebnis auch OLG Düsseldorf WuM 93, 49).

Beispiel: Beansprucht der Eigentümer die Mietwohnung (3. Stock, 62 m^2, 2 Zimmer, Küche und Bad) für seine 78-jährige gehbehinderte Mutter, obwohl im gleichen Haus im 2. Stock eine 66 m^2 große 3-Zimmer-Wohnung mit Küche und Dusche freisteht, liegt »unzulässige Rechtsausübung« vor (LG Berlin WuM 90, 25). Das Gericht wies die Eigenbedarfsklage unter ausdrücklichem Hinweis auf die Entscheidung des **BVerfG (WuM 89, 114)** ab: unzulässig, weil willkürlich und rechtsmissbräuchlich (so auch LG Düsseldorf WuM 88, 111; AG Friedberg WuM 88, 111).

Beispiel: Identisch müssen die gekündigte Wohnung und die Alternativwohnung nicht sein. Das **BVerfG (WuM 90, 535)** hielt es für nicht nachvollziehbar, wenn der Vermieter nicht die baugleiche Alternativwohnung im gleichen Gebäude nutzen wolle. Unterschiede hinsichtlich Stockwerk (Trennung durch eine Etage) und Zeitpunkt des möglichen Bezugs (3 Monate Verzögerung) seien nicht so gravierend.

Achtung: Der Vermieter muss auch dann auf die leer stehende Wohnung zurückgreifen, wenn die Miete im Haus unterschiedlich hoch ist und die gekündigte Wohnung eine niedrigere Miete hat (LG Heidelberg WuM 92, 612; LG Stuttgart WuM 91, 164; 91, 493; LG Frankfurt WuM 87, 224; **a. A.** LG Düsseldorf WuM 89, 248).

Wichtig: Will der Vermieter die freistehende Alternativwohnung nicht selber beziehen, muss er diese Wohnung dem gekündigten Mieter zumindest **anbieten (BGH WuM 2017, 94; WuM 2003, 463)**. Denn der Vermieter ist im Rahmen seiner vertraglichen Rücksichtnahmepflicht gehalten, die Folgen einer Eigenbedarfskündigung für den Mieter möglichst abzumildern **(BGH WuM 2017, 94; WuM 2003, 463)**.

Die Anbietpflicht bezieht sich nur auf Wohnungen, die sich im **selben** Haus oder in derselben Wohnanlage befinden **(BGH WuM 2017, 94; WuM 2003, 463)**. Verfügt der Vermieter über mehrere Alternativwohnungen, muss er dem Mieter alle Wohnungen von sich aus anbieten. Er darf nicht die Nachfrage des Mieters nach möglichen Ersatzwohnungen abwarten. Er hat den Mieter über Größe, Ausstattung sowie Mietpreis zu informieren **(BGH WuM 2010, 757)**.

Der Vermieter ist nur verpflichtet, **bis zum Ablauf der Kündigungsfrist** frei werdende Wohnungen anzubieten; wird eine Wohnung erst im Laufe eines Räumungsprozesses frei, muss er sie nicht mehr anbieten **(BGH WuM 2017, 94; WuM 2003, 463)**. Wird die Alternativwohnung zwar vor Ablauf der Kündigungsfrist gekündigt, aber erst später frei, muss der Vermieter sie nicht anbieten **(BGH WuM 2008, 497)**.

Will der Vermieter die leer stehende Alternativwohnung auch nur vorübergehend selbst nutzen, muss er sie dem Mieter nicht anbieten **(BVerfG WuM 94, 13)**.

Verletzt der Vermieter seine Anbietpflicht, hat dies nicht zur Folge, dass die Kündigung unwirksam wird. Der Mieter kann zwar Schadensersatz verlangen; ein Anspruch auf Fortsetzung des gekündigten Mietverhältnisses besteht aber nicht **(BGH WuM 2017, 94)**.

Der Vermieter kann dieses Tauschangebot nicht mit der Begründung unterlassen, die leer stehende Wohnung sei für den gekündigten Mieter zu klein. Das ist eine Entscheidung des Mieters **(BVerfG WuM 92, 180)**.

Weit überhöhter Wohnbedarf
Missbräuchlich kann es auch sein, so das **BVerfG (WuM 89, 114; WuM 94, 130; WuM 95, 260)**, wenn der Vermieter einen weit überhöhten Wohnbedarf geltend macht, z.B. wenn eine Vermieterin zusammen mit ihrem kleinen Kind eine 250 m² große 7-Zimmer-Wohnung beansprucht.

Das Gleiche gilt, wenn der Eigentümer eine Wohnung mit 17 Räumen kündigt, von denen er nur 5 benötigt. Kein Ausweg ist hier, nur einzelne Räume zu kündigen **(BVerfG WuM 94, 127)**. Das wäre eine ⇨ TEILKÜNDIGUNG, die bis auf wenige Ausnahmen unzulässig ist **(OLG Karlsruhe RE WuM 97, 202)**. Wenn aber Mieterinteressen durch eine derartige Teilkündigung nicht ernsthaft betroffen werden, könnte sie ausnahmsweise – so die Karlsruher Richter – zulässig sein.

Rechtsmissbräuchlich ist aber nicht schon der überhöhte, sondern erst der weit überhöhte Wohnbedarf **(BGH WuM 2015, 304)**. Ob der geltend gemachte Eigenbedarf weit überhöht ist, hängt von einer umfassenden Würdigung der gesamten Umstände des Einzelfalls ab. Feste Richtwerte, wie etwa die Wohnfläche oder die Anzahl der Räume, gibt es hierfür nicht **(BGH WuM 2015, 304)**. Neben der Wohnungsgröße, der Anzahl der Zimmer sowie der Ausstattung der Wohnung können auch die persönlichen und wirtschaftlichen Lebensumstände des Vermieters sowie seine weitere Lebensplanung eine Rolle spielen.

Bewohnt der Mieter die große Wohnung selbst auch nur allein, kann er dem Vermieter keinen überhöhten Wohnbedarf vorwerfen **(BVerfG WuM 94, 184)**. Der Einwand des weit überhöhten Wohnbedarfs greift nicht, wenn der Vermieter mit einer gleichen Anzahl von Personen in die Wohnung einziehen will, wie sie derzeit von den Mietern bewohnt wird **(BGH WuM 2015, 553)**.

Beispiel: Einer 19-jährigen Auszubildenden, die noch im Elternhaus wohnt, wo ihr nur ein Zimmer zur Verfügung steht, soll eine 120 m² große Wohnung überlassen werden; hier liegt ein weit überhöhter Wohnbedarf vor (LG Berlin WuM 2021, 310). Nach dem LG Potsdam (GE 2005, 187) ist es aber nachvollziehbar, wenn ein Vermieter, der seinen studierenden Kindern zum Unterhalt verpflichtet ist, versucht, die Unterhaltszahlungen dadurch zu verringern, dass er diesen eine eigene Wohnung zur Verfügung stellt. Auch die Überlassung einer 92 m² großen 4-Zimmer-Wohnung an einen studierenden Sohn allein ist dann vernünftig, wenn der dafür erzielbare Bruttomietzins nur leicht über den Kosten liegt, die der Sohn derzeit für sein Zimmer in einer anderen Wohnung aufbringen muss.

Das **BVerfG (WuM 90, 479)** erklärte zwar ausdrücklich, dass es grundsätzlich die Entscheidung des Vermieters sei, welchen Raumbedarf er für angemessen hält. Die Entscheidung müsse aber auf ihre Nachvollziehbarkeit und Vernünftigkeit hin geprüft werden. Danach sei es nicht nachvollziehbar und damit unvernünftig, wenn die Vermietertochter, alleinstehend, knapp 22 Jahre alt, Studentin, in eine 107 m^2 große 4-Zimmer-Wohnung ziehen soll (LG Frankfurt WuM 90, 479 – bestätigt durch **BVerfG WuM 90, 479**). Dagegen kann die Absicht vernünftig sein, Wohn- und Arbeitsstätte im selben Haus haben zu wollen, um Geschäftspartner in repräsentativer und wohnlicher Umgebung bewirten zu können **(BVerfG WuM 94, 450)**.

■ Die treuwidrige Kündigung

Eine Eigenbedarfskündigung verstößt gegen Treu und Glauben, ist also unzulässig, wenn der Vermieter schon **bei Vertragsschluss** entschlossen ist oder zumindest erwägt, Eigenbedarf anzumelden **(BGH WuM 2015, 296; WuM 2009, 180; WuM 2013, 363)**. Denn der Vermieter setzt sich mit seinem eigenen Verhalten in Widerspruch, wenn er die Wohnung auf unbestimmte Zeit vermietet, obwohl er entschlossen ist oder zumindest erwägt, sie selbst zu nutzen **(BGH WuM 2015, 296; WuM 2009, 180; WuM 2010, 512)**. Ebenso wenig kann der Vermieter schon 3 Monate nach Abschluss des Vertrages wieder kündigen, weil er zwischenzeitlich geheiratet hat und mit seiner Ehefrau in die Wohnung einziehen will. Daran ändert auch nichts, dass der Mieter bei Vertragsabschluss wusste, dass der Vermieter eine Lebensgefährtin hat. Der Vermieter hätte ihn über mögliche Einzugspläne informieren müssen **(BGH WuM 2010, 512)**.

Der Vermieter muss aber nicht von sich aus Ermittlungen über einen möglichen künftigen Eigenbedarf anstellen. Dass der Eigenbedarf für den Vermieter möglicherweise erkennbar gewesen wäre, steht der Kündigung nicht entgegen, solange der Vermieter ihn bei Vertragsabschluss nicht bereits erwogen hat **(BGH WuM 2015, 296)**. Anders wäre es, wenn der Vermieter bei Abschluss des Mietvertrags vorsätzlich falsche Angaben zur Eigenbedarfssituation macht **(BGH WuM 2015, 296)**.

Die Kündigung ist nicht treuwidrig, wenn der Vermieter sie zwar kurze Zeit nach Abschluss des Mietvertrags erklärt, der Eigenbedarf für den Vermieter aber nicht absehbar war **(BGH WuM 2013, 363)**. Dies ist beispielsweise der Fall, wenn sich die Lebensplanung durch die Schwangerschaft eines Familienmitglieds ändert **(BGH WuM 2013, 363)** oder eine berufliche Veränderung eintritt und der Vermieter die Wohnung benötigt (**BVerfG WuM 94**, 134; LG Ulm DWW 2008, 387).

Achtung: Die Kündigung ist nicht mehr treuwidrig, wenn zwischen

Mietvertragsabschluss und Kündigung 5 Jahre liegen. Nur für diesen Zeitraum kann verlangt werden, dass der Vermieter die voraussichtliche Entwicklung überblickt (**BVerfG WuM 89, 114**; LG Ravensburg WuM 2003, 332; LG Wuppertal WuM 91, 691 hinsichtlich des bei Mietvertragsabschluss 16-jährigen Vermietersohns; LG Trier WuM 90, 349; LG Hamburg WuM 93, 50; WuM 89, 249; LG Stuttgart WuM 89, 249). Es kommt aber immer auf die Umstände des Einzelfalls an. Hat der Vermieter für die geänderte Eigenbedarfssituation vernünftige und nachvollziehbare Gründe, so ist die Kündigung auch dann nicht treuwidrig, wenn weniger als 5 Jahre seit Vertragsschluss verstrichen sind. Wird ein Mietverhältnis nach 9 Jahren Laufzeit neu abgeschlossen bzw. verlängert, so ist eine 4 Jahre nach Neuabschluss des Mietvertrags erklärte Kündigung wegen Eigenbedarfs nicht treuwidrig **(BGH WuM 2009, 180)**.

Eine Kündigung kann im Einzelfall auch rechtsmissbräuchlich sein, wenn der Vermieter die Wohnung nur **zeitlich befristet** benötigt. Je länger die beabsichtigte Nutzung der Wohnung durch den kündigenden Eigentümer ist, desto eher ist die Eigenbedarfskündigung als vernünftig und nachvollziehbar einzustufen. Dies sollte zum Beispiel grundsätzlich bei einer Nutzung, die auf mehrere Jahre angelegt ist, zu bejahen sein **(BayObLG RE WuM 93, 252)**. Feste Zeitgrenzen gibt es aber nicht. Das LG München I (WuM 93, 677) zieht die Grenze bei 3 Jahren. Das AG Köln (WuM 92, 250) spricht von einem mehrjährigen Nutzungsinteresse. Soll die Wohnung für einen kürzeren Zeitraum genutzt werden, muss die Kündigung besonders begründet werden. Vernünftig und nachvollziehbar kann es aber sein, wenn die eigentlich ins Auge gefasste Wohnung erst später frei wird und dort noch erhebliche Instandsetzungen durchgeführt werden müssen **(BVerfG GE 94, 103)**.

Zu unterscheiden sind die Fälle, in denen der Vermieter die Wohnung zwar nur für eine absehbare Zeit, während dieser Zeit aber dauernd bewohnen möchte, von den Fällen, in denen der Vermieter die gekündigte Wohnung nur zeitweilig, zum Beispiel einige Tage in der Woche oder einige Monate im Jahr, nutzen will. So kommt Eigenbedarf im Einzelfall in Betracht, wenn der Vermieter die Wohnung als Zweitwohnung benötigt **(BGH WuM 2018, 776; WuM 2017, 721; BVerfG WuM 2014, 399)**, um sie z. B. für Besuche der Tochter zu nutzen. Der Vermieter oder seine Angehörigen müssen in der Wohnung nicht ihren Lebensmittelpunkt begründen wollen **(BGH WuM 2018, 776)**. Auch die Nutzung als Ferienwohnung für wenige Wochen im Jahr kann einen Eigenbedarf begründen **(BGH WuM 2018, 776)**. Das LG Hamburg (WuM 94, 431) hat Eigenbedarf bejaht, wenn der auswärts wohnende

Vermieter die Mieterwohnung wenigstens 8 bis 10 Arbeitstage pro Monat benötigt; ein Tag pro Woche reicht nicht aus (LG Berlin WuM 96, 331).

In jedem Fall muss eine behauptete Nutzung als Zweitwohnsitz ausführlich begründet werden. Der Vermieter muss in der Kündigung den Grund sowie die Dauer und Intensität der beabsichtigten Nutzung als Zweitwohnung mitteilen (LG Berlin WuM 2020, 163). Im Prozess ist sorgfältig zu prüfen, ob die Nutzung als Zweitwohnung vernünftig und nachvollziehbar ist (LG Berlin WuM 2020, 163; AG Köln WuM 2012, 328).

■ **Die zweckverfehlende Kündigung**

Kann der Vermieter mit der gekündigten Wohnung seinen behaupteten Nutzungswunsch überhaupt nicht realisieren, wird also der Zweck mit der Kündigung verfehlt, ist die Kündigung unzulässig.

Beispiel: Der Vermieter behauptet, er wolle die gekündigte Wohnung aus- oder umbauen. In Wirklichkeit kann er aber schon keine Baugenehmigung erhalten.

Aber: Bei Ausspruch der Kündigung muss noch keine Baugenehmigung vorliegen. Das Gericht muss in diesen Fällen aber prüfen, ob die Vorstellungen des Vermieters überhaupt baurechtlich realisierbar sind (**OLG Frankfurt RE WuM 92, 421**; LG Kiel WuM 92, 691; vergleiche auch **BayObLG RE WuM 93, 660**). Nur dann kann die Eigenbedarfskündigung vernünftig und nachvollziehbar sein. **Aber:** Will der Vermieter zwei Wohnungen zusammenlegen, kann die Eigenbedarfskündigung für die eine Wohnung nicht mit dem Argument abgelehnt werden, der Nutzungswunsch sei zurzeit noch nicht realisierbar, da für die andere Wohnung noch das Räumungsverfahren laufe **(BVerfG WuM 99, 381)**.

Eine Eigenbedarfskündigung ist auch missbräuchlich, wenn die Mieträume nach den Bestimmungen des Bauordnungsrechts gar nicht zu Wohnzwecken genutzt werden dürfen (LG Hamburg WuM 94, 432) oder die beabsichtigte Zusammenlegung der gekündigten Wohnung mit einer weiteren Wohnung des Vermieters öffentlich-rechtlichen Vorgaben widerspricht (LG Berlin WuM 2022, 428).

Handelt es sich um eine öffentlich geförderte Wohnung im Sinne des Wohnungsbindungsgesetzes, darf die Wohnung nur an Mieter mit einem **Wohnberechtigungsschein** vermietet werden. Der Vermieter kann Eigenbedarf während der Bindungsfrist daher nur geltend machen, wenn seine Bedarfsperson einen Wohnberechtigungsschein hat oder er eine Freistellung vorweist (AG Tempelhof-Kreuzberg WuM 2019, 661; LG Siegen WuM 89, 389; LG Arnsberg WuM 90, 434; LG München I NZM 2004, 907).

Schadensersatz wegen vorgetäuschten Eigenbedarfs
Begründet der Vermieter die Kündigung des Wohnungsmietverhältnisses mit Eigenbedarf, ohne dass dieser tatsächlich gegeben ist, so macht er sich schadensersatzpflichtig (**BGH WuM 2009, 359; WuM 2005, 521;** LG Berlin GE 2018, 766).

Achtung: Werden die vom Vermieter wahrheitsgemäß angegebenen Kündigungsgründe vom Gericht als nicht ausreichend betrachtet, kann der Mieter, der dennoch ausgezogen ist, keinen Schadensersatz verlangen (**OLG Hamm RE WuM 84, 94**; LG Koblenz WuM 90, 512; LG Freiburg WuM 89, 251; LG Kassel WuM 89, 392). Dieses Recht steht ihm nur bei einer (teilweisen) Täuschung (LG Tübingen WuM 91, 493) oder bei wahrheitswidrigen Angaben des Vermieters zu. Aus den gleichen Gründen scheidet ein Schadensersatzanspruch auch aus, wenn der Mieter die Kündigung als unberechtigt zurückweist, dann aber trotzdem seinen freiwilligen Auszug anbietet und tatsächlich auch die Wohnung räumt (LG Osnabrück WuM 90, 435; vergleiche aber auch LG Saarbrücken WuM 92, 20).

Schließen Vermieter und Mieter einen **Mietaufhebungsvertrag** oder einen **Räumungsvergleich**, kann der Mieter trotzdem Schadensersatz verlangen, wenn er bei Abschluss der Vereinbarung den behaupteten Eigenbedarf für berechtigt hielt und keine Veranlassung hatte, die Angaben des Vermieters in Zweifel zu ziehen (**BGH WuM 2015, 510; WuM 2009, 359**). Denn in diesen Fällen räumt der Mieter die Wohnung aufgrund der geschlossenen Vereinbarung nicht freiwillig, sondern in der Vorstellung, hierzu wegen des behaupteten Eigenbedarfs verpflichtet zu sein. Für den Schadensersatzanspruch des Mieters ist es auch unerheblich, ob die Eigenbedarfskündigung bereits aus formalen Gründen (z.B. wegen unzureichender Begründung) unwirksam ist (**BGH WuM 2009, 359**). Auch hier schließt der Mieter die Vereinbarung in der Vorstellung, es läge eine wirksame Kündigung vor, und er sei zur Räumung verpflichtet. Bestreitet der Mieter hingegen im Prozess den Eigenbedarf, und schließen die Parteien sodann einen Räumungsvergleich zur Beilegung des Streits, so muss durch Auslegung ermittelt werden, ob der Mieter mit dem Vergleich den Verzicht auf etwaige Schadensersatzansprüche erklären wollte (**BGH WuM 2015, 510**). Ein solcher Wille des Mieters, auf etwaige Schadensersatzansprüche wegen vorgetäuschten Eigenbedarfs zu verzichten, wird nur in Ausnahmefällen anzunehmen sein. Der Verzichtswille muss »unmissverständlich« sein (**BGH WuM 2015, 510**). Verpflichtet sich der Vermieter im Vergleich zur Zahlung einer **namhaften** Abstandszahlung, oder verzichtet er auf Schönheitsreparaturen gegenüber dem Mieter, so kann dies auf einen entsprechenden Verzicht hindeuten (**BGH WuM 2015, 510**; OLG Frankfurt a. M. WuM 94, 600; LG Gießen WuM 95, 589). Aus einer Abstandszahlung von 5 000 Euro soll noch nicht auf einen Verzicht geschlossen werden können (AG Tempelhof-Kreuzberg WuM 2017, 659).

Schadensersatz nach Wegfall des Eigenbedarfs
Fällt der Eigenbedarf nach der Kündigung, aber **vor** Ablauf der Kündigungsfrist weg, so muss der Vermieter dies dem Mieter mitteilen; andernfalls macht er sich schadensersatzpflichtig (**BGH WuM 2021, 116**; LG Berlin GE 2019, 255). Der Schadensersatzanspruch bleibt auch bestehen, wenn der Vermieter die Kündigung zu einem Zeitpunkt zurückzieht, an dem der Mieter schon eine neue Wohnung gesucht und einen neuen Mietvertrag unterschrieben hat (LG Kassel WuM 87, 85). Entfällt der Eigenbedarf erst nach Ablauf der Kündigungsfrist, besteht keine Hinweispflicht mehr und damit auch kein Schadensersatzanspruch des Mieters (**BGH WuM 2021, 116; WuM 2016, 743**).

Der Vermieter ist dem Mieter auch zu Schadensersatz verpflichtet, wenn er ihm eine freistehende **Alternativwohnung**, die sich im selben Haus oder innerhalb der Wohnanlage befindet, nicht anbietet (**BGH WuM 2017, 94**). Auch hier besteht die Anbietpflicht nur für Wohnungen, die bis zum Ende der Kündigungsfrist frei werden (**BGH WuM 2017, 94**). Verstößt der Vermieter gegen die Anbietpflicht, so kann der Mieter nur Schadensersatz in Geld, nicht jedoch eine Fortsetzung des gekündigten Mietverhältnisses verlangen (**BGH WuM 2017, 94**). Hierzu gehören z. B. höhere Umzugskosten (gegenüber einem Umzug in die Alternativwohnung im gleichen Haus) oder Maklerkosten (die bei einer Anbietung gar nicht angefallen wären) oder die Differenz bei einer höheren Miete.

Umfang des Schadensersatzes
Der Vermieter ist dem Mieter zum Ersatz der durch die unberechtigte Kündigung bedingten Kosten verpflichtet. Hierzu gehören z. B. Umzugskosten, Fahrtkosten, Ummeldekosten, Gebühren für einen Nachsendeauftrag, Maklerkosten oder Kosten für Wohnungsinserate (**BGH WuM 2017, 342**; AG Leipzig WuM 2021, 683; AG Tempelhof-Kreuzberg WuM 2017, 659; AG Steinfurt WuM 2021, 379; AG Coesfeld WuM 2021, 712), Aufwendungen für die neue Wohnung, Prozesskosten für den vorangegangenen Räumungsrechtsstreit (auch wenn die Parteien einen Räumungsvergleich geschlossen haben, **BGH WuM 2017, 342**) und höhere Fahrtkosten zwischen Arbeitsort und neuer Wohnung (**BGH WuM 2017, 342**).

Ob **Detektivkosten**, die der Mieter zum Nachweis der Täuschungshandlung des Vermieters aufgewendet hat, erstattungsfähig sind, wird in der Rechtsprechung unterschiedlich gesehen (dafür LG Berlin WuM 2023, 109; AG Hamburg WuM 97, 220, LG Köln WuM 2000, 616; dagegen LG München I NZM 2004, 96; nach LG Berlin WuM 2000, 313 kein Erstattungsanspruch, wenn der Detektiv ins Blaue hinein und ohne konkret umrissenen Auftrag ermittelt).

Eine mögliche Schadensposition ist die Differenz zwischen der bisherigen (niedrigen) und der künftigen **(höheren) Miete (BGH WuM 2017, 342;** OLG Düsseldorf WuM 2004, 86; LG Berlin ZMR 88, 387); dies aber nur, soweit beide Wohnungen hinsichtlich Größe, Lage und Ausstattung vergleichbar sind. Hier muss für einen höheren ⇨ NUTZUNGSWERT der neuen Wohnung ggf. ein Abzug in Kauf genommen werden **(BGH WuM 2017, 342**; einschränkend bei ⇨ AUFGEDRÄNGTEN VERBESSERUNGEN wie einer zwingend mitzumietenden Einbauküche AG Leipzig WuM 2021, 683).

Bei einem unbefristeten Mietvertrag schuldet der Vermieter die Mietdifferenz **ohne zeitliche Beschränkung** (AG Leipzig WuM 2021, 683). Dies wird in der Rechtsprechung jedoch unterschiedlich gesehen. Einige Gerichte sprechen dem Mieter die Mietdifferenz nur für einen begrenzten Zeitraum zu: LG Darmstadt (WuM 95, 165) für 4 Jahre; LG Wuppertal (WuM 97, 681) für 5 Jahre; LG Hamburg (Beschl. v. 6.11.2008 – 307 S 72/08) für 42 Monate; LG Köln (WuM 92, 14) für 3 Jahre; AG Waiblingen (WuM 2019, 334) für 2 Jahre; AG Coesfeld (WuM 2019, 712) für 42 Monate; AG Tempelhof-Kreuzberg (WuM 2017, 659) für 4 Jahre.

Bei Ermittlung der Differenz ist zu berücksichtigen, inwieweit im Laufe der Zeit die Miete für die alte Wohnung hätte erhöht werden können.

Wichtig: Der Schadensersatzanspruch bei einer vorgetäuschten Eigenbedarfskündigung kann auch die Wiedereinräumung des Besitzes, d. h. **Wiedereinzug** in die Wohnung, umfassen, zumindest solange die Wohnung noch nicht an einen Dritten vermietet oder verkauft worden ist **(BGH WuM 2010, 165)**. Steht eine Weitervermietung oder ein Verkauf unmittelbar bevor, kann der Mieter durch einstweilige Verfügung sogar ein Verbot der Weitervermietung oder des Verkaufs erreichen (LG Hamburg WuM 2008, 92; LG Bonn WuM 88, 402). Ist der Mietvertrag mit einem neuen Mieter aber bereits abgeschlossen, kann der getäuschte Mieter nicht mehr durch eine einstweilige Verfügung Anspruch auf die gekündigte Wohnung anmelden (LG München I WuM 91, 577) ⇨ DOPPELVERMIETUNG.

Aber der Vermieter ist nicht nur zum Schadensersatz verpflichtet, er macht sich unter Umständen auch strafbar, wenn er durch vorgetäuschten Eigenbedarf den Mieter zum Auszug bewegt bzw. wenn er den Mieter nicht rechtzeitig aufklärt, dass die Eigenbedarfsgründe weggefallen sind. Nach Urteilen des BayObLG (WuM 87, 129) und des OLG Koblenz (WuM 89, 253) liegt Betrug vor.

Eigentümerwechsel ⇨ HAUSVERKAUF UND MIETVERTRAG

Eigentumswohnung ⇨ UMWANDLUNG VON MIET- IN EIGENTUMSWOHNUNG, ⇨ WOHNUNGSEIGENTUM

Einliegerwohnung ⇨ KÜNDIGUNG

Hat der Mieter eine Wohnung in einem Gebäude mit nicht mehr als zwei Wohnungen gemietet, von denen eine der Vermieter selbst bewohnt (sog. Einliegerwohnung), hat der Mieter einen geringeren Kündigungsschutz. Der Vermieter kann – anders als beim normalen Mietverhältnis – nicht nur kündigen, wenn er ein berechtigtes Interesse an der Beendigung hat ⇨ KÜNDIGUNGSSCHUTZ, ⇨ STUDIERENDEN- UND JUGENDWOHNHEIM. Er hat außerdem ein Sonderkündigungsrecht und kann ohne Grund kündigen; dann verlängert sich jedoch die gesetzliche ⇨ KÜNDIGUNGSFRIST um 3 Monate (§ 573a Abs. 1 BGB).

Entsprechendes gilt, wenn sich der gemietete Wohnraum innerhalb einer vom Vermieter selbst bewohnten Wohnung befindet, und zwar auch dann, wenn die Wohnung in einem Mehrfamilienhaus liegt (KG Berlin RE WuM 81, 154). Keinerlei Kündigungsschutz besteht allerdings, wenn solcher Wohnraum zugleich möbliert vermietet ist, es sei denn, er wurde dem Mieter zur dauerhaften Nutzung als Familienwohnung überlassen (§ 573a Abs. 2 BGB).

Der Grund für das Sonderkündigungsrecht des Vermieters liegt darin, dass Vermieter und Mieter in den genannten Situationen regelmäßig »auf Tuchfühlung« miteinander leben. Dabei können Spannungen entstehen, die ein Zusammenleben unter einem Dach unzumutbar machen. Der Vermieter soll deshalb das Mietverhältnis auch ohne ein berechtigtes Interesse beenden können.

Das Sonderkündigungsrecht steht dem Vermieter aber z.B. nicht zu, wenn die Wohnung nicht der Mittelpunkt der privaten Lebensführung des Vermieters ist und dieser sich nur vorübergehend, etwa nur an Wochenenden, in der Wohnung aufhält (LG Wuppertal WuM 90, 156; AG

Landsberg/Lech WuM 98, 692). Das Sonderkündigungsrecht besteht auch nicht, wenn der Vermieter ein Dreifamilienhaus in ein Zweifamilienhaus umbaut und so die verbleibende Mietwohnung zur Einliegerwohnung macht **(BGH WuM 2011, 34)** oder wenn die Wohnung neben Gewerberäumen des Vermieters liegt (AG Hamburg WuM 2007, 710). Außerdem hat der Vermieter kein Sonderkündigungsrecht, wenn er das Haus abreißen (LG Mannheim WuM 2004, 99) oder verkaufen (LG Stuttgart WuM 2007, 75; LG Duisburg ZMR 2005, 366) oder mit der Kündigung eine Mieterhöhung durchsetzen will (die Darlegungs- und Beweislast liegt beim Mieter, LG Mainz MietRB 2014, 5).

Steht dem Vermieter das Sonderkündigungsrecht zu, kann er ohne Grund kündigen, muss aber im Kündigungsschreiben ausdrücklich erklären, dass er die Kündigung nicht auf ein berechtigtes Interesse stützt und die Verlängerung der Kündigungsfrist in Kauf nehmen. Alternativ kann er sich auf ein berechtigtes Interesse berufen, z.B. Eigenbedarf, und muss dieses im Kündigungsschreiben darlegen. Hat sich der Vermieter zunächst nur auf eine Kündigung aus berechtigtem Interesse berufen, kann er diese fallen lassen und von seinem Sonderkündigungsrecht Gebrauch machen (OLG Karlsruhe RE WuM 82, 14). Er kann auch beide Formen der Kündigung in demselben Kündigungsschreiben verfolgen, für beide ist dann die längere Kündigungsfrist zugrunde zu legen (OLG Hamburg RE WuM 82, 151).

Verkauft der Vermieter nach Kündigung der Einliegerwohnung im Lauf der Kündigungsfrist das Haus, und zieht der Erwerber in die Wohnung ein, wirkt die Kündigung zugunsten des Erwerbers fort (AG Aschaffenburg WuM 2007, 460).

Wichtig: Der Mieter kann sich gegenüber einer auf das Sonderkündigungsrecht gestützten Kündigung auf die Sozialklausel ⮩ KÜNDIGUNG berufen (OLG Hamm RE WuM 92, 230). Kann er Härtegründe geltend machen, muss das Gericht zwischen den berechtigten Interessen des Vermieters und denen des Mieters, seiner Familie sowie von anderen Haushaltsangehörigen abwägen. Dazu kann der Vermieter seine Argumente auch noch nachträglich vorbringen, wenn er von seinem Sonderkündigungsrecht Gebrauch gemacht und ohne Angabe von Gründen gekündigt hat.

Tipp: Bei Anmietung einer Einliegerwohnung sollte der Mieter überlegen, ob nicht ein Ausschluss des Sonderkündigungsrechtes vereinbart werden kann. Soll der Verzicht für mehr als ein Jahr gelten, muss die ⮩ SCHRIFTFORM eingehalten werden, mündliche Versprechen reichen nicht **(BGH WuM 2007, 272)**.

Einmalige Leistungen bei gefördertem Wohnraum

Mit Wohnungen, deren Bau von »Vater Staat« gefördert worden ist, sollen keine unangemessenen Geschäfte gemacht werden. Daher sind einmalige Leistungen je nach Art der Förderung nur in eng begrenzten Ausnahmefällen zulässig.

1) Sozialwohnungen (1. und 2. Förderweg)

Ablösevereinbarungen: Manchmal werden dem neuen Mieter zwei Verträge vorgelegt, der Mietvertrag und ein Kaufvertrag (z. B. über Möbel oder andere Einrichtungsgegenstände).

Wer eine Sozialwohnung ⇨ WOHNUNGSBAUFÖRDERUNG anmieten will, kann auf eine solche Forderung des **Vermieters** ruhig eingehen. Der Kaufvertrag ist unwirksam, der Mieter muss die gekauften Gegenstände also nicht abnehmen und bezahlen. Der Mietvertrag hingegen bleibt davon unberührt, der Mieter muss also nicht befürchten, dann auch die Wohnung zu verlieren. Wirksam ist demgegenüber ein Kaufvertrag mit dem **Vormieter (BGH WuM 82, 158)**. Hier lässt sich nur prüfen, ob der geforderte Preis nicht überhöht ist; denn der Kaufpreis darf den Wert der Ware nicht um mehr als 50 Prozent übersteigen **(BGH WuM 97, 380)**.

Abstandszahlungen: Eine Vereinbarung, nach der der einziehende Mieter Zahlungen an den Vermieter leisten muss, um die Wohnung zu erhalten, ist unwirksam. Hat der Mieter dennoch gezahlt, kann er das Geld zurückverlangen (vorausgesetzt, er kann die Zahlung beweisen).

Baukostenzuschuss: Bei Sozialwohnungen ist die Vereinbarung eines Baukostenzuschusses nicht zulässig. Dennoch geleistete Zahlungen kann der Mieter zurückfordern. Baukostenzuschüsse, die ein Dritter (z. B. Arbeitgeber) für den Mieter leistet, sind hingegen zulässig, wenn der Mieter nicht in Rückgriff genommen werden kann.

Bearbeitungsgebühr: Manche Vermieter verlangen eine Bearbeitungsgebühr für das Ausfüllen des Mietvertrages. Auch das ist unzulässig.

Betreuungskosten: Eine Vereinbarung zwischen Vermieter und Mieter über laufende Leistungen zur persönlichen Betreuung und Versorgung ist nur mit Genehmigung der Bewilligungsstelle wirksam. Diese muss die Genehmigung versagen, wenn die vereinbarte Vergütung offensichtlich unangemessen hoch ist.

Dekorationskostenbeitrag: Die Übernahme der Erstrenovierung einer Wohnung durch den Mieter ist ebenso wenig zulässig wie eine Beteiligung des Mieters an den Kosten, die dem Vermieter entstehen (AG Hamburg WuM 81, 134; WuM 80, 271; AG Rheine WuM 81, 278).

Genossenschaftsanteile: Der Erwerb von Genossenschaftsanteilen darf vereinbart werden.

Maklerprovision: Makler haben keinen Anspruch auf eine Vermittlungsprovision (AG Meppen WuM 91, 602), selbst wenn der Mieter keinen Wohnberechtigungsschein hat (AG Euskirchen WuM 92, 142). Hat der Mieter dennoch gezahlt, kann er das Geld zurückfordern ⇨ WOHNUNGSVERMITTLUNG.

Mieterdarlehen: Ein Mieterdarlehen, das der Finanzierung der **Baukosten** dient, ist zulässig, wenn es nicht den von der Bewilligungsstelle festgelegten Höchstbetrag überschreitet. Zur Finanzierung von **Modernisierungsmaßnahmen** bedarf das Darlehen der Zustimmung der Bewilligungsstelle und darf nicht höher als der vierfache Jahresbetrag der Kostenmiete sein.

Mietkaution: Mit der Kaution darf der Vermieter nur Schäden an der Wohnung oder unterlassene Schönheitsreparaturen absichern (LG Hannover WuM 98, 347); denn zum Schutz vor ausbleibenden Mietzahlungen erhält er das ⇨ MIETAUSFALLWAGNIS. Die Kaution muss immer zugunsten des Mieters verzinst werden; anders als bei freifinanzierten Wohnungen war ein Verzinsungsausschluss auch vor 1983 nicht zulässig. Im Übrigen gelten die allgemeinen Regeln ⇨ MIETKAUTION.

Mietvorauszahlung: Hier gelten dieselben Grundsätze wie bei Mieterdarlehen (s. o.).

Möblierung: Die Mitvermietung von Einrichtungs- oder Ausstattungsgegenständen ist nur mit Genehmigung der Bewilligungsstelle wirksam. Diese muss die Genehmigung versagen, wenn die vereinbarte Vergütung offensichtlich unangemessen hoch ist. Wird eine solche Vereinbarung lange nach Mietbeginn getroffen, ist keine Genehmigung mehr erforderlich **(BVerwG WuM 99, 395)**.

Namensschilder: Kosten für Beschaffung und Anbringen von Namensschildern dürfen vom Mieter nicht verlangt werden (AG Hamburg WuM 79, 157).

Schönheitsreparaturen: Im Gegensatz zur Anfangsrenovierung ist die Abwälzung der **laufenden** Schönheitsreparaturen auf den Mieter zulässig, wenn die Wohnung zu Mietbeginn renoviert übergeben wurde; allerdings darf diese Position dann nicht mehr in der Kostenmiete auftauchen ⇨ INSTANDHALTUNGSKOSTENPAUSCHALE, ⇨ SOZIALMIETE.

2) Vereinbarte Förderung (3. Förderweg)
Eine **Maklerprovision** für die Vermittlung einer Wohnung, die im Zuge

der vereinbarten Förderung gebaut wurde, kann nicht beansprucht werden, solange das Belegungsrecht besteht. Im Übrigen können sich weitere Einschränkungen zu einmaligen Leistungen aus dem Fördervertrag ergeben; sonst gelten die allgemeinen Regeln.

3) Soziale Wohnraumförderung
Eine **Maklerprovision** für die Vermittlung einer Wohnung, die nach dem Wohnraumförderungsgesetz gefördert wurde (⇨ FÖRDERZUSAGE, ⇨ WOHNUNGSBAUFÖRDERUNG), kann nicht beansprucht werden, solange das Belegungsrecht besteht.

Andere einmalige oder sonstige Nebenleistungen darf der Vermieter nur dann fordern oder annehmen, wenn sie nach den Vorschriften des jeweiligen Bundeslandes oder nach den Bestimmungen der Förderzusage zugelassen sind.

Einschreiben

In vielen Fällen kommt es darauf an, **nachweisen** zu können, dass (oder auch wann genau) eine rechtserhebliche Erklärung – z.B. eine Kündigung oder ein Mieterhöhungsverlangen – dem Adressaten **zugegangen** ist. Denn wenn im Prozess vom Adressaten bestritten wird, dass ein Schreiben zugegangen ist, muss der Absender dies beweisen.

Ein Schreiben gilt als zugegangen, wenn es so in den Bereich des Adressaten gelangt ist, dass dieser unter normalen Umständen die Möglichkeit hat, von dessen Inhalt Kenntnis zu nehmen. Das wird in der Regel angenommen, wenn ein Brief in den Briefkasten des Adressaten eingeworfen wurde. Dies gilt auch, wenn der Empfänger urlaubs- oder krankheitsbedingt abwesend ist; er muss dann jemanden damit beauftragen, den Briefkasten zu kontrollieren **(BGH WuM 2004, 269)**. Problematisch kann die Frage sein, an welchem Tag ein Schreiben zugegangen ist, wenn es erst nachmittags oder am Abend eingeworfen wurde und unter gewöhnlichen Umständen dann nicht mehr mit der Kontrolle des Briefkastens und Kenntnisnahme an diesem Tag zu rechnen war. Bei zu spätem Einwurf hilft es auch nicht, den Empfänger mündlich darüber zu informieren, dass die Sendung im Briefkasten ist (LG Krefeld WuM 2023, 20). Eine starre Grenze existiert nicht, sondern es kann z.B. darauf ankommen, wann in der Region die Post üblicherweise ausgeliefert wird. Dies wird aber von den Gerichten nicht einheitlich beurteilt. Kommt es auf die Wahrung einer Frist an, ist daher Vorsicht geboten.

Der Zugang kann per **Einschreiben** bewirkt werden. Die Deutsche Post AG bietet zwei Varianten an: Das »Einschreiben« und das kostengünstigere »Einschreiben Einwurf«. Bei Letzterem bestätigt der Zusteller mit seiner Unterschrift, dass er die Sendung in den Briefkasten, das Postfach oder eine andere Empfangsvorrichtung des Empfängers eingelegt hat. Beim Einschreiben bestätigt hingegen der Empfänger selbst, sein Bevollmächtigter oder ein anderer Empfangsberechtigter, dass er die Sendung in Empfang genommen hat. Wird der Empfänger allerdings nicht vom Zusteller angetroffen, wird lediglich eine Benachrichtigung in den Briefkasten gelegt, damit ist noch **kein Zugang** erfolgt (AG Gelsenkirchen WuM 2021, 336)! Erst die Abholung durch den Empfänger oder einen Berechtigten, die innerhalb von **sieben Werktagen** möglich ist, bewirkt dann den Zugang (LG Berlin ZMR 2000, 295). Dies kann zu einer Verzögerung des Zugangs um etliche Tage führen, der bei fristgebundenen Erklärungen wie Kündigungen berücksichtigt werden muss. Wird das Einschreiben nicht abgeholt, geht es nach der Lagerfrist zurück an den Absender; ein **Zugang ist nicht erfolgt**! In manchen Fällen haben Gerichte dann eine sog. Zugangsfiktion angenommen, z.B. bei pflicht- oder treuwidriger Nichtabholung **(BGH NJW 98, 976)**. Dies ist jedoch eine Einzelfallfrage, und darauf sollte besser nicht spekuliert werden.

Achtung: Der Nachweis durch den Zusteller oder die Quittung bei Abholung durch den Adressaten beweisen beim Einschreiben genau genommen nur, dass ein Schreiben zugegangen ist, aber nicht, was dessen Inhalt war. Im Prinzip könnte es sich auch um andere Unterlagen oder sogar einen leeren Umschlag gehandelt haben, was im Prozess von der Gegenseite gar nicht so selten behauptet wird. Will man ganz sichergehen, oder hat man sogar Zweifel an der Redlichkeit des Empfängers, hilft daher nur die Zustellung durch den ⇨ GERICHTSVOLLZIEHER (§ 132 BGB, §§ 192, 193 ZPO). Da der Gerichtsvollzieher den Inhalt des Schreibens zur Kenntnis nimmt und eine Zustellungsurkunde erteilt, kann man sicher beweisen, dass das Schreiben mit dem behaupteten Inhalt zugegangen ist. Allerdings muss man bis zu 14 Tagen Laufzeit und deutlich höhere Kosten (ca. 15–40 Euro) einkalkulieren.

Einstweilige Anordnung/Verfügung

Eine einstweilige Verfügung kann vom zuständigen Amtsgericht – auch an Sonn- und Feiertagen – erlassen werden, um zu verhindern, dass Fakten geschaffen werden, die kaum noch rückgängig gemacht werden könnten. Das Gericht kann Ge- oder Verbote anordnen. Voraussetzung ist die Glaubhaftmachung des geltend gemachten Anspruchs **und** der Eilbedürftigkeit. Eine endgültige Entscheidung ist damit im Regelfall noch nicht verbunden; anderes kann aber bei einer sog. **Räumungsverfügung** (s. u.) gelten.

Für den **Mieter** kommt die Beantragung einer einstweiligen Verfügung z. B. in Betracht, wenn der Vermieter dem Mieter den Zutritt zur Wohnung verwehrt, etwa durch Austausch der Schlösser (AG Osnabrück – 83 C 2203/16 (13)); ebenso wenn er Maßnahmen zur ⇨ MODERNISIERUNG ohne die nach § 555c Abs. 1 BGB mindestens 3 Monate im Voraus erforderliche Ankündigung beginnt (LG Berlin WuM 2012, 213, WuM 2012, 554). Ohne Einverständnis des Mieters bzw. gerichtlichen Duldungstitel ist schon die Ankündigung einer Außenmodernisierung eine Störung, die durch einstweilige Verfügung abgewendet werden kann (LG Berlin WuM 2013, 225).

Aber **Achtung**: Das Verfahren birgt wegen der nur überschlägigen, sog. summarischen Prüfung auch Risiken. Stoppt der Mieter per einstweiliger Verfügung vom Vermieter beabsichtigte Sanierungs- oder Energieeinsparmaßnahmen, und stellt sich später im anschließenden Hauptverfahren heraus, dass dies nicht gerechtfertigt war, weil der Vermieter zu den Maßnahmen berechtigt war, kann der Vermieter **Schadensersatz** für die Bauverzögerung verlangen **(BGH WuM 2016, 752)**. Dabei können ganz erhebliche Beträge zusammenkommen!

Stellt der Vermieter unberechtigt Heizung oder Wasser ab (⇨ VERSORGUNGSSPERRE), unterbricht er die Stromzufuhr, oder versperrt er den Zugang zu Räumen, die der Mieter benutzen darf (AG Brühl WuM 2012, 152), kann er durch einstweilige Verfügungen zum vertragsgemäßen Verhalten gezwungen werden. Der Ausfall der Warmwasserversorgung ist auch im Hochsommer ein Verfügungsgrund, insbesondere wenn Kleinkinder zum Haushalt gehören (LG Fulda ZMR 2018, 422). Stoppt der Vermieter die Wärme- und Warmwasserversorgung, weil die entsprechenden Nebenkosten unberechtigt nicht bezahlt wurden, kann dies allerdings gerechtfertigt sein (AG Ludwigslust ZMR 2014, 375). Schwierig zu beurteilen sind Fälle, in denen der Vermieter nach Kündigung des Mietvertrags die Versorgung kappt, um den Mieter zum schnelleren Auszug zu bewegen. Handelt es sich um Versorgungsleistungen Dritter und nicht um Eigenleistungen des Vermieters, ist das in jedem Fall unzulässig **(BGH WuM 2009, 469, 470)** und ein Antrag auf einstweilige Verfügung erfolgversprechend. Wird die Wasser- oder Stromversorgung vom Vermieter erbracht und abgerechnet, und gerät der Mieter nach Kündigung des Mietverhältnisses in Verzug, soll aber die Einstellung gerechtfertigt und die einstweilige Verfügung abzulehnen sein (LG Münster WuM 2007, 274; AG Westerburg DWW 2012, 13). Zahlt der Mieter die Leistungen des Vermieters nach der Kündigung weiterhin, ist strittig, ob er einen Anspruch auf eine einstweilige Verfügung hat; die herrschende Meinung ist wohl dafür (LG Koblenz WuM 2012, 140; AG Wetzlar WuM 2015, 151; AG Schöneberg NZM 2011, 72; **a. A.** AG Hohenschönhausen GE 2007, 1127). Zahlt der Vermieter nicht, muss der Versorger dem Mieter einen eigenen Vertrag anbieten; sperrt er einfach die Versorgung, kommt eine einstweilige Verfügung gegen den Versorger in Betracht (AG Bremen WuM 2017, 64).

Nimmt der Vermieter den funktionsfähigen Aufzug unter dem Vorwand fehlender Betriebssicherheit außer Betrieb, kann der darauf angewiesene gehbehinderte Mieter die Wiederinbetriebnahme per einstweiliger Verfügung erzwingen, selbst wenn dies erhebliche Kosten verursacht (AG Mitte WuM 2013, 302). Die Duldung der Untervermietung (⇨ UNTERMIETE) kann durch einstweilige Verfügung angeordnet werden, wenn der Mieter ohne die Einnahmen die Miete nicht aufbringen kann und während eines normalen Gerichtsverfahrens so hohe Mietrückstände auflaufen könnten, dass der Vermieter ihm kündigen könnte (LG Hamburg WuM 2012, 688). Eine einstweilige Verfügung kann ergehen, wenn der Vermieter trotz Widerrufs der Einzugsermächtigung die Miete vom Konto einzieht (LG Berlin GE 96, 805). Droht der Vermieter, sich wegen noch nicht geklärter Ansprüche einfach aus der Kaution zu »bedienen«, kann der Mieter im einstweiligen Verfügungsverfahren Unterlassung verlangen (LG Berlin WuM 2017, 527). Möglich ist auch eine Verfügung zur Sicherung des Eigentumsübertragungsanspruchs des Mieters nach Geltendmachung seines ⇨ VORKAUFSRECHTS durch Vormerkung (LG Köln NJW-RR 95, 1354).

Der **Vermieter** kann z.B. eine einstweilige Verfügung gegen den Mieter beantragen, wenn dieser die Duldung dringender Reparaturarbeiten in seiner Wohnung verweigert (LG Berlin GE 97, 245). Abgelehnt wurden vom Vermieter beantragte einstweilige Verfügungen in den folgenden Fällen: Wohnungsbesichtigung zwecks Prüfung einer Mängelrüge und Berechtigung der Mietminderung (LG Duisburg WuM 2006, 700); Durchsetzung von Modernisierungsmaßnahmen (AG Görlitz WuM 93, 390 – fehlende Dringlichkeit; LG Frankenthal WuM 93, 418 – drohender Verlust öffentlicher Modernisierungszuschüsse genügt nicht); Unterlassung von Kritik am Vermieter im Internet, solange es sich nicht um Schmähkritik handelt (LG Lübeck WuM 2013, 530).

Sonderfälle sind die **Räumungsverfügungen**, die nach § 940a ZPO gegen den Mieter ergehen können und in der Regel vollendete Tatsachen schaffen; zu unterscheiden sind drei Fälle:

1. Räumung bei verbotener Eigenmacht (§ 940a Abs. 1 ZPO); wenn der Bewohner sich den Wohnraum widerrechtlich angeeignet hat (Hausbesetzerfälle) oder zur Abwendung konkreter Gefahr für Leib und Leben (z.B. bei Einsturzgefahr); harmlose Gefährdungen oder Angst reichen hier aber nicht aus (AG Bremen WuM 2015, 562);

2. Räumung gegen einen Dritten (§ 940a Abs. 2 ZPO); dies betrifft Fälle, in denen das Räumungsurteil sich (nur) gegen den oder die Mieter richtet und weitere Personen die Wohnung bezogen haben. Sind in dem Urteil die weiteren Personen nicht aufgeführt, kann es gegen sie auch nicht vollstreckt werden; aber **ACHTUNG:** Dies soll nicht gelten für Kinder – auch volljährige Kinder! – des Mieters (AG Wiesbaden WuM 2015, 515). Der Erlass einer solchen Räumungsverfügung gegen Dritte kommt nur in Betracht, wenn der Vermieter bis zum Schluss des Prozesses keine Kenntnis davon hatte, dass weitere Personen in der Wohnung wohnen; dies muss er auch beweisen (LG Berlin WuM 2016, 751). Hat der Dritte z. B. bereits seit mehreren Jahren in der Wohnung gelebt, und wurde sogar ein Teil der Miete direkt vom Job-Center für ihn an den Vermieter überwiesen, kommt die Räumungsverfügung nicht in Betracht (AG Mitte WuM 2016, 576);

3. Räumungsverfügung bei Räumungsklage wegen Zahlungsverzugs (§ 940a Abs. 3 ZPO); das Gericht kann unter bestimmten Voraussetzungen (§ 283a ZPO) eine ⇨ SICHERUNGSANORDNUNG erlassen, die den Mieter verpflichtet, Sicherheit zu leisten; tut er dies nicht, kann eine Räumungsanordnung ergehen. Die Voraussetzungen für die Sicherungsanordnung werden von der Rechtsprechung recht streng gehandhabt (LG Saarbrücken WuM 2015, 630; LG Berlin WuM 2014, 217; AG Hanau WuM 2016, 305; AG Langenfeld WuM 2014, 104), weshalb Räumungsverfügungen nach § 940a Abs. 3 ZPO eher selten vorkommen.

Zur einstweiligen Einstellung der Räumungsvollstreckung s. ⇨ VOLLSTRECKUNGSSCHUTZ. Zu einstweiligen Anordnungen nach dem Gewaltschutzgesetz wegen Gewalt oder Stalking durch (Ex-)Partner ⇨ EHESCHEIDUNG UND TRENNUNG.

Einzug des Mieters ⇨ UMZUG

Der Mieter darf zu dem im Mietvertrag festgelegten Zeitpunkt in die gemietete Wohnung einziehen. Will er **vorher** einziehen, bedarf es hierzu der Erlaubnis seines Vermieters. Zieht der Mieter **nach** dem vereinbarten Zeitpunkt in die Wohnung ein, bleibt er dennoch zur Zahlung der vollen Miete verpflichtet. Die Zahlung einer vollen Miete entfällt, wenn der Vermieter mit den von ihm auszuführenden Instandsetzungsarbeiten nicht fertig bzw. die Wohnung nicht rechtzeitig bezugsfertig geworden ist. Ist die Wohnung beim vereinbarten Einzugstermin nicht frei bzw. bezugsfertig, kann der Mieter unter Umständen Schadensersatz verlangen. Kann der Mieter nicht zum vorgesehenen Termin einziehen, weil die von ihm beauftragten Handwerker nicht rechtzeitig fertig geworden sind, bleibt er zur Zahlung der Miete verpflichtet.

Wird beim Einzug die Wohnung oder das Treppenhaus beschädigt, haftet hierfür der Mieter. Schäden beim Einzug, die auf das Verschulden seiner Erfüllungsgehilfen (§ 278 BGB), z. B. Möbeltransporteure, zurückzuführen sind, gehen ebenfalls zu seinen Lasten.

Einzugsermächtigung

Viele Vermieter verlangen von ihren Mietern, dass sie ihnen für die monatlich zu entrichtenden Mietzahlungen, Umlagen etc. eine Einzugsermächtigung erteilen. Der Vermieter kann dann mittels Lastschrift selbst den monatlichen Mietbetrag vom Konto des Mieters einziehen lassen.

Der Vermieter kann jedoch von seinem Mieter eine solche Einzugsermächtigung nicht verlangen, wenn dies im Mietvertrag nicht ausdrücklich geregelt ist (LG Braunschweig WuM 79, 118; LG München I WuM 79, 143; **a. A.** LG Siegen WuM 76, 73). Auch eine Vertragsbestimmung im Mietvertrag, wonach die Miete nach näherer Bestimmung des Wohnungsunternehmens zu entrichten ist, gibt dem Vermieter nicht einen solchen Anspruch auf Erteilung einer Einzugsermächtigung durch den Mieter.

Es ist aber durchaus zulässig, eine **Einzugsermächtigung** formularmäßig zu vereinbaren, weil es sich um regelmäßige und der Höhe nach vorhersehbare Beträge handelt **(BGH WuM 96, 205)**. Der Mieter wird dadurch nicht unangemessen benachteiligt. Allerdings darf die Klausel dem Mieter nicht verwehren, der Kontobelastung zu widersprechen (OLG Brandenburg WuM 2004, 597).

Hat der Mieter ohne vertragliche Verpflichtung eine Einzugsermächtigung erteilt, kann er sie jederzeit widerrufen. Aber auch dann, wenn die Einzugsermächtigung vertraglich vereinbart wurde, ist ein Widerruf aus wichtigem Grund möglich. Zieht der Vermieter z. B. die volle Miete ein, obwohl der Mieter eine Mietminderung geltend gemacht hat, liegt ein Widerrufsgrund vor (LG Köln WuM 90, 380; AG Wedding GE 95, 1139; AG Kiel WuM 87, 380). Beachtet der Vermieter den Widerruf nicht, kann der Mieter ihn im Wege der einstweiligen Verfügung dazu zwingen (LG Berlin GE 96, 805).

Einzugsermächtigungen können gestoppt werden, indem man dem Zahlungsempfänger (z. B. Vermieter) den entsprechenden Widerruf direkt mitteilt. Kommt es trotzdem zu Abbuchungen, kann man durch sein Geldinstitut innerhalb von acht Wochen nach der Kontobelastung den Betrag zurückbuchen lassen. Nach einem Vermieterwechsel erlischt die bisherige Einzugsermächtigung (AG Schöneberg GE 2012, 1237).

Die Teilnahme am **Abbuchungsverfahren** kann nicht formularmäßig vereinbart werden, weil in diesem Fall ein Auftrag des Mieters an seine eigene Bank vorliegt, sodass der Mieter Zahlungen nicht mehr rückgängig machen könnte **(BGH GuT 2010, 127; WuM 2008, 514)**.

Energiepass (Energieausweis)

Vor einer geplanten Anmietung einer Wohnung konnte sich der Mieter früher nur sehr eingeschränkt darüber informieren, mit welchem Heizenergieverbrauch zu rechnen ist. Angesichts der stark gestiegenen Heizkosten und der Ziele des Klimaschutzes hat die Frage nach den Energiekosten eine große Bedeutung erhalten. Deshalb sind die Vermieter verpflichtet, für das Gebäude einen Energieausweis erstellen zu lassen. Er enthält Aussagen darüber, wie ein Gebäude energetisch einzuschätzen ist.

Grundlage für die Bewertung ist der Energiekennwert. Dieser Wert gibt die für die Beheizung und ggf. für die zentrale Warmwasseraufbereitung jährlich benötigte Energie wieder. Um eine Vergleichbarkeit mit anderen Gebäuden zu ermöglichen, wird er auf den Quadratmeter Wohnfläche bezogen und unabhängig vom Energieträger (Öl, Gas, Fernwärme usw.) in kWh angegeben. Außerdem wird der Energiekennwert mithilfe eines Klimafaktors bereinigt. Dieser Faktor dient dazu, die verbrauchte Energie in Beziehung zu den tatsächlichen Wetterbedingungen des jeweiligen Gebäudestandortes zu setzen. Der energetische Zustand des Gebäudes wird über einen farbigen Bandtacho angezeigt und zusätzlich in Form von Energieeffizienzklassen von A+ bis H dargestellt. Es lässt sich ablesen, wie der Heizenergieverbrauch bzw. der Heizenergiebedarf im Vergleich zu anderen Gebäuden einzuschätzen ist und ob es sich um ein sparsames Haus oder eine »Energieschleuder« handelt.

Einem Energieausweis ist nicht unmittelbar zu entnehmen, wie hoch die Energiekosten sein werden. Sie lassen sich jedoch in etwa abschätzen, wenn man den aktuellen Energiepreis zugrunde legt. Zu beachten ist aber, dass der Energieverbrauch sehr unterschiedlich sein kann und vom jeweiligen Verhalten der Bewohner, den Wetterbedingungen und gegebenenfalls von Leerständen im Gebäude abhängt. Außerdem bezieht sich der Energiepass immer auf das gesamte Haus, nicht auf die einzelne Wohnung. Der individuelle Heizenergieverbrauch kann lagebedingt höher sein, z. B. für Wohnungen im Dachgeschoss.

Die Bedeutung des Energiepasses besteht aber nicht nur darin, den energetischen Zustand des Gebäudes zu dokumentieren. Er sorgt auch für mehr Transparenz auf dem Immobilienmarkt; der Energiebedarf von Gebäuden kann verglichen werden. Darüber hinaus kann ein Energieausweis dazu dienen, mit günstigen Verbrauchswerten zu werben, wie es bei Autos, Kühlschränken und Waschmaschinen seit langem üblich ist.

Es gibt zwei Varianten:

1. Der **Verbrauchsausweis** dokumentiert den Durchschnittsverbrauch des Gebäudes an Heizenergie. Grundlage dafür sind die Heizkostenabrechnungen der letzten 3 Jahre vor Erstellung des Energiepasses.

2. In einem **Bedarfsausweis** wird nicht der Verbrauch angegeben, sondern der Energiebedarf. Es wird konkret berechnet, wie viel Heizenergie benötigt wird. Dazu wird die Wärmedämmung von Außenwänden und Fenstern, des Kellers und des Daches bewertet. Außerdem spielt eine Rolle, welche energetische Qualität die Heizungsanlage hat und ob regenerative Energiequellen eingesetzt werden.

Ein Energieausweis ist sowohl für Neubauten als auch für bestehende Gebäude vorgeschrieben. Für Gebäude, die nicht neu erstellt wurden, hatte der Eigentümer grundsätzlich die Wahl, ob er einen Bedarfs- oder Verbrauchsausweis erstellen ließ. Eine Pflicht für einen Bedarfsausweis bestand nur für Neubauten sowie ab dem 1. 10. 2008 bei energetisch unsanierten Bestandsgebäuden mit weniger als fünf Wohnungen, für die der Bauantrag vor dem 1. 11. 1977 gestellt wurde und wenn Fördermittel für energetische Verbesserungen beansprucht wurden.

Bei der Erstellung des Energiepasses müssen die gesetzlichen Vorgaben eingehalten werden. Vorsicht ist angebracht bei Angeboten aus dem Internet, über die sich der Ausweis online erstellen lässt. Solche Ausweise sind oft qualitativ minderwertig und schlichtweg unbrauchbar. Die Deutsche Energie-Agentur (dena) stellt einheitliche Standards auf und vergibt Gütesiegel für Energieausweise. Einzelheiten unter WWW.DENA.DE. Sind die Angaben zum Energiebedarf oder -verbrauch grob fehlerhaft, kann dem Mieter Schadensersatz zustehen, wenn er die Wohnung auch wegen der günstigen Werte im Energiepass angemietet hat.

Die Kosten für die Erstellung eines Energiepasses können dem Mieter nicht als ⇨ BETRIEBSKOSTEN berechnet werden.

Ein Makler muss in einer Immobilienanzeige zum Verkauf oder zur Vermietung den Energiekennwert des Gebäudes angeben, wenn ein Energiepass vorliegt **(BGH WuM 2018, 169)**. Eine solche Anzeige – etwa im Internet, in der Zeitung oder auf einer Hinweistafel – muss für Wohngebäude folgende Angaben enthalten:

1. die Art des Energieausweises – Energiebedarfs- oder Energieverbrauchspass (die Werte eines Bedarfsausweises sind tendenziell höher als die eines Verbrauchsausweises),

2. den im Energieausweis genannten Endenergiebedarf oder Endenergieverbrauch für das Gebäude,

3. die im Energieausweis genannten wesentlichen Energieträger für die Heizung des Gebäudes (Öl, Gas, Fern- oder Nahwärme, Wärmepumpe, erneuerbare Energien oder andere),

4. das im Energieausweis genannte Baujahr und

5. die im Energieausweis genannte Energieeffizienzklasse von A+ bis H.

Bei jeder anstehenden Vermietung muss dem Interessenten der Energieausweis bereits bei der Besichtigung vorgelegt und nach Abschluss des Mietvertrags übergeben werden. Diese Pflichten bestehen entsprechend bei dem vorgesehenen Verkauf eines Hauses oder einer Wohnung. Bei einem Verstoß gegen diese Pflichten kann der Gebäudeeigentümer mit einem Bußgeld belegt werden.

Der Energiepass enthält außerdem Modernisierungsempfehlungen. Das sind konkrete Vorschläge, wie sich der Energiebedarf des Gebäudes deutlich senken lässt. Ein Anspruch auf Umsetzung der Maßnahmen besteht nicht. Wer eine Wohnung anmieten will, sollte aber nachfragen, ob und wann die vorgeschlagenen Maßnahmen umgesetzt werden.

Erneuerbare Energien ⇨ SOLARENERGIE, ⇨ HOLZPELLETS, ⇨ WÄRMEPUMPE

Unter der Nutzung erneuerbarer Energien versteht man einen Prozess der Energieumwandlung (z. B. Umwandlung in Elektrizität oder Wärme), dem aus anderen Energiequellen (Wasser, Erde, Sonne, Luft) ständig Energie zugeführt wird, ohne dass dabei begrenzte Ressourcen (Öl, Gas) verbraucht werden. Im Gegensatz zur Nutzung erneuerbarer Energien steht der Einsatz von fossilen Energiequellen. Hierzu gehören Kohle, Erdgas und Erdöl, die praktisch nicht erneuert, sondern nur verbraucht werden. Entscheidend für die Einordnung als erneuerbare Energie ist das Prinzip der Nachhaltigkeit, das heißt, dass der Mensch eine Ressource nicht stärker beansprucht, als sie sich regenerieren kann. Das Ziel ist, die Energieerzeugung in Deutschland klimaneutral zu gestalten, also ohne fossile Energieträger wie Öl oder Gas.

Zur Umsetzung dieses Prinzips wird die Stromproduktion mithilfe erneuerbarer Energien in Deutschland durch das Erneuerbare-Energien-Gesetz (EEG) gefördert. Das Gesetz regelt die Abnahme, Übertragung, Verteilung und Vergütung dieses Stroms.

Außerdem verfolgt der Gesetzgeber das Ziel, den Anteil erneuerbarer Energien am Energieverbrauch für Heizung und Warmwasser zu erhöhen. Seit Anfang 2024 dürfen in Neubauten nur noch Heizungen installiert werden, die zu mind. 65% auf erneuerbaren Energien basieren. Entschließt sich der Vermieter in einem bestehenden Gebäude dazu, die Heizungsanlage zu erneuern, muss er diese Vorgabe einhalten ⇨ GEBÄUDEENERGIEGESETZ.

Bei der Umlage der ⇨ HEIZKOSTEN stellt sich die Frage, wie die erneuerbaren Energien zu berücksichtigen sind. Zunächst ist zu unterscheiden, ob der Vermieter die Anlage selbst betreibt oder jemand anderes die Wärme erzeugt und dann an den Vermieter liefert. Bezieht der Vermieter die Wärme von einem Dritten, der sie (teilweise) unter Einsatz erneuerbarer Energien produziert, kann der Vermieter den berechneten Preis für die Wärme unter Umständen an die Mieter weitergeben ⇨ CONTRACTING. Betreibt der Vermieter die Anlage hingegen selbst, dann gilt der Grundsatz: Der Vermieter darf an dem Einsatz der erneuerbaren Energien nichts verdienen. Er kann den Mietern nur Kosten berechnen, die ihm für die Erzeugung von Wärme selbst – nachweisbar – entstanden sind. Eingesparte Brennstoffkosten für die Erzeugung der Heizenergie oder die Erwärmung des Warmwassers darf er nicht abrechnen. Einige Vermieter weisen nach, wie viel Wärme sie mithilfe der erneuerbaren Energien in kWh produziert haben, und stellen dem Mieter dafür einen Wärmepreis in Rechnung. Das ist nach der Heizkostenverordnung nicht zulässig.

Ersatzansprüche des Mieters ⇨ MÄNGEL DER WOHNUNG, ⇨ MIETERMODERNISIERUNG

Ersatzansprüche des Vermieters

Der Vermieter kann vom Mieter Schadensersatz verlangen, wenn dieser schuldhaft die Wohnung bzw. dem Vermieter gehörende Einrichtungen beschädigt, z. B. Schäden an der Tür, Flecken und Verschmutzungen auf dem ⮱ TEPPICHBODEN. Es genügt, dass der Mieter fahrlässig handelt und z. B. einen Brand dadurch verursacht, dass er über Nacht Kleidungsstücke in unmittelbarer Nähe eines Nachtstromspeichergeräts ablegt (OLG Hamm MDR 2001, 90). Von der Ersatzpflicht ausgenommen sind Abnutzungen, die durch den vertragsgemäßen Gebrauch entstehen, z. B. Abplatzungen in der Küchenspüle (LG Köln WuM 99, 234), Abbrechen des sich im Türschloss befindlichen Schlüssels wegen Materialermüdung (AG Osnabrück WuM 2020, 744) oder geringfügige Eindrücke von Schuhen mit »Pfennigabsätzen« im allgemein zugänglichen Hausflur. Erhebliche Schäden durch »Pfennigabsätze« in der Wohnung muss der Mieter jedoch durch Verlegen von Teppichen o.Ä. vermeiden (LG Mannheim WuM 74, 8; LG Essen NJW 62, 1398). Ähnlich ist es bei Kratzspuren durch Hunde; hat der Mieter zumutbare Schutzmaßnahmen unterlassen, ist er schadensersatzpflichtig (LG Koblenz NZM 2014, 608).

Der Mieter kann sich auch schadensersatzpflichtig machen, wenn er Mängel gar nicht oder verspätet anzeigt, es sei denn, er darf davon ausgehen, dass der Vermieter schon informiert ist (OLG Düsseldorf GE 2002, 1262).

Ist ein Schaden auf das Verschulden Dritter (Familienangehörige, Hausangestellte oder Untermieter) zurückzuführen, haftet der Mieter auch hierfür. Anders ist es, wenn sich diese Person (z. B. auch der Ehemann nach einem polizeilichen Hausverbot) gegen den Willen des Mieters im Hause aufhält (LG Würzburg NZM 2011, 582).

Es ist nicht erforderlich, dass der Vermieter dem Mieter im Falle der Verletzung von Obhutspflichten zuvor eine Frist zur Schadensbeseitigung setzt **(BGH WuM 2018, 196)**.

Muss der Mieter Schadensersatz leisten, kann der Vermieter im Regelfall aber nicht den Neupreis verlangen, sondern muss sich einen Abzug »neu für alt« gefallen lassen (KG Berlin GE 2005, 917; LG Köln WuM 97, 41; LG Wiesbaden WuM 91, 540; LG Hamburg WuM 88, 107). Die Höhe des Abzugs richtet sich nach der normalen Lebensdauer sowie dem Alter und Zustand der beschädigten Sache **(BGH WuM 2019, 574)**. Für einen geringeren Abzug ist der Geschädigte beweispflichtig (OLG Koblenz WuM 2003, 445). Bei Maler- und Fußbodenarbeiten ist nach 7 Jahren ein Abzug von 50 Prozent angemessen (OLG Oldenburg WuM 2005, 587). Ist – wie z. B. bei einer 20 Jahre alten Schrankwand – kein messbarer Vermögenswert mehr da, entfällt die Ersatzpflicht des Mieters ganz (LG Düsseldorf DWW 99, 378). Werden Schäden durch eine Reparatur beseitigt, entfällt ein Abzug »neu für alt« (KG Berlin WuM 2008, 724).

Muss der Mieter beschädigte Fliesen ersetzen, kann der Vermieter keine völlige Neuverfliesung beanspruchen, wenn es Ersatzfliesen ähnlichen Typs gibt; evtl. ist ein Zuschlag wegen der dadurch bedingten Wertminderung zu machen (LG München I NJW-RR 2005, 1546).

Oft ist umstritten, ob Mängel bereits bei Vertragsbeginn vorlagen; dann hängt es u.U. von der Beweislast ab, ob ein Anspruch durchsetzbar ist oder nicht. Grundsätzlich muss der Vermieter beweisen, dass die Wohnung bei Vertragsbeginn in Ordnung war. Hat der Mieter die Wohnung aber als vertragsgemäß angenommen, trägt er die Beweislast dafür, dass die Wohnung schon bei Übergabe mangelhaft war **(BGH NJW 2007, 2394)**.

Achtung: Sind die Schäden des Vermieters durch eine Versicherung abgedeckt, die der Mieter im Rahmen der Nebenkosten anteilig bezahlt, haftet der Mieter nur bei Vorsatz oder grober Fahrlässigkeit (**BGH NZM 2017, 29; WuM 2001, 122; WuM 96, 212**).

Lässt der Mieter sich wesentliche Vertragsverletzungen zuschuldenkommen, oder wird die Wohnung durch Vernachlässigung dem Mieter obliegender Sorgfaltspflichten (⇨ OBHUTSPFLICHT DES MIETERS) erheblich gefährdet, kann der Vermieter auch das Mietverhältnis fristlos kündigen.

Ersatzansprüche des Vermieters verjähren 6 Monate nach Rückgabe der Wohnung. Diese kurze Frist gilt aber nicht, wenn eine Wohnungseigentümergemeinschaft Ersatz für Schäden am Gemeinschaftseigentum fordert **(BGH WuM 2011, 509)** ⇨ VERJÄHRUNG. Die formularmäßige Ausdehnung der Verjährung auf 12 Monate ist unwirksam **(BGH WuM 2017, 703)**.

Ersatzvornahme

Wenn sich in der Wohnung Mängel zeigen, muss der Mieter dies dem Vermieter umgehend mitteilen; dieser muss den vertragsgemäßen Zustand wiederherstellen. Kommt der Vermieter dieser Pflicht nicht nach, sollte der Mieter nicht einfach selbst die Handwerker bestellen; denn dann besteht die Gefahr, dass er auf den Kosten »sitzen« bleibt. In den meisten Fällen gilt: Erst wenn der Vermieter mit der Mängelbeseitigung in Verzug ist, kann der Mieter einen entsprechenden Vorschuss verlangen **(BGH WuM 2008, 476)** oder den Auftrag selbst erteilen und die Kosten ersetzt verlangen **(BGH WuM 2008, 147)**. Die Mängelmitteilung allein führt noch nicht zum Verzug; hinzukommen muss die Aufforderung zur Beseitigung. Einen bestimmten Termin oder eine Frist muss der Mieter nicht angeben; es reicht, eine umgehende Mängelbeseitigung zu fordern **(BGH WuM 2009, 580)**.

Der Mieter hat aber nur Anspruch auf erforderliche Kosten. Steht die Ursache der Mängel noch nicht fest, sind sinnvolle Maßnahmen noch nicht möglich; ein Anspruch auf Kostenvorschuss besteht dann nicht **(BGH WuM 2010, 348)**. Ist bei Notfällen die sofortige Beseitigung des Mangels erforderlich, kann der Mieter sofort handeln und Ersatz seiner Aufwendungen verlangen. Dies ist aber nur in Ausnahmefällen möglich, wenn die Beseitigung des Mangels keinen Aufschub duldet und andernfalls schwere Schäden an der Mietsache oder für die Gesundheit oder das Eigentum des Mieters drohen. **Beispiele:** Totalausfall der Heizung im Winter **(BGH WuM 2008, 147)**; Rohrbruch (LG Hagen WuM 84, 215); Stützmauer zur Verhinderung eines Einsturzes (OLG Hamburg WuM 86, 82); Wespennest (AG Würzburg WuM 2014, 332).

F

Fahrräder

Die Landesbauordnungen schreiben für neu errichtete Mehrfamilienhäuser schon seit den 90er Jahren vor, dass Fahrradstellplätze einzurichten sind. Diese Regelungen gelten jedoch nicht für bestehende Wohnhäuser. Der Mieter hat dann keinen Rechtsanspruch auf einen Fahrradabstellplatz.

Im Hausflur, Kellergang usw. darf ein Fahrrad grundsätzlich nur mit Einwilligung des Vermieters abgestellt werden, es sei denn, dass kein anderweitiger Platz vorhanden ist. Ein generelles Abstellverbot im Haus oder Wohnumfeld ist unzulässig, wenn zumutbare Möglichkeiten zum Unterstellen fehlen.

Der Vermieter kann im ⇒ MIETVERTRAG oder der ⇒ HAUSORDNUNG bestimmen, dass Fahrräder in einem zur Verfügung gestellten Fahrradkeller oder in einem anderen Raum abzustellen sind. Es gibt aber Ausnahmen, etwa wenn die Treppe in den Keller sehr steil oder das Rad zu schwer ist. Es ist unzumutbar, ein schweres E-Bike oder Lastenfahrrad öfters eine Treppe hinunter- und heraufzutragen. Eine Ausnahme kann auch bestehen bei Vandalismus oder erhöhter Diebstahlgefahr. Sein wertvolles Rennrad darf der Mieter im eigenen Keller unterstellen (AG Münster WuM 1994, 198). Der Mieter darf sein Fahrrad auch mit in die Wohnung nehmen, sofern im Mietvertrag oder der Hausordnung keine anderweitige wirksame Regelung besteht. Dieses Recht besteht auch, wenn durch den Transport im Treppenhaus geringfügige Schäden an den Wänden verursacht werden (AG Hamburg-Altona ZMR 2019, 875).

Lastenfahrräder und Fahrradanhänger dürfen im Hof abgestellt werden, wenn es keine andere zumutbare Abstellmöglichkeit gibt (AG Berlin-Schöneberg MM 2006, Heft 1/2, 39). Wenn sachliche Gründe vorliegen, kann der Vermieter eine unentgeltliche Gestattung zum Abstellen von Rädern im Hof zurücknehmen (LG Berlin GE 2011, 1087).

Aufladen von E-Bikes: Der Mieter kann verlangen, dass der Vermieter ihm den Einbau einer Ladestation für ein E-Bike an einem dafür geeigneten Stellplatz auf eigene Kosten erlaubt. Das gilt auch, wenn die Station für andere Elektrofahrzeuge, wie E-Scooter oder E-Rollstühle, genutzt werden soll. Zu bedenken ist jedoch, dass zum Aufladen dieser Elektrofahrzeuge in der Regel eine gewöhnliche Steckdose genügt. Der

Bedarf nach einer eigens eingerichteten Stromquelle entfällt, wenn man den Akku abnehmen und z.B. in der Wohnung aufladen kann. Dies ist mittlerweile bei den meisten E-Bikes möglich.

Ein anderes Problem entsteht, wenn Mieter ihr E-Bike in einem Gemeinschaftsraum, etwa im Fahrradkeller, aufladen. Zunächst ist zu bedenken, dass im Gegensatz zu einem elektrisch betriebenen ⇨ AUTO nur sehr geringe Stromkosten anfallen. Erhebt der Vermieter wegen der anfallenden Stromkosten dennoch Einwände, bietet das Gesetz keine Lösung an. Mieter sollten versuchen, eine Vereinbarung mit dem Vermieter zu treffen, etwa dass ein jährlicher Pauschalbetrag für den entnommenen Strom zu zahlen ist.

Fahrstuhl ⇨ BETRIEBSKOSTEN

Hat das Mietshaus einen Fahrstuhl, darf der Mieter ihn auch benutzen. Dies gilt auch dann, wenn das nicht ausdrücklich im Mietvertrag vereinbart ist, da der Fahrstuhl als mitvermietet anzusehen ist. Deshalb muss der Vermieter ihn auch betriebsbereit halten (LG Berlin WuM 87, 70), im Zweifel rund um die Uhr (OLG Frankfurt NZM 2004, 909). Die Kosten für den Betrieb des Fahrstuhls können neben der Miete nur dann auf die Mieter umgelegt werden, wenn dies im Mietvertrag vereinbart ist. Zu den Betriebskosten zählen auch die Kosten der regelmäßigen Wartung (AG Rheine WuM 2023, 63: zweimal jährlich nicht zu beanstanden).

Kann der Fahrstuhl wegen Mängeln längere Zeit nicht benutzt werden, kann der Mieter die Miete mindern ⇨ MIETMINDERUNG. Die Höhe der Minderung ist abhängig von der Geschosslage der Wohnung (AG Mitte WuM 2020, 484). Gehen von dem Fahrstuhl Lärmbelästigungen aus, kann neben einer Mietminderung der Vermieter verpflichtet werden, den vom Fahrstuhl ausgehenden Lärm auf das zulässige Maß zu reduzieren (AG Schöneberg WuM 82, 183) ⇨ LÄRM.

Familienfeiern

Der Mieter ist verpflichtet, dafür zu sorgen, dass bei Feiern auf die Interessen der Nachbarn die erforderliche Rücksicht genommen wird. Insbesondere muss ab 22.00 Uhr auf die Einhaltung der Nachtruhe geachtet werden (OLG Düsseldorf WuM 96, 56). Übermäßiger Partylärm ist vertragswidrig und berechtigt den Vermieter, dem Mieter in Extremfällen nach einer erfolglosen Abmahnung fristlos zu kündigen (AG Brandenburg GE 2017, 721; AG Köln WuM 87, 21). Insbesondere bei wiederholten Beeinträchtigungen sind die im Haus wohnenden Mitmieter zur Mietminderung berechtigt (LG Dortmund WuM 88, 348) ⇨ MIETMINDE-

RUNG. Ein »Lärmprotokoll« ist zwar nicht erforderlich **(BGH WuM 2012, 269)**, aber aus Beweisgründen sinnvoll. (Garten-)Feste, die sich in üblichem Umfang halten, müssen von den Nachbarn hingenommen werden (LG Frankfurt WuM 89, 575), ebenso wie gelegentliche Feiern in einem Mehrfamilienhaus **(BGH WuM 2012, 269)**.

Bei besonderen Anlässen ist es auch zumutbar, dass Mitmieter einmal gestört werden (AG Bremen WuM 57, 185). Diese Störungen müssen aber auf Ausnahmefälle beschränkt sein (Hochzeit, Silvester- oder Karnevalsfeier). Zudem verbietet das Gebot der gegenseitigen Rücksichtnahme ein Ausdehnen der Feier bis in die frühen Morgenstunden ohne Rücksicht auf die Nachbarn (AG Bremen WuM 57, 185). Hier kann sogar ein Bußgeld verhängt werden (OLG Düsseldorf WuM 90, 116). 100 Euro Geldbuße hielt das OLG Düsseldorf (WuM 96, 56) für gerechtfertigt bei einer Grillparty, die bis in den frühen Morgen dauerte und bei der der Qualm des Holzkohlegrills in die offen stehenden Fenster der Nachbarwohnungen drang.

Es gibt kein allgemeines Recht, einmal im Monat die Nachtruhe der Nachbarn stören zu dürfen (OLG Düsseldorf WuM 90, 116).

In jedem Falle sollte man, wenn man Feste feiern möchte, vorher mit seinen Nachbarn sprechen. Die beste Lösung wäre natürlich, man lädt sie mit ein!

Fehlbelegungsabgabe ➯ SOZIALWOHNUNGEN, ➯ WOHNUNGSBAUFÖRDERUNG, ➯ WOHNBERECHTIGUNG

Mieter können eine Sozialwohnung, z.B. im ersten oder zweiten Förderweg oder eine Wohnung mit vereinbarter Förderung, nur beziehen, wenn sie aufgrund ihres Einkommens einen Wohnberechtigungsschein erhalten haben. Wenn ihr Einkommen dann im Laufe der Mietzeit steigt, sodass sie jetzt keine Chance mehr auf einen Wohnberechtigungsschein hätten, sind sie eigentlich nicht mehr berechtigt, in der Sozialwohnung zu leben. Aber das Mietverhältnis besteht fort, der Vermieter darf nicht wegen des gestiegenen Einkommens kündigen. Möglich ist aber, diese Mieter zu einer sog. **Fehlbelegungsabgabe** heranzuziehen. Die Fehlbelegungsabgabe ist verfassungskonform (**BVerfG NZM 2004, 308; BVerfG WuM 88, 247**). Die Einnahmen müssen wieder in den sozialen Wohnungsbau fließen.

Zuständig sind die Länder. Die jeweilige Landesregierung muss die Gebiete festlegen, in denen die Fehlbelegungsabgabe erhoben werden soll. Entsprechende Regelungen gibt es derzeit nur in Hessen und

Rheinland-Pfalz. Dann können auch Bewohner von bundeseigenen Wohnungen zur Zahlung der Abgabe verpflichtet werden (**BVerfG WuM 96, 82; BVerwG NJW 97, 880**).

Steigende Verwaltungskosten, sinkende Einnahmen aus der Abgabe und die Gefahr, dass besser Verdienende aus den gemischten Wohnquartieren wegziehen, haben fast alle Länder dazu veranlasst, die Fehlbelegungsabgabe abzuschaffen bzw. gar nicht erst einzuführen.

Jedes Bundesland kann festlegen, bei welchen Überschreitungen der Einkommensgrenzen zur Wohnberechtigung welcher Betrag pro Quadratmeter zu zahlen ist. Auf Aufforderung der zuständigen Behörde muss der Mieter sein Einkommen und das seiner Mitbewohner nachweisen. Die Ausgleichszahlungen werden für die Dauer von 3 Jahren festgesetzt. Danach erfolgt eine erneute Prüfung des Einkommens.

Die Pflicht zur Zahlung einer Fehlbelegungsabgabe erlischt, wenn der Mieter auszieht bzw. wenn die Wohnung aus den öffentlichen Bindungen fällt. Allerdings kann der Vermieter dann insoweit die Miete erhöhen.

Ansonsten kann der Mieter einen Antrag auf Herabsetzung der Abgabe stellen, wenn das Einkommen die Einkommensgrenzen nicht mehr übersteigt, sich das Einkommen um mehr als 15% verringert, die Zahl der zum Haushalt gehörenden Personen angestiegen oder die Kostenmiete um mehr als 20% teurer geworden ist.

Die Ausgleichszahlungen können auf Antrag beschränkt werden, wenn die Miete für die Sozialwohnung plus Fehlbelegungsabgabe teurer wäre als die Vergleichsmiete einer freifinanzierten Wohnung. Maßgeblich sind Höchstbeträge, die von der Landesregierung festgelegt werden (**BVerwG WuM 92, 266; BVerwG WuM 91, 400**). Ein niedrigerer Mietspiegelwert kann als Höchstwert angesetzt werden (**BVerwG WuM 97, 275; BVerwG WuM 97, 880**).

Ausgleichszahlungen können von den Ländern auch für Mieter festgelegt werden, deren Wohnung nach dem Wohnraumförderungsgesetz gefördert wurde ⇨ WOHNUNGSBAUFÖRDERUNG.

Fernsehempfang

Es gibt vier technische Möglichkeiten, wie der Mieter Fernsehsender empfangen kann: über Breitbandkabel (Kabelfernsehen), über das Internet, per Satellitenempfang über eine Parabolantenne oder mittels terrestrischen Empfangs (von auf der Erde stehenden Sendemasten) über eine herkömmliche Antenne mit DVB-T2.

Für den Mieter ist die technische Umsetzung allerdings nebensächlich. Wichtig ist vor allem die Frage, wer sich um die Fernsehversorgung kümmern muss. In Betracht kommen nur zwei Möglichkeiten: Entweder der Mieter kümmert sich selbst um das Programmangebot, indem er eine Einzelantenne installiert oder einen Einzelvertrag direkt mit einem Netzbetreiber abschließt und über einen Kabelanschluss Fernsehsender empfängt. Alternativ installiert der Vermieter eine Gemeinschaftsantenne oder einen Sammelanschluss durch Breitbandkabel innerhalb eines Gebäudes und schließt einen sog. Gestattungsvertrag mit einem Netzbetreiber ab, in welchem die TV-Versorgung des Hauses gemeinschaftlich geregelt wird.

Sammelversorgung durch den Vermieter
Bei einer Gemeinschaftslösung kümmert sich der Vermieter um die TV-Versorgung innerhalb eines Hauses. Er lässt entweder eine Gemeinschaftsantenne oder einen Sammelanschluss im Gebäude installieren. Der Mieter hat dann keinen direkten Einfluss auf die Wahl des Versorgers und der Fernsehsender durch den Vermieter. Wenn der Mieter zusätzliche Sender empfangen möchte, ging dies bislang nur über eine Parabolantenne (s. u.). Dann aber entstanden dem Mieter zusätzliche Kosten.

Die laufenden monatlichen Kosten für eine solche gemeinschaftliche Versorgung konnte der Vermieter bislang als ⇨ BETRIEBSKOSTEN abrechnen (§ 2 Nr. 15 BetrKV). Auch wenn der Mieter kein Interesse an Fernsehempfang hatte, musste er diese Kosten zahlen.

Ab dem 1.7.2024 ist die Umlage der Kosten für den Empfang über Kabelfernsehen oder über eine Gemeinschaftsantenne jedoch nicht mehr möglich. Dann kann der Vermieter für Altanlagen nur noch Stromkosten für eine Kabelanlage sowie Strom- und Wartungskosten für eine Antennenanlage als ⇨ BETRIEBSKOSTEN umlegen. Für neue Anlagen gilt dies bereits seit dem 1.12.2021. Was bleibt, ist die Umlage von laufenden Kosten für einen Glasfaseranschluss und die Umlage des sog. ⇨ GLASFASERBEREITSTELLUNGSENTGELTS.

Einzelversorgung durch den Mieter
Bislang hatte der Mieter keinen direkten Einfluss auf die Fernsehversorgung (s. o.). Er konnte nicht selbst entscheiden, ob er überhaupt Fernsehsender empfangen und hierfür Gebühren zahlen wollte. Dies ändert sich jedoch zum 1.7.2024. Zukünftig ist die Umlage der Kosten für den TV-Empfang über die Betriebskosten nicht mehr möglich, egal ob Gemeinschaftsantenne oder Kabelanschluss. Spätestens ab dem 1.7.2024 kann der Mieter die Versorgung also selbst bestimmen. Entweder er entscheidet sich gegen den Fernsehempfang und zahlt gar keine

TV-Gebühren. Oder er sucht sich ein bestimmtes Programmpaket eigenständig aus und schließt direkt mit einem Versorger einen Einzelvertrag ab. Doppelte Kosten muss er dann nicht mehr befürchten.

Achtung: Der sog. **Rundfunkbeitrag** ist von der tatsächlichen Nutzung unabhängig und muss in jedem Fall an den »ARD ZDF Deutschlandradio Beitragsservice« (früher: GEZ) entrichtet werden!

Installation einer Parabolantenne durch den Mieter
In der Vergangenheit gab es oftmals Streit, wenn der Mieter eine Parabolantenne (»Schüssel«) installieren wollte. Insbesondere wenn die TV-Versorgung eigentlich bereits über eine andere technische Empfangseinrichtung möglich ist, z.B. über das Internet.

Grundsätzlich darf der Mieter eine Antenne nur mit vorheriger Zustimmung des Vermieters montieren; die Zustimmung darf dieser aber nur aus triftigen, sachbezogenen Gründen versagen **(BVerfG WuM 94, 251; WuM 91, 574)**. In jedem Einzelfall ist eine individuelle Bewertung und Abwägung der gegenüberstehenden Interessen des Eigentümers an Vermeidung von optischen Beeinträchtigungen und Eingriffen in die Bausubstanz der Fassade gegenüber dem Informationsinteresse des Mieters erforderlich **(BVerfG WuM 2005, 235; WuM 94, 251; BGH WuM 2006, 28; WuM 2005, 237)**.

Bei der Abwägung ist z.B. relevant, ob das Informationsinteresse auch durch andere Empfangsmöglichkeiten, wie z.B. durch Empfang über Kabelfernsehen oder Internet, gewährleistet wird **(BVerfG WuM 2006, 28; 2005, 235; BGH WuM 2005, 237)**. Dabei ist unerheblich, dass das Angebot auf betreffenden Internetportalen kostenpflichtig ist **(BGH WuM 2013, 476)**.

Für Wohnungen mit digitalem Breitbandkabelanschluss liegt in der Regel ein sachbezogener Grund vor, dem Mieter eine Parabolantenne nicht zu erlauben **(BVerfG WuM 2007, 379; BGH WuM 2007, 380)**. Allein die Tatsache, dass über Satelliten eine noch größere Anzahl von Programmen empfangen werden kann, rechtfertigt es nicht, automatisch von einem Anspruch des Mieters auf Genehmigung auszugehen **(BGH WuM 2006, 28)**. Unter Umständen kann auch das **Grundrecht auf Freiheit der Religionsausübung** bei der Abwägung eine Rolle spielen, wenn die Teilnahme an gottesdienstlichen Handlungen nur über den Empfang von Sendern über die Parabolantenne möglich ist **(BGH WuM 2007, 678**; OLG München WuM 2008, 40). So urteilte das LG Berlin im Jahr 2011, dass die Möglichkeit des Internetfernsehens nicht ausreiche, um das Informationsinteresse eines ausländischen Mieters zu befriedigen (LG Berlin

GE 2011, 1556; **a.A.** LG Wuppertal NZM 2012, 725). Das **Grundrecht auf freien Zugang zu allgemein üblichen Informationsquellen** nach Art. 5 GG umfasst zudem auch alle fremdsprachigen Programme (**BVerfG WuM 94, 251; WuM 92, 415; WuM 91, 574**). Sofern der Sender eine EU-Sendelizenz hat, sogar dann, wenn verfassungswidriger Inhalt ausgestrahlt wird (**BGH WuM 2010, 29**). Bei der Abwägung ist zudem nicht entscheidend, ob der Mieter zwischenzeitlich die deutsche Staatsangehörigkeit hat, sondern nur sein Interesse, sich über sein Heimatland zu informieren (**BGH WuM 2009, 760**).

Das Recht auf eine eigene Parabolantenne kann nicht durch eine Mietvertragsklausel eingeschränkt werden. Unzulässig sind z.B. Klauseln, wonach die Installation einer Parabolantenne verboten ist (**BGH WuM 2007, 381**).

Im sichtgeschützten Bereich ist das Aufstellen einer Parabolantenne in der Regel erlaubt (**BGH WuM 2007, 381**). Gleiches gilt für die Aufstellung im mitgemieteten Garten (AG Regensburg WuM 2011, 617; AG Köln WuM 2009, 732). Die Antenne muss aber standsicher aufgestellt werden (LG Bremen WuM 95, 43). Wenn die Antenne fachgerecht installiert wurde und der Mieter eine Versicherung nachweist, kann der Vermieter die Beseitigung nicht nur deshalb verlangen, weil er vorher nicht gefragt wurde (AG Braunschweig WuM 2000, 413).

Pflicht zum Abbau einer genehmigten Parabolantenne
Das Bundesverfassungsgericht hat entschieden, dass es jedenfalls keine Verletzung des Grundrechts der Informationsfreiheit ist, wenn der Mieter zum Abbau einer ohne Erlaubnis des Vermieters installierten Antenne verpflichtet wird (**BVerfG WuM 2013, 413; WuM 933, 229**). Der Vermieter kann seine frühere Erlaubnis für die Einzelantenne jedoch auch widerrufen, wenn z.B. ein Kabelanschluss oder eine Gemeinschaftsantenne installiert wird (**BGH WuM 2013, 476; WuM 2005, 237**). Einem ausländischen Mieter kann regelmäßig zugemutet werden, die Kabelanlage anstatt einer Satellitenempfangsanlage zu nutzen, wenn auf diese Weise Zugang zu Programmen in der Sprache des Mieters besteht; es genügt, wenn das muttersprachliche Informationsangebot von wenigen Sendern gewährleistet ist (**BGH WuM 2013, 476**).

Eine ähnliche Situation besteht ab dem 1.7.2024. Zukünftig kann der Mieter mit einem Kabelnetzbetreiber selbst einen Vertrag über die Versorgung mit Fernsehsendern abschließen. Er muss dann keine doppelten Kosten mehr befürchten. Wenn aber der Empfang über einen Kabelanschluss möglich ist, besteht auch kein Bedarf mehr an einer

Parabolantenne. Etwas anderes gilt allenfalls, wenn im Haus gar kein Kabelanschluss vorhanden ist.

Sonderfall: Eigentumswohnung

Bei einer Eigentumswohnung ist die Rechtslage noch verzwickter: Hier muss grundsätzlich einer baulichen Veränderung nicht nur der einzelne Vermieter, sondern auch die Wohnungseigentümergemeinschaft zustimmen. Für Mieter von Eigentumswohnungen ist also wichtig, ob ihr Vermieter gegenüber der Eigentümergemeinschaft einen Anspruch auf Errichtung einer Parabolantenne durchsetzen kann. Durch das **Bundesverfassungsgericht (WuM 95, 304)** ist geklärt, dass auch hierfür die Grundsätze maßgebend sind, welche bereits früher zum Verhältnis zwischen Mieter und Vermieter aufgestellt worden sind. Im Streitfall wird also das Interesse der gesamten Wohnungseigentümergemeinschaft am Schutz ihres Eigentums gegen das Interesse des betroffenen Wohnungseigentümers am freien Zugang zu allen Informationsquellen abgewogen. Diese Einzelabwägung ist auch dann vorzunehmen, wenn in der Teilungserklärung die Anbringung privater Antennen ausgeschlossen ist; auch dann kann ein Eigentümer die Zustimmung der Gemeinschaft verlangen, wenn sein Informationsinteresse überwiegt (OLG Düsseldorf WuM 2004, 112; WuM 2001, 295). Braucht er den Satellitenempfang beruflich, ist auch das Grundrecht ungehinderter Berufsausübung zu berücksichtigen (BayObLG WuM 98, 678). Es muss sich allerdings um eine zulässige ⇨ BERUFSAUSÜBUNG IN DER WOHNUNG handeln. Ein generelles Verbot von Parabolantennen kann nicht durch Mehrheitsbeschluss angeordnet werden; selbst eine Vereinbarung aller Wohnungseigentümer kann unwirksam sein, wenn sie gegen Treu und Glauben verstößt **(BGH WuM 2004, 165)**. Das **Bundesverfassungsgericht (WuM 96, 608)** hat ausdrücklich klargestellt, dass die Grundsätze für den Zugang zu Auslandsprogrammen für ausländische Mieter auch für einen ausländischen Wohnungseigentümer gelten (so auch OLG Schleswig WuM 2003, 404). Es hat weiter entschieden, dass dieses Recht auf Auslandsprogramme auch dann von einem Einzeleigentümer gegen die Wohnungseigentümergemeinschaft geltend gemacht werden kann, wenn er nicht selbst dort wohnt, sondern an einen ausländischen Mieter vermietet hat. Der Mieter kann also von seinem Vermieter verlangen, dass dieser seine Rechtsposition gegenüber der Wohnungseigentümergemeinschaft einfordert und zur Not gerichtlich geltend macht **(BVerfG WuM 96, 608)**.

Fernwärme ⇨ CONTRACTING

In den meisten Fällen erfolgt die Wärmeversorgung durch eine zentrale Heizungsanlage des Vermieters. Abgerechnet und auf die Mieter des Hauses verteilt werden die Brennstoffkosten und die Heizungsnebenkosten ⇨ HEIZKOSTEN.

Eine andere Form der Wärmeversorgung ist die Wärmelieferung in Form der Fernwärme. An die Stelle der Brennstoff- und Heizungsnebenkosten tritt ein Wärmepreis. Der Wärmepreis setzt sich aus Grund-, Arbeits- und Verrechnungspreis zusammen. Hierin enthalten sind Unternehmergewinn, Arbeitslohn, Reparatur- und Modernisierungskosten usw. Es gibt örtliche, regionale und überregionale Fernwärmeversorgungsunternehmen.

Fernwärme soll auf dem Weg zur klimaneutralen Erzeugung von Wärme zur Beheizung und Warmwasserversorgung künftig eine entscheidende Rolle spielen. Eine nähere Planung soll darüber informieren, welche Möglichkeiten zur Wärmeversorgung vor Ort vorgesehen sind. Dafür müssen die Gemeinden einen kommunalen Wärmeplan erstellen. Dieser soll Gebäudeeigentümern bei der Auswahl ihrer künftigen Heizungstechnologie helfen ⇨ GEBÄUDEENERGIEGESETZ.

In vielen Gemeinden ist die Fernwärme für die Mieter nach wie vor die teuerste Form der Energieversorgung. Wer als Mieter in einem Haus mit Fernwärmeversorgung wohnt, muss demnach häufig höhere Heizkosten tragen als bei einer anderen Form der Wärmeversorgung.

Ein sogenannter Wärmeliefervertrag kann zwischen dem Fernwärmeversorgungsunternehmen und dem einzelnen Mieterhaushalt (Direktlieferungsvertrag) oder zwischen Fernwärmeversorgungsunternehmen und Vermieter abgeschlossen werden. Statt Allgemeiner Geschäftsbedingungen wird den Verträgen die Verordnung über die Allgemeinen Versorgungsbedingungen für Fernwärme (AVBFernwärmeV) zugrunde gelegt.

Die Versorgung mit Fernwärme schließt ganze Städte oder Stadtteile ein. Werden hingegen nur einzelne Gebäude, Gebäudekomplexe oder kleinere geschlossene Siedlungen mit Wärme beliefert, spricht man von Nahwärme oder ⇨ CONTRACTING.

Grundsätzlich muss bei Fernwärmelieferungen unterschieden werden:

Der Vermieter ist für die Heizung verantwortlich
Regelmäßig ist laut Mietvertrag der Vermieter für das Heizen der Wohnung verantwortlich. Er muss nach der Heizkostenverordnung abrechnen. Das bedeutet, zwischen 50 und 70 Prozent der Kosten müssen ver-

brauchsabhängig verteilt werden ⇨ HEIZKOSTEN. Allerdings kann der Vermieter anstelle der Brennstoffkosten die Kosten der Wärmelieferung des Fernheizwerks (Grund-, Arbeits- und Verrechnungspreis) in Rechnung stellen. Hinzu kommen die Kosten des Betriebs der zugehörigen Hausanlage. Hier dürfte aber im Wesentlichen nur Betriebsstrom für die Umwälzpumpe anfallen, die Kosten der Messungen nach dem Bundesimmissionsschutzgesetz entfallen z. B., weil »der Schornstein nicht mehr raucht«. Ob Kosten der Bedienung, Überwachung und Pflege der Anlage, der regelmäßigen Prüfung ihrer Betriebsbereitschaft und Betriebssicherheit einschl. der Einstellung durch einen Fachmann, der Reinigung der Anlage und des Betriebsraumes angefallen sind, wird man besonders kritisch prüfen, da im Haus lediglich ein sogenannter Wärmetauscher vorhanden ist. Häufig ist der Fernwärmetarif so ausgestaltet, dass er auch die Kosten der Hausstation einschließt. Dann muss der Vermieter den darin enthaltenen Anteil für die Herstellung, Abschreibung und Reparatur der Hausanlage herausrechnen. Hält er sich nicht daran, muss der Mieter den vom Vermieter in Rechnung gestellten Fernwärmepreis nicht bezahlen (LG Gera WuM 2000, 681).

Hat der Vermieter die Heizungsanlage bislang selbst betrieben, darf er im laufenden Mietverhältnis auf Fernwärme nur umstellen, wenn er bestimmte gesetzlich festgelegte Voraussetzungen einhält (§ 556 c BGB). Es bestehen genau die gleichen Regeln wie bei einer Umstellung auf ⇨ CONTRACTING. Auch ohne Vereinbarung im Mietvertrag muss aber eine Umstellung zulässig sein, wenn die Gemeinde die Fernwärmeversorgung zwingend vorschreibt (Anschluss- und Benutzungszwang).

Der Mieter schließt direkt mit dem Fernwärmelieferanten ab
Häufig muss der Mieter selbst mit dem Fernwärmewerk einen »Wärmeliefervertrag« schließen. Rechtlich gesehen handelt es sich hierbei um einen Kaufvertrag. Für die Abrechnung der ⇨ HEIZKOSTEN, insbesondere was das Verhältnis zwischen verbrauchsabhängigen und verbrauchsunabhängigen Heizkostenanteilen angeht, gilt die Heizkostenverordnung (Ausnahme: Der Verbrauch an Wärme wird ausschließlich beim Mieter über einen Wärmezähler gemessen). Darüber hinaus ist aber eine Reihe von Bestimmungen der AVBFernwärmeV, den Allgemeinen Geschäftsbedingungen der Fernwärmeversorgungsunternehmen, zu berücksichtigen:

– Einwendungen des Kunden (Mieters) gegen Rechnung und Abschlagsberechnungen des Fernwärmeversorgungsunternehmens berechtigen ihn nur dann zum Zahlungsaufschub und zur Zahlungsverweigerung, wenn die Rechnung auf »offensichtlichen« Fehlern beruht. Ansonsten muss der Kunde, der glaubt, eine fehlerhafte Rechnung erhalten zu haben, erst bezahlen, dann klagen und den überbezahlten Betrag zurückfordern.

– Ein offensichtlicher Fehler liegt vor, wenn die Rechnung auf den ersten Blick Fehler erkennen lässt, wenn kein vernünftiger Zweifel über die Fehlerhaftigkeit möglich ist und wenn dieser Fehler zu einer Benachteiligung des Kunden geführt hat. Das OLG Hamm (NJW-RR 91, 1209) ging davon aus, dass kein offensichtlicher Fehler vorliege, obwohl die Verbrauchswerte von einem Jahr zum anderen um das Dreifache gestiegen waren, weil die Umstände für diesen Verbrauchsanstieg ungeklärt seien. Sie könnten sowohl im Verantwortungsbereich des Kunden als auch im Verantwortungsbereich des Unternehmens liegen.

– Liegt ein »offensichtlicher Fehler« vor, muss das Recht zur Zahlungsverweigerung innerhalb von 2 Jahren nach Zugang der Rechnung geltend gemacht werden (OLG Hamburg WuM 91, 431).

– Auch wenn der Kunde 12 Jahre lang keine Abrechnung erhalten hat, ist der Anspruch des Unternehmens weder verjährt noch verwirkt. Die Verjährung setzt voraus, dass überhaupt eine Rechnung erstellt worden ist. Und eine ⇨ VERWIRKUNG verneinte das Landgericht Frankfurt (RdE 93, 122) mit der Begründung, dass kein Kunde annehmen könne, er werde jahrelang umsonst von einem Unternehmen beliefert. Für den Kunden müsse klar sein, dass hier Fehler im technisch-organisatorischen Bereich vorliegen.

Preisänderungen
Die Wärmelieferungsverträge enthalten Preisänderungsklauseln, mit denen die Preise veränderten Umständen angepasst werden können. Diese Klauseln stellen Preiserhöhungen nicht in das Belieben der Wärmelieferanten. Entscheidend ist vielmehr, ausgehend von Basiszahlen, die tatsächliche Kostensteigerung. Preisänderungsklauseln müssen so gestaltet sein, dass sie sowohl die Kostenentwicklung bei Erzeugung und Bereitstellung der Fernwärme durch das Unternehmen als auch die jeweiligen Verhältnisse auf dem Wärmemarkt angemessen berücksichtigen. Darüber hinaus muss der Kunde anhand der Klausel den Umfang der Preissteigerung erkennen können **(BGH ZMR 2011, 376).** Siehe auch ⇨ GAS- UND STROMPREISERHÖHUNG.

Feuchtigkeit in der Wohnung ⇨ MÄNGEL DER WOHNUNG, ⇨ MIETMINDERUNG

Besonders im Winter, aber auch in den Übergangszeiten sind Feuchtigkeitsschäden in Wohnungen häufig. Die schwarzen Flecken auf den Tapeten sehen nicht nur hässlich aus, die Sporen des Schimmelpilzes können z.B. auch, insbesondere bei Kindern, schwere Asthmaleiden verursachen. Hierfür kann Kondensfeuchtigkeit von innen oder von außen in die Wand eindringendes Wasser verantwortlich sein.

Feuchtigkeit von außen kann hervorgerufen werden durch undichte Stellen im Mauerwerk oder Dach, durch versteckte Wasserrohrbrüche usw. Hier ist die Rechtslage eindeutig: Der Vermieter muss die Schäden und die Ursachen beseitigen, der Mieter ist zur Mietminderung berechtigt. Wichtig ist es, die Feuchtigkeit dem Vermieter anzuzeigen. Nur so kann der Vermieter alles Erforderliche zur Beseitigung der Feuchtigkeit unternehmen. Unterlässt der Mieter die Anzeige, darf er z.B. die Miete nicht mindern. Wurden Baumängel festgestellt, und unternimmt der Vermieter trotzdem nichts zu deren Beseitigung, sodass sich der Mangel verschlimmert, muss der Mieter diesen Umstand nicht erneut anzeigen **(BGH WuM 2014, 378)**.

Häufiger tritt aber der Fall auf, dass Feuchtigkeit von innen durch Kondenswasserbildung an den Wänden (Schwitzwasser) produziert wird. Derartige Feuchtigkeitsschäden aufgrund von Kondenswasserbildung treten vor allem bei älteren, schlecht isolierten Häusern auf. Schäden zeigen sich typischerweise an Außenwänden (AG Tempelhof-Kreuzberg GE 2012, 835), in Zimmerecken, vor allem oben zur Decke hin, in Fensterlaibungen sowie an abgedeckten Wandflächen, z.B. hinter Möbeln, Vorhängen und Bildern. Meistens sind Schlafzimmer, Bad, Küche oder wenig beheizte Nebenräume betroffen. Mitunter treten derartige Schäden auch erstmals nach dem Einbau neuer Isolierglasfenster auf (LG Berlin GE 2001, 1133) bzw. dann, wenn sich die Lebensgewohnheiten der Mieter geändert haben, weil sich die Bewohnerzahl erhöht hat oder Mieter nach Beginn des Rentenalters oder infolge von Arbeitslosigkeit länger zu Hause sind.

Nachweis durch Sachverständigen

Feuchtigkeitsschäden mit oder ohne Schimmelbildung sind die am häufigsten auftretenden Wohnungsmängel. Dann stellt sich oft die Frage, wer verantwortlich ist. Es gibt zwei Gründe, warum sich Kondenswasser bildet bzw. dieses Schwitzwasser sich an den Wänden niederschlägt: Entweder ist die Luft zu feucht, d.h., der Mieter lüftet und/oder heizt zu wenig, oder die Wände sind zu kalt, das Haus hat also Baumängel. Häufig liegen beide Ursachen vor, und Mieter und Vermieter streiten sich: Die Mieter wollen die Miete kürzen mit der Behauptung, die Wohnung sei mangelhaft, die Vermieter wollen unter Umständen kündigen, weil der Mieter die Wohnung angeblich verkommen lasse. Letztlich muss oft ein Sachverständiger für Bauschäden die Ursachen feststellen. Dies ist in der Regel mit hohen Kosten verbunden.

Wichtig: Feuchtigkeitsschäden sind sowohl auf der Mieter- als auch auf der Vermieterseite mit größter Vorsicht zu behandeln. Wer für Feuchtigkeitsschäden verantwortlich ist, kann von vielen technischen Fragen abhängen. So ist man regelmäßig auf das Urteil des Bausachverständigen angewiesen. Das hat Konsequenzen für die Wahrnehmung der Rechte:

Kündigt der Mieter wegen der Feuchtigkeit und mietet eine neue Wohnung an, kann dies zur Folge haben, dass er nun zwei Wohnungen bezahlen muss, weil der Sachverständige später festgestellt hat, dass kein Baumangel vorlag, sondern der Mieter falsch gelüftet hat. Oder der Mieter bleibt in der Wohnung und mindert wegen der Feuchtigkeit die Miete. Wenn im letzteren Fall der Vermieter nunmehr vorsorglich fristlos kündigt, weil wegen der Minderung im Lauf der Monate ein Mietrückstand von 2 Monatsmieten aufgelaufen ist, kann dies für den Mieter sehr nachteilig sein. Stellt nämlich später der Sachverständige fest, dass der Mieter falsch gelüftet hat, muss er die einbehaltenen Mietanteile nachträglich doch zahlen, und er verliert die Wohnung, weil die Kündigung des Vermieters sich als rechtmäßig herausstellte **(BGH WuM 2012, 499)**. Eine Kündigung mit den gesetzlichen Fristen kann sogar schon möglich sein, wenn der Rückstand mehr als eine Monatsmiete beträgt ⮚ KÜNDIGUNGSSCHUTZ. Besser ist es daher, der Mieter zahlt zunächst die Miete »unter Vorbehalt« und fordert den Minderungsbetrag später ein, wenn die Verantwortlichkeit des Vermieters feststeht.

Richtiges Heiz- und Lüftungsverhalten

Der Mieter muss in seiner Wohnung in zumutbarem Umfang heizen und lüften. Was zumutbar ist, hängt vom Einzelfall ab. Relevant sind das Alter und der Zustand der Wohnung sowie die Lebensumstände des Mieters **(BGH WuM 2019, 25; WuM 2007, 319)**. Einigkeit besteht darin, dass Kipplüftung nicht genügt, da so kaum Luftaustausch stattfindet. Vielmehr ist eine Stoßlüftung erforderlich. Noch effektiver ist eine Querlüftung und ein Durchzug durch Öffnen mehrerer Fenster. Das verkürzt die notwendige Lüftungszeit erheblich. Bei alten, nicht fest schließenden Fenstern muss weniger gelüftet werden als bei neuen, mit Gummidichtung fest verschlossenen und gut wärmeisolierenden Doppelfenstern (LG Hannover WuM 85, 22).

Außerdem sind die Anwesenheitszeiten der Bewohner sowie ihre

Lebensgewohnheiten zu berücksichtigen. Auch die Wetterbedingungen spielen eine Rolle. An kalten Wintertagen genügen kürzere Lüftungszeiten. An warmen, feuchten Sommertagen muss auf das Lüften einer Souterrainwohnung oder eines Kellerraums womöglich ganz verzichtet werden, um nicht noch mehr Feuchtigkeit hereinzulassen. Nach Tätigkeiten, die mit einer besonders starken Feuchtigkeitsentwicklung verbunden sind, wie etwa Kochen, Duschen oder Waschen, muss der betroffene Raum sogleich gelüftet werden.

Nach dem BGH kann in einem 1971 errichteten Haus zweimal Stoßlüften am Tag von jeweils 13 bis 17 Minuten oder dreimal Stoßlüften von je zehn Minuten oder dreimal Querlüften von jeweils drei Minuten vom Mieter verlangt werden. Auch berufstätigen Mietern ist mehrmaliges Stoßlüften am Tag zumutbar (LG Frankfurt WuM 2012, 266). Unzumutbar ist jedoch sechsmaliges Lüften am Tag (AG Mitte MM 2009, 299) oder sogar 20 Lüftungsvorgänge an einem Tag (AG Gießen WuM 2021, 418).

Der Vermieter kann nicht verlangen, dass die Mieter das Schlafzimmer heizen, wenn sie gewohnt sind, kalt zu schlafen (LG Itzehoe WuM 82, 181). Allenfalls kann er fordern, dass die Temperatur nicht unter 15 Grad sinkt (AG Köln WuM 85, 24). In der Konsequenz wird der Mieter aber vermehrt lüften müssen. Der Mieter schuldet zwar keine besondere »Klimapflege« für seine Wohnung (LG Hamburg WuM 88, 106), was aber das ausreichende und zumutbare Lüften nicht ausschließt.

Es kann vom Mieter auch nicht verlangt werden, dass er ständig die Fenster weit öffnet (LG München I WuM 85, 26) oder die Wohnung auf 22 Grad heizt, wenn ihm 20 Grad warm genug sind (LG Braunschweig WuM 85, 26; LG Hamburg WuM 88, 353).

Hinsichtlich der Möblierung kann dem Mieter zugemutet werden, dass er einen Schrank nicht unmittelbar, sondern mit einigen Zentimetern Abstand an die Außenwand stellt **(BGH WuM 2019, 25)**. Der Vermieter darf vom Mieter nur nicht verlangen, vollständig auf die Möblierung an Außenwänden zu verzichten (LG Mannheim NJW 2007, 2499; AG Osnabrück NZM 2006, 224).

Ebenfalls besteht für den Mieter kein Grund, durch übermäßiges Heizen Mängel in der Bauisolierung auszugleichen, es sei denn, bei Anmietung der Wohnung hat der Vermieter auf diesen Umstand hingewiesen (LG Hamburg NZM 98, 571; LG Kiel WuM 82, 187). Allerdings kann es dem Mieter zumutbar sein, durch entsprechend angepasstes Wohnverhalten (Heizen und Lüften) das Ausmaß der Schäden einzugrenzen (LG Hannover WuM 88, 354).

Bei einem **fensterlosen Bad** können Schimmel- und Feuchtigkeitsschäden nicht auf falschem Lüftungsverhalten des Mieters beruhen. Vielmehr hat der Vermieter das Bad so herzurichten, dass eine geeignete Entlüftung möglich ist. Wenn eine vorhandene Innenlüftung/Zwangsentlüftung genutzt wird und sich trotzdem Schimmel bildet, liegt daher ein vom Vermieter zu verantwortender Mangel vor (LG Bochum WuM 92, 431).

Beweislast beachten
Für den Ausgang eines Gerichtsverfahrens ist entscheidend, wer die Beweislast trägt, wenn sich die Ursache für die Feuchtigkeit letztlich nicht aufklären lässt. Verlangt der Vermieter trotz Mietminderung wegen Feuchtigkeitsschäden die volle Miete, muss der Mieter beweisen, dass die Wohnung mangelhaft ist, dass sie also feucht ist oder Schimmelflecken hat. Dies wird aber häufig sogar unstreitig sein. Dann ist der Vermieter am Zug, er muss beweisen, dass unzureichendes Lüften als Ursache in Frage kommt, indem er die in seinem Verantwortungsbereich liegenden Ursachen ausschließt **(BGH WuM 2005, 54,** anders beim Mieteranspruch **BGH WuM 2006, 147)**; das sind z. B. Eindringen von Regen bzw. Erdfeuchte von außen, Neubaufeuchtigkeit, Kernkondensat, nicht ausreichende Wärmedämmung (LG Kassel WuM 88, 355; LG Düsseldorf WuM 89, 13; LG Hamburg WuM 88, 353; LG Braunschweig WuM 88, 356; AG Hamburg WuM 88, 357; LG Göttingen WuM 86, 308; LG Hannover WuM 82, 183; AG Münster WuM 82, 185; AG Köln WuM 85, 24; LG Augsburg WuM 85, 25). Um einen Baumangel auszuschließen, ist es nach Ansicht des BGH jedoch ausreichend, wenn der Vermieter nachweist, dass eine fehlerfreie Errichtung des Gebäudes erfolgt ist. Der Mieter kann bei älteren Gebäuden keinen Neubaustandard erwarten. Maßgeblich sind vielmehr die bei Errichtung des Gebäudes geltenden Bauvorschriften. Daher können Wärmebrücken in einem Wohnhaus mit Baujahr 1971 nicht als Mangel angesehen werden, da zu diesem Zeitpunkt eine Dämmung noch nicht vorgeschrieben war **(BGH WuM 2019, 25)**. Wärmebrücken sind besonders kalte Stellen an Wänden oder Decken, an denen die Luftfeuchtigkeit kondensiert. Dazu zählen auch unzureichend gedämmte Rollladenkästen. Diese Stellen sind ein idealer Nährboden für Schimmel.

Kann der Vermieter einen Baumangel als Ursache ausschließen, muss im Anschluss wiederum der Mieter beweisen, dass er in zumutbarem Rahmen ausreichend gelüftet und geheizt hat (s. o.).

Keine Haftung trotz falschen Lüftens

Ausnahmsweise kann aber auch bei fehlerhaftem Lüftungs- oder Heizverhalten und obwohl keine bauseitige Ursache vorliegt, die Schimmelbildung dem alleinigen Verantwortungsbereich des Vermieters zugerechnet werden. Das ist z.B. der Fall, wenn der Vermieter ein unrichtiges oder unzureichendes Informationsblatt zum Lüftungsverhalten überreicht hat und für den Mieter nicht ohne weiteres erkennbar war, wie er richtig zu lüften hat (LG Berlin WuM 2021, 353). Gleiches gilt, wenn der Vermieter aufgrund der baulichen Situation nicht auf eine besondere und notwendige Belüftungsart hingewiesen hat (LG Berlin GE 2014, 1008) oder wenn nach dem Einbau neuer Fenster nicht über das neue und notwendige Lüftungsverhalten aufgeklärt wurde (LG Berlin GE 2001, 1133; LG Lübeck WuM 90, 202). In diesen Fällen trifft den Mieter kein Verschulden; denn er muss sich nicht selbstständig über ein notwendiges verändertes Lüftungsverhalten informieren (AG Reinbek WuM 2014, 568).

Rechte des Mieters

Trifft den Mieter keine Schuld an der Feuchtigkeit, kann er die Miete mindern (AG Köpenick MM 2002, 185), im Extremfall bis zu 100% (LG Berlin GE 2009, 845; AG Charlottenburg GE 2007, 1387) ⇨ MIETMINDERUNG. Die bloße Gefahr einer Schimmelbildung stellt jedoch keinen Mangel dar, der den Mieter zur Kürzung der Miete berechtigt **(BGH WuM 2019, 25)**.

Wird die Feuchtigkeit vom Vermieter trotz Abmahnung nicht behoben, kann der Mieter auch fristlos kündigen (LG Kassel WuM 88, 109). Als Druckmittel, damit der Vermieter die Mängel beseitigt, kann er auch die Miete zurückbehalten (AG München WuM 87, 216) ⇨ ZURÜCKBEHALTUNGSRECHT. Wenn die Ursache eindeutig feststellbar ist, kann der Mieter auch nach erfolgloser Abmahnung für die erforderlichen Arbeiten selbst Handwerker bestellen, vom Vermieter Ersatz der Kosten und auch einen Vorschuss hierfür verlangen (OLG Frankfurt WuM 89, 284; **KG Berlin RE WuM 88, 142**) ⇨ MÄNGEL DER WOHNUNG.

Der Vermieter kann dies im Regelfall nicht mit dem Hinweis auf die hohen Kosten ablehnen. Nur wenn die sog. Opfergrenze überschritten wird, ist der Vermieter von seiner Leistungspflicht befreit **(BGH WuM 2010, 348)**. Allerdings ist ein Sanierungsaufwand von ca. 10 000 Euro bei Feuchtigkeitsschäden zumutbar (LG Wuppertal WuM 91, 178). Unter Umständen muss der Vermieter dem Mieter auch Schäden an Einrichtungsgegenständen ersetzen ⇨ MÄNGEL DER WOHNUNG.

Achtung bei Erstbezug
Neue Bauten benötigen eine gewisse Zeit, bis das Mauerwerk ausgetrocknet ist. Räume eines Neubaus, der kurz vor der Heizperiode fertig wurde, können einen Wärmemehrbedarf von 15 bis 20% haben. Ob die hierdurch bedingten Mehrkosten für das Trockenheizen oder die eingeschränkte Verwendungsmöglichkeit wegen der notwendigen ausreichenden Lüftung einen Mangel der Mietwohnung darstellen, ist bei den Gerichten umstritten. Einen Mangel, der eine Mietminderung rechtfertigt, bejahen: LG Lübeck WuM 88, 351; LG Nürnberg-Fürth WuM 88, 155; AG Bad Schwartau WuM 88, 55. Andere Gerichte geben Mietern das Recht, die Heizkosten zwischen 10 und 25% zu kürzen (LG Lübeck WuM 83, 239; LG Essen ZMR 70, 303; AG Köln WuM 85, 371).

Hinweise technischer Art zum richtigen Lüften und Heizen gibt der DIN-Fachbericht 4108–8 – »Vermeidung von Schimmelwachstum in Wohngebäuden«.

Fogging

Beim Fogging kommt es zu schwarzen, grauen bzw. ölig-schmierigen Staubablagerungen. Zumeist tritt dieses Phänomen in der Heizperiode auf, und zwar in Wohnungen, die zuvor renoviert oder in denen größere und kleinere bauliche Eingriffe vorgenommen wurden. Aber auch Neubauwohnungen sind davon betroffen. Zumeist wurden bei Fertigstellung, Renovierung oder Umbau der Wohnungen Produkte eingesetzt, die sogenannte höhersiedende organische Verbindungen in die Luft emittieren können. Das sind z. B. Bestandteile von Farben, Lacken, Klebstoffen. Hinzu kommen häufig noch andere Faktoren, wie zum Beispiel bauliche Gegebenheiten. Darunter fallen Kältebrücken, schadhafte Isolierungen, versottete Schornsteine und Kamine, aber auch die Ausstattung der Wohnung, wie zum Beispiel Laminat-Fußboden, bestimmte Wandfarben, Tapeten oder Teppichböden. Im Übrigen spielt auch die Raumnutzung eine Rolle: Das Lüftungsverhalten und Verbrennungsvorgänge, die zusätzlichen Staub produzieren, sind ebenso zu nennen wie der Faktor Luftfeuchtigkeit.

Wenn das Erscheinungsbild des Fogging in der Wohnung auftritt, hat der Mieter gegen den Vermieter einen klagbaren Anspruch auf Herstellung des vertragsgemäßen Zustands **(BGH WuM 2008, 476)**. Weigert sich der Vermieter, kann der Mieter auch einen Vorschuss geltend machen. Ausnahme: Der Mieter hat schuldhaft gehandelt. Beruht das Fogging auf der vom Mieter vorgenommenen Ausstattung, handelt der Mieter nicht schuldhaft, wenn Ausstattung und Einrichtung »handelsüblich« sind.

Daneben kann der Mieter den Mietzins mindern und gegebenenfalls Schadensersatz verlangen (LG Düsseldorf WuM 2011, 416: Mietminderung 10%; LG Berlin GE 2003, 1019; LG Ellwangen GE 2002, 53; AG Hamburg GE 2002, 55 und 57). Die Zuweisung der Verantwortung ist problematisch, weil die Ursachen der Schwärzung selten eindeutig dem Mieter oder dem Vermieter zuzuordnen sind (AG Hamburg-Wandsbek NZM 2000, 906). Somit ist es entscheidend, ob dem Mieter oder dem Vermieter die Unklarheit angelastet wird. Die Gerichte behandeln solche Fälle nach dem Grundsatz, dass jeder für seinen Gefahrenbereich verantwortlich ist. Macht der Vermieter einen Anspruch geltend, muss er beweisen, dass der Schaden nicht seinem Obhutsbereich entstammt **(BGH WuM 2005, 54; WuM 94, 466**; LG Düsseldorf WuM 2011, 416; AG Saarbrücken ZMR 2010, 698). Ist dem Vermieter dieser Beweis gelungen, muss der Mieter seinerseits den vollen Beweis dafür erbringen, dass die Ursache nicht in seinem Gefahrenbereich gesetzt wurde oder er sie nicht zu vertreten hat **(BGH WuM 98, 96**; LG Wuppertal 9 S 212/11).

Macht dagegen der Mieter z. B. Schadensersatz geltend, muss er das Verschulden des Vermieters **(BGH WuM 2006, 147;** LG Berlin WuM 2017, 83) oder einen schon bei Vertragsbeginn vorhandenen Mangel beweisen (AG Cottbus ZMR 2005, 626).

Das Risiko des Fogging ist nicht auf den Mieter durch Vertrag abwälzbar, auch nicht individualvertraglich. Den Mieter würde es übermäßig belasten, das Risiko des Fogging zu tragen. Es wäre unbillig, den Mieter mit einem Risiko zu belasten, dessen Ursachen oft nicht eindeutig feststehen und auch im Verschulden Dritter liegen können. Die Pflicht zur Beseitigung der schwarzen Flecken kann dem Mieter auch nicht mithilfe einer wirksamen Klausel zu Schönheitsreparaturen übertragen werden.

Förderzusage

Bisher hat der Staat zur Förderung des Wohnungsbaus u. a. öffentliche Mittel zum Bau von Sozialwohnungen (⇨ WOHNUNGSBAUFÖRDERUNG) eingesetzt. Der Bezug dieser Wohnungen ist vom Einkommen abhängig ⇨ WOHNBERECHTIGUNG. Der Vermieter darf nur die sog. Kostenmiete verlangen ⇨ SOZIALMIETE. Diese Regelungen gelten für den so geförderten Wohnungsbestand auch weiterhin.

Seit dem 1.1.2002 – bzw. dem 1.1.2003, wenn ein Bundesland die »alte« Förderung einschließlich Kostenmiete noch 1 Jahr lang fortgesetzt hat – erfolgt die Förderung auf Antrag des Bauherrn durch eine **Förderzusage**, entweder in Form eines Verwaltungsaktes oder durch einen öffentlich-rechtlichen Vertrag. Gesetzliche Grundlage ist zunächst das Wohnraumförderungsgesetz (WoFG) des Bundes. Im Rahmen der Föderalismusreform ist die Zuständigkeit der Wohnraumförderung ab September 2006 jedoch auf die Bundesländer übergegangen. Diese haben das Recht, eigene Fördervorschriften zu erlassen. Von dieser Möglichkeit haben alle Bundesländer Gebrauch gemacht. Die Fördervoraussetzungen und -bestimmungen unterscheiden sich stark.

Die Förderzusage enthält u. a. Bestimmungen über die Höhe der Förderung, über die Dauer der Gewährung, über die Einhaltung von Einkommensgrenzen und Wohnungsgrößen sowie über die Folgen eines Eigentümerwechsels.

Außerdem ergeben sich aus der Förderzusage Art, Höhe und Dauer der Mietbindungen sowie Art und Dauer der Belegungsbindungen, auch für den Fall der vorzeitigen Rückzahlung der Fördermittel.

Belegungsrechte
In der Förderzusage wird genau festgelegt, auf welche Wohnungen sich das Belegungsrecht bezieht. Das können einmal die geförderten Wohnungen sein **(unmittelbare Belegung)**; das können aber auch andere Wohnungen sein, die der Bauherr schon in seinem Bestand hat **(mittelbare Belegung)**. Schließlich ist auch eine Kombination möglich **(verbundene Belegung)**.

Aus der Förderzusage ergibt sich auch, in welcher Form der Bauherr als Gegenleistung für die Fördermittel Belegungsrechte einräumen muss.

Ist ein **allgemeines Belegungsrecht** vereinbart, ist der Vermieter in der Wahl seines Mieters frei; er muss nur darauf achten, dass dieser einen Wohnberechtigungsschein vorweisen kann.

Wenn ein **Benennungsrecht** besteht, werden dem Vermieter mindestens drei Wohnungssuchende benannt. An einen davon muss der Vermieter die Wohnung dann vermieten.

Ist eine Wohnung durch ein **Besetzungsrecht** gebunden, kann dem Vermieter genau vorgeschrieben werden, an wen er diese Wohnung zu vermieten hat.

Höchstzulässige Miete
Der Vermieter darf diese Wohnung nicht teurer vermieten als zu dem nach der Förderzusage höchstzulässigen Mietpreis. Zusätzlich darf noch die Umlage von ⇨ BETRIEBSKOSTEN vereinbart werden, entweder in Form von Vorauszahlungen mit jährlicher Abrechnung oder in Form einer Betriebskostenpauschale.

Einzelheiten über die höchstzulässige Miete sowie das Bindungsende müssen im Mietvertrag angegeben werden.

Mieterhöhungen eingeschränkt
Für ⇨ MIETERHÖHUNGEN gelten die allgemeinen mietrechtlichen Regelungen. Eine Mieterhöhung setzt also voraus, dass der Mieter weniger zahlt, als vergleichbarer Wohnraum ortsüblicherweise kostet, und dass Kappungsgrenze und Jahressperrfrist eingehalten sind.

Darüber hinaus darf der Vermieter die höchstzulässige Miete nicht überschreiten und muss die Bindungen aus der Förderzusage beachten (z. B. Kappungsbeträge).

Damit der Mieter dies kontrollieren kann, hat er gegenüber dem Vermieter einen Auskunftsanspruch. Dieser ist verpflichtet, ihn über alle Bestimmungen der Förderzusage zu informieren, die mit der Mietbindung zusammenhängen. Erteilt der Vermieter die Auskunft nicht oder nur unzureichend, kann der Mieter die Auskunft von der Behörde verlangen.

Einmalige Leistungen
Der Vermieter darf einmalige oder sonstige Leistungen nur dann fordern oder annehmen, wenn sie nach den Vorschriften des jeweiligen Bundeslandes oder nach der Förderzusage zugelassen sind.

Achtung: Hat der Vermieter im Mietvertrag die höchstzulässige Miete überschritten oder eine unzulässige Leistung gefordert, können diese Verstöße als Ordnungswidrigkeit mit einem Bußgeld bis zu 50 000 Euro geahndet werden.

Zusätzlicher Kündigungsschutz bei Umwandlung
Wird die Wohnung nach Abschluss des Mietvertrages in eine Eigentumswohnung umgewandelt und verkauft, gilt zusätzlich zur allgemeinen Kündigungssperrfrist bei ⇨ UMWANDLUNG VON MIET- IN EIGENTUMSWOHNUNGEN, dass der Käufer nicht wegen Eigenbedarfs kündigen kann, solange für die Wohnung Miet- oder Belegungsbindungen bestehen.

Freie Meinungsäußerung

Nach Art. 5 Grundgesetz (GG) hat jeder das Recht, seine Meinung in Wort, Schrift und Bild frei zu äußern, soweit er damit nicht gegen allgemeine Gesetze verstößt. Die Grenzen des Erlaubten ziehen insbesondere die Regelungen im Strafgesetzbuch (StGB) zu Beleidigung, übler Nachrede und Verleumdung (§§ 185–187 StGB); auch können Regelungen im Mietvertrag das Recht zur freien Meinungsäußerung beschränken. Verboten sind zudem Eingriffe in das Allgemeine Persönlichkeitsrecht des Vermieters (Art. 2 Abs. 1, Art. 1 Abs. 1 GG).

Im **Privatbereich** gemachte Äußerungen sind in der Regel der Beschränkung entzogen. In der **Öffentlichkeit** getätigte Äußerungen hingegen können unzulässig sein. Im Einzelfall kommt es häufig zu Streitigkeiten darüber, was (noch) erlaubt ist.

Auch nachteilige öffentliche Äußerungen über den Vermieter und sein Geschäftsgebaren sind als freie Meinungsäußerung zulässig. Die Grenze ist erst da zu ziehen, wo nicht mehr die Auseinandersetzung in der Sache, sondern die Herabsetzung des anderen im Vordergrund steht; in Diffamierungsabsicht geäußerte Schmähkritik überschreitet die Grenzen des Erlaubten (**BVerfG – 1 BvR 482/13**). Dass Äußerungen u. U. störend und für den Vermieter wirtschaftlich nachteilig sind, ändert nichts daran, dass sie erlaubt sind (**VerfGH Berlin ZMR 2008, 605**; OLG München WuM 85, 55; OLG Frankfurt WuM 83, 84; OLG Köln WuM 81, 20; LG Berlin NZM 2002, 1007). Auch ist es nicht verboten, im Internet zu behaupten, der Vermieter »zocke die Mieter ab«, und man müsse ihm das »kriminelle Handwerk legen« (LG Lübeck WuM 2013, 530). Auch eine Äußerung des Mieters anlässlich eines Mahnverfahrens über »kriminelle Hausverwaltungsgeschäfte und Machenschaften« des Vermieters rechtfertigt keine Kündigung, solange nicht die Diffamierung der Person im Vordergrund steht (LG Berlin WuM 2013, 354). Gibt der Mieter ein Zeitungsinterview, welches den Vermieter in schlechtes Licht setzt, rechtfertigt dies nicht die fristlose Kündigung (AG Nürnberg WuM 83, 261). Allerdings dürfen solche Behauptungen nicht »ins Blaue hinein« aufgestellt werden. Zumindest die Bezugspunkte der Kritik sind mitzuteilen (OLG Köln WuM 83, 85). Eine Strafanzeige gegen den Vermieter wegen Hausfriedensbruchs rechtfertigt keine Kündigung, wenn der Mieter sich als Opfer einer Straftat des Vermieters sieht und nicht primär das Ziel verfolgt, den Vermieter zu schädigen (LG Frankfurt/O. WuM 2013, 355). Ehrverletzende Behauptungen in einem offenen Brief, Mitarbeiter des Vermieters kämen aus dem Rotlichtmilieu, muss der Vermieter nicht hinnehmen; in diesem Fall soll die Kündigung möglich sein (LG Halle/Saale ZMR 2012, 19). Der Mieter darf auch nicht zu einem Mietboykott auffordern (**BGH WuM 85, 218**).

Äußerungen über die Wohnung oder den Kaufpreis anlässlich einer **Wohnungsbesichtigung** durch einen potenziellen Käufer sind dem Mieter erlaubt (OLG Celle WuM 91, 538; AG Nürnberg WuM 83, 261). Er darf auf (vermeintliche) Mängel der Wohnung hinweisen (OLG Celle WuM 91, 538), aber keine (bewusst) wahrheitswidrigen, geschäftsschädigenden Behauptungen aufstellen. Erlaubt ist auch der Hinweis an den Käufer, sich gegen eine Kündigung zur Wehr zu setzen (AG Saarbrücken WuM 2016, 520).

Besonders häufig wird um **Plakate** in Fenstern oder an der Außenfassade gestritten. Enthält der **Mietvertrag** hierzu eine Regelung – z. B., dass für das Aushängen von Plakaten an der Außenwand die Zustimmung des Vermieters erforderlich ist –, ist diese maßgeblich. Eine solche Regelung würde allerdings nicht die Anbringung von Informationen über die rechtliche Stellung von Käufern von Eigentumswohnungen im **eigenen Fenster** des Mieters verbieten (AG Hamburg WuM 79, 76). Auch ein Plakat mit der Aufschrift »Wir lassen uns nicht luxussanieren«, das **ohne Substanzbeschädigung am mitvermieteten Balkon** angebracht ist, ist trotz eines Plakatierungsverbots in den ⇨ ALLGEMEINEN GESCHÄFTSBEDINGUNGEN im Mietvertrag kein vertragswidriger Gebrauch der Mietsache und muss nicht entfernt werden (AG Mitte WuM 2014, 482). Grundsätzlich muss im Einzelfall geprüft werden, ob die Plakatierung vertragswidrig ist. Enthält der Mietvertrag dazu keine Regelung, kommt es auf die sog. Verkehrssitte an (BayObLG RE WuM 84, 12). Ist die Plakatierung vertragswidrig, kann der Vermieter nach Abmahnung auf Unterlassung klagen (LG Aachen WuM 88, 53).

Ein Plakat »Spekulieren lassen wir uns nicht gefallen« ist **gegen den Vermieter** gerichtet und deshalb vertragswidrig; der Vermieter kann die Beseitigung verlangen, aber dem Mieter nicht fristlos kündigen (AG Nürnberg WuM 83, 261). Auch ein Plakat, mit dem sich der Mieter mit einer Interessengemeinschaft von Mietern gegen die Umwandlung in Eigentumswohnungen solidarisiert, ist kein Kündigungsgrund (LG Kassel WuM 81, 211).

Plakate mit **politischen Äußerungen** sind – soweit nicht vertraglich verboten – in der Regel zulässig (LG Aachen WuM 88, 53; LG Hamburg WuM 86, 134). Eine Ausnahme kann gelten, wenn sie zur Störung des Hausfriedens führen; auch in diesem Fall läge aber zumindest dann kein Kündigungsgrund vor, wenn der Mieter das Plakat nach Abmahnung und Einholung von Rechtsrat abnimmt (LG Tübingen WuM 86, 116).

Beschließt eine Wohnungseigentümerversammlung, dass einer Plakatierung mit Mehrheitsbeschluss zugestimmt werden muss, ist das eine nicht zu beanstandende Gebrauchsregelung (AG Erfurt WuM 2011, 180). Dies kann für den Mieter einer Eigentumswohnung bedeutsam sein, wenn solche Beschlüsse laut Mietvertrag auch für ihn bindend sind.

Freifinanzierte Wohnungen ⮱ WOHNUNGSBAUFÖRDERUNG

Wohnungen sind freifinanziert, wenn sie nach dem Währungsstichtag 20.6.1948 (in den östlichen Bundesländern und Ostberlin: nach dem 2.10.1990) bezugsfertig geworden und für sie weder öffentliche Mittel noch Steuervergünstigungen in Anspruch genommen (⮱ MIETERHÖHUNGEN) bzw. die öffentlichen Mittel planmäßig zurückgezahlt worden sind. Fördermittel, die im Rahmen der ⮱ VEREINBARTEN FÖRDERUNG oder nach dem Wohnraumförderungsgesetz (⮱ FÖRDERZUSAGE) gewährt werden, zählen nicht als öffentliche Mittel.

Fristlose Kündigung

Unter bestimmten Voraussetzungen können **Mieter und Vermieter** das Mietverhältnis ohne Einhaltung einer Frist kündigen. Eine solche fristlose Kündigung ist zulässig, wenn dafür ein **wichtiger Grund** vorliegt. Das heißt, die normale Beendigung des Mietverhältnisses, also der Ablauf der Mietzeit eines Zeitmietvertrages oder die Einhaltung der Kündigungsfrist bei einem unbefristeten Vertrag, muss dem Vertragspartner unzumutbar sein, § 543 Abs. 1 Satz 2 BGB. Erforderlich ist daher eine Abwägung der beiderseitigen Interessen der Mietvertragsparteien und eine Berücksichtigung aller Umstände des Einzelfalls; hierzu gehören auch etwaige Härtegründe auf Seiten des Mieters **(BGH WuM 2017, 23)**.

Eine fristlose Kündigung muss schriftlich erfolgen und begründet werden (⮱ KÜNDIGUNGSFORM). Die Kündigungsgründe müssen so konkret angegeben werden, dass eine Überprüfung der Vorwürfe möglich ist (LG Berlin WuM 2003, 208).

Allein aus der Tatsache, dass die Vertragsparteien über die gegenseitigen Ansprüche mehrfach prozessiert haben, kann ein Recht des Vermieters zur fristlosen Kündigung nicht hergeleitet werden (OLG Hamm NJW-RR 93, 16). Das Gleiche gilt bei einer zwar unberechtigten, aber nicht völlig abwegigen ⮱ MIETMINDERUNG **(BVerfG WuM 89, 278)**.

Auch bei einer fristlosen Kündigung muss der Vermieter dem Mieter eine angemessene Frist von ein bis zwei Wochen gewähren, um die Wohnung zu räumen. Zieht der Mieter nicht aus, darf der Vermieter die Mieträume nicht eigenmächtig in Besitz nehmen, sondern muss vor Gericht einen Räumungstitel erwirken. Reicht der Vermieter sofort nach Zugang der Kündigung – ohne Beachtung einer **angemessenen Ziehfrist** von 10 Tagen – Klage ein, so muss er die Kosten des Klageverfahrens tragen, wenn der Mieter den Räumungsanspruch vor Gericht sofort anerkennt (LG München II WuM 89, 181). Kündigt der Mieter an, die Wohnung zeitnah innerhalb eines bestimmten Zeitraums zu räumen und reicht der Vermieter vor dem angekündigten und später eingehaltenen Termin Räumungsklage ein, so muss der Vermieter die Kosten des Verfahrens tragen (OLG Dresden ZMR 2015, 122; OLG Frankfurt a.M. NZM 2007, 340).

Fristlose Kündigung durch den Mieter

■ Das Gesetz hat einige wichtige Kündigungsgründe des Mieters hervorgehoben. Ein **wichtiger Grund** zur fristlosen Kündigung liegt für den Mieter vor, wenn die Benutzung der Wohnung mit einer erheblichen **Gefährdung der Gesundheit** verbunden ist. Die Gesundheitsbeeinträchtigung muss also noch nicht eingetreten sein, aber konkret drohen; haltlose Befürchtungen können keine Kündigung rechtfertigen. Das Kündigungsrecht besteht auch dann, wenn der Mieter die gesundheitlichen Risiken beim Abschluss des Mietvertrages kannte.

Achtung: Im Regelfall ist eine vorherige Abhilfefrist erforderlich **(BGH WuM 2010, 352; WuM 2007, 319)**. Verlangt der Mieter die Beseitigung des Mangels und setzt hierfür eine Frist, kann er ohne erneute Androhung anschließend fristlos kündigen **(BGH WuM 2007, 570)**. Eine Fristsetzung zur Mängelbeseitigung ist nur dann nicht erforderlich, wenn sie offensichtlich keinen Erfolg verspricht oder wenn dem Mieter ein weiteres Abwarten wegen der damit verbundenen Gefahr für seine Gesundheit nicht zugemutet werden kann, z.B. wenn der Vermieter die Mängelbeseitigung endgültig verweigert (**BGH WuM 2010, 352**; OLG Brandenburg ZMR 2009, 190) oder die angebotene Maßnahme nicht geeignet ist, die Gesundheitsgefahr abzuwenden (OLG Brandenburg ZMR 2017, 387).

Der Mieter sollte zeitnah nach Ablauf der Frist zur Mängelbeseitigung kündigen. Die schriftliche Kündigung muss den Kündigungsgrund »Gesundheitsgefahr« und alle Tatsachen nennen, aus denen sich die gesundheitsbedrohenden Umstände ergeben, und der Mieter muss sie im Zweifel auch beweisen können (AG Münster WuM 2008, 218). Auch ein gewerblicher Zwischenmieter kann dem Hauptvermieter wegen Gesundheitsgefährdung kündigen **(BGH WuM 2004, 206)**.

Beispiel: Überhöhte Formaldehydkonzentration in der Wohnung ⇨ GESUNDHEITSGEFÄHRDUNG (AG Stade WuM 2000, 417; AG Köln WuM 87, 120); gravierender Ungezieferbefall durch Khaprakäfer und Unbewohnbarkeit der Wohnung, weil der Vermieter zusätzlich für Wohnungen nicht geeignete Bekämpfungsmittel eingesetzt hatte (AG Trier WuM 2001, 486; AG Aachen WuM 99, 457); völlig durchfeuchtete und praktisch unbewohnbare Wohnung (AG Regensburg WuM 88, 361); gravierende Feuchtigkeitsschäden mit Schimmelpilzbildung (AG Saarbrücken WuM WuM 2017, 634) oder wenn die Wohnung »unter Wasser« steht, weil aufgrund eines ⮩ HOCHWASSERS mit Schlamm und Fäkalien durchsetzte Abwässer aus der Kanalisation in die Wohnung gedrückt werden (AG Köln WuM 97, 261). In vielen dieser Fälle muss ein Sachverständiger eingeschaltet werden, und es kann – wenn der Vermieter Veränderungen vornehmen will – auch ein ⮩ SELBSTSTÄNDIGES BEWEISVERFAHREN erforderlich sein (LG Mannheim WuM 88, 360).

■ Wird dem Mieter der **vertragsgemäße Gebrauch** der Wohnung ganz oder teilweise nicht rechtzeitig gewährt oder wieder entzogen, liegt ebenfalls ein **wichtiger Grund** für eine fristlose Kündigung vor. Anders als bei der Gesundheitsgefährdung ist die fristlose Kündigung jedoch ausgeschlossen, wenn der Mieter den Mangel beim Abschluss des Vertrages kannte. Außerdem muss der Mieter dem Vermieter zuvor Gelegenheit zur Abhilfe geben. Dazu muss er ihm eine **angemessene Frist** setzen; erst wenn diese ergebnislos verstrichen ist, darf gekündigt werden. Was eine angemessene Frist ist, lässt sich nicht verallgemeinern, sondern hängt vom Einzelfall ab. Ist die vom Mieter gesetzte Frist zu kurz, hilft das dem Vermieter nur insoweit, als dann an die Stelle der zu kurzen Frist die angemessene Frist tritt (LG Frankfurt WuM 87, 55). Auf eine Fristsetzung kann der Mieter nur dann verzichten, wenn diese offensichtlich keinen Erfolg verspricht, so bei Geruchsbelästigungen, die von einer städtischen Kläranlage ausgehen, sodass der Vermieter nicht ohne weiteres Abhilfe schaffen kann (LG Augsburg WuM 86, 137), oder bei Lärm von einer benachbarten Großbaustelle (LG Hamburg WuM 86, 313) oder wenn der Vermieter Abhilfe ernsthaft ablehnt (OLG Düsseldorf WuM 95, 585).

Das Gleiche gilt, wenn die tatsächliche **Wohnfläche** der Wohnung mehr als 10 Prozent kleiner ist als die vereinbarte; der Mieter muss dann auch nicht darlegen, wieso ihm die Fortsetzung des Vertrages nicht zumutbar ist **(BGH WuM 2009, 349)**.

Beispiele: Eine fristlose Kündigung ist möglich, wenn die Wohnung des Mieters mit rostverfärbtem Wasser versorgt wird (LG Köln WuM 87, 122) oder wenn wegen der Bauweise nicht verhindert werden kann, dass Essensgerüche und Zigarettenrauch massiv in die Mieterwohnung dringen (LG Stuttgart WuM 98, 724), wenn dem Mieter durch eine Ordnungsverfügung der Stadt die vertragsgemäße Nutzung der Wohnung untersagt wird (OLG Köln WuM 98, 152), wenn ein Geschäftslokal an einem wichtigen innerstädtischen Platz in »Toplage« angemietet wird, dann an diesem Platz aber über Monate und Jahre hinweg eine Baustelle eingerichtet wird (OLG Dresden WuM 99, 158), oder wenn der

Vermieter der vertraglich vereinbarten Untervermietung unberechtigt widerspricht (OLG Düsseldorf WuM 95, 585).

Weitere Beispiele: Erhebliche Umbauarbeiten im Haus (LG Berlin WuM 2006, 375; AG Darmstadt WuM 80, 131); Zimmertemperaturen von 16 bis 17 Grad im Winter (OLG München WuM 59, 74; LG Landshut WuM 89, 175); ständige nächtliche Ruhestörungen durch lautstarke Auseinandersetzungen der Nachbarn (LG Duisburg WuM 88, 264); Mietpreisüberhöhung des Vermieters (LG Darmstadt WuM 97, 442); Bordellbetrieb im Haus (LG Kassel WuM 87, 122; LG Frankfurt WuM 87, 55; AG Osnabrück WuM 2008, 84); Vermieter beleidigt den Mieter und bezichtigt ihn des querulantenhaften und aufwieglerischen Verhaltens im Haus (AG Borken WuM 2000, 189); wenn der Vermieter unbefugt die Wohnung des Mieters mit einem Zweitschlüssel betritt (OLG Celle WuM 2007, 201; LG Berlin WuM 99, 332); wenn der Vermieter unberechtigt eine fristlose Kündigung ausspricht (OLG Düsseldorf WuM 97, 556); regelmäßiger Stromausfall im Haus, weil der Vermieter die Stromrechnung nicht zahlt (LG Saarbrücken WuM 95, 159) ⇨ VERSORGUNGSSPERRE, oder wenn der Vermieter bei der Nebenkostenabrechnung täuscht und falsche Zahlen einsetzt (LG Gießen WuM 96, 767).

■ Der Mieter darf nicht allein deshalb fristlos kündigen, weil er aufgrund seines Gesundheitszustands die Wohnung nicht mehr nutzen kann. Allerdings kann dann u.U. ein Anspruch auf Abschluss eines Mietaufhebungsvertrages bestehen (AG Charlottenburg GE 2018, 1530). Das Recht des Mieters auf fristlose Kündigung kann verwirkt sein, wenn er es verspätet ausübt (**BGH WuM 2010, 352; WuM 2000, 416**; OLG Celle ZMR 95, 298). Ansonsten ist die fristlose Kündigung rechtzeitig ausgesprochen, wenn sie spätestens 6 Wochen nach der Vertragsverletzung des Vermieters erfolgt (LG Berlin WuM 99, 332).

Das Kündigungsrecht lebt wieder auf, wenn sich ein Mangel unzumutbar verschlechtert hat (KG Berlin NJW-RR 2002, 224).Hat der Mieter zu Recht fristlos gekündigt, muss der Vermieter unter Umständen Schadensersatz leisten (LG Saarbrücken WuM 91, 91). Der Mieter kann Ersatz für alle mit dem Auszug verbundenen Aufwendungen verlangen, z.B. Umzugskosten, Makler, ggf. Anwaltskosten usw. (LG Kassel WuM 82, 188; LG Hamburg WuM 89, 285; LG Essen WuM 89, 372; vgl. auch weitere Entscheidungen unter vorgetäuschtem ⇨ EIGENBEDARF).

Fristlose Kündigung durch den Vermieter

■ **Gefährdung der Mietsache, § 543 Abs. 2 Satz 2 Nr. 2 BGB**
Der Vermieter darf fristlos kündigen, wenn der Mieter infolge mangeln-

der Sorgfalt die Mietsache erheblich gefährdet, z. B., indem er wiederholt Wasserschäden verursacht (AG Wiesbaden NJW-RR 92, 76) oder trotz mehrerer Abmahnungen seine Wohnung total vermüllt (AG Rheine WuM 2008, 218; AG München WuM 2006, 621), oder wenn unzumutbarer Gestank in das Treppenhaus und in andere Wohnungen dringt (AG Münster WuM 2012, 372). Dies kann im Einzelfall anders zu bewerten sein, wenn einem pflegebedürftigen und unter Betreuung stehenden Mieter kein Schuldvorwurf zu machen ist (AG München WuM 2006, 621). Duldet der Vermieter einen zweifelhaften Zustand längere Zeit widerspruchslos, kann er deshalb nicht mehr fristlos kündigen (LG Siegen WuM 2006, 158).

Führt der Mieter hingegen vertraglich vereinbarte Schönheitsreparaturen nicht aus, ist das zwar im Zweifel eine Pflichtverletzung; eine fristlose Kündigung wird aber im Regelfall daran scheitern, dass dies nicht zu einer erheblichen Gefährdung der Mietsache führt.

Auch eine Überbelegung der Wohnung stellt nicht ohne weiteres einen wichtigen Grund dar **(BVerfG WuM 94, 119; BGH RE WuM 93, 529).** Dies muss vielmehr in jedem Einzelfall geprüft werden. Auch eine erhebliche Überbelegung allein reicht nicht; hinzukommen muss eine erhebliche Verletzung der Vermieterrechte. Diese ergibt sich aber nicht automatisch aus der Überbelegung, sondern hängt z. B. ab von Ausstattung und Zuschnitt der Wohnung, der Regelung über die Schönheitsreparaturen sowie Alter und Lebensgewohnheiten der Bewohner **(BGH RE WuM 93, 529; BVerfG WuM 94, 119).** Entsteht die Überbelegung im Laufe der Zeit durch Zuzug und Geburt von Familienangehörigen, scheidet eine fristlose Kündigung normalerweise aus (AG Hannover WuM 97, 556). Der Vermieter kann aber auch unter Einhaltung der gesetzlichen Kündigungsfrist kündigen **(OLG Hamm RE WuM 82, 323)**, es sei denn, er hat die Überbelegung über längere Zeit widerspruchslos hingenommen (LG Bonn WuM 90, 345; LG Darmstadt WuM 87, 393).

■ **Unbefugte Gebrauchsüberlassung, § 543 Abs. 2 Satz 2 Nr. 2 BGB**
Nimmt der Mieter seinen Lebensgefährten in die Wohnung auf, muss der Vermieter dies dulden, wenn es ihm nicht ausnahmsweise unzumutbar ist **(BGH RE WuM 85, 7)** ⇨ UNTERMIETE. Ein Kündigungsgrund liegt auch nicht vor, wenn der Mieter die Mieträume seinen Kindern überlässt, sofern die Wohnung weiterhin auch vom Mieter genutzt wird (LG Berlin WuM 2023, 203; AG Mitte WuM 2022, 273; LG Potsdam WuM 2012, 612). Es ist jedoch nicht erforderlich, dass der Mieter seinen Lebensmittelpunkt in der Wohnung behält. Es reicht aus, dass er noch ein Zimmer nutzt, persönliche Gegenstände in der Wohnung lässt oder

einen Schlüssel behält **(BGH WuM 2014, 489;** LG Berlin WuM 2023, 203). Eine nicht genehmigte Untervermietung ist dann kein Kündigungsgrund, wenn der Vermieter sie hätte genehmigen müssen **(BGH WuM 2023, 686)**.

Erteilt der Vermieter dem Mieter die Erlaubnis zur Untervermietung, kann dieser ohne besondere Anhaltspunkte nicht davon ausgehen, dass die Erlaubnis auch die tageweise Vermietung an Touristen umfasst. Vermietet der Mieter dennoch an Touristen unter, kann dies die fristlose Kündigung des Vermieters nach sich ziehen (**BGH WuM 2014, 142**). Voraussetzung ist allerdings, dass der Vermieter den Mieter vorher vergeblich abgemahnt hat (LG Berlin WuM 2016, 559).

■ **Störung des Hausfriedens, §§ 543, 569 Abs. 2 BGB**

Ein weiterer wichtiger Grund zur fristlosen Kündigung ist die **nachhaltige** Störung des Hausfriedens. Das gilt z.B., wenn wegen schwerer Gewalttätigkeiten mehrfach die Polizei gerufen wird, die die Wohnung aufbrechen muss und Waffen beschlagnahmt (LG Hamburg WuM 2005, 768), für Störungen der Nachtruhe durch häufige lautstarke Partys (AG Charlottenburg GE 90, 499) oder bei Beleidigungen und Bedrohungen gegenüber Mitmietern (AG Münster WuM 2023, 28; AG München WuM 2018, 84). Üblicher Kinderlärm ist hinzunehmen (LG Lübeck WuM 89, 627), es sei denn, er überschreitet nach Zeitpunkt (auch während der Nachtruhe) und Ausmaß die Grenze des Zumutbaren (**BGH WuM 2017, 587**; LG Berlin GE 2021, 1198). Ist der Kinderlärm auch noch nach 22 Uhr regelmäßig zu hören und werden die Mieter in ihrer Nachtruhe gestört, kann der Vermieter nach erfolgloser Abmahnung mit ordentlicher Frist kündigen (LG Berlin GE 2021, 1198).

Das störende Verhalten eines Haushaltsangehörigen, Freundes, Betreuers oder Untermieters ist dem Mieter **zuzurechnen** (LG Saarbrücken WuM 2023, 493; LG München I GE 2023, 498; LG München I ZMR 2016, 449). Er muss für dieses Verhalten einstehen und kann der Kündigung nicht entgegenhalten, er selbst habe den Hausfrieden nicht gestört. Dies gilt auch, wenn das störende Verhalten auf eine psychische Erkrankung oder Drogensucht zurückzuführen ist (LG Saarbrücken WuM 2023, 492).

Einmalige Entgleisungen haben normalerweise nicht ein solches Gewicht, dass dem Vermieter eine Fortsetzung des Mietverhältnisses nicht zumutbar wäre (AG Münster WuM 91, 96). Doch wenn ein Mieter durch besonders schwere Beleidigungen und Gewaltandrohungen gegenüber Mitmietern den Hausfrieden erheblich gestört hat, ist eine fristlose Kündigung auch ohne vorherige Abmahnung gerechtfertigt (AG Lichtenberg GE 2017, 55). Wenn der Mieter in eine Nachbarwohnung einsteigt, darf der Vermieter auch ohne Abmahnung fristlos kündigen (AG Frankfurt/M. WuM 2000, 547). Wenn der Mieter nachts duscht oder badet, stellt dies keinen Kündigungsgrund dar, auch wenn dies nach der Hausordnung verboten ist; eine solche Klausel ist nämlich unwirksam (LG Köln WuM 97, 323).

Wichtig: Ob eine fristlose Kündigung gerechtfertigt ist, hängt immer von den Umständen des Einzelfalls ab **(BGH WuM 2005, 125)**. Dabei spielt vor allem das Verschulden der Beteiligten eine Rolle. Dringen Gerüche aus der Wohnung eines mehrmals täglich pflegebedürftigen, betreuten Mieters, kann nicht ohne weiteres fristlos gekündigt werden. Im Einzelfall muss abgewogen werden, ob die Fortsetzung des Mietverhältnisses dennoch zumutbar ist (AG München WuM 2006, 621). Hat ein Mieter andere Bewohner des Hauses beleidigt, ist bei der Beurteilung auch das vorherige Verhalten dieser Mitmieter zu berücksichtigen (LG Mannheim WuM 81, 17). Auch ein vorangegangenes provozierendes Verhalten des Vermieters kann dazu führen, dass eine Pflichtverletzung des Mieters nicht zur Kündigung berechtigt (**BGH WuM 2014, 495**; AG Homburg WuM 2019, 75).

Der Vermieter muss seine Kündigungsgründe so genau benennen, dass der Mieter beurteilen kann, ob die Vorwürfe berechtigt sind und er sich ggf. dagegen verteidigen kann; pauschale Behauptungen über Störungen des Hausfriedens reichen hierzu nicht (LG Berlin WuM 2003, 208).

Ohne Verschulden des Mieters wird der Vermieter normalerweise nicht fristlos kündigen können. Beleidigungen eines psychisch kranken Mieters machen die Fortsetzung des Mietverhältnisses für den Vermieter nicht ohne weiteres unzumutbar (LG Krefeld WuM 2023, 341). In Ausnahmefällen können aber auch gravierende Störungen durch einen psychisch kranken, schuldunfähigen Mieter eine Fortsetzung des Mietverhältnisses unzumutbar machen, insbesondere wenn eine Besserung ungewiss erscheint und die Gesundheit anderer Mieter im Haus ernsthaft gefährdet wird (**BGH WuM 2005, 125**; VerfGH Sachsen GE 2023, 949; AG Köln WuM 91, 549; LG Hamburg WuM 2021, 486: Angriff mit Pfefferspray).

■ In der Mietwohnung begangene Straftaten rechtfertigen eine Kündigung nur, wenn der Mieter selbst Täter ist oder der Haushaltsangehörige die Straftaten in Kenntnis des Mieters begeht (LG Berlin WuM 2022, 402). Die Straftat muss einen unmittelbaren Bezug zur Mietwohnung haben. Tatort muss also die Wohnung oder das Mietshaus sein. Dies ist z. B. der Fall, wenn der Sohn des Mieters größere Mengen Marihuana in der Wohnung lagert, um damit Handel zu betreiben. Ob in der Wohnung Drogenkäufer empfangen werden, ist unerheblich (LG München I GE 2023, 498). Im Regelfall muss der Vermieter den Mieter nach einer Straftat nicht erst abmahnen, bevor er kündigt (AG München ZMR 2016, 466; AG Brühl WuM 2008, 596).

Auch der Verdacht, dass der Mieter eine Straftat begangen hat, kann im Einzelfall eine fristlose Kündigung rechtfertigen. Erforderlich ist ein dringender Verdacht, d.h. es muss eine große Wahrscheinlichkeit dafür bestehen, dass der Mieter eine Straftat begangen hat. Er muss durch objektive Umstände belegt sein, und die Verdachtsmomente müssen so erheblich sein, dass dem Vermieter das notwendige Vertrauen für eine Fortsetzung des Mietverhältnisses fehlt (AG Wedding WuM 2022, 535: Verdacht einer Brandstiftung im Treppenhaus).

■ Auch die **Nichtzahlung der Mietkaution** ist ein Grund zur fristlosen Kündigung, § 569 Abs. 2a BGB. Der Mieter muss sich mit der Zahlung der Kaution in Höhe von zwei Kaltmieten in Verzug befinden. Eine vorherige Abmahnung ist nicht erforderlich.

■ **Sonstige wichtige Gründe**
Der Vermieter kann auch zur fristlosen Kündigung berechtigt sein, wenn der Mieter die Wohnung vertragswidrig nutzt und z. B. dort ein Ingenieurbüro (LG Schwerin WuM 96, 214) oder ein Schreibbüro (LG Lüneburg WuM 95, 706) einrichtet und Kunden empfängt. Doch nicht jede berufliche Tätigkeit in einer Mietwohnung ist verboten ⇨ BERUFSAUSÜBUNG IN DER WOHNUNG. Außerdem vertragswidrig: ⇨ PROSTITUTION in der Wohnung (AG Köln WuM 2003, 145), Bordellbetrieb, Lagerung gefährlicher Stoffe oder völlige Vernachlässigung der Wohnung **(OLG Koblenz RE WuM 97, 482)**.

■ **Ein Grund zur fristlosen Kündigung kann außerdem vorliegen,**
– wenn der Mieter eine »frei erfundene« Vorvermieterbescheinigung vorlegt **(BGH WuM 2014, 333)**;

– wenn der Mieter die in der Wohnung befindliche Heizungsanlage derart verändert, dass Brandgefahr besteht (AG Melsungen WuM 2021, 555);

– wenn der Mieter seine Pflicht verletzt, Instandsetzungs- oder Modernisierungsarbeiten zu dulden (LG Berlin WuM 2016, 736);

– wenn der Mieter die Betriebskostenabrechnung verfälscht, um die Erstattung einer höheren Nachforderung beim Jobcenter zu erschleichen (AG Neukölln GE 2023, 146);

– wenn der Mieter von seinem Badezimmer aus ein Elektrokabel an eine Stromverteilerdose im Keller anschließt, damit der Badezimmerstrom über den Hauszähler und nicht über den eigenen Zähler läuft (LG Köln NJW-RR 94, 909; AG Potsdam WuM 95, 40);

– wenn der Mieter droht, das Haus in die Luft zu sprengen (AG Köln WuM 2000, 356);

– wenn der Mieter seinen Vermieter auf schwerste Weise bewusst und wiederholt beleidigt (LG Stuttgart WuM 97, 492; LG Köln WuM 93, 349; LG Berlin WuM 87, 56); eine einmalige Beleidigung reicht nicht aus (AG Gelsenkirchen WuM 97, 556);

– wenn der Mieter sich in einem öffentlichen Internetportal unflätig über den Vermieter äußert (AG Düsseldorf – 27 C 346/18; AG Bernau WuM 2009, 126) oder seine Vermieter in einer Fernsehsendung als »Arschlöcher« beleidigt (AG Charlottenburg GE 2021, 1128);

– wenn der Mieter wiederholt grob den Hausfrieden stört und Nachbarn tätlich angreift (LG Münster WuM 2007, 19), auch wenn er unter krankhaften Wahnvorstellungen leidet und unter Betreuung steht (AG Bernau WuM 2009, 735);

– wenn der Mieter dem Vermieter vorsätzlich und leichtfertig Betrugsabsicht unterstellt und Strafanzeige gegen ihn erstattet **(BVerfG WuM 2002, 22;** AG München ZMR 2016, 969); nicht aber, wenn eine Strafanzeige nicht anlasslos und auch nicht vorsätzlich oder leichtfertig falsch abgegeben wird **(BGH WuM 2023, 747)**;

– wenn der Mieter oder Haushaltsangehörige in der Wohnung mit Marihuana (LG München I GE 2023, 498) oder Heroin handeln (AG Pinneberg NJW-RR 2003, 944);

– wenn der Mieter gegenüber Kaufinteressenten Haus oder Wohnung in unsachlicher Weise schlechtmacht und von statischen Mängeln und gefährdeter Standsicherheit spricht (LG Hannover WuM 95, 538).

■ **Kein wichtiger Grund** zur fristlosen Kündigung liegt vor,
– wenn der Mieter als Durchgang für seine Katze ein Loch in eine Zimmertür sägt (AG Erfurt WuM 2000, 629);

– wenn der Mieter entgegen dem Mietvertrag in der Wohnung eine Katze hält (LG München I WuM 99, 217: der Vermieter müsse zunächst auf Unterlassung klagen);

– wenn der Mieter ohne Genehmigung einen Hund hält und der Vermieter dies über Jahre ausdrücklich geduldet hat (AG Bremen, Urteil v. 28.11.2018 – 19 C 268/18; AG Frankfurt a.M. NZM 98, 759);

– wenn der Mieter in der Wohnung einen Computerarbeitsplatz, Fax und Telefon benutzt, aber keine Kundschaft empfängt (AG Hamburg WuM 2009, 349);

– wenn der Mieter im Garten Cannabis anbaut und in der Wohnung konsumiert und deshalb ein strafrechtliches Ermittlungsverfahren gegen ihn eingeleitet wird (LG Lüneburg WuM 95, 708; a.A. LG Ravensburg WuM 2001, 608);

– wenn der Mieter den feuerroten Chevrolet Corvette Stingray des Vermieters als »Zuhälterwagen« bezeichnet (AG Hamburg-Harburg WuM 97, 266);

– wenn der Mieter die Wohnung komplett mit Unrat zustellt, von dem Messie-Zustand aber keine Gefährdung der Mietsache durch Ungezieferbefall, Schimmel oder Beeinträchtigung der Statik ausgeht (LG Münster WuM 2020, 782);

– wenn der Mieter, der in einer Selbstauskunft wahrheitswidrige Angaben zu seiner finanziellen Situation gemacht hat, über Jahre hinweg die Miete pünktlich gezahlt hat (LG München WuM 2009, 348; LG Wuppertal WuM 99, 39);

– wenn sich der Mieter später auf einen Verstoß des Vermieters gegen die ⌦ MIETPREISBREMSE beruft, obwohl er das schon vor Vertragsschluss hätte machen können (AG München DWW 2016, 340);

– wenn der Mieter bei einem langjährig beanstandungsfrei geführten Mietverhältnis fahrlässig einen (Wasser-)Schaden verursacht, auch wenn die Schadenshöhe erheblich ist (LG Berlin WuM 2017, 154);

– wenn der Mieter den Vermieter täuscht, indem er ihm die Durchschrift einer (nicht ausgeführten) Überweisung schickt, die Zahlung 14 Tage später aber tatsächlich erfolgt (OLG Hamburg WuM 97, 216).

Abmahnung oder Frist zur Abhilfe erforderlich
Bevor der Vermieter fristlos kündigen darf, muss er dem Mieter Gelegenheit geben, sich wieder vertragstreu zu verhalten (AG Hamburg-Altona NJW-RR 2003, 154). Hat der Mieter z.B. häufiger die Nachtruhe durch lautstarke Feiern gestört, muss der Vermieter ihn unter Androhung von Konsequenzen auffordern, dies künftig zu unterlassen. Stellt der Vermieter fest, dass der Mieter einen Dritten unbefugt in die Wohnung aufgenommen hat, muss er ihm eine angemessene Frist setzen,

diesen Zustand zu beenden. Eine Abmahnung durch den Hausmeister reicht nicht (LG Gießen WuM 81, 232). In einer fristlosen Kündigung ist zugleich eine Abmahnung wegen des dort aufgeführten Verhaltens des Mieters zu sehen (AG Münster WuM 2023, 28). Kündigt der Vermieter also wegen fortgesetzten Fehlverhaltens zweimal, so ist die **erste Kündigung als Abmahnung** zu werten.

Erst wenn Abmahnung oder Fristsetzung erfolglos waren, darf der Vermieter fristlos kündigen (LG Hamburg WuM 86, 328; LG Mannheim WuM 85, 262). Stellt der Mieter jedoch sein vertragswidriges Verhalten nach der Abmahnung ein, entfällt das Kündigungsrecht (LG Duisburg WuM 89, 76).

Aber: Vor einer fristlosen Kündigung wegen Zahlungsverzugs oder Nichtzahlung der Kaution ist keine Abmahnung erforderlich. Das Gleiche gilt, wenn Abmahnung oder Fristsetzung offensichtlich keinen Erfolg versprechen.

Verzichtbar sind Abmahnung oder Fristsetzung ausnahmsweise auch dann, wenn die sofortige Kündigung aus besonderen Gründen unter Abwägung der beiderseitigen Interessen gerechtfertigt ist.

Beispiele: Der Mieter benutzt die Wohnung als Umschlag- und Lagerplatz für umfangreiche Rauschgiftgeschäfte (LG Berlin GE 90, 255). Der Mieter schickt dem Vermieter anonym einen Zeitungsartikel, in dem über eine Gasexplosion mit Todesfolge berichtet wird (AG Köln WuM 2000, 356). Der Mieter wirft einen Blumentopf auf Kinder von Mitmietern, die an der Klingelanlage spielen (LG Berlin MM 88, Heft 12, S. 29). Stromdiebstahl von erheblichem Ausmaß; lässt der Mieter aber nur seine Kellerbeleuchtung über den Allgemeinstrom laufen, genügt das nicht; hier muss vor einer Kündigung eine Abmahnung ausgesprochen werden (KG Berlin WuM 2004, 721). Der Mieter beleidigt den Vermieter massiv und unterstellt ihm »versuchten Mord« (AG München ZMR 2016, 466). Der Ehemann der Mieterin wird gegenüber Hausbewohnern gewalttätig (AG Brühl WuM 2008, 596). Der Mieter verändert die Heizungsanlage in der Wohnung derart, dass Brandgefahr besteht (AG Melsungen WuM 2021, 555). Der Mieter verfälscht die Betriebskostenabrechnung, um die Erstattung einer höheren Nachforderung beim Jobcenter zu erschleichen (AG Neukölln GE 2023, 146).

■ **Unpünktliche Mietzahlungen, § 543 Abs. 1 BGB**
Eine fristlose Kündigung kommt auch in Betracht, wenn die Miete ständig unpünktlich gezahlt wird. Voraussetzungen sind eine **schwerwiegende** Beeinträchtigung der Vermieterinteressen durch die dauernde,

erheblich verspätete Zahlung (mehr als 1 Woche) und eine Abmahnung des Vermieters (**BGH WuM 2011, 469; WuM 2006, 193; WuM 88, 125**). Aus der Abmahnung muss eindeutig hervorgehen, dass der Vermieter die ständig unpünktlichen Zahlungen nicht länger hinnehmen und das Mietverhältnis im Wiederholungsfall kündigen wird.

Achtung: Hat der Mieter vor der Abmahnung bereits mehrfach unpünktlich gezahlt, so kann nach erfolgter Abmahnung schon eine weitere verspätete Zahlung für eine fristlose Kündigung ausreichen (**BGH WuM 2006, 193**). Hat der Vermieter die unpünktlichen Mietzahlungen allerdings über 6 Jahre widerspruchslos hingenommen, so kann eine dreimalige verspätete Zahlung des Mieters nach erfolgter Abmahnung nicht ausreichend sein, um eine Kündigung zu rechtfertigen (LG Berlin WuM 2022, 488).

Wichtig: Unpünktliche Mietzahlungen können auch zu einer ordentlichen, das heißt fristgerechten ⇨ KÜNDIGUNG führen. Eine Abmahnung des Vermieters mit Hinweis auf eine bevorstehende Kündigung ist hier nicht erforderlich (**BGH WuM 2008, 31**). Fristlose und fristgerechte Kündigung müssen begründet werden. Hierbei muss der Vermieter im Regelfall die verspäteten Zahlungsdaten der betreffenden Monate im Einzelnen benennen, nur in ganz eindeutigen Fällen kann das unnötig sein (**BGH WuM 2006, 193**).

Wer seine Miete am Monatsanfang zahlen muss, kann eine spätere Zahlung nicht damit rechtfertigen, dass er selber Lohn, Gehalt oder Arbeitslosenunterstützung erst Mitte des Monats bekomme (**BGH WuM 2006, 193**; LG Düsseldorf DWW 99, 377). Ein Entschuldigungsgrund liegt aber vor, wenn der Mieter die Miete nicht rechtzeitig zahlen konnte, weil er im Koma lag (LG Hannover ZMR 2016, 957).

Achtung: Ob der Mieter tatsächlich unpünktlich zahlt, hängt davon ab, wann die Mietzahlungen fällig sind. Nach dem Gesetz war hierfür bis zum 31. 8. 2001 das Monatsende vorgesehen. In allen Mietverträgen, die bis zum 31.8.2001 abgeschlossen wurden, ist die Miete weiterhin erst am Ende des Monats fällig, es sei denn, im Mietvertrag ist vereinbart, dass die Miete im Voraus zu zahlen ist; dann gilt die mietvertragliche Vereinbarung (**BGH WuM 2011, 418**).

Seit dem 1.9.2001 muss der Mieter bereits von Gesetzes wegen die Miete am Anfang des Monats zahlen. Zahlt er nicht pünktlich, kommt er in ⇨ VERZUG. Die früher ergangene Rechtsprechung zu den Mietvertragsklauseln, nach denen die Miete entgegen der alten gesetzlichen Regelung im Voraus zu zahlen war, ist daher für neu abgeschlossene

Verträge nicht mehr von Bedeutung (**BGH WuM 2011, 676; WuM 2011, 674; WuM 2011, 418**).

Wichtig: Für die Rechtzeitigkeit der Zahlung kommt es nicht darauf an, dass die Miete bis zum 3. Werktag des Monats auf dem Konto des Vermieters eingegangen ist. Es genügt, dass der Mieter – bei ausreichend gedecktem Konto – seiner Bank den Zahlungsauftrag bis zum 3. Werktag des Monats erteilt hat (**BGH WuM 2017, 31**).

■ **Zahlungsverzug, § 543 Abs. 2 Satz 1 Nr. 3 BGB**

Eine fristlose Kündigung wegen **Zahlungsverzuges** ist in zwei Fällen möglich:

– Wenn der Mieter an zwei aufeinanderfolgenden Terminen **mit mehr als einer Monatsmiete** in ⮱ VERZUG ist (**BGH WuM 2022, 106; 2008, 595**); erforderlich ist ein Zahlungsrückstand von mindestens einer Monatsmiete und einem Cent aus zwei aufeinanderfolgenden Monaten. Dabei kommt es nur auf den rückständigen Gesamtbetrag aus diesen zwei Zahlungsterminen an, nicht auf den rückständigen Teilbetrag für jeden Monat (**BGH WuM 2022, 106**).

Für die Kündigung können nur die Mietrückstände aus den zwei aufeinanderfolgenden Zahlungsterminen herangezogen werden. Außerhalb dieser beiden Termine entstandene Zahlungsrückstände spielen bei diesem Kündigungsgrund keine Rolle (LG Berlin WuM 2022, 339).

– Wenn der Mieter über einen längeren Zeitraum mit einem Gesamtbetrag in Höhe von **zwei Monatsmieten** in Verzug ist.

Dabei sind Nebenkostenvorauszahlungen bzw. -pauschalen Bestandteile des Mietzinses, nicht aber Nachforderungen aus einer Nebenkostenabrechnung (**OLG Koblenz RE WuM 84, 269**; LG Berlin WuM 2023, 343; LG Köln WuM 94, 207; LG Berlin GE 2016, 126) oder ein Schadensersatzanspruch des Vermieters (AG Köln WuM 80, 255).

Der Vermieter muss in der fristlosen Kündigung die behaupteten Mietrückstände für den Mieter überprüfbar angeben; er muss ihm mitteilen, von welchem Mietrückstand er insgesamt ausgeht (**BGH WuM 2010, 484; WuM 2004, 97**). Nennt der Vermieter einen zu hohen Mietrückstand (z. B. weil der Mieter die Miete mindern durfte), ist die Kündigung dennoch wirksam, wenn auch der richtig berechnete Rückstand für eine fristlose Kündigung reicht (**BGH WuM 2010, 484**).

Im Gegensatz zur unpünktlichen Mietzahlung ist vor der Kündigung wegen Zahlungsverzugs **keine Abmahnung** erforderlich (**BGH WuM 2009, 231**). Etwas anderes gilt, wenn sich dem Vermieter aufdrängen muss, dass die Nichtzahlung der Miete nicht auf Zahlungsunfähigkeit oder -unwilligkeit beruht (OLG Düsseldorf ZMR 2004, 570; OLG Dresden ZMR 2020, 497).

Zahlungsverzug besteht nicht, wenn der Mieter einen Teil des Mietzinses »unter Vorbehalt« zahlt, z.B. weil er eine befürchtete Mietpreisüberhöhung prüfen lassen will (LG München I WuM 87, 223; LG Frankfurt WuM 87, 318). Verzug liegt auch dann nicht vor, wenn der Vermieter das Geld deshalb zu spät erhält, weil die Bank den vom Mieter überwiesenen Betrag irrtümlich einem anderen Kunden gutgeschrieben hat (LG Berlin GE 88, 1049). Es handelt sich ebenfalls nicht um Verzug, wenn der Vermieter von der ihm vertraglich eingeräumten Einzugsermächtigung keinen Gebrauch macht (OLG Stuttgart ZMR 2008, 967; LG Hamburg ZMR 2019, 682; AG Augsburg WuM 2016, 190).

Schonfristzahlung macht fristlose Kündigung unwirksam
Bei fristloser Kündigung wegen Zahlungsverzugs oder Nichtzahlung der Kaution kann der Mieter jederzeit bis 2 Monate nach Klageerhebung (d.h. Zustellung der Räumungsklage) die Folgen der Kündigung abwenden, indem er den **gesamten** rückständigen Mietzins oder die Kaution bezahlt, sog. Schonfristzahlung **(BGH WuM 2016, 658)**, § 569 Abs. 3 Nr. 2 BGB. Der Mieter ist dann so zu stellen, als ob das Mietverhältnis nie gekündigt worden wäre **(BGH WuM 2018, 714)**. Dies setzt voraus, dass der Mieter **alle** offenen Mietforderungen des Vermieters ausgleicht. Dazu gehören auch Mietforderungen, die im Zeitpunkt der Kündigung schon offen waren, aber im Kündigungsschreiben nicht erwähnt wurden (LG Berlin WuM 2022, 412). Der Mieter darf also nicht darauf vertrauen, dass in der Kündigung alle offenen Rückstände aufgelistet sind, zumal Vermieter der Einfachheit halber gerne nur den offenkundigen Rückstand in der Kündigung erwähnen. Mieter sollten sich nach Zugang der Kündigung einen Überblick über ihre Mietzahlungen verschaffen und diese mit den geschuldeten Miethöhen abgleichen und zusätzlich beim Vermieter einen Mietkontoauszug anfordern. Hält der Mieter die Mietforderung des Vermieters für unberechtigt, will aber trotzdem das Risiko im Kündigungsprozess nicht eingehen, sollte er innerhalb eines Monats alle Mietrückstände und die laufenden Mietzahlungen »unter dem Vorbehalt der Rückforderung« zahlen (LG Berlin, Urt. v. 8.2.2010 – 67 S 218/09; AG München ZMR 2020, 132). Die Kündigung wird auch unwirksam, wenn sich innerhalb dieser Zeit eine öffentliche Stelle (Sozialamt) gegenüber dem Vermieter zum vollständigen Ausgleich der Mietrückstände verpflichtet **(BayObLG RE WuM 94, 598)**. **Achtung:** Die Schonfristzahlung ist nur einmal innerhalb von 2 Jahren möglich!

Der Mieter hat innerhalb der Schonfrist rechtzeitig gezahlt, wenn er den Überweisungsauftrag innerhalb der Frist erteilt und sein Konto ausreichend gedeckt ist; die Gutschrift auf dem Konto des Vermieters ist nicht erforderlich (OLG Naumburg WuM 99, 160; LG Berlin WuM 2021, 246). Die Verpflichtungserklärung des Sozialamtes, die rückständige Miete zu zahlen, muss spätestens 2 Monate nach Klageerhebung beim Vermieter oder bei dessen Prozessbevollmächtigtem eingehen (LG Hamburg WuM 96, 340; LG Berlin 97, 1467). Dagegen reicht es nicht aus, wenn die Erklärung gegenüber dem Gericht oder dem Mieter selbst innerhalb dieser Frist abgegeben wird **(BayObLG RE WuM 94, 598)**.

Ist der Mieter für die (rechtzeitige) Zahlung der Miete auf öffentliche Stellen (z. B. Job-Center, Sozialamt) angewiesen, trägt er das Risiko, dass diese pünktlich zahlen. Selbst wenn die Behörde ihre Zahlung zu Unrecht verweigert, ist dadurch eine fristlose Kündigung wegen Zahlungsverzugs nicht ausgeschlossen **(BGH WuM 2016, 491; WuM 2015, 152)**.

Mieter müssen also selbst darauf achten, ob beantragte Sozialleistungen rechtzeitig ausgezahlt werden; ggf. müssen sie sich selbst um einen Überbrückungskredit kümmern, weil sonst der Verlust der Wohnung droht.

Wichtig: Die Gerichte müssen die Sozialämter informieren, wenn bei ihnen Räumungsklagen aufgrund von Mietrückständen eingereicht werden. So haben die Ämter die Chance, rechtzeitig die Mietschulden auszugleichen.

Achtung: Der Vermieter kann wegen Zahlungsverzugs auch **ordentlich** (also mit gesetzlicher Kündigungsfrist) kündigen **(BGH WuM 2005, 250)** ⇨ KÜNDIGUNG. Hier kann der Mieter durch Nachzahlung der Miete die Folgen der Kündigung **nicht** abwehren. Die Heilungswirkung gilt hier nicht **(BGH WuM 2023, 213; WuM 2021, 744; WuM 2018, 758 u. 714; WuM 2016, 682; WuM 2007, 24; WuM 2006, 193)**. Der Vermieter handelt grundsätzlich nicht rechtsmissbräuchlich, wenn er trotz der Zahlung an der ordentlichen Kündigung festhält (LG Berlin ZMR 2017, 479). Ob ein Festhalten an dem Räumungsanspruch trotz Zahlungsausgleichs ausnahmsweise treuwidrig ist, hängt immer von den Besonderheiten des Einzelfalls ab **(BGH WuM 2016, 225)**.

■ Hat der Mieter eine **Mieterhöhung** für unberechtigt gehalten und den geforderten Mehrbetrag nicht gezahlt, berechtigt dies den Vermieter nicht ohne weiteres zur Kündigung. Erst wenn der Mieter rechtskräftig zur Zahlung einer Mieterhöhung verurteilt worden ist, kann der Vermieter wegen dieses Rückstandes kündigen, wenn der Mieter nicht innerhalb von 2 Monaten nachzahlt, § 569 Abs. 3 Nr. 3 BGB. Das gilt allerdings nur bei freifinanzierten, nicht bei preisgebundenen Wohnungen **(BGH WuM 2012, 440)**.

Zum Teil wird es für zulässig gehalten, dass der Vermieter die Klage auf Zustimmung zur Mieterhöhung mit der Klage auf Zahlung verbindet; auch bei einer Verurteilung zur Zahlung der erhöhten Miete gilt aber die zweimonatige Kündigungssperre **(BGH WuM 2005, 458)**.

Beruht der Zahlungsrückstand darauf, dass der Vermieter die **Betriebskostenvorauszahlungen** wirksam erhöht, der Mieter sie aber nicht gezahlt hat, muss der Vermieter nicht erst auf Zahlung klagen; er kann bei ausreichendem Rückstand unmittelbar fristlos kündigen **(BGH WuM 2012, 497)**.

■ Kein Grund zur fristlosen Kündigung ist es, wenn der Mieter berechtigt ist, die Miete **zu mindern** oder zurückzubehalten **(BVerfG WuM 89, 278)**. Mieter müssen aber berücksichtigen, dass das Zurückbehaltungsrecht zeitlich und betragsmäßig begrenzt ist **(BGH WuM 2019, 309; WuM 2019, 315; WuM 2016, 98)**. Auch eine überhöhte Mietminderung berechtigt den Vermieter nicht zur Kündigung, wenn der Mieter den Irrtum nicht verschuldet hat (**BVerfG WuM 89, 278;** LG Frankfurt a.M. NZM 2004, 297; LG Kassel ZMR 96, 90; LG Görlitz WuM 94, 601).

Achtung: Der BGH stellt an das Vorliegen eines unverschuldeten Rechtsirrtums hohe Anforderungen. Entschuldigt ist der Irrtum des Mieters nur dann, wenn er die Rechtslage und die höchstrichterliche Rechtsprechung sorgfältig geprüft, sich Rechtsrat eingeholt hat und mit einer anderen Beurteilung durch die Gerichte nicht zu rechnen brauchte **(BGH WuM 2012, 323; WuM 2007, 24)**. Der Mieter sollte sich daher in jedem Fall rechtlich beraten lassen und im Zweifel die Mietminderungsbeträge unter dem Vorbehalt der Rückforderung zahlen.

Geht der Mieter fahrlässigerweise davon aus, er dürfe die Miete wegen eines Baumangels mindern, während der Mangel tatsächlich durch sein Wohnverhalten verursacht wurde, muss er bei einem entsprechenden Zahlungsrückstand mit der fristlosen Kündigung rechnen (**BGH WuM 2012, 499:** Mietminderung wegen Schimmelbefalls; nach Ansicht des BGH hätte sich dem Mieter aufdrängen müssen, dass zwei Aquarien und ein Terrarium ein vermehrtes Lüften erfordern).

■ Ist bei einem Vermieterwechsel durch Verkauf oder Tod des Vermieters unklar, an wen die Miete nun zu zahlen ist, kommt der Mieter nicht in Zahlungsverzug. Er muss die Erben des Vermieters nicht ermitteln, sondern darf abwarten, bis die Erben ihm nachweisen, die Miete fordern zu dürfen **(BGH WuM 2005, 769)**.

Das Recht zur fristlosen Kündigung geht nicht dadurch verloren, dass der Vermieter nicht sofort kündigt, wenn der Rückstand 2 Monatsmieten erreicht. Der Vermieter kann auch einen höheren Rückstand auflaufen lassen und dann kündigen **(BGH WuM 2016, 616; WuM 2009, 231)**. Das Recht zur fristlosen Kündigung wegen Zahlungsverzugs kann ausnahmsweise verwirkt sein, wenn der Vermieter Mietrückstände über mehrere Jahre hinnimmt. Eine Verwirkung tritt nicht ein, wenn die Parteien längere Zeit über streitige Forderungen verhandeln **(BGH GuT 2005, 217)**.

■ **Kündigungsschaden**

Der Mieter muss nach einer berechtigten Kündigung wegen Zahlungsverzugs natürlich die Mietrückstände zahlen. Zusätzlich kann der Vermieter einen Schadensersatzanspruch haben, wenn er infolge der vom Mieter verschuldeten vorzeitigen Beendigung des Mietvertrags beispielsweise Mietausfälle hatte, weil er die Wohnung nicht sofort weitervermieten konnte, oder wenn er bei der Weitervermietung nur eine geringere Miete erzielen konnte. Die Höhe dieses Schadensersatzanspruchs richtet sich nach dem entgangenen Mietzins für die Zeit, für die der Vertrag ursprünglich als ⇨ ZEITMIETVERTRAG vereinbart war, oder bis zu dem Zeitpunkt, zu dem der Mieter selbst erstmals hätte ordentlich kündigen können **(BGH WuM 2004, 542)**. Der Vermieter muss sich jedoch in jedem Fall darum bemühen, den Schaden so gering wie möglich zu halten und die Wohnung schnellstmöglichst weiterzuvermieten (**BGH NZM 2018, 333**; OLG Schleswig WuM 2000, 355; LG Lüneburg WuM 2002, 267).

Der Vermieter kann aber keine Nutzungsentschädigung verlangen, wenn er an Sachen des Mieters sein Vermieterpfandrecht ausübt und die Schlösser auswechselt (OLG Rostock WuM 2007, 509) oder wenn er den Mieter eigenmächtig aus der Wohnung räumt. Ein Anspruch kommt erst in Frage, wenn ihm nach einem Prozess der Gerichtsvollzieher die Mietsache zurückgibt (KG Berlin WuM 2009, 667).

Zum Schaden, den der Mieter dem Vermieter erstatten muss, zählen auch die Gerichts- und Anwaltskosten. Schaltet der Vermieter bereits für den Ausspruch der Kündigung einen Anwalt ein, muss der Mieter dessen Kosten nur dann tragen, wenn die Beauftragung erforderlich war. Bei einem privaten Vermieter wird dies regelmäßig der Fall sein (LG Heidelberg NZM 2008, 839), bei einer großen Wohnungsbaugesellschaft nicht **(BGH WuM 2010, 740)**.

Hat der Mieter die Mietsache beschädigt, kann der Vermieter von ihm entweder Beseitigung der Schäden oder Schadensersatz verlangen; der Vermieter muss dem Mieter bei Beschädigungen der Mietsache nicht zunächst eine Frist setzen, sondern kann gleich Geldersatz verlangen **(BGH WuM 2018, 196)**.

Auch der Mieter kann, wenn er berechtigterweise fristlos kündigt, etwa wegen Wohnungsmängeln, seinen Schaden dem Vermieter in Rechnung stellen **(BGH WuM 2000, 598)**. Einen Schmerzensgeldanspruch wegen der Sorgen aufgrund unberechtigter Kündigung hat der Mieter in aller Regel aber nicht (AG Leipzig WuM 2007, 517). Zum Schadensersatzanspruch des Mieters bei einer unberechtigten Kündigung des Vermieters, beispielsweise bei vorgetäuschtem Kündigungsgrund ⇨ EIGENBEDARF.

G

Garagen/Stellplätze

Nur mit Vereinbarung
Eine Garage oder einen zum Hausgrundstück gehörenden Stellplatz darf der Mieter nur nutzen, wenn er darüber mit dem Vermieter eine Vereinbarung getroffen hat. Im Regelfall wird dazu im Mietvertrag für die Garage bzw. den Stellplatz ein zusätzlicher Mietpreis genannt. Aus einer Bewerberliste lässt sich für die dort genannten Mieter kein Anspruch auf eine Garage ableiten **(BGH WuM 2010, 678)**.

Hat der Vermieter es aber jahrelang geduldet, dass der Mieter seinen Wagen auf dem Grundstück abstellt, ist auch ohne ausdrückliche Regelung im Mietvertrag von einem entsprechenden Nutzungsrecht auszugehen.

Der Umfang des Nutzungsrechts richtet sich vor allem nach dem Vertrag und den örtlichen Gegebenheiten. So darf der Mieter in »seiner« Garage auch Zubehör (z. B. Werkzeug, Ersatzteile, Winterreifen) lagern, Regale anbringen und Schränke aufstellen. Auf einem einzeln vermieteten Parkplatz dürfen auch zwei Fahrzeuge hintereinander abgestellt werden, wenn die Nutzer der anderen Plätze dadurch nicht behindert werden (LG Gießen WuM 83, 2). Der Mieter darf auch **vor** seiner Garage ein Fahrzeug abstellen (AG Hamburg WuM 2003, 29). Auf einem offenen Stellplatz dürfen aber keine Getränkekisten gelagert werden (AG Stuttgart WuM 2016, 346). Das Nutzungsrecht des Mieters umfasst das Recht, einen Abschleppdienst zu rufen und Geldersatz zu verlangen, wenn jemand unbefugt auf dem Parkplatz parkt **(BGH NJW 2016, 2407)**.

Pflicht des Vermieters ist es, dafür zu sorgen, dass nicht andere Mieter oder Besucher den Stellplatz belegen oder die Zufahrt zur Garage versperren, sonst darf der Mieter eine ⇨ MIETMINDERUNG vornehmen oder Schadensersatz verlangen (AG Hamburg WuM 2015, 490). Eine Minderung soll aber ausgeschlossen sein, wenn der Vermieter einen vergleichbaren mangelfreien Stellplatz anbietet (AG Köln ZMR 2020, 317).

Kündigung und Mieterhöhung
Hat sich der Vermieter das Recht vorbehalten, die Nutzung eines **unentgeltlich** zur Verfügung gestellten Parkplatzes zu widerrufen, kann er dies nur, wenn ein triftiger Grund vorliegt (LG Berlin GE 92, 989; AG

Düsseldorf WuM 94, 426). Er kann die weitere Nutzung auch nicht davon abhängig machen, dass der Mieter künftig dafür zahlt (AG Gießen WuM 94, 198; **a. A.** AG Neubrandenburg WuM 94, 262).

Sind Garagen/Stellplätze **zusammen** mit einer Wohnung **vermietet**, ist eine Teilkündigung nicht möglich. Garage/Stellplatz und Wohnung können also nur zusammen gekündigt werden (OLG Düsseldorf WuM 2007, 65; LG Köln WuM 2004, 615). Grundsätzlich gibt es hier auch keine »Eigenbedarfskündigung« nur für die Garage (LG Köln WuM 92, 264). Zu den Ausnahmen ⇨ TEILKÜNDIGUNG.

Auch Mieterhöhungen können bei einem einheitlichen Mietvertrag nicht isoliert für die Garage/den Stellplatz vorgenommen werden (AG Köln WuM 2005, 254; AG Bielefeld WuM 93, 357).

Die Entscheidung, ob ein einheitlicher Mietvertrag vorliegt, ist in Fällen problematisch, in denen die Garage/der Stellplatz zu einem anderen Zeitpunkt oder durch einen getrennten Mietvertrag angemietet wurde. Wenn nichts anderes vereinbart ist, kommt es dann entscheidend darauf an, ob Garage und Wohnung auf demselben Grundstück liegen. Ist das der Fall, ist im Zweifel ein einheitlicher Vertrag anzunehmen **(BGH WuM 2012, 14; OLG Karlsruhe RE WuM 83, 166)**. Bestehen zwei separate Verträge, spricht eine Vermutung dafür, dass beide Vereinbarungen rechtlich eigenständig sind **(BGH WuM 2022, 212)**. Auch unterschiedliche Kündigungsfristen in einem einheitlichen Vertrag deuten auf die Eigenständigkeit der Verträge hin **(BGH WuM 2013, 536; WuM 2013, 421)**.

Dabei spielt es keine Rolle, wenn als Mieter der Wohnung beide Ehegatten, als Mieter der Garage aber nur ein Ehegatte aufgeführt wird (LG Stuttgart WuM 91, 589; LG München II WuM 89, 514). Verkauft der Vermieter die Garage separat, tritt der Erwerber als Mitvermieter in den einheitlichen Mietvertrag ein (BayObLG WuM 91, 78).

Gehören in einer Eigentumswohnanlage die Wohnung und der Tiefgaragenstellplatz unterschiedlichen Eigentümern, werden sie aber von einer Verwaltung einheitlich vermietet, liegt ein einheitlicher Mietvertrag vor (AG Köln WuM 93, 611).

Auf Garagen und Stellplätze, die **unabhängig** von einer Wohnung angemietet werden, finden die Wohnraumschutzbestimmungen keine Anwendung. Die Kündigung des Mietverhältnisses richtet sich in diesen Fällen nach der Vereinbarung, die die Parteien im Mietvertrag getroffen haben (z. B. Befristung des Vertrages mit oder ohne automatische Verlängerung). Im Übrigen ist eine Kündigung spätestens am 3.Werktag eines Kalendermonats für den Ablauf des übernächsten Monats zulässig.

Sonderregelung in den neuen Bundesländern
Viele Nutzer haben aufgrund von vertraglichen Vereinbarungen auf ihnen überlassenen kleineren Grundstücken Garagen errichtet; teilweise wurden auch größere Flächen mit Garagenhöfen bebaut. In diesen Fällen bestimmt die Nutzungsentgeltverordnung, dass eine Anhebung bis zur Höhe des ortsüblichen Entgelts möglich ist **(BGH WuM 2010, 38)**.

Das ortsübliche Entgelt wird deutlich geringer als bei einer Mietgarage liegen, da der Nutzer die Garage selbst errichtet hat.

Für die Erhöhung des Pachtzinses ist eine Erklärung in ⮱ TEXTFORM erforderlich. Die Erhöhung wird dann ab dem 3. Monat nach Zugang dieser Erklärung wirksam. Für die eigene Garage auf dem Grundstück des Vermieters gab es in der Regel einen zusätzlichen Kündigungsschutz nur bis zum 31.12.1999 (LG Halle NJ 96, 429).

Seit Anfang 2000 können Garagengrundstücke ohne Beachtung besonderer Schutzvorschriften ordentlich gekündigt werden **(BGH ZMR 2012, 261)**. Das Eigentum an der Garage des Nutzers geht dann auf den Grundstückseigentümer über. Eine Entschädigung kann der Nutzer seit Januar 2007 nur verlangen, soweit der Verkehrswert des Grundstücks im Zeitpunkt der Rückgabe durch die Garage erhöht ist **(BGH WuM 2008, 418**; LG Zwickau WuM 2009, 304).

Im Falle der Kündigung durch den Grundstückseigentümer ist der Nutzer nicht verpflichtet, die Garage zu beseitigen. Er muss jedoch die Hälfte der Abbruchkosten tragen, wenn die Kündigung ab dem 1.1. 2007 ausgesprochen wird, der Abbruch innerhalb eines Jahres nach Besitzübergang erfolgt und der Nutzer den Abriss nicht selbst vornimmt, obwohl der Eigentümer ihm seinen Plan rechtzeitig angezeigt hat.

Anspruch auf Errichtung einer elektrischen Ladesäule
Seit 1.12.2020 haben Mieter Anspruch auf Genehmigung von baulichen Maßnahmen zur Errichtung einer Ladeinfrastruktur, um das Laden elektrischer ⮱ AUTOS zu ermöglichen.

Garten

Wer kann den Hausgarten benutzen?
Grundsätzlich kann der Mieter eines Mehrfamilienhauses einen **Hausgarten** nur benutzen, wenn ihm dieser mit seiner Wohnung vermietet ist oder wenn er allen Hausbewohnern zur Verfügung steht (Gemeinschafts-

einrichtung). Es gibt aber kein Gewohnheitsrecht, wonach der Mieter einer Erdgeschosswohnung ohne weiteres auch den Hausgarten benutzen darf. Der Garten ist mit der Wohnung vermietet, wenn es ausdrücklich so im Vertrag steht. Dafür genügt die Formulierung »der Garten wird zur Nutzung überlassen« (LG Hamburg WuM 2000, 180). Ist der Garten mitvermietet, darf der Mieter auch einen dort gelegenen Brunnen nutzen (AG Görlitz WuM 2004, 600).

Hat der Vermieter die Gartennutzung eines einzelnen Mieters nur geduldet, kann er diese Duldung widerrufen, z.B. um allen Mietern eine gemeinschaftliche Nutzung zu ermöglichen (KG Berlin WuM 2007, 68).

Bei einem **Einfamilienhaus** ist der Garten aber immer mitvermietet, es sei denn, es steht etwas anderes im Vertrag (OLG Köln WuM 94, 272). Bei Entzug der Nutzungsmöglichkeit kommt eine Mietminderung in Betracht (LG Köln WuM 93, 670).

Wie kann man den Garten benutzen?
Ist die Benutzung des Gartens mehreren gestattet, darf sich nicht einer von ihnen einen Teil abzäunen.

Ist ein Garten mit einer Wohnung vermietet, dürfen die Kinder des Mieters ihre Spielkameraden in den Garten mitbringen (AG Solingen WuM 80, 112). Der Mieter darf auch ein Spielhaus für Kinder errichten (AG Flensburg WuM 2016, 486).

Auch in einem Ziergarten dürfen geringe Teile für wirtschaftliche Zwecke, z.B. für einen Holzstoß, benutzt werden (AG Nürnberg WuM 84, 109). Ebenso darf der Mieter in dem ihm zustehenden Gartenteil einen Komposthaufen anlegen (LG Regensburg WuM 85, 242).

Wenn der Mieter einen Garten benutzen darf, ist ihm damit auch erlaubt, im üblichen Umfang Blumen zu säen oder zu pflanzen. Für eine weitergehende Bearbeitung gilt: Selbst gepflanzte Sträucher und Bäume darf der Mieter ohne weiteres auch wieder entfernen. Für die Bearbeitung der vom Vermieter gestellten Bepflanzung ist grundsätzlich dessen Einverständnis erforderlich. Eine langjährige Duldung kann das ausdrückliche Einverständnis ersetzen. Bei einem von Anfang an bepflanzten Gemeinschaftsgarten für mehrere Mieter ist in der Regel davon auszugehen, dass das Benutzungsrecht nicht automatisch dazu berechtigt, die Bepflanzung wesentlich zu ändern. Aber bei einem längerfristig vermieteten Einfamilienhaus darf der Mieter den Garten in der Regel nicht nur benutzen, sondern auch bearbeiten. Das schließt das Anlegen eines Teiches ein; bei Vertragsende muss der

Mieter allerdings den ursprünglichen Zustand wiederherstellen (LG Lübeck WuM 93, 669). Die Beseitigung von wesentlichen Teilen der Gartenanlage – größere Sträucher und Bäume – ist nur mit ausdrücklicher Genehmigung des Vermieters möglich (AG Köln – 151 C 1074/75). Einen vorhandenen Wasserhahn, den die Mieter zur Gartenbewässerung nutzen, darf der Vermieter nicht einfach entfernen **(BGH WuM 2022, 664)**.

Wer muss den Garten pflegen?
Der Vermieter muss grundsätzlich die Außenanlagen pflegen. Insbesondere gibt es kein Gewohnheitsrecht, wonach der Mieter der Parterrewohnung den Vorgarten pflegen, z. B. die Hecke schneiden müsste. Den Vermieter trifft auch die Verkehrssicherungspflicht. Er muss also dafür sorgen, dass niemand durch herabfallende Äste, nasses Laub oder Gras auf dem Plattenweg gefährdet wird. Dies berechtigt ihn jedoch nicht zum Einsatz von giftigen Unkrautvernichtungsmitteln (LG München I WuM 89, 500).

Der Vermieter kann diese Pflichten aber durch den Mietvertrag auf den Mieter übertragen. Oft wird sich aus den Umständen ergeben, dass der Mieter den Garten pflegen muss, z. B. beim Garten eines vermieteten Einfamilienhauses. Auch wenn der Mieter die Gartenpflege übernommen hat, darf der Vermieter nicht im Einzelnen vorschreiben, in welchen Zeitabständen der Rasen zu mähen ist und welche Pflanzen einzusetzen bzw. zu entfernen sind (LG Wuppertal WuM 2000, 353; LG Köln WuM 96, 402). Solange keine Verwahrlosung droht, steht dem Vermieter mangels gegenteiliger Vereinbarung hinsichtlich Art, Umfang und Häufigkeit der Pflege kein Direktionsrecht zu (OLG Düsseldorf WuM 2004, 603; LG Braunschweig WuM 2009, 288). Der Mieter muss auch nicht mit technischen und mit chemischen Mitteln arbeiten. Er darf vielmehr einen Naturgarten anlegen, in dem er die Pflanzen im Wesentlichen frei wachsen lässt (LG Darmstadt WuM 83, 151).

Ohne besondere Vereinbarung muss der Mieter nur einfache Arbeiten wie Rasenmähen oder Unkrautjäten vornehmen (OLG Düsseldorf WuM 2004, 603; LG Braunschweig WuM 2009, 288; LG Hamburg ZMR 2003, 265).

Motorrasenmäher dürfen werktags nicht in der Zeit zwischen 20 und 7 Uhr und nicht an Sonn- und Feiertagen eingesetzt werden. Das Gleiche gilt für andere Gartengeräte wie Laubbläser, Heckenschere, Rasentrimmer und Rasenkantenschneider. Allerdings können nach Landesrecht Ruhezeiten noch ausgedehnt werden ⇨ LÄRM.

Erledigt der Mieter die mietvertraglich übernommene Gartenpflege trotz Aufforderung nicht, kann der Vermieter Schadensersatz für die Kosten einer damit beauftragten Firma verlangen (AG Nürtingen WuM 2022, 474).

Wer zahlt die Pflegekosten?
Bei Gartenpflegekosten handelt es sich um Aufwendungen für die Pflege gärtnerisch angelegter Flächen (LG Hamburg WuM 89, 191). Die Gartenpflegekosten zählen zu den ⇨ BETRIEBSKOSTEN, es sei denn, die Kosten beruhen auf jahrelanger Vernachlässigung der Gartenpflege (LG Hamburg WuM 94, 695).

Sie dürfen nur dann auf die Mieter umgelegt werden, wenn dies mietvertraglich ausdrücklich vereinbart ist.

Gartenpflegekosten können nur dann in Ansatz gebracht werden, wenn der Garten nicht nur vom Vermieter oder einzelnen Mietparteien benutzt werden darf **(BGH WuM 2004, 399)**.

Welche Rechte bestehen bei Mietende?
Zieht der Mieter aus, darf er seine Pflanzen und »mäßig große und eindeutig noch umsetzbare« Bäume mitnehmen, es sei denn, er einigt sich mit dem Vermieter über eine angemessene Entschädigung (OLG Düsseldorf NZM 98, 1020; OLG Köln WuM 95, 268); Geld für nicht mehr umsetzbare Bäume gibt es nur bei vertraglicher Abmachung **(BGH WuM 2007, 443)** ⇨ MIETERMODERNISIERUNG.

Kündigungsschutz
Ist der Garten zusammen mit der Wohnung vermietet, darf der Vermieter den Garten nicht allein kündigen, sondern nur zusammen mit der Wohnung (LG Hannover WuM 82, 83; AG Witzenhausen WuM 81, U4) ⇨ TEILKÜNDIGUNG, ⇨ UMWANDLUNG VON MIET- IN EIGENTUMSWOHNUNGEN. Verpachtete Kleingärten ⇨ SCHREBERGÄRTEN.

Gas- und Strompreiserhöhung

Die Gaspreise sind verstärkt in die Diskussion geraten. Es besteht der Verdacht, dass einige Unternehmen mehr verlangen, als ihnen zusteht. Aber auch andere Versorgungsunternehmen, z. B. für Strom, haben ihre Preise mehrmals deutlich angehoben. Es bestehen Zweifel, ob das allein durch die gestiegenen Kosten gerechtfertigt ist.

Jede Preiserhöhung berechtigt den Verbraucher dazu, den Vertrag zu kündigen und den Versorger zu wechseln. Internetportale bieten die Möglichkeit, die Preise der einzelnen Versorger für Strom und Gas zu vergleichen. Dabei ist aber Vorsicht geboten. Häufig erweist sich ein vermeintlich günstiger Preis als Lockvogelangebot. Im Kleingedruckten können viele Fallstricke lauern. Kritisch zu bewerten sind z. B. Verträge mit einer langen Vertragsbindung, mit der Verpflichtung zur Vorauskasse, mit dem Risiko von größeren Preissteigerungen und dem Wegfall eines Bonus nach dem ersten Vertragsjahr.

Außerdem kann sich der Verbraucher gegen unberechtigte Forderungen zur Wehr setzen und die Zahlung der Preiserhöhungen zumindest teilweise verweigern. Dabei ist zu unterscheiden zwischen einer Preiserhöhung nach »billigem Ermessen« und einer auf Grundlage einer vertraglich festgelegten Preisanpassungsklausel.

Preiserhöhung nach »billigem Ermessen«
In einigen Fällen bestehen keine Vertragsbestimmungen zu einer Preisanpassung. Dann darf der Gasversorger die Preise aber nicht nach Belieben heraufsetzen. Die Anpassung muss »billigem Ermessen« (§ 315 BGB) entsprechen **(BGH WuM 2005, 257)**. Das einseitige Bestimmungsrecht darf nicht dazu missbraucht werden, die Gewinnspanne zulasten der Verbraucher zu erhöhen.

Eine Preiserhöhung bei Gas oder Strom ist grundsätzlich gerichtlich überprüfbar. Voraussetzung für eine Klage ist jedoch zunächst, dass die Jahresabschlussrechnung noch nicht bezahlt wurde. Denn bei unbeanstandeter Bezahlung gilt der neue Preis als vereinbart.

Das Versorgungsunternehmen muss im Einzelnen belegen, dass die Preisfestsetzung der »Billigkeit« entspricht. Dazu muss es die Kalkulationsgrundlagen vollständig vorlegen **(BGH WuM 2003, 460; NJW-RR 92, 183)**. In der Mitteilung über die Preiserhöhung sind die einzelnen Kostenbestandteile, u. a. für Stromsteuer, Konzessionsabgabe, Umlagen und Aufschläge sowie Netzentgelte, vor und nach der Preisanpassung, gegenüberzustellen **(BGH NJW 2019, 58)**. Die verlangte Preiserhöhung ist nicht fällig, bis das Versorgungsunternehmen den Nachweis erbracht hat. So lange darf der Kunde die Zahlung für den geforderten Mehrpreis verweigern.

Der BGH hat die Möglichkeit für eine gerichtliche Kontrolle der Preise jedoch stark eingeschränkt. Bei einer Strompreiserhöhung scheidet eine Billigkeitskontrolle aus, wenn der Stromversorger keine Monopolstellung hat und für den Kunden die Möglichkeit besteht, Strom von einem anderen Anbieter zu beziehen **(BGH WuM 2007, 335)**.

Auch die Erhöhung der Gaspreise ist nach dem BGH nur eingeschränkt überprüfbar. Weist das Versorgungsunternehmen nach, dass es höhere Bezugskosten zahlen muss und diese nur an den Verbraucher weitergegeben hat, gilt die Erhöhung als angemessen **(BGH WuM 2007, 526)**. Auch die Preisaufschläge der Vorlieferanten – also das, was beispielsweise ein großes Gasversorgungsunternehmen den Stadtwerken in Rechnung stellt – können nicht überprüft werden, so der BGH. Außerdem ist eine gerichtliche Überprüfung nur für die Preiserhöhung möglich, nicht jedoch für den gesamten Tarif **(BGH WuM 2009, 49)**.

Erhöhung nach einer Preisanpassungsklausel
Meistens enthält der Versorgungsvertrag eine Klausel zur Anpassung der Preise. In diesem Fall richtet sich eine Preiserhöhung nach den Vorgaben dieser Vertragsbestimmung. Solche Klauseln sind unwirksam, wenn sie den Kunden unangemessen benachteiligen. Das gilt z. B. für eine Bestimmung, die den zu zahlenden Gaspreis ausschließlich an die Preisentwicklung für Heizöl koppelt **(BGH WuM 2010, 323)**. Außerdem ist eine Vertragsbestimmung ungültig, wenn sie nur zu einer Preiserhöhung berechtigt, nicht aber eine Herabsetzung der Preise vorschreibt, wenn die Einkaufspreise sinken **(BGH WuM 2008, 606)**. Es muss konkret angegeben sein, aus welchen Gründen und nach welchem Modus die Gaspreise steigen **(BGH NJW 2013, 3647)**. Unwirksam sind deshalb folgende Klauseln: »Der Versorger darf den Festpreis und den Verbrauchspreis anpassen« **(BGH WuM 2009, 749)**; »Der Versorger ist berechtigt, die Gaspreise an die geänderten Gasbezugspreise anzupassen« **(BGH WuM 2009, 750)**. Außerdem darf eine Preisanpassungsklausel nicht zu kompliziert sein. Der Kunde muss sie nachvollziehen können. Andernfalls hat er keine Möglichkeit, die Preisgestaltung zu überprüfen. Die Klausel ist dann unwirksam (**BGH WuM 2005, 710**; LG Bremen WuM 2006, 324). Mehrdeutig und nicht hinreichend klar und verständlich ist z. B die Bestimmung »Der vorstehende Gaspreis ändert sich, wenn eine Änderung der allgemeinen Tarifpreise eintritt« **(BGH WuM 2009, 13)**. Dem Versorgungsunternehmen steht eine Preiserhöhung nicht zu, auch nicht nach »billigem« Ermessen **(BGH WuM 2010, 260)**. Kann der Versorger den Vertrag jedoch in absehbarer Zeit nicht kündigen, darf er die Preise heraufsetzen, wenn das gerechtfertigt ist **(BGH WuM 2009, 751)**.

Unrechtmäßig gezahlte Preiserhöhungen können 3 Jahre lang zurückgefordert werden **(BGH NJW 2013, 3647)**. Die Frist für die ⮚ VERJÄHRUNG beginnt erst mit der Erteilung der Jahresabrechnung zu laufen **(BGH NJW 2013, 991)**.

Mieter als Vertragspartner
Besteht ein Vertragsverhältnis zwischen Mieter und Gasversorger, z.B. bei einer Gasetagenheizung, kann der Mieter einer Preiserhöhung widersprechen. Sobald die Preiserhöhung angekündigt wird, sollte er

dem Versorgungsunternehmen seinen Widerspruch schriftlich mitteilen. Er muss geltend machen, dass er die Erhöhung als unbillig ansieht, da sie nicht ausreichend belegt und begründet ist. Zugleich sollte er das Unternehmen auffordern, die Berechnungsgrundlagen für die Preiserhöhung mitzuteilen. Wer die Preisfestsetzung unter Hinweis auf § 315 BGB als »unbillig« zurückweist, braucht die geforderte Erhöhung zunächst nicht zu bezahlen. Stattdessen sollte der bisherige Gaspreis weitergezahlt werden. Wenn eine Beschwerde beim Gas- oder Stromversorger erfolglos bleibt, kann sich der Mieter an die Schlichtungsstelle Energie wenden ➯ STREITSCHLICHTUNG.

Vermieter als Vertragspartner
Ist der Mieter nicht direkt Kunde des Versorgers, kann er gegen Preiserhöhungen keinen Einwand erheben, weil er nicht Empfänger der Rechnung ist. Wird das Mietshaus über eine Gaszentralheizung versorgt, erhält er einmal im Jahr eine Abrechnung seines Vermieters über die ➯ HEIZKOSTEN. Für den Mieter werden Preiserhöhungen des Gasversorgers erst zu diesem Zeitpunkt erkennbar. Der Vermieter muss jedoch zuvor die Rechnung des Versorgers prüfen und gegebenenfalls zurückweisen. Vermieter, die ohne weiteres unberechtigte Preiserhöhungen zahlen, laufen Gefahr, gegen den Grundsatz der Wirtschaftlichkeit zu verstoßen ➯ BETRIEBSKOSTEN. Unter Umständen kann der Mieter seine Heizkostenabrechnung entsprechend kürzen (AG Pinneberg WuM 2013, 731).

Versorgungssperre ist unzulässig
Macht der Kunde von seinem Recht Gebrauch und verweigert die Zahlung der verlangten Preiserhöhung, darf das Unternehmen nicht die Versorgung sperren oder damit drohen ➯ VERSORGUNGSSPERRE. Das bestimmen ausdrücklich die Verordnungen zur Gas- und Stromversorgung (Strom- und Gasgrundversorgungsverordnung). Kündigt der Versorger rechtswidrig dennoch die Einstellung der Versorgung an, kann der Kunde sich mit einer ➯ EINSTWEILIGEN VERFÜGUNG zur Wehr setzen (LG Oldenburg WuM 2006, 162; AG Bad Kissingen WuM 2005, 594; AG München und AG Marienberg WuM 2005, 595).

Gassperre ➯ VERSORGUNGSSPERRE

Gebäudeenergiegesetz (Heizungsgesetz) ➯ MODERNISIERUNG, ➯ WÄRMEDÄMMUNG

Bisher betraf das Gebäudeenergiegesetz (GEG) vor allem den Wohnungsneubau. Das Gesetz legt Mindestanforderungen für die energetische Qualität von neu errichteten Gebäuden fest. Wohnhäuser und andere Gebäude müssen einen baulichen Mindestwärmeschutz einhalten; geregelt werden Fragen der Heizungs- und Raumlufttechnik, der Wasserversorgung und des Einsatzes erneuerbarer Energien.

Für den Wohnungsbestand gelten bisher die Anforderungen des Gebäudeenergiegesetzes vor allem, wenn große Instandsetzungs- oder Modernisierungsarbeiten z.B. an der Gebäudefassade vorgenommen wurden. Außerdem ging es hier z.B. um die obersten Geschossdecken beheizter Räume, um Nachtabsenkungen, witterungsgesteuerte Regelung oder Thermostatventile.

Zum 1.1.2024 sind Änderungen des Gebäudeenergiegesetzes in Kraft getreten, die vor allem den Wohnungsbestand und die Heizungsanlagen in den Fokus rücken. Mit dem deshalb sogenannten Heizungsgesetz soll der Klimaschutz im Gebäudebereich wesentlich verbessert werden. Vorgegeben wird der schrittweise Austausch von Öl- und Gasheizungen. Um die Abhängigkeit von fossilen Brennstoffen zu reduzieren, müssen künftig neu eingebaute Heizungen zumindest zu 65% mit erneuerbaren Energien betrieben werden. Die Art der Heizung, die für die klimafreundliche Erzeugung von Wärme genutzt werden soll, entscheidet der Hauseigentümer und/oder Vermieter. Möglich sind Wärmepumpen, Geothermie, Fernwärme, »grüne Gase«, Biomasse, Holz oder Pellets. Eine Stromdirektheizung darf nur eingebaut oder aufgestellt werden, wenn in einem neuen Gebäude die Anforderungen an den baulichen Wärmeschutz um mind. 45%, in einem Bestandsgebäude um mind. 30% unterschritten werden.

Für **Neubauten** gilt: Neu errichtete Gebäude in Neubaugebieten müssen seit 1.1.2024 mit Heizungen ausgestattet werden, die ihren Wärmebedarf mind. zu 65% aus erneuerbaren Energien decken.

Im **Wohnungsbestand** gilt:

■ Die neuen gesetzlichen Regelungen gelten nur, wenn der Eigentümer/Vermieter die Heizungsanlage erneuern lässt. Eine Pflicht, bestehende Heizungen auszutauschen oder umzurüsten, gibt es nicht. Eine vor dem 1.1.2024 eingebaute Öl- oder Gasheizung darf weiter betrieben, bei einem Defekt auch repariert und weiter genutzt werden, längstens allerdings bis zum 31.12.2044. Dann darf generell nicht mehr mit fossilen Brennstoffen geheizt werden.

■ Die Anforderung, im Fall einer Erneuerung der Heizung den Wärmebedarf zumindest zu 65% durch erneuerbare Energien zu decken, gilt erst nach Ablauf einer Übergangsfrist. Diese Frist läuft in Großstädten, die am 1.1.2024 mehr als 100000 Einwohner haben, bis zum 30.6.2026, in Gemeinden, die am 1.1.2024 100000 und weniger Einwohner haben, bis zum 30.6.2028. Bis zu diesen Terminen sollen die Gemeinden ihre kommunale Wärmeplanung abgeschlossen und geklärt haben, inwieweit bei ihnen ein Anschluss an ein Fernwärmenetz möglich ist oder das Gasnetz vor Ort auf Wasserstoff umgerüstet werden soll. Eigentümer und Vermieter sollen damit Unterstützung bei der Entscheidung erhalten, wie ihre künftige Wärmeversorgung aussehen soll. Ist die kommunale Wärmeplanung bereits vor dem 30.6.2026 bzw. 30.6.2028 erstellt und hat die zuständige Behörde auf der Grundlage dieser Planung eine Entscheidung über die Ausweisung eines Gebiets als Wärmenetz- oder Wasserstoffnetzausbaugebiet getroffen, gilt die 65%-Anforderung dort schon ab einen Monat nach der Bekanntgabe der Entscheidung.

■ Vor Ablauf der o.g. Fristen besteht für Eigentümer und Vermieter, die ihre Heizung erneuern, keine Pflicht, die 65%-Anforderung zu erfüllen. Sie dürfen weiter eine Öl- oder Gasheizung einbauen. Diese muss dann künftig einen bestimmten Mindestanteil erneuerbarer Energien wie Biomethan oder Wasserstoff nutzen: ab 1.1.2029: 15%; ab 1.1.2035: 30%; ab 1.1.2040: 60%. Eigentümer und Vermieter können aber freiwillig ihre Heizung bereits so modernisieren, dass die 65%-Anforderung erfüllt wird. Die Kosten einer derartigen ⇨ MODERNISIERUNG können mit 10% bzw. 8% auf die Miete aufgeschlagen werden.

■ Nach Ablauf der o.g. Fristen müssen Eigentümer und Vermieter bei einer Erneuerung der Heizung grundsätzlich die 65%-Anforderung erfüllen. Selbst hier gibt es aber noch Ausnahmen: Beim ersten Austausch einer Heizungsanlage kann für höchstens 5 Jahre noch einmal eine Heizung eingebaut werden, die nicht mit 65% erneuerbaren Energien läuft. Soll das Gebäude an ein geplantes, aber noch nicht fertig gestelltes Wärmenetz angeschlossen werden, kann noch max. 10 Jahre eine Öl- oder Gasheizung betrieben werden, vorausgesetzt, der Eigentümer oder Vermieter hat einen Vertrag über eine Wärmelieferung mit 65% erneuerbaren Energien abgeschlossen und die Belieferung erfolgt innerhalb von 10 Jahren nach Vertragsschluss. Soll das Gebäude an ein geplantes, aber noch nicht fertig gestelltes Wasserstoffnetz angeschlossen werden, kann der Eigentümer oder Vermieter eine Heizung installieren, die sowohl Erdgas als auch Wasserstoff verbrennen kann, und bis zum Anschluss an das Wasserstoffnetz mit Erdgas betreiben. Bei Gebäuden mit dezentraler Wärmeerzeugung (z.B. Gasetagenheizungen) muss der Eigentümer oder Vermieter in einer Übergangsfrist von 5 Jahren ab dem ersten Heizungstausch entscheiden, ob die Wärmeversorgung dezentral bleiben oder zentralisiert werden soll.

Modernisierungskosten
Der Einbau der neuen GEG-Heizungsanlage ist eine ⇨ MODERNISIERUNG. Das hat der Gesetzgeber ausdrücklich klargestellt. Gleichzeitig sieht das Gesetz neue Umlagemöglichkeiten und Mieterschutzvorschriften vor.

Führt der Vermieter eine GEG-Heizungsanlagenmodernisierung durch, kann er 10% der Kosten umlegen, abzüglich 15% pauschal für ersparte Erhaltungskosten und abzüglich der erhaltenen öffentlichen Förderung. Die Mieterhöhung ist gedeckelt bei 0,50 Euro pro m^2. Nimmt der Vermieter keine öffentlichen Fördermittel in Anspruch, kann er 8% der Kosten umlegen, abzüglich ersparter Erhaltungsmaßnahmen, aber auch gedeckelt bei 0,50 Euro pro m^2.

Achtung: Neben der gedeckelten Mieterhöhung von 0,50 Euro pro m^2 für die Heizungsanlagenmodernisierung kommen weitere Modernisierungsmaßnahmen, die gleichzeitig durchgeführt werden können, in Betracht, z.B. der Umbau der hausinternen Verteilung, Fußbodenheizung, Fassadendämmung usw. Hier gilt dann insgesamt eine Mieterhöhungsschwelle von 2,00 bzw. 3,00 Euro pro m^2.

Eine Besonderheit gibt es noch, wenn der Vermieter eine Wärmepumpe einbauen lassen will. § 71 o GEG bestimmt, dass eine Mieterhöhung wegen einer Modernisierung in voller Höhe nur verlangt werden darf, wenn der Nachweis von einem Fachunternehmen vorliegt, dass die Jahresarbeitszahl der Wärmepumpe über 2,5 liegt. Hierdurch sollen Mieter vor hohen Kosten einer ineffektiven Wärmepumpe in einem unsanierten Haus geschützt werden. Erbringt der Vermieter diesen Effektivitäts-Nachweis nicht, darf er nur 50% der auf die Wohnung entfallenen Modernisierungskosten umlegen. Ausnahmsweise ist ein Nachweis nicht erforderlich, wenn das Gebäude nach 1996 errichtet wurde, mind. nach den Vorgaben der Wärmeschutzverordnung 1994 erbaut wurde bzw. nach einer Sanierung mind. das Effizienzhausniveau 115 oder 100 erreicht wird oder mit einer Vorlauftemperatur von höchstens 55°C beheizt werden kann.

Genossenschaften

Wer in einer Genossenschaftswohnung lebt, für den sind zwei Rechtsverhältnisse von Bedeutung: das Miet- oder Nutzungsverhältnis sowie das Genossenschaftsverhältnis.

Mietvertrag (Nutzungsvertrag)
Hier gelten dieselben rechtlichen Bestimmungen wie bei einem sonstigen

Wohnraummietverhältnis auch. Dies bedeutet z. B., dass bei einer Mieterhöhung – je nachdem, ob es sich um eine freifinanzierte oder eine öffentlich geförderte Wohnung handelt – die dafür jeweils geltenden Vorschriften beachtet werden müssen ⇨ MIETERHÖHUNG, ⇨ SOZIALMIETE. Der genossenschaftliche Gleichbehandlungsgrundsatz verbietet es jedoch, von einzelnen Mietern eine stärkere Mieterhöhung zu fordern als von den übrigen (LG Berlin GE 99, 575; LG Offenburg WuM 98, 289). Eine Ungleichbehandlung liegt jedoch nicht vor, wenn die Genossenschaft nur bei den Mietern die Miete erhöht, die im Zuge von Modernisierungsarbeiten auf das Recht zur Mietminderung nicht verzichten **(BGH WuM 2009, 744)** oder die nicht einverstanden sind, dass ihre unwirksame Schönheitsreparaturklausel durch eine wirksame ersetzt wird (AG Tempelhof-Kreuzberg GE 2009, 1051). Die Genossenschaft darf bei der Neuvermietung eine geringere Miete fordern, wenn sonst Leerstand droht; die Altmieter können nicht verlangen, dass ihre Mieten ebenfalls gesenkt werden (LG Berlin ZMR 2001, 710).

Besteht das Recht zur Untervermietung, muss der Untermieter nicht zwingend Genossenschaftsmitglied sein (LG Köln WuM 2016, 661).

Auch das Recht zur Mietminderung richtet sich nach den allgemeinen Vorschriften (LG Dresden WuM 98, 216; AG Köln WuM 95, 312). Ebenso ist es zulässig, nur die Erdgeschossmieter zum Schneefegen zu verpflichten (LG Köln ZMR 2014, 541; zweifelnd OLG Hamm NZM 2013, 358).

Wie bei sonstigen Mietverhältnissen ist eine Kündigung nur möglich, wenn ein gesetzlich anerkannter Kündigungsgrund vorliegt ⇨ FRISTLOSE KÜNDIGUNG, ⇨ KÜNDIGUNGSSCHUTZ. Ist im Nutzungsvertrag das Recht zur Eigenbedarfskündigung ausgeschlossen, kann sich der Mieter darauf auch gegenüber dem Käufer der Wohnung berufen **(BGH WuM 2012, 294)**. Der Verzicht auf das Recht zur ordentlichen Kündigung bedeutet aber nicht, dass damit auch fristlose Kündigungen ausgeschlossen wären **(BGH WuM 2012, 440)**. Wie bei sonstigen Mietverhältnissen auch kann im Fall einer Scheidung die Wohnung dem Ehepartner zugewiesen werden, selbst wenn der nicht Mitglied der Genossenschaft ist **(BVerfG WuM 91, 572)**.

Der Verlust der Wohnung ist selbst dann nicht zu befürchten, wenn der Genossenschafter stirbt. Das Mietverhältnis wird nach den allgemeinen Regeln mit dem Ehegatten (oder sonstigen Familienangehörigen bzw. Erben) fortgesetzt, selbst wenn das Genossenschaftsverhältnis aufgrund der Satzung mit dem Schluss des Geschäftsjahres enden sollte **(BGH WuM 2010, 431)** ⇨ TOD DES MIETERS. Ein Kündigungsrecht seitens der Genossenschaft besteht allenfalls, wenn der Rechtsnachfolger des

Verstorbenen sich weigert, Genossenschaftsmitglied zu werden bzw. zu bleiben.

Genossenschaftsverhältnis
Das Verhältnis zur Genossenschaft richtet sich nach dem Genossenschaftsgesetz sowie dem Statut der Genossenschaft. Dieses darf nur dann vom Genossenschaftsgesetz abweichen, wenn dies dort ausdrücklich zugelassen ist. Das Statut (Satzung) muss natürlich auch den genossenschaftlichen Gleichbehandlungsgrundsatz beachten. Dieser Grundsatz schließt aber nicht aus, dass nach einer Änderung der Marktlage von Neumietern weniger Genossenschaftsanteile gefordert werden als von Altmietern; diesen steht dann nicht das Recht zu, einige Geschäftsanteile zu kündigen (AG Dresden ZMR 2001, 714).

Wichtig: Wer die von der Genossenschaft zur Verfügung gestellte Wohnung kaum noch nutzt, kann unter Umständen aus der Genossenschaft ausgeschlossen werden und letztlich die Wohnung verlieren (LG Nürnberg-Fürth WuM 93, 280). Es liegt jedoch kein Ausschlussgrund vor, wenn ein Mitglied die Genossenschaft wegen ihres Verhaltens bei Vertragsabschlüssen und Mieterhöhungen heftig kritisiert oder Prozesse gegen sie führt (LG Berlin MM 91, 26); lediglich eine übermäßige Kritik kann zum Ausschluss berechtigen (LG Berlin GE 96, 743). Voraussetzung ist aber, dass das Mitglied abgemahnt wurde und sein genossenschaftswidriges Verhalten trotzdem fortsetzt **(BGH WuM 2003, 691**; LG Köln WuM 2007, 22; LG Berlin WuM 2006, 393). Wird die Wohnung dann für ein anderes Mitglied benötigt, darf die Genossenschaft auch die Wohnung kündigen **(BGH WuM 2003, 691)**.

Eine Kündigung der Mitgliedschaft in der Genossenschaft kann auch durch den Insolvenzverwalter des Mieters erfolgen, um das Auseinandersetzungsguthaben zugunsten der Masse zu realisieren **(BGH WuM 2011, 40)**; dass dann eventuell die Genossenschaft anschließend auch die Wohnung kündigt, steht dem nicht entgegen **(BGH WuM 2009, 752; WuM 2009, 302)**. **Achtung:** Eine solche Kündigung ist aber ausgeschlossen, wenn die Mitgliedschaft Voraussetzung für die Nutzung der Wohnung des Mitglieds ist **und** das Geschäftsguthaben des Mitglieds höchstens das Vierfache des monatlichen Nutzungsentgelts (ohne separate Betriebskosten) oder höchstens 2000 Euro beträgt.

Gewinnverteilung und Verzinsung
Ob die im Laufe des Geschäftsjahres erzielten Gewinne verteilt werden oder die Rücklagen erhöhen, hängt vom Statut ab. Ohne besondere Regelung im Statut haben die Genossen Anspruch darauf, dass der Gewinn verteilt wird.

Außerdem kann das Statut bestimmen, dass die Geschäftsguthaben verzinst werden. In diesem Fall sind die Zinsen spätestens 6 Monate nach Schluss des betreffenden Geschäftsjahres auszuzahlen.

Macht eine Genossenschaft Verluste, dürfen zu deren Ausgleich nicht nur die Geschäftsguthaben von ausscheidenden Mitgliedern verwendet werden; es müssen vielmehr alle Mitglieder in gleicher Weise belastet werden (LG Bautzen NZM 2003, 735). Stille Reserven muss die Genossenschaft nicht berücksichtigen **(BGH WuM 2008, 736)**.

Achtung: Wenn die Genossenschaft das Auseinandersetzungsguthaben kürzt, weil sie z.B. mit Ersatzansprüchen aufrechnet, hilft möglicherweise der Hinweis auf die Verjährung dieser Ansprüche (LG Berlin GE 99, 253); eine Aufrechnung scheitert vielfach daran, dass die Klausel über eine Abtretung des zukünftigen Auseinandersetzungsguthabens nichtig ist (AG Hamburg-Blankenese NJW-RR 91, 998).

Geothermie ⇨ ERNEUERBARE ENERGIE, ⇨ WÄRMEPUMPE

Gerichte ⇨ STREITSCHLICHTUNG, ⇨ VERFASSUNGSBESCHWERDE

Gelingt es den Parteien im Streitfall – ggf. auch im Wege der ⇨ STREITSCHLICHTUNG – nicht, sich gütlich zu einigen, bleibt als letzter Ausweg der Gang zum Gericht. Für Wohnraummietsachen ist in **erster Instanz** immer das **Amtsgericht** zuständig, in dessen Zuständigkeitsbereich sich die Wohnung befindet (§ 29a ZPO, § 23 GVG). Dies gilt auch dann, wenn das Mietverhältnis bereits beendet ist, der Mieter die Erstattung zu viel gezahlter Miete fordert **(BGH RE WuM 84, 119)** oder in Frage steht, ob der Mietvertrag überhaupt wirksam geschlossen wurde. Absprachen oder Vertragsklauseln, die eine andere Zuständigkeit begründen sollen, sind unwirksam.

Auch **Genossenschaftswohnungen** fallen unter die ausschließliche erstinstanzliche Zuständigkeit der Amtsgerichte, genauso wie **Werkmietwohnungen**, d.h. Wohnungen, die einem Arbeitnehmer mit Rücksicht auf das Bestehen des Arbeitsverhältnisses überlassen worden sind. Für Streitigkeiten aus der Überlassung von **Werkdienstwohnungen**, also Wohnungen, die als Teil des Arbeitsentgelts überlassen sind, sind hingegen die Arbeitsgerichte zuständig ⇨ WERKWOHNUNG.

In einigen **Ausnahmefällen** gilt der Grundsatz der erstinstanzlichen Zuständigkeit des örtlichen Amtsgerichts nicht (§ 29a Abs. 2 ZPO, § 549 Abs. 2 Nr. 1–3 BGB). Dies ist der Fall bei Wohnraum, der nur zum vorübergehenden Gebrauch vermietet ist, möbliertem Wohnraum innerhalb einer vom Vermieter selbst bewohnten Wohnung, sofern er dem Mieter nicht zum dauernden Gebrauch mit seiner Familie oder mit Personen überlassen ist, mit denen er einen auf Dauer angelegten gemeinsamen Haushalt führt, sowie bei Wohnungen, die eine juristische Person des öffentlichen Rechts oder privater Träger angemietet hat, um ihn Personen mit dringendem Wohnbedarf zu überlassen, sofern der Mieter bei Vertragsabschluss darauf hingewiesen wurde.

Vor dem Amtsgericht herrscht **kein Anwaltszwang**; gerade wenn der Vermieter anwaltlich vertreten ist, ist es aber nicht ratsam, auf einen Rechtsbeistand ⇨ RECHTSSCHUTZ zu verzichten.

Gegen Urteile des Amtsgerichts kann **Berufung** eingelegt werden, wenn der ⇨ STREITWERT (Beschwer) über 600 Euro liegt oder das Amtsgericht die Berufung ausdrücklich zugelassen hat. Über die Berufung entscheidet das Landgericht. **Achtung**: Hier besteht **Anwaltszwang**, d. h., der Mieter kann sich in der zweiten Instanz nicht selbst vertreten, sondern ist zwingend auf einen Anwalt angewiesen. Die Berufung ist **fristgebunden**; sie kann innerhalb eines Monats nach Zugang des vollständigen Urteils eingelegt werden. Da der Anwalt noch Zeit benötigt, um sich ggf. in die Akte einzuarbeiten und den Berufungsschriftsatz zu verfassen, sollte man diesen rechtzeitig beauftragen.

Das Landgericht kann die Sache durch **Urteil** entscheiden oder aber – nach einem entsprechenden Hinweis – die Berufung per **Beschluss** zurückweisen, wenn es der Überzeugung ist, dass sie keine Aussicht auf Erfolg **und** die Rechtssache keine grundsätzliche Bedeutung hat.

Gegen die Entscheidung des Landgerichts kommt als nächstes Rechtsmittel die **Revision** zum **Bundesgerichtshof** in Betracht. Dies setzt aber voraus, dass das Berufungsgericht diese im Urteil ausdrücklich zugelassen hat; ist dies nicht der Fall, kann eine sog. Nichtzulassungsbeschwerde eingelegt werden, über die der BGH entscheidet. Für die Revision muss man sich durch einen **Rechtsanwalt** vertreten lassen, der beim BGH zugelassen ist; die **Frist** für die Einlegung beträgt auch hier einen Monat.

Nach der Revision gibt es keine weiteren Instanzen mehr. Nur im Ausnahmefall der Verletzung von Grundrechten kommt eine ⇨ VERFASSUNGSBESCHWERDE in Betracht.

Gerichtsvollzieher

Die Amtspflichten des Gerichtsvollziehers werden durch die Gerichtsvollzieherordnung geregelt. Er ist beim Amtsgericht beschäftigt und untersteht der richterlichen Dienstaufsicht. Er unterhält einen eigenen Geschäftsbetrieb und, soweit erforderlich, auch eine Pfandkammer.

Die bekannteste Tätigkeit des Gerichtsvollziehers ist die Pfändung und Versteigerung von beweglichen Sachen und Wertpapieren. Darüber hinaus ist er auch zuständig für die Vollstreckung z. B. von Räumungsurteilen ⇨ ZWANGSRÄUMUNG. In diesen Fällen beauftragt der Gerichtsvollzieher i. d. R. ein Speditionsunternehmen, um am Räumungstermin das Inventar des Mieters abzutransportieren und einzulagern (»Klassische Räumung« – § 885 ZPO). Der Eigentümer kann aber auch einen kostengünstigen beschränkten Vollstreckungsauftrag (»Berliner Räumung« – § 885a ZPO) erteilen. Dabei räumt der Gerichtsvollzieher die Wohnung nicht leer und benötigt folglich kein teures Speditionsunternehmen, sondern tauscht lediglich für den Vermieter das Schloss aus. Er ist verpflichtet, zuvor zu dokumentieren, was sich an beweglichen Sachen in der Wohnung befindet; diese verbleiben dort. Fordert der ehemalige Mieter seine Sachen nicht innerhalb eines Monats ab, darf der Vermieter sie verwerten, d. h. verkaufen.

Neben diesen Aufgaben führt der Gerichtsvollzieher auch die Zustellung von Schriftstücken durch, soweit er einen entsprechenden Auftrag erhält. Bei einer Zustellung durch den Gerichtsvollzieher kann sich der Empfänger nicht darauf berufen, er habe das Schriftstück nicht erhalten ⇨ EINSCHREIBEN.

Geruchsbelästigung ⇨ MÄNGEL, ⇨ MIETMINDERUNG, ⇨ RAUCHEN

Geruchsbelästigungen können den Mieter z. B. zur Minderung oder Kündigung berechtigen. Allerdings sind nur erhebliche Geruchsbelästigungen rechtlich relevant (LG Essen ZMR 2000, 302). Ob eine Geruchsbelästigung erheblich oder noch zumutbar ist, bestimmt sich aus der Sicht eines durchschnittlich empfindlichen Mieters (LG Berlin GE 2015, 1599).

Wer seine Wohnung vermüllt und Schäden an der Gebäudesubstanz verursacht, muss mit einer fristlosen Kündigung rechnen (AG Gießen ZMR 2021, 497; AG München ZMR 2019, 40; LG Berlin, ZMR 2018, 416). Extreme Geruchsbelästigungen durch unreinliche Hausbewohner berechtigen zur Mietminderung (LG Berlin WuM 2011, 155), ggf. auch zur Kündigung (AG Wetzlar GE 2013, 1007).

Haushaltsübliche Kochgerüche müssen auch im Treppenhaus hingenommen werden (AG Hamburg WuM 93, 39). Anders ist es, wenn von der Wohnung unzumutbare Geruchsbelästigungen ausgehen; hier ist der Vermieter zur Kündigung berechtigt (LG Braunschweig ZMR 2007, 536).

Gleiches gilt bei erheblicher Geruchsbelästigung durch ⇨ RAUCHEN, wenn ein unerträgliches oder gesundheitsgefährdendes Ausmaß erreicht wird **(BGH WuM 2015, 289)**. Normalerweise dürfte es aber ausgeschlossen sein, dass es bei einer geschlossenen Wohnungstür und einem normal konstruierten Gebäude zu übermäßigen Belästigungen der Mitmieter durch Kochgerüche und Tabakrauch kommt (AG Aachen 12 C 478/93). Kommt es aber aufgrund der speziellen Bauweise des Gebäudes – schlechte Abdichtungen – zu erheblichen Belästigungen durch Zigarettenrauch (AG Lübeck WuM 2014, 138; AG Charlottenburg GE 2008, 1061) und Essensgerüche, kann der betroffene Mieter die Miete kürzen (10%: AG Mitte WuM 2022, 730; 20%: LG Stuttgart WuM 98, 724).

In einer Wohnungseigentümeranlage hält sich die Haltung von drei Hasen und einem Meerschweinchen noch im üblichen Rahmen, aber nicht mehr die Haltung eines Schweins. Hier ist eine Geruchsbelästigung nicht mehr zu vermeiden (AG Ludwigsburg WuM 2012, 216). Ebenfalls in einer Wohnungseigentumsanlage wurde ein Wohnungseigentümer zum Einbau einer Dunstabzugshaube verurteilt, damit der über ihm wohnende Nachbar nicht weiter durch Küchengerüche belästigt werde (OLG Köln WuM 97, 453). Allerdings betonte das Gericht auch, dass normalerweise Kochgerüche ortsüblich seien und der Einbau einer Dunstabzugshaube allenfalls in Sonderfällen gefordert werden könne. Das Gebot der Rücksichtnahme kann auch einen Anspruch des Nachbarn begründen, dass ein unter dem Schlafzimmer stehender Grill beseitigt wird (BayObLG NZM 2002, 533).

Biomülltonnen müssen so aufgestellt werden, dass es nicht zu Geruchsbelästigungen kommt (LG Osnabrück WuM 97, 431). Geruchsbelästigungen aus einer benachbarten Pizzeria können eine Mietminderung in Höhe von 15% rechtfertigen (AG Köln WuM 90, 338). Hier war den Richtern bei einer Ortsbesichtigung nach 15 Minuten schlecht geworden. Ebenfalls zu einer Mietminderung führen Gestank und Geruchsbelästigungen aufgrund nicht artgerechter Tierhaltung (AG Köln WuM 89, 234; AG Bergisch Gladbach 23 C 280/90), durch streunende Katzen, die durch die Fütterung durch andere Mieter angelockt werden (AG Bonn WuM 86, 212), oder gravierende Geruchsbelästigungen, weil der Vermieter mit Lösungsmitteln Renovierungsarbeiten durchführt (AG Schöneberg MM 96, 250). Ein Bußgeld droht, wenn beim ⇨ GRILLEN entstehender Qualm in offen stehende Fenster der Nachbarwohnungen dringt (OLG Düsseldorf WuM 96, 56: 100 Euro). Allerdings kamen hier noch Lärmstörungen hinzu. Bei wiederkehrendem muffigem Abwassergeruch aus einem defekten Abwasserrohr kommt eine Minderung in Höhe von 10% in Betracht **(BGH WuM 2018, 712)**.

Auch bauliche Unzulänglichkeiten des Hauses oder der Außenanlagen können einen Mangel verursachen, wie z. B. das Abstellen der Lüftungsanlage in einem fensterlosen Bad (AG Köln WuM 2010, 347) oder die Ausgasung von Bahnschwellen in die umliegenden Wohnungen (AG München WuM 2011, 465).

In Extremfällen können Geruchsbelästigungen, z. B. durch eine Toilettenanlage in anliegenden Gewerberäumen (OLG Düsseldorf ZMR 94, 402) oder durch eine städtische Kläranlage (LG Augsburg WuM 86, 137), den Mieter sogar zu einer ⇨ FRISTLOSEN KÜNDIGUNG berechtigen.

Geschäftsräume

Vermietet der Vermieter Räumlichkeiten zu gewerblichen Zwecken, hat er sie so herzurichten, dass sie die für den in Aussicht genommenen Gewerbebetrieb erforderlichen Eigenschaften besitzen. Der Vermieter muss insbesondere für eine ausreichende Tragfähigkeit der Decken Sorge tragen. Auch die Zugänge und Zufahrten müssen für eine normale Nutzlast ausgerichtet sein. Insbesondere muss der Vermieter alle Arbeiten, die nach baupolizeilichen Vorschriften oder allgemeiner Verkehrsanschauung während der Mietzeit erforderlich sind, ausführen.

Der Mieter ist grundsätzlich nicht berechtigt, einen wesentlich anderen als den vereinbarten Geschäftszweig zu betreiben. Die Umstellung eines Handwerksbetriebs auf eine industrielle Fertigung ist dem Vermieter jedoch nach Treu und Glauben zumutbar **(BGH NJW 61, 307)**.

Haben die Vertragsparteien keine Vereinbarung über den Vertragszweck getroffen, kann der Mieter die Räume zu jedem gewerblichen Zweck nutzen, da der Vertragszweck sich in dem »Gewerberaummietverhältnis« erschöpft. Im Gegenzug trifft den Vermieter aber keine Haftung, wenn der Mieter sein Gewerbe in den vermieteten Räumen aus öffentlich-rechtlichen Gründen nicht ausüben darf. Bei der gewerblichen Miete kommt dem Vertragszweck daher besondere Bedeutung zu, da es im Interesse beider Parteien liegt, ihre Rechte und Pflichten genau zu bestimmen. Dabei kann sich der Vertragszweck nicht nur aus dem Mietvertrag ergeben. Für die Festlegung eines bestimmten Vertragszwecks kann es ausreichen, wenn der Mieter widerspruchslos die Mietsache in einer bestimmten Art und Weise nutzt (OLG Düsseldorf DWW 92, 82).

Bei der Miete von Geschäftsräumen ist zu beachten, dass im Mietvertrag viele Rechte ausgeschlossen werden können, die das Gesetz für den Wohnungsmieter vorsieht. Es kann aber auch die Geltung von Wohnraummietrecht vereinbart werden (KG Berlin WuM 2015, 666). Es empfiehlt sich daher, bei Abschluss des Vertrages besonders auf folgende Punkte zu achten und zu versuchen, durch Verhandlungen mit dem Vermieter nachteilige Regelungen zu vermeiden:

Kündigung: Es gibt bei Geschäftsräumen keinen gesetzlichen Kündigungsschutz, z. B. kann der Mieter der Kündigung nicht widersprechen, wenn sie für ihn eine Härte bedeuten würde (keine Sozialklausel). Vertragliche Kündigungsregelungen können aber gegen Vorschriften zum Schutz vor ⇨ ALLGEMEINEN GESCHÄFTSBEDINGUNGEN verstoßen, z. B. wenn für die fristlose Kündigung ein Zahlungsrückstand von mehr als einem Monat mit nur einem Teil der Monatsmiete ausreichen soll **(BGH WuM 87, 259).**

Erheblich ist ein Rückstand, der den Betrag von einer Monatsmiete übersteigt. Für eine fristlose Kündigung muss aber hinzukommen, dass der Rückstand aus zwei aufeinanderfolgenden Monaten stammt. Hat er sich über längere Zeit angesammelt, rechtfertigt er die fristlose Kündigung erst, wenn seine Höhe 2 Monatsmieten erreicht **(BGH WuM 2008, 595).**

Eine Kündigung kann mündlich erfolgen (wenn nicht vertraglich Schriftform vereinbart ist), und sie kann mit dem Angebot verbunden werden, einen neuen Vertrag mit einer höheren Miete abzuschließen (sog. Änderungskündigung).

Kündigungsfristen können frei vereinbart werden. Der Mietvertrag kann also u. U. sehr kurze Fristen enthalten. Sieht der Vertrag keine Regelung vor, gelten die gesetzlichen Kündigungsfristen. Eine Kündigung ist spätestens am 3. Werktag eines Kalendervierteljahres für den Ablauf des nächsten Kalendervierteljahres möglich, § 580a Abs. 2 BGB. Bei sonstigen Mietverhältnissen, die weder Wohnräume noch Geschäftsräume betreffen (z. B. Lagerplätze, Abstellplätze, Garagen), beträgt die Kündigungsfrist 3 Monate zum Ablauf des Kalendervierteljahres.

Wichtig: Der Mieter sollte prüfen, ob der Vertrag nicht besser von vornherein für einen festen Zeitraum (z. B. für 5 oder 10 Jahre) abgeschlossen wird mit der Möglichkeit, ihn zu verlängern. Während dieser Zeit ist eine ordentliche Kündigung dann nicht möglich.

Miete: Der Vermieter von Gewerberaum kann die Miete nur erhöhen, wenn er dies vertraglich vereinbart hat. Wurde eine solche Anpassungsklausel vergessen, kann der Gewerberaumvermieter nur durch eine sogenannte Änderungskündigung zu mehr Miete kommen, was aber voraussetzt, dass der Vertrag kündbar ist.

Regelmäßig werden sogenannte ⮱ LEISTUNGSVORBEHALTSKLAUSELN vereinbart, wonach der Vermieter berechtigt ist, bei Steigerungen bestimmter vereinbarter Kosten Verhandlungen über eine Neufestsetzung der Miete aufzunehmen.

Nebenkosten: Es kann in den Grenzen der ⮱ ALLGEMEINEN GESCHÄFTSBEDINGUNGEN frei vereinbart werden, welche Nebenkosten – z. B. Verwaltungskosten **(BGH NZM 2012, 83; NZM 2010, 553; NZM 2010, 123)** – der Mieter zahlen muss und wie diese Kosten abgerechnet oder auf mehrere Mieter umgelegt werden.

Die Kosten des »Center Managers« sind aber nicht zusätzlich zu den Kosten der »Verwaltung« umlagefähig, wenn im Mietvertrag die Leistungen des Managements nicht genau beschrieben werden und daher unklar ist, welche Leistungen hier in Abgrenzung zu den Verwaltungskosten anfallen sollen **(BGH GE 2011, 1301)**. Die Nebenkostenpositionen müssen im Mietvertrag konkret beschrieben werden, wenn sie in der Betriebskostenverordnung nicht genannt werden. Begriffe wie »Center-Management«, »Raumkosten« oder »Allgemeiner Service« reichen nicht aus (OLG Brandenburg GE 2022, 120). Denn der Gewerbemieter kann anhand dieser Begriffe nicht abschätzen, welche Kosten auf ihn zukommen. Wartungskosten können auch in Gewerbemietverträgen nicht ohne Kostenobergrenze wirksam umgelegt werden (OLG Brandenburg GE 2022, 120).

Rechnet der Vermieter jahrelang über bestimmte Betriebskostenpositionen nicht ab, führt dies nicht zu einer Änderung des Umfangs der vereinbarten Betriebskosten. Der Gewerbemieter kann hier nicht davon ausgehen, dass der Vermieter auf diese Kosten zukünftig verzichten will **(BGH WuM 2010, 949)**. Sind nach dem Vertrag jedoch keine gesonderten Nebenkosten zu zahlen, führt die Begleichung von angeforderten Vorauszahlungen nur dann zu einer Änderung des Vertrages, wenn dem Mieter bewusst ist, dass dadurch von dem bisherigen Vertrag abgewichen werden soll **(BGH WuM 2008, 225)**. Unwirksame Betriebskostenvorschüsse können als Pauschalen neben der Grundmiete oder als Bestandteil der Grundmiete **(BGH WuM 2012, 453)** interpretiert werden.

Die Heizkostenverordnung gilt auch für vermietete Geschäftsräume. Der Vermieter ist grundsätzlich verpflichtet, die Räume mit Geräten zur Erfassung des Verbrauchs auszustatten und die ⮱ HEIZKOSTEN verbrauchsabhängig abzurechnen. Anderslautende Absprachen sind unwirksam. Auch in einem gewerblichen Mietverhältnis können die Mietparteien eine Kostenverteilung zu 100 % nach Verbrauch vereinbaren **(BGH WuM 2019, 199)**.

Anders als beim Wohnraum ist der Vermieter von Gewerberaum nicht mit Nachforderungen ausgeschlossen, wenn er nicht innerhalb eines Jahres abrechnet **(BGH WuM 2011, 220)**. Allerdings hat auch der Vermieter von Gewerberaum das Wirtschaftlichkeitsgebot zu beachten (OLG Rostock GE 2014, 1060; OLG Düsseldorf GE 2013, 1273).

Mehrwertsteuer darf der Vermieter von Gewerberaum nur verlangen, wenn ihre Zahlung vertraglich vereinbart wurde und der Vermieter eine Optionserklärung abgegeben hat **(BGH NZM 2004, 785)**. Eine solche Vereinbarung ist nur wirksam, wenn der Mieter zum Abzug der Vorsteuer berechtigt ist. Eine wirksame Vereinbarung erfasst dann auch die Betriebskosten (OLG Düsseldorf WuM 96, 211). Ist eine Umsatzsteuer vereinbart, hat der Mieter einen Anspruch auf gesonderte Ausweisung des Steuerbetrages, um diesen als Vorsteuer geltend zu machen.

Kaution: Die Höhe der Kaution ist – anders als beim Wohnraum – nicht begrenzt. Eine Kaution in Höhe von 5 Monatsmieten ist nicht zu beanstanden (OLG Düsseldorf GE 2009, 1043).

Eine Verzinsung der Kaution kann per Vertrag ausgeschlossen werden. Sagt der Vertrag aber nichts über eine Verzinsung aus, muss der Vermieter die Kaution treuhänderisch anlegen (KG Berlin GE 98, 1337) und zu dem für Spareinlagen mit dreimonatiger Kündigungsfrist üblichen Zinssatz verzinsen **(BGH WuM 94, 669)**.

Instandsetzung: Eine Klausel, nach der der Mieter anstelle des Vermieters insgesamt für die Instandsetzung zu sorgen hat, ist unwirksam (OLG Dresden GE 96, 1237); es müsste zumindest eine Kostenbegrenzung vereinbart sein (**BGH NZM 2005, 863;** KG Berlin NZM 2003, 395). Dem Mieter von Gewerberaum können jedoch durch formularmäßige Vereinbarungen Reparaturverpflichtungen auferlegt werden, soweit die Schäden dem Mietgebrauch oder dem Risikobereich des Mieters zuzuordnen sind (OLG Köln WuM 94, 274). Wirksam ist eine Vereinbarung, die den Mieter verpflichtet, »die laufende Instandhaltung und Instandsetzung im Inneren der Räume« vorzunehmen. Ist dagegen lediglich bestimmt, dass die Räume in einem ordnungsgemäßen Zustand zurückzugeben sind, reicht dies für die Überbürdung der grundsätzlich dem Vermieter obliegenden Erhaltungslast nicht aus (OLG Düsseldorf DWW 92, 365).

Mietminderung und Schadensersatz können bei der Vermietung von Gewerberaum vertraglich eingeschränkt oder in bestimmtem Umfang ausgeschlossen werden **(BGH NJW 84, 2404)**. Das Recht zur Minderung kann in Gewerbemietverträgen durch eine Formularklausel wirksam ausgeschlossen werden, wenn nicht zugleich Rückforderungsansprüche des Mieters wegen überzahlter Miete für den Fall berechtigter Minderung ausgeschlossen sind (OLG Düsseldorf WuM 2023, 26).

⮱ ALLGEMEINE GESCHÄFTSBEDINGUNGEN, die Gewährleistungsrechte des Gewerbemieters einschränken, dürfen nicht überraschend sein und unter einer ganz anderen Überschrift stehen **(BGH WuM 2010, 646)**. Ist das Mietminderungsrecht vollständig ausgeschlossen und bleibt dem Mieter auch nicht die Möglichkeit, zu viel gezahlte Miete zurückzufordern, so ist die Formularklausel unwirksam **(BGH NJW 2008, 2254)**.

Wegen der mit einem Gewährleistungsausschluss verbundenen einseitigen Verschiebung der Rechte müssen auch hier die Grenzen der Zulässigkeit eng gezogen werden. Das bedeutet, dass sogenannte Kardinalpflichten (Hauptpflichten) nur ausgeschlossen werden dürfen, wenn davon vertragsuntypische und nicht vorhersehbare Schäden erfasst werden sollen.

Daher sind auch Formularklauseln bei Gewerberaummietverhältnissen unwirksam, durch die sich der Vermieter von seiner Instandhaltungspflicht vollständig freizeichnen und die Mietminderungs- und Schadensersatzansprüche wegen mangelnder Gebrauchstauglichkeit ausschließen will (OLG Dresden NJW-RR 97, 395).

Eine Besonderheit liegt vor, wenn sich die Gesetzeslage ändert. Wird z. B. durch ein Nichtraucherschutzgesetz das Gebrauchsrecht der Mietsache eingeschränkt, betrifft die gesetzliche Beschränkung nur die Art und Weise der Betriebsführung und nicht die Beschaffenheit des Miet- bzw. Pachtobjektes, sodass in diesen Fällen eine Minderung ausscheidet **(BGH WuM 2011, 520)**.

Häufig werden Räume als Wohn- und Geschäftsräume vermietet und benutzt. In diesen Fällen handelt es sich um ein sogenanntes ⮱ MISCHMIETVERHÄLTNIS. Welches Recht auf ein derartiges Mietverhältnis anwendbar ist, richtet sich danach, ob der Wohn- oder der Gewerbeteil überwiegt **(BGH WuM 2014, 539)**. Dass der Mieter in der Wohnung eine Tätigkeit ausübt, die seinen Lebensunterhalt sichert, lässt noch keinen Rückschluss auf den Vertragsschwerpunkt zu.

Sonstige Vertragsklauseln dienen meist dazu, den Mieter von Gewerberaum in seiner Handlungs- und Bewegungsfreiheit einzuschränken. Korrekturen kann es grundsätzlich nur dann geben, wenn der Vermieter den Mieter mit einer Vertragsklausel überzogen hat und diese Klausel gegen Vorschriften zum Schutz vor Allgemeinen Geschäftsbedingungen verstößt. Zulässig ist es aber, dass der Mietvertrag die Aufrechnung von einer vorherigen Ankündigung (⊳ TEXTFORM) abhängig macht. Geht es aber nach Beendigung des Mietvertrages nur noch um die Abrechnung gegenseitiger Ansprüche, kann der Vermieter nicht mehr verlangen, dass die Aufrechnung lange vorher angekündigt wird **(BGH WuM 88, 159)**.

Dagegen kann für die Beendigung des Vertrages bestimmt werden, dass der Mieter Sachen, die er eingebaut oder angebracht hat, beim Auszug ohne Entschädigung zurücklassen muss. Für Schäden am Parkettfußboden, die durch Pfennigabsätze verursacht wurden, ist der Mieter nicht verantwortlich, da sie im Rahmen der vertragsgemäßen Nutzung des Mietobjektes entstanden sind (OLG Karlsruhe WuM 97, 211).

Konkurrenzschutz: Auch ohne besondere vertragliche Vereinbarung ist der Vermieter verpflichtet, dem Mieter bei einer weiteren Vermietung keine Konkurrenz zu machen **(BGH WuM 79, 144)**. Dieser Grundsatz beruht auf der Erwägung, dass es bei der Vermietung von Räumen zum Betrieb eines bestimmten Geschäfts zur Gewährung des vertragsgemäßen Gebrauchs gehört, in anderen Räumen des Hauses oder auf unmittelbar angrenzenden Grundstücken des Vermieters kein Konkurrenzunternehmen zuzulassen **(BGH WuM 78, 187)**. Der Verstoß gegen diese Verpflichtung stört den vertragsgemäßen Gebrauch und stellt damit einen Sachmangel dar **(BGH GE 2012, 1632)**. Der Vermieter ist aber nicht gehalten, dem Mieter jeden fühlbaren oder unliebsamen Wettbewerb fernzuhalten **(BGH WuM 78, 187)**. Im Wesentlichen kommt es darauf an, was der Mieter nach den bei Vertragsschluss erkennbaren Umständen erwarten durfte. Wer in Kenntnis einer Wettbewerbssituation Räume anmietet, wird i. d. R. keinen Konkurrenzschutz beanspruchen können. Im Übrigen gilt der Grundsatz der Priorität, sodass der zuerst einziehende Mieter Konkurrenzschutz gegenüber dem nachziehenden Mieter beanspruchen kann.

Der Konkurrenzschutz kann individuell oder durch ⊳ ALLGEMEINE GESCHÄFTSBEDINGUNGEN ausgeschlossen (LG Berlin GE 2002, 1336), räumlich ausgedehnt oder auf Nebenartikel erstreckt werden. Wird bei einem Mieter in einem Einkaufszentrum der Konkurrenzschutz formularmäßig ausgeschlossen und der Mieter zugleich verpflichtet, den Laden mit einem bestimmten Warensortiment zu betreiben, so ist die Klausel unwirksam **(BGH NZM 2020, 429)**. Ist das Sortiment aber im Mietvertrag nur vage beschrieben und lässt es ein breites Spektrum an Warenangeboten zu (z. B. Verkauf von Geschenkartikeln, Kleidungsstücken, Schmuck, Souvenirs und Taschen), ist die Klausel wirksam **(BGH WuM 2022, 146)**.

Einschränkungen ergeben sich jedoch für den marktbeherrschenden Vermieter aus dem Kartellrecht **(BGH NJW 2003, 2684)**.

Vertragliche Nachwirkung: Es ist für Gewerbetreibende selbstverständliches Recht, an der Außenfassade des Hauses Namens- oder Firmenschilder anzubringen. Die Größe des Schildes kann von den örtlichen Gegebenheiten und der Üblichkeit abhängig gemacht werden. Jedenfalls muss auch ein Hinweis auf Büro- und Sprechstunden möglich sein. Wird ein Büro verlegt, sind sowohl der neue Mieter als auch der Vermieter verpflichtet, auf angemessene Zeit ein Schild zu dulden, das auf die neuen Räume des alten Mieters hinweist (OLG Düsseldorf NJW 88, 2545). Als angemessen ist ein Zeitraum von ca. 6 Monaten anzusehen **(BGH NJW 52, 867)**. Eine Verpflichtung zur Duldung eines Hinweisschildes soll nicht bestehen, wenn die Parteien die zulässige Werbung im Außenbereich abschließend geregelt haben und der Mieter verpflichtet ist, nach Vertragsende alle Außenwerbung zu entfernen (AG Hamburg ZMR 2019, 599).

Der Ort und die Gestaltung des Firmenschildes sind mit dem Vermieter einvernehmlich festzulegen, da der Vermieter ein berechtigtes Interesse an der äußeren Gestaltung der Hausfassade hat. Insoweit kann er den Mieter auch formularvertraglich auf bestimmte Vorgaben festlegen.

Die durch die ⇨ CORONA-PANDEMIE bedingten Betriebsschließungen waren mit schwerwiegenden wirtschaftlichen Folgen für die Gewerbemieter verbunden. Diese staatlich angeordneten Schließungen führten aber zu **keinem Mangel** der Mieträume, sodass die Miete während der Schließungen nicht kraft Gesetzes gemindert war. Denn die Schließungen beeinträchtigten nicht die Beschaffenheit der Mieträume, sondern den geschäftlichen Erfolg; das Risiko, mit dem Gewerbeobjekt auch Gewinne erzielen zu können, trägt aber der Mieter **(BGH WuM 2022, 204;** OLG Karlsruhe NZM 2021, 224; LG Frankfurt a. M. GE 2020, 1495; LG Stuttgart ZMR 2021, 120; a. A. LG München I ZMR 2021, 229).

Ob die pandemiebedingten Betriebsschließungen zu einer **Störung der Geschäftsgrundlage** des Gewerbemietvertrags führen und eine Mietanpassung rechtfertigen, wird in der Rechtsprechung unterschiedlich gesehen (dafür OLG Dresden NZM 2021, 231 u. KG Berlin ZMR 2021, 579: jeweils für eine Mietreduzierung in Höhe von 50%; dagegen OLG Karlsruhe NZM 2021, 224). Der BGH hat nun entschieden, dass die staatlich angeordnete Geschäftsschließung die Erwartungen, die Mieter und Vermieter bei Vertragsschluss vorausgesetzt und ihren Vereinbarungen zugrunde gelegt hätten, schwerwiegend gestört habe. Dies führe aber nicht stets zu einem Recht des Mieters, die Miete zu reduzieren.

Vielmehr müsse im Einzelfall unter Berücksichtigung sämtlicher Umstände geprüft werden, ob dem Mieter die vollständige Zahlung der vereinbarten Miete unzumutbar gewesen sei. Hierbei seien insbesondere die Höhe des Umsatzrückgangs während der Schließung, Maßnahmen des Mieters zur Reduzierung des Umsatzverlustes (bspw. Online-Handel) sowie ggf. erhaltene staatliche Unterstützungsleistungen (nicht aber Darlehen) zu berücksichtigen **(BGH WuM 2022, 204).**

Gesundheitsgefährdung ⇨ FRISTLOSE KÜNDIGUNG, ⇨ INSTANDHALTUNG, INSTANDSETZUNG, ⇨ MÄNGEL DER WOHNUNG, ⇨ MIETMINDERUNG

Nach dem Gesetz muss sich die Mietwohnung in einem Zustand befinden, der Gefahren für die Gesundheit der Benutzer ausschließt. Gehen von den Räumen oder Gebäudeteilen Gesundheitsgefahren aus, hat der Mieter grundsätzlich das Recht, Abhilfe zu verlangen. Er kann bei erheblichen Beeinträchtigungen die Miete kürzen (KG Berlin GE 2001, 1671; AG Köln ZMR 2004, 594; AG Braunschweig WuM 2001, 605), u. U. Schadensersatz verlangen (AG Aachen WuM 99, 457) oder sogar das Mietverhältnis fristlos kündigen (AG Steinfurt WuM 2009, 548 bei Hundekot). Allerdings muss der Mieter den Mangel beweisen, was im Einzelfall sehr schwierig sein kann (so LG Osnabrück WuM 2003, 267 zu einer Glasfaserdämmung).

Beispiele: Ungeziefer in der Wohnung (LG Berlin GE 97, 689; AG Hamburg ZMR 2011, 644) ⇨ UNGEZIEFER.

Schimmelpilz und Feuchtigkeit in der Wohnung (LG Gießen WuM 2014, 331; LG Lübeck WuM 2014, 329; LG Duisburg NZM 2002, 214; AG Köln WuM 2016, 615) ⇨ FEUCHTIGKEIT.

Ständige Störung der Nachtruhe durch übermäßigen Lärm (LG Chemnitz WuM 94, 63; AG Braunschweig WuM 90, 147) ⇨ LÄRM.

Überhitzung von Büroräumen durch zu starke Sonneneinstrahlung (OLG Karlsruhe GE 2010, 542; OLG Naumburg WuM 2003, 144).

Sind Chemikalien Ursache für gesundheitsgefährdende Beeinträchtigungen, können Mieter ihre Rechte nicht erst dann geltend machen, wenn sie erkrankt sind. Ausreichend ist, wenn aufgrund der vorhandenen Giftstoffe eine Gesundheitsgefährdung ernsthaft befürchtet werden muss (KG Berlin MM 88, 247; OLG Hamm RE WuM 87, 248; LG Hamburg WuM 89, 368). Dabei ist es unerheblich, wenn sich später der beanstandete Stoff als ungefährlich erweist (LG Lübeck ZMR 2002, 431).

Auftretende Krankheitssymptome können genauso für einen Wohnungsmangel sprechen wie das Überschreiten von bestimmten Richt- oder Grenzwerten (LG Köln ZMR 91, 223; LG München I WuM 91, 584).

Schwierig wird es, wenn ursprünglich gar keine Grenzwerte vorhanden waren oder eingehalten wurden und im Laufe der Mietzeit neue, möglicherweise verschärfte Grenzwerte eingeführt werden **(vgl. BVerfG WuM 98, 657)**. Wenn mietvertraglich nichts vereinbart wurde, sind grundsätzlich diejenigen technischen Normen einzuhalten, die zum Zeitpunkt der Errichtung des Gebäudes galten **(BGH WuM 2009, 659; WuM 2009, 457; WuM 2004, 715)**. Beim Gesundheitsschutz gilt jedoch ein anderer Maßstab. Eine Wohnung wird auch dann mangelhaft, wenn die dem Gesundheitsschutz dienenden verschärften Vorschriften nicht mehr eingehalten werden (BayObLG RE WuM 99, 568; LG Berlin ZMR 2000, 533; vgl. auch OLG Brandenburg ZMR 2017, 387). Dies gilt selbst dann, wenn die Wohnung den früheren Vorschriften genügt hat. Das bedeutet: Zunächst sind die Grenzwerte und Richtlinien einzuhalten, die bei Vertragsabschluss galten. Werden die Anforderungen im Laufe des Mietverhältnisses verschärft, muss der Vermieter tätig werden. Er muss den geforderten neuen Standard erreichen, u.U. muss er die Ursache der Gefährdung beseitigen.

Allergien
Allergien der Mieter rechtfertigen eine fristlose Kündigung nur, wenn eine objektive Gefährdung von der Wohnungsbeschaffenheit ausgeht, d.h., wenn die allergischen Reaktionen praktisch bei jedem anderen auch aufgetreten wären. Beruhen die Allergien nicht auf objektiven Gesundheitsgefährdungen durch die Wohnung, ist die fristlose Kündigung ausgeschlossen (LG Berlin ZMR 2002, 752). Nach Treu und Glauben kann der Vermieter jedoch verpflichtet sein, einer vorzeitigen Beendigung des Mietverhältnisses zuzustimmen (vgl. AG München WuM 86, 247).

Asbest
Asbest gilt als krebserregend. Insbesondere schwach gebundene Asbestprodukte wie z.B. asbesthaltige Bauplatten oder Fußbodenbeläge bergen die Gefahr, dass Asbestfasern in die Raumluft austreten und eingeatmet werden. Für die Gefahrenbeurteilung und Sanierung gilt die sog. Asbest-Richtlinie, die nach den Bauordnungen der Bundesländer zu beachten ist. Danach müssen Vermieter Wohnungen und Häuser bei »Asbest-Verdacht« auf schwach gebundene Asbestprodukte hin untersuchen und gegebenenfalls sanieren lassen. Sofern Mieter wissen oder den begründeten Verdacht haben, dass in ihrer Wohnung Asbestfasern freigesetzt werden, sollten das zuständige Bauaufsichtsamt und der ört-

liche Mieterverein eingeschaltet werden. Es kann ein Schadensersatzanspruch gegen den Vermieter in Betracht kommen **(BGH WuM 2014, 425)**. Asbestbelastungen in den Wohnräumen sind grundsätzlich ein Mangel der Mietsache (OLG Hamm NZM 2003, 395; LG Berlin – 18 S 133/15; GE 2011, 205; LG Dresden NZM 2011, 743; **a.A.** OLG München NJW-RR 2010, 677) ⇨ MÄNGEL. Bei asbesthaltigen Baustoffen wird ein Mangel aber regelmäßig erst dann bejaht, wenn Asbest austreten kann. Ist bewiesen, dass selbst bei beschädigten Platten und etwaigen Undichtigkeiten des verlegten Parkettbodens eine Belastung der Raumluft durch Asbestfasern ausgeschlossen ist, liegt kein Mangel der Mietsache vor (LG Berlin GE 2016, 197).

Bleirohre

Für die noch zulässige Bleikonzentration im Trinkwasser gibt es gültige Grenzwerte in der Trinkwasserverordnung; werden sie überschritten, liegt ein Mangel vor. Seit dem 1.12.2013 sind nur noch 10 Mikrogramm zulässig. Gerade bei Altbauten werden diese Werte jedoch häufig überschritten. Grund: In vielen Häusern gelangt das Trinkwasser über Bleirohre in die Wohnung. Ständige Bleiaufnahmen über das Trinkwasser führen zu einer »schleichenden« Vergiftung, die sich in Müdigkeit, Gedächtnisschwäche, physischen Veränderungen, Herz- und Kreislauferkrankungen usw. äußert. Vor allem Kinder, Schwangere und Kranke sind gefährdet.

Schadensersatzansprüche gegen die zuständigen Wasserwerke kommen nur in Betracht, wenn das ins Haus gelieferte Wasser – bis zur Hauszapfstelle – einen erhöhten Bleigehalt aufweist, nicht aber, wenn die hohen Bleiwerte allein auf die veralteten Bleirohre der Hausinstallation zurückzuführen sind (LG Bonn MM 87, 219). In diesem Fall hat der Vermieter die Verantwortung.

Sind gesundheitsgefährdende Bleikonzentrationen im Trinkwasser erwiesen und ist Ursache die alte Hausinstallation – Bleirohre werden seit 1977 nicht mehr verwendet –, muss der Vermieter diesen Mangel beseitigen und dafür sorgen, dass die Wohnung ohne Gesundheitsgefährdungen benutzt werden kann. Notfalls muss er die Hausinstallation wieder instand setzen (AG Hamburg WuM 92, 11) ⇨ INSTANDHALTUNG, INSTANDSETZUNG. Unter Umständen muss er die Bleirohre komplett austauschen. Das hat der Mieter zu dulden (AG Köln WuM 87, 316). **Wichtig:** Das Auswechseln von Bleirohren gegen andere Rohre, zum Beispiel verzinkte Rohre für die Trinkwasserversorgung des Hauses, ist keine ⇨ MODERNISIERUNG, die zu einer Mieterhöhung führen kann (AG Halle-Saalkreis WuM 92, 682; WuM 92, 683).

In jedem Einzelfall muss sorgfältig geprüft werden, ob der vertragsgemäße Gebrauch der Wohnung durch das bleihaltige Trinkwasser in Frage gestellt und der daraus resultierende Mangel erheblich ist. In weniger gravierenden Fällen oder als Übergangsregelung wird empfohlen, das Wasser vor jeder Nutzung immer einige Zeit ablaufen zu lassen. Hat das Wasser nämlich längere Zeit in der Leitung »gestanden«, ist die Bleikonzentration besonders hoch. Eine Lösung des Bleiproblems ist das aber nicht. Das AG Hamburg (GE 2011, 1237; WuM 90, 383) meint, es sei unzumutbar, wenn der Mieter bei jeder Trinkwasserentnahme zunächst einmal Wasser ablaufen lassen müsse (hier 13 Liter). Eine derartige Verschwendung sei nicht zu verantworten. Dagegen entschied das LG Hamburg (WuM 91, 161), dass der Mangel nicht erheblich sei, wenn durch kurzes Ablaufenlassen – 1 bis 2 Sekunden – »Bleifreiheit« erreicht werden kann oder zumindest der Grenzwert deutlich unterschritten wird (LG Berlin GE 96, 929). Trotzdem muss der Vermieter aber, so die Hamburger Richter, die Bleirohre austauschen. 5% Mietminderung sollen gerechtfertigt sein, wenn »Bleifreiheit« erst nach 30 bis 60 Sekunden (AG Hamburg WuM 93, 736) bzw. 10 bis 15 Minuten (AG Hamburg WuM 2012, 169) Ablaufenlassen des Wassers erreicht wird.

Elektrosmog

Elektromagnetische Felder (insbesondere Hochspannungsleitungen, Bahnoberleitungen, Transformatoren oder Mobilfunksendeanlagen) stehen unter anderem im Verdacht, die Hormonproduktion des Menschen und seinen Biorhythmus negativ zu beeinflussen. Selbst ein erhöhtes Krebsrisiko ist nicht ausgeschlossen. Andererseits fehlen zurzeit noch anerkannte Grenzwerte oder wissenschaftlich gesicherte Erkenntnisse über gesundheitsschädliche Einflüsse.

Seit Ende 1996 gibt es eine »Elektrosmog«-Verordnung (26. BlmSchV), die Grenzwerte für Hochfrequenz- und Niederfrequenzanlagen enthält. Bei Überschreitung der Grenzwerte ist von einem Wohnungsmangel auszugehen. Werden die Grenzwerte unterschritten, ist es verfassungsrechtlich unbedenklich, wenn die Gerichte einen Mangel der Mietsache ablehnen **(BVerfG WuM 2002, 261; DWW 97, 146)**. Dies hat der **BGH (NZM 2004, 310)** für die Elektrosmog-Verordnung bestätigt (ebenso OLG Dresden ZMR 2013, 673).

Epoxidharz

Das OLG Frankfurt (WuM 2016, 118) und das OLG Karlsruhe (WuM 2016, 377) gehen davon aus, dass eine Rohrinnensanierung mittels Epoxidharz nicht sachgerecht ist. Nach Auffassung des AG Köln (NJW 2011, 2979) stellt Epoxidharz einen gefährlichen Stoff zur Beschichtung von Wasserrohren dar. Wird dieser Stoff daher zum Zwecke der Rohrinnensanierung verwendet, liegt ein zur Mietminderung berechtigender Mangel vor.

Formaldehyd
Formaldehyd findet sich u. a. in Spanplatten, Klebstoffen, Isolierschäumen, Lacken und Farben. Die Ausdünstungen dieser Chemikalie sind **zeitlich unbegrenzt** und führen zu Kopfschmerzen, Atemreizungen, Schlaflosigkeit, Nervosität und Depressionen. In Tierversuchen wurde nachgewiesen, dass Formaldehyd krebserregend wirkt. Für Innenräume legt der Ausschuss für Innenraumrichtwerte (AIR) von Bund und Ländern seit 2016 einen Richtwert von 0,10 mg pro Kubikmeter Innenraumluft zugrunde.

Wird dieser Wert überschritten, liegt ein Mangel vor, der eine Mietminderung, aber auch eine fristlose Kündigung rechtfertigen kann (LG München I WuM 91, 584; AG Mettmann VuR 90, 208; LG Ansbach VuR 90, 35; AG Köln WuM 87, 120).

Liegt der Grenzwert zwar regelmäßig unter dem zulässigen Höchstwert, wird er aber immer wieder überschritten, und leidet der Mieter deswegen unter konkreten Beschwerden, ist ebenfalls ein Mangel anzunehmen (AG Bad Säckingen WuM 96, 140; **a. A.** AG Bad Königstein NZM 2000, 822).

Das OLG Frankfurt (WuM 89, 4) und das LG Nürnberg-Fürth (WuM 87, 124) haben Formaldehydausdünstungen für so wesentlich angesehen, dass sie die Gebrauchsfähigkeit von Einbaumöbeln bei Überschreitung der Grenzwerte verneint haben.

Legionellen
Auch die Belastung des Trinkwassers mit Legionellen kann zu einer Gefährdung der Gesundheit führen. Die Trinkwasserverordnung verpflichtet den Eigentümer daher zur regelmäßigen Untersuchung des Trinkwassers auf Legionellen ⇨ LEGIONELLENPRÜFUNG. Dabei gilt ein Technischer Maßnahmenwert von 100 koloniebildenden Einheiten (kbE) je 100 ml Trinkwasser (Anlage 3, Teil II der TrinkwasserVO). Wird bei einer Legionellenprüfung eine Erreichung dieses Wertes festgestellt, muss dies an das zuständige Gesundheitsamt gemeldet und eine weitergehende Untersuchung angeordnet werden.

Darüber hinaus darf der Mieter bei deutlich überhöhten Werten die Miete um 25% kürzen (AG Dresden GE 2014, 396: 14.000 kbE/100 ml). Eine Mietminderung soll aber auch bereits dann möglich sein, wenn nur eine geringfügige Überschreitung des Maßnahmenwerts vorliegt, da in diesem Fall schon die konkrete Besorgnis einer Gesundheitsgefährdung besteht

(LG Berlin WuM 2021, 485; LG Stuttgart ZMR 2015, 720; AG Köln ZMR 2020, 515; **a. A.** AG München ZMR 2015, 139: erst bei 10000 kbE/100 ml).

PAK
Man kennt rund 700 verschiedene polyzyklische aromatische Kohlenwasserstoffe (PAK), die bei unvollständiger Verbrennung entstehen und aus alten Trinkwasserrohren in das Wasser gelangen können. Nach Auffassung des LG Berlin (GE 2003, 884) und AG Frankfurt (NJW-RR 2001, 9) berechtigt eine mit PAK belastete Wohnung zu einer Mietminderung von 15%.

Glasfaserbereitstellungsentgelt

Mit dem Gesetz zur Modernisierung des Telekommunikationsrechts vom 1.12.2021 hat der Gesetzgeber eine Regelung zur Umlage eines sog. Glasfaserbereitstellungsentgelts in die Betriebskostenverordnung eingefügt. Hierdurch sollen der Glasfaserausbau und schnelleres Internet in Deutschland vorangetrieben werden. Der Vermieter muss ein Glasfaserbereitstellungsentgelt an einen Netzbetreiber zahlen, wenn dieser eine Glasfaserinfrastruktur im Gebäude errichtet hat. Diese Kosten kann der Vermieter im Anschluss auf den Mieter umlegen. Die neue Betriebskostenposition geht einher mit der Abschaffung der Umlage von Kosten für die TV-Versorgung durch eine Gemeinschaftsantenne oder ein Breitbandnetz ⇨ FERNSEHEMPFANG. Obwohl die neue Kostenposition nicht mit anderen Betriebskosten vergleichbar ist, darf sie zukünftig auch in laufenden Mietverhältnissen vom Vermieter verlangt werden. Denn nach dem BGH reicht es zur Umlagefähigkeit aus, wenn im Mietvertrag ein Verweis auf die BetrKV erfolgt **(BGH WuM 2004, 290; 2007, 571)** oder vereinbart wurde, dass der Mieter die Betriebskosten zu tragen habe **(BGH WuM 2016, 211; WuM 2016, 498)**.

Voraussetzungen der Kostenumlage
Das Glasfaserbereitstellungsentgelt hat der Mieter nur unter bestimmten Voraussetzungen zu tragen. So ist das Entgelt sowohl zeitlich als auch der Höhe nach begrenzt. Für maximal 5 Jahre dürfen pro Wohneinheit maximal 60 Euro pro Jahr umgelegt werden. Ausnahmsweise kann der Zeitraum auch auf neun Jahre verlängert werden, wenn der Glasfasereinbau im Gebäude besonders teuer war und sonst nicht refinanziert werden könnte. Für diesen Fall muss der Vermieter darlegen, dass er zuvor drei Angebote eingeholt und hiervon das wirtschaftlichste ausgewählt hat. Sonst muss der Mieter die zusätzlichen Kosten nicht tragen. Die umlagefähige Obergrenze je Wohneinheit beträgt demnach maximal 540 Euro in höchstens 9 Jahren.

Bereits verbauter Glasfaseranschluss
Im Normalfall darf der Vermieter das Glasfaserbereitstellungsentgelt für neu eingebaute Glasfaseranschlüsse ab dem 1.12.2021 umlegen. Kompliziert wird es, wenn der Glasfasereinbau bereits in der Vergangenheit zwischen dem 1.1.2015 und 1.12.2021 erfolgte. Denn dann ist es möglich, dass der Vermieter die Einbaukosten schon teilweise vom Mieter wieder eingeholt hat; nämlich über die Betriebskosten für die Versorgung mit einem Breitbandnetz ⇒ FERNSEHEMPFANG. Aufgrund einer Übergangsfrist darf der Vermieter dies auch noch bis zum 30.6.2024 weiterhin tun. Sobald er sich jedoch für die Umlage eines Glasfaserbereitstellungsentgelts entscheidet, müssen die Umlagekosten entsprechend gekürzt werden. Wie hoch die Kürzung ist, hängt davon ab, wie viel Zeit seit Errichtung der Glasfaseranschlüsse verstrichen ist und wie lange der Vermieter die Kosten nach altem Recht in den Betriebskosten hätte umlegen dürfen (aufgrund von sog. Gestattungsverträgen zwischen Netzbetreibern und Vermietern i.d.R. 10–15 Jahre).

Rechte des Mieters
Es gelten dieselben Rechte wie bei anderen Positionen in den ⇒ BETRIEBSKOSTEN. Für den Mieter wird es schwierig zu ermitteln sein, in welchem Verhältnis das Bereitstellungsentgelt ggf. zu kürzen ist. Informationen muss er sich vom Vermieter verschaffen. Hierzu kann er Belegeinsicht in die Rechnungen des Netzbetreibers verlangen. Selbst dann bleibt es jedoch unübersichtlich. Sollte daher ein Glasfaseranschluss eingebaut worden sein und die neue Kostenposition in der Betriebskostenabrechnung aufgeführt sein, sollte die Abrechnung vom örtlichen Mieterverein überprüft werden.

Glasfaseranschluss als Modernisierung
Der Einbau einer Glasfaserinfrastruktur im Gebäude ist zugleich eine bauliche Maßnahme zur ⇒ MODERNISIERUNG. Der Vermieter kann also unter Umständen eine Modernisierungsmieterhöhung erklären. Voraussetzung ist u.a., dass der Mieter seinen Anbieter frei wählen kann.

Wichtig: Der Vermieter kann nicht sowohl eine Mieterhöhung als auch das Glasfaserbereitstellungsentgelt verlangen. Er muss sich für eine der beiden Alternativen entscheiden.

Gleichbehandlungsgesetz ⮱ ALLGEMEINES GLEICHBEHANDLUNGSGESETZ

Gleitklausel

Gleitklauseln sind vertragliche Vereinbarungen, in denen sich die Mietvertragsparteien im Voraus über eine unter bestimmten Voraussetzungen eintretende Mieterhöhung einigen. Derartige Klauseln sind bei ⮱ SOZIALWOHNUNGEN grundsätzlich möglich, bei freifinanzierten Wohnungen aber nur zulässig in Form der ⮱ INDEXMIETE.

Graffiti

Werden Hauswände, Flure, Garagentore usw. mit Graffiti »verziert«, sehen Gerichte dies als Mietmangel, wenn der bei der Anmietung bestehende Zustand in einer Weise verschlechtert wird, die über das in der Gegend übliche Maß hinausgeht (AG Tempelhof-Kreuzberg NJW-RR 2008, 1039; AG Charlottenburg MM 2006, 298; AG Hamburg WuM 2006, 244).

In diesem Fall ist der Vermieter unter dem Gesichtspunkt der Instandhaltung verpflichtet, die Graffitis zu beseitigen, und muss die Kosten dafür tragen. Er kann sie nicht als Betriebskosten auf die Mieter umlegen (LG Berlin GE 2016, 723, LG Kassel WuM 2016, 740; a.A. AG Neukölln GE 2017, 422 für den Fall regelmäßiger Graffitibeseitigung).

Grillen

Grillen auf dem Balkon, der Terrasse oder im Garten ist beliebt, oft aber auch Anlass für Streitigkeiten mit den Nachbarn, die sich durch Rauch oder Gerüche gestört fühlen.

In welchem Umfang das Grillen zulässig ist, beurteilt sich in erster Linie nach den Vereinbarungen im Mietvertrag. Danach können zeitliche Begrenzungen bestehen, z.B. von April bis September einmal monatlich mit einer Vorankündigung von 48 Stunden (AG Bonn WuM 1997, 325). Nach einem Urteil des LG Essen (WuM 2002, 337) soll das Grillen auf dem Balkon eines Mehrfamilienhauses im Mietvertrag auch ganz verboten werden können.

Enthält der Mietvertrag keine Regelung, gilt das Gebot gegenseitiger Rücksichtnahme. Hier entscheiden die Gerichte je nach den Umständen des Einzelfalls unterschiedlich und halten das Grillen für zulässig z.B. dreimal jährlich (LG Stuttgart ZMR 1996, 624), von April bis September einmal monatlich mit Vorankündigung (AG Bonn WuM 1997, 325), von

Mai bis September zweimal monatlich ohne Vorankündigung (AG Westerstede NZM 2010, 336). In einer Entscheidung in einer Wohnungseigentumssache hat das LG München I (NZM 2023, 331) befunden, dass nicht öfter als viermal im Monat auf der Terrasse gegrillt werden dürfe und dies nicht an zwei aufeinanderfolgenden Tagen am Wochenende oder an zwei aufeinanderfolgenden Sonn- und Feiertagen.

Grundbuch

Für jedes Grundstück wird im Grundbuch ein eigenes Grundbuchblatt geführt, bei dem neben der Bezeichnung des Grundstücks in drei sog. Abteilungen die Eigentumsverhältnisse mit Namen der Eigentümer (Abt.I), Beschränkungen und Lasten (Abt.II, z.B. Dienstbarkeiten, Vorkaufsrechte, Dauerwohn- und Dauernutzungsrechte, Vormerkungen auf Eintragung eines neuen Eigentümers, Insolvenzvermerke u.a.m.) sowie Grundschulden, Hypotheken und Rentenschulden (Abt.III) eingetragen sind. Die Grundbücher werden bei den örtlichen Amtsgerichten geführt; das zuständige Amtsgericht kann über https://www.justizadressen.nrw.de/de/justiz/suche, dort unter Orts- und Gerichtsverzeichnis ausfindig gemacht werden; bei »Angelegenheit« ist dazu »Grundbuchsachen« auszuwählen.

In das Grundbuch eines Mietobjektes kann jeder Einsicht nehmen, soweit er ein berechtigtes Interesse darlegen kann **(BVerfG WuM 2000, 666)**. Ein solches Interesse hat jeder Mieter für sein Wohnhaus und jeder Mietinteressent für das von ihm favorisierte Mietobjekt (OLG Hamm WuM 86, 348; LG Hamburg WuM 88, 133; AG Lübeck WuM 87, 197). Ein berechtigtes Interesse besteht aber auch, wenn ein Mieter nach einer Eigenbedarfskündigung prüfen will, ob sein Vermieter noch andere in Frage kommende Wohnungen hat (LG Mannheim WuM 92, 130). Das berechtigte Interesse muss durch Vorlage geeigneter Unterlagen (z.B. Mietvertrag, Klageschrift) belegt werden; außerdem ist die Vorlage eines Personalausweises oder eines Reisepasses mit Meldebescheinigung erforderlich.

Für den Mieter kann die Einsicht beim ⮚ HAUSVERKAUF nützlich sein. Mietinteressenten können aus dem Grundbuch z.B. ersehen, ob eine ⮚ ZWANGSVERSTEIGERUNG angeordnet ist, ob die Wohnung (noch) mit öffentlichen Mitteln gefördert wird oder ob sie in einem Sanierungsgebiet (⮚ STADTSANIERUNG) liegt. Hieraus können z.B. Rückschlüsse auf künftige Mieterhöhungen gezogen werden.

Ist der Name des Vermieters dem Mieter nicht bekannt (z.B. nach einem ⮚ HAUSVERKAUF), hat er z.B. zur Erhebung einer Klage auf Mängelbeseitigung einen Anspruch auf Auskunft gegen die Hausverwaltung und kann nicht auf die Einsichtnahme in das Grundbuch verwiesen werden (AG Lichtenberg GE 2021, 884).

Die Grundbucheinsicht ist kostenlos; ein einfacher Auszug kostet 10 Euro, ein beglaubigter Auszug 20 Euro.

H

Hartz IV ⮚ SOZIALHILFE

Hausbesitzerverein/Hauseigentümerverein

Die örtlichen Hausbesitzervereine beraten Vermieter in miet- und wohnungsrechtlichen Fragen. Sie sind in Landesverbänden und diese wiederum im Zentralverband »Haus & Grund Deutschland« zusammengeschlossen. Nähere Informationen unter www.hausundgrund.de.

Hausfriedensbruch

Wer unerlaubt in ein Haus oder eine Mietwohnung eindringt oder dort verweilt, obwohl er zum Verlassen aufgefordert wurde, begeht Hausfriedensbruch und kann auf Antrag bestraft werden (§ 123 StGB).

Selbst der Vermieter kann im eigenen Haus Hausfriedensbruch begehen, wenn er nämlich gegen den Willen des Mieters in dessen Wohnung eindringt (Ausnahme: Gefahrenabwehr, Ausübung des ⮚ BESICHTIGUNGSRECHTS DES VERMIETERS – AG Kassel WuM 71, 118).

Auch wenn der Vermieter ohne Wissen des Mieters mit einem Zweitschlüssel die Mietwohnung betritt, ist dies Hausfriedensbruch und berechtigt den Mieter auch ohne Abmahnung zur fristlosen Kündigung (LG Berlin WuM 99, 332).

Haushaltsnahe Dienstleistungen

Nicht nur Eigentümer, sondern auch Mieter können sogenannte haushaltsnahe Dienstleistungen von der Steuer absetzen. Dazu zählen beispielsweise Handwerkerleistungen, die der Mieter für seine Wohnung selbst in Auftrag gibt (z. B. für Schönheitsreparaturen oder sonstige kleine Ausbesserungsarbeiten in der Wohnung, Reparaturen an Einrichtungsgegenständen wie Waschmaschine, Küchengeräten, Fernseher, PC), aber auch Winterdienst **(BFH NZM 2014, 601)** und Gartenpflege **(BFH DWW 2012, 30)**. Voraussetzung ist, dass diese Arbeiten durch einen Handwerksbetrieb ausgeführt worden sind und dass der Mieter eine Rechnung erhalten und durch Überweisung beglichen hat; Barzahlung reicht nicht. Steuerlich absetzbar sind nur Arbeitskosten (20% der Aufwendungen, höchstens 1200 Euro), keine Materialkosten, dies muss in der Rechnung ggf. gesondert ausgewiesen werden.

Auch wenn nicht der Mieter selbst, sondern sein Vermieter oder die Verwaltung Handwerkerleistungen in Auftrag gegeben hat, die zulässigerweise im Rahmen der Nebenkostenabrechnung auf die Mieter verteilt werden, kann der Mieter diese Kostenanteile steuermindernd geltend machen **(BFH WuM 2023, 572)**. Gibt der Vermieter beispielsweise die Gartenpflege oder die Gebäudereinigung bei einer Firma in Auftrag, können die Mieter die jeweils auf sie entfallenden Anteile bei der Steuer geltend machen. Zum Nachweis reicht nach einer Entscheidung des Bundesfinanzhofs eine Nebenkosten- oder Hausgeldabrechnung, eine sonstige Abrechnungsunterlage oder eine Bescheinigung mit den wesentlichen Angaben einer Rechnung sowie über eine unbare Zahlung aus, solange keine sich aufdrängenden Zweifel an der Richtigkeit bestehen **(BFH WuM 2023, 572)**. In Frage kommt dies z.B. bei den folgenden Betriebskostenarten: Gartenpflege, Winterdienst, Hausreinigung, Ungezieferbekämpfung, Schornsteinfeger, Aufzugswartung, Heizungswartung, Wartung von Warmwassergeräten, Wärmemessdienst und Hausmeister. Sind solche Arbeiten durch einen Handwerker oder Dienstleister durchgeführt worden, und zahlt der Mieter hierfür Betriebskosten, zählen zu den steuerbegünstigten Aufwendungen der Anteil am Bruttoarbeitslohn incl. Sozialversicherungsbeiträge, Lohnsteuer und ggf. Solidaritätszuschlag, Kirchensteuer und sonstige Lohnnebenkosten, aber keine Materialkosten.

Beim Mieter kann ein Steuerabzug auch dann in Frage kommen, wenn er selbst für Pflege- oder Betreuungsleistungen Personen im Rahmen eines geringfügigen Beschäftigungsverhältnisses (Minijob) in Anspruch nimmt.

Haushüter

Vertragliche Pflichten gelten auch während der ⇨ ABWESENHEIT DES MIETERS. Wer z.B. in Winterurlaub fährt, muss dafür sorgen, dass die Heizung nicht einfrieren kann.

Viele Mieter übergeben deshalb für diese Zeit Freunden oder Verwandten den Wohnungsschlüssel, damit diese ab und zu nach dem Rechten sehen können. Andere lassen eine Vertrauensperson während der Urlaubszeit dort wohnen; denn dadurch wird verhindert, dass in der Zwischenzeit eingebrochen oder die Wohnung gar insgesamt ausgeräumt wird.

Wer in seinem Bekanntenkreis keinen Aufpasser findet, kann auf gewerbliche Angebote zurückgreifen. Dabei ist zwischen Wachdienst und Haushüter zu unterscheiden. Die Wachdienste führen rund um die Uhr die vereinbarte Zahl von Kontrollen durch, manchmal kann auch vereinbart werden, dass während der Nachtzeit eine Person in der Wohnung bleibt. Ein Haushüter führt keine Kontrollgänge durch, sondern wohnt während der Abwesenheit des Wohnungsinhabers in der Wohnung. Über Einzelheiten informiert der Verband Deutscher Haushüter-Agenturen (www.haushueter.org).

Wenn der Mieter seine Wohnung so sichern will, muss er den Vermieter darüber informieren; verbieten kann dieser es jedoch nicht.

Hausmeister (Hauswart) ⇨ BETRIEBSKOSTEN

Der Hausmeister ist vom Vermieter angestellt. Er hat sich um den Zustand des Hauses und vor allem der Gemeinschaftsräume und Gemeinschaftseinrichtungen zu kümmern und die hierfür erforderlichen Arbeiten zu verrichten. Typische Hausmeisteraufgaben sind: Treppenhausreinigung, Gartenpflege, Schneebeseitigung, Wartungsarbeiten usw. Diese Kosten können als Betriebskosten über den Mietvertrag auf die Mieter abgewälzt werden. Soweit der Hausmeister Verwaltungsaufgaben übernimmt oder Reparaturen durchführt, dürfen die hierauf entfallenden Kostenanteile nicht als Betriebskosten abgerechnet werden.

Der Hausmeister hat auch darauf zu achten, dass die ⇨ HAUSORDNUNG eingehalten wird.

Hat ein Mieter vertraglich die Hausmeistertätigkeit übernommen, kann er dafür im Zweifel auch eine angemessene Vergütung verlangen (AG Köln WuM 85, 374).

Der »klassische« Hauswart als Angestellter des Vermieters findet sich jedoch in immer weniger Mietshäusern. Viele große Wohnungsunternehmen haben ein Unternehmen mit der Durchführung von Hausmeisteraufgaben beauftragt. Häufig haben sie dazu eigens eine Firma gegründet. Hier gilt es ganz genau zu prüfen, ob der Vermieter auf Kosten der Mieter unzulässigerweise Gewinne erzielt ⇨ BETRIEBSKOSTEN.

Hausordnung

In größeren Wohnhäusern hat der Vermieter oftmals Regelungen aufgestellt, die das Zusammenleben der Mietparteien in der Hausgemeinschaft regeln. Wegen der regional unterschiedlichen Lebensgewohnheiten gibt es keine einheitliche Hausordnung für das gesamte Bundesgebiet. In einer Hausordnung werden üblicherweise Regelungen festgehalten:

- zur Vermeidung von Lärmstörungen und anderen Belästigungen;

dazu gehören die Festlegung von Ruhezeiten (⇨ LÄRM) und Vorgaben zum ⇨ GRILLEN auf Balkon, Terrasse oder im Garten;

■ zur Benutzung der gemeinschaftlichen Räume wie Waschküche, Trockenraum und Speicher, ggf. mit gesonderter Festlegung von Benutzungszeiten sowie ggf. Regelungen zur Nutzung von Vorplätzen und des Hofs;

■ zur Einhaltung der Sauberkeit und Ordnung; dazu zählen Vorgaben oder Verbote zum Abstellen von Kinderwagen und ⇨ FAHRRÄDERN, Hinweise zur ordnungsgemäßen Beseitigung und Lagerung von Abfällen;

■ zur Sicherheit im Haus und zur pfleglichen Behandlung der Mietwohnung (⇨ OBHUTSPFLICHT) sowie der Gemeinschaftsräume, etwa die Festlegung von Schließzeiten für die Haustür sowie Regelungen, wie z.B. das Verbot, gefährliche Stoffe wie Benzin im Keller oder auf dem Speicher zu lagern, Hinweise zur Vermeidung einer ⇨ ABFLUSSVERSTOPFUNG und von Frostschäden durch unzureichendes Heizen, Hinweise zum ⇨ WASCHEN IN DER MIETWOHNUNG und zum ⇨ WÄSCHETROCKNEN.

Eine Hausordnung enthält üblicherweise lediglich Ordnungsbestimmungen, die das gegenseitige Zusammenleben der Mieter betreffen. Das heißt, dass die in ihr enthaltenen Pflichten von den Mietern zumeist ohnehin zu beachten sind. Durch das Aufstellen von Regeln kann der Vermieter diese Pflichten lediglich konkretisieren und Einzelheiten festlegen. Die Hausordnung darf dem Mieter keine darüber hinausgehenden Verpflichtungen auferlegen (AG Berlin-Schöneberg WuM 2016, 279). Enthält sie Vorgaben, die über einen ordnenden Charakter hinausgehen, ist die Erfüllung dieser Pflichten nur wirksam vereinbart, wenn die Hausordnung in den Mietvertrag einbezogen ist. Zu Tätigkeiten wie ⇨ TREPPENREINIGUNG oder ⇨ SCHNEEFEGEN kann die Hausordnung den Mieter nur verpflichten, wenn sie Bestandteil des Mietvertrags ist (OLG Frankfurt a.M. WuM 88, 399). Zusätzlich muss der Vermieter in den Mietvertrag einen Hinweis auf die Hausordnung aufnehmen und sie dem Mietvertrag beifügen. Wird die Hausordnung dem Mieter hingegen getrennt vom Mietvertrag überlassen oder nur im Treppenflur ausgehängt, kann sie ihm derartige Pflichten nicht wirksam auferlegen. Einige Vertragsformulare enthalten eine Bestimmung, die sicherstellen soll, dass die Hausordnung in den Mietvertrag einbezogen ist, etwa: »Die anliegende Hausordnung ist Bestandteil des Mietvertrags.« Diese Klausel ist unwirksam **(BGH WuM 91, 381)**. Dadurch wird dem Mieter unzulässigerweise die Beweislast auferlegt, dass die Hausordnung beim

Abschluss des Mietvertrags tatsächlich nicht beigefügt war. Andere Gerichte haben entschieden, dass sich die Verpflichtung des Mieters zum Winterdienst keinesfalls aus der Hausordnung ergeben kann (LG Frankfurt a. M. WuM 1988, 120; AG Köln MietRB 2011, 140).

Besteht keine Hausordnung, kann der Vermieter sie nachträglich aufstellen. Auch dann darf sie lediglich ordnende Regelungen enthalten. Sie kann z. B. ausgewogene Nutzungszeiten, etwa für die Waschküche, festlegen (AG Friedberg/Hessen WuM 80, 85).

Klauseln, die die Mieter unangemessen benachteiligen, sind unwirksam. Der Vermieter kann nicht in der Hausordnung anordnen, dass die Mieter nicht mehr, wie mietvertraglich vereinbart, selbst die Treppe und die Außenanlagen putzen sollen, sondern stattdessen eine vom Vermieter beauftragte Reinigungskraft für diese Arbeiten bezahlen müssen. Eine solche Regelung bestimmt die Pflichten des Mieters neu und darf daher nicht ohne seine Zustimmung getroffen werden (AG Castrop-Rauxel WuM 77, 97). Auch das Recht des Mieters, die Gemeinschaftsräume wie Fahrradkeller oder Trockenraum zu nutzen, darf in der Hausordnung nicht beschränkt werden. Unwirksam ist außerdem ein generelles Verbot, Haustiere anzuschaffen ⇨ TIERHALTUNG IN DER WOHNUNG. Die Hausordnung kann den Mietern auch nicht wirksam untersagen, nach 20.00 Uhr zu duschen oder zu baden ⇨ LÄRM. Auch an das generelle Verbot, die Wäsche in den eigenen vier Wänden zu waschen, müssen sich Mieter grundsätzlich nicht halten ⇨ WASCHEN IN DER MIETWOHNUNG. Unzulässig sind außerdem Einschränkungen des Besuchsrechts, etwa das Verbot, nach 22.00 Uhr ⇨ BESUCH zu empfangen (LG Düsseldorf WuM 2008, 547).

In vielen Mietshäusern sind die Mieter verpflichtet, die Haustür zum Schutz vor Einbrüchen und dem Aufenthalt von Unbefugten nachts abzuschließen. Das wird von den Gerichten zunehmend als unzulässig angesehen, weil im Brandfall die Fluchtwege versperrt sein können (LG Frankfurt WuM 2015, 452; AG Frankfurt NZM 2005, 617; **a. A.** LG Köln ZMR 2014, 541).

Der Vermieter kann schwerwiegende Verstöße gegen die Hausordnung ahnden. Bei ständiger Missachtung wirksam festgelegter Regelungen, die geeignet sind, den Hausfrieden nachhaltig zu stören, ist er zur Abmahnung berechtigt. Setzt der Mieter sein Verhalten fort, kann der Vermieter in schwerwiegenden Fällen zur fristlosen Kündigung berechtigt sein, etwa bei ständigen Belästigungen durch Grillen und Frittieren auf dem Balkon (LG Essen ZMR 2002, 597).

Die Hausordnung gibt jedem Mieter gegenüber den anderen Hausbewohnern ein eigenes Recht auf Einhaltung der dort festgehaltenen Regelungen **(BGH NJW 2004, 775)**. Der Mieter einer **Eigentumswohnung** ist an die von den Wohnungseigentümern beschlossene Hausordnung aber nur gebunden, soweit dies im Mietvertrag vereinbart ist. Wird die Hausordnung später geändert und dadurch die Rechte des Mieters beschränkt, so ist dies dem Mieter gegenüber nicht bindend. Allerdings können die übrigen Eigentümer ihm gegenüber Abwehrrechte haben, wenn er ihre Rechte aus dem Sondereigentum verletzt ⇨ WOHNUNGSEIGENTUM.

Hausrecht ⇨ HAUSFRIEDENSBRUCH

Der Vermieter (Eigentümer) hat das Recht, jedem, der nicht im Haus wohnt, das Betreten seines Hauses und des Grundstücks ohne Angabe von Gründen zu verbieten und ihn zum sofortigen Verlassen aufzufordern (§ 903 BGB).

Allerdings steht dem Vermieter gegenüber dem Mieter das Hausrecht nicht zu und gegenüber Besuchern des Mieters nur in Ausnahmefällen (LG Hagen WuM 92, 430) ⇨ BESUCH. Ein Hausverbot darf der Vermieter Besuchern des Mieters nur erteilen, wenn diese wiederholt den Hausfrieden gestört oder Eigentum des Vermieters beschädigt haben (AG München ZMR 2015, 140; AG Wetzlar ZMR 2008, 634).

In seiner Wohnung hat nur der Mieter Hausrecht. Er hat ein Recht darauf, in seiner Wohnung in Ruhe gelassen zu werden. Bei begründetem Anlass kann der Vermieter allerdings nach Vorankündigung verlangen, dass der Mieter ihm Zutritt zu den Mieträumen gewährt **(BGH WuM 2023, 403)** ⇨ BESICHTIGUNGSRECHT DES VERMIETERS.

Haustiere ⇨ TIERHALTUNG IN DER WOHNUNG

Haustürgeschäft ⇨ WIDERRUF

Hausverkauf und Mietvertrag ⇨ PRIVATISIERUNG, ⇨ VORKAUFSRECHT

Ist der Vermieter auch Eigentümer und verkauft er sein Haus oder seine Wohnung, oder geht das Eigentum auf andere Weise auf einen Erwerber über (Insolvenz, Zwangsversteigerung, Schenkung, Erbfolge), tritt der Erwerber anstelle des Hauseigentümers auch in die Rechte und Pflichten aus dem schon bestehenden Mietverhältnis ein (Kauf bricht nicht Miete), § 566 Abs. 1 BGB. Der Eintritt erfolgt, sobald der neue Eigentümer im Grundbuch eingetragen ist, und setzt voraus, dass Verkäufer und Vermieter **identisch** sind. Hieran fehlt es, wenn der Mietvertrag nicht mit allen Eigentümern geschlossen wurde oder ein Dritter (z.B. die Hausverwaltung) den Mietvertrag im eigenen Namen (und nicht in Vertretung für den Eigentümer) vermietet hat (OLG Saarbrücken ZMR 2016, 371). In einem solchen Fall tritt der Erwerber dennoch in den bestehenden Mietvertrag ein, wenn die Vermietung mit Zustimmung und im alleinigen wirtschaftlichen Interesse des Eigentümers erfolgte und der Vermieter kein eigenes Interesse am Fortbestand des Mietverhältnisses hat **(BGH WuM 2022, 221)**. Ist ein Mietvertrag nicht vom Eigentümer, sondern von einem Zwangsverwalter abgeschlossen worden, kann der Vertrag an einen späteren Erwerber auch stillschweigend übertragen werden **(BGH WuM 2013, 496)**. Bei der Vermietung einer Wohnung durch zwei Miteigentümer bleiben beide auch dann Vermieter, wenn der eine seinen Anteil später an den anderen veräußert. Eine Kündigung gegenüber dem Mieter ist daher von beiden Vermietern auszusprechen **(BGH NZM 2019, 208)**.

Überträgt der bisherige Alleineigentümer einen Miteigentumsanteil an einem vermieteten Grundstück auf einen anderen, so tritt dieser neben dem bisherigen Alleineigentümer als Vermieter in den Mietvertrag ein **(BGH WuM 2022, 549)**. Auch die durch Gesetz erfolgte Übertragung von Immobilien des Bundesvermögensamtes auf die Bundesanstalt für Immobilienaufgaben ist einer Veräußerung gleichzusetzen und führt damit zum Vermieterwechsel **(BGH WuM 2009, 357; WuM 2008, 562)**.

Im Fall der Umwandlung von Miet- in Eigentumswohnungen wird der Käufer der Wohnung alleiniger Vermieter, auch wenn zu der Wohnung ein Keller gehört, der nach der Teilungserklärung ins Gemeinschaftseigentum aller Wohnungseigentümer übergeht **(BGH RE WuM 99, 390)**. Erwirbt jedoch ein anderer Wohnungseigentümer Alleineigentum an dem Keller, tritt er zusammen mit dem Käufer der Wohnung in das Mietverhältnis ein; Kündigungen, Mieterhöhungen usw. müssen dann von beiden gemeinsam erklärt werden **(BGH WuM 2005, 790)**. Hat sich der Verkäufer den Nießbrauch vorbehalten, bleibt er weiterhin der Vermieter (LG Baden-Baden WuM 93, 357). Eine Umgehung dieses Mieterschutzes durch juristische Tricks (z.B. Veräußerung von Gesellschaftsanteilen am Haus oder an der Eigentumswohnung) ist nicht zulässig **(BGH WuM 2021, 491)**. Schließen sich mehrere Personen zu einer Gesellschaft bürgerlichen Rechts (GbR) zusammen, sind sie als GbR alle zusammen Vermieter. Nach einem Gesellschafterwechsel wird der Mietvertrag mit der Gesellschaft in der neuen Zusammensetzung fortgesetzt **(BGH WuM 98, 341; KG Berlin RE WuM 98, 407)**.

Auch die Kündigungsbeschränkung in den Dauernutzungsverträgen von Wohnbaugenossenschaften geht auf einen Erwerber über **(OLG Karlsruhe RE WuM 85, 77;** LG Freiburg GE 2012, 953). Ist in den Mietverträgen auch die Bindung an die Kostenmiete nach Gemeinnützigkeitsrecht enthalten, spielt das nach dem Wegfall des Gemeinnützigkeitsrechts keine Rolle mehr **(BGH WuM 2006, 520).** ⇨ GENOSSENSCHAFTEN.

Bei **Schadensersatzansprüchen** muss man unterscheiden. Sie richten sich gegen den Erwerber, wenn sie nach dem Eigentumswechsel entstehen oder fällig werden; es genügt, dass der Verkäufer sich in Verzug befand **(BGH WuM 2005, 201)**. Ansprüche des Verkäufers (bzw. gegen den Verkäufer), die bereits vor dem Eigentumswechsel fällig geworden sind, gehen nicht auf den neuen Eigentümer über **(BGH WuM 89, 141)**.

Mängelbeseitigungsansprüche des Mieters gehen auf den neuen Eigentümer über **(BGH WuM 2005, 201)**. Ab Eigentumsübergang muss der Mieter seine Ansprüche auf Beseitigung vorhandener Mängel gegen den Erwerber richten. Sein ⇨ ZURÜCKBEHALTUNGSRECHT an laufenden Mietzahlungen kann er nur noch gegenüber dem Erwerber ausüben. Zudem verliert der Mieter sein Zurückbehaltungsrecht gegenüber dem Veräußerer und muss einbehaltene, über die Minderung hinausgehende Beträge an ihn auszahlen **(BGH WuM 2006, 435)**.

Der Erwerber ist an den Mietvertrag, so wie er vorliegt, gebunden und kann den Mieter auch nicht zwingen, einen neuen Mietvertrag, ggf. mit veränderten, für den Mieter ungünstigen Konditionen abzuschließen. Dies gilt auch, wenn zwischen Mieter und Voreigentümer des Hauses lediglich ein **mündlicher Mietvertrag** bestand.

Die Rechte und Pflichten aus dem Mietvertrag gehen kraft Gesetzes auf den Erwerber über. Der bisherige Vermieter ist aber verpflichtet, den Mieter über den Verkauf und den neuen Eigentümer zu informieren. Der neue Vermieter muss sich gegenüber dem Mieter legitimieren und ihm die neue Kontoverbindung mitteilen. Zahlt der Mieter in Unkenntnis von dem Eigentumsübergang die Miete weiterhin an den alten Vermieter, so kann der neue Vermieter ihm nicht wegen Zahlungsverzugs kündigen. Denn den Mieter trifft kein Verschulden an dem Mietrückstand.

Der Erwerber wird erst mit Eintragung in das Grundbuch Eigentümer und kann erst von diesem Zeitpunkt an seine Vermieterrechte (z. B. Mieterhöhung, Kündigung) wirksam ausüben (LG Itzehoe WuM 93, 662; AG Ludwigsburg WuM 2013, 546). Der Verkäufer kann den Erwerber jedoch ermächtigen (z. B. im Kaufvertrag), Mieterhöhungen oder Kündigungen auch schon vor der Umschreibung im Grundbuch im eigenen Namen geltend zu machen **(BGH WuM 2014, 286)**. Hat der alte Eigentümer kurz vor der Eigentumseintragung des Erwerbers ein wirksames Mieterhöhungsverlangen gestellt, tritt der Erwerber in die dadurch begründeten Rechte ein und kann notfalls selbst auf Zustimmung klagen (LG Kassel WuM 96, 417). Der neue Eigentümer kann die Miete auch für Modernisierungsmaßnahmen anheben, die noch vom alten Vermieter vor der Eigentumsumschreibung durchgeführt worden sind (KG Berlin RE WuM 2000, 482). Der Erwerber kann wegen Mietrückständen, die vor Eigentumsumschreibung entstanden sind, nur kündigen, wenn der alte Vermieter diese Forderungen an ihn abgetreten hat (LG Berlin GE 2005, 487).

Bei Eigentümerwechsel muss der alte Eigentümer über alle bei Umschreibung abgelaufenen Abrechnungsperioden abrechnen, über die anderen der neue Vermieter **(BGH WuM 2004,94)**; das gilt auch im Gewerberaummietverhältnis **(BGH GuT 2005, 12)**. Tritt der Eigentumsumschreibung **während** des laufenden Abrechnungsjahres ein, so ist der neue Vermieter verpflichtet, einheitlich über alle Kosten des Jahres abzurechnen; eine Abrechnung über den anteiligen Abrechnungszeitraum ist nicht zulässig (LG Berlin GE 2005, 433; **BGH WuM 2000, 609**).

Heimarbeit ⇨ BERUFSAUSÜBUNG IN DER WOHNUNG

Heimvertrag ⇨ ALTENHEIM, ⇨ BETREUTES WOHNEN

Heizkosten

Verbrauchsabhängige Heizkostenabrechnung

Die meisten Wohnhäuser werden über eine zentrale Heizungsanlage mit Wärme versorgt ⮱ HEIZUNG. Im Interesse der Energieeinsparung schreibt die Heizkostenverordnung seit 1981 zwingend vor, die Heizkosten verbrauchsabhängig zu verteilen. Diese Verordnung regelt nicht nur die Abrechnung über die Heizkosten, sondern auch über die Warmwasserkosten. Besonderheiten gelten beim ⮱ CONTRACTING und der ⮱ FERNWÄRME.

Die Heizkostenverordnung ist auch anzuwenden, wenn die Heizwärme (teilweise) erzeugt wird durch Kraft-Wärme-Kopplung, Solarenergie oder eine ⮱ WÄRMEPUMPE. Vor der Umlage der Heizkosten auf den Mieter müssen die nicht umlagefähigen Kosten ermittelt und herausgerechnet werden ⮱ KRAFT-WÄRME-KOPPLUNG, ⮱ ERNEUERBARE ENERGIEN, ⮱ SOLARENERGIE.

Außerdem ist die Heizkostenverordnung auch für Lüftungsheizungen und Wärmerückgewinnungsanlagen heranzuziehen. Für diese Anlagen besteht aber in der Regel eine Ausnahme von der Anwendungspflicht, sodass der Verbrauch nicht erfasst werden muss (OLG Frankfurt ZMR 2018, 585). Diese Ausnahme ergibt sich auch daraus, dass die Kosten für die Erfassung des Verbrauchs sehr hoch sind und in keinem Verhältnis zu der damit zu erzielenden Einsparung stehen (§ 11 Abs. 1 Nr. 1 b HeizkV). Näheres dazu unter diesem Stichwort bei »Ausnahmen von der verbrauchsabhängigen Abrechnung«.

Eine Ausnahme von der Anwendungspflicht bestand bis Ende 2023 auch bei einer Wärmepumpe. Diese Ausnahme ist in der Heizkostenverordnung gestrichen worden. Das heißt, es besteht nach Ablauf der gesetzlichen Frist grundsätzlich eine Pflicht, die anfallenden Kosten für den benötigten Strom nach Verbrauch abzurechnen ⮱ WÄRMEPUMPE.

Nach der Heizkostenverordnung dürfen die Heizkosten in Gebäuden mit Zentralheizung grundsätzlich nicht ausschließlich nach der Wohnfläche verteilt werden. Die Vereinbarung einer Warmmiete ist ebenfalls nicht erlaubt **(BGH WuM 2006, 518)**. Auch eine Heizkostenpauschale, bei der alle Kosten mit einer monatlichen Zahlung endgültig abgegolten sind, ist unzulässig **(OLG Hamm RE WuM 86, 267; OLG Schleswig RE WuM 86, 330)**. Die Heizkostenpauschale ist nicht zu verwechseln mit der üblicherweise vereinbarten monatlichen Vorauszahlung auf die Heizkosten, die als Abschlag gezahlt wird ⇨ BETRIEBSKOSTEN.

Die Heizkosten sind Teil der Betriebskosten. Deshalb gelten für die Abrechnung die gleichen Grundsätze wie für die Abrechnung über die »kalten« ⇨ BETRIEBSKOSTEN. Das betrifft z. B. die Fragen, bis wann der Vermieter eine Abrechnung vorlegen muss und wie der Mieter sie durch Einsicht in die Belege überprüfen kann.

Der Abrechnungszeitraum für die Heizkosten entspricht zumeist dem für die »kalten« Betriebskosten. Der Vermieter kann für die Heizkosten aber auch einen anderen Zeitraum festlegen. Er kann beispielsweise die Heizkosten vom 1.7. bis zum 30.6. des folgenden Jahres abrechnen und die »kalten« Betriebskosten nach dem Kalenderjahr, also vom 1.1. bis zum 31.12. (AG Steinfurt WuM 2023, 248).

Pflicht zur Installation von Messgeräten: Der Mieter kann verlangen, dass der Vermieter geeignete Messgeräte anbringen lässt. Die Heizkostenverordnung schreibt seit dem 1.12.2021 vor, dass der Vermieter nur noch funkbetriebene Geräte einbauen darf. Vorhandene Zähler müssen bis Ende 2026 durch Geräte ersetzt werden, die fernablesbar sind ⇨ HEIZKOSTENVERTEILER UND WÄRMEZÄHLER.

Ablesung: Funkbetriebene Geräte haben für den Mieter den Vorteil, dass niemand von der Abrechnungsfirma des Vermieters die Wohnung zum Ablesen der Geräte betreten muss. Sind noch keine fernablesbaren Geräte installiert, müssen die Messgeräte bzw. Heizkostenverteiler einmal im Jahr abgelesen werden. Der Ablesetermin muss dabei rechtzeitig angekündigt werden, mindestens 10 Tage vorher. Kann der Mieter den ersten Ablesungstermin nicht wahrnehmen, muss das Messdienstunternehmen einen zweiten Termin festlegen. Kosten hierfür dürfen dem Mieter nicht in Rechnung gestellt werden (LG München I WuM 2001, 190). Erst wenn der Mieter auch den zweiten Termin nicht einhalten kann, ist grundsätzlich die Schätzung des Heizkostenanteils zulässig ⇨ HEIZKOSTENABRECHNUNG IN BESONDEREN FÄLLEN.

Die abgelesenen Verbrauchswerte sollen dem Mieter in der Regel innerhalb eines Monats mitgeteilt werden. Dadurch kann er kontrollieren, ob die Verbrauchswerte korrekt erfasst wurden.

Der Vermieter muss das Ableseergebnis aber nicht mitteilen, wenn fernablesbare Geräte eingesetzt werden oder die Verbrauchswerte über einen längeren Zeitraum in den Räumen des Mieters gespeichert werden und er sie abrufen kann. Moderne elektronische ⇨ HEIZKOSTENVERTEILER speichern Messdaten mindestens ein Jahr lang. Sie können im Nachhinein im Gerät überprüft werden.

Eine weitere Ausnahme besteht für Warmwasserzähler. Auch für diese Geräte muss der Vermieter keinen Ablesebeleg erstellen.

Erscheinen dem Mieter die Verbrauchswerte zu hoch, muss er die in der Abrechnung angegebenen Werte mit den Verbrauchswerten abgleichen, die im Messgerät gespeichert sind (LG Berlin NZM 2011, 583). Hat das Gerät keine Speicherfunktion oder ist dem Mieter nicht bekannt, wie die Werte abzurufen sind, weil er hierzu vom Vermieter keine Anleitung erhalten hat, kann er behaupten, dass falsch abgelesen wurde. Das gilt auch für eine Fernablesung per Funk (AG Hanau NZM 2016, 818; AG Berlin-Tiergarten WuM 2012, 618). Der Vermieter muss dann beweisen, dass die Werte korrekt sind (AG Berlin-Charlottenburg GE 2013, 1523).

Ermittlung der Warmwasserkosten: In vielen Gebäuden mit Zentralheizung übernimmt die Anlage auch die Versorgung mit Warmwasser (verbundene Anlage). Dann muss zunächst ermittelt werden, welcher Anteil der gesamten Kosten auf die Heizung und welcher auf das Warmwasser entfällt. Dazu schreibt die Heizkostenverordnung vor, dass die Wärmemenge für das Warmwasser mit einem dafür installierten Wärmezähler gemessen wird. Das gilt für Anlagen, die mit einem Heizkessel betrieben werden, für Nah- und Fernwärme und für eine ⇨ WÄRMEPUMPE.

Der Mieter kann die ihm berechneten Kosten um 15 % kürzen, wenn der Vermieter zur Abtrennung der Warmwasserkosten keinen Wärmezähler verwendet hat (**BGH WuM 2022, 110**; LG Halle/Saale, WuM 2019, 318; LG Berlin GE 2018, 329; LG Potsdam WuM 2018, 90). Das Kürzungsrecht erfasst nicht nur die Warmwasser-, sondern auch die Heizkosten (**BGH WuM 2022, 110**; AG Potsdam WuM 2017, 635).

Die Messung mit einem Wärmezähler ist jedoch nicht vorgeschrieben, wenn sie mit einem unzumutbar hohen Aufwand verbunden wäre. Der Vermieter muss nachweisen, dass eine solche Ausnahme besteht. Dann ist ersatzweise eine in der Heizkostenverordnung festgelegte Formel anzuwenden. Sie setzt voraus, dass das verbrauchte Warmwasser mit einem Wasserzähler erfasst wird. Ist eine Messung auch auf diese Weise nicht möglich, wird der Warmwasseranteil nach einem festgelegten Verbrauch von 32 kWh je Quadratmeter Wohnfläche im Jahr berechnet.

Verteilerschlüssel: Nach der Heizkostenverordnung sollen mindestens 50%, höchstens 70% der Heizkosten nach dem Verbrauch umgelegt werden (Verbrauchskostenanteil). Die restlichen 30 % bis 50 % werden nach einem in der Heizkostenverordnung vorgesehenen festen Maßstab verteilt. In der Regel ist das die Wohnfläche (Grundkostenanteil). Zulässig ist auch die Verteilung des Grundkostenanteils anhand der beheizten Wohnfläche. Der andere Teil wird nach dem mithilfe von ⇨ HEIZKOSTENVERTEILERN festgestellten Verbrauchswert umgelegt. Hierzu müssen alle Heizkörper mit diesen Geräten ausgerüstet werden. In einigen Wohnungen kommen statt Heizkostenverteilern Wärmezähler zum Einsatz.

Häufig beschweren sich Mieter, dass der Balkon oder die Terrasse in die Fläche zur Verteilung der Heizkosten einbezogen wird. Der BGH hat jedoch entschieden, dass der Vermieter diese Fläche anteilig berücksichtigen darf **(BGH WuM 2007, 700)**. Das gilt natürlich nicht, wenn die Kosten nach der beheizten Wohnfläche verteilt werden. Alle Mietparteien eines Wohnhauses und der Vermieter können jedoch einvernehmlich einen höheren Verbrauchsanteil (bis zu 100%) vereinbaren (LG Saarbrücken WuM 90, 85). Dagegen ist die Vereinbarung eines niedrigeren Verbrauchsanteils als 50% unzulässig. In gleicher Weise ist bei der Umlage der Warmwasserkosten zu verfahren.

Für bestimmte ältere Gebäude ist zwingend ein Verbrauchsanteil von 70% vorgeschrieben. Dies gilt für Häuser, die nicht die Anforderungen der Wärmeschutzverordnung vom 16. 8. 1994 erfüllen, die mit einer Öl- oder Gasheizung versorgt werden und in denen freiliegende Heizleitungen überwiegend gedämmt sind. Alle drei Bedingungen müssen erfüllt sein. Dann darf der Vermieter keinen anderen Verteilerschlüssel wählen. 70% der Heizkosten sind nach dem erfassten Wärmeverbrauch auf die Mieter zu verteilen. Darauf hat der Mieter einen Anspruch. Er ist nicht darauf beschränkt, stattdessen auf das Kürzungsrecht (§ 12 HeizkV) zurückzugreifen **(BGH WuM 2019, 147)**.

In Gebäuden, in denen die Heizleitungen über Putz verlegt und überwiegend ungedämmt sind, ist hingegen nur ein verbrauchsabhängiger Anteil von 50% angemessen. ⇨ HEIZKOSTENABRECHNUNG IN BESONDEREN FÄLLEN – »Rohrwärme«.

Einen einmal gewählten Verteilerschlüssel darf der Vermieter nicht nach Belieben ändern. Nur wenn sachgerechte Gründe vorliegen, ist eine Anpassung möglich. Dies ist z. B. der Fall, wenn eine neue Heizungsanlage eingebaut oder die Wärmedämmung verbessert wird. Bei einer erhöhten Rohrwärme oder bei größeren Leerständen über eine längere Zeit ist eine Kostenverteilung mit einem Verbrauchsanteil von

70% zu 30% nicht sachgerecht. Der Verteilerschlüssel muss korrigiert werden. Rückwirkend bzw. während der laufenden Heizperiode darf der Verteilerschlüssel nie geändert werden. Eine Änderung ist nur zu Beginn der Heizperiode möglich (AG Hamburg-Altona WuM 87, 162).

Leer stehende Wohnungen: Der Vermieter muss die Grundkosten auf alle Wohnungen im Haus verteilen. Stehen Wohnungen leer, hat er diesen Teil der Grundkosten selbst zu zahlen, genauso wie den entsprechenden Verbrauchsanteil. Der Vermieter darf nicht einfach den Verteilerschlüssel ändern und die Heizkosten nur auf die vermieteten Wohnungen umlegen. Das geht auch dann nicht, wenn er die Heizkörper in den leer stehenden Wohnungen abmontieren lässt **(BGH WuM 2004, 150)**.

Auch wenn eine Wohnung das ganze Jahr leer gestanden hat, müssen die Messgeräte abgelesen werden. Das gilt zumindest, wenn ⇨ HEIZKOSTENVERTEILER eingesetzt sind, die nach dem Verdunstungsprinzip arbeiten (»Verdunstungsröhrchen«). Denn diese Geräte verzeichnen wegen der sogenannten Kaltverdunstung über das Jahr gesehen auch bei abgestellter Heizung einen Verbrauch.

Sind die Leerstände in einem Haus besonders hoch, zahlen die verbleibenden Mieter mehr Heizkosten, obwohl der Vermieter die Grundkosten für die unvermieteten Wohnungen übernehmen muss. Der BGH sieht es als angemessen an, dass der Mieter einen Teil der Mehrkosten mittragen muss, die bei erheblichen Leerständen entstehen **(BGH WuM 2015, 94)**. Etwas anderes gilt nach dem BGH nur in extremen Fällen, wenn die Verteilung der Kosten nicht mehr als gerecht empfunden werden kann. Dann muss der Vermieter die berechneten Kosten kürzen. Diese Entscheidung betrifft die Warmwasserkosten. Sie ist auf die Heizkosten entsprechend anzuwenden.

Ausnahmen von der verbrauchsabhängigen Abrechnung

Die Pflicht, eine verbrauchsabhängige Heizkostenabrechnung zu erstellen, besteht nicht (§ 11 HeizkV):

- Wenn die Verbrauchserfassung technisch nicht möglich oder unwirtschaftlich ist. Von Unwirtschaftlichkeit kann gesprochen werden, wenn die zu erwartenden Einsparungen (z. B. wegen Einbaus eines Warmwasserzählers) nicht ausreichen, die Investition und die laufenden Kosten abzudecken (KG Berlin WuM 93, 300; BayObLG WuM 93, 753; WuM 89, 451; LG Hamburg WuM 92, 490; LG Frankfurt WuM 91, 616). Der Aufwand für die verbrauchsabhängige Abrechnung muss also durch die Energieeinsparung erwirtschaftet werden. Dazu ist ein Zeitraum von 10 Jahren zu betrachten.

■ In sogenannten Passivhäusern. Die Heizkostenverordnung sieht ausdrücklich vor, dass in Häusern mit einem sehr niedrigen Verbrauch nicht verbrauchsabhängig abgerechnet werden muss. Hier lohnt sich der Aufwand nicht. Das gilt für Gebäude, die einen Heizwärmebedarf von weniger als 15 kWh je Quadratmeter im Jahr aufweisen.

■ Wenn der Mieter den Wärmeverbrauch nicht beeinflussen kann. Zum Beispiel, weil eine Möglichkeit zur Drosselung oder zum Abstellen der Heizung an den Heizkörpern fehlt **(BGH WuM 2003, 699)**. Eine Ausnahme besteht zumeist auch für Lüftungsheizungen und Wärmerückgewinnungsanlagen, weil der Verbrauch nicht erfasst oder nicht reguliert werden kann (OLG Frankfurt/M. ZMR 2018, 585).

■ In Alters- und Pflegeheimen, Studierenden- und Jugendwohnheimen; hier sind ausnahmsweise Warmmietverträge zulässig.

■ In Gebäuden, die überwiegend, d.h. zu mehr als der Hälfte, durch Wärmepumpen oder Solaranlagen versorgt werden.

■ In Zweifamilienhäusern, in denen der Vermieter mit seinem Mieter unter einem Dach wohnt; hier können beide vereinbaren, dass die Heizkostenverordnung keine Anwendung findet.

■ In Einzelfällen, wenn der Vermieter Befreiung von der zuständigen Landesbehörde bekommen hat, z.B. weil die Verbrauchserfassung zu »unbilligen« Härten führen würde.

Welche Kosten sind umlagefähig?

a) Kosten der verbrauchten Brennstoffe und ihrer Lieferung

b) Kosten des Betriebsstroms

c) Kosten der Bedienung, Überwachung und Pflege der Anlage

d) Kosten der regelmäßigen Prüfung ihrer Betriebsbereitschaft und Betriebssicherheit einschl. der Einstellung durch einen Fachmann

e) Kosten der Reinigung der Anlage und des Betriebsraumes

f) Kosten der Messungen nach dem Bundesimmissionsschutzgesetz und Schornsteinfegerkosten

g) Kosten der Anmietung oder anderer Arten der Gebrauchsüberlassung einer Ausstattung zur Verbrauchserfassung

h) Kosten der Verwendung einer Ausstattung zur Verbrauchserfassung einschl. der Kosten der Berechnung und Aufteilung

i) Kosten der Abrechnungs- und Verbrauchsinformationen

Weitere Kosten dürfen in der Heizkostenabrechnung nicht auftauchen!

Achtung: Erfolgt die Wärmelieferung von einem gewerblichen Unternehmer, kann ein sogenannter Wärmepreis in der Heizkostenabrechnung verlangt werden ⮳ CONTRACTING.

Setzt der Vermieter zur Erzeugung der Heizwärme auch ⮳ ERNEUERBARE ENERGIEN ein, darf er dafür keinen Wärmepreis berechnen. Die eingesparten Brennstoffkosten für die Erzeugung der Heizenergie oder die Erwärmung des Warmwassers kann er also nicht in Rechnung stellen. Umlagefähig sind nur die genannten Kosten, insbesondere für Betriebsstrom sowie für Prüfung und Wartung. Zu Einzelheiten siehe ⮳ WÄRMEPUMPE und ⮳ SOLARENERGIE.

Nicht umlagefähig sind:

- Öltankversicherung (BayObLG WuM 97, 234; AG Hamburg WuM 88, 38). Diese Kosten gehören zu der Betriebskostenart »Sach- und Haftpflichtversicherung« ⮳ BETRIEBSKOSTEN.
- Kosten einer Feuerlöscherprüfung (AG Steinfurt WuM 93, 135). Sie sind jedoch als »sonstige Betriebskosten« umlegbar, wenn hierüber eine Vereinbarung im Mietvertrag besteht ⮳ BETRIEBSKOSTEN.
- Leasingkosten für Öltank oder Brenner **(BGH WuM 2009, 115)**.
- Finanzierungskosten für den Kauf des Heizmaterials. Eine solche Vereinbarung im Mietvertrag ist unwirksam (AG Bruchsal WuM 88, 62; AG Siegburg WuM 85, 345; AG Idar-Oberstein WuM 80, 10).
- Heizungsbetreuungskosten (AG Butzbach WuM 86, 323).

Die umlagefähigen Heizkosten

a) Brennstoffkosten
Der Vermieter soll an den Heizkosten nicht verdienen. Er darf daher für den Brennstoff oder die eingekaufte Wärme nicht mehr ansetzen, als er selbst bezahlt hat. Außerdem muss er möglichst wirtschaftlich einkaufen, d. h. günstige Preise ausnutzen und den Tank in größeren Mengen befüllen (OLG Koblenz WuM 86, 282).

b) Betriebsstrom
Hierzu gehören vor allem die Stromkosten für die Umwälzpumpe, für die Pumpe im Brenner und für die Regelungsanlage. Normalerweise dürften die Stromkosten nicht mehr als 5% (BayObLG WuM 97, 234; AG Hamburg WuM 91, 50) bis 8% der Brennstoffkosten ausmachen. Schwankende Brennstoff- und Strompreise sind zu berücksichtigen.

Eine allgemein gültige Regel sind diese Prozentsätze nicht (LG Hannover WuM 91, 540).

Die Stromkosten lassen sich mit einem Zwischenzähler ermitteln. Gibt es keinen eigenen Zähler, müssen sie sachgerecht geschätzt werden. Auf Nachfrage muss der Vermieter mitteilen, auf welchen Grundlagen seine Schätzung beruht (LG Münster WuM 2022, 681). Sind die Stromkosten höher als 8% der Brennstoffkosten, sollte der Mieter Zweifel anmelden. Der Vermieter muss dann erläutern, wie die Schätzung zustande gekommen ist **(BGH WuM 2008, 285)**. Überprüft werden sollte auch, ob die Betriebsstromkosten von den Allgemeinstromkosten abgezogen und nicht einfach aufgeschlagen wurden.

Bei einer ⇨ WÄRMEPUMPE fallen Betriebsstromkosten in beträchtlicher Höhe an. Dafür entfallen die Brennstoffkosten.

c) Bedienungskosten
Heizungen arbeiten in der Regel vollautomatisch. Bedienungskosten fallen nicht an (LG Aachen WuM 76, 180; AG Nordhausen WuM 99, 486). Auch moderne Heizungen mit ⇨ HOLZPELLETS funktionieren weitgehend automatisch. Gegebenenfalls sind geringfügige Kosten für die regelmäßig vorzunehmende Entfernung der Asche umlegbar.

d) Prüf- und Wartungskosten
Wird die Anlage von einem Fachmann überprüft, sind die Kosten auf die Mieter umlegbar. Gleichzeitig mit der Überprüfung der Anlage werden aber oft Reparaturen durchgeführt, z. B. ein defekter Brenner ausgetauscht. Solche Reparaturkosten darf der Vermieter nicht auf die Mieter umlegen, sondern muss sie selbst tragen (AG Waldbröl WuM 80, 206). Fallen Wartung und Instandsetzung zusammen und kann nicht ermittelt werden, wie sich die Kosten konkret aufteilen, muss geschätzt werden. Fehlt es auch schon an einer vernünftigen Schätzgrundlage, muss der Mieter überhaupt nicht zahlen (LG Hamburg WuM 89, 640).

Vorsicht vor sogenannten Vollwartungs- oder Vollservice-Verträgen. In derartigen Dienstleistungsangeboten sind regelmäßig Instandsetzungsarbeiten enthalten ⇨ BETRIEBSKOSTEN.

Umlagefähig sind auch die Kosten einer Feuerstättenschau, die der Schornsteinfeger etwa alle 3½ Jahre durchführt (AG Soest DWW 2013, 340).

Wichtig: Der Vermieter muss auch hier das Gebot der Wirtschaftlichkeit beachten. Kosten, die 20% über dem Durchschnitt liegen, oder drastische

Kostensteigerungen von einem Jahr zum anderen sprechen für »Unwirtschaftlichkeit« oder »versteckte Reparaturen« (AG Köln WuM 99, 221).

e) Kosten der Reinigung der Anlage und des Betriebsraumes
Hierunter fallen die Kosten für die Reinigung einer Koks-Zentralheizung. Bei einer Pelletheizung sind die Kosten für Reinigung des Pelletlagers und der Brennkammer umlagefähig. Bei normalen Zentralheizungen fallen dagegen keine regelmäßigen Reinigungskosten für den Heizraum an (AG Friedberg WuM 86, 262).

Auch Kosten für Korrosionsschutzarbeiten sind nicht umlagefähig (AG Regensburg WuM 95, 319).

Die Kosten für eine Öltankreinigung darf der Vermieter umlegen **(BGH WuM 2010, 33)**. Dazu hat der BGH entschieden, dass diese Kosten grundsätzlich in dem Abrechnungszeitraum in voller Höhe umgelegt werden können, in dem sie entstanden sind.

f) Messungen nach dem Bundesimmissionsschutzgesetz
In regelmäßigen Zeitabständen führt der Schornsteinfeger spezielle Abgasmessungen bei der Heizungsanlage durch. Nach der Heizkostenverordnung dürfen auch die reinen Schornsteinfegerkosten über die Heizkostenabrechnung auf alle Mieter abgewälzt werden. Die Kosten für die Reinigung des Schornsteins dürfen auch als ⇨ BETRIEBSKOSTEN bei entsprechender Vertragsgestaltung an die Mieter weitergegeben werden. Vergleichen Sie deshalb Heiz- und Betriebskostenabrechnung; denn die Schornsteinfegerkosten dürfen auf keinen Fall doppelt auftauchen.

g) Kosten der Anmietung einer Ausstattung zur Verbrauchserfassung
Der Vermieter muss die Geräte zur Erfassung des Verbrauchs nicht unbedingt kaufen, er kann sie auch mieten (⇨ HEIZKOSTENVERTEILER UND WÄRMEZÄHLER). Die Mietkosten sind über die Heizkostenabrechnung umlegbar, wenn die gesetzlichen Voraussetzungen gegeben sind.

h) Kosten der Verwendung einer Ausstattung zur Verbrauchserfassung
Das sind die Kosten für den Wärmemessdienst. Hierunter fallen die Kosten für das Ablesen und das Erstellen der Heizkostenabrechnung. Auch die Kosten für die Eichung von Warmwasser- und Wärmezählern dürfen umgelegt werden ⇨ HEIZKOSTENVERTEILER UND WÄRMEZÄHLER.

Um die fristgerechte Eichung sicherzustellen (⇨ EICHPFLICHT), schließt der Vermieter mit der Messdienstfirma häufig einen Eichservicevertrag ab. Diese Dienstleistung nennen die Abrechnungsunternehmen auch

»Geräteservice« oder »Garantiewartung«. Die hierfür angesetzten Kosten dienen im Wesentlichen der Eichung. Es ist darauf zu achten, dass in diesen Verträgen keine Instandsetzungskosten, etwa für defekte Messgeräte, enthalten sind. Derartige Kosten darf der Vermieter nicht auf die Mieter umlegen. Durch einen Eichservicevertrag werden die Eichkosten in gleichbleibenden Jahresbeträgen auf die Mieter umgelegt.

In einigen Heizkostenabrechnungen finden sich »Wartungskosten« für elektronische Heizkostenverteiler. Die Geräte werden jedoch gar nicht gewartet. Diese Kosten dürfen nicht berechnet werden. Der Vermieter kann den Vertrag mit dem Messdienstunternehmen wegen arglistiger Täuschung anfechten (AG Osnabrück ZWE 2014, 100).

Achtung: In vielen Heizkostenabrechnungen sind Kosten für **überteuerte Messgeräte** enthalten. Das muss der Mieter nicht dulden. Es dürfen keine unverhältnismäßig hohen Kosten angesetzt werden. Das gilt auch, wenn der Vermieter die Messgeräte gemietet oder geleast hat (siehe oben). Nach dem Gesetz (Heizkostenverordnung und Gebäudeenergiegesetz) dürfen die Kosten für die Erfassung des Verbrauchs nur so hoch sein, dass sie durch die zu erzielende Einsparung wieder »hereingeholt« werden. Es müssen also die Kosten und der Nutzen, d.h. die zu erzielende Einsparung, verglichen werden. Dafür ist nach der Heizkostenverordnung ein Zeitraum von 10 Jahren anzusetzen. Wärmezähler sind so teuer, dass sie als Zwischenzähler für Mietwohnungen oftmals nicht in Betracht kommen. Sind die Kosten für die Verbrauchserfassung überhöht, kann der Mieter verlangen, dass der Vermieter sämtliche Heizkosten nach einem festen Maßstab (zumeist Quadratmeter) verteilt. Einen anderen Weg hat das LG Berlin (WuM 2004, 340) gewählt. Es hat den Grundsatz der Wirtschaftlichkeit angewandt und die in der Heizkostenabrechnung angesetzten Kosten für die Messgeräte auf das angemessene Maß gekürzt. Der Vermieter hatte Heizkostenverteiler mit einem Funksystem gemietet. Die Kosten für das gesamte Haus beliefen sich auf gut 24 500 Euro. Das ist völlig überteuert, urteilte das Landgericht. Die Mieter mussten nur die angemessenen Kosten in Höhe von 2382 bzw. 697 Euro zahlen (ähnlich LG Köln NZM 2005, 453).

Inkasso, Formblattberatung und sonstige Serviceleistungen der Wärmemessdienstfirmen für den Vermieter, z.B. auch Kosten für das Erstellen der »kalten« Betriebskostenabrechnung, muss der Mieter nicht bezahlen (AG Langen WuM 96, 31).

i) Kosten der Abrechnungs- und Verbrauchsinformationen

Die Heizkostenverordnung schreibt vor, dass der Mieter jeden Monat über seinen Verbrauch für Heizung und ggf. Warmwasser informiert wird. Zusätzlich kann der Vermieter mitteilen, welche Kosten dieser Verbrauch verursacht. Das soll den Mieter beim Einsparen von Heizenergie unterstützen. Das gilt aber nur, wenn fernablesbare Messgeräte bereits installiert sind, andernfalls spätestens ab 1.1.2027. Die Informationen müssen mindestens folgende Angaben enthalten:

1. den Verbrauch des Mieters im letzten Monat in Kilowattstunden,

2. einen Vergleich dieses Verbrauchs mit dem Verbrauch des Vormonats desselben Mieters sowie mit dem entsprechenden Monat des Vorjahres desselben Mieters, soweit vorhanden, und

3. einen Vergleich mit dem Verbrauch eines normierten oder durch Vergleichstests ermittelten Durchschnittsmieters derselben Nutzerkategorie.

Die Mitteilung kann in Papierform oder elektronisch, etwa per E-Mail, geschehen. Es besteht auch die Möglichkeit, die Mieter über ein Webportal oder eine Smartphone-App zu informieren. Die Mieter müssen jedoch dann zusätzlich jeweils darüber unterrichtet werden, dass neue Informationen zur Verfügung stehen.

Die Kosten für diese zusätzlichen Informationen müssen die Mieter tragen. Zu befürchten ist, dass sie hierfür mehr zahlen, als sie zusätzlich an Energiekosten einsparen können.

Achtung: Kommt der Vermieter dieser Verpflichtung nicht nach, kann der Mieter die Heiz- und Warmwasserkosten für den betreffenden Zeitraum um 3% kürzen (§ 12 Abs. 1 Satz 3 Heizkostenverordnung).

Wie muss die Abrechnung aussehen? ⇨ BETRIEBSKOSTEN
Der Vermieter muss einmal im Jahr abrechnen, über Einnahmen und Ausgaben Rechenschaft ablegen. Häufig bedienen sich Vermieter hierbei einer Wärmemessdienstfirma. Deren Computer-Abrechnungsbögen sehen zwar amtlich aus, sind aber nicht immer richtig. Inhaltlich müssen sie den gleichen Anforderungen genügen wie z. B. eine handgeschriebene Abrechnung eines Vermieters. Eine Heizkostenabrechnung ist sehr kompliziert gestaltet. Der BGH hat zwar betont, dass ein durchschnittlich gebildeter, juristisch und betriebswirtschaftlich nicht geschulter Mieter eine Betriebskostenabrechnung gedanklich und rechnerisch nachvollziehen können muss. Für die Heizkostenabrechnung hat er das jedoch eingeschränkt **(BGH WuM 2010, 153; WuM 2005, 579)**. Es könne vorausgesetzt werden, dass der Mieter mit den Rechtsgrundlagen nach der Heizkostenverordnung vertraut ist. In der Abrechnung muss nicht auf diese Vorschriften hingewiesen werden, und der Vermieter muss sie nicht verständlich erläutern. Ist eine gesetzlich vor-

gegebene Abrechnungsweise anzuwenden, sind dem Vermieter daraus folgende Verständnisprobleme nicht zuzurechnen, so der BGH. Die Heizkostenabrechnung muss aber alle Angaben enthalten, um die Berechnungen bei Kenntnis der Vorschriften nachprüfen zu können.

a) Der Vermieter muss die Gesamtkosten zusammenstellen.
Die verschiedenen Positionen müssen einzeln aufgezählt werden, d.h. die Brennstoffkosten getrennt von den Kosten für Wartung, Betriebsstrom, Erstellung der Abrechnung, Gerätemiete etc. Hält sich der Vermieter nicht daran, ist die Abrechnung unwirksam (LG Berlin GE 2001, 63). Der Vermieter darf nur die Kosten weitergeben, die umlagefähig und tatsächlich entstanden sind. Bei Fernwärme und Gas ist der Verbrauch anzugeben. Die Heizkostenabrechnung ist unwirksam, wenn nur die Gesamtkosten, nicht aber der Verbrauch für das Erdgas in Kubikmeter oder Kilowattstunden angegeben ist (AG Düsseldorf WuM 2009, 402).

Auch bei Öl oder festen Brennstoffen darf nur die im Abrechnungszeitraum verbrauchte Menge angesetzt werden. Sie wird berechnet nach dem Anfangsbestand plus Liefermengen abzüglich Endbestand. Dazu muss der Vermieter zu Beginn der Abrechnungsperiode ermitteln, wie viel Öl im Tank ist bzw. wie viel Brennstoffe noch vorrätig sind. Der BGH hat entschieden, dass diese Werte nicht in der Heizkostenabrechnung angegeben sein müssen. Es genüge, wenn der berechnete Verbrauch wiedergegeben sei **(BGH WuM 2010, 156)**. Der BGH meint, der Mieter könne ja anhand der Unterlagen beim Vermieter überprüfen, ob der Verbrauch korrekt ermittelt wurde.

Es empfiehlt sich, die Abrechnung mit der des Vorjahres zu vergleichen. Auffällige Abweichungen beim Brennstoffverbrauch oder bei den anderen Kosten muss der Vermieter auf Nachfrage des Mieters erläutern **(BGH WuM 2008, 407)**.

b) Der Vermieter muss erklären, wie er die Kosten verteilt.
Er muss also sagen, inwieweit er nach Quadratmeter umlegt und inwieweit nach Verbrauch. Es genügt nicht, wenn er nur schreibt: 50% Verbrauchskosten, 50% Grundkosten. Er muss vielmehr die Einheiten angeben, die auf allen Heizkostenverteilern im Haus abgelesen wurden, ebenso die Quadratmeterzahl aller Wohnungen im Haus und anhand der abgelesenen Verbrauchseinheiten in der Wohnung des Mieters und der Quadratmeterzahl der Wohnung des Mieters vorrechnen, wie er zu der konkreten Kostenverteilung kommt. Die Abrechnung muss dabei so übersichtlich sein, dass ein Laie sie nachvollziehen kann.

c) Der Abrechnungszeitraum muss angegeben werden.
Die Abrechnung muss sich grundsätzlich auf den Zeitraum eines Jahres (12 Monate) beziehen (LG Düsseldorf ZMR 98, 167, AG Dortmund NZM 2004, 96). In der Heizkostenabrechnung dürfen nur Rechnungen berücksichtigt werden, die sich auf diese 12 Monate beziehen. Die Anwendung des sog. Abflussprinzips ist im Anwendungsbereich der Heizkostenverordnung nicht zulässig **(BGH WuM 2012, 143)**. Das heißt, dass der Vermieter die Kosten immer dem Abrechnungsjahr zuordnen muss ⇨ BETRIEBSKOSTEN.

Der Vermieter kann für die Abrechnung über die Heizkosten eine andere Abrechnungsperiode wählen als für die »kalten« Betriebskosten **(BGH WuM 2008, 404)**. (Zum Mieterwechsel ⇨ HEIZKOSTENABRECHNUNG IN BESONDEREN FÄLLEN.)

d) Die Vorauszahlungen des Mieters müssen berücksichtigt und verrechnet werden.
Rechnet der Vermieter über die Heizkosten gesondert ab, muss er die Summe der Vorauszahlungen im Abrechnungszeitraum aufführen und diese dem Betrag aus der Abrechnung gegenüberstellen. Daraus ergibt sich, ob der Mieter Geld zurückerhält oder nachzahlen muss. Rechnet der Vermieter die Heizkosten zusammen mit den »kalten« Betriebskosten ab, muss er nicht separat über die Vorauszahlungen für Heizkosten abrechnen.

e) Zusätzliche Informationen zur Heizkostenabrechnung
Der Vermieter muss dem Mieter zusammen mit der Abrechnung weitere Informationen zur Verfügung stellen. Das gilt für Abrechnungszeiträume, die ab dem 1.12.2021 beginnen. Mitzuteilen sind folgende Angaben:

1. Informationen zum Energieträger (Öl, Gas, Holzprodukte, Nah- oder Fernwärme, Anteil ⇨ ERNEUERBARE ENERGIEN), bei Versorgung mit Fernwärme die damit verbundenen jährlichen Treibhausgasemissionen und den Primärenergiefaktor des Fernwärmenetzes, eine Erläuterung der enthaltenen Steuern und Abgaben, die Entgelte für die Überlassung der Messgeräte einschließlich der Kosten für die Eichung sowie für die Ablesung und Abrechnung.

2. Kontaktinformationen, darunter Internetadressen von Verbraucherorganisationen (z.B. Verbraucherzentralen), Energieagenturen oder ähnlichen Einrichtungen, bei denen Informationen über angebotene Maßnahmen zur Energieeffizienzverbesserung, Endnutzer-Vergleichs-

profile und objektive technische Spezifikationen für energiebetriebene Geräte eingeholt werden können.

3. Informationen über die Möglichkeit zur Durchführung eines Streitbeilegungsverfahrens ⇨ STREITSCHLICHTUNG. Diese Angabe ist nur notwendig, wenn der Vermieter Wohnungen gewerblich vermietet und kein Kleinvermieter mit nur sehr wenigen Wohnungen ist.

4. Vergleiche mit dem Verbrauch eines normierten oder durch Vergleichstests ermittelten Durchschnittsnutzers derselben Nutzerkategorie.

5. Ein Vergleich des gegenwärtigen Energieverbrauchs des betroffenen Mieters mit dem Verbrauch im gleichen Zeitraum des Vorjahres in grafischer Form. Dabei ist eine sog. Witterungsbereinigung vorzunehmen. Sie ermöglicht den Vergleich trotz unterschiedlicher Witterungsbedingungen in den Abrechnungszeiträumen, etwa wenn es nach einem milden Winter einen strengen Winter gab.

Diese Informationen muss der Vermieter nicht zusammen mit der Heizkostenabrechnung übermitteln. Es genügt, wenn er sie anderweitig zur Verfügung stellt, etwa über ein Web-Portal oder eine Smartphone-App.

Achtung: Teilt der Vermieter diese Informationen nicht oder nicht vollständig mit, steht dem Mieter das Recht zu, die berechneten Heiz- und Warmwasserkosten um 3% zu kürzen (§12 Abs.1 Satz 3 HeizkV).

Überprüfung der Heizkostenabrechnung
Hat der Mieter Zweifel an der Richtigkeit der Heizkostenabrechnung, gilt das Gleiche wie bei einer Betriebskostenabrechnung ⇨ BETRIEBSKOSTEN. Auf Wunsch des Mieters muss der Vermieter ihm Einsicht in die Originalberechnungsunterlagen, insbesondere Rechnungen, Lieferscheine, Quittungen gewähren (§ 259 BGB; **BGH WuM 2006, 200**). Insbesondere hat der Mieter Anspruch darauf, neben seiner Einzelabrechnung auch in die Gesamtabrechnung des Hauses Einblick nehmen zu können. Der Vermieter darf dies auch nicht unter Berufung auf den Datenschutz verweigern (LG Berlin WuM 2014, 28; LG Potsdam WuM 2011, 631). Das gilt auch für die Ablesebelege der übrigen Wohnungen im Haus (**BGH WuM 2018, 288**).

Überhöhte Heizkosten
Sind die Heizkosten gegenüber dem Vorjahr dramatisch gestiegen oder unerklärlich hoch, muss der Vermieter nachweisen, dass der Mieter tatsächlich so viel Heizwärme verbraucht hat (**BGH WuM 2018, 288; WuM**

2008, 407; LG Berlin ZMR 97, 145) bzw. beweisen, dass kein Fehler im Heizungs- oder Erfassungssystem vorliegt (LG Mannheim ZMR 89, 336).

Die häufigste Ursache für extrem hohe Heizkosten einzelner Mieter ist in einer hohen Rohrwärme im Gebäude zu sehen ⇨ HEIZKOSTENABRECHNUNG IN BESONDEREN FÄLLEN.

Der Vermieter muss die Heizungsanlage so instand halten und betreiben, dass sie nicht unnötig viel Energie verbraucht (§§ 59, 60 Gebäudeenergiegesetz). Er muss die Anlage sachgerecht bedienen, die Vorlauftemperaturen angemessen einstellen und regelmäßig durch einen Fachmann warten lassen. Auch für die Heizkosten ist der Grundsatz der Wirtschaftlichkeit anzuwenden ⇨ BETRIEBSKOSTEN. Vernachlässigt der Vermieter seine Pflichten in Bezug auf die Heizungsanlage, kann dem Mieter Schadensersatz wegen überhöhter Energiekosten zustehen (**BGH NJW 2014, 685**; LG Neubrandenburg WuM 2013, 541). Der Vermieter ist zwar grundsätzlich nicht verpflichtet, eine alte, aber noch funktionstüchtige Heizungsanlage zu erneuern oder zu modernisieren **(BGH WuM 2010, 427; WuM 2007, 700)**. Verstößt er aber gegen die Vorschriften des ⇨ GEBÄUDEENERGIEGESETZES, kann der Grundsatz der Wirtschaftlichkeit verletzt sein und der Mieter überhöhte Kosten beanstanden. Die Einzelheiten sind noch nicht abschließend durch Gerichtsurteile geklärt.

Heizkostenabrechnung in besonderen Fällen

Gemeinschaftsräume

Nach der Heizkostenverordnung muss der Verbrauch in Gemeinschaftsräumen (z. B. Fluren, Treppenhäusern, Waschküchen, Trocken- oder Partyräumen) nicht erfasst werden. Soweit hier Heizkörper vorhanden sind, müssen sie nicht mit Erfassungsgeräten ausgerüstet werden. Der Verbrauch in diesen Gemeinschaftsräumen wird als Teil des Gesamtverbrauchs des Hauses von den Mietern also praktisch mitbezahlt. Anders ist die Regelung für Gemeinschaftsräume mit »nutzungsbedingt hohem Wärme- oder Warmwasserverbrauch«. Beispiel: Sauna und Schwimmbad. Hier muss der Verbrauch erfasst werden.

Der erfasste Verbrauch in Gemeinschaftsräumen kann nur dann auf die Mieter verteilt werden, wenn eine entsprechende Vereinbarung zwischen Vermieter und Mieter getroffen worden ist. Auch die Frage, nach welchem Maßstab zu verteilen ist, muss vertraglich geregelt sein. Als Verteilkriterium kommen z. B. die Personenzahl, die Wohnungsgröße oder die Anzahl der Wohnungen im Haus in Betracht.

Schätzung

Wie zu verfahren ist, wenn der Energieverbrauch einzelner Mieter nicht erfasst werden kann, regelt die Heizkostenverordnung unter dem Stichwort »Kostenverteilung in Sonderfällen«, gemeint sind Schätzungen.

Geschätzt werden darf, wenn der Verbrauch in einer Abrechnungsperiode wegen »Geräteausfalls oder aus anderen zwingenden Gründen« nicht erfasst werden konnte.

Technische Defekte bei Erfassungssystemen sind in der Praxis relativ selten. Denkbar ist dies allerdings, wenn bei einem elektronischen Heizkostenverteiler die Batterie ausfällt und somit keine verwertbaren Ergebnisse vorliegen. Ist der angezeigte Verbrauchswert höher, als das Gerät in einem Abrechnungsjahr physikalisch erfassen kann, darf ebenfalls geschätzt werden **(BGH WuM 2013, 305)**.

Früher war unklar, was unter »anderen zwingenden Gründen« zu verstehen ist. Der BGH hat entschieden, dass ein zwingender Grund vorliegt, wenn sich der Fehler nicht mehr beheben lässt **(BGH WuM 2005, 776)**. Immer, wenn die Ablesung nicht mehr nachgeholt werden kann, darf grundsätzlich geschätzt werden. Ursachen können sein eine falsche Ablesung, Computerfehler, Verlust der Daten oder auch eine versehentlich unterbliebene Ablesung. Dabei kommt es laut BGH nicht darauf an, wer Schuld daran hat, dass keine Messergebnisse vorliegen. Eine Schätzung ist auch möglich, wenn der Messdienst »vergessen« hat, die Messampulle auszutauschen oder den Batteriewechsel vorzunehmen.

Nicht geregelt ist, ob geschätzt werden darf, wenn der Ableser den Mieter nicht angetroffen hat. Sinnvollerweise ist auch in diesen Fällen grundsätzlich eine Schätzung zuzulassen. Das Gleiche gilt, wenn sich der Mieter geweigert hat, den Ableser in die Wohnung zu lassen (AG Saarbrücken WuM 2018, 721). Die Messdienstfirma muss einen kostenfreien zweiten Termin ansetzen, wenn der Mieter beim ersten Ablesungsversuch nicht zu Hause gewesen ist (LG München I WuM 2001, 190). Die Schätzung ist also erst zulässig, wenn der Mieter auch den zweiten Termin nicht wahrgenommen hat.

Kein zwingender Grund, der eine Schätzung rechtfertigen würde, liegt vor, wenn einzelne Räume aus technischen oder wirtschaftlichen Gründen nicht mit Heizkostenverteilern ausgestattet werden. In diesen Fällen schreibt die Heizkostenverordnung überhaupt keine verbrauchsabhängige Abrechnung vor (LG Hamburg WuM 92, 490). Auch nicht geschätzt werden darf, wenn der Vermieter es versäumt hat, die Wohnung mit Messgeräten auszustatten (LG Berlin DWW 97, 151). In diesen Fällen müsste fortlaufend – nicht nur für eine Abrechnungsperiode –

geschätzt werden; derartige Dauerschätzungen sieht aber die Heizkostenverordnung gerade nicht vor. Zwei verschiedene Schätz- oder Ermittlungsverfahren sieht der Gesetzgeber vor:

1. Der (abgelesene) Verbrauch der betreffenden Räume in früheren, witterungsmäßig vergleichbaren Abrechnungsperioden wird herangezogen. Die Heizkostenverordnung sieht vor, dass zum Vergleich auch auf einen kürzeren Zeitraum als ein ganzes Abrechnungsjahr abgestellt werden kann. Voraussetzung ist aber, dass die Schätzung zu angemessenen Ergebnissen führt.

2. Es wird auf den Verbrauch vergleichbarer anderer Räume innerhalb der aktuellen Abrechnungsperiode abgestellt.

Ist z.B. im Badezimmer der Heizkostenverteiler ausgefallen, gibt es zwei Möglichkeiten: Der Vermieter kann den Durchschnittsverbrauch aus den vorangegangenen Abrechnungsperioden für diesen Raum ansetzen oder den Durchschnittsverbrauch der Nachbarn mit gleich großen Badezimmern in dem betroffenen Abrechnungszeitraum. Der Vermieter darf die Schätzung auch anhand des Verbrauchs von Räumen vornehmen, die in anderen Gebäuden liegen. Voraussetzung ist, dass diese Räume mit dem betroffenen Raum vergleichbar sind, beispielsweise nach Bausubstanz, Konstruktion, Lage, Größe und Nutzungsart **(BGH WuM 2022, 34)**.

3. Darüber hinaus darf zur Schätzung auch der Durchschnittsverbrauch im Haus angesetzt werden. Andere Schätzverfahren sind nicht zulässig. Der Vermieter darf z.B. nicht einfach ortsübliche Durchschnittskosten für die Beheizung zugrunde legen **(BGH WuM 2007, 700)**.

Damit nicht irgendwann der Verbrauch des gesamten Mietshauses geschätzt wird, enthält die Heizkostenverordnung eine Grenze, bis zu der die »Verbrauchsermittlung« zulässig ist. Geschätzt werden darf, wenn höchstens 25% der Wohn- und Nutzfläche betroffen sind. Der Mieter darf dann nicht vom Kürzungsrecht Gebrauch machen **(BGH WuM 2005, 776)**. Kann hingegen mehr als 25% der Wohn- und Nutzfläche nicht abgelesen werden, darf der Verbrauch nicht mehr geschätzt werden, der Vermieter muss ausschließlich nach festen Maßstäben, also z.B. nach Quadratmetern, abrechnen (LG Hamburg GE 2019, 660). Mieter können in einem derartigen Fall 15% von ihrer Heizkostenabrechnung abziehen (AG Köln WuM 97, 273; vgl. S.251 – Kürzungsrecht).

Achtung: Der BGH hat entschieden, dass die Abrechnung keine Angaben zu einer Schätzung enthalten muss **(BGH WuM 2015, 32)**. Wenn Verbrauchswerte überhöht erscheinen, sollte der Mieter nachfragen, ob sie geschätzt wurden. Dann muss zunächst geklärt werden, ob die

Schätzung zulässig war. Trifft das zu, muss der Vermieter mitteilen, wie die Schätzwerte zustande gekommen sind **(BGH WuM 2016, 658)**.

Mieterwechsel
Zieht ein Mieter während der Abrechnungsperiode aus, müssen die Heiz- und Warmwasserkosten der laufenden Abrechnungsperiode auf den ein- und ausziehenden Mieter verteilt werden. Nach der Heizkostenverordnung ist dabei zwischen den verbrauchsunabhängig und den verbrauchsabhängig abgerechneten Kosten zu unterscheiden:

Der **verbrauchsunabhängige** Kostenanteil (Festkosten) kann entweder zeitanteilig oder nach der Gradtagszahlentabelle auf ein- und ausziehende Mieter verteilt werden.

Ausnahme: Warmwasser. Hier ist nur die zeitanteilige Aufteilung möglich.

Zeitanteilig bedeutet, dass allein auf die Wohndauer abgestellt wird. Beträgt der verbrauchsunabhängige Kostenanteil beispielsweise 1200 Euro für die betreffende Wohnung, muss der ausziehende Mieter, der 7 Monate in der Wohnung gelebt hat, $\frac{7}{12}$ = 700 Euro zahlen, der einziehende Mieter $\frac{5}{12}$ = 500 Euro.

In der Gradtagszahlentabelle sind langjährige Erfahrungswerte (20-jährige Mittel) für den einzelnen Monatsverbrauch im Verhältnis zum Jahresgesamtverbrauch festgelegt. Hierzu ist jeder Monat mit einer bestimmten Zahl bewertet worden, die umso höher ist, je mehr Heizkosten erfahrungsgemäß in diesem Monat anfallen.

Gradtagszahlentabelle

Monat	Promille-Anteile je Monat
September	30
Oktober	80
November	120
Dezember	160
Januar	170
Februar	150
März	130
April	80
Mai	40
Juni, Juli, August (zusammen)	40

Hat hier der ausziehende Mieter von September bis März (7 Monate) in der Wohnung gelebt, muss er von den 1200 Euro Festkosten 840 Promille zahlen, d.h. 1008 Euro, der einziehende Mieter für die »warmen« Monate April bis August 160 Promille, d.h. 192 Euro.

Der **verbrauchsabhängige** Kostenanteil muss grundsätzlich per Zwischenablesung ermittelt werden. Das bedeutet, dass die Heizkostenverteiler nicht nur am Ende der Abrechnungsperiode, sondern auch zum Zeitpunkt des Mieterwechsels abgelesen werden müssen. In der Heizkostenabrechnung des ausziehenden Mieters tauchen dann die Verbrauchseinheiten bis zum Zeitpunkt der Zwischenablesung auf, in der Abrechnung des einziehenden Mieters die restlichen, bis zum Ende der Abrechnungsperiode angefallenen Einheiten.

Wichtig: Zwischenablesung bedeutet nicht Zwischenabrechnung. Der ausziehende Mieter hat also keinen Anspruch darauf, dass er unmittelbar nach seinem Auszug eine gesonderte Zwischenabrechnung bekommt (AG Neuss WuM 91, 547). Er muss warten, bis die reguläre Heizkostenabrechnung für alle Mieter im Haus erstellt wird.

Für die Zwischenablesung berechnen die Abrechnungsfirmen üblicherweise zusätzliche Kosten. Der BGH hat entschieden, dass der Vermieter diese Kosten selbst tragen muss, wenn nichts anderes vereinbart ist **(BGH WuM 2008, 85)**.

Ist die Zwischenablesung aus technischen Gründen nicht möglich, z.B. weil die »Verdunster« bei einem Mieterwechsel direkt am Anfang bzw. am Ende der Abrechnungsperiode keine vernünftigen (Zwischen-)Ablesewerte anzeigen, muss – wie beim verbrauchsunabhängigen Kostenanteil – entweder zeitanteilig oder nach der Gradtagszahlentabelle abgerechnet werden (AG Rheine WuM 95, 121).

Wichtig: Ganz anders liegen die Probleme bei einem Mieterwechsel in einem Einfamilienhaus. Hier stellt sich häufig die Frage, was mit dem gekauften, aber noch nicht verbrauchten Heizöl passieren soll. Nach Auffassung des LG Freiburg (WuM 82, 206) und des AG Weinheim (WuM 87, 221) muss der Vermieter den Rest des vom Mieter beschafften Heizöls gegen Kostenerstattung übernehmen, d.h. zum Tageswert kaufen.

Nutzergruppen

Die Heizkosten können nicht einheitlich auf die Mieter verteilt werden, wenn im Haus oder in der Abrechnungseinheit unterschiedliche Messgeräte verwendet werden. Sind z.B. einige Räume mit Heizkostenverteilern, andere mit Wärmezählern ausgestattet, lassen sich die Verbrauchswerte nicht miteinander vergleichen. Die Heizkostenverordnung schreibt für diesen Fall eine Voraufteilung der Kosten vor. Es müssen sogenannte Nutzergruppen gebildet werden.

Der Vermieter kann eine getrennte Berechnung auch aus anderen Gründen durchführen. Das liegt in seinem Ermessen. Benötigen gewerbliche Betriebe aber erheblich mehr Heizenergie als die Wohnungsmieter, ist eine Aufteilung vorzunehmen (LG Berlin GE 90, 1035).

Der Verbrauch für jede Gruppe ist getrennt zu erfassen. Dazu muss für jede Nutzergruppe ein eigener Wärmezähler installiert sein. Die Verbrauchswerte einer Nutzergruppe dürfen nicht dadurch ermittelt werden, dass der Verbrauch einer anderen Gruppe gemessen und vom Gesamtverbrauch des Hauses abgezogen wird **(BGH WuM 2008, 556)**. Beachtet der Vermieter das nicht, kann der Mieter die ihm berechneten Heizkosten um 15% kürzen **(BGH WuM 2016, 174)**. Eine Ausnahme besteht, wenn die nachträgliche Installation eines Wärmezählers nur mit unverhältnismäßig hohen Kosten möglich ist.

Kürzungsrecht

Nach der Heizkostenverordnung muss der Vermieter grundsätzlich verbrauchsabhängig abrechnen.

Kürzungsrecht von 15%: Weigert sich der Vermieter, können die Mieter ihn zwingen, notfalls per Gerichtsbeschluss, aber erst für die Zukunft. Außerdem haben sie das Recht, von den Heizkosten, die sie laut Vermieterabrechnung zahlen sollen, 15% abzuziehen.

Dieses 15%ige Kürzungsrecht steht dem Mieter immer zu, wenn entgegen den Vorschriften der Heizkostenverordnung nicht verbrauchsabhängig abgerechnet wird. Als Beispielfälle können gelten:

- Heizkörper in der Wohnung sind bei Erstbezug noch nicht mit Heizkostenverteilern ausgerüstet (LG Berlin DWW 97, 152).

- Der Vermieter weigert sich, die Wohnung oder einzelne Räume mit Erfassungsgeräten auszustatten. Das Kürzungsrecht besteht, wenn in nur einem Zimmer der Wohnung die Heizkosten nicht erfasst werden (LG Berlin ZMR 2003, 679). Das ist jedoch mit der Einschränkung verbunden, dass die Ausrüstung mit Messgeräten zu angemessenen Kosten technisch möglich gewesen wäre.

- Der Vermieter lässt die Erfassungsgeräte nicht ordnungsgemäß ablesen.

- Wegen Geräteausfalls oder aus anderen zwingenden Gründen müssen mehr als 25% der Gesamtwohnfläche des Hauses geschätzt werden.

■ Entgegen den Vorschriften der Heizkostenverordnung ist bei einem Mieterwechsel keine Zwischenablesung durchgeführt worden, obwohl technisch möglich und vertraglich nicht ausgeschlossen (LG Hamburg GE 89, 153).

■ Die Verbrauchsanzeige des Erfassungssystems ist wegen Fehlinstallierungen, Falschmontagen (AG Jülich WuM 87, 397) oder Batterieausfalls unbrauchbar (AG Köln WuM 98, 320). Ist der Verbrauch jedoch zulässigerweise geschätzt worden (höchstens 25% der Gesamtwohnfläche dürfen betroffen sein), darf der Mieter nicht auf das Kürzungsrecht zurückgreifen **(BGH WuM 2005, 776)**.

Wird die Heizkostenabrechnung nicht nach dem tatsächlichen Verbrauch erstellt, muss der Mieter auch keine Kosten für die Verbrauchserfassung zahlen (LG Hannover WuM 91, 540).

Kürzungsrecht von 3%: Dem Mieter steht zusätzlich zu dem Kürzungsrecht von 15% ein weiteres Recht zur Kürzung der Heiz- und Warmwasserkosten in Höhe von jeweils 3% in folgenden Fällen zu:

■ Der Vermieter hat entgegen den Vorschriften der Heizkostenverordnung noch keine fernablesbaren Messgeräte angebracht (spätestens bis Ende 2026) ⇨ HEIZKOSTENVERTEILER UND WÄRMEZÄHLER.

■ Der Vermieter hat dem Mieter keine monatlichen Verbrauchsinformationen mitgeteilt, obwohl in den Wohnungen bereits fernablesbare Geräte installiert sind ⇨ HEIZKOSTEN – »i) Kosten der Abrechnungs- und Verbrauchsinformationen«.

■ Der Vermieter hat die nach der Heizkostenverordnung vorgeschriebenen zusätzlichen Informationen zur Heizkostenabrechnung nicht vollständig mitgeteilt ⇨ HEIZKOSTEN – »Wie muss die Abrechnung aussehen?«

Dem Mieter kann neben dem Kürzungsrecht auch Schadensersatz zustehen **(BGH WuM 2007, 700)**. Ein Mieter, der besonders sparsam ist, kann geltend machen, dass er bei einer Verteilung nach Wohnfläche trotz Kürzungsrechts mehr Heizkosten zahlen muss als bei einer Abrechnung nach Verbrauch. Voraussetzung ist, dass der Vermieter oder seine Messdienstfirma Schuld daran hat, dass nicht nach Verbrauch abgerechnet werden kann.

Lagenachteil

Mieter, deren Wohnungen direkt unter dem Dach, über Durchfahrten oder Garagen liegen oder deren Wohnungen einen größeren Außenwandanteil haben, müssen jeden Winter mehr heizen als ihre Nachbarn (sogenannter Lagenachteil). Nach einem Urteil des AG Neuss (WuM 87; 229) müssen die höheren Heizkosten ohne weiteres vom Mieter gezahlt werden.

In einem gewissen Maß berücksichtigt die Heizkostenverordnung, dass die Wohnungen einen unterschiedlichen Wärmebedarf haben. Dies ist einer der Gründe, weshalb nicht sämtliche Heizkosten nach dem Verbrauch verteilt werden. Ein Teil der Heizkosten wird nach einem festen Maßstab, zumeist nach Quadratmetern, verteilt. Dadurch werden Lagenachteile teilweise ausgeglichen.

Rohrwärme
In vielen Altbauwohnungen sind in den Wohnungen ungedämmte Heizungsrohre auf den Wänden verlegt. Betroffen sind vor allem die östlichen Bundesländer. Die freiliegenden Rohre können einen erheblichen Teil der benötigten Wärme abgeben. Die Heizkörper müssen deshalb gar nicht oder nur wenig angestellt werden. Der Verbrauch wird durch die Heizkostenverteiler, die an den Heizkörpern angebracht sind, nicht erfasst. Es kann bei der Kostenbelastung zu erheblichen Verschiebungen innerhalb der Hausgemeinschaft kommen. Mieter mit einem hohen Verbrauch werden benachteiligt. Sie müssen einen größeren Anteil an den Heizkosten tragen, als sie tatsächlich verbraucht haben. Mieter, die mit der Heizenergie sparsam umgehen, zahlen hingegen weniger, als sie eigentlich müssten. Das Problem entsteht vor allem bei Einrohrheizungen mit elektronischen Heizkostenverteilern an den Heizkörpern.

Die Rohrwärme kann verringert werden, indem die freiliegenden Rohre gedämmt werden oder die Vorlauftemperatur der Heizungsanlage zurückgefahren wird. Die Heizkostenverordnung sieht eine Lösung vor, um die Ungerechtigkeiten bei der Kostenverteilung auszugleichen. Sie verweist auf die anerkannten Regeln der Technik. Der VDI (Verein Deutscher Ingenieure) hat mehrere Verfahren ausgearbeitet, um die Rohrwärmeabgabe bei der Kostenverteilung zu berücksichtigen. Diese sind wiedergegeben in »VDI 2077 – Beiblatt Verfahren zur Berücksichtigung der Rohrwärme«. Der BGH hat dieses Verfahren »abgesegnet« **(BGH WuM 2015, 423)**.

Die Heizkostenverordnung bestimmt, dass der Vermieter diese Regeln anwenden »kann« (§ 7 Abs. 1 S. 3 HeizkV). Die Gerichte haben aber entschieden, dass die Heizkostenabrechnung zwingend zu korrigieren ist, wenn ein Mieter wegen der Rohrwärme mit überhöhten Kosten belastet wird (LG Siegen WuM 2015, 433; LG Leipzig WuM 2014, 30; LG Neubrandenburg WuM 2013, 541).

Probleme mit einer hohen Rohrwärme können sich nicht nur ergeben, wenn die Heizungsrohre über Putz verlegt und ungedämmt sind, sondern auch, wenn sie in der Wand oder im Estrich verlaufen. Der BGH hat aber entschieden, dass das VDI-Verfahren nur anzuwenden ist, wenn die Leitungen sichtbar auf den Wänden verlaufen **(BGH WuM 2017, 320)**.

In einigen Häusern geben die Heizungsrohre so viel Wärme ab, dass die üblichen Raumtemperaturen überschritten werden oder einige Mieter sogar zwangsweise lüften müssen, um die überschüssige Wärme loszuwerden. Dann hat die Abrechnung der Heizkosten nach Verbrauch keinen Sinn. Die Heizkosten sind komplett nach Wohnfläche zu verteilen (AG Hersbruck WuM 2018, 30). Der Vermieter muss aber seine Heizungsanlage in Ordnung bringen und die Vorlauftemperaturen herabsetzen, damit nicht unnötig Energie verschwendet wird und die Kosten künftig wieder nach Verbrauch abgerechnet werden können.

Wer im Gebäude freiliegende Heizungsrohre hat und mit hohen Heizkosten belastet wird, sollte die Abrechnung vom Mieterverein prüfen lassen.

Heizkostenverteiler und Wärmezähler

Zur Durchführung der Verbrauchsabrechnung sind Erfassungsgeräte notwendig. Zulässig sind eichpflichtige Wärmezähler ➾ EICHPFLICHT und Heizkostenverteiler, für die als europäische Norm die EN 834 und EN 835 gelten.

Wärmezähler
Bei der verbrauchsabhängigen Heizkostenabrechnung muss festgestellt werden, wie viel Wärme an die jeweilige Wohnung von der Heizungsanlage abgegeben wurde. Wärmezähler bestimmen diese Wärmeabgabe, indem sie die durch die Heizungsanlage geflossene Wassermenge und die Temperatur messen. Gemessen wird die Temperatur des Heizwassers bei Wohnungseintritt und -austritt. Mit diesen Daten lässt sich dann die Wärmeabgabe in Kilowattstunden angeben bzw. berechnen. Die so funktionierenden Wärmezähler sind eichpflichtig und müssen regelmäßig nachgeeicht werden. Wärmezähler sind relativ teuer und werden deshalb nur selten verwandt. Bei bestimmten Heizungstypen – Fußbodenheizung, Deckenstrahlungsheizung, klappengesteuerte Heizkörper, Einrohrheizung mit Profilrohren – muss, wenn überhaupt, zur Wärmeerfassung aber auf die Wärmezähler zurückgegriffen werden, die Heizkostenverteiler sind hier nicht geeignet und nicht zulässig.

Fehlerquellen bei Wärmezählern: Es ist darauf zu achten, dass die ➾ EICHPFLICHT erfüllt ist. Das Jahr der letzten Eichung ist auf dem

Zähler angegeben. »M23« bedeutet z.B., dass das Gerät im Jahr 2023 zuletzt geeicht wurde. Fehlerhafte Messwerte können sich auch ergeben, wenn ein Gerät nicht korrekt eingebaut wurde. Ein Wärmezähler muss entsprechend der Durchflussrichtung installiert sein. Einer der beiden Temperaturfühler ist im Vorlauf, der andere im Rücklauf der Heizungsanlage anzubringen. Sie müssen eine ausreichende Eintauchtiefe haben. Das Volumenmessteil muss sich in demselben Heizkreis befinden wie der Vorlauftemperaturfühler. Ein Wärmezähler darf für seinen Einsatzzweck nicht zu groß bemessen sein, weil das die Messgenauigkeit verschlechtert.

Heizkostenverteiler nach dem Verdunstungsprinzip
Bei diesen Geräten wird die Wärmeabgabe eines jeden Heizkörpers erfasst. Die Heizkostenverteiler sind direkt am Heizkörper befestigt (geschraubt oder geklebt). Die Temperatur des Heizkörpers wird auf ein in dem Heizkostenverteiler befindliches offenes Glasröhrchen mit einer Spezialflüssigkeit übertragen. Diese farbige Messflüssigkeit verdunstet entsprechend der Temperatur und der Benutzungszeit. Die verdunstete Flüssigkeitsmenge wird einmal jährlich auf einer Skala abgelesen. Die Röhrchen werden dann ausgewechselt und durch neue ersetzt. Häufig wird das alte Röhrchen zu Beweiszwecken neben das neue geklemmt und vorher verschlossen, damit keine Flüssigkeit mehr verdunstet. Die Farbe der Flüssigkeit wird jedes Jahr gewechselt, damit es nicht so leicht zu Verwechslungen kommt. Damit lässt sich auch leichter erkennen, ob das Röhrchen bei der letzten Ablesung ausgewechselt wurde.

Heizkostenverteiler zeigen nicht physikalische Messeinheiten, sondern einen Verhältniswert an. Damit wird der Benutzungsgrad jedes einzelnen Heizkörpers im Vergleich zur Gesamtanlage registriert. Deshalb spricht man hier auch von einem sogenannten »Messhilfsverfahren«. Problematisch sind die »Verdunstungsröhrchen«, weil sie auch eine hohe Raumerwärmung durch andere Wärmequellen registrieren und somit das Messergebnis verfälscht wird. Beispiel: Die Sonne scheint direkt auf die Messröhrchen (LG Hamburg WuM 84, 136). So verdunstet auch im Sommer Messflüssigkeit. Die Messröhrchen werden aus diesem Grund von den Herstellern »überfüllt«, die sogenannte Kaltverdunstungsvorgabe. Trotz verschiedener Bedenken gegen die Tauglichkeit der Heizkostenverteiler nach dem Verdunstungsprinzip sind sie nach der Rechtsprechung grundsätzlich zulässig (**BGH WuM 86, 214**; OLG Schleswig WuM 86, 346).

Wichtig: Diese Heizkostenverteiler dürfen nicht mehr eingebaut werden. Vorhandene Verdunstungsgeräte muss der Vermieter bis spätestens Ende 2026 durch fernablesbare Wärmezähler oder elektronische Heizkostenverteiler ersetzen lassen.

Elektronische Heizkostenverteiler
Heizkostenverteiler mit elektronischer Energieversorgung messen im Gegensatz zu Wärmezählern nicht unmittelbar den Verbrauch. Die Heizkosten eines Mieters ergeben sich aus dem Verhältnis der für seine Wohnung erfassten Verbrauchswerte zu den Gesamtwerten aller Mieter im Haus. Wegen der geringeren Kosten werden diese Geräte wesentlich häufiger eingesetzt als Wärmezähler.

Es gibt Geräte mit einem und mit zwei Temperaturfühlern. Ein Einfühlergerät misst nur die Heizkörpertemperatur und legt eine konstante Raumtemperatur von 20 °C oder 21 °C zugrunde. Ein Zweifühlergerät ist mit zwei Temperatursensoren ausgestattet. Ein Sensor erfasst die Temperatur des Heizkörpers, der zweite die Raumtemperatur. Aus der Differenz beider Temperaturen berechnet das Gerät laufend den Verbrauchswert.

Elektronische Heizkostenverteiler mit einem Zweifühlersystem können für alle Arten von Heizungsanlagen eingesetzt werden. Demnach sind sie auch für Einrohrheizungen zugelassen (LG München I MietRB 2014, 211).

Besondere Probleme können sich in älteren Gebäuden ergeben, wenn die in den Wohnungen verlaufenden Heizungsrohre freiliegen und nicht gedämmt sind. Hohe Heizkosten einzelner Mieter können ihre Ursache darin haben, dass die Wärmeabgabe dieser Rohre das Ergebnis der Heizkostenabrechnung verfälscht ⇨ HEIZKOSTENABRECHNUNG IN BESONDEREN FÄLLEN – Rohrwärme.

Pflicht zu fernablesbaren Erfassungsgeräten: Die Heizkostenverordnung bestimmt, dass neu installierte Erfassungsgeräte fernablesbar sein müssen. Lässt der Vermieter die Ausstattung zur Verbrauchserfassung im gesamten Haus ersetzen, haben die neu installierten Geräte diese Anforderungen zu erfüllen. Vorhandene Wärmezähler und elektronische Heizkostenverteiler ohne Funktechnik sind bis Ende 2026 durch fernablesbare Geräte zu ersetzen.

Eine Ausnahme besteht, wenn die Nachrüstung wegen besonderer Umstände technisch unmöglich ist oder mit einem unangemessenen Aufwand verbunden wäre. Das kann z. B. zutreffen, wenn die drahtlose Übertragung im Haus nicht funktioniert und erst zusätzliche Maßnahmen wie eine Verkabelung durchgeführt werden müssten.

Seit dem 1.12.2022 gilt: Neu eingebaute Geräte müssen interoperabel sein. Das heißt, sie müssen für alle Messdienstfirmen ablesbar sein. Diese Regelung soll dem Vermieter den Wechsel zu einem anderen – womöglich kostengünstigeren – Abrechnungsunternehmen erleichtern. Außerdem müssen fernablesbare Erfassungsgeräte an ein zertifiziertes Smart-Meter-Gateway anschließbar sein. Das ist eine integrierte Kommunikationseinheit, die die Messdaten empfängt, speichert und aufbereitet. Vorhandene fernablesbare Geräte, die diesen Vorgaben nicht genügen, sind bis Ende 2031 nachzurüsten.

Der Mieter muss die Installation der neuen Geräte gestatten. Den Einwand, dass die Funkwellen gesundheitsschädlich seien, hat der BGH nicht gelten lassen **(BGH WuM 2011, 625)**.

Nach dem Erwerb und dem erstmaligen Einbau fernablesbarer Geräte kann der Vermieter eine Mieterhöhung wegen ⇨ MODERNISIERUNG verlangen. Stattdessen kann er die Geräte auch anmieten. Eine Umlage der Anmietungskosten ist aber nur unter bestimmten Voraussetzungen zulässig (siehe dazu S. 259 – Wer bezahlt die Geräte?).

Die Speicherung, Übermittlung und Nutzung von Energieverbrauchswerten unterliegen dem ⇨ DATENSCHUTZ (AG Karlsruhe GE 2008, 1269). Beim Einsatz von Messgeräten mit Funktechnik ist hierauf besonders zu achten. Die Verbrauchswerte dürfen nur zweckbezogen verwendet werden. Es ist z. B. unzulässig, sie beim Streit um Feuchtigkeitsschäden heranzuziehen, um das Heizverhalten des Mieters zu bewerten.

Fehlerquellen bei Heizkostenverteilern

Heizkostenverteiler zeigen falsche Verbrauchswerte an, wenn bei der Installation Fehler unterlaufen sind. Das gilt sowohl für elektronische Geräte als auch für Verdunstungsröhrchen.

■ Falscher Bewertungsfaktor

Die Anzahl der Einheiten, die ein Heizkostenverteiler anzeigt, wird bestimmt von Heizkörpertemperatur und Dauer der Temperatureinwirkung im Abrechnungsjahr. Der registrierte Verbrauchswert muss jedoch noch zusätzlich bewertet werden, damit sich korrekte Werte ergeben. Die abgegebene Wärmemenge hängt von der Größe und der Bauart des Heizkörpers ab (Heizkörperleistung, KQ-Wert). Außerdem ist von Bedeutung, wie gut die Wärme von dem Heizkörper auf den Heizkostenverteiler übertragen wird (Wärmeübergangswert, KC-Wert). Beide Werte bilden zusammen den Bewertungsfaktor, der bei dem Einbau des Geräts zu ermitteln ist.

Heizkostenverteiler gibt es mit einer Einheits- oder mit einer Produktskala. Bei einer Einheitsskala ist jeder Heizkostenverteiler mit der gleichen Skalierung ausgestattet. Der erfasste Verbrauchswert wird im Nachhinein mit dem Bewertungsfaktor multipliziert und in der Heizkostenabrechnung für jedes Gerät in der Wohnung angegeben.

Ist der Heizkostenverteiler mit einer Produktskala ausgestattet, entfällt eine nachträgliche Umrechnung. Der Bewertungsfaktor ist bei elektronischen Heizkostenverteilern im Gerät einprogrammiert. Die angezeigten Einheiten entsprechen den endgültig in der Heizkostenabrechnung wiedergegebenen Verbrauchswerten.

Die Fehlerquellen bei der Bestimmung des Bewertungsfaktors sind für Geräte mit Einheits- und Produktskala identisch. Jedes Gerät muss genau auf den jeweiligen Heizkörper abgestimmt sein. Es gibt Tausende von verschiedenen Heizkörpern. Wird der Heizkörper falsch identifiziert, stimmt die zugrunde gelegte Heizleistung womöglich nicht, und es ergeben sich fehlerhafte Verbrauchsanzeigen.

Diese Fehler können praktisch nur Fachleute erkennen. In einigen Fällen ist eine falsche Bewertung jedoch naheliegend. Nach dem Austausch eines Heizkörpers muss der Bewertungsfaktor neu bestimmt werden. Ist das unterblieben, gibt das Anlass für eine Überprüfung. Auch wenn unterschiedlich große, von der Bauart identische Heizkörper denselben Bewertungsfaktor haben, spricht das für einen Bewertungsfehler. Da sich jeder Bewertungsfehler unmittelbar auf die Heizkostenabrechnung auswirkt, müssen solche Abrechnungen nicht akzeptiert werden (LG Hamburg WuM 88, 64).

■ Falscher Montagepunkt

Befestigungsort, Befestigungshöhe und Art der Befestigung sind genau vorgeschrieben. Einzelheiten sind in europaweit geltenden DIN-Vorschriften festgelegt (DIN EN 834 und 835). Heizkostenverteiler müssen in der Mitte des Heizkörpers in 66 % bis 80 % der Bauhöhe des Heizkörpers, also im oberen Drittel, befestigt sein. In der Regel sind sie in der Höhe von 75 % zu installieren. Wichtig ist, dass die Heizkostenverteiler in einem Gebäude einheitlich in gleicher Höhe montiert sind. Sind in einem Haus bei den einen Mietern Heizkostenverteiler in 80 % und bei anderen in 75 % Heizkörperbauhöhe angebracht, wird die erste Gruppe deutlich benachteiligt. Für kleine Heizkörper und Sonderbauformen, etwa Handtuchheizkörper, gelten Sonderregeln. Bei sehr großen Heizkörpern können zwei Heizkostenverteiler erforderlich sein. Dann ist darauf zu achten, dass die Bewertungsfaktoren entsprechend halbiert werden.

Warmwasserzähler

Zur Erfassung des Warmwasserverbrauchs sind Warmwasserzähler zu verwenden. In Mehrfamilienhäusern müssen diese Messgeräte in den einzelnen Wohnungen grundsätzlich installiert sein. Damit soll erreicht werden, dass die Mieter auch beim Warmwasser auf ihren Verbrauch achten. Warmwasserzähler sind eichpflichtig und müssen alle 5 Jahre ausgetauscht werden ⇨ EICHPFLICHT. Vorhandene Geräte müssen bis spätestens Ende 2026 durch fernablesbare ersetzt werden.

Wer bezahlt die Geräte?
Der Vermieter kann ein Erfassungssystem kaufen, er kann die Geräte aber auch mieten. Kauft der Vermieter die Geräte, kann er die Kosten nicht mit den Heizkosten auf die Mieter umlegen.

Will der Vermieter die Geräte anmieten, muss er die Mieter hiervon vorher in Kenntnis setzen. Er muss die Kosten mitteilen, die hierdurch entstehen, und zwar schriftlich. Ein Aushang der Heizkostenverteilerfirma im Hausflur reicht nicht aus (AG Rüdesheim WuM 2008, 265; AG Neuss WuM 95, 46). Sind den Mietern die Kosten zu hoch, können sie innerhalb eines Monats widersprechen. Widerspricht mehr als die Hälfte aller Mieter im Haus, darf der Vermieter die Anmietungskosten nicht auf die Mieter umlegen (§ 4 Abs. 2 HeizkV).

Wichtig: Hat der Vermieter die Mieter vorab nicht über die geplante Anmietung unterrichtet, kann er die Leasing- oder Mietkosten nicht auf die Mieter umlegen (LG Berlin MM 2000, 278; LG Köln WuM 90, 562; AG Neuss WuM 95, 46). Der Vermieter muss diese Kosten dann selbst tragen. Zu Unrecht gezahlte Leasingkosten kann der Mieter zurückfordern (AG Tecklenburg WuM 99, 365).

Hat der Vermieter das vorgeschriebene Verfahren eingehalten, können die Anmietkosten über die Heizkostenabrechnung umgelegt werden (§ 7 Abs. 2 HeizkV). Hat der Vermieter in dem Schreiben nicht auf das Widerspruchsrecht hingewiesen, ist die Kostenumlage ebenfalls unzulässig (sehr streitig, dafür: AG Erfurt 5 C 145/21; dagegen: AG Hamburg WuM 1994, 695). Aber der Vermieter muss auch die Grundsätze der Wirtschaftlichkeit beachten. Überhöhte Kosten für die Messgeräte muss der Mieter nicht zahlen ⇨ HEIZKOSTEN.

Heizperiode

Gesetzliche Regelungen über die Dauer der Heizperiode bestehen nicht. Es kommt in erster Linie auf die vertragliche Vereinbarung an. Bei Fehlen einer entsprechenden Vereinbarung wird als Heizperiode allgemein die Zeit vom 1. Oktober bis 30. April angesehen (KG Berlin ZMR 2008, 790; AG Dortmund ZMR 2015, 453). In einigen Formularmietverträgen wird die Heizperiode aber auch auf den 15. September bis 15. Mai festgelegt.

Heizen außerhalb der Heizperiode
Auch außerhalb der Heizperiode muss bei entsprechenden Außentemperaturen die Beheizung der Wohnung gewährleistet sein, da es dem Mieter nicht zumutbar ist, an kalten Sommertagen zu frieren oder sogar eine Gesundheitsgefährdung zu riskieren (LG Göttingen WuM 89, 366; LG Berlin GE 78, 286). Der Vermieter muss deshalb spätestens dann heizen, wenn die Zimmertemperatur tagsüber auch nur zeitweise unter 18° C sinkt und absehbar ist, dass die kalte Witterung länger als 1 bis 2 Tage anhält. Sinkt die Zimmertemperatur tagsüber gar unter 16° C, muss die Heizung sofort in Betrieb genommen werden; denn hier ist die Grenze zur Gesundheitsgefährdung überschritten. Andere Gerichte stellen auf die Außentemperatur ab. Beträgt sie 3 Tage lang weniger als 12° C, muss der Vermieter die Heizung einschalten (LG Berlin GE 2008, 1198; AG Uelzen WuM 86, 212).

Der Vermieter kann sich bei seiner Entscheidung, ob in den Sommermonaten an kühlen Tagen geheizt werden soll, nicht nach der Mehrheit der Mieter des Hauses richten (AG Köln WuM 86, 136; **a. A.** AG Hamburg ZMR 81, 330).

Heizpflicht

Ist der Vermieter für die Beheizung der Wohnung verantwortlich, muss er durch entsprechende Einstellung der Heizungsanlage dafür sorgen, dass die im Mietvertrag festgelegte Mindesttemperatur gewährleistet ist. Eine Temperatur von 18° C reicht allerdings nicht aus (LG Heidelberg WuM 82, 2). Auch eine vertragliche Regelung, die festlegt, dass eine Mindesttemperatur von 18° C zwischen 8 und 21 Uhr als vertragsgemäß gilt, ist unwirksam (LG Berlin GE 91, 573). Fehlt im Vertrag eine Bestimmung, wird man eine Temperatur von mindestens 20 – 22° C als ausreichend ansehen können (OVG Berlin WuM 81, 68; LG Berlin MM 93, 135; AG Dortmund ZMR 2015, 453).

Der Vermieter ist jedoch nicht verpflichtet, rund um die Uhr diese Durchschnittstemperatur zur Verfügung zu stellen. Er erfüllt seine Verpflichtung, wenn er während der üblichen Tagesstunden (7 bis 23 Uhr bzw. 24 Uhr – AG Hamburg WuM 96, 469) für eine ausreichende Erwärmung sorgt. Daher sollte eine Wohnung mindestens in der Zeit von 6 bis 24 Uhr die Mindesttemperatur haben. In winterlichen Kältezeiten kann der Vermieter verpflichtet sein, die Heizung durchgehend, also auch nachts, in Betrieb zu halten (AG Springe WuM 80, 40; AG Köln WuM 80,

278, wonach zwischen 23 Uhr und 7 Uhr eine Temperatur von 17° C einzuhalten ist). 18° C müssen nachts trotz Absenkung erreicht werden (LG Berlin NZM 99, 1039). Das muss auch für Mietverträge ohne festgesetzte tägliche Beheizungsdauer gelten.

Ansprüche des Mieters

Wird die Heizung nicht in Betrieb genommen oder wird nur unzureichend geheizt, kann u. U. die Miete gemindert werden (⇨ MIETMINDERUNG); denn dann ist die Wohnung nicht in vertragsgemäßem Zustand (OLG Frankfurt WuM 72, 42).

Die Höhe der Mietminderung muss in jedem Einzelfall festgesetzt werden. Die folgenden Angaben stellen daher nur Anhaltspunkte dar.

0 Prozent:	AG Wiesbaden WuM 90, 71 (bei einem Ausfall der Heizung in den warmen Sommermonaten); AG Münster WuM 84, 198 (wenn sich die notwendigen Raumtemperaturen mit voll aufgedrehten Thermostatventilen erreichen lassen);
5 Prozent:	LG Berlin WuM 2012, 670 (bei einer Zimmertemperatur von 18–19° C);
20 Prozent:	AG Köln WuM 78, 189 (bei einer Zimmertemperatur von 16–18° C);
30 Prozent:	AG Görlitz WuM 98, 180 (bei Raumtemperaturen von 16°–18° C im Winter);
50 Prozent:	LG Kassel WuM 87, 271 (bei Heizungsausfall im Winter ohne nähere Angabe über die durchschnittliche Zimmertemperatur);
75 Prozent:	LG Berlin GE 93, 263 (bei fehlender Beheizbarkeit der Wohnung während der Heizperiode);
100 Prozent:	LG Hamburg WuM 76, 10 (bei totalem Heizungsausfall während der Heizperiode).

Kommt der Vermieter nach ⇨ ABMAHNUNG durch den Mieter seiner Verpflichtung zur ordnungsgemäßen Beheizung der Räume nicht nach, kann der Mieter u. U. auch Schadensersatz verlangen. So kann der Mieter bei zu geringer Beheizung vom Vermieter die Kosten für die Anschaffung eines elektrischen Heizofens und die Erstattung der Kosten des Stromverbrauchs für ca. 12 Stunden täglich verlangen (LG Frankfurt ZMR 57, 152). In Ausnahmefällen kann der Mieter, der auch tagsüber beruflich auf seine Wohnung angewiesen ist, sogar Ersatzräume anmieten und die Kosten dem Vermieter auferlegen.

Mangelhafte Beheizung kann den Mieter zur ⇨ FRISTLOSEN KÜNDIGUNG berechtigen (OLG München ZMR 59, 233; LG Landshut WuM 89, 175; LG Köln WuM 80, 17; AG Waldbröl WuM 86, 337).

Sonstige Mängel
Auch wenn die Heizung ständig rauscht und knackt, liegt ein Mangel vor. Das LG Hannover (WuM 94, 463) und das AG Hamburg (WuM 87, 271) halten eine Mietminderung von 10% für angemessen. Außerdem kann natürlich vom Vermieter Beseitigung der Geräusche verlangt werden (AG Hamburg WuM 87, 382).

Ist die Heizungsanlage veraltet oder überdimensioniert, d. h. zu groß, wird unnötig viel Heizenergie verbraucht. Der Betrieb einer solchen Anlage könnte ein Verstoß gegen den Grundsatz der Wirtschaftlichkeit (⇨ BETRIEBSKOSTEN) sein. Der BGH hat unverständlicherweise entschieden, dass der Vermieter eine unwirtschaftlich arbeitende, aber noch funktionstüchtige Heizungsanlage nicht zu modernisieren braucht **(BGH WuM 2007, 700)**. In solchen Fällen darf der Mieter deshalb nicht die Heizkostenabrechnung kürzen (LG Köln WuM 89, 310). Eine Pflicht zur Heizungsmodernisierung kann sich jedoch aus dem ⇨ GEBÄUDEENERGIEGESETZ ergeben. Es verpflichtet den Hauseigentümer, alte Heizkessel zu ersetzen. Neu installierte Heizungen müssen seit dem 1.1.2024 mit einem Anteil von mind. 65% mit ⇨ ERNEUERBAREN ENERGIEN betrieben werden können.

Pflichten des Mieters
Für den Mieter besteht keine Heizpflicht. Er kann auf die Beheizung seiner Räume verzichten, solange er dafür sorgt, dass keine Schäden (Einfrieren im Winter oder durch ⇨ FEUCHTIGKEIT) am Mietobjekt eintreten können (AG Steinfurt WuM 81, 230; AG Nürnberg WuM 84, 109).

Soweit vertraglich vereinbart, muss der Mieter die monatlichen Heizkostenvorauszahlungen und nach Vorlage der Gesamtkostenabrechnung eine evtl. Nachzahlung leisten. Zahlt der Mieter die Heizkosten nicht, ist der Vermieter jedoch nicht berechtigt, die Heizung abzustellen. Vielmehr ist er gehalten, die Heizkosten einzuklagen (AG Landau WuM 86, 341).

Heizspiegel

Der Deutsche Mieterbund hat 1998 gemeinsam mit dem Bundesumweltamt und CO_2 Online Gemeinnützige GmbH ein Pilotprojekt »Kommunale Heizspiegel« gestartet. In den Heizspiegeln werden die Durchschnittsverbräuche und Durchschnittskosten vor Ort detailliert aufgelistet. Heizspiegel gibt es mittlerweile in vielen Städten. Seit Jahren gibt es außerdem den bundesweiten Heizspiegel, in dem Zahlen und Daten für ganz Deutschland zusammengefasst sind.

Mithilfe der Heizspiegel soll Transparenz über Heizenergieverbräuche und Heizkosten geschaffen werden. Deshalb sind in den örtlichen Heizspiegeln die flächenbezogenen Durchschnittswerte und Obergrenzen des Heizenergieverbrauchs und der Heizkosten für die Gemeinde wiedergegeben. In den Heizspiegeln werden – getrennt nach Erdgas, Heizöl, Fernwärme und Wärmepumpe – vier Verbrauchskategorien gebildet:

- niedrig,
- mittel,
- erhöht,
- sehr hoch.

Mieter und Eigentümer können so ablesen und überprüfen, wie der Verbrauch in ihrem Objekt einzustufen ist. Vor allem in Gebäuden mit dem Verbrauch »sehr hoch« rechnen sich Investitionen für Mieter und Vermieter. Für Mieter sind hier die einzusparenden Heizkosten größer als die Mehrkosten, die für eine Mieterhöhung wegen ⇨ MODERNISIERUNG zu zahlen sind. Für Vermieter sind Investitionen durch höhere Mieten finanziert, die Kosten für Instandhaltung und Instandsetzung verringern sich, Vermietbarkeit und Ertragswert des Hauses steigen. Gleichzeitig profitiert auch die Umwelt – Verringerung des CO_2-Ausstoßes – von derartigen Investitionen.

Weitere Informationen über den Mieterverein vor Ort oder auf den DMB-Internetseiten – www.mieterbund.de und unter www.heizspiegel.de.

Heizung

Es gibt verschiedene Möglichkeiten, Räume zu beheizen. Art und Umfang der Versorgung von Räumen, Wohnungen, Gebäuden oder Gebäudekomplexen bestimmen, wie Heizkosten ermittelt und verteilt werden, wer für notwendige Reparaturen einstehen muss.

Einraumheizung (Einzelofenheizung) ⇨ ÖFEN
Hier versorgt ein Heizgerät (z.B. Einzelofen, Heizsonne, Elektrolüfter, Elektro-Nachtstromspeicher) jeweils einen Raum der Wohnung. Temperatureinstellungen sind nur am Gerät möglich. Für die Beheizung ist der Mieter selbst verantwortlich. Er muss sich um die Beschaffung des Brennstoffs kümmern. Bei einer Elektrobeheizung wird dem einzelnen Mieter die Energie durch den jeweiligen Versorgungsbetrieb direkt ins Haus geliefert. Abrechnen muss er dann mit dem Versorgungsbetrieb.

Einige Haushalte werden mit einer Gaseinzelfeuerstätte, z.B. einer Gastherme, beheizt. Auch in diesem Fall rechnet der Mieter die Brennstoffkosten in der Regel mit dem Gaslieferanten ab. Die Kosten für die Wartung, Reinigung und Einstellung der Therme kann der Vermieter als Betriebskosten umlegen. Voraussetzung ist eine entsprechende Vereinbarung im Mietvertrag. Die Kostenumlage ist außerdem möglich, wenn der Mietvertrag eine wirksame Klausel zur ⇨ THERMENWARTUNG enthält.

Treten bei der Einraumheizung bzw. dem Einzelofen Defekte auf, ist der Vermieter für die Behebung der Schäden nur verantwortlich, wenn er die »Heizmöglichkeit« mitvermietet hat, die Öfen also sein Eigentum sind.

Mehrraumheizung
Ein Heizgerät beheizt jeweils mehrere Räume einer Wohnung. Bezüglich Kostentragungs- und Instandsetzungspflicht vgl. oben.

Wohnungsheizung
Hierunter fallen z. B. Etagenheizungen oder Zentralheizungen in Einfamilienhäusern. Alle Räume einer Wohnung oder eines Einfamilienhauses werden dann von einer zentralen Stelle über Wärmeleitungen mit angeschlossenen Heizkörpern beheizt. Auch hier ist der Vermieter regelmäßig für Reparaturarbeiten an der Heizungsanlage zuständig, Kosten der Beheizung trägt normalerweise der Mieter unmittelbar. Temperatureinstellungen erfolgen durch den Mieter.

Etagenheizung
Eine Etagenheizung ist eine Heizung, die die Räume nur einer Wohnung erwärmt. Es kommt dabei nicht darauf an, ob die Heizquelle im Keller oder auf der Etage steht. Da jeder Mieter selbst für seine Heizung aufkommt, gelten die Vorschriften über die verbrauchsabhängige Abrechnung nicht. Die Kosten für die Reinigung und Wartung sind bei einer entsprechenden Vereinbarung vom Mieter als Betriebskosten zu tragen. Ansonsten kann der Vermieter diese Kosten bei einer wirksamen Klausel zur ⇨ THERMENWARTUNG an den Mieter weitergeben. Der Vermieter kann deshalb die Kosten für Reinigung und Wartung der Etagenheizung nur dann vom Mieter ersetzt verlangen, wenn dies im Mietvertrag vereinbart ist (AG Dortmund WuM 83, 325) ⇨ THERMENWARTUNG.

Bei ⇨ MIETERHÖHUNGEN IM RAHMEN DER ORTSÜBLICHEN VERGLEICHSMIETE spielt die Ausstattung einer Wohnung eine wichtige Rolle. Hier wird eine Wohnung, die eine Etagenheizung hat, genauso eingestuft wie eine Wohnung mit Sammelheizung.

Gebäudeheizung
Sämtliche Räume eines Gebäudes werden von einer zentralen Heizstelle über Wärmeträger mit Wärme versorgt. Der Vermieter ist für den ordnungsgemäßen Zustand der Heizung und den Einkauf der Brennstoffe verantwortlich. Die Verteilung der Heizkosten erfolgt nach der Heizkostenverordnung ⇨ HEIZKOSTEN.

Blockheizung
Eine zentrale Feuerstätte versorgt die Wohnungen mehrerer Gebäude (eines Blockes) mit Wärme, wobei die belieferten Gebäude und die Feuerstätte wirtschaftlich eine Einheit bilden. Auch hier ist grundsätzlich der Vermieter für den ordnungsgemäßen Betrieb und den Brennstoffeinkauf zuständig. Die Verteilung der Heizkosten auf die einzelnen Mieter erfolgt nach der Heizkostenverordnung (⇨ HEIZKOSTENABRECHNUNG).

Ist die Heizungsanlage von dem Wohnungsunternehmen (Vermieter) an einen Dritten übertragen worden, ist die Rechtslage komplizierter. Die Verteilung der Heizkosten erfolgt zwar in jedem Fall nach der Heizkostenverordnung, ansonsten – z.B. für die Frage Brennstoffkosten oder Wärmepreis – kommt es aber darauf an, zwischen wem welche Verträge abgeschlossen worden sind (⇨ CONTRACTING).

Fernheizung ⇨ FERNWÄRME ⇨ CONTRACTING
Bei dieser Art der Wärmelieferung werden die Wohnungen mehrerer Gebäudekomplexe, die u.U. zu unterschiedlichen Wirtschaftseinheiten gehören, zentral mit Wärme versorgt. Fernheizungen sind Heizwerke, die Gebäude mit Wärme für die Beheizung und die Warmwasseraufbereitung über ein Verteilungsnetz versorgen.

Die Verteilung der Kosten erfolgt ebenfalls nach der Heizkostenverordnung ⇨ HEIZKOSTENABRECHNUNG.

Treten Mängel bei der Wärmeversorgung auf, muss sich der Mieter an seinen Vertragspartner halten. Dies kann der Vermieter oder der Fernwärmelieferant sein. Bestehen zwischen Mieter und Fernwärmelieferanten keinerlei vertragliche Beziehungen, bleibt der Vermieter für die Heizung verantwortlich. Allerdings muss der Vermieter anstatt der normalen Brennstoffkosten den Wärmepreis des Fernwärmeunternehmens, d.h. deren Grund-, Arbeits- und Verrechnungspreis, der Heizkostenabrechnung zugrunde legen.

Hinterlegung der Miete

Nimmt der Vermieter die ordnungsgemäß angebotene Miete nicht an, erfüllt der Mieter auch dann seine Mietzahlungsverpflichtung, wenn er den fälligen Betrag bei der amtlichen Hinterlegungsstelle (örtliches Amtsgericht) hinterlegt (§§ 372 ff. BGB). Die Kosten der Hinterlegung hat dann der Vermieter zu erstatten. Die Hinterlegung empfiehlt sich auch dann, wenn der Mieter über die Person seines Vermieters im Ungewissen ist (**BGH NZM 2004, 301;** KG Berlin WuM 2018, 195).

Hat z.B. bei einem Eigentümerwechsel der bisherige Vermieter dem Mieter den Verkauf nicht angezeigt, hat der neue Vermieter einen Anspruch auf die Miete erst dann, wenn er dies durch eine Urkunde, z.B. einen Grundbuchauszug, nachweist (LG Kaiserslautern WuM 85, 229). Auch im Falle des Todes des Vermieters oder nach einer Zwangsversteigerung kann bei Unklarheit über die Person des neuen Vermieters die Miete hinterlegt werden.

Hochwasser ⇨ FRISTLOSE KÜNDIGUNG, ⇨ MÄNGEL DER WOHNUNG, ⇨ MIETMINDERUNG

Überschwemmungsschäden in der Wohnung des Mieters sind Wohnungsmängel, die grundsätzlich zu einer Mietminderung berechtigen. Solange die Wohnung nicht uneingeschränkt benutzt werden kann, darf der Mieter die Miete kürzen, auch dann, wenn der Vermieter für die Überschwemmung nicht verantwortlich oder sogar Leidtragender der Überschwemmung und des Hochwassers ist.

Steht die Wohnung unter Wasser und ist sie praktisch nicht bewohnbar, kann der Mieter die Miete um 100% kürzen (AG Friedberg WuM 95, 393). Bei vollständiger ⇨ ZERSTÖRUNG DER WOHNUNG muss ebenfalls keine Miete mehr gezahlt werden.

Keine Rolle spielt es, ob die Überschwemmung durch einen »Jahrhundertregen« ausgelöst wird (AG Friedberg WuM 84, 198: 80% Mietminderung bei Durchfeuchtung des Teppichbodens, Versandung und unerträglichem Gestank) oder durch Hochwasser. Nach Ansicht des LG Kassel (NJW-RR 96, 1355) kann der Mieter das ganze Jahr über die Miete kürzen, wenn es zwischen Dezember und Januar regelmäßig zu Hochwasserständen kommt und Wasser in den zur Wohnung gehörenden Kellerraum eindringt.

Wenn erhebliche Gesundheitsgefährdungen drohen, ist der Mieter bei Hochwasser sogar zur ⇨ FRISTLOSEN KÜNDIGUNG berechtigt; z.B. wenn wegen des Hochwassers mit Schlamm und Fäkalien durchsetztes Abwasser aus der Kanalisation in die Wohnung gedrückt wird, sodass diese mehrere Zentimeter »unter Wasser« steht (AG Köln WuM 97, 261), oder wenn die Mieterwohnung mehr als 50 Zentimeter unter Wasser steht, völlig durchfeuchtet ist und die Versorgung mit Strom und Gas ausfällt (AG Regensburg WuM 88, 361).

Schäden an der Einrichtung bzw. am Mobiliar wird der Mieter in aller Regel selber tragen müssen. Hausrat- oder Wohngebäudeversicherung decken Überschwemmungsschäden normalerweise nicht ab. Schadensersatz kann der Mieter vom Vermieter dann verlangen, wenn diesen ein Verschulden trifft, weil z.B. die Überschwemmung durch einen Kanalrückstau wegen eines nicht ausreichend gewarteten Rückstauventils entstanden ist (OLG Frankfurt WuM 84, 78; vgl. auch OLG Hamm WuM 88, 349; LG Freiburg WuM 87, 383). War die Kanalisation von der Gemeinde nicht ausreichend dimensioniert, kommen auch Ersatzansprüche gegen die Gemeinde in Betracht **(BGH NJW 98, 1307)**.

Daneben kommen Schadensersatzansprüche allenfalls im Wege der Garantiehaftung in Betracht. Voraussetzung ist, dass die Mietsache schon bei Vertragsabschluss mangelhaft war. Die Lage der Wohnung in einem Gebiet, das nur bei außergewöhnlichen Witterungsverhältnissen hochwassergefährdet ist, stellt aber keinen derartigen Fehler oder Mangel der Mietsache bei Vertragsabschluss dar **(BGH NJW 71, 424)**. Anders, wenn die vermietete Wohnung in einem hochwassergefährdeten Gebiet liegt. Dann muss der Vermieter für diesen Mangel einstehen, wenn er den Mieter trotz Kenntnis der Hochwassergefährdung bei Vertragsabschluss nicht über die Gefahren aufgeklärt hat (AG Friedberg WuM 95, 393). Außerdem müssen die Mieträume, die wegen ihrer Lage grundsätzlich einer erhöhten Hochwassergefahr ausgesetzt sind, gegen solche Einwirkungen geschützt sein, die voraussehbar sind und für deren Eintritt tatsächliche Anhaltspunkte bestehen. Sie müssen deshalb nicht nur gegen ein Hochwasser gesichert sein, das den bisherigen höchsten Wasserstand aus zurückliegenden Jahren erreicht; es ist zusätzlich ein gewisser »Sicherheitszuschlag« zu berücksichtigen (OLG München NJW 2015, 962). Schadensersatz bedeutet in diesen Fällen z.B., dass der Vermieter die Kosten einer anderweitigen Unterbringung des Mieters, z.B. Hotel, zahlen muss, die Maklercourtage, wenn der Mieter eine Ersatzwohnung anmietet, und die Umzugskosten.

Ist das Haus durch das Hochwasser stark beschädigt worden, muss der Vermieter die Reparaturen und Wiederaufbauarbeiten durchführen. Unter dem Gesichtspunkt der **Opfergrenze** ⇨ INSTANDHALTUNG, INSTANDSETZUNG kann er aber davon befreit sein, z.B. wenn die Herstellungskosten das Fünf- bis Zehnfache einer Jahresmiete ausmachen (LG Dresden NZM 2008, 165).

Wichtig: Eine Formularklausel, die die Haftung des Vermieters bei leichter Fahrlässigkeit ausschließt, ist unwirksam **(BGH RE WuM 2002, 141)**.

Holzpellets

Holzpelletheizungen zählen zu den Anlagen, die mit ⮊ ERNEUERBAREN ENERGIEN betrieben werden. Da die Ressource Holz nachwachsen kann, ist der Energieeinsatz unter Nachhaltigkeitsgesichtspunkten erneuerbar. Eine Holzpelletheizung spart gegenüber einer guten Öl- oder Gasheizung keine Endenergie. Lässt der Vermieter einen mit Gas oder Öl betriebenen Heizkessel durch eine Pelletheizung ersetzen, berechtigt ihn das deshalb grundsätzlich nicht zu einer Mieterhöhung wegen ⮊ MODERNISIERUNG.

Betreibt der Vermieter eine Zentralheizung mit Holzpellets oder anderen Holzprodukten, muss er die Heizkosten nach dem zu erfassenden Wärmeverbrauch in den einzelnen Wohnungen abrechnen ⮊ HEIZKOSTEN. Nach Umstellung auf eine Holzheizung berechnen einige Vermieter dem Mieter die Kosten für das eingesparte Heizöl oder Erdgas. Das ist unzulässig (AG Besigheim WuM 2023, 346; AG Weilheim ZMR 2014, 133).

Der Vermieter muss den Mietern die Brennstoffkosten in Rechnung stellen, die im Abrechnungsjahr angefallen sind. Hierfür ist zum Ende dieses Zeitraumes (zumeist am 31. Dezember) der Lagerbestand zu ermitteln.

Holzschutzmittel ⮊ GESUNDHEITSGEFÄHRDUNG

Hydraulischer Abgleich

Das Heizwasser wird mithilfe einer Heizpumpe durch die Rohrleitungen zu den Heizkörpern im Gebäude transportiert. Dabei nimmt das Wasser immer den Weg des geringsten Widerstandes. Sind die Heizkörper nicht hydraulisch abgeglichen, werden Heizkörper besser versorgt, die sich näher an der Wärmequelle befinden. Weiter entfernte Heizkörper werden hingegen nur langsam oder gar nicht ausreichend warm.

Um diesen Mangel zu kompensieren, erhöhen viele Hauseigentümer die Vorlauftemperaturen oder die Förderleistung der Heizpumpe. Das verursacht einen unnötigen Mehrverbrauch an Heizenergie bzw. Betriebsstrom und damit höhere Heizkosten. Außerdem können Fließ- und Knackgeräusche auftreten. Ein unterbliebener hydraulischer Abgleich kann auch zur Folge haben, dass sich einzelne Zimmer nicht ausreichend heizen lassen.

Durch Einstellung an den Heizkörpern wird die Durchflussmenge für jeden Heizkörper begrenzt oder erhöht, sodass das Heizwasser wieder korrekt verteilt wird. Ein fachgerecht durchgeführter hydraulischer Abgleich behebt somit die Mängel einer ungleichmäßigen Verteilung der Heizwärme. Es handelt sich um eine ⇒ INSTANDHALTUNG (AG Berlin-Charlottenburg MM 2021, Heft Nr. 5, 30). Eine Erhöhung der Miete wegen einer energetischen ⇒ MODERNISIERUNG ist deshalb nicht gerechtfertigt.

Eine anlässlich der Energiekrise im Jahr 2022 erlassene Verordnung (EnSimiMaV) bestimmt, dass für Gaszentralheizungen grundsätzlich ein hydraulischer Abgleich durchzuführen ist. In Wohngebäuden mit mindestens zehn Wohnungen musste der Gebäudeeigentümer das bis zum 30.9.2023 umsetzen, in Häusern mit mindestens sechs Wohnungen ist dies bis zum 15.9.2024 zu verwirklichen.

Wird eine neue, Energie sparende Heizungsanlage eingebaut oder die Wärmedämmung der Fassade verbessert, sollte immer zugleich ein hydraulischer Abgleich vorgenommen werden, damit die Anlage energieeffizient betrieben werden kann. Das ⇒ GEBÄUDEENERGIEGESETZ (HEIZUNGSGESETZ) schreibt grundsätzlich vor, dass der Eigentümer eines Wohngebäudes mit mindestens sechs Wohnungen diese Maßnahme nach dem Einbau eines neuen Heizungssystems durchführen lassen muss. Eine Ausnahme besteht u.a. für Lüftungsheizungen. Die dadurch anfallenden Kosten dürfen in eine Mieterhöhung wegen Modernisierung einfließen. Der Vermieter muss aber einen Abzug vornehmen, wenn eine Instandhaltungsmaßnahme miterledigt wurde ⇒ MODERNISIERUNG. Da mit dem hydraulischen Abgleich Instandhaltungskosten erspart werden, ist dafür vor der Mieterhöhung ein Abzug vorzunehmen (LG Berlin 65 S 51/22).

I

Indexmiete ⇨ STAFFELMIETE

Schon bei Abschluss des Mietvertrags kann festgelegt werden, wie sich der Mietpreis entwickelt, also wann und in welchem Umfang die Miete steigt. Mieter und Vermieter können dazu einen Staffel- oder einen Indexmietvertrag vereinbaren. Der Indexmietvertrag kann als unbefristeter oder als Zeitmietvertrag abgeschlossen werden. Die Ausgangsmiete kann frei vereinbart werden, die Vorgaben der ⇨ MIETPREISBREMSE oder zur ⇨ MIETPREISÜBERHÖHUNG sind aber einzuhalten. Der künftige Mietpreis wird bei der Indexmiete dann an den Preisindex für die Lebenshaltung aller privaten Haushalte des Statistischen Bundesamts gekoppelt. Die Miete steigt dann letztlich in Abhängigkeit von der Höhe der Inflationsrate. Die Vereinbarung muss dabei nicht die Festlegung eines Basisjahres enthalten (**BGH WuM 2021, 438**).

Solche Indexmietverträge wurden in den letzten Jahren immer öfter abgeschlossen. Viele Vermieter haben die »Vorteile« dieses Vertragstyps erkannt: einfache Mieterhöhungsmöglichkeiten, »garantierte Inflationssicherheit« und selbst Mieten, die schon bei Abschluss des Mietvertrags gerade noch zulässig waren, bieten in den Folgejahren immer noch Mieterhöhungsmöglichkeiten. Denn nur die Ausgangsmiete wird durch die Mietpreisbremse gedeckelt. Inflationsraten in den Jahren 2022 und 2023 von 7% und 6% führten zu entsprechend starken Mietsteigerungen. Gleichzeitig wirken sich die drastischen Mieterhöhungen bei Indexmietverträgen auch auf die ortsüblichen Vergleichsmieten aus und damit auf das gesamte Mietpreisniveau. Die Forderung des Deutschen Mieterbundes (DMB) nach einem Verbot neuer Indexmietverträge und einer Kappung von Mieterhöhungen bei bestehenden Indexmietverträgen hat der Gesetzgeber bis heute nicht aufgegriffen.

Ein anderer als der oben genannte »Lebenshaltungskostenindex« ist nicht zulässig. Ist im Mietvertrag ein Index zugrunde gelegt, der nicht mehr ermittelt wird, bleibt die Vereinbarung trotzdem wirksam. Im Wege der Vertragsauslegung kann der zulässige »Lebenshaltungskostenindex« zugrunde gelegt werden (**BGH WuM 2013, 32**).

Wichtig: Bei einem Indexmietvertrag sind andere Mieterhöhungen praktisch ausgeschlossen, insbesondere die ⇨ MIETERHÖHUNG auf die ortsübliche Vergleichsmiete. Auch Mieterhöhungen nach einer ⇨ MODERNISIERUNG sind weitestgehend ausgeschlossen. Zulässig ist nur die

Erhöhung aufgrund von baulichen Maßnahmen, die der Vermieter nicht zu vertreten hat, es sei denn, es handelt sich um eine Mieterhöhung nach § 559 oder § 559 e BGB aufgrund einer GEG-Heizungsanlagenmodernisierung. Außerdem kann zusätzlich zur Mieterhöhung nach der Indexklausel die Miete wegen gestiegener Betriebskosten (Bruttomiete) erhöht werden.

Auch bei Indexmietverträgen steigt die Miete nicht automatisch. Der Vermieter muss eine Mieterhöhung schicken; ⮚ TEXTFORM reicht aus. In der Mieterhöhungserklärung muss er den alten und den aktuellen Index angeben und die neue Miete oder die Erhöhung in einem Geldbetrag mitteilen. Die prozentuale Veränderung der Indexmiete muss nicht angegeben werden (**BGH WuM 2018, 36**).

Nach Vertragsabschluss bzw. nach jeder Erhöhung muss die Miete mindestens ein Jahr unverändert bleiben. Allenfalls Mieterhöhungen wegen gestiegener Betriebskosten oder aufgrund von Baumaßnahmen, die der Vermieter nicht zu vertreten hat, sind zwischendurch möglich.

Die Indexmieterhöhung muss von Beginn des auf die Mieterhöhungserklärung folgenden übernächsten Monats an gezahlt werden. Kommt die Erhöhung im September, ist ab 1. November die höhere Miete zu zahlen.

Sog. ⮚ LEISTUNGSVORBEHALTSKLAUSELN sind bei Wohnraummietverhältnissen weitgehend unzulässig. Hat der Vermieter eine derartige Klausel im Mietvertrag verwendet, kann er eine Mieterhöhung nur nach den allgemeinen Regeln fordern, d.h. auf die ortsübliche Vergleichsmiete.

Insolvenz

Insolvenz ist die Zahlungsunfähigkeit eines Schuldners. Bei eingetretener oder akut drohender Insolvenz kann nach den Regeln der Insolvenzordnung (InsO) das Insolvenzverfahren eröffnet werden. Es dient dazu, das vorhandene Vermögen des Schuldners möglichst gerecht unter den Gläubigern zu verteilen. Im Rahmen des Insolvenzverfahrens kann der Schuldner die **Restschuldbefreiung** beantragen. Um diese zu erreichen, muss er u. a. für die Dauer von 3 Jahren (bei Insolvenzantrag nach dem 30. 9. 2020) seine laufenden Bezüge an einen Treuhänder abtreten sowie eine angemessene Erwerbstätigkeit ausüben bzw. sich um eine solche bemühen und darf keine zumutbare Tätigkeit ablehnen.

Im Mietrecht kann das Vertragsverhältnis sowohl durch die Insolvenz des Mieters (⮚ VERMÖGENSVERFALL DES MIETERS) als auch des Vermieters (⮚ VERMÖGENSVERFALL DES VERMIETERS) gestört werden.

Instandhaltung, Instandsetzung

Nach dem Gesetz (§ 535 BGB) ist der Vermieter verpflichtet, dem Mieter die Wohnung in einem zum vertragsgemäßen Gebrauch geeigneten Zustand zu überlassen. Während der Mietzeit muss er die Mietsache in einem ordnungsgemäßen, funktionstüchtigen und fehlerfreien Zustand erhalten. Instandhaltungsmaßnahmen sind dabei der Oberbegriff für Inspektionen zur Feststellung und Beurteilung des gegenwärtigen Zustands, für Wartungsarbeiten zur Bewahrung des ordnungsgemäßen Zustands der Mietsache und für Instandsetzungen. Eine Instandsetzung ist die Wiederherstellung des ordnungsgemäßen Zustands, d.h. die Reparatur oder der Austausch bzw. die Neuanschaffung eines defekten Teils der Mietsache. Bezahlen muss der Vermieter diese Instandsetzungen selbst. Er kann die Kosten nicht auf die Mieter abwälzen oder deshalb eine Mieterhöhung fordern.

Die gesetzliche Instandhaltungs- und Instandsetzungspflicht des Vermieters erstreckt sich auch auf die Gemeinschaftsräume des Hauses, wie Waschküche, Speicher oder Treppenhaus (KG Berlin RE WuM 84, 42).

Grundsätzlich sind diese Vermieterpflichten zwingend. Auch im Mietvertrag kann nichts anderes vereinbart werden. Aber es gibt zwei Ausnahmen von diesen gesetzlichen Instandsetzungsverpflichtungen:

– Im Mietvertrag kann vereinbart werden, dass der Mieter ⇨ SCHÖNHEITSREPARATUREN übernimmt.

– Der Mietvertrag kann außerdem Regelungen enthalten, wonach der Mieter kleinere Reparaturen für ⇨ BAGATELLSCHÄDEN zahlen muss.

Für beide Ausnahmetatbestände hat die Rechtsprechung enge Grenzen gesetzt (**BGH WuM 2015, 338; BGH WuM 2012, 312; BGH WuM 2015, 343** und **BGH WuM 92, 355; BGH WuM 91, 381; BGH WuM 89, 326**).

Bemerkt der Mieter Mängel an der Mietsache ⇨ MÄNGEL DER WOHNUNG, muss er das sofort dem Vermieter mitteilen⇨ ANZEIGEPFLICHT DES MIETERS. Der Vermieter muss den Mangel ggf. nach vorheriger Besichtigung der Wohnung ⇨ BESICHTIGUNGSRECHT DES VERMIETERS dann umgehend beseitigen. Die Instandsetzungspflicht des Vermieters besteht ausnahmsweise nicht, wenn der Mangel schon bei Abschluss des Mietvertrags vorlag und Mieter und Vermieter dem durch Vereinbarung eines geringeren Mietpreises Rechnung getragen haben oder wenn der Mieter den Mangel selbst verschuldet hat.

Reparaturen, umfassende Instandsetzungsarbeiten oder bauliche Maßnahmen, die der Vermieter aufgrund einer behördlichen Anordnung oder einer gesetzlichen Verpflichtung durchführt, sind vorher rechtzeitig anzukündigen, es sei denn, es handelt sich nur um eine geringfügige Erhaltungsmaßnahme, oder die sofortige Durchführung der Instandsetzung ist zwingend erforderlich. Die Dauer der Frist, die ansonsten einzuhalten ist, hängt von den Umständen des Einzelfalls und insbesondere von der Dringlichkeit der Maßnahme ab. Dem Mieter muss auf jeden Fall ausreichend Zeit bleiben, sich auf die zu erwartenden Behinderungen durch die notwendigen organisatorischen Maßnahmen einzustellen (LG Berlin WuM 2022, 413). Die Dreimonatsfrist, die bei einer ⇨ MODERNISIERUNG gilt, ist hier nicht anzuwenden **(BGH WuM 2009, 290)**.

Der Mieter hat notwendige Erhaltungsmaßnahmen des Vermieters, also z.B. Reparaturen, zu dulden. Zur aktiven Mithilfe ist er nicht verpflichtet. Er muss beispielsweise keine Möbel wegräumen (LG Berlin WuM 96, 143; AG Erfurt WuM 2009, 342). Mitwirkungspflichten bestehen nur hinsichtlich der Terminabstimmung und bei der Sicherstellung privater, höchstpersönlicher Gegenstände (LG Berlin WuM 2022, 413).

Ein zeitweiliger Umzug in eine Ersatzunterkunft während der Instandsetzungsarbeiten ist der größtmögliche Eingriff in das Besitzrecht des Mieters. Ein entsprechender Anspruch des Vermieters besteht nur ausnahmsweise unter sehr engen Voraussetzungen. Eine Ankündigung mit sechs Werktagen Vorlauf ist viel zu kurz, zumal der Mieter hier für ca. ein Jahr aus der Wohnung ausziehen sollte (LG Berlin WuM 2022, 413).

Sind die Erhaltungsmaßnahmen beendet, hat der Vermieter den vertragsgemäßen Zustand auf seine Kosten wiederherzustellen. Grundsätzlich muss der Vermieter auch aufwändige Instandsetzungsmaßnahmen durchführen, unabhängig davon, wie hoch die Miete ist (LG Hamburg WuM 97, 432). Die Reparaturpflicht endet erst dort, wo die »Opfergrenze« überschritten wird **(BGH WuM 90, 546)**. Auch hier kommt es auf den Einzelfall an. Dabei ist darauf zu achten, dass kein krasses Missverhältnis entsteht zwischen dem Reparaturaufwand einerseits und dem Nutzen der Reparatur für den Mieter sowie dem Wert des Mietobjekts und den aus ihm zu erzielenden Einnahmen andererseits **(BGH WuM 2005, 713)**.

Wichtig: Die Instandsetzungspflicht des Vermieters verjährt nicht **(BGH WuM 2010, 238)**.

Einzelfragen:

– Ohne besonderen Anlass ist der Vermieter nicht verpflichtet, Elektroleitungen und Elektrogeräte in regelmäßigen Abständen auf ihren ordnungsgemäßen Zustand zu überprüfen **(BGH WuM 2008, 719)**. Freiwillig durchgeführte Wartungen, »E-Checks« u. ä. können bei entsprechender vertraglicher Vereinbarung als sonstige ⇨ BETRIEBSKOSTEN abgerechnet werden.

– Der Vermieter darf im Zuge der Erhaltungsmaßnahmen die Mieträume nicht gegen den Willen des Mieters umgestalten. Ein defekter Gasherd darf nicht einfach gegen einen Elektroherd ausgetauscht, ein Fliesenboden auf der Terrasse nicht durch einen Holzboden ersetzt werden (LG Berlin WuM 2017, 14).

– Kann während umfassender Erhaltungsarbeiten die Wohnung nicht bewohnt werden, oder wird der Wohngebrauch erheblich beeinträchtigt (Wasserrohrbruch, Durchfeuchtung, Trockengeräte), kann der Mieter die Miete kürzen ⇨ MIETMINDERUNG. Unter Umständen hat der Mieter auch Anspruch auf Aufwendungsersatz in angemessenem Umfang, zum Beispiel für eine Ersatzunterkunft.

Instandhaltungskostenpauschale ⇨ SOZIALMIETEN

Bei Sozialwohnungen ⇨ WOHNUNGSBAUFÖRDERUNG ist der Vermieter berechtigt, eine Pauschale für die Instandhaltungskosten in der Wirtschaftlichkeitsberechnung, die die Grundlage für die Miethöhe ist, zu berücksichtigen (§ 28 II. BV).

Seit dem 1. Januar 2002 hängt die Höhe der Pauschale für Instandhaltungskosten davon ab, wie viele Jahre die Bezugsfertigkeit der Wohnung am Ende des Kalenderjahres, in dem eine Wirtschaftlichkeitsberechnung aufgestellt wird, zurückliegt. Außerdem verändern sich die Pauschalen alle 3 Jahre entsprechend dem Verbraucherpreisindex für Deutschland und betragen seit dem 1. Januar 2023 pro Quadratmeter und Jahr

10,61 Euro bei weniger als 22 Jahren,

13,45 Euro bei mindestens 22 Jahren,

17,18 Euro bei mindestens 32 Jahren.

Diese Pauschalen verringern sich um 0,29 Euro bei eigenständig gewerblicher **Lieferung von Wärme** und erhöhen sich um 1,50 Euro für Wohnungen, für die ein **Aufzug** vorhanden ist.

Wenn der Mieter die Kosten für kleine Instandhaltungen trägt, verringern sich die Pauschalen um 1,57 Euro. Sind die Schönheitsreparaturen Sache des Vermieters, dürfen zusätzlich 12,69 Euro je Quadratmeter

Wohnfläche im Jahr angesetzt werden.

Zu den kleinen Instandhaltungen gehört das Beheben kleiner Schäden an den Installationsgegenständen für Elektrizität, Wasser und Gas, den Heiz- und Kocheinrichtungen, den Fenster- und Türverschlüssen sowie den Verschlussvorrichtungen von Fensterläden.

Achtung: Enthält der Mietvertrag eine unwirksame Schönheitsreparaturklausel, darf der Vermieter die Kostenmiete einseitig um den entsprechenden Zuschlag erhöhen **(BGH WuM 2010, 296)**.

Für Garagen oder Einstellplätze dürfen an Instandhaltungskosten einschließlich der Kosten für Schönheitsreparaturen höchstens 101,62 Euro jährlich je Garage oder Einstellplatz angesetzt werden.

Internet – www.mieterbund.de

Auf unserer Homepage unter www.mieterbund.de finden Sie Informationen und Pressemeldungen z.B. zu wichtigen neuen Gerichtsentscheidungen und zum aktuellen politischen Geschehen. Über einen Direktlink gelangen Sie zu einer Suche, mit der Sie jederzeit Ihren örtlich zuständigen Mieterverein finden können. Unsere rund 300 Mietervereine bieten Ihnen persönliche Rechtsberatung vor Ort mit Terminvergabe an. Wenn es eilig ist, könnte auch unser Angebot unter **www.mieterbund24.de** das Richtige für Sie sein. Hier können Sie sich kostenpflichtig online beraten lassen. Ihre Anfrage zum Mietrecht wird zu den angegebenen Zeiten in der Regel innerhalb von sechs Stunden beantwortet. Noch schneller bekommen Sie Antworten auf Ihre Fragen nur über unsere **telefonische Hotline** unter **0900 1200012**. Hier erhalten Sie Hilfe täglich zwischen 10 bis 20 Uhr. Der Service kostet 2 Euro pro Minute aus dem deutschen Festnetz (ab der zweiten Minute sekundengenaue Abrechnung); bei Anrufen über andere Netze oder Mobilfunk können höhere Kosten entstehen.

Auf unserer Homepage **www.mieterbund.de** können Sie die neue DMB-SMART-MIETER-APP benutzen, mit der die Minderung bei Wohnungsmängeln errechnet werden kann. Von der Homepage aus navigieren Sie über »Der Mieterbund«, »Service«, »Aktuelles« und »Themen und Positionen« zu vertiefenden Informationen. Unter »Service« finden Sie u.a. bei »Tipps und Infos zum Mietverhältnis« kostenlose Formulare wie unseren Mustermietvertrag, ein Übergabeprotokoll, eine Muster-Hausordnung und vieles mehr. Unter den weiterführenden Links zu Wasser, Betriebskosten, Strom und Heizen haben wir für Sie Infos, Tipps und Checklisten zum jeweiligen Thema zusammengestellt. Unter

»Aktuelles« können Sie sich mit unseren Pressemeldungen über das politische Tagesgeschehen, wichtige Urteile und unsere Arbeit informieren. Vertiefende Infos entnehmen Sie unter »Themen und Positionen« unseren dort veröffentlichten Stellungnahmen, Positionspapieren, Studien sowie Zahlen und Fakten. In unserem Shop erhalten Sie Broschüren, Ratgeber, Bücher und Zeitschriften des Deutschen Mieterbundes.

Unter **www.dmb-rechtsschutz.de** finden Sie Informationen zu unseren Angeboten zu Rechtsschutzversicherungen.

Sie finden den Deutschen Mieterbund auch bei Facebook (https://www.facebook.com/DMBMieterbund), X/Twitter (https://twitter.com/DMBMieterbund), Bluesky (https://bsky.app/profile/dmbmieterbund.bsky.social), Instagram (https://www.instagram.com/dmbmieterbund/), Youtube (https://www.youtube.com/@DMBMieterbund) und Linkedin.

K

Kabelfernsehen ⇨ FERNSEHEMPFANG

Kaltmiete ⇨ MIETE

Kappungsgrenze ⇨ MIETERHÖHUNG

Kaution ⇨ MIETKAUTION

Keller

In der Regel gehört zu jeder Mietwohnung auch ein Keller, der dem Mieter zur Aufbewahrung von Vorräten, Werkzeugen usw. dienen soll.

Der Mieter hat nur dann Anspruch auf einen ganz bestimmten Kellerraum, wenn dies im Mietvertrag ausdrücklich vereinbart worden ist. Ansonsten ist der Vermieter berechtigt, dem Mieter einen Keller zuzuweisen. Die Mieter haben nicht das Recht, ohne Zustimmung des Vermieters Kellerräume untereinander auszutauschen. Andererseits darf der Vermieter den Keller nicht unabhängig von der Wohnung kündigen (Ausnahme: ⇨ TEILKÜNDIGUNG). Auch wenn ein Haus in Eigentumswohnungen umgewandelt wird und Keller und Wohnung des Mieters von zwei verschiedenen Personen gekauft werden, ist dies kein Grund, dem Mieter den Keller zu kündigen **(BGH WuM 2005, 790)**. ⇨ HAUSVERKAUF UND MIETVERTRAG.

Die Miete für einen separat angemieteten Keller soll nach einer Entscheidung des BGH **(WuM 2023, 603)** nicht im Rahmen der ⇨ MIETPREISBREMSE berücksichtigt werden.

Kinder ⇨ BERUFSAUSÜBUNG IN DER WOHNUNG, ⇨ LÄRM

Von Kindern ausgehende Störungen – insbesondere Kinderlärm – sind häufig Anlass zu Auseinandersetzungen. Was Kinder dürfen und was nicht, kann sich aus dem Mietvertrag, der Hausordnung oder gesetzlichen Regelungen ergeben, die jedoch in der Regel keine Einzelfälle erfassen.

Seit Juli 2011 bestimmt § 22 Abs. 1a Bundesimmissionsschutzgesetz (BImSchG), dass Geräuscheinwirkungen, die Kinder bei Kindertagesstätten, Kinder- und Ballspielplätzen und ähnlichen Einrichtungen verursachen, im Regelfall nicht als schädliche Umwelteinwirkung gelten; die sonst maßgeblichen Grenzwerte für Lärmbelästigungen sind nicht anwendbar. Aus diesem Grund müssen es Wohnungseigentümer im Regelfall hinnehmen, dass als Laden ausgewiesenes Teileigentum als Eltern-Kind-Zentrum genutzt wird **(BGH WuM 2020, 103)**. Außerdem hat der BGH entschieden, dass dies auch bei der Bewertung von Lärmeinwirkungen auf Mietwohnungen berücksichtigt werden muss **(BGH WuM 2015, 478)**. »Üblicher« Kinderlärm von nahe gelegenen Spiel- oder Bolzplätzen begründet daher in der Regel keinen Mangel der Wohnung und muss ohne Mietminderung hingenommen werden. Etwas anderes kann gelten, wenn im Mietvertrag besondere Regelungen hierzu getroffen wurden. Urteile, die vor Juli 2011 ergangen sind und Kinderlärm als unzulässig einstufen, sind mit der heutigen Rechtslage häufig nicht im Einklang und daher nicht mehr maßgeblich.

Kinder dürfen in der Wohnung spielen (OLG Düsseldorf WuM 97, 221) und dabei auch lachen, schreien oder herumlaufen. Ihr Spiel darf aber nicht zu einer unzumutbaren Störung anderer Hausbewohner führen. Darauf müssen Eltern, insbesondere während der allgemeinen Ruhezeiten – mittags von 13 bis 15 Uhr und abends ab 22 Uhr bis zum nächsten Morgen 7 Uhr –, achten.

Üblicher Kinderlärm ist nie ein Kündigungsgrund (LG Wuppertal WuM 2008, 563). Eine außerordentliche ⇨ KÜNDIGUNG wegen übermäßigen Lärms setzt zudem eine konkrete ⇨ ABMAHNUNG durch den Vermieter voraus. Allerdings ist das kein Freibrief: In einer neueren Entscheidung hat der BGH **(WuM 2021, 551)** betont, dass die bei Kinderlärm zu fordernde »erhöhte Toleranz auch Grenzen« habe, die im Einzelfall unter Berücksichtigung »von Art, Qualität, Dauer und Zeit der verursachten Geräuschemissionen, des Alters und des Gesundheitszustands des Kindes sowie der Vermeidbarkeit … etwa durch objektiv gebotene erzieherische Einwirkungen« zu bestimmen seien.

Im Übrigen gilt: Eltern sind im Rahmen ihrer Aufsichtspflicht – abhängig vom Alter und den Eigenarten der Kinder – für deren Verhalten verantwortlich **(BGH WuM 86, 340;** LG Heidelberg WuM 2019, 152**)**. Auch draußen sind die allgemeinen Ruhezeiten einzuhalten. Bei den Gemeinschaftseinrichtungen des Hauses ist der Nutzungszweck zu beachten. Deshalb dürfen Kinder z.B. im Treppenhaus oder in den Kellerräumen nicht Rollschuh, Skateboard oder Fahrrad fahren. Nicht gestattet ist auch das Aufzugfahren nur als Spiel.

Problematisch ist, ob Kinder die zum Haus gehörenden Außenanlagen benutzen dürfen. Für Zier- oder Vorgärten ist dies zu verneinen. Hingegen gehören das Spielen – auch mit eingeladenen fremden Kindern (AG Solingen WuM 80, 112) – auf gemeinschaftlichen Hof- oder Rasenflächen (LG Heidelberg WuM 97, 38; LG Berlin WuM 87, 212) und das Aufstellen von Schaukel und Sandkasten (AG Kerpen ZMR 2002, 924; AG Bonn WuM 94, 20) oder eines Spielhauses (AG Flensburg WuM 2016, 486) durch den Mieter zur vertragsgemäßen Nutzung. Der Vermieter kann bei Ende des Mietverhältnisses verlangen, dass der Mieter den ursprünglichen Zustand wiederherstellt. Die Mitbewohner des Hauses können dem Vermieter nicht verbieten, einen Sandkasten aufzustellen (AG Aachen WuM 87, 83).

Oft verbietet der Mietvertrag den Mietern und damit auch ihren Kindern generell die Nutzung selbst größerer zum Haus gehörender Garten- und Rasenflächen. Grundsätzlich sind solche (Individual-)Vereinbarungen bindend, solange sie für alle Mieter gleichermaßen gelten. Ob ein solches Verbot als Formularklausel (AGB) unwirksam wäre – insbesondere wenn kein Kinderspielplatz vorhanden ist –, wurde von der Rechtsprechung – soweit ersichtlich – bisher nicht entschieden.

Für Neubauten gilt nach den Landesbauordnungen aller Bundesländer die Verpflichtung, ab einer bestimmten Mindestanzahl von Wohnungen (meist ab 4), einen Spielplatz für Kleinkinder auf oder neben dem Grundstück zu errichten und dauerhaft zu unterhalten; Ausnahmen gelten zum Teil, wenn in unmittelbarer Nähe bereits Spielplätze bestehen, deren Bestand dauerhaft gesichert ist.

Mieter mit Kleinkindern sind berechtigt, am Haupteingang des Hauses einen Klingelknopf in einer Höhe anzubringen, die auch noch von den Kindern erreicht wird (AG Münster WuM 83, 176).

Das Abstellen eines Kinderwagens im Hausflur ist grundsätzlich vertragsgemäß, da der Hausflur zu den mitvermieteten Gemeinschaftsflächen gehört **(BGH WuM 2007, 29)**. Mieter können daher vom Vermieter nicht verlangen, dass er anderen Mietern das Abstellen eines Kinderwagens verbietet (LG Berlin GE 2012, 1377). Das Anketten des Kinderwagens gehört jedoch nicht mehr zum vertragsgemäßen Gebrauch (LG Berlin GE 2009, 1445). Zwar ist es möglich, die Nutzung der Gemeinschaftsflächen mietvertraglich (z.B. in der Hausordnung) besonders zu regeln. Doch kann ein dort vorgesehenes Verbot unwirksam sein, wenn der Mieter im Einzelfall darauf angewiesen ist, den Kinderwagen im Hausflur abzustellen (LG Berlin GE 2009, 1495; AG Düsseldorf WuM 2013, 348; AG Aachen WuM 2008, 94). Der Vermieter kann seine einmal erteilte Zustimmung nur dann zurückziehen, wenn der Mieter kein berechtigtes Interesse an der Benutzung des Treppenhauses mehr hat oder gegen das Gebot der Rücksichtnahme verstößt (AG Hamburg WuM 2000, 303).

Kleingarten ⇨ SCHREBERGARTEN

Kleinreparatur ⇨ BAGATELLSCHÄDEN

Kostenmiete ⇨ SOZIALMIETE

Kraft-Wärme-Kopplung ⇨ MODERNISIERUNG

Kraft-Wärme-Kopplung (KWK) ist die gleichzeitige Erzeugung von Strom und Wärme in einem Kraftwerk. Bei der Stromerzeugung wird immer auch Wärme produziert, die einen erheblichen Teil der eingesetzten Primärenergie ausmacht. Während in gewöhnlichen Heizungsanlagen oder Kraftwerken diese Wärme in der Umgebung verpufft, wird sie in KWK-Anlagen als Heizungswärme genutzt. Eingesetzte Energieträger sind vorwiegend Erdgas, auch Erdöl, selten andere wie Biogas.

KWK gilt als umweltfreundliche und klimaschonende Form der Energiegewinnung. Deshalb fördert der Staat die Errichtung und das Betreiben dieser Anlagen. Ihr Anteil an der Energieerzeugung in Deutschland soll weiter ausgebaut werden. Einzelheiten sind im Kraft-Wärme-Kopplungsgesetz geregelt. KWK-Anlagen können sowohl für ganze Wohnsiedlungen als auch in kleineren Häusern eingesetzt werden. Dabei ist zu unterscheiden, ob der Vermieter die Anlage durch ein Unternehmen betreiben lässt oder ob er sich selbst darum kümmert.

Ein Unternehmen betreibt die Anlage
KWK-Anlagen werden zumeist in der Form des ⇨ CONTRACTINGS betrieben. Das Unternehmen stellt dem Vermieter den vereinbarten Wärmepreis in Rechnung. Über die Heizkostenabrechnung belastet er damit anteilig die Mieter. Wie sich der Wärmepreis zusammensetzt, ist Sache des Unternehmens. Die besondere Wirtschaftlichkeit der Anlage sollte sich aber auch in dem Preis niederschlagen, den die Mieter zahlen müssen.

Der durch die Anlage produzierte Strom kann entweder in das öffentliche Netz eingespeist oder an die Mieter verkauft werden. Eine Pflicht der Mieter zur Abnahme des erzeugten Stroms besteht nicht. Der Bezug von Strom aus der hauseigenen Anlage bedarf einer entsprechenden vertraglichen Vereinbarung zwischen dem Mieter und dem Betreiber der Anlage. Ob die Mieter derartige Vereinbarungen abschließen, dürfte wesentlich von dem verlangten Preis für den Strom abhängen.

Der Vermieter betreibt die Anlage
Betreibt der Vermieter die Anlage selbst, darf er den Mietern nach der Heizkostenverordnung keinen Wärmepreis in Rechnung stellen. Er kann nur die Kosten berechnen, die ihm selbst entstanden sind ⇨ HEIZKOSTEN. Das bedeutet, dass der Vermieter, was die Versorgung mit Wärme aus der KWK-Anlage angeht, nichts verdienen darf. Auf die Mieter kann er nur die Brennstoffkosten und die Nebenkosten für die Anlage umlegen. Kostenvergünstigungen durch die Befreiung von der Energiesteuer sind in Abzug zu bringen. Für die Kostenumlage muss getrennt werden zwischen den Kosten für die Strom- und für die Wärmeerzeugung. Dazu ist zu ermitteln, welcher Anteil der Energie (Gas oder Öl) für die Stromerzeugung und welcher für die Wärmeerzeugung benötigt wird. Das geht am einfachsten mit einem Wärmezähler. Einbau und Betrieb eines solchen Messgeräts können jedoch in kleineren Gebäuden unverhältnismäßig hohe Kosten verursachen. Die Kostenanteile lassen sich auch mithilfe der Angaben des Herstellers der KWK-Anlage berechnen. Hierzu hat der VDI (Verein Deutscher Ingenieure) Einzelheiten ausgearbeitet. Sie sind wiedergegeben in der Richtlinie »VDI 2077, Blatt 3.1«. Auch bei den Wartungs- und sonstigen Nebenkosten für die Anlage ist eine Trennung erforderlich in die Kosten, die für die Strom- und für die Wärmeerzeugung anfallen. Zu beachten ist aber, dass die Wartungskosten für eine KWK-Anlage wesentlich höher sind als für eine herkömmliche Heizungsanlage. Das ist bei der Umlage auf den Mieter zu berücksichtigen. Die Mieter dürfen nicht mit Mehrkosten belastet werden, die durch die Stromerzeugung entstehen. Umlegbar sind deshalb nur die Wartungskosten, die für eine herkömmliche Anlage angefallen wären. Außerdem sind in den Wartungskosten häufig auch Instandhaltungsarbeiten eingeschlossen. Diese Kosten müssen vor der Umlage auf den Mieter abgezogen werden. Hinzuzurechnen sind gegebenenfalls die Brennstoff- und Nebenkosten für eine zusätzlich eingesetzte herkömmliche Heizungsanlage, die Spitzenbelastungen abdecken soll.

Wird der Strom in das öffentliche Netz eingespeist, muss der Vermieter den vom Netzbetreiber gezahlten Strompreis den Mietern nicht anrechnen. Der Vermieter kann den Mietern den in der KWK-Anlage erzeugten Strom auch verkaufen. Insoweit besteht Vertragsfreiheit. Es bleibt den Mietern überlassen, ob sie den Strom abnehmen und den dafür verlangten Preis entrichten wollen. Eine Bestimmung im Mietvertrag, die den Mieter zur Abnahme und Bezahlung des erzeugten Stroms verpflichtet, ist unwirksam.

Kündigung

Wann und wie ein Mietverhältnis unter Einhaltung der gesetzlichen Kündigungsfrist (sog. **ordentliche Kündigung**) beendet werden kann, richtet sich zum einen danach, wer kündigt (Mieter oder Vermieter), und zum anderen nach der Art des Mietverhältnisses (Mietverhältnis auf unbestimmte Zeit oder Zeitmietvertrag).

Das Mietverhältnis auf unbestimmte Zeit
Ein Mietverhältnis, bei dem nicht von vornherein ein Vertragsende vereinbart worden ist, läuft auf unbestimmte Zeit. Beendet wird ein derartiges Mietverhältnis, wenn es vom Mieter oder Vermieter gekündigt wird (⇨ KÜNDIGUNGSFORM) und die ⇨ KÜNDIGUNGSFRIST abgelaufen ist. Ausnahme: die ⇨ FRISTLOSE KÜNDIGUNG bei schweren Vertragsverstößen einer der Vertragsparteien. Der Vertrag kann unter Einhaltung der Kündigungsfristen auch schon vor Einzug bzw. Mietbeginn ordentlich gekündigt werden **(BGH WuM 79, 139)**, es sei denn, die Parteien haben vereinbart, dass die Kündigungsfrist erst ab Mietbeginn läuft. Fehlt es an einer solchen Abrede, beginnt die Kündigungsfrist für den noch nicht vollzogenen Vertrag mit dem Zugang der Kündigung zu laufen.

Der **Mieter** kann das Mietverhältnis jederzeit ohne Angabe von Gründen mit ordentlicher Frist kündigen (⇨ MIETERKÜNDIGUNG).

Der **Vermieter** dagegen darf nur kündigen, wenn er einen gesetzlich anerkannten Kündigungsgrund, d.h. ein berechtigtes Interesse an der Beendigung des Mietverhältnisses, hat. Dies ist insbesondere der Fall, wenn

- der Mieter seine Vertragspflichten verletzt ⇨ KÜNDIGUNGSSCHUTZ,
- der Vermieter die Wohnung selber benötigt ⇨ EIGENBEDARF,
- der Vermieter durch die Weitervermietung an einer angemessenen wirtschaftlichen Verwertung gehindert wird und dadurch erhebliche Nachteile erleidet ⇨ KÜNDIGUNGSSCHUTZ.

Achtung: Zieht der Mieter nach Ablauf der Kündigungsfrist nicht aus, kann sich das Mietverhältnis u. U. auf unbestimmte Zeit verlängern, sofern nicht Mieter oder Vermieter innerhalb von zwei Wochen der ⇨ STILLSCHWEIGENDEN VERLÄNGERUNG DES MIETVERHÄLTNISSES widersprechen.

Wichtig: Auch wenn die ordentliche Kündigung des Vermieters begründet ist, kann der Mieter der Kündigung noch widersprechen und vortragen, dass die Beendigung des Mietverhältnisses für ihn eine besondere Härte bedeutet. Gestützt auf die sogenannte Sozialklausel (⇨ KÜNDIGUNGSSCHUTZ) kann dann das Mietverhältnis verlängert werden. Unabhängig davon oder auch als »letztes Mittel« kommt ein Antrag auf ⇨ RÄUMUNGSFRIST oder auf ⇨ VOLLSTRECKUNGSSCHUTZ in Betracht.

Ausnahmen: Der Vermieter kann ein unbefristetes Mietverhältnis nur in Ausnahmefällen ohne Grund kündigen, z. B. wenn der Mieter mit dem Vermieter unter einem Dach in einem Zweifamilienhaus (⇨ EINLIEGERWOHNUNG) wohnt.

Außerdem kommen grundlose Kündigungen noch in Betracht, wenn das Mietverhältnis nur zum ⇨ VORÜBERGEHENDEN GEBRAUCH abgeschlossen wurde, gegenüber dem Erben des Mieters ⇨ TOD DES MIETERS, bei ⇨ STUDIERENDEN- UND JUGENDWOHNHEIMEN und unter Umständen bei der Untervermietung von möblierten Zimmern ⇨ UNTERMIETE. Sondervorschriften gelten auch, wenn neben dem Wohnraum Pflege- oder Betreuungsleistungen angeboten werden ⇨ BETREUTES WOHNEN, ⇨ ALTENHEIM.

Der unbefristete Mietvertrag mit zeitlich begrenztem Kündigungsausschluss (Kündigungsverzicht)
Nach der Rechtsprechung des BGH ist es zulässig, in einem auf unbestimmte Zeit laufenden Mietvertrag für eine bestimmte Zeitspanne, also etwa für einige Monate oder auch einige Jahre, das Kündigungsrecht

auszuschließen. Ist ein solcher Kündigungsverzicht wirksam vereinbart, kann der Mieter erst nach Ablauf der »festen« Mietzeit kündigen **(BGH WuM 2012, 99)**. In der Praxis hat dies den gleichen Effekt wie der nach altem Mietrecht mögliche Abschluss eines einfachen Zeitmietvertrages.

Bei der **Wirksamkeit** von Kündigungsausschlussklauseln sind die folgenden Fälle zu unterscheiden: Ein im Formularvertrag enthaltener Kündigungsausschluss darf für maximal 4 Jahre vereinbart werden und muss für beide Vertragspartner gelten **(BGH WuM 2011, 35; WuM 2009, 47; WuM 2004, 542)**. Ist die Zeitspanne länger, ist der Kündigungsausschluss von Anfang an unwirksam **(BGH WuM 2011, 35)**. Sieht eine Klausel vor, dass die ordentliche Kündigung erstmals »zum Ablauf dieses Zeitraums« zulässig ist, bedeutet dies, dass die Kündigung zum Ende des 4. Jahres möglich ist. Die Klausel ist daher wirksam **(BGH WuM 2016, 656)**. Auch wenn die Zeitspanne handschriftlich in das Formular eingetragen worden ist, handelt es sich um eine Formularklausel **(BGH WuM 2006, 385)**. Nur in den Fällen, in denen eine echte Individualvereinbarung vorliegt ⇨ ALLGEMEINE GESCHÄFTSBEDINGUNGEN, ist auch eine Zeit von mehr als 4 Jahren zulässig **(BGH WuM 2010, 752; WuM 2004, 157)**. Eine Grenze wird in dem Fall nur durch Sittenwidrigkeit gesetzt, etwa bei Ausnutzung einer Zwangslage **(BGH WuM 2018, 437)**. Bei einem Mietvertrag über ein Studentenzimmer ist auch ein gegenseitiger Kündigungsausschluss von nur 2 Jahren unwirksam **(BGH WuM 2009, 587)**. Das Gleiche gilt, wenn ein Auszubildender eine Wohnung anmietet (LG Kiel WuM 2011, 427).

Achtung: Die Frist von 4 Jahren wird ab Vertragsschluss, nicht ab Vertragsbeginn gerechnet. Die Kündigung muss zum Ende des 4. Jahres möglich sein; die gesetzliche Kündigungsfrist darf also nicht noch zu den 4 Jahren hinzukommen **(BGH WuM 2011, 294; WuM 2011, 35)**. Ist die ordentliche Kündigung laut Klausel erstmals »nach Ablauf« des Vierjahreszeitraums zulässig, ist die Klausel unwirksam **(BGH WuM 2011, 294)**.

Ist zusätzlich eine ⇨ STAFFELMIETE vereinbart, ist auch ein einseitiger formularmäßiger Kündigungsausschluss für den Mieter von bis zu 4 Jahren wirksam **(BGH WuM 2009, 45; WuM 2006, 97; WuM 2006, 220)**. Sind formularvertraglich mehr als 4 Jahre vereinbart, ist bei Verträgen, die ab dem 1.9.2001 abgeschlossen worden sind, der Kündigungsausschluss insgesamt unwirksam **(BGH WuM 2006, 152)**, bei früher abgeschlossenen Verträgen ist der Ausschluss nur insoweit unwirksam, als er 4 Jahre übersteigt **(BGH WuM 2005, 519)**. Auch bei individuell ausgehandeltem Kündigungsausschluss zusammen mit einer Staffelmiete ist der Ausschluss des Kündigungsrechts nur insoweit unwirksam, als er den Zeitraum von 4 Jahren übersteigt **(BGH WuM 2006, 445)**. Beim Staffelmietvertrag rechnen die 4 Jahre schon ab Vertragsschluss und nicht erst ab Einzug **(BGH WuM 2006, 385; WuM 2005, 519)**. Eine entgegenstehende Vertragsklausel ist insgesamt unwirksam **(BGH WuM 2006, 385; WuM 2006, 152)**.

Der Zeitmietvertrag
Ein ⇨ ZEITMIETVERTRAG ist nur unter bestimmten Voraussetzungen zulässig. Der Vermieter muss bereits beim Abschluss des Vertrags entweder eine Eigennutzung, eine umfassende Instandsetzung oder eine Vermietung an Angestellte beabsichtigen. Wird der Zeitmietvertrag für länger als ein Jahr geschlossen, muss die ⇨ SCHRIFTFORM eingehalten werden: Der Befristungsgrund muss im Mietvertrag schriftlich festgehalten sein, andernfalls gilt das Mietverhältnis auf unbestimmte Zeit abgeschlossen. In diesem Fall können Mieter und Vermieter den Mietvertrag zum Ablauf des ersten Jahres nach Überlassung der Wohnung kündigen, § 550 BGB. Die gesetzlichen Kündigungsfristen müssen aber eingehalten werden, und der Vermieter muss zusätzlich einen Kündigungsgrund haben (⇨ KÜNDIGUNGSSCHUTZ). Wenn allerdings beide Parteien die Befristung wollten, kann die Auslegung dazu führen, statt der unwirksamen Befristung einen beiderseitigen Kündigungsverzicht anzunehmen **(BGH WuM 2014, 148; WuM 2013, 617)**. Näheres ⇨ ZEITMIETVERTRAG.

Der alte Zeitmietvertrag mit Kündigungsschutz (Altmietverträge)
Bis zum 31. 8. 2001 gab es auch die Möglichkeit, Zeitmietverträge ohne eine solche Begründung abzuschließen. Diese Art des »Zeitmietvertrages mit Kündigungsschutz« ist abgeschafft worden.

Wichtig: Alle bereits vor dem 1. 9. 2001 abgeschlossenen Zeitmietverträge bleiben gültig und richten sich nach wie vor nach den alten Vorschriften. Für diese gilt also auch weiterhin:

Will der Mieter trotz der Befristung wohnen bleiben, muss er bis spätestens 2 Monate vor Ablauf der vereinbarten Mietzeit vom Vermieter schriftlich die Fortsetzung des Mietverhältnisses verlangen. In diesem Fall genießt der Mieter vollen ⇨ KÜNDIGUNGSSCHUTZ. Will der Vermieter den Auszug des Mieters erreichen, muss er nachweisen, dass er ein »berechtigtes Interesse« hat, also einen gesetzlich anerkannten Kündigungsgrund wie z. B. ⇨ EIGENBEDARF. Er muss also praktisch kündigen (LG Hamburg WuM 92, 252). Kündigt der Vermieter, und erhebt er Räumungsklage, sollte der Mieter sicherheitshalber Widerklage erheben, falls er die Fortsetzung verlangt hatte (LG Regensburg WuM 92,

194; LG Berlin WuM 86, 430), auch wenn andere Gerichte dies für unnötig halten (LG Berlin GE 96, 127).

Der alte Zeitmietvertrag mit Verlängerungsklausel
Eine Besonderheit bei Mietverhältnissen auf bestimmte Zeit besteht dann, wenn im Mietvertrag vereinbart wurde, dass sich das Mietverhältnis nach Ablauf der Frist um einen bestimmten Zeitraum, z.B. um 1 Jahr, verlängert, wenn nicht vorher gekündigt wird. Solche Verträge sind seit dem 1.9.2001 nicht mehr zulässig. Die vor diesem Datum schon abgeschlossenen »Kettenmietverträge« waren zulässig und bleiben weiter gültig **(BGH WuM 2010, 508; WuM 2008, 290; WuM 2007, 513; WuM 2007, 463; WuM 2007, 202; WuM 2005, 342).** Bei diesen Altverträgen bedarf es zur Auflösung des Mietverhältnisses einer schriftlichen Kündigung. Diese ist wegen der Verlängerungsklausel nur zu dem dort festgelegten Zeitpunkt möglich, bei jährlicher Verlängerung also nur einmal im Jahr. Die Kündigungsfrist für den Mieter beträgt 3 Monate; der Vermieter muss in diesen Fällen die im Vertrag vereinbarte Kündigungsfrist, also unter Umständen 12 Monate, einhalten **(BGH WuM 2008, 290)**. Selbstverständlich gilt auch hier für den Mieter der volle ⇨ KÜNDIGUNGSSCHUTZ.

Beispiel: Das Mietverhältnis läuft vom 1.1.2000 bis 31.12.2004. Es verlängert sich jeweils um ein Jahr, wenn es nicht 3 Monate vor Ablauf gekündigt wird. Hier kann der Mieter nicht im Januar 2021 mit dreimonatiger Frist kündigen. Er kann nur zum 31.12.2021 kündigen. Und fällt dem Mieter erst im November 2021 ein, dass er umziehen will, kann er frühestens zum 31.12.2022 kündigen.

Achtung: Will der Mieter vor Ablauf der Vertragslaufzeit ausziehen, kann – soweit der Vermieter einverstanden ist – ein ⇨ MIETAUFHEBUNGSVERTRAG abgeschlossen werden. Besteht der Vermieter auf Erfüllung des Vertrages, muss geprüft werden, ob der Mieter einen ⇨ NACHMIETER stellen darf oder ob ausnahmsweise ein Sonderkündigungsrecht für ihn besteht ⇨ MIETERKÜNDIGUNG.

Für alle Mietverhältnisse gilt:
Zieht der Mieter nach Beendigung des Mietverhältnisses nicht aus, muss der Vermieter Räumungsklage erheben. Nimmt der Vermieter die Mieträume **eigenmächtig** ohne Räumungstitel in Besitz und räumt die Wohnung aus, ist dies unerlaubte Selbsthilfe, und er macht sich gegenüber dem Mieter schadensersatzpflichtig (**BGH WuM 2010, 578**, sog. kalte Räumung). Dies gilt auch, wenn der Aufenthaltsort des Mieters unbekannt ist; in diesem Fall muss der Vermieter eine öffentliche Zustellung der Räumungsklage beantragen.

Wichtig auch: Die angemietete Wohnung kann immer nur als Ganzes gekündigt werden. Eine ⮱ TEILKÜNDIGUNG ist nur für Nebenräume möglich.

Solange der Mieter die Wohnung nicht zurückgibt, schuldet er Nutzungsentschädigung. Zieht der Mieter vor Ablauf der Kündigungsfrist aus, muss er die Miete bis zum Ablauf der Kündigungsfrist weiterzahlen (LG Mannheim WuM 2009, 398). Etwas anderes gilt nur dann, wenn der Mieter sich mit dem Vermieter auf seine vorzeitige Entlassung aus dem Mietvertrag verständigt hat, so z. B., wenn er mit dem Vermieter einen ⮱ MIETAUFHEBUNGSVERTRAG schließt, einen Ersatzmieter stellt oder der Vermieter die Wohnung vor der Neuvermietung noch sanieren will.

Kündigungsform ⮱ MIETERKÜNDIGUNG

Der Vermieter muss – ebenso wie der Mieter – **schriftlich** kündigen. Das Kündigungsschreiben muss von Mieter oder Vermieter eigenhändig mit Nachnamen unterschrieben sein, § 126 BGB. Dafür reicht ein einfacher Namenszug, der zumindest andeutungsweise einzelne Buchstaben erkennen lässt, aber nicht lesbar sein muss **(BGH NJW-RR 2017, 386)**. Bei mehreren Mietern oder Vermietern müssen alle die Kündigung unterschreiben. Es ist aber zulässig, dass der eine Vertragspartner die Kündigung im eigenen Namen und »in Vertretung« für den anderen unterzeichnet. Eine Unterzeichnung mit dem Zusatz »i.A.« reicht grundsätzlich nicht aus, weil sich hieraus allenfalls ergibt, dass der Unterzeichnende als Bote und nicht als Vertreter handelt (LG Wuppertal GE 2021, 1035).

Wohnungsgesellschaften in Form einer **GmbH** oder einer **AG** sind juristische Personen, die durch ihre gesetzlichen Vertreter handeln. Die Kündigung einer GmbH muss daher vom Geschäftsführer unterschrieben werden, die einer AG vom Vorstand (Vertretung durch Bevollmächtigte ist natürlich möglich – s. u.). Die Namen dieser Personen müssen auf den jeweiligen Briefbögen der Gesellschaft aufgeführt sein. Zumindest bei einem größeren Wohnungsbauunternehmen muss dann noch ein maschinenschriftlicher Namenszug auf dem Kündigungsschreiben stehen. Denn für den Mieter muss der Aussteller immer erkennbar sein ⮱ UNTERSCHRIFT. Eine Kündigung per Fax, E-Mail oder Telegramm (AG Siegburg WuM 93, 674) ist bei einem Wohnraummietverhältnis unwirksam, weil die übermittelte Kündigung keine eigenhändige Unterschrift enthält. Bei Mietverhältnissen über **Geschäftsräume** ist die Schriftform für die Kündigung nicht gesetzlich vorgeschrieben. Hier ist auch eine Kündigung per Fax möglich **(BGH NJW-RR 96, 866)**. Ist im

Mietvertrag vereinbart, dass die Kündigung durch Einschreibebrief erfolgen soll, so ist das Einschreiben im Regelfall kein Wirksamkeitserfordernis für die Kündigung. Es soll nur deren Zugang sicherstellen **(BGH WuM 2004, 269)**. Auch hier reicht bei Wohnraummietverhältnissen grundsätzlich die Zustellung einer schriftlichen Kündigung per einfachem Brief, bei Gewerberaummietverhältnissen würde eine Übersendung per Fax ausreichen.

Ausnahme: Die Schriftform kann durch die sogenannte elektronische Form ersetzt werden. Dazu muss der Absender aber das elektronische Dokument mit einer qualifizierten elektronischen Signatur versehen.

Bei Kündigungen durch **Bevollmächtigte** (z.B. Hausverwalter oder Rechtsanwalt) muss dem Kündigungsschreiben eine Vollmachtsurkunde beigefügt sein. Eine Vollmacht für eine fristlose Kündigung genügt nicht, um eine ordentliche Kündigung auszusprechen (LG Berlin GE 2002, 331). Fehlt die Originalurkunde (Telefax oder Kopie reichen nicht aus, OLG Hamm NJW 1991, 1185), kann der Mieter die Kündigung **unverzüglich** zurückweisen, § 174 BGB. Unterlässt der Mieter dies, ist die Kündigung wirksam.

Der Mieter darf sich zunächst Rechtsrat einholen (LG München II WuM 95, 478), sollte die Zurückweisung der Kündigung wegen fehlender Vollmachtsurkunde dann aber innerhalb einer Woche, spätestens zehn Tage nach Erhalt der Kündigung erklären (LG Hamburg WuM 98, 725); andernfalls kann im Einzelfall die »Unverzüglichkeit« fehlen. Hat der Mieter die Kündigung wegen mangelnder Vollmachtsurkunde unverzüglich zurückgewiesen, so wird die Kündigung unwirksam; sie kann dann auch nicht durch Nachreichung der Vollmachtsurkunde geheilt werden.

Der Mieter kann die Kündigung nicht wegen fehlender Vollmachtsurkunde zurückweisen, wenn der Vermieter ihn schon zuvor über die Bevollmächtigung informiert hatte. Dies ist bei einer Hausverwaltung beispielsweise der Fall, wenn diese aus dem Mietvertrag als Bevollmächtigte des Vermieters hervorgeht und der Kündigung zusätzlich eine Kopie ihrer Vollmacht beifügt (OLG Frankfurt NJW-RR 96, 10) oder wenn der Vermieter dem Mieter zuvor schriftlich deren Bevollmächtigung mitgeteilt hatte (AG Tempelhof-Kreuzberg GE 2018, 938).

Ist der Mieter **geschäftsunfähig** und für ihn im Aufgabenkreis der Wohnungsangelegenheiten ein **Betreuer** bestellt, so ist die Kündigung nur wirksam, wenn sie direkt an den Betreuer gerichtet ist und diesem zugestellt wird (AG Idar-Oberstein WuM 2018, 757; LG Berlin, Urt. v.

23.7.2014 – 65 S 225/13). Dass der Betreuer lediglich Kenntnis vom Inhalt der Kündigung erhält, reicht nicht aus. Wird die Betreuung während eines laufenden Rechtsstreits eingerichtet, muss der Betreuer mit eingebunden werden **(BGH WuM 2008, 155)**.

Kündigt der Betreuer das Mietverhältnis für den Mieter, so bedarf die Kündigung der vorherigen Zustimmung des Betreuungsgerichts, §§ 1908, 1831 BGB; der unter Betreuung stehende Mieter soll so vor dem Verlust seiner Wohnung geschützt werden.

Sind an einem Mietverhältnis entweder auf der Vermieter- oder auf der Mieterseite **mehrere** Personen beteiligt, kann eine Kündigung nur von allen an alle ausgesprochen werden. Spricht der Vermieter die Kündigung nur gegenüber einem von zwei Mietern aus, ist sie unwirksam. Dies gilt auch dann, wenn ein Mitmieter nur zu Sicherungszwecken als zusätzlicher, solventer Schuldner in den Mietvertrag mitaufgenommen wurde und in die Wohnung nie eingezogen ist (AG Ludwigsburg WuM 2023, 156). Bei der Vermietung einer Wohnung durch zwei Miteigentümer bleiben beide auch dann Vermieter, wenn der eine seinen Anteil später an den anderen veräußert. Eine Kündigung gegenüber dem Mieter ist daher von beiden Vermietern auszusprechen (**BGH NZM 2019, 208**).

Eine Ausnahme ist allenfalls dann nach Treu und Glauben möglich, wenn einer der beiden Mieter – nach Trennung oder Scheidung – im Einvernehmen mit dem Vermieter ausgezogen ist **(BGH WuM 2004, 280)** oder die Mietwohnung seit Jahren endgültig verlassen und aufgegeben hat, ohne dem Vermieter dies mitzuteilen und ohne eine Anschrift zu hinterlassen. Hier reicht u. U. die Kündigung nur des noch in der Wohnung lebenden Mieters **(BGH WuM 2005, 341**; OLG Frankfurt RE WuM 81, 200; LG Frankfurt WuM 92, 179; LG Limburg WuM 93, 47).

Von dem Grundsatz, dass immer nur dem einen Ehepartner gekündigt werden muss, der den Mietvertrag auch unterschrieben hat, gibt es eine Ausnahme für die östlichen Bundesländer. Hat ein Ehegatte noch zu DDR-Zeiten die Wohnung angemietet, bestimmt § 100 Abs. 3 Zivilgesetzbuch (ZGB), dass Mieter der Wohnung immer **beide** Ehegatten sind, selbst wenn nur ein Partner den Mietvertrag unterschrieben hat oder die Heirat erst nach dem Einzug stattfand. In diesen Fällen muss der Vermieter immer beiden Ehegatten kündigen (OLG München NJW-RR 97, 904; LG Görlitz WuM 95, 649; AG Löbau WuM 96, 265).

Von dem Grundsatz, dass die Kündigung immer gegenüber allen Mietern abzugeben ist, gibt es noch eine weitere Ausnahme. Im Mietvertrag kann wirksam vereinbart werden, dass sich die Mieter gegenseitig zur Entgegennahme von Erklärungen bevollmächtigen. Das gilt dann auch für Kündigungen des Vermieters **(BGH RE WuM 97, 599)**.

Gibt der Vermieter eine zu kurze Kündigungsfrist oder gar keine Frist an, bleibt die Kündigung trotzdem wirksam. Das Ende der Mietzeit richtet sich dann nach der jeweils zulässigen Frist (**BGH NJW-RR 96, 144**; vergleiche zur Fristberechnung bei Mieterhöhungsverlangen **OLG Koblenz RE WuM 83, 132**). Hat der Vermieter mit einer längeren als der gesetzlichen ⇨ KÜNDIGUNGSFRIST gekündigt, ist das wirksam.

Wichtig: Die Kündigung muss vom **Vermieter** stammen. Dieser ergibt sich zunächst aus dem Mietvertrag. Ist der Vermieter zugleich Eigentümer, und hat er das Mietobjekt veräußert, so geht das bestehende Mietverhältnis auf den Erwerber als neuen Vermieter über ⇨ HAUSVERKAUF UND MIETVERTRAG. Der Erwerber tritt aber erst mit seiner **Eintragung** im Grundbuch als Vermieter in das Mietverhältnis ein. Er darf daher erst eine Kündigung aussprechen, wenn er im Grundbuch als Eigentümer eingetragen ist; eine vor seiner Eintragung ausgesprochene Kündigung ist unwirksam (OLG Celle NZM 2000, 93; LG Ellwangen WuM 91, 489; LG Münster WuM 91, 105).

Ausnahme: Der veräußernde Vermieter kann den Erwerber bereits vor Eigentumseintragung **ermächtigen**, eine Kündigung im eigenen Namen gegenüber dem Mieter auszusprechen (**BGH WuM 98, 99**; KG WuM 2008, 153). Dies ist für eine Kündigung wegen Zahlungsverzugs anerkannt. Eine Ermächtigung zur Kündigung wegen Eigenbedarfs (LG Stuttgart WuM 2018, 99; AG Ahrensburg ZMR 2013, 445) oder wirtschaftlicher Verwertung (AG Düsseldorf GE 2017, 665) ist nicht zulässig. Eine solche Ermächtigung zur Kündigung können Vermieter und Erwerber bereits im Kaufvertrag vereinbaren. Verfügt der Erwerber über eine Ermächtigung zur Kündigung, so muss er diese im Kündigungsschreiben nicht offenlegen (**BGH WuM 2014, 286** zum Mieterhöhungsverlangen; a.A. AG Hamburg-Blankenese ZMR 2015, 133). Denn der Mieter könne von dem Erklärenden einen Nachweis für seine Berechtigung verlangen und sei daher ausreichend geschützt (so **BGH WuM 2014, 286**).

Tipp: Erhält der Mieter eine Kündigung von einer ihm nicht als Vermieter bekannten Person, so sollte er die Kündigung unverzüglich zurückweisen und von dem Erklärenden einen Nachweis für dessen Berechtigung zur Kündigung fordern.

Das Recht zur Kündigung eines Mietvertrags kann **nicht abgetreten** werden (LG München I WuM 99, 161; WuM 89, 282). Hat der veräußernde Vermieter dem Erwerber das Kündigungsrecht also nur abgetreten und keine Ermächtigung zur Kündigung im eigenen Namen erteilt, so wäre die Kündigung des Erwerbers unwirksam.

Hat der veräußernde Vermieter mit dem Erwerber im Kaufvertrag zugunsten des Mieters ein »lebenslanges Wohnrecht« vereinbart und ein Kündigungsrecht wegen Eigenbedarfs **ausgeschlossen**, so erwirbt der Mieter aus dieser Vereinbarung ein eigenes Recht. Der Mieter kann von dem Erwerber auf Lebenszeit verlangen, dass dieser keine ordentliche Kündigung ausspricht (**BGH WuM 2019, 19**; LG Berlin WuM 2020, 652; AG Stuttgart-Bad Cannstatt WuM 2021, 374).

Ein Verzicht auf eine ordentliche Kündigung, insbesondere wegen Eigenbedarfs, kann auch im Mietvertrag vereinbart sein ⮚ EIGENBEDARF – Eigennutzung durch den Vermieter.

Bei einer Erbengemeinschaft kann ein Mitglied durch Mehrheitsbeschluss beauftragt werden, die Kündigung für die Erbengemeinschaft auszusprechen (LG Gießen WuM 97, 560).

Begründung der Kündigung

Der **Vermieter** muss jede Kündigung begründen, sonst ist sie unwirksam. Der Empfänger der Kündigung muss sich anhand der **schriftlichen** Begründung ein Bild davon machen können, ob die Kündigung berechtigt ist oder nicht. Dies gilt auch für fristlose Kündigungen. Beispielsweise muss bei einer Kündigung des Vermieters wegen **Zahlungsverzugs** der Zahlungsrückstand des Mieters in der Begründung genannt werden. Bei klarer und einfacher Sachlage, beispielsweise beim Rückstand von ganzen Monatsmieten, reicht es hierzu aus, dass der Gesamtbetrag genannt wird (**BGH WuM 2004, 97**). Eine Aufgliederung von Mietrückständen für einzelne Monate ist aber auch dann nicht erforderlich, wenn sich die Gesamtsumme aus vielen Einzelpositionen zusammensetzt. Es genügt, wenn der Mieter erkennen kann, von welchem Mietrückstand der Vermieter ausgeht (**BGH WuM 2017, 644; WuM 2010, 484; WuM 2006, 193**). Stützt der Vermieter seine Kündigung auf behauptete und vom Mieter bestrittene Zahlungsrückstände, die sich aus den vorgelegten Mieterkontoauszügen nicht herleiten lassen, so ist die Kündigung unwirksam (LG Heidelberg WuM 2023, 479). Auch dann, wenn der Mieter beispielsweise die Kündigungsgründe schon aufgrund eines Telefonats oder einer mündlichen Erklärung des Vermieters kennt, muss dieser in seinem Kündigungsschreiben die Gründe nochmals schriftlich darlegen (**BayObLG RE WuM 81, 200**; LG Freiburg WuM 90, 300; LG Detmold WuM 90, 301). Es reicht allerdings aus, wenn der Vermieter in seinem Kündigungsschreiben auf einen früheren Brief verweist, der die Begründung enthält **(BVerfG WuM 93, 233)**.

Zu den Anforderungen an die Begründung einer Kündigung wegen Eigenbedarfs ⇨ EIGENBEDARF – Begründungspflicht.

Der Vermieter soll den Mieter auch auf die Möglichkeit sowie die Frist eines Kündigungswiderspruchs nach der ⇨ SOZIALKAUSEL hinweisen, § 568 Abs. 2 BGB.

Der **Mieter** braucht für seine ordentliche Kündigung keinen Kündigungsgrund, er muss nur schriftlich kündigen. Kündigt er aber fristlos, muss er dafür einen Grund haben und den auch im Kündigungsschreiben nennen **(BGH WuM 2005, 584)** ⇨ FRISTLOSE KÜNDIGUNG.

Kündigungsfristen

Mieter und Vermieter können unbefristete Verträge nur unter Einhaltung bestimmter gesetzlicher Fristen kündigen.

Die Kündigungsfrist für den Mieter
Für ihn gilt die Dreimonatsfrist, § 573c Abs. 1 Satz 1 BGB. Sie gilt aufgrund der Mietrechtsreform für eine Kündigung durch den Mieter in jedem Fall, wenn der Mietvertrag **nach** dem 31. 8. 2001 abgeschlossen wurde.

Auch bei älteren Mietverhältnissen, also solchen, die **vor** dem 1. 9. 2001 abgeschlossen wurden, gilt im Regelfall die kurze Frist. Sie gilt **ausnahmsweise** nicht, wenn eine längere Frist individuell vereinbart worden war. Dies betrifft praktisch nur die seltenen Fälle, in denen eine längere Frist auf ausdrücklichen Wunsch des Mieters in den Vertrag aufgenommen worden war und diese nicht die damals geltenden gesetzlichen Fristen überstiegen hatte; hierfür ist der Vermieter beweispflichtig. Die früher üblichen, nach der Wohndauer gestaffelten längeren Kündigungsfristen sind für die Mieter seit dem 1.6.2005 auf die einheitliche Frist von 3 Monaten reduziert. **Achtung:** Damit sind ältere Entscheidungen des BGH überholt **(WuM 2003, 505; WuM 2004, 462; WuM 2004, 275)**.

Die Kündigungsfrist für den Vermieter
Der Vermieter hat ebenfalls Kündigungsfristen zu beachten. Für ihn verlängert sich jedoch die Kündigungsfrist für Wohnraummietverhältnisse je nachdem, wie lange das Mietverhältnis angedauert hat. Der Vermieter kann einen 5 Jahre dauernden Mietvertrag mit einer Frist von 6 Monaten und einen schon 8 Jahre dauernden Mietvertrag mit einer Frist von 9 Monaten kündigen, § 573c Abs. 1 Satz 2 BGB.

Wenn im Mietvertrag eine längere Kündigungsfrist vereinbart wurde (kommt vor allem bei Mietverträgen vor, die vor September 2001 abgeschlossen wurden), bleibt diese Frist für den Vermieter weiterhin verbindlich **(BGH WuM 2008, 290)**.

Ausnahmen von den gesetzlichen Kündigungsfristen sind zulässig bei Wohnraum, der nur zum vorübergehenden Gebrauch vermietet worden ist. Für diese Mietverhältnisse kann eine zulasten des Mieters kürzere Kündigungsfrist vertraglich vereinbart werden. Wohnraum, der Teil der vom Vermieter selbst bewohnten Wohnung ist und der möbliert vermietet wurde, kann wie bisher am 15. eines jeden Monats zum Monatsende gekündigt werden, wenn der Mieter dort alleine wohnt. Für möblierte Appartements außerhalb der Vermieterwohnung gelten die normalen Kündigungsfristen.

Abweichungen von diesen Fristen:
1. Längere Kündigungsfristen
Es steht den Mietvertragsparteien frei, zulasten des Vermieters längere als die gesetzlich festgelegten Kündigungsfristen zu vereinbaren. So kann der Mietvertrag z. B. auch formularmäßig eine Kündigungsfrist von 6 Monaten für die ersten Jahre vorsehen **(OLG Zweibrücken RE WuM 90, 8)**.

Für Mieter kann die Dreimonats-Kündigungsfrist nicht wirksam per Vertrag verlängert werden.

Bei sog. **Einliegerwohnungen** verlängern sich die Fristen um jeweils 3 Monate, wenn der Vermieter – nach seinen eigenen Angaben im Kündigungsschreiben – sich nicht auf ein berechtigtes Interesse beruft ➩ EINLIEGERWOHNUNG, ➩ KÜNDIGUNGSSCHUTZ.

2. Kürzere Kündigungsfristen
Haben die Mietvertragsparteien kürzere als die gesetzlich festgelegten Kündigungsfristen vereinbart, kann sich nur der Mieter darauf berufen. Das bedeutet: In diesem Fall kann der Mieter mit der kürzeren Frist kündigen; der Vermieter dagegen muss – trotz abweichender Vereinbarung – die gesetzliche (längere!) Kündigungsfrist einhalten **(OLG Zweibrücken RE WuM 90, 8)**.

Die in ostdeutschen Mietverträgen, die vor dem 3. 10. 1990 abgeschlossen wurden, enthaltene Kündigungsfrist gilt weiter, aber nur zugunsten des Mieters. Ist im Vertrag eine zweiwöchige Kündigungsfrist vereinbart, muss der Mieter tatsächlich nur diese Frist beachten. Der Vermieter dagegen ist an die zwingende gesetzliche Regelung des Bürgerlichen Gesetzbuches gebunden. Danach beträgt die Kündigungsfrist je nach Wohndauer zwischen 3 und 9 Monaten (**KG Berlin RE WuM 98, 149**).

Für den Vermieter gilt unabhängig von der Mietdauer eine dreimonatige Kündigungsfrist, wenn er das Grundstück, d.h. das Haus oder die Eigentumswohnung, in einer ⇨ ZWANGSVERSTEIGERUNG erworben hat.

3. Kündigungsfristen bei Mietverhältnissen über möblierte Wohnräume innerhalb der Wohnung des Vermieters
Ein Vermieter bewohnt einen Teil einer Wohnung selbst, wenn dieser Teil der Wohnung der Führung seines häuslichen Lebens, insbesondere seines Haushalts, dient. Hierfür ist es nicht erforderlich, dass sich der Vermieter ständig in der Wohnung aufhält (LG Berlin GE 80, 160).

Zu unterscheiden sind folgende Fälle:

a) Wenn der Wohnraum **nicht** einer Familie zum dauernden Gebrauch überlassen ist:

Die Kündigung ist dann bis zum 15. eines Monats zum Ablauf desselben Monats möglich. Die vertragliche Vereinbarung längerer Fristen ist auch hier zulässig.

b) Wenn der Wohnraum einer Familie zum dauernden Gebrauch überlassen ist: Hier gelten die normalen Kündigungsfristen, bei einer Kündigung durch den Vermieter also abhängig von der Wohndauer. Hat eine Familie möblierten Wohnraum in einer vom Vermieter bewohnten Wohnung zum dauernden Gebrauch gemietet, und kündigt ihr der Vermieter ohne Angabe von Gründen (⇨ MÖBLIERTE WOHNUNG ODER ZIMMER), verlängern sich diese Fristen zusätzlich um jeweils 3 Monate.

Bei möbliertem Wohnraum außerhalb der Wohnung des Vermieters gelten die normalen Kündigungsfristen.

4. Sonderkündigungsrecht des Mieters
Grundsätzlich gelten auch für den Mieter die gesetzlichen Kündigungsfristen. Unter bestimmten Voraussetzungen kann er aber mit einer kürzeren Frist kündigen oder sogar vorzeitig aus einem Zeitmietvertrag »aussteigen«, nämlich dann, wenn er sich auf ein Sonderkündigungsrecht berufen kann ⇨ MIETERKÜNDIGUNG.

5. Berechnung der Kündigungsfrist
Kündigungen werden in der Regel zum Monatsende wirksam, auch wenn es im Mietvertrag nur heißt, dass »mit einer Frist von 3 Monaten« gekündigt werden kann (**BGH WuM 2021, 744; 2005, 250**; AG Hamburg-St. Georg WuM 2023, 488).

Bei der Berechnung der Vertragsdauer können dann Probleme auftreten, wenn das Mietverhältnis zur **Zeit der Vermieterkündigung** unter 8 Jahren (= 6 Monate Kündigungsfrist), **zum Zeitpunkt des** geplanten **Auszugs** aber über 8 Jahre (= 9 Monate Kündigungsfrist) andauert. In diesen Fällen ist für die Dauer des Mietverhältnisses der **Zugang der Kündigung entscheidend**, nicht das Ende des Mietverhältnisses, sodass im obigen Beispiel die Kündigungsfrist 6 Monate beträgt. Wird während der Mietzeit der Mietvertrag geändert oder ein neuer Mietvertrag unterschrieben, ändert das an der Mietdauer nichts (LG Zwickau WuM 98, 158). Entscheidend ist die Wohndauer im Haus bzw. in der Wohnung.

Wechselt im Laufe des Mietverhältnisses der Vermieter (z. B. weil das Haus verkauft wird), spielt dies keine Rolle. Auch wird die Zeit mitgerechnet, in der der jetzige Mieter aufgrund eines Mietvertrages seines früheren Ehegatten in der Wohnung gelebt hat **(OLG Stuttgart RE WuM 84, 45)**. Ist der Mieter innerhalb des Hauses umgezogen, ist streitig, ob die bisherige Mietzeit bei der Bemessung der Kündigungsfrist zu berücksichtigen ist (dafür: LG Bonn WuM 87, 322; AG Bochum WuM 87, 56; AG Kassel WuM 65, 152; AG Oberhausen WuM 65, 186; AG Bremen WuM 65, 203; dagegen: LG Düsseldorf DWW 68, 381).

Auf jeden Fall ist dem Mieter die gesamte Mietzeit anzurechnen, wenn er die Wohnung **auf Wunsch des Vermieters** gewechselt hat (LG Aachen WuM 71, 60; AG Offenbach WuM 87, 322).

Ein dem Hauptmietverhältnis vorangegangenes Untermietverhältnis bleibt bei der Bemessung der Kündigungsfrist außer Acht (LG Düsseldorf MDR 69, 763; LG Bielefeld ZMR 65, 274. Für eine Anrechnung: AG Hagen WuM 69, 167).

6. Zugang der Kündigung ⇨ EINSCHREIBEN
Die schriftliche Kündigung muss dem Vertragspartner spätestens am 3. Werktag eines Monats zugehen, wenn dieser für den Ablauf der jeweiligen Kündigungsfrist mitzählen soll. Der Samstag zählt auch als Werktag **(BGH WuM 2005, 465)**, auch wenn er der 3. Tag der Frist ist **(BGH WuM 2005, 247)**.

Wer das Kündigungsschreiben persönlich (oder durch Boten) in den Briefkasten wirft, muss die Postzustellzeiten beachten. Wird der Brief erst nach der ortsüblichen Zustellungszeit in den Briefkasten geworfen, ist er rechtlich erst am nächsten Tag dem Empfänger zugegangen **(BAG NJW 84, 1651)**. Steckt der Mieter seine Kündigung erst um 22:30 Uhr in den Briefkasten des Vermieters, so geht sie dem Vermieter selbst dann erst am Folgetag zu, wenn der Mieter ihn über die Gegensprechanlage über den Einwurf und den Inhalt des Schreibens informiert (LG Krefeld WuM 2023, 20). Anders sieht es aus, wenn mit dem Zugang eines Schreibens ernsthaft gerechnet werden muss. Dann ist auch beispielsweise ein um 18.05 Uhr eingeworfener Brief noch am gleichen Tag zugegangen (LG München II; bestätigt durch BayVerfGH WuM 93, 331).

Wer also noch eine Frist wahren will, sollte den Brief persönlich übergeben. Verweigert der Empfänger unberechtigterweise die Annahme des Kündigungsschreibens, gilt von diesem Zeitpunkt an das Kündigungsschreiben als zugegangen (OLG Düsseldorf WuM 95, 585). Das Gleiche gilt, wenn die Zustellung nur deshalb scheitert, weil kein Briefkasten und kein Namensschild angebracht sind (AG Gießen WuM 2012, 168).

Geht das Kündigungsschreiben später zu, ist die Kündigung nicht unwirksam, die Beendigung des Mietverhältnisses wird jedoch um einen Monat verschoben.

Beispiel 1: Die Kündigung nach 4 Jahren Mietdauer geht – rechtzeitig – am 3. Juli (3. Werktag des Monats) zu; sie wird wirksam zum 30. September.

Beispiel 2: Die Kündigung geht am 4. Juli (4. Werktag des Monats) zu; sie wird wirksam zum 31. Oktober.

Wichtig: Eine falsch berechnete Kündigungsfrist macht die Kündigung nicht unwirksam (LG Köln WuM 93, 541). Es gilt die richtige Frist.

Kündigungsschutz

Nach ständiger Rechtsprechung des Bundesverfassungsgerichts steht das Besitzrecht des Mieters an der angemieteten Wohnung als Eigentum im Sinne von Art. 14 Abs. 1 Satz 1 GG unter dem Schutz des Grundgesetzes **(BVerfG WuM 93, 377; WuM 2000, 298; WuM 2004, 80)**. Für das Wohnraummietverhältnis gilt daher ein gesetzlicher Kündigungsschutz: Der Vermieter darf nur kündigen, wenn ein **Kündigungsgrund** vorliegt. Der Mieter soll vor willkürlichen Kündigungen geschützt werden. Für eine ordentliche Kündigung muss der Vermieter ein berechtigtes Interesse an der Beendigung des Mietverhältnisses haben (dazu s. u.). Aber auch wenn der Vermieter ein berechtigtes Interesse hat, kann der Mieter der Kündigung widersprechen und sich auf Härtegründe berufen (⇨ SOZIALKLAUSEL).

Die Vorschriften zum Kündigungsschutz gelten nicht für Gewerberaummietverhältnisse (⇨ GESCHÄFTSRÄUME), Wohnungen, die nur zum vorübergehenden Gebrauch vermietet werden (z.B. zum Ferien- oder Geschäftsaufenthalt), Wohnungen in einem ⇨ STUDIERENDEN- ODER

JUGENDWOHNHEIM sowie möblierten Wohnraum innerhalb der vom Vermieter selbst genutzten Wohnung.

Hinweis: Durch das Mietrechtsanpassungsgesetz werden ab dem 1.1.2019 geschlossene Mietverhältnisse geschützt, die als gewerblich eingestuft werden, aber einem sozialen Interesse dienen. Wenn juristische Personen des öffentlichen Rechts oder anerkannte private Träger der Wohlfahrtspflege Räume anmieten, um sie Personen mit dringendem Wohnbedarf zum Wohnen zu überlassen, gelten die Regeln über den Wohnraumkündigungsschutz.

Werden Räume sowohl zum Wohnen als auch gewerblich genutzt, hängt der Kündigungsschutz davon ab, ob die Nutzung zu Wohnzwecken überwiegt **(BGH WuM 2014, 539)** ⇨ MISCHMIETVERHÄLTNISSE. Kündigungsschutz besteht auch dann, wenn der Vermieter einen gewerblichen Mietvertrag konstruiert, um Mieterschutzvorschriften zu umgehen (LG München I WuM 91, 20).

Der Vermieter darf ein Mietverhältnis über Wohnraum auch nicht zum Zwecke der Mieterhöhung kündigen, sog. Änderungskündigung (Kündigung, verbunden mit dem Angebot, das Mietverhältnis zu einem höheren Mietpreis fortzusetzen).

Auch ein Eigentümerwechsel rechtfertigt keine Kündigung. Es gilt der Grundsatz »Kauf bricht nicht Miete«, d.h., der neue Eigentümer tritt in das bestehende Mietverhältnis ein und kann nur unter den gleichen Voraussetzungen kündigen, wie es auch der vorherige Eigentümer gekonnt hätte ⇨ HAUSVERKAUF UND MIETVERTRAG.

Neben der ⇨ FRISTLOSEN KÜNDIGUNG kommt eine Vermieterkündigung nur in Betracht, wenn ein »berechtigtes Interesse« vorliegt.

Berechtigtes Interesse

Hat der Vermieter die für die Wohnungskündigung geltenden Vorschriften über ⇨ KÜNDIGUNGSFORM und ⇨ KÜNDIGUNGSFRIST eingehalten, führt die Kündigung bei Mietverhältnissen auf unbestimmte Zeit nur dann zur Beendigung des Mietverhältnisses, wenn er hieran ein berechtigtes Interesse hat. Dabei können nur die Kündigungsgründe berücksichtigt werden, die der Vermieter auch in seinem Kündigungsschreiben aufgeführt hat **(BayObLG RE WuM 81, 200)**. Der Vermieter muss in der Kündigung einen zugrunde liegenden Sachverhalt so ausführlich darstellen und beschreiben, dass der Mieter abschätzen kann, ob er sich Erfolg versprechend gegen die Kündigung wehren kann **(BVerfG WuM 93, 233; WuM 92, 178)**. Kommt es zum Prozess, muss das Gericht die Kündigungsbegründung des Vermieters umfassend unter allen in Betracht kommenden rechtlichen Möglichkeiten überprüfen **(BVerfG WuM 91, 662)**.

1. Pflichtverletzung, § 573 Abs. 2 Nr. 1 BGB
Ein berechtigtes Interesse des Vermieters liegt **insbesondere** vor, wenn der Mieter schuldhaft nicht unerheblich seine Vertragspflichten verletzt, z.B. dauernd unpünktliche Mietzahlung **(BGH WuM 2006, 193)**, Mietrückstand mit mehr als einer Monatsmiete seit mindestens einem Monat **(BGH WuM 2012, 682)**, Beleidigungen gegenüber dem Vermieter (LG Halle ZMR 2012, 19), wiederholte grobe Verstöße gegen die Hausordnung (LG Köln ZMR 2017, 250) oder erhebliche Störungen des Hausfriedens (nächtliche Ruhestörungen, Geruchsbelästigungen, verbale oder tätliche Angriffe gegenüber anderen Mietern). Auch die Nichtzahlung einer fälligen Nachforderung aus einer ordnungsgemäßen Nebenkostenabrechnung kann zur ordentlichen Kündigung berechtigen. Die Nachforderung muss der Höhe nach mindestens einer Monatsmiete entsprechen und seit länger als einem Monat fällig sein (LG Berlin GE 2016, 126; ähnlich LG Bonn, Beschl. v. 3.6.2011 – 6 T 109/11; AG Dresden, Urt. v. 3.5.2013 – 144 C 7803/12).

Der Vermieter kann bei Mietrückständen, unpünktlichen Mietzahlungen und Hausfriedensstörungen sowohl eine fristlose als auch eine ordentliche Kündigung aussprechen.

Die ordentliche Kündigung wegen einer erheblichen Vertragsverletzung setzt immer ein **Verschulden** des Mieters voraus. Hieran kann es bei Mietrückständen fehlen, wenn der Mieter unverschuldet in eine wirtschaftliche Notlage geraten ist (**BGH WuM 2016, 682**: unerwartet hohe Steuernachforderung; AG Münster WuM 2021, 178: schwere Depression und dadurch bedingte Verdienstausfälle). In diesem Fall sollte sich der Mieter unverzüglich um eine Mietschuldenübernahme beim Jobcenter bemühen; versäumt er dies, trifft ihn u.U. trotz der nicht vorhersehbaren wirtschaftlichen Schwierigkeiten ein Verschulden (AG Reinbek ZMR 2015, 945).

Anders als bei der fristlosen Kündigung kann bei der ordentlichen Kündigung wegen Zahlungsverzugs aber nicht durch eine **nachträgliche Zahlung** des Mietrückstands die Kündigungswirkung abgewendet werden. Eine »Heilung« tritt nicht ein, die ordentliche Kündigung bleibt wirksam **(BGH WuM 2023, 213; WuM 2021, 744; WuM 2018, 758; WuM 2016, 682; WuM 2005, 250)**. Gleicht der Mieter den Mietrückstand aber alsbald nach Zugang der Kündigung aus, wird man u.U. nicht mehr von einer »erheblichen Pflichtverletzung« sprechen können **(BGH WuM 2021, 744; WuM 2005, 250; AG Hamburg WuM 2023, 488)**. Ob das

Festhalten des Vermieters an der ordentlichen Kündigung trotz Zahlungsausgleichs ausnahmsweise **treuwidrig** ist, hängt immer von den Umständen des Einzelfalls ab **(BGH WuM 2016, 225)**. Hierbei sind insbesondere die Schwere und Dauer des Pflichtverstoßes, die Anzahl der Verstöße, die Dauer der beanstandungsfreien Mietzeit, eine Wiederholungsgefahr und der Zeitraum des Zahlungsausgleichs zu berücksichtigen (**BGH WuM 2016, 225;** AG Mannheim WuM 2019, 528; LG Berlin ZMR 2017, 642). Das Festhalten an dem Räumungsanspruch ist treuwidrig, wenn der Mieter im Verlauf eines langjährigen, beanstandungsfreien Mietverhältnisses nur einmal die Miete nicht gezahlt und den Rückstand nach Zugang der Kündigung sofort ausgeglichen hat und keine Anhaltspunkte für künftige Zahlungsunregelmäßigkeiten bestehen (AG Mannheim WuM 2019, 528; AG Rheine WuM 2019, 531; AG Neuss ZMR 2019, 415). Zahlt der Mieter hingegen die rückständigen Mieten erst 9 Monate nach Zugang der Kündigung, so kann der Vermieter die Räumung verlangen **(BGH WuM 2012, 682)**.

Kündigt der Vermieter wegen unpünktlicher Mietzahlungen nicht fristlos, sondern unter Berücksichtigung der Kündigungsfristen, ist eine vorherige Abmahnung nicht erforderlich **(BGH WuM 2008, 91)**. Aber auch hier ist es fraglich, ob die unpünktliche Mietzahlung im Einzelfall wirklich eine erhebliche Vertragsverletzung ist, wenn der Vermieter vorher nicht abgemahnt hat.

Keine erhebliche Vertragsverletzung, die eine Kündigung rechtfertigen könnte, liegt vor, wenn der Mieter im häuslichen Arbeitszimmer Büroarbeiten erledigt und die berufliche Tätigkeit keine Außenwirkung (z. B. durch Empfang von Kunden) hat **(BGH WuM 2009, 517)** ⮱ BERUFSAUSÜBUNG IN DER WOHNUNG. Es reicht auch nicht aus, wenn der Mieter sich lediglich weigert, die Treppenhausreinigung vorzunehmen (AG Wiesbaden WuM 2000, 190) oder eine geringe Menge an Strom unbefugt entnimmt (KG WuM 2004, 721).

2. Eigenbedarf, § 573 Abs. 2 Nr. 2 BGB
Ein berechtigtes Interesse besteht dann, wenn

■ der Vermieter die Wohnung für sich, seine Familienangehörigen oder Angehörige seines Haushalts benötigt ⮱ EIGENBEDARF.

Wichtig: Für Eigenbedarf nach ⮱ UMWANDLUNG VON MIET- IN EIGENTUMSWOHNUNGEN gelten Sonderregelungen.

3. Wirtschaftliche Verwertung, § 573 Abs. 2 Nr. 3 BGB
Berechtigtes Interesse besteht dann, wenn

■ der Vermieter durch Fortsetzung des Mietverhältnisses an einer angemessenen **wirtschaftlichen Verwertung** des Grundstücks gehindert wird und dadurch erhebliche Nachteile erleiden würde. Dieser komplizierte Kündigungsgrund ist bei weitem nicht so verbreitet wie ⇨ EIGENBEDARF, gilt aber nun auch für Altverträge in den östlichen Bundesländern. Allerdings ist in diesem Bereich die Rechtsprechung in Bewegung. Auch hier hat zum Beispiel das **BVerfG (WuM 89, 118)** mit einer Grundsatzentscheidung den Anstoß gegeben. Danach gilt:

1. Eine Einschränkung des Kündigungsrechts auf Fälle, in denen eine »Hinderung angemessener wirtschaftlicher Verwertung« gegeben ist, ist verfassungsrechtlich zulässig.

2. Als Verwertung, die eine Kündigung rechtfertigen kann, kommt auch der Verkauf des Mietshauses oder der Eigentumswohnung in Betracht. Erfasst werden sollen hier die Fälle, in denen für das Mietshaus/die Eigentumswohnung im vermieteten Zustand ein deutlich geringerer Kaufpreis erzielt werden würde.

3. Nicht jeder wirtschaftliche Nachteil gewährt dem Vermieter das Kündigungsrecht. Der Nachteil muss erheblich sein.

4. Auf der anderen Seite liegt ein erheblicher Nachteil nicht erst vor, wenn die Existenz des Vermieters auf dem Spiel steht bzw. sein wirtschaftlicher Zusammenbruch droht. Wichtig: Bei dieser Frage muss die gesamte Situation des Vermieters berücksichtigt werden, es kommt nicht allein auf die Wirtschaftlichkeit des gekündigten Wohnraums an.

In einer späteren Entscheidung erklärte das **BVerfG (WuM 91, 663)** ergänzend, der Eigentümer habe keinen Anspruch darauf, aus seinem Eigentum immer den größtmöglichen wirtschaftlichen Nutzen zu ziehen. Und auch hier sind die Grundsätze des **BVerfG (WuM 93, 377)**, wonach das Besitzrecht des Mieters an der gemieteten Wohnung Eigentum im Sinne von Art. 14 GG ist, von Bedeutung.

Das Recht des Vermieters, sein Eigentum verkaufen zu können, muss aber respektiert werden. Die Kündigung darf z. B. nicht davon abhängig gemacht werden, dass die Kündigungsgründe erst nach Abschluss des Mietvertrages aufgetreten sein müssen **(BVerfG WuM 98, 463)**. Das Bundesverfassungsgericht lehnt auch überzogene Anforderungen an das Kündigungsschreiben selbst ab. Hier ist nicht zwingend erforderlich, dass der Vermieter seine Einkommensverhältnisse offenlegt, umfangreiche Bilanzen erstellt oder konkrete, erfolglos gebliebene Verkaufsbemühungen darstellt **(BVerfG WuM 98, 463)**.

Der Kündigungsgrund »Hinderung angemessener wirtschaftlicher Verwertung« kommt vor allem in Betracht, wenn der Vermieter das Haus/die Wohnung verkaufen will oder von Grund auf sanieren muss.

Der Kündigungsgrund »Hinderung angemessener wirtschaftlicher Verwertung« entfällt auch dann, wenn der Vermieter vor Ablauf der Kündigungsfrist die Mietwohnung verkauft **(BGH WuM 2003, 463**; LG Frankenthal WuM 91, 350; LG Aachen WuM 90, 27).

Verkauf: Das Bestreben des Vermieters, seine Wohnung möglichst gewinnbringend zu veräußern, reicht für eine Kündigung nicht aus (LG München I WuM 92, 374). Zwar kann ein zu erwartender Mindererlös bei Verkauf einer vermieteten Wohnung eine Kündigung rechtfertigen **(BVerfG WuM 89, 118)**. Der Nachteil muss aber erheblich sein. Der Verkauf im vermieteten Zustand muss wirtschaftlich sinnlos erscheinen **(BVerfG WuM 92, 46; WuM 91, 663)**. Hierfür ist der mögliche Verkaufserlös im vermieteten und im freistehenden Zustand zu vergleichen (LG Freiburg WuM 91, 592; LG Duisburg WuM 91, 497). In der Rechtsprechung wurde ein erheblicher Nachteil bejaht, wenn der Preisunterschied zwischen vermieteter und unvermieteter Wohnung 20% ausmacht (LG Hamburg WuM 1991, 185; LG Stuttgart WuM 91, 201). Hat der Vermieter die Wohnung bereits im vermieteten Zustand erworben oder geerbt, ist der Wert bei Erwerb mit dem Wert bei beabsichtigtem Verkauf – jeweils im vermieteten Zustand – zu vergleichen (LG Köln WuM 2007, 135). Kann der Vermieter danach immer noch einen höheren Verkaufspreis erzielen, als es dem Wert der Wohnung zum Zeitpunkt des Erwerbs entsprach, so ist der Verkauf nicht wirtschaftlich sinnlos, und es besteht kein Kündigungsrecht **(BVerfG WuM 91, 663)**.

Eventuelle Kaufangebote des Mieters müssen berücksichtigt werden. Andererseits darf das Angebot eines Kaufinteressenten dann nicht mehr ausschlaggebend sein, wenn es schon zum Zeitpunkt der Kündigungserklärung bzw. bei Ablauf der Kündigungsfrist keinen Bestand mehr hat (LG Bad Kreuznach WuM 91, 179).

Ein möglicher Preisunterschied zwischen vermieteter und unvermieteter Wohnung muss detailliert vorgetragen werden. Ein einmal erfolglos geschaltetes Inserat in der Tageszeitung lässt nicht den Schluss zu, dass das Haus in vermietetem Zustand unverkäuflich wäre (LG Frankfurt/Main WuM 91, 182).

Eine angemessene Verwertung kann unter Umständen auch darin liegen, dass der Eigentümer die bisherige Wohnung künftig zu einer höheren Miete als gewerbliche Räume vermieten will (zum Beispiel Arzt-, Anwaltspraxis, Ladenlokal). Die Vermietung von bisherigen Mietwohnungen als Geschäftsräume stellt aber eine ⇨ ZWECKENTFREMDUNG dar, die in verschiedenen Gemeinden der behördlichen Genehmigung bedarf. Soll das Mietobjekt nicht mehr als Wohnraum genutzt werden, muss der Vermieter dort eine Zweckentfremdungsgenehmigung besitzen und im Kündigungsschreiben auf diese verweisen **(OLG Hamburg RE WuM 81, 155)**, sonst ist die Kündigung unwirksam (LG München II WuM 97, 115; AG Hamburg, Urt. v. 29.8.2013 – 44 C 20/13). Liegt die erforderliche Zweckentfremdungsgenehmigung für das Bauvorhaben zum Zeitpunkt der Verwertungskündigung noch nicht vor, ist die Kündigung als Vorratskündigung unwirksam (AG Stuttgart WuM 2022, 44).

Einen **wirtschaftlichen Nachteil** erleidet der Vermieter dann, wenn er zwingend verkaufen muss (z.B. wegen Arbeitslosigkeit), aber durch die Vermietung daran gehindert wird, z.B. weil alle Kaufinteressenten das Haus nur zur Eigennutzung erwerben wollen (LG Krefeld WuM 2010, 302; LG Trier WuM 91, 273). Ein Nachteil kann aber auch in gravierenden finanziellen Einbußen liegen. Hierzu muss der Vermieter eine vergleichende Rechnung aufstellen, welche Nachteile er bei einem Fortbestand des Mietverhältnisses hätte (LG Ellwangen WuM 91, 273). Nach Auffassung des LG Freiburg (WuM 91, 185; WuM 91, 592) und des LG Kempten (WuM 91, 350) ist hier sogar eine detaillierte Wirtschaftlichkeitsberechnung erforderlich, wobei auch eventuelle Steuerersparnisse zu berücksichtigen sind. Allerdings, nicht jeder Nachteil ist zu berücksichtigen: Der Wegfall von Steuervergünstigungen oder der Zinsbindung rechtfertigt keine Kündigung (LG Kiel WuM 93, 52). Aber: Der Vermieter muss nicht abwarten, bis seine Existenz bedroht ist, erhebliche Nachteile reichen aus **(BVerfG WuM 89, 118)**. Wird der Vermieter arbeitslos und kann die monatlichen Zinsbelastungen für die vermietete Wohnung nicht aus der Miete decken, kann er kündigen (LG Wiesbaden WuM 2007, 201).

Der Vermieter hat keinen Anspruch auf die höchstmögliche Rendite (LG Hamburg WuM 2001, 196), und er kann auch nicht bei jedem wirtschaftlichen Nachteil kündigen (LG Gießen WuM 94, 688; LG Mannheim ZMR 94, 568; LG Lübeck WuM 93, 616). Erben können beispielsweise nicht kündigen, wenn sie das Haus in vermietetem Zustand zum Verkehrswert verkaufen können (AG Eschweiler WuM 2000, 191). Auch der Wunsch einer Erbengemeinschaft, das Erbe zu teilen, berechtigt nicht ohne weiteres zur Kündigung (OLG Stuttgart WuM 2005, 658).

Dagegen muss das Gericht prüfen, ob ein Verkauf wirtschaftlich sinnlos wäre, wenn der Vermieter eine Wohnung, die er für umgerechnet 73 000 Euro gekauft hat, vermietet nur für 69 000 Euro, unvermietet aber für 116 000 Euro verkaufen könnte **(BVerfG WuM 92, 46)**. Prüfen muss das Gericht hier aber natürlich auch, ob von Seiten des Eigentümers ein Spekulationsgeschäft vorliegt, nach dem Motto: Billig kaufen, dann kündigen und teuer verkaufen.

In jedem Fall ausgeschlossen ist das Kündigungsrecht, wenn der Vermieter mit dem Hauskauf und -verkauf spekulativen Gewinn machen will (LG Wiesbaden WuM 94, 215; LG Dortmund WuM 92, 23; LG Hamburg WuM 91, 185; LG Münster WuM 74, 128; AG Bonn WuM 79, 150). Deshalb kann der Vermieter auch nicht kündigen, wenn er die Wohnung lediglich mit einer höheren Miete vermieten oder wenn er das Haus in Eigentumswohnungen aufteilen will (⇨ UMWANDLUNG VON MIET- IN EIGENTUMSWOHNUNGEN), um diese zu verkaufen, § 573 Abs. 2 Nr. 3 BGB. Außerdem ist eine Kündigung wegen Hinderung angemessener wirtschaftlicher Verwertung ausgeschlossen, wenn die Wohnkosten des Vermieters auf einer entsprechenden Zinsbelastung beruhen, weil er den Hauskauf überwiegend fremdfinanziert hat (AG Hamburg WuM 91, 185). Der Vermieter darf nicht über das Kündigungsrecht das Risiko des Immobilienkäufers vollständig auf die Mieter abwälzen (LG Mosbach WuM 91, 191; AG München WuM 91, 192).

Verkauft der Vermieter während des Räumungsprozesses die Mietwohnung, entfällt sein ursprünglicher Kündigungsgrund »Hinderung angemessener wirtschaftlicher Verwertung« (LG Frankenthal WuM 91, 350).

Sanierung: Kündigt der Vermieter das Mietverhältnis, weil er die Wohnung komplett sanieren will, muss er darlegen, dass die Sanierung wirtschaftlich geboten und dass hierfür die Räumung des gesamten Anwesens erforderlich ist (LG Freiburg WuM 91, 175). Die bloße Verzögerung und Verteuerung von Sanierungsmaßnahmen bei fortlaufendem Mietverhältnis rechtfertigen keine Kündigung (LG Nürnberg-Fürth WuM 91, 176). Wer eine vermietete und unmodernisierte Wohnung kauft und beabsichtigt, nach der Kündigung des Mieters zu modernisieren, und dann wieder teuer weiterverkaufen will, hat kein Kündigungsrecht (LG Hamburg WuM 91, 696; LG Augsburg WuM 92, 614). Bauliche Maßnahmen – Modernisierungen oder Instandsetzungen – berechtigen nicht zur Kündigung (LG Frankfurt WuM 95, 441; LG Koblenz WuM 90, 211; LG Köln, AG Konstanz WuM 89, 255). Selbst dann nicht, wenn es erforderlich ist, dass der Mieter kurzfristig die

Wohnung räumt (AG München WuM 86, 334). Ein Dachausbau zwecks Schaffung neuen zusätzlichen Wohnraums kann eine wirtschaftliche Verwertung darstellen (LG Münster WuM 2022, 225). Entscheidend ist auch hier, ob der Vermieter durch den Fortbestand des Mietverhältnisses einen erheblichen Nachteil erleiden würde. Hierzu sind eine detaillierte Gegenüberstellung und vergleichende Berechnungen für die gekündigte Wohnung vor und nach der erstrebten Sanierung notwendig (LG Karlsruhe WuM 91, 168; AG Neumünster WuM 91, 165). Beabsichtigte Sanierungs- und Modernisierungsarbeiten können erst recht nicht zu einer Kündigung führen, wenn der Vermieter den schlechten Zustand des Gebäudes durch sein eigenes vertragswidriges Verhalten herbeigeführt hat, weil er in der Vergangenheit seinen Erhaltungspflichten nicht nachgekommen ist (LG Hamburg WuM 99, 720; LG Frankfurt WuM 95, 441).

Abriss und Neubau: Beabsichtigt der Vermieter, ein nicht abbruchreifes Haus zur Vermeidung von Reparaturkosten abzureißen, muss er anhand einer Wirtschaftlichkeitsberechnung darlegen, dass die geplante anderweitige Nutzung des Grundstücks für ihn wirtschaftlicher ist als die Durchführung der Reparaturen (LG Berlin GE 2007, 659; WuM 96, 770). Diese Wirtschaftlichkeitsberechnung muss er bereits bei der Kündigung vorlegen, er kann sie nicht erst im Räumungsprozess nachschieben (LG Hamburg ZMR 2009, 366; LG Berlin WuM 2009, 466).

Im Einzelfall muss bewertet werden, ob eine Vollsanierung unter Beibehaltung der Mietverhältnisse zumutbar ist oder ob der Vermieter kündigen, abreißen und anschließend neu bauen darf. Wird beispielsweise bei einer Sanierung nur eine Rendite von 2,5% bei einer dann verlängerten Restnutzungsdauer des Gebäudes von bis zu 20 Jahren erzielt, und würde ein Neubau eine Rendite von 16% erbringen, darf der Vermieter kündigen **(BGH WuM 2009, 182)**. Zur Beurteilung muss der Vermieter daher Angaben zu den Neubaukosten und zu den mit der Bewirtschaftung des Neubaus zu erwartenden Beträgen machen und nachweisen, dass er den Neubau zeitnah umsetzt (LG Berlin GE 2009, 1497). Das LG Kiel (GE 2008, 1427) lässt eine Kündigung nicht zu, wenn das Grundstück bereits in Kenntnis der Unrentabilität mit der Absicht gekauft worden ist, die Mietverhältnisse zu kündigen, abzureißen und neu zu bauen **(a.A. BGH WuM 2009, 182)**.

Will der Vermieter das vermietete Gebäude abreißen und durch einen Neubau ersetzen, muss zum Zeitpunkt der Kündigung noch nicht die Abrissgenehmigung bzw. Neubaugenehmigung vorliegen. Entscheidend ist, ob mit »einiger Sicherheit« festgestellt werden kann, dass die baurechtlichen Genehmigungen erteilt werden und dann vorliegen, wenn sie benötigt werden **(BayObLG RE WuM 93, 660)**.

Abriss wegen Leerstand
Vor dem Hintergrund teilweise massiver Wohnungsleerstände stellt sich die Frage, ob der Vermieter dann kündigen kann, wenn nur noch wenige Mieter im Haus verblieben sind und der Vermieter dieses Haus abreißen möchte, um weitere Verluste zu vermeiden. Der geplante Abriss eines Gebäudes ist allerdings keine »wirtschaftliche Verwertung« im Sinne des Gesetzes, wenn das Grundstück anschließend nicht verwertet oder neu bebaut werden soll, sondern lediglich brachliegt **(BGH WuM 2021, 119; WuM 2004, 277)**. In Einzelfällen, in denen lediglich einige wenige noch bewohnte Wohnungen einen aus wirtschaftlichen Gründen praktisch unumgänglichen Abriss verhindern, lassen die Gerichte allerdings eine Kündigung der Mieter zu **(BGH WuM 2004, 277**; AG Leipzig WuM 2003, 276; AG Halle-Saalkreis WuM 2002, 428). Die Gerichte erkannten in solch extremen Einzelfällen ein Kündigungsrecht wegen sonstiger berechtigter Interessen an.

4. Sonstige Kündigungsgründe, § 573 Abs. 1 Satz 1 BGB
Die in § 573 Abs. 2 BGB aufgezählten Kündigungsgründe der erheblichen Vertragsverletzung, des Eigenbedarfs und der wirtschaftlichen Verwertung sind nur Beispiele für ein berechtigtes Interesse des Vermieters. Ist keiner dieser Gründe einschlägig, kann sich ein berechtigtes Interesse des Vermieters an der Beendigung des Mietverhältnisses noch aus § 573 Abs. 1 Satz 1 BGB ergeben. Hierfür ist ein zu »Eigenbedarf«, »Vertragsverletzung« oder »Hinderung angemessener wirtschaftlicher Verwertung« **vergleichbar gewichtiger** Grund erforderlich.

Der **BGH (WuM 2017, 333)** unterscheidet dabei nach der Nähe zu den im Gesetz ausdrücklich genannten Kündigungsgründen. Will der Vermieter die gekündigte Wohnung nicht nur zu Wohnzwecken beziehen, sondern dort zugleich **überwiegend** einer geschäftlichen Tätigkeit nachgehen, hat dieser Grund Nähe zum Eigenbedarf. Für die Kündigung reicht es dann aus, wenn dem Vermieter andernfalls **beachtenswerte Nachteile** entstünden.

Will der Vermieter die Mieterwohnung **ausschließlich** zu geschäftlichen Zwecken nutzen, hat diese Absicht eher Nähe zur Verwertungskündigung. Eine Kündigung ist deshalb nur dann möglich, wenn dem Vermieter sonst **Nachteile von einigem Gewicht** drohen. Eine Kündigung ist beispielsweise möglich, wenn die geschäftliche Tätigkeit sonst nicht rentabel durchgeführt werden kann, nicht aber, wenn die Räume für ein

Archiv genutzt werden sollen, das auch in weiter entfernten Räumen untergebracht werden könnte **(BGH WuM 2017, 333)**.

Weitere Beispiele:
– Wer nach dem Tod eines Mieters in das Mietverhältnis eintritt, muss mit einer Kündigung rechnen, wenn zu befürchten ist, dass er die Miete auf Dauer nicht zahlen kann. Dass der neue Mieter nur ein Ausbildungsgehalt bezieht, reicht dafür aber nicht aus **(BGH WuM 2018, 153)**.

– Eine gemeinnützige Wohnungsbaugenossenschaft will die erheblich unterbelegte Wohnung an eine größere Familie mit entsprechendem Wohnbedarf vermieten **(OLG Stuttgart RE WuM 91, 379**; vgl. auch **OLG Karlsruhe RE WuM 84, 43)**.

– Die Wohnungsgenossenschaft hat ein Mitglied wegen genossenschaftswidrigen Verhaltens aus der Genossenschaft ausgeschlossen; in diesem Fall kann sie ihm auch die gemietete Wohnung kündigen **(BGH WuM 2003, 691)**.

– Eine Genossenschaft kann nicht kündigen, wenn sie das Mietshaus kauft, in dem der Mieter schon wohnt, und dieser sich weigert, Mitglied der Genossenschaft zu werden (AG Weißwasser WuM 2003, 331).

– Kein Kündigungsrecht besteht für die Wohnungsbaugenossenschaft, wenn der Mieter die Wohnung berufsbedingt überwiegend leer stehen lässt (LG Köln WuM 91, 589). Aber das berechtigte Interesse an einer Kündigung wird bejaht, wenn der Mieter die gekündigte Wohnung nur als »Zweitwohnung« hält (LG München I WuM 92, 16; vgl. auch LG Nürnberg-Fürth WuM 93, 280).

– Eine »Abrisskündigung« kann dann berechtigt sein, wenn ein großer Wohnblock weitestgehend leer steht und im Rahmen eines städtebaulichen Konzepts abgerissen werden soll, da eine vernünftige Bewirtschaftung des Gebäudes wegen des Leerstands nicht möglich ist **(BGH WuM 2004, 277**; AG Leipzig WuM 2003, 277; AG Halle-Saalkreis WuM 2002, 428).

Nach Auffassung des OLG Dresden sind die Grundsätze der »Abrisskündigung« für Wohnraummietverhältnisse nicht auf Gewerberaummietverträge übertragbar (WuM 2003, 32), grundsätzlich muss sich der Vermieter an einen langfristig laufenden Gewerbezeitmietvertrag halten.

– Die Gemeinde kündigt die Wohnung in ihrem Haus, weil sie die Räume benötigt, um ihren öffentlichen Pflichten nachzukommen (BayObLG RE WuM 81, 32; vgl. auch OLG Frankfurt/M. RE WuM 81, 126; LG Kiel WuM 92, 129).

– Eine Kirchengemeinde kündigt, weil sie das gesamte Haus zur Eröffnung einer Beratungsstelle braucht **(BGH WuM 2012, 388)**. Kündigt der Vermieter, um in den vermieteten Räumen ein soziales Wohngruppenprojekt zu ermöglichen, ist diese Kündigung unwirksam, wenn durch die Fortsetzung des Mietverhältnisses die Finanzierung und Verwirklichung des Projekts im Übrigen nicht gefährdet wird **(BGH GE 2017, 769)**.

– Kein berechtigtes Interesse für eine Kündigung besteht, wenn der Vermieter baurechtlich nicht für Wohnzwecke genehmigte Räume als Wohnraum vermietet hat und kündigt, weil er eine behördliche Räumungsanordnung erhalten hat (AG Hamburg ZMR 99, 770; LG Stuttgart WuM 92, 487; LG Hamburg WuM 92,129).

– Ist der Mieter wegen Verletzung seiner mietvertraglichen Obhutspflicht zur Leistung von Schadensersatz verurteilt worden, kann in dem beharrlichen Leugnen der Pflichtverletzung jedenfalls dann ein berechtigter Grund zur ordentlichen Kündigung liegen, wenn der Vermieter befürchten muss, der Mieter setze seine Pflichtverletzung auch nach der rechtskräftigen Verurteilung fort **(BGH WuM 2016, 365)**.

– Weigert sich der Mieter (zu Unrecht), Instandsetzungs- oder Modernisierungsarbeiten zu dulden, kann dies den Vermieter in Ausnahmefällen zur Kündigung berechtigen; er ist nicht verpflichtet, den Mieter zuvor auf Duldung zu verklagen **(BGH WuM 2015, 416)**.

– Der Mieter hat die Wohnung an einen Dritten untervermietet, ohne den Vermieter um Erlaubnis zu fragen. Hierin kann eine erhebliche Pflichtverletzung liegen **(BayObLG RE WuM 95, 378)** ➩ UNTERMIETE, ➩ FRISTLOSE KÜNDIGUNG.

– Der Mieter ist ohne Berechtigungsschein in eine Sozialwohnung gezogen **(OLG Hamm RE WuM 82, 244**; LG Köln WuM 92, 487).

– Die Wohnung ist nach dem Zuzug weiterer Familienmitglieder völlig überbelegt **(OLG Hamm RE WuM 82, 323**; AG Stuttgart WuM 2012, 150). ➩ FRISTLOSE KÜNDIGUNG.

– Wenn der Vermieter einer ➩ WERKWOHNUNG nach Beendigung des Arbeitsverhältnisses mit dem Mieter die Wohnung für einen anderen Arbeitnehmer benötigt **(BGH WuM 2017, 342)** ➩ BETRIEBSBEDARF.

Unzulässig sind willkürliche und missbräuchliche Kündigungen. Beispiele und Konsequenzen, die vorgeschobene oder vorgetäuschte Kündigungsgründe mit sich bringen, siehe unter ➩ EIGENBEDARF.

Sozialklausel, § 574 BGB
Selbst dann, wenn das Gericht dem Vermieter ein berechtigtes Interesse an der Beendigung des Mietverhältnisses zugesteht, bedeutet das noch nicht, dass der Mieter die Wohnung räumen muss. Er hat nämlich das Recht, Widerspruch gegen die ordentliche Kündigung zu erheben, wenn die vertragsgemäße Beendigung des Mietverhältnisses für ihn, seine Familie oder für einen Angehörigen seines Haushalts eine Härte bedeuten würde und diese auch unter Würdigung der berechtigten Interessen des Vermieters nicht zu rechtfertigen ist. In diesem Fall kann das Gericht anordnen, dass das Mietverhältnis zeitlich befristet oder unbefristet fortgesetzt wird **(BGH WuM 2017, 285; WuM 2017, 23)**.

Die Sozialklausel (Härteklausel) des Bürgerlichen Gesetzbuches (BGB) ist keine Ausnahmeregelung, sondern das gleichwertige Gegenstück zur Kündigungsbefugnis des Vermieters (LG Hamburg WuM 89, 238). Nach Ansicht des **BVerfG (WuM 93, 377)** muss gerade auch bei der Entscheidung über die Anwendung der Sozialklausel das grundgesetzlich geschützte Besitzrecht des Mieters beachtet werden. Sie kommt auf Initiative des Mieters erst dann zur Anwendung, wenn der Vermieter ein berechtigtes Interesse an der Beendigung des Mietverhältnisses nachweisen konnte. Andernfalls ist die Kündigung des Vermieters ohnehin unwirksam.

Beispiel: Auch wenn eine Eigenbedarfskündigung berechtigt ist, kann ein Mieterwiderspruch wegen unzumutbarer Härte einem Räumungsanspruch entgegenstehen, wenn beide Mieter über 80 Jahre alt sind und eine Mieterin zudem schwer krebskrank und sehbehindert ist (**BGH WuM 2005, 136**).

Der Härtegrund muss aber schon vor **Ablauf der Kündigungsfrist** vorliegen. Entsteht er erst nach Beendigung des Mietverhältnisses, kann er als Härtegrund nicht mehr berücksichtigt werden (LG Berlin WuM 2023, 767).

Angemessener Ersatzwohnraum
Eine Härte liegt auch vor, wenn angemessener Ersatzwohnraum zu zumutbaren Bedingungen nicht beschafft werden kann. Eine Ersatzwohnung ist laut BGH **angemessen**, wenn sie im Vergleich zu der bisherigen Wohnung den Bedürfnissen des Mieters entspricht und finanziell für ihn tragbar ist. Dabei sind die Lebensführung des Mieters und seine persönlichen und finanziellen Lebensverhältnisse maßgebend. Die Wohnung muss allerdings dem bisherigen Wohnraum weder hinsichtlich ihrer Größe, ihres Zuschnitts oder ihrer Qualität noch hinsichtlich ihres Preises vollständig entsprechen. Gewisse Einschnitte sind dem Mieter

vielmehr zuzumuten **(BGH WuM 2020, 88)**. Leben im Haushalt des Mieters Angehörige mit eigenem Einkommen, ist die Suche nach angemessenem **Ersatzwohnraum** grundsätzlich auch auf solche Wohnungen zu erstrecken, die mit dem Haushaltseinkommen finanziert werden können, wobei auch zu berücksichtigen ist, ob der Mieter für eine Ersatzwohnung erstmals oder in höherem Umfang Sozialleistungen (vor allem Wohngeld) erhalten würde **(BGH WuM 2019, 385)**.

Als »angemessene Ersatzwohnung« wird nur eine Wohnung in Betracht kommen, die nach ihrer Größe und Ausstattung eine menschenwürdige Unterbringung aller zum Haushalt gehörenden Familienmitglieder gewährleistet. Auf eine Obdachlosenunterkunft (AG Burgsteinfurt WuM 65, 28) oder ein Alten- oder Pflegeheim **(OLG Karlsruhe RE NJW 70, 1746)** muss sich der Mieter nicht verweisen lassen.

Grundsätzlich ist davon auszugehen, dass jeder Erwachsene und jeweils 2 Kinder – bis zum 18. Lebensjahr bei gleichem Geschlecht, bis zum 8. Lebensjahr bei verschiedenem Geschlecht – je ein Wohn- oder Schlafzimmer benötigen. Aber auch Beruf (Notwendigkeit eines Arbeitszimmers) und Gesundheitszustand (Tbc-Erkrankung) des Mieters und seiner Familienmitglieder sind zu berücksichtigen.

Achtung: Die Chancen auf eine angemessene Ersatzwohnung hängen sehr stark von der jeweiligen Wohnungsmarktlage ab. Befindet sich die Wohnung laut Landesverordnung in **angespannter Wohnungsmarktlage**, wird zumutbarer Ersatzwohnraum sehr schwer zu finden sein. Nach Ansicht des BGH ist der Erlass einer entsprechenden Verordnung allenfalls ein Indiz für das Vorliegen des Härtegrundes fehlender Ersatzwohnraum **(BGH WuM 2021, 257)**. Der Mieter muss konkret vortragen und nachweisen, welche Maßnahmen er unternommen hat, um eine Ersatzwohnung zu finden **(BGH WuM 2023, 217; WuM 2021, 451**; AG Münster WuM 2023, 152; LG Berlin GE 2018, 998). In Einzelfällen verlängern die Gerichte bei angespannter Wohnungsmarktlage das Mietverhältnis (vgl. LG Berlin WuM 2018, 584; LG Düsseldorf WuM 92, 371; AG Freiburg WuM 91, 102; AG Stuttgart WuM 91, 103). Ist für einen Mieter mit vier Kindern eine Anmietung von Ersatzwohnraum in der betreffenden Gemeinde aufgrund seiner wirtschaftlichen Verhältnisse ausgeschlossen, und hat der Mieter seine erfolglosen Bemühungen um Ersatzwohnraum nachgewiesen, kann das Gericht die unbestimmte Fortsetzung des Mietverhältnisses bestimmen (AG Lübeck WuM 2022, 285).

Wichtig: Nach überwiegender Ansicht in der Rechtsprechung muss der Mieter mit der Suche nach Ersatzwohnraum **unmittelbar nach Zugang**

der Kündigung beginnen (LG Berlin WuM 2023, 767; LG Karlsruhe, Urt. v. 9.12.1990 – 9 S 306/89; AG Ansbach ZMR 2006, 938; a.A. LG Berlin WuM 2020, 291: Mieter kann die Suche nach Ersatzwohnraum solange zurückstellen, als er an den Erfolgsaussichten seiner Rechtsverteidigung gegen die Kündigung nicht ernsthaft zweifeln muss). Andernfalls könne er sich nicht auf den Härtegrund des fehlenden Ersatzwohnraums berufen. Ob der Mieter Zweifel an der Wirksamkeit der Kündigung habe, sei unerheblich (LG Berlin WuM 2023, 767). Der Mieter sollte daher sofort nach Zugang der Kündigung mit der Suche nach einer Ersatzwohnung beginnen und die Adressen der besichtigten Wohnungen, vergebliche Wohnungsnachfragen, z.B. auch bei Wohnungsunternehmen, Maklern, Wohnungsamt usw. notieren. Denn im Streitfall muss er beweisen, dass er alle erforderlichen und zumutbaren Schritte unternommen hat, um eine Ersatzwohnung zu finden **(BGH WuM 2019, 385)**.

Auf jeden Fall sollte er außerdem direkt nach Zugang der Kündigung überprüfen (lassen), ob die Kündigung überhaupt berechtigt ist. Die örtlichen Mietervereine helfen bei dieser Prüfung.

Weitere Härtegründe

Folgende Umstände können nach bisheriger Rechtsprechung eine Härte bedeuten:

Hohes Alter und lange Mietdauer haben zu einer tiefen Verwurzelung im vertrauten Wohnumfeld geführt (**BGH WuM 2019, 385**; LG Bochum ZMR 2007, 452; LG Stuttgart WuM 2021, 566); hohes Alter reicht für sich allein aber nicht aus **(BGH WuM 2021, 257; GE 2022, 577; WuM 2019, 385)**; lehnt der suizidgefährdete Mieter eine Therapie oder Ersatzwohnung ab, schließt dies einen Härtegrund nicht zwangsläufig aus **(BGH WuM 2023, 39)**; dem Mieter ist aufgrund schwerer Erkrankung ein Umzug nicht möglich, und im Falle des Wohnungswechsels besteht ernsthafte Gefahr der Verschlechterung des gesundheitlichen Zustands **(BGH WuM 2019, 385; WuM 2013, 739)**; im Falle des Wohnungsverlusts besteht Suizidgefahr (LG Berlin WuM 2015, 439; AG München ZMR 2020, 129; AG Konstanz WuM 2021, 180), oder es drohen Gesundheitsbeeinträchtigungen für ein geistig und körperlich behindertes Kind des Mieters (LG Lübeck WuM 205, 97); Verhinderung eines ansonsten erforderlichen kurzzeitigen Zwischenumzugs, weil die Ersatzwohnung noch nicht bezugsfertig ist (LG Stuttgart WuM 91, 589; LG Wiesbaden WuM 88, 269); erwirbt der Mieter aber erst nach Zugang der Kündigung ein nicht bezugsfertiges Haus, und verzögern sich die Sanierungsarbeiten, ist ein Zwischenumzug nicht unzumutbar (AG Münster WuM 2023, 152); Möglichkeit einer optimalen Pflege des kranken Mieters durch Angehörige im Nachbarhaus (AG Lübeck WuM 2003, 214); fortgeschrittene Schwangerschaft kann Verlängerung innerhalb der Mutterschutzfristen erfordern (LG Stuttgart WuM 91, 347); Examenszeit eines Studenten (LG Aachen WuM 86, 252) oder Fertigung einer Promotionsarbeit (AG Tübingen ZMR 86, 60); ernsthafte Umschulungsprobleme bei schulpflichtigen Kindern (LG Wuppertal WuM 70, 60); zeitnahe Beendigung der Schulausbildung eines Kindes (AG Dortmund WuM 2004, 210); besondere finanzielle Aufwendungen für die Wohnung im Vertrauen auf eine lange Mietdauer (OLG Frankfurt RE WuM 71, 168; OLG Karlsruhe RE NJW 71, 1182; LG Kiel WuM 92, 690); psychische Beeinträchtigungen bei Kindern nach Trennung der Eltern, die sich durch den Verlust der Familienwohnung verstärken würden (LG Hannover WuM 94, 430).

Achtung: Der BGH hat entschieden, dass es für Härtegründe **keine allgemeinen Fallgestaltungen** (wie z.B. das hohe Alter des Mieters) gibt. Vielmehr ist stets eine **sorgfältige Einzelfallprüfung** erforderlich. Wenn der Mieter eine drohende Verschlechterung seines Gesundheitszustands durch ärztliches Attest belegt hat und der Vermieter die Härtegründe bestreitet, muss das Gericht ein Sachverständigengutachten einholen **(BGH WuM 2023, 217)**. Nur auf diese Weise ist zu klären, an welchen Erkrankungen der betroffene Mieter konkret leidet und wie sich diese auf seine Lebensweise sowie auf seine psychische und physische Verfassung auswirken und einen Verbleib in der Wohnung erfordern **(BGH WuM 2023, 217; WuM 2021, 451; WuM 2019, 385)**. Sind mehrere Härtegründe gegeben, z.B. hohes Alter, schlechter Gesundheitszustand, Demenz, tiefe Verwurzelung mit der Wohnungsumgebung aufgrund jahrzehntelanger Mietdauer usw., sollte der Mieter auch alle Härtegründe vortragen.

Abwägung

Das Gericht muss die Härtegründe des Mieters gegen das berechtigte Interesse des Vermieters an der Beendigung des Mietverhältnisses abwägen. Hierfür dürfen zugunsten des Vermieters nur die im Kündigungsschreiben angegebenen Gründe berücksichtigt werden, es sei denn, nach dem Absenden der Kündigung sind neue Gründe entstanden. Der Widerspruch des Mieters hat Erfolg, wenn seine Härtegründe im Rahmen der Interessenabwägung überwiegen (LG München I WuM 2017, 477; WuM 2019, 459). Dies ist in der Regel der Fall, wenn dem Mieter durch den Verlust der Wohnung eine erhebliche Gesundheitsgefahr droht und der Vermieter ausschließlich wirtschaftliche Interessen verfolgt (LG München I WuM 2019, 459; NZM 2014, 638). Das Gericht stellt für die Abwägung auf die Interessen von Mieter und Vermieter ab, die zum Zeitpunkt der letzten mündlichen Verhandlung im Räumungsrechtsstreit (noch) bestehen **(BGH WuM 2020, 88)**. Ist der Härtegrund des Mieters bis zu diesem Zeitpunkt weggefallen, so kann das Gericht ihn nicht mehr berücksichtigen.

Die Sozialklausel findet keine Anwendung

- auf ⇨ ZEITMIETVERTRÄGE;
- bei möblierten Zimmern in der Wohnung des Vermieters (es sei denn, sie werden von einer Familie auf Dauer bewohnt);
- bei nur zu vorübergehendem Gebrauch gemietetem Wohnraum;
- wenn der Mieter selbst das Mietverhältnis gekündigt hat;
- wenn ein Grund zur **fristlosen** Kündigung gegen den Mieter besteht (z.B. wegen Zahlungsverzugs); der Vermieter muss die fristlose Kündigung nicht erklärt haben; es reicht, wenn bei Zugang der ordentlichen Kündigung (auch) ein Recht zur fristlosen Kündigung besteht **(BGH WuM 2020, 499)**; auch wenn der Mieter den Mietrückstand innerhalb der Schonfrist vollständig ausgleicht, kann er sich nicht auf die Sozialklausel berufen; denn hierdurch wird die fristlose Kündigung erst nachträglich unwirksam, sie war aber zum Zeitpunkt der Kündigung berechtigt **(BGH WuM 2020, 499)**.

Form und Frist des Widerspruchs, § 574b BGB

- Der Widerspruch muss in ⇨ SCHRIFTFORM erklärt werden.
- Das Widerspruchsschreiben muss dem Vermieter grundsätzlich spätestens **2 Monate** vor Ablauf der Kündigungsfrist zugegangen sein, wenn der Vermieter auf das Widerspruchsrecht hingewiesen hat.

Beispiel: Der Vermieter kündigt am 4. Januar zum 31. März (30. Juni, 30. September). Das Widerspruchsschreiben muss dem Vermieter spätestens am 31. Januar (30. April, 31. Juli) zugehen.

Der Vermieter soll den Mieter rechtzeitig auf die Möglichkeit des Widerspruchs, dessen Form und Frist hinweisen. Das gilt auch bei der sog. Einliegerkündigung (OLG Hamm RE WuM 92, 230) sowie für zeitlich befristete Altverträge mit Bestandsschutz, die der Vermieter nicht verlängern will (OLG Hamm RE WuM 91, 423).

Der Hinweis auf die Möglichkeit des Widerspruchs kann, muss aber nicht bereits im Kündigungsschreiben enthalten sein; er muss jedoch rechtzeitig vor Ablauf der Widerspruchsfrist erfolgen. Hat der Vermieter den Mieter in seinem Kündigungsschreiben bzw. bis zum Ablauf der Widerspruchsfrist **nicht** auf die Möglichkeit des Widerspruchs hingewiesen, so kann der Mieter den Widerspruch noch bis zum ersten Verhandlungstermin im Räumungsrechtsstreit erklären.

Hat der Mieter der Kündigung nicht fristgemäß widersprochen, obwohl das Kündigungsschreiben einen entsprechenden Hinweis enthielt, ist der Widerspruch **verspätet**. Solange der Vermieter sich aber nicht ausdrücklich auf die Verspätung beruft, ist der Widerspruch des Mieters im Prozess zu berücksichtigen.

Der Mieter muss den Widerspruch grundsätzlich nicht begründen. Fordert der Vermieter den Mieter aber auf, die Gründe für den Widerspruch mitzuteilen, so muss der Mieter diese unverzüglich (im Regelfall innerhalb von 14 Tagen) angeben.

Achtung: Häufig spricht der Vermieter – vor allem in Räumungsrechtsstreitigkeiten – (vorsorglich) eine erneute Kündigung aus. Hier sollte der Mieter **jeder** (erneuten) Kündigung widersprechen und die Fortsetzung des Mietverhältnisses verlangen.

Befristete oder unbefristete Verlängerung
Hat der Mieter mit seinem Widerspruch vor Gericht Erfolg, geht also die Interessenabwägung zugunsten des Mieters aus, kann das Gericht anordnen, dass das Mietverhältnis auf unbestimmte Zeit fortgesetzt wird. Das Gericht kann aber auch das Mietverhältnis nur für einen bestimmten Zeitabschnitt verlängern. Dies wird das Gericht im Regelfall dann tun, wenn voraussehbar ist, wann der Härtegrund, auf den der Mieter sich berufen hat, wegfallen wird (z. B. Schwangerschaft, Examen usw.). Laut BGH soll die **Fortsetzung** des **Mietverhältnisses** auf bestimmte Zeit den Regelfall darstellen (**BGH WuM 2019, 385**).

Aber: Auch nach Beendigung des verlängerten Mietverhältnisses muss der Mieter noch nicht zwingend ausziehen. Er kann von seinem Widerspruchsrecht nochmals – ggf. mehrmals – Gebrauch machen. Der erneute Widerspruch kann aber nur mit einer Änderung der Umstände begründet werden. Er muss also auf einen neuen Härtegrund gestützt werden.

Gewährt das Gericht eine befristete oder unbefristete Verlängerung, wird das Mietverhältnis fortgesetzt und die Räumungsklage abgewiesen. Der Vermieter muss ggf. nach Ablauf einer befristeten Verlängerung erneut Räumungsklage erheben. Diese Verlängerungsmöglichkeit nach der Sozialklausel muss im Räumungsprozess vorrangig vor der Möglichkeit geprüft werden, dem Mieter eine Räumungsfrist zu gewähren (**OLG Oldenburg RE WuM 70, 132; OLG Stuttgart RE WuM 69, 25**). Die den damaligen Entscheidungen zugrunde liegenden Mietrechtsvorschriften sind durch die Mietrechtsreform nicht geändert worden, sodass die alten Entscheidungen nach wie vor gelten. Wichtig ist dies deshalb, weil das Gericht in den Fällen, in denen nur eine Räumungsfrist gewährt wird, der Räumungsklage zulasten des Mieters stattgibt, wodurch der Mieter schlechtergestellt wird.

Kündigungssperrfrist ⮱ UMWANDLUNG VON MIET- IN EIGENTUMSWOHNUNGEN

L

Lärm ⇨ MÄNGEL DER WOHNUNG, ⇨ MIETMINDERUNG

Der Mieter hat ein Recht darauf, in seiner Wohnung ungestört zu leben. Deshalb kann er sich gegen unzulässigen Lärm wehren (LG Hamburg WuM 84, 79). Das gilt insbesondere für nächtlichen Lärm. Die nächtlichen Ruhezeiten – nach 22.00 Uhr – sind durch die Immissionsschutzverordnungen der Länder besonders geschützt.

Nicht jedes Geräusch ist verboten. Insbesondere kommt es darauf an, was im Mietvertrag vereinbart wurde und wo die Wohnung liegt (LG Berlin GE 2003, 392). Entscheidend sind immer die Zustände bei Anmietung der Wohnung (KG Berlin GE 2003, 115; AG Schöneberg GE 2003, 181). Überempfindliche müssen ggf. störende Geräusche hinnehmen. Etwas anderes gilt nur, wenn sie vorübergehend schwer erkrankt sind.

Ein Geräusch erlangt erst dann juristische Bedeutung, wenn es ein normal empfindlicher Durchschnittsmensch nicht mehr erträgt, es sei denn, es ist ortsüblich oder unvermeidlich. **Beispiel:** Anwohner einer verkehrsreichen Straße werden »normalen« Verkehrslärm erdulden müssen, den Bewohner einer Wohnung in einer ruhigen Nebenstraße nicht hinzunehmen brauchen (LG Kempten NJW 95, 970). Der Mieter darf als vertraglich vorausgesetzte Beschaffenheit erwarten, dass die Immissionsrichtwerte der TA Lärm eingehalten werden (LG Heidelberg WuM 2010, 148).

Welchen Lärmschutzstandard der Mieter im Haus erwarten darf, richtet sich in erster Linie nach dem Mietvertrag. Ist nichts vereinbart, sind die zur Zeit der Errichtung des Gebäudes geltenden DIN-Normen maßgeblich **(BGH WuM 2013, 481; WuM 2010, 482; WuM 2009, 659; WuM 2009, 457; WuM 2004, 715)** ⇨ SCHALLSCHUTZ.

Beruhen Lärmstörungen auf baulichen Unzulänglichkeiten (geringer Schallschutz), kann der Mieter von anderen Hausbewohnern dafür nicht verantwortlich gemacht werden (OLG Düsseldorf WuM 97, 221).

Einzelfälle:

Aufzug: Lärmbelästigung durch eine Aufzugsanlage muss durch geeignete Maßnahmen auf das entsprechend heutigen Schutzbestimmungen zulässige Maß verringert werden (AG Schöneberg WuM 82, 183).

Badewanne: Auch nach 22.00 Uhr darf der Mieter baden (LG Köln WuM 97, 323: Ein Verbot in der Hausordnung ist unzulässig) – allerdings höchstens 30 Minuten (OLG Düsseldorf WuM 91, 288) oder in Ausnahmefällen (AG Rottenburg ZMR 95, 163). Zum üblichen Verhalten gehören auch das Betätigen der Wasserspülung und das Laufenlassen von Wasser. Die damit verbundenen Geräusche berechtigen selbst dann nicht zur Mietminderung, wenn sie nach 22.00 Uhr auftreten (AG Münster WuM 83, 236).

Baulärm: Nach der Rechtsprechung des **BGH (WuM 2022, 100; 2020, 407; s. auch WuM 2015, 478 – sog. Bolzplatzentscheidung)** darf der Mieter bei Baulärm von einem benachbarten Grundstück nicht ohne weiteres die Miete mindern. Der Vermieter habe in der Regel keinen Einfluss darauf, dass zu Mietbeginn bestehende ruhige Wohnverhältnisse während der gesamten Vertragsdauer unverändert blieben. Deshalb dürfe der Mieter im Allgemeinen nicht erwarten, dass der Vermieter die vertragliche Haftung für den unveränderten Fortbestand dieser Wohnverhältnisse übernehmen wolle, falls er selbst nichts gegen den Baulärm tun könne. Eine Minderung wegen Baulärms vom Nachbargrundstück sei deshalb ausgeschlossen, wenn auch der Vermieter den Lärm ohne Abwehr- oder Entschädigungsansprüche hinnehmen müsste, weil er unwesentlich oder zwar wesentlich, aber ortsüblich sei.

Anders verhält es sich, wenn der Vermieter zugleich Bauherr der lärmverursachenden Baustelle ist (LG Berlin WuM 2019, 701) oder die Mietparteien ausdrücklich oder stillschweigend vereinbart haben, dass die Wohnung frei von Baulärm sein soll **(BGH WuM 2022, 100; 2020, 407; 2015, 478; 2013, 154)**. An eine stillschweigende Vereinbarung stellt der BGH strenge Anforderungen. Sie komme nur in Betracht, wenn der Vermieter aus dem Verhalten des Mieters habe erkennen müssen, dass für ihn die Fortdauer der Verhältnisse bei Mietbeginn ein maßgebliches Kriterium für den vertragsgemäßen Gebrauch der Wohnung sei und der Vermieter darauf zustimmend reagiert habe **(BGH WuM 2022, 100)**. In der Vergangenheit haben viele Instanzgerichte weniger strenge Anforderungen gestellt und dem Mieter eine Mietminderung zugesprochen (vgl. KG Berlin WuM 2020, 723; LG München I ZMR 2019, 200, NZM 2018, 228; LG Hamburg WuM 2019, 138; ZMR 2019, 497; LG Berlin WuM 2019, 253; WuM 2018, 25; ZMR 2016, 691; **a. A.** AG Hamburg ZMR 2021, 401; LG Berlin ZMR 2019, 405).

Bohrmaschine: Der mit dem Einsatz einer Bohrmaschine verbundene Lärm muss von den übrigen Bewohnern hingenommen werden, wenn die allgemeinen Ruhezeiten eingehalten werden.

Bolzplatz: Bei Lärm durch einen neu angelegten Bolzplatz gilt dasselbe wie bei Baulärm (s.o.). Lärm, der dabei von Kindern (bis 13 Jahre) ausgeht, müssen die Nachbarn in der Regel hinnehmen ⇨ KINDER.

Eigentumswohnung: Eine Bestimmung in der Gemeinschaftsordnung, nach der in Ruhezeiten »jedes unnötige und störende Geräusch zu vermeiden ist«, ist wegen mangelnder Objektivierbarkeit unwirksam (OLG Düsseldorf WuM 2011, 248).

Familienfeiern ⇨ FAMILIENFEIERN

Fluglärm: In der Nähe eines Flughafens ist Fluglärm ortsüblich und deshalb hinzunehmen, wenn er bereits bei Beginn des Mietverhältnisses vorhanden war (LG Berlin GE 2001, 1607). Der Mieter hat auch kein Recht zur Mietminderung, wenn aufgrund von erhöhtem Flugaufkommen der Lärmpegel steigt (AG Frankfurt/M. WuM 2013, 352). Allerdings hat das Landgericht Kiel (WuM 79, 128) entschieden, dass bei der Festsetzung der ortsüblichen Vergleichsmiete ein Abschlag von 10% vorgenommen werden muss, wenn die Wohnung bei starkem Fluglärm beeinträchtigt wird (ähnlich LG Wiesbaden WuM 81, 164; vgl. auch LG Berlin GE 2008, 542; GE 2008, 266). Wird bei Anmietung der Wohnung der Fluglärm verschwiegen, kann dies zur Minderung der Miete berechtigen (OLG Köln ZMR 95, 71). Wer in der Nähe eines Krankenhauses wohnt, muss mit dem Betrieb eines Rettungshubschraubers und damit einhergehendem Fluglärm rechnen. Eine Mietminderung ist dann ausgeschlossen (LG Frankfurt ZMR 2010, 362).

Frösche: Frösche stehen unter Naturschutz, egal ob in einem natürlichen Wasserlauf oder in einem künstlich angelegten Gartenteich des Nachbarn. Lautstarkes »Gequake« muss hingenommen werden. Bei übermäßigen Lärmbelästigungen kann die Naturschutzbehörde anordnen, dass der Teich trockenzulegen bzw. die Frösche zu entfernen sind (**BGH WuM 93, 127**; OLG Hamm U 24 182/12; VGH München NJW 99, 2914).

Garage: Führt das Öffnen des Garagentors zur Störung der Nachtruhe, darf die Garage von 22.00 Uhr bis 6.00 Uhr nicht benutzt werden (OLG Düsseldorf WuM 91, 438; LG Dresden NJWE-MietR 97, 197). 10% Mietminderung kann bei nächtlichem Lärm gerechtfertigt sein (LG Berlin MM 86, 294; 20% – AG Mainz WuM 2003, 87). In Einzelfällen ist sogar die Kündigung möglich (OLG Hamburg MDR 72, 953).

Gaststätten und Diskotheken: Unzureichende Schallschutzmaßnahmen berechtigen den Mieter zur Mietminderung (OLG München ZMR 96, 487; OLG Hamm ZMR 89, 379; AG Köln WuM 97, 647; AG Rheine

WuM 85, 260). Der Betrieb in Biergärten, insbesondere auch Musikdarbietungen, kann eingeschränkt werden und ist nach 22.00 Uhr regelmäßig unzulässig (AG Düsseldorf DWW 93, 106).

Nächtlicher Lärm (ab 22.00 Uhr) durch Schlagen von Autotüren, Anfahrvorgänge, lautes Gelächter und Gespräche auf der Straße muss von den Nachbarn nicht hingenommen werden (**a. A.** AG Köpenick GE 2006, 855 in Großstädten), es sei denn, dieser Lärm ist in dem Wohngebiet allgemein üblich. Notfalls muss der Gastwirt den Betrieb schon ab 21.30 Uhr einstellen (OVG Münster DWW 94, 158; OLG Frankfurt DWW 85, 208).

Bei erheblichen Lärmbelästigungen können Mieter sich auch an die Behörden (Ordnungsamt) wenden und auf diesem Weg für eine Verlängerung der Sperrzeit sorgen. Bei einer Abwägung zwischen dem Ruhebedürfnis der Mieter und den wirtschaftlichen Interessen des Gastwirts geht die ungestörte Nachtruhe des Mieters vor. Eine Vorverlegung der Sperrstunde, beispielsweise auf 22.00 Uhr, ist möglich (Bay VGH DWW 89, 172; VGH Baden-Württemberg DWW 86, 297).

Gegen **Gewerbelärm** können Mieter das Gewerbeaufsichtsamt einschalten und u. U. Maßnahmen zur Lärmbeseitigung fordern, sie müssen aber wirtschaftlich vertretbar sein. In einem behördlichen Genehmigungsverfahren, zum Beispiel zur Erteilung einer Baugenehmigung, können die Eigentümer benachbarter Grundstücke, nicht jedoch Mieter, wegen drohender Lärmbeeinträchtigungen Widerspruch gegen die Erteilung einer Genehmigung einlegen. Auch Mieter haben aber zivilrechtliche Unterlassungs- und Abwehransprüche (LG Berlin MM 95, 353) sowie das Recht zur Minderung der Miete (AG Köln WuM 88, 56: 20% bei Tanzschule; AG Gelsenkirchen WuM 78, 66: 20% bei Schuhmacher-Werkstatt).

Hähne: Ein Hahn darf grundsätzlich krähen, zumindest im ländlichen Bereich. Anders in Wohngebieten, hier kann frühmorgendliches bzw. nächtliches Krähen verboten werden. Entscheidend ist das tatsächliche Gepräge einer Gegend (AG Kenzingen MDR 2011, 1346; AG Eisleben NZM 2006, 898 zum Schwalbenflug). Geht der Lärm von einer Hahnenzucht aus, ist deren Ortsüblichkeit zu belegen, andernfalls können Schallschutzmaßnahmen geboten sein (LG Ingolstadt NJW-RR 91, 654). Gerichte können »Krähzeiten« festlegen (OLG Hamm WuM 90, 123; LG Kleve DWW 89, 362; LG München NJW-RR 89, 1178).

Hundegebell: Wenn ein Hund in der Nachbarschaft gelegentlich bellt, ist dies zumutbar (AG Hamburg-Wandsbek WuM 91, 94). Zieht sich das Gebell über mehrere Stunden oder den ganzen Tag hin, muss es nicht hingenommen werden, auch nicht bei einem Wachhund (OLG Düsseldorf WuM 90, 400). Ein Hundebesitzer, der etwa seinen großen Schäferhund in einer Wohngegend den ganzen Tag über bellen lässt, kann sogar bestraft werden wegen vorsätzlicher Körperverletzung in Tateinheit mit ruhestörendem Lärm (so AG Hannover ZMR 65, 223). Das OLG Hamm (WuM 90, 123) hat sogar Bellzeiten festgelegt: 8.00 bis 13.00 Uhr bzw. 15.00 bis 19.00 Uhr, nicht länger als 10 Minuten am Stück, höchstens 30 Minuten insgesamt.

Hundehaltung, konkret eine Dackelzucht, kann in einem allgemeinen Wohngebiet wegen der damit verbundenen unzumutbaren Lärmbelästigung bauordnungsrechtlich unzulässig und damit verboten sein (OVG Lüneburg DWW 93, 106) ⇨ TIERHALTUNG IN DER WOHNUNG.

Jahrmärkte und Kirmes: Während im Regelfall die allgemeine Sperrzeit von Gaststätten erst nach Mitternacht beginnt, müssen Lärm und Musik auf Jahrmärkten, Rummelplätzen, bei Kirmesveranstaltungen usw. schon um 22.00 Uhr zu Ende sein (vgl. BGH WuM 90, 252). Die zuständigen Behörden können allerdings Ausnahmen von diesem Grundsatz zulassen.

Karneval: Insbesondere in den Karnevalshochburgen wird in den Karnevalszeiten eine höhere Toleranzgrenze der Nachbarn erwartet. Das gilt vor allem in der Nacht von Rosenmontag auf Karnevalsdienstag. Das AG Köln (DWW 97, 157) lässt ausdrücklich die Frage offen, ob in dieser Nacht – wegen jahrelang entgegenstehender Übung – das Landesimmissionsschutzgesetz überhaupt gilt. Zumindest kann einem Gastwirt kein Vorwurf gemacht werden, wenn in dieser Nacht um 1.15 Uhr noch laute Musik zu hören ist.

Kinderlärm: Der Lärm spielender ⇨ KINDER muss in gewissem Umfang von jedem Hausbewohner hingenommen werden (OLG Düsseldorf WuM 97, 221; LG Wuppertal WuM 2008, 563; AG Frankfurt/M. WuM 2005, 764; AG Wedding MM 2002, 429), selbstverständlich dürfen Kinder in einer Wohnung spielen und dabei lachen, weinen und schreien. Allerdings müssen die Eltern, insbesondere während der allgemeinen Ruhezeit, darauf achten, dass Mitbewohner nicht unzumutbar gestört werden **(BGH WuM 2020, 103; WuM 2017, 587).** Ob die Grenze von hinzunehmendem Kinderlärm überschritten ist, bestimmt sich im Einzelfall nach Art, Qualität, Dauer und Zeit des Lärms, des Alters und Gesundheitszustands des Kindes sowie der Vermeidbarkeit des Lärms durch erzieherische Maßnahmen **(BGH WuM 2021, 551; WuM 2017, 587).**

Kirchenglocken: Das tägliche Läuten muss hingenommen werden, wenn es sich nach Zeit, Dauer und Intensität im Rahmen des Herkömmlichen hält (VG Würzburg – W 6 E 85 A 0787). So auch **BVerwG (NJW 97, 1938)**: Liturgisches Glockengeläute ist regelmäßig keine erhebliche Belästigung, sondern ein zumutbarer, sozialadäquater Vorgang; anders kann es bei reinem Zeitläuten sein (LG Aschaffenburg NZM 2000, 733).

Kuhglocken: Ein Verbot von Kuhglocken darf nur mit zeitlichen Einschränkungen ausgesprochen werden (VGH Baden-Württemberg ZMR 96, 401; AG Menden AgrarR 99, 167; AG Lindau NJW-RR 92, 277).

Laubbläser und Laubsammler: Wenn keine Ausnahmegenehmigung vorliegt, dürfen diese Geräte nur werktags von 9.00 bis 13.00 Uhr und 15.00 bis 17.00 Uhr betrieben werden. In vielen Gemeinden gibt es für die öffentliche Reinigung jedoch Sonderregelungen, die über diese Zeiten hinausgehen.

Müllcontainer: Eine Container-Müllbox muss der Erdgeschossmieter vor seinem Schlafzimmer auch dann nicht hinnehmen, wenn die anderen Mieter des Hauses die Aufstellung des Containers befürworten (AG Hamburg WuM 2002, 487). Aber auch Störungen, die von einem Altglas-Container ausgehen, müssen Mieter zwischen 20.00 und 7.00 Uhr sowie an Sonn- und Feiertagen nicht hinnehmen (LG Berlin GE 95, 427; AG Rudolstadt WuM 2000, 19).

Musizieren: ⇨ MUSIK IN DER WOHNUNG

Nachbarwohnung: Übermäßiger Lärm aus der Nachbarwohnung muss nicht hingenommen werden, auch nicht, wenn der Lärm von einem psychisch kranken Hausbewohner ausgeht (LG Heidelberg NZM 2011, 693). Insbesondere zu den allgemeinen Ruhezeiten, z. B. nach 22.00 Uhr, gilt der Grundsatz der Zimmerlautstärke. Zimmerlautstärke heißt nicht, dass überhaupt kein Geräusch aus der Nachbarwohnung in der Mieterwohnung zu vernehmen sein darf. Bauliche Verhältnisse und normale Wohngeräusche sind zu berücksichtigen (LG Hamburg WuM 96, 159). Das Streiten, Poltern, Trampeln und Türenknallen sind bei dem Aufenthalt mehrerer Personen in einer Wohnung in gewissem Maß noch als üblich anzusehen (LG Berlin GE 2015, 656). Wenn sich der Lärm aber verstetigt, übermäßig laut ist oder sogar nachts verursacht wird, kann der Mieter sich an den Vermieter wenden. Er hat aber auch Ansprüche direkt gegen den lärmenden Nachbarn (OLG Düsseldorf WuM 97, 221). Der Anspruch aus den §§ 862 und 906 BGB gegen den Nachbarn entfällt, wenn der Lärm aufgrund normaler Wohnnutzung – Begehen der Wohnung mit Straßenschuhen, Babygeschrei und gelegentliches Kindergetrampel – entsteht und kein besonders rücksichtsloses Verhalten des

Nachbarn vorliegt. Der Nachbar ist dann auch nicht verpflichtet, seine Räume mit Teppichboden auszulegen, selbst dann nicht, wenn er den früher freiwillig verlegten Teppichboden jetzt entfernt (OLG Düsseldorf DWW 97, 149).

In vielen dieser Fälle ist zu prüfen, ob die Hellhörigkeit des Hauses ein Wohnungsmangel ⇨ MÄNGEL DER WOHNUNG ist, der u. U. auch zur ⇨ MIETMINDERUNG berechtigt oder den Vermieter zu einer Verstärkung des Trittschallschutzes verpflichtet (LG Berlin GE 96, 1249; MM 94, 281; LG Hannover WuM 94, 463; AG Hamburg ZMR 2012, 631; AG Cloppenburg WuM 96, 760). **Beispiele:** Trotz Einhaltung von DIN-Normen kann ein Mangel vorliegen, wenn Trittschall- oder Sanitärgeräusche aus Nachbarwohnungen überdeutlich zu hören sind **(BGH WuM 2004, 715)**. Unzureichender Schallschutz und Rost im Warmwasser: 10% Mietminderung (LG Berlin GE 2005, 1489). Störende Trittschallgeräusche aus der Oberwohnung und zusätzliche Sanitärgeräusche aus der Unterwohnung: 13% Mietminderung (AG Hamburg WuM 96, 760). Fehlende Trittschalldämmung bei nachträglich ausgebauter Dachgeschosswohnung: 20% Mietminderung (AG Cloppenburg WuM 96, 760). Hellhörigkeit und unzureichender Trittschallschutz: 5% Mietminderung (LG Hannover WuM 94, 463).

Papagei: Stundenlanges schrilles Pfeifen eines Papageis muss der Nachbar nicht hinnehmen. Den Haltern des Papageis droht eine Geldbuße (OLG Düsseldorf WuM 90, 122: 500 Euro). Soweit Papageien im Freien abgestellt werden, müssen Nachbarn entsprechende Geräusche allenfalls zwischen 9.00 und 12.00 Uhr bzw. 14.00 und 16.00 Uhr dulden (LG Nürnberg-Fürth DWW 96, 50; LG Zwickau – 1 Stunde pro Tag – WuM 2001, 556).

Parkplatz: Ist die Nutzung eines Parkplatzes mit erheblichen Belästigungen der Nachbarschaft verbunden, kann ein Nachbar – auch als Mieter – eine monatliche Geldrente verlangen, wenn eine Abhilfe wirtschaftlich nicht zumutbar ist (LG Kempten NJW 95, 970).

Radio und Fernsehen: Sie dürfen nur so laut eingestellt werden, dass sie die Mitbewohner nicht erheblich stören. Grundsätzlich gilt »Zimmerlautstärke« (AG Spandau GE 2014, 525). Außerhalb der Wohnung darf dann praktisch so gut wie nichts mehr von Fernseher oder Radio gehört werden. Mangelhaft sind Wohnungstrennwände, die so wenig schallschützend sind, dass Radio, Fernsehen und normale Gespräche aus der Nachbarwohnung gehört und sogar verstanden werden können (VG Berlin GE 92, 729).

Das andauernde »Dröhnen« eines Fernseh-Musiksenders kann bei den Nachbarn sogar zu Gesundheitsbeeinträchtigungen führen. 500 Euro Schmerzensgeld (AG Dortmund NJW-RR 94, 910).

Rasenmähen: In Wohngebieten dürfen Geräte und Maschinen, wie z. B. Heckenschere, Rasenmäher, Rasentrimmer und Rasenkantenschneider, nur eingeschränkt eingesetzt werden. Diese Geräte dürfen an Sonn- und Feiertagen ganztägig sowie an Werktagen in der Zeit von 20.00 bis 7.00 Uhr nicht betrieben werden.

Im Einzelfall sind zusätzlich die Entscheidungen der nach Landesrecht zuständigen Behörden zu berücksichtigen, die Einschränkungen und Ausnahmen zulassen können.

Spielplätze: Lärm und Geräusche von einem herkömmlichen Kinderspielplatz müssen hingenommen werden (**BVerwG 7 B 1/13;** LG Berlin GE 2011, 752). Spielplätze – auch in reinen Wohngebieten – sind nicht nur zulässig, sondern nach den Landesbauordnungen für Neubauten sogar vorgeschrieben.

Auch bei einer **Jugendfreizeitstätte** müssen die Anwohner in der Zeit bis 22.00 Uhr etwas mehr Lärm hinnehmen als sonst in einem reinen Wohngebiet (**BGH WuM 93, 277;** AG Schöneberg WuM 2007, 638). Nach Ansicht des VG Stuttgart (DWW 99, 392) müssen aber auch bei einem Jugend- oder Bürgerhaus bestimmte Grenzwerte eingehalten werden: an Werktagen tagsüber 60 dB(A), innerhalb von Ruhezeiten, d.h. von 6.00 bis 8.00 Uhr bzw. 20.00 bis 22.00 Uhr sowie an Sonn- und Feiertagen 55 dB(A) und nachts zwischen 22.00 und 6.00 Uhr 45 dB(A). Diese Werte dürfen durch einzelne Geräuschspitzen überschritten werden. Außerdem darf es bei »seltenen Ereignissen« etwas lauter werden.

Sportanlagen: Für Sportanlagen, die nicht einer besonderen Genehmigung bedürfen, legt die »Sportanlagenlärmschutzverordnung« (18. BImSchV) Grenzwerte und Ruhezeiten fest. Die Grenzwerte unterscheiden sich nach der Art des Baugebiets, in dem die Sportanlage gelegen ist. In reinen Wohngebieten z.B. dürfen nachts zwischen 22.00 und 6.00 Uhr – an Wochenenden bis 7.00 Uhr – 35 dB(A) nicht überschritten werden, tagsüber dürfen 50 dB (A) nicht überschritten werden (Ausnahme: werktags zwischen 6.00 und 8.00 Uhr bzw. sonn- und feiertags zwischen 7.00 und 9.00 Uhr sind 45 dB (A) die Grenze).

Staubsauger: Sie sollen grundsätzlich während der Ruhezeit in den Mittagsstunden und in der Nachtzeit nicht in Betrieb genommen werden.

Tagesstätte: Die Nutzung der Wohnung zur entgeltlichen Kinderbetreuung ist grundsätzlich nicht zulässig (**BGH WuM 2012, 515** bei Betreuung von fünf Kindern); die Betreuung von bis zu drei Kindern wurde von Gerichten aber noch zum vertragsgemäßen Gebrauch gezählt (LG Hamburg NJW 82, 2387; AG Hamburg WuM 89, 625) ⇨ BERUFSAUSÜBUNG IN DER WOHNUNG.

Tauben: Bei einem Taubenschlag mit mehreren hundert Tauben soll eine Mietminderung von 25% in Betracht kommen (AG Dortmund WuM 80, 6). Der Mieter muss das Anbringen eines Taubenabwehrnetzes dulden (AG Schöneberg GE 2007, 1325).

Taxistand: Ein Taxistand, der durch seinen regen Betrieb die Anwohner stört oder gar deren Nachtruhe beeinträchtigt, muss für die Zeit von 21.00 bis 7.00 Uhr verlegt werden (OVG Koblenz DWW 85, 292).

Toilette: Die Benutzung der Toilette und der Wasserspülung ist »rund um die Uhr« erlaubt (AG Münster WuM 83, 236). Urinstrahlgeräusche aus der Nachbarwohnung berechtigen nicht zur Mietminderung (LG Berlin GE 2013, 814; **a.A.** LG Berlin GE 2009, 779).

Touristen: Besondere Störungen, die durch eine Vermietung von Nachbarwohnungen an Touristen und Feriengäste entstehen, braucht der Mieter nicht hinzunehmen (**BGH WuM 2012, 269;** LG Berlin GE 2011, 1485).

Trittschall: Unzumutbare Geräusche aus der Nachbarwohnung resultieren oft aus zu geringem ⇨ SCHALLSCHUTZ. Macht sich z. B. der ganz normale Gang von einem Zimmer zum anderen in der darunterliegenden Wohnung übermäßig stark bemerkbar, ist der Mieter zur Mietminderung berechtigt (LG Berlin MM 94, 283; LG Hannover WuM 94, 463; AG Braunschweig WuM 83, 122).

Verkehrslärm: Jedermann weiß, dass es verboten ist, unnötigen Lärm bei der Benutzung von Kraftfahrzeugen zu machen. Darüber hinaus gibt es aber viele andere Vorschriften zum vorbeugenden Schutz für Anlieger. Z.B. können Nachtparkverbote für schwere Lkw in Wohngegenden oder andere Verkehrsbeschränkungen angeordnet werden; auch die Einrichtung von verkehrsberuhigten Bereichen und Fußgängerzonen hilft oft den Anwohnern. Schon manch eine Bürgerinitiative hat verkehrsbeschränkende Maßnahmen durchgesetzt.

Mit zunehmendem Verkehrslärm in der Innenstadt müssen Mieter bei Anmietung in der Regel rechnen. Eine Mietminderung ist aber möglich, wenn eine Wohnung in einer ruhigen Nebenstraße angemietet wurde und diese zu einer vielbefahrenen, lauteren Straße wird (LG Berlin MM 2002, 40; AG Köpenick GE 2010, 1277; AG Erfurt WuM 2000, 592; **a.A.**

AG Köpenick GE 2013, 1460) oder die ruhige Lage für den Mieter bei Vertragsschluss ein maßgebliches Kriterium war, worauf sich der Vermieter auch zustimmend eingelassen hat (vgl. **BGH WuM 2022, 100;** s.a. Baulärm). Bei nur vorübergehender Zunahme von Verkehrslärm aufgrund einer Baustelle ist eine Mietminderung ausgeschlossen, wenn der Lärm für die Stadtlage üblich ist **(BGH WuM 2013, 154).**

Waschmaschinen: Während des Tages sind die durch Wasch- oder Spülmaschinen verursachten Geräusche grundsätzlich zumutbar. Das Gleiche gilt für Staubsauger usw. Der Gebrauch derartiger Haushaltsgeräte muss von den Nachbarn hingenommen werden, soweit die Benutzungen nicht das übliche Maß übersteigen (LG Freiburg NZM 2014, 305).

Was kann der Mieter tun, wenn er durch unzulässigen Lärm gestört wird?

– Der Mieter kann gegen den Verursacher des Lärms vorgehen, vorausgesetzt, die Störung beruht nicht auf der Hellhörigkeit des Gebäudes, sondern auf rücksichtslosem Verhalten der Mitbewohner (OLG Düsseldorf ZMR 97, 181). Hilft ein Gespräch nicht, kann er u.U. vor Gericht klagen (OLG Düsseldorf DWW 97, 149).

– Der Mieter kann die zuständige Verwaltungsbehörde (Stadtverwaltung/Kreisverwaltung/Landratsamt) informieren. Die Verwaltungsbehörde kann z.B. die störende Musikanlage in einer Diskothek so verplomben, dass sie nicht mehr zu laut eingestellt werden kann. Sie kann ein Bußgeld androhen, wenn die Fenster nicht geschlossen gehalten werden usw. In dringenden Fällen (nachts, am Wochenende) kann auch die Polizei gerufen werden. Beruht der Lärm darauf, dass ein Nachbar behördliche Auflagen nicht einhält, kann die Ordnungsbehörde eingeschaltet werden; der Mieter kann aber auch selbst gerichtlich gegen den Nachbarn vorgehen (**BGH WuM 93, 275**; LG Kempten NJW 95, 970).

– Der Mieter muss sich nicht selbst um den Lärm kümmern. Er kann von seinem Vermieter verlangen, dass dieser dafür sorgt, dass der Lärm aufhört. Hierzu ist der Vermieter nach dem Mietvertrag verpflichtet; denn er muss die Wohnung in einem zu dem vertragsmäßigen Gebrauch geeigneten Zustand halten, auch wenn damit hohe Kosten verbunden sind (LG Hamburg WuM 84, 79). Allerdings ist der Mieter verpflichtet, den Lärm zu belegen. Bei andauernden Beeinträchtigungen genügt es, wenn er die Art der Beeinträchtigung beschreibt und Tageszeiten, Dauer und Frequenz der Beeinträchtigung ungefähr angeben kann **(BGH WuM 2012, 269).** Bei Lärmimmissionen vom Nachbargrundstück muss jedoch die Rechtsprechung des BGH (s.o. unter Baulärm) beachtet werden.

– Der Mieter kann die Miete kürzen (LG Wiesbaden WuM 2012, 200) ⇨ MIETMINDERUNG. Eine Minderung um 10 bis 20% ist z. B. zulässig, wenn er nachts nicht schlafen kann, weil die Musik aus einer Diskothek sehr laut zu hören ist (AG Köln WuM 78, 173; AG Gelsenkirchen WuM 78, 66). Auch bei Wort- und Klopfgeräuschen aus Gaststätten kann die Miete um 11% gekürzt werden (LG Köln WuM 87, 272).

– Der Mieter kann die Wohnung fristlos kündigen, wenn der Lärm so stark ist, dass er die Gesundheit des Mieters gefährdet. Dies ist z. B. der Fall, wenn andauernd aus einer unter der Wohnung liegenden Gaststätte die Nachtruhe gestört wird (AG Kerpen WuM 78, 68).

– Der Mieter kann den Störer auf Schadensersatz verklagen (§ 823 BGB).

Was kann der Vermieter tun, wenn sein Mieter mit unzulässigem Lärm stört?

– Er kann den störenden Mieter auf Unterlassung verklagen.

– Er kann von ihm Schadensersatz fordern, etwa wenn andere Mieter die Miete wegen des Lärms gekürzt haben.

– Er kann dem störenden Mieter kündigen (nach Abmahnung und ggf. fristlos); siehe LG Frankfurt ZMR 2012, 352; LG Heidelberg NZM 2011, 693.

Lebenspartnerschaft ⇨ EHESCHEIDUNG UND TRENNUNG

Das »Gesetz über die Eingetragene Lebenspartnerschaft« (LPartG) ermöglichte es bis einschließlich September 2017, eine Lebenspartnerschaft zwischen zwei Personen gleichen Geschlechts zu begründen. Durch das »Gesetz zur Einführung des Rechts auf Eheschließung für Personen gleichen Geschlechts« ist die Lebenspartnerschaft seit dem 1.10.2017 durch das Recht auf Eheschließung auch für Personen gleichen Geschlechts ersetzt worden; Lebenspartner können auf Antrag ihre Lebenspartnerschaft auch in eine Ehe umwandeln.

Konsequenz einer solchen Lebenspartnerschaft ist eine Beziehung, die in weiten Teilen der Ehe gleichgestellt ist. Dazu gehören die Pflicht zur gegenseitigen Fürsorge und Unterstützung, zur Gewährung eines angemessenen Unterhalts sowie das Recht, einen gemeinsamen Namen zu bestimmen. Außerdem wird dem überlebenden Lebenspartner ein gesetzliches Erbrecht eingeräumt. Für den Fall des Getrenntlebens sind Unterhaltsansprüche sowie Regelungen zur Wohnungszuweisung vorgesehen. Im Übrigen gilt ein Lebenspartner als Familienangehöriger des anderen Lebenspartners. Eine Aufhebung der Lebenspartnerschaft ist auf Antrag eines oder beider Lebenspartner durch gerichtliches Urteil möglich. Bei einem gemeinsamen Antrag erfolgt die Aufhebung nach 12 Monaten, sonst nach 36 Monaten. In Härtefällen kann die Partnerschaft auch ohne Einhaltung einer Wartefrist aufgehoben werden. Die Zuweisung der gemeinsamen Wohnung ist in § 14 LPartG wie bei der Ehescheidung geregelt.

Wenn ein Lebenspartner stirbt, kann der andere in das Mietverhältnis eintreten ⇨ TOD DES MIETERS.

Legionellenprüfung ⇨ BETRIEBSKOSTEN

Legionellen sind Bakterien, die sich im warmen Wasser entwickeln können. Wassertemperaturen von 25° C bis 50° C bieten ihnen optimale Bedingungen für die Vermehrung. Es kann zu Infektionen führen, wenn z. B. beim Duschen ein Wassernebel mit bakterienhaltigem Wasser eingeatmet wird. Das Trinken von legionellenhaltigem Wasser ist hingegen nicht gesundheitsgefährdend.

DieTrinkwasserverordnung schreibt vor, dass der Hauseigentümer die Anlage zur Warmwasserversorgung alle 3 Jahre auf den Befall mit Legionellen untersuchen lässt. Der Untersuchungspflicht unterliegen nahezu alle Anlagen in Gebäuden mit einer zentralen Warmwasserversorgungsanlage. Nur für Ein- und Zweifamilienhäuser gilt die gesetzliche Pflicht nicht. Nicht betroffen sind außerdem Gebäude mit Trinkwasseranlagen ohne zentrale Erwärmung oder ohne zentralen Warmwasserspeicher (wenn also die Warmwasserversorgung z. B. über einen Durchlauferhitzer erfolgt).

Für die Untersuchung müssen im Haus Wasserproben entnommen werden. Das kann auch in Mietwohnungen erforderlich sein. Betroffen sind besonders die Räume in den obersten Etagen. Der Mieter muss den Zutritt zu seiner Mietwohnung gestatten, wenn der Vermieter die notwendigen Voraussetzungen beachtet ⇨ BESICHTIGUNGSRECHT DES VERMIETERS.

Das Ergebnis der Untersuchung muss der Vermieter bekannt geben, etwa durch einen Aushang im Treppenhaus. Wurde ein Legionellenbefall festgestellt, hat er Einzelheiten über eine gegebenenfalls vorhandene Gesundheitsgefährdung mitzuteilen, damit die Mieter Schutzmaßnahmen ergreifen können. Bei einem schwerwiegenden Befall kann ein Duschverbot sinnvoll sein.

Hat es der Vermieter versäumt, über einen schwerwiegenden Legionellenbefall näher zu informieren, kann ein betroffener Mieter wegen möglicher Gesundheitsgefahren kündigen und Schadensersatz für Umzugs- und Maklerkosten verlangen (LG Nürnberg-Fürth ZMR 2017, 566; AG Hersbruck ZMR 2016, 634). Erkrankt der Mieter an einer Legionelleninfektion, weil der Vermieter seine Pflichten zur regelmäßigen Prüfung vernachlässigt hat, kann ihm neben Schadensersatz auch ein Schmerzensgeld zustehen **(BGH WuM 2015, 412)**. Den Beweis für die Ursächlichkeit der Legionellenerkrankung muss der Mieter erbringen. Dabei müssen ggf. andere potentielle Infektionsquellen, wie z.B. die Arbeitsstätte, ausgeschlossen werden können (LG Krefeld WuM 2021, 422).

Darüber hinaus darf der Mieter bei einer deutlich überhöhten Legionellenkonzentration die Miete um 20% bis 25% kürzen (AG Köln ZMR 2020, 515; AG Dresden GE 2014, 396). Bei Überschreitung des gesetzlichen Grenzwerts ist eine Mietminderung bereits wegen der Gesundheitsgefahr gerechtfertigt, ohne dass ein Mieter oder ein Angehöriger erkrankt ist (LG Berlin WuM 2021, 485; AG Berlin-Wedding GE 2022, 413). Eine nur geringfügige und kurzzeitige Überschreitung der Grenzwerte berechtigt jedoch nicht zur Mietminderung (AG München ZMR 2015, 139).

Die Kosten der regelmäßig durchzuführenden Legionellenprüfung sind ⇨ BETRIEBSKOSTEN. Der Vermieter kann sie als Teil der Warmwasserkosten auf die Mieter umlegen (AG Münster, WuM 2022, 71; AG Baden-Baden WuM 2015, 625). Wird bei der Überprüfung ein Legionellenbefall festgestellt, können die sich daran anschließenden Kosten für die Ursachenermittlung und für die Beseitigung hingegen nicht umgelegt werden.

Nach der Trinkwasserverordnung muss der Hauseigentümer ggf. Zapfstellen einrichten, damit die Wasserproben an geeigneter Stelle entnommen werden können. Den dafür anfallenden Aufwand kann der Vermieter nicht als Betriebskosten abrechnen. Möglich wäre eine Mieterhöhung wegen ⇨ MODERNISIERUNG, die sich aber wegen der geringen Beträge zumeist nicht lohnt.

Leistungsvorbehaltsklausel ⇨ INDEXMIETE

Leistungsvorbehaltsklauseln sind nur zulässig

- bei preisgebundenem Wohnraum als ⇨ GLEITKLAUSEL; s.a. ⇨ SOZIALWOHNUNGEN,
- bei Wohnraum, der nur zum ⇨ VORÜBERGEHENDEN GEBRAUCH vermietet ist,
- bei Wohnraum, der Teil der vom Vermieter selbst bewohnten Woh-

nung ist und den der Vermieter ganz oder überwiegend mit Einrichtungsgegenständen ausgestattet hat, sofern der Wohnraum nicht einer Familie zum dauernden Gebrauch überlassen ist, und

■ bei Mietverträgen über ⮱ GESCHÄFTSRÄUME; hier kann den Vertragspartnern das Recht eingeräumt werden, von dem jeweils anderen die Aufnahme von Verhandlungen zur Anpassung des Mietpreises zu verlangen. Ändert sich die in dieser Klausel vereinbarte Bezugsgröße, z.B. der Preisindex für die Lebenshaltung aller privaten Haushalte in Deutschland, können die Vertragspartner in Verhandlungen über eine Anpassung der Miete eintreten. Einigen sich die Vertragspartner nicht auf eine neue Miete, muss das Gericht entscheiden, es sei denn, die Vertragspartner hatten sich für diesen Fall auf einen Schiedsgutachter geeinigt.

M

Mängel der Wohnung ⮚ MIETMINDERUNG

Nach dem Gesetz ist der Vermieter verpflichtet, dem Mieter die Wohnung in einem zum vertragsgemäßen Gebrauch geeigneten Zustand zu überlassen und sie während der Mietzeit in diesem Zustand zu erhalten. Daher hat die Wohnung einen Mangel, wenn ihre Tauglichkeit zum vertragsgemäßen Gebrauch aufgehoben oder gemindert ist, wenn ihr eine zugesicherte Eigenschaft fehlt oder wenn eine solche Eigenschaft später wegfällt. Maßstab für den vertragsgemäßen Gebrauch ist der Mietvertrag und der Zustand der Wohnung bei Vertragsbeginn. Wird eine Wohnung mit Telefonanschluss vermietet, ist daher für etwaige Reparaturen an der Leitung im Haus der Vermieter zuständig **(BGH WuM 2019, 23)**. Fehlt es an einer konkretisierenden Vereinbarung, wird die Einhaltung der maßgeblichen technischen Normen geschuldet **(BGH WuM 2013, 481)**. Dabei ist nach der Verkehrsanschauung grundsätzlich der bei Errichtung des Gebäudes geltende Maßstab anzulegen **(BGH WuM 2019, 25; WuM 2010, 482; WuM 2009, 659; WuM 2004, 715)**. Ein anderer Maßstab gilt jedoch bei ⮚ GESUNDHEITSGEFÄHRDUNG. Soll ein Substandard gelten, muss dies ausdrücklich vereinbart werden **(BGH WuM 2010, 235)**.

Im Regelfall ist der Vermieter nicht verpflichtet, das Gebäude laufend dem Stand der Technik anzupassen. Einen Mindeststandard muss er jedoch auch im nicht modernisierten Altbau sicherstellen. Dazu gehört, was in der breiten Bevölkerung angesichts technischen und wissenschaftlichen Fortschritts als Selbstverständlichkeit angesehen wird, z.B. eine umfassende Stromversorgung **(BGH WuM 2010, 235; WuM 2004, 527)** oder die Möglichkeit, Heizkörper einzeln zu regulieren (LG Berlin WuM 2016, 346). Bislang ist der BGH bei Anwendung dieses Maßstabs eher streng und ebnet keinen Weg für zeitgemäßes Wohnen. So bleibt es dabei, dass z.B. bei der Wärmedämmung **(BGH WuM 2019, 25)** oder beim Schallschutz **(BGH WuM 2004, 715; WuM 2010, 482)** grundsätzlich nur der Standard eingehalten werden muss, der zum Zeitpunkt der Errichtung des Gebäudes galt (s.o.).

Entdeckt der Mieter einen Mangel, muss er das dem Vermieter sofort mitteilen. Der muss dann die Wohnung umgehend in Ordnung bringen (⮚ INSTANDHALTUNG, ⮚ OBHUTSPFLICHT). Dem kann der Vermieter einer Eigentumswohnung nicht entgegenhalten, dass die Mängelbeseitigung Eingriffe in das Gemeinschaftseigentum notwendig mache und der erforderliche Beschluss der Wohnungseigentümerversammlung noch nicht vorliege **(KG Berlin RE WuM 90, 376)**. Die Instandsetzungspflicht ist im Regelfall auch nicht von der Höhe der Mieteingänge abhängig (LG Berlin WuM 91, 538). Wie der Vermieter den Mangel beseitigt, ist grundsätzlich seine Sache (LG Berlin GE 2005, 1127). Doch berechtigt ihn das nicht zu Veränderungen. So darf er einen defekten Gasherd nicht durch einen Elektroherd ersetzen (LG Berlin GE 2003, 809) und eine defekte Gas-Etagenheizung nicht durch einen Anschluss an eine Zentralheizung **(BGH ZMR 2023, 27)**.

Unternimmt der Vermieter nichts, um die Mängel abzustellen, kann der Mieter die Reparatur, d.h. den ordnungsgemäßen Zustand der Mietsache, auch einklagen. Wird der Vermieter z.B. verurteilt, Feuchtigkeitsschäden dauerhaft abzustellen, ist er aber nur zu unzureichenden Malerarbeiten bereit, kann der Mieter dies als »untauglich« ablehnen (LG Hamburg WuM 98, 690).

Wichtig: Der Anspruch des Mieters auf Beseitigung eines Mangels kann während der Mietzeit nicht verjähren **(BGH WuM 2010, 238)**.

Rechte des Mieters
Bei Wohnungsmängeln, die im Laufe der Mietzeit auftreten, hat der Mieter verschiedene Gewährleistungsrechte. Neben dem Reparaturanspruch ⇨ INSTANDSETZUNG gibt es das Recht auf ⇨ MIETMINDERUNG, das ⇨ ZURÜCKBEHALTUNGSRECHT, den Schadensersatz sowie das Recht zur ⇨ FRISTLOSEN KÜNDIGUNG. Die Gewährleistungsrechte kommen erst in Betracht, wenn der Mieter eingezogen ist bzw. die Mietsache übergeben ist. Vorher kann der Mieter bei bewusst falschen Angaben des Vermieters u.U. Schadensersatz geltend machen **(BGH WuM 97, 617)**.

Achtung: Ist ein Mangel vom Mieter verursacht, entfallen diesbezügliche Gewährleistungsrechte **(BGH WuM 2011, 98)**.

1. Der Mieter kann die Miete kürzen ⇨ MIETMINDERUNG.

Beispiel: Im Schlafzimmer lässt sich die Heizung nicht abstellen. Der Mieter überweist deshalb vom nächsten Monat an 10% weniger Miete, also statt 500 Euro nur noch 450 Euro. Und zwar so lange, bis die Heizung repariert ist. Allerdings: Wenn der Mieter dem Vermieter den Mangel nicht unverzüglich angezeigt hat und der Vermieter deswegen den Mangel nicht beseitigen konnte, entfällt das Minderungsrecht. Die Beweislast für eine Verletzung der Anzeigepflicht durch den Mieter trägt allerdings der Vermieter **(BGH WuM 2013, 160)**.

Achtung: Bei energetischen Modernisierungen ist das Minderungsrecht während der Bauphase in den ersten 3 Monaten ausgeschlossen.

2. Reagiert der Vermieter auf die Mietminderung noch nicht, kann der Mieter auch von seinem ⇨ ZURÜCKBEHALTUNGSRECHT Gebrauch machen **(BGH WuM 97, 488)**. Der Mieter kann hier zusätzlich zur Minderung einen an der Minderungsquote orientierten Mietbetrag zurückhalten **(BGH WuM 2015, 568)**, um den Vermieter zur Durchführung der notwendigen Instandsetzungsmaßnahmen zu bewegen. Die zurückbehaltene Miete muss – anders als die Mietminderung – nachgezahlt werden, sobald die Instandsetzung erfolgt ist. Deshalb sollte der Mieter sich den zurückbehaltenen Betrag zurücklegen. Lässt sich erst durch einen Sachverständigen feststellen, ob der Mangel behoben ist, muss die Miete erst nach der Begutachtung vom Mieter zurückgezahlt werden (LG Berlin WuM 2021, 612). **Achtung:** Wenn der Mieter die Maßnahmen zur Mängelbeseitigung unberechtigterweise verweigert, muss das einbehaltene Geld sofort zurückgezahlt werden. Ein weiterer Einbehalt ist unzulässig **(BGH WuM 2019, 309)**.

Achtung: Seine Zustimmung zu einer ⇨ MIETERHÖHUNG im Rahmen der ortsüblichen Vergleichsmiete kann der Mieter nicht von einer Mängelbeseitigung abhängig machen **(OLG Frankfurt RE WuM 99, 629)**.

3. Der Mieter kann auch vom Vermieter **Schadensersatz** fordern. Für diesen Anspruch müssen aber einige Voraussetzungen erfüllt sein. (Lassen Sie sich vom Mieterverein beraten!)

Im Einzelnen:
– Dem Mieter muss ein Schaden entstanden sein, weil die Wohnung mangelhaft ist.

– Zudem muss der Vermieter für den Schaden haften. Bei Mängeln, die bereits beim Einzug vorlagen, haftet der Vermieter grundsätzlich immer; sog. **Garantiehaftung**. Er »garantiert« sozusagen, dass die Wohnung fehlerfrei ist. **Beispiel:** Bereits vorhandene Feuchtigkeit in der Wohnung führt nachträglich zu Schimmel an Gebrauchsgegenständen des Mieters. Diese strenge Haftung gilt selbst dann, wenn den Vermieter kein Verschulden trifft oder wenn der Mangel bei Vertragsschluss noch nicht sichtbar bzw. verborgen war (LG Köln WuM 90, 386). **Beispiel:** Die neue Heizanlage kann bei einer Außentemperatur von minus 10 °C nicht mehr ausreichend heizen. Beim Einzug im Sommer hat hiervon niemand gewusst. Liegt die Gefahrenquelle aber außerhalb der Mietsache, und kann sich der Vermieter dagegen gar nicht schützen, z. B. Rückstau im städtischen Kanal, soll die Garantiehaftung nicht gelten (OLG München WuM 91, 681). Beachte: Ein **Ausschluss der Garantiehaftung** in den ⇨ ALLGEMEINEN GESCHÄFTSBEDINGUNGEN ist zulässig **(BGH WuM 92, 316)** und findet sich in fast jedem Mietvertrag.

– Der Vermieter haftet für einen Schaden des Mieters auch, wenn der Mangel erst später entsteht und der Vermieter dies zu **vertreten** hat. Solche Fälle können eintreten, wenn z. B. die Wasserleitung defekt ist und dadurch die Wohnung des Mieters unter Wasser gesetzt wird. Kann dem Vermieter eine Verletzung seiner Kontrollpflicht nachgewiesen werden (z. B. weil solche Störungen gehäuft aufgetreten sind), ist er schadensersatzpflichtig **(BGH WuM 2008, 719)**. Dem Mieter kann ein Mitverschulden angelastet werden (LG Hamburg WuM 99, 513).

Ein anderes **Beispiel:** Der Vermieter lässt das Haus im Winter modernisieren. Deshalb fällt die Heizung für längere Zeit aus. Hier kann der Mieter in ein (preiswertes) Hotel ziehen, bis die Heizung wieder arbeitet. Die Kosten muss der Vermieter zahlen, denn es ist seine Schuld, dass das Haus nicht geheizt wird. Er hätte im Sommer modernisieren sollen.

– Weiterhin ist der Vermieter schadensersatzpflichtig, wenn er mit der Beseitigung des Mangels in ⇨ VERZUG gerät. Hat der Mieter z. B. dem Vermieter einen konkreten Mangel mitgeteilt (OLG Düsseldorf WuM 93, 271; LG Duisburg WuM 99, 112) und ihn unzweideutig aufgefordert, diesen zu beheben, ist der Vermieter am Zug. Er muss unverzüglich tätig werden. Unterlässt er dies schuldhaft, und entsteht dadurch dem Mieter ein Schaden, ist dieser vom Vermieter zu ersetzen.

Schuldhaft handelt der Vermieter auch, wenn nicht er, sondern seine Handwerker den Mangel vorsätzlich oder fahrlässig verursacht bzw. nicht rechtzeitig wieder beseitigt haben.

– Der Vermieter haftet immer, wenn der Schaden darauf beruht, dass der Wohnung eine **zugesicherte** Eigenschaft fehlt.

Beispiel: Weil der Mieter ausdrücklich Wert darauf legte, wurde im Mietvertrag die Wohnungsgröße mit 90 m^2 zugesichert. Tatsächlich ist sie aber nur 85 m^2 groß. Hier haftet der Vermieter auch, wenn ihn kein Verschulden trifft (AG Köln WuM 80, 17).

Dieses Beispiel zeigt, dass die Zusicherung einer Eigenschaft für den Vermieter praktisch zu einer Garantiehaftung ohne Verschulden führt. Dies wird am Beispiel ⇨ WOHNFLÄCHE besonders deutlich. Hat der Vermieter entgegen dem obigen Beispiel die Wohnungsgröße nicht zugesichert, sondern nur mit 90 m^2 im Mietvertrag angegeben, liegt ein Mangel erst vor, wenn die Wohnung mehr als 10% kleiner ist **(BGH WuM**

2004, 268) oder der Mieter nachweist, dass die Abweichung zur Minderung der Gebrauchstauglichkeit führt (BGH WuM 2021, 97).

4. Der Mieter kann selbst die Handwerker bestellen und Ersatz der Kosten verlangen (Ersatzvornahme).

Achtung: Voraussetzung ist, dass der Mieter den Mangel dem Vermieter angezeigt und ihn zur Behebung aufgefordert hat. Wird der Vermieter dann auf eine Mahnung hin nicht tätig, befindet er sich in Verzug. Das berechtigt den Mieter, den Mangel selbst zu beseitigen. Er kann auch selbst einen Handwerker bestellen. Die Rechnung des Handwerkers kann der Mieter entweder zunächst selbst bezahlen und mit der Miete verrechnen ⇨ AUFRECHNUNG oder er nimmt den Vermieter vor Beauftragung des Handwerkers auf Zahlung eines Vorschusses in Anspruch, und zwar in Höhe der Kosten, die voraussichtlich für die Mängelbeseitigung entstehen (KG Berlin RE WuM 88, 142).

Achtung: Erst die Handwerker bestellen, wenn der Vermieter »in Verzug« ist, also ihn immer erst schriftlich auffordern, die Wohnung umgehend in Ordnung zu bringen **(BGH WuM 2009, 580; BGH WuM 2008, 147; anders in Notsituationen – z. B. Wespennest** – AG Würzburg WuM 2014, 332; AG Meppen WuM 2003, 355). Dabei muss der Mieter dem Vermieter eine angemessene Zeit lassen. Die eigentliche Mängelanzeige und die Mahnung können zusammen erklärt werden. Der Mieter muss aber klar zum Ausdruck bringen, dass er unverzüglich die Mängelbeseitigung verlangt (LG Heidelberg WuM 97, 42; LG Berlin WuM 94, 175). Ersetzen muss der Vermieter die »erforderlichen« Aufwendungen, also die Kosten, die der Vermieter für eine fachgerechte Instandsetzung auch selbst hätte bezahlen müssen (LG Köln WuM 94, 73).

Der Vermieter kann dem Aufwendungsersatzanspruch des Mieters für eine neue Therme nicht entgegenhalten, dass der Mieter sich zuvor gegen eine Luxusmodernisierung gewandt hat, bei der auch die Therme ausgetauscht worden wäre (AG Stuttgart WuM 2023, 601).

Wichtig: Der Mieter ist verpflichtet, sofort dem Vermieter Bescheid zu geben, sobald er einen Fehler in der Wohnung entdeckt.

Möglicherweise macht sich der Mieter wegen der unterlassenen Meldung sogar schadensersatzpflichtig (OLG Hamburg WuM 91, 328; LG Berlin WuM 98, 597). Anders aber, wenn von Anfang an keine Abhilfe von Seiten des Vermieters möglich **(BGH WuM 87, 215)** oder der Mangel dem Vermieter bereits bekannt war (OLG Saarbrücken WuM 89, 133). Liegt aber ein Notfall vor, z. B. Stromausfall am Wochenende, und kann der Vermieter nicht erreicht werden, darf der Mieter auch sofort einen

Handwerkernotdienst einschalten (AG Bonn WuM 87, 219). Der Mieter hat Anspruch darauf, dass die ausgefallene Wasserversorgung noch am gleichen Wochenende repariert wird (LG Berlin MM 94, 175).

5. Der Mieter kann u.U. **kündigen**.

Sind die Mängel nicht behebbar, oder kommt der Vermieter seiner Mängelbeseitigungspflicht nicht nach, kann der Mieter unter bestimmten Voraussetzungen auch die Wohnung kündigen **(BGH WuM 2013, 538)** ⇨ FRISTLOSE KÜNDIGUNG, ⇨ KÜNDIGUNGSFRISTEN. Dann muss der Vermieter alle Folgeschäden ersetzen, z.B. die angemessenen Kosten für einen Teppichboden und Gardinen sowie die Kosten des Umzugs (LG Duisburg WuM 89, 14; LG Kassel WuM 82, 188) oder auch Kosten für Zeitungsanzeigen, Maklerprovision, unter Umständen Anwaltskosten (LG Saarbrücken WuM 95, 159).

Kein Gewährleistungsrecht
Der Mieter kann keines der vorgenannten Gewährleistungsrechte geltend machen, wenn er den Mangel bei Abschluss des Mietvertrages kannte **(BGH WuM 2011, 12).** Er muss aber von dem Mangel gewusst haben, es reicht nicht, wenn er eine bloße Vermutung hatte. Es genügt aber, wenn er bei Anwendung geringer Sorgfalt den Mangel vor dem Einzug erkennen konnte. Der Mieter sollte also in jedem Fall die Wohnung besichtigen, bevor er den Vertrag abschließt. Man kann aber nicht von ihm verlangen, dass er ohne Anlass die Wohnung gründlich untersucht. Zum Beispiel ist nicht erforderlich, dass die Funktionsfähigkeit vorhandener Telefon- und Kabelanschlussdosen überprüft wird (LG Berlin WuM 2020, 743). Hat der Vermieter bestimmte Eigenschaften besonders zugesichert, muss der Mieter diese nicht noch überprüfen.

Beispiel: Unmittelbar am Haus fährt eine Eisenbahn entlang. Hier kann der Mieter später nicht die Miete kürzen, weil die Wohnung zu laut ist. Denn diesen Mangel konnte er vor Einzug unschwer erkennen.

Die vorübergehende Erhöhung von Verkehrslärm ist kein Mangel und berechtigt daher in der Regel nicht zur Mietminderung **(BGH WuM 2013, 154)**. Das Gleiche gilt bei stadtbekannten (geplanten) Großbauprojekten in unmittelbarer Nachbarschaft der neu angemieteten Wohnung (LG Lübeck WuM 98, 690). Hier kann der Mieter nicht wegen »Baulärms« die Miete später kürzen ⇨ LÄRM. Anders aber, wenn der Mieter zwar wusste, dass im Haus ein Lokal bzw. ein Café betrieben wird, während der Mietzeit in diesen Räumen aber eine Diskothek oder ein Nachtlokal eröffnet wird (AG Wiesbaden WuM 89, 368).

Im Übrigen gilt, dass bei Anmietung der Wohnung ein Wohnungsübergabeprotokoll ⇨ WOHNUNGSABNAHME aufgestellt werden sollte. Hier sind die vorgefundenen Mängel aufzulisten.

Beweislast
Es ist nicht immer leicht festzustellen, wer für einen Schaden verantwortlich ist. Dann kommt es darauf an, wer die Beweislast trägt, d.h. das Risiko, dass der Verantwortliche nicht festgestellt werden kann.

Nach der Rechtsprechung muss der Vermieter beweisen, dass die Schadensursache nicht aus dem Bereich stammt, der seiner Obhut und Einflussnahme unterliegt. Solange noch die Möglichkeit bleibt, dass der Schaden auch aus einem Bereich stammt, der dem Vermieter oder einem anderen Mieter zuzuordnen ist, kann der Mieter dafür nicht haftbar gemacht werden (**BGH WuM 94, 466**; OLG München NJW-RR 97, 1031; OLG Karlsruhe RE WuM 84, 267; LG Berlin GE 89, 357; LG Kiel WuM 90, 499).

Haftungsausschluss ⇨ ALLGEMEINE GESCHÄFTSBEDINGUNGEN
Oft steht in Wohnungsmietverträgen: »Das Recht zur Mietminderung und auf Schadensersatz ist ausgeschlossen.«

Hier gilt:
– Das Recht, die Miete zu kürzen, darf nicht eingeschränkt werden. Der Mieter darf also auch kürzen, wenn er etwas anderes im Mietvertrag unterschrieben hat.

– Das Recht auf Aufwendungsersatz kann formularmäßig nicht ausgeschlossen werden.

– Schadensersatzansprüche des Mieters wegen Sachschäden, die durch Mängel verursacht worden sind, können nicht formularmäßig ausgeschlossen werden, auch nicht für den Fall bloß leichter Fahrlässigkeit des Vermieters **(BGH RE WuM 2002, 141).**

– In jedem Fall behält der Mieter seinen Anspruch auf eine vertragsgemäße Wohnung.

Achtung: Für ⇨ GESCHÄFTSRÄUME gelten abweichende Regelungen.

Mahnbescheid (Mahnverfahren) ⇨ PROZESSKOSTENHILFE

Mit dem Mahnverfahren können ausschließlich Geldforderungen (z.B. Miete oder Kautionsrückzahlung) schnell und kostengünstig durchgesetzt werden. Es ist besonders dann sinnvoll, wenn nicht damit zu rechnen ist, dass der Antragsgegner sich gegen die Forderung zur Wehr setzen wird. Denn wird gegen den Mahnbescheid Widerspruch oder gegen den Vollstreckungsbescheid Einspruch eingelegt, kommt es wie nach der Klageerhebung zum Gerichtsverfahren.

Der Antrag auf Erlass des Mahnbescheids muss mit dem gesetzlich vorgeschriebenen Formular (sonst ggf. Zurückweisung!) beim zuständigen Mahngericht gestellt werden. Die Bundesländer haben die Bearbeitung der Mahnsachen auf zentrale Mahngerichte konzentriert; teilweise sind auch länderübergreifend gemeinsame Mahngerichte eingerichtet. Auf der Seite www.mahngerichte.de kann das zuständige Gericht ermittelt und online der Mahnantrag (Weiterleitung zu www.online-mahnantrag.de) gestellt bzw. gefertigt und ausgedruckt werden; Vordrucke sind außerdem im Schreibwarenhandel erhältlich.

Die Anschrift des Schuldners muss bekannt sein, da Mahnbescheide nicht öffentlich zugestellt werden. Mit der Zustellung des Mahnbescheides an den Gegner wird die ⇨ VERJÄHRUNG gehemmt, vorausgesetzt, der Anspruch ist im Mahnbescheid hinreichend genau bezeichnet (s. dazu unten) worden **(BGH WuM 2011, 49; WuM 2008, 238)**. Die Verjährung wird bereits mit Eingang des Antrags gehemmt, wenn die Zustellung demnächst erfolgt, d.h. im Regelfall innerhalb von zwei bis vier Wochen **(BGH WuM 2019, 541)**

Das Mahngericht prüft nur, ob nach den Behauptungen des Antragstellers der Anspruch besteht. Hierfür ist es erforderlich, dass der Anspruch genau genug bezeichnet wird, etwa durch Angabe des Vertrags, auf dem er beruht. Bei Miet- oder Nebenforderungen muss der genaue Zeitraum, aus dem die Forderung stammt, angegeben werden. Mahnbescheide ergehen sodann mit dem Hinweis, dass das Gericht nicht geprüft hat, ob der geltend gemachte Anspruch tatsächlich besteht. Dies ist also vom Antragsgegner selbst zu prüfen.

Will der Antragsgegner sich gegen den Mahnbescheid wehren, kann er binnen 2 Wochen ab Zustellung des Mahnbescheides Widerspruch einlegen. In diesem Fall gibt das Gericht den Rechtsstreit von Amts wegen an das Gericht ab, das der Antragsteller in dem Antrag auf Erlass des Mahnbescheides bezeichnet hat. Die Abgabe ist den Parteien mitzuteilen; sie ist nicht anfechtbar. Andernfalls erlässt das Gericht auf Antrag einen Vollstreckungsbescheid. Gegen diesen kann der Antragsgegner zwar ebenfalls innerhalb 2 Wochen Einspruch einlegen, er muss aber in dem dann zu führenden Prozess Verfahrensnachteile in Kauf nehmen. Wenn man sich daher gegen eine Forderung zur Wehr setzen will, sollte man dies schon beim Mahnbescheid tun und es nicht zu einem Vollstreckungsbescheid kommen lassen.

Makler, Maklerprovision ⇨ WOHNUNGSVERMITTLUNG

Mediation ⇨ STREITSCHLICHTUNG

Die Mediation ist ein Verfahren, mit dem die Parteien freiwillig und eigenverantwortlich die einvernehmliche Beilegung ihres Konflikts versuchen können. Aufgabe des von den Parteien ausgewählten Mediators ist die neutrale Leitung des Verfahrens und die Förderung der Kommunikation der Parteien; weder soll er den Konflikt bewerten oder entscheiden noch Lösungsvorschläge erarbeiten. Hält er die Fortführung für aussichtslos, kann er das Verfahren beenden. Eine Einigung kann in einer Abschlussvereinbarung dokumentiert werden. Über die Kosten der Mediation sollten sich die Parteien vorab einigen.

Neben der außergerichtlichen Mediation existiert das gerichtliche Güteverfahren mit einem am Gerichtsverfahren nicht beteiligten Güterichter, der alle Methoden der Konfliktbeilegung einschließlich der Mediation einsetzen darf. Das anhängige Gerichtsverfahren ruht unterdessen. Im Erfolgsfall kann die Einigung als vollstreckbare Vereinbarung niedergelegt werden; das Gerichtsverfahren ist damit – kostengünstiger und oft auch schneller als durch ein Urteil – beendet. Bleibt das Verfahren erfolglos, wird das Gerichtsverfahren fortgesetzt.

Grundlage für die Mediation ist das Mediationsgesetz; die ZPO enthält in §§ 278, 278a Regelungen für die gütliche Streitbeilegung und die gerichtliche Mediation.

Meinungsfreiheit ⇨ FREIE MEINUNGSÄUSSERUNG

Mietaufhebungsvertrag ⇨ AUSZUG DES MIETERS, ⇨ NACHMIETER

Durch einen Mietaufhebungsvertrag können Mieter und Vermieter das Mietverhältnis jederzeit vorzeitig zu einem bestimmten Termin beenden. Ist der Mieter an einen ⇨ ZEITMIETVERTRAG oder einen Kündigungsverzicht (⇨ KÜNDIGUNG) gebunden, kann er versuchen, eine derartige Übereinkunft zu treffen. Dabei kann vereinbart werden, dass der Mieter einen ⇨ NACHMIETER zu stellen hat.

Ob schon der Abschluss eines Vertrages mit dem Nachmieter die Vereinbarung eines Aufhebungsvertrages bedeutet, hängt von den Umständen des Einzelfalls ab (**BGH WuM 2012, 371**; LG Gießen WuM 97, 370; LG Saarbrücken WuM 97, 37).

Aus Beweisgründen empfiehlt es sich, den Mietaufhebungsvertrag schriftlich abzuschließen. Eine mündliche Vereinbarung ist wirksam (LG

Aachen WuM 93, 734). Die Klausel im Mietvertrag »Änderungen und Ergänzungen des Mietvertrags bedürfen der Schriftform« bezieht sich nicht auf einen Mietaufhebungsvertrag (OLG Düsseldorf GE 2003, 1603). Eine mündliche Vereinbarung ist jedoch oft nur schwer beweisbar. Deshalb ist die schriftliche Festlegung dringend anzuraten. Der Endtermin des Mietverhältnisses sollte in diesem Mietaufhebungsvertrag so gewählt werden, dass der Mieter – ohne doppelte Miete zu zahlen – das neue Mietverhältnis eingehen kann.

Es empfiehlt sich z. B. folgender Wortlaut:

»Mietaufhebungsvertrag:
Die unterzeichnenden Parteien sind sich darüber einig, dass das Mietverhältnis zwischen ... (Vermieter) und ... (Mieter) über die Wohnung im Haus ... (Ort, Straße, Etage) am ... (Tag, Monat, Jahr) beendet ist.

Unterschrift des Vermieters, Unterschrift des Mieters.«

Wichtig: Alle Vermieter und alle Mieter müssen unterschreiben!

Es sollte in diesem Mietaufhebungsvertrag u. U. noch vereinbart werden, dass keine gegenseitigen Ansprüche der Parteien aus dem Mietverhältnis mehr bestehen. Damit ist z. B. geklärt, dass der Mieter keine Malerarbeiten erledigen muss. Die Mietkaution ist von dieser Vereinbarung im Zweifel nicht betroffen (AG Bergheim WuM 2017, 259).

Achtung: Es ist nicht ausgeschlossen, dass andere Gerichte dies anders beurteilen. Deshalb sollte bei Verwendung der obigen Formulierung ausdrücklich klargestellt werden, dass die Mietkaution zurückzuzahlen ist.

Sieht der auf Wunsch des Mieters vereinbarte Mietaufhebungsvertrag eine Kostenpauschale für die vorzeitige Vertragsauflösung vor, muss der Mieter zahlen, wenn er nicht nachweist, dass dem Vermieter tatsächlich nur geringere Kosten entstanden sind **(OLG Hamburg RE WuM 90, 244)**. Steht hingegen bereits im Formularmietvertrag, dass der Mieter bei einer vorzeitigen Beendigung des Mietverhältnisses eine pauschale Abgeltung für die entstandenen Kosten zu zahlen hat, ist die Klausel unwirksam ⇨ BEARBEITUNGSGEBÜHR.

Achtung: Die Initiative zum Abschluss eines Mietaufhebungsvertrages geht aber nicht immer vom Mieter aus.

Immer häufiger bieten Vermieter ihren Mietern Abfindungen oder Abstandszahlungen an, wenn sie ihre Wohnung zu einem bestimmten Termin räumen. Im Klartext: Bargeld für einen schnellen Auszug.

Insbesondere wenn der Vermieter keinen Kündigungsgrund hat, die Wohnung zum Beispiel nicht selber beziehen will, sondern teuer verkaufen oder anderweitig vermieten will, kommt es zu diesen Angeboten. Einen auf Initiative des Vermieters abgeschlossenen Mietaufhebungsvertrag kann der Mieter unter Umständen nach den Vorschriften über Verbraucherverträge rückgängig machen (LG Köln NJW-RR 2001, 1377; LG Heidelberg WuM 93, 397; AG Freiburg WuM 2013, 728) ⇨ WIDERRUF.

Bevor der Mieter einen Mietaufhebungsvertrag abschließt, sollte er genau überlegen:

– Wie weit kommt er mit dem »Super«-Angebot 5000 oder 10000 Euro bar auf die Hand? Von diesem Geld muss er zwar nicht die alte (LG Stuttgart WuM 95, 392), aber möglicherweise die neue Wohnung renovieren, er muss unter Umständen Maklerprovision zahlen, Einrichtungsgegenstände neu kaufen und höchstwahrscheinlich in der neuen Wohnung eine höhere Miete zahlen. Die Leistung des Vermieters ist letztlich also nicht mehr als eine Art »Umzugsbeihilfe«.

– Als Gegenleistung verpflichtet sich der Mieter, die Wohnung (unwiderruflich) zu einem bestimmten Termin zu räumen, er verzichtet also auf alle seine Schutzrechte ⇨ KÜNDIGUNGSSCHUTZ. Hat der Mieter zu dem vereinbarten Termin keine neue Wohnung gefunden, kann der Vermieter ihn problemlos »auf die Straße setzen«.

– Häufig wird in diesen Mietaufhebungsverträgen vereinbart, dass die Abfindung des Vermieters nur gezahlt wird, wenn der Mieter pünktlich auszieht. Kommt dem Mieter etwas dazwischen, verschiebt sich sein Auszug um ein paar Wochen, sind unter Umständen die Prämie und die Wohnung weg (LG Kassel NJW-RR 94, 466; LG Frankfurt WuM 90, 196).

Das Landgericht Nürnberg-Fürth (NJW-RR 93, 81) differenziert:

1. Der Vermieter hat keinen Kündigungsgrund. Der Mietaufhebungsvertrag soll in erster Linie den Kündigungsgrund ersetzen. Ohne Mietaufhebungsvertrag müsste der Mieter nie ausziehen. Hier muss der Vermieter die Abfindung auch dann zahlen, wenn der Mieter nicht pünktlich zum vereinbarten Termin auszieht. Der Vermieter kann allenfalls vom Mieter Schadensersatz verlangen oder vom Vertrag zurücktreten. Dann bleibt alles beim Alten (vergleiche auch LG Mannheim WuM 88, 87).

2. Der Vermieter hat zwar einen Kündigungsgrund, dem Mieter steht aber eine längere Räumungsfrist zu. Beispiel: Der ⇨ EIGENBEDARF des Vermieters wäre begründet, der Mieter könnte sich aber erfolgreich auf die Sozialklausel ⇨ KÜNDIGUNGSSCHUTZ berufen. Hier

kommt es dem Vermieter, der eine Abfindung anbietet und einen Mietaufhebungsvertrag mit dem Mieter abschließt, nur auf den Zeitpunkt der Räumung an. Verlässt der Mieter die Wohnung nicht termingerecht, verliert er seinen Anspruch auf Abfindung (vergleiche auch LG Frankfurt WuM 90, 196).

3. Der Vermieter hat zwar einen Kündigungsgrund, seine Kündigung war jedoch aus formellen Gründen unwirksam. Er müsste also zunächst einmal eine wirksame Kündigung nachholen. Zur Vermeidung eines weiteren Prozesses schließt er mit dem Mieter einen Mietaufhebungsvertrag. Hier hat der Vermieter zwei Interessen. Einerseits verschafft er sich durch den Mietaufhebungsvertrag die Grundlage dafür, dass der Mieter überhaupt auszieht. Andererseits wird der genaue zeitliche Termin der Räumung festgelegt. Zieht der Mieter nicht pünktlich aus, kann der Vermieter von dem Vertrag insgesamt zurücktreten, und alles bleibt beim Alten. Oder er zahlt nur die Hälfte der vereinbarten Abfindung.

Keine Einkommensteuerpflicht: Eine Abfindung, die der Mieter als Gegenleistung für die vorzeitige Räumung der Wohnung erhält, muss er nicht versteuern (**BFH NZM 2001, 56; BFH Bundessteuerblatt II 77, 27**; Finanzgericht Münster Entscheidungen der Finanzgerichte 84, 501; Finanzgericht Kassel ZMR 98, 238).

Mietausfallwagnis

Bei Sozialwohnungen ➭ WOHNUNGSBAUFÖRDERUNG wird die Miete aufgrund einer Wirtschaftlichkeitsberechnung ermittelt. In diese Wirtschaftlichkeitsberechnung darf der Vermieter einen Betrag einsetzen, der das Risiko abdeckt, dass Mietzahlungen evtl. einmal nicht eingetrieben werden können oder Wohnraum eine Zeit lang leer steht.

Dieser Betrag, das sogenannte Mietausfallwagnis, darf 2% der Jahresmiete ausmachen. Um auf diesen Betrag zu kommen, werden üblicherweise 2,04% der übrigen laufenden Aufwendungen angesetzt ➭ SOZIALMIETEN.

Ist das Risiko auf andere Weise abgesichert, z.B. dadurch, dass sich jemand für die Zahlung verbürgt, darf das Mietausfallwagnis nicht angesetzt werden.

Das Mietausfallwagnis bezog sich früher auch auf die ➭ BETRIEBSKOSTEN.

Da nach dem Wegfall der Betriebskosten aus der Wirtschaftlichkeitsberechnung sich das Mietausfallwagnis entsprechend verringert hat, kann der Vermieter nun zum Ausgleich das sogenannte **Umlageausfallwagnis** verlangen. Dies darf maximal 2% der im Abrechnungszeitraum anfallenden Betriebskosten ausmachen. Dabei wird dieser Betrag auf die insgesamt für das Gebäude anfallenden Betriebskosten aufgeschlagen, nicht erst bei der Einzelabrechnung für jeden Mieter (LG Hamburg WuM 90, 561).

Achtung: Bei freifinanzierten Wohnungen kann der Vermieter zusätzlich zur Miete kein Mietausfallwagnis verlangen (LG Trier WuM 2007, 626).

Miete

Miete ist das – im Regelfall monatlich – zu zahlende Entgelt für die Überlassung der Wohnung. Diesen Betrag muss der Mieter zu Beginn, spätestens am 3. Werktag des Monats zahlen (Fälligkeit), wenn nicht vertraglich etwas anderes vereinbart ist. Dabei zählt der Samstag nicht als Werktag **(BGH WuM 2010, 500; WuM 2010, 495)**.

Bei Mietverträgen, die **vor** dem 1.9.2001 abgeschlossen worden sind, ist die Miete laut Gesetz am Monatsende zu zahlen. Diese Vorschrift gilt für die alten Verträge weiter, doch sind die praktischen Auswirkungen ziemlich gering. Die alte Regelung war nicht zwingend, konnte also per Mietvertrag abgeändert werden. Dies ist üblicherweise auch geschehen, sodass die meisten Mieter auch bisher schon die Miete am Monatsanfang zahlen mussten. Wenn nichts Besonderes vereinbart ist, muss das Geld nicht zum vereinbarten Termin beim Vermieter angekommen sein. Es reicht aus, wenn der Überweisungsauftrag – bei ausreichend gedecktem Konto – vor Fristablauf bei der Bank eingegangen ist **(BGH WuM 2017, 31)**.

Früher zahlte – dem gesetzlichen Bild des BGB entsprechend – der Mieter »die Miete«. Damit war alles abgegolten, auch Heiz- und Betriebskosten. Doch im Laufe der Zeit wurden vielfach (Teile von) ⇨ BETRIEBSKOSTEN ausgegliedert. Der Mieter muss hierfür Vorauszahlungen leisten, über die dann jährlich abgerechnet wird. Für Betriebskosten bei öffentlich geförderten Wohnungen (⇨ SOZIALMIETEN) sowie für ⇨ HEIZKOSTEN ist die getrennte Umlage sogar gesetzlich vorgeschrieben.

Je nach vertraglicher Vereinbarung kommen deshalb heute unterschiedliche Bezeichnungen für die **Grundmiete** vor. Im Allgemeinen versteht man unter

Bruttowarmmiete (Brutto-, Inklusivmiete): Heiz- und Betriebskosten werden nicht gesondert ausgewiesen, sondern sind im Mietzins enthalten (nur in Ausnahmefällen noch möglich ⇨ HEIZKOSTEN, ⇨ SOZIALMIETEN).

Bruttokaltmiete: Betriebskosten sind im Mietzins enthalten, Heizkosten nicht.

Teilinklusivmiete: Betriebskosten sind zum Teil im Mietzins enthalten; der andere Teil wird separat abgerechnet.

Nettomiete: Betriebskosten sind vollständig ausgegliedert.

Achtung: Hat der Vermieter die Miete nach einer Modernisierung erhöht, wird diese Erhöhung Bestandteil der Grundmiete; sie kann nicht als separater Zuschlag neben der Miete geführt werden **(BGH WuM 2007, 707)**.

Mieterbund ⇨ MIETERVEREIN/DEUTSCHER MIETERBUND

Mieterhöhungen

In bestehenden Mietverhältnissen kann der Vermieter die Miete nicht erhöhen, wann und wie er will. Mieter und Vermieter können zwar grundsätzlich auch außerhalb der im BGB geregelten Verfahren eine Mietanpassung vereinbaren. Der Mieter ist aber in seiner Entscheidung frei, ob er dabei mitmachen, also zustimmen will, oder nicht. Zwingen kann ihn der Vermieter nicht. Stimmt der Mieter aber einem Mieterhöhungsbegehren des Vermieters zu, kommt es dadurch unabhängig davon, ob das Mieterhöhungsverlangen den formellen Voraussetzungen des gesetzlichen Mieterhöhungsverfahrens genügt und materiell berechtigt ist, zu einer vertraglichen Vereinbarung über die Mieterhöhung **(BGH, WuM 2020, 155)**.

Kommt es nicht zu einer solchen »freien« Vereinbarung über die Miethöhe, hat der Vermieter (nur) die Möglichkeit, die Bruttomiete wegen gestiegener ⇨ BETRIEBSKOSTEN, nach Durchführung einer ⇨ MODERNISIERUNG mit entsprechenden Investitionen oder auf die ⇨ ORTSÜBLICHE VERGLEICHSMIETE zu erhöhen. Für eine Mieterhöhung auf die ortsübliche Vergleichsmiete sind keine Investitionen in das Mietobjekt erforderlich; auch die Kosten müssen nicht gestiegen sein.

Mieterhöhungen im Rahmen der ortsüblichen Vergleichsmiete
Zumindest dann, wenn Mieter und Vermieter keinen Mietvertrag mit ⇨ INDEXMIETE oder ⇨ STAFFELMIETE abgeschlossen haben und wenn eine Mieterhöhung nicht vertraglich ausgeschlossen ist oder die Kostenmiete bei Sozialwohnungen gilt, kann der Vermieter die Miete auf die ortsübliche Vergleichsmiete anheben. Die Voraussetzungen hierfür sind in den §§ 558–558e BGB geregelt. Danach ist eine Mieterhöhung höchstens bis zur ortsüblichen Vergleichsmiete zulässig und

– eine Jahressperrfrist ist einzuhalten, d.h. zwischen Abschluss des Mietvertrags und erster Mieterhöhung bzw. zwischen den einzelnen Mieterhöhungen muss mindestens ein Jahr liegen, in der Praxis sind es 15 Monate,

– der Vermieter muss sich bei seiner Mieterhöhung auf eines der im Gesetz aufgeführten Begründungsmittel – Mietspiegel, Mietdatenbank, Vergleichswohnungen oder Sachverständigengutachten – stützen und

– Kappungsgrenzen sind einzuhalten. Innerhalb von 3 Jahren darf die Miete höchstens um 20 % steigen. In Städten/Gemeinden mit gefährdeter Wohnungsversorgung darf die Miete in 3 Jahren höchstens 15 % teurer werden.

Ausgangspunkt für Mieterhöhungen ist die sog. Grundmiete einschließlich eventueller Modernisierungszuschläge. Der Vermieter kann also nicht die Grundmiete erhöhen und den Betrag der Modernisierungsmieterhöhung separat laufen lassen **(BGH WuM 2007, 707)**.

Die ortsübliche Vergleichsmiete
Die ⇨ ORTSÜBLICHE VERGLEICHSMIETE hat nichts mit der aktuellen Marktmiete oder Angebotsmiete zu tun, die in Internetportalen, Zeitungsanzeigen und von Maklern genannt wird. Das sind Mieten, zu denen ganz aktuell Mietwohnungen angeboten werden. Bei der ortsüb-

lichen Vergleichsmiete ist aber die Miete entscheidend, die in bestehenden Mietverhältnissen gezahlt wird, also die Miete, die vor Ort für Wohnungen vergleichbarer Art, Größe, Ausstattung, Beschaffenheit und Lage einschließlich der energetischen Ausstattung und Beschaffenheit in den letzten 6 Jahren – gerechnet ab dem Zeitpunkt, zu dem die Mieterhöhung beim Mieter ankommt – vereinbart wurde oder sich in dieser Zeit durch Mieterhöhungen ergeben hat **(BGH WuM 2019, 324; BGH WuM 2012, 281)**.

Die ortsübliche Vergleichsmiete ist somit ein repräsentativer Querschnitt der Mietpreise, die für die jeweilige Wohnungskategorie gezahlt werden **(BayObLG RE WuM 1981, 100)**, wobei Wohnungen, bei denen die Miethöhe durch Gesetz oder im Zusammenhang mit einer Förderzusage festgelegt worden ist, nicht mitzählen.

Behebbare Wohnungsmängel spielen bei der ortsüblichen Vergleichsmiete keine Rolle. Auch wenn z.B. die Heizung defekt ist, kann der Vermieter die Miete erhöhen. Wegen der defekten Heizung hat der Mieter (nur) Ansprüche wegen ⇨ MÄNGEL DER WOHNUNG (AG Münster WuM 2023, 184).

In über 500 Städten und Gemeinden können die Durchschnitts- oder Vergleichsmieten in ⇨ MIETSPIEGELN abgelesen werden.

Form und Frist
Die Mieterhöhungserklärung muss in ⇨ SCHRIFTFORM abgefasst sein; ⇨ TEXTFORM reicht aus. Das bedeutet, die Mieterhöhung muss lesbar und die Person des Absenders muss angegeben sein. Die Erklärung muss auf einem dauerhaften Datenträger abgegeben werden, z.B. SMS, Fax, Mail, Kopie. Anstelle der persönlichen Unterschrift reicht ein »gezeichnet Müller, Geschäftsführer« aus. Das gilt auch dann, wenn laut Mietvertrag Änderungen des Mietvertrags der Schriftform bedürfen (BGH WuM 2011, 32). Mündliche Mieterhöhungen, persönlich oder am Telefon, sind unwirksam.

Absender, Adressat, Vollmachten
Absender einer Mieterhöhung muss grundsätzlich der Vermieter sein, bei einem Ehepaar müssen beide unterschreiben, wenn auch beide als Vertragspartner im Mietvertrag stehen. Bei juristischen Personen, z.B. einer GmbH oder Aktiengesellschaft (AG), muss der gesetzliche Vertreter die Mieterhöhung unterschreiben, also Geschäftsführer oder Vorstand. Die wiederum können sich aber vertreten lassen. Bei einer Gesellschaft bürgerlichen Rechts (GbR) muss die Mieterhöhung durch alle Gesellschafter oder den vertretungsberechtigten Gesellschafter erfol-

gen, bei einer Erbengemeinschaft genügt es, wenn ein Erbe als Vertreter im Namen der Erbengemeinschaft die Mieterhöhungserklärung abgibt (**BGH WuM 2002, 601**).

Bevollmächtigt der Vermieter z.B. einen Rechtsanwalt, seine Hausverwaltung oder den Vermieterverein mit der Durchführung der Mieterhöhung, muss deren Mieterhöhungserklärung die Originalvollmacht des Vermieters beigefügt sein. Die Vollmacht ist nur dann entbehrlich, wenn der Mieter die Bevollmächtigung bereits aus der Vergangenheit kennt, er also weiß, dass alle Mietrechtsangelegenheiten, u.a. auch Mieterhöhungen, von diesem Bevollmächtigten abgewickelt werden.

Ist die Originalvollmacht notwendig, aber nicht beigefügt, kann der Mieter mit Hinweis auf die fehlende Vollmacht die Mieterhöhung zurückweisen, sie ist unwirksam (**BGH WuM 2014, 340; BGH WuM 2014, 286; OLG Hamm RE WuM 1982, 204**). Dies muss aber unverzüglich geschehen, innerhalb von 14 Tagen (OLG Hamm NJW-RR 1988, 282).

Adressat der Mieterhöhungserklärung ist natürlich der Mieter. Von ihm verlangt der Vermieter die Zustimmung zur Mieterhöhung. Bei mehreren Personen auf der Mieterseite, z.B. einem Ehepaar oder einer Wohngemeinschaft, muss die Mieterhöhung an alle Mieter geschickt werden. Es reicht aus, wenn die an alle geschickte Erklärung gegenüber einem Mieter abgegeben wird, wenn eine entsprechende gegenseitige Bevollmächtigung im Mietvertrag enthalten ist (BGH RE WuM 1997, 599).

Jahressperrfrist
Der Vermieter darf die Miete nicht so oft erhöhen, wie er will. Frühestens ein Jahr nach Abschluss des Mietvertrags bzw. nach der letzten Mieterhöhung kann der Vermieter erneut eine Erhöhung der Miete geltend machen. Diese gesetzliche Jahressperrfrist sorgt zusammen mit der Zustimmungsfrist dafür, dass die Miete mindestens 15 Monate unverändert bleiben muss, bevor die erneute Mieterhöhung bezahlt werden muss.

Beispiel: Hat das Mietverhältnis im März 2023 begonnen, darf der Vermieter frühestens im März 2024 eine Mieterhöhung schicken. Die kann nach Ablauf der Überlegungsfrist frühestens zum 1. Juni 2024 wirksam werden.

Diese Jahressperrfrist gilt nur für Mieterhöhungen auf die ortsübliche Vergleichsmiete, Mieterhöhungen nach Modernisierungen (**BGH WuM 2008, 355; BGH WuM 2007, 703**) oder wegen gestiegener Betriebskosten fallen nicht unter diese Sperrfrist.

Eine Mieterhöhung, die der Mieter vor Ablauf der Jahressperrfrist erhält, ist unwirksam (**BGH RE WuM 1993, 388**). Der Vermieter muss dann nach Ablauf der Jahressperrfrist ein neues Mieterhöhungsverlangen schicken. Ausnahme: Der Vermieter kann eine unwirksame Mieterhöhung, der der Mieter schon teilweise zugestimmt hat, noch während des Rechtsstreits nachbessern. Die Jahressperrfrist greift hier nicht ein (**BGH WuM 2010, 161**).

Begründung der Mieterhöhung
Die Mieterhöhung kann nicht mit allgemeinen Preissteigerungen, hohen Handwerkerrechnungen oder damit begründet werden, dass die Miete schon seit Jahren unverändert geblieben ist. Der Vermieter kann nur fordern, dass die Miete auf die ortsübliche Vergleichsmiete erhöht wird. Zur Begründung bzw. zum »Nachweis« der Ortsüblichkeit der geforderten Miete gibt das Gesetz dem Vermieter vier Möglichkeiten an die Hand: Mietspiegel, Mietdatenbank, Sachverständigengutachten oder Vergleichswohnungen.

Die Begründung soll dem Mieter die Möglichkeit eröffnen, die sachliche Berechtigung des Erhöhungsverlangens zu prüfen und sich darüber schlüssig zu werden, ob er zustimmt oder nicht. Überhöhte Anforderungen sind an das Mieterhöhungsschreiben nicht zu stellen. Im Mieterhöhungsschreiben muss der Vermieter noch nicht beweisen, dass die verlangte Miete ortsüblich ist. Er muss dem Mieter nur so viele Hinweise an die Hand geben, dass dieser zumindest ansatzweise selbst nachprüfen kann, ob die Forderung nach mehr Miete berechtigt ist (**BVerfG WuM 1982, 146; BGH WuM 2022, 684; BGH WuM 2020, 86; BGH WuM 2016, 219**). Der endgültige Beweis muss erst in einem eventuellen Gerichtsverfahren geführt werden (LG Wuppertal WuM 1985, 325).

Zur ordnungsgemäßen Begründung der Mieterhöhung gehört auch die Angabe von Kürzungsbeträgen aufgrund von Fördermitteln für Modernisierungen (**BGH WuM 2009, 353; BGH WuM 2004, 484; BGH WuM 2004, 283**).

Mietspiegel
➯ MIETSPIEGEL sind Preisübersichten über die ortsüblichen Vergleichsmieten, die von der Gemeinde bzw. der nach Landesrecht zuständigen Behörde oder den Interessenvertretern der Vermieter und Mieter, also von Eigentümer- und Mietervereinen gemeinsam erstellt oder anerkannt worden sind. Mietspiegel sind das beste und zuverlässigste, aber auch transparenteste Begründungsmittel. Es gibt einfache und qualifizierte, nach wissenschaftlichen Kriterien erstellte Mietspiegel, Tabellenmietspiegel oder Mietspiegel, die nach der Regressionsmethode

erstellt wurden. Der Vermieter muss bei einer Mieterhöhung mit einem Mietspiegel die Mietwohnung unter Berücksichtigung des Baujahrs des Hauses, der Wohnungsgröße, der Wohnungsausstattung, der Wohnlage und ggf. einschließlich der energetischen Ausstattung und Beschaffenheit einem bestimmten Mietspiegelfeld zuordnen (**BGH WuM 2008, 88**). Wird in diesem Mietspiegelfeld ein Punktwert angegeben, kann eine Erhöhung bis zu diesem Wert erfolgen. Wird eine Mietpreisspanne angegeben, beispielsweise mit einer Bandbreite von 6,00 bis 8,00 Euro, kann der Vermieter an den obersten Wert der Preisspanne gehen und zum Beispiel 8,00 Euro mit der Mieterhöhung fordern (**BGH WuM 2019, 324; WuM 2009, 746**). Ein derartiges Mieterhöhungsverlangen ist formal in Ordnung. Aber der oberste Wert der Preisspanne muss nicht tatsächlich auch die ortsübliche Vergleichsmiete sein (**BGH WuM 2019, 324; WuM 2012, 281; WuM 2011, 421**). Das ist dann eine Frage der inhaltlichen Richtigkeit, die Frage, ob die Mieterhöhungsforderung wirklich in der behaupteten Höhe begründet ist. Liegt die Vermieterforderung sogar oberhalb der Preisspanne des Mietspiegels, ist auch diese Mieterhöhung formell in Ordnung, aber sie ist unbegründet, soweit sie über den Höchstbetrag hinausgeht (**BGH WuM 2004, 93**).

Ist der Mietspiegel allgemein zugänglich, muss er dem Mieterhöhungsschreiben nicht beigefügt werden. Allgemein zugänglich ist er, wenn er im Amtsblatt der Kommune veröffentlicht ist (**BGH WuM 2008, 88**), wobei bei einem älteren, vor Jahren veröffentlichten Mietspiegel, ein Hinweis des Vermieters erforderlich sein soll, wo diese alte Ausgabe des Amtsblatts einsehbar ist (LG Dresden WuM 2007, 707). Wird der Mietspiegel von der Kommune im Internet zum kostenlosen Download angeboten, ist er ebenfalls allgemein zugänglich. Gleiches gilt, wenn er im Kundencenter des Vermieters einsehbar ist (**BGH WuM 2009, 293**) oder wenn er für einen geringfügigen Betrag, z.B. 3,00 Euro, gekauft werden kann (**BGH WuM 2009, 352**). Ein Hinweis auf die Verkaufsstelle ist nicht erforderlich (**BGH WuM 2010, 693**). Kostet der Mietspiegel 5,00 bzw. 6,50 Euro, ist das kein geringer Betrag (AG Münster WuM 2018, 722; AG Stuttgart WuM 2018, 723), der Mietspiegel müsste in diesem Fall dem Mieterhöhungsschreiben beigelegt werden.

Gibt es vor Ort keinen Mietspiegel, darf der Vermieter den Mietspiegel einer Nachbargemeinde verwenden. Die Nachbargemeinde muss aber vergleichbar sein (**BGH WuM 2019, 650; BGH WuM 2010, 505**). Die fehlende Vergleichbarkeit kann nicht durch einen Abschlag vom Mietspiegel kompensiert werden (**BGH WuM 2014, 33**), die Mieterhöhung für eine Wohnung auf dem Land kann nicht mit dem Mietspiegel einer Großstadt begründet werden (**BGH WuM 2014, 33**).

Der Vermieter kann seine Mieterhöhung auch auf einen älteren Mietspiegel stützen, selbst wenn bereits ein neuer erschienen ist (**BGH WuM 2011, 517**). Ein 20 Jahre alter Mietspiegel ist allerdings ungeeignet, die damit begründete Mieterhöhung ist formal unwirksam (**BGH WuM 2019, 703; WuM 2019, 324**).

Auch wenn Mieter und Vermieter eine Brutto-Teilinklusivmiete vereinbart haben, in der Betriebskosten enthalten sind, ist eine Mieterhöhung mit einem Mietspiegel, der auf Basis von Nettomieten ohne Betriebskosten erstellt wurde, möglich. Sicherlich dann, wenn die erhöhte Brutto- oder Teilinklusivmiete die Nettomiete des Mietspiegels nicht übersteigt. Im umgekehrten Fall müssen die Betriebskostenanteile zunächst aus der Grundmiete herausgerechnet werden. Auf die erhöhte Grundmiete werden dann die Betriebskosten wieder zugerechnet (**BGH WuM 2021, 108; BGH WuM 2007, 108; BGH WuM 2006, 569; BGH WuM 2006, 39**).

Der Mietspiegel gilt in aller Regel nur für Mehrfamilienhäuser. Die Mieterhöhung für ein Ein- oder Zweifamilienhaus ist möglich, wenn die geforderte Miete innerhalb der maßgeblichen Mietspiegelspanne – für Wohnungen in Mehrfamilienhäusern – liegt (**BGH WuM 2016, 502; BGH WuM 2008, 729**).

Ein Mietspiegel kann auch auf eine Maisonettewohnung angewendet werden (LG Berlin WuM 2021, 703).

Einzelfragen:

– Eine dezentrale Nachtspeicherheizung ist eine Sammelheizung im Sinne des Berliner Mietspiegels (LG Berlin WuM 2020, 31).

– Ein voller Zuschlag für ein zweites Bad ist nicht gerechtfertigt, wenn hier Heizung und Lüftung fehlen (AG Münster WuM 2021, 703).

– Mietpreisübersichten von Internetportalen (LG München I 14 S 5672/18; AG Schleswig 21 C 76/19), von Finanzämtern (LG Limburg WuM 87, 29), Maklerverbänden oder Geldinstituten sind keine Mietspiegel und keine Preistabellen, mit denen eine Mieterhöhung begründet werden kann.

– Existiert vor Ort ein qualifizierter Mietspiegel, und begründet der Vermieter trotzdem seine Mieterhöhung mit einem Sachverständigengutachten, mit Vergleichswohnungen oder mit einer Mietdatenbank, muss er die Werte des qualifizierten Mietspiegels in seinem Erhöhungsschreiben mit angeben.

Mietdatenbank

Nach dem Gesetz, § 558e BGB, kann die Mieterhöhung auch auf Auskünfte einer Mietdatenbank gestützt werden. Dabei muss es sich um eine Datenbank zur Ermittlung der ortsüblichen Vergleichsmiete handeln, um eine fortlaufend geführte Sammlung von Mieten, die von der Gemeinde oder von Interessenvertretern der Mieter und Vermieter gemeinsam geführt oder anerkannt wird.

Zurzeit gibt es keine Mietdatenbank, die diesen Anforderungen entspricht. Damit existiert die Begründungsmöglichkeit »Mietdatenbank« in der Praxis nicht. Die empirica-Datenbank ist keine Mietdatenbank im Sinne des Gesetzes, auf die eine Mieterhöhung gestützt werden kann (AG Coesfeld WuM 2020, 456).

Sachverständigengutachten
Ein Gutachten eines öffentlich bestellten und vereidigten Sachverständigen kommt in der Praxis als Begründungsmöglichkeit für eine Mieterhöhung eher selten vor. Grund hierfür sind die relativ hohen Kosten, die zudem der Vermieter selbst bezahlen muss. Das Sachverständigengutachten als Begründung für eine Mieterhöhung ist ein sog. Parteigutachten, es wird vom Vermieter in Auftrag gegeben und bezahlt und darf nicht verwechselt werden mit einem Gutachten, das unter Umständen das Gericht in einem Mieterhöhungsprozess in Auftrag gibt.

Auch der Sachverständige, der das Parteigutachten abgibt, muss aber für ein Fachgebiet öffentlich bestellt und vereidigt sein, in dem er sich zumindest auch mit der Mietpreisbewertung befassen muss, z.B. als Gutachter für die Grundstücks- und Gebäudeschätzung (**BGH RE WuM 82, 177**). Auch ein ortsfremder Sachverständiger darf beauftragt werden (BayObLG RE WuM 87, 312).

Das Gutachten muss der Erhöhung im vollen Wortlaut beigefügt werden, es darf nicht älter als 2 Jahre sein (LG Berlin WuM 98, 229; AG München NZM 2002, 822) und muss so begründet werden, dass der Mieter es logisch nachvollziehen (**BGH WuM 2016, 219**) und ansatzweise überprüfen kann (**BGH WuM 2019, 324**). Dazu muss der Sachverständige eine Aussage über die tatsächliche ortsübliche Vergleichsmiete treffen und die Wohnung des Mieters in das örtliche Mietpreisgefüge einordnen (**BVerfG WuM 86, 237; BGH WuM 2010, 504;** AG Konstanz WuM 2020, 492). Unzureichend ist es, wenn der Gutachter die Wohnung in eine außerordentlich weite Mietspanne (6,50–11,00 Euro) einordnet und nicht erläutert, insbesondere nicht erklärt, wie er zur ortsüblichen Vergleichsmiete kommt (LG Itzehoe WuM 2022, 425). Eine vorherige Besichtigung der Wohnung sollte deshalb üblich sein, das ist aber nicht zwingend (**BGH WuM 2018, 509**). Bei Wohnanlagen genügt z.B. die Besichtigung des gleichen Wohnungstyps, aber auch aus einem standardisierten Gutachten müssen sich die Informationen ergeben, die zur

Überprüfung des Mieterhöhungsverlangens erforderlich sind. Das ist nicht der Fall, wenn weder zur Anzahl, ungefähren Lage oder zur Vergleichbarkeit der Vergleichswohnungen Ausführungen vorhanden sind und auch Angaben zur Berücksichtigung von Bestands- und Neuvermietungen fehlen (AG Pinneberg WuM 2021, 673). Unverwertbar ist ein Gutachten auch, wenn es nur erkennen lässt, welche Miete der Sachverständige für angemessen hält (**BVerfG WuM 86, 239**) oder wenn er nur die Daten eines Maklerpreisspiegels zugrunde gelegt hat (LG Kiel WuM 2014, 208).

Vergleichswohnungen
Das Begründungsmittel Vergleichswohnungen ist für den Vermieter das einfachste. Er kann sogar Vergleichswohnungen aus dem eigenen Bestand nehmen. Für den Mieter ist dieses Begründungsmittel aber oft problematisch. Die Mieten der Vergleichswohnungen haben mit der tatsächlichen ortsüblichen Vergleichsmiete oft nur wenig zu tun (**BGH WuM 2020, 86; BGH WuM 2013, 233**). Trotzdem kann mit ihnen (formell) wirksam eine Mieterhöhung begründet werden. Ob der Mieter dieser Erhöhung dann tatsächlich zustimmen und er sie bezahlen muss, ist eine ganz andere Frage. Die wird im Rahmen der Zustimmung bzw. durch ein Gericht entschieden, wenn es darum geht, zu klären, ob die Mieterhöhung inhaltlich gerechtfertigt und in Ordnung ist oder nicht.

Der Vermieter muss bei diesem Begründungsmittel mindestens drei Vergleichswohnungen nennen, in denen heute schon so viel Miete gezahlt wird, wie er mit einer Mieterhöhung jetzt fordert. Er kann seine Erhöhung auf Wohnungen stützen, die besonders teuer vermietet sind, und auch auf Wohnungen, die im selben Haus liegen und gerade neu vermietet wurden und ihm selbst gehören (OLG Frankfurt RE WuM 84, 123; OLG Karlsruhe RE WuM 84, 188).

Der Vermieter muss die Vergleichswohnungen identifizierbar beschreiben (**BGH WuM 2003, 149; BGH RE WuM 82, 324**). Dazu genügt es, dem Mieter Informationen zu geben über den Namen des Wohnungsinhabers, Adresse, Geschoss und Quadratmeterpreis (**BVerfG WuM 89, 62**). Angaben über in der Miete enthaltene Betriebskosten sind nicht erforderlich (**BVerfG WuM 94, 137**). Fehlen Angaben im Mieterhöhungsschreiben zur Identifizierung der Vergleichswohnung, ist das Mieterhöhungsverlangen formell unwirksam, die Fristen beginnen neu zu laufen (AG Steinfurt WuM 2022, 492). Das Mieterhöhungsverlangen bleibt auch dann wirksam, wenn Mieter einer Vergleichswohnung keine Auskunft geben oder den Zutritt zu ihrer Wohnung verweigern (OLG Schleswig RE WuM 84, 23). Die Vergleichswohnungen müssen vergleichbar, nicht identisch sein, sie müssen nicht in allen Wohnwertmerkmalen übereinstimmen (**BGH WuM 2009, 324; BGH WuM 2014, 494**). Dabei ist ein großzügiger Maßstab anzulegen. **Aber:** Wohnungen, die gewerblich oder teilgewerblich vermietet oder genutzt werden, oder Wohnungen, die an eine juristische Person (AG oder GmbH) oder eine Personenhandelsgesellschaft vermietet sind, sind nicht vergleichbar (LG Düsseldorf WuM 93, 359; AG Lörrach WuM 2020, 27), genauso wenig wie Wohnungen, die zur Unterbringung von Flüchtlingen an die Kommune vermietet sind (LG Hannover WuM 2000, 360). Und mit zentralbeheizten Wohnungen kann die Mieterhöhung für eine mit Kohle beheizte Wohnung nicht begründet werden.

Die Vergleichswohnungen müssen vermietet sein (LG Berlin WuM 2020, 795), sie dürfen kleiner oder größer als die Wohnungen sein, deren Miete erhöht werden soll. Einige Gerichte (OLG Schleswig RE WuM 87, 140; BayObLG RE WuM 82, 154) erklären, Mieter könnten im Rahmen ihrer notwendigen Zustimmung Abschläge machen, wenn der Quadratmeterpreis der Vergleichswohnungen, wie z.B. bei Appartements, sehr hoch ist. Andere Gerichte (AG Nürtingen WuM 2019, 648; AG Aschaffenburg WuM 2013, 673; AG Hannover WuM 2012, 145) sind der Ansicht, dass deutlich kleinere Wohnungen als Vergleichsobjekte ausscheiden. Bei großen Abweichungen von 32% oder 48% ist keine Vergleichbarkeit gegeben (AG Gronau WuM 2021, 177). Das LG Potsdam (WuM 2012, 103) akzeptiert nur Vergleichswohnungen mit einer Fläche aus derselben Mietspiegelkategorie.

Der Vermieter kann nur den Quadratmeterpreis fordern, der für die günstigste der drei Vergleichswohnungen bezahlt wird, die Bildung einer Durchschnittsmiete ist unzulässig (OLG Karlsruhe RE WuM 84, 21). Benennt der Vermieter mehr als drei Vergleichswohnungen, reicht es aus, wenn in drei dieser Wohnungen der geforderte Preis gezahlt wird (**BGH WuM 2012, 283**).

Kappungsgrenze

Die ortsübliche Vergleichsmiete ist die absolute Obergrenze für Mieterhöhungen. Es gibt aber eine zweite Obergrenze, die sog. Kappungsgrenze. Sie greift, wenn die bisherige Miete deutlich unter der ortsüblichen Vergleichsmiete liegt. Dann soll der Vermieter die Miete nicht auf »einen Schlag« auf das Niveau der ortsüblichen Vergleichsmiete anheben dürfen, sondern nur schrittweise:

- Innerhalb von 3 Jahren darf die Miete höchstens um 20% steigen und
- in Gebieten mit erhöhtem Wohnungsbedarf können die einzelnen Bundesländer die Kappungsgrenze auf 15% in 3 Jahren festsetzen.

Die Ermächtigung durch den Bund hierzu ist verfassungsgemäß (**BGH WuM 2016, 144**). Die Möglichkeit, eine 15%ige Kappungsgrenze für Gebiete mit erhöhtem Wohnungsbedarf einzuführen, haben fast alle Bundesländer genutzt mit Ausnahme von Sachsen-Anhalt, dem Saarland und Schleswig-Holstein, wo die 15%ige Kappungsgrenze nur bis November 2019 galt. In den übrigen 13 Bundesländern gilt die 15%-Kappungsgrenze aber nicht flächendeckend, sondern nur in Städten und Gemeinden, die in einer Landesverordnung ausgewiesen sind. Fragen Sie im Zweifel Ihren Mieterverein, ob die Kappungsgrenze an Ihrem Wohnort bei 15% liegt.

Eine frühere 30%-Kappungsgrenze hat das Bundesverfassungsgericht (**BVerfG WuM 86, 10**) ausdrücklich für verfassungsgemäß erklärt.

Nicht von der Kappungsgrenze beschränkt sind Mieterhöhungen wegen gestiegener Betriebskosten oder nach einer Modernisierung. Das gilt auch, wenn Mieter und Vermieter unabhängig von den gesetzlichen Regelungen eine Vereinbarung über eine höhere Miete nach einer Modernisierung getroffen haben. Voraussetzung ist lediglich, dass die Modernisierungsmieterhöhung auch nach den gesetzlichen Vorschriften hätte geltend gemacht werden können (**BGH WuM 2004, 344**).

Ob die Kappungsgrenze eingehalten ist, errechnet sich nach der Miete, die 3 Jahre vor dem Wirksamwerden der neuen Mieterhöhung gezahlt wurde (OLG Celle RE WuM 96, 86; BayObLG RE WuM 88, 117). Eventuelle Mietminderungen bei der maßgeblichen Ausgangsmiete bleiben unberücksichtigt (**BGH WuM 2019, 319**).

Beispiel: Mit einer Mieterhöhung im Dezember 2023 fordert der Vermieter zum 1. März 2024 eine Miete von 8,00 Euro/m², also 400,00 Euro für die 50 m² große Wohnung. Vor 3 Jahren, am 1. März 2021, lag die Miete bei 6,00 Euro/m², 300,00 Euro monatlich. Obwohl die ortsübliche Vergleichsmiete bei 8,00 Euro/m² liegt, ist eine Erhöhung auf 8,00 Euro ausgeschlossen. Die Kappungsgrenze greift ein. Innerhalb von 3 Jahren darf die Miete höchstens um 20% steigen, mehr als auf 7,20 Euro/m² und damit auf 360,00 Euro im Monat darf der Vermieter nicht erhöhen. Wenn hier in der Gemeinde die 15-prozentige Kappungsgrenze gelten würde, würde die Miete bei 6,90 Euro/m² gekappt, die Mieterhöhung wäre nur bis zur Höhe von 345,00 Euro möglich.

Achtung: Der Vermieter darf sein Mieterhöhungsverlangen schon während des Dreijahreszeitraums stellen, um die Miete direkt im Anschluss daran unter Beachtung der Kappungsgrenze zu erhöhen (BayObLG RE WuM 88, 117).

Die hier beschriebenen Kappungsgrenzen gelten auch für Wohnungen, die ursprünglich einer Preisbindung unterlagen. Nach Auslaufen der Bindung können die Mieten auf die ortsübliche Vergleichsmiete angehoben werden (**BGH WuM 2004, 345**). Musste der Mieter der ehemals preisgebundenen Wohnung eine Fehlbelegungsabgabe zahlen, entfällt diese, wenn die Miete auf die ortsübliche Vergleichsmiete angehoben wird. Bei der Berechnung der Kappungsgrenze wirkt sich das aber auch aus. Die neue Vergleichsmiete sinkt nicht unter das frühere Gesamtniveau der Miete (Kostenmiete + Fehlbelegungsabgabe).

Wohnfläche

Wenn es darum geht, ob und inwieweit der Mieter einer Mieterhöhung zustimmen muss, ist auch abzuklären, ob die in der Mieterhöhung genannte Wohnfläche korrekt ist. Selbst wenn der angegebene Quadratmeterpreis in Ordnung ist, ist die Mieterhöhung unzulässig hoch, wenn der Vermieter von einer zu großen ⇨ WOHNFLÄCHE ausgeht. Eine 10%ige Toleranzgrenze gibt es nicht mehr. Es zählt die tatsächliche Wohnfläche (**BGH WuM 2016, 34**). Nachmessen kann sich also lohnen. Ist die Wohnung kleiner, als im Mietvertrag und/oder der Mieterhöhung angegeben, muss das zugunsten des Mieters korrigiert werden. Ist die Wohnung tatsächlich größer, profitiert unter Umständen der Vermieter. Er muss allerdings die Kappungsgrenze beachten. Hat der Vermieter eine geringere Wohnfläche im Mietvertrag angegeben, um dem Mieter entgegenzukommen, kann darin ein Verzicht auf Mieterhöhungsspielräume liegen (**BGH WuM 2016, 34; BGH WuM 2007, 452; LG Berlin WuM 2013, 736**).

Ausstattung und Einordnung im Mietspiegel

Auch die Ausstattung der Wohnung spielt eine Rolle für die Höhe der ortsüblichen Vergleichsmiete. Stützt der Vermieter seine Mieterhöhung auf eine Mietspiegelkategorie, für die letztlich der Mieter selbst gesorgt hat? Hat der Mieter Bad und Heizung eingebaut, darf die Mieterhöhung nur für eine vergleichbare Wohnung ohne Bad und ohne Heizung ausgesprochen werden (**BGH WuM 2018, 771; BGH WuM 2016, 34; BGH WuM 2010, 569**). Schon der Einbau des Waschbeckens durch den Mieter kann dazu führen, dass die Wohnung als »ohne Bad« einzustufen ist (LG Halle WuM 2000, 551). Hat der Vermieter die Wohnung möbliert, ist ein Zuschlag zur ortsüblichen Vergleichsmiete gerechtfertigt, z.B. 2% vom Zeitwert, ausgehend vom Neupreis abzüglich 10% pro Jahr (LG Berlin GE 2003, 954). Das LG Mannheim (WuM 87, 362) rechnet noch anders. Hier sollten wie bei einem Modernisierungszuschlag 11% – heute 8% – der Anschaffungskosten angesetzt werden.

Der Vermieter darf keinen Zuschlag für die Kosten der ⇨ SCHÖNHEITSREPARATUREN verlangen. Dabei spielt es keine Rolle, ob das von Anfang an im Mietvertrag so vereinbart war oder ob die Abwälzung auf den Mieter an der Unwirksamkeit der Vertragsklausel gescheitert ist (**BGH WuM 2008, 560; BGH WuM 2008, 487**). Auch für die Kosten von ⇨ BAGATELLSCHÄDEN gibt es keinen Zuschlag.

Achtung: Weist die Mieterwohnung behebbare Mängel auf, kann der Mieter die Zustimmung zur Mieterhöhung deshalb weder ganz noch teilweise verweigern, wenn die Mieterhöhung im Übrigen in Ordnung ist (OLG Frankfurt RE WuM 99, 629; OLG Stuttgart RE WuM 81, 255; LG Berlin GE 2014, 1007). Mieterhöhungsverfahren und Fragen des Gewährleistungsrechts sind eben »zwei Paar Stiefel«.

Ausschluss

War die **Mieterhöhung** möglicherweise **ausgeschlossen**? Bei Indexmiet- und Staffelmietverträgen ergibt sich das aus dem Gesetz. Eine Mieterhöhung auf die Vergleichsmiete ist bei solchen Verträgen ausgeschlossen. Bei einem Mietverhältnis auf bestimmte Zeit mit festem Mietzins ist eine Mieterhöhung ebenfalls ausgeschlossen, es sei denn, im Mietvertrag hat sich der Vermieter ausdrücklich das Mieterhöhungsrecht vorbehalten (OLG Zweibrücken RE WuM 81, 273; LG Bonn WuM 92, 254; LG Baden-Baden WuM 84, 86). Das OLG Stuttgart (RE WuM 94, 420) meint, eine Befristung des Mietvertrags bedeute nicht automatisch den Ausschluss des Mieterhöhungsrechts. Es müssten schon weitere Hinweise für die Vereinbarung eines festen Mietzinses im Mietvertrag enthalten sein.

Auch bei einem Mietvertrag auf Lebenszeit ist eine Mieterhöhung ausgeschlossen, wenn der Vermieter sich das Erhöhungsrecht nicht vorbehalten hat (LG Mannheim WuM 87, 353).

Aus der Tatsache aber, dass die Wohnung zu einem Preis unterhalb der ortsüblichen Vergleichsmiete vermietet wurde, kann nicht geschlossen werden, dass ein Ausschluss des Mieterhöhungsrechts vereinbart werden sollte (**BGH WuM 2007, 452**).

Zustimmung

Mieterhöhungen auf die ortsübliche Vergleichsmiete werden nur wirksam, wenn der Mieter zustimmt. Allerdings steht es nicht in seinem Belieben, ob er zustimmt oder nicht. Ist die Mieterhöhung formal in Ordnung und sachlich begründet, muss er zustimmen. Im Mieterhöhungsschreiben muss deutlich zum Ausdruck kommen, dass der Mieter zur Zustimmung aufgefordert wird. Erweckt das Schreiben des Vermieters den Eindruck, er könne die Mieterhöhung einseitig geltend machen, ist die Mieterhöhungserklärung unwirksam.

Damit der Mieter das Mieterhöhungsschreiben sorgfältig prüfen kann, hat er eine Überlegungs- oder Zustimmungsfrist von mindestens zwei und höchstens 3 Monaten: den Rest des Monats, in dem er die Mieterhöhung erhalten hat, und die beiden darauffolgenden Monate. Kommt die Mieterhöhung im Februar – egal, ob am 1. oder 28. Februar – läuft die Zustimmungsfrist für den Mieter bis zum 30. April. Stimmt der Mieter zu, muss er ab 1. Mai die erhöhte Miete zahlen. Stimmt er nicht zu, muss der Vermieter vor Gericht Klage auf Zustimmung erheben, wenn er seine Mieterhöhung durchsetzen will.

Während der Zustimmungsfrist kann sich der Mieter von seinem örtlichen Mieterverein beraten lassen. Zu prüfen ist beispielsweise, ob die förmlichen Voraussetzungen für eine Mieterhöhung vorliegen und ob die Mieterhöhung auch begründet ist. Sind Jahressperrfrist und Kappungsgrenze eingehalten? Sind die Angaben zur ortsüblichen Vergleichsmiete richtig und nachvollziehbar? Vorsicht, wenn der Vermieter die Mieterhöhung mit Preisen von Vergleichswohnungen begründet oder bei Mietspiegelspannen an den obersten Rand geht. Ergibt die Prüfung, dass die Mieterhöhung nur zu einem Teil gerechtfertigt ist, sollte der Mieter auch nur in diesem Umfang zustimmen (BayObLG RE WuM 89, 484; LG Landshut WuM 1990, 223). Hat beispielsweise der Vermieter eine Mieterhöhung von 7,00 auf 8,00 Euro gefordert, und weist der Mietspiegel für die Mieterwohnung eine Preisspanne von 7,00 bis 8,00 Euro aus, dürfte die ortsübliche Vergleichsmiete tatsächlich bei 7,50 Euro liegen, zumindest, wenn die Wohnung keine besonderen Vor- oder Nachteile aufweist. Dann könnte der Mieter der Mieterhöhung auf 7,50 Euro zustimmen.

Eine besondere **Form** für die Zustimmung ist nicht vorgeschrieben. Der Mieter kann mündlich, schriftlich oder in Textform zustimmen. Hat er einmal zugestimmt, ist das bindend. Er kann später seine Zustimmung nicht widerrufen, ein gesetzliches Widerrufsrecht gibt es nicht (**BGH WuM 2018, 765**).

Reagiert der Mieter überhaupt nicht, und zahlt er unverändert die alte Miete weiter, wird die Mieterhöhung nicht wirksam. Die Zustimmung kann aber stillschweigend erfolgen. Zahlt der Mieter den erhöhten Mietzins mehrfach ohne Vorbehalt, kann man darin seine Zustimmung sehen (**BGH WuM 2018, 151**). Das gilt auch für den Fall, dass der Mieter seinen Dauerauftrag ändert und so für die Zahlung der geforderten Mieterhöhung sorgt (LG Kiel WuM 93, 198). Keine stillschweigende Zustimmung liegt vor, wenn der Vermieter über eine Einzugsermächtigung einfach den erhöhten Mietzins abbuchen lässt und der Mieter erst nach 5 Monaten widerspricht (LG Stuttgart, NJW-RR 2011, 1648; LG München I WuM 96, 44).

Einen Anspruch auf schriftliche Zustimmung hat der Vermieter nicht (**BGH WuM 2018, 151**).

Mieterhöhungsprozess; Klagefrist
Stimmt der Mieter der Mieterhöhung innerhalb der Zustimmungsfrist nicht zu, muss der Vermieter auf Zustimmung vor Gericht klagen, wenn er die Mieterhöhung durchsetzen will. Er hat 3 Monate Zeit, Klage zu erheben. Auch wenn der Mieter der Erhöhung zum Teil zugestimmt hat, der Vermieter aber auf dem vollen Mieterhöhungsbetrag besteht, muss er insoweit die Differenz einklagen.

Der Vermieter kann seine ursprünglich formell ordnungsgemäße Mieterhöhungsforderung mit Erhebung der Klage auf Zustimmung zur Mieterhöhung noch reduzieren. Diese dann niedrigere Mieterhöhungsforderung ist kein neues Mieterhöhungsverlangen. Die sonst hierbei zu beachtenden formellen Anforderungen und Fristen gelten nicht **(BGH WuM 2022, 331)**.

Klagt der Vermieter schon, bevor die Überlegungs- und Zustimmungsfrist des Mieters abgelaufen ist, ist die Zustimmungsklage zulässig, wenn die Frist im letzten Verhandlungstermin abgelaufen ist oder der Mieter zuvor seine Zustimmung endgültig verweigert hat (KG Berlin RE WuM 81, 54). Stimmt der Mieter der Mieterhöhung noch vor Ablauf der Überlegungsfrist während des Rechtsstreits zu, muss der Vermieter die Kosten des Verfahrens tragen.

Hat der Vermieter die dreimonatige Klagefrist verpasst bzw. ablaufen lassen, ist die Mieterhöhung vom Tisch. Will der Vermieter noch immer eine höhere Miete, muss er ein neues Mieterhöhungsverlangen abgeben (LG Duisburg WuM 2015, 2005; LG Frankental WuM 85, 318).

Im Prozess vor dem Amtsgericht geht es um die Frage, ob die Mieterhöhung in Ordnung war und der Mieter zustimmen hätte müssen oder nicht. Der Vermieter muss hier auf Zustimmung zur Mieterhöhung klagen, wenn der Mieter seine Zustimmung nicht erteilt hat und er die Mieterhöhung durchsetzen will. Die Kosten des Gerichtsverfahrens inklusive Anwaltsgebühren und ggf. Sachverständigengutachten zahlt derjenige, der den Mieterhöhungsprozess verliert.

Die Einhaltung der Förmlichkeiten des Verfahrens auf Zustimmung zu einer Mieterhöhung durch den Vermieter wie die Erklärung und Begründung des Erhöhungsverlangens in Textform, die Fristen zur Einhaltung der Zustimmungsklage betreffen alle die Begründetheit der Klage, nicht deren Zulässigkeit (**BGH WuM 2021, 621; BGH WuM 2020, 439**). Maßgeblich für die Ermittlung der ortsüblichen Vergleichsmiete durch das Gericht ist der Zeitpunkt, zu dem das Erhöhungsverlangen dem Mieter zugegangen ist.

Beruht die Mieterhöhung auf einem qualifizierten Mietspiegel, wird vermutet, dass die dort genannten Werte die ortsübliche Vergleichsmiete zutreffend wiedergeben. Das Gericht kann die für die Mieterwohnung geltende Einzelvergleichsmiete anhand des Mietspiegels schätzen, ggf. unter Zuhilfenahme einer Orientierungshilfe zum Mietspiegel (**BGH WuM 2005, 394**; LG Dortmund WuM 2005, 723). Bringt eine Partei gegen den Mietspiegel nur Einwendungen vor, die dessen Qualifizierung betreffen, kann der Mietspiegel als einfacher Mietspiegel herangezogen werden (**BGH WuM 2021, 38**). Das Gericht kann auch hier die Vergleichsmiete aus dem einfachen Mietspiegel entnehmen, wenn Mieter und Vermieter keine Einwendungen gegen diesen Mietspiegel erheben (**BGH WuM 2019, 202; BGH WuM 2010, 505**). Allerdings gilt seit dem Mietspiegelreformgesetz und der Mietspiegelverordnung die Vermutungsregelung, dass der qualifizierte Mietspiegel anerkannten wissenschaftlichen Grundsätzen genügt, wenn er den Anforderungen der Mietspiegelverordnung entspricht oder er von der zuständigen Behörde und den Interessenvertretern von Mietern (Mietervereine) und Vermietern als qualifizierter Mietspiegel anerkannt worden ist.

Enthält der Mietspiegel sog. Orientierungshilfen, in denen werterhöhende oder wertmindernde Faktoren für die Spanneneinordnung der Wohnung vorgegeben sind, kann das Gericht diese und die vorgesehenen Bewertungskriterien als Schätzgrundlage heranziehen. Das gilt für die angegebenen Wohnwertmerkmale und die Vorgaben für ihre Bewertung (**BGH WuM 2022, 685**). Will das Gericht andere Aspekte einbeziehen oder eine andere Gewichtung vornehmen, ist das zulässig. Dann muss aber im Regelfall ein Sachverständigengutachten eingeholt werden (**BGH, WuM 2022, 685**). Ein Gutachten ist auch möglich, wenn es nur um die Einordnung in diese Spannen geht (**BGH WuM 2009, 746**). Allerdings ermöglicht die uneingeschränkte Übernahme der Orientierungshilfen durch das Gericht eine schnelle Entscheidung und spart Gerichtskosten (**BGH WuM 2022, 685**). Das Gericht kann hier aber auch vom Mittelwert der Spanne ausgehen und die Vergleichsmiete für die fragliche Wohnung durch konkrete Zu- und Abschläge ermitteln (**BGH WuM 2012, 281**). Hierdurch kann z.B. bei Einfamilienhäusern auch der Oberwert der Spanne ausnahmsweise überschritten werden (**BGH WuM 2013, 551**).

Ein einfacher Mietspiegel ist ein Indiz dafür, dass die dort angegebenen Entgelte die ortsübliche Vergleichsmiete zutreffend wiedergeben. Insoweit ist der Mietspiegel eine mögliche Erkenntnisquelle für das Gericht. Aber auch die Einholung eines Sachverständigengutachtens und die Verwendung eines Mietspiegels schließen sich nicht aus. Der Richter kann z.B. auf ein Gutachten zurückgreifen, in dem der Sachverständige die Wohnung in einen einfachen Mietspiegel zur Feststellung der Mietspannen eingeordnet hat und zur weiteren Plausibilisierung Vergleichswohnungen heranzieht **(BGH WuM 2023, 281)** oder wenn es nur noch um die Ermittlung der konkreten Einzelvergleichsmiete in der unstreitigen Spanne geht **(BGH NJW-RR 2021, 1455)**.

Ein Sachverständigengutachten kommt auch in Betracht, wenn die Mieterhöhung nicht mit einem Mietspiegel begründet wurde. Zur Überprüfung des Gutachtens muss der Sachverständige Mietpreis und Adressen der Vergleichswohnungen offenlegen (**BVerfG WuM 1994, 661; BGH NJW 1992, 1817**). Im Einzelfall kann ein Gutachten allerdings auch verwertbar sein, wenn der Sachverständige die Vergleichswohnungen nicht offengelegt hat (**BVerfG WuM 1998, 13; BVerfG WuM 1997, 318; BVerfG WuM 1996, 749; BGH WuM 2019, 324**). Kann der Mieter aber den Beweiswert des Gutachtens durch Fakten erschüttern, so ist es ohne Offenlegung der Vergleichswohnungen nicht verwertbar (LG München II WuM 2003, 97).

Schwierig wird es, wenn die Vergleichsmiete mithilfe eines Mietspiegels festgestellt werden soll, die Datenerhebung dazu aber schon einige Zeit zurückliegt. Das Gericht kann im Rahmen des ihm zustehenden weiten Beurteilungsspielraums einen sog. **Stichtagszuschlag** vornehmen, wenn zwischen Erhebungsstichtag und Zugang des Erhöhungsschreibens eine ungewöhnliche Steigerung der ortsüblichen Vergleichsmiete festzustellen ist (**BGH WuM 2017, 208**). Dieser Zuschlag muss aber konkret die Steigerung der ortsüblichen Vergleichsmiete für die betroffene Wohnung wiedergeben. Ein pauschaler Zuschlag, z.B. im Wege der Schätzung aufgrund eines Wohnungsmietenindex, ist nicht zulässig (OLG Stuttgart RE WuM 1994, 58). Dagegen kann der Wert eines neueren Mietspiegels zur Schätzung herangezogen werden (**BGH WuM 2017, 208**). Allerdings wird eine ungewöhnliche Steigerung verneint, wenn der Basiswert des Mietspiegels 2018 rund 10% über den Werten des Mietspiegels 2016 liegt (LG Nürnberg-Fürth WuM 2020, 29). Ist die Miete zwischenzeitlich erheblich gesunken, z.B. durch eine geänderte Einstufung der Wohnlagen, soll auch ein **Stichtagsabzug** möglich sein (AG Mitte WuM 2020, 358).

Ist das Mieterhöhungsverlangen des Vermieters berechtigt, wird der Mieter zur Zustimmung zu dieser Mieterhöhung verurteilt. **Achtung:** Wird dieses Urteil rechtskräftig, gilt damit die Zustimmung als abgegeben, § 894 ZPO! Er muss ab sofort die erhöhte Miete zahlen. Die zwischenzeitlich aufgelaufenen Mietrückstände muss er spätestens nach 2 Monaten ausgeglichen haben. Sonst droht die fristlose Kündigung wegen Zahlungsverzugs, wenn die Mietrückstände einen Umfang erreicht haben, die eine Kündigung rechtfertigen (**BGH WuM 2005, 458**).

Kündigungsrecht des Mieters
Verlangt der Vermieter eine höhere Miete, hat der Mieter ein außerordentliches Kündigungsrecht. Er kann bis zum Ende des 2. Monats nach Zugang der Erhöhungserklärung für das Ende des 4. Monats kündigen. Fordert der Vermieter z. B. im Januar eine höhere Miete, kann der Mieter bis Ende März zum 31. Mai kündigen. Nennt der Vermieter einen späteren Termin, d. h. eine längere Zustimmungsfrist, verlängert sich auch die Frist für das Kündigungsrecht entsprechend (**BGH WuM 2013, 737**).

Das Sonderkündigungsrecht gilt auch dann, wenn die Mieterhöhung unwirksam ist (LG Braunschweig WuM 86, 323, AG Andernach WuM 94, 547) oder der Vermieter einen neuen Mietvertrag anbietet (LG Gießen WuM 2000, 423).

Kündigt der Mieter, braucht er die geforderte höhere Miete nicht zu zahlen.

Mieterkündigung ⇨ KÜNDIGUNG

Bei den normalen **unbefristeten** Mietverträgen braucht der Mieter – anders als der Vermieter – keine Gründe, um das Mietverhältnis ordentlich kündigen zu können. Unbefristete Mietverträge kann er jederzeit ohne Angabe von Gründen kündigen. Lediglich die gesetzlichen ⇨ KÜNDIGUNGSFRISTEN muss er einhalten. **Ausnahme:** Im Mietvertrag vereinbarte kürzere Kündigungsfristen wirken zugunsten des Mieters.

Bei der Mieterkündigung gelten die gleichen formalen Bestimmungen wie bei einer Vermieterkündigung ⇨ KÜNDIGUNGSFORM. Die Kündigung muss schriftlich erfolgen, von allen Mietern ausgesprochen und unterschrieben und an alle Vermieter adressiert sein. Haben die Partner einer ⇨ NICHTEHELICHEN LEBENSGEMEINSCHAFT oder ⇨ WOHNGEMEINSCHAFT die Wohnung gemeinsam angemietet, kann die Wohnung auch nach einer Trennung nur von allen gemeinsam gekündigt werden. Erklärt nur einer von mehreren Mietern die Kündigung, so ist diese nicht wirksam. Bei Trennung oder Auflösung einer Wohngemeinschaft steht dem verbleibenden Mieter aber ein Anspruch auf Mitwirkung an einer gemeinsamen Kündigung gegen den ausgezogenen Mieter zu (**BGH NZM 2005, 452**; OLG Köln NZM 99, 998; OLG Düsseldorf WuM 2007, 567). Es reicht nicht aus, wenn der Mieter einfach auszieht und die Schlüssel zurückgibt, dann bleibt er Mieter (KG Berlin WuM 2006, 193; LG Berlin NZM 99, 758; LG Köln WuM 96, 266). **Ausnahme:** Alle Beteiligten – auch der Vermieter – sind einverstanden. Stellt sich einer »quer«, ist eine Vereinbarung nicht möglich, auch nicht zwischen Vermieter und dem ausziehenden Mieter (LG Berlin WuM 95, 105). Bei ⇨ EHELEUTEN als Mietern, die sich trennen und scheiden lassen wollen ⇨ EHESCHEIDUNG UND TRENNUNG, kann gem. § 1568a BGB ein Ehepartner vom anderen unter bestimmten Voraussetzungen verlangen, dass ihm die Wohnung nach der Scheidung überlassen wird. Einigen sich die Ehepartner auf die Überlassung der Mietwohnung an einen von ihnen, und teilen sie dies dem Vermieter mit, oder wird die Wohnung einem Partner im Wohnungszuweisungsverfahren zugesprochen, so tritt dieser in das Mietverhältnis ein oder setzt es alleine fort. Im Rahmen der Sonderregelung des § 1568a BGB bedarf es hierzu weder einer Kündigung der Mieter noch einer Zustimmung des Vermieters. Diese Regelung gilt auch für eine eingetragene ⇨ LEBENSPARTNERSCHAFT.

Hat der Mieter einen wirksamen ⇨ ZEITMIETVERTRAG abgeschlossen, ist eine ordentliche Kündigung des Mieters bis zum Ablauf der vereinbarten Zeit ausgeschlossen (**BGH NJW 2007, 2177; BGH WuM 2009, 48**), es sei denn, die Parteien haben ein ordentliches Kündigungsrecht ausdrücklich vereinbart (LG Berlin GE 2016, 327). Wenn die Parteien einen Kündigungsausschluss für einen bestimmten Zeitraum wirksam vereinbart haben, kann der Mieter das Mietverhältnis erstmals zum Ablauf des vereinbarten Zeitraums unter Einhaltung der gesetzlichen ⇨ KÜNDIGUNGSFRIST kündigen (**BGH WuM 2016, 656; WuM 2004, 157**). Will der Mieter einen Zeitmietvertrag oder einen Vertrag mit Kündigungsausschluss vorzeitig beenden, so kann er das nur, wenn ihm ein gesetzliches Sonderkündigungsrecht (Näheres s.u.) oder ein Recht zur ⇨ FRISTLOSEN KÜNDIGUNG zusteht oder er ausnahmsweise ein berechtigtes Interesse an der vorzeitigen Vertragsauflösung hat und einen geeigneten ⇨ NACHMIETER stellt.

Sonderkündigungsrechte
In einer Reihe von Fällen gibt das Gesetz dem Mieter das Recht, mit einer kurzen Frist zu kündigen. Dann spielt es keine Rolle, ob ein Kündigungsausschluss vereinbart oder ein Zeitmietvertrag abgeschlossen worden ist oder ob das unbefristete Mietverhältnis schon jahrzehntelang andauert:

■ Verlangt der Vermieter eine ⇨ MIETERHÖHUNG auf die ortsübliche Vergleichsmiete oder nach einer ⇨ MODERNISIERUNG, kann der Mieter bis zum Ablauf des 2. Monats nach Zugang der Mieterhöhung zum Ablauf des übernächsten Monats kündigen, § 561 Abs. 1 BGB.

■ Kündigt der Vermieter eine ⇨ MODERNISIERUNG an, kann der Mieter bis zum Ablauf des nächsten Monats zum Ende des dann folgenden Monats kündigen, § 555e Abs. 1 BGB.

■ Bei Mieterhöhungen für eine Sozialwohnung (⇨ SOZIALMIETEN) ist die Kündigungsfrist noch einen Monat kürzer: Eine Kündigung ist möglich am 3. Werktag des Monats, in dem die erhöhte Miete gezahlt werden soll, zum nächsten Monatsende, § 11 Abs. 1 WoBindG.

■ Erben und überlebende Mitmieter können nach dem ⇨ TOD DES MIETERS das Mietverhältnis des verstorbenen Mieters mit einer Frist von 3 Monaten kündigen, §§ 564, 563 a BGB. Der Ehegatte, der nicht schon Mieter ist, also nicht mitunterschrieben hatte, hat 1 Monat Zeit zu entscheiden, ob er das Mietverhältnis fortsetzen will, § 563 Abs. 3 Satz 1 BGB.

■ Stimmt der Vermieter der geplanten ⇨ UNTERMIETE nicht zu, kann der Mieter mit einer Frist von 3 Monaten kündigen, § 540 Abs. 1 Satz 2 BGB. Dieses Recht kann nicht per Formularmietvertrag ausgeschlossen werden (LG Hamburg WuM 92, 689) und gilt sowohl beim Wunsch auf vollständige wie auf teilweise Untervermietung **(BGH WuM 2010, 30)**. Das Sonderkündigungsrecht entfällt aber, wenn das Untermietinteresse von dem Mieter nur vorgeschoben ist, um einen Kündigungsgrund zu schaffen und der Untermieter gar nicht einziehen will **(BGH WuM 2010, 30)**.

Näheres zu den Kündigungsvoraussetzungen bei ⇨ UNTERMIETE – Vollständige Untervermietung.

■ Bei der ⇨ STAFFELMIETE gibt es kein Sonderkündigungsrecht. Allerdings darf das Kündigungsrecht des Mieters höchstens für 4 Jahre ausgeschlossen werden.

Fristlose Kündigung des Mieters
Schwerste Fehler und Mängel der Mietsache berechtigen den Mieter zur ⇨ FRISTLOSEN KÜNDIGUNG.

Nachmieter
Es gibt kein Gewohnheitsrecht, wonach der Mieter jederzeit das Mietverhältnis kündigen kann, wenn er Nachmieter stellt. Das Recht zur Nachmieterstellung hat der Mieter allenfalls dann, wenn im Mietvertrag eine sogenannte Nachmieterklausel vereinbart ist (OLG Frankfurt WuM

91, 475). Bei Wohnraummietverhältnissen ist dies aber äußerst selten. Nur in bestimmten Härtefällen lassen Gerichte ausnahmsweise zu, dass der Mieter einen ⇨ NACHMIETER stellt, z.B. wenn der Mieter seinen Arbeitsplatz verliert und in einer anderen Stadt eine Arbeit antreten muss; wenn der Mieter altersbedingt in ein Heim ziehen muss bzw. in ein Pflegeheim (AG Münster WuM 2000, 306) oder wenn der Mieter heiraten will bzw. sich Familiennachwuchs ankündigt und die Wohnung objektiv zu klein wird. Ist der Mieter berechtigt, einen Nachmieter zu stellen, will der Vermieter aber nur einen Ersatzmieter akzeptieren, den der von ihm beauftragte Makler aussucht, wird der Mieter frei (AG Frankfurt a.M. WuM 99, 571).

Mietermodernisierung ⇨ MODERNISIERUNG ⇨ RÜCKGABE DER WOHNUNG

Nicht nur der Vermieter, auch der Mieter kann Veränderungen an der Wohnung vornehmen, die über das bloße Einrichten oder die Durchführung von Schönheitsreparaturen hinausgehen. Dies kann sich für ihn lohnen, wenn er die Wohnung längere Zeit bewohnen möchte. Sind damit Eingriffe in die Gebäudesubstanz verbunden, kann aber die Genehmigung des Vermieters erforderlich sein. Zu unterscheiden ist der genehmigungsfreie ⇨ VERTRAGSGEMÄSSE GEBRAUCH von den genehmigungspflichtigen Maßnahmen.

Vertragsgemäßer Gebrauch oder Genehmigungspflicht?

Maßnahmen, die allgemein üblich sind und sich im Rahmen des **vertragsgemäßen Gebrauchs** halten, sind ohne Genehmigung des Vermieters gestattet. Das gilt nicht nur für den Nagel, an dem ein Bild aufgehängt werden soll; auch das Anbohren von Fliesen, um Dübel zur Befestigung von Spiegeln, Handtuchhaltern usw. zu setzen, ist gestattet **(BGH WuM 93, 109)**. Ebenso darf der Mieter ein anderes Türschloss einbauen (AG Mitte GE 2017, 299), ein Hochbett installieren (AG Köln WuM 87, 51), Leichtbauwände setzen (LG Essen WuM 87, 257), eine transportable Duschkabine aufstellen (LG Berlin WuM 90, 421), anstelle des vom Vermieter gestellten PVC-Bodens einen Teppichboden verlegen (LG Köln WuM 96, 93) oder die Spüle ausbauen (und aufbewahren!), um eine eigene Einbauküche aufzustellen (LG Konstanz WuM 89, 67). Auch im Außenbereich der Wohnung sind Verbesserungen möglich. So darf der Mieter seine Fenster mit Außenjalousien versehen, wenn die Interessen des Vermieters dadurch allenfalls geringfügig beeinträchtigt werden (OLG Düsseldorf WuM 96, 111; OVG Berlin WuM 83, 209; LG Hamburg WuM 2007, 502). Er ist berechtigt, an seinem Balkon eine Vorrichtung zum Wäschetrocknen (LG Nürnberg-Fürth WuM 90, 199) und einen unauffälligen Sichtschutz (AG Köln WuM 99, 331) anzubringen. Umstritten ist, ob es noch zum vertragsgemäßen Gebrauch gehört, eine Markise anzubringen (dafür: LG München I WuM 89, 556; dagegen: AG Köln ZMR 2018, 56). Denn nicht nur Eingriffe in die Gebäudesubstanz sind problematisch und von der Erlaubnis des Vermieters abhängig. Auch bei optischen Beeinträchtigungen kann es auf die Genehmigung des Vermieters ankommen. Bei Balkonen, die zum Hinterhof des Gebäudes ausgerichtet sind, spielen unterschiedliche Markisen kaum eine Rolle, und ob der Balkon eine Markise hat oder nicht, ist letztlich egal. Eine optische Beeinträchtigung ist nicht oder kaum vorstellbar. Eine Solaranlage auf dem Garagendach (sog. Balkonkraftwerk) ist jedenfalls dann keine optische Beeinträchtigung, wenn bereits die zur Garage zeigende Dachseite des Hauses mit Solarmodulen bestückt ist (LG Frankfurt WuM 2023, 236).

Größere bauliche Veränderungen, die nicht zum vertragsgemäßen Gebrauch gehören, darf der Mieter **nur mit Zustimmung des Vermieters** vornehmen. Das gilt z.B. für den Einbau einer Sauna (LG Hannover WuM 84, 129; AG Dortmund WuM 85, 263) oder einer Etagenheizung **(BGH WuM 2011, 671)**.

Um dem Vermieter eine sachgerechte Entscheidung zu ermöglichen, muss der Mieter ihm alle relevanten Informationen mitteilen. Da der Umfang der Erlaubnis mangels Kenntnis des Vermieters nicht über das hinausgehen kann, was der Mieter beansprucht hat, sollte dieser sich im Vorfeld genau überlegen, welche einzelnen Veränderungen erforderlich sein werden, und dies vollständig und wahrheitsgemäß mitteilen. Unterlässt er dies, sind die nicht mitgeteilten Arbeiten von der Erlaubnis nicht abgedeckt, und der Vermieter könnte im schlimmsten Fall den Rückbau verlangen!

Sind Beeinträchtigungen zu befürchten, muss der Vermieter keine Zustimmung erteilen (LG Berlin GE 95, 429); anderes kann bei den **Spezialfällen nach § 554 BGB** gelten (dazu s. u.). Zumindest kann der Vermieter seine Zustimmung von einer angemessenen Sicherheitsleistung abhängig machen (LG Berlin MM 99, 393; AG Hamburg WuM 96, 29). Der Vermieter darf seine Position aber nicht missbrauchen; das wäre der Fall, wenn er eine neue Beheizungsart ablehnt, die dem Mieter wesentliche Vorteile, ihm selbst aber keine Nachteile bringt (LG Berlin GE 2003, 1429). Plant der Vermieter konkret eigene Maßnahmen zur Modernisierung in absehbarer Zeit, kann dadurch der Gestattungsanspruch des Mieters entfallen. Bauliche Veränderungen, die **bauordnungsrechtlich** nicht erlaubt wären, kann der Mieter nicht verlangen.

Spezialfälle nach § 554 BGB
Mit § 554 BGB, der nach einem Gesetzentwurf vom 13.9.2023 im Jahr 2024 ergänzt werden soll (Stromerzeugung durch Steckersolargeräte), gibt es einen **gesetzlichen Anspruch des Mieters** auf Gestattung der Mietermodernisierung für vier Arten von baulichen Veränderungen **auf Kosten des Mieters**, nämlich **Barrierereduzierung, E-Mobiliät, Einbruchschutz oder Stromerzeugung durch Steckersolargeräte.** Nur wenn eine solche Maßnahme dem Vermieter auch unter Würdigung der Mieterinteressen nicht zumutbar ist, darf er die Gestattung verweigern; ein besonderes »berechtigtes Interesse« des Mieters an der baulichen Veränderung ist nach der neuen Rechtslage nicht erforderlich! Es ist nicht möglich, das Recht des Mieters auf Gestattung – z.B. durch ⇨ ALLGEMEINE GESCHÄFTSBEDINGUNGEN – auszuschließen.

Um eventuelle Ansprüche des Vermieters auf Rückbau (s. zur Rückbaupflicht des Mieters unten und unter ⇨ RÜCKGABE DER WOHNUNG) etc. abzusichern, kann sich der Mieter zu einer Sicherheit etwa für die Rückbaukosten oder Haftungsrisiken verpflichten, die der Vermieter dann wie eine ⇨ MIETKAUTION anlegen muss. Anders als bei der Mietkaution ist hier die zu leistende Sicherheit nicht begrenzt. Der Vermieter kann dies zwar nicht fordern; allerdings kann der Mieter mit dem Angebot der Sicherheitsleistung im Rahmen der Abwägung der Interessen bewirken, dass die Zumutbarkeit zu bejahen ist. Im Rahmen der Interessenabwägung können auch das Interesse des Vermieters daran, dass die Maßnahme fachgerecht und soweit möglich ohne Veränderungen oder gar Beschädigungen an der Substanz ausgeführt wird, ggf. das Bestehen einer Haftpflichtversicherung und auch Rechte Dritter (z.B. anderer Mieter oder Miteigentümer bei ⇨ WOHNUNGSEIGENTUM) berücksichtigt werden.

Den Anspruch muss immer der Mieter geltend machen, auch wenn die Maßnahme im Interesse von Mitbewohnern oder gar Besuchern vorgenommen werden soll. Der Mieter kann aber weder verlangen, dass der Vermieter die Arbeiten ausführen lässt, noch, dass dieser dafür irgendwelche Kosten übernimmt. Wird die Zustimmung nicht erteilt, darf der Mieter nicht mit den baulichen Maßnahmen beginnen, egal wie sicher er sich ist, den Anspruch zu haben. Er muss den Vermieter auf Zustimmung verklagen; ein stattgebendes Urteil würde dann die Zustimmung ersetzen (§ 894 ZPO).

Maßnahmen zur Herstellung der **Barrierefreiheit** können in oder außerhalb der Wohnung ausgeführt werden, z.B. bodengleiche Duschen, Rampen, Treppenlifte oder Blindenleitsysteme. Hierzu können u.U. Zuschüsse der Pflegekasse in Höhe von bis zu 4000 Euro pro Person – je Wohnung maximal 16000 Euro – beansprucht werden (§ 40 Abs. 4 SGB XI, »Pflegehilfsmittel und wohnumfeldverbessernde Maßnahmen«). Dies sollte unbedingt schon in der Planungsphase geklärt werden!

Bei Maßnahmen zur **E-Mobilität** ist Voraussetzung, dass der Mieter z.B. über einen Stellplatz oder eine Garage verfügen kann (z.B. zusätzlich angemieteter Stellplatz), da über § 554 BGB nicht der Mietgegenstand erweitert werden kann, indem dem Mieter ein Anspruch auf (alleinige) Nutzung z.B. von allgemeinen Hofflächen gegeben wird. Elektrisch betriebene Fahrzeuge sind nicht nur Autos, sondern auch E-Bikes, E-Rollstühle etc.

Maßnahmen zum **Einbruchschutz** können sowohl an der Wohnung selbst (einbruchsichere Türen oder Fenster, Alarmanlage etc.) als auch am Haus (Verstärkung der Haustür) ausgeführt werden.

Geplant für 2024: Stromerzeugung durch Steckersolargeräte oder auch Balkonkraftwerk, Mini-Solaranlage und steckerfertige PV-Anlage genannt. Mithilfe dieser Photovoltaik-Systeme können Privathaushalte Strom für den Eigenbedarf produzieren. Diese Systeme bestehen aus einem oder zwei Photovoltaik-Modulen, einem netzgekoppelten Wechselrichter (Komponente zur Umwandlung von Gleichstrom zu Wechselstrom), einer Anschlussleitung und einem Stecker zum Anschluss an Endstromkreise. Idealerweise wird hier eine spezielle Energiesteckdose verwendet, »geduldet« wird aber auch ein herkömmlicher Schuko-Stecker für die Einspeisung bis zu einer Systemgesamtleistung von 800 Watt. Es gilt der Grundsatz: ein Steckersolargerät pro Zähler.

Bisher mussten Mieter die Erlaubnis des Vermieters einholen, wenn sie ein sog. Balkonkraftwerk installieren wollten. Der konnte die Erlaubnis verweigern, wenn durch die Installation in die bauliche Substanz eingegriffen wurde, z.B. bei der Befestigung des Solarpanels oder beim Verlegen neuer Leitungen.

Nach der für 2024 geplanten Gesetzesänderung gilt: Mieter können vom Vermieter verlangen, dass ihnen die Installation des gewünschten Balkonkraftwerks gestattet wird. Dieser Anspruch des Mieters besteht ausnahmsweise nicht, wenn dem Vermieter diese bauliche Veränderung nicht zugemutet werden kann oder wenn der Denkmalschutz dagegenspricht.

Aber: Im Regelfall darf es künftig keinen Streit mehr über die Frage geben, ob der Mieter ein Balkonkraftwerk installieren darf oder nicht. Der Mieter darf. Die möglichen Einwände wie optische Beeinträchtigungen, Einfluss auf Lichtverhältnisse beim Nachbarn oder kurzzeitige Blendeffekte dürften weit weniger schwer wiegen als das Mieterinteresse, einen Beitrag zum Gelingen der Energiewende zu leisten oder Geld zu sparen.

Bei der Frage, wie das Balkonkraftwerk zu installieren ist, müssen sich Mieter und Vermieter einigen. Der Vermieter hat ein Mitspracherecht. Er darf aber nicht durch überzogene Forderungen den Mieteranspruch praktisch unmöglich machen.

Parallel zu den mietrechtlichen Änderungen hat die Bundesregierung auch beschlossen, den bürokratischen Aufwand für die Installation und den Betrieb von Balkonkraftwerken zu reduzieren. Netzbetreiber müssen nicht mehr informiert werden, die Registrierung im sogenannten Marktstammdatenregister wird vereinfacht, und die normalen Ferraris-Stromzähler können übergangsweise für 4 Monate weitergenutzt werden, auch wenn sie bei der Einspeisung von Strom rückwärtslaufen. Spätestens nach 4 Monaten muss aber ein Zweirichtungszähler eingebaut werden.

Wichtig: Mieter einer Eigentumswohnung, die ein Balkonkraftwerk installieren wollen, müssen sich an ihren Vermieter halten. Der muss die Erlaubnis grundsätzlich erteilen, allerdings muss der Vermieter vorher noch die Genehmigung der Wohnungseigentümergemeinschaft einholen.

Investitionen vertraglich absichern

Wer als Mieter sicherstellen will, dass er die Vorteile einer auf eigene Kosten durchgeführten Modernisierung möglichst lange nutzen kann, sollte **vor Beginn** der Arbeiten eine schriftliche Vereinbarung mit seinem Vermieter treffen. Eine Orientierungshilfe bietet der **Mustervertrag zur Modernisierung durch Mieter**, den das Bundesjustizministerium in Zusammenarbeit mit dem Deutschen Mieterbund und anderen wohnungswirtschaftlichen Verbänden entwickelt hat; s. dazu die Checkliste auf Seite 367.

Checkliste für Mieter

bei Anwendung des Mustervertrags

- Prüfen, ob die Anwendung des Mustervertrags überhaupt sinnvoll ist. Er ist nicht für jede Mietermodernisierung geeignet.
- Auf jeden Fall das Einverständnis des Vermieters mit der Modernisierung, Zusagen usw. schriftlich geben lassen.
- Mit den Modernisierungsarbeiten erst beginnen, wenn der Vertrag unter Dach und Fach ist.
- Art und Umfang der vom Mieter durchzuführenden Arbeiten genau festlegen.
- Wert eventueller Eigenarbeiten des Mieters von vornherein festlegen.
- Prüfen, ob bei möglichen Schäden durch die Privathaftpflichtversicherung ausreichender Schutz besteht.
- Belege und Rechnungen sorgfältig aufheben.
- **Achtung:** Bei Mietermodernisierung nach dem Mustervertrag werden die Einbauten von Anfang an Eigentum des Vermieters. Der Mieter darf also ohne Zustimmung des Vermieters später nichts verändern, ausbauen oder mitnehmen. Das hat den Vorteil, dass am Ende der Mietzeit nicht gestritten werden muss, ob die Mieterinvestition bleiben kann oder nicht.
- Aufwendungen des Mieters in Höhe einer Jahres-Kaltmiete gelten in 4 Jahren als »abgewohnt«. Während dieser Abwohndauer darf dem vertragstreuen Mieter nicht gekündigt werden. **Achtung:** Falls dieser zusätzliche Kündigungsschutz im Verhältnis zu den Kosten der Mietermodernisierung nicht ausreichend ist, sollte eine andere Vereinbarung getroffen werden!
- Während der Abwohndauer darf der Vermieter wegen der Mietermodernisierung die Miete nicht erhöhen. Der Vermieter trägt aber von Anfang an die Kosten der Instandhaltung, Wartung und Erneuerung.
- Eine Mieterhöhung kann auch für die gesamte Zeit des Mietverhältnisses ausgeschlossen werden. **Aber:** Der Mieter muss dann die Pflicht zur Instandhaltung, Wartung und Erneuerung übernehmen, und er muss u. U. die Einrichtung auch dann erneuern, wenn er überhaupt kein Interesse mehr daran hat.
- Zieht der Mieter vorzeitig aus, kann er bis zum Ende des 8. Jahres nach Einbau eine Entschädigung verlangen. Im 1. Jahr beträgt sie 80% der Aufwendungen, in jedem weiteren Jahr werden 10% abgezogen.
- Vor Abschluss des Vertrags: Immer die Fachleute beim Mieterverein um Rat fragen!

Mietermodernisierung und Mieterhöhung
Eine vom Mieter auf eigene Kosten geschaffene Ausstattung der Mietsache (z. B. Bad und Sammelheizung) bleibt bei der Ermittlung der ortsüblichen Vergleichsmiete auf Dauer unberücksichtigt. Etwas anderes gilt nur dann, wenn der Vermieter dem Mieter die Kosten erstattet hat oder die Parteien eine anderslautende Vereinbarung getroffen haben; hierzu genügt es nicht, dass sich der Mieter bei Abschluss des Mietvertrags zum Einbau der Ausstattung verpflichtet hat **(BGH WuM 2010, 569)**.

Mietermodernisierung und Vermietermodernisierung
Ob eine vom Vermieter beabsichtigte ⇨ MODERNISIERUNG eine Verbesserung der Mietsache darstellt, ist grundsätzlich nach dem gegenwärtigen Zustand der Wohnung einschließlich der vom Mieter vorgenommenen Verbesserungsmaßnahmen zu beurteilen. Unberücksichtigt bleiben nur vom (gegenwärtigen) Mieter vertragswidrig vorgenommene bauliche Veränderungen **(BGH WuM 2012, 448)**. Genehmigte Mietermaßnahmen sind also schon bei der Prüfung der Frage, ob überhaupt eine Modernisierungsmaßnahme des Vermieters vorliegt, zu berücksichtigen; außerdem ggf. bei einer Härtefallprüfung im Rahmen des § 555d BGB. Werden durch die Vermietermodernisierung vom Mieter berechtigt vorgenommene Um- oder Einbauten zerstört oder weggenommen, können dem Mieter evtl. Ersatzansprüche zustehen ⇨ MODERNISIERUNG.

Ansprüche bei Vertragsende
Grundsätzlich ist der Mieter nach Beendigung des Mietverhältnisses verpflichtet, von ihm vorgenommene Veränderungen auf Verlangen des Vermieters zu beseitigen und den **ursprünglichen Zustand** wiederherzustellen. Unterlässt der Mieter den Rückbau, macht er sich schadensersatzpflichtig. Näheres unter ⇨ RÜCKGABE DER WOHNUNG.

Der Mieter ist berechtigt, die von ihm eingebrachten Einrichtungen bei seinem Auszug wegzunehmen (§ 539 Abs. 2 BGB). Er muss aber in diesem Fall den **ursprünglichen Zustand** wiederherstellen. Der Vermieter kann die Wegnahme durch Zahlung (die bloße Zusage reicht nicht) einer angemessenen Entschädigung abwenden, sofern der Mieter kein berechtigtes Interesse an der Wegnahme hat (KG Berlin MDR 2001, 984). Die Höhe der Entschädigung richtet sich nach Anschaffungswert und Abnutzungsdauer (LG Köln WuM 98, 345). Das Wegnahmerecht des Mieters kann vertraglich nur ausgeschlossen werden, wenn ein angemessener Ausgleich vorgesehen ist (LG Bonn ZMR 2017, 245).

Achtung: Die Wiederherstellung des ursprünglichen Zustands kann schwierig und arbeitsaufwendig werden und vor allem auch teuer sein.

Oft haben Mieter auch kein Interesse, ihre Modernisierung oder Einbauten mitzunehmen, wie zum Beispiel die Einbauküche, die in der neuen Wohnung nicht mehr gestellt werden kann. Vielfach wird der Mieter froh sein, wenn er seine Einbauten in der alten Wohnung zurücklassen kann, auch ohne Entschädigung. Die geltende Rechtslage ist für den Mieter letztlich nur auf dem Papier vorteilhaft. In der Praxis kann er nur dann eine Entschädigung fordern, wenn dies vertraglich vereinbart ist.

Bleiben die Einbauten bei Auszug (mit Einverständnis des Vermieters) in der Wohnung, und sind die Investitionen noch nicht abgewohnt, kann ein Anspruch des Mieters auf **Wertersatz** bestehen; dies hängt in erster Linie von einer möglichst genauen Vereinbarung zwischen Mieter und Vermieter ab (**BGH WuM 90, 140**; AG Braunschweig WuM 90, 341). Ansprüche des Mieters aus einer solchen Vereinbarung verjähren 6 Monate nach Ende des Mietverhältnisses. Ist der Vermieter nach dem Vertrag allerdings erst zu einem späteren Zeitpunkt zur Zahlung verpflichtet, beginnt auch die Verjährung erst später (LG Berlin GE 2002, 331).

Ohne vertragliche Vereinbarung kommt eine Zahlungspflicht des Vermieters nur in Betracht, wenn die Maßnahmen den Interessen des Vermieters und seinem wirklichen oder mutmaßlichen Willen entsprachen oder der Vermieter bereichert ist (OLG Düsseldorf NJW-RR 92, 716; LG Mannheim WuM 96, 143). Die Bereicherung kann z. B. darin liegen, dass der Vermieter nun einen höheren Mietzins kassieren kann (LG Düsseldorf WuM 2002, 491) oder der Verkehrswert der Mietsache sich erhöht hat (**BGH WuM 2009, 113**). Vielfach kann der Vermieter sich jedoch nach den Grundsätzen einer sog. aufgedrängten Bereicherung einer Kostenerstattung entziehen.

Mieterstrom

Hauseigentümer erhalten eine staatliche Förderung, wenn sie Strom durch ⇨ SOLARENERGIE erzeugen. Aber auch Mieter sollen an der Energiewende teilhaben. Zwar kann der Vermieter den selbst produzierten Strom nach einer entsprechenden Vereinbarung an seine Mieter verkaufen. In der Regel lohnt sich das für ihn aber finanziell nicht ohne weiteres. Deshalb fördert der Staat Mieterstrommodelle. Der Vermieter erhält als Betreiber einer Solaranlage einen im ⇨ ERNEUERBARE-ENERGIEN-GESETZ (EEG) geregelten Mieterstromzuschlag, wenn er mit dem selbst erzeugten Strom seine Mieter versorgt. Für Strom, der in einem Blockheizkraftwerk mithilfe von ⇨ KRAFT-WÄRME-KOPPLUNG erzeugt wird, gibt es entsprechende gesetzliche Regelungen bereits. »Mieterstrom« wird also in einer Solaranlage durch den Vermieter erzeugt. Deshalb wäre die Bezeichnung »Vermieterstrom« treffender. Die staatliche Förderung können aber auch Unternehmen in Anspruch nehmen, die im Auftrag des Vermieters Strom mithilfe einer am Wohngebäude installierten Solaranlage erzeugen. Das ist dann ⇨ CONTRACTING für die Stromversorgung.

Auch der Mieter soll von der staatlichen Förderung profitieren und bei den Geschäftsmodellen nicht benachteiligt werden. So ist z.B. gesetzlich festgelegt, dass der vom Mieter zu zahlende Strompreis deutlich unter dem örtlichen Grundversorgungstarif liegen muss.

Eine Abnahmepflicht des Mieters ist nicht vorgesehen. Das Gesetz stellt klar, dass der Mieter seinen Stromanbieter weiterhin frei wählen kann. Wenn der Vermieter seinen Mieter mit selbst produziertem Strom versorgen will, muss er dazu einen Vertrag mit ihm abschließen. Dabei ist es nicht zulässig, den Vertrag über den Mieterstrom mit dem Mietvertrag zu koppeln. Der Mieter darf auch nicht für eine längere Zeit als ein Jahr an den Vertrag gebunden sein. Bei Beendigung des Mietverhältnisses endet der Mieterstromvertrag mit Rückgabe der Wohnung, ohne dass der Mieter ihn ausdrücklich kündigen muss.

Darüber hinaus muss der Vertrag zwischen dem Vermieter und dem Mieter auch die Stromlieferung vorsehen, wenn die Solaranlage keinen Strom liefern kann, z.B. weil die Sonne nicht scheint. Der Vermieter muss den Mieter dann zusätzlich mit Strom aus dem allgemeinen Stromnetz versorgen.

Mieterverein/Deutscher Mieterbund

Vor Abschluss eines Mietvertrages und im Laufe eines Mietverhältnisses gibt es Fragen und Probleme, die nur rechtskundige Fachleute anhand der Umstände des Einzelfalls, z.B. des Mietvertrages, der Heizkostenabrechnung usw. klären können. Rechtsberatung dürfen – neben den Rechtsanwälten – auch die örtlichen Mietervereine im Rahmen ihrer satzungsgemäßen Aufgaben erteilen. Mietervereine gibt es seit etwa 1880. Als Selbsthilfeeinrichtung setzen sie sich in einem umfassenden Sinne für die Interessen der Mieter ein. Zu ihren wichtigsten Aufgaben gehört es, im Einzelfall Mietern bei ihren Problemen mit Rat und Hilfe zur Seite zu stehen; dazu zählt insbesondere die fachkundige Beratung in allen Miet- und Wohnungsangelegenheiten. Nach dem Gesetz dürfen Mietervereine allerdings nur an Mitglieder Rechtsrat erteilen. Viele Mietervereine bieten darüber hinaus auch ⇨ RECHTSSCHUTZ im Falle eines notwendigen Mietprozesses.

Zurzeit gibt es bundesweit rund 300 Mietervereine mit etwa 500 örtlichen Beratungsstellen. Sie finanzieren sich ausschließlich aus den Beiträgen ihrer Mitglieder.

Die Mietervereine sind über 15 Landesverbände im **Deutschen Mieterbund (DMB)** zusammengeschlossen, dem Dachverband der Mietervereine in der Bundesrepublik Deutschland. Er vertritt nicht nur die Interessen der mehr als 1,25 Millionen Haushalte mit über 3 Millionen zur Miete wohnenden Mitgliedern in den örtlichen Mietervereinen, sondern aller etwa 22 Millionen Mieterhaushalte in Deutschland.

Seit seiner Gründung im Jahre 1900 setzt sich der Deutsche Mieterbund für eine soziale Wohnungs- und Mietenpolitik, bessere Schutzrechte für die Mieter, ausgewogene Mietverträge und eine sozial angemessene Wohnungsversorgung mit tragbaren Mieten ein. Wichtigster politischer Erfolg des Deutschen Mieterbundes: 1975 wurde der gesetzliche Schutz des Mieters vor grundloser, willkürlicher Vermieterkündigung im Bürgerlichen Gesetzbuch verankert. Auch die Reform des Mietrechts zum 1.9.2001 sowie die Regelungen zur ⇨ MIETPREISBREMSE oder zum Bestellerprinzip bei der ⇨ WOHNUNGSVERMITTLUNG tragen die Handschrift des Deutschen Mieterbundes. Allerdings: Die Notwendigkeit des Mieterschutzes wird heute nicht nur von den ⇨ HAUSBESITZERVEREINEN bestritten. Eine starke Interessenvertretung der Mieter ist daher nach wie vor notwendig.

Zu einer immer wichtigeren Aufgabe für den Deutschen Mieterbund entwickelte sich die Information der Mieter über ihre Rechte und Pflichten. Aufgeklärte Mieter (und Vermieter) sind bessere Vertragspartner. Wer seine Rechte und Pflichten kennt, kann nicht nur Streit und Ärger vermeiden, sondern im Einzelfall auch viel Geld sparen.

Neben der »MieterZeitung«, der Mitgliederzeitung des Deutschen Mieterbundes, und der monatlich erscheinenden Fachzeitschrift »Wohnungswirtschaft und Mietrecht« gibt der Deutsche Mieterbund seit mehr als 30 Jahren zahlreiche Bücher, Broschüren und das Mieterlexikon heraus.

Leitbild des Deutschen Mieterbundes (DMB)
In einem Leitbild haben der Deutsche Mieterbund, seine Landesverbände und die örtlichen Mietervereine ihre Kernbotschaften zusammengefasst:

■ **Wir sind die politische Interessenvertretung aller Mieter – unabhängig und engagiert.**

Das bedeutet, wir sind unabhängig von Staat und Parteien, bekommen keine staatlichen Zuschüsse oder Beihilfen. Und alle Mieter sind uns wichtig, unabhängig von Herkunft, finanzieller Situation und Status.

■ **Wir sind die Experten auf Seiten der Mieter.**

Betriebskostenabrechnung, Mieterhöhung oder Kündigung – Mietrecht ist unser Handwerk. Wir bieten kompetente Mietrechtsberatung und maßgeschneiderte Lösungen für unsere Mitglieder. Wir sind in Deutschland die Mietrechtsexperten Nummer 1.

■ **Wir bieten umfassenden Mietrechtsschutz – auch vor Gericht.**

Unsere Rechtsberatung setzt zunächst auf außergerichtliche Lösungen. Wir streiten für Sie aber auch vor Gericht.

■ **Wir sind für die Mieter da, wenn sie uns brauchen.**

■ **Für uns ist Wohnen mehr als nur ein Dach über dem Kopf.**

■ **Wir machen Mietrecht verständlich, denn gut informiert ist halb gewonnen.**

■ **In der Gemeinschaft sind wir stark.**

■ **Wir stehen für Fairness, Ehrlichkeit und Offenheit.**

Anschriften
Ihren örtlichen Mieterverein finden Sie unter **www.mieterbund.de** im Internet oder über den Bundesverband (Tel.: 030 2 23 23-0).

Deutscher Mieterbund e.V.
Littenstraße 10, 10179 Berlin
Postanschrift: 10169 Berlin
Tel.: (030) 2 23 23-0, Fax: (030) 2 23 23-100
Internet: www.mieterbund.de
E-Mail: info@mieterbund.de

Neben der persönlichen Rechtsberatung im örtlichen DMB-Mieterverein bietet der Deutsche Mieterbund auch für Nichtmitglieder noch eine telefonische Erstberatung an unter Telefon 09 00/12 000 12 (2 Euro pro

Minute, täglich von 10.00 bis 20.00 Uhr) und eine Online-Beratung für 25 Euro unter www.mieterbund24.de.

Sie können sich auch an einen der 15 DMB-Landesverbände wenden, wenn Sie den für Sie örtlich zuständigen Mieterverein suchen:

Deutscher Mieterbund Baden-Württemberg e.V.
Olgastraße 77, 70182 Stuttgart
Tel.: (07 11) 23 60 60-0, Fax: (07 11) 23 60 60-2
Internet: www.mieterbund-bw.de
E-Mail: info@mieterbund-bw.de

Deutscher Mieterbund Landesverband Bayern e.V.
Sonnenstr. 10, 80331 München
Tel.: (089) 8 90 57 38-0, Fax: (089) 8 90 57 38-11
Internet: www.mieterbund-landesverband-bayern.de
E-Mail: info@mieterbund-bayern.org

Berliner Mieterverein e.V.
Landesverband Berlin im Deutschen Mieterbund
Spichernstr. 1, 10777 Berlin
Tel.: (030) 2 26 26-0, Fax: (030) 2 26 26-161
Internet: www.berliner-mieterverein.de
E-Mail: bmv@berliner-mieterverein.de

Deutscher Mieterbund Land Brandenburg e.V.
Möbelhof 5, 14478 Potsdam
Tel.: (03 31) 27 97 60 50, Fax: (03 31) 27 97 60-59
Internet: www.mieterbund-brandenburg.de
E-Mail: info@mieterbund-brandenburg.de

Mieterverein zu Hamburg von 1890 r.V.
Landesverband im Deutschen Mieterbund
Beim Strohhause 20, 20097 Hamburg
Tel.: (040) 8 79 79-0, Fax: (040) 8 79 79-120
Internet: www.mieterverein-hamburg.de
E-Mail: info@mieterverein-hamburg.de

Deutscher Mieterbund Landesverband Hessen e. V.
Adelheidstr. 70, 65185 Wiesbaden
Tel.: (06 11) 4 11 4050, Fax: (06 11) 4 11 40 5-29
Internet: www.mieterbund-hessen.de
E-Mail: info@mieterbund-hessen.de

Deutscher Mieterbund
Landesverband Mecklenburg-Vorpommern e. V.
G.-Hauptmann-Str. 19, 18055 Rostock
Tel.: (03 81) 3 75 29-20; Fax: (03 81) 3 75 29-29
Internet: www.mieterbund-mvp.de
E-Mail: post@mieterbund-mvp.de

Deutscher Mieterbund Niedersachsen-Bremen e. V.
Herrenstr. 14, 30159 Hannover
Tel.: (05 11) 1 21 06-0, Fax: (05 11) 1 21 06-16
Internet: www.dmb-niedersachsen-bremen.de
E-Mail: info@dmb-niedersachsen-bremen.de

Deutscher Mieterbund Nordrhein-Westfalen e. V.
Kreuzstr. 60, 40210 Düsseldorf
Tel.: (02 11) 58 60 09-0, Fax: (02 11) 58 60 09-29
Internet: www.dmb-nrw.de
E-Mail: mieter@dmb-nrw.de

Deutscher Mieterbund Landesverband Rheinland-Pfalz e. V.
Löhrstr. 78-80, 56068 Koblenz
Tel.: (02 61) 1 76 09, Fax: (02 61) 1 76 73
Internet: www.mieterbund-rhpl.de
E-Mail: dmb-rhpl@gmx.de

Deutscher Mieterbund Landesverband Saarland e. V.
Karl-Marx-Str. 1, 66111 Saarbrücken
Tel.: (06 81) 9 47 67-0, Fax: (06 81) 9 47 67-281
Internet: www.mietrecht-saar.de
E-Mail: info@mieterbund-sb.de

Deutscher Mieterbund Landesverband Sachsen e. V.
Fetscherplatz 3, 01307 Dresden
Tel.: (03 51) 8 66 45-66, Fax: (03 51) 8 66 45-11
Internet: www.mieterbund-sachsen.de
E-Mail: info@mieterbund-sachsen.de

Deutscher Mieterbund Sachsen-Anhalt e. V.
Alter Markt 6, 06108 Halle
Tel.: (03 45) 2 02 14-67, Fax: (03 45) 2 02 14-68
Internet: www.mieterbund-sachsen-anhalt.de
E-Mail: info@mieterbund-sachsen-anhalt.de

Deutscher Mieterbund Landesverband Schleswig-Holstein e.V.
Eggerstedtstr. 1, 24103 Kiel
Tel.: (04 31) 9 79 19-0, Fax: (04 31) 9 79 19-31

Internet: www.mieterbund-schleswig-holstein.de
E-Mail: info@mieterbund-schleswig-holstein.de

Deutscher Mieterbund Landesverband Thüringen e. V.
Hirschlachufer 83 a, 99084 Erfurt
Tel.: (03 61) 5 98 05-0, Fax: (03 61) 5 98 05-20
Internet: www.mieterbund-thueringen.de
E-Mail: info@mieterbund-thueringen.de
Adressen/Hinweise bekommen Sie auch unter **www.mieterbund.de.**

Mietkaution (Sicherheitsleistung)

Arten und Anlage der Sicherheitsleistung

In den meisten Mietverhältnissen ist es üblich, dass der Mieter eine Sicherheit stellt. Eine Sicherheitsleistung kann der Vermieter nur dann vom Mieter verlangen, wenn dies vertraglich vereinbart ist. Die Kaution dient zur Sicherung des Vermieters für den Fall, dass der Mieter seine mietvertraglichen Verpflichtungen nicht erfüllt, z. B. die Miete nicht zahlt (Ausnahme ⇨ SOZIALMIETEN) oder die Mietsache beschädigt. Welche Sicherheit der Mieter zu leisten hat, richtet sich nach den Vereinbarungen im Mietvertrag.

Mietkaution. Das ist die »klassische« Sicherheitsleistung. Der Mieter übergibt oder überweist dem Vermieter einen bestimmten Geldbetrag. Der Vermieter muss das Geld gem. § 551 BGB von seinem Vermögen getrennt bei einer Sparkasse oder einer Bank anlegen **(BGH WuM 2015, 549)**. Er muss also ein sogenanntes Kautionskonto eröffnen. Der Mieter kann die Zahlung von der Benennung eines insolvenzfesten Kontos abhängig machen **(BGH WuM 2010, 752)**.

Grund: Der Vermieter soll das Geld nicht einfach in die Tasche stecken können. Im Falle seiner Insolvenz wäre dann die Kaution für den Mieter verloren, so aber ist sie »konkursfest« angelegt. Darüber hinaus macht sich der Vermieter möglicherweise auch strafbar, wenn er die Kaution nicht ordnungsgemäß anlegt **(BGH WuM 2008, 336; WuM 96, 53)**.

Grundsätzlich hat der Mieter nämlich einen Anspruch darauf, dass der Vermieter ihm nachweist, dass die Mietkaution vom Vermietervermögen getrennt angelegt ist **(BGH WuM 2008, 149)**. Es muss sich um ein entsprechend gekennzeichnetes Sonderkonto (»Mietkautionskonto«) handeln. Der Vermieter darf das Konto nicht auf seinen Namen laufen lassen, ohne dass es als Kautionskonto erkennbar ist (AG Homburg WuM 2015, 668). Das gilt über das Ende des Mietverhältnisses hinaus **(BGH WuM 2015, 549)**.

Trotzdem birgt die Barkaution einige Risiken für den Mieter. Selbst wenn die Kaution ursprünglich »insolvenzfest« angelegt war, ist der Mieter vor überraschenden Abhebungen des Vermieters während der Mietzeit nicht geschützt. Zwar kann er auch während der Mietzeit den Nachweis der ordnungsgemäßen Kautionsanlage fordern und, wenn der Vermieter den Nachweis nicht erbringen kann, u. U. die Mietzahlung bis zur Höhe der eingezahlten Kaution zurückhalten ⇨ VERMÖGENSVERFALL DES VERMIETERS **(BGH WuM 2008, 149)**. Aber eine hundertprozentige Sicherheit gibt es nicht.

Verpfändetes Sparbuch. Der Mieter kann dem Vermieter auch die Forderung aus einem Sparbuch verpfänden **(BGH WuM 2016, 620)**.

Eine Verpfändung muss der Bank oder Sparkasse angezeigt werden. Es sollte darauf geachtet werden, dass das Geldinstitut die verpfändete Forderung nach einer Kündigung des Kontos nicht ohne weiteres und ohne Wissen des Mieters auszahlen kann. Leider benutzen aber immer noch viele Geldinstitute derart mieterunfreundliche Vordrucke. Auf Anregung des Deutschen Mieterbundes hat eine Reihe von Geldinstituten auch geänderte Vordrucke im Angebot.

Verlangt hier der Vermieter Auszahlung des Kautionsgeldes, unterrichtet das Geldinstitut den Mieter hiervon. Frühestens vier Wochen nach dieser Information bekommt der Vermieter das Geld ausgezahlt. Innerhalb dieser Zeit kann der Mieter dann notwendige rechtliche Schritte einleiten und die Auszahlung an den Vermieter durch eine ⇨ EINSTWEILIGE VERFÜGUNG verhindern. Deshalb: Fragen Sie nach diesem Vordruck!

Übergabe eines Sparbuchs. Händigt der Mieter dem Vermieter ein Sparbuch aus, das er eingerichtet hat, ist darin grundsätzlich keine Verpfändung, sondern eine sogenannte Sicherungsabtretung zu sehen (LG Dortmund WuM 2007, 73). Der Vermieter kann jederzeit Geld abheben, ohne dass der Mieter davon erfährt. Deshalb ist es für den Mieter ratsam, das Sparbuch mit einem **Sperrvermerk** versehen zu lassen. Der Vermerk bewirkt, dass jede Mietpartei nur mit Zustimmung der anderen über die Forderung aus dem Sparbuch verfügen kann. Ist im Mietvertrag eine Barkaution vereinbart, kann die Kaution nicht per Sparbuch mit Sperrvermerk erbracht werden (AG Braunschweig WuM 87, 257) oder indem der Mieter mit sonstigen Ansprüchen gegenüber dem Vermieter aufrechnet (LG Baden-Baden WuM 89, 73).

Gemeinsames Sparbuch. Ein Sparbuch, über das Mieter und Vermieter nur gemeinsam verfügen können, ist für den Mieter ebenfalls empfehlenswert. Auf diese Weise ist sichergestellt, dass der Vermieter nicht ohne Mitwirkung des Mieters an das Geld gelangen kann.

Bankbürgschaft. Anstatt eine Geldsumme zu zahlen, kann der Mieter die Sicherheit auch dadurch leisten, dass er dem Vermieter einen Bürgen stellt. Dieses Recht steht dem Mieter aber nur zu, wenn er hierüber mit dem Vermieter eine Einigung erzielen kann. Durch die Übernahme der Bürgschaft verpflichtet sich eine Bank oder Sparkasse, für Forderungen des Vermieters gegen den Mieter einzustehen. Die Haftung ist begrenzt auf 3 Monatsmieten.

Der Vorteil dieser Sicherheit besteht für den Mieter darin, dass er nicht wie bei der Mietkaution einen größeren Betrag aufbringen muss. Dem Mieter, der durch den Umzug ohnehin finanziell stark belastet ist, steht das Geld damit anderweitig zur Verfügung. Nachteil der Bankbürgschaft ist, dass der Mieter keine Zinsen erhält. Im Gegenteil, das Kreditinstitut lässt sich seine Dienstleistung selbstverständlich bezahlen. Üblich sind 2% bis 4% der Bürgschaftssumme jährlich. Weiterer Nachteil: Wenn die Bürgschaftsurkunde eine »Zahlung auf erstes Anfordern« vorsieht, zahlt die Bank den gewünschten Betrag an den Vermieter aus, ohne die Berechtigung der Forderung zu prüfen.

Mietkautionsversicherung. Die Bezeichnung für diese Art der Sicherheit ist irreführend. Es handelt sich nicht um eine Versicherung, sondern um eine Bürgschaft. Deshalb wäre es korrekt, von einer Kautionsbürgschaft zu sprechen. Der einzige Unterschied zur Bankbürgschaft ist, dass sich ein Versicherungsunternehmen verbürgt. Es sollte deshalb geprüft werden, ob eine Mietkautionsversicherung nicht teurer ist als eine Bankbürgschaft.

Andere Bürgschaft. Außerdem können Vermieter und Mieter eine andere Form der Bürgschaft vereinbaren. Bei Studenten zum Beispiel akzeptiert der Vermieter häufig die Eltern als Bürgen.

Schuldbeitritt. Hierbei handelt es sich nicht um eine Sicherheitsleistung. Vielmehr unterschreibt eine weitere Person, z. B. ein Elternteil, den Mietvertrag zusätzlich, obwohl sie gar nicht in der Wohnung lebt. Diese Person haftet als weiterer Mieter für die Mietschulden in unbegrenzter Höhe. Durch eine solche Vereinbarung wird die gesetzliche Regelung unterlaufen, dass eine Sicherheitsleistung maximal drei Monatsnettomieten betragen darf. Dennoch wird eine solche Vereinbarung als rechtsgültig angesehen. Die damit verbundenen Rechtsprobleme sind jedoch durch die Gerichte noch nicht geklärt.

Andere Anlageformen. Der Gesetzgeber räumt den Mietparteien die Möglichkeit ein, das Geld ertragreicher anzulegen. Es muss sich um eine Anlageform handeln, die auch Erträge einbringen kann. In Betracht kommen zum Beispiel festverzinsliche Wertpapiere oder Aktien. Damit kann für beide Mietparteien ein Verlustrisiko verbunden sein. Also Vorsicht! Der Vermieter riskiert lediglich, dass sich die Sicherheit verringert, der Mieter aber, dass er nach Beendigung des Mietverhältnisses erheblich weniger Geld zurückerhält.

Die Kaution muss so angelegt werden, dass sie dem Mieter nach Ende des Mietverhältnisses rechtzeitig ausgezahlt werden kann.

Wichtig: Eine solche Anlage der Kaution ist zulässig, wenn die Mietparteien eine entsprechende Abrede getroffen haben. Eine Vereinbarung, dass der Vermieter die Kaution in Aktien, in anderen Wertpapieren oder in einem Fonds anlegt, sollte die konkrete Anlageform bezeichnen, z.B. mit der Wertpapieridentifikationsnummer. Das Geld umschichten darf der Vermieter dann nur, wenn er mit dem Mieter eine neue Vereinbarung trifft.

Auch hier gilt: Die Erträge erhöhen die Sicherheit. Sie stehen nach Beendigung des Mietverhältnisses in vollem Umfang dem Mieter zu. Ist im Mietvertrag etwas anderes festgelegt, ist das unwirksam. Die Anlage muss getrennt von dem Vermögen des Vermieters erfolgen. Damit soll der Mieter im Fall einer Insolvenz des Vermieters geschützt werden ⮱ VERMÖGENSVERFALL DES VERMIETERS.

Zahlung und Verzinsung der Mietkaution: In § 551 BGB sind Einzelheiten zur Zahlung und Verzinsung der Mietkaution festgelegt:

– Die Kaution darf 3 Monatsmieten (ohne separate Pauschale oder Vorauszahlung für Nebenkosten) nicht übersteigen. Beträgt die Nettomiete z.B. 500 Euro und die Miete mit Betriebskosten 700 Euro, darf die Mietkaution nicht höher sein als 1500 Euro. Ist die Miete aufgrund eines Mangels gemindert, bemisst sich die Höhe der Kaution nach der **vertraglich vereinbarten**, nicht der geminderten Miete. Etwas anderes gilt, wenn die Wohnung bereits bei Mietbeginn einen **unbehebbaren** Mangel aufweist, etwa weil die Wohnfläche mehr als 10% kleiner ist als im Mietvertrag angegeben. In diesem Fall ist die geminderte Miete für die zulässige Höchstgrenze der Kaution maßgeblich **(BGH WuM 2005, 573)**. Wird neben der Kaution noch eine Bürgschaft vereinbart, ist diese Abrede unwirksam, soweit Bürgschaft und Barkaution zusammen über 3 Monatsmieten hinausgehen **(BGH WuM 2004, 473; WuM 89, 289)**. Anders ist es aber, wenn ein Dritter unaufgefordert dem Vermieter eine Bürgschaft anbietet und dieser daraufhin Vertragsverhandlungen mit dem künftigen

Mieter aufnimmt **(BGH WuM 90, 343)**. Der Mieter oder der Bürge müssen die Bürgschaft aber freiwillig angeboten haben (LG Berlin GE 2017, 174). Der Vermieter muss die Freiwilligkeit beweisen (LG Hamburg ZMR 2010, 367). Eine Mietsicherheit, wie z.B. eine Bürgschaft, ist nicht auf 3 Monatsmieten begrenzt, wenn sie im laufenden Mietverhältnis vereinbart wird, um eine dem Mieter drohende Kündigung wegen Mietrückständen abzuwenden **(BGH WuM 2013, 357)**.

– Hat der Mieter mehr gezahlt als die gesetzlich zulässigen 3 Monatsmieten, kann er verlangen, dass der Vermieter ihm den überschießenden Betrag umgehend erstattet **(BGH WuM 2011, 469)**. Dieser Anspruch verjährt innerhalb von 3 Jahren, beginnend mit Ablauf des Jahres, in dem der Mieter gezahlt hat. Ist der Anspruch verjährt, bekommt der Mieter sein zu viel gezahltes Geld erst mit Rückzahlung der gesamten Kaution nach Beendigung des Mietverhältnisses zurück.

– Der Mieter kann drei Ratenzahlungen verlangen, die erste Rate ist bei Beginn des Mietverhältnisses fällig. Die weiteren Teilbeträge sind jeweils zusammen mit den folgenden beiden Mietzahlungen zu entrichten.

Dem Anspruch auf Zahlung der Kaution kann der Mieter nicht entgegenhalten, der Vermieter müsse zunächst Mängel beseitigen (LG Hamburg WuM 91, 586). Eine Vereinbarung, die Kaution vor dem Einzug in einer Summe zu zahlen, ist unwirksam. Der BGH hat aber entschieden, dass die Kautionsabrede im Übrigen wirksam bleibt **(BGH WuM 2004, 269; WuM 2004, 147; WuM 2003, 495)**. Das bedeutet, dass der Mieter die Kaution entrichten muss. Er darf sie aber entgegen der Festlegung im Mietvertrag in drei Raten bezahlen. Die erste Rate ist zu Mietbeginn fällig. Die weiteren Raten muss der Mieter spätestens jeweils zusammen mit den folgenden Mietzahlungen entrichten. Der Vermieter ist nicht verpflichtet, den Mieter bei Abschluss des Mietvertrages darauf hinzuweisen, dass die Kaution in 3 Monatsbeträgen gezahlt werden kann (LG Dortmund WuM 2003, 498).

Achtung: Kündigung droht! Der Vermieter kann gem. §569 Abs.2a BGB eine fristlose Kündigung aussprechen, wenn der Mieter die Kaution in Höhe von mindestens 2 Monatsmieten nicht fristgerecht gezahlt hat. Bei der Bestimmung der Monatsmiete sind die als Vorauszahlung oder Pauschale zu zahlenden ⇨ BETRIEBSKOSTEN nicht einzubeziehen.

Achtung: Der Vermieter muss vor der Kündigung weder eine Abmahnung aussprechen noch eine Frist setzen. Die Kündigung kann aber grundsätzlich geheilt werden ⇨ FRISTLOSE KÜNDIGUNG.

– Bei Vermietung einer Sozialwohnung (⇨ SOZIALMIETE) darf der Vermieter eine Kaution nur verlangen, wenn sie dazu bestimmt ist, Schäden an der Wohnung oder aus unterlassenen ⇨ SCHÖNHEITSREPARATUREN abzudecken, § 9 Abs. 5 WoBindG. Soll die Kaution laut Mietvertrag auch Forderungen aus Betriebskosten sichern, ist die Sicherheitsabrede insgesamt unwirksam. Der Mieter kann die bereits gezahlte Kaution komplett zurückverlangen (LG Berlin GE 2012, 725).

– Der Vermieter einer Genossenschaftswohnung darf die Mietsicherheit zusätzlich zu den Genossenschaftsanteilen verlangen (AG Kiel NZM 2012, 610). Nach diesem Urteil verstößt es nicht gegen das Genossenschaftsrecht, wenn der Vermieter die Zahlung einer Kaution nur mit finanziell schwächeren Mietern vereinbart.

Der Vermieter darf die Übergabe der Wohnungsschlüssel nicht davon abhängig machen, dass der Mieter erst die Kaution in voller Höhe zahlt. Eine solche Vereinbarung ist unwirksam. Auch hier bleibt die Abrede, eine Kaution zu zahlen, aber wirksam **(BGH WuM 2004, 473)**.

Der Anspruch des Vermieters auf Stellung einer Mietsicherheit verjährt nach 3 Jahren (KG Berlin GuT 2008, 126; LG Darmstadt NJW-RR 2007, 1516; LG Duisburg WuM 2006, 250). Die Verjährungsfrist beginnt am Ende des Jahres, in dem die Kaution fällig war (KG Berlin ZMR 2008, 624) ⇨ VERJÄHRUNG.

– Die Kaution muss zu dem für Spareinlagen mit 3-monatiger Kündigungsfrist üblichen Zinssatz verzinst werden. Für Mietverhältnisse in Studierenden- oder Jugendwohnheimen besteht keine Verzinsungspflicht.

– Der Vermieter muss die Kaution bei einer Bank »von seinem Vermögen getrennt« anlegen. Der Mieter muss die vereinbarte Mietkaution erst zahlen, wenn der Vermieter ihm ein gesondert angelegtes, als Kautionskonto bezeichnetes Konto, einschließlich der Gebühren für die Auflösung des Sparbuchs, benennt **(BGH WuM 2015, 549; WuM 2010, 752)**. Die Kosten für dieses Konto trägt der Vermieter (LG München WuM 97, 612; a.A. AG Büdingen WuM 85, 483). Eine Klausel im Mietvertrag, wonach der Mieter für das Anlegen oder Auflösen des Sparbuchs oder für die Verwahrung der Kaution eine Kostenpauschale zu entrichten hat, ist unwirksam (LG München I WuM 97, 612; AG Hamburg WuM 90, 426).

– Die Zinsen werden jährlich der Kaution zugeschlagen, verzinst (LG Berlin GE 93, 2023) und erhöhen die Kaution. Bei Beendigung des Mietverhältnisses müssen sie auch mit zurückgezahlt werden. Hat der Vermieter die Kaution höherverzinslich angelegt, muss er die tatsächlichen, höheren Zinsen zurückzahlen (LG Düsseldorf WuM 93, 400; AG Duisburg

WuM 96, 763). Wenn die Kaution in Aktien angelegt wird, schuldet der Vermieter die Herausgabe der Aktien zum aktuellen Kurswert (AG Köln WuM 2023, 18). Hat der Vermieter die Kaution hingegen, entgegen der gesetzlichen Verpflichtung, nicht verzinslich angelegt, steht dem Mieter ein Schadensersatzanspruch in Höhe des Zinsertrages zu, der bei Anlage auf einem Sparbuch angefallen wäre (AG Ludwigsburg WuM 2022, 606; LG Waldshut-Tiengen, Urt. v. 10.11.2011 – 2 S 37/11).

Die Zinsen für die Kaution sind vom Mieter als Kapitalertrag **zu versteuern**. Die Bank führt die Kapitalertragssteuer in Höhe von 25% zzgl. 5,5% Solidaritätszuschlag auf die Kapitalertragssteuer direkt an das Finanzamt ab. Hierüber erteilt die Bank eine Steuerbescheinigung. Ist das Mietkautionskonto auf den **Vermieter als Kontoinhaber** angelegt, oder hat der Vermieter ein Sammelkonto für alle Kautionsbeträge seiner Mieter eingerichtet, so stellt die Bank die Steuerbescheinigung auf den Vermieter aus. Der Vermieter ist dann zur Weitergabe der Steuerbescheinigung an den Mieter verpflichtet (AG Tiergarten GE 2002, 998). Mit dieser Bescheinigung hat der Mieter die Möglichkeit, den Zinsabzug im Rahmen seiner Einkommensteuererklärung geltend zu machen.

Ist das Mietkautionskonto auf den **Namen des Mieters** angelegt und an den Vermieter verpfändet, so kann der Mieter im Rahmen seiner Freibeträge einen Freistellungsauftrag erteilen. In diesem Fall erfolgt kein Zinsabzug, sofern sein Freibetrag noch nicht ausgeschöpft ist. Die Möglichkeit des Freistellungsauftrags hat der Mieter aber nicht, wenn das Mietkautionskonto auf den Namen des Vermieters angelegt ist. Bei dieser Kontovariante kann sich der Mieter den Zinsabzug nur im Rahmen seiner Einkommensteuererklärung anrechnen lassen.

– Die meisten Banken gewähren in der Niedrigzinsphase gar keine Zinsen mehr. Stattdessen berechnen sie eine Gebühr oder ein »Verwahrentgelt«. Ob diese Kosten der Vermieter tragen muss oder er sie vom Kautionsguthaben abziehen darf, ist streitig.

Rückwirkende Verzinsung bei alten Mietverträgen
Seit dem 1.1.1983 gibt es eine gesetzliche Regelung zur Verzinsung einer Barkaution. Der Vermieter muss jedoch auch eine Kaution verzinsen, die vor 1983 vereinbart wurde. Durch Rechtsentscheid ist geklärt, dass eine Mietkaution auch dann mit dem für Spareinlagen mit gesetzlicher Kündigungsfrist üblichen Zinssatz zu verzinsen ist, wenn eine entsprechende Regelung im Mietvertrag nicht enthalten ist **(BGH RE WuM 82, 240)**. Der Vermieter muss hingegen keine Zinsen zahlen, wenn der Mietvertrag vor dem 1.1.1983 geschlossen wurde und er die Verzin-

sung wirksam ausgeschlossen hat **(BGH WuM 2018, 752; BGH WuM 2009, 289).**

Verwendung und Rückzahlung der Kaution
Meistens zahlt der Mieter dem Vermieter als Kaution einen bestimmten Geldbetrag. Ist der Mieter in Zahlungsverzug, ist der Vermieter nicht gehalten, die Kaution zum Ausgleich der rückständigen Miete zu verwenden. Vielmehr kann er bei Fortbestehen des Mietverhältnisses die fällige Mietzahlung verlangen.

Im laufenden Mietverhältnis darf der Vermieter die Kaution nicht wegen bestrittener Mietforderungen in Anspruch nehmen, etwa nach einer Mietminderung des Mieters **(BGH WuM 2014, 418)**. Vor Beendigung des Mietverhältnisses darf sich der Vermieter also nur dann aus der Kaution bedienen, wenn seine Forderung rechtskräftig festgestellt oder unstreitig ist (LG Halle NZM 2008, 685; LG Darmstadt WuM 2008, 72; LG Mannheim WuM 96, 269; LG Potsdam GE 2007, 1253). Greift er z. B. im Falle einer Mietminderung auf die Kaution zurück, kann der Mieter ihn gerichtlich zwingen, diesen Betrag wieder auf das Kautionskonto zu zahlen (AG Hamburg-Altona ZMR 2013, 47). Das gilt auch bei einem verpfändeten Sparbuch. Beabsichtigt der Vermieter, eine Forderung unberechtigt einzuziehen, kann sich der Mieter mit einer ⇨ EINSTWEILIGEN VERFÜGUNG dagegen zur Wehr setzen (LG Darmstadt ZMR 2005, 193; LG Wuppertal NJW-RR 2004, 1309; AG Berlin-Lichtenberg MM 2004, 266; AG Tiergarten MM 2003, 298). Bedient sich jedoch der Vermieter zu Recht aus der Kaution, ist der Mieter zu ihrer Auffüllung verpflichtet **(BGH WuM 72, 57)**.

Ob der Vermieter nach Beendigung des Mietverhältnisses auf die Mietkaution wegen **streitiger** Forderungen zugreifen darf, wurde von den Gerichten unterschiedlich gesehen (abgelehnt von LG Krefeld WuM 2019, 84; LG Berlin WuM 2017, 527; AG Dortmund WuM 2018, 204; LG Halle NZM 2008, 685). Der BGH hat nun entschieden, dass der Vermieter sich nach Ende des Mietverhältnisses auch wegen streitiger Forderungen aus der Kaution befriedigen darf **(BGH WuM 2019, 524)**. Behält der Vermieter die Kaution also wegen Forderungen ein, die unberechtigt sind, so muss der Mieter auf Rückzahlung der Mietkaution klagen.

Der Vermieter darf die Kaution nur für Forderungen aus dem Mietverhältnis verwenden. Andere Ansprüche, die nichts mit dem Mietverhältnis zu tun haben, darf er auch nach Ende der Mietzeit nicht mit der Kaution verrechnen. Das gilt auch für Forderungen aus einem früheren Mietverhältnis **(BGH WuM 2012, 502)**.

Der Mieter ist nicht berechtigt, seinen Anspruch auf Rückzahlung gegen die Mietforderungen des Vermieters aufzurechnen, bevor das Mietverhältnis beendet ist **(BGH WuM 72, 57)**. Der Mieter darf die Kaution gegen Ende der Mietzeit also nicht »abwohnen« und Mietzahlungen mit Hinweis auf die Kaution verweigern (LG München I WuM 96, 541; AG München ZMR 2017, 69). Er riskiert, dass der Vermieter auf Zahlung rückständiger Miete oder auf Wiederauffüllung der Kaution klagt.

Der Mieter kann vom Vermieter die Rückzahlung der Sicherheit erst nach Rückgabe seiner Wohnung verlangen **(BGH WuM 2016, 620)**. Haben mehrere Mieter die Wohnung angemietet, müssen alle gemeinsam die Kaution zurückfordern. Das gilt auch dann, wenn nur ein Mieter die Kaution an den Vermieter gezahlt hat (KG Berlin ZMR 2012, 695). Ein Mieter kann sich aber von den anderen eine Ermächtigung erteilen lassen, dass er die Mietsicherheit alleine einfordern darf. Hat nur ein Mieter als alleiniger Kontoinhaber die Forderung aus einem Sparbuch an den Vermieter verpfändet, darf er alleine die Herausgabe des Sparbuchs und die Freigabe des Pfandrechts an der Forderung verlangen (AG Flensburg WuM 2021, 557).

Es gibt keine gesetzliche Regelung, innerhalb welcher Frist der Vermieter die Sicherheitsleistung erstatten muss. Er hat die Kaution in voller Höhe zurückzuzahlen, wenn er keine Ansprüche aus dem Mietvertrag mehr gegen den Mieter hat. Andernfalls darf er die zur Deckung seiner Ansprüche erforderlichen Kosten von der Kaution absetzen und muss dann mit dem Mieter abrechnen. Der Mieter muss dem Vermieter eine vertretbare **Zeit zur Prüfung** etwaiger Gegenansprüche lassen **(BGH WuM 2016, 620; WuM 2006, 197)**.

Welcher Zeitraum vertretbar ist, hängt von den Umständen des Einzelfalls ab **(BGH WuM 2006, 197)**. Eine starre Frist gibt es hierzu nicht. Im Allgemeinen wird dem Vermieter eine Überlegungsfrist von 3 bis 6 Monaten eingeräumt (**BGH WuM 2019, 524;** LG Darmstadt WuM 2006, 708; LG Ulm DWW 2008, 96). Gibt es keine offenen Forderungen und sind auch keine Schadensersatzansprüche ersichtlich, muss der Vermieter die Kaution sofort zurückzahlen bzw. freigeben. Es kann aber auch Fälle geben, in denen selbst eine Überlegungsfrist von 6 Monaten nicht reicht.

Bei einer **Barkaution** kann der Vermieter auch noch nach Ablauf der Überlegungsfrist mit **verjährten** Forderungen (z.B. wegen Beschädigung der Mietsache) gegen den Mieteranspruch auf Rückzahlung der Kaution aufrechnen **(BGH RE WuM 87, 310)**. Obwohl die Vermieterforderung inzwischen verjährt ist, kann sie noch mit dem Kautionsguthaben verrechnet werden. Dies setzt allerdings voraus, dass die Forderung des Vermieters in dem Zeitpunkt noch nicht verjährt war, in dem erstmals gegen das Kautionsguthaben aufgerechnet werden konnte (§ 215 BGB).

Will der Vermieter mit einer verjährten Schadensersatzforderung wegen **Beschädigung** der Mietsache gegen das Kautionsguthaben aufrechnen, muss er den Mieter vor Ablauf der sechsmonatigen Verjährungsfrist zur Geldzahlung aufgefordert haben. Denn der Vermieter hat die Wahl zwischen Wiederherstellung des vertragsgemäßen Zustands oder Geldzahlung. Dieses Wahlrecht muss er innerhalb der Verjährungsfrist ausgeübt haben. Andernfalls standen sich in unverjährter Zeit nicht zwei **gleichartige** Geldansprüche (Rückzahlung Barkaution und Schadensersatzzahlung) gegenüber, und es ist eine Aufrechnung mit der verjährten Schadensersatzzahlung gegen die Mietkaution nicht mehr möglich (KG Berlin ZMR 2020, 394; AG Ludwigsburg WuM 2022, 606 u. 632).

Bei einem **verpfändeten Sparbuch** kann der Vermieter auf das Sparguthaben auch dann zugreifen, wenn seine Forderung verjährt ist (§ 216 BGB). Eine Ausnahme besteht für **wiederkehrende Leistungen**. Hierzu zählen Mietzahlungen und Nachforderungen aus Betriebskostenabrechnungen (**BGH WuM 2016, 620;** KG Berlin WuM 2011, 471).

Hat der Mieter als Sicherheit eine Bürgschaft gestellt, ist eine Verrechnung nach Ablauf der Verjährungsfrist ausgeschlossen **(BGH WuM 98, 224)**.

Der Vermieter kann auch nicht mit Ansprüchen aufrechnen, die bereits vor Beendigung des Mietverhältnisses verjährt waren (AG Bremerhaven WuM 88, 124). Positiv an der Rechtsprechung des BGH zur angemessenen Prüffrist des Vermieters **(BGH WuM 2006, 197; WuM 2006, 620)** ist, dass möglicherweise der Kautionsrückforderungsanspruch auch sofort oder kurzfristig nach Beendigung des Mietverhältnisses fällig wird. Nämlich dann, wenn sich aus den Umständen des Einzelfalls ergibt, dass nur eine kurze Überlegungsfrist erforderlich ist. Ist z. B. über Heiz- und Nebenkosten abgerechnet, hat der Mieter eine evtl. Vermieterforderung beglichen, und kommen Schadensersatzansprüche nicht in Frage, muss die Kaution sofort zurückgezahlt werden. Das bedeutet: Der Vermieter darf die Rückzahlung nicht treuwidrig verzögern und die Kaution nicht länger einbehalten als nötig. Kann er über die Kaution abrechnen, ist der Anspruch des Mieters auf Auszahlung des Betrags auch fällig (OLG Düsseldorf WuM 2003, 621).

Steht die Heiz- oder Nebenkostenabrechnung noch aus, kann der Vermieter einen **angemessenen Betrag einbehalten**, wenn zu erwarten ist, dass der Mieter etwas nachzahlen muss **(BGH WuM 2006, 197)**.

Der Vermieter darf also nicht die gesamte Kaution zurückhalten und als Begründung anführen, dass noch über die Betriebskosten abzurechnen ist (AG Ludwigsburg WuM 2018, 720; **a. A.** LG München I WuM 2018, 427; AG Dortmund WuM 2018, 204). Wie viel er einbehalten darf, hängt von dem Ergebnis der Vorjahresabrechnung, der Höhe der laufenden Vorauszahlungen und der allgemeinen Entwicklung der Betriebskosten ab. Ist keine Nachforderung zu erwarten, und bestehen keine anderen Forderungen, muss der Vermieter die gesamte Kaution nach Ablauf einer Prüfungsfrist zurückzahlen.

Ist streitig, ob der Vermieter noch Ansprüche gegen den Mieter hat, kann der Mieter nach Ablauf einer angemessenen Überlegungsfrist auf Rückzahlung der Kaution klagen. Im Mietprozess wird dann geklärt, ob tatsächlich noch Ansprüche des Vermieters bestehen (**BGH WuM 2019, 524;** LG Krefeld WuM 2019, 84).

Hat der Vermieter mitgeteilt, welche Ansprüche er mit der Kaution verrechnen will, kann er sich wegen weiterer Forderungen nicht mehr aus der Kaution bedienen, es sei denn, er hat sich das ausdrücklich vorbehalten. Erhebt der Vermieter wegen ihm (angeblich) zustehender Forderungen Klage gegen den Mieter, gibt er damit ebenfalls zu erkennen, dass er nicht auf die Kaution zurückgreifen möchte. Der Mieter kann Auszahlung der verbleibenden Kaution verlangen oder mit weiteren Forderungen des Vermieters verrechnen **(BGH WuM 2019, 524)**.

Der Anspruch des Mieters auf Rückzahlung der Kaution nebst Zinsen **verjährt** nach 3 Jahren. Das gilt auch für den Anspruch auf Freigabe eines verpfändeten Sparbuchs (LG Berlin WuM 2013, 106). Bei der Berechnung der Verjährungsfrist ist zu beachten, dass der Anspruch auf Rückzahlung erst fällig wird, nachdem eine angemessene Prüfungsfrist abgelaufen ist (**BGH WuM 2006, 197**). Die Verjährungsfrist beginnt deshalb nicht mit Beendigung des Mietverhältnisses zu laufen, sondern mit dem Ende des Jahres, in dem der Vermieter über die Kaution abrechnen muss ⇨ VERJÄHRUNG.

Beispiel: Das Mietverhältnis endet am 31. 10. 2023. Die Verjährungsfrist beginnt nicht mit Beendigung des Mietverhältnisses, sondern erst mit Ablauf der Prüfungsfrist zum Ende des Jahres 2024 zu laufen. Der Anspruch des Mieters auf Rückzahlung seiner Kaution ist ab dem 1. 1. 2028 verjährt.

Darüber hinaus stehen dem Mieter **Verzugszinsen** zu: Zahlt der Vermieter die fällige Mietkaution nicht zurück, kann der Mieter die Zahlung anmahnen. Dadurch kommt der Vermieter in Verzug und muss zusätzlich Verzugszinsen zahlen. Die Höhe der Zinsen beträgt 5% über dem zu dieser Zeit geltenden Basiszinssatz.

Hat der Mieter dem Vermieter eine andere Sicherheit als eine Barkaution gewährt, muss der Vermieter sie ebenfalls nach einer angemessenen Überlegungsfrist zurückgewähren. Das gilt auch für eine dem Vermieter eingeräumte Bankbürgschaft. Nach Ablauf der Überlegungsfrist kann der Mieter deshalb verlangen, dass der Vermieter die Bürgschaftsurkunde herausgibt (OLG Hamm NJW-RR 92, 1036; AG Köln WuM 2000, 674). Zu beachten ist, dass er nicht die Übergabe an sich selbst, sondern nur die an den Bürgen beanspruchen kann **(BGH WuM 1999, 397)**. Hat der Mieter dem Vermieter die Forderung aus einem Sparbuch verpfändet, muss der Vermieter erklären, dass er sein Pfandrecht daran aufgibt, und dem Mieter das Sparbuch aushändigen. Übergibt er dem Mieter das Sparbuch, ist darin eine entsprechende Erklärung zu sehen (LG Augsburg WuM 2011, 366).

Hinweis: Der Mieter sollte versuchen, anlässlich der Rückgabe der Mieträume mit dem Vermieter eine Frist zur Abrechnung über die Sicherheitsleistung zu vereinbaren. Empfehlenswert ist z.B. ein Vermerk im Übergabeprotokoll ⇨ WOHNUNGSABNAHME.

Eigentümerwechsel
Verkauft der Vermieter das Haus, bleibt das Mietverhältnis bestehen ⇨ HAUSVERKAUF UND MIETVERTRAG. Der neue Hauseigentümer übernimmt die Verpflichtung zur Rückzahlung der Mietkaution. Er hat keinen Anspruch darauf, dass der Mieter ihm die laut Mietvertrag vereinbarte Kaution zahlt, wenn der sie bereits an den alten Vermieter geleistet hat **(BGH WuM 2012, 21)**. Das bedeutet aber auch, dass der Mieter anlässlich des Hausverkaufs die Kaution nicht zurückverlangen kann. Das geht erst nach Beendigung des Mietverhältnisses.

Der Vermieter wird die Kaution zumeist auf den Erwerber (den neuen Eigentümer) des Hauses übertragen. Stattdessen können alter und neuer Eigentümer die Kaution auch mit dem Kaufpreis verrechnen oder eine andere Vereinbarung über die Übernahme der Kaution treffen. Für den Mieter stellt sich die Frage, ob die Rückzahlung der Kaution nach Beendigung des Mietverhältnisses sichergestellt ist. Probleme können auch entstehen, wenn der Mieter die Kaution vom Erwerber nicht zurückerhalten kann. Der Gesetzgeber hat für diese Fälle zum Schutz des Mieters vorgesorgt.

■ Der Erwerber haftet für die Rückzahlung.
Der Mieter kann die Kaution auf jeden Fall vom Erwerber zurückver-

langen. An den neuen Eigentümer kann sich der Mieter auch dann halten, wenn dieser die Kaution vom alten Eigentümer gar nicht erhalten und auch ansonsten mit dem alten Eigentümer keine Vereinbarung über die Kaution getroffen hat. Durch diese Regelung wird vermieden, dass sich der Mieter nach Beendigung des Mietverhältnisses an den alten Eigentümer wenden muss, mit dem er womöglich seit Jahren keinen Kontakt mehr hat. Auch wenn der alte Eigentümer in die ⇨ INSOLVENZ gegangen ist und die Mietsicherheit nicht getrennt von seinem sonstigen Vermögen angelegt hat, geht die Pflicht zur Rückzahlung auf den neuen Eigentümer über **(BGH WuM 2012, 278).** Der neue Eigentümer haftet für die Rückzahlung der Kaution einschließlich der seit Mietbeginn angefallenen Zinsen. Die Verzinsung kann der Mieter auch dann verlangen, wenn der neue Eigentümer die Kaution ohne Zinsen erhalten hat.

Außerdem kann der Mieter während des laufenden Mietverhältnisses verlangen, dass der neue Eigentümer das Geld wie gesetzlich vorgeschrieben bei einer Bank oder Sparkasse auf einem gesonderten Kautionskonto einzahlt, und zwar auch dann, wenn der neue Eigentümer die Kaution von dem alten Eigentümer nicht erhalten hat. Diese Rechtslage gilt entsprechend, wenn das Grundstück unter Zwangsverwaltung steht. Der Zwangsverwalter hat die gleichen Pflichten wie ein Vermieter **(BGH WuM 2006, 402)** ⇨ ZWANGSVERWALTUNG.

Achtung: War das Mietverhältnis zum Zeitpunkt des Eigentümerwechsels bereits beendet, haftet der neue Eigentümer nicht **(BGH WuM 2007, 267;** LG Potsdam GE 2017, 51). Dann muss sich der Mieter an den alten Vermieter wenden.

■ Der alte Eigentümer haftet neben dem Erwerber.

Nicht immer gelingt es dem Mieter, die Kaution nach Beendigung des Mietverhältnisses von dem neuen Eigentümer zurückzuerlangen. Hat der Vermieter das Geld nicht, wie vorgeschrieben, auf einem gesonderten Konto angelegt, wird der Mieter die Kaution bei einer Insolvenz des Vermieters nicht in voller Höhe zurückbekommen ⇨ VERMÖGENSVERFALL DES VERMIETERS. Der Mieter kann dann den alten Eigentümer in Anspruch nehmen **(BGH WuM 2013, 172).** Dieser kann sich von seiner Pflicht nicht formularmäßig freizeichnen (LG Kiel WuM 2004, 192). Der Mieter muss aber erst versuchen, die Kaution von dem neuen Eigentümer zu erhalten. Nur wenn das aussichtslos erscheint, muss der alte Eigentümer für die Rückzahlung einstehen. Dieser kann nicht geltend machen, dass er die Kaution beim Verkauf des Hauses an den neuen Eigentümer übertragen hat. Er muss auch in diesem Fall dem Mieter den Kautionsbetrag einschließlich angefallener Zinsen ausbezahlen (so bereits **BGH WuM 99, 397**).

Achtung – altes Recht: Vor der Mietrechtsreform vom 1.9.2001 galt eine andere Rechtslage. Danach ist der Vermieter zur Rückzahlung der Kaution nur verpflichtet, wenn sie ihm tatsächlich ausgehändigt worden ist oder er dem Verkäufer gegenüber die Verpflichtung zur Rückgewähr übernommen hat. Ist das nicht der Fall, kann sich der Mieter nicht an den neuen Eigentümer halten. Im Streitfall muss der Mieter beweisen, dass der neue Vermieter die Kaution erhalten hat **(BGH WuM 2005, 718)**. Ob das alte Recht anzuwenden ist, hängt davon ab, wann das Mietgrundstück veräußert wurde **(BGH WuM 2005, 718)**. Hat der neue Vermieter das Eigentum also vor dem 1.9.2001 erworben, ist altes Recht anwendbar. Dann kann der Mieter auch heute noch von dem früheren Vermieter verlangen, dass er die Kaution auf seinen derzeitigen Vermieter überträgt (LG Duisburg ZMR 2021, 664).

Mietminderung ⇨ FEUCHTIGKEIT IN DER WOHNUNG, ⇨ GESUNDHEITSGEFÄHRDUNG, ⇨ HEIZPFLICHT, ⇨ LÄRM, ⇨ MÄNGEL DER WOHNUNG

Mit Abschluss des Mietvertrages schuldet der Vermieter eine Wohnung, die dem vertragsgemäßen Zustand entspricht ⇨ MÄNGEL DER WOHNUNG. Maßstab dafür ist der Mietvertrag. Fehlt eine Regelung zu der Frage, ob der Vermieter einen bestimmten Zustand oder eine bestimmte Ausstattung der Wohnung schuldet, entscheidet darüber die Verkehrsanschauung **(BGH WuM 2013, 154)**.

Wenn während der Mietzeit Mängel oder Fehler an der Wohnung auftreten, darf der Mieter die Miete kürzen (mindern). Ob der Vermieter die Mängel oder Fehler verschuldet hat, spielt dabei nach dem Gesetz keine Rolle. **Wichtig:** Nach dem Gesetz (§ 536 BGB) ist die Miete automatisch gemindert, solange ein Mangel vorliegt **(BGH WuM 2018, 641)**. Eine Mietminderung muss also nicht beim Vermieter »beantragt« werden; sie hängt auch nicht von seiner Zustimmung ab. **Aber Vorsicht:** Das Mietminderungsrecht ist ausgeschlossen, wenn

a) der Mieter den Mangel bei **Vertragsabschluss** kannte. Nicht ausreichend ist es, wenn der Mieter nur das äußere Erscheinungsbild eines Mangels kennt. Erforderlich ist die Kenntnis der konkreten Ursache und Auswirkung auf die Gebrauchstauglichkeit (AG Stuttgart WuM 2021, 418). Ausnahmsweise bleibt das Minderungsrecht trotz Kenntnis des Mangels bei Vertragsschluss bestehen, wenn der Mieter sich seine Rechte vorbehält;

b) der Mangel dem Mieter bei **Vertragsabschluss** infolge grober Fahrlässigkeit (LG Berlin WuM 2014, 205) unbekannt geblieben ist und der Vermieter ihn nicht arglistig verschwiegen hat (Ausnahme: Die Ausweitung eines dem Vermieter bereits bekannten Mangels – **BGH WuM 2014, 278)**;

c) der Mieter einen **im Laufe der Mietzeit** aufgetretenen Mangel dem Vermieter nicht unverzüglich angezeigt hat und der Vermieter infolgedessen keine Abhilfe schaffen konnte; die Beweislast für eine Verletzung der Anzeigepflicht durch den Mieter trägt allerdings der Vermieter **(BGH WuM 2013, 160)**. Das Minderungsrecht bleibt jedoch auch ohne Mängelanzeige bestehen, wenn der Vermieter den Mangel kennt oder ihm der Mangel grob fahrlässig unbekannt geblieben ist **(BGH WuM 2014, 278; 2010, 495;** LG Berlin WuM 2020, 72);

d) der Vermieter energetisch modernisiert – Ausschluss der Minderung für 3 Monate ⇨ MODERNISIERUNG; der Ausschluss gilt nicht bei einem Heizungsaustausch zur Erfüllung der neuen Anforderungen nach dem ⇨ GEBÄUDEENERGIEGESETZ (HEIZUNGSGESETZ).

e) der Mangel nur eine unwesentliche Minderung der Gebrauchstauglichkeit der Wohnung darstellt **(BGH WuM 2015, 478)**. Dies liegt z.B. vor bei fehlender Beleuchtung im Keller des Mieters (AG Pinneberg WuM 80, 63), bei Haarrissen an der Zimmerdecke einer Altbauwohnung (LG Berlin WuM 88, 301) oder bei fehlenden Fußleisten (AG Rheine WuM 2013, 375);

f) der Mangel der Sphäre des Mieters zuzurechnen ist; insbesondere wenn er ihn selbst verschuldet hat **(BGH WuM 2011, 98)**. Sind Vermieter und Mieter gleichermaßen für den Mangel verantwortlich, verringert dies den Anspruch auf Mietminderung entsprechend (AG Brühl, Urt. v. 29.8.2011 – 3 C 359/08; LG Berlin GE 2009, 1125; LG Hannover WuM 88, 354);

g) der Mieter sein Minderungsrecht nach Treu und Glauben bzw. redlicherweise verloren hat. Beispielsweise durch Verwirkung (s.u.), oder wenn er die Maßnahmen zur Mängelbeseitigung unberechtigterweise erschwert, verweigert oder verhindert **(BGH WuM 2019, 309; BGH WuM 2015, 619**; AG Stuttgart-Bad Canstatt WuM 2008, 594).

Eine Mietminderung wegen verborgener Mängel ist nicht ausgeschlossen, selbst wenn der Mieter die Räume »wie besichtigt« übernommen hat (KG Berlin GE 2002, 131).

Der Mieter kann sein Minderungsrecht **für die Zukunft** nicht einfach wegen vorbehaltloser Zahlung, sondern nur nach Treu und Glauben (AG Wedding GE 2007, 1557) oder durch einen stillschweigenden Verzicht verlieren **(BGH WuM 2003, 440)**. Letzterer ist in der Praxis kaum von Bedeutung.

Der Mieter kann sein Recht auf Mietminderung **für die Vergangenheit** einbüßen. Zahlt er die volle Miete weiter, obwohl er weiß, dass ein Mangel vorhanden ist, darf er die Mietkürzung womöglich später nicht mehr nachholen. Das haben früher viele Gerichte entschieden. Der Mieter kann sein Mietminderungsrecht aber nur dann verlieren, wenn er wusste, dass er nach der Rechtslage nicht die vollständige Miete schuldet **(BGH WuM 2018, 712)**. Viele Mieter gehen z. B. fälschlich davon aus, dass der Vermieter einer Minderung zustimmen müsse.

Achtung: Viele Mieter möchten nicht sofort mindern, sondern erst abwarten, ob der Mangel behoben wird. Dann sollte der Mieter dem Vermieter vorsorglich mitteilen, dass er die Miete unter Vorbehalt zahlt. Damit bleibt das Recht erhalten, die zu viel gezahlte Miete später zurückzufordern.

Umgekehrt kann aber auch der Anspruch des Vermieters auf Zahlung der vom Mieter zu Unrecht einbehaltenen Miete verwirkt sein, wenn er das angebliche Mietminderungsrecht des Mieters längere Zeit widerspruchslos hingenommen hat **(BGH NJW 2006, 219)**.

Wichtig: Auch nach Eigentümerwechsel muss der Mieter nur die geminderte Miete an den neuen Vermieter zahlen. Der Mängelbeseitigungsanspruch geht auf den neuen Eigentümer über (⇨ HAUSVERKAUF UND MIETVERTRAG). Der Mieter sollte aber vorsorglich den Mangel noch einmal dem neuen Vermieter melden.

Dass der Mieter eine Maßnahme zur ⇨ MODERNISIERUNG dulden muss, schließt sein Minderungsrecht nicht aus **(BGH WuM 2022, 145)**. Führt die Modernisierungsmaßnahme also zu einem Mangel, z. B. weil sich der Fahrradkeller durch die Maßnahme von 49 m^2 auf 7 m^2 verkleinert, kann der Mieter die Miete mindern.

Das Recht zur Mietminderung besteht auch, wenn der Vermieter Eigenschaften der Wohnung **zugesichert** hat, die nie vorlagen oder später weggefallen sind.

Beispiel: Bei Abschluss des Mietvertrages sichert der Vermieter zu, innerhalb von 6 Monaten die Einfachfenster gegen Isolierglasfenster auszutauschen. Hält sich der Vermieter nicht an diese Zusicherung, kann der Mieter die Miete kürzen, auch wenn die Einfachfenster noch funktionstüchtig sind (LG Braunschweig WuM 85, 259).

Aber nicht jede Äußerung des Vermieters ist die »Zusicherung einer Eigenschaft«. Die liegt nur vor, wenn Inhalt und Umfang der Zusicherung eindeutig sind und der Vermieter die unbedingte Garantie für das Vorhandensein der Eigenschaft übernehmen wollte.

Alle Vertragsklauseln, die das Minderungsrecht des Wohnraummieters erschweren oder ausschließen, sind unwirksam.

Erkennt der Mieter in einem Formularmietvertrag an, die Wohnung sei mängelfrei, liegen aber tatsächlich Mängel vor, kann er die Miete mindern. Entscheidend ist der tatsächliche Zustand (LG Osnabrück WuM 86, 93).

Die Miete kann für die Zeit gemindert werden, in der der Fehler vorhanden ist. Wirkt sich ein Mangel nur periodisch auf die Gebrauchstauglichkeit aus, darf die Miete auch nur in dieser Zeit gemindert werden **(BGH NJW 2011, 514)**. Die Mietminderung besteht unabhängig davon, ob der Mieter die Mieträume tatsächlich bewohnt. Wer sich auf Urlaubsreise begibt, längere Zeit im Krankenhaus oder Pflegeheim verbringen muss oder aus anderen Gründen abwesend ist, darf bei vorhandenen Mängeln dennoch die Miete kürzen (LG Berlin WuM 2019, 94). Das gilt auch, wenn der Mieter die Wohnung einer anderen Person überlassen hat **(BGH WuM 2018, 641)**.

Solange der Mangel besteht, ist die Miete automatisch gemindert. Der Mieter muss sich auf dieses Minderungsrecht nur berufen **(BGH WuM 2017, 194)**. Da die Miete im Voraus gezahlt werden muss, ist es auch zulässig, die Kürzung im darauffolgenden Monat vorzunehmen. Fällt also die Heizung im Januar aus, kann der Mieter die Kürzung bei der Februar-Miete vornehmen (**BGH ZMR 85, 403**; LG Hannover WuM 86, 311). Soweit im Mietvertrag durch sog. Aufrechnungsverbote das Mietminderungsrecht ausgeschlossen oder erschwert werden soll, sind derartige Klauseln in der Regel unwirksam **(BGH WuM 2009, 228)**.

Die **Höhe** der Mietminderung richtet sich grundsätzlich nach dem Umfang der Beeinträchtigung, d. h., je stärker sich der Mangel auf die Gebrauchstauglichkeit der Wohnung auswirkt, desto größer ist der Anteil der Miete, der einbehalten werden darf. Bei einer mängelbedingten Unbewohnbarkeit muss daher überhaupt nichts mehr gezahlt werden. Dies gilt auch dann, wenn der Vermieter dem Mieter bis zum Abschluss der Maßnahmen zur Mängelbeseitigung eine **Umsetzwohnung** zur Verfügung stellt, die nicht vergleichbar und gleichwertig ist (LG Berlin WuM 2021, 351; 2021, 306; AG Hamburg WuM 2014, 718; **a.A.** LG Düsseldorf DWW 1996, 282). Ist der Mieter zur Mietminderung berechtigt, steigt bei einer Mieterhöhung auch der Minderungsbetrag anteilig (KrsG Cottbus WuM 93, 265).

Ausgangspunkt für die Mietminderung ist nach der Rechtsprechung des BGH die insgesamt gezahlte Miete (Bruttomiete) einschließlich Heiz- und Nebenkosten **(BGH WuM 2005, 573; WuM 2005, 384)**.

Für die Berücksichtigung der Mietminderung bei der Betriebskostenabrechnung gilt: Die im Abrechnungsjahr tatsächlich geleisteten Zahlungen sind zu vergleichen mit der geschuldeten Bruttojahresmiete abzüglich des gerechtfertigten Minderungsbetrages (**BGH WuM 2011, 284;** s. auch LG Köln WuM 2014, 25).

Beispiel: Die Nettomiete beträgt 500 Euro im Monat, die monatliche Vorauszahlung auf Betriebskosten 100 Euro. Der Mieter mindert die Miete über 4 Monate mit 20%. Die im Folgejahr aufgestellte Betriebskostenabrechnung endet mit Gesamtkosten von 1800 Euro. Ohne die Mietminderung müsste der Mieter also 600 Euro nachzahlen.

Mieter hat gezahlt:	
8 Monate (500 Euro + 100 Euro) 600 Euro	= 4800 Euro
4 Monate (600 Euro ./. 20%) 480 Euro	= 1920 Euro
insgesamt:	**6720 Euro**

Mieter hat geschuldet:	
Monatliche Betriebskosten von (1800 Euro : 12) 150 Euro.	
8 Monate (500 Euro + 150 Euro) 650 Euro	= 5200 Euro
4 Monate (650 Euro ./. 20%) 520 Euro	= 2080 Euro
insgesamt:	**7280 Euro**

Unter Berücksichtigung der Mietminderung muss der Mieter also statt 600 Euro nur (7280 Euro – 6720 Euro) 560 Euro nachzahlen.

Wichtig: Allein die Tatsache, dass der Mieter wegen eines Mangels mindert, gibt dem Vermieter nicht das Recht zu kündigen. Anders kann es sein, wenn der Mieter irrtümlich einen **Minderungsgrund** annimmt, zum Beispiel Schimmel reklamiert, von dem sich später herausstellt, dass er durch unzureichendes Lüften des Mieters verursacht ist. Dann können Zahlungsrückstände (in ausreichender Höhe) zu einer Kündigung des Vermieters wegen Zahlungsverzugs führen, es sei denn, der Irrtum war unverschuldet. Die Rechtsprechung stellt hier strenge Anforderungen. Unverschuldet ist ein Irrtum nur, wenn der Mieter die Sach-

und Rechtslage unter Einbeziehung der höchstrichterlichen Rechtsprechung sorgfältig geprüft hat und mit einer anderen Beurteilung nicht zu rechnen brauchte **(BGH WuM 2012, 499)**.

Wie hoch die Anforderungen an einen unverschuldeten Irrtum sind, wenn der Mieter sich über die **Höhe** der zulässigen Minderung irrt und zu viel mindert, ist noch nicht abschließend geklärt. Zu berücksichtigen ist, dass die Schätzung einer Mietminderung stets mit Unsicherheiten verbunden ist **(BVerfG WuM 89, 278; BGH WuM 2011, 700)**.

Vor einer Minderung ist deshalb eine sorgfältige Prüfung geboten. Im Zweifel sollte der Mieter aus Sicherheitsgründen von der Mietminderung zunächst absehen und stattdessen die Miete »unter Vorbehalt der Rückforderung« weiterzahlen.

Kommt es zum Streit, muss der Mieter das Vorliegen des Mangels und die rechtzeitige Mängelanzeige beweisen; der Vermieter muss beweisen, dass der Mangel nicht aus seinem Gefahrenkreis stammt oder dass der Mangel nur eine geringfügige Beeinträchtigung darstellt oder dass der Mieter von Anfang an den Mangel kannte (**OLG Celle RE WuM 85, 9**; LG Göttingen WuM 86, 308). Der Mieter genügt seiner Pflicht, wenn er einen konkreten Mangel darlegt; zu einer evtl. Ursache muss er nichts sagen **(BGH WuM 2017, 194)**.

Bestreitet der Vermieter das Vorliegen eines erheblichen Mangels, kann der Mieter zur Vorbereitung eines evtl. Streitverfahrens ein Sachverständigengutachten einholen und die Kosten von der Miete abziehen (LG Offenburg WuM 84, 300; LG Hamburg WuM 83, 290; AG Hamburg WuM 84, 299; AG Köln WuM 80, 6), wenn das Gutachten die Mängel bestätigt und den Mieter kein Mitverschulden an dem Mangel trifft.

Aber Vorsicht: Ist das Gutachten überflüssig, oder werden die Mängel nicht bestätigt, bleibt der Mieter auf den Kosten sitzen (LG Berlin MM 87, 256). Alternativ kann der Mieter den Umfang und die Ursache des Mangels auch durch ein ⇨ SELBSTSTÄNDIGES BEWEISVERFAHREN klären lassen.

Beispiele für Mietminderungen

Allgemein gültige Regeln über die Höhe einer Mietminderung kann man nicht aufstellen. Entscheidend ist der Umfang der Beeinträchtigung. Je stärker sich der Mangel auswirkt, desto mehr darf die Miete gekürzt werden. Berücksichtigt werden muss, wie viel die Wohnung aufgrund des vorhandenen Mangels weniger wert ist. Die aufgeführten Beispielfälle sollen eine Orientierungshilfe geben, in welcher Höhe Gerichte eine Mietminderung anerkannt haben:

100% bei erheblicher Gesundheitsgefährdung durch Schimmelpilzsporen (AG Charlottenburg GE 2007, 1387).

100% bei ständiger Durchfeuchtung der Außenwände im Zusammenwirken mit weiteren erheblichen Mängeln des Hauses und des Wohnumfeldes (AG Potsdam WuM 95, 543).

100%, wenn ein Austausch der Wohnungstür notwendig wird und der Vermieter es versäumt, nach der Maßnahme dem Mieter den neuen Schlüssel auszuhändigen (OLG Düsseldorf ZMR 2005, 710).

100% bei Heizungsausfall von September bis Februar (LG Berlin GE 93, 263; LG Hamburg WuM 76, 10).

100%, wenn die Wohnung sich in unbewohnbarem Zustand befindet (AG Bremen WuM 2016, 685; LG Frankfurt a. M. WuM 96, 535: Unbewohnbarkeit nach Brand; AG Schöneberg WuM 2008, 477: dauerhafter Lärm durch Trocknungsgeräte).

100% bei vollständigem Ausfall der Elektrik für Warmwasser, Licht, Küche usw. (AG Neukölln MM 88, 151) oder der Gasversorgung (LG Berlin WuM 93, 185).

80%, wenn der größte Teil der Wohnung wegen eines Wasserschadens nicht nutzbar ist (AG Köln WuM 2012, 342).

75%, wenn alle Räume einer Neubauwohnung von Schimmelpilz befallen sind (LG Köln WuM 2001, 604).

70% bei Ausfall der Heizung von Anfang Oktober bis Anfang Dezember (AG Charlottenburg WuM 2014, 91).

50% während der Austrocknungszeit durchfeuchteter Wände und Teppichböden (LG Dresden ZMR 2003, 840).

50% bei Gesundheitsgefahren von asbesthaltigen Elektronachtspeicheröfen (LG Dortmund WuM 96, 141).

35% bei erheblichen Belästigungen durch eine nahe Großbaustelle (LG Hamburg WuM 2001, 444).

33% bei fehlender Dusch- oder Bademöglichkeit (AG Köln WuM 98, 690).

30% bei Schadstoffbelastung durch Parkettkleber (**BGH WuM 2013, 253**).

30% bei Baustellenlärm auch zur Nachtzeit (AG Berlin-Mitte MM 2007, 183).

30% bei Feuchtigkeit und Schimmel aufgrund mangelhafter Fenster (AG Bremen WuM 2015, 546).

25%, wenn Toilette und Badewanne wegen eines Wasserschadens nur eingeschränkt und mit wenig Wasser nutzbar sind (LG Berlin WuM 2018, 652).

25%, wenn sämtliche Zimmertüren in der Wohnung fehlen (AG Hamburg-Altona ZMR 2008, 298).

20% bei Feuchtigkeit und Schimmelbildung (LG Konstanz WuM 2013, 156).

20% bei Ausfall der Wasserversorgung (LG Berlin MM 2002, 427).

20%, wenn die vertraglich geschuldete Einbauküche fehlt (LG Dresden WuM 2001, 336).

20% bei nächtlichem Lärm durch ein Garagentor (AG Mainz WuM 2003, 87).

20% wegen eines im Innenhof laufenden Stromgenerators (AG Wedding GE 2012, 409).

20% bei Ruhestörung aus einer Tanzschule nach 22.00 Uhr (AG Köln WuM 88, 56).

20% bei starker Zugluft wegen undichter Fenster und Türen (LG Kassel WuM 88, 108).

20% bei Hundekot im Treppenhaus und erheblichen Geruchsbelästigungen aus der benachbarten Wohnung des Hundehalters (AG Münster WuM 95, 534).

15%, wenn in einem Mehrfamilienhaus der Fahrstuhl außer Betrieb ist (AG Berlin-Mitte MM 2007, 227).

15%, wenn trotz Kernsanierung der Trittschall nicht DIN-gerecht verbessert wurde (AG Bochum WuM 2011, 622).

15% bei nicht benutzbarem Balkon, weil ständig streunende Katzen durch das Füttern von Nachbarn angelockt werden (AG Bonn WuM 86, 212).

14% bei unsachgemäßer Waschbecken- und Toiletteninstallation (AG Köln WuM 2013, 221)

10% bei muffigem Abwassergeruch in der Wohnküche **(BGH WuM 2018, 712).**

10% bei kalter Zugluft in einem Passivhaus (AG Frankfurt/M. WuM 2018, 200).

10%, wenn sich der Wasserzulauf nicht regulieren lässt und braunes Wasser austritt (AG Münster WuM 2018, 182).

10% bei Gerüst an der Fassade (**BGH WuM 2013, 174;** AG Schöneberg WuM 2022, 732).

10% bei übermäßiger Wärmeemission aus Heizraum unter der Wohnung (LG Hamburg ZMR 2009, 532).

10% bei der Entziehung der Nutzung von Waschküche und Trockenraum (AG Osnabrück WuM 90, 147; AG Brühl WuM 75, 145).

10%, wenn der vertraglich vorgesehene Pkw-Stellplatz nicht zur Verfügung gestellt wird (AG Köln WuM 90, 146).

10% bei einem Bordell im Haus (LG Berlin GE 2008, 671).

10% bei Lärmbelästigung durch Einwerfen von Flaschen in Sammelcontainer (AG Rudolstadt WuM 2000, 19).

10% bei starken Gerüchen nach Zersetzung von organischem Müll aus der Wohnung des Nachbarn (LG Berlin WuM 2011, 155).

10%, wenn der Keller wegen Feuchtigkeit nicht nutzbar ist (AG Bergheim WuM 2011, 359).

10% bei Kochgerüchen, die aus der darunter liegenden Wohnung aufsteigen und auch während der Nacht zu riechen sind (AG Mitte WuM 2022, 730).

9% bei Feuchtigkeit, verursacht durch Aluminiumfenster der ersten Generation (AG Dortmund NZM 2011, 708).

Mietpreisbremse

Die im Juni 2015 geschaffene Mietpreisbremse (§ 556d BGB) soll überzogene Vermieterforderungen bei der Wiedervermietung einer Wohnung verhindern. Der Mietanstieg bei Abschluss eines Mietvertrags soll gebremst werden. Die Regelungen sind verfassungskonform (**BVerfG WuM 2019, 510**). Die Mietpreisbremse gilt nicht für ⇨ MIETERHÖHUNGEN in einem laufenden Mietverhältnis auf die ortsübliche Vergleichsmiete (**BGH WuM 2022, 739**). Auch wenn der Mieter seine Wohnung gegen eine größere in demselben Gebäude bei demselben Vermieter tauscht, ist im Regelfall von einer bloßen Änderung des Vertragsverhältnisses auszugehen, nicht von einem neuen Mietvertrag; es liegt kein Fall der Mietpreisbremse vor (LG Berlin WuM 2023, 544).

Die Mietpreisbremse gilt aber nicht flächendeckend und nicht automatisch, sondern nur für Gebiete mit angespannten Wohnungsmärkten. Diese Gebiete können bzw. müssen von den jeweiligen Landesregierungen für die Dauer von höchstens 5 Jahren – aktuell bis zum 31.12.2025 möglich – festgelegt werden. Gemeint sind Gemeinden oder Teile einer Gemeinde, in denen die ausreichende Versorgung der Bevölkerung mit Mietwohnungen zu angemessenen Bedingungen besonders gefährdet ist. Das kann insbesondere der Fall sein, wenn

– die Mieten dort deutlich stärker steigen als im bundesweiten Durchschnitt,

– die durchschnittliche Mietbelastung der Haushalte den bundesweiten Durchschnitt deutlich übersteigt,

– die Wohnbevölkerung wächst, ohne dass durch Neubautätigkeit der entsprechend erforderliche Wohnraum geschaffen wird oder

– geringer Leerstand bei großer Nachfrage besteht.

Entsprechende Verordnungen müssen anhand dieser Vorgaben ausreichend begründet werden (**BGH WuM 2019, 440**). Soweit einzelne Landesverordnungen in der Vergangenheit diesen Anforderungen nicht entsprochen haben und deshalb unwirksam waren, sind die Probleme zwischenzeitlich gelöst, und neue Verordnungen wurden erlassen. Mieter, die wegen einer ursprünglich unwirksamen Verordnung überhöhte Mieten zahlen mussten und nichts dagegen unternehmen konnten, haben keinen Amtshaftungs- oder Schadensersatzanspruch gegen das jeweilige Land (**BGH WuM 2021, 251**).

Wirksame Mietpreisbremsen-Verordnungen, die Städte mit angespannten Wohnungsmärkten ausweisen, gibt es für Baden-Württemberg, Bayern, Brandenburg, Berlin (**BGH WuM 2022, 159; BGH WuM 2020, 488; BGH WuM 2020, 423**: Ausweisung des gesamten Stadtgebiets ist sachgerecht, Begründung und Veröffentlichung sind in Ordnung), Bremen, Hamburg, Hessen, Mecklenburg-Vorpommern, Niedersachsen, Nordrhein-Westfalen, Rheinland-Pfalz und Thüringen. In Schleswig-Holstein galt die Verordnung nur bis 2019, im Saarland und in Sachsen-Anhalt gibt es keine Verordnung. Die Anzahl der Städte, in denen die Mietpreisbremse gilt, schwankt – natürlich auch abhängig von den lokalen Wohnungsmärkten – stark in den einzelnen Bundesländern. Fragen Sie im Zweifel Ihren örtlichen Mieterverein.

In den Städten und Gemeinden mit angespannten Wohnungsmärkten, die von den Bundesländern ausgewiesen wurden, gilt:

– Bei der Wiedervermietung einer Wohnung darf der Vermieter als zulässige Miete höchstens die ⇨ ORTSÜBLICHE VERGLEICHSMIETE plus 10% fordern. Beträgt die ortsübliche Vergleichsmiete für die Wohnung z.B. 6,50 Euro/m², darf die Miete nach einem Mieterwechsel, also bei der Wiedervermietung, höchstens auf 7,15 Euro/m² steigen. Soweit zwischen dem Erhebungsstichtag des Mietspiegels und dem Mietvertragsbeginn eine messbare Mietsteigerung stattgefunden hat, muss zur zulässigen Wiedervermietungsmiete ein Stichtagszuschlag hinzugerechnet werden. Es muss sich um eine erhebliche Mietsteigerung handeln, und der Vermieter muss das beweisen (LG Berlin WuM 2022, 347).

– Anders, wenn der Vermieter schon im bisherigen Mietverhältnis zum Beispiel 7,50 Euro gefordert und erhalten hat: Dann muss er bei einer Neuvermietung die Miete nicht auf 7,15 Euro/m² absenken. Er darf auch im neuen Mietvertrag 7,50 Euro/m² vereinbaren. Gemeint ist mit »Vormiete« die Miete, die in einem Wohnraummietverhältnis gezahlt wurde, nicht die Miete für zuletzt gewerblich vermietete Räume (**BGH WuM 2020, 707**). Außerdem schreibt das Gesetz vor, dass Mieterhöhungen, die mit dem vorherigen Mieter innerhalb des letzten Jahres vor Beendigung des Mietverhältnisses vereinbart wurden, nicht mitzählen. So sollen Mauscheleien und Umgehungen zu Lasten des neuen Mieters verhindert werden. Der Vermieter kann sich nicht auf den Ausnahmetatbestand »höhere Vormiete« berufen, wenn bei Abschluss des Mietvertrags mit dem Vormieter diese Miete schon gegen die Mietpreisbremse verstieß und der Vormieter diese Miete deshalb nicht schuldete (LG Berlin WuM 2023, 419). Geschuldete Vormiete ist die Miete, die nach den Vorschriften der Mietpreisbremse zulässig gewesen wäre (**BGH WuM 2023, 532**). Der Vermieter kann sich auch nicht auf eine mit dem Vormieter vereinbarte Staffel eines Staffelmietvertrags berufen, wenn das Vormietverhältnis beendet wurde, bevor diese Mietstaffel wirksam und damit vom Vormieter geschuldet wurde (LG Berlin WuM 2023, 208).

– Kompliziert wird es, wenn der Vermieter während des vorherigen Mietverhältnisses eine ⇨ MODERNISIERUNG durchgeführt, aber die mögliche Mieterhöhung nicht verlangt hat, oder wenn er zwischen der Beendigung des alten und der Begründung des neuen Mietverhältnisses modernisiert hat. In diesen Fällen ist eine eigentlich mögliche Modernisierungsmieterhöhung nicht in die Vormiete eingeflossen. Hier darf der Vermieter die ortsübliche Vergleichsmiete für die nicht modernisierte Wohnung plus 10% fordern, plus den Modernisierungsmieterhöhungsbetrag, wie er auch in einem laufenden Mietverhältnis hätte gezahlt werden müssen, also 8% der Modernisierungskosten als Zuschlag auf die Jahresmiete.

– Die Regelungen der Mietpreisbremse gelten auch für Mietverträge mit ⇨ STAFFELMIETE, und zwar sowohl für die erste vereinbarte Miete als auch für die nachfolgenden Staffeln und mit ⇨ INDEXMIETE, hier aber nur für die Ausgangsmiete.

Bei einer ⇨ STAFFELMIETE ist die höchstzulässige Miete für jede Mietstaffel gesondert festzustellen. Verstößt eine Mietstaffel gegen die Vorschriften der Mietpreisbremse, ist die Staffelmietvereinbarung nicht insgesamt unwirksam, sondern erst z.B. die zweite oder dritte Mietstaffel, bei deren Fälligkeit die Obergrenze der Mietpreisbremse überschritten wird (LG Berlin WuM 2022, 280). Konsequenz: Der Vermieter muss auf die entsprechende Mietstaffel, also Mieterhöhung, verzichten bzw. schon geleistete Zahlungen des Mieters zurückzahlen.

Bei der Staffelmiete entsteht bei jeder neuen Staffel ein selbstständiger Auskunftsanspruch. Das gilt auch, wenn Auskunftsansprüche wegen der Ausgangsmiete oder vorherigen Staffel bereits verjährt waren **(BGH WuM 2023, 551)**. Der Mieter muss einen Verstoß gegen die Mietpreisbremse nicht bei jeder neuen Mietstaffel rügen (**BGH WuM 2022, 600**; LG Berlin WuM 2022, 280).

Die Mietpreisbremse gilt auch für **Untermietverhältnisse** ⇨ UNTERMIETE. Der Mieter/Untervermieter muss die gesetzlichen Vorgaben einhalten. Er hat gegenüber seinem Vermieter keinen Anspruch auf Erteilung der Untermieterlaubnis, wenn er einen Mietpreis fordert, der den Vorschriften der Mietpreisbremse widerspricht (LG Berlin WuM 2022, 489).

Die Mietpreisbremse gilt grundsätzlich auch für ⇨ MÖBLIERT VERMIETETE WOHNUNGEN ODER ZIMMER. Ausnahmen gibt es nur für Wohnraum, der nur zum vorübergehenden Gebrauch vermietet wird, wie z. B. Ferienwohnungen, für möblierten Wohnraum in der Vermieterwohnung, für Untermietverhältnisse, z.B. mit einer Gemeinde oder einem Wohlfahrtsverband oder in Studierenden- oder Jugendwohnheimen.

Schwierig und intransparent wird es aber bei möblierten Wohnungen, wenn der Vermieter einen sog. Möblierungszuschlag fordert oder in die Miete einkalkuliert. Dieser Möblierungszuschlag muss im Mietvertrag nicht gesondert ausgewiesen werden. Viele Vermieter glauben deshalb, mit einer möbliert vermieteten Wohnung die tatsächliche Miethöhe kaschieren und die Mietpreisbremse umgehen zu können. Eine gesetzliche Klarstellung, dass bei möbliert vermieteten Wohnungen die Miete und der Möblierungszuschlag einzeln ausgewiesen werden müssen und die Berechnung des Zuschlags transparent zu machen ist, ist dringend erforderlich.

Voraussetzung für einen Möblierungszuschlag ist die **Vollmöblierung** der Wohnung, d. h. Küche mit Küchengeräten und Küchenmöbeln, Schränke, Tische, Stühle, Lampen, Bett etc. müssen vorhanden sein. Dann kann ein Möblierungszuschlag im Mietvertrag vereinbart bzw. ein Zuschlag auf die ortsübliche Vergleichsmiete gefordert werden. Für die Höhe des Zuschlags sind der Wert der Gebrauchsmöglichkeit, der Zeitwert des Mobiliars, dessen Alter, Abschreibung und Verzinsung für den Vermieter die Berechnungsgrundlagen. Die meisten Gerichte (KG Berlin 20 U 2992/78; LG Berlin 63 S 365/01) gehen von einem 10-jährigen Abrechnungszeitraum und einem monatlichen Abschreibungssatz von 2% aus. Sind die neu angeschafften Möbel 10000,00 Euro wert, ist ein Zuschlag in Höhe von 200,00 Euro monatlich gerechtfertigt. Nach 3 Jahren liegt der Zuschlag bei 140,00 Euro.

Eine **Teilmöblierung**, häufig ein Sammelsurium unterschiedlichster Stilrichtungen, rechtfertigt in der Regel keinen Zuschlag. Allerdings kann ein separater Möbelüberlassungsvertrag geschlossen werden. In vielen Mietspiegeln wird außerdem die Teilmöblierung, z.B. von Küche und/oder Bad mitberücksichtigt.

Wohnraummietverträge mit teilgewerblicher Nutzung sind entweder einheitliche Wohnraummietverträge oder Mischmietverhältnisse über sonstige Räume. Entscheidend ist, welche Nutzungsart nach den getroffenen Vereinbarungen überwiegt. Handelt es sich um ein Wohnraummietverhältnis, gilt die Mietpreisbremse. Maßstab für die Überprüfung ist dann die Gesamtnettokaltmiete, die sich aus Gewerbe- und Wohnraummiete zusammensetzt (LG Berlin WuM 2023, 33). Nach Ansicht des LG Berlin (WuM 2023, 408) erfordert die korrekte Bestimmung der ortsüblichen Vergleichs- und der preisrechtlich zulässigen Miete bei der teilgewerblichen Nutzung der Wohnung grundsätzlich die Einholung eines Sachverständigengutachtens.

Werden ein Wohnraummietvertrag und außerdem eine **separate Kellernutzungsvereinbarung** mit zu zahlender Pauschale abgeschlossen, spricht die tatsächliche Vermutung für die rechtliche Selbstständigkeit der Verträge, ähnlich wie bei separat abgeschlossenen Verträgen über Wohnung und Garage bzw. Stellplatz. Es bedarf dann der Widerlegung der Vermutung dahingehend, dass die Verträge nach dem Willen der Beteiligten eine rechtliche Einheit bilden sollten. Dafür spricht z.B., wenn Keller und Wohnung in demselben Gebäude liegen und die Vertragsabschlüsse am gleichen Tag erfolgen. Aber es reicht nicht immer aus. Entscheidend ist letztlich der exakte Wortlaut der Verträge, und für separate Vereinbarungen sprechen außerdem z. B. unterschiedliche Vertragslaufzeiten, Kündigungsmöglichkeiten und die Gestaltung und Entwicklung der Mieten **(BGH WuM 2023, 603)**. Bilden die Verträge dagegen tatsächlich eine rechtliche Einheit, und wurde die Konstruktion über die separate Kellernutzungsgebühr nur gewählt, um die Nettokaltmiete für die Wohnung künstlich zu reduzieren, ist das ein unzulässiges Umgehungsgeschäft (AG Kreuzberg WuM 2022, 617).

Ausnahmen: Die Mietpreisbremse gilt nicht für Neubauwohnungen, die nach dem 1. Oktober 2014 erstmals genutzt und vermietet wurden. Außerdem gilt sie nicht für Wohnungen, die erstmals nach einer umfassenden Modernisierung vermietet werden. Gemeint sind Fälle, in denen die Modernisierung einen wesentlichen Bauaufwand erfordert hat und zudem einen Umfang aufweist, der eine Gleichstellung mit einem Neubau rechtfertigt. Dabei sind nicht nur die getätigten Investitionen entscheidend, sondern auch qualitative Auswirkungen auf die Wohnungen sind zu berücksichtigen (**BGH WuM 2020, 651**). Von einem wesentlichen Bauaufwand ist auszugehen, wenn er mindestens ein Drittel des für eine vergleichbare Neubauwohnung erforderlichen finanziellen Aufwands – ohne Grundstücksanteil – erreicht. Kosten für Erhaltungsmaßnahmen bzw. Kostenanteile für Abnutzungen, fiktive Erhaltungskosten zählen nicht mit (**BGH WuM 2021, 170**).

Die Mietpreisbremse gilt außerdem nicht für Wohnungen, die nur zum vorübergehenden Gebrauch vermietet werden, wie zum Beispiel Hotelzimmer, Ferienwohnungen oder Ferienhäuser. Derartige Mietverhältnisse sind nur von kurzer Dauer und haben nicht den Zweck, dass Mieter hier ihren Lebensmittelpunkt errichten (LG Berlin WuM 2021, 738). Auch wer als Mieter in einer vom Vermieter selbst bewohnten Wohnung, die dieser auch mit Einrichtungsgegenständen ausgestattet hat, lebt, kann die Mietpreisbremse nicht ziehen, es sei denn, der Mieter hat den Wohnraum zum dauernden Gebrauch mit seiner Familie angemietet.

Die durch die Mietpreisbremse gezogenen Obergrenzen sind zwingend, sie dürfen nicht zum Nachteil des Mieters abgeändert werden. Allerdings gibt es mitunter Schwierigkeiten, vor Ort festzustellen, wie hoch die ortsübliche Vergleichsmiete tatsächlich ist, zum Beispiel, wenn kein Mietspiegel vorhanden ist, oder wenn der Vermieter ganz oder teilweise möbliert vermietet hat oder einzelne Räume als Gewerbe vermietet. Hier sollte unbedingt der örtliche ⇨ MIETERVEREIN eingeschaltet werden.

Um die zu viel gezahlten, d. h. überhöhten Mieten zurückfordern zu können, müssen Mieter aktiv werden. Sie müssen eine überhöhte Miete gegenüber dem Vermieter rügen, in ⮱ SCHRIFTFORM oder ⮱ TEXTFORM. Es reicht aus, wenn die Rüge von einem Mieter einer Mietermehrheit erhoben wird. Er kann auch Rückzahlung und Auskunftserteilung verlangen, aber nur an alle Mieter (**BGH WuM 2020, 423**). Um abzuschätzen, ob eine Rüge erfolgversprechend wäre bzw. um die zulässige Miete selbst oder vom Mieterverein berechnen zu lassen, sind oft Informationen notwendig, über die nur der Vermieter verfügt. Mieter haben einen Auskunftsanspruch hinsichtlich des Baualters des Hauses, zur Modernisierung, Vormiete usw. Dieser Auskunftsanspruch verjährt nach 3 Jahren. Die Frist beginnt mit dem (ersten) Auskunftsverlangen des Mieters, d. h. nicht am Ende des Jahres, in dem der Anspruch entstanden ist, und auch nicht zum Zeitpunkt des Vertragsabschlusses (**BGH WuM 2023, 545**).

Zunächst bestimmte das Gesetz, dass nur überhöhte Zahlungen, die nach der Rüge fällig werden, zurückgefordert werden können. Nach einer Gesetzesänderung können jetzt die überhöhten Zahlungen bei einem Mietvertragsbeginn ab 1. April 2020 ab Vertragsbeginn zurückgefordert werden. Die Rüge muss binnen 30 Monaten seit Beginn und vor Ende des Mietverhältnisses ausgesprochen worden sein. Wenn nicht, bleibt es bei der alten Rechtslage. Der Rückforderungsanspruch besteht auch dann, wenn der Mieter bei Abschluss des Mietvertrags wusste, dass ein Verstoß gegen die Mietpreisbremse vorliegt. Neben der Rückzahlung der zu viel erhaltenen Miete muss der Vermieter außerdem die Miete ab sofort auf das gesetzlich zulässige Maß reduzieren.

Ursprünglich forderte das Gesetz von Mietern eine qualifizierte Rüge. Danach musste der Mieter alle Tatsachen und Umstände benennen, aus denen sich die Beanstandung der vereinbarten Miete ergeben konnte. Auf Verlangen des Mieters musste der Vermieter dann nachvollziehbare Auskünfte über Tatsachen geben, die für die Prüfung der zulässigen Miethöhe benötigt werden, dem Mieter aber nicht zugänglich sind. Gemeint sind Auskünfte zur Baualtersklasse des Hauses, zur Vormiete, zu durchgeführten Modernisierungsarbeiten oder zur Frage: Neubau umfassend modernisiert oder nicht (LG Berlin WuM 2019, 634). Aber auch hier wurde das Gesetz geändert. Bei Mietverträgen, die ab Januar 2019 abgeschlossen worden sind, genügt eine **einfache Rüge**. Es reicht aus, wenn der Mieter sich in Textform auf einen Verstoß gegen die Mietpreisbremse beruft.

Zur Untermauerung seiner Forderung kann ein vorheriges Auskunftsverlangen sinnvoll sein oder auch eine Auskunftsklage. Die ist auch dann zulässig – aber nicht unbedingt begründet – wenn mit der Klage die Frage nach Vormiete oder umfassender Modernisierung abgeklärt werden soll, obwohl sich der Vermieter bei Abschluss des Mietvertrags nur auf die ortsübliche Vergleichsmiete gestützt hat **(BGH WuM 2022, 269)**.

Will der Vermieter eine höhere Miete als nach der Mietpreisbremse erlaubt, also mehr als die ortsübliche Vergleichsmiete plus 10 %, muss er dem Mieter bei Vertragsschluss unaufgefordert Auskunft geben, auf welche Ausnahme er sich dafür stützt. Er muss also mitteilen,

– wie hoch die Vormiete 1 Jahr vor Beendigung des Vormietverhältnisses war oder

– dass in den letzten 3 Jahren vor Beginn des Mietverhältnisses Modernisierungen durchgeführt wurden, die in der Vormiete nicht berücksichtigt waren oder

– dass die Wohnung erstmals nach dem 1. Oktober 2014 genutzt und vermietet wurde oder

– dass es sich um die erste Vermietung nach umfassender Modernisierung handelt.

Dabei reicht es aus, wenn der Vermieter vor dem endgültigen Vertragsschluss mitteilt, es handle sich hier um die erste Vermietung nach einer umfassenden Modernisierung. Umfang und weitere Einzelheiten muss der Vermieter erst dann mitteilen, wenn der Mieter entsprechende Auskünfte verlangt **(BGH WuM 2022, 468)**.

Hat der Vermieter diese Auskunft nicht erteilt, kann er sich auf eine dieser Ausnahmen nicht mehr berufen, egal, ob ihre Voraussetzungen gegeben sind oder nicht. Der Vermieter darf höchstens die Vergleichsmiete plus 10% fordern, er muss die Miete reduzieren und zu viel erhaltene Miete zurückzahlen. Holt der Vermieter die korrekten Informationen nach, kann er sich erst 2 Jahre später auf die oben genannten Tatbestände berufen und eine höhere Miete fordern. Die gilt nach Ablauf der 2 Jahre ohne weitere Erklärung des Vermieters als wirksam vereinbart (LG Berlin WuM 2022, 32). Eine falsche Auskunft des Vermieters führt nach Ansicht des AG Berlin-Mitte (21 C 269/21) dazu, dass die Auskunft als nicht erteilt gilt.

Hilfe bei der Rückforderung bzw. bei der Reduzierung überhöhter Mieten bieten natürlich alle ⇒ MIETERVEREINE. Auch Inkassobüros dürfen helfen. Sie können Vermieteransprüche abwehren und Zahlungsansprüche durchsetzen (**BGH WuM 2022, 159; BGH WuM 2020, 212; WuM 2020, 344; WuM 2020, 645**). Die Inkassobüros lassen sich etwaige Rückforderungsansprüche des Mieters abtreten und machen diese dann geltend. Sie kassieren dafür im Erfolgsfall allerdings ca. ein Drittel der ersparten Jahresmiete. Inwieweit Abtretungen, Geschäftsbedingungen und Vergütungen wirksam sind, hat der Bundesgerichtshof wiederholt entschieden (**BGH WuM 2023, 395; BGH WuM 2022, 600; BGH WuM 2022, 159**).

Wichtig: Die Mietpreisbremse hat nichts mit dem sog. Berliner Mietendeckel zu tun. Den Mietendeckel hatte das Land Berlin im Jahr 2020 eingeführt. Die Regelungen gingen weit über die der Mietpreisbremse hinaus und betrafen auch bestehende Mietverhältnisse. Hier wurden die Mieten auf den Stand 18. Januar 2019 eingefroren und mussten bei Überschreitung bestimmter Obergrenzen sogar gesenkt werden. Das Bundesverfassungsgericht (**BVerfG WuM 2021, 290**) hat den Berliner Mietendeckel für verfassungswidrig erklärt. Das Land Berlin sei nicht zuständig gewesen. Der Bund habe das Mietpreisrecht abschließend geregelt und damit die alleinige Gesetzgebungskompetenz.

Mietpreisüberhöhung ⇨ MIETWUCHER, ⇨ MIETPREISBREMSE

Wer als Vermieter vorsätzlich oder leichtfertig eine unangemessen hohe Miete fordert, sich versprechen lässt oder annimmt, begeht eine Ordnungswidrigkeit und muss mit einer Geldbuße bis zu 50 000 Euro rechnen. Das bestimmt § 5 Wirtschaftsstrafgesetz. Unangemessen hoch sind Mieten, die in Folge des Ausnutzens eines geringen Angebots an vergleichbaren Räumen die ⇨ ORTSÜBLICHE VERGLEICHSMIETE um mehr als 20% übersteigen.

Mit »Mieten« sind hier sowohl die Ausgangsmiete bei Abschluss des Mietvertrags gemeint als auch Mieten, wie sie sich nach Mieterhöhungen auf die Vergleichsmiete oder nach einer Modernisierung darstellen (OLG Karlsruhe RE WuM 1983, 314; LG Hamburg ZMR 1980, 86). Ein pauschaler Zuschlag zur Vergleichsmiete für die Vermietung an eine Wohngemeinschaft ist unzulässig (OLG Hamm RE WuM 1986, 206; RE WuM 1983, 108), genauso wie für die Vermietung an Ausländer (OLG Stuttgart RE WuM 1982, 129).

Ausnahme: Mieten, die mehr als 20 % über der ortsüblichen Vergleichsmiete liegen, sind nicht unangemessen hoch, wenn sie zur Deckung der laufenden Aufwendungen des Vermieters erforderlich sind. Zu den laufenden Aufwendungen gehören die an einen gewerblichen Zwischenvermieter zu zahlenden Mieten (OLG Stuttgart RE WuM 1990, 102), die Verzinsung des Eigenkapitals (OLG Stuttgart RE WuM 1990, 11; RE WuM 1988, 395) sowie die Kosten einer Modernisierung (KG Berlin RE WuM 1998, 208). Maßgeblich für die Berechnung der Eigenkapitalkosten sind dabei die Herstellungs- oder Erwerbskosten, je nachdem, ob der Vermieter den Wohnraum selbst hergestellt oder gekauft hat (**BGH RE WuM 1995, 428**).

In diesen Fällen reicht es nicht aus, wenn die ortsübliche Vergleichsmiete um mehr als 20% überschritten wird. Vielmehr muss die Miete in einem auffälligen Missverhältnis zur Leistung des Vermieters stehen ➯ MIETWUCHER. Die Wesentlichkeitsgrenze liegt hier bei 50 %, sodass in den beschriebenen Ausnahmefällen von einer Mietpreisüberhöhung erst gesprochen werden kann, wenn die geforderte Miete die ortsübliche Vergleichsmiete um mehr als 50% übersteigt.

Achtung: Liegt eine Mietpreisüberhöhung vor, kann der Mieter auch den Betrag von seinem Vermieter zurückfordern, der 20% bzw. 50% über der ortsüblichen Vergleichsmiete liegt (**BGH RE WuM 1984, 68**; OLG Hamburg RE WuM 1992, 50720; RE WuM 1983, 20; OLG Stuttgart RE WuM 1981, 225). Die Mietpreisentwicklung während der Mietzeit ist bei der Rückforderung zu berücksichtigen (KG Berlin RE WuM 1995, 384; OLG Frankfurt a. M. RE WuM 1983, 139; KG Berlin RE WuM 2002, 27). Dabei kann der alle 2 Jahre erscheinende Mietspiegel zugrunde gelegt werden (LG Hamburg WuM 1997, 209). Bei der Rückforderung überhöhter Mieten kann die Vergleichsmiete vom Gericht auch geschätzt werden, wenn ein geeigneter Mietspiegel fehlt und ein Sachverständigengutachten unverhältnismäßig teuer wäre (LG Hanau WuM 1996, 773). Der Rückforderungsanspruch des Mieters verjährt nach 3 Jahren ➯ VERJÄHRUNG.

Anders als bei einer Ordnungswidrigkeit und der Verhängung eines Bußgeldes kommt es bei einem eventuellen Rückforderungsanspruch nicht darauf an, ob dem Vermieter ein persönlicher Schuldvorwurf gemacht werden kann, ob er vorsätzlich oder leichtfertig gehandelt hat. Auch der Käufer einer Immobilie, der die Mietverträge mit überhöhten Mieten übernommen hat, muss zurückzahlen (LG Mannheim WuM 1987, 362). Der Vermieter kann sich auch nicht darauf berufen, er habe das Geld nicht mehr (LG Köln WuM 1989, 311).

Aber egal, ob es um die Ordnungswidrigkeit geht oder um die Rückforderung des Mieters, die Überschreitung der ortsüblichen Vergleichsmiete **muss** auf der Ausnutzung eines geringen Angebots an vergleichbaren Räumen beruhen. Hier sind die Anforderungen der Gerichte hoch. Der erforderliche Nachweis ist in der Praxis nur selten zu erbringen.

Deshalb haben in den letzten Jahren immer wieder verschiedene Parteien, einzelne Bundesländer und auch der Bundesrat eine Gesetzesänderung gefordert: Die Anforderung »Ausnutzung eines geringen Angebots an vergleichbaren Räumen« sollte ersatzlos gestrichen werden. Bis heute ist das Gesetz jedoch nicht geändert worden, sodass es nach wie vor gilt.

Ein geringes Angebot an vergleichbaren Wohnungen liegt vor, wenn es die Nachfrage nicht um wenigstens 5% übersteigt (LG Hamburg WuM 1994, 696). Ein geringes Angebot liegt auch dann vor, wenn nur für eine bestimmte Gruppe, z.B. Wohngemeinschaften, ein Engpass auf dem Wohnungsmarkt besteht (OLG Hamm RE WuM 1986, 206).

Aber: Maßstab ist die Wohnsituation in der gesamten Stadt. Das Angebot ist daher nicht gering, wenn nur in einem Stadtteil oder in einigen Stadtteilen eine angespannte Lage herrscht, in anderen Stadtteilen dagegen nicht (**BGH WuM 2005, 461**). Zwar kann es ein Indiz für ein geringes Angebot sein, wenn es sich bei der Gemeinde um ein Gebiet mit angespanntem Wohnungsmarkt ⇨ MIETPREISBREMSE oder erhöhtem Wohnungsbedarf ⇨ UMWANDLUNG; ⇨ MIETERHÖHUNG handelt. Aber die Mangelsituation kann sich für verschiedene Wohnungskategorien auch unterschiedlich darstellen. Die Tatsache, dass die Wohnung in einem Ballungsgebiet liegt, für das die Zweckentfremdungsverordnung gilt, ist nicht zwangsläufig ein Indiz für ein geringes Angebot (**BGH WuM 2006,161**). Letztlich führt die aktuelle Gesetzeslage dazu, dass ein Mieter umfangreich dokumentieren muss, dass er im gesamten Stadtgebiet und nicht nur in einzelnen Stadtteilen nach vergleichbaren Wohnungen gesucht hat (LG Frankfurt WuM 1999, 406; LG Hildesheim WuM 199,470).

Und der Mieter muss auch noch beweisen können, dass der Vermieter das geringe Angebot **ausgenutzt** hat, um den überhöhten Mietpreis durchzusetzen (**BGH WuM 2004, 294**; OLG Braunschweig WuM 1999, 684; LG Köln NJW-RR 2003, 797; LG Berlin GE 2003,189; LG Aachen NZM 2001,466; LG München I WuM 1998, 360; LG Frankfurt a.M. WuM 1998, 167). Kein »Ausnutzen« liegt vor, wenn der Mieter außerhalb des normalen Marktes im gehobenen Preissegment gesucht hat und er mit dem Vermieter noch über die Miete verhandeln konnte (LG Wiesbaden WuM 1999, 338). An einem »Ausnutzen« fehlt es auch, wenn der Mieter die Wohnung nimmt, ohne sich zuvor über ähnliche Objekte und die Höhe der üblichen Miete zu erkundigen (**BGH WuM 2004, 294**), oder wenn ihm die Miethöhe egal ist, weil er Bürgergeld bezieht (OLG Frankfurt a.M. NZM 2014, 236).

Fazit: Der Mieter muss nachweisen können, welche Bemühungen er bei der Wohnungssuche unternommen hat, weshalb diese erfolglos geblieben sind und dass er mangels einer Alternative auf den Abschluss eines für ihn ungünstigen Mietvertrags angewiesen war (**BGH WuM 2004, 294**). Chancenlos sind Mieter aber nicht: Ein Frankfurter Vermieter, der für eine Einzimmerwohnung 550 Euro Kaltmiete und 180 Euro Nebenkosten verlangte, erhielt jetzt eine Geldbuße von 3000 Euro. 1180 Euro zu viel kassierte Miete musste er zurückzahlen (AG Frankfurt 941 OWi-862 Js 17536/22). Die Rechtsbeschwerde dagegen blieb erfolglos (OLG Frankfurt 3 Ss-OWi 1115/22).

Mietspiegel ⇨ MIETERHÖHUNG, ⇨ ORTSÜBLICHE VERGLEICHSMIETE

Zur Begründung einer Mieterhöhung auf die ortsübliche Vergleichsmiete nennt das Gesetz vier Möglichkeiten. Eine Begründungsvariante, wohl die beste, ist der Mietspiegel, da er auf der breitesten Datenbasis (**BGH WuM 1992, 48**) eine Übersicht über die ortsübliche Vergleichsmiete enthält.

Es gibt einfache und qualifizierte Mietspiegel. Qualifiziert sind Mietspiegel dann, wenn sie nach wissenschaftlichen Grundsätzen erstellt und von der nach Landesrecht zuständigen Behörde oder von Interessenvertretern der Vermieter und Mieter anerkannt worden sind (**BGH WuM 2014, 34; BGH WuM 2013, 110**). Der einfache Mietspiegel hingegen muss nicht wissenschaftlichen Anforderungen entsprechen. In beiden Fällen gilt, dass die Zustimmung des größten Mietervereins vor Ort nicht erforderlich ist, wenn in der Gemeinde ein anderer, nicht ganz unbedeutender Mieterverein an der Erstellung beteiligt war bzw. den Mietspiegel anerkannt hat (OLG Hamm RE WuM 1990, 538).

Ob ein Mietspiegel qualifiziert ist, müssen ggf. die Zivilgerichte entscheiden (**BGH WuM 2013, 110**).

Existiert in der Gemeinde ein qualifizierter Mietspiegel, muss der Vermieter sein Mieterhöhungsverlangen praktisch auf diesen Mietspiegel stützen. Begründet er dagegen die Mieterhöhung mit Vergleichswohnungen oder einem Sachverständigengutachten, muss er trotzdem gleichzeitig den entsprechenden Mietspiegelwert angeben bzw. die Mietspiegelspanne oder das einschlägige Mietspiegelfeld (**BGH WuM 2008, 88**). Kommt es zu einem Mieterhöhungsprozess, wird vermutet, dass die Mietspiegelwerte des qualifizierten Mietspiegels tatsächlich den ortsüblichen Mietpreis wiedergeben. Diese Vermutung ist widerlegbar. Derjenige, der sich auf die gesetzliche Vermutung beruft, muss dann beweisen, dass der Mietspiegel tatsächlich qualifiziert ist (**BGH WuM 2014, 34; BGH WuM 2013, 110**).

Nicht zuletzt, weil es über diese Frage und die Frage, wann bzw. ob ein Mietspiegel anerkannten wissenschaftlichen Grundsätzen genügt, immer wieder Streit gibt, hat der Gesetzgeber im Jahr 2021 ein Mietspiegelreformgesetz und eine Mietspiegelverordnung beschlossen (siehe dazu unten).

Alle 2 Jahre sollen Mietspiegel der Marktentwicklung angepasst werden, zum Beispiel entsprechend dem vom Statistischen Bundesamt ermittelten Preisindex für die Lebenshaltungskosten aller privaten Haushalte. Unterbleibt die Anpassung, kann der Mietspiegel dennoch zur Begründung der Mieterhöhung genutzt werden. Die fehlende Anpassung hat nur bei qualifizierten Mietspiegeln Konsequenzen. Der Mietspiegel gilt dann nicht mehr als qualifiziert, sondern nur noch als einfacher Mietspiegel. Das gilt auch für den Fall, dass der qualifizierte Mietspiegel nicht nach 4 Jahren neu erstellt worden ist. Allerdings, auch ein einfacher Mietspiegel kann vom Gericht im Rahmen der freien Beweiswürdigung zur Feststellung der ortsüblichen Vergleichsmiete herangezogen werden (**BGH WuM 2019, 202; WuM 2010, 505**).

Das Mietspiegelreformgesetz und die Mietspiegelverordnung traten im Sommer 2022 in Kraft. Das Mietspiegelreformgesetz bestimmt unter anderem, dass Gemeinden mit mehr als 50 000 Einwohnern verpflichtet sind, einen Mietspiegel zu erstellen. Ein erstmalig erstellter einfacher Mietspiegel musste spätestens bis zum 1.1.2023 veröffentlicht werden, ein qualifizierter Mietspiegel zum 1.1.2024.

Die Bundesregierung hat im Koalitionsvertrag außerdem vereinbart, dass Gemeinden über 100 000 Einwohner künftig verpflichtet werden sollen, einen qualifizierten Mietspiegel zu erstellen. Bis heute (Stand Januar 2024) gibt es diese gesetzliche Regelung aber noch nicht, genauso wenig wie die Absenkung der Kappungsgrenze auf 11% in 3 Jahren und die Ausweitung des Betrachtungszeitraums bei der Vergleichsmiete ⇨ MIETERHÖHUNG oder die Verlängerung der Vorschriften zur ⇨ MIETPREISBREMSE bis zum Jahr 2029.

Es gibt eine Vermutungsregelung, wonach der qualifizierte Mietspiegel anerkannten wissenschaftlichen Grundsätzen genügt, wenn er den Anforderungen der Mietspiegelverordnung entspricht oder er von den zuständigen Behörden und den Interessenvertretern von Mietern und Vermietern als qualifizierter Mietspiegel anerkannt worden ist.

Außerdem regelt das Mietspiegelreformgesetz Fragen der Datenverarbeitung und Auskunftsverpflichtung von Eigentümern und Mietern. Sie sind danach verpflichtet, Auskünfte zu erteilen über den Beginn des

Mietverhältnisses, den Mietpreis, die letzten Mieterhöhungen und die unterschiedlichen Wohnungsmerkmale, d.h. über Art, Größe, Ausstattung, Beschaffenheit und Lage der Wohnung. Bei Verweigerung, unvollständiger oder falscher Auskunft droht ein Bußgeld bis zu 5000 Euro.

Die Mietspiegelverordnung gilt für einfache und qualifizierte Mietspiegel. Für die Erstellung und Anpassung einfacher Mietspiegel gibt es keine vorgegebenen Verfahren. Es wird lediglich bestimmt, dass die Grundlagen für die Erstellung und Anpassung dokumentiert werden müssen. Der Mietspiegel und die Dokumentation sind kostenfrei im Internet zu veröffentlichen. Für die gedruckte Version kann ein Entgelt gefordert werden.

Qualifizierte Mietspiegel können mittels Regressions- oder Tabellenanalyse oder einer Kombination beider Methoden oder einer vergleichbar geeigneten Methode erstellt werden. Für die Datengrundlage wird auf die Datenerhebung durch Befragung von Mietern und Vermietern gesetzt. Eine Vollerhebung ist nicht erforderlich, eine repräsentative Stichprobe reicht aus. Als ausreichende Datenmenge gelten bei einer Tabellenanalyse mindestens 30 Wohnungen pro Tabellenfeld. Bei Regressionsanalysen ist es 1% der Wohnungen im Geltungsbereich des Mietspiegels. Um Ausreißermieten, d.h. besonders hohe oder niedrige Mieten, die mit dem Rest der Mieten unvereinbar sind, ist der qualifizierte Mietspiegel zu bereinigen. Die Ermittlung der Ausreißermieten erfolgt durch statistische Standardverfahren.

Auch der qualifizierte Mietspiegel und seine Dokumentation sind kostenfrei im Internet zu veröffentlichen. Für die gedruckte Version kann ein Entgelt gefordert werden. Die Veröffentlichung des qualifizierten Mietspiegels soll binnen einer Frist von 9 Monaten nach dem Stichtag, auf den sich die Erhebung bezieht, erfolgen.

Mietvertrag ⇨ ALLGEMEINE GESCHÄFTSBEDINGUNGEN, ⇨ SCHRIFTFORM

Im Mietvertrag verpflichtet sich der Vermieter, dem Mieter die Wohnung zur Benutzung zu überlassen, der Mieter, diese Benutzung nur im vertraglich festgelegten Rahmen auszuüben und dafür einen bestimmten Preis zu zahlen. Ist die Nutzung von Gemeinschaftsflächen wie einer Waschküche oder einer Dachterrasse nicht im Mietvertrag oder anderweitig vereinbart, kann der Vermieter deren Nutzung einseitig widerrufen (**BGH GE 2023, 85;** KG Berlin GE 2009, 1552).

Mietverträge können mündlich, schriftlich und in notariell beurkundeter Form abgeschlossen werden, u.U. auch stillschweigend durch Nutzung der vom Vermieter angebotenen Räume **(BGH WuM 2014, 546)**. Wer aber als Elternteil einen Vertrag (nur) mitunterschreibt, muss nicht zwangsläufig auch Mieter sein (LG Lübeck ZMR 2010, 857). Zieht der Mieter aufgrund von Modernisierungsmaßnahmen in eine andere Wohnung seines Vermieters, wird dadurch kein neuer Vertrag abgeschlossen; der alte Vertrag gilt im Zweifel weiter **(BGH WuM 2013, 165)**.

Ein **mündlicher Mietvertrag** kann für den Mieter von Vorteil sein. Denn alle die Klauseln, die in den von den Haus- und Grundbesitzervereinen herausgegebenen Formularen Rechte des Mieters zugunsten des Vermieters abändern, gelten dann nicht. So ist z.B. die Durchführung von Schönheitsreparaturen nach dem Gesetz Sache des Vermieters, wenn nicht ausdrücklich etwas anderes vereinbart worden ist.

Soll eine Wohnung jedoch mit ⇨ ZEITMIETVERTRAG länger als 1 Jahr gemietet werden, bedarf der Mietvertrag der ⇨ SCHRIFTFORM **(BGH WuM 2013, 668)**. Besteht der Vertrag aus mehreren Blättern, müssen diese nicht körperlich miteinander verbunden sein; es genügt, wenn sich deren Einheit aus fortlaufender Paginierung, einheitlicher grafischer Gestaltung oder inhaltlichem Zusammenhang zweifelsfrei ergibt **(BGH WuM 97, 667)**. Auch der Eintritt eines weiteren Mieters in einen bereits bestehenden, schriftlich auf längere Zeit als 1 Jahr abgeschlossenen Mietvertrag bedarf der Schriftform **(BGH WuM 76, 26)**. Alle vertraglichen Vereinbarungen müssen also schriftlich niedergelegt und von beiden Parteien unterschrieben werden (§ 126 BGB). Unklarheiten durch zwei verschiedene Vertragsformulare gehen zulasten dessen, der sich auf eine unklare Regelung beruft (LG Wuppertal WuM 96, 350).

Bei einer Nachtragsurkunde ist eine körperliche Verbindung mit dem ursprünglichen Vertrag dann nicht erforderlich, wenn der Nachtrag auf diesen Bezug nimmt und deutlich wird, dass es im Übrigen bei der ursprünglichen Vereinbarung bleiben soll **(BGH WuM 92, 316; WuM 88, 50**; OLG Düsseldorf WuM 95, 486).

Wird die **Schriftform nicht eingehalten**, ist der Vertrag nicht unwirksam, er gilt dann als für unbestimmte Zeit geschlossen; eine Kündigung ist jedoch frühestens zum Ablauf eines Jahres nach Überlassung der Wohnung zulässig. Das Gleiche gilt, wenn bei nachträglichen Änderungen des Vertrages die Schriftform nicht gewahrt wird, z.B. bei einer konkludenten Mieterhöhung (LG Berlin GE 96, 741). Die Zustimmung des Mieters zu einem Vermieterwechsel kann jedoch auch bei einem befristeten Vertrag formfrei erfolgen **(BGH NJW 2003, 2158)**.

Soll dem Mieter das Wohnrecht auf Lebenszeit eingeräumt werden, muss dies in einem schriftlichen Mietvertrag festgehalten werden (LG Berlin WuM 91, 498; vergleiche aber auch **BGH WuM 82, 212** für den Fall der unentgeltlichen Gebrauchsüberlassung auf Lebenszeit). Der Mietvertrag auf Lebenszeit ist ein befristetes, auf bestimmte Zeit eingegangenes Mietverhältnis **(BayObLG RE WuM 93, 523)**.

Der Mietvertrag muss enthalten:

- die Vertragsparteien;
- eine genaue Bezeichnung der Wohnung (z. B. die im 1. Stock rechts gelegene Wohnung);
- die vereinbarte oder bestimmbare **(BGH WuM 92, 312)** Miete;
- den Beginn des Mietverhältnisses;
- bei schriftlichen Mietverträgen die Unterschriften der Vertragspartner.

Wichtig: Wenn der Mieter den Vertrag unterschreibt und dieser dann z. B. vom Makler an den Vermieter zur Unterschrift weitergeleitet wird, kommt der Mietvertrag erst dann zustande, wenn der Vertrag innerhalb angemessener Frist unterschrieben beim Mieter eingeht (LG Köln WuM 88, 50; LG Berlin WuM 87, 378). Eine Frist von mehr als 5 Tagen ist im Regelfall nicht mehr angemessen (KG Berlin WuM 99, 323; **a. A.** LG Stendal NJW-RR 2005, 97: 2–3 Wochen).

Die goldene Regel lautet: **Erst prüfen – dann unterschreiben!**

Jeder Mieter sollte wissen, dass es keinen amtlichen Mietvertrag gibt, sondern dass jeder einen Mietvertrag drucken lassen kann. Besondere Vorsicht ist bei den sog. Formularmietverträgen der Hausbesitzerorganisation geboten. Wie bei vielen Verträgen ist auch hier das Kleingedruckte oft das Wesentliche ⇨ UNABDINGBARE RECHTE DES MIETERS, ⇨ ALLGEMEINE GESCHÄFTSBEDINGUNGEN, ⇨ BEARBEITUNGSGEBÜHR.

Wichtig: Während der Dauer des Mietverhältnisses ist der Mieter nicht verpflichtet, einen neuen Mietvertrag abzuschließen oder in die Änderung einzelner Bestimmungen einzuwilligen. Dies gilt auch, wenn die Mietparteien nur einen mündlichen Mietvertrag abgeschlossen haben oder bei ⇨ HAUSVERKAUF. Selbst nach dem Tod des Mieters wird der Mietvertrag mit dem überlebenden Mitmieter, dem Ehegatten, Haushaltsangehörigen oder Erben fortgesetzt, und es kann der Vermieter keinen neuen Vertrag verlangen ⇨ TOD DES MIETERS.

Mietwucher ➩ MIETPREISÜBERHÖHUNG, ➩ MIETPREISBREMSE

Ein Vermieter, der vorsätzlich (bewusst) die Zwangslage, die Unerfahrenheit, den Mangel an Urteilsvermögen oder die erhebliche Willensschwäche eines Mieters dadurch ausbeutet, dass er eine Miete vereinbart, sich versprechen oder gewähren lässt, die in einem auffälligen Missverhältnis zu seiner Leistung (Wohnung) steht, begeht Mietwucher. Nach §291 Strafgesetzbuch droht dem Vermieter eine Freiheitsstrafe von bis zu 3 Jahren oder eine Geldstrafe. In besonders schweren Fällen, wenn hierdurch der Mieter in wirtschaftliche Not gebracht wird oder der Vermieter die Tat gewerbsmäßig begeht, droht eine Freiheitsstrafe zwischen 6 Monaten und 10 Jahren.

Von einem auffälligen Missverhältnis zwischen Leistung und Gegenleistung ist auszugehen, wenn die ➩ ORTSÜBLICHE VERGLEICHSMIETE um mehr als 50% überschritten wird (OLG Köln WuM 1980, 36; LG Hamburg WuM 2016, 434). Diese Überschreitung muss im Strafverfahren mithilfe eines Sachverständigengutachtens festgestellt werden, ein ➩ MIETSPIEGEL reicht nicht aus (OLG Karlsruhe WuM 1997, 500).

Während eine Überschreitung der Vergleichsmiete um 50% relativ leicht beweisbar ist, sind die weiteren Anforderungen – namentlich die bewusste wirtschaftliche Ausbeutung durch den Vermieter und die Zwangslage des Mieters bzw. die Kenntnis des Vermieters davon – nur schwer nachzuweisen. Verurteilungen wegen Mietwuchers sind deshalb sehr selten.

Minderjährige

Minderjährige (Personen unter 18 Jahren) können einen Mietvertrag rechtswirksam grundsätzlich nur mit Zustimmung (Einwilligung, Genehmigung) ihres gesetzlichen Vertreters (Vater, Mutter oder Vormund) abschließen (§§ 106, 107 BGB).

In folgenden **Ausnahmefällen** kann ein Minderjähriger, auch ohne dass es der Zustimmung seines gesetzlichen Vertreters bedarf, einen Mietvertrag rechtswirksam abschließen: Es ist ihm ein bestimmter Betrag oder das Arbeitseinkommen von seinem gesetzlichen Vertreter zur freien Verfügung überlassen worden, z. B. Unterhaltsleistungen für auswärts Studierende, und von diesem Geld kann er die Miete bezahlen (§ 110 BGB). Allerdings müssen Mietwohnung und Miethöhe zu dem überlassenen Betrag bzw. Arbeitseinkommen in einem annehmbaren Verhältnis stehen.

Nimmt der Minderjährige mit Erlaubnis des gesetzlichen Vertreters **außerhalb** seines bisherigen Wohnorts ein Arbeitsverhältnis auf, ermächtigt ihn dies auch zur selbstständigen Anmietung einer seinen Einkommensverhältnissen angemessenen Wohnung (§ 113 BGB).

Wenn der gesetzliche Vertreter den Minderjährigen mit Genehmigung des Familiengerichts zur Führung eines Geschäfts ermächtigt, kann er auch einen Mietvertrag abschließen, der in unmittelbarem Zusammenhang mit dem aufgenommenen Geschäftsbetrieb steht (§ 112 BGB).

Ausnahme: Mietverträge mit einer Laufzeit von mehr als einem Jahr nach Vollendung des 18. Lebensjahres können nur mit Genehmigung des Familiengerichts geschlossen werden (§ 1799 Abs. 2 BGB). Die Zustimmung des gesetzlichen Vertreters zur Aufnahme einer Arbeit oder Führung eines Geschäfts reicht hier nicht aus.

Mischmietverhältnisse

Unter Mischmietverhältnissen versteht man die Überlassung von Räumen, die der Mieter zum Teil selbst bewohnt und zum Teil gewerblich nutzt, z. B. als Gastwirtschaft oder durch Untervermietung. Da in solchen Fällen nicht teilweise Wohnraummietrecht und teilweise Geschäftsraummietrecht anzuwenden ist, sondern ein einheitlich zu beurteilender Gesamtmietvertrag vorliegt, stellt sich die Frage, nach welchem Recht dieser Vertrag zu beurteilen ist.

Ob für einen solchen Mischmietvertrag insgesamt das Wohnraumschutzrecht anzuwenden ist, hängt davon ab, ob nach dem übereinstimmenden Vertragswillen der Parteien der Vertragszweck in erster Linie im eigenen Wohnen des Mieters oder in der gewerblichen Nutzung liegt **(BGH WuM 2014, 539; WuM 86, 274**: Welche Nutzungsart überwiegt?).

Dabei sind alle Umstände des Einzelfalls zu würdigen und die auf die verschiedenen Nutzungsarten entfallenden Flächen und deren Mietwerte zu berücksichtigen, soweit sich nicht bereits aus anderen Gründen ein **Übergewicht** eines bestimmten Gebrauchszwecks ergibt **(BGH WuM 2014, 539)**. Daher kann, wenn die gewerblich genutzte Fläche und die dafür gezahlte Miete gegenüber dem Anteil für die Wohnräume um ein Vielfaches höher liegen und im Vertrag nichts anderes vereinbart ist, Wohnraummietrecht nicht angewandt werden (OLG Schleswig RE WuM 82, 266) ⇒ GESCHÄFTSRÄUME. Allein die Tatsache, dass der Mieter die Räume auch beruflich nutzt, lässt aber noch nicht den Schluss zu, dass dies auch den Schwerpunkt des Vertrages bildet **(BGH WuM 2014, 539)**. Überwiegt die Wohnraumnutzung, oder sind beide Teile gleichgewichtig, ist insgesamt Wohnraummietrecht anzuwenden **(BGH WuM 2014, 539)**. Für die Auslegung eines Mietvertrages ist der Zeitpunkt des Vertragsabschlusses entscheidend (KG Berlin GE 95, 1205). Nicht ausschlaggebend ist die formale Bezeichnung in der Vertragsurkunde. Ein bloß vorgetäuschter Nutzungszweck ist unbeachtlich (LG Berlin WuM 93, 396; LG Frankfurt a.M. WuM 92, 112).

Wird die teilgewerbliche Nutzung dem Mieter erst im laufenden Mietverhältnis erlaubt, ohne dass weitere Vereinbarungen getroffen werden, kann der Vermieter bei der nächsten Mieterhöhung die teilgewerbliche Nutzung nicht zum Anlass einer höheren Miete nehmen. Nur wenn der Mietspiegel dies zulässt oder die anderen Begründungsmittel hierzu eine Aussage treffen, kann der Vermieter eine Mieterhöhung durchsetzen.

Wird die teilgewerbliche Nutzung nicht oder nicht mehr ausgeübt, entfällt auch die Verpflichtung zur Zahlung eines auf diesen Umstand begründeten Mietanteils (LG Berlin MM 94, 357; **a.A.** LG Berlin GE 99, 187; ZMR 98, 165; GE 96, 321). Ein sog. Teilgewerbezuschlag entfällt auch dann, wenn der Mieter die beabsichtigte gewerbliche Tätigkeit wegen störender Umwelteinflüsse in den Räumen nicht ausüben kann (LG Berlin MM 2004, 44).

In einem zu Wohn- und Gewerbezwecken gemischt genutzten Gebäude sind die auf den Geschäftsraum entfallenden verbrauchsabhängigen Betriebskosten durch besondere Messeinrichtungen oder Vorkehrungen vorweg zu erfassen, es sei denn, die fehlende Trennung führt nicht zu einer erheblichen Benachteiligung des Mieters **(BGH WuM 2006, 684; WuM 2006, 200)**.

Kündigt der Vermieter ein Mischmietverhältnis, das rechtlich als Wohnraummietverhältnis anzusehen ist, braucht sich der ⇨ EIGENBEDARF nur auf die Wohnräume zu beziehen **(BGH WuM 2015, 553)**.

Die Schutzvorschrift des § 721 ZPO, wonach der Richter eine ⇨ RÄUMUNGSFRIST gewähren kann, findet auch bei den Mischmietverhältnissen Anwendung, bei denen der gewerbliche Charakter des Mietverhältnisses überwiegt (LG Mannheim ZMR 94, 21; LG Hamburg WuM 93, 203; WuM 93, 36; LG Berlin GE 80, 160; LG Kiel WuM 77, 96; **a.A.** LG Frankfurt WuM 94, 15). Teilweise wird die Anwendung der Vorschrift aber davon abhängig gemacht, ob der Wohnraum getrennt herausgegeben werden kann, die Räumlichkeiten also baulich und funktional selbstständig sind.

Die im Mietvertrag festgelegte Zweckbestimmung der Räume kann nur durch eine ausdrückliche Vertragsregelung geändert werden. Die Duldung des vertragswidrigen Verhaltens des einen Vertragspartners durch den anderen reicht dazu nicht aus (KG Berlin GE 95, 1205; **a.A.** OLG Hamburg NJW-RR 97, 458).

Mitwohnzentrale

Wer nur eine vorübergehende Unterkunft benötigt, wer als Student oder Berufstätiger eine möblierte Zweitwohnung oder ein Zimmer in einer Wohngemeinschaft sucht, kann sich an die Mitwohnzentrale im Ort wenden. Sie bieten Wohnungen aller Art an. Die zu zahlende Provision richtet sich nach der Höhe der Miete und der vereinbarten Dauer des Mietverhältnisses. Für einen kurzfristigen Mietvertrag ist sie im Allgemeinen günstig. Für unbefristete Hauptmietverträge, die auch vermittelt werden, zahlt der Wohnungssuchende aber oft das Gleiche wie beim Makler. Auch Mieter, die einen Untermieter suchen, können der Mitwohnzentrale einen Auftrag erteilen. Wer untervermieten will, benötigt die Erlaubnis des Vermieters ⇨ UNTERMIETE.

Die Mitwohnzentralen müssen sich, ebenso wie die Makler, an das Wohnungsvermittlungsgesetz halten. Die Berechnung einer Pauschale oder Aufwandsentschädigung ist in aller Regel unzulässig. Eine Gebühr dürfen die Mitwohnzentralen nur nehmen, wenn es tatsächlich zum Abschluss des Mietvertrags gekommen ist ⇨ WOHNUNGSVERMITTLUNG.

Viele Mieter halten es für lukrativer, an Touristen unterzuvermieten, als sich einen Untermieter für längere Zeit zu suchen.

Aber Achtung: Es ist sehr problematisch, sich auf diese Weise auf die Schnelle etwas hinzuzuverdienen. Der Mieter benötigt dazu nicht nur die Einwilligung des Vermieters. In vielen Großstädten ist es mittlerweile verboten, die Wohnung auf diese Weise tage- oder wochenweise zur Verfügung zu stellen. Das kann geahndet werden als unerlaubte ⇨ ZWECKENTFREMDUNG. Hat der Vermieter dem Mieter eine Erlaubnis zur Untervermietung erteilt, kann dieser nicht ohne weiteres davon ausgehen, dass sie eine tageweise Vermietung an Touristen einschließt **(BGH WuM 2014, 14)**.

Wer die Wohnung ohne die Erlaubnis des Vermieters über booking.com, Airbnb oder andere Internetplattformen untervermietet, muss mit einer ⇨ FRISTLOSEN KÜNDIGUNG durch den Vermieter rechnen (AG München ZMR 2022, 563). Die meisten Gerichte verlangen jedoch, dass der Vermieter vor einer solchen Kündigung erfolglos eine Abmahnung ausgesprochen hat (LG Amberg ZMR 2018, 317; LG Berlin WuM 2016, 559).

Eine fristlose Kündigung ist in der Regel bereits gerechtfertigt, wenn der Mieter trotz Abmahnung ein über Airbnb geschaltetes Angebot für die Wohnung aufrechterhält, auch wenn er die Wohnung oder einzelne Zimmer niemandem überlassen hat (LG Berlin WuM 2015, 156).

Mobilfunk

Grundsätzlich darf ein Vermieter auf dem Dach seines Gebäudes eine Mobilfunkantenne errichten. Der Mieter muss dies dulden, wenn die Anlage die geltenden Grenzwerte der Verordnung über elektromagnetische Felder (26. BImSchV) nicht überschreitet; allein die Besorgnis, dass eine solche Anlage gesundheitsgefährdend ist, gibt dem Mieter nicht das Recht, die Unterlassung der Installation zu verlangen **(BVerfG WuM 2002, 261; BGH WuM 2006, 304; WuM 2004, 217)**. Der Mieter hat dann auch nicht die Möglichkeit, den Mietzins wegen eines Mangels zu mindern oder die Wohnung fristlos zu kündigen (LG Stuttgart DWW 2010, 189; LG Hamburg WuM 2007, 692; LG Karlsruhe DWW 2004, 57; LG Berlin NZM 2003, 60; **a.A.** AG Hamburg WuM 2007, 621).

Soweit der Vermieter für die Errichtung der Mobilfunkantenne auf dem vermieteten Anwesen ein Entgelt erhält, hat der Mieter davon keine Vorteile, auch nicht, wenn er für eine öffentlich geförderte Wohnung die Kostenmiete zahlt. Die Einnahmen des Vermieters zählen nicht zu den zu berücksichtigenden Erträgen **(BGH WuM 2006, 26)**.

Möblierte Wohnung oder Zimmer

Grundsätzlich macht es keinen Unterschied, ob die Wohnung oder ein Zimmer möbliert oder unmöbliert vermietet wird. Der »möblierte« Mieter hat die gleichen Rechte wie der Mieter, der in eine unmöblierte Wohnung zieht. Trotzdem werden immer mehr Wohnungen oder Zimmer möbliert angeboten. Viele Mieter müssen mangels Alternativen, ob sie wollen oder nicht, möblierten Wohnraum mieten. Hintergrund des insbesondere in Großstädten rasant wachsenden Angebots an möbliertem Wohnraum ist: Vermieter glauben, durch die Möblierung Mieterschutzvorschriften wie ⇨ MIETPREISBREMSE, ⇨ MIETERHÖHUNGEN, ⇨ KÜNDIGUNGSSCHUTZ unterlaufen zu können. Das aber ist falsch.

Die oben genannten Mieterschutzvorschriften gelten ausnahmsweise dann nicht

- wenn Wohnraum – egal ob möbliert oder nicht – nur zum vorübergehenden Gebrauch vermietet wird, z.B. Ferienwohnungen oder Hotelzimmer,

- wenn der vermietete Wohnraum Teil der vom Vermieter selbst bewohnten Wohnung ist und von ihm überwiegend mit Einrichtungsgegenständen ausgestattet wurde, z.B. das klassische möblierte Zimmer. Hier gibt es keine Vergleichsmiete, keine Mietpreisbremse und keinen Kündigungsschutz. Dem Mieter kann kurzfristig am 15. eines Monats zum Monatsende gekündigt werden. Anders, wenn der möblierte Wohnraum zum dauerhaften Gebrauch für eine Familie überlassen wurde ⇒ EINLIEGERWOHNUNG,

- bei Untermietverhältnissen mit einem privaten Träger der Wohlfahrtspflege oder einer juristischen Person des öffentlichen Rechts ⇒ UNTERMIETE oder bei

- Wohnraum in einem ⇒ STUDIERENDEN- ODER JUGENDWOHNHEIM.

Fazit: Für (fast) alle möbliert vermieteten Wohnungen oder Zimmer gelten Mieterschutzvorschriften, beim Kündigungsschutz, im Mieterhöhungsrecht und natürlich auch bei der Mietpreisbremse.

Problematisch ist aber, dass viele Vermieter mithilfe eines sog. **Möblierungszuschlags** versuchen, die ortsübliche Vergleichsmiete ⇒ MIETERHÖHUNG oder die ⇒ MIETPREISBREMSE zu umgehen. Da dieser Möblierungszuschlag im Mietvertrag nicht gesondert ausgewiesen werden muss, ist es für Mieter sehr schwierig, die Höhe der Vergleichsmiete, die Einhaltung der Mietpreisbremse und die Angemessenheit des Möblierungszuschlags zu ermitteln. Umgekehrt ermöglicht die unbefriedigende Rechtslage Vermietern, überhöhte Mieten und Renditen zu kassieren.

Voraussetzung für die Berechnung eines Möblierungszuschlags ist die **Vollmöblierung** der Wohnung. Das bedeutet: Küche, Küchengeräte und Küchenmöbel, Schränke, Tische, Stühle, Lampen, Bett müssen vorhanden sein, und die Möblierung muss eindeutige Gebrauchsvorteile für den Mieter mit sich bringen. Nach Ansicht des LG Berlin (WuM 2023, 483) liegt eine möblierte Vermietung, die einen Zuschlag rechtfertigt, nur vor, wenn der Vermieter die Möblierung als vertragsgemäßen Zustand schuldet, also insbesondere auch für etwaige Mängel und Instandhaltungen haftbar ist. Erforderlich ist dazu eine ausreichende, möglichst vollständige Dokumentation der von Mieter und Vermieter gemeinten Vertragsgegenstände (Möbel). Beispielhaft aufgezählte mögliche Möbel in einer Anlage zum Mietvertrag genügen diesen Anforderungen nicht (LG Berlin, WuM 2023, 483).

Eine **Teilmöblierung** rechtfertigt in der Regel keinen Möblierungszuschlag. Oft wird es hier schon an konkreten Gebrauchsvorteilen für den Mieter fehlen, die Möblierung ist eher aufgedrängt als nützlich. Wenn nicht schon im Mietspiegel eine Teilmöblierung, z. B. von Küche und/oder Bad berücksichtigt wird, können Mieter und Vermieter einen eigenständigen Vertrag über die entgeltliche Möbelnutzung schließen.

Die Höhe eines Möblierungszuschlags bei einer Vollmöblierung richtet sich nach dem Wert der Gebrauchsmöglichkeit, sodass letztlich der Zeitwert des Mobiliars Berechnungsgrundlage ist. Alter der Möbel, Abschreibung und Verzinsung für den Vermieter müssen berücksichtigt werden. Die meisten Gerichte (KG 20 U 2992/78; LG Berlin 63 S 365/01) gehen von einem 10-jährigen Berechnungszeitraum und einem monatlichen Abschreibungssatz von 2% des Zeitwerts aus.

Beispiel: Neu angeschaffte Möbel im Wert von 20 000,00 Euro rechtfertigen einen Zuschlag in Höhe von 400,00 Euro monatlich. Sind die Möbel bei der Anmietung schon 5 Jahre alt, ist nur noch ein Zuschlag von 200,00 Euro im Monat möglich.

Achtung: Aktuell gibt es einen Gesetzesentwurf des Bundesrats (BT-Drs. 20/7850), der als Möblierungszuschlag höchstens monatlich 1% desjenigen Zeitwerts vorsieht, den die Möblierung bei der erstmaligen Überlassung an den Mieter hatte.

Modernisierung

Vereinfacht gesagt: Modernisierungen sind Baumaßnahmen, die den Gebrauchswert der Mietsache erhöhen oder die helfen, Energie einzusparen. Zwar können Mieter und Vermieter eine Modernisierungsvereinbarung treffen. Aber das passiert selten, sodass in aller Regel für die Modernisierungsfragen die gesetzlichen Regelungen gelten.

Nach den §§ 555 b ff. und 559 ff. BGB kann der Vermieter in aller Regel frei entscheiden, ob und wenn ja, in welchem Umfang er modernisieren will. Mieter haben weder das Recht, eine Modernisierung einzufordern, noch hängt die Durchführung der Modernisierung von ihrer Zustimmung ab. Sie müssen – bis auf wenige Ausnahmen – dulden, dass sich die ursprünglich angemietete Mietsache verändert und meistens deutlich teurer wird. Denn der Vermieter hat nicht nur das Recht, den Mietgegenstand einseitig zu verändern, er kann nach Abschluss der Modernisierungsarbeiten auch die Miete einseitig erhöhen. Je höher die Modernisierungskosten waren, desto teurer wird die Miete. Anders sieht es aus, wenn in der Wohnung z.B. die Gasetagenheizung ausfällt. Der Vermieter muss den vertragsgemäßen Zustand wiederherstellen, also die Heizung reparieren lassen. Er kann den Mieter nicht auf eine alternative Modernisierungsmaßnahme verweisen, wie z.B. den Anschluss an eine bestehende Zentralheizung. Der Anspruch des Mieters auf Mängelbeseitigung hat Vorrang **(BGH VIII ZR 194/21)**.

Aber: Wenn die vom Vermieter geplanten Bau- und Modernisierungsarbeiten so weitreichend sind, dass der Charakter der Mietsache grundlegend verändert wird, müssen sie von Mietern nicht geduldet werden (**BGH WuM 2018, 28**): Hier sollten u. a. Räume angebaut, der Grundriss verändert, eine Terrasse angelegt und eine Veranda abgerissen werden. Eine Mieterhöhung war angekündigt, wonach die Miete von 463,00 Euro auf 2150,00 Euro steigen sollte. So im Ergebnis auch der Fall des AG Görlitz (WuM 2022, 416): Bei einem blinden, auf den Rollstuhl angewiesenen Mieter, der eine barrierefreie Wohnung angemietet hatte, wäre nach der geplanten Modernisierung der Balkon nicht mehr befahrbar gewesen. Auch der Anbau eines Wintergartens mit einem 7 m² großen Vorsatzbalkon ist eine Umgestaltungsmaßnahme, die zu einer Veränderung des Grundrisses und des Vertragsgegenstands führt. Weder wird der Gebrauchswert für den Mieter nachhaltig erhöht, noch entsteht neuer Wohnraum. Somit muss die Modernisierung nicht geduldet werden (AG Göttingen WuM 2023, 157).

Die verschiedenen Modernisierungsmaßnahmen
§ 555b BGB listet bauliche Veränderungen auf, die als Modernisierungsmaßnahmen gelten. Sieben dieser Maßnahmen berechtigen den Vermieter, die Miete zu erhöhen:

1. Maßnahmen, durch die in Bezug auf die Mietsache Energie nachhaltig eingespart wird – energetische Modernisierung. Hierunter fallen z. B. Maßnahmen zur Verbesserung der Wärmedämmung, neue Fenster oder Austausch der Heizungs- und Warmwasseranlage oder der Einbau drehzahlgeregelter Umwälzpumpen und Aufzugsmotoren.

1a.: Einbau oder Aufstellung einer Heizungsanlage zum Zweck der Inbetriebnahme in einem Gebäude, womit die Anforderungen des § 71 ⮚ GEBÄUDEENERGIEGESETZ (HEIZUNGSGESETZ) erfüllt werden.

2. Maßnahmen, durch die der Wasserverbrauch nachhaltig reduziert wird. Gemeint sind die Umrüstung auf kleinere Spülkästen, der Einbau von Wassermengenreglern oder von Wasserzählern.

3. Maßnahmen, durch die der Gebrauchswert der Mietsache nachhaltig erhöht wird. In Betracht kommen z. B. Verbesserungen beim Schallschutz, bei Belichtung und Beleuchtung, bei den sanitären Einrichtungen oder zur behindertengerechten Nutzung, der Ein- oder Anbau eines Aufzugs oder eines Balkons. Außerdem: die Einrichtung eines eingezäunten und abschließbaren Müllplatzes (**BGH WuM 2015, 165**), der

Anbau eines verglasten Balkons (LG Berlin GE 2016, 1574), der Einbau einer massiven Wohnungstür als Schutz gegen Einbruch (LG Berlin GE 2003, 122), ein Vordach über dem Hauseingang als Regenschutz (LG Berlin GE 2003, 122), die Installation von Handtuchheizkörpern (LG Berlin NZM 2011, 951). Auch der erstmalige Einbau von Rauchwarnmeldern führt zu einer Erhöhung des Gebrauchswerts der Wohnung und einer dauerhaften Verbesserung der Wohnverhältnisse und ist außerdem in der Regel vom Vermieter nicht zu vertreten **(BGH WuM 2015, 497)**. Aber die Erneuerung von Rauchwarnmeldern ohne technische Verbesserung oder sonstige Aufwertung ist keine Modernisierung **(BGH WuM 2023, 416)**.

Keine Verbesserung sind der Umbau einer Loggia oder eines Balkons zu einem Wintergarten (LG Hamburg WuM 2008, 27) oder zu einer Terrasse (LG Lübeck WuM 2018, 511) oder der Austausch eines Gasherds gegen einen Elektroherd (LG Hamburg GE 2007, 653; LG Berlin MM 2006, 39), es sei denn, es wird ein Herd mit Keramikkochfeld (LG Berlin GE 2017, 175) oder ein Induktionsherd (AG Schöneberg WuM 2016, 739) eingebaut.

Wichtig: Bei der Frage, ob eine Verbesserung vorliegt, ist der aktuelle Zustand der Wohnung entscheidend, das heißt Modernisierungen, die der Mieter selbst während der Mietzeit vorgenommen hat, z. B. der Einbau einer Gasetagenheizung, werden berücksichtigt (**BGH WuM 2012, 448**).

4. Maßnahmen, durch die die Mietsache erstmalig mittels Glasfaser an ein öffentliches Netz mit sehr hoher Kapazität im Sinne des Telekommunikationsgesetzes angeschlossen wird.

5. Maßnahmen, durch die die allgemeinen Wohnverhältnisse auf Dauer verbessert werden, z. B. die Schaffung von Kinderspielplätzen, Grünanlagen oder Stellplätzen.

6. Maßnahmen, die aufgrund von Umständen durchgeführt werden, die der Vermieter nicht zu vertreten hat und die keine Erhaltungsmaßnahmen sind. Gemeint sind bauliche Änderungen, die der Vermieter aufgrund einer behördlichen Anordnung oder einer gesetzlichen Verpflichtung durchführen muss.

Wichtig: Das Gesetz führt noch zwei weitere Modernisierungsvarianten auf. Die muss der Mieter in der Regel zwar dulden, der Vermieter ist hier aber nicht berechtigt, die Miete zu erhöhen:

1. Maßnahmen, durch die nicht erneuerbare Primärenergien nachhal-

tig eingespart oder das Klima nachhaltig geschützt wird. Beispiel hierfür ist die Installation einer Photovoltaikanlage auf dem Dach oder der Anschluss an ein Fernwärmenetz mit Kraft-Wärme-Kopplung. Hier ist jetzt immer auch zu prüfen, ob der Modernisierungstatbestand »1a« vorliegt (neue Heizungsanlage im Sinne des §71 GEG).

2. Maßnahmen, durch die neuer Wohnraum geschaffen wird. Hier müssen Mieter dulden, dass Handwerker ihre Wohnung betreten oder Leitungen durch ihre Wohnungen gezogen werden, wenn z.B. das Dachgeschoss ausgebaut wird.

Die Modernisierungsankündigung
Der Vermieter ist nach dem Gesetz verpflichtet, die geplanten Modernisierungsmaßnahmen mindestens 3 Monate vorher in ⇨ TEXTFORM anzukündigen. Mündliche Informationen reichen nicht aus, Schreiben mit persönlicher Unterschrift dagegen sind nicht erforderlich. Die Modernisierungsankündigung muss lesbar, der Absender (z.B. »gezeichnet Müller, Geschäftsführer«) muss erkennbar sein, und die Erklärung muss auf einem dauerhaften Datenträger abgegeben werden. SMS, Kopie, Fax usw. reichen aus.

Durch die Modernisierungsankündigung soll der Mieter eine ungefähre Vorstellung von dem Modernisierungsvorhaben erhalten. Er soll abschätzen können, ob er die geplanten Arbeiten dulden muss, ob die Modernisierungen den Zuschnitt der Wohnung ändern und somit Einfluss auf die Möblierung haben (**BGH WuM 2011, 677**), und ob er die künftige Miete zahlen kann. Deshalb muss der Vermieter über die Art der geplanten Modernisierung, den voraussichtlichen Umfang der Arbeiten, den voraussichtlichen Beginn und die Dauer der Maßnahme, die zu erwartende Mieterhöhung und die voraussichtlichen künftigen Betriebskosten informieren. Bei energetischen Modernisierungen muss der Mieter ggf. mit sachverständiger Hilfe überschlägig vergleichend ermitteln können, ob die geplanten Maßnahmen voraussichtlich zu einer nachhaltigen Energieeinsparung führen werden (**BGH WuM 2020, 80; BGH WuM 2020, 485**). Bei der GEG-Heizungsanlagenmodernisierung (s.o. Modernisierungsmaßnahme 1a) sollte auf den neuen Mieterhöhungstatbestand des §559e BGB hingewiesen werden, darauf, dass die neue Heizungsanlage mit mind. 65% erneuerbaren Energien laufen soll, dass öffentliche Fördermittel in Anspruch genommen werden sollen und dass von den erwarteten Kosten ein pauschaler 15%iger Abzug für ersparten Erhaltungsaufwand durchgeführt wird.

Überzogene inhaltliche Anforderungen an das Ankündigungsschreiben dürfen aber nicht gestellt werden. Der Vermieter muss in wesentlichen

Zügen informieren, kann sich aber z.B. hinsichtlich der energetischen Qualität von Bauteilen auf anerkannte Pauschalwerte berufen (LG Berlin WuM 2022, 215).

Sind die geplanten Modernisierungen gleichzeitig auch Instandsetzungen, wie z.B. bei der Fassadendämmung, muss der konkrete Instandsetzungsanteil noch nicht erläutert werden. Es reicht die Angabe einer Quote (**BGH WuM 2015, 165**). Nimmt der Vermieter keinen Abzug für Instandhaltungskosten vor, ist das ein materieller, kein formeller Fehler, die Ankündigung ist wirksam (**BGH WuM 2020, 493**).

In die Modernisierungsankündigung gehören auch Angaben zum voraussichtlichen Beginn (Kalenderwoche) und der voraussichtlichen Dauer (in Wochen) der Arbeiten. Einen exakten Bauzeitenplan muss der Vermieter aber nicht beifügen.

Während das Gesetz in §555c BGB ausdrücklich bestimmt, dass die Ankündigung spätestens 3 Monate vor Beginn der Modernisierungsarbeiten erfolgen muss, fehlt die Aussage, wann die Modernisierung frühestens angekündigt werden darf. Von Bedeutung war und ist diese Frage, wenn sich die gesetzlichen Regelungen ändern und als Stichtag die ordnungsgemäß angekündigte Modernisierung gilt. Nach Ansicht des LG Berlin (WuM 2020, 789) ist eine weit verfrüht ausgesprochene Modernisierungsankündigung, 16 Monate vor Beginn der beabsichtigten Baumaßnahme, rechtsmissbräuchlich. Eine derartige Verzögerung, insbesondere bei einer eher unkomplizierten Baumaßnahme, macht eine Neuankündigung der Modernisierung notwendig (LG Berlin WuM 2021, 729). Im Zuge einer Musterklage des DMB-Mietervereins München hat der Bundesgerichtshof entschieden, dass eine Modernisierungsankündigung zulässig ist, wenn die Planungen des Vermieters so weit fortgeschritten sind, dass die inhaltlichen Anforderungen an eine Ankündigung eingehalten werden können. Eines engen zeitlichen Zusammenhangs zwischen Ankündigung und dem voraussichtlichen Beginn der Modernisierungsmaßnahme im Sinne einer Höchstfrist oder eines fortgeschrittenen Planungsstands bedürfe es nicht. Eine Ankündigung mehr als 11 Monate vor dem geplanten Ausführungsbeginn ist nach Ansicht des Bundesgerichtshofs nicht rechtsmissbräuchlich (**BGH WuM 2021, 354**).

Für die Angabe der zu erwartenden Mieterhöhung genügt es, einen konkreten Betrag (z.B. 50,00 Euro monatlich) zu nennen. Eine nähere Berechnung ist im Ankündigungsschreiben nicht erforderlich (KG Berlin GE 2007, 907). Auch die künftigen Betriebskosten müssen genannt werden. Von Bedeutung ist dies vor allem bei energetischen Modernisierungen oder beim Einbau eines Aufzugs.

Ohne ordnungsgemäße Ankündigung der Modernisierung muss ein Mieter den Beginn der Arbeiten nicht dulden. Hat der Vermieter allerdings nur eine einzelne Teilmaßnahme nicht korrekt angekündigt, bedeutet das nicht, dass sämtliche übrigen Instandhaltungs- und Modernisierungsmaßnahmen nicht zu dulden sind (**BGH WuM 2020, 80**).

»Nicht dulden« bedeutet, der Mieter kann Handwerkern den Zutritt zu seiner Wohnung verbieten. Bei Modernisierungen außerhalb der Wohnung reicht ein schriftlicher Widerspruch. Notfalls kann der Mieter mithilfe einer einstweiligen Verfügung auch den Beginn der Arbeiten stoppen (OLG Münster WuM 91, 481; LG Berlin GE 2014, 1138; WuM 2013, 225). **Aber Vorsicht:** Stellt sich später vor Gericht heraus, dass die einstweilige Verfügung zu Unrecht ergangen ist, drohen dem Mieter Schadensersatzforderungen des Vermieters, die eine beträchtliche Höhe (z.B. Kosten für vergebliche Aufstellung eines Baugerüsts) erreichen können. Deshalb unbedingt vorher beim örtlichen Mieterverein beraten lassen!

Fordert der Vermieter seinen Mieter zur Abgabe einer Duldungserklärung auf, und reagiert der Mieter nicht, kann der Vermieter nicht sofort eine Duldungsklage bei Gericht erheben. Ein Anlass zu einer derartigen Klage ist erst gegeben, wenn der Vermieter nach Ablauf einer angemessenen Frist erneut vergeblich den Mieter aufgefordert hat, zu erklären, er werde die Modernisierung dulden (**BGH WuM 2021, 365**).

Wichtig: Die hier beschriebene Ankündigungspflicht entfällt bei Modernisierungsmaßnahmen, die nur unerhebliche Einwirkungen auf den Wohnraum nach sich ziehen und nur zu einer unerheblichen Erhöhung der Miete führen. Aber bereits eine Mieterhöhung von mehr als 5% ist nicht mehr unerheblich (LG Berlin WuM 91, 482; LG Detmold WuM 90, 121). Typische Bagatellmaßnahmen, die mit dieser Ausnahmeregelung gemeint sind, sind zum Beispiel der Einbau von Rauchwarnmeldern, moderneren Thermostatventilen oder Wassermengenreglern.

Unzumutbare Härten

Im Regelfall muss ein Mieter eine Modernisierung dulden, wenn er eine wirksame Modernisierungsankündigung erhalten hat (**BGH WuM 2014, 284**). Das gilt ausnahmsweise nicht, wenn die Modernisierungsmaßnahme für ihn, seine Familie oder einen Angehörigen seines Haushalts eine »nicht zu rechtfertigende Härte« bedeuten würde. Dann muss eine Abwägung zwischen den behaupteten Härtegründen des Mieters und den berechtigten Interessen des Vermieters und der anderen Mieter im

Haus stattfinden, ggf. noch unter Berücksichtigung von Belangen der Energieeinsparung und des Klimaschutzes. Können sich Mieter und Vermieter in dieser Frage nicht einigen, müssen die Gerichte entscheiden. Wiegen die Härtegründe des Mieters schwerer, muss die Modernisierung nicht geduldet werden.

Die Härtegründe des Mieters können nur berücksichtigt werden, wenn sie dem Vermieter **rechtzeitig** mitgeteilt werden. Hat der Vermieter die Modernisierung korrekt angekündigt und in seinem Schreiben auch auf Form und Frist für den Härteeinwand hingewiesen, muss der Mieter seine Härtegründe bis zum Ende des nächsten Monats in Textform mitteilen. Wenn die Modernisierungsankündigung im März kommt, hat der Mieter bis Ende April Zeit, sich auf Härten zu berufen. Nach Ablauf der Frist können Härtegründe nur noch berücksichtigt werden, wenn Mieter die Frist unverschuldet versäumt haben, z.B. wenn die Härtegründe erst nach Ablauf der Frist entstanden sind und der Mieter sie dann so schnell wie möglich dem Vermieter mitgeteilt hat. Hat der Vermieter in seinem Ankündigungsschreiben nicht auf Form und Frist eines möglichen Härteeinwands hingewiesen, kann sich der Mieter bis zum Beginn der Modernisierungsarbeiten auf Härten berufen.

Was als **Härtegrund** überhaupt infrage kommt, steht nicht mehr ausdrücklich im Gesetz. Trotzdem dürften die bisher anerkannten »alten« Härtegründe weiter zählen:

– Die vorzunehmenden Modernisierungsarbeiten selbst, zum Beispiel Belästigung durch Baulärm, Schmutz, Unbenutzbarkeit von Küche und Bad (LG Berlin MM 1988, 294; LG Mannheim WuM 1987, 272) oder eine länger andauernde Heizungssanierung in den Wintermonaten.

– Die baulichen Folgen sind ebenfalls mögliche Härtegründe, z.B. wenn zwar das Bad nach dem Einbau einer Dusche größer wird, ein anderes Zimmer in der Wohnung dafür aber wegfällt, wenn sich der Zuschnitt der Wohnung zum Nachteil verändert oder benötigte Stellflächen in der Wohnung verschwinden. Eine grundlegende Veränderung der Mietsache muss nicht geduldet werden (**BGH WuM 2018, 28**).

– Vorausgegangene Aufwendungen des Mieters können einen Härteeinwand begründen, wenn er in der Wohnung investiert hat und diese Investition durch die geplanten Vermietermodernisierungen hinfällig würde. Beispiel: Mieter installiert auf eigene Kosten und mit Einverständnis des Vermieters eine Gasetagenheizung in der Wohnung. 5 Jahre später will der Vermieter eine Zentralheizung einbauen.

Die zu erwartende **Mieterhöhung** spielt für die Frage, ob der Mieter die

Modernisierung dulden muss, keine Rolle. Der Härteeinwand bezüglich der Miethöhe verhindert also nicht die Durchführung der Maßnahme selbst, sondern befreit den Mieter allenfalls nach Abwägung mit den Vermieterinteressen davor, die Mieterhöhung zahlen zu müssen. Obwohl diese Abwägung und die Entscheidung, ob der Härtegrund »unzumutbare Mieterhöhung« greift, erst bei der Prüfung der Mieterhöhung zu berücksichtigen ist, muss der Mieter diesen Härteeinwand genauso frühzeitig geltend machen wie die übrigen Härtegründe, nämlich bis zum Ende des Monats, der auf den Zugang der Modernisierungsankündigung folgt. Verpasst der Mieter diese Frist unverschuldet, kann er seinen Härteeinwand längstens bis zum Beginn der Modernisierungsarbeiten erheben. Der Härteeinwand »Mieterhöhung« ist ausgeschlossen, wenn die Mietsache durch die Modernisierung in einen allgemein üblichen Zustand versetzt wird, der bereits bei zwei Drittel aller Wohnungen gleichen Alters in der Region realisiert ist oder wenn der Vermieter die Durchführung der Modernisierungen nicht zu vertreten hat, weil er hierzu aufgrund von Gesetzen, Verordnungen oder Satzungen verpflichtet ist. Bei einer GEG-Heizungsanlagenmodernisierung gilt: Selbst wenn der Vermieter nach dem GEG und dem Ablauf von Übergangsfristen verpflichtet ist, eine neue Heizungsanlage einzubauen, kann der Mieter den wirtschaftlichen Härteeinwand geltend machen.

Aber wann greift der Härteeinwand »Mieterhöhung«, wann ist eine Mieterhöhung nicht mehr zumutbar? Dann, wenn dem Mieter nach Zahlung der erhöhten Miete kein Einkommen mehr verbleibt, das es ihm ermöglicht, an seinem bisherigen Lebenszuschnitt festzuhalten (LG Berlin WuM 2021, 679). Feste Beträge oder Prozentsätze hinsichtlich einer möglichen Belastungsgrenze gibt es nicht. Einige Gerichte meinen, eine Härte liege vor, wenn die Miete auf über 25% des Nettoeinkommens steigt bzw. bei niedrigen Einkommen auf 30% (LG Berlin WuM 2010, 88; LG Berlin GE 2002, 930). Nach einem Referentenentwurf aus dem Justizministerium von 2016 sollte Miete und Heizkosten höchstens 40% des Nettoeinkommens betragen. Nach Ansicht des LG Berlin (WuM 2019, 205) darf das steuerliche Existenzminimum nicht unterschritten werden. Andere Anknüpfungspunkte sind die Selbstbehaltgrenze oder die Pfändungsfreigrenze.

Der Härteeinwand greift auch dann, wenn der Verlust der Wohnung droht (**BGH WuM 2019, 706**), z.B. wenn die Miete infolge der Erhöhung über die angemessenen Unterkunfts- und Heizkostenaufwendungen hinausgeht, sodass der Mieter mit einem Kostensenkungsverfahren und in dessen Folge mit dem Wohnungsverlust rechnen muss. Eine nach Bürgergeld-Maßstäben zu große Wohnung bedeutet aber nicht automatisch, dass der Härtegrund »Mieterhöhung« ausscheidet. Der Vermietervorhalt, der Mieter lebe über seine Verhältnisse, das heißt, wohne in einer zu großen Wohnung, geht regelmäßig fehl, wenn das Mietverhältnis schon lange Zeit besteht. Letztlich gilt es hier, im Einzelfall abzuwägen, ob ein Mieter trotz des Refinanzierungsinteresses des Vermieters seinen bisherigen Lebensmittelpunkt beibehalten darf, wenn er sich einer von ihm nicht beeinflussbaren Entscheidung des Vermieters ausgesetzt sieht, Modernisierungsmaßnahmen an der gemieteten Wohnung durchzuführen (**BGH WuM 2019, 706**).

Wird die Mieterhöhung jedoch zu einem guten Teil durch Wohngeld aufgefangen oder werden die Mietkosten im Rahmen des Bürgergelds komplett übernommen, ist die Mieterhöhung keine Härte (KG Berlin GE 2007, 907). Der Vermieter kann aber nicht verlangen, dass der Mieter einen Teil seiner Wohnung untervermietet, um die finanzielle Härte zu beseitigen (LG Hamburg WuM 86, 240).

Mieterrechte bei Modernisierungen
Im Zusammenhang mit Modernisierungsmaßnahmen kann sich der Mieter neben der Geltendmachung von Härtegründen auf weitere Rechte berufen:

– **Mietminderung:** Wird während der Modernisierungsarbeiten der Wohnwert aufgehoben oder gemindert, zum Beispiel durch Dreck und Lärm, kann der Mieter die Miete mindern. Eine ⇨ MIETMINDERUNG ist auch zulässig, wenn der Mieter der Baumaßnahme ausdrücklich zugestimmt hat (LG Berlin WuM 2018, 359; LG Mannheim WuM 1986, 139) oder eine Duldungspflicht besteht und es sich um Mängel handelt, die Folge der Modernisierung sind, z. B. die Verkleinerung des Fahrradkellers von 49 auf 7 m² (**BGH WuM 2022, 145**). Die Mietminderung ist – wie immer – bei unerheblichen Beeinträchtigungen ausgeschlossen. Bei **energetischen Modernisierungen** ist die Mietminderung ebenfalls ausgeschlossen, und zwar in den ersten 3 Monaten der Modernisierungsbaumaßnahme; nicht aber bei GEG-Heizungsmodernisierungen.

– **Aufwendungsersatz** kann der Mieter fordern für Aufwendungen, die er infolge der Modernisierung gehabt hat. In Betracht kommen Reinigungs- oder Renovierungskosten, Essenskosten, solange die Küche nicht genutzt werden kann, Kosten für neue Töpfe und Pfannen, weil der Vermieter einen Induktionsherd eingebaut hat (AG Schöneberg WuM 2016, 739), oder auch Kosten für eine Ersatzunterkunft. Hier muss sich der Mieter nicht mit einem Pensionszimmer ohne Bad und Toilette begnügen (LG München I WuM 2015, 726). Außerdem: Mieter müssen nicht in die angebotenen Ersatzräume ziehen. Der Mieter darf – und sollte im eigenen Interesse – keinen unnötigen Aufwand betreiben, denn hierdurch werden auch die Kosten der Modernisierung und damit die mögliche Mieterhöhung nach oben getrieben (**BGH WuM 2011, 293**).

– **Schadensersatz:** Damit der Mieter Schadensersatzansprüche leichter geltend machen kann, gibt es jetzt in § 559d BGB eine »gesetzliche Vermutung«. Das bedeutet, wenn einer der nachfolgend aufgeführten vier Tatbestände vorliegt, wird vermutet, dass eine Pflichtverletzung des Vermieters vorliegt, sodass der Mieter Schadensersatz fordern kann. Die vier Varianten:

1. Mit den baulichen Veränderungen ist auch 12 Monate nach deren angekündigtem Beginn oder, wenn hierzu Angaben fehlen, nach Zugang der Ankündigung nicht begonnen worden.

2. Es wird eine Mieterhöhung angekündigt, durch die sich die bisherige monatliche Miete mindestens verdoppeln würde.

3. Die Modernisierungsarbeiten sollen so durchgeführt werden, dass sie zu erheblichen, objektiv nicht notwendigen Belastungen des Mieters führen können.

4. Nach Beginn der baulichen Veränderung ruhen die Arbeiten mehr als 12 Monate.

Allerdings: Der Vermieter kann die gesetzliche Vermutung widerlegen, indem er darlegt, dass er für sein Verhalten im Einzelfall einen nachvollziehbaren objektiven Grund hat.

Parallel zu dieser Vorschrift im BGB hat der Gesetzgeber auch noch einen § 6 Wirtschaftsstrafgesetz geschaffen. Danach ist es ordnungswidrig und kann mit einer Geldbuße bis zu 100 000 Euro belegt werden, wenn der Vermieter, um den Mieter zur Beendigung des Mietverhältnisses zu bewegen, bauliche Veränderungen so durchführt, dass sie zu erheblichen und objektiv nicht erforderlichen Belastungen des Mieters führen können. So z. B., wenn es dem Vermieter in erster Linie darum geht, das Mietverhältnis durch einen Abfindungsvergleich zu beenden und er die angekündigten Modernisierungen nur hilfsweise für den Fall vornehmen will, dass der Mieter dem Abfindungsvergleich nicht zustimmt, oder wenn der Vermieter die Baumaßnahme so plant und ankündigt, dass ihre Durchführung zu erheblichen Belastungen für die Mieter führen würde, die objektiv ohne weiteres vermeidbar wären, wenn z. B. zahlreiche Teilmodernisierungen auch innerhalb der Wohnung über einen Zeitraum von 8 Jahren erfolgen sollen (LG Berlin WuM 2021, 727).

– **Kündigungsrecht:** Hat der Vermieter dem Mieter die Modernisierung z. B. im Januar angekündigt, kann der Mieter bis zum Ablauf des Monats, der auf den Zugang der Mitteilung folgt (Februar) für den Ablauf des nächsten Monats (31. März) kündigen. Solange der Mieter hier noch in der Wohnung wohnt, darf der Vermieter mit der Modernisierung nicht beginnen. Ein außerordentliches Kündigungsrecht hat der Mieter auch, wenn der Vermieter nach der Modernisierung die Miete erhöht. Der Mieter kann bis zum Ablauf des zweiten Monats (31. Oktober) nach dem Zugang der Mieterhöhung (August) zum Ablauf des übernächsten Monats kündigen (31. Dezember). Die Mieterhöhung muss der Mieter dann nicht zahlen.

Die Mieterhöhung nach Modernisierung

Es gibt verschiedene Möglichkeiten für den Vermieter, die Miete nach Abschluss der Modernisierungsarbeiten zu erhöhen:

1. Die „klassische" Modernisierungsmieterhöhung, § 559 BGB
Der Vermieter darf 8% der Modernisierungskosten auf die Jahresmiete aufschlagen. Voraussetzung für die Mieterhöhung nach § 559 ist, dass der Gebrauchswert der Wohnung nachhaltig erhöht wird oder die allgemeinen Wohnverhältnisse auf Dauer verbessert werden oder Endenergie bzw. Wasser nachhaltig eingespart wird oder bauliche Maßnahmen vorgenommen werden, die der Vermieter nicht zu vertreten hat. Geht es um die Anbindung mittels Glasfaser an ein öffentliches Netz, ist Voraussetzung, dass der Mieter seinen Anbieter frei wählen kann und der Vermieter kein Bereitstellungsentgelt als Betriebskosten umlegt.

Grundlage für die Modernisierungsmieterhöhung sind die Modernisierungskosten, das sind in erster Linie die Bau- und Baunebenkosten, Kosten für Material und Handwerker, ggf. auch für Eigenleistungen des Vermieters oder Aufwendungen wie Reinigungs- und Renovierungskosten, die der Vermieter selbst in Auftrag gegeben hat oder der Mieter gegen Kostenerstattung durchgeführt hat **(BGH WuM 2011, 293)**.

Nicht berücksichtigt werden Kreditzinsen, Erschließungskosten, Kosten für eine Zwischennutzung des Mieters (LG Berlin WuM 2019, 591), unnötige oder unzweckmäßige oder ansonsten überhöhte Modernisierungsaufwendungen (BGH WuM 2009, 124) oder Kosten für ein Energiegutachten (LG Berlin WuM 2021, 742). Kosten, die für Erhaltungsmaßnahmen, ersparte Instandhaltung oder Instandsetzungen oder Reparaturen erforderlich gewesen wären, gehören nicht in die Modernisierungskosten, sie müssen herausgerechnet werden. Soweit erforderlich, sind sie zu schätzen.

Beispiel: Die Hausfassade ist schadhaft, der Putz bröckelt, der Vermieter muss reparieren. Gleichzeitig bringt er eine Wärmedämmung an. Gesamtkosten: 20 000,00 Euro. Instandhaltungskosten geschätzt inklusive anteiliger Kosten für das Gerüst: 8 000,00 Euro. Die reinen Modernisierungskosten für die Wärmedämmung betragen also 12 000,00 Euro. Dies rechtfertigt eine Mieterhöhung von 960,00 Euro im Jahr (8% von 12 000,00 Euro) oder 80,00 Euro im Monat.

Ebenfalls nicht zu den Modernisierungskosten gehören Kosten, die vom Mieter selbst, einem Dritten oder mit Zuschüssen aus öffentlichen Haushalten gedeckt werden. Diese Kosten müssen von den Modernisierungskosten abgezogen werden, bevor die Mieterhöhung berechnet wird. Das gilt auch für zinsverbilligte oder zinslose Darlehen aus öffentlichen Haushalten, die der Vermieter für seine Modernisierungsmaßnahme erhält.

Beispiel: Modernisierungskosten 10 000,00 Euro, Zuschuss aus Mitteln der KfW in Höhe von 3 000,00 Euro ist abzuziehen. Die Berechnungsgrundlage für die Mieterhöhung sind Modernisierungskosten von 7 000,00 Euro. Das führt zu einer Mieterhöhung von 560,00 Euro im Jahr (8% von 7 000,00 Euro) bzw. 46,67 Euro im Monat.

Werden Modernisierungen für mehrere Wohnungen oder für das gesamte Gebäude (Heizung, Fassadendämmung) durchgeführt, müssen die Kosten angemessen auf die einzelnen Wohnungen bzw. Mietparteien aufgeteilt werden.

Grundsätzlich gilt: Je teurer die Modernisierung, desto höher die Mieterhöhung. Aber es gibt Kappungsgrenzen. Innerhalb von 6 Jahren darf die Mieterhöhung höchstens 3,00 Euro pro m^2 betragen. Bei Mietverhältnissen mit einer Ausgangsmiete von weniger als 7,00 Euro pro m^2 liegt die Kappungsgrenze noch niedriger. Die Miete darf maximal um 2,00 Euro pro m^2 steigen.

Beispiel: Anteilige Modernisierungskosten 20 000,00 Euro. Davon können 8%, also 1 600,00 Euro im Jahr umgelegt werden; 133,33 Euro im Monat beträgt die Mieterhöhung. Das wären bei einer 70 m^2 großen Wohnung 1,90 Euro pro m^2. Das ist zulässig. Bei einer 40 m^2 großen Wohnung wären es 3,33 Euro pro m^2 – unzulässig! Die Mieterhöhung wird auf 3,00 Euro pro m^2 gekappt. Lag die Miete zuletzt bei 6,90 Euro pro m^2, muss der Mieter in der 40 m^2 großen Wohnung weder 3,33 Euro noch 3,00 Euro mehr pro m^2 zahlen. Die Mieterhöhung wird bei 2,00 Euro gekappt.

Haben Mieter und Vermieter eine ⇨ STAFFELMIETE vereinbart, ist eine Mieterhöhung wegen Modernisierung ausgeschlossen; so auch bei einer

➩ INDEXMIETE. Ausnahme hier: Die Modernisierung ist aufgrund von Umständen notwendig, die der Vermieter nicht zu vertreten hat **(BGH WuM 2014, 284)**. Ebenfalls ausgeschlossen ist eine Modernisierungsmieterhöhung, wenn der Vermieter die Maßnahme nicht ordnungsgemäß angekündigt hat, der Mieter nicht zugestimmt hat, weil er sich auf Härtegründe berufen konnte, oder weil er einer Modernisierung außerhalb seiner Wohnung widersprochen hat, der Vermieter aber trotzdem modernisiert (LG Freiburg WuM 2012, 386). Liegen keine Härtegründe vor, ist eine Mieterhöhung möglich, auch wenn die Ankündigungsfrist nicht eingehalten wurde **(BGH WuM 2011, 225; BGH WuM 2007, 630)**.

Die Mieterhöhungserklärung

Für die Mieterhöhungserklärung des Vermieters genügt ➩ TEXTFORM. Ein Vermieterwechsel aufgrund eines Hausverkaufs hat auf das Mieterhöhungsrecht keinen Einfluss. Die Mieterhöhung für Modernisierungen, die noch der Verkäufer (alter Vermieter) durchgeführt hat, darf auch der neue Vermieter und Käufer verlangen. Dabei spielt es keine Rolle, ob die Arbeiten vor oder nach dem Eigentümerwechsel abgeschlossen wurden (KG RE WuM 2000, 482; KG RE WuM 2000, 300).

Die Mieterhöhungserklärung ist nur wirksam, wenn in ihr die Erhöhung aufgrund der nachzuweisenden tatsächlichen Kosten berechnet und erläutert ist (**BGH WuM 2006, 157**; LG Bremen WuM 2019, 450; WuM 2018, 365). Der Mieter muss den Grund der Mieterhöhung anhand der Erläuterungen als plausibel nachvollziehen können. So muss der Mieter aufgrund der Erläuterungen beurteilen können, ob Heizenergie tatsächlich nachhaltig, das heißt auf Dauer, eingespart wird. Das kann zum Beispiel durch die Angabe von Wärmedurchgangswerten erfolgen. Die Vorlage einer Wärmebedarfsberechnung ist aber nicht erforderlich (**BGH WuM 2004,154; WuM 2004, 155;** RE WuM 2002, 366). Die Mieterhöhungserklärung ist aber formal unwirksam, wenn es an einer plausiblen Darstellung des Energieeinspareffekts der Modernisierungsmaßnahme fehlt. Die Angabe einer nicht weiter belegten Prognose des Energieberaters zu einer prozentualen Energieeinsparung reicht nicht aus (LG Hamburg WuM 2023, 348).

Grundsätzlich gilt, dass bei einer Mieterhöhungserklärung keine überhöhten Anforderungen zu stellen sind. Es reicht aus, wenn der Mieter den Grund und den Umfang der Mieterhöhung anhand der Erläuterung nachvollziehen kann. Er soll überprüfen und entscheiden können, ob Bedarf für eine eingehendere Kontrolle besteht, z.B. durch Zuziehung sachkundiger Personen oder durch Einholung weiterer Auskünfte beim Vermieter bzw. Einsichtnahme der beim Vermieter vorliegenden Rechnungen und Belege. Die formellen Anforderungen an die Kostendarstellung sind erfüllt, wenn die Gesamtkosten für die durchgeführte Modernisierung ausgewiesen werden. Bei verschiedenen Modernisierungsarbeiten sind die jeweiligen Gesamtkosten für die einzelnen Maßnahmen anzugeben. Das gilt auch bei modernisierenden Instandsetzungen und umfangreichen und kostenintensiven Maßnahmen außerhalb der betroffenen Wohnung oder auch an mehreren Gebäuden. Eine Aufschlüsselung der Gesamtkosten nach einzelnen Gewerken oder Bauleistungen ist nicht erforderlich **(BGH WuM 2023, 34; BGH WuM 2022, 542)**. Die Mieterhöhungserklärung ist selbst dann formell wirksam, wenn in ihr die tatsächlichen Gesamtkosten nicht angegeben sind und stattdessen auf das Ankündigungsschreiben mit einer Kostenschätzung Bezug genommen wird **(BGH WuM 2023, 610)**.

Weiterhin ist anzugeben, in welchem Umfang jeweils Modernisierungs- und Instandsetzungsarbeiten durchgeführt wurden und wie sich die Kosten auf die Mieter verteilen. Ob der vorgenommene Abzug für ersparte Instandhaltungskosten der Höhe nach korrekt ist, ist eine Frage der materiell-rechtlichen Wirksamkeit der Modernisierungsmieterhöhung, nicht der formellen Wirksamkeit (LG Bonn WuM 2022, 352).

Wichtig: Bei den aufgewendeten Kosten für die Modernisierungsbaumaßnahme sind Instandhaltungskosten anteilig abzuziehen **(BGH WuM 2020, 493)**, wobei es für die formelle Wirksamkeit ausreicht, wenn der Vermieter den ersparten Instandsetzungsaufwand durch die Angabe einer Quote von den aufgewendeten Gesamtkosten nachvollziehbar darlegt **(BGH WuM 2023, 285)**.

Geht es um die inhaltliche Richtigkeit, gilt:

– Wenn der Vermieter durch die Modernisierung fällige Instandhaltungsmaßnahmen einspart **(BGH WuM 2015, 165; BGH WuM 2004, 154)** oder

– wenn solche Arbeiten anlässlich der Modernisierung miterledigt werden, z.B. Sanierungsarbeiten an der Fassade, wenn Dämmmaterialien angebracht werden oder

– bei einer modernisierenden Erneuerung von Bauteilen und Einrichtungen, die zwar noch ausreichend funktionsfähig sind und bislang einen zu beseitigenden Mangel nicht aufweisen, aber bereits über einen nicht unerheblichen Zeitraum ihrer zu erwartenden Gesamtlebensdauer abgenutzt worden sind, muss das berücksichtigt werden **(BGH WuM 2020, 493)**. Abzuziehen sind hier also fiktiv eingesparte Instandsetzungskosten. Andernfalls könnte der Vermieter durch die Modernisierung z.B. einer alten, aber gerade noch funktionsfähigen Heizungsanlage oder uralter Fenster Instandhaltungskosten in erheblichem Umfang auf den Mieter abwälzen.

Die eingesparten und von den Modernisierungskosten abzuziehenden Instandhaltungsanteile müssen geschätzt werden und sind nachvollziehbar darzulegen (**BGH WuM 2015, 165**; LG Berlin WuM 2021, 564). Um den vorzunehmenden Abzug zu ermitteln, muss man das Anschaffungsdatum des fraglichen Bauteils kennen, dann das Datum des Ausbaus bzw. der Erneuerung und die übliche Lebensdauer des Bauteils. Dabei geht es hier um die technische Lebensdauer. Anhaltspunkte liefern unterschiedliche Tabellenwerke von Sachverständigen, Architekten und eine Wertermittlungsrichtlinie.

Der Vermieter ist dafür darlegungs- und beweispflichtig,

- dass die Voraussetzungen für die Erhöhung der Miete vorliegen,
- dass es sich um Modernisierungen und nicht um Erhaltungsmaßnahmen handelt,
- dass die Höhe der umlagefähigen Kosten stimmt und
- dass die der Mieterhöhung zugrundeliegenden Kosten nicht auf der Erhaltung dienenden Maßnahmen beruhen.

Behauptet der Vermieter fälschlicherweise, ein Abzug von (fiktiven) Instandhaltungskosten sei nicht erforderlich, ist die Mieterhöhung formal trotzdem in Ordnung, nur in der Höhe nicht begründet (**BGH WuM 2018, 723**).

Hat der Vermieter öffentliche Fördermittel für seine Modernisierungsmaßnahme in Anspruch genommen, z.B. Zuschüsse oder zinsverbilligte Darlehen, muss er das mitteilen und die hieraus entstehenden finanziellen Vorteile aus den Modernisierungskosten herausrechnen. Im Mieterhöhungsschreiben sind deshalb alle Informationen zur Förderung anzugeben, die notwendig sind, um die Mieterhöhung zu prüfen (**BGH WuM 2023, 554; BGH WuM 2004, 406; BGH WuM 2004, 283**; KG RE WuM 2002, 144).

Weiterhin muss der Vermieter in seiner Erhöhungserklärung die Aufteilung der Kosten auf die einzelnen Mieter erläutern. Die Modernisierungsmaßnahme betrifft in der Regel das ganze Haus. Die angefallenen Gesamtkosten müssen dann auf die einzelnen Wohnungen verteilt werden. Bei einem Einbau von neuen Fenstern muss der Vermieter die jeweilige Fensteranzahl in den einzelnen Wohnungen berücksichtigen.

Bei einem Fahrstuhleinbau sind die Kosten je nach Stockwerk abzustufen, bei einer Fassadendämmung oder einer neuen Heizung können die Kosten über die Wohnfläche verteilt werden.

Eine unwirksame Mieterhöhung kann nicht nachträglich geheilt werden, etwa durch Nachreichen der fehlenden Erläuterungen im Prozess (**BGH WuM 2006, 157**). Der Vermieter muss eine neue Mieterhöhung schicken, die Fristen beginnen neu zu laufen. Hat der Mieter auf eine unwirksame Mieterhöhung gezahlt, kann er den entsprechenden Betrag zurückfordern (**BGH WuM 2007, 271**; LG Bremen WuM 2019, 450).

Wird die Mieterhöhung auf mehrere tatsächlich trennbare Baumaßnahmen gestützt, ist die Erhöhungserklärung nicht insgesamt nichtig, wenn sie im Hinblick auf einzelne Baumaßnahmen unzureichend begründet oder erläutert und deshalb (insoweit) unwirksam ist. Die Mieterhöhungserklärung hat hinsichtlich des wirksam erklärten Teils Bestand (**BGH WuM 2020, 49**).

2. Neu!
Seit Januar 2024 gibt es eine neue Mieterhöhungsvariante im Modernisierungsrecht. Danach kann der Vermieter 10% der Modernisierungskosten auf die Jahresmiete aufschlagen. Voraussetzung für die Mieterhöhung nach § 559 e BGB ist:

Der Vermieter baut oder stellt eine Heizungsanlage in einem Gebäude auf, die mind. 65% der bereitgestellten Wärme mit erneuerbaren Energien oder unvermeidbarer Abwärme erzeugt. Neben dieser Anforderung nach § 71 ⇨ GEBÄUDEENERGIEGESETZ ist weitere Voraussetzung, dass der Vermieter öffentliche Fördermittel (Zuschüsse, Drittmittel) in Anspruch genommen hat. Von den Modernisierungskosten, das sind nur die Kosten für den Einbau oder die Aufstellung der neuen GEG-Heizungsanlage, müssen pauschal 15% für ersparte Erhaltungsaufwendungen abgezogen werden. Das Gleiche gilt für die in Anspruch genommenen öffentlichen Fördermittel, sie sind ebenfalls von den aufgewendeten Modernisierungskosten abzuziehen.

Auch bei der Mieterhöhungsvariante nach § 559 e BGB gibt es eine Kappungsgrenze: 0,50 Euro je m² und Monat innerhalb von 6 Jahren. Das bedeutet, die neue Heizungsanlage kann bei einer 70 m² großen Wohnung höchstens zu einer Mieterhöhung von 35,00 Euro führen.

Beispiel: 60 000,00 Euro für den Einbau einer GEG-Heizungsanlage in einem 450 m² großen Mehrfamilienhaus. Von den 60 000,00 Euro Modernisierungskosten sind 15% für ersparten Erhaltungsaufwand (9 000,00 Euro) und weitere 30% für erhaltene Fördermittel (18 000,00

Euro) abzuziehen. 10% von den verbleibenden 33 000 Euro Modernisierungskosten führen zu einer Mieterhöhung von 3 300,00 Euro im Jahr bzw. 275,00 Euro im Monat für das gesamte Gebäude oder 0,61 Euro Mieterhöhung pro m^2 und Monat. Für eine 70 m^2 große Wohnung würde sich rechnerisch eine Mieterhöhung von 42,70 Euro ergeben. Aber die Mieterhöhung wird bei 0,50 pro m^2 gekappt. Somit beträgt die Mieterhöhung 35,00 Euro im Monat.

Die 10%ige Mieterhöhung nach § 559 e BGB ist bei Indexmietverträgen immer ausgeschlossen, auch dann, wenn der Vermieter den Grund für die Modernisierung nicht zu vertreten hat. Eigentlich müsste das auch für Staffelmietverträge gelten. Eine entsprechende Korrektur hat der Gesetzgeber aber nicht vorgenommen. Ob bewusst oder irrtümlich kann dahinstehen, nach dem Wortlaut des Gesetzes ist eine Mieterhöhung nach § 559 e BGB bei Staffelmietverträgen möglich.

Wichtig: Neben der Heizungsanlagenmodernisierung nach § 559e BGB kommen auch andere Modernisierungsmaßnahmen zusätzlich in Betracht, z. B. eine Fassadendämmung, eine Fußbodenheizung, neue Fenster usw. Die Mieterhöhungen für diese Maßnahmen richten sich dann nach § 559 BGB. Das bedeutet, 8% dieser Modernisierungskosten können auf die Miete aufgeschlagen werden. Dabei sind die Kappungsgrenzen von 3 bzw. 2 Euro pro m^2 zu beachten. Werden Modernisierungen nach § 559e und § 559 BGB gleichzeitig durchgeführt, gilt einheitlich die 3- bzw. 2-Euro Kappungsgrenze. Rechtfertigt die Heizungsanlagenmodernisierung schon eine Mieterhöhung von 0,50 Euro, verbleiben noch 2,50 bzw. 1,50 Euro z.B. für die Fassadendämmung oder die neuen Fenster.

In der Mieterhöhungserklärung müssten die Modernisierungskosten berechnet und erläutert werden. Der Vermieter wird mitteilen müssen, auf welchen Tatbestand er die Mieterhöhung stützt und wie sich die Kosten zusammensetzen. Er wird erklären müssen, dass und wie das 65%-erneuerbare-Energien-Ziel erreicht werden soll, dass und in welcher Höhe er öffentliche Fördermittel in Anspruch genommen hat und dass er 15% ersparten Erhaltungsaufwand von den Modernisierungskosten abgezogen hat.

3. Neu!:
Seit Januar 2024 gibt es auch noch eine Kombination aus § 559e und § 559 BGB:

Danach kann der Vermieter 8% der Modernisierungskosten auf die Jahresmiete aufschlagen, wenn er eine GEG-Heizungsanlage im Sinne des

§ 71 GEG eingebaut, aber keine öffentlichen Fördermittel in Anspruch genommen hat. Dann richtet sich die Modernisierungsmieterhöhung nicht nach § 559 e BGB, sondern nach § 559. Der Vermieter muss keine 15%-Pauschale für ersparten Erhaltungsaufwand einsetzen. Es kommt vielmehr auf das tatsächliche Verhältnis von Modernisierungs- und ersparten Instandhaltungskosten an. Auch bei dieser Mieterhöhungsvariante gilt die Kappungsgrenze von 0,50 Euro pro m^2.

4. Neu!:
Lässt der Vermieter eine Wärmepumpe einbauen, richtet sich die Mieterhöhungsmöglichkeit des Vermieters nach den § 559 bzw. § 559 e BGB und § 71 o GEG. Die gesamten Modernisierungskosten darf der Vermieter bei der Mieterhöhung nur ansetzen, wenn er nachweisen kann, dass die Jahresarbeitszahl der Wärmepumpe über 2,5 liegt. Erbringt der Vermieter diesen Nachweis nicht, darf er nur 50% der auf die Wohnung entfallenden Modernisierungskosten mit 8%, § 559 BGB (oder 10%, § 559 e BGB) umlegen ➯ GEBÄUDEENERGIEGESETZ.

5. Vereinfachtes Modernisierungsverfahren
Seit 2019 ist eine Mieterhöhung auch in einem »vereinfachten Verfahren« möglich, § 559 c BGB. Voraussetzung ist, dass die geltend gemachten Modernisierungskosten nicht über 10 000,00 Euro pro Wohnung hinausgehen. »Vereinfachung« bedeutet, für Erhaltungs- und Instandhaltungsmaßnahmen muss der Vermieter pauschal 30% der geltend gemachten Kosten abziehen. Kostet die Modernisierung der Wohnung z. B. 10 000,00 Euro, muss der Vermieter pauschal 3 000,00 Euro für Instandhaltungskosten abziehen, sodass Kosten in Höhe von 7 000,00 Euro übrig bleiben. Hiervon kann der Vermieter 8% auf die Jahresmiete aufschlagen, also 560,00 Euro. Das sind monatlich 46,67 Euro. Mehr darf der Vermieter im Beispiel im vereinfachten Modernisierungsverfahren nicht verlangen.

In seiner Erhöhungserklärung muss der Vermieter – wie immer – angeben, welche Modernisierungsmaßnahmen er zu welchen Kosten durchgeführt hat. Außerdem muss er darauf hinweisen, dass die Erhöhung im vereinfachten Verfahren erfolgt. Zuschüsse aus öffentlichen Haushalten, zum Beispiel Tilgungszuschüsse der KfW, müssen zugunsten der Mieter berücksichtigt werden, nicht dagegen die Vorteile eines zinsverbilligten oder zinslosen Darlehens aus öffentlichen Haushalten.

Die 10 000,00 Euro-Obergrenze gilt für einen Zeitraum von 5 Jahren. Hat der Vermieter den Betrag ausgeschöpft, dürfen in den folgenden 5 Jahren keine weiteren Modernisierungsmieterhöhungen folgen. Ausnahmen gelten nur bei Modernisierungen, die dem Vermieter gesetzlich vorgeschrieben werden oder Maßnahmen, die auf dem Beschluss einer Wohnungseigentümergemeinschaft beruhen, der frühestens 2 Jahre nach Zugang der Mieterhöhung im vereinfachten Verfahren gefasst wurde.

Mieterhöhung – ab wann zahlen?
Ist die Mieterhöhungserklärung in Ordnung, muss die neue Miete ab dem dritten Monat nach Zugang der Erklärung gezahlt werden. Bei einer Erhöhungserklärung, die der Mieter im September erhalten hat, muss ab 1. Dezember mehr gezahlt werden. Diese Frist verlängert sich um 6 Monate, wenn der Vermieter die Modernisierung nicht ordnungsgemäß angekündigt hat oder wenn die tatsächliche Mieterhöhung mehr als 10% höher als ursprünglich mitgeteilt ausfällt. Voraussetzung für die Mieterhöhung ist, dass die Baumaßnahme abgeschlossen ist (**BGH WuM 2015, 165**), ob der Vermieter dagegen die vorliegenden Rechnungen schon bezahlt hat, spielt keine Rolle (**BGH WuM 2012, 285**).

Modernisierungsvereinbarung
Nach dem Gesetz, § 555f BGB, können Mieter und Vermieter auch eine Modernisierungsvereinbarung treffen und damit von den hier beschriebenen Voraussetzungen und Rechtsfolgen abweichen. Insbesondere können die Vertragsparteien Vereinbarungen treffen, die die zeitliche und technische Durchführung der Modernisierungsmaßnahme beschreiben, die mögliche Gewährleistungsrechte, Mietminderung und Aufwendungsersatzansprüche des Mieters festlegen und in der auch die künftige Miethöhe festgelegt wird. Wurde die Modernisierungsvereinbarung »zwischen Tür und Angel« in einer sog. Haustürsituation außerhalb der Geschäftsräume des Vermieters geschlossen, und ist der Vermieter Unternehmer, hat der Mieter ein Recht zum ⇨ WIDERRUF. Enthält die Modernisierungsvereinbarung eine entsprechende Widerrufsbelehrung, kann der Mieter innerhalb von 14 Tagen nach Abschluss der Vereinbarung widersprechen. Ohne eine solche Widerrufsbelehrung kann der Mieter sogar noch 12 Monate und 14 Tage die Vereinbarung, d. h. seine Erklärung, wirksam widerrufen. Dann muss die geforderte Mieterhöhung nicht bezahlt werden, eventuell schon gezahlte Beträge kann der Mieter zurückfordern (**BGH WuM 2017, 406**). Der Vermieter kann dann nur für die Zukunft eine Mieterhöhung geltend machen, wenn er eine wirksame Erhöhungserklärung nach den gesetzlichen Vorschriften durchführt (**BGH WuM 2017, 406**).

Mieterhöhung auf ortsübliche Vergleichsmiete
Alternativ zu den hier beschriebenen Mieterhöhungsmöglichkeiten nach einer Modernisierung kann der Vermieter auch eine ⇨ MIETER-

HÖHUNG auf die ortsübliche Vergleichsmiete fordern. Hat der Vermieter zum Beispiel ein Bad in der Mietwohnung eingebaut, wird die Wohnung im Mietspiegel in der teureren Kategorie »Wohnung mit Bad« eingestuft, sodass eine entsprechende Erhöhung der Vergleichsmiete möglich ist. Auch bei dieser Art der Mieterhöhung muss der Einsatz öffentlicher Fördermittel zugunsten des Mieters berücksichtigt werden, für maximal zwölf Jahre (**BGH WuM 2004, 283**).

Der Vermieter kann aber auch die Mieterhöhungsvarianten kombinieren. Zunächst erhöht er im Rahmen der ortsüblichen Vergleichsmiete die Miete für die nicht modernisierte Wohnung (Wohnung ohne Bad), und dann erhöht er die Miete, indem er 8% der Modernisierungskosten auf die Jahresmiete aufschlägt (OLG Hamm RE WuM 83, 17). Die Modernisierung darf aber nicht bei beiden Mieterhöhungen berücksichtigt werden (LG Berlin WuM 2016, 105), bzw. beide Mieterhöhungen zusammen dürfen den Betrag für eine Mieterhöhung nach § 559 BGB (8% der Modernisierungskosten) nicht übersteigen (**BGH WuM 2021, 110**).

Einzelfragen

– Bei Modernisierungsmaßnahmen in der Wohnung ist der Mieter nicht verpflichtet, für Baufreiheit zu sorgen (LG Berlin GE 2014, 938).

– Aus einer Vereinbarung zur ⇨ MIETERMODERNISIERUNG kann sich ergeben, dass der Vermieter mit eigenen Modernisierungen ausgeschlossen ist (KG Berlin WuM 2008, 597).

– Eine Verbesserung der Stromversorgung ist keine Modernisierung, sondern eine Mängelbeseitigung, wenn hierdurch nur ein allgemein geschuldeter Mindeststandard erreicht werden soll. Auch in unsanierten Altbauwohnungen muss die Stromversorgung mindestens den Betrieb der üblichen Haushaltsgeräte ermöglichen, also ein Großgerät wie Waschmaschine oder Geschirrspüler zusammen mit einem anderen Elektrogerät wie einem Staubsauger. Und im Badezimmer muss die Stromversorgung neben der Beleuchtung auch den Einsatz kleinerer Geräte garantieren (**BGH WuM 2004, 527**).

– Der Umbau eines Einrohrheizsystems zu einer Zweirohrheizung stellt regelmäßig eine energetische Modernisierung dar. Anders, wenn Umbaumaßnahmen nur in einzelnen Wohnungen durchgeführt werden sollen, es an einer Gesamtplanung des Vermieters fehlt und der Heizkreislauf für die Einrohrheizung weiter betrieben werden soll (LG Berlin WuM 2021, 727).

– Die Mieterhöhungserklärung nach einer Modernisierung ist unwirksam, wenn sie eklatante Abweichungen zu der Modernisierungsankündigung aufweist, sodass man den Eindruck haben muss, es handele sich um zwei verschiedene Maßnahmen (LG Berlin WuM 2021, 742).

Musik in der Wohnung ⇨ LÄRM, ⇨ MÄNGEL, ⇨ MIETMINDERUNG

Der Mieter darf in seiner Wohnung musizieren, Musik und Radio hören und fernsehen **(BGH WuM 98, 738).** Allerdings darf er hierdurch andere Mitbewohner nicht stören. Dies gilt vor allen Dingen während der allgemeinen Ruhezeiten (mittags 13.00 bis 15.00 Uhr und von 22.00 Uhr abends bis 7.00 Uhr morgens). Für die Festlegung von Ruhezeiten kommt es nicht darauf an, ob der Betroffene z.B. im Nachtdienst arbeitet **(BGH WuM 2018, 787)**. Die nächtlichen Ruhezeiten ergeben sich vielmehr allein aus gesetzlichen Vorschriften, den Immissionsschutzgesetzen der Länder. Mittagsruhezeiten basieren auf der Verkehrsanschauung, die durch Hausordnungen und Rechtsprechung geprägt ist (KG Berlin WuM 92, 387; BayObLG WuM 87, 39; LG Berlin GE 2011, 751; LG Nürnberg-Fürth DWW 96, 50; LG München I DWW 91, 111).

In den Ruhezeiten muss auf jeden Fall Zimmerlautstärke eingehalten werden (LG Dortmund ZMR 2018, 324). Vermieter und Mieter können über die Musikausübung im Mietvertrag entsprechende Vereinbarungen treffen (OLG München WuM 92, 238).

Grundsätzlich gilt für das »häusliche Musizieren« das Gleiche wie für alle anderen Geräusch- und Lärmquellen im Haus, wie z. B. für Fernseher, Radio, CD-Spieler. Denkbar sind Beschränkungen der Lautstärke sowie Einschränkungen zeitlicher Art. Nicht in Betracht kommt eine Auflage, nur noch in entfernteren Nebenräumen anstelle von Haupträumen musizieren zu dürfen **(BGH WuM 2018, 787)**. Ein totales Verbot zu musizieren, ist unzulässig **(BGH WuM 98, 738).** Bei jeder Regelung muss zwischen dem Ruhebedürfnis des einen und dem Recht zu musizieren des anderen abgewogen werden. Hinsichtlich der Dauer des erlaubten Musizierens kommt es auf die Umstände des Einzelfalls an, insbesondere die Lautstärke, die Art der Musik und die tatsächlichen Gegebenheiten vor Ort. In einer Seniorenwohnanlage gelten andere Grundsätze als in einer Wohnanlage mit überwiegend jungen Menschen. Außerdem zu berücksichtigen: Hellhörigkeit im Gebäude, vorhandene Schallschutzmaßnahmen, Pegel der Umgebungsgeräusche und die Art des Musizierens. Die Gerichte urteilten z. B.:

Der Mieter hat einen Anspruch darauf, mindestens 2 Stunden täglich auf seinem Instrument zu spielen. Er hat lediglich die Mittags- und Nachtruhe einzuhalten (BayObLG WuM 86, 148; OLG Hamm NJW 81, 465). 3 Stunden erlaubt das BayObLG (NJWE-MietR 96, 12). Problematisch kann es werden, wenn Berufsmusiker mit im Haus wohnen und sich im Mietvertrag ausdrücklich umfangreiche Spielzeiten haben garantieren lassen (LG Frankfurt WuM 90, 287; LG Flensburg DWW 93, 102).

Nur in Ausnahmefällen (z.B. gemeinsames Musizieren mehrerer) darf der zeitliche Rahmen auf 1 bis 1½ Stunden reduziert werden (OLG Frankfurt WuM 84, 303). Nach OLG Karlsruhe (NJW-RR 89, 1179) muss auch das Spielen auf Saxophon oder Klarinette auf 2 Stunden täglich (sonntags 1 Stunde) beschränkt bleiben; das Schlagzeugspielen darf sogar noch weiter eingeschränkt werden (LG Nürnberg-Fürth WuM 92, 253). Das AG Frankfurt (WuM 97, 431) erlaubt generell Klavierspielen nur bis zu 90 Minuten täglich, natürlich außerhalb der Ruhezeiten, und begründet dies damit, dass ein längeres Spielen in einem hellhörigen Mietshaus schlichtweg rücksichtslos und nicht mehr vom vertragsgemäßen Gebrauch gedeckt sei.

Im Einzelfall legen Gerichte genaue »Spielzeiten« fest:

■ Werktags bis 20 Uhr, sonn- und feiertags bis 19 Uhr. Ausnahme: einmal wöchentlich bis 21.30 Uhr, einmal monatlich an Wochenenden oder feiertags ebenfalls bis 21.30 Uhr (LG Düsseldorf DWW 90, 87).

■ Werktags zwischen 7 und 17 Uhr. Zwischen 17 und 22 Uhr nicht länger als 3 Stunden. An Sonn- und Feiertagen maximal 5 Stunden. Hier hatte sich der Mieter Hausmusik und Klavierunterricht ausdrücklich im Mietvertrag genehmigen lassen (LG Frankfurt WuM 90, 287).

■ Montag bis Freitag 9 bis 13 Uhr, Montag bis Samstag 14 bis 19 Uhr, Samstag, Sonntag und Feiertag 10 bis 13 und 15 bis 18 Uhr. Spielzeiten für die Familie eines Berufsmusikers. Gespielt werden dürfen Bratsche, Geige oder Cello. Jeder einzeln und nacheinander oder zusammen. Nicht aber jeder für sich allein (LG Flensburg DWW 93, 102).

N

Nachmieter ⇨ AUSZUG DES MIETERS, ⇨ MIETERKÜNDIGUNG

An einen ⇨ ZEITMIETVERTRAG oder einen vereinbarten Kündigungsausschluss (⇨ KÜNDIGUNG, ⇨ KÜNDIGUNGSFRISTEN) ist der Mieter grundsätzlich gebunden. Ist der Vermieter nicht bereit, einen ⇨ MIETAUFHEBUNGSVERTRAG abzuschließen, kommt der Mieter vor dem Ende der vereinbarten Laufzeit nicht aus dem Mietverhältnis heraus. Die weit verbreitete Ansicht, der Mieter müsse dem Vermieter drei Nachmieter stellen, dann könne er die Wohnung aufgeben, ist falsch. Der Mieter kann nicht verlangen, dass der Vermieter ihn vorzeitig aus dem Mietvertrag entlässt, auch nicht, wenn er Nachmieter benennt **(OLG Oldenburg RE WuM 81, 125)**. Von diesem Grundsatz gibt es zwei Ausnahmen: Das Recht, Nachmieter zu stellen, ist ausdrücklich vereinbart worden, oder der Mieter hat ein berechtigtes Interesse an der vorzeitigen Beendigung des Mietverhältnisses **(BGH WuM 2003, 204)**.

Nachmieterklausel
Einige Formularmietverträge enthalten eine Nachmietervereinbarung. Zu unterscheiden sind die echte und die unechte Nachmieterklausel. Die **unechte** Nachmieterklausel gibt dem Mieter nur das Recht, vorzeitig aus dem Vertrag auszuscheiden. Im Allgemeinen wird diese Art der Nachmietervereinbarung getroffen. Sie bedeutet, dass der Vermieter einen vorgeschlagenen Nachmieter ablehnen und sich selbst um einen Nachfolger bemühen kann. Der Mieter kommt aber trotzdem aus dem Mietvertrag frei, wenn der Vermieter einen geeigneten Nachmieter ablehnt (Näheres unten). Bei einer **echten** Nachmieterklausel hingegen hat der Mieter einen Anspruch darauf, einen Nachmieter zu stellen (OLG Frankfurt WuM 91, 475). In einem Wohnungsmietvertrag findet sich eine solche Klausel aber selten. Enthält der Mietvertrag keine unechte oder echte Nachmietervereinbarung, kann der Mieter versuchen, sie im Nachhinein zu vereinbaren. Der Vermieter muss sich aber nicht darauf einlassen.

Besonderes Interesse an Nachmieterstellung
Für den Mieter ist es manchmal besonders hart, wenn er einen Zeitmietvertrag nicht vorzeitig beenden kann. Für solche Härtefälle haben die Gerichte **(BGH WuM 2015, 723; OLG Karlsruhe RE WuM 81, 173; OLG Hamm RE WuM 95, 577)** Ausnahmen zugelassen:

■ Der Mieter muss aus beruflichen Gründen in eine andere Stadt ziehen (LG Berlin GE 89, 415; LG Bielefeld WuM 93, 118; LG Hamburg WuM 88, 125; AG Mülheim – 13 C 797/13).

■ Der Mieter benötigt aus familiären Gründen eine größere Wohnung (AG Schöneberg MM 2004, 127), etwa weil er heiraten will (LG Hannover WuM 88, 12), oder Familiennachwuchs kündigt sich an, und die Wohnung wird zu klein (LG Landshut WuM 96, 542; LG Oldenburg WuM 95, 394; LG Berlin WuM 92, 472; LG Köln WuM 89, 283).

■ Der Mieter will in ein Altenheim oder in eine altengerechte Wohnung ziehen (LG Duisburg WuM 99, 691), oder er muss auf Dauer in ein Pflegeheim (LG Hildesheim ZMR 2000, 679; AG Münster WuM 2000, 306).

■ Bei ähnlich schwerwiegenden Gründen, die ein Festhalten am Mietvertrag unzumutbar machen. In Betracht kommen schwere gesundheitliche Probleme des Mieters oder seiner mit ihm zusammenlebenden Angehörigen, die einen Umzug notwendig machen. Beispiel: Der Mieter wohnt im 4. Obergeschoss eines Hauses ohne Aufzug. Sein Kind muss wegen einer schweren Herzkrankheit jegliche körperliche Belastung vermeiden. Der Mieter will deshalb in die 1. Etage eines anderen Hauses ziehen, um dem Kind das Treppensteigen zu ersparen (LG Mannheim DWW 97, 152).

Achtung: Es darf sich nicht um Gründe handeln, die der Mieter selbst herbeigeführt hat, um seine Wohnungssituation zu ändern. Der Mieter kann deshalb eine vorzeitige Beendigung des Mietverhältnisses durch Stellung eines Nachmieters **nicht** verlangen, wenn er eine andere Wohnung gefunden hat, die ihm besser zusagt, wenn sein Eigenheim bezugsfertig ist oder wenn er sich die Wohnung nicht mehr leisten kann.

Wichtig: Die gesetzliche Kündigungsfrist beträgt für den Mieter unabhängig von der Wohndauer grundsätzlich 3 Monate ⇨ KÜNDIGUNGSFRISTEN. Das Recht, einen Nachmieter zu stellen, besteht nicht, wenn der Mieter mit dieser Frist kündigen kann **(OLG Oldenburg RE WuM 82, 124)**. Auch der Gesetzgeber geht davon aus, dass diese Kündigungsfrist kurz genug ist, und mutet dem Mieter unter Umständen doppelte Mietzahlungen für die alte und neue Wohnung zu. Das heißt im Klartext: Wer mit der dreimonatigen Frist kündigen kann, hat keinen Anspruch darauf, dass der Vermieter ihn vorzeitig aus dem Mietverhältnis entlässt, auch nicht, wenn Nachmieter gestellt werden (LG Berlin WuM 2016, 227; LG Mannheim WuM 2009, 398). Auch wenn der Mieter die Wohnung aus gesundheitlichen Gründen umgehend verlassen muss, darf er die dreimonatige Kündigungsfrist nicht abkürzen (LG Berlin GE 2019, 969).

Das gilt auch, wenn er kurzfristig in ein Alten- oder Pflegeheim umziehen muss.

Das Thema »Nachmieter« spielt deshalb nur dann eine Rolle, wenn der Mieter durch einen Zeitmietvertrag oder einen Kündigungsverzicht länger gebunden ist. In seltenen Fällen sind in Mietverträgen, die vor dem 1.9.2001 abgeschlossen wurden, noch längere Kündigungsfristen wirksam vereinbart. Dann kann dem Mieter ebenfalls das Recht zustehen, einen Nachmieter zu stellen (LG Hamburg WuM 88, 125; AG Recklinghausen WuM 96, 409).

Einzelheiten zur Nachmieterstellung

Die näheren Voraussetzungen für das Anbieten eines Nachmieters richten sich zunächst nach den Vereinbarungen, die Mieter und Vermieter getroffen haben. Es kann zum Beispiel festgelegt werden, dass der Mieter die Differenz zur bisherigen Miete übernimmt, wenn der Nachmieter nicht bereit ist, die volle Miete zu zahlen (LG Berlin ZMR 99, 401). Ist nichts weiter vereinbart, oder hat der Mieter nach den oben erläuterten Grundsätzen das Recht zur Nachmieterstellung, gilt:

Es ist nicht erforderlich, dass der Mieter mehrere Nachmieter vorschlägt, sofern keine andere Vereinbarung getroffen wurde. Ein geeigneter Nachmieter reicht aus (LG Saarbrücken WuM 95, 313; **a.A.** AG Halle/Westfalen WuM 86, 314). Der Vermieter hat auch kein uneingeschränktes Wahlrecht unter drei angebotenen Nachmietern. Sagt der von ihm ausgesuchte Nachmieter ab, muss er mit den beiden anderen verhandeln (AG Hamburg WuM 88, 105).

Der vom Mieter vorgeschlagene Nachmieter muss sich beim Vermieter melden und bereit erklären, einen Mietvertrag abzuschließen. Der Vermieter muss sich also nicht selbst bemühen und mit dem angebotenen Nachmieter Kontakt aufnehmen **(BGH WuM 2015, 723)**.

Ob schon der Abschluss eines Vertrages mit dem Nachmieter die Vereinbarung eines Aufhebungsvertrages bedeutet, hängt von den Umständen des Einzelfalls ab **(BGH WuM 2012, 371**; LG Gießen WuM 97, 370; LG Saarbrücken WuM 97, 37). Das Beste ist daher, der Mieter schließt mit dem Vermieter einen schriftlichen ⇨ MIETAUFHEBUNGSVERTRAG.

Geeignetheit des Nachmieters

Der vom Mieter vorgeschlagene Nachmieter muss bereit sein, den bestehenden Vertrag ohne Einschränkungen zu akzeptieren. Dann darf der Vermieter einen Mieterwechsel nur ablehnen, wenn dafür wichtige Gründe in der Person oder den wirtschaftlichen Verhältnissen des Nachfolgers vorliegen (OLG Frankfurt WuM 91, 475; AG Hannover WuM 87, 146).

Der Nachmieter muss wirtschaftlich in der Lage sein, das Mietverhältnis zu den bisherigen Bedingungen fortzusetzen (LG Gießen WuM 96, 23; AG Kiel ZMR 2021, 593). Der Vermieter kann darauf bestehen, dass der Nachmieter in etwa über das gleiche Einkommen verfügt wie sein Vorgänger (LG Hamburg WuM 86, 326). Dazu kann er vom Mieter entsprechende Nachweise verlangen, z.B. eine Verdienstbescheinigung und eine Selbstauskunft des angebotenen Nachmieters **(BGH WuM 2015, 723)**. Der Mieter braucht die Zahlungsfähigkeit des Nachmieters aber nur nachzuweisen, wenn der Vermieter diesbezüglich Zweifel äußert (LG Hamburg WuM 79, 144). Hat der Vermieter den Nachmieter akzeptiert, trägt er auch das Risiko dafür, dass dieser die Miete aufbringen kann (LG Köln WuM 89, 18).

Ansonsten darf der Vermieter den vorgeschlagenen Nachmieter aus erheblichen persönlichen Gründen ablehnen, nicht aber, weil ihm der neue Mieter unsympathisch ist. Lässt der Vermieter eine negative Einstellung zu bestimmten Gruppen von Mietern erkennen, die sich objektiv nicht begründen lässt, bleibt das unberücksichtigt. Er kann nicht geltend machen, der Nachmieter sei ungeeignet, weil er mit Kind einziehen will. Die allgemein geäußerte Befürchtung, es könne zu Beschwerden durch andere Hausbewohner wegen Kinderlärms kommen, rechtfertigt es nicht, den angebotenen Nachmieter abzulehnen **(BGH WuM 2003, 204)**. Außerdem ist die Ablehnung eines Mietnachfolgers, nur weil er Ausländer ist, unzulässig (LG Saarbrücken WuM 95, 313; LG Kassel WuM 80, 178; AG Wetzlar WuM 2006, 374). Nach dem ⮱ ALLGEMEINEN GLEICHBEHANDLUNGSGESETZ darf der Vermieter niemanden wegen seiner Rasse oder ethnischen Herkunft benachteiligen.

Dem Vermieter steht eine **Überlegungsfrist** von (bis zu) 3 Monaten zu (LG Gießen WuM 97, 264; LG Saarbrücken WuM 95, 313; LG Berlin GE 88, 409; AG Steinfurt WuM 2007, 126). Innerhalb dieser Frist muss er entscheiden, ob er den angebotenen Nachmieter nimmt. Während dieses Zeitraums muss der Mieter weiter Miete zahlen.

Unberechtigte Ablehnung des Nachmieters

Lehnt es der Vermieter ab, einen geeigneten Nachmieter zu übernehmen, ist der Mieter so zu stellen, als ob das Mietverhältnis durch das Eintreten des Nachmieters beendet worden wäre (LG Berlin ZMR 99, 401; LG Oldenburg WuM 97, 491; AG Wetzlar WuM 2006, 374). Auch wenn sich der Vermieter ohne triftigen Grund oder ohne nähere Prüfung weigert, einen angebotenen Nachmieter zu akzeptieren, kommt der Mieter vorzeitig aus dem langfristigen Mietverhältnis heraus (LG Oldenburg WuM 97, 491). Das Gleiche gilt, wenn der Vermieter von vornherein nicht bereit ist, vom Mieter gestellte Nachmieter zu akzeptieren (LG Landshut WuM 96, 542; LG Köln WuM 89, 283), oder wenn der Vermieter erklärt, dass er den Nachmieter selbst suchen will (LG Mannheim DWW 97, 152; AG Frankfurt/M. WuM 99, 571).

Der Mieter muss von dem Tag an keine Miete mehr zahlen, zu dem ein Nachmieter die Wohnung angemietet hätte. Dabei ist aber zu beachten, dass dem Vermieter noch die Überlegungsfrist von bis zu 3 Monaten zugestanden hätte. Der Mieter kann sich außerdem aus dem Mietverhältnis lösen, wenn der Vermieter die Nachmieterstellung von zusätzlichen Forderungen oder unzumutbaren Bedingungen abhängig macht (LG Bielefeld WuM 93, 118; LG Hannover WuM 75, 242) oder wenn der Vermieter jetzt nicht mehr weitervermieten, sondern die Wohnung verkaufen will (AG Köln WuM 88, 106). Der Vermieter darf von dem Nachmieter jedenfalls dann eine höhere Miete verlangen, wenn er sich das in der mit dem Mieter getroffenen Nachmietervereinbarung vorbehalten hat **(OLG Zweibrücken RE WuM 98, 147)**. Aber auch ohne ausdrückliche Vereinbarung kann der Vermieter nach Auffassung vieler Gerichte vom Nachmieter eine angemessen höhere Miete fordern (OLG München NJW-RR 95, 393; OLG Hamburg WuM 87, 145; LG Saarbrücken WuM 95, 313). Nach anderer Ansicht darf der Vermieter den Abschluss eines neuen Mietvertrags mit dem Nachmieter nicht dadurch vereiteln, dass er die Miete heraufsetzt (OLG Düsseldorf NJW-RR 92, 657; LG Wiesbaden WuM 2002, 15; LG Hannover WuM 95, 697), es sei denn, die restliche Mietdauer ist sehr kurz (LG Köln WuM 89, 374). Die vom Nachmieter verlangte Miete darf aber auf keinen Fall außer Verhältnis zur bisherigen Miete stehen **(OLG Zweibrücken RE WuM 98, 147)**. Eine Erhöhung um 40% ist wesentlich zu viel (LG Hamburg WuM 88, 125). Der Vermieter muss zudem die ⇨ MIETPREISBREMSE beachten, wenn sie in der betreffenden Stadt anzuwenden ist.

Was ist, wenn sich kein Nachmieter findet?
Häufig kann der Mieter keinen Nachmieter finden, etwa weil die Wohnung zu teuer ist. Es stellt sich dann die Frage, wie der Mieter dennoch vorzeitig aus dem Mietverhältnis herauskommt.

Findet der Mieter keinen Nachmieter, bleibt er an den Mietvertrag gebunden. Dasselbe gilt, wenn der Mieter keinen Nachmieter stellen darf, weil der Mietvertrag keine Nachmieterklausel enthält und keiner der oben aufgeführten Ausnahmefälle vorliegt. Dann hat der Mieter nur noch eine Möglichkeit, sich aus dem Vertragsverhältnis zu lösen: Er kann den Vermieter fragen, ob er einer Untervermietung zustimmt. Dabei muss er den Namen des vorgesehenen Untermieters angeben **(BGH**

WuM 2012, 229). Versagt der Vermieter die Erlaubnis, ohne dass bei dem benannten Untermieter ein wichtiger Grund für die Ablehnung vorhanden ist, kann der Mieter unter Einhaltung einer Frist von 3 Monaten kündigen.

Achtung: Die fristlose Kündigung wegen unberechtigter Verweigerung der Untermieterlaubnis ist rechtsmissbräuchlich, wenn dem Mieter bekannt ist, dass die als Nachmieter benannte Person gar kein Interesse an einer Untermiete hat **(BGH WuM 2010, 30).**

Ist der Vermieter mit der Untervermietung einverstanden, hat dies für den Mieter den Nachteil, dass das Mietverhältnis fortbesteht und er weiter mietvertraglich haftet ⇨ UNTERMIETE.

Nebenkosten ⇨ BETRIEBSKOSTEN, ⇨ HEIZKOSTEN

Nichteheliche Lebensgemeinschaft ⇨ TOD DES MIETERS, ⇨ UNTERMIETE

Will der Mieter seinen Ehepartner, eingetragenen Lebenspartner (⇨ LEBENSPARTNERSCHAFT) oder seine Kinder auf Dauer in seinen Haushalt aufnehmen, muss er dafür natürlich nicht den Vermieter fragen. Andere Personen aber darf er nur dann aufnehmen, wenn er ein berechtigtes Interesse hat und dieses Interesse **nach** Abschluss des Mietvertrages entstanden ist **(BGH RE WuM 85, 7).** Dieser Grundsatz gilt auch bei der Aufnahme des nichtehelichen Lebensgefährten **(BGH WuM 2003, 688).**

Allerdings sind die Hürden für den Mieter nicht sehr hoch. Der bloße Wunsch des Mieters, eine Lebensgemeinschaft einzugehen, reicht als berechtigtes Interesse normalerweise aus; er muss nicht näher begründet werden. Ob der Lebensgefährte gleichen oder anderen Geschlechts ist, spielt keine Rolle (LG Hamburg ZMR 2020, 513). Letztendlich heißt das, der Mieter muss den Vermieter um Erlaubnis fragen, dieser muss sie im Regelfall erteilen **(BGH WuM 2003, 688**; LG Berlin WuM 2018, 362**)**. Ablehnen darf der Vermieter nur, wenn die Aufnahme dieser Person für ihn unzumutbar wäre, z. B., weil die Wohnung dadurch überbelegt würde **(BGH RE WuM 85, 7).**

Ist die Lebensgemeinschaft beendet, kann der Mieter von seinem ehemaligen Lebensgefährten den Auszug aus der Wohnung verlangen (AG Neuruppin WuM 2010, 142). Haben jedoch beide Partner den Vertrag unterschrieben, sind sie bei Beendigung der Lebensgemeinschaft wechselseitig verpflichtet, an der Kündigung des Mietvertrages mitzuwirken (OLG Düsseldorf WuM 2007, 567; OLG Köln WuM 99, 521; KG Berlin WuM 92, 323).

Ein Ausgleich für gezahlte Mieten findet untereinander nur statt, wenn dies vereinbart ist **(BGH WuM 2010, 140)**. Im Anschluss an eine solche Kündigung ist der Vermieter nicht verpflichtet, mit einem der beiden einen neuen Mietvertrag abzuschließen (LG Konstanz WuM 2000, 675).

Ist eine Kündigung wegen der Befristung des Mietverhältnisses zunächst nicht möglich, und behält einer von beiden die Wohnung, während der andere auszieht, kann dieser vom Verbleibenden verlangen, von Mietzinsforderungen des Vermieters freigestellt zu werden (OLG Düsseldorf WuM 98, 413).

Nutzungsentschädigung

Bleibt der Mieter, obwohl das Mietverhältnis beendet worden ist, in der Wohnung, kann der Vermieter für diese Zeit verlangen:

1. entweder die bisher vereinbarte Miete oder

2. die Miete, die für vergleichbare Wohnungen ortsüblich ist. Maßstab ist dabei die Marktmiete, die der Vermieter bei Neuabschluss eines Mietvertrages erzielen könnte **(BGH WuM 2017, 134)** ⇒ STILLSCHWEIGENDE VERLÄNGERUNG DES MIETVERHÄLTNISSES.

Nimmt der Vermieter die Miete in bisheriger Höhe vorbehaltlos an, während die ortsübliche Miete tatsächlich höher liegt, kann er die Differenz durchaus nachfordern **(BGH WuM 99, 689)**.

Weist die Wohnung bei Beendigung des Mietverhältnisses Mängel auf, müssen diese bei der ortsüblichen Miete berücksichtigt werden, sodass nur eine geminderte Nutzungsentschädigung zu zahlen ist **(BGH WuM 2015, 493**; OLG Düsseldorf WuM 91, 264; LG Hamburg WuM 87, 390). Mängel, die sich erst **nach** Vertragsende ergeben, führen nicht zu einer Minderung der Nutzungsentschädigung **(BGH WuM 2015, 493)**. Nur in Ausnahmefällen kann der Vermieter zur Beseitigung dieser Mängel verpflichtet sein **(BGH WuM 2015, 493; WuM 2009, 469)**.

Die Nutzungsentschädigung in ortsüblicher Höhe kann auch verlangt werden, wenn dem zur Räumung verurteilten Mieter eine Räumungsfrist gewährt worden ist, ferner in den Fällen, in denen die Rückgabe der Mietwohnung infolge von Umständen unterblieben ist, die der Mieter nicht zu vertreten hat. Hat der Vermieter aber gar keinen Rücknahmewillen, steht ihm auch kein Anspruch auf Nutzungsentschädigung zu **(BGH WuM 2017, 521; WuM 2010, 632; WuM 2006, 102)**. Das Gleiche gilt, wenn der Vermieter durch den Austausch von Schlössern den Zugang des Mieters vereitelt (KG Berlin WuM 2009, 667). Eine Nutzungsentschädigung steht dem Vermieter auch nicht zu, wenn der Mieter nach Ablauf der Mietzeit noch vom Vermieter geforderte Schönheitsreparaturen durchführt (OLG Hamm NZM 2003, 517; KG Berlin RE WuM 2001, 437) oder durch Ausübung des Vermieterpfandrechts die vollständige Räumung der Wohnung verhindert wird (AG Villingen-Schwenningen WuM 2016, 100; anders, wenn der Mieter die Schlüssel behält – KG Berlin GE 2017, 352). Hier bleiben dem Vermieter allenfalls Schadensersatzansprüche **(BGH WuM 2010, 632**; OLG Hamburg WuM 90, 75) ⇨ AUSZUG, ⇨ RÜCKGABE DER WOHNUNG.

Die Verpflichtung zur Zahlung einer Nutzungsentschädigung endet bei Rückgabe der Wohnung durch den Mieter **(BGH WuM 2005, 771)**. Teilt der Mieter jedoch dem Vermieter den bevorstehenden Auszug nicht umgehend mit, macht er sich schadensersatzpflichtig (LG Freiburg WuM 80, 223; AG Friedberg WuM 80, 223). Der Anspruch verjährt nach 3 Jahren ⇨ VERJÄHRUNG.

Hat der Mieter die Wohnung weitervermietet, kann der Eigentümer nach Beendigung des Hauptmietvertrages eine Nutzungsentschädigung vom Untermieter nur ab dem Zeitpunkt verlangen, ab dem der Untermieter weiß, dass er aufgrund der Kündigung des Hauptvertrages keine Besitzberechtigung mehr hat (LG Köln WuM 97, 46; LG Kempten WuM 96, 34).

Klagt der Vermieter wegen lang anhaltender Nichtzahlung der Miete auf Räumung, kann er hiermit eine Klage auf künftige Nutzungsentschädigung verbinden **(BGH WuM 2003, 280)**.

O

Obdachlosigkeit

Droht mit dem Verlust der Wohnung – etwa infolge von Mietrückständen nach Arbeitslosigkeit, Mieterhöhungen oder persönlichen Schicksalsschlägen – die Obdachlosigkeit, kann diese durch möglichst frühzeitiges Handeln und die rechtzeitige Inanspruchnahme von Hilfsangeboten (⇨ SOZIALHILFE) oft noch abgewendet werden.

Wurde wegen Zahlungsverzugs die ⇨ FRISTLOSE KÜNDIGUNG ausgesprochen, kann u.U. durch eine sog. **Schonfristzahlung** die Kündigung rückwirkend beseitigt werden. Bei einer ordentlichen ⇨ KÜNDIGUNG (§ 573 BGB) wegen eines sog. berechtigten Interesses des Vermieters (z.B. wegen ⇨ EIGENBEDARF) kann im Rahmen der Sozialklausel (§ 574 BGB; ⇨ KÜNDIGUNGSSCHUTZ) ggf. **Widerspruch** gegen die Kündigung eingelegt werden, wenn die Beendigung des Mietverhältnisses für den Mieter, Familien- oder andere Haushaltsangehörige eine nicht zu rechtfertigende **Härte** (z.B. bei nachgewiesener schwerer Erkrankung oder Demenz) bedeuten würde. Dies ist im Einzelfall vom Gericht im Kündigungs- und Räumungsprozess zu entscheiden **(BGH WuM 2019, 385; WuM 2023, 39)**. Ggf. ist ein Sachverständigengutachten einzuholen **(BGH WuM 2023, 217)**.

Kann die Kündigung nicht mehr abgewendet werden, kann der Mieter im Räumungsprozess noch eine ⇨ RÄUMUNGSFRIST oder ⇨ VOLLSTRECKUNGSSCHUTZ beantragen, bis eine neue Unterkunft gefunden ist.

Sind diese Mittel bereits ausgeschöpft oder erfolglos, besteht bei eintretender Obdachlosigkeit ein Anspruch gegen die Gemeinde auf Unterbringung (OVG Lüneburg WuM 91, 396; VGH Kassel DVBl. 91, 1371), wenn **keine anderweitige Möglichkeit** besteht (VG Augsburg 7 S 14.1124) unterzukommen. Zuständig sind immer die Ordnungsbehörden derjenigen Gemeinde, in der sich der Obdachlose aufhält (VGH Kassel NVwZ 2003, 1402). Es besteht grundsätzlich nur der Anspruch auf Zuweisung einer Notunterkunft, nicht auf gleichwertigen Ersatzwohnraum (VG Köln 20 L 134/07). Die Behörde muss sich auch nicht um die Unterbringung von Mobiliar kümmern. Lediglich im Ausnahmefall kommt – allerdings nur vorübergehend – eine ⇨ WIEDEREINWEISUNG in die alte Wohnung in Betracht. Ggf. können Wiedereinweisung und Vollstreckungsschutz auch kombiniert werden (LG Lübeck WuM 2019, 601).

Rat und Unterstützung leisten neben den Sozial- und Wohnungsbehörden der Gemeinden örtliche karitative Verbände. Leben minderjährige Kinder in der Familie, kann auch das Jugendamt hinzugezogen werden.

Obhutspflicht ⇨ ABWESENHEIT DES MIETERS, ⇨ ANZEIGEPFLICHT DES MIETERS

Während der Dauer des Mietverhältnisses ist der Mieter verpflichtet, die Wohnung pfleglich zu behandeln und Schäden von ihr abzuhalten, soweit dies in seiner Macht steht. Diese Verpflichtung muss der Mieter auch bei längerer Abwesenheit beachten (LG Berlin WuM 81, U19); sie dauert bis zum Ende des Mietvertrages, auch wenn der Mieter vorzeitig auszieht. Hieraus ergibt sich, dass der Mieter verpflichtet ist, zumutbare Vorsorgemaßnahmen zur Verhinderung von Schäden zu treffen (z.B. bei wolkenbruchartigem Regen Fenster zu schließen oder bei strenger Kälte zur Verhütung von Frostschäden die Wasserleitung gegen Einfrieren zu schützen – **BGH WuM 72, 25**). Bei nicht beheizbaren Räumen obliegt der Frostschutz aber weiterhin dem Vermieter (KG Berlin GE 2002, 131). Der Mieter kann auch nicht verpflichtet werden, bei starkem Frost nachts die Wasserleitungen eines Mehrfamilienhauses zu leeren (LG Köln ZMR 2014, 541).

Für das Aufstellen von Wasch- oder Spülmaschinen bedeutet dies, dass der Mieter für Schäden haftet, die dadurch entstehen, dass er zumutbare Überwachungspflichten schuldhaft verletzt hat (OLG Hamm WuM 85, 253; LG Landau WuM 96, 29). Gegebenenfalls muss der Vermieter nachweisen, dass eine Pflichtverletzung des Mieters Schäden verursacht hat **(BGH WuM 2014, 279)**. Hingegen kann der Mieter nicht haftbar gemacht werden, wenn er vor dem Fernseher einschläft und dieser dann in Brand gerät (OLG Köln WuM 88, 278).

Diese Obhutspflicht des Mieters bezieht sich nicht nur auf die Wohnung, sondern auch auf alle Räume des Hauses, die er benutzen oder mitbenutzen darf (z.B. Waschküche, Trockenboden, Keller, Flur). Stellt er in der Wohnung oder in den Gemeinschaftsräumen einen Schaden fest, muss er dies dem Vermieter unverzüglich anzeigen ⇨ ANZEIGEPFLICHT DES MIETERS, ⇨ ERSATZANSPRÜCHE DES VERMIETERS.

Eine Verletzung der Obhutspflicht kann in besonders schweren Fällen zur ⇨ FRISTLOSEN KÜNDIGUNG des Mietverhältnisses führen.

Öfen

Ist zusammen mit der Wohnung ein Ofen vermietet, trifft den Vermieter die Instandhaltungs- und Instandsetzungspflicht. Die Reinigung des Ofens ist jedoch Sache des Mieters.

Will der Mieter einen Ölofen aufstellen oder seinen Kohleofen gegen einen Ölofen umtauschen, bedarf es hierzu der Einwilligung seines Vermieters. Der Vermieter kann seine Einwilligung von der Erfüllung bestimmter Voraussetzungen abhängig machen, da für die Lagerung von Heizöl besondere gesetzliche Vorschriften zu beachten sind.

Dem Mieter einer ofenbeheizten Wohnung steht das Recht zu, Heizmaterial in begrenztem Umfang in der Wohnung zu lagern. Bei älteren oder körperlich behinderten Mietern ist die Lagerung eines Wochenbedarfs zulässig (LG Berlin WuM 67, 23).

Der Mieter haftet für alle aus einer falschen Ölaufbewahrung herrührenden Schäden. Er kann sich auch schadensersatzpflichtig machen, wenn er seinen Ölofen an einem Kamin anschließt, der dafür nicht geeignet ist. Bevor man einen Ölofen aufstellt, sollte man daher den zuständigen Bezirksschornsteinfeger fragen.

Achtung: Öfen in der Mietwohnung können für den Mieter sehr gefährlich werden, wenn im Zuge einer Modernisierung die alten Fenster durch neue schall- und wärmeisolierende Fenster ersetzt wurden. Die neuen Fenster sind oftmals so dicht, dass ein natürlicher Luftaustausch nicht mehr gewährleistet ist und die vom Ofen ausströmenden giftigen Kohlenmonoxidgase gesundheitsschädlich oder sogar lebensgefährlich sind.

Öffentliche Mittel ➩ SOZIALWOHNUNGEN, ➩ WOHNUNGSBAUFÖRDERUNG

Ortsübliche Vergleichsmiete ➩ MIETERHÖHUNG

Die ortsübliche Vergleichsmiete ist ein Begriff aus dem Mieterhöhungsrecht. Nach dem Gesetz ist der Vermieter berechtigt, die Miete im laufenden Mietverhältnis zu erhöhen, ohne dass er vorher in das Haus oder die Wohnung investiert haben muss. Er darf dann die Miete aber nur bis zur ortsüblichen Vergleichsmiete anheben. Das ist die Miete, die üblicherweise für eine Wohnung vergleichbarer Art, Größe, Ausstattung, Beschaffenheit und Lage einschließlich der energetischen Ausstattung und Beschaffenheit in der Gemeinde oder einer vergleichbaren Gemeinde gezahlt wird. Dabei geht es nicht um aktuelle Marktmieten, zu denen Wohnungen in Internetportalen oder Zeitungsanzeigen angeboten werden. Für die ortsübliche Vergleichsmiete werden alle Mieten – außer Sozialmieten – berücksichtigt, die in den letzten sechs Jahren vereinbart oder erhöht worden sind. Nach dem Koalitionsvertrag 2021 der Bundesregierung soll dieser Betrachtungszeitraum auf sieben Jahre ausgeweitet werden, was einen die Miete bremsenden Effekt hätte. Stand heute (Februar 2024): Bisher gibt es keine Neuregelung. Es bleibt bei sechs Jahren.

Mieterhöhungen auf die ortsübliche Vergleichsmiete sind ausgeschlossen, wenn eine ⇨ INDEXMIETE oder ⇨ STAFFELMIETE vereinbart ist.

Die ortsübliche Vergleichsmiete ist die absolute Obergrenze für eine ⇨ MIETERHÖHUNG. Einer Mieterhöhungsforderung des Vermieters, die diese Grenze überschreitet, muss der Mieter nicht zustimmen. Um zu begründen, dass er die Vergleichsmiete nicht überschreitet, kann sich der Vermieter auf einen ⇨ MIETSPIEGEL **oder** eine Auskunft aus einer Mietdatenbank **oder** auf mindestens drei Vergleichswohnungen **oder** auf ein Sachverständigengutachten beziehen.

P

Pacht ⟹ SCHREBERGARTEN

Im Gegensatz zur Miete, die dem Mieter nur ein Recht zum Gebrauch der gemieteten Sache gewährt, ist der Pächter berechtigt, aus der Verwertung der Pachtsache einen Ertrag zu ziehen **(BGH WuM 91, 335)**.

Ist z. B. ein landwirtschaftliches Grundstück oder ein Garten verpachtet, stehen dem Pächter die Feldfrüchte hieraus zu.

Wird im Vertrag das Vertragsverhältnis nicht ausdrücklich als Miete oder Pacht bezeichnet, kommt es darauf an, ob dem Vertragspartner nur das Recht zum Gebrauch der Sache (dann Miete) oder zusätzlich das Recht, Früchte aus der Sache zu ziehen (dann Pacht) übertragen wird. Für die Landpacht gibt es besondere gesetzliche Bestimmungen. Für andere Pachtverhältnisse sind die mietrechtlichen Bestimmungen entsprechend anzuwenden, soweit sich nicht aus den Sondervorschriften zur Pacht etwas anderes ergibt.

Parabolantenne ⟹ FERNSEHEMPFANG

Parkettboden

Einen mitvermieteten Fußbodenbelag aus Holz (Parkett), Laminat oder einem ähnlichen Material muss der Mieter sorgsam behandeln und angemessen pflegen.

Wie oft ist Parkett abzuschleifen?
Im Laufe der Zeit wird ein Parkettboden durch Gebrauchsspuren und Verfärbungen unansehnlich. Ein Bodenbelag aus Holz (Parkett) ist erfahrungsgemäß alle 15 bis 20 Jahre abzuschleifen und neu zu versiegeln (LG Wiesbaden WuM 91, 540); nach anderen Angaben alle 12 bis 15 Jahre (AG Köln WuM 84, 197). Das ist Aufgabe des Vermieters. Eine Formularklausel im Mietvertrag, die diese Arbeiten dem Mieter auferlegt, ist unwirksam (OLG Düsseldorf WuM 2003, 621; LG Berlin NJWE-MietR 96, 266; LG Köln WuM 94, 199; AG Münster WuM 2002, 451) ⟹ ALLGEMEINE GESCHÄFTSBEDINGUNGEN. Abschleifen und Versiegeln zählen auch nicht zu den ⟹ SCHÖNHEITSREPARATUREN **(BGH WuM 2010, 85)**. Der Mieter hat also Anspruch darauf, dass der Vermieter diese Instandsetzungsarbeiten durchführt.

Eine ➯ MIETMINDERUNG ist gerechtfertigt, wenn der Wohnwert durch einen unansehnlichen Parkettboden erheblich beeinträchtigt ist. Dabei ist zu berücksichtigen, dass ein Holzparkett der Wohnung einen besonderen Charakter verleiht und damit dem Erscheinungsbild dieses Bodenbelags eine gesteigerte Bedeutung zukommt. Wasserschäden (AG Dortmund DWW 96, 282) oder im größeren Umfang vorgenommene farblich abweichende Ausbesserungen (AG Norderstedt WuM 89, 564) rechtfertigen eine Herabsetzung der Miete. Hat der Mieter den schlechten Zustand des Parketts aber bereits zu Beginn des Mietverhältnisses vorbehaltlos akzeptiert, ist die Mietminderung ausgeschlossen.

Muss der Mieter beim Auszug für Schäden am Parkett zahlen?
Beim Auszug des Mieters entsteht häufig Streit, wer für Druckstellen, Kratzer, Flecken oder Ähnliches verantwortlich ist. Für Schäden, die auf einer normalen Abnutzung beruhen, muss der Mieter nicht einstehen, weil ein Parkettboden im Laufe der Mietzeit mehr oder weniger zwangsläufig kleinere Beschädigungen davonträgt. Diese sind als übliche Gebrauchsspuren anzusehen. Bemängelt der Vermieter etwa, dass der Parkettboden kleinere Kratzer und Druckstellen hat, muss der Mieter dafür nicht haften. Besonders im Eingangsbereich der Wohnung entstehen oft erhebliche Abnutzungen, die der Vermieter nicht beanstanden kann (OLG Düsseldorf WuM 2003, 621). Kommt es aber zu Kratzspuren durch Hunde, weil der Mieter zumutbare Schutzmaßnahmen unterlassen hat, ist er schadensersatzpflichtig (LG Koblenz NZM 2014, 608).

Für größere Beschädigungen kann der Vermieter generell Schadensersatz verlangen ➯ ERSATZANSPRÜCHE DES VERMIETERS. Hat der Mieter größere Dellen verursacht und zum Beispiel aus Unachtsamkeit einen schweren Gegenstand fallen lassen, ist das keine normale Abnutzung mehr. Der Mieter haftet aber nur, wenn er den Schaden verschuldet hat. Dem Vermieter steht kein Schadensersatz zu, wenn aus einer undichten Duschkabine Wasser ausgetreten ist, ohne dass der Mieter das bemerken konnte (AG Hamburg WuM 2022, 267).

Bei der Berechnung des Schadens ist ein Abzug »neu für alt« vorzunehmen, vgl. ➯ TEPPICHBODEN. Ist der Parkettboden ohnehin abgenutzt oder seit längerer Zeit (vgl. oben) nicht abgeschliffen worden, steht dem Vermieter womöglich überhaupt kein Schadensersatz zu (LG Frankenthal ZMR 2015, 552; LG Wiesbaden WuM 91, 540). Das AG Tempelhof-Kreuzberg geht von einer Mindestlebensdauer von rund 30 Jahren aus (ZMR 2019, 971). Muss der Parkettboden nach Ablauf der oben genannten Zeiträume ohnehin abgeschliffen und neu versiegelt werden, verringert sich der Anspruch auf Schadensersatz. Er entfällt womöglich ganz, wenn sich die Schäden bereits durch das Abschleifen beseitigen lassen.

Diese Grundsätze gelten entsprechend für einen Laminatboden. Kleine Einkerbungen sind gewöhnliche Abnutzungserscheinungen und stellen keinen ersatzfähigen Schaden dar. Die Lebensdauer eines solchen Bodenbelags einfacher Qualität beträgt nicht mehr als 14 Jahre (AG Wiesbaden 93 C 2206/18).

Darf der Mieter selbst Parkett verlegen?
Will der Mieter selbst Parkett verlegen, benötigt er die Zustimmung des Vermieters nur, wenn es fest verklebt werden soll (AG Köln WuM 87, 51). Die meisten Parkettböden werden heute jedoch schwimmend verlegt und sind problemlos wieder zu entfernen. Die Verlegung muss fachgerecht erfolgen. Auf ausreichende Trittschalldämmung ist zu achten. Der Mieter darf für die Verlegung keine Änderungen in der Wohnung vornehmen, die sich nicht ohne weiteres rückgängig machen lassen, z. B. die Türen unten abschleifen. Es ist in jedem Fall empfehlenswert, die Verlegung mit dem Vermieter abzustimmen und eine Vereinbarung zur ⇨ MIETERMODERNISIERUNG zu treffen. Andernfalls kann es passieren, dass der Mieter das Parkett beim Auszug wieder entfernen muss, wenn der Vermieter darauf besteht. Ohne Vereinbarung steht dem Mieter grundsätzlich auch kein Ausgleich für seine Investitionen zu.

Preisbindung ⇨ FÖRDERZUSAGE, ⇨ SOZIALMIETEN, ⇨ WOHNUNGSBAUFÖRDERUNG

Prostitution

Die Ausübung der Prostitution in einer Mietwohnung ist unter verschiedenen rechtlichen Gesichtspunkten problematisch. Es handelt sich hierbei nicht mehr um eine Wohnnutzung. Daher liegt in Gebieten mit Zweckentfremdungsverordnung jedenfalls beim Betrieb eines Bordells ein Verstoß gegen das Verbot der ⇨ ZWECKENTFREMDUNG von Wohnraum vor. Zur Tatsachenfeststellung kann die zuständige Behörde die Räume betreten und besichtigen (OVG Hamburg WuM 97, 204).

Für andere Mieter im Haus kommt eine Mietminderung in Betracht. Dies gilt nicht erst, wenn es zu konkreten Belästigungen kommt. Bereits die Möglichkeit von Belästigungen wird als Grund für eine Mietminderung anerkannt (LG Berlin MM 95, 354, AG Tempelhof-Kreuzberg MM 2015, Nr. 11, 30; AG Regensburg WuM 1990, 386). Auch können die Mieter fristlos kündigen (LG Kassel WuM 1987, 122; AG Osnabrück WuM 2008, 84; AG Köln WuM 2003, 145).

Der Vermieter kann einem Mieter, der in der Mietwohnung die Prostitution ausübt oder dies ermöglicht, in der Regel fristlos wegen vertragswidrigen Gebrauchs kündigen (LG Lübeck NJW-RR 93, 525). Ein Mietvertrag über eine Wohnung zum Betrieb eines Bordells ist wegen Sittenwidrigkeit nichtig, wenn ein überhöhter Mietzins vereinbart wird, der nur durch wirtschaftliche Ausbeutung der Prostituierten erwirtschaftet werden kann (OLG Karlsruhe WuM 90, 286).

Prozesskostenhilfe ⮚ BERATUNGSHILFE, ⮚ RECHTSSCHUTZ

Der Staat gewährt Bürgern, die die Kosten der Prozessführung oder eines Mahnverfahrens nicht, nur zum Teil oder nur in Raten aufbringen können, Prozesskostenhilfe (PKH). PKH wird nicht für aussichtslose Prozesse gewährt. Daher muss die beabsichtigte Rechtsverfolgung bzw. Rechtsverteidigung hinreichende Aussicht auf Erfolg bieten **(BGH WuM 2020, 738)** und darf nicht mutwillig sein **(BGH – VII ZB 48/16)**. Bei Aussichtslosigkeit der Verteidigung gegen eine Räumung kann aber zumindest für die Prüfung der Gewährung einer Räumungsfrist PKH bewilligt werden **(AG Ludwigslust WuM 2013, 608)**.

Der Antrag auf PKH muss mittels eines Formulars oder zu Protokoll der Geschäftsstelle (»Rechtsantragsstelle«) beim zuständigen Gericht (in Mietsachen AG des Wohnorts) gestellt werden. PKH muss in jeder Instanz und für die Zwangsvollstreckung beim jeweils zuständigen Gericht neu beantragt werden.

Vorhandenes Vermögen und Einkommen muss mit Ausnahme von Freibeträgen, die jährlich in der »Prozesskostenhilfebekanntmachung« (PKHB) veröffentlicht werden, eingesetzt werden. Daher ist es zwingend erforderlich, zur Prüfung die »Erklärung über die persönlichen und wirtschaftlichen Verhältnisse« mit entsprechenden Belegen dem Antrag beizufügen. Wird das hierfür vorgeschriebene Formular nicht benutzt, kann der Antrag abgelehnt werden **(BGH WuM 2013, 61)**; Gleiches gilt, wenn Angaben oder Belege unvollständig sind **(BGH NJW 2017, 735)**. Je nach Höhe des einzusetzenden Vermögens und Einkommens erhält der Bürger in vollem Umfang PKH, oder er muss die erhaltenen Leistungen in max. 48 Monatsraten, deren Höhe vom Einkommen abhängig ist, zurückzahlen. Werden im Antrag falsche Angaben gemacht, kann allein deshalb die Bewilligung aufgehoben werden, selbst wenn PKH auch bei korrekten Angaben bewilligt worden wäre **(BGH WuM 2012, 698)**. Die Angaben in der Erklärung über die persönlichen und wirtschaftlichen Verhältnisse sind vom Richter vertraulich zu behandeln und dürfen insbesondere nicht dem Prozessgegner bekanntgemacht werden (AG Hamburg-Barmbek WuM 2019, 463).

Achtung: PKH umfasst nur die Gerichtskosten sowie die Kosten des eigenen Anwalts. Die gegnerischen Kosten werden von der PKH nicht umfasst. Wer den Prozess verliert, muss die Kosten des gegnerischen Rechtsanwalts uneingeschränkt selbst aufbringen. Dies sind in der Regel über ein Drittel der gesamten Prozesskosten.

R

Rauchen

Rauchen in der Mietwohnung ist vertragsgemäß, wenn es nicht durch den Mietvertrag wirksam eingeschränkt ist **(BGH WuM 2006, 513)**. Deshalb verhält sich ein Mieter, der in seiner Wohnung raucht und dadurch Ablagerungen verursacht, auch nicht vertragswidrig. Der Vermieter hat ja zum Ausgleich die Möglichkeit, die ⮱ SCHÖNHEITSREPARATUREN auf den Mieter abzuwälzen. Wenn ihm das nicht gelingt, weil er eine unwirksame Klausel im Mietvertrag verwandt hat, ist das sein eigenes Risiko.

Auch »exzessives« Rauchen ist noch vertragsgemäß. Der Mieter macht sich erst dann schadensersatzpflichtig, wenn er Schäden an der Wohnung verursacht, die sich durch Schönheitsreparaturen nicht mehr beseitigen lassen, sondern darüber hinausgehende Instandsetzungsarbeiten erfordern **(BGH WuM 2008, 213;** LG Hannover ZMR 2016, 958).

Gelegentlich treffen die Mietparteien eine sogenannte Nichtraucherabrede. Als vorgedruckte Klausel im Formularmietvertrag ist eine derartige Vereinbarung nach den AGB-Vorschriften unwirksam ⮱ ALLGEMEINE GESCHÄFTSBEDINGUNGEN. Fragt der Vermieter den Mieter aber vor dem Abschluss des Mietvertrags, ob er Raucher ist, muss dieser wahrheitsgemäße Angaben machen. Gibt der Mieter auf die Nachfrage an, er sei Nichtraucher, kann der Vermieter den Mietvertrag jedoch nicht anfechten, wenn der Mieter oder seine Gäste später gelegentlich rauchen (LG Stuttgart NJW 93, 73).

Geruchsbelästigung

Viele Mieter fühlen sich durch Zigarettenrauch gestört. Hier gilt, dass Raucher – auch wenn das Rauchen in der Wohnung vertragsgemäß ist – zur Rücksichtnahme verpflichtet sind. Dazu kann es gehören, übermäßigen Tabakqualm im **Hausflur** z.B. durch regelmäßiges Lüften zu verhindern **(BGH WuM 2015, 289)**. Wirft der Vermieter seinem Mieter eine Pflichtverletzung vor, muss er dies ggf. beweisen **(BGH WuM 2015, 289;** LG Düsseldorf WuM 2016, 679).

Für das Rauchen auf dem **Balkon** kommt es auf die Umstände des Einzelfalls an **(BGH WuM 2015, 368)**. Ist die Geruchsbelästigung durch den Tabakrauch nur **unwesentlich**, gibt es keinen Unterlassungsanspruch. Maßstab für die Einschätzung ist dabei laut BGH das Empfinden eines »verständigen durchschnittlichen Menschen«. Die Anzahl der Raucher könnte demnach eine große Rolle spielen; letztlich müssen aber die Einzelheiten von den Gerichten geklärt werden.

Ist die Störung als **wesentlich** einzustufen, müssen beide Seiten zu ihrem Recht kommen, aber auch auf die Interessen der jeweils anderen Seite Rücksicht nehmen. Das läuft nach Auffassung des BGH auf eine Regelung nach Zeitabschnitten hinaus. Es muss also Zeiten geben, zu denen der eine Mieter den Balkon ohne Rauchbelästigungen nutzen kann; ebenso müssen Zeiten festgelegt sein, in denen der andere Mieter auf dem Balkon rauchen darf.

Eine besondere Situation läge nach Ansicht des BGH vor, wenn dem Passivraucher durch das Rauchen **Gesundheitsgefahren** drohten oder der Rauch ein **unerträgliches Ausmaß** erreicht; denn dann würde eine sonst nur unwesentliche Störung **wesentlich**. Darin, dass die Nichtraucherschutzgesetze des Bundes und der Länder das Rauchen im Freien nicht grundsätzlich verbieten, sieht der BGH ein Indiz dafür, dass mit dem Rauchen auf dem Balkon keine konkreten Gefahren für die Gesundheit anderer verbunden sind. Es wäre Aufgabe des Passivrauchers, im konkreten Fall den fundierten Verdacht einer Gesundheitsbeeinträchtigung zu beweisen. Nur dann müsste wiederum eine Gebrauchsregelung getroffen werden.

Erhebliche Beeinträchtigungen durch Rauchen auf dem Nachbarbalkon rechtfertigen eine ⇨ MIETMINDERUNG (LG Berlin GE 2013, 810; LG Hamburg WuM 2012, 496). Gleiches gilt, wenn Zigarettenqualm von einer in die andere Wohnung zieht (LG Berlin GE 2017, 1470; LG Stuttgart WuM 98, 724; AG Lübeck WuM 2014, 138).

Rauchwarnmelder

In Deutschland sind jedes Jahr Todesopfer nach einem Wohnungsbrand zu beklagen. Gefährlich ist dabei nicht so sehr das Feuer, sondern der entstehende Rauch, vor allem während der Schlafenszeit. Die meisten Bewohner sterben an den Folgen einer Rauchvergiftung. Rauchwarnmelder bieten einen zuverlässigen Schutz, vorausgesetzt, sie sind ordnungsgemäß installiert und werden regelmäßig überprüft. Näheres ist in der DIN 14676 festgelegt. Nach den gesetzlichen Bestimmungen sind Schlafräume, Kinderzimmer und Flure mit den Geräten auszustatten. Die nachträgliche Installation ist in den Landesbauordnungen aller Bundesländer vorgeschrieben.

Achtung: Die Geräte dienen ausschließlich dem Schutz des Lebens und der Gesundheit der sich in der Wohnung aufhaltenden Menschen. Sie sollen hingegen nicht das Gebäude oder Sachen vor Brandschäden schützen. Gibt ein Rauchwarnmelder Alarm, ist es bereits zu einer starken Rauchentwicklung gekommen. Die Feuerwehr rät dringend davon ab, dann die Flammen zu bekämpfen. Wegen der besonderen Gefährlichkeit des Brandrauchs soll das Gebäude umgehend verlassen werden.

Es gibt Rauchwarnmelder, die sich mit Funktechnik selbst überwachen. Sie müssen nicht in den Wohnungen geprüft werden. Der Leistungsumfang einer Ferninspektion hängt von der Bauweise des Rauchwarnmelders ab. Geräte der Bauweise »B« ermöglichen eine Teil-Ferninspektion. Dabei werden die Energieversorgung und Rauchsensorik automatisch geprüft. Außerdem wird kontrolliert, dass der Rauchwarnmelder nicht demontiert ist und dass keine funktionsrelevanten Beschädigungen vorliegen. Rauchmelder der Bauweise »C« ermöglichen eine komplette Ferninspektion. Dann kommen zu den genannten Prüfungen noch die automatische Kontrolle des Warnsignals, der Raucheintrittsöffnungen sowie die Umfeldkontrolle dazu. Im Abstand von einem halben Meter dürfen keine Einrichtungsgegenstände (Möbel, Lampen etc.) aufgestellt oder angebracht sein.

Achtung: Wer ein ferninspizierbares Gerät entfernt oder abdeckt, muss damit rechnen, dass bald ein Beauftragter des Vermieters an der Tür klingelt, um das Gerät zu überprüfen. Im Interesse der eigenen Sicherheit sollte jeder Mieter darauf achten, dass die Rauchwarnmelder funktionstüchtig sind. Nach einer notwendigen Entfernung, z. B. aufgrund einer Renovierung wie Parkettabschleifen, Malerarbeiten, sollten die Geräte umgehend wieder angebracht werden.

Einbau durch den Vermieter

Die Installation von Rauchwarnmeldern ist eine ⮱ MODERNISIERUNG. Der Mieter muss sie grundsätzlich dulden (AG Lübeck ZMR 2008, 302; AG Schwarzenbek ZMR 2008, 721). Das gilt auch für starke Raucher. Ein Falschalarm ist deswegen nicht zu befürchten (LG Halle/Saale ZMR 2014, 649). Der Mieter hat den Einbau durch den Vermieter auch dann zu gestatten, wenn er bereits selbst entsprechende Geräte installiert hat **(BGH WuM 2015, 497)**. Der BGH ist der Ansicht, dass es die Sicherheit erhöht, wenn der Einbau und die laufende Prüfung für das gesamte Gebäude »in einer Hand« liegen.

Um die Sicherheit zu erhöhen, kann der Vermieter nicht nur die vorgeschriebenen Räume – Schlaf- und Kinderzimmer sowie den Flur – mit Rauchwarnmeldern ausrüsten, sondern z. B. auch das Wohnzimmer. Der Mieter muss es akzeptieren, wenn der Vermieter über die gesetzlichen Vorgaben hinaus in weiteren Räumen Rauchwarnmelder anbringen will

(BGH WuM 2015, 498). Die Installation in Küche oder Bad muss der Mieter jedoch nicht dulden, weil sie hier wegen eines möglichen Täuschungsalarms nicht sinnvoll ist.

Nach der erstmaligen Anbringung von Rauchwarnmeldern darf der Vermieter eine **Mieterhöhung wegen Modernisierung** durchführen. Der Austausch bereits vorhandener Geräte stellt hingegen keine Modernisierung dar. Eine Mieterhöhung ist ausgeschlossen **(BGH WuM 2023, 416)**. Eine Modernisierung kann aber darin zu sehen sein, dass der Vermieter gewöhnliche Rauchwarnmelder durch solche mit Ferninspektion ersetzt. Dann muss er sich jedoch die ersparten Instandhaltungskosten anrechnen lassen ⇨ MODERNISIERUNG. Es ist zu berücksichtigen, dass die Geräte nach 10 Jahren ohnehin auf Kosten des Vermieters zu erneuern sind.

Betriebskosten

Nach DIN 14676 soll einmal jährlich geprüft werden, ob die Rauchwarnmelder noch ordnungsgemäß funktionieren. Übernimmt der Vermieter diese Aufgabe, kann er den hierfür anfallenden Aufwand dem Mieter berechnen. Die Kosten für die regelmäßige Kontrolle von Rauchwarnmeldern sind als sonstige Betriebskosten umlegbar. Voraussetzung ist, dass die Umlage dieser Kosten im Mietvertrag ausdrücklich vereinbart ist. Es genügt, wenn der Mietvertrag die Umlage der Kosten für den Betrieb einer Brandschutz- und Brandmeldeanlage vorsieht **(BGH WuM 2022, 733)**.

Mit der jährlichen Überprüfung kann der Vermieter seine Abrechnungsfirma für die Heizkosten, den Schornsteinfeger oder eine andere fachkundige Person beauftragen. Sind die Kosten überteuert, verstößt der Vermieter womöglich gegen das Wirtschaftlichkeitsgebot ⇨ BETRIEBSKOSTEN. Als angemessen anzusehen sind, je nach Region, bis zu fünf Euro jährlich pro Gerät. Die Nachweispflicht, dass die Prüfungskosten überhöht sind, trifft den Mieter.

Für Rauchwarnmelder mit Ferninspektion entstehen keine laufenden Inspektionskosten. Sie prüfen sich sozusagen selbst. Deshalb darf der Vermieter für diese Geräte auch keine Betriebskosten berechnen.

Die Kosten für die **Anschaffung** der Geräte darf der Vermieter nicht als Betriebskosten auf die Mieter umlegen. Das Gleiche gilt, wenn der Vermieter die Geräte nicht gekauft, sondern angemietet hat. Die **Anmietungskosten** treten an die Stelle des Kaufpreises und dürfen daher nicht abgerechnet werden **(BGH WuM 2022, 428)**.

Ist ein Gerät defekt, muss es ersetzt werden. Die dafür anfallenden Kosten kann der Vermieter auch nicht als Betriebskosten umlegen. Es handelt sich um eine ⇨ INSTANDHALTUNG. Nach DIN 14676 ist ein Rauchwarnmelder nach Inbetriebnahme spätestens nach 10 Jahren plus 6 Monaten Karenzzeit auszutauschen. Auch diese Kosten darf der Vermieter nicht auf die Mieter abwälzen.

Räumungsfrist ⇨ FRISTLOSE KÜNDIGUNG, ⇨ KÜNDIGUNG, ⇨ VOLLSTRECKUNGSSCHUTZ

Wird der Mieter auf Räumung von Wohnraum verklagt, kann er unabhängig von einem evtl. Widerspruchsrecht nach der Sozialklausel ⇨ KÜNDIGUNGSSCHUTZ zusätzlich eine Räumungsfrist beantragen. Das ist auch bei einem gewerblichen Mietverhältnis möglich, wenn die Räume tatsächlich zum Wohnen benutzt werden (OLG Köln WuM 97, 336). Diesen Antrag muss er vor Schluss der letzten mündlichen Verhandlung, auf die das Urteil ergeht, stellen (§ 721 ZPO). Der Antrag auf Räumungsfrist ist bei dem Gericht zu stellen, das zur Räumung verurteilt. Im Revisionsverfahren kann nur ausnahmsweise eine Räumungsfrist beantragt werden; ein Antrag auf einstweilige Einstellung der Zwangsvollstreckung ist aber gem. § 719 Abs. 2 ZPO möglich. Die Räumungsfrist soll Wohnungslosigkeit verhindern (LG Kiel WuM 93, 555) und dem Mieter Zeit geben, intensiv nach einer ihm zumutbaren Ersatzwohnung zu suchen; denn die Kündigung als solche verpflichtet den Mieter im Regelfall noch nicht zur Wohnungssuche, wenn er sich gegen diese Kündigung wehren will (LG Regensburg WuM 91, 359; LG Aachen WuM 90, 216; LG Hamburg WuM 88, 316). Spätestens nach Zustellung eines erstinstanzlichen Räumungsurteils muss der Mieter aber intensiv nach Ersatzwohnraum suchen (LG München I ZMR 2023, 547; LG Essen WuM 92, 202).

Das Gericht entscheidet über die Gewährung und Dauer der beantragten Räumungsfrist nach pflichtgemäßem **Ermessen**. Dabei müssen Mieter- und Vermieterinteressen angemessen berücksichtigt werden (LG Kassel WuM 89, 443). Grundsätzlich gilt aber, dass das nur noch vorübergehende Bestandsinteresse des Mieters im Allgemeinen den Vorrang vor dem Wiedererlangungsinteresse des Vermieters hat (LG Hamburg WuM 90, 216). Hingegen überwiegt das Interesse des Vermieters, wenn der Mieter sein vertragswidriges Verhalten fortsetzt (LG Berlin GE 2014, 1140: Gewalttätigkeiten gegenüber Mitmietern) oder wenn er die Wohnung tatsächlich gar nicht mehr bewohnt (LG Berlin GE 2014, 323).

Liegen keine besonderen Umstände vor, ist die Räumungsfrist zunächst für 3 Monate zu gewähren (LG Hamburg WuM 99, 365). Bei der Bemessung der Räumungsfrist sind u. a. die Situation auf dem Wohnungsmarkt (LG Berlin WuM 2018, 383; LG Hamburg WuM 94, 219), der Gesundheitszustand des Mieters, eine Schwangerschaft (LG Stuttgart WuM 91, 347 und schulpflichtige Kinder (LG Krefeld WuM 2010, 302) zu berücksichtigen.

Eine Räumungsfrist kann auch dem Mieter bewilligt werden, dem fristlos gekündigt wurde (LG Hamburg WuM 88, 316; AG Salzgitter WuM 90, 550). In einem Räumungsprozess wegen Zahlungsverzugs wird in der Regel eine Räumungsfrist von 6 bis 8 Wochen vertretbar sein (LG Berlin ZMR 98, 351; LG Berlin GE 80, 432). Der Mieter ist auch während der Dauer der Räumungsfrist weiterhin zur **Zahlung der laufenden Mieten** verpflichtet. Das Gericht kann die Räumungsfrist von der rechtzeitigen Zahlung der laufenden Mieten abhängig machen (LG Mainz WuM 97, 233). Ist nicht gewährleistet, dass wenigstens für die Dauer der Räumungsfrist die laufende Miete gezahlt wird, so ist dem Vermieter die Gewährung einer Räumungsfrist nicht zumutbar (OLG Stuttgart NJW-RR 2007, 15; LG Berlin GE 2007, 1253). Dem Mieter kann auch dann eine Räumungsfrist gewährt werden, wenn er selbst gekündigt hat (LG Freiburg WuM 96, 716). Hat der Mieter bereits eine Ersatzwohnung gefunden, kann diese aber noch nicht beziehen, oder ist das vom Mieter neu errichtete Haus noch nicht bezugsfertig, so ist ihm bis zum möglichen Einzug grundsätzlich eine Räumungsfrist zu gewähren. Ein **Zwischenumzug** ist dem Mieter nicht zuzumuten (LG Heidelberg WuM 95, 661; LG Münster WuM 93, 62; LG Aachen WuM 2007, 398).

Eine Räumungsfrist kann auch gewährt werden, wenn es im Prozess nicht zu einem Urteil kommt, sondern die Parteien einen **Räumungsvergleich** schließen (LG Aachen WuM 2007, 398), es sei denn, der Mieter hat in dem gerichtlichen Vergleich wirksam auf Räumungsschutz verzichtet (LG München I NZM 2008, 839). Die in einem gerichtlichen Vergleich vereinbarte Räumungsfrist darf nicht verkürzt werden (LG Stuttgart WuM 92, 32).

Hat der Mieter einen sog. ⇒ ZEITMIETVERTRAG abgeschlossen, kann er nach Ablauf der vereinbarten Mietzeit keine Räumungsfrist gem. § 721 ZPO verlangen.

Erweist sich die Räumungsfrist als zu kurz, kann sie – auf Antrag – (auch wiederholt) **verlängert** werden; insgesamt darf sie jedoch nicht mehr als ein Jahr betragen (§ 721 Abs. 3 und 5 ZPO).

Der Antrag auf Verlängerung muss spätestens zwei Wochen vor Ablauf der Räumungsfrist beim Prozessgericht schriftlich gestellt sein (§ 721

Abs. 3 ZPO), notfalls auch an einem Sonntag (LG Freiburg WuM 89, 443). Der Verlängerung der Räumungsfrist steht es nicht entgegen, dass der Vermieter die Wohnung bereits vorher weitervermietet hat (LG Kassel WuM 89, 443).

Beantragt der Mieter eine Verlängerung der Räumungsfrist, weil er während der bisher bewilligten Räumungsfrist noch keine Ersatzwohnung gefunden hat, so muss er vor Gericht konkret darlegen, um welche Wohnungen er sich bislang beworben hat, und weshalb eine Anmietung gescheitert ist (**BGH NJW 90, 2823**; LG München I ZMR 2023, 547; LG Berlin WuM 2020, 510).

Die drohende Unterbringung einer Familie in einer Notunterkunft rechtfertigt die Verlängerung der Räumungsfrist (LG Kiel WuM 73, 145), ebenso eine Risikoschwangerschaft (AG Bergheim WuM 99, 530).

Achtung: Die Räumungsfrist kann auf Antrag des Vermieters auch verkürzt werden, § 721 Abs. 3 ZPO. Dies kommt in Betracht, wenn der Mieter seine Mietzahlungen einstellt (AG Wedding ZMR 2023, 48; LG Berlin GE 2007, 1253) oder andere Mieter beleidigt, bedroht und gewalttätig wird (AG Kreuzberg WuM 2023, 401) oder erneut Pflichtverletzungen begeht, die bereits Gegenstand der Kündigung waren (LG Münster WuM 91, 563: ruhestörender Lärm).

Findet der Mieter während der Räumungsfrist eine neue Wohnung, so kann er ausziehen und muss keine Verkürzung der Räumungsfrist beantragen (LG Hannover WuM 89, 77). Mit der Rückgabe der Wohnung an den Vermieter entfällt seine Verpflichtung zur Zahlung einer ⇨ NUTZUNGSENTSCHÄDIGUNG.

Wurde die Frist für den Antrag auf Räumungsfrist versäumt, ist die Höchstdauer von einem Jahr ausgeschöpft, oder liegt ein Zeitmietvertrag vor, kommt unter Umständen noch ein Antrag auf Vollstreckungsschutz nach § 765a ZPO in Betracht ⇨ VOLLSTRECKUNGSSCHUTZ.

Rechtsberatung ⇨ BERATUNGSHILFE, ⇨ MIETERVEREIN

Die Befugnis zur außergerichtlichen Rechtsberatung ist im Rechtsdienstleistungsgesetz (RDG) geregelt. Danach dürfen im Mietrecht nur Rechtsanwälte gegen Entgelt beraten sowie Vereinigungen, die zur Wahrung gemeinschaftlicher Interessen gegründet wurden – wie z. B. die Mietervereine. Hierdurch sollen Bürger vor unqualifizierter Rechtsberatung geschützt werden.

Im Internet gibt es zunehmend Angebote von Firmen, z. B. Nebenkostenabrechnungen, Mieterhöhungen oder die Einhaltung der Mietpreisbremse zu prüfen. Oftmals wird mit »kostenloser Prüfung« und ähnlichen Versprechen geworben. Man sollte sich jedoch vor Augen halten, dass diese Firmen z.T. üppige Erfolgshonorare für sich vereinbaren. Der **BGH (VIII ZR 285/15 – WuM 2020, 212)** hat aber entschieden, dass Inkassobüros Rückforderungsansprüche im Rahmen der ⇨ MIETPREISBREMSE für Mieter geltend machen dürfen.

Unentgeltliche Rechtsberatungen sind im Rahmen familiärer, nachbarschaftlicher oder ähnlich enger persönlicher Beziehungen prinzipiell erlaubt; außerhalb dieses Rahmens darf allerdings auch unentgeltlich nur von ausgebildeten Volljuristen oder unter deren Anleitung beraten werden.

Rechtsschutz ⇨ MIETERVEREIN/MIETERBUND

Zahlreiche Mietervereine im Deutschen Mieterbund haben für ihre Mitglieder eine Rechtsschutzversicherung bei der DMB Rechtsschutz Versicherungs AG abgeschlossen. Muss ein Mietprozess geführt werden, trägt die Versicherung dessen Kosten bei einer geringen Selbstbeteiligung für die Mitglieder. Voraussetzung ist, dass der Rechtsstreit Aussicht auf Erfolg hat und eine außergerichtliche Beratung und Vertretung durch den Mieterverein nicht zur Klärung geführt hat.

Die DMB Rechtsschutz Versicherungs AG bietet auch die Möglichkeit, Privat-, Berufs- oder Verkehrsrechtsschutz abzuschließen, für Mitglieder der Mietervereine im Deutschen Mieterbund zu besonders günstigen Bedingungen. Unter www.dmb-rechtsschutz.de finden Sie weitere Informationen.

Rollstuhl ⇨ TREPPENHAUS

Rückgabe der Wohnung ⇨ WOHNUNGSABNAHME, ⇨ ZWANGSRÄUMUNG

Ist das Mietverhältnis beendet, erlischt das Recht des Mieters zum Gebrauch der Mietwohnung. Er ist verpflichtet, dem Vermieter die Wohnung zurückzugeben ⇨ STILLSCHWEIGENDE VERLÄNGERUNG DES MIETVERHÄLTNISSES. Bei mehreren Mietern trifft diese Pflicht alle, auch den, der die Wohnung bereits endgültig aufgegeben hat **(BGH RE WuM 96, 83)**. Erst wenn der Vermieter die Wohnung zurückerhalten hat, entfällt die ⇨ OBHUTSPFLICHT des Mieters.

Rückgabe in ordnungsgemäßem Zustand
Die Rückgabe der Wohnung erfordert im Normalfall die vollständige Räumung von Wohnung, Keller und Garage sowie die Rückgabe der

⇨ SCHLÜSSEL **(BGH WuM 2010, 688)**. Sie in den Briefkasten des Hauswarts zu werfen, reicht nur, wenn dies vereinbart war (LG Hannover NZM 2005, 421; LG Berlin GE 2003, 1431). Der Mieter erfüllt seine Rückgabepflicht nicht, wenn in erheblicher Anzahl Gegenstände zurückbleiben, etwa die komplette Einbauküche, eine Balkonverkleidung und ein Einbauschrank im Badezimmer (KG Berlin GE 2010, 1201; LG Köln NJW-RR 96, 1480). Sind aber nur vereinzelte Gegenstände zurückgeblieben, steht das der Rückgabe nicht entgegen (**BGH WuM 88, 270**; KG Berlin WuM 2015, 524; OLG Düsseldorf ZMR 87, 215; LG Braunschweig WuM 96, 272). Für die Rückgabe selbst spielt es auch keine Rolle, in welchem Zustand sich die Wohnung befindet. Der Vermieter kann z. B. die Rücknahme der Wohnung nicht verweigern, nur weil der Mieter nicht die erforderlichen Schönheitsreparaturen durchgeführt hat **(BGH NJW 83, 1049**; OLG Düsseldorf NZM 2005, 823; WuM 2002, 494) ⇨ VERJÄHRUNG.

Davon unberührt bleibt natürlich der Anspruch des Vermieters auf Rückgabe der Wohnung in vertragsgemäßem Zustand. Dazu gehört auch die Wiederherstellung des ursprünglichen Zustands. Beispiel: Hat der Mieter eine Einbauküche installiert, muss er die ursprünglich vorhandene Küchenspüle nach seinem Auszug wieder anbringen (LG Landau WuM 97, 428). Auch andere Einbauten wie ein Hochbett, eine Markise, einen Wandschrank oder einen selbst verlegten ⇨ TEPPICHBODEN muss der Mieter wieder beseitigen ⇨ MIETERMODERNISIERUNG. Häufig wird darüber gestritten, ob Schäden bereits vorhanden waren, als der Mieter eingezogen ist, z. B. am ⇨ PARKETTBODEN. Dann muss der Vermieter beweisen, dass er die Wohnung zu Beginn des Mietverhältnisses in ordnungsgemäßem Zustand übergeben hat (OLG Düsseldorf WuM 2003, 621). Der Vermieter kann aber nicht generell erwarten, dass er die Mietwohnung nach Beendigung des Mietverhältnisses in dem gleichen Zustand zurückerhält wie zu Mietbeginn. Die durch vertragsgemäßen Gebrauch entstehenden Abnutzungen hat er selbst zu tragen. Sie sind durch die vereinbarte Miete abgegolten.

Verstößt der Mieter gegen seine Pflicht, Einbauten zu entfernen und von ihm verschuldete Schäden zu beseitigen, macht er sich u. U. schadensersatzpflichtig. Der Vermieter kann allerdings nicht sofort Geld verlangen. Er muss seinen Anspruch auf ordnungsgemäße Rückgabe der Wohnung in einen Schadensersatzanspruch umwandeln. Dazu muss er dem Mieter zunächst eine Frist setzen (**BGH WuM 97, 217**; AG Peine NZM 2005, 799). Dabei muss der Vermieter die geforderten Arbeiten im Einzelnen beschreiben (OLG Hamburg WuM 92, 70). Geht die Aufforderung des Vermieters zur Entfernung von Gegenständen weit über das Geschuldete hinaus, kann er aus der Fristsetzung keine Rechte herleiten (OLG Düsseldorf

NZM 2005, 823). Dieses Verfahren muss er nicht einhalten, wenn sich ein Schaden schnell und ohne größere Kosten beseitigen lässt (LG Köln WuM 2000, 548). Ansonsten gilt: Versäumt es der Vermieter, eine Frist zu setzen, steht ihm kein Schadensersatz zu. Eine Ausnahme besteht nur, wenn sich der Mieter von vornherein geweigert hat, für irgendwelche Schäden aufzukommen. Davon kann aber nicht ausgegangen werden, wenn er auszieht, ohne Beschädigungen oder Einbauten zu beseitigen (AG Kassel/Hofgeismar WuM 2011, 467). Hat der Vermieter die Wohnung mit den zurückgelassenen Einbauten (Badewannenglasaufsatz, Einbauschrank, Laminatboden) bereits weitervermietet, kann er nicht ohne weiteres Schadensersatz verlangen (LG Berlin WuM 2021, 550).

Der Vermieter kann die Beseitigung von Einbauten grundsätzlich auch dann verlangen, wenn er dem Einbau zugestimmt hat (OLG Düsseldorf ZMR 90, 218). Eine Ausnahme besteht, wenn sich aus den Umständen ergibt, dass der Vermieter auf die Wiederherstellung des ursprünglichen Zustands verzichtet hat. Das wird angenommen, wenn es sich um einen selbstverständlichen Standard (LG Hamburg WuM 2010, 448) oder um eine auf Dauer angelegte Einrichtung handelt, deren Beseitigung nur mit erheblichem Kostenaufwand möglich wäre, und die Mietsache in einen erheblich schlechteren Zustand versetzen würde (OLG Frankfurt/M. WuM 92, 56; LG Berlin GE 2010, 1269). Hier kann vom Vermieter erwartet werden, dass er sich die Beseitigung der Einbauten ausdrücklich vorbehält, wenn er seine Zustimmung erteilt (LG Münster WuM 99, 515).

Der Mieter ist grundsätzlich nicht verpflichtet, Einbauten, die ein Vormieter vorgenommen hat, wieder zu beseitigen (LG Berlin GE 89, 999). Eine Ausnahme besteht, wenn der Mieter die Einbauten vom Vormieter übernommen hat ⇨ ERSATZANSPRÜCHE DES VERMIETERS, ⇨ MÄNGEL DER WOHNUNG, ⇨ SCHÖNHEITSREPARATUREN.

Hat der Vermieter dem Mieter anlässlich der Rückgabe der Wohnung bestätigt, dass sich diese in ordnungs- bzw. vertragsgemäßem Zustand befindet, hat er weder Erfüllungs- noch Schadensersatzansprüche (LG Kassel WuM 74, 235) ⇨ WOHNUNGSABNAHME. Das Gleiche gilt auch, wenn der Vermieter die Kaution vorbehaltlos zurückzahlt (OLG München NJW-RR 90, 20).

Reinigungspflicht
Zu einer Grundreinigung ist der Mieter beim Auszug nicht verpflichtet. Es genügt, wenn er die Wohnung »besenrein« zurückgibt. Das bedeutet, dass lediglich grobe Verschmutzungen zu beseitigen sind **(BGH WuM 2006, 513)**. Der Vermieter kann nicht verlangen, dass der Mieter Küche,

Bad oder Keller einer gründlichen Reinigung unterzieht. Auch die Fenster müssen nicht frisch geputzt sein (LG Berlin GE 80, 667; AG Schleiden WuM 2000, 436). Eine Regelung im Mietvertrag, die dem Wohnungsmieter die Kosten für eine Endreinigung der Bodenbeläge und der Fenster auferlegt, ist unwirksam (AG Hamburg-Blankenese MietRB 2019, 358). Wirksam ist hingegen eine Mietvertragsklausel, die ihn beim Auszug zur Grundreinigung des mitvermieteten Teppichs verpflichtet ⮱ TEPPICHBODEN. Auch hier gilt: Schadensersatz wegen unzureichender Reinigung steht dem Vermieter nur zu, wenn er dem Mieter vorher eine Frist gesetzt hat (AG Hamburg WuM 2022, 267).

Verspätete Übergabe
Die Rückgabe muss nach dem Gesetz »nach der Beendigung des Mietverhältnisses« erfolgen. Das Mietverhältnis endet in aller Regel am letzten Tag des jeweiligen Monats. Es wird die Meinung vertreten, dass der Mieter die Wohnung immer erst am folgenden Tag herausgeben müsse (AG Lichtenberg GE 2005, 807). Auf jeden Fall ist die Rückgabe auch einige Tage vor Ablauf der Mietzeit möglich (OLG Dresden NZM 2000, 827).

Fällt der Monatsletzte auf einen Samstag, Sonntag oder Feiertag, verschiebt sich der Termin der Rückgabe nach einer Auffassung ohnehin auf den nächsten Werktag (OLG Hamm WuM 81, 40). Nach anderer Ansicht bleibt es beim letzten Tag des Monats (**BGH WuM 89, 141** zum Zeitpunkt, bis zu dem Einbauten zu entfernen sind; LG Düsseldorf WuM 92, 191).

Übergibt der Mieter dem Vermieter die Wohnung nicht rechtzeitig, muss er eine ⮱ NUTZUNGSENTSCHÄDIGUNG zahlen. Der Vermieter darf den Betrag verlangen, den er bei der neuen Vermietung der Wohnung als Miete erzielen könnte (**BGH WuM 2017, 134**). Die Zahlungspflicht endet mit dem Tag der Rückgabe (**BGH WuM 2005, 771**). Der Mieter muss jedoch dem Vermieter den bevorstehenden Auszug umgehend mitteilen, sonst macht er sich schadensersatzpflichtig (LG Freiburg WuM 80, 223; AG Dortmund WuM 81, 105; AG Friedberg WuM 80, 223). Kommt der Mieter seinen Zahlungspflichten nicht nach, ist der Vermieter auch nicht verpflichtet, weiter für eine Beheizung der Räume zu sorgen (**BGH WuM 2009, 469**).

Neben der Nutzungsentschädigung kann der Vermieter grundsätzlich den Ersatz eines weiteren finanziellen Schadens verlangen, der ihm durch die verspätete Rückgabe entstanden ist. Diesen Anspruch hat er aber nur, wenn den Mieter ein Verschulden an der Verspätung trifft und »die Billigkeit eine Schadloshaltung erfordert«. Der Mieter muss deshalb keinen Schadensersatz leisten, wenn er trotz intensiver Suche keine neue Wohnung gefunden hat und wohnen bleibt, um einen Zwischenumzug in ein Hotel zu vermeiden (LG Hamburg WuM 96, 341). Gibt der Mieter die Wohnung aufgrund einer gerichtlich festgesetzten ⇨ RÄUMUNGSFRIST (Urteil oder Vergleich) verspätet zurück, ist er ebenfalls nicht zum Ersatz eines weitergehenden Schadens verpflichtet.

Bekanntgabe der neuen Adresse
Der Mieter ist verpflichtet, dem Vermieter seine neue Anschrift mitzuteilen. Der Vermieter muss die Möglichkeit haben, ggf. aus der Abwicklung des Mietverhältnisses sich entwickelnde Ansprüche dem Mieter gegenüber geltend zu machen. Versäumt der Mieter eine entsprechende Mitteilung an den Vermieter, muss er sich hieraus entstehende Nachteile zurechnen lassen (OLG Hamburg ZMR 80, 84).

Rücktritt vom Mietvertrag ⇨ ANFECHTUNG EINES MIETVERTRAGS, ⇨ KÜNDIGUNG, ⇨ WIDERRUF

Das Gesetz sieht ein Rücktrittsrecht für Mietverträge nicht vor, es kann aber vertraglich vereinbart werden (§ 346 BGB).

Tritt der Mieter vom Mietvertrag zurück, **bevor** die Wohnung bezogen wurde, muss der Vermieter bereits empfangene Leistungen (z.B. Kaution) zurückzahlen.

Nach der Überlassung der Wohnung ist ein Rücktritt wegen der Besonderheiten des Mietrechts grundsätzlich ausgeschlossen; das Mietverhältnis kann dann nur noch durch ⇨ KÜNDIGUNG oder ⇨ WIDERRUF (oder in seltenen Fällen durch ⇨ ANFECHTUNG) beendet werden. Insbesondere kann der Vermieter durch ein vertragliches Rücktrittsrecht nicht die mieterschützenden Regelungen zur ⇨ KÜNDIGUNG aushebeln, sondern benötigt einen Kündigungsgrund.

S

Schadensersatzanspruch des Mieters ⇨ MÄNGEL DER WOHNUNG, ⇨ MIETERMODERNISIERUNG

Schadensersatzanspruch des Vermieters ⇨ ERSATZANSPRÜCHE DES VERMIETERS, ⇨ SCHÖNHEITSREPARATUREN

Schallschutz ⇨ LÄRM, ⇨ MIETMINDERUNG

Der Schallschutz in einer Mietwohnung hat große Bedeutung für die Wohngesundheit und Wohnzufriedenheit. Sind Lärmbeeinträchtigungen unzumutbar hoch, weil die Wohnung keinen ausreichenden Schallschutz hat, liegt ein Mangel vor. Technische Regelwerke, die für die Beurteilung bedeutsam sein können, sind die DIN 4109 und die VDI-Richtlinie 4100.

Wenn keine besonderen vertraglichen Vereinbarungen getroffen werden, müssen die zum Zeitpunkt der Errichtung der Wohnung maßgeblichen technischen Normen eingehalten sein, sonst besteht ein Mangel **(BGH WuM 2013, 481; WuM 2004, 715)**. Nimmt der Vermieter später bauliche Veränderungen vor, die Lärmimmissionen nach sich ziehen können, kann der Mieter erwarten, dass Lärmschutzmaßnahmen erfolgen, mit denen die technischen Regeln zur Zeit des Umbaus eingehalten werden. Voraussetzung ist aber, dass die Maßnahmen nach der Intensität des Eingriffs in die Gebäudesubstanz mit einem Neubau oder einer grundlegenden Veränderung des Gebäudes vergleichbar sind (**BGH WuM 2013, 481**; LG Berlin ZMR 2016, 946). Dies ist z.B. der Fall, wenn ein über der Wohnung des Mieters gelegener Abstellraum während der Mietzeit erstmals als Wohnung ausgebaut und genutzt wird **(BGH WuM 2004, 715)**, nicht aber, wenn bei einer typischen Badsanierung der Estrich erneuert wird **(BGH WuM 2018, 384)**, wenn lediglich der Estrich begradigt wird, um hierauf einen neuen Fußbodenbelag aufzubringen **(BGH WuM 2013, 481)** oder ein bloßer Austausch eines Bodenbelags ohne Veränderung des darunterliegenden Estrichs oder der Geschossdecke geschieht **(BGH WuM 2020, 514; WuM 2012, 464)**.

Wird eine Wohnung in einem als »kernsaniert« bezeichneten Gebäude vermietet, darf der Mieter davon ausgehen, dass Böden und Zwischendecken an die zum Zeitpunkt der »Kernsanierung« geltenden technischen Regeln angepasst wurden (AG Bochum WuM 2011, 622). Entsprechendes gilt, wenn eine Wohnung als »voll modernisiert« vermietet wird; fehlt eine Angabe zum Zeitpunkt der Sanierung, darf der Mieter annehmen, das Gebäude weise einen zum Zeitpunkt des Vertragsabschlusses modernen Standard auf (AG Wiesbaden WuM 2010, 416).

Schimmel ⮱ FEUCHTIGKEIT IN DER WOHNUNG

Schlüssel

Anzahl der Schlüssel
Der Mieter muss beim Einzug genügend Schlüssel erhalten. Die notwendige Anzahl richtet sich grundsätzlich nach der Anzahl der Bewohner (LG Berlin GE 85, 1259), ausgenommen Kleinkinder. Davon abgesehen kann der Mieter so viele Schlüssel verlangen, wie er für seine Zwecke benötigt (LG Darmstadt WuM 85, 255; AG Schöneberg WuM 91, 29). Deshalb stehen ihm zusätzliche Schlüssel zu für einen Zeitungsboten (AG Mainz NJW-RR 2008, 100), den Pflegedienst (AG Gelsenkirchen WuM 2014, 689; AG Bad Neuenahr-Ahrweiler WuM 96, 331), den Babysitter, die Tagesmutter oder die Putzhilfe (AG Karlsruhe WuM 97, 109). Das Gleiche gilt, wenn der Mieter einen Teil seiner Wohnung untervermieten darf ⮱ UNTERMIETE. Gibt der Vermieter die Schlüssel nicht freiwillig heraus, kann ihn der Mieter gerichtlich dazu zwingen.

Die zusätzlich benötigten Schlüssel kann sich der Mieter auch selbst anfertigen lassen, soweit das möglich ist. Er muss dies dem Vermieter mitteilen. Den Schlüssel einer Zentralschließanlage kann der Mieter jedoch nicht ohne Einwilligung des Vermieters nachmachen lassen. Die erforderliche Zustimmung muss der Vermieter aber erteilen (LG Berlin MM 91, 228). Die Kosten für die nachträgliche Anfertigung zusätzlicher Schlüssel über die übliche Anzahl hinaus hat der Mieter selbst zu tragen.

Schlüsselbesitz des Vermieters
Der Vermieter darf keinen Wohnungsschlüssel »für alle Fälle« zurückbehalten (AG Frankfurt/M. – 33 C 1156/16; AG Tecklenburg WuM 91, 579; AG Ellwangen WuM 91, 340), es sei denn, der Mieter hat dies ausdrücklich gestattet. Das Überlassen eines Haus- oder Wohnungsschlüssels für Notfälle an den Vermieter ist aber jederzeit widerruflich (AG Frankfurt/M. – 33 C 1156/16). Dasselbe gilt für den Schlüssel zum Tor des mitvermieteten Gartens (AG Köln WuM 96, 756).

Betritt der Vermieter mit einem Zweit- oder Universalschlüssel unberechtigterweise die Wohnung, kann der Mieter fristlos kündigen (LG Berlin WuM 99, 332; AG Heidelberg WuM 78, 69). Selbst wenn der Vermieter im Einverständnis mit dem Mieter einen Schlüssel für die Wohnung behält, darf er die Wohnung in Abwesenheit des Mieters ohne dessen Willen nicht betreten. Andernfalls begeht der Vermieter ⇨ HAUSFRIEDENSBRUCH. Hat der Mieter den Verdacht, dass der Vermieter während seiner Abwesenheit die Wohnung aufsucht, darf er die Tür besonders sichern und zum Beispiel ein Steckschloss (Kobold) einbauen (LG Kassel WuM 53, 103).

Will der Mieter dem Vermieter keinen Schlüssel überlassen, muss er dafür sorgen, dass der Vermieter oder sein Hausmeister die Wohnung in Notfällen betreten kann. Dazu reicht es aus, wenn der Mieter während einer längeren Abwesenheit einem Wohnungsnachbarn oder einem in der Nähe wohnenden Bekannten einen Wohnungsschlüssel überlässt und das dem Vermieter mitteilt. Verletzt der Mieter diese Pflicht, muss er für daraus entstehende Schäden Ersatz leisten (**BGH WuM 72, 25**; AG Köln WuM 86, 86) ⇨ ABWESENHEIT DES MIETERS.

Verloren gegangener Schlüssel
Jeder Mieter ist verpflichtet, Haus- und Wohnungsschlüssel sorgfältig zu verwahren und darauf zu achten, dass sie nicht verloren gehen oder gestohlen werden. Ist ein Schlüssel abhandengekommen, muss der Mieter den Vermieter darüber unterrichten. Den Aufwand für eine notwendige Auswechslung des Schlosses muss der Mieter nur bezahlen, wenn ihn am Verlust des Schlüssels ein Verschulden trifft. Dabei genügt es, wenn dem Mieter der Vorwurf eines fahrlässigen Verhaltens gemacht werden kann. Als fahrlässig anzusehen ist in der Regel die weit verbreitete Unsitte, außerhalb der Wohnung für Notfälle einen Schlüssel zu »verstecken«, etwa unter der Fußmatte.

Besteht kein Verschulden des Mieters, sind die ⇨ ERSATZANSPRÜCHE DES VERMIETERS unberechtigt. Deshalb haftet der Mieter zum Beispiel nicht, wenn ihm in einem Geschäft seine Tasche mit den Schlüsseln trotz ausreichender Bewachung gestohlen wird (AG Hamburg WuM 99, 687). Das Gleiche gilt, wenn ihm seine Wertsachen einschließlich der Schlüssel im Krankenhaus aus einem verschlossenen Wertfach entwendet wurden (AG Ahrensburg GE 2010, 1750). Die Rechtslage ist aber anders, wenn eine Mieterin ihre Handtasche mit Wohnungsschlüsseln und Ausweispapieren in einem unbeaufsichtigt abgestellten Fahrzeug auf dem Beifahrersitz zurücklässt. Wird das Auto aufgebrochen und die Handtasche gestohlen, besteht ein Verschulden (KG Berlin ZMR 2008, 618).

Ähnlich verhält es sich, wenn dem Mieter ein Schlüssel abgebrochen ist. Das passiert oft, weil das Material ermüdet. Der Mieter muss dann nicht die Kosten für einen neuen Schlüssel übernehmen (AG Osnabrück

WuM 2020, 744). Schadensersatz kann der Vermieter nur verlangen, wenn feststeht, dass der Mieter Schuld hat (AG Halle/Saale NZM 2009, 739).

Eine Klausel im Mietvertrag, die den Vermieter berechtigt, unabhängig vom Verschulden des Mieters auf dessen Kosten ein neues Schloss anzubringen, ist unwirksam (OLG Brandenburg WuM 2004, 597; LG Hamburg WuM 99, 327). Den Austausch des Schlosses muss der Mieter auch nicht bezahlen, wenn ein Missbrauch des Schlüssels ausgeschlossen ist. Das trifft zu, wenn der Schlüssel in einen Fluss gefallen ist (LG Mannheim WuM 77, 121) oder wenn ein unehrlicher Finder den Schlüssel nicht zuordnen kann (LG Berlin GE 88, 411; AG Kaiserslautern WuM 80, 99). Im Streitfall trifft den Mieter die Beweislast. Behauptet er, dass der verlorene Schlüssel nicht mit einem Namensschild oder Ähnlichem gekennzeichnet gewesen ist, muss er das nachweisen. Der Mieter kann auch nicht geltend machen, der Verlust liege schon einige Zeit zurück, ohne dass ein Unbefugter die Wohnung mithilfe des Schlüssels betreten habe (AG Münster WuM 2003, 354). Hat der Mieter aber dem Vermieter den Verlust eines Schlüssels sofort mitgeteilt, kann der Vermieter die Kosten für die Auswechslung des Schlosses nicht Jahre später bei Beendigung des Mietverhältnisses geltend machen (LG Essen WuM 2011, 721).

Bei einer Zentralschließanlage ist größte Vorsicht geboten. Hier können alle Mieter im Haus mit einem Schlüssel nicht nur ihre Wohnungstür, sondern auch die Haustür und Türen zu Gemeinschaftsräumen aufschließen. Ein Schlüsselverlust kann teuer werden, weil unter Umständen die ganze Anlage geändert werden muss. Der Vermieter ist verpflichtet, den Mieter bei Übergabe der Schlüssel auf diese Gefahr hinzuweisen, andernfalls hat er möglicherweise einen Teil des Schadens selbst zu tragen (LG München I ZMR 2020, 755; AG Wolfratshausen NZM 2014, 32). Hat der Vermieter hingegen ausdrücklich darauf hingewiesen, dass es sich um einen Generalschlüssel handelt, muss der Mieter auch hohe Kosten tragen (AG Witten ZMR 2003, 507). Auch bei einer Schließanlage kann der Vermieter keinesfalls Schadensersatz für den Austausch der Schlösser verlangen, wenn ein Missbrauch des verloren gegangenen Schlüssels durch Unbefugte ausgeschlossen ist (LG Berlin ZMR 2000, 535). Unabhängig davon steht dem Vermieter Schadensersatz nur dann zu, wenn er die Schlösser auch tatsächlich austauschen lässt (**BGH WuM 2014, 279**).

Der Vermieter kann nur tatsächlichen Aufwand ersetzt verlangen und nicht nach einem Kostenvoranschlag abrechnen (AG Rheinbach NZM 2005, 822). Bei der Bemessung des Schadensersatzes ist zu berücksichtigen, dass eine gebrauchte Sache durch eine neue ersetzt wird. Deshalb ist je nach Alter des Schlosses oder der Schließanlage ein Abzug vorzunehmen (LG Heidelberg ZMR 2014, 41).

Rückgabe der Schlüssel
Zieht der Mieter aus, muss er sämtliche Schlüssel zurückgeben **(BGH WuM 2013, 729; WuM 2010, 688)**. Er hat dem Vermieter oder dem Verwalter die Schlüssel persönlich zu überreichen. Die Übergabe an den Hausmeister genügt nicht (LG Berlin WuM 2004, 233), es sei denn, der Vermieter hat ihn als den »zuständigen Mann« für derartige Mietangelegenheiten bezeichnet (LG Osnabrück WuM 84, 2). Es reicht nicht aus, die Schlüssel in den Briefkasten des Vermieters oder seines Hausmeisters einzuwerfen, es sei denn, das wurde ausdrücklich vereinbart (OLG Hamm 18 U 19/16; LG Hannover NZM 2005, 421; LG Berlin GE 2003, 1431). Ebenso wenig genügt es, wenn der Mieter die Schlüssel bei einem anderen Hausbewohner abgibt, damit dieser die Schlüssel an die Hausverwaltung weiterleitet (AG Tempelhof-Kreuzberg GE 82, 617). Schickt der Mieter den Schlüssel per Post zurück, und bestreitet der Vermieter den Zugang, ist im Zweifel der Mieter schadensersatzpflichtig. Auch das Übersenden der Schlüssel mit Einschreiben und Rückschein ist nicht ohne Risiko. Bestreitet der Vermieter, dass dem Päckchen die Schlüssel beigelegen haben, ist der Mieter hierfür beweispflichtig (AG Brandenburg NZM 2015, 307).

Wichtig: Der Mieter muss beweisen können, dass er sämtliche Schlüssel zurückgegeben hat. Deshalb sollte er sich vom Vermieter oder von dessen beauftragter Person die Übergabe mit Angabe der Schlüsselanzahl quittieren lassen.

Der Mieter muss auch die Schlüssel zurückgeben, die er sich selbst besorgt hat. Ist der Vermieter nicht bereit, dem Mieter die Kosten für zusätzlich angefertigte Schlüssel zu erstatten, kann der Mieter sie im Beisein des Vermieters oder eines Zeugen unbrauchbar machen. Fehlen beim Auszug Schlüssel, muss der Mieter die Ersatzschlüssel bezahlen. Der Vermieter darf ein Sicherheitsschloss auf Kosten des Mieters nach dem Auszug auswechseln, wenn der Mieter dafür nachweislich Zweitschlüssel anfertigen ließ und er sie beim Auszug nicht abgibt (LG Mannheim WuM 74, 238; WuM 68, 9).

Gibt der Mieter die Schlüssel nicht zurück, verletzt er in der Regel seine Pflicht zur ⇨ RÜCKGABE DER WOHNUNG. Möglicherweise muss er dann eine ⇨ NUTZUNGSENTSCHÄDIGUNG zahlen, weil er dem Vermieter den Besitz an den Mieträumen nicht zurückübertragen hat **(BGH WuM 2010, 748)**. Der Vermieter hat aber keinen Anspruch auf Nutzungsentschädigung, wenn ihm bekannt ist, dass der Mieter ausgezogen ist und er die leeren Räume ohne Schwierigkeiten betreten kann (OLG Düsseldorf ZMR 87, 215; LG Mannheim WuM 76, 13). Eine Nutzungsentschädigung steht dem Vermieter auch nicht zu, wenn der Mieter im Einvernehmen mit dem Vermieter einen Schlüssel zurückbehalten hat, weil in der Wohnung im Interesse des Vermieters noch etwas zu erledigen ist, etwa die Ablesung der Zähler (LG Essen WuM 2011, 721). Das Gleiche gilt, wenn klar ist, dass der Mieter einen fehlenden Schlüssel nicht zurückgeben kann und die Auswechselung des Schlosses daher günstiger ist als weitere Mietzahlungen (OLG Hamburg WuM 2004, 471). Bei unangekündigter Schlüsselübersendung gilt die Wohnung erst dann als zurückgegeben, wenn der Vermieter von der Rücksendung Kenntnis hat; ein Kennenmüssen reicht nicht aus (LG Krefeld WuM 2019, 78).

Umstritten ist auch, ob der Mieter die Schlüssel bereits vor Ablauf der Mietzeit übergeben darf. Der BGH hat dies bislang offengelassen **(BGH WuM 2012, 95)**. Nach Auffassung einiger Gerichte ist der Vermieter nicht verpflichtet, die Wohnungsschlüssel vorher entgegenzunehmen (KG Berlin NZM 2000, 92; OLG Düsseldorf VersR 89, 46). Anderen Gerichten zufolge darf der Mieter die Schlüssel gegen den Willen des Vermieters auch vor dem letzten Tag des Mietverhältnisses zurückgeben (OLG Dresden NZM 2000, 827; BezG Cottbus WuM 94, 146; AG Mannheim WuM 82, 298).

Schlüsselnotdienst

Hat der Mieter seinen Schlüssel in der Wohnung vergessen und die Tür zugeschlagen, ist der Schlüssel verloren gegangen oder gestohlen worden, bleibt als letzter Ausweg oftmals nur, den Schlüsselnotdienst einzuschalten. Telefonnummern finden sich im Internet.

Vorsicht vor unseriösen Geschäftspraktiken!
Es gibt unseriöse Firmen, die ihre Dienste zu überhöhten Preisen anbieten. Bei erheblich überteuerten Rechnungen ist womöglich der Tatbestand des Wuchers erfüllt, da der Notdienst häufig eine Zwangslage des Mieters ausnutzt (AG Bremen 4 C 12/08). Muss der Mieter das Dreifache des ortsüblichen Entgelts zahlen, kann er den Betrag, der das Übliche überschreitet, zurückfordern (AG Langenfeld NJW-RR 99, 1354). Außerdem führt der Notdienst mitunter unnötige Leistungen aus. Es ist zum Beispiel vorgekommen, dass der Monteur unnötigerweise das alte Schloss zerstört und ungefragt ein neues eingebaut hat. Ist die Tür nur zugefallen, kann der Monteur sie meistens ohne Beschädigung schnell öffnen. Die Auswechslung des Schlosses ist dann keinesfalls erforderlich.

Ein neues Schloss muss deshalb auch nicht bezahlt werden (AG Oldenburg E7 C 7223/96). Unnötige Kosten entstehen auch, wenn der Schlüsselnotdienst gleich mit zwei Monteuren anrückt und sich dadurch die Lohnkosten verdoppeln (AG Oldenburg E7 C 7223/96). Unzulässig sind außerdem Zuschläge für »Pkw-Bereitstellungskosten« und »Sofortdienste« (LG Bremen 1 O 725/96; AG Oldenburg E7 C 7223/96). Ein Notdienst darf auch kein Geld kassieren, wenn er die vereinbarte Reparatur nicht oder nur provisorisch durchführt (LG Düsseldorf VuR 89, 37). Nach diesem Urteil ist es auch unzulässig, jede angebrochene halbe Stunde voll zu berechnen. Zuschläge für das Wochenende oder Feiertage sowie für Nachtzeiten sind grundsätzlich erlaubt. In den Allgemeinen Geschäftsbedingungen des Schlüsseldienstes muss aber klargestellt sein, dass sie nur einmal anfallen (LG Bremen 1 O 725/96).

Dem Schlüsseldienstunternehmer steht wegen Verstoßes gegen Treu und Glauben kein Zahlungsanspruch zu, wenn der Vertragsschluss durch unredliches Verhalten seiner Mitarbeiter zustande gekommen ist (AG Essen-Steele WuM 2016, 437).

Wie kann sich der Mieter gegen überhöhte Rechnungen schützen?
– Das Beste ist, für Notfälle einen Wohnungsschlüssel beim Nachbarn oder bei Bekannten/Verwandten in der Nähe in Verwahrung zu geben.

– Ist es unumgänglich, einen Notdienst zu beauftragen, sollte der Mieter mehrere Firmen anrufen und sich nach den voraussichtlichen Kosten erkundigen. Für Standardaufträge (z. B. eine zugeschlagene Tür öffnen) können seriöse Unternehmen bereits am Telefon einen Preis nennen.

– Der Mieter sollte nahe gelegene Schlüsselnotdienste bevorzugen. Wer eine örtliche Telefonnummer wählt, kann darauf vertrauen, dass der Notdienst keine langen Anfahrtszeiten berechnet (AG Duisburg 3 C 125/89).

– Der Mieter kann in Ruhe prüfen, ob die Rechnung unerlaubte oder überteuerte Zuschläge enthält. Er sollte die Rechnung auf keinen Fall sofort begleichen, auch nicht, wenn der Monteur darauf drängt. Der Schlüsseldienst darf keine zusätzliche Gebühr fordern, falls die Rechnung nicht sofort vor Ort bezahlt wird. Eine entsprechende Klausel ist unwirksam (LG Bremen 1 O 725/96).

Wann muss der Vermieter die Kosten für den Notdienst ersetzen?
In bestimmten Fällen kann der Mieter verlangen, dass ihm der Vermieter die Kosten für den Schlüsselnotdienst erstattet. Der Mieter bekommt Schadensersatz, wenn ihn selbst keine Schuld trifft, dass Schloss oder Schlüssel beschädigt waren. Tagsüber muss er aber zunächst versuchen, den Vermieter oder seinen Beauftragten, z. B. den Hausmeister, zu

erreichen, wenn er vor verschlossener Tür steht. Nach 22 Uhr kann der Mieter grundsätzlich ohne vorherige Rücksprache mit dem Vermieter ein Unternehmen mit einer Notöffnung oder einem notwendigen Schlossaustausch beauftragen, etwa wenn Unbekannte das Türschloss verleimt haben (AG Leipzig WuM 2023, 32). Hat der Mieter den Vermieter früher bereits vergeblich dazu aufgefordert, das klemmende Schloss seiner Wohnungstür zu reparieren, kann er von ihm Ersatz der Kosten verlangen, wenn er einen Schlüsselnotdienst einschalten musste, um in die Wohnung zu kommen (AG Frankfurt WuM 88, 157). Dasselbe gilt, wenn Unbekannte das Schloss mit Klebstoff verklebt haben und der Vermieter sich geweigert hat, den Schaden zu beheben (AG Siegburg WuM 2004, 233) ⇨ MÄNGEL DER WOHNUNG.

Schmerzensgeld

Gem. § 253 Abs. 2 BGB kann neben dem zu ersetzenden materiellen Schaden auch ein angemessenes Schmerzensgeld gefordert werden, wenn es um eine Verletzung des Körpers, der Gesundheit, der Freiheit oder der sexuellen Selbstbestimmung geht ⇨ GESUNDHEITSGEFÄHRDUNG, ⇨ VERKEHRSSICHERUNGSPFLICHT.

Hat der Mieter also gesundheitliche Schäden erlitten, weil die Wohnung schon bei Vertragsschluss mangelhaft war oder der Vermieter einen späteren Mangel zu vertreten hat oder mit der Beseitigung des Mangels in Verzug geraten ist, kann der Mieter auch Schmerzensgeld verlangen. Das Gleiche gilt bei Schäden durch Personen, deren Verschulden dem Vermieter zugerechnet wird (z. B. Hausmeister, Reinigungskräfte, Handwerker). Allerdings kann die verschuldensunabhängige Haftung des Vermieters für bei Abschluss des Vertrags bereits vorhandene Mängel **ausgeschlossen** werden **(BGH WuM 92, 316)**. Ein Ausschluss oder eine Begrenzung der Haftung ist jedoch unwirksam, wenn es um fahrlässig verursachte Körper- oder Gesundheitsschäden geht (§ 309 Nr. 7a) BGB) ⇨ MÄNGEL DER WOHNUNG.

Beispiele für Schmerzensgeldansprüche:
Lungenentzündung aufgrund von Legionellen im Trinkwasser – 6 000,00 Euro (LG Saarbrücken – 10 S 26/08).

Psychische Beeinträchtigungen wegen der Nichtbenutzbarkeit der Toilette während der Nachtzeit – 250 Euro (AG Hannover WuM 2009, 346).

Schwere Knieverletzungen nach einem Sturz auf rutschigem Hausflurboden, der von der Reinigungsfirma hätte abgesperrt werden müssen – 5 000,00 Euro (LG Berlin GE 2009, 654).

Beleidigung durch den Hausverwalter in einer Abmahnung – je 250 Euro vom Verwalter und vom Vermieter (LG Berlin GE 2009, 1623).

Psychische Beeinträchtigung des Mieters wegen dauerhafter Asbestexposition aufgrund grob fahrlässiger Untätigkeit des Vermieters – 20000,00 Euro (LG Dresden NJW 2011, 3106).

Armbruch und zwei Operationen nach einem Sturz auf der nicht vom Schnee geräumten Treppe des Hauses – 4000,00 Euro (AG Schöneberg GE 2011, 956).

Schneefegen

Die Straßenreinigung, insbesondere die Schnee- und Eisbeseitigung, ist grundsätzlich Sache der Gemeinde. Eigentümer sind nur dann über die Grundstücksgrenze hinaus verpflichtet, wenn die Ortssatzung dies vorsieht **(BGH WuM 2018, 639)**. Wie die Eigentümer ihre Pflicht erfüllen, bleibt ihnen überlassen; sie dürfen auch eine Firma damit beauftragen, die dann bei Verletzung der Verkehrssicherungspflicht ggf. haftet **(BGH WuM 2008, 235)**. Viele Vermieter wälzen ihre Pflicht – dazu gehört im Allgemeinen die Reinigung des Bürgersteigs, des Hauseingangs und des Wegs zu den Mülltonnen, nicht aber ein zum Haus gehörender kleiner Parkplatz von geringer Verkehrsbedeutung (OLG Hamm MDR 97, 1028) – auf die Mieter ab. Dazu genügt die tatsächliche Übernahme der Schneeräumungspflicht durch die Mieter (OLG Dresden WuM 96, 553) oder aber eine vertragliche Vereinbarung (LG Stuttgart WuM 88, 399). Ohne die ist auch ein Erdgeschossmieter nicht verpflichtet, Schnee zu fegen oder vereiste Bürgersteige zu bestreuen (LG Bonn NJW 58, 146). Der Vermieter kann diese Pflichten auch formularmäßig in der Hausordnung auf die Mieter übertragen, wenn diese Hausordnung Bestandteil des vom Mieter zu unterschreibenden Mietvertrages ist (OLG Frankfurt WuM 88, 399; LG Köln ZMR 2014, 541). Dann ist er aber zur Überwachung verpflichtet (OLG Hamm NZM 2013, 358). Noch ungeklärt ist, ob es möglich ist, nur die Erdgeschossmieter in die Pflicht zu nehmen (OLG Hamm NZM 2013, 358; LG Köln ZMR 2014, 541). Der Vermieter kann seine Mieter aber nicht durch nachträgliche Änderung der Hausordnung zum Schneefegen verpflichten (LG Bonn NJW 58, 146; AG Köln WuM 57, 35; AG Hattingen WuM 56, 104). Sieht der Mietvertrag vor, dass der Vermieter den Winterdienst nach billigem Ermessen anders regeln darf (z. B. durch Beauftragung eines Dienstleisters), muss der Vermieter eine nachvollziehbare Begründung vorweisen, wenn er den Mietern die Eigenarbeit entziehen will (AG Dortmund WuM 2011, 616).

Problematisch wird es, wenn der Winterdienst wirksam vereinbart worden ist, der Mieter aber infolge von Alter oder Gebrechlichkeit auf Dauer nicht mehr zum Schneefegen in der Lage ist. Manche Gerichte sagen, der Mieter bleibt für die Erfüllung seiner Pflicht verantwortlich; er muss selbst für eine Vertretung sorgen (LG Kassel WuM 91, 580; LG Düsseldorf WuM 88, 400; LG Flensburg WuM 87, 52; LG Wuppertal WuM 87, 381). Andere Gerichte haben entschieden, dass die Pflicht dann wieder auf den Vermieter übergeht (LG Münster WuM 2004, 193; LG Hamburg WuM 89, 622; LG Darmstadt WuM 88, 300; AG Bonn WuM 89, 498). Dies gilt zumindest dann, wenn der Mieter niemanden findet, der bereit ist, die Arbeiten zu übernehmen (LG Münster WuM 2004, 193; AG Münster WuM 2005, 648).

Wie im Einzelnen die Schnee- und Eisbeseitigungspflicht zu erfüllen ist, kann in der Hausordnung geregelt werden. Dabei muss der Vermieter aber den Grundsatz von Treu und Glauben beachten. Das Risiko witterungs- und damit zufallsbedingter Ungleichheiten muss weitgehend ausgeschaltet werden. Ein täglicher oder gar nur wöchentlicher Wechsel der Streupflicht erfüllt diese Voraussetzung nicht. Anknüpfungspunkt muss der tatsächlich ausgeführte Winterdienst sein. Hier empfiehlt sich die Benutzung einer sogenannten »Schneekarte«. Dem Mieter, der die Schneekarte in den Händen hält, obliegt die Streupflicht für einen Tag. Nur wenn er aufgrund der Witterungsverhältnisse tatsächlich seinen Winterpflichten nachkommen musste, darf er die Schneekarte an den nächsten Mieter weitergeben (so OLG Hamm WuM 85, 299).

Die Räum- und Streupflicht setzt eine konkrete Gefahrenlage voraus; einzelne Glättestellen reichen dafür nicht, es muss eine allgemeine Glätte vorliegen **(BGH GE 2012, 1035)**.

Ist der Mieter vertraglich zur Schnee- und Eisbeseitigung verpflichtet, muss er morgens etwa ab 7.00 Uhr (OLG Koblenz ZMR 2008, 625) und abends bis etwa 20.00 Uhr (LG Köln WuM 95, 107) Schnee fegen und streuen; er hat aber nach Ende des Schneefalls mindestens eine halbe Stunde Zeit zu prüfen, ob der Schneefall nur vorübergehend unterbrochen ist (OLG Naumburg MDR 2000, 520). Auch wenn bei Eisregen die Streupflicht entfällt, muss die Streutätigkeit spätestens 1 Stunde nach Ende des Eisregens wieder aufgenommen werden (OLG Celle NJW-RR 2004, 1251; LG Berlin GE 98, 861). Einen besonderen Notfallplan für den Fall von außergewöhnlicher Glättebildung muss aber niemand vorhalten (OLG München NZM 2010, 216).

Bei Dauerschneefall hat der Mieter während des Tages die Reinigungs- und Streuarbeiten zu wiederholen **(BGH WuM 86, 66)**. Wer z. B. wegen

Berufstätigkeit tagsüber nicht zu Hause ist, muss folglich während dieser Zeit für eine Vertretung sorgen, z. B. durch Absprache mit den Nachbarn (OLG Hamburg MDR 69, 483). Eine Überwachung des Vertreters ist nur im Rahmen des Zumutbaren erforderlich; bei einer Urlaubsvertretung entfällt sie daher normalerweise (OLG Köln WuM 95, 316).

Wer nach einem Sturz Schadensersatzansprüche geltend macht, muss die Voraussetzungen für eine Verletzung der Verkehrssicherungspflicht beweisen **(BGH WuM 2009, 241)**; der Streupflichtige muss ggf. beweisen, dass die Schnee- und Eisbeseitigung zwecklos und damit unzumutbar war **(BGH NZM 2005, 599)**.

Die Gerichte stellen ziemlich hohe Anforderungen an die Schnee- und Eisbeseitigungspflicht. Der Mieter sollte daher lieber einmal mehr als zu wenig Schnee und Eis räumen. Im Regelfall genügt es, einen 1–1,5 m breiten Streifen mitten auf dem Bürgersteig zu räumen; eine Räumung am Rand des Gehsteigs kann nicht erwartet werden (OLG Nürnberg NJW-RR 2002, 23). Auch die Beschaffenheit des Streumaterials ist von Wichtigkeit. Das Streumittel muss die Schnee- und Eisglätte abstumpfen. Sand, Splitt oder Asche sind hierzu am besten geeignet. Hobelspäne haben keine abstumpfende Wirkung (OLG Hamm NZM 2015, 909).

Treten infolge Vernachlässigung der Streupflicht Personenschäden auf, kann der Mieter u. U. sogar wegen fahrlässiger Körperverletzung (§ 230 StGB) zur Verantwortung gezogen werden (OLG Celle NJW 61, 1939) ⇨ DACHLAWINEN. Auf jeden Fall können erhebliche Schadensersatzforderungen auf den Mieter zukommen. Sind diese Schäden durch die Gebäudehaftpflichtversicherung des Vermieters abgedeckt, für die der Mieter im Rahmen der Nebenkosten anteilig bezahlt, haftet der Mieter nur bei Vorsatz (OLG Oldenburg NJW-RR 2008, 1181).

Hat der Mieter die Verpflichtung zur Schneebeseitigung übernommen, muss es zusätzlich im Vertrag geregelt sein, wenn er die erforderlichen Arbeitsgeräte und das Streumaterial bezahlen soll (AG Wuppertal WuM 82, 114; AG Bochum WuM 81, U5; AG Witten WuM 81, U5; AG Solingen WuM 79, 239). Ist eine Regelung über die Kostenfrage nicht getroffen, hat der Mieter trotzdem stets Arbeitsgeräte und Streumaterial auf eigene Kosten beschafft, würde die grundsätzliche Verpflichtung des Vermieters, das Arbeitsmaterial zur Verfügung zu stellen, allerdings erst wieder bei einem ungewöhnlich harten Winter, der erhöhte Kosten erfordert, aufleben (AG Essen ZMR 80, 316). Auch ohne besondere Vereinbarung gehen das AG Ebersberg (WuM 85, 258) und AG Solingen (Urt. vom 23. 4. 79 – 12 C 140/79) von einer Kostenzuständigkeit des Mieters bei übernommener Arbeitsverpflichtung aus.

Schönheitsreparaturen

Der Begriff »Schönheitsreparaturen« ist etwas irreführend. Es geht eigentlich nicht um Reparaturen, sondern um die malermäßige Gestaltung der Wohnung und darum, Gebrauchsspuren nach einer längeren Benutzung zu beseitigen. Der BGH hat viele Klauseln zu Schönheitsreparaturen für unwirksam erklärt. Das hat dann zur Folge, dass Mieter nicht renovieren müssen, obwohl dies im Mietvertrag steht.

Es gibt aber kein Gesetz, dass Mieter beim Auszug nicht mehr renovieren müssen. Entscheidend ist, ob das, was im Mietvertrag steht, den vom BGH aufgestellten Grundsätzen entspricht oder nicht. Wer laut Mietvertrag zur Renovierung verpflichtet ist, sollte sich im Zweifel spätestens vor dem Auszug vom Mieterverein beraten lassen, denn eine unwirksame Klausel spart viel Geld, Zeit und Ärger.

Die Grundsätze

Die Rechtslage stimmt oft nicht mit den Überlegungen des juristischen Laien überein. Viele Mieter halten sich irrtümlich für verpflichtet, Schönheitsreparaturen durchzuführen, vor allem, wenn zu Mietbeginn eine renovierte Wohnung übergeben wurde. Nach dem Gesetz gehört die Ausführung der Schönheitsreparaturen zu den Pflichten des Vermieters. Das bedeutet, auch wenn Mieter und Vermieter davon ausgehen, die Renovierung sei Mietersache, müssen Mieter nur dann renovieren, wenn der Mietvertrag eine wirksame Änderung der gesetzlichen Regelung enthält. Eine solche vom Gesetz abweichende vertragliche Regelung ist unter bestimmten Voraussetzungen möglich **(BGH WuM 2004, 529)**. Dabei geht der BGH davon aus, dass die Übernahme der Schönheitsreparaturen mit einer entsprechend geringeren Miete verbunden ist **(BGH WuM 85, 46)**.

Die wichtigsten Aspekte zu Schönheitsreparaturen zunächst im Überblick. Vier Fragen sind wichtig:

1. Was sind Schönheitsreparaturen?

Zählt das, was der Vermieter verlangt, überhaupt zu den Schönheitsreparaturen? Für Arbeiten, die keine Schönheitsreparaturen sind (z. B. Teppich reinigen, Parkett abschleifen), gelten andere Regeln. Alle anderen Reparaturen muss der Vermieter zahlen. Eine Ausnahme gilt für ⇨ BAGATELLSCHÄDEN. Zu unterscheiden ist auch die Beseitigung von Schäden, die der Mieter verursacht hat, oder die Beseitigung von eigenen Einbauten. Hierzu ist der Mieter gesetzlich verpflichtet.

2. Wurde die Wohnung zu Mietbeginn renoviert übergeben?

Eine ganz wichtige Weichenstellung erfolgt zu Beginn des Mietverhältnisses. Die formularmäßige Abwälzung von Schönheitsreparaturen auf den Mieter ist nur zulässig, wenn der Vermieter dem Mieter eine renovierte Wohnung überlassen hat. War die Wohnung unrenoviert, sind sämtliche Klauseln zu Schönheitsreparaturen unwirksam. Eine **Ausnahme** besteht nur, wenn der Vermieter dem Mieter für den Renovierungsaufwand einen angemessenen Ausgleich gewährt hat.

3. Sind die Klauseln zu den Schönheitsreparaturen wirksam?

Was steht im Mietvertrag über Renovierung oder Schönheitsreparaturen, und sind diese Regelungen auch gültig? Alle Klauseln sind an dem Grundsatz zu messen: »Der Mieter soll nicht mehr Schönheitsreparaturen durchführen, als er selbst verwohnt hat.« Die Vertragsbestimmungen sind danach zu beurteilen, ob sie ihn entgegen Treu und Glauben unangemessen belasten. Der Vermieter darf dem Mieter durch eine Formularklausel also nicht zu viel auferlegen, sonst folgt daraus die Unwirksamkeit. Wenn die Bestimmungen zu den Schönheitsreparaturen unwirksam sind, kann der Mieter die Wohnung beim Auszug unrenoviert übergeben. Darüber hinaus kann er während der Mietzeit sogar verlangen, dass der Vermieter die Wohnung regelmäßig »auf Vordermann« bringt und Malerarbeiten in Auftrag gibt.

4. Sind die Schönheitsreparaturen fällig?

Besteht eine wirksame Regelung, muss der Mieter die Arbeiten im Laufe der Mietzeit in bestimmten Zeitabständen durchführen (laufende Schönheitsreparaturen). Der Vermieter darf aber nicht zu oft Renovierungen verlangen, auch wenn über Zeitpunkt oder Fristen nichts Besonderes im Vertrag steht. Meistens fragt er erst beim Auszug, ob der Mieter die Arbeiten erledigt hat. Unter Umständen muss der Mieter dann auch ohne gesonderte Vereinbarung renovieren, nämlich, wenn er mit den geschuldeten laufenden Schönheitsreparaturen im Rückstand ist.

Hat der Mieter nur kurze Zeit in der Wohnung gelebt (Richtschnur: weniger als 3 Jahre), muss er womöglich keine Arbeiten erledigen und kann die Wohnung unrenoviert hinterlassen. Er muss auch keine anteiligen Kosten zahlen; die Quotenklauseln, die es in vielen Mietverträgen gibt, sind unwirksam (vgl. S. 497).

Die Einzelheiten

1. Was sind Schönheitsreparaturen?

Unter Schönheitsreparaturen werden alle malermäßigen Arbeiten verstanden, die erforderlich sind, um die Räume in einen zur Vermietung geeigneten Zustand zu versetzen. Dazu gehört alles, was sich beim normalen Wohnen abgenutzt hat und sich in der Regel mit Farbe, Tapete und ggf. etwas Gips erneuern lässt. Schönheitsreparaturen sind: das Anstreichen, Kalken und Tapezieren der Wände und Decken, das Streichen der Fußböden, der Heizkörper einschließlich der Heizungsrohre, der Innentüren sowie der Fenster und Außentüren von innen **(BGH WuM 2009, 286; RE WuM 87, 306)**.

Diese Begriffe klingen zum Teil etwas altmodisch. Z.B. spricht heute niemand mehr von »Kalken«, und Fußböden werden auch nicht mehr gestrichen. Dennoch ist diese Definition nach wie vor gültig. Für Fenster und Heizkörper gilt sie selbstverständlich nur, wenn sich diese überstreichen lassen. Mit zu erledigen sind gegebenenfalls das Lackieren von Scheuerleisten (LG Berlin GE 2016, 592) sowie Versorgungs- und Abflussleitungen, die über Putz verlegt sind. Arbeiten zur Beseitigung von Untergrundschäden und kleineren Einrissen an Holz, Putz oder Mauerwerk gehören zu den Schönheitsreparaturen, wenn es sich um übliche und kleinere Vorarbeiten vor dem Anstreichen oder Tapezieren handelt (KG Berlin GE 81, 1065; LG Berlin GE 95, 115).

Dübellöcher: Die Beseitigung von Dübeln und das Verschließen der Löcher in den Wänden und Decken gehören zu den Schönheitsreparaturen. Muss der Mieter die Schönheitsreparaturen beim Auszug jedoch nicht durchführen, braucht er auch nicht die im üblichen Umfang entstandenen Dübellöcher zu verschließen (OLG Frankfurt WuM 92, 56; LG Braunschweig WuM 86, 274). Eine Klausel, die den Mieter verpflichtet, bei Beendigung des Mietverhältnisses Dübeleinsätze und -löcher spurlos zu beseitigen, ist unwirksam (**BGH WuM 93, 109**). Nur eine über das übliche Maß hinausgehende Häufung von Dübellöchern ist als übernormale Abnutzung anzusehen (AG Warendorf WuM 83, 235). 50 bis 60 Dübellöcher in einem Raum sind zu viel. Der Mieter muss sie beim Auszug unabhängig von der Pflicht zur Vornahme der Schönheitsreparaturen fachgerecht beseitigen (AG Mönchengladbach-Rheydt ZMR 2013, 724). Auch für angebohrte Fliesen im Badezimmer kann der Vermieter keinen Ersatz verlangen (**BGH WuM 93, 109**; LG Darmstadt NJW-RR 88, 80), es sei denn, der Mieter hat übermäßig viele Dübel angebracht (LG Göttingen WuM 90, 199). Die Löcher sollen nach Möglichkeit nicht in die Fliesen, sondern in die Fugen gesetzt werden (LG Berlin GE 2002, 261). Eine andere Rechtslage besteht für Bohrlöcher, die nicht in Wänden oder Decken angebracht wurden, sondern in Einrichtungsgegenständen. Der Mieter ist zum Schadensersatz verpflichtet, wenn er die Fensterrahmen oder die Glasleisten der Fenster angebohrt hat (AG Witten MietRB 2018, 323).

Nicht zu Schönheitsreparaturen zählen:

- Das Abschleifen, Grundieren und Lackieren von Wandschränken (LG Nürnberg-Fürth ZMR 2005, 622).
- Das Streichen von Einbaumöbeln (LG Berlin WuM 2016, 97).
- Die Instandsetzung der Fensterverkittung.
- Das Streichen der Fenster und Türen von außen **(BGH WuM 2010, 231; WuM 2010, 85)**.
- Das Streichen der Terrasse und des Balkons oder der Loggia **(BGH WuM 2009, 286)**.
- Die Renovierung des mitgemieteten Kellerraums. Ohne besondere Vereinbarung erstreckt sich die Verpflichtung zu Schönheitsreparaturen nicht auf den Keller und andere mitvermietete Nebenräume. Hierfür gibt es auch keine üblichen Renovierungsfristen (LG Darmstadt WuM 87, 315; AG Langen WuM 97, 40).
- Das Streichen des Hausflurs und anderer Gemeinschaftsräume. Diese Arbeiten muss der Vermieter ausführen (**KG Berlin RE WuM 84, 42**; LG München WuM 93, 736; AG Bensheim WuM 85, 257).
- Das Abschleifen und Versiegeln von Holzfußböden **(BGH WuM 2010, 85)**. Für den ⇨ PARKETTBODEN ist grundsätzlich der Vermieter zuständig.
- Das Erneuern von Teppichböden. Der Mieter muss sich nicht um das Auswechseln des ⇨ TEPPICHBODENS kümmern, den der Vermieter verlegt hat (**OLG Hamm RE WuM 91, 248**; LG Lüneburg WuM 76, 6).
- Nicht einig sind sich die Gerichte, ob die Grundreinigung der Teppichböden zu den Schönheitsreparaturen zählt (ja: AG Cham ZMR 2011, 642; nein: AG Braunschweig WuM 86, 310). Für ein gewerbliches Mietverhältnis hat der BGH entschieden, dass das dazugehört **(BGH WuM 2009, 225)**. Eine Grundreinigung muss der Mieter in jedem Fall vornehmen, wenn der Mietvertrag eine entsprechende Klausel enthält **(OLG Stuttgart RE WuM 93, 528)**.
- Größere Schäden an Wänden und Decken muss der Mieter nicht beheben. Ist die Decke gerissen oder der Putz abgefallen, hat das zunächst der Vermieter in Ordnung zu bringen, bevor der Mieter Malerarbeiten durchführen kann (LG Berlin WuM 2017, 134). Eine Klausel, die den Mieter zur »Ausbesserung von Schäden am Verputz der Wände und Decken und am Bodenbelag« verpflichtet, ist unwirksam (LG Berlin GE 92, 677). Die Ausbesserung kleinerer Setzrisse in den Wänden ist

jedoch durchaus Teil der vorzunehmenden Malerarbeiten. Für Schäden, die der Mieter verursacht hat, muss er aber auf jeden Fall aufkommen. Das gilt z. B. für abgeblätterte Farbe an der Zimmerdecke, nachdem er eine von ihm angebrachte Deckenverkleidung entfernt hat (KG Berlin WuM 2008, 724).

■ Schäden, die auf normaler Abnutzung beruhen. Ist z. B. eine alte Badewanne stumpf und unansehnlich geworden, ist der Mieter dafür nicht verantwortlich (LG Köln WuM 85, 258). Der Mieter haftet nur für Schäden, die er verschuldet hat und die nicht auf normaler Abnutzung beruhen. Das Verfärben der Fugen zwischen Fliesen im Bad entspricht normaler Abnutzung, die Fugenmasse muss nicht erneuert werden (AG Hannover WuM 2008, 721; AG Köln WuM 95, 312). Sind aber an der Badewanne größere Teile der Emaille während der Mietzeit abgeplatzt, muss der Mieter das unter Umständen ersetzen (AG Köln WuM 86, 85). Allerdings kann er einen Abzug vom Neupreis machen, bei einer 8 Jahre alten Wanne z. B. ca. 35% (AG Herborn WuM 2006, 643). Auch Schäden an Linoleumböden, z. B. durch Pfennigabsätze, muss der Mieter auf seine Kosten beseitigen (LG Mannheim WuM 74, 8; LG Essen NJW 62, 1398).

■ Schönheitsreparaturen, die nach Reparatur- oder Modernisierungsarbeiten erforderlich werden. Diese muss der Vermieter erledigen. (Nach einer Modernisierung zählen die Kosten aber zu den Modernisierungskosten, dürfen also bei der Mieterhöhung berücksichtigt werden – **BGH WuM 2011, 293.**)

2. Wurde die Wohnung zu Mietbeginn renoviert übergeben?
Eine Formularklausel, die dem Mieter die Schönheitsreparaturen auferlegt, ist unwirksam, wenn die Wohnung dem Mieter unrenoviert überlassen wurde **(BGH WuM 2015, 338)**. Denn dann müsste der Mieter auch die Abnutzung durch den Vormieter beseitigen. Das darf der Vermieter ihm nicht auferlegen. Folge ist, dass der Mieter bei Mietende keinerlei Malerarbeiten durchführen muss. Ist der Mieter erst später in den Mietvertrag eingetreten, kommt es darauf an, ob die Wohnung bei Vertragsbeginn mit dem damaligen Mieter renoviert übergeben wurde (LG Berlin GE 2016, 395).

Was heißt »unrenoviert«? Unrenoviert ist eine Wohnung laut BGH nicht erst dann, wenn sie übermäßig stark abgenutzt oder völlig abgewohnt ist. Es genügt, wenn die Mieträume einen renovierungsbedürftigen Eindruck vermitteln. Das trifft zu, wenn sie nicht nur unerhebliche Gebrauchsspuren aus der Vormietzeit aufweisen (LG Krefeld WuM 2021, 547). Der Vermieter muss dann vor der Weitervermietung zumindest Auffrischungsarbeiten vornehmen, um diese Spuren zu beseitigen. Es ist nicht immer leicht zu beurteilen, ob eine Wohnung zu Mietbeginn renovierungsbedürftig ist. Davon ist nach Gerichtsurteilen bereits auszugehen, wenn die Holzrahmen der Fenster in einer Zweizimmerwohnung nicht frisch gestrichen waren und Lackabplatzungen aufwiesen (LG Berlin WuM 2015, 541) oder wenn Scheuerleisten, Türen und Heizungsrohre nicht lackiert waren (LG Berlin NJW 2016, 579).

Achtung: Der Mieter muss im Streitfall beweisen, dass die Wohnung zu Vertragsbeginn unrenoviert übergeben wurde **(BGH WuM 2015, 338)**. Kann der Mieter das nicht nachweisen, ist davon auszugehen, dass die Mieträume bei Mietbeginn renoviert waren (LG Karlsruhe NJW 2016, 2897). Macht die Wohnung einen renovierungsbedürftigen Eindruck, sollte der Mieter vor Mietbeginn unbedingt darauf bestehen, dass dies im Mietvertrag oder in einem Übergabeprotokoll aufgenommen wird ⇨ WOHNUNGSABNAHME. Darin muss eine detaillierte Beschreibung des Zustands der Decken und Wände in allen Räumen festgehalten werden. Sind an den Wänden z.B. helle Flecken zu sehen, wo früher Bilder gehangen haben, abgenutzte oder schmutzige Stellen oder abgelöste Tapeten? Auch der Zustand von Holztüren und -fensterrahmen sowie von überstreichbaren Heizkörpern und -rohren ist zu dokumentieren. Gibt es an diesen Teilen Farbabplatzungen oder schadhafte Stellen? Dann sollte das vermerkt werden.

Ist der Vermieter nicht bereit, gemeinsam ein Protokoll anzufertigen, muss sich der Mieter den Beweis anderweitig sichern. Dann sollte er vor dem Einzug selbst eines erstellen und Zeugen hinzuziehen. Zusätzlich kann es von Nutzen sein, von allen Räumen Fotos beizufügen. Auf diese Weise lässt sich später beim Auszug der zu Mietbeginn angetroffene Zustand am besten belegen.

Angemessener Ausgleich? Der Mieter kann nicht geltend machen, dass die Klauseln zu Schönheitsreparaturen wegen einer unrenoviert übergebenen Wohnung unwirksam sind, wenn er wegen dieses Zustands vom Vermieter Geld oder einen geldwerten Vorteil erhalten hat. Dieser Ausgleich kann in einem Zuschuss zu den Renovierungskosten bestehen. Die Mietparteien können auch vereinbaren, dass der Vermieter zunächst auf Miete verzichtet. Der finanzielle Wert muss angemessen sein. Das bedeutet, dass er in etwa dem Renovierungsaufwand entsprechen muss. Maßgebend sind die Kosten, die bei der Renovierung durch eine Fachfirma anfallen würden, nicht die Aufwendungen, die dem Mieter durch eine Renovierung in Eigenleistung entstünden. Einen Mietnachlass von einer halben Monatsmiete für das Streichen von drei Zimmern hat der BGH **(WuM 2015, 338)** nicht als ausreichend angesehen.

Ist die Wohnung nur in geringem Umfang renovierungsbedürftig, kann der Nachlass von einer Nettokaltmiete eine ausreichende Kompensation sein, etwa, wenn lediglich Bad und Küche nicht tapeziert sowie Scheuerleisten, Türen, Heizungsrohre nicht gestrichen sind (LG Berlin NJW 2016, 579). Ist die Wohnung komplett renovierungsbedürftig, und sind alle Räume zu streichen oder zu tapezieren, muss der gewährte Ausgleich höher sein.

Renovierungspflicht des Vermieters: Ist die Wohnung dem Mieter in unrenoviertem Zustand und ohne angemessenen Ausgleich übergeben worden, muss der Vermieter die Schönheitsreparaturen während der Mietzeit durchführen. Darauf hat der Mieter einen Anspruch, sobald sich der Zustand der Räume erheblich verschlechtert hat. Er muss sich aber an den Kosten beteiligen. Damit wird berücksichtigt, dass die Wohnung durch die Renovierung in einen besseren Zustand versetzt wird als zu Mietbeginn. Wenn keine Besonderheiten bestehen, hat der Mieter die Hälfte der Kosten für einen Malermeister zu übernehmen **(BGH WuM 2020, 554; WuM 2020, 559)**.

Renovierungsvereinbarung zwischen Vor- und Nachmieter: Gelegentlich treffen der bisherige und der neue Mieter eine Absprache. Danach übernimmt der neue Mieter die Pflicht seines Vorgängers zu malern oder zu tapezieren. Eine derartige Vereinbarung hat jedoch keine Auswirkungen auf den Mietvertrag. Der Vermieter wird nicht so behandelt, als habe er die Wohnung frisch renoviert übergeben **(BGH WuM 2018, 635)**. Es bleibt dabei: Die Wohnung war bei Mietbeginn unrenoviert. Somit muss der Mieter während des Mietverhältnisses oder beim Auszug keine Schönheitsreparaturen durchführen.

Achtung: Anders kann es sich verhalten, wenn alle drei Parteien – Vormieter, Mieter und Vermieter – gemeinsam etwas hierzu vereinbaren. Voraussetzung ist laut BGH aber, dass der neue Mieter einen angemessenen finanziellen Ausgleich erhält.

3. Sind die Klauseln zu den Schönheitsreparaturen wirksam?

Hat der Vermieter die Wohnung zu Mietbeginn renoviert übergeben oder dem Mieter einen angemessenen Ausgleich für eine unrenovierte Wohnung geleistet? Dann hängt es vom Mietvertrag ab, ob der Mieter Schönheitsreparaturen durchzuführen hat. Besteht (ausnahmsweise) keine Vereinbarung hierzu, sind sie Sache des Vermieters **(BGH RE WuM 87, 306)**. Das gilt vor allem für einen mündlich abgeschlossenen ⇨ MIETVERTRAG. Der Mieter kann dann verlangen, dass der Vermieter die Schönheitsreparaturen in angemessenen Zeitabständen durchführt. Eine stillschweigende Übernahme durch den Mieter kommt grundsätzlich in Betracht. Sie ist jedoch an strenge Voraussetzungen gebunden. Der Anspruch des Mieters geht nicht verloren, wenn er ihn jahrelang nicht geltend gemacht und sogar zwei- oder dreimal selbst renoviert hat (LG Berlin NZM 2002, 946). Im Zweifelsfall muss der Vermieter beweisen, dass der Mieter die Schönheitsreparaturen übernommen hat (OLG Celle WuM 80, 185).

In fast allen vorgedruckten Mietverträgen gibt es aber Bestimmungen zu den Schönheitsreparaturen. Diese formularmäßig gestalteten Vereinbarungen sind nach besonderen Vorschriften zu prüfen, nach dem Recht über ⮱ ALLGEMEINE GESCHÄFTSBEDINGUNGEN. Klauseln, die den Mieter unangemessen benachteiligen, sind unwirksam.

Individualvereinbarung:
Von den vorgedruckten Mietvertragsklauseln zu unterscheiden ist eine individuelle Vereinbarung. Hierdurch kann der Vermieter den Mieter ohne weiteres wirksam zur Ausführung der Schönheitsreparaturen verpflichten. Eine Individualvereinbarung kann vorliegen, wenn der Vermieter dem Mietvertragsformular eigene Bestimmungen hinzufügt. Aber nicht alles, was der Vermieter nachträglich ergänzt, ist als individuelle Vereinbarung anzusehen, auch dann nicht, wenn der Vermieter im Mietvertrag etwas handschriftlich eingefügt hat **(BGH WuM 2009, 395)**. Ist die Vertragsregel zur mehrfachen Verwendung, auch für andere Mietverhältnisse, vorgesehen, gilt das Recht der ⮱ ALLGEMEINEN GESCHÄFTSBEDINGUNGEN. Außerdem handelt es sich in der Regel nur dann um eine Individualvereinbarung, wenn diese im Einzelnen ausgehandelt wurde (OLG Düsseldorf WuM 2007, 87; LG Berlin GE 2008, 869). Aushandeln bedeutet, dass der Vermieter die Vertragsbestimmungen zur Diskussion stellt. Er muss dem Mieter eine Gestaltungsfreiheit einräumen, um eigene Interessen wahrzunehmen, und ihm tatsächlich die Möglichkeit geben, die Ausgestaltung der Bedingungen zu beeinflussen **(BGH WuM 2013, 293).** Auch bei nachträglichen Änderungen in einem Formularmietvertrag muss der Vermieter im Zweifelsfall beweisen, dass es sich um eine individuell ausgehandelte Vereinbarung handelt (LG Düsseldorf NZM 2002, 779). Eine Anlage zum Mietvertrag, in der der Mieter bestätigt, dass eine Klausel ausgehandelt wurde, hilft dem Vermieter nicht (LG Berlin GE 2017, 477; LG Freiburg WuM 2005, 650).

Typische Formularklauseln und ihre Wirksamkeit
Der Mieter darf durch eine formularmäßige Bestimmung nicht mit Schönheitsreparaturen belastet werden, die über den tatsächlichen Renovierungsbedarf hinausgehen. Der **BGH (WuM 2004, 463; WuM 2004, 333; WuM 98, 592; RE WuM 87, 306)** hat die Abwälzung der

laufenden Schönheitsreparaturen durch folgende Regelung für zulässig erklärt: Der Mieter muss während seiner Mietzeit Schönheitsreparaturen nach Ablauf bestimmter Fristen seit Mietbeginn unaufgefordert ausführen. Diese Fristen dürfen nach dem Mietvertrag nicht verbindlich sein. Sie dürfen nur »im Allgemeinen«, »grundsätzlich« oder »in der Regel« gelten **(BGH WuM 2012, 312)**. Beim Auszug müssen in der Regel die Räume renoviert werden, für die die Renovierungsintervalle abgelaufen sind. Die Fristen sind für einzelne Zimmer unterschiedlich, sie müssen angemessen lang sein und vom Einzug (bzw. der letzten Renovierung) an berechnet werden. In Anlehnung an den Mustermietvertrag des Bundesjustizministeriums von 1976 hat der BGH zunächst folgende Fristen als im Allgemeinen für angemessen gehalten:

- alle 3 Jahre für Küchen, Bäder und Duschen,
- alle 5 Jahre für Wohn- und Schlafräume, Flure, Dielen und Toiletten,
- alle 7 Jahre für andere Nebenräume.

Ähnliches gilt für preisgebundene Wohnungen **(BayObLG RE WuM 87, 344)**.

Die Fristen gelten auch für die Anstriche von Fenstern, Türen und Heizungsrohren **(BGH WuM 2005, 241)**.

Achtung: Bei Mietverträgen, die **ab 2008** geschlossen wurden, sind möglicherweise nur noch längere Fristen wirksam **(BGH WuM 2007, 684)**. Einige Formulare gehen daher von 5, 8 und 10 Jahren aus.

Schönheitsreparaturen bei Einzug

Eine formularmäßige Vereinbarung zulasten des Mieters, eine unrenovierte Wohnung zu Mietbeginn oder kurz danach zu renovieren, ist grundsätzlich unwirksam **(WuM 2015, 338; WuM 2015, 343)**. Der Mieter würde damit verpflichtet, die Abnutzungen seines Vorgängers zu beseitigen.

Eine Ausnahme ist zulässig, wenn der Mieter einen angemessenen Ausgleich für die Vornahme der Renovierungsarbeiten erhält und z.B. die ersten Monate nach dem Einzug keine Miete zahlen muss **(BGH WuM 87, 306;** KG Berlin NZM 2004, 424). Die Angemessenheit ist vom konkreten Renovierungsaufwand abhängig (LG Berlin GE 2004, 964). Außerdem kann eine Anfangsrenovierung durch Individualabrede vereinbart werden. Enthält der Mietvertrag jedoch zugleich eine Klausel zu den laufenden Schönheitsreparaturen, führt das wegen eines Summierungseffekts zur Unwirksamkeit (vgl. unten »mehrere Klauseln«).

Die Rechtslage zur Renovierung bei Einzug stimmt oft nicht mit den praktischen Gegebenheiten überein. Der Mieter darf zwar durch eine Formularklausel nicht zu einer Anfangsrenovierung verpflichtet werden. Der Vermieter kann ihm die Wohnung aber unrenoviert vermieten. Der Mieter sieht sich dann gezwungen, sie herzurichten, wenn er nicht in einer verwohnten Wohnung leben will. Die Rechtsprechung berücksichtigt das nicht. Nach der Sichtweise des BGH steht es im Belieben des Mieters, ob er renoviert oder nicht. Die Renovierung zu Mietbeginn führt der Mieter sozusagen freiwillig durch.

Laufende Schönheitsreparaturen
Für eine wirksame Übertragung der Schönheitsreparaturen auf den Mieter sind folgende Formulierungen ausreichend:

- »Die Schönheitsreparaturen trägt der Mieter.«
- »Die Schönheitsreparaturen hat der Mieter auf seine Kosten auszuführen.«
- »Die Kosten der Schönheitsreparaturen trägt der Mieter.«

Diese Vertragsbestimmungen sind dahingehend auszulegen, dass damit keine Verpflichtung zur Anfangsrenovierung, aber eine zur Durchführung von Schönheitsreparaturen innerhalb der allgemein anerkannten Fristen vereinbart ist **(OLG Karlsruhe RE WuM 92, 349; OLG Hamburg RE WuM 91, 523)**. Die zuletzt genannte Klausel besagt nicht nur, dass der Mieter die Kosten tragen muss, sondern dass er die Arbeiten auch durchzuführen hat **(so BGH WuM 2004, 529)**. Das LG Berlin (WuM 2017, 189) hält die Klausel allerdings für unwirksam.

In vielen Mietverträgen finden sich Klauseln wie: »Die Schönheitsreparaturen übernimmt der Vermieter – der Mieter« oder: »Die Schönheitsreparaturen trägt der Vermieter – der Mieter«. Ist die Alternative »der Vermieter« nicht gestrichen worden, oder ist nicht kenntlich gemacht, wen diese Pflicht treffen soll, handelt es sich um eine unklare Vereinbarung. Dann gilt der Grundsatz: Unklarheiten gehen zulasten des Vermieters. Deshalb muss er die Schönheitsreparaturen übernehmen.

4. Sind die Schönheitsreparaturen fällig?
Schönheitsreparaturen sind grundsätzlich fällig, wenn die Mieträume unansehnlich geworden sind. Sobald nach objektiver Bewertung ein Renovierungsbedarf besteht, kann der Vermieter den Mieter auffordern, die Arbeiten zu erledigen. Anhaltspunkte hierfür geben die nach

Räumen gestaffelten üblichen Fristen von 3, 5 und 7 Jahren (bzw. 5, 8 und 10 Jahre bei neueren Verträgen). Sind diese Zeiträume abgelaufen, ist zu vermuten, dass die Schönheitsreparaturen durchzuführen sind. Diese Fristen gelten als Erfahrungsgrundsatz auch, wenn sie im Mietvertrag nicht wiedergegeben sind.

⇨ RAUCHEN in der Wohnung gehört zum vertragsgemäßen Gebrauch. Der Vermieter kann nicht verlangen, dass der Mieter wegen der entstehenden Nikotinablagerungen vor Ablauf der Fristen renoviert. Entfällt die Renovierungspflicht, weil die mietvertraglichen Klauseln unwirksam sind, kann der Vermieter keinen Schadensersatz für Nikotinrückstände verlangen **(BGH WuM 2006, 513)**. Eine Ausnahme besteht nur, wenn sich die Spuren des Tabakkonsums nicht durch Malern oder Tapezieren beseitigen lassen. Für darüber hinausgehende Instandsetzungsarbeiten kann der Vermieter Kostenersatz verlangen **(BGH WuM 2008, 213)**. Enthält der Mietvertrag wirksame Bestimmungen zu Schönheitsreparaturen, muss der Mieter die Spuren des Rauchens turnusmäßig beseitigen, auch wenn die Renovierung dadurch teurer wird.

Der Mieter muss die Schönheitsreparaturen nicht erst bei Auszug erledigen, sondern auch im laufenden Mietverhältnis **(BGH WuM 2005, 383)**. Sind die entsprechenden Klauseln im Mietvertrag wirksam, kann der Vermieter also verlangen, dass der Mieter die Schönheitsreparaturen während der Mietzeit ausführt. Falls der Mieter sich weigert, kann der Vermieter sogar einen Vorschuss einklagen **(BGH WuM 2005, 383; WuM 90, 494)**. Der Vorschuss ist zweckgebunden zu verwenden. Der Vermieter muss das Geld alsbald in die Renovierungsarbeiten investieren. Nach Erledigung der Arbeiten ist über den Vorschuss abzurechnen.

Nicht ausgeführte Schönheitsreparaturen sind kein Grund für eine ⇨ FRISTLOSE KÜNDIGUNG (AG Hamburg-Altona WuM 2000, 418). Nur in Ausnahmefällen, wenn durch langjährige »Unterlassungssünden« große Schäden drohen oder die Bausubstanz gefährdet wird, ist eine Kündigung denkbar (LG Münster WuM 91, 33; LG Itzehoe WuM 89, 76).

Unwirksame Klauseln

Die Gerichte haben viele Bestimmungen zu Schönheitsreparaturen für unwirksam erklärt. Dazu gehören folgende Klauseln:

Zu kurze Fristen: Legt eine Klausel zu kurze Fristen zugrunde, ist sie unwirksam **(BGH WuM 2004, 463)**. Steht im Mietvertrag zum Beispiel, dass der Mieter die Schönheitsreparaturen in Küchen, Bädern und Duschen spätestens alle 2 Jahre und in allen übrigen Räumen alle 5 Jahre ausführen soll, ist das ungültig. Dasselbe gilt, wenn eine Wohnküche laut Mietvertrag bereits nach 2 Jahren renoviert werden muss (AG Dortmund WuM 2005, 764). Unwirksam ist auch eine Verpflichtung, die laufenden Schönheitsreparaturen regelmäßig innerhalb von 2 bis 3 Jahren auszuführen (LG Hamburg WuM 92, 476; LG Berlin GE 92, 1327).

Zu kurze Fristen haben zur Folge, dass die gesamten Regelungen zu den Schönheitsreparaturen nicht wirksam sind. Der Mieter muss gar nicht renovieren **(BGH WuM 2004, 463)**. Es ist unzulässig, die Klausel so auszulegen, dass angemessene Fristen gelten (LG Berlin GE 2003, 124; WuM 2002, 668). Diese Rechtslage gilt auch für Mietverträge, die vor der Entscheidung des BGH aus dem Jahr 2004 abgeschlossen wurden (AG Dortmund WuM 2005, 764).

Starre Fristen: Unwirksam ist eine Klausel mit einem »starren« Fristenplan. »Starr« bedeutet, dass der Mieter laut Mietvertrag nach Ablauf der Fristen auf jeden Fall renovieren muss. Es könnte sich in Ausnahmefällen aber so verhalten, dass eine Renovierung nicht notwendig ist, obwohl die üblichen Fristen (3 Jahre für Küche und Bad, 5 Jahre für Wohnräume, 7 Jahre für Nebenräume) abgelaufen sind. Dann müsste der Mieter die Schönheitsreparaturen durchführen, obwohl die Räume noch in gutem Zustand sind. Eine »starre« Klausel berücksichtigt solche Ausnahmefälle nicht. Deshalb benachteiligt eine solche Vertragsbestimmung den Mieter unangemessen **(BGH WuM 2004, 463; WuM 2004, 660)**.

»Starr« sind alle Klauseln, die nach ihrem Wortlaut eine Verlängerung der Fristen nicht zulassen. Fristenpläne zu Schönheitsreparaturen sind unwirksam, wenn die Zeiträume durch Worte wie »spätestens« oder »mindestens« als verbindlich festgelegt sind. Im Mietvertrag heißt es z. B.: »Der Mieter hat die Schönheitsreparaturen wenn erforderlich, mindestens aber in der angegebenen Zeitfolge, auszuführen ...« Dabei spielt es keine Rolle, wie die Verhältnisse in der Wohnung tatsächlich sind. Auch wenn der Mieter lange in der Wohnung gelebt hat und sie stark renovierungsbedürftig ist, muss der Mieter keine Renovierung vornehmen. Es macht keinen Unterschied, ob die Fristen ohne jeden Zusatz versehen sind oder zusätzlich die Worte »mindestens« oder »spätestens« enthalten. Folgende Vertragsklauseln sind ebenfalls unwirksam:

- »Der Mieter hat während der Mietzeit die Schönheitsreparaturen auszuführen, und zwar: in Küche, Bad, WC alle 3 Jahre, in den übrigen Räumen alle 5 Jahre« **(BGH WuM 2006, 248)**.
- »Auf die üblichen Fristen wird Bezug genommen (z. B. Küchen/Bäder 3 Jahre, Wohn- und Schlafräume: 4 bis 5 Jahre, Fenster/Türen/Heizkörper: 6 Jahre)« **(BGH WuM 2006, 377; WuM 2006, 308)**.

- »Der Mieter ist verpflichtet, die Ausführung der Schönheitsreparaturen in Küchen, Baderäumen und Duschen in einem Zeitraum von 3 Jahren, in Wohn- und Schlafräumen, Fluren, Dielen und Toiletten in einem solchen von 5 Jahren und in anderen Nebenräumen von 7 Jahren durchzuführen…« **(BGH WuM 2004, 660)**.

- »Schönheitsreparaturen sind mindestens in der Zeitfolge von 3 Jahren in Küche, Bad und Toilette sowie von 5 Jahren in allen übrigen Räumen auszuführen« (OLG Düsseldorf NZM 2006, 462, für ein gewerbliches Mietverhältnis).

- Enthält der Fristenplan zum Teil starre und zu einem anderen Teil weiche Fristen, ist die Regelung insgesamt unwirksam **(BGH WuM 2015, 348)**. Der Mieter muss nicht renovieren.

Die Folge von starren Fristen ist, dass der Mieter überhaupt nicht renovieren muss, sondern die erforderlichen Arbeiten bei Bedarf vom Vermieter verlangen kann.

Die Klausel zu den Schönheitsreparaturen ist hingegen wirksam, wenn ein **»weicher« Fristenplan** zugrunde liegt. Dann steht im Mietvertrag, dass die Schönheitsreparaturen »im Allgemeinen«, »in der Regel« oder »üblicherweise« in den angegebenen Zeitabständen durchzuführen sind (**BGH WuM 2008, 722;** LG Berlin GE 2005, 484). Das Gleiche gilt für die Bestimmung, dass die Arbeiten »grundsätzlich« zu den genannten Fristen auszuführen sind (LG Berlin GE 2006, 449).

Wirksam sind deshalb z. B. folgende Klauseln:

- »**Im Allgemeinen** werden die Schönheitsreparaturen in den Mieträumen in folgenden Zeitabständen erforderlich: …«

- »Die Schönheitsreparaturen sind **in der Regel** in folgenden Zeitabständen durchzuführen: …« Es folgt jeweils die Aufzählung der üblichen Fristen – 3/5/7 Jahre (bzw. 5/8/10 Jahre bei neueren Verträgen).

- »Die Schönheitsreparaturen sind **regelmäßig** nach Maßgabe der genannten Fristen durchzuführen« **(BGH WuM 2012, 312; WuM 2007, 684)**.

Wird die Gültigkeit der Fristen im Mietvertragsformular eingeschränkt, handelt es sich um »weiche« Fristen. Eine wirksame Einschränkung liegt auch vor, wenn zunächst ein »starrer« Fristenplan angeführt wird und im nächsten Absatz der Vermieter das Recht erhält, diese Fristen je nach Zustand der Wohnung nach billigem Ermessen zu verlängern oder zu verkürzen **(BGH WuM 2005, 241)**. Als nicht »starr« hat der

Bundesgerichtshof aber auch eine Klausel angesehen, wonach die Schönheitsreparaturen **»in der Regel ... spätestens«** zu den angegebenen Fristen durchzuführen sind **(BGH WuM 2005, 716)**. Auch wenn im Mietvertrag steht, dass der Vermieter die Fristen **»auf Antrag in besonderen Ausnahmefällen nach billigem Ermessen«** verlängern kann, sind die Fristen laut BGH nicht »starr« und damit wirksam **(BGH WuM 2005, 50)**.

Weitere unwirksame Klauseln:

- **Abweichung von der Ausführungsart:** »Der Mieter ist nicht berechtigt, ohne Zustimmung des Wohnungsunternehmens von der bisherigen Ausführungsart abzuweichen« **(BGH WuM 2007, 259)**. Der BGH betont ausdrücklich, dass dann alle Bestimmungen zu den Schönheitsreparaturen unwirksam sind. In einigen Mietverträgen der Wohnungsgenossenschaften steht, dass die Zustimmung des Vermieters nur bei einer erheblichen Abweichung einzuholen ist. Auch mit dieser Einschränkung ist die Klausel unwirksam **(BGH WuM 2012, 662)**.

- **Farbwahlklausel:** Das ist eine Klausel, die dem Mieter vorschreibt, welche Farben oder Tapeten er **während der Mietzeit** verwenden darf **(BGH WuM 2009, 224; WuM 2008, 472)**. Eine Vorgabe des Vermieters ist nur wirksam, wenn sie sich ausschließlich auf die **Rückgabe** der Wohnung beschränkt **(BGH WuM 2009, 224)**. Steht im Mietvertrag, dass Schönheitsreparaturen in neutralen oder hellen Farben auszuführen sind, ist das unwirksam. Ungültig ist deshalb auch eine Klausel, nach der als Tapete nur eine weiß zu streichende Raufaser verwandt werden darf (AG Gießen WuM 2009, 454). Das Gleiche gilt für eine Klausel, die den Mieter zum »Weißen« der Decken verpflichtet. Denn »Weißen« bedeutet nach dem BGH, dass weiße Farbe zu verwenden ist **(BGH WuM 2011, 618; WuM 2009, 655)**. Auch wenn der Mietvertrag vorschreibt, dass die Wände mit ölhaltigen Farben zu streichen sind und wasserlösliche Farben (Acrylfarben) nicht verwendet werden dürfen, ist der Vertrag insoweit unwirksam (LG Berlin GE 2014, 253). Das gilt auch, wenn sich eine Klausel lediglich auf die Türen und Fenster bezieht. Sind laut Mietvertrag die Türrahmen, Türblätter und Fensterrahmen in Weiß zu lackieren, ist das ungültig **(BGH WuM 2010, 142)**.

Anders verhält es sich, wenn eine Klausel dem Mieter vorschreibt, die Wohnung **bei Auszug** nur in neutralen, hellen Farben zurückzugeben **(BGH WuM 2008, 722)**. Das ist zulässig. Gültig ist nach dem BGH auch eine Klausel, nach der lackierte Holzteile in demselben Farbton wie bei Mietbeginn zurückzugeben sind. Der Mieter ist zwar auf einen Farbton festgelegt. Es besteht aber ein Unterschied zu der Farbwahlklausel für

Wände und Decken, weil der Anstrich von Holzteilen mit einem anderen Farbton nur mit großem Aufwand wieder rückgängig gemacht werden kann. Für unwirksam erklärt hat der BGH aber eine Klausel, nach der der Anstrich beim Auszug in Weiß zu erfolgen hat. Begründung: Damit ist der Mieter auch während der Mietzeit festgelegt. Ihm bleibt kein Spielraum, wenn er bei Mietende nicht komplett neu streichen will **(BGH WuM 2012, 194; WuM 2011, 96).**

■ **Außenanstrich:** Der Mieter muss nur innerhalb der Wohnung renovieren. Fenster und Türen z. B. muss er nicht von außen streichen. Das Gleiche gilt für den Balkon oder die Loggia. Das ist Aufgabe des Vermieters. Umfassen die Schönheitsreparaturen nach dem Mietvertrag »das Streichen der Türen und Fenster«, ist das unwirksam, da auch der Anstrich von außen einbezogen ist **(BGH WuM 2010, 85; WuM 2010, 231)**. Sind die Schönheitsreparaturen laut Mietvertrag »in den Mieträumen« durchzuführen, geht daraus nicht klar hervor, dass mit dem Streichen der Fenster und Türen nur deren Innenflächen gemeint sind **(BGH WuM 2011, 137).** Wirksam vereinbart ist »das Streichen der Türen« dagegen, wenn zuvor vom »Innenanstrich der Fenster« und danach von »sämtlichen anderen Anstrichen innerhalb der gemieteten Räume« die Rede ist **(BGH WuM 2012, 312)**. Dann kann sich auch der Anstrich der Türen nur auf den Innenbereich beziehen.

■ Eine Vertragsbestimmung, nach der der Mieter **»nach Bedarf«** renovieren soll. Denn dann müsste er unter Umständen auch für eine Abnutzung aufkommen, die der Vormieter verursacht hat **(OLG Karlsruhe RE WuM 92, 349; OLG Stuttgart RE WuM 89, 121)**. Das gilt auch, wenn im Vertrag steht: »Ein Bedarf gilt mindestens dann als gegeben, wenn die Fristen nach dem Fristenplan verstrichen sind.« Damit soll der Mieter verpflichtet werden, nicht nur nach Ablauf der Fristen, sondern im Zweifel auch früher, nämlich »bei Bedarf«, zu renovieren. Das ist mehr, als der BGH erlaubt **(OLG Stuttgart RE WuM 89, 121)**.

■ Wirksam ist hingegen eine Klausel, die angemessene Fristen für die Schönheitsreparaturen festlegt und den Mieter verpflichtet, »spätestens bei Ende des Mietverhältnisses alle bis dahin **je nach Grad der Abnutzung** erforderlichen Arbeiten durchzuführen« **(BGH WuM 2005, 243; WuM 2004, 333)**. Danach besteht eine Pflicht zur Renovierung nur, wenn die Fristen für die turnusmäßigen Schönheitsreparaturen beim Auszug unerledigt abgelaufen sind. Unwirksam ist eine solche Regelung aber, wenn sie auf einen starren Fristenplan (siehe oben) Bezug nimmt **(BGH WuM 2006, 248).**

Achtung: Enthält der Mietvertrag eine der genannten ungültigen Klauseln, hat das zur Folge, dass die gesamte Vereinbarung zu den Schönheitsreparaturen unwirksam ist. Der Mieter muss weder während der Mietzeit noch bei Auszug renovieren. Es bleiben auch keine an sich gültigen Teile von Schönheitsreparaturklauseln erhalten. Andernfalls könnte der Vermieter gefahrlos unwirksame Klauseln in den Mietvertrag aufnehmen **(BGH WuM 2009, 286; BGH WuM 2009, 224)**. Und das bedeutet: Der Vermieter – und nicht der Mieter – muss die Renovierungsarbeiten erledigen.

Schönheitsreparaturen bei Auszug
Die Frage, ob der Mieter Schönheitsreparaturen zu erledigen hat, stellt sich zumeist erst beim Auszug. Auch hier gilt: Steht im Mietvertrag überhaupt nichts zu Schönheitsreparaturen, kann der Mieter die Wohnung unrenoviert übergeben. Der Mieter muss in der Regel auch nicht zu Pinsel und Farbe greifen, wenn die üblichen Fristen (3, 5 und 7 Jahre bzw. 5, 8 und 10 Jahre bei neueren Verträgen) beim Auszug noch nicht abgelaufen sind. Besteht keine Renovierungspflicht, muss der Mieter nur für die ordnungsgemäße ⇨ RÜCKGABE DER WOHNUNG sorgen. Arbeiten, die als Schönheitsreparaturen anzusehen sind, muss er nicht durchführen. Normal abgenutzte Tapeten kann er hinterlassen. Bilder- und Möbelflecken verpflichten nicht zur Renovierung (LG Köln WuM 73, 208). Auch Dübellöcher müssen grundsätzlich nicht beseitigt werden.

Achtung: Hat der Vermieter den Mieter veranlasst, einen Mietaufhebungsvertrag abzuschließen, muss der Mieter beim Auszug keine Schönheitsreparaturen vornehmen (LG Nürnberg-Fürth WuM 81, 159), es sei denn, das wurde ausdrücklich vereinbart.

Klauseln zur Auszugsrenovierung: Einige Verträge enthalten Klauseln über eine Renovierung bei Auszug. Solche Regelungen sind unwirksam, soweit die Schönheitsreparaturen während der Mietzeit unberücksichtigt bleiben **(BGH WuM 2007, 682; WuM 2003, 436)**. Zur Begründung führt der BGH an, dass der Mieter andernfalls renovieren müsste, obwohl das gar nicht erforderlich wäre. Der Mieter soll nur seine eigene Abnutzung beseitigen. Eine Renovierungspflicht bei Auszug dient allein den Interessen des Vermieters. Er könnte dann eine frisch renovierte Wohnung weitervermieten. Wirksam ist hingegen eine Klausel, wonach der Mieter bei Auszug renovieren muss, wenn die im Mietvertrag angegebenen Fristen, die angemessen sein müssen, seit der letzten Renovierung verstrichen sind **(BGH WuM 2003, 436; WuM 98, 592)**.

Unwirksam sind demnach z. B. folgende Vertragsklauseln:

- »Die Mieträume sind bei Auszug sauber und ohne Rücksicht auf den für Schönheitsreparaturen … vereinbarten Zeitablauf in fachmännisch renoviertem Zustand zurückzugeben« **(BGH WuM 2003, 436)**.

■ »Bei Beendigung des Mietverhältnisses ist die Wohnung in gut dekoriertem Zustand zurückzugeben« (LG Hamburg WuM 84, 74).

■ »Der Mieter ist bei unerwartet eintretendem Auszug schon nach mehr als zwei Jahren zur Durchführung der Schönheitsreparaturen verpflichtet« (LG Hamburg WuM 91, 681).

■ **Tapetenklausel:** In einigen Mietverträgen steht, dass der Mieter beim Auszug die Tapeten entfernen muss. Auch das Beseitigen von Tapeten, ohne neue anzubringen, ist eine Endrenovierung. Die Vereinbarungen zu den Schönheitsreparaturen sind unwirksam, wenn sie nicht die Mietdauer und die letzten Renovierungsarbeiten berücksichtigen **(BGH WuM 2006, 308; WuM 2006, 310)**.

■ Hingegen ist die Klausel »Lackierte Holzteile sind in dem Farbton zurückzugeben, wie er bei Vertragsbeginn vorgegeben war« wirksam **(BGH WuM 2008, 722)**.

Achtung: Auch wenn der Mietvertrag keine Bestimmungen zur Renovierung bei Auszug enthält, muss der Mieter diese Arbeiten häufig dennoch erledigen. Enthält der Mietvertrag eine wirksame Klausel zu den laufenden Schönheitsreparaturen, sind die nach Räumen gestaffelten üblichen Fristen zu beachten. Die jeweils fälligen Räume müssen spätestens bei Auszug renoviert sein. Der Mieter muss also überfällige Malerarbeiten nachholen. Räume, für die die jeweilige Frist noch nicht abgelaufen ist, müssen hingegen nicht renoviert werden. Beispiel: Der Mieter zieht nach 4 Jahren aus. Er muss spätestens dann nur Küche und Bad renoviert haben, alle anderen Räume nicht. Behauptet der Mieter, dass die Wohnung noch in gutem Zustand ist und deswegen eine Renovierung trotz Ablaufs der Fristen nicht erforderlich ist, trägt er die Beweislast. Im Streitfall kann er dies z.B. mithilfe eines Sachverständigen belegen (LG Hamburg WuM 2005, 453). Liegt die letzte Renovierung lange zurück, muss unter Umständen beim Auszug vollständig renoviert werden (OLG Köln WuM 88, 22).

Empfehlung: Bewahren Sie die Rechnungen des Malerfachbetriebs oder für das gekaufte Material (Werkzeug, Farben und Tapeten) sorgfältig auf. Nützlich sein kann auch eine schriftliche Bestätigung von Bekannten oder Verwandten, die beim Renovieren geholfen haben.

Sonstige Vertragsklauseln über die Rückgabe: In vielen Formularmietverträgen stehen Klauseln, wie der Mieter die Wohnung bei Auszug zu übergeben hat. Es ist z.B. festgeschrieben, dass die Wohnung

»in ordnungsgemäßem Zustand« oder »in vertragsgemäßem Zustand« zurückzugeben ist. Diese Pflicht besteht für den Mieter auch ohne ausdrückliche Erwähnung im Mietvertrag ⇨ RÜCKGABE DER WOHNUNG. Dadurch wird keine eigenständige Pflicht zur Renovierung begründet (OLG Düsseldorf NJW-RR 92, 1096). Auch durch Klauseln wie »bezugsfertig« oder »den ursprünglichen Zustand wiederherstellen« wird der Mieter grundsätzlich nicht zu Schönheitsreparaturen beim Auszug verpflichtet **(BGH NJW 2014, 1444)**. Auch die Vertragsbestimmung »Die Mietsache ist in dem Zustand wie übernommen zurückzugeben« bedeutet nicht, dass der Mieter zusätzliche Schönheitsreparaturen vornehmen muss (OLG München WuM 85, 62). Nur wenn eine übermäßige Abnutzung beim Auszug vorliegt, können Arbeiten nötig werden **(BGH WuM 82, 296)**.

Ist die Wohnung **»besenrein«** zurückzugeben, heißt das nicht zwangsläufig, dass die Renovierungspflicht entfällt. Das ist ein häufiges Missverständnis. Hat der Mieter die Wohnung zu Mietbeginn renoviert vorgefunden, und enthält der Mietvertrag eine wirksame Klausel zu den laufenden Schönheitsreparaturen, muss der Mieter fällige Arbeiten bei Auszug nachholen, wenn die Fristen abgelaufen sind. Unabhängig davon bedeutet »besenrein« lediglich, dass grobe Verschmutzungen zu beseitigen sind **(BGH WuM 2006, 513)** ⇨ RÜCKGABE DER WOHNUNG.

Quotenklausel
Viele Mietverträge enthalten eine sogenannte Quotenklausel. Danach müsste der Mieter, wenn die maßgeblichen Fristen für die Durchführung von Schönheitsreparaturen noch nicht abgelaufen sind, zwar nicht renovieren, aber einen anteiligen Betrag auf der Grundlage eines Kostenvoranschlags zahlen.

Quotenklauseln sind immer ungültig **(BGH WuM 2015, 343)**. Der BGH hat festgestellt, dass solche Klauseln den Mieter unangemessen benachteiligen, weil der auf ihn entfallende Kostenanteil nicht verlässlich ermittelt werden kann. Für den Mieter ist daher bei Abschluss des Mietvertrages gar nicht klar erkennbar, welche Kostenbelastung bei Vertragsende auf ihn zukommt. Das führt dazu, dass alle Quotenklauseln – sowohl in bestehenden als auch in künftigen Mietverträgen – unwirksam sind. Ob die Wohnung bei Vertragsbeginn renoviert oder unrenoviert war, spielt keine Rolle **(BGH WuM 2015, 343)**.

Mehrere Klauseln
In vielen Mietverträgen finden sich mehrere Regelungen zu den Schönheitsreparaturen, möglicherweise an verschiedenen Stellen. Es gibt Klauseln zur Renovierungspflicht bei Einzug, während der Mietzeit und

bei Auszug sowie zur Abgeltung für noch nicht abgelaufene Renovierungsfristen. Alle Bestimmungen zu den Schönheitsreparaturen müssen zusammen beurteilt werden, ob dem Mieter nicht zu viel auferlegt wurde. Denn für sich unbedenkliche Klauseln können in ihrer Gesamtwirkung zu einer unangemessenen Benachteiligung des Mieters führen **(BGH WuM 2006, 248; WuM 2003, 436)**. Dabei sind nach dem BGH auch sogenannte Individualvereinbarungen einzubeziehen. Das sind Absprachen, die Vermieter und Mieter ausgehandelt haben und die deshalb nicht nach dem Recht über ⮱ ALLGEMEINE GESCHÄFTSBEDINGUNGEN zu beurteilen sind.

Die Unwirksamkeit sämtlicher Vertragsbestimmungen zu den Schönheitsreparaturen kann sich ergeben, wenn nur eine der Klauseln für sich gesehen unwirksam ist **(BGH WuM 2003, 436)**. Die Klauseln zur Renovierung können sogar dann unwirksam sein, wenn zwei Klauseln für sich betrachtet wirksam sind. Beispiel: Der Mietvertrag enthält eine Regelung, dass der Mieter die Schönheitsreparaturen während der Mietzeit ausführen muss. Darüber hinaus besteht eine Individualvereinbarung, dass der Mieter bei Beendigung des Mietverhältnisses renovieren muss. Aus der Summe beider Bestimmungen folgt die Unwirksamkeit **(BGH WuM 2006, 306)**. Auch eine Individualvereinbarung ist dann im Zweifel als nichtig anzusehen **(BGH WuM 2009; 173**; LG Hamburg ZMR 2008, 454).

Achtung: Der Mieter sollte in einem Übergabeprotokoll (⮱ WOHNUNGSABNAHME) nicht einfach unterschreiben, dass er die Schönheitsreparaturen durchführt. Dadurch kann der Mieter zu Malerarbeiten verpflichtet sein, obwohl diese Pflicht nach dem Mietvertrag gar nicht besteht (LG Paderborn ZMR 2020, 1033).

Folgen unwirksamer Klauseln

Sind die Regelungen über die Schönheitsreparaturen unwirksam, gelten stattdessen die gesetzlichen Vorschriften. Und die besagen, dass der Vermieter renovieren muss. Das bedeutet: Der Mieter kann die Wohnung bei Auszug im Regelfall unrenoviert hinterlassen. Außerdem hat er während der Mietzeit das Recht, vom Vermieter die Ausführung von regelmäßigen Malerarbeiten zu verlangen. Kommt er diesen Pflichten nicht nach, darf der Mieter nach vergeblicher Aufforderung selbst einen Maler beauftragen. Außerdem kann er vom Vermieter einen Vorschuss in Höhe der voraussichtlich entstehenden Kosten verlangen (AG Berlin-Charlottenburg MM 2010, 110). Eine Besonderheit besteht, wenn die Klauseln zu den Schönheitsreparaturen unwirksam sind, weil die Wohnung zu Mietbeginn unrenoviert übergeben wurde und der Mieter dafür keinen angemessenen Ausgleich erhalten hat (z.B. Mietnachlass, Beitrag zu den Renovierungskosten). Dann muss sich der Mieter an den Kosten beteiligen. Der BGH sieht es im Regelfall als angemessen an, dass der Mieter die Hälfte der Kosten für einen Malermeister übernimmt **(BGH WuM 2020, 554; WuM 2020, 559)**.

Achtung: Keiner Änderung des Mietvertrags zustimmen! Einige Vermieter verlangen, dass der Mieter wegen unwirksamer Regelungen zu den Schönheitsreparaturen eine Ergänzung zum Mietvertrag unterschreibt. Manche Vermieter behaupten sogar, sie hätten einen Anspruch hierauf, weil der BGH die bestehenden Klauseln für unwirksam erklärt habe. Mieter sollten sich nicht unter Druck setzen lassen. Der BGH hat tatsächlich viele Klauseln zu Schönheitsreparaturen für unwirksam erklärt. Das ist das Risiko des Vermieters, der einen Formularmietvertrag mit solchen Klauseln verwendet. Er hat keinen Anspruch auf Korrektur des Mietvertrags.

Einige Vermieter sind auf die Idee gekommen, bei einer ⇨ MIETERHÖHUNG IM RAHMEN DER ORTSÜBLICHEN VERGLEICHSMIETE einen Zuschlag zu verlangen, wenn die Klauseln zur Übernahme der Schönheitsreparaturen unwirksam sind. Das hat der **BGH (WuM 2008, 560; WuM 2008, 487)** für unzulässig erklärt. Verwendet der Vermieter ein Vertragsformular mit einer ungültigen Klausel, muss er auch die Konsequenzen tragen. Für die Schönheitsreparaturen ist er dann zuständig und nicht der Mieter. Einen Zuschlag zur Miete gibt es dafür aber nicht. Der Vermieter einer öffentlich geförderten Wohnung darf hingegen einen Zuschlag zur Kostenmiete erheben, wenn die Regelungen zu den Schönheitsreparaturen unwirksam sind **(BGH WuM 2010, 296)**.

Achtung: Zunächst sollte mithilfe des Mietervereins geklärt werden, ob die Klauseln unwirksam sind. Mieter einer öffentlich geförderten Wohnung (Sozialwohnung) sollten überdenken, ob sie sich auf die ungültige Klausel berufen. Oftmals ist es günstiger, die Klauseln im Einvernehmen mit dem Vermieter anzupassen und die Malerarbeiten selbst durchzuführen. Für alle anderen Mieter gilt dies jedoch nicht!

Achtung: Es gibt Geld zurück! Der Mieter hat Anspruch auf Kostenerstattung, wenn er Schönheitsreparaturen aufgrund einer unwirksamen Klausel durchgeführt oder aufgrund einer unwirksamen Quotenklausel Geld gezahlt hat **(BGH WuM 2009, 395)**. Hat er in Eigenarbeit renoviert, kann er eine angemessene Vergütung für den Einsatz an freier Zeit sowie die Kosten für Tapeten, Farbe, Pinsel usw. verlangen. Außerdem muss der Vermieter die Kosten ersetzen, die der Mieter für Helfer aus dem Verwandten- oder Bekanntenkreis aufgewendet hat (AG Bautzen

WuM 2021, 240). Hat der Mieter einen Malermeister oder eine andere Person mit den Arbeiten beauftragt, kann er diese Kosten zurückverlangen. Ist die Mietvertragsklausel unwirksam, weil dem Mieter zu Mietbeginn eine unrenovierte Wohnung überlassen wurde, muss ihm der Vermieter in der Regel nur die Hälfte der Kosten ersetzen. Das ergibt sich aus den BGH-Entscheidungen zum Kostenersatz bei unwirksamen Klauseln **(BGH WuM 2020, 554; WuM 2020, 559)**.

Achtung: Dieser Anspruch verjährt 6 Monate nach ⇨ RÜCKGABE DER WOHNUNG **(BGH WuM 2011, 363; BGH WuM 2011, 417)**. Hat der Mieter einen Geldbetrag auf Grundlage einer unwirksamen Schönheitsreparaturklausel an den Vermieter gezahlt, kann er den Betrag ebenfalls zurückfordern. Auch dieser Anspruch verjährt innerhalb der Sechsmonatsfrist **(BGH WuM 2012, 445)**.

Wie muss der Mieter Schönheitsreparaturen durchführen?
Eine Verpflichtung bezieht sich stets nur auf fachmännische Ausführung in mittlerer Art und Güte **(BGH RE WuM 88, 294)**.

Damit sind Eigenleistungen des Mieters nicht ausgeschlossen; denn auch Heimwerker verfügen oft über gute handwerkliche Fähigkeiten. Eine Klausel »Die Schönheitsreparaturen sind ausschließlich durch Fachkräfte auszuführen« ist unwirksam **(OLG Stuttgart RE WuM 93, 528)**. Unzulässig ist bereits die Klausel »Der Mieter hat die Schönheitsreparaturen ausführen zu lassen«. Derartige Vertragsbestimmungen haben zur Folge, dass die gesamten Regelungen zu den Schönheitsreparaturen unwirksam sind. Der Mieter muss gar nicht renovieren, auch nicht in Eigenarbeit **(BGH WuM 2010, 476)**.

Besteht die Pflicht zu Schönheitsreparaturen, darf der Mieter allerdings nicht laienhaft oder fehlerhaft renovieren. »Hobby-Qualität« reicht nicht aus (LG Berlin GE 2000, 677).

Nicht akzeptieren muss der Vermieter

- streifig oder nicht deckend gestrichene Wände, Decken oder Türen usw.,
- »Laufnasen« an Tür- oder Fensteranstrich,
- größere Blasen oder Falten in der Tapete,
- offene Nähte oder Überlappungen an den Tapetenbahnen,
- nach dem Anstrich nicht mehr erkennbare Körnung der Raufasertapete,

- übermalte Tür- und Fensterbeschläge, Fensterrahmen, Lichtschalter, Steckdosen,
- Abplatzungen oder Blasenbildung im Farbanstrich (AG Hamburg-Wandsbek ZMR 2012, 23),
- Pinselhaare oder Schmutzpartikel im Farbanstrich,
- überstrichene Papier- oder Mustertapeten (KG Berlin GE 81, 1065; AG Köln WuM 2019, 287),
- mit Farbe verschmutzte Teile der Wohnung, größere Farbkleckse oder Schmierereien auf Fußboden oder Bodenbelag, Fensterbänken, Rollladengurten.

Andererseits darf der Vermieter auch keine übertriebenen Ansprüche an die Güte der Renovierungsarbeiten stellen. Eine Raufasertapete kann dreimal und mehr überstrichen werden. Nur wenn sie besonders abgenutzt ist, muss neu tapeziert werden (AG Münster WuM 98, 569).

Farbig gestaltete Wände
Manchmal entsteht Streit darüber, welche Farben und Tapeten der Mieter verwenden muss. Während der Mietzeit kann er sich die Materialien grundsätzlich nach seinem Geschmack aussuchen. Der Vermieter kann ihm das nicht vorschreiben **(BGH WuM 2008, 722; WuM 2008, 472)**. Beim Auszug darf der Mieter die Wohnung nicht mit farbig gestalteten Wänden zurückgeben. Hat er sie zu Mietbeginn in neutralen Farben übernommen, muss er sie wieder in einen ähnlichen Zustand versetzen und mit neutralen Farben streichen oder tapezieren. Andernfalls steht dem Vermieter Schadensersatz zu. Der BGH argumentiert, dass ein außergewöhnlicher farblicher Zustand eine Neuvermietung der Wohnung in diesem Zustand erheblich erschwere.

Hat der Mieter nur einen Raum farbig gestaltet, genügt es, wenn er diesen Raum mit einer neutralen Farbe neu herrichtet. Hat er nur auf einer einzelnen Wand bunte Farbe aufgetragen, muss er auch alle übrigen Wände in diesem Raum neu streichen, damit sich keine Farbunterschiede zu den anderen Wänden ergeben (AG Pankow-Weißensee GE 2014, 1533).

Dieser Grundsatz besteht auch bei einer fehlenden oder ungültigen Vereinbarung zu den Schönheitsreparaturen. Auch wenn der Mieter nicht zu Malerarbeiten verpflichtet ist, kann der Vermieter Schadensersatz für bunt gestaltete oder knallig gestrichene Wände verlangen. Er muss aber von den berechneten Malerkosten einen Abzug vornehmen, wenn die maßgeblichen Renovierungsfristen noch nicht abgelaufen sind. Denn durch die Zahlung des Schadensersatzes erhält der

Vermieter im Ergebnis eine vollständig renovierte Wohnung zurück, obwohl die Arbeiten noch gar nicht fällig gewesen wären **(BGH WuM 2014, 23**; AG Paderborn ZMR 2021, 249).

Dem Vermieter steht erst recht weniger Geld zu, wenn die genannten Renovierungsfristen verstrichen sind. Dann muss der Vermieter ohnehin renovieren. Er kann dann allenfalls geltend machen, dass aufgrund der bunten Farbgestaltung ein Aufwand entsteht, der über das normale Maß hinausgeht und z. B. zusätzlich eine Grundierung oder zweimaliges Streichen notwendig macht **(BGH WuM 2008, 213**; AG Paderborn ZMR 2021, 249).

Hat der Mieter dezente Farbtöne verwendet, gibt es keine Probleme. Dann kann er die Wohnung nach dem Auszug in diesem Zustand hinterlassen, wenn sich aus dem Mietvertrag keine Renovierungspflichten ergeben. Wände, Decken, Türen und Fenster müssen also bei Rückgabe der Wohnung nicht weiß gestrichen sein (LG Berlin GE 2008, 869). Eine andere neutrale Gestaltung ist zulässig, z. B. eine leicht abgetönte Farbe **(BGH WuM 2011, 96)**.

Schadensersatz wegen unterlassener Schönheitsreparaturen
Im laufenden Mietverhältnis kann der Vermieter wegen unterlassener oder unsachgemäß ausgeführter Schönheitsreparaturen keinen Schadensersatz fordern. Er hat lediglich das Recht, den Mieter auf Durchführung der notwendigen Arbeiten zu verklagen oder einen Vorschuss dafür zu fordern **(BGH WuM 2005, 383; WuM 98, 494)**.

Wenn der Mieter die Wohnung bei Auszug nicht oder nicht fachgerecht renoviert, macht er sich schadensersatzpflichtig. Den Schaden muss der Vermieter aber beweisen (LG Düsseldorf WuM 79, 238). Voraussetzung hierfür ist natürlich, dass der Mieter überhaupt wirksam verpflichtet worden ist (s. o.). Dem Vermieter steht grundsätzlich kein Schadensersatz zu, wenn die Klauseln zu den Schönheitsreparaturen unwirksam sind **(BGH WuM 2009, 224; WuM 2008, 213; WuM 2006, 308)**. Eine Ausnahme besteht, wenn der Mieter laienhaft renoviert hat und dem Vermieter dadurch mehr Aufwand entsteht, als wenn der Mieter gar keine Malerarbeiten vorgenommen hätte.

Ebenso ist der Mieter dann nicht schadensersatzpflichtig, wenn er nach einer berechtigten fristlosen Kündigung auszieht (LG Darmstadt WuM 80, 52) oder der Vermieter dem Mieter extra eine Abstandssumme für einen vorzeitigen Auszug gezahlt hat (LG Stuttgart WuM 95, 392; LG Nürnberg-Fürth WuM 81, 159).

Achtung: Erledigt der Mieter die Schönheitsreparaturen nicht rechtzeitig, kann der Vermieter nicht sofort Geld verlangen. Er muss den Mieter erst auffordern, die Arbeiten durchzuführen, und dafür eine Frist setzen. Die Frist kann der Vermieter erst nach Beendigung des Mietverhältnisses setzen. Auch der Anspruch des Vermieters auf Durchführung von Schönheitsreparaturen entsteht erst nach Beendigung des Mietvertrages. Nach einer Kündigung kann sich der Mieter also bis zum Ende der Mietzeit mit den Renovierungsarbeiten Zeit lassen. Setzt der Vermieter die Frist vorher, ist das unwirksam (LG Berlin GE 2001, 697). Dies gilt auch dann, wenn der Mieter die Wohnung vorzeitig zurückgibt (KG Berlin GE 2002, 1330).

Die Aufforderung zur Durchführung der Schönheitsreparaturen muss so genau sein, dass der Mieter den Umfang der durchzuführenden Renovierung ersehen kann (KG Berlin ZMR 2007, 450; LG Itzehoe WuM 97, 175; LG Hamburg WuM 86, 242). Es reicht also nicht, wenn der Vermieter lediglich verlangt, die Wohnung vollständig zu renovieren. Er muss im Einzelnen beschreiben, in welchen Räumen welche Arbeiten zu erledigen sind (KG Berlin NZM 2003, 676). Schadensersatz steht dem Vermieter erst zu, wenn die Frist erfolglos verstrichen ist.

Der Vermieter bekommt kein Geld, wenn der Mieter die Schönheitsreparaturen gar nicht durchführen kann:

- weil die Wohnung erheblich feucht oder beschädigt ist (KG Berlin MDR 74, 319; LG Augsburg WuM 83, 22; AG Büdingen WuM 83, 122),
- weil an den Wänden zunächst erhebliche Putzschäden und Risse ausgebessert werden müssten (KG Berlin ZMR 2009, 277; LG Berlin WuM 2017, 134),
- weil der Vermieter die Wohnung bereits weitervermietet hat und sie deshalb dem Mieter zur Renovierung gar nicht zur Verfügung stellen kann (LG Braunschweig WuM 99, 547; LG Berlin GE 89, 999; GE 88, 411),
- weil der Vermieter dem Mieter die Wohnungsschlüssel, die der Mieter bereits übergeben hat, nicht wieder aushändigt.

Die Fristsetzung ist nicht nötig, wenn der Mieter die Durchführung von Schönheitsreparaturen endgültig ablehnt. Hier sind jedoch strenge Maßstäbe anzulegen **(BGH WuM 82, 296)**. Der Auszug allein stellt noch keine endgültige Weigerung des Mieters dar (KG Berlin WuM 2008, 592; NZM 2007, 356; OLG Hamburg WuM 92, 70), selbst dann nicht, wenn er dem Vermieter seine neue Anschrift nicht mitteilt (LG Hamburg WuM 97, 616; LG Wiesbaden WuM 86, 113); ebenso wenig ein Schreiben, in dem der Mieter bestreitet, zur Renovierung verpflichtet zu sein (LG Berlin NZM 2000, 1178).

Die Notwendigkeit, eine Frist zu setzen, kann nicht durch eine Klausel im Formularvertrag ausgeschlossen werden **(OLG Karlsruhe RE WuM 82, 291)**. Die Frist muss ausreichend lang sein, sodass der Mieter tatsächlich die Möglichkeit zur eigenen Durchführung der Renovierung hat. Angemessen sind, je nach Umfang der Arbeiten, zwei (LG Berlin GE 89, 413) bis drei Wochen (OLG Hamburg WuM 98, 17). Sieben Tage sind hingegen zu kurz bemessen (LG Itzehoe WuM 97, 175). Eine zu kurze Frist hat jedoch nicht die Unwirksamkeit der Vermietererklärung zur Folge, sondern setzt lediglich eine angemessene Frist in Gang (LG Berlin GE 91, 1037). Nach OLG Hamburg (WuM 98, 17) sind bei zu kurz bemessenen Fristen immer drei Wochen anzusetzen.

Achtung: Bei diesem Verfahren sind in jedem Einzelfall viele Details zu beachten; lassen Sie sich daher fachkundig beraten.

Höhe des Schadensersatzes

Dem Vermieter müssen seine notwendigen Auslagen, also die Kosten für die erforderlichen Arbeiten durch einen Fachbetrieb, ersetzt werden. Diese kann er durch einen Kostenvoranschlag nachweisen. Dem Vermieter steht das Geld auch zu, wenn er die Schönheitsreparaturen nicht ausführen lässt. Unklar ist, ob er dann die Mehrwertsteuer verlangen kann. Hier bleibt abzuwarten, wie die Gerichte entscheiden werden. Der Schadensersatz umfasst neben den Renovierungskosten evtl. noch eine Monatsmiete, wenn der Vermieter die Wohnung nicht rechtzeitig weitervermieten kann. Er muss aber unmittelbar nach dem Auszug des Mieters renovieren, um den Schaden so gering wie möglich zu halten (LG Frankfurt WuM 77, 95). Außerdem muss der Vermieter eine konkrete Vermietungschance nachweisen (AG Köln WuM 87, 150; **a.A.** LG Frankfurt/M. NZM 2000, 1177).

Ausnahmsweise kann der Vermieter sofort Geld verlangen:

1. wenn der Mieter die Durchführung von Schönheitsreparaturen endgültig verweigert oder

2. wenn die Ausführung der Arbeiten sinnlos ist, z. B. weil die Wohnung anschließend umgebaut werden soll.

Für den Sonderfall, dass der Vermieter die Wohnung nach dem Auszug umbauen will, hat der **BGH (WuM 2005, 50; RE WuM 85, 46)** entschieden: Der Mieter muss dann einen Ausgleich in Geld zahlen, der neben den Materialkosten nur einen Betrag umfasst, den er für die Arbeitsleistung von Verwandten oder Bekannten hätte ausgeben müssen. Der Wert dieser Eigenleistung wird – wenn überhaupt (LG Frankfurt WuM 89, 562) – im Allgemeinen nur einen Bruchteil der Kosten für einen Handwerker betragen.

Achtung: Das gilt nur, wenn der Mieter bereit gewesen ist, die Arbeiten durchzuführen. Hat er sich geweigert, kann der Vermieter wesentlich mehr Geld verlangen, nämlich die Kosten, die für einen Fachhandwerker zu zahlen wären (**BGH WuM 2005, 50**).

Unter Umständen kann die Forderung von Geldersatz unbillig sein, z. B. dann, wenn der Vermieter den Mieter wegen seiner Umbaupläne auffordert, vorzeitig auszuziehen, und der Mieter das letztlich akzeptiert (**OLG Karlsruhe RE WuM 84, 51**). Wenn die geplanten Umbaumaßnahmen nur einzelne Räume betreffen, muss der Mieter auch nur hierfür anteilig zahlen und kann die restlichen Räume selbst renovieren (LG Hannover WuM 94, 428).

Es ist umstritten, ob der Mieter sich schadensersatzpflichtig macht, wenn der Nachmieter die Wohnung auf eigene Kosten renoviert. Eine Schadensersatzpflicht des Mieters in diesem Fall **lehnen ab**: LG Itzehoe WuM 92, 242; LG Nürnberg-Fürth WuM 84, 244; AG Neuruppin WuM 2009, 514. Die Gegenansicht hält auch in diesem Fall den Vormieter zum Schadensersatz verpflichtet: **BGH NJW 68, 491**; LG Berlin GE 92, 1329.

Verjährung ⇨ SELBSTSTÄNDIGES BEWEISVERFAHREN
Der Anspruch des Vermieters auf **Durchführung** der Schönheitsreparaturen verjährt 6 Monate nach Rückgabe der Wohnung durch den Mieter, und zwar unabhängig davon, ob das Mietverhältnis beendet ist (OLG Köln WuM 88, 22). Gibt der Mieter die Wohnung also vor Ablauf der Kündigungsfrist zurück, läuft die Verjährungsfrist ab Auszug ⇨ VERJÄHRUNG.

Der **Schadensersatzanspruch** wegen nicht durchgeführter oder nicht fachgerechter Renovierung verjährt ebenfalls in 6 Monaten, nachdem der Mieter die Wohnung zurückgegeben hat (**BGH WuM 2005, 126**). Gibt der Mieter die Wohnung vor Ende des Mietverhältnisses zurück, beginnt die Verjährungsfrist bereits mit der Rückgabe zu laufen (**BGH WuM 2006, 319**). Durch Verhandlungen zwischen dem Mieter und dem Vermieter kann der Ablauf der Verjährungsfrist gehemmt sein ⇨ VERJÄHRUNG.

Um zu verhindern, dass der Vermieter gegen den Mieter Ersatzansprüche geltend machen kann, sollte ein Wohnungsübergabeprotokoll ausgefüllt werden ⇨ WOHNUNGSABNAHME.

Schrebergarten

Für die Pacht von Kleingärten (Schrebergärten) gelten die Sonderbestimmungen des Bundeskleingartengesetzes (BKleingG). Kleingärten sind nur solche, die in einer Kleingartenanlage mit Gemeinschaftseinrichtungen (z. B. gemeinsame Wege, Parkplätze, Vereinsheim) liegen

(BGH WuM 2005, 794) und die nicht gewerbsmäßig genutzt werden. Im Regelfall gehört es auch dazu, dass mindestens ein Drittel der Fläche zum Anbau von Gartenerzeugnissen für den Eigenbedarf genutzt wird **(BGH WuM 2004, 498)**. Wohnungsgärten, die zusammen mit einer Wohnung vermietet werden, sind keine Kleingärten.

Eine Laube darf nicht zum dauernden Wohnen benutzt werden, es sei denn, der Nutzer genießt den Bestandsschutz eines vor dem 1. April 1983 abgeschlossenen Vertrages **(BGH WuM 2004, 349)**. Strom- und Festnetztelefonanschluss sind in vielen Kleingartenanlagen nicht gestattet. Der Garten muss »kleingärtnerisch« genutzt werden. Nach Auffassung des LG Frankfurt (WuM 87, 232) darf man daher keinen Wild- oder Naturgarten anlegen.

Die Größe von Kleingärten ist auf 400 m^2 begrenzt, eine Gartenlaube darf höchstens 24 m^2 groß sein (§ 3 BKleingG). Der örtliche Bebauungsplan kann kleinere vorschreiben. Bereits bestehende größere Gärten und Lauben dürfen weiterhin benutzt, ggf. auch weiter bewohnt werden (LG Hannover ZMR 87, 23). In diesem Fall kann ein Wohnlaubenentgelt als Zuschlag zum Pachtzins verlangt werden (zur Höhe siehe LG Hannover DWW 86, 155). Für die Lauben gilt aber auch das Baurecht **(BVerwG ZMR 84, 361)**, hiernach kann unter Umständen eine Änderung verlangt werden.

Für das Pachtverhältnis gibt es zum Schutz des Kleingärtners Sondervorschriften über die Begrenzung des Pachtzinses, über die Pachtdauer und den Kündigungsschutz. Diese gelten auch, wenn Kleingärtnervereine als Zwischenverpächter auftreten. Der Pachtzins darf höchstens den vierfachen Betrag des ortsüblichen Pachtzinses im erwerbsmäßigen Obst- und Gemüsebau betragen **(BVerfG NJW-RR 98, 1166)**. Er kann nur alle 3 Jahre angehoben werden, zusätzlich kann die anteilige Erstattung von bestimmten Aufwendungen für die Gemeinschaftsanlage (Wege, Parkplätze etc.) sowie von öffentlich-rechtlichen Grundstückslasten verlangt werden (OLG Brandenburg WuM 2007, 510). Hat der Pächter einen überhöhten Pachtzins gezahlt, kann er diesen Betrag zurückfordern **(BGH WuM 89, 491)**.

Mit dem Tod des Pächters endet das Pachtverhältnis, wenn nicht Ehegatte oder Lebensgefährte des Pächters den Vertrag fortsetzen; den Kindern des Verstorbenen steht dieses Recht aber nicht zu **(BGH WuM 2007, 127)**.

Nach einer ordentlichen Kündigung durch den Verpächter kann der Pächter Ersatz für seine Anpflanzungen und Anlagen nach entsprechenden Richtlinien verlangen (§ 11 BKleingG). Kündigt der Pächter, oder läuft ein befristeter Vertrag aus, kann er seine eingepflanzten oder eingebauten Sachen (Laube, Bäume etc.) wegnehmen oder an seinen Nachfolger verkaufen.

Schriftform ⇨ MIETVERTRAG, ⇨ TEXTFORM, ⇨ UNTERSCHRIFT

Für die Wirksamkeit mancher Erklärungen ist nach dem Gesetz die Einhaltung der Schriftform erforderlich. Ein weit verbreiteter Irrtum ist, dass auch Mietverträge schriftlich abgeschlossen werden müssten. Dies ist aber nicht der Fall; auch mündlich geschlossene Mietverträge sind gültig, soweit zumindest über die wesentlichen Inhalte (Parteien, Mietgegenstand, Miethöhe, ggf. Mietzeit) Einigkeit besteht; dies gilt nach § 578 BGB sogar für ⇨ GESCHÄFTSRÄUME. Sie werden aber aus Beweisgründen in der Regel schriftlich niedergelegt. Die Schriftform kann auch (sogar durch mündliche Absprache, etwa die Vereinbarung »wir regeln dann die Einzelheiten im schriftlichen Mietvertrag«) vereinbart werden und ist dann einzuhalten; genauso kann aber umgekehrt auch vereinbart werden, dass die Schriftform nicht (mehr) gilt, etwa indem eine mündliche Nebenabrede getroffen wird. Aufpassen muss man bei Mietverträgen, die auf bestimmte Zeit (also befristet) abgeschlossen werden ⇨ ZEITMIETVERTRAG. Hier ist die Schriftform zwar auch nicht Wirksamkeitsvoraussetzung, ihre Nichteinhaltung führt aber nach §§ 550, 575 BGB dazu, dass ein »normaler«, unbefristeter Mietvertrag zustande kommt, der nach den üblichen Regeln gekündigt werden kann; allerdings mit einer Sperrfrist von einem Jahr. Besonders bei langfristigen Mietverträgen über ⇨ GESCHÄFTSRÄUME wird deshalb oft die Einhaltung der Schriftform in Zweifel gezogen, um sich auf diesem Wege vorzeitig von dem Vertrag zu lösen. In diesem Zusammenhang vereinbarte **Schriftformheilungsklauseln** sind unwirksam, verhindern also nicht die Kündigung eines Mietvertrags unter Berufung auf einen Schriftformmangel **(BGH NZM 2018, 38)**.

Bei alten Zeitmietverträgen (bis 31.8.2001 geschlossen) unterliegen Fortsetzungsverlangen und bestimmte Erklärungen des Vermieters der Schriftform. Auch Vereinbarungen über ⇨ STAFFELMIETE oder ⇨ INDEXMIETE müssen in Schriftform geschlossen werden, sonst sind sie – bei Fortgeltung des Mietvertrags im Übrigen – unwirksam. Weitere Erklärungen im Mietrecht, für die das Gesetz die Schriftform vorsieht, sind alle ⇨ KÜNDIGUNGEN des Vermieters wie auch des Mieters (§ 568 BGB) und der Widerspruch des Mieters gegen die Kündigung in Härtefällen (§§ 574 ff. BGB; soll evtl. geändert werden!) sowie Mieterhöhungen bei ⇨ SOZIALMIETEN nach § 10 WoBindG. Für Mieterhöhungen auf die ortsübliche Vergleichsmiete und Modernisierungsmieterhöhungen ist (nur) ⇨ TEXTFORM erforderlich, § 558a Abs. 1 bzw. § 559b Abs. 1 Satz 1 BGB.

Immer wieder gestritten wird über **Schriftformklauseln** in Verträgen, nach denen Änderungen oder Ergänzungen schriftlich erfolgen müssen und sonst unwirksam seien. Solche Klauseln finden meist als ⇨ ALLGEMEINE GESCHÄFTSBEDINGUNGEN ihren Weg in den Vertragstext und sind dann nach §§ 305b, 305c oder 307 BGB unbeachtlich **(BGH NJW 2006, 138)**. Dies gilt insbesondere auch für sog. **doppelte Schriftformklauseln**, die bestimmen, dass Abweichungen vom Schriftformerfordernis wiederum nur durch schriftliche Erklärung möglich sein sollen **(BGH WuM 2017, 131)**.

Wenn weder Schrift- noch Textform vorgesehen ist, genügt auch eine **mündliche Erklärung**. Das gilt etwa für Mängelanzeigen, die Erlaubnis zur Untervermietung, den Widerspruch gegen die stillschweigende Verlängerung nach Ablauf der Mietzeit und sogar die Zustimmung des Mieters zu einer Mieterhöhung. Auch die Ausübung einer Verlängerungsoption ist grundsätzlich formlos möglich **(BGH WuM 2019, 81)**. In allen diesen Fällen gilt es aber zu bedenken, dass es im Streitfall mit einem entsprechenden Schriftstück viel einfacher ist, das Bestehen und den genauen Inhalt einer Vereinbarung zu beweisen. Dies kann von entscheidender Wichtigkeit sein, z.B. wenn nach einem Eigentümer- und Vermieterwechsel in Frage steht, ob eine Untervermietung gestattet wurde. Im schlimmsten Fall wäre eine ungenehmigte Untervermietung ein Kündigungsgrund!

Schriftform bedeutet nach § 126 BGB bei Verträgen, dass beide Parteien eigenhändig auf derselben Urkunde unterschreiben oder, wenn mehrere gleichlautende Ausfertigungen des Vertrags aufgesetzt werden, dass jeder auf der Urkunde unterzeichnet, die der jeweils andere Vertragspartner bekommt. Besteht eine Vertragspartei aus mehreren Personen – z.B. wenn ein Ehepaar eine Wohnung mietet oder eine Erbengemeinschaft vermietet –, müssen alle unterschreiben. Unterschreibt ein **Vertreter**, z.B. für eine vermietende Gesellschaft oder ein Ehepartner »mit« für den anderen, muss das Vertretungsverhältnis in der Urkunde zum Ausdruck kommen **(BGH NZM 2013, 271; NJW 2003, 3053)**. Bei einem Vertrag durch Brief- oder Mailwechsel, bei dem sich der Vertragsinhalt erst aus der Zusammenfassung mehrerer Urkunden ergibt, ist die Schriftform nicht eingehalten **(BGH WuM 2001, 112)**. Die Vertragsurkunde muss zudem eine Einheit bilden; einzelne Blätter können hierzu z.B. geheftet werden; es genügt aber auch, wenn sich die Zusammengehörigkeit aus einer fortlaufenden Nummerierung oder einheitlichen Textgestaltung zweifelsfrei ergibt. **Anlagen**, z.B. eine Hausordnung, können durch Zusammenheften, einen eindeutigen Verweis im Vertragstext **(BGH NJW 2003, 1248)** oder Unterschriften der Parteien auf der Anlage einbezogen werden. Wird ein **Nachtrag** vereinbart, muss darin auf den ursprünglichen Mietvertrag eindeutig Bezug genommen und genau niedergelegt werden, welche Regelungen des Ursprungsvertrags wie ergänzt bzw. abgeändert oder aufgehoben werden sollen; zudem müssen auch den Nachtrag beide Parteien unterzeichnen **(BGH WuM 2000, 351)**. Wird der Nachtrag in einem Brief des Mieters dokumentiert, genügt es für die Einhaltung der Schriftform, wenn der Vermieter diesen Brief später auch unterschreibt **(BGH WuM 2004, 534)**. Bei **einseitigen Erklärungen**, wie z.B. Kündigungen, muss der Aussteller eigenhändig unterschreiben **(BGH NZM 2018, 394)**. Die Schriftform ist auch gewahrt, wenn die **elektronische Form** nach § 126a BGB eingehalten ist; dann genügt die Einfügung des Namens des Ausstellers, und das Dokument muss mit einer qualifizierten elektronischen Signatur versehen sein. Dies ist nicht zu verwechseln mit der ⇨ TEXTFORM nach § 126b BGB.

Schufa-Auskunft

Viele Wohnungsgesellschaften und private Vermieter haben vor dem Abschluss eines Mietvertrages ein Interesse daran, die finanziellen Verhältnisse des Mieters weitestgehend zu durchleuchten. Die Möglichkeiten, sich hiergegen zu wehren, sind trotz des Datenschutzes begrenzt. Es gibt neben der Schufa eine Reihe privater Auskunfteien, die Datensammlungen unterhalten, z.B. Creditreform, Bürgel. Diese stellen auf Anfrage für Firmen Auskünfte zusammen. Hierbei ist nicht gesichert, dass diese Auskünfte richtig oder komplett sind. Umstritten ist insbesondere, in welchem Umfang Wohnungsunternehmen die Möglichkeit haben, bei der Schufa (Schutzgemeinschaft für Allgemeine Kreditsicherung) Auskünfte über Wohnungsbewerber einzuholen. Dies war nach einer älteren Entscheidung des **BGH (NJW 86, 49)** lange Zeit überhaupt nicht möglich. Nachdem aber den Bedenken des BGH Rechnung getragen worden ist, werden wieder zunehmend mehr Wohnungsunternehmen Schufa-Vertragspartner.

Leider umgehen Vermieter aber oft diese Regelung, indem sie von Wohnungsbewerbern eine »Selbstauskunft« verlangen. Der Wohnungssuchende muss dann bei der Schufa selbst über sich eine Auskunft einholen, was er natürlich »freiwillig« tun kann, und diese vorlegen. Hiergegen helfen die Datenschutzgesetze leider nicht.

Die Schufa bietet verschiedene Arten von Selbstauskünften an. Die kostenlose »Datenkopie (nach Art. 15 DS-GVO)« (früher: »Schufa-Eigenauskunft«) enthält alle bei der Schufa gespeicherten Daten. Anders als früher kann sie wegen Art. 15 Datenschutz-Grundverordnung nicht mehr nur einmal im Jahr angefordert werden; ein angemessenes Entgelt darf nur bei exzessiven oder offensichtlich unbegründeten Anträgen verlangt werden. Die Datenkopie enthält aber immer alle zur Person gespeicherten Daten, auch solche, die den Vermieter nichts angehen. Speziell für Zwecke des Bonitätsnachweises gegenüber Vermietern bietet die Schufa die sog. »BonitätsAuskunft« an. Darin enthalten sind nur diejenigen Informationen, die nötig sind, um bei der Anmietung einer Wohnung den Vermieter von der eigenen Bonität zu überzeugen. Die »BonitätsAuskunft« kann auch online angefordert werden und ist so auch einsetzbar, wenn über Portale im Internet eine Wohnung angemietet werden soll. **Achtung:** Diese Art der Auskunft ist kostenpflichtig (um 30 Euro) und wird z. T. im Rahmen eines Vertrags mit längerer Laufzeit erteilt, d.h., wenn man nicht rechtzeitig wieder kündigt, hat man ein kostenpflichtiges Abo! Nähere Einzelheiten sind auf der Internetseite www.meineschufa.de zu erfahren.

Oft verlangen Vermieter auch auf selbst angefertigten Fragebögen eine ⮚ SELBSTAUSKUNFT, worin der Mieter seine persönlichen und finanziellen Verhältnisse selbst offenlegen soll.

Selbstauskunft ⮚ ANFECHTUNG EINES MIETVERTRAGES, ⮚ SCHUFA-AUSKUNFT

Immer mehr Vermieter wollen persönliche Informationen über den Mieter bekommen, bevor sie mit ihm einen Mietvertrag abschließen. Sie legen deshalb dem Wohnungssuchenden einen Fragebogen vor, in dem der künftige Mieter z. B. angeben soll, was er verdient, ob er schon einmal arbeitslos war, ob er eine eidesstattliche Versicherung abgegeben hat, ob noch mehr Kinder geplant sind oder ob er Mitglied im Mieterverein ist. Alternativ dazu verlangen manche Vermieter auch, dass der Mieter eine Selbstauskunft bei einer Auskunftei, beispielsweise bei der Schufa, einholt und dem Vermieter vorlegt (⮚ SCHUFA-AUSKUNFT).

Dieses Ausleseverfahren des Vermieters ist nur insoweit berechtigt, als es sich um Fragen handelt, die für ihn von maßgeblichem Interesse sind. Ein Mietinteressent muss grundsätzlich auch nicht den Vermieter vor Vertragsabschluss ungefragt über seine Einkommensverhältnisse und über seine Vermögenslage aufklären; anders, wenn klar ist, dass die Miete nur mithilfe des Sozialamts aufgebracht werden kann (LG Gießen NZM 2002, 944; AG Frankfurt WuM 89, 620) oder über das Vermögen des

Mieters das Insolvenzverfahren eröffnet worden ist (LG Bonn WuM 2006, 24). Wird er aber vom Vermieter befragt, darf er ihm hierüber keine falschen Auskünfte erteilen (LG München WuM 87, 379; AG Bonn WuM 92, 597). Auch die Fragen, ob eine Einkommenspfändung vorliegt (OLG Koblenz WuM 2008, 471) oder noch Mietschulden aus dem vorherigen Mietverhältnis bestehen (LG Itzehoe WuM 2008, 281), müssen wahrheitsgemäß beantwortet werden. Gibt er z.B. als Arbeitsloser einfach seinen letzten Arbeitsplatz an, darf der Vermieter, wenn er dies vor der Wohnungsübergabe erfährt, die Wohnung an einen anderen vermieten (LG Köln WuM 84, 297).

Ist der Mieter jedoch in die Wohnung eingezogen, und zahlt er seine Miete vertragsgemäß, darf der Vermieter wegen dieser falschen Auskunft nicht kündigen (LG Wiesbaden WuM 2004, 399; LG Wuppertal WuM 99, 39; LG Essen WuM 84, 299; **a.A.** LG München I ZMR 2010, 367). Fragen, die mit dem Mietvertrag nichts zu tun haben, darf der Mieter falsch beantworten.

Beispiel: Die Frage nach der Mitgliedschaft im Mieterverein, nach der Aufenthaltsberechtigung (AG Wiesbaden WuM 92, 597), nach einem Ermittlungsverfahren (AG Hamburg WuM 92, 598) oder nach einer Vorstrafe (AG Rendsburg WuM 90, 507). Hat der Mieter die Wohnung dann erhalten, und erfährt der Vermieter später von der unrichtigen Antwort, kann er den Mietvertrag deshalb grundsätzlich nicht kündigen.

Mietschuldenfreiheitsbescheinigung
Einige Vermieter machen den Abschluss eines Mietvertrages davon abhängig, dass zuvor eine Bescheinigung des letzten Vermieters vorgelegt wird, aus der sich ergibt, dass keine offenen Mietforderungen bestehen. Dies ist schon allein deswegen problematisch, weil Mieter gar keinen Anspruch darauf haben, dass ihr bisheriger Vermieter eine solche Bescheinigung ausstellt **(BGH WuM 2009, 647)**. **Tipp:** Auch Kontoauszüge oder Einzahlungsbelege können als Nachweis für die Mietschuldenfreiheit dienen, sollte der neue Vermieter einen Beleg fordern. Eine gefälschte Auskunft berechtigt den Vermieter zur fristlosen Kündigung **(BGH WuM 2014, 333)**.

Selbstbeseitigungsrecht ⇨ MÄNGEL DER WOHNUNG

Selbstständiges Beweisverfahren

Das selbstständige Beweisverfahren (früher: Beweissicherungsverfahren) dient der vorsorglichen Beweisaufnahme. Da ein von einer Partei eingeholtes (und bezahltes) Gutachten nicht die Gewähr der Unabhängigkeit bietet, kann nur ein von einem unabhängigen, vom Gericht beauftragten Gutachter angefertigtes Gutachten als Beweismittel vor Gericht dienen. Beweismittel können die Einnahme des Augenscheins, die Vernehmung von Zeugen und Sachverständigen und die schriftliche Begutachtung sein.

Das Verfahren kann vom Gericht auf Antrag einer Partei angeordnet werden,

– wenn der Gegner zustimmt, z.B. wenn die Parteien sich über einen strittigen Punkt einigen möchten, dazu aber auf das Ergebnis eines Sachverständigengutachtens angewiesen sind, etwa wenn ⇨ FEUCHTIGKEIT IN DER WOHNUNG auftritt und zwischen Mieter und Vermieter streitig ist, ob die Ursache ein Mangel der Mietsache oder das Mieterverhalten ist (LG Berlin WuM 2012, 286);

– auch ohne die Zustimmung der Gegenpartei, wenn die Gefahr besteht, dass ein Beweismittel verloren geht oder seine Benutzung erschwert wird, z.B. wenn der Vermieter Modernisierungsarbeiten durchführen, aber der Mieter am alten Zustand der Wohnung festhalten will (LG Frankfurt a.M. WuM 1982, 218) oder wenn der Vermieter nach Auszug des Mieters Schäden an der Wohnung behauptet; er kann dann ein selbstständiges Beweisverfahren beantragen, damit er mit der Renovierung und Weitervermietung nicht bis zum Ausgang eines Prozesses warten muss; oder

– in bestimmten Fällen vor Anhängigkeit eines Rechtsstreits (nur schriftliche Begutachtung!), z.B. wenn die Beweisfeststellung der Vermeidung eines Rechtsstreits dienen kann.

Ist bereits ein Prozess anhängig, ist der Antrag beim Prozessgericht zu stellen, sonst ist in aller Regel das Amtsgericht zuständig, in dessen Gerichtsbezirk die Mietsache liegt. Der Antrag muss enthalten:

1. die Bezeichnung des Gegners,

2. die Bezeichnung der Tatsachen, über die Beweis erhoben werden soll,

3. die Benennung der Zeugen oder die Bezeichnung der übrigen Beweismittel (hierzu gehört auch das Sachverständigengutachten) und

4. die Glaubhaftmachung der Tatsachen, die die Zulässigkeit des selbstständigen Beweisverfahrens und die Zuständigkeit des Gerichts begründen sollen; hierzu gehört auch die Glaubhaftmachung der Gefahr, dass das Beweismittel verloren geht oder seine Benutzung erschwert wird.

Achtung: Die Einleitung des Beweisverfahrens hemmt die ⇨ VERJÄH-

RUNG. Das bedeutet, dass für die Dauer des Verfahrens die Verjährung nicht weiterläuft, sondern frühestens wieder zu laufen beginnt, wenn das Verfahren beendet ist. Die Verjährung ist aber nur bezüglich des (Teils des) Anspruchs gehemmt, über den Beweis erhoben wird. Da auch die Klageerhebung die Verjährung hemmt, läuft die Verjährung auch nach Ende des Beweisverfahrens nicht weiter, wenn die Sache schon vor Gericht anhängig ist.

Die Kosten des selbstständigen Beweisverfahrens trägt zunächst grundsätzlich die Partei, die es beantragt hat, selbst wenn die Sache einseitig oder übereinstimmend für erledigt erklärt wird **(BGH WuM 2011, 302, 303, WuM 2011, 61, WuM 2011, 46)**. Der Antragsteller kann im gleichzeitigen oder nachfolgenden Hauptsacheprozess die Kosten als vom Gegner zu ersetzende Prozesskosten geltend machen oder diese in einem weiteren Prozess einfordern, wenn er in der Sache recht hatte (LG Saarbrücken – 10 S 29/11; AG Lüdenscheid RuS 97, 25; **a.A.** AG Wedding GE 83, 173).

Vor der Einleitung eines selbstständigen Beweisverfahrens sollte – schon wegen des nicht geringen Kostenrisikos – unbedingt der Rat des ⇨ MIETERVEREINS in Anspruch genommen werden. Für das Verfahren kann auch ⇨ PROZESSKOSTENHILFE bewilligt werden (LG Augsburg WuM 96, 233).

Achtung: Wird Miete wegen bestehender Mängel zurückbehalten, um den Vermieter zur Instandsetzung anzuhalten, muss der Rückstand **sofort** gezahlt werden, wenn der Mieter die Reparatur unberechtigt verweigert; dies gilt auch, wenn der Mieter die Verweigerung damit begründet, dass der Zustand zur Beweissicherung erhalten bleiben soll **(BGH WuM 2019, 309)**. Wer nicht zahlt, riskiert die Kündigung wegen der Mietrückstände.

Sicherungsanordnung

Ist ein Kündigungsrechtsstreit wegen Geldforderungen rechtshängig, kann der Vermieter eine Sicherungsanordnung beantragen (§283a ZPO). Hat die Klage nach Ansicht des Gerichts hohe Erfolgsaussichten, und sind andernfalls besondere Nachteile für den Vermieter zu befürchten (z.B. Ausfall von Mieteinnahmen, die der Altersvorsorge dienen sollen, LG Berlin GE 2014, 1139; LG Saarbrücken WuM 2015, 630), ordnet das Gericht an, dass der Mieter für diejenigen (Miet-)Forderungen, die **nach Zustellung** der Klage an ihn fällig werden, Sicherheit zu leisten hat, aus der sich der Vermieter befriedigen darf, wenn er den Prozess gewinnt.

Achtung: Kommt der Mieter der Anordnung nicht nach, kann gegen ihn die Räumung der Wohnung im Wege der ⇨ EINSTWEILIGEN VERFÜGUNG angeordnet werden (§ 940a Abs. 3 ZPO)!

Solarenergie ⇨ ERNEUERBARE ENERGIEN, ⇨ MIETERSTROM

Die Nutzung von solar erzeugter Wärmeenergie nimmt stetig zu, überwiegend für Eigenheime. Zunehmend wird die Sonnenenergie aber auch von Wohnungsbaugesellschaften als Mittel zur Betriebskostensenkung, insbesondere im Warmwasserbereich, entdeckt.

Eine solare Kollektoranlage ist dann besonders wirtschaftlich, wenn ihre Erträge das ganze Jahr über genutzt werden können. Wegen der langen Winter in unseren Breitengraden sind Kollektorsysteme zur Warmwasserbereitung prinzipiell sinnvoller als Anlagen zur Heizungsunterstützung. Für Letztere kann nämlich nur die Sonneneinstrahlung in der Heizperiode, also bei niedrigem Sonnenstand, verwertet werden. Auch Kombianlagen sind nicht immer sinnvoll, da sie für die Wasserbereitung häufig überdimensioniert sind.

Das heißt, dass immer ein zusätzlicher Wärmeerzeuger (Heizkessel, Fernwärme oder Wärmepumpe) eingesetzt werden muss.

Für die Wärme, die die Solaranlage beisteuert, darf der Vermieter keine Kosten berechnen, wenn er die Anlage selbst betreibt. Es ist nicht zulässig, den Mietern etwas dafür zu berechnen, dass Kosten für Öl oder Erdgas eingespart werden ⇨ HEIZKOSTEN.

Gibt es im Gebäude keine Zentralheizung, sondern nur eine zentrale Warmwasserversorgung, zu der die Solaranlage einen Beitrag leistet, ist die Kostenumlage unkompliziert. Der Vermieter berechnet wie gewohnt die nachgewiesenen Brennstoffkosten. Der Beitrag der Solarenergie bleibt unberücksichtigt. Kompliziert wird es bei sog. verbundenen Anlagen, die das Haus gleichzeitig mit Warmwasser und Heizwärme versorgen. Der Anteil der Solarenergie an der Wärmeerzeugung muss in Abzug gebracht werden. Am einfachsten lässt sich der Solarbeitrag durch den Einsatz von separaten Wärmezählern bestimmen. Sind solche Messgeräte nicht installiert, gibt es andere Möglichkeiten, den Solaranteil zu bestimmen. Hierzu hat der Verein Deutscher Ingenieure eine Richtlinie erlassen (VDI-Richtlinie 2077, Blatt 3.2).

Der Einbau von Sonnenkollektoren zur Erzeugung von Wärme ist eine Maßnahme zur Energieeinsparung mithilfe ⇨ ERNEUERBARER ENERGIEN und kann zu einer Mieterhöhung wegen ⇨ MODERNISIERUNG führen.

Sozialhilfe

Jeder soll die Möglichkeit haben, ein menschenwürdiges Leben zu führen. Wer dies nicht aus eigener finanzieller Kraft kann, hat Anspruch auf öffentliche Unterstützung. Sie wird hilfebedürftigen, in Deutschland lebenden, erwerbsfähigen Personen zwischen 15 Jahren und dem Renteneintrittsalter als **Bürgergeld, Grundsicherung für Arbeitsuchende (SGB II)** gewährt, sonstigen hilfebedürftigen Personen als **Sozialhilfe (SGB XII)**.

Sowohl im Rahmen des **Bürgergeldes** nach dem SGB II als auch im Rahmen der **Sozialhilfe** nach dem SGB XII ist eine finanzielle Unterstützung für die Kosten des Wohnens möglich. Die Sozialbehörden übernehmen die tatsächlichen Aufwendungen für die Unterkunft und die Heizung, insbesondere die laufenden Kaltmieten und die Betriebs- und Heizkosten sowie etwaige Nachzahlungen aus der Jahresabrechnung, soweit die Kosten angemessen sind. Dies ist der Fall, wenn sich die Kosten im Rahmen dessen halten, was nach den Ermittlungen der Kommune vor Ort für eine **angemessen** große Wohnung mit einem nach Ausstattung, Lage und Bausubstanz einfachen Wohnstandard gezahlt werden muss. Maßgeblich sind eine nach der Zahl der Bewohner gestaffelte Wohnungsgröße und ein für den einfachen Wohnstandard ermittelter Quadratmeterpreis für Miete, Heiz- und Betriebskosten **(BSG – B 7b AS 18/06 R; B 4 AS 18/09 R; B 14 AS 36/08 R; B 14 AS 60/12 R)**.

Die Beschränkung auf angemessene Kosten gilt für die Kosten der Unterkunft (nicht für die Kosten der Heizung) erst nach Ablauf einer Karenzzeit von einem Jahr. Bis dahin werden die Kosten der Unterkunft in **tatsächlicher Höhe** anerkannt. Dies gilt nicht für die Heizkosten, die nur im angemessenen Umfang übernommen werden.

Innerhalb der Karenzzeit müssen Bürgergeldempfänger auch nicht auf ihr Vermögen zurückgreifen, soweit es nicht mehr als 40 000 Euro beträgt. Für jede weitere Person der Bedarfsgemeinschaft erhöht sich dieser Freibetrag um jeweils 15 000 Euro.

Hat ein Mieter höhere Wohnkosten als angemessen, kann die Sozialbehörde nach Ablauf der Karenzzeit nicht einfach weniger zahlen. Regelmäßig muss sie den Mieter erst zur Kostensenkung auffordern. Die höheren Wohnkosten muss die Behörde so lange zahlen, wie es dem Mieter nicht möglich oder nicht zumutbar ist, seine Kosten durch einen Umzug, durch Untervermietung oder auf sonstige Weise auf die angemessene Höhe zu senken, in der Regel längstens für 6 Monate, § 22 Abs. 1 SGB II.

Der Grundsatz, dass Wohnkosten nur in angemessenem Umfang übernommen werden, gilt auch bei einem Wohnungswechsel. Deshalb sollte der Mietvertrag **vor** Abschluss des neuen und Kündigung des alten Mietvertrags bei der für den neuen Wohnort zuständigen Sozialbehörde vorgelegt werden. Dies schützt davor, dass die neue Wohnung mehr kostet, als die Behörde übernimmt.

Neben Miete und Betriebskosten können Wohnungsbeschaffungs- und Umzugskosten sowie die Kaution und ggf. Genossenschaftsanteile übernommen werden, soweit diese Kosten angemessen sind, und wenn **vorher** die Übernahmezusicherung der Sozialbehörde eingeholt wurde.

Mietschulden kann die Sozialbehörde übernehmen, wenn dies zur Sicherung der Unterkunft erforderlich ist. Die Übernahme soll erfolgen, wenn andernfalls Wohnungslosigkeit droht. Da infolge der Rechtsprechung des BGH zur sog. Schonfristzahlung bei ⇨ FRISTLOSER KÜNDIGUNG (dort S. 183) im Falle einer gleichzeitig erklärten ordentlichen Kündigung das Mietverhältnis trotz Nachzahlung enden würde, setzt die Übernahme von Mietschulden voraus, dass der Vermieter die ordentliche Kündigung zurückzieht oder sich ausdrücklich mit der Fortsetzung des Mietverhältnisses einverstanden erklärt. Außer der Übernahme von Mietschulden kommt auch die Übernahme von Energieschulden durch die Sozialbehörde in Betracht, wenn der Leistungsberechtigte bei einem Energieversorger Rückstände bei Strom, Gas oder Wasser hat, die diesen zur Sperrung der Versorgung berechtigen.

Regelmäßig werden Sozialleistungen an den Leistungsberechtigten ausgezahlt. Auf dessen Antrag, oder wenn eine zweckentsprechende Verwendung durch ihn nicht sichergestellt ist, kann die Sozialbehörde direkt an den Vermieter oder den Energieversorger zahlen.

Tipp: Kommt ein Mieter in eine finanzielle Notlage, sodass die Gefahr besteht, dass er seine Wohnung verliert, sollte er sich auf jeden Fall an die Sozialbehörde wenden ⇨ FRISTLOSE KÜNDIGUNG.

Sozialklausel ⇨ KÜNDIGUNGSSCHUTZ, ⇨ WERKWOHNUNG

Sozialmieten ⇨ SOZIALWOHNUNG, ⇨ WOHNUNGSBAUFÖRDERUNG

Die klassische Sozialmiete ist die sog. Kostenmiete. Bei öffentlich geförderten Wohnungen können die Mieten nicht frei vereinbart werden. Hier ist die Kostenmiete die Höchstmiete. Das gilt für alle bis 2002, z.B. im ersten oder zweiten Förderweg geförderten Wohnungen, und zwar so lange, bis der Bauherr die öffentlichen Baudarlehen planmäßig zurückgezahlt hat. Nach Wegfall der Preisbindung ist die zuletzt geschuldete Kostenmiete einschließlich eventueller Zuschläge weiter zu zahlen **(BGH WuM 2010, 490)**.

Sie ist Ausgangsmiete für die nunmehr preisfreie Wohnung (KG Berlin WuM 2023, 410). Der Vermieter ist jetzt berechtigt, ⇨ MIETERHÖHUNGEN auf die ortsübliche Vergleichsmiete vorzunehmen.

Bei der seit 2002/2003 üblichen sozialen Wohnraumförderung ⇨ WOHNUNGSBAUFÖRDERUNG ergibt sich die Anfangsmiete nicht aus einer Kostenmiete. Maßgeblich ist die nach der Förderzusage höchstzulässige Miete. Mieterhöhungen sind im Rahmen der ortsüblichen Vergleichsmiete möglich. Neben den Grenzen, die diese Vergleichsmiete setzt, sind die Bindungen aus der Förderzusage zu beachten. Dies gilt im Ergebnis so auch, wenn ein Fall der vereinbarten Förderung vorliegt.

Zusammensetzung der Kostenmiete
Kostenmiete ist die Miete, die zur Deckung der laufenden Aufwendungen unter Berücksichtigung der tatsächlichen Finanzierungskosten erforderlich ist. In die Berechnung der Kostenmiete fließen Kapitalkosten für Fremd- und Eigenkapital ein. Dazu kommen Bewirtschaftungskosten:

– Abschreibungen,

– Verwaltungskosten, die Pauschalen verändern sich alle 3 Jahre entsprechend dem Verbraucherpreisindex für Deutschland ⇨ VERWALTUNGSKOSTEN,

– Instandhaltungskosten, auch hier erfolgt die Anpassung nach dem Preisindex für Lebenshaltungskosten alle 3 Jahre ⇨ INSTANDHALTUNGSKOSTENPAUSCHALE,

– Mietausfallwagnis in Höhe von 2 % der Bruttomiete, das sind 2,04 % der laufenden Aufwendungen. Damit soll der Vermieter für den Fall abgesichert werden, dass Mietzahlungen ausbleiben oder Wohnungen leer stehen und nicht vermietet werden können ⇨ MIETAUSFALLWAGNIS.

Achtung: ⇨ BETRIEBSKOSTEN sind in der Kostenmiete nicht enthalten. Sie können aber wie bei freifinanzierten Wohnungen separat umgelegt werden. Voraussetzung ist eine entsprechende vertragliche Vereinbarung. Eine Aufteilung der monatlichen Vorauszahlungen auf die einzelnen Kostenarten ist nicht erforderlich **(BGH WuM 2010, 153)**. Bei Sozialwohnungen kommt zu den Betriebskosten noch ein sog. Umlageausfallwagnis in Höhe von 2 % der Betriebskosten hinzu. Ähnlich wie beim Mietausfallwagnis soll das Risiko von Zahlungsausfällen abgedeckt werden.

Außerdem darf der Vermieter bei der Kostenmiete auch Zuschläge für eine Einzelmodernisierung oder für die Untervermietung und Vergütungen z.B. für eine Garage fordern.

Für die Ermittlung der Kostenmiete ist eine **Wirtschaftlichkeitsberechnung** aufzustellen. Darin können für Verwaltung, Instandhaltung und Schönheitsreparaturen Pauschalen angesetzt werden. Die erste Wirtschaftlichkeitsberechnung muss von der Bewilligungsstelle geprüft werden. Diese genehmigt dann eine bestimmte Durchschnittsmiete, auf deren Grundlage der Vermieter dann die Einzelmiete berechnet. Maßgeblich ist dabei der unterschiedliche Wohnwert der einzelnen Wohnungen, insbesondere Größe, Lage und Ausstattung. Ändert sich der Wohnwert einzelner Wohnungen, kann eine Neuberechnung der Einzelmiete erforderlich werden (LG Hamburg WuM 87, 442). Ob die Durchschnittsmiete zu Recht genehmigt worden ist, kann der Mieter vor den Zivilgerichten überprüfen lassen (**BVerwG WuM 86, 179**; OLG Hamburg, RE WuM 91, 152; s. auch **BGH WuM 87, 185**).

Überprüfung der Kostenmiete
Der Mieter kann über die Zusammensetzung der Kostenmiete Auskunft verlangen (§ 8 Abs.4 WoBindG). Der Anspruch besteht auch gegenüber einem späteren Käufer der Wohnung (LG Berlin WuM 92, 430). Weitere Voraussetzungen müssen nicht erfüllt sein (**BGH WuM 2014, 102; RE WuM 84, 70**). Bei unzureichender Auskunft kann der Mieter die zuständige Stelle des Landes um Auskunft über die zulässige Höhe der Miete bitten und die Miete bis dahin zurückbehalten (LG Braunschweig ZMR 84, 243).

Rückforderung und Verjährung
Stellt sich heraus, dass der Mieter von Anfang an mehr als die Kostenmiete gezahlt hat, kann er den zu viel gezahlten Betrag innerhalb von 4 Jahren ab der jeweiligen Leistung, spätestens aber ein Jahr nach Auszug zurückverlangen (AG Hannover WuM 81, 276). Diese Verjährungsfrist gilt auch dann, wenn der Mieter deshalb zu viel gezahlt hat, weil der Vermieter eine Zinssenkung pflichtwidrig nicht an den Mieter weitergegeben hat (LG Duisburg WuM 87, 420). Hat der Vermieter die höhere Miete in betrügerischer Weise erlangt, kann er sich nicht auf Verjährung berufen (LG Berlin GE 87, 1265).

Beruht die überhöhte Forderung des Vermieters auf einer Mieterhöhung, verjährt der Rückzahlungsanspruch des Mieters nach 3 Jahren, gerechnet ab dem Ende des Jahres, in dem die jeweilige Zahlung erfolgte und der Mieter die Unwirksamkeit der Mieterhöhung kannte ⇨ VERJÄHRUNG **(OLG Hamm RE WuM 97, 543)**.

Das Rückforderungsrecht besteht auch dann, wenn der Vermieter eine der Höhe nach berechtigte Mieterhöhung verlangt, dabei aber die gesetzlichen Voraussetzungen nicht berücksichtigt hat **(OLG Karlsruhe RE WuM 86, 166)**. Nur wenn der Mietvertrag eine ⇨ GLEITKLAUSEL enthält, schaden dem Vermieter formale Mängel nicht **(BGH WuM 81, 276)**.

Wichtig: Das Rückforderungsrecht hängt nicht davon ab, ob der Mieter wohnberechtigt war **(OLG Hamm RE WuM 88, 203)**.

Einseitige Erhöhung der Kostenmiete
Die Kostenmiete erhöht sich, wenn sich die laufenden Aufwendungen des Vermieters ohne sein Verschulden erhöhen. Für laufende Aufwendungen, die in der ursprünglich genehmigten Wirtschaftlichkeitsberechnung nicht enthalten waren, kann eine Mieterhöhung erst nach Ablauf von 6 Jahren seit Bezugsfertigkeit des Gebäudes für die Zukunft gefordert werden **(KG Berlin RE WuM 83, 81)**.

Aufgrund der zuletzt am 1.1.2023 geänderten Instandhaltungs- und Verwaltungskostenpauschale kann/konnte der Vermieter eine neue Kostenmiete berechnen und eine Mieterhöhung fordern. In der einseitigen Erklärung muss der Vermieter die Erhöhung berechnen und erläutern. Der Berechnung muss eine Wirtschaftlichkeitsberechnung beigefügt sein oder eine Zusatzberechnung zur Wirtschaftlichkeitsberechnung oder ein Auszug, aus dem sich die laufenden Aufwendungen erkennen lassen, oder eine Genehmigung der Bewilligungsbehörde. Die Mieterhöhung ist dann vom 1. des Folgemonats an zu zahlen, wenn der Vermieter bis zum 15. des Monats die Mieterhöhungserklärung abgegeben hat.

Enthält der Mietvertrag eine unwirksame Schönheitsreparaturklausel ⇨ SCHÖNHEITSREPARATUREN, darf der Vermieter die Kostenmiete einseitig um den entsprechenden Zuschlag erhöhen **(BGH WuM 2010, 296)**, ggf. auch rückwirkend **(BGH WuM 2013, 174)**. Der Vermieter ist nicht verpflichtet, dem Mieter zuvor anzubieten, dass die unwirksame Klausel durch eine wirksame ersetzt wird **(BGH WuM 2017, 663)**.

Die vorzeitige Rückzahlung der öffentlichen Mittel darf nicht zur Erhöhung der Kostenmiete führen.

Eine **Mieterhöhung wegen höherer Zinsen** für die vom Vermieter in Anspruch genommenen öffentlichen Baudarlehen kommt in Betracht, wenn die Landesregierung dies durch Rechtsverordnung vorschreibt. Ist dies geschehen, werden die öffentlichen Mittel selbst dann höher verzinst, wenn im Darlehensvertrag zwischen Eigentümer und Behörde eine Höherverzinsung ausdrücklich ausgeschlossen ist **(BVerfG WuM 86, 300)**. Die Grenze für die Zinserhöhung hängt davon ab, wann die öffentlichen Baudarlehen bewilligt wurden (vor dem 1.1.1960: höchstens 8%; ab 1.1.1960 bis zum 31.12.1969: höchstens 6%). Die einzelnen Bundesländer legen Miethöchstbeträge fest, die auch nach der Zinserhöhung nicht überschritten werden dürfen. Zusätzlich wird die Erhöhung durch einen Kappungsbetrag begrenzt. Diesen Betrag muss der Vermieter auch dann beachten, wenn er eine Zinsermäßigung nicht beantragt hat (AG München WuM 85, 188).

Der Vermieter kann die höhere Kostenmiete nur **schriftlich** fordern. Werden die Mieterhöhungserklärungen automatisch (z.B. durch Datenverarbeitung) angefertigt, bedarf es nicht mehr der eigenhändigen Unterschrift des Vermieters; hier genügt es, den Vermieternamen anzugeben. Das kann auch eine juristische Person sein (GmbH, AG), die handelnde natürliche Person muss nicht genannt werden **(BGH WuM 2014, 102; WuM 2010, 502)**.

Der Erhöhungserklärung müssen nach § 10 WoBindG die Wirtschaftlichkeitsberechnung und eine Berechnung und Erläuterung der Erhöhung beigefügt werden **(BVerfG WuM 98, 463; BGH WuM 2022, 357; BGH WuM 2004, 25)**.

Bei der Erläuterung der Mieterhöhung sind lediglich Gründe anzugeben, aus denen sich die einzelnen laufenden Aufwendungen erhöht haben, und die auf die einzelnen laufenden Aufwendungen entfallenden Beträge **(BGH WuM 2022, 357)**.

■ Die komplette **Wirtschaftlichkeitsberechnung** kann, muss aber nicht beigefügt werden, es reicht ein Auszug daraus, bzw. es genügt auch eine Zusatzberechnung zur letzten Wirtschaftlichkeitsberechnung. Weist der Auszug aus der Wirtschaftlichkeitsberechnung einen wesentlichen Mangel auf, ist die Mieterhöhungserklärung unwirksam (LG Stuttgart WuM 84, 157; LG Bremen WuM 81, 135). Fehlen Angaben zu den Kosten der Wirtschaftseinheit einschließlich der Kosten, die auf nicht zu Wohnzwecken genutzte Flächen entfallen, liegt kein wesentlicher Mangel vor (**BGH WuM 2011, 371**).

■ Wird die Mieterhöhung auf eine **höhere Verzinsung öffentlicher Baudarlehen** gestützt, braucht der Vermieter keine Wirtschaftlichkeitsberechnung vorzulegen. Er muss die Erhöhung aber berechnen und erläutern (LG Hanau WuM 87, 425) und dem Mieter auf Verlangen Einsicht in die Mitteilung der darlehensverwaltenden Stelle über die Zinserhöhung gewähren. Wird für die höhere Verzinsung der Anfangsbetrag des Darlehens zugrunde gelegt, die teilweise Tilgung also nicht berücksichtigt, darf der Vermieter trotzdem die gesamte Erhöhung weitergeben (OLG Hamm RE WuM 85, 178; OLG Frankfurt RE WuM 83, 83).

■ Bedarf es zur Mieterhöhung der **Genehmigung der Bewilligungsstelle**, genügt es, wenn eine Abschrift der Genehmigung der Mieterhöhungserklärung beigefügt ist.

■ Zu der erforderlichen Berechnung und Erläuterung der Mieterhöhung (LG Berlin ZMR 98, 284; LG Münster WuM 88, 214; LG Itzehoe WuM 86, 184) gehören auch die Erläuterung des Mietausfallwagnisses und die Angabe der gesetzlichen Grundlagen der Mieterhöhung (LG Itzehoe ZMR 2003, 494). Bei energetischen Maßnahmen sind hierzu mehrere Informationen erforderlich (LG Köln WuM 2011, 566). Der Prüfbericht der öffentlichen Förderstelle kann die notwendige Berechnung der Erläuterung nicht ersetzen (LG Berlin GE 97, 1469).

Ohne Erläuterung ist die Mieterhöhung **unwirksam**, selbst wenn diese später nachgeholt wird (LG Berlin WuM 85, 391). Anders nur, wenn der Mietvertrag eine sog. ➯ GLEITKLAUSEL enthält, wonach »die jeweils gesetzlich zulässige Miete« als vertraglich vereinbart gilt (LG Berlin WuM 2023, 410). Dann macht eine fehlende Erläuterung die Mieterhöhung nicht unwirksam, sondern nur nicht durchsetzbar. Holt der Vermieter die Erläuterung nach, muss der Mieter die Erhöhung auch für die Vergangenheit nachzahlen **(BGH WuM 2004, 25). Achtung:** Keine wirksame Gleitklausel liegt vor, wenn »alle allgemein oder im konkreten Fall eintretenden Mieterhöhungen und/oder Erhöhungen sowie Neueinführungen von Nebenkosten und Grundstückslasten ... vom Zeitpunkt des Eintritts ab vereinbart« sind **(BGH WuM 2004, 285)**. Hier ist nicht erkennbar, dass die jeweilige Kostenmiete gemeint ist. An einer wirksamen Gleitklausel fehlt es auch, wenn der Vermieter »befugt ist, die Kostenmiete rückwirkend zu verlangen«, denn dann ändert die Klausel selbst die Miete noch nicht **(BGH WuM 2009, 354)**.

Einzelfragen:

■ Ist bereits im Mietvertrag festgelegt, wie sich die Miete nach **Verringerung der öffentlichen Förderung** erhöht, ist eine umfassende Erläuterung nicht notwendig (LG Berlin GE 88, 945).

■ Für die Wirksamkeit der Mieterhöhung ist es nicht erforderlich, dass der Vermieter alle Unterlagen mitschickt, die den Mieter in die Lage versetzen, die Miete bis zur ursprünglich von einer Verwaltungsbehörde genehmigten Wirtschaftlichkeitsberechnung zurückzuverfolgen (**BGH RE WuM 84, 70**).

■ Für eine ordnungsgemäße Mieterhöhungserklärung reicht es aus, wenn der Vermieter nur die Kosten aufschlüsselt, die sich erhöht haben, und im Übrigen nur Endbeträge angibt (OLG Hamm RE WuM 84, 148).

■ Ergibt sich die Mieterhöhung aus gestiegenen Pauschalen oder Zinsen, muss der Vermieter nur die Erhöhung selbst erläutern, nicht aber die Bildung der erhöhten Einzelmieten (**BGH WuM 2014, 102**). Unabhängig davon hat der Mieter jedoch das Recht, sich umfassend zu informieren. Er muss dann nur von sich aus den Vermieter auffordern, ihm Auskunft über die Ermittlung und Zusammensetzung der zulässigen Miete zu geben (LG Hamburg WuM 85, 183).

Wichtig: Grundsätzlich sind alle Mieterhöhungen **ohne** Genehmigung der Bewilligungsstelle zulässig. Das gilt nicht, wenn nach der Umwandlung von öffentlich geförderten Wohnungen die Durchschnittsmiete neu berechnet wird; hier ist seit dem 1. Januar 2002 die Genehmigung der neuen Durchschnittsmiete durch die Bewilligungsstelle gesetzlich vorgeschrieben.

Ausnahme: Mieterhöhungen bis zur Anerkennung der Schlussabrechnung, spätestens jedoch bis zu 2 Jahren nach der Bezugsfertigkeit, bedürfen der Genehmigung der Bewilligungsstelle. Gleiches gilt bei Modernisierungsvorhaben (VG Berlin GE 2012, 137).

Fälligkeit einer höheren Kostenmiete
Die Erklärung muss am 15. eines Monats beim Mieter eingegangen sein, um für den 1. des folgenden Monats wirksam zu werden.

Ist im Mietvertrag eine sog. ⇨ GLEITKLAUSEL vereinbart, nach der der Vermieter eine erhöhte Kostenmiete von dem Tag an verlangen darf, an dem die Mieterhöhung zulässig ist, muss der Mieter die erhöhte Miete auch rückwirkend vom Tag ihrer Zulässigkeit an zahlen (**BGH WuM 2004, 25;** a.A. für Berlin LG Berlin WuM 2023, 410 mit Hinweis auf § 1 WoG Bln), höchstens jedoch noch für das jeweils vorangegangene Kalenderjahr. Eine Gleitklausel, die sich nur auf Nebenkosten bezieht, genügt jedoch nicht (LG Berlin ZMR 98, 284). Soll die Miete aufgrund von Modernisierungsmaßnahmen nachträglich erhöht werden, genügt die Gleitklausel nur dann, wenn sie sich auch ausdrücklich auf Modernisierungsmaßnahmen bezieht (LG Berlin GE 2000, 812).

Ausnahmsweise darf der Vermieter auch für einen weiter zurückliegenden Zeitraum die erhöhte Miete nachfordern, wenn er die Erhöhung vorher unverschuldet nicht geltend machen konnte und er die Forderung innerhalb von 3 Monaten nach Wegfall des Hinderungsgrundes geltend macht.

Von der **Gleitklausel** ist die **vorläufige** Miete zu unterscheiden. Wird im Mietvertrag vereinbart, dass bis zur endgültigen Berechnung der Miete nur der **vorläufig genehmigte** Mietzins zu zahlen ist, ist der Unterschiedsbetrag nach der endgültigen Genehmigung der Durchschnittsmiete für die Vergangenheit nachzuzahlen, aber nur bis zum Beginn des vorangegangenen Kalenderjahres **(BGH WuM 81, 141; WuM 78, 157)**.

Nur wenn eine **vorläufige** Durchschnittsmiete vereinbart ist, die noch **nicht genehmigt** ist (z. B. bei steuerbegünstigten Wohnungen), kann im Vertrag festgelegt werden, dass die höhere Miete auf jeden Fall für die gesamte Mietdauer nachzuzahlen ist **(BGH WuM 81, 140)**.

Ausnahme: Mieterhöhungen aufgrund höherer Verzinsung der öffentlichen Baudarlehen dürfen auch bei einer vertraglich vereinbarten Gleitklausel nicht für die zurückliegende Zeit gefordert werden (§ 18f Abs. 2 WoBindG). Das Gleiche gilt, wenn die Miete steigt, weil sich die Aufwendungsbeihilfen verringern (LG Berlin WuM 88, 218).

Wichtig: Vermindern sich die laufenden Aufwendungen, hat der Mieter Anspruch auf eine Herabsetzung der Miete. Sinkende Hypothekenzinsen wirken sich auch auf die Miete von Sozialwohnungen günstig aus. Für eine Mietsenkung ist eine vorherige Mieterhöhung nicht Voraussetzung. Entscheidend ist der Vergleich zur letzten Wirtschaftlichkeitsberechnung. Haben die günstigeren Zinsen zu einer Verringerung der Kostenmiete geführt, muss auch die Miete entsprechend gesenkt werden.

Einmalige Leistungen

Mit einer ➾ MIETKAUTION darf der Vermieter bei Sozialwohnungen nur Schäden an der Wohnung oder unterlassene Schönheitsreparaturen absichern (LG Aachen WuM 2006, 101; LG Hannover WuM 98, 347). Zum Schutz vor ausbleibenden Mietzahlungen dient das ➾ MIETAUSFALLWAGNIS. Die Kaution muss immer zugunsten des Mieters verzinst werden.

Bei Sozialwohnungen dürfen vom Mieter keine Kosten für Beschaffung und Anbringung von Namensschildern, Überlassung bzw. Ausfertigung von Wohnungsunterlagen, Zeitungsanzeigen sowie sonstige Werbeaufwendungen verlangt werden (AG Hamburg WuM 79, 157).

Modernisierung von Sozialwohnungen
Bei öffentlich geförderten Wohnungen müssen Modernisierungsmaßnahmen genauso angekündigt werden wie bei freifinanzierten. Die Duldungspflicht des Mieters hängt davon ab, inwieweit er Härtegründe geltend machen kann (BayObLG RE WuM 96, 749). Eine Mieterhöhung setzt voraus, dass der Mieter den Maßnahmen zugestimmt hat, zu ihrer Duldung verpflichtet war oder sie tatsächlich geduldet hat (BayObLG RE WuM 96, 749). Auch müssen ersparte Instandsetzungskosten nachvollziehbar berücksichtigt werden (LG Köln WuM 98, 293). Eine Erhöhung der Kostenmiete wegen durchgeführter Modernisierungsmaßnahmen kommt außerdem nur in Betracht, wenn die Bewilligungsstelle der Modernisierung als Wertverbesserung zugestimmt hat (VG Berlin GE 2012, 137) oder die Modernisierung mit öffentlichen Mitteln gefördert worden ist (LG Wiesbaden WuM 84, 166). Die Bewilligungsstelle muss dabei die Auswirkungen auf den Mietpreis prüfen **(BGH WuM 2004, 285)** und kann die Zustimmung zur Modernisierung einer Sozialwohnung versagen, soweit aufgrund der Modernisierung die im sozialen Wohnungsbau geltende Höchstdurchschnittsmiete überschritten würde (OVG Münster WuM 80, 275). Sie darf auch eine Senkung der Kosten zur Bedingung machen, um sicherzustellen, dass die Mieterhöhung im Verhältnis zur Verbesserung des Gebrauchswerts der Wohnung angemessen ist (**BVerwG WuM 90, 566**; OVG Lüneburg WuM 89, 638). Von den aufgewandten Kosten ist allerdings ein Abzug wegen zukünftiger Einsparungen zu machen, da die Miete eine Instandhaltungskostenpauschale enthält (AG Braunschweig WuM 81, 279).

Sonderkündigungsrecht des Mieters
Bei einer Erhöhung der Kostenmiete darf der Mieter spätestens am 3. Werktag des Monats, von dem an die Miete erhöht werden soll, für den Ablauf des nächsten Monats kündigen. Die Mieterhöhung tritt dann nicht ein. Durch den Hinweis im Mietvertrag, dass die Kostenmiete sich erhöhen könne, wird das Sonderkündigungsrecht nicht ausgeschlossen (LG Kassel WuM 83, 348), auch nicht dadurch, dass die jeweils zulässige Miete vereinbart wird (LG Berlin WuM 97, 117; LG Bremen WuM 85, 394). Ergibt sich jedoch bereits aus dem Mietvertrag durch den Wegfall von Aufwendungsbeihilfen eine kalkulierbare Mieterhöhung, entfällt das Sonderkündigungsrecht (LG Lüneburg WuM 84, 160). Das Recht ist nicht von der Wirksamkeit der Mieterhöhung abhängig (AG Brakel WuM 83, 349).

Sozialwohnung ⇨ SOZIALMIETEN, ⇨ WOHNBERECHTIGUNG, ⇨ WOHNUNGSBAUFÖRDERUNG

Sozialwohnungen sind Wohnungen, die mit öffentlichen Fördermitteln wie Darlehen, Zuschüssen oder Zinsverbilligungen gebaut werden. Als Gegenleistung muss der Bauherr, d.h. der Förderungsempfänger, Preisbindungen ⮚ SOZIALMIETE und Belegungsbindungen akzeptieren, sodass in der Regel nur an Mieter mit niedrigerem Einkommen vermietet werden darf ⮚ WOHNBERECHTIGUNG. Diese sog. Sozialbindungen gelten aber nur zeitlich befristet, in der Regel zwischen 10 und 30 Jahren. Nach Auslaufen der Bindungen werden die Wohnungen wie alle anderen freifinanzierten Wohnungen behandelt; es gilt die ortsübliche Vergleichsmiete, und jeder, der die Wohnung bezahlen kann und will, kommt als Mieter in Betracht.

Der soziale Wohnungsbau hatte nach dem 2. Weltkrieg ursprünglich zum Ziel, Wohnungen zu schaffen, die nach Größe, Ausstattung und Miete oder Belastung für breite Schichten der Bevölkerung bestimmt und geeignet waren. Gleichzeitig wurde aber auch der Erwerb von selbst genutztem Eigentum gefördert. Die gesetzlichen Grundlagen für den klassischen sozialen Wohnungsbau waren die Regelungen der Wohnungsbaugesetze, des Wohnungsbindungsgesetzes der II. Berechnungsverordnung und der Neubaumietenverordnung.

Typisch war neben der Belegungsbindung die Preisbindung über die sog. Kostenmiete. Das ist die Miete, die zur vollständigen Deckung der laufenden Aufwendungen unter Berücksichtigung der tatsächlichen Finanzierungskosten erforderlich ist.

Am 1.1.2002 trat dann das Gesetz über die soziale Wohnraumförderung in Kraft. Bis Ende des Jahres 2002 durften die Bundesländer den Neubau noch nach den »alten« Regelungen einschließlich der Kostenmiete fördern. Seit dem 1.1.2003 erfolgt die Förderung des Wohnungsbaus nur noch nach dem Wohnraumförderungsgesetz. Der bis dahin geförderte Wohnungsbestand wird auch weiterhin nach altem Recht beurteilt. Die Kostenmiete gilt hier, solange die Preisbindung läuft bzw. bis die öffentlichen Mittel zurückgezahlt sind.

Bei der sozialen Wohnraumförderung geht es sowohl um die Bereitstellung preiswerter Mietwohnungen als auch um die Unterstützung bei der Bildung selbst genutzten Wohneigentums. Weiterhin können die Schaffung von alters- und behindertengerechtem Wohnraum, von Wohnraum für Studierende oder Modernisierungsmaßnahmen gefördert werden. Als Fördernehmer kommen Wohnungsunternehmen, Genossenschaften oder Einzelbauherren in Betracht. Sie können Darlehen zu Vorzugsbedingungen erhalten oder Zuschüsse. Bürgschaften und Garantien sind ebenfalls möglich oder die Bereitstellung von verbilligtem Bauland. Im Gegenzug verpflichten sich die Fördernehmer, die mit Mitteln der sozialen Wohnraumförderung geförderten Wohnungen nur an Haushalte mit Wohnberechtigungsschein (WBS) zu vermieten. Dabei ist die Auswahl der Mieter aus dem Kreis der Wohnberechtigten grundsätzlich dem Vermieter überlassen. Neben der Belegungsbindung gibt es auch hier eine Preisbindung, Vermieter dürfen nur zu dem nach der Förderzusage höchstzulässigen Mietpreis vermieten.

Im Rahmen der Föderalismusreform 2006 ging die Zuständigkeit für die Gesetzgebung vom Bund auf die Länder über. Diese haben infolgedessen nicht nur das Recht zur Gesetzgebung, sondern auch die Pflicht zur Finanzierung der sozialen Wohnraumförderung. Die Länder hatten zum Teil schon vor der Föderalismusreform die Vorgaben des Wohnraumförderungsgesetzes konkretisiert und mit ihren Förderprogrammen abgeglichen. Inzwischen haben die Länder eigene Wohnraumförderungs- bzw. Wohnungsbindungsgesetze erlassen. Nur wenn das nicht der Fall ist, gelten das Wohnraumförderungsgesetz und das Wohnungsbindungsgesetz des Bundes weiter.

Als Ausgleich für den Wegfall der Finanzhilfen, die der Bund bis zur Föderalismusreform an die Länder gezahlt hat, gab es zwischen 2007 und 2019 sog. Kompensationszahlungen für die Länder, zunächst 518,2 Mio. Euro, 2016 dann 1,0182 Mrd. Euro und 2017 bis 2019 jeweils 1,5182 Mrd. Euro. Nachdem die Kompensationszahlungen 2019 endeten, wurde 2019 das Grundgesetz dahingehend geändert, dass der Bund den Ländern Finanzhilfen für den sozialen Wohnungsbau zur Verfügung stellen kann. Ab 2020 sind hierfür 1 Mrd. Euro im Jahr vorgesehen.

Ende der 80er Jahre gab es in Deutschland noch 3,9 Mio. Sozialwohnungen. Ende 2009 waren es noch 1,8 Mio., und aktuell gibt es noch knapp über eine Million Sozialwohnungen. Grund hierfür ist, dass jedes Jahr mehr Wohnungen aus den Sozialbindungen fallen, als neue Sozialwohnungen gebaut werden. Zwischen 2006 und 2022 waren es insgesamt nur rund 286 000 neue Sozialwohnungen. Zuletzt im Jahr 2022 wurden 22 545 neue Sozialwohnungen gebaut. Zugleich liefen die Preisbindungen für 36 500 Wohnungen aus. Unter dem Strich verringerte sich somit im Jahr 2022 die Zahl der Sozialwohnungen um rund 14 000. Von den für notwendig gehaltenen 100 000 neuen Sozialwohnungen pro Jahr sind wir weit entfernt. Um das Schrumpfen der Sozialwohnungsbestände zu stoppen und zumindest auf das Niveau von 2007 zu kommen (2 Mio.), müssten etwa 15 Jahre lang 100 000 neue Sozialwohnungen pro Jahr gebaut werden.

Stadtsanierung

Eine Stadt bzw. Gemeinde kann Sanierungsmaßnahmen zur Behebung städtebaulicher Missstände in einem Stadtgebiet beschließen und durchführen. Hierzu zählen z. B. ungesunde Wohn- und Arbeitsverhältnisse, Mängel an Gebäuden, Wohnungen und Arbeitsstätten, ungenügende Erschließung mit Verkehrsflächen, Grünflächen, Spiel- und Sportflächen, eine ungesunde Mischung von Wohn- und Arbeitsstätten usw. (§ 136 BauGB). Es besteht auch die Möglichkeit, den Eigentümer eines unbebauten Grundstücks zur Bebauung zu verpflichten **(BVerwG WuM 90, 591)** oder das Grundstück zur Verwirklichung der Bebauung zu enteignen **(BVerwG WuM 90, 597)**. Die Anordnung von Modernisierungs- oder Instandsetzungsgeboten hängt nicht davon ab, dass der Eigentümer finanziell entsprechend leistungsfähig ist. Der Eigentümer hat u. U. einen Erstattungsanspruch gegen die Gemeinde **(BVerwG WuM 94, 96)**.

Im Baugesetzbuch ist im Einzelnen geregelt, wie eine Sanierungsmaßnahme geplant und durchgeführt werden muss und wie die betroffenen Bewohner zu informieren und zu beteiligen sind. Die Betroffenen sind verpflichtet, erforderliche Auskünfte zu erteilen und bestimmte Maßnahmen, z. B. Baumaßnahmen oder auch Abbruchmaßnahmen, zu dulden. Mieter können insbesondere durch den Abbruch, Neubau oder die Modernisierung ihres Mietshauses betroffen sein. Die Gemeinde oder der Sanierungsträger müssen mit allen Betroffenen die geplanten Maßnahmen frühzeitig erörtern und sie beraten, § 137 BauGB. Die Bewohner haben eine Auskunftspflicht nach § 138 BauGB über persönliche Daten, z. B. über Berufs-, Erwerbs- oder Familienverhältnisse, Wohnbedürfnisse etc. Die Daten dürfen nur im Rahmen der Sanierung verwendet werden und sind anschließend zu löschen. Nach einer vorbereitenden Untersuchung bestimmt die Gemeinde i. d. R. durch Sanierungssatzung das förmlich festgelegte Sanierungsgebiet. Zur Durchführung der Sanierung können Miet- und Pachtverhältnisse von der Gemeinde aufgehoben werden, für den Mieter muss angemessener Ersatzwohnraum zur Verfügung stehen, § 182 BauGB (OVG Lüneburg NZM 2003, 268). Für entstehende Vermögensnachteile muss die Gemeinde nach § 185 BauGB eine Entschädigung zahlen. Wenn nötig, kann die Gemeinde auf Antrag des Mieters aber auch das Mietverhältnis vorübergehend verlängern, § 186 BauGB. Außerdem kommt ein Härteausgleich nach § 181 BauGB in Frage, wenn für den betroffenen Mieter eine besondere Härte entsteht, für die kein sonstiger Ausgleich erfolgt.

Neben der Festlegung eines förmlichen Sanierungsgebietes kann eine Stadt auch eine Erhaltungssatzung für bestimmte Stadtgebiete erlassen.

Damit können in einem Wohnviertel zur Erhaltung baulicher Anlagen oder zur Erhaltung der Zusammensetzung der Wohnbevölkerung Auflagen für die Eigentümer und Vermieter gemacht werden. Mit der sog. Erhaltungssatzung nach § 172 BauGB kann eine nicht gewünschte Verdrängung von Mietern aus ihrem angestammten Wohnviertel verhindert werden. Darin können Regelungen über zulässige Umbauten, Modernisierungsmaßnahmen und die ⇨ UMWANDLUNG VON MIET- IN EIGENTUMSWOHNUNGEN festgelegt werden. Beispielsweise können Luxusmodernisierungen, Grundrissänderungen und Abrisse untersagt und Mietobergrenzen für die Modernisierung von Wohnungen festgelegt werden. Der Vermieter muss sich geplante Maßnahmen vorher von der Stadt genehmigen lassen; beispielsweise Modernisierungen in älteren Gebäuden (AG Frankfurt a.M. WuM 2003, 580). Damit können negative Entwicklungen auf dem Wohnungsmarkt, etwa drastisches Ansteigen des Mietpreisniveaus aufgrund von Luxusmodernisierungen, verhindert werden. Beim Erlass einer solchen Satzung wird auch die Öffentlichkeit beteiligt.

Allen Mietern ist anzuraten, sich bei ihrer Gemeinde oder ihrem Mieterverein zu erkundigen, ob ihre Wohnung in einem Erhaltungsgebiet liegt, oder sich bei Plänen der Stadt zur Festlegung von Sanierungsgebieten oder zum Erlass von Erhaltungssatzungen frühzeitig an der öffentlichen Diskussion zu beteiligen und ihre Interessen u. U. gesammelt vom Mieterverein vertreten zu lassen.

Viele Vermieter erhalten Fördermittel aus Programmen zur sozialen Stadterneuerung; sie müssen daher Beschränkungen bei Mieterhöhungen und Kündigungen beachten und ihre Mieter darüber unterrichten (AG Lichtenberg WuM 2009, 392).

Bei Mängeln an einzelnen Häusern oder Wohnungen haben Mieter gegen ihren Vermieter einen Anspruch auf ⇨ INSTANDHALTUNG UND INSTANDSETZUNG. Außerdem gibt es bei gesundheitsgefährdenden Mängeln auch Möglichkeiten für die Ordnungsbehörde, den Vermieter zur Instandsetzung zu verpflichten. Die Rechtsgrundlagen hierfür finden sich im Polizei- und Ordnungsrecht.

Staffelmiete ⇨ INDEXMIETE

Mit der Staffelmiete wird eine Vereinbarung über die Höhe des Mietzinses für die folgenden Jahre abgeschlossen und die Mietsteigerungen von vornherein festgelegt. Die Ausgangsmiete kann wie bei der ⇨ INDEXMIETE frei vereinbart werden, wobei die Vorschriften zur ⇨ MIETPREISBREMSE und zur ⇨ MIETPREISÜBERHÖHUNG zu beachten sind.

Bei der Festlegung der jährlichen Erhöhungsbeträge (Staffel) muss entweder die jeweils zu zahlende Monatsmiete ausdrücklich genannt werden **(OLG Braunschweig RE WuM 1885, 213)** oder aber der jeweilige Erhöhungsbetrag in Euro. Unwirksam ist eine Staffelvereinbarung, wonach sich die Miete jedes Jahr um 5% erhöht oder wenn im Mietvertrag ein gestaffelter Quadratmeterpreis angegeben wird (LG Görlitz WuM 1997, 682). Werden für die Staffelmiete anfangs Geldbeträge und später Prozentsätze ausgewiesen, ist die Vereinbarung hinsichtlich der Anfangsmiete wirksam **(BGH WuM 2012, 278)**. Soweit danach die Staffelvereinbarung unwirksam ist, kann die Miete nur im Rahmen der ortsüblichen Vergleichsmiete erhöht werden ⇨ MIETERHÖHUNG.

Staffelmietverträge können unbefristet oder als Zeitmietvertrag abgeschlossen werden. Die Laufzeit des Mietvertrags und die der Staffelvereinbarung müssen nicht identisch sein. Haben Mieter und Vermieter z.B. eine Staffelvereinbarung für 4 Jahre geschlossen, bedeutet das nicht, dass das unbefristete Mietverhältnis nach 4 Jahren endet. Der Mietvertrag läuft weiter. Mieterhöhungen müssen dann im Rahmen der ortsüblichen Vergleichsmiete geltend gemacht werden. Umgekehrt bedeutet eine neue Staffelvereinbarung über 4 Jahre aber auch nicht, dass der Mietvertrag eine Mindestlaufzeit von 4 Jahren hat. Bei einem unbefristeten Mietvertrag kann allenfalls ein Kündigungsausschluss – auch einseitig – nur für den Mieter über längstens 4 Jahre vereinbart werden **(BGH WuM 2009, 45; WuM 2006, 152)** ⇨ KÜNDIGUNG.

Zwischen zwei Mieterhöhungsstaffeln muss mindestens ein Jahr liegen. Wird zum Beispiel eine Staffelmiete im Halbjahresturnus vereinbart, ist die Staffelmiete unwirksam. Längere Zeitabstände zwischen den Mietstaffeln, zum Beispiel Mieterhöhungen alle 2 Jahre, sind zulässig.

Die Regeln der ⇨ MIETPREISBREMSE oder der ⇨ MIETPREISÜBERHÖHUNG gelten nicht nur für die Anfangsmiete, sondern auch für die nachfolgenden Staffeln. Bei der zweiten, dritten usw. Mietstaffel liegt ein Verstoß gegen die Mietpreisbremse vor, wenn bei Fälligkeit der zu zahlenden Mietstaffel die Obergrenze der Mietpreisbremse überschritten wird (LG Berlin WuM 2022, 280). Verstößt eine Staffel gegen die Vorschriften der Mietpreisbremse, ist die Staffelmietvereinbarung nicht insgesamt unwirksam. Der Vermieter muss dann auf Forderungen aus dieser Mietstaffel verzichten; schon geleistete Mietbeträge muss er an den Mieter zurückzahlen. Bei der Vereinbarung einer Staffelmiete sind ⇨ MIETERHÖHUNGEN auf die ortsübliche Vergleichsmiete oder nach einer ⇨ MODERNISIERUNG ausgeschlossen. Ob auch Mieterhöhungen nach § 559e BGB wegen einer GEG-Heizungsanlagenmodernisierung ausgeschlossen sind, ist fraglich. Sinnvoll wäre es, aber der Wortlaut des Gesetzes spricht dagegen. Allenfalls eine Erhöhung wegen gestiegener Betriebskosten (Bruttomiete) ist zusätzlich möglich. Die Kappungsgrenze ist bei Staffelmieten nicht zu beachten.

Hat der Vermieter modernisiert, kann er auch nach Ablauf der Staffelvereinbarung die Mieterhöhung nicht nachholen (LG Berlin WuM 2018, 303).

Macht der Vermieter – weil die Staffelvereinbarung unwirksam ist – eine Mieterhöhung im Rahmen der ortsüblichen Vergleichsmiete geltend, darf diese aber nicht höher ausfallen, als es nach der Staffelvereinbarung möglich wäre (LG Berlin WuM 92, 198; LG Bonn WuM 92, 199; **a. A.** LG Berlin GE 93, 95).

Achtung: Der Mieter ist nicht verpflichtet, bei einem bestehenden Mietverhältnis einer Vertragsänderung zuzustimmen. Gegen den Willen des Mieters kann daher der Vermieter keine Staffelmietvereinbarung durchsetzen.

Sonderkündigungsrecht

Bei unbefristeten Mietverträgen kann der Mieter jederzeit die Wohnung kündigen ⇨ KÜNDIGUNG.

Bei einer Staffelmietvereinbarung wird der Vermieter aber in der Regel daran interessiert sein, den Mieter auf längere Zeit an sich zu binden. Da befristete Mietverträge ⇨ ZEITMIETVERTRÄGE nur noch in Ausnahmefällen möglich sind, wird oft versucht, das Kündigungsrecht des Mieters auszuschließen. Ein solcher Kündigungsausschluss ist aber für höchstens 4 Jahre zulässig. Zum Ablauf der 4-Jahres-Frist (oder jederzeit danach) muss der Mieter unter Einhaltung der Kündigungsfrist von 3 Monaten kündigen können **(OLG Hamm RE WuM 89, 485)**. Es schadet nicht, wenn der Kündigungsausschluss einseitig ist, also nur für den Mieter gilt **(BGH WuM 2009, 45)**.

Enthält der Vertrag einen Kündigungsausschluss von mehr als 4 Jahren, ist die Regelung als Formularvereinbarung insgesamt unwirksam, sodass der Mieter jederzeit fristgemäß kündigen kann **(BGH WuM 2006, 152;** anders nur bei Staffelverträgen, die vor September 2001 abgeschlossen worden sind – **BGH WuM 2005, 519)**. Als Individualvereinbarung wird ein fünfjähriger Kündigungsausschluss auf 4 Jahre begrenzt **(BGH WuM 2006, 445)**.

Diese zeitliche Grenze darf auch nicht durch eine Klausel umgangen werden, nach der sich das Mietverhältnis nach 4 Jahren jeweils um ein

Jahr verlängert. Dadurch würde das Sonderkündigungsrecht beeinträchtigt; die Klausel ist daher unwirksam **(BGH WuM 2004, 483)**.

Beachte: Staffelmietvereinbarungen in dieser Form sind bei Sozialwohnungen unzulässig, es sei denn, die bei Vertragsschluss maßgebliche Kostenmiete wird auch durch die höchste Staffel nicht übertroffen **(OLG Hamm RE WuM 93, 108)** ⮚ SOZIALMIETEN.

Für die Zeit **nach** Ablauf der Mietpreisbindung kann aber schon bei Vertragsbeginn eine Staffelmiete vereinbart werden **(BGH WuM 2004, 28)**.

Stillschweigende Verlängerung des Mietverhältnisses

Wenn der Mieter trotz Kündigung und Ablaufs der Kündigungsfrist nicht auszieht und die Wohnung weiterhin nutzt, wird das Mietverhältnis zu den ursprünglichen Bedingungen kraft Gesetzes fortgesetzt, wenn der Vermieter dem nicht innerhalb von 2 Wochen widerspricht. Möglich ist jedoch ein formularmäßiger Ausschluss **(OLG Hamm RE WuM 83, 48)**.

Umstritten ist, ob es genügt, auf die entsprechende Vorschrift zu verweisen (»§ 545 BGB – in alten Verträgen § 568 – findet keine Anwendung.«), um die stillschweigende Verlängerung zu verhindern (so OLG Rostock NJW 2006, 3217), oder ob der Inhalt der Vorschrift genannt werden muss (so OLG Schleswig WuM 96, 85).

Der Vermieter kann letztlich eine Fortsetzung des Mietverhältnisses dadurch vermeiden, dass er dem Mieter innerhalb dieser 2 Wochen mitteilt, dass er an der Kündigung festhalte und das Mietverhältnis nicht verlängern will. Es genügt, wenn einer von mehreren Vermietern diese Erklärung abgibt (OLG Rostock WuM 2004, 470).

Der Vermieter kann seinen Widerspruch bereits mit der Kündigung erklären, auch wenn das Mietverhältnis zu diesem Zeitpunkt noch nicht beendet und noch eine Kündigungsfrist einzuhalten ist **(BGH GE 2018, 450; WuM 2010, 418)**. Dabei sind folgende Formulierungen ausreichend: »Ich gewähre Ihnen eine Räumungsfrist von einem Monat« oder »Ich fordere Sie auf, die Wohnung bis zum … zu räumen«.

Der Vermieter kann einer stillschweigenden Verlängerung des Mietverhältnisses auch mit der Räumungsklage widersprechen. Zur Einhaltung der Frist genügt es, wenn die Klage innerhalb von 2 Wochen nach Ablauf der Kündigungsfrist bei Gericht eingereicht wird; es schadet nicht, wenn die Klage erst später zugestellt wird, sofern diese Verzögerung nicht dem Kläger angelastet werden kann **(BGH WuM 2014, 485)**.

Achtung: Die automatische Verlängerung des Vertrages, wenn der Mieter 2 Wochen nach dem Auszugstermin noch nicht ausgezogen ist, gilt auch bei einer Kündigung des Mieters. Will er ausziehen, und verzögert sich sein Umzug, muss auch er der Verlängerung widersprechen!

Streitschlichtung

Gelingt es den Parteien nicht, sich zu einigen, muss nicht unbedingt gleich ein Prozess geführt werden. Es gibt auch andere Angebote zur gütlichen Streitbeilegung. Hierfür gilt das Gesetz über die alternative Streitbeilegung in Verbrauchersachen (Verbraucherstreitbeilegungsgesetz oder kurz VSBG), wenn es sich um eine Streitigkeit zwischen einem Verbraucher (das ist der Mieter einer Wohnung für den eigenen Bedarf immer!) und einem Unternehmer (gewerblicher Vermieter – nicht: Kleinvermieter mit nur sehr wenigen Wohnungen!) handelt.

1. Verbraucherschlichtungsstellen

Die Tätigkeit der sog. **Verbraucherschlichtungsstellen** regelt das VSBG. In Kehl wurde die Universalschlichtungsstelle des Bundes (www.verbraucher-schlichter.de) eingerichtet, die für alle Verbraucherstreitigkeiten zuständig ist, für die es keine branchenspezifische Schlichtungsstelle gibt. Derzeit ist eine solche für Mietstreitigkeiten nicht eingerichtet; die Ombudsstelle Immobilien des IVD (www.ombudsmann-immobilien.net) ist nach ihrer Verfahrensordnung nur zuständig für Streitigkeiten zwischen Verbrauchern und Immobilienberatern, -maklern, -verwaltern oder -sachverständigen. Für Streitigkeiten mit Energieversorgern existiert allerdings die Schlichtungsstelle Energie (s. u.). Für mietrechtliche Streitigkeiten verbleibt es daher bei der Zuständigkeit der Allgemeinen Verbraucherschlichtungsstelle. Anträge können dort nach Anmeldung online eingereicht werden; Voraussetzung ist, dass zuvor eine gütliche Einigung mit dem Gegner erfolglos versucht wurde. Die Parteien sind grundsätzlich nicht verpflichtet, an dem Verfahren teilzunehmen, und dürfen es auch jederzeit beenden. Das Verfahren ist für den Verbraucher (Mieter) in der Regel kostenfrei.

2. Mediation

Die ⇨ MEDIATION dient der freiwilligen außergerichtlichen Streitbeilegung. Sie ist auch im Rahmen eines Gerichtsprozesses mit Unterstützung des Güterichters als Mediator möglich.

3. Freiwilliges Güteverfahren

Das freiwillige Güteverfahren kann vor und während eines Gerichtsverfahrens vor staatlich anerkannten Stellen zur außergerichtlichen Beilegung von Rechtsstreitigkeiten (Gütestellen) durchgeführt werden. Die Einreichung des Güteantrags bei der Gütestelle hemmt die Verjährung. Die Kosten sind vorhersehbar und streitwertunabhängig, weshalb sich das Güteverfahren eher bei hohen Streitwerten eignet. In den Gütestellen kann ein Vergleich in einem schriftlichen Vertrag dokumentiert werden, der wie ein Urteil für vollstreckbar erklärt werden kann. Vom Güteverfahren zu unterscheiden ist das Schiedsverfahren (AG Münster WuM 2008, 506). Nähere Informationen unter www.bundesverband-gütestellen.de.

4. Schiedsamt, Schiedsverfahren

Das Schiedsamt wird durch ehrenamtliche Schiedspersonen ausgeübt. Wird die Schlichtungsverhandlung dort – unter Angabe der Parteien und des Sachverhalts – beantragt, werden die Parteien geladen und die Sache nicht öffentlich verhandelt. Es soll eine gütliche Einigung (Vergleich) erreicht werden, mit der der Streit beendet wird. Der Vergleich ist ein vollstreckbarer Titel. Eine verbindliche Entscheidung kann von den in der Regel nicht juristisch ausgebildeten Schiedspersonen nicht getroffen werden.

Das Schiedsverfahren ist mit in der Regel rund 50 Euro wesentlich kostengünstiger als ein Prozess. Nähere Informationen erhalten Sie bei dem zuständigen Schiedsamt/der zuständigen Schiedsstelle oder unter www.schiedsamt.de.

5. Mietvertragliche Schiedsklauseln

Für die Wohnraummiete verbietet § 1030 Abs. 2 ZPO zum Schutz des Mieters Schiedsvereinbarungen, soweit es um den Bestand des Mietverhältnisses geht. Für andere Streitigkeiten im Wohnraummietverhältnis kann ein Schiedsverfahren (auch mit einem nicht gewerblichen Vermieter) aber vereinbart werden. Die Schiedsvereinbarung muss in einer eigenhändig unterzeichneten Urkunde enthalten sein, die zudem getrennt vom sonstigen Mietvertrag geschlossen werden muss. Wird dies nicht beachtet, ist die Vereinbarung unwirksam. Lässt sich der Mieter allerdings trotz der Unwirksamkeit auf das Verfahren ein, wird dieser Mangel aber geheilt. Wird eine vertraglich wirksam vorgesehene Schlichtung nicht durchgeführt, kann dies zur Unzulässigkeit der Klage führen.

6. Schlichtungsstelle Energie

Bei Streitigkeiten mit dem Strom- oder Gasversorger muss der Verbraucher zunächst versuchen, eine Klärung mit dem Versorgungsunternehmen zu erreichen. Dies ist grundsätzlich formlos möglich. Das Unternehmen ist verpflichtet, innerhalb von 4 Wochen zu antworten (§ 111a EnWG). Erst wenn keine Einigung erzielt werden kann oder das Unternehmen innerhalb der Frist nicht reagiert, darf die Schlichtungsstelle tätig werden. Der sog. Schlichtungsantrag kann online unter www.schlichtungsstelle-energie.de gestellt werden. Die Schlichtung kann z.B. in Anspruch genommen werden bei Streitigkeiten über Vertragslaufzeiten, Boni, Kündigungen, Lieferantenwechsel, Preiserhöhungen, unkorrekte Rechnungen, Zählerstände, Abschlagszahlungen, Mahngebühren oder eine ⮊ VERSORGUNGSSPERRE. Das Verfahren ist für Verbraucher kostenlos, solange es nicht missbräuchlich betrieben wird. Es soll in der Regel in 3 Monaten mit einer Empfehlung der Ombudsperson enden, die für Verbraucher und Unternehmen zwar nicht bindend ist, von Unternehmen, die Mitglied der Schlichtungsstelle sind, in der Regel aber anerkannt wird.

7. Vorgerichtliches obligatorisches Güteverfahren

Die bisher genannten Verfahren der Streitschlichtung sind freiwillig. Daneben gibt es auch ein **obligatorisches Streitschlichtungsverfahren**, welches von den Bundesländern für bestimmte nachbar- und vermögensrechtliche Verfahren mit Streitwerten bis zu maximal 750 Euro vor der Erhebung einer Klage vor dem Amtsgericht vorgeschrieben werden kann. Hiervon haben nur einige Bundesländer mit unterschiedlichen Regelungen Gebrauch gemacht.

Ist das Güteverfahren für einen Rechtsstreit vorgeschrieben, muss dessen Durchführung dem Gericht mit einer Erfolglosigkeitsbescheinigung der Schlichtungsstelle nachgewiesen werden; andernfalls muss das Gericht die Klage zwingend als unzulässig abweisen. Der Einigungsversuch kann nicht nachgeholt werden **(BGH WuM 2005, 64)**. Ein Anerkenntnisurteil soll aber auch ohne die Durchführung des Schlichtungsverfahrens möglich sein **(BGH WM 2014, 1981)**. Hat eine Klage einen schlichtungsbedürftigen Teil und einen, für den keine Schlichtung erforderlich ist, muss für den schlichtungsbedürftigen Teil das Verfahren durchgeführt werden, um eine Abweisung der Klage als unzulässig zu verhindern **(BGH WuM 2009, 536)**. War das Güteverfahren erfolgreich, wird ein vollstreckbarer Vergleich geschlossen; die Klageerhebung erübrigt sich dann.

Da die Forderung, einer Mieterhöhung auf die ortsübliche Vergleichsmiete zuzustimmen, keine Zahlungs-, sondern eine Zustimmungsklage ist, ist hier keine Schlichtung erforderlich.

Durch die Beantragung eines ⮊ MAHNBESCHEIDS kann das Schlichtungsverfahren umgangen werden, da im Falle des Widerspruchs gegen den Bescheid automatisch der Rechtsstreit anhängig ist. Das Schlichtungsverfahren ist auch nicht erforderlich, wenn die Beteiligten nicht im selben Bundesland wohnen (OLG Köln WuM 2010, 81). Nähere Informationen erhalten Sie beim zuständigen Mieterverein oder beim Amtsgericht.

Achtung: Anwaltskosten, die für die Vertretung im obligatorischen Güteverfahren entstehen, sind im späteren Rechtsstreit nicht erstattungsfähig **(BGH WuM 2021, 635)**!

Streitwert ⮱ GERICHTE, ⮱ VERFAHRENSKOSTEN

Der Streitwert ist im gesamten Gerichtsverfahren von Bedeutung. Er bestimmt grundsätzlich, an welches Gericht man sich mit seiner Klage wenden muss, legt fest, ob gegen eine erstinstanzliche Entscheidung das Berufungsverfahren möglich ist (Beschwerdewert), und ist darüber hinaus auch maßgebend für die Festsetzung der Gerichts- und Anwaltskosten (Gebührenstreitwert).

Im Zivilrecht sind die **Amtsgerichte** für alle Streitigkeiten zuständig, die die Summe von 5 000,00 Euro nicht übersteigen. Ohne Rücksicht auf den Wert des Streitgegenstandes sind die Amtsgerichte darüber hinaus u. a. zuständig für alle Ansprüche aus einem Mietverhältnis über Wohnraum (⮱ GERICHTE) sowie für Streitigkeiten bei Reisemängeln. Für Verfahren vor den Arbeits-, Verwaltungs- und Finanzgerichten sowie vor den Sozialgerichten gelten Sonderregelungen.

Ob gegen ein zivilrechtliches Urteil, z. B. gegen eine verlorene Klage des Vermieters auf Abschaffung eines Haustieres, **Berufung** eingelegt werden kann, ist vom Streitwert (Gegenstandswert) abhängig. Die Berufung ist regelmäßig unzulässig, wenn der Wert des Gegenstandes (Beschwer) 600,00 Euro nicht übersteigt. Es muss also vor einem Berufungsverfahren immer geprüft werden, ob der unterliegende Teil in Höhe von über 600,00 Euro beschwert ist. Ist der Wert geringer, kann das Gericht dennoch die Berufung zulassen, wenn die Sache grundsätzliche Bedeutung hat oder die Fortbildung des Rechts oder die Sicherung einer einheitlichen Rechtsprechung eine Entscheidung des Berufungsgerichts erfordern.

Auch für die Gebührenberechnung ist der Streitgegenstand von Interesse. Das Gerichtskostengesetz sowie das Rechtsanwaltsvergütungsgesetz sehen vor, dass die Höhe der Gebühren sich nach dem jeweiligen Streitwert richtet. Je höher der Streitwert, desto höher die Gebühr, die man für eine bestimmte Tätigkeit des Gerichts oder des Rechtsanwaltes bezahlen muss.

Stromzähler

Seit einiger Zeit gibt es zur Messung des Strom- und Gasverbrauchs »intelligente« Zähler (»Smart Meter«). Seit 1.1.2010 müssen sie grundsätzlich in Gebäuden eingebaut werden, die neu an das Versorgungsnetz angeschlossen oder einer größeren Renovierung unterzogen werden.

Mithilfe eines intelligenten Zählers kann sich der Kunde zeitnah über seinen Verbrauch informieren. Ein solches Gerät zeigt an, wie viel Strom in einem beliebigen Zeitintervall verbraucht wird. Ablesen lässt sich der Verbrauch für eine Stunde, einen Tag, eine Woche oder einen Monat. Einige Geräte sind mit einer Software ausgestattet und über Funk, die Telefonleitung oder das Stromnetz ans Internet angeschlossen. Ein intelligenter Zähler kann helfen, Energieverschwender ausfindig zu machen. »Stromfresser« sind z. B. alte Kühl- und Gefrierschränke oder Geräte, die im Standby-Modus geschaltet sind. Die Verbraucher sollen animiert werden, ineffiziente Geräte auszutauschen und nicht benötigte abzuschalten. Ab 2025 ist der Einbau von Smart Metern verpflichtend für Haushalte mit einem hohen Stromverbrauch von über 6000 Kilowattstunden im Jahr oder mit einer Fotovoltaikanlage mit mehr als sieben Kilowatt installierter Leistung. Bis zum Jahr 2030 sollen diese Stromkunden mit Smart Metern ausgestattet werden. Auch Haushalte, die weniger Strom verbrauchen, haben das Recht auf Einbau eines intelligenten Stromzählers. Die jährlichen Kosten für den Betrieb dieser Stromzähler sind für Haushaltskunden gesetzlich auf 20 Euro gedeckelt.

Monatliche Rechnung

Außerdem hat der Verbraucher Anspruch auf eine monatliche, vierteljährliche, halbjährliche oder jährliche Abrechnung durch den Lieferanten. Sofern der Kunde es wünscht, muss der Strom- oder Gasversorger jeden Monat eine Abrechnung erstellen.

Tageszeitabhängige Tarife

Darüber hinaus müssen die Versorger ab 2025 lastvariable oder tageszeitabhängige Tarife anbieten. Die intelligente Zählertechnologie ermöglicht künftig neue Tarifstrukturen. Zurzeit gibt es zwar bereits sog. Schwachlasttarife für die Nachtzeit. Es ist jedoch eine wesentlich flexiblere Gestaltung vorgesehen. Variable Tarife sollen einen Anreiz zum Energiesparen geben und für eine gleichmäßigere Auslastung des Stromnetzes im Tagesverlauf sorgen. Tageszeitspezifische Preise, die sich an der Netzlast orientieren, sollen den Kunden dazu anhalten, energieintensive Geräte dann zu betreiben, wenn die Tarife günstig sind. Kaum jemand wird deshalb nachts staubsaugen, aber einige Geräte wie die Waschmaschine lassen sich sinnvoll so programmieren, dass sie während einer günstigen Tageszeit laufen. Energie wird durch die neuen Zähler zwar nicht billiger, es wird aber reizvoller, sie einzusparen.

Datenschutz
Ein ganz anderer Aspekt von intelligenten Zählern ist der ⇨ DATENSCHUTZ. Es werden sensible Daten über das Verbrauchsverhalten und die Geräteausstattung gesammelt. Die ermittelten Werte lassen Rückschlüsse zu auf die Bedürfnisse der Bewohner und den Zeitpunkt, wann die Wohnung betreten oder verlassen wird. Es muss dafür Sorge getragen werden, dass die datenschutzrechtlichen Bestimmungen eingehalten werden und mit den Daten kein Missbrauch betrieben wird. Die Daten zum Stromverbrauch dürfen nur zu dem vorgesehenen Zweck, d.h. zur Abrechnung der Stromkosten, genutzt werden. Eine anderweitige Verwendung ist nur mit ausdrücklicher Zustimmung des Mieters zulässig.

Zugang zum Stromzähler
Häufig gibt es Streit, wenn der Mieter den Stromzähler für seine Wohnung nicht selbst ablesen kann, etwa weil das Gerät sich in einem verschlossenen Kellerraum befindet. Der Vermieter muss dem Mieter den Zugang ermöglichen (LG Berlin GE 2009, 979). Der Mieter hat Anspruch darauf, den Stromzähler mindestens einmal im Monat abzulesen (AG Köln WuM 2013, 351).

Studierenden- und Jugendwohnheime

Für Studierenden- und Jugendwohnheime gelten nur eingeschränkte Mieterrechte. Daher ist die Abgrenzung von »normalen« Wohnungen wichtig. Ein Studierendenheim mit eingeschränkten Mieterrechten liegt vor, wenn das Gebäude zum studentischen Wohnen bestimmt und geeignet ist und der Vermieter ein konkretes Belegungskonzept praktiziert, das auf studentische Belange ausgerichtet ist. Die Mietdauer muss zeitlich begrenzt sein, damit im Wege der Rotation möglichst viele Studierende von diesem Wohnraum profitieren **(BGH WuM 2012, 447)**.

Den Bewohnern solcher Heime kann grundsätzlich jederzeit gekündigt werden; der soziale ⇨ KÜNDIGUNGSSCHUTZ gilt hier nicht. Nur wenn ein ⇨ ZEITMIETVERTRAG abgeschlossen wird, kann vor Ablauf der vereinbarten Laufzeit nicht gekündigt und z. B. auch keine Mieterhöhung erklärt werden. Die Bewohner können zudem eine willkürfreie Gleichbehandlung, z. B. bei Kündigungen, verlangen; dies gilt nach einer Entscheidung des LG Gießen (WuM 2009, 172), wenn das Studierendenwerk als Anstalt öffentlichen Rechts Träger des Wohnheims ist, dürfte aber nach dem Allgemeinen Gleichbehandlungsgesetz (AGG, dort § 19) auch bei privaten Trägern gelten mit der Ausnahme, dass »sozial stabile Bewohnerstrukturen« oder die Schaffung und Erhaltung »ausgeglichener wirtschaftlicher, sozialer und kultureller Verhältnisse« mit der Ungleichbehandlung bezweckt sind.

In Studierenden- und Jugendwohnheimen muss für eine Kündigung kein »berechtigtes Interesse« nachgewiesen werden. Allerdings besteht die Möglichkeit, dass der Student oder der Auszubildende sich auf die ⇨ SOZIALKLAUSEL beruft und die Verlängerung des Mietverhältnisses verlangt. Dies wird in der Regel dann zum Erfolg führen, wenn Studierende innerhalb der Examenszeit oder Auszubildende in der Zeit der Abschlussprüfung das Heim verlassen sollen (LG Aachen WuM 86, 252).

Die Vorschriften über die ⇨ MIETERHÖHUNG gelten bei Studierenden- und Jugendwohnheimen ebenfalls nicht. Bei diesen Wohnheimen kann eine beliebige Miete vom Vermieter verlangt werden. Kündigungen, die allein den Zweck der Mieterhöhung haben, sind hier zulässig.

Verlangt der Vermieter eine ⇨ MIETKAUTION, muss er diese wie bei sonstigen Mietverhältnissen auch von seinem übrigen Vermögen getrennt anlegen. Die Pflicht zur Verzinsung besteht hingegen nicht.

Eine Klausel, nach der der Anspruch auf Rückzahlung der Kaution 6 Monate nach Vertragsende erlischt, ist unwirksam (LG Leipzig WuM 2017, 518).

T

Teilkündigung ⮩ GARAGEN/STELLPLÄTZE, ⮩ KÜNDIGUNG

Normalerweise kann ein Mietvertrag nur insgesamt beendet werden. Der Vermieter hat z. B. nicht das Recht, einzelne Räume, die der Mieter zusammen mit der Wohnung angemietet hat, separat zu kündigen.

Der Vermieter kann auch nicht einzelne Zimmer einer Wohnung mit 17 Räumen wegen Eigenbedarfs kündigen **(BVerfG WuM 94, 127)**. Teilkündigungen sind grundsätzlich unzulässig **(OLG Karlsruhe RE WuM 97, 202)**. Eine Ausnahme hält der BGH allenfalls für denkbar, wenn Mieterinteressen durch die Vermieterkündigung nicht ernsthaft betroffen werden. Auch wenn Wohnung und ⮩ GARAGEN/STELLPLÄTZE zusammen vermietet sind, kann die Garage nicht einzeln gekündigt werden (**BGH NJW 2012, 224**; AG Schwelm WuM 2017, 188: selbst dann nicht, wenn eine Formularklausel ein gesondertes Kündigungsrecht vorsieht).

Es gibt aber auch **gesetzliche Ausnahmen** von dem Verbot der Teilkündigung: Der Vermieter darf »nicht zum Wohnen bestimmte Nebenräume«, das sind beispielsweise mitvermietete Speicher- oder Kellerräume, Waschküchen, Abstellräume usw., oder Teile eines Grundstücks, z. B. Vorgärten und Stellplätze, einzeln kündigen. Voraussetzung ist, dass der Vermieter die Nebenräume oder die Grundstücksteile dazu verwenden will, Mietwohnungen zu schaffen, etwa durch Dachgeschossausbau, oder die Nebenräume den anderen Mietern oder den neuen Mietern des Hauses anbieten will. Im Rahmen der Teilkündigung muss der Vermieter nachvollziehbar darlegen, dass eine konkrete Bauabsicht besteht und das beabsichtigte Bauvorhaben zulässig ist (LG Berlin NZM 98, 328). Die Teilkündigung ist unwirksam, wenn der Vermieter nicht bis zum Ablauf der Kündigungsfrist die baurechtliche Zulässigkeit seines Bauvorhabens nachweist (AG Hamburg WuM 98, 348).

Diese neuen Wohnungen müssen **vermietet** werden, es reicht nicht aus, wenn der Vermieter Eigentumswohnungen errichten oder selber in diese Räume einziehen will (LG Stuttgart WuM 92, 24 – bestätigt durch **BVerfG WuM 92, 47**). Dagegen meint das LG Marburg (ZMR 92, 304 – bestätigt durch **BVerfG WuM 92, 228**), der Vermieter könne auch selber einziehen, da er seine bisherige Wohnung zur anderweitigen Vermietung frei mache. Wenn der Vermieter aber nur seine bisherige Wohnung verkauft und die neu zu errichtende Wohnung selbst nutzen will, soll das nicht ausreichen (LG Duisburg NJW-RR 96, 118).

Nicht zulässig ist die Teilkündigung z.B. des Dachbodens, wenn der Vermieter die Räume oder Dachflächen weiterverkaufen will und erst der Erwerber dort Wohnraum für sich schaffen will (LG Berlin NZM 1998, 328; AG Hamburg WuM 2004, 234). Auch unzulässig ist eine Teilkündigung, wenn der Vermieter einen einheitlichen Mietvertrag über Wohnung und Garage abgeschlossen hat und die Garage später verkauft (LG Köln WuM 2004, 614).

Die **Kündigungsfrist** beträgt bei einer derartigen Teilkündigung grundsätzlich 3 Monate. Eine gestaffelte Kündigungsfrist je nach Wohndauer gibt es nicht. Bei Zeitmietverträgen ist eine Teilkündigung nicht zulässig.

Dem Mieter stehen gegenüber einer derartigen Teilkündigung die Rechte nach der Sozialklausel zu ⇨ KÜNDIGUNGSSCHUTZ. Eine Härte kann möglicherweise darin liegen, dass der Mieter die Nebenräume bislang als Abstellfläche, Trockenraum usw. benutzt hat und der Vermieter keine Ersatzräume anbietet.

Muss der Mieter einen Nebenraum oder Grundstücksteile räumen, steht ihm eine angemessene Herabsetzung der Miete zu. Die Herabsetzung muss er ausdrücklich vom Vermieter **verlangen**, sie tritt – anders als die Mietminderung – nicht kraft Gesetzes ein. Dabei kann man sich an dem früheren Nutzwert des Raumes orientieren (LG Köln WuM 93, 670; AG Walsrode WuM 92, 616) bzw. an den Mietminderungssätzen, die Gerichte festgelegt haben, wenn derartige Räume nicht genutzt werden können. Danach würde die Teilkündigung eines Kellers eine Mietreduzierung um 10% rechtfertigen (AG Köln WuM 81, U19) und die Kündigung eines Trockenraumes 2% (LG Saarbrücken WuM 96, 468).

Teilungsversteigerung

Gehört ein Haus oder eine Eigentumswohnung mehreren Eigentümern, und können diese sich nicht über die weitere Verwaltung oder über die Verwertung der Immobilie einigen, kann jeder Miteigentümer unabhängig von der Größe seines Anteils die Teilungsversteigerung beantragen. Anders als bei der ⇨ ZWANGSVERSTEIGERUNG ist der Anlass für die Einleitung eines solchen Verfahrens nicht die Zahlungsunfähigkeit, sondern die Zerstrittenheit einer Eigentümergemeinschaft. Die häufigsten Gründe hierfür sind Erbstreitigkeiten oder Ehescheidungen. Die Teilungsversteigerung kann in einem Testament oder durch einen zivilrechtlichen Vertrag zwischen den Beteiligten ausgeschlossen werden. Bei angeordneter Testamentsvollstreckung kann nur der Testamentsvollstrecker die Teilungsversteigerung betreiben. Genauso wie bei der Zwangsversteigerung wird das Verfahren vor Gericht durchgeführt, und der Erwerber tritt in bestehende Miet- und Pachtverhältnisse als neuer Vermieter ein. Wichtigster Unterschied für die Mieter ist aber, dass der Erwerber nach § 183 ZVG kein Sonderkündigungsrecht hat. Er kann also nur nach den normalen mietrechtlichen Vorschriften kündigen, wenn er einen anerkannten gesetzlichen Kündigungsgrund hat ⇨ KÜNDIGUNGSSCHUTZ.

Teppichboden ⇨ ERSATZANSPRÜCHE DES VERMIETERS, ⇨ SCHÖNHEITSREPARATUREN

Ist die Wohnung beim Einzug bereits mit einem Teppichboden ausgestattet, ist er in der Regel als mitvermietet anzusehen. In vielen Wohnungen findet der Mieter beim Einzug aber keinen geeigneten Bodenbelag vor. Es bleibt ihm dann überlassen, einen Teppich seiner Wahl zu verlegen. Je nachdem, ob die Wohnung beim Einzug bereits mit einem Teppichboden versehen ist oder nicht, ergeben sich unterschiedliche Rechtsfragen.

Mitvermieteter Teppichboden
Hat der Vermieter die Wohnung mit einem Teppichboden ausgestattet, ist dieser Bodenbelag eine mitvermietete Einrichtung, auch wenn der Mietvertrag dies nicht ausdrücklich erwähnt. Das gilt grundsätzlich auch dann, wenn nicht der Vermieter, sondern der Vormieter den Teppich verlegt hat (LG Berlin GE 89, 999; AG Neukölln MM 86, 249). Eine andere Beurteilung ist nur dann gerechtfertigt, wenn die Mietvertragsparteien eine abweichende Regelung getroffen haben oder der Mieter die Fußbodenbeläge aufgrund einer Vereinbarung vom Vormieter übernommen hat (vgl. unten – am Ende dieses Stichworts).

Reinigung: Der Mieter muss einen mitvermieteten Teppichboden pfleglich behandeln. Dazu gehört es, dass er ihn von Zeit zu Zeit angemessen reinigt.

Die Grundreinigung beim Auszug ist hingegen Sache des Vermieters (AG Braunschweig WuM 86, 310). Eine Formularklausel im Mietvertrag kann dem Mieter diese Arbeiten jedoch auferlegen. Eine derartige Klausel ist unwirksam, soweit sie dem Mieter die Reinigung durch einen Fachbetrieb vorschreibt (**OLG Stuttgart RE WuM 93, 528**). Es reicht also aus, wenn der Mieter diese Arbeiten selbst fachgerecht in die Hand nimmt. Die Teppichbodenreinigung gehört nicht zu den ⇨ SCHÖNHEITSREPARATUREN (LG Stuttgart NJW-RR 89, 1170; **a.A.** AG Cham ZMR 2011, 642). Der Mietvertrag muss also eine eigenständige Regelung hierzu festlegen. Anders verhält es sich bei einem gewerblichen Mietverhältnis. Hier ist die Grundreinigung Teil der

⇨ SCHÖNHEITSREPARATUREN **(BGH WuM 2009, 225)**.

Abnutzung: Eine normale, durch vertragsgemäßen Gebrauch hervorgerufene Abnutzung des Fußbodenbelags ist durch die Zahlung der Miete abgegolten. Die notwendige Erneuerung muss der Vermieter auf eigene Kosten vornehmen, einschließlich der Kosten für das Aus- und Einräumen der Wohnung (AG Erfurt WuM 2009, 342).

Die Erneuerung des Bodenbelags zählt nicht zu den Schönheitsreparaturen (**OLG Hamm RE WuM 91, 248**; LG Duisburg WuM 89, 10). Eine Formularklausel, die den Mieter zur Zahlung einer pauschalen Abnutzungsgebühr verpflichtet, ist unwirksam (LG Frankenthal WuM 86, 112; AG Hamburg WuM 86, 310). Ist der Teppich verschlissen, kommt neben dem Anspruch auf Austausch des Bodenbelags auch eine Mietminderung bis zu 15% in Betracht (OLG Celle WuM 95, 584).

Für einen Teppichboden mittlerer Qualität setzen die Gerichte als Lebensdauer einen Zeitraum von 10 Jahren an (LG Duisburg WuM 89, 10; LG Köln WuM 83, 126; AG Hannover WuM 2008, 721). Bei einem Teppichboden einfacher Qualität beläuft sich die übliche Nutzungsdauer auf 8 bis 10 Jahre (AG Wiesbaden 93 C 2206/18; AG Köln WuM 2000, 435; AG Erfurt WuM 2009, 342).

Steht fest, dass der Teppich verschlissen oder schadhaft ist, kann der Mieter einen neuen verlangen ⇨ MÄNGEL DER WOHNUNG. Wenn der Teppich Wellen schlägt und deswegen eine Stolpergefahr besteht, ist eine Mietminderung von 5% berechtigt (LG Darmstadt ZMR 2014, 208). Bei der Auswahl des neuen Teppichbodens hat der Vermieter auf die Interessen des Mieters, vor allem bei der Farbwahl, Rücksicht zu nehmen (LG Berlin GE 2013, 1519). Der Mieter hat Anspruch darauf, dass ein Teppichboden mit vergleichbarer Qualität verlegt wird. Er muss es auch nicht akzeptieren, wenn der Teppich durch Laminat ersetzt wird; denn dadurch würde das »Wohngefühl« erheblich verändert (LG Stuttgart WuM 2015, 477).

Übernimmt der Mieter beim Einzug einen alten und verschlissenen Teppichboden, ist dieser Zustand stillschweigend vereinbart. Der Mieter kann später nicht die Verlegung eines neuen Bodenbelags verlangen (LG Köln WuM 2005, 240; AG Wetzlar ZMR 2009, 543). Wer die Wohnung nicht mit einem unansehnlichen Teppich anmieten möchte, muss den Vermieter vor Mietbeginn darauf ansprechen. Am besten ist, einen entsprechenden Vermerk in den Mietvertrag aufzunehmen und damit die Verlegung eines neuen Teppichs schriftlich zu vereinbaren.

Schadensersatz: Für eine Abnutzung, die über das normale Maß hinausgeht, kann der Vermieter eine Entschädigung verlangen ⇨ ERSATZANSPRÜCHE DES VERMIETERS. Der Mieter haftet, wenn er den Teppich übermäßig strapaziert oder aus Unachtsamkeit beschädigt hat. Dazu gehören Brandlöcher durch Zigaretten, größere, nicht zu beseitigende Flecken, die etwa von verschüttetem Rotwein herrühren, oder erhebliche Verschmutzungen durch den Hund des Mieters (OLG Bamberg NZM 2002, 917; LG Dortmund NJWE-MietR 97, 100; AG Böblingen WuM 98, 33). Der Mieter muss auch für Schäden am Teppich einstehen, die ein von ihm beauftragter Handwerker verursacht hat (AG Ibbenbüren WuM 77, 115). Ein kleiner Riss im Teppichboden (3 cm) erfordert aber nicht die komplette Erneuerung (LG Köln WuM 88, 302).

Bei der Berechnung des Schadens ist ein Abzug »neu für alt« vorzunehmen (LG Münster WuM 89, 508). Dadurch wird berücksichtigt, dass im Laufe der Zeit ein Wertverlust eintritt. Vor Gericht muss der Vermieter Angaben zum Alter, zum Wert und zur normalen Lebensdauer machen (LG Köln WuM 88, 302). Bei einer durchschnittlichen Nutzungsdauer von 10 Jahren ergibt dies einen Abzug von 20% für 2 Jahre Wohnzeit (LG Dortmund NJWE-MietR 97, 100). Hat der Teppich oder ein anderer Bodenbelag ein hohes Alter erreicht, kann der Vermieter keine Ansprüche mehr stellen. Für einen 20 Jahre alten PVC-Belag ist deshalb auch bei übermäßiger Abnutzung kein Schadensersatz mehr zu leisten (AG Kassel WuM 96, 757).

Handelt es sich hingegen um Verunreinigungen, Verfärbungen oder kleinere Beschädigungen, die im Laufe einer Mietzeit mehr oder weniger zwangsläufig entstehen, sind sie als übliche Gebrauchsspuren anzusehen, wofür der Vermieter keinen Schadensersatz beanspruchen kann. Sind zum Beispiel nach dem Auszug Abdrücke von Möbeln und einige kleinere Flecken zu sehen, liegt das im Rahmen der üblichen Abnutzung.

Vom Mieter verlegter Teppichboden
Ist eine Wohnung ohne Bodenbelag vermietet, gehört es zur vertragsgemäßen Nutzung, wenn der Mieter einen Teppich verlegt. Dies ist ohne besondere Genehmigung des Vermieters zulässig. Der Mieter ist auch berechtigt, den Teppichboden jederzeit wieder zu entfernen (LG Hamburg NJW 79, 721).

Beim Auszug hat der Mieter den Teppichboden zu beseitigen und den Fußboden so herzurichten, wie er ihn zu Beginn des Mietverhältnisses angetroffen hat. Kommt der Mieter diesen Pflichten nicht nach, muss er mit Schadensersatzforderungen seines Vermieters rechnen (LG Berlin GE 2008, 478). Klebereste auf dem Fußboden sind zu beseitigen (LG Köln WuM 88, 111). Ein im Formularmietvertrag enthaltenes Verbot, den Teppich mit dem Fußboden zu verkleben, ist unwirksam. Denn es gibt wasserlösliche Klebstoffe, die eine Entfernung des Teppichs ermöglichen, ohne den Untergrund in Mitleidenschaft zu ziehen (LG Berlin GE 93, 159). Ist der PVC-Unterboden durch die Verwendung eines ungeeigneten Klebers beschädigt worden, hat der Mieter den Schaden zu ersetzen (LG Mainz WuM 96, 759; LG Mannheim WuM 76, 205). Für Beschädigungen am darunterliegenden PVC-Fußboden, die aus dem Weichmacher eines nicht verklebten Teppichbodens herrühren, muss der Mieter hingegen nicht aufkommen, da ein Laie mit einem solchen chemischen Prozess nicht rechnen muss (LG Duisburg WuM 75, 189; AG Gera WuM 2000, 19). Einen Teppichboden, den der Vormieter verlegt hat, muss der Mieter nur beseitigen, wenn er sich hierzu ausdrücklich verpflichtet (LG Mainz WuM 96, 759), oder wenn er ihn vom Vormieter – möglicherweise durch Abstandszahlung – übernommen hat (LG Berlin GE 88, 629).

Textform

Die Textform nach § 126b BGB ist gegenüber der ⇨ SCHRIFTFORM eine Erleichterung, die z. B. für Mieterhöhungen, Modernisierungsankündigungen, Anpassungen von Betriebskostenvorauszahlungen, die Ankündigung der Aufrechnung oder der Zurückbehaltung von Miete gilt.

Textform bedeutet, der Vertragspartner soll lesen können, was der andere erklärt; mündliche Erklärungen genügen nicht. Allerdings sind die formellen Anforderungen niedriger als bei der Schriftform. Die eigenhändige Unterschrift ist nicht zwingend vorgeschrieben. Für die Einhaltung der Textform reicht es aus, wenn eine lesbare Erklärung, in der die Person des Absenders genannt ist, auf einem dauerhaften Datenträger abgegeben wird. Die Form ist also z. B. gewahrt, wenn die Erklärung als E-Mail, SMS, Kopie, Fax oder Computerfax eingeht und anstelle der persönlichen Unterschrift mit »gezeichnet Meier, Geschäftsführer« oder »Müller, Vorstand« endet. Ist die (kopierte oder faksimilierte) Unterschrift unleserlich, ist die Schriftform nicht gewahrt und die Erklärung unwirksam (LG Berlin WuM 2003, 568). Es ist aber nicht erforderlich, die (natürliche) Person zu nennen, die das Schreiben gefertigt hat; die Nennung der juristischen Person (»Wohnbau-GmbH«) genügt **(BGH WuM 2010, 502)**. Aus Beweisgründen ist es ratsam, einen Beleg über den Zugang (z. B. Faxprotokoll, Empfangsbestätigung der E-Mail) aufzubewahren.

Thermenwartung

Wartungskosten für eine Etagenheizung oder für Warmwassergeräte können als ⇨ BETRIEBSKOSTEN per Mietvertrag auf die Mieter abgewälzt werden.

Häufig findet man in Formularmietverträgen aber eine Klausel unabhängig von den Betriebskosten, z. B. unter »Instandhaltung/Instandsetzung«, wonach der Mieter verpflichtet ist, Kosten für die Thermenwartung zu übernehmen bzw. einen Wartungsvertrag mit einem bestimmten Unternehmen abzuschließen. Hier muss man unterscheiden: Wenn der Mieter die Kosten tragen soll, ist die Klausel wirksam; eine Obergrenze muss nicht genannt werden **(BGH WuM 2013, 31)**. Allerdings darf die Klausel den Mieter nicht verpflichten, selbst einen Wartungsvertrag mit einem Fachunternehmen abzuschließen. Diese Verpflichtung führt dazu, dass die Klausel unwirksam ist **(BGH WuM 91, 381**; AG Peine NZM 2005, 799; AG Waiblingen WuM 2003, 480).

Die Rechtsprechung zieht hier die Parallele zu ⇨ BAGATELLSCHÄDEN. Das bedeutet auch, der Mieter muss **allenfalls** Wartungskosten **zahlen**, er muss die Arbeiten aber **nicht** selbst **in Auftrag geben**. Das ist Sache des Vermieters.

Thermostatventile

Das ⇨ GEBÄUDEENERGIEGESETZ schreibt vor, dass die Heizkörper von Zentralheizungen mit einer automatischen Regelung ausgerüstet sein müssen. Hierdurch erfolgt eine selbstständige Anpassung der Heizung an die schwankenden Außentemperaturen. Die Heizungsanlage arbeitet energiesparender. Gleichzeitig müssen alle Heizkörper mit Thermostatventilen ausgestattet sein. Mithilfe der Thermostatventile lässt sich die Temperatur in den einzelnen Räumen individuell regeln.

Bei einigen Heizungsanlagen (z. B. Fußbodenheizung) lassen sich keine Thermostatventile installieren. Aber auch für diese Anlagen sind selbsttätig wirkende Einrichtungen zur Regelung der Temperatur in allen Räumen vorgeschrieben. Soweit sie nicht vorhanden sind, muss der Hauseigentümer sie nachrüsten lassen.

Ob alle Heizungsanlagen umgerüstet sind, wird weder überprüft noch überwacht. Der Mieter hat allerdings die Möglichkeit, den Vermieter zur Umrüstung zu zwingen (AG Gelsenkirchen WuM 93, 735). Der Vermieter muss eine ordnungsgemäße und fehlerfreie Heizungsanlage betreiben. Diese Voraussetzungen werden nicht erfüllt, wenn die Heizungsanlage nicht den gesetzlichen Anforderungen entspricht. In diesem Fall hat der Mieter einen Anspruch auf Umrüstung bzw. das Recht, die Miete bis zur Umrüstung zu mindern. Auf der anderen Seite kann sich der Mieter nicht gegen die Umrüstung durch den Vermieter wehren, er muss den Einbau dulden (LG Berlin GE 86, 751).

Handhabung: Am Thermostatkopf lässt sich die gewünschte Raumtemperatur einstellen. Ist es wärmer als die gewählte Temperatur, wird ein Stift im Innern des Ventils hineingedrückt, der die Öffnung des Ventils begrenzt. Es strömt weniger oder gar kein Heizwasser mehr in den Heizkörper. Der richtige Umgang mit den Thermostatventilen hilft Energie und damit auch Geld zu sparen. Wird in der kalten Jahreszeit das Fenster zum Lüften geöffnet, sollte das Ventil vorher zugedreht werden. Andernfalls bewirkt die einströmende Kaltluft, dass der Heizkörper im Vollbetrieb arbeitet. Wenn ein Raum aufgeheizt werden soll, empfiehlt es sich, sofort die gewünschte Stufe einzustellen. Der Thermostat drosselt dann die Wärmezufuhr, sobald die entsprechende Temperatur erreicht ist. Das Aufheizen geht nicht schneller, wenn Stufe »5« gewählt wird.

Programmierbare Thermostatventile: Hiermit kann der Mieter die Raumtemperatur nach einem eigenen Tages- oder Wochenprogramm steuern. Das spart zusätzlich Heizenergie. Es gibt sie auch als »smarte« Geräte. Sie lassen sich z.B. per App vom Handy aus steuern. Das kann sich vor allem für Mieter lohnen, die häufiger unterwegs sind oder unregelmäßige Arbeitszeiten haben. Der Mieter kann diese Geräte auch selbst einbauen. Dazu benötigt man keinen Handwerker. Der Mieter braucht dafür auch nicht die Zustimmung des Vermieters. Beim Auszug kann er die Geräte wieder ausbauen und in die neue Wohnung mitnehmen. Die alten Thermostatventile sollte er aufbewahren und ggf. wieder installieren.

Tierhaltung in der Wohnung

Immer mehr Mieter wollen einen Hund oder eine Katze in ihre Wohnung aufnehmen. Sie fragen dann oft, ob sie das dürfen oder ob sie vorher den Vermieter um Erlaubnis bitten müssen. Diese Frage ist nicht leicht zu beantworten, denn im Gesetz steht nichts darüber. Es kommt also in erster Linie auf den Mietvertrag an.

Der Mietvertrag erlaubt die Tierhaltung
In diesem Fall darf der Mieter übliche Haustiere wie Hunde, Katzen oder Vögel halten. Ungewöhnliche Tiere wie Gift- und Würgeschlangen zählen aber nicht dazu (AG Charlottenburg GE 88, 1051).

Der Mietvertrag regelt die Tierhaltung nicht
Enthält der Mietvertrag keine (oder eine unwirksame) Regelung, kommt es darauf an, ob die vom Mieter konkret geplante Tierhaltung zum ver-

tragsgemäßen Gebrauch gehört oder nicht.

Bei **Kleintieren** wie Hamstern, Schildkröten, Zierfischen, Ziervögeln usw. besteht Einigkeit, sie dürfen gehalten werden; das gehört zum vertragsgemäßen Gebrauch. Für das AG München (WuM 2005, 649) zählt auch ein Minischwein zu den Kleintieren; das AG Hanau (WuM 2002, 91) rechnet auch Chinchillas dazu, das LG Kassel (WuM 97, 260) und das LG Düsseldorf (WuM 93, 604) im Gegensatz zum AG Spandau (ZMR 2011, 650) auch einen Yorkshire-Terrier. Nach einer Entscheidung des AG Bückeburg (NZM 2000, 238) ist auch für ungefährliche Schlangen in einem Terrarium keine Genehmigung des Vermieters erforderlich; anders bei zahlreichen Gift- bzw. Würgeschlangen in einer Eigentumswohnung (OLG Frankfurt, LG Bochum NJW-RR 90, 1430). Stellt sich allerdings heraus, dass von dem Kleintier Gefährdungen oder erhebliche Belästigungen der Mitbewohner ausgehen, kann der Vermieter die Haltung untersagen (AG München WuM 2005, 649).

Bei **Hunden** und **Katzen** ist die Antwort nicht so einfach. Ob ihre Haltung vertragsgemäß ist, lässt sich nur im Einzelfall unter Abwägung der Interessen aller Beteiligten beantworten **(BGH WuM 2013, 295; BGH WuM 2013, 152; WuM 2013, 220)**. Zu den vom **BGH (WuM 2008, 23)** ausdrücklich aufgeführten Beurteilungskriterien zählen insbesondere Art, Größe, Verhalten und Anzahl der Tiere, Art, Größe, Zustand und Lage der Wohnung sowie des Hauses, in dem sich die Wohnung befindet, Anzahl, persönliche Verhältnisse, namentlich Alter, und berechtigte Interessen der Mitbewohner und Nachbarn, Anzahl und Art anderer Tiere im Haus, bisherige Handhabung des Vermieters sowie besondere Bedürfnisse des Mieters.

Bei älterer Rechtsprechung ist Vorsicht geboten, weil die Einzelfallprüfung in der Regel nicht so umfassend durchgeführt wurde, wie es der BGH fordert. Wichtige Argumente kann sie dennoch bieten: Der Vermieter ist nicht verpflichtet, das Halten eines Bullterriers (LG Krefeld WuM 96, 533) oder eines Rottweilers (AG Bergisch Gladbach WuM 91, 341) zu gestatten. Halten mehrere Familien im Haus Hund oder Katze, darf der Vermieter nicht willkürlich nur einem von ihnen die Tierhaltung verbieten (LG Berlin WuM 87, 213; LG Hamburg WuM 82, 254). Katzen müssen so gehalten werden, dass sie nicht Balkon oder Terrasse von Nachbarn verschmutzen (LG Bonn NJW-RR 2010, 310). In ländlichen Gebieten sind die Anforderungen weniger streng (LG Oldenburg NZM 2012, 440). Benötigt der Mieter einen Blindenhund, darf er ihn auch in einer Mietwohnung halten (AG Hamburg-Blankenese WuM 85, 256). Das Gleiche gilt, wenn der Mieter aus therapeutischen Gründen auf einen Hund (LG

Hamburg WuM 97, 674) oder auf eine Katze (AG Bonn WuM 94, 323) angewiesen ist. Der Mieter in einem einsam gelegenen Haus darf einen Wachhund halten (AG Neustrelitz WuM 95, 535). Dieser darf aber nicht dort auf dem Grundstück frei herumlaufen, wo auch andere Bewohner Zutritt haben (OLG Köln WuM 88, 123). Sich nach Abschluss des Berufslebens einen kleinen Hund anzuschaffen, ist nachvollziehbar und kann zu einem Anspruch auf Genehmigung der Hundehaltung auch in einem Mehrparteienhaus führen (LG Hamburg WuM 2002, 666).

Der Mietvertrag verbietet die Tierhaltung
Enthält der Mietvertrag aber das uneingeschränkte Verbot jeglicher Tierhaltung, ist diese Klausel unwirksam, weil dann auch Wellensittiche, Goldhamster, Schildkröten oder Zierfische verboten wären **(BGH WuM 2008, 23; WuM 93, 109)**. Die Unwirksamkeit der Klausel bedeutet aber nicht, dass nun jede Tierhaltung erlaubt wäre. Vielmehr kommt es darauf an, was zum vertragsgemäßen Gebrauch gehört. Dies muss jeweils unter Berücksichtigung aller Umstände des Einzelfalls geprüft werden (s. o.).

Auch ein generelles Hunde- oder Katzenhaltungsverbot ist unwirksam **(BGH WuM 2013, 295)**. Es kann ohne weiteres zum vertragsgemäßen Gebrauch der Mietsache gehören, einen Hund oder eine Katze in der Wohnung zu halten. Letztlich muss für jeden Einzelfall eine Entscheidung gefällt werden. Dabei müssen die Interessen von Mieter, Vermieter und Nachbarn im Haus berücksichtigt und gegeneinander abgewogen werden.

Der Mietvertrag verlangt die Zustimmung des Vermieters
Eine Klausel, nach der jede Tierhaltung der Zustimmung des Vermieters bedarf, ist unwirksam. Der Mietvertrag muss auf jeden Fall berücksichtigen, dass die Haltung von Kleintieren (s. o.) vertragsgemäß ist. Die Klausel ist daher auch dann unwirksam, wenn sie zwar einige, aber nicht alle Kleintiere von der Zustimmungspflicht des Vermieters ausnimmt **(BGH WuM 2008, 23)**.

Die Hunde- oder Katzenhaltung darf von der Zustimmung des Vermieters abhängig gemacht werden. Dessen Entscheidung steht aber nicht in seinem freien Ermessen **(BGH WuM 2013, 152; WuM 2013, 220)**. Er muss (s.o.) eine nachvollziehbare Einzelfallentscheidung treffen. Dabei ist auf überprüfbare Kriterien abzustellen. Der Vermieter darf die Anschaffung nicht mit einer pauschalen Begründung ablehnen. Der bloße Hinweis, die Haltung eines Bearded Collies im dritten Stock einer 95 Quadratmeter großen Altbauwohnung sei nicht artgerecht, reicht nicht aus **(BGH WuM 2013, 152; WuM 2013, 220)**. Die Anschaffung einer Katze darf er nicht mit den Argumenten verweigern, diese Tiere würden durch Kratzen und Nagen die Türen, Wände oder Fußbodenbeläge beschädigen oder unangenehme Gerüche verbreiten. Das ist eine unzulässige Verallgemeinerung. Der Vermieter kann diese Einwände nur vorbringen, wenn sie tatsächlich zutreffen, und den Mieter dann abmahnen (AG Berlin-Mitte MM 2015, Nr. 6, 29).

Liegt eine unwirksame Klausel vor, muss wie bei einer fehlenden Regelung (s.o.) unter Berücksichtigung der Umstände des Einzelfalls geprüft werden, ob die Tierhaltung vertragsgemäß ist.

Widerruf der Gestattung
Kommt es zu erheblichen Beeinträchtigungen der Interessen des Vermieters oder der übrigen Mieter, kann der Vermieter die Gestattung zur Tierhaltung widerrufen (LG Hamburg WuM 2002, 666; AG München WuM 2005, 649). Die Angst vor einem Bullterrier (LG Nürnberg-Fürth WuM 91, 93) oder Dobermann (LG Hamburg WuM 99, 453) ist ein triftiger Grund.

Ein triftiger Grund liegt nicht schon dann vor, wenn der Hund gelegentlich bellt. In einem größeren Mietshaus mit einer Vielzahl von Mietparteien und bei drei bis vier genehmigten Hundehaltungen sowie einer größeren Zahl von Kleintierhaltungen gehört es zur hausüblichen Geräuschkulisse, wenn tagsüber hin und wieder Hundegebell oder Vogelgezwitscher aus einer Wohnung kommt (AG Hamburg-Wandsbek WuM 91, 94; AG Frankfurt WuM 78, 127). Der Vermieter ist aber zum Widerruf berechtigt, wenn ein Hund wiederholt das Treppenhaus verunreinigt und in fremde Wohnungen eindringt (AG Hamburg-Altona WuM 89, 624). Auch das stundenlange schrille Pfeifen eines Papageis muss nicht hingenommen werden (OLG Düsseldorf WuM 90, 122). Werden Kakadus in einer Voliere im Garten gehalten, können Nachbarn bei Lärmbelästigungen eine Begrenzung des Aufenthalts im Freien auf eine Stunde täglich verlangen (LG Zwickau WuM 2001, 556).

Tod des Mieters

Stirbt ein Mieter, ist das Mietverhältnis damit nicht automatisch beendet (Ausnahme: Mietvertrag auf Lebenszeit eines alleinstehenden Mieters; BayObLG RE WuM 93, 523).

Fortsetzung mit überlebenden Mietern
Sind mehrere Personen gemeinsam Mieter, und führen sie einen gemeinsamen Haushalt (z.B. Eheleute, die den Vertrag beide unterschrieben haben), wird das Mietverhältnis beim Tod eines Mieters mit den überlebenden Mietern fortgesetzt, § 563a BGB. Diese können das Mietverhält-

nis innerhalb eines Monats, nachdem sie Kenntnis vom Tod des Mieters erlangt haben, mit einer Frist von 3 Monaten kündigen; für dieses Sonderkündigungsrecht bedarf es keines weiteren Kündigungsgrundes.

Eintritt in das Mietverhältnis

Der **Ehegatte oder eingetragene Lebenspartner** ⇨ LEBENSPARTNERSCHAFT, der mit dem Mieter einen gemeinsamen Haushalt führt, tritt mit dem Tod des Mieters in das Mietverhältnis ein, falls er den Vertrag nicht schon als Mitmieter fortsetzt. In diesem Fall wird das Mietverhältnis so weitergeführt, wie es zwischen Vermieter und dem verstorbenen Mieter bestanden hat.

Kinder, die im gemeinsamen Haushalt leben, treten mit dem Tod des Mieters in das Mietverhältnis ein, wenn nicht der Ehegatte oder eingetragene Lebenspartner eintritt (§ 563 Abs. 2 Satz 1 BGB).

Andere Familienangehörige, die mit dem Mieter einen gemeinsamen Haushalt (§ 563 Abs. 2 Satz 2 BGB) führen, treten bei seinem Tod in das Mietverhältnis ein, wenn nicht der Ehegatte oder der eingetragene Lebenspartner eintritt.

Dasselbe Recht haben Personen, die mit dem Mieter einen **auf Dauer angelegten gemeinsamen Haushalt** führen. Dies betrifft nicht nur nichteheliche Lebenspartner, sondern auch andere Personen, die sich zum gemeinsamen Wohnen entschlossen haben (LG Berlin WuM 2016, 107).

Wer in den Mietvertrag eingetreten ist, kann innerhalb eines Monats nach Kenntnis vom Tod des Mieters erklären, dass er das Mietverhältnis nicht fortsetzen will. Dann gilt der Eintritt als nicht erfolgt. Die Erklärung ist formfrei möglich; aus Beweisgründen ist es aber empfehlenswert, ⇨ SCHRIFTFORM oder ⇨ TEXTFORM zu wählen und einen Beleg über den Zugang aufzubewahren.

Fortsetzung mit dem Erben

Wenn kein Familienangehöriger in das Mietverhältnis eintritt und sonst niemand den Mietvertrag fortsetzt, wird das Mietverhältnis mit dem **Erben** fortgesetzt, § 564 BGB. Dieser hat jedoch das Recht, das Mietverhältnis mit einer Frist von 3 Monaten zu kündigen. Die Kündigung muss innerhalb eines Monats erfolgen, nachdem der Erbe vom Tod des Mieters **und** davon Kenntnis erlangt hat, dass kein anderer das Mietverhältnis fortführt.

Rechte des Vermieters

Wird das Mietverhältnis mit überlebenden Mietern fortgesetzt, gelten die allgemeinen Regeln über die ⇨ KÜNDIGUNG. Ein besonderes Kündigungsrecht steht dem Vermieter nicht zu.

Wird das Mietverhältnis mit dem Ehegatten, dem Lebenspartner oder anderen Familien- oder Haushaltsangehörigen durch deren Eintritt in den Vertrag weitergeführt, kann der Vermieter innerhalb eines Monats nach Kenntnis von dem endgültigen Eintritt mit einer Frist von 3 Monaten kündigen. Voraussetzung für die Kündigung ist jedoch ein **wichtiger Grund** in der Person des Eintretenden. Zweifel an der Mietzahlungsfähigkeit des Eintretenden berechtigen nur dann zur Kündigung, wenn konkrete Umstände den zwingenden Schluss zulassen, dass fällige Zahlungen alsbald ausbleiben werden **(BGH WuM 2018, 153)**. Daran fehlt es, wenn staatliche Hilfen, vorhandenes Vermögen oder eine teilweise Untervermietung die Mietzahlung sicherstellen **(BGH WuM 2018, 153)**. Vorstrafen und Drogenabhängigkeit sprechen nicht gegen die Fortsetzung des Mietverhältnisses, wenn der Sohn der verstorbenen Mieterin bisher mehrere Jahre in der Wohnung gelebt hat, ohne Anlass zu Beanstandungen zu geben **(BGH WuM 2010, 431)**.

Einfacher ist die Kündigung gegenüber dem nicht im gemeinsamen Haushalt lebenden Erben, der das Mietverhältnis fortsetzt. Der Vermieter ist berechtigt, mit einer Frist von 3 Monaten zu kündigen; ein besonderer Kündigungsgrund muss nicht vorliegen. Die Kündigung muss allerdings innerhalb eines Monats erfolgen, nachdem der Vermieter vom Tod des Mieters und der Fortsetzung durch den Erben Kenntnis erlangt hat.

Wer in das Mietverhältnis eingetreten ist bzw. den Vertrag fortsetzt, haftet neben dem Erben für die bis zum Tod des Mieters entstandenen Verbindlichkeiten; der Vermieter kann sich also aussuchen, von wem er z.B. noch offene Mietzahlungen fordert. Ansprüche gegenüber dem Erben, z.B. wegen unterlassener Schönheitsreparaturen, sind allerdings auf den Nachlass beschränkt, wenn der Erbe die Dürftigkeitseinrede erhebt **(BGH WuM 2013, 236)**. Das LG Berlin (WuM 2021, 671) hat auch eine Haftung der Erben für sich erst nach der Rückgabe zeigende Schäden an der Wohnung ausgeschlossen, die Folge davon sind, dass der Mieter längere Zeit tot in der Wohnung lag (hier: Ungeziefer und Verwesungsgerüche).

Wird der Mietvertrag nicht mit Haushaltsangehörigen fortgeführt, tritt niemand in den Vertrag ein, und hat der Mieter keine Erben, oder sind diese unbekannt, kann der Vermieter beim Amtsgericht die Nachlasspflegschaft beantragen (OLG Zweibrücken FamRZ 2016, 495; OLG Köln WuM 2011, 226).

Tod des Vermieters

Stirbt der Vermieter, wird das Mietverhältnis mit dem (oder den) Erben des Vermieters fortgesetzt. War der Vermieter Nießbraucher, tritt mit seinem Tod der Grundstückseigentümer in den Vertrag (ggf. auch in einen Kündigungsverzicht) ein **(BGH WuM 2011, 690)**. Der bisherige Mietvertrag behält seine Gültigkeit; eine Änderung oder einen neuen Vertrag kann der Erbe nicht verlangen.

Der Vermieterwechsel ist nicht von einer Änderung des Grundbuchs abhängig. Allerdings kann der Mieter erwarten, dass der Erbe sein Erbrecht nachweist **(BGH WuM 2005, 771)**. Dies geschieht am besten – insbesondere in unklaren Fällen – durch einen Erbschein. Ein solcher Erbschein ist aber nicht zwingend vorgeschrieben, d.h., der Nachweis ist auch anders möglich. In der Regel genügt ein eröffnetes öffentliches Testament **(BGH NJW 2005, 2779)**. Solange der Mieter im Unklaren darüber ist, an wen die Miete zu zahlen ist, kommt die ⇨ HINTERLEGUNG DER MIETE in Betracht.

Treppenhaus

Das Treppenhaus in einem Mehrfamilienhaus gehört zu den Gemeinschaftsräumen; es kann grundsätzlich von allen Mietern und ihren Besuchern genutzt werden. Dabei kann es Probleme geben, wenn die Nutzung des einen Mieters andere Hausbewohner stört. Entscheidend ist einerseits, was noch zum ⇨ VERTRAGSGEMÄSSEN GEBRAUCH gehört; auf der anderen Seite sind auch Toleranz und gegenseitige Rücksichtnahme gefragt.

Sind keine besonderen Vereinbarungen getroffen, ist die übliche Nutzung vertragsgemäß. Der Mieter hat daher das Recht, im Hausflur einen ⇨ KINDERWAGEN oder einen Rollstuhl oder Rollator abzustellen, wenn die Größe des Hausflurs dies zulässt (**BGH WuM 2007, 29;** LG Hannover WuM 2006, 189). Der Beschluss einer Wohnungseigentümerversammlung, einem Bewohner des Hauses das Abstellen des Rollstuhls im Hausflur zu verbieten, ist sittenwidrig und daher unwirksam (OLG Düsseldorf ZMR 84, 161). Der Mieter kann auch einen Anspruch darauf haben, auf eigene Kosten zugunsten seines behinderten Lebenspartners einen Treppenlift zu installieren **(BVerfG WuM 2000, 298)** ⇨ MIETERMODERNISIERUNG.

Schuhregale und Kartons dürfen nicht dauerhaft im Treppenhaus abgestellt werden (LG Köln NZM 2017, 360). Mieter dürfen aber eine Fußmatte vor ihrer Wohnungseingangstür auslegen und Schuhe darauf abstellen (OLG Hamm WuM 88, 413; LG Berlin MM 91, 264).

Mängel im Treppenhaus muss der Vermieter genauso beseitigen wie ⮱ MÄNGEL in der Mietwohnung. Auch die Renovierung des Treppenhauses ist Sache des Vermieters; sie gehört nicht zu den ⮱ SCHÖNHEITSREPARATUREN **(KG Berlin RE WuM 84, 42)**.

Selbstverständlich ist es umgekehrt Aufgabe des Mieters, den Vermieter über Mängel umgehend zu informieren.

Treppenreinigung

Hat der Mieter im Mietvertrag die Reinigung des Treppenhauses übernommen, wird sich die nähere Regelung meistens aus der Hausordnung in dem Sinn ergeben, dass der Mieter die Reinigung an bestimmten Wochentagen im Wechsel mit den anderen Mietern durchzuführen hat. Die Verpflichtung des Mieters erstreckt sich meistens auf den zwischen zwei Geschossen liegenden Treppenabschnitt. An welchem Tag und zu welcher Uhrzeit der Mieter seinen Pflichten nachkommt, bleibt ihm selbst überlassen (AG Reichenbach WuM 94, 322).

Grundsätzlich bleibt der Mieter dann auch während seiner Abwesenheit verpflichtet. Notfalls muss er für eine Vertretung sorgen oder mit dem Nachbarn tauschen. **Aber:** Nach Auffassung des AG Dortmund (WuM 88, 54) gilt das nicht für den 14-tägigen Sommerurlaub. Für eine derart kurze Abwesenheit ist die Suche nach einer Vertretung unzumutbar.

Ist der Mieter laut Mietvertrag zur Treppenreinigung verpflichtet, hat er auch ein entsprechendes Recht hierzu. Das bedeutet, dass ihm der Vermieter diese Aufgabe nicht einseitig entziehen kann (AG Stuttgart WuM 2004, 475; AG Magdeburg ZMR 2003, 45; AG Frankfurt/O. WuM 97, 432; AG Kerpen WuM 97, 471). Der Vermieter darf nicht einfach ein Reinigungsunternehmen beauftragen und den Mietern die Betriebskosten hierfür auferlegen. Nur wenn ein Mieter seine Pflichten vernachlässigt hat, kann er nach vergeblicher Mahnung eine Putzkraft hinzuziehen und dem nachlässigen Mieter die Kosten in Rechnung stellen (AG Münster WuM 94, 428). Der Vermieter trägt die Beweislast dafür, dass die Treppe nicht ordentlich gereinigt wurde (AG Braunschweig WuM 2002, 211).

Ohne vertragliche Vereinbarung muss grundsätzlich der Vermieter putzen (lassen). Stellt er beispielsweise eine Putzfrau ein, kann im Mietvertrag vereinbart werden, dass diese Kosten als Nebenkosten auf die Mieter anteilig abgewälzt werden dürfen ⮱ BETRIEBSKOSTEN.

Kehrwoche

In einigen Gebieten (insbesondere in Baden-Württemberg) ist eine sogenannte Kehrwoche in Mehrfamilienhäusern üblich.

In der »kleinen« Kehrwoche muss der Mieter den Flurbereich vor seiner Wohnungstür und den zum nächsten Stockwerk hinunterführenden Treppenabschnitt wöchentlich im Wechsel mit den anderen Etagennachbarn säubern. In der »großen« Kehrwoche müssen alle Mieter des Hauses jede Woche abwechselnd den Trockenboden, Kellertreppe und -flur sowie den Gehsteig vor dem Haus an genau festgelegten Tagen säubern. Einzelheiten hierzu stehen meist in der Hausordnung.

Eine umfassende Regelung einer im Mietvertrag getroffenen Vereinbarung durch die ⇨ HAUSORDNUNG ist zulässig. Hat der Mieter Reinigungsarbeiten übernommen, muss er für die zuverlässige Ausführung einstehen ⇨ VERKEHRSSICHERUNGSPFLICHT, ⇨ SCHNEEFEGEN.

Türschilder

Der Mieter darf am Hauseingang und an seiner Wohnungstür sein Namensschild anbringen. Zieht die Lebensgefährtin des Mieters ein, dürfen die Schilder um deren Namen erweitert werden (AG Mitte MM 2000, 178). Ist das Mietverhältnis beendet, und zieht der Mieter aus, sind die von ihm angebrachten Schilder wieder zu entfernen. Der Mieter von Gewerberäumen hat das Recht, Firmenschilder in üblicher Größe anzubringen. Nach Beendigung des Mietverhältnisses steht bestimmten Berufen (Rechtsanwälten, Ärzten, Steuerberatern usw.) das Recht zu, während eines vertretbaren Zeitraums ein Schild mit dem Hinweis auf die neue Anschrift anzubringen (RGZ 161, 338).

Wird der Beruf nicht in der Wohnung, sondern anderswo ausgeübt, hat der Mieter keinen Anspruch auf Anbringung eines Firmenschildes an dem Haus, in dem er wohnt (LG Hof WuM 60, 164).

Türspion

Der Vermieter ist verpflichtet, dem Mieter den Einbau eines Türspions zu gestatten. Es besteht ein schützenswertes Interesse für den Mieter zu wissen, wer vor seiner Wohnungstür steht (AG Meißen WuM 2018, 632). Falls keine andere Vereinbarung getroffen wurde, muss am Ende des Mietverhältnisses der ursprüngliche Zustand wiederhergestellt werden ⇨ VIDEOÜBERWACHUNG.

U

Umlageausfallwagnis ⇨ BETRIEBSKOSTEN, ⇨ MIETAUSFALLWAGNIS

Umwandlung von Miet- in Eigentumswohnungen ⇨ WOHNUNGSEIGENTUM

Mietshäuser können in Eigentumswohnungen aufgeteilt werden. Das nennt man die Umwandlung von Miet- in Eigentumswohnungen. Eine solche juristische Aufteilung der Eigentumsverhältnisse ist erforderlich, um einzelne Wohnungen verkaufen zu können. Tatsächlich ändert sich dadurch an den Wohnungen nichts, auch die Mietverträge bleiben bestehen.

Für Eigentumswohnungen gibt es spezielle Vorschriften im Wohnungseigentumsgesetz.

Auch als Mieter kann man natürlich in einer Eigentumswohnung wohnen oder wohnen bleiben. Allerdings erhöht sich für den Mieter einer Eigentumswohnung das Kündigungsrisiko, insbesondere das Risiko einer Eigenbedarfskündigung, da viele Eigentümer eine Eigentumswohnung kaufen, um sie dann selber zu nutzen. Da mit dem Verkauf von Eigentumswohnungen – insbesondere mit leeren Eigentumswohnungen – hohe Profite zu erzielen sind, tummeln sich auf dem Gebiet der Umwandlung auch Spekulanten und unseriöse Geschäftsleute.

Zur Umwandlung muss jede einzelne Wohnung in sich abgeschlossen sein, und die Baubehörde muss eine sogenannte **»Abgeschlossenheitsbescheinigung«** ausstellen. Dazu hat der Gemeinsame Senat der obersten Gerichtshöfe in der Bundesrepublik **(WuM 92, 671)** entschieden: Wohnungen sind auch dann in sich abgeschlossen, wenn die Trennwände und Trenndecken nicht den heutigen Forderungen des Baurechts entsprechen. Im Klartext: Die Abgeschlossenheitsbescheinigung muss erteilt werden, wenn die Wohnung einen eigenen Eingang hat und innen alle Einrichtungen vorhanden sind, die unbedingt zur Führung eines Haushalts nötig sind: Wasserversorgung, Abfluss, WC und Stromversorgung.

Die Folge dieser Rechtsprechung war eine wahre Umwandlungswelle. Insbesondere Altbauwohnungen, die den neuen Baurechtsvorschriften nicht entsprachen, wurden jetzt umgewandelt. Der Gesetzgeber reagierte und verbesserte den Mieterschutz für Mieter umgewandelter Mietwohnungen. Die Länderregierungen können eine Verordnung für bestimmte Städte und Kreise erlassen, in denen das Kündigungsrecht des Käufers einer umgewandelten Wohnung für höchstens 10 Jahre ausgeschlossen ist; ohne eine solche Verordnung gilt die bundesgesetzliche Sperrfrist von 3 Jahren. Außerdem erhält der Mieter ein ⇨ VORKAUFSRECHT an seiner Wohnung.

Mit einer Umwandlungsverordnung kann in Milieuschutzgebieten (⇨ STADTSANIERUNG) die Umwandlung von Miet- in Eigentumswohnungen erschwert werden. Ein vermietetes Haus in Einzeleigentum aufzuteilen und teuer zu verkaufen, ist ein einträgliches Geschäft und führt zu stark steigenden Mieten. Häufig gehen mit der Umwandlung teure Modernisierungen und Wohnungszusammenlegungen einher, die den Mietern das Bleiben unmöglich machen. Das, was laienhaft als »Umwandlungsverbot« bezeichnet wird, ist juristisch gesprochen ein Genehmigungsvorbehalt: Die Umwandlung bedarf in Gebieten, für die eine Erhaltungssatzung (Milieuschutzsatzung) erlassen wurde, einer Genehmigung durch die zuständige Behörde. Allein ein ortsüblich bekannt gemachter Beschluss über die Aufstellung einer Erhaltungssatzung gibt dem Grundbuchamt aber noch keinen Anlass, dem Antragsteller vor Vollzug der Aufteilung eines Grundstücks in Wohnungs- bzw. Teileigentum die Vorlage einer Genehmigung oder eines Negativattests der Gemeinde aufzugeben (KG Berlin NJW-RR 2016, 1421). Die Genehmigung ist zu erteilen, wenn dem Eigentümer ein Verzicht auf die Umwandlung auch unter Berücksichtigung des Allgemeinwohls wirtschaftlich nicht zumutbar ist. Dies soll der Fall sein, wenn die Kosten der Bewirtschaftung des Gebäudes im bestehenden Zustand nicht durch seine Erträge oder den Nutzwert für den Eigentümer aufgewogen werden können. Ein weiterer – und der in der Praxis häufigste – Ausnahmetatbestand ist die Verpflichtung des Eigentümers, innerhalb von 7 Jahren ab Begründung des Wohnungseigentums Wohnungen nur an Mieter zu veräußern (§ 172 Abs. 4 Nr. 6 BauGB).

Um dem Verdrängungsrisiko zusätzlich entgegenzuwirken, hat der Gesetzgeber nun in § 250 BauGB die Möglichkeit geschaffen, in Gebieten mit angespannten Wohnungsmärkten **zwingend eine Genehmigung** für die Umwandlung von Miet- in Eigentumswohnungen vorzuschreiben. In welchen Gebieten mit angespanntem Wohnungsbedarf die Umwandlung der Genehmigung bedarf, müssen die Bundesländer jeweils durch eine Rechtsverordnung festlegen. Die Genehmigungspflicht gilt also nicht automatisch in den angespannten Wohnungsmärkten, die die Länder für die Anwendung der ⇨ MIETPREISBREMSE festgelegt haben. Als angespannter Wohnungsmarkt gilt z.B. ein Gebiet, in dem für die wachsende Bevölkerung nicht durch Neubautätigkeit der erforderliche Wohnraum geschaffen wird. Dieses Kriterium dürfte auf viele deutsche Großstädte zutreffen. Die Länder müssen die Rechtsverordnungen auf den 31.12.2025 befristen.

Wer also in den ausgewiesenen Gebieten Mietwohnungen in Eigentum umwandeln will, braucht eine Genehmigung. Die Genehmigungspflicht gilt für bereits bestehende Gebäude mit mindestens sechs Wohnungen. Die Länder können die Grenze durch die Rechtsverordnung auf bis zu drei Wohnungen reduzieren oder auf bis zu 15 Wohnungen erhöhen.

Im Geltungsbereich dieser Rechtsverordnung darf das Grundbuchamt die Eintragung des Wohnungseigentums im Grundbuch nur dann vornehmen, wenn die Genehmigung nachgewiesen ist. Aber auch hier sieht das Gesetz Ausnahmen vor, in denen die Genehmigung dem Eigentümer – ggf. unter Auflagen – zu erteilen ist. Dies ist insbesondere der Fall, wenn das Wohnungseigentum zur eigenen Nutzung an Familienangehörige des Eigentümers oder an mindestens zwei Drittel der Mieter veräußert werden soll. Auch wenn dem Eigentümer ein Verzicht auf die Begründung des Wohneigentums im Einzelfall nicht zumutbar ist, besteht eine Genehmigungspflicht.

Neben diesen zwingenden gesetzlichen Vorschriften können natürlich in den Kaufvertrag oder auch in den Mietvertrag, der nach dem Verkauf weiter gilt, verschiedene Schutzvorschriften für Mieter aufgenommen werden, etwa längere Kündigungsfristen oder ein Verzicht auf die Kündigung wegen Eigenbedarfs (Näheres hierzu s. ⇨ EIGENBEDARF – Eigennutzung durch den Vermieter). Mit Einverständnis des Mieters kann der Verkäufer auch im Kaufvertrag vereinbaren, dass der Käufer der Wohnung zugunsten des Mieters ein lebenslanges dingliches Wohnrecht im Grundbuch eintragen lässt, das dann auch bei weiteren Verkäufen fortgilt (AG Rostock WuM 94, 665).

Selber kaufen?
Vor einer Kaufentscheidung sollten sich Mieter über die rechtlichen Konsequenzen im Klaren sein, die sie mit dem Kauf von ⇨ WOHNUNGSEIGENTUM eingehen. Sie werden dann nicht nur Eigentümer der Wohnung, sondern auch Miteigentümer am Haus und am Grundstück, am sogenannten Gemeinschaftseigentum, und müssen sich auch an dessen Unterhaltung und Instandsetzung finanziell beteiligen. Ernsthaft in Erwägung ziehen sollte man den Kauf einer Wohnung nur in einem sanierten und modernisierten Haus.

Wichtig: Früher hatte der einzelne Wohnungseigentümer ein Vetorecht, er konnte Modernisierungsmaßnahmen blockieren. Dies hat sich geändert; nun ist für Maßnahmen der Instandhaltung, Instandsetzung, modernisierenden Instandsetzung und baulichen Veränderungen eine einfache Mehrheit der Eigentümer ausreichend. Die Mieter müssen Reparaturen in aller Regel dulden ⇨ INSTANDHALTUNG. Jeder einzelne Wohnungseigentümer muss sich seinem Anteil entsprechend an den Kosten beteiligen, unabhängig von seinen finanziellen Möglichkeiten.

Auch Wohnungseigentümer müssen ⇨ BETRIEBSKOSTEN zahlen. Die sogenannte »zweite Miete« (Grundsteuer, Versicherung, Wasser, Heizkosten usw.) fällt immer an. Daneben muss der Wohnungseigentümer aber auch Kosten tragen, mit denen ein Mieter nichts zu tun hat, zum Beispiel Kosten für den Verwalter der Wohnungseigentumsanlage, öffentliche Abgaben für Straßenbau, Parkplätze, Kinderspielplätze usw. (Anliegerbeiträge), Instandhaltungskosten, Reparaturkosten, und für größere Reparaturen müssen Instandhaltungsrücklagen angespart werden.

Wichtig ist, dass Mieter, die vor der Frage »Kaufen oder Mieten« stehen, nicht aus Angst vor einer Kündigung ihre Wohnung kaufen. Kauft ein Dritter die Wohnung, gilt der Grundsatz: **Kauf bricht nicht Miete**. Der bisherige Mietvertrag wird daher mit dem Käufer als neuem Vermieter im bisherigen Umfang fortgesetzt ⇨ HAUSVERKAUF UND MIETVERTRAG.

Den Anspruch auf Beseitigung von Mängeln und Instandsetzung kann der Mieter gegen seinen neuen Vermieter geltend machen. Daran ändert sich auch nichts, wenn die Mängel nicht im Sondereigentum, d. h. innerhalb der Wohnung, sondern im Gemeinschaftseigentum beseitigt werden müssen, sodass die Wohnungseigentümerversammlung zustimmen muss. Auf deren Zustimmung hat der Eigentümer einen Anspruch (**BGH NJW 2005**, 3284). Ansprechpartner für den Mieter bleibt aber weiterhin nur sein Vermieter (**KG Berlin RE WuM 90, 376**). Das gilt auch dann, wenn der Vermieter gewerblicher Zwischenvermieter ist (**OLG Zweibrücken RE WuM 95, 144**).

Oft stellt sich aber trotzdem die Frage, welchen Kündigungsschutz der Mieter hat, wenn der neue Eigentümer selbst einziehen will oder wenn der Vermieter die umgewandelte Wohnung lieber geräumt verkaufen möchte.

Kündigungsschutz des Mieters

1. gegenüber dem bisherigen Vermieter:

Der Vermieter kann den Mietern nicht mit der Begründung kündigen, dass er seine Mietwohnungen in Eigentumswohnungen umwandeln und verkaufen will. Zur Kündigung braucht er immer einen gesetzlich anerkannten Grund (➩ KÜNDIGUNGSSCHUTZ), die Umwandlung ist kein solches »berechtigtes Interesse«. Der Kündigungsgrund »Hinderung angemessener wirtschaftlicher Verwertung« kann allenfalls in Ausnahmefällen greifen ➩ KÜNDIGUNGSSCHUTZ.

2. gegenüber dem Käufer der Eigentumswohnung (Neuerwerber):
Nach dem Gesetz ist der Mieter nach einer Umwandlung von einer Miet- in eine Eigentumswohnung besonders geschützt. Er hat einen zusätzlichen Kündigungsschutz.

Ist eine Mietwohnung nach Überlassung an den Mieter in eine Eigentumswohnung umgewandelt worden, und will der Erwerber die gekaufte Eigentumswohnung selbst beziehen, kann er sich auf Eigenbedarf nicht **vor Ablauf von 3 Jahren** ab Erwerb berufen (Wartezeit). Unter bestimmten Voraussetzungen muss der Erwerber sogar eine Wartezeit (Kündigungssperrfrist) **von bis zu 10 Jahren** einhalten. Die Frist beginnt mit der **ersten Veräußerung** der Eigentumswohnung. Wird nur ein Miteigentumsanteil an einen bisherigen vermietenden Miteigentümer übertragen, liegt keine Veräußerung vor und wird die Kündigungssperre nicht ausgelöst **(BGH WuM 2022, 495)**.

Stirbt der Mieter, und wird das Mietverhältnis mit dem überlebenden Mitmieter fortgesetzt (➩ TOD DES MIETERS), tritt dieser auch bezüglich des Kündigungschutzes an die Stelle des Verstorbenen und kann sich auf die Kündigungssperrfrist berufen **(BGH WuM 2022, 495)**.

Wann gilt die verlängerte Sperrfrist?
Die Kündigungssperrfrist von bis zu 10 Jahren gilt in den Gebieten, die von der jeweiligen Landesregierung per Verordnung festgelegt worden sind (10 Jahre z.B. in Berlin, Hamburg und München). Die Länder dürfen eine entsprechende Verordnung erlassen, wenn die Wohnungsversorgung zu angemessenen Bedingungen besonders gefährdet ist. Die Kündigungssperrfrist orientiert sich an der im Zeitpunkt der Kündigung gültigen Verordnung unabhängig davon, ob diese zum Zeitpunkt des Eigentumserwerbs bereits galt (AG Berlin-Mitte GE 2016, 462).

Für welche Kündigungsgründe gilt die Sperrfrist?
Die Kündigungssperrfrist gilt nicht nur für Eigenbedarfskündigungen, sondern auch für Kündigungen wegen »Hinderung angemessener wirtschaftlicher Verwertung« (LG Berlin GE 2014, 1139) ➩ KÜNDIGUNGSSCHUTZ – wirtschaftliche Verwertung. Sie gilt nicht für sonstige berechtigte Interessen des Vermieters für eine ordentliche Kündigung (z.B. wegen Hausfriedensstörungen) **(BGH WuM 2009, 294)**. Die Sperrfrist greift auch bei einer Kündigung wegen ➩ BETRIEBSBEDARF nicht

(BGH WuM 2010, 513). Eine fristlose Kündigung (z. B. wegen Zahlungsverzugs) kann der Vermieter jederzeit ohne Wartefrist aussprechen.

Aber auch nach Ablauf dieser Kündigungssperrfrist muss der Mieter nach einer Kündigung und Ablauf der ⇨ KÜNDIGUNGSFRIST nicht automatisch ausziehen. Der Mieter kann sich auf eine Härte im Sinne der Sozialklausel berufen (⇨ KÜNDIGUNGSSCHUTZ).

Kündigungssperrfrist bei echten Umwandlungsfällen, § 577a Abs. 1 BGB

Die Kündigungssperrfrist greift, wenn die Wohnung nach Überlassung an den Mieter in Wohnungseigentum umgewandelt und dann veräußert wird. Es muss folgende zeitliche Abfolge vorliegen:

1. Der Mieter muss bereits in der Mietwohnung wohnen.

2. Nach seinem Einzug wird die Wohnung in eine Eigentumswohnung umgewandelt.

Dies erfolgt durch Teilung des Grundstücks durch den Wohnungseigentümer. Dem Grundbuchamt wird die Teilungserklärung mitgeteilt; es werden Wohnungsgrundbücher angelegt.

3. Danach wird die Wohnung an einen Dritten verkauft, zwangsversteigert **(BayObLG RE WuM 92, 424)** oder in Erfüllung eines Vermächtnisses übertragen **(BayObLG RE WuM 2001, 390)**.

Die Sperrfrist gilt auch dann, wenn schon bei Errichtung des Gebäudes die Aufteilung in Eigentumswohnungen geplant war (LG Duisburg WuM 97, 266; AG Konstanz WuM 78, 212).

Der **BGH (WuM 2010, 513; WuM 2008, 415**; bestätigt durch **BVerfG WuM 2011, 355)** hat entschieden, dass die Kündigungssperrfrist auch dann Anwendung findet, wenn ein Grundstück, auf dem eine Reihenhaussiedlung steht, durch Realteilung in Einzelgrundstücke mit je einem Reihenhaus aufgeteilt wird. Hierbei wird zwar kein Wohnungseigentum gebildet, die Mieter der entsprechenden Häuser seien aber genauso schutzwürdig, wenn die Einzelgrundstücke verkauft werden.

Die Kündigungssperrfrist greift aber dann nicht ein, wenn die Miteigentümer das Haus so in Eigentumswohnungen aufteilen, dass jeder von ihnen sofort Alleineigentümer einer Wohnung wird. Der Eigentumswechsel hat in diesem Fall nicht nach der Umwandlung stattgefunden, sondern gleichzeitig mit ihr **(BGH RE WuM 94, 452)**.

Wichtig: Zieht der Mieter in eine bereits umgewandelte Wohnung ein, gilt die Sperrfrist nicht, auch nicht entsprechend (BayObLG RE WuM 81,

236; LG Mainz WuM 1982, 191; AG Hamburg WuM 1999, 600). Bei einem Mietvertrag über eine bereits bestehende Eigentumswohnung gilt nur der normale ➯ KÜNDIGUNGSSCHUTZ.

Merke: Kein Umwandlungsfall mit Sperrfrist liegt vor, wenn der Vermieter das Mietshaus nur in Eigentumswohnungen aufteilt, sie aber nicht weiterverkauft (Vorratsteilung).

Kündigungssperrfrist bei GbR oder mehreren Erwerbern, § 577a Abs. 1a BGB

Die Kündigungssperrfrist gilt auch, wenn eine vermietete Wohnung an eine Personengesellschaft (GbR) oder an mehrere Erwerber veräußert wird. Anders als bei den oben genannten echten Umwandlungsfällen muss die GbR bzw. die Personenmehrheit eine Umwandlung in Wohneigentum **nicht** beabsichtigen **(BGH WuM 2018, 292)**. Die Veräußerung an eine Personengesellschaft oder mehrere Erwerber reicht aus. Die Kündigungssperrfrist ist also an drei Voraussetzungen in folgender Reihenfolge geknüpft: 1. Mietvertrag über nicht umgewandelten Wohnraum, 2. Überlassung des Wohnraums an den Mieter, 3. Veräußerung des vermieteten Wohnraums an eine Personengesellschaft oder mehrere Erwerber.

Mit dieser Erweiterung der Kündigungssperrfrist auf die Veräußerung an eine Personengesellschaft wollte der Gesetzgeber dem sog. »Münchener Modell« einen Riegel vorschieben. Hierbei erwarb eine Personengesellschaft ein Mietshaus. Jeder Gesellschafter konnte sodann den Mietern das Mietverhältnis wegen Eigenbedarfs ohne Einhaltung einer Sperrfrist kündigen. Auch hier drohte – wie bei der Umwandlung in Wohneigentum – eine Verdrängung der Mieter, die durch die Neuregelung verhindert werden soll.

Ausnahme: Gehören Erwerber oder Gesellschafter **derselben Familie** an (z. B. Eheleute), so können die Erwerber sofort kündigen und müssen die Sperrfrist nicht einhalten; dies ist auch der Fall, wenn die Erwerber bereits getrennt leben oder sogar geschieden sind **(BGH WuM 2020, 730)**. Bei enger sozialer Bindung können auch entfernte Verwandte wie Cousins zur Familie der Erwerber oder Gesellschafter zählen. Eine solche Bindung ist nach Ansicht des LG Berlin ZK 67 anzunehmen, wenn Cousins eine GbR gründen, um Wohnungen zu erwerben (LG Berlin WuM 2023, 769).

Der Vermieter kann sich frühestens **nach Ablauf** der Sperrfrist auf ein berechtigtes Interesse (z. B. Eigenbedarf) berufen.

Die **Wartezeit** beginnt mit vollendetem Eigentumserwerb, also Grundbucheintragung (LG München I WuM 79, 124), nicht schon mit Abschluss des Kaufvertrags.

Weitere Erwerber treten in diese Wartezeit ein, die Frist beginnt für sie also nicht von neuem zu laufen **(BayObLG RE WuM 82, 46)**. Eine vor Ablauf der Wartefrist ausgesprochene Eigenbedarfskündigung ist unwirksam (**OLG Hamm RE WuM 81, 35;** AG Fürstenfeldbruck, WuM 2020, 36).

Wenn der Vermieter nach Ablauf der Sperrfrist kündigt, muss er selbstverständlich sowohl einen Kündigungsgrund vorweisen als auch die (von der Wohndauer abhängige) dann maßgebliche ⇨ KÜNDIGUNGSFRIST einhalten ⇨ EIGENBEDARF, ⇨ KÜNDIGUNGSSCHUTZ. Aber auch danach kann sich der Mieter immer noch auf die Sozialklausel (⇨ KÜNDIGUNGSSCHUTZ) berufen, wenn die Beendigung des Mietverhältnisses für ihn eine Härte bedeuten würde, die auch unter Würdigung der berechtigten Interessen des Vermieters nicht zu rechtfertigen ist.

Tipp: Beabsichtigt der Vermieter eine Umwandlung des Wohnhauses in Eigentumswohnungen, und führt er die Wohnung einem Kaufinteressenten vor, sollte der Mieter diesem gegenüber deutlich machen, dass er nicht beabsichtigt, die Wohnung freiwillig zu räumen. Diese Erklärung verstößt nicht gegen den Mietvertrag (AG Karlsruhe-Durlach WuM 92, 376; AG Gummersbach WuM 82, 209) und kann potenzielle Käufer abschrecken ⇨ FREIE MEINUNGSÄUSSERUNG.

Der Mieter darf Kaufinteressenten auf Mängel oder vermeintliche Mängel der Wohnung hinweisen. Er kann erklären, dass er die Miete deshalb mindert (OLG Celle WuM 91, 538).

Bei einem beabsichtigten Verkauf kann der Vermieter nach entsprechender Vorankündigung vom Mieter verlangen, dass er ihn und Kaufinteressenten für eine Besichtigung in die Wohnung lässt. Ist die Begehung für den Mieter allerdings mit einer Gesundheitsgefahr verbunden, kann das ⇨ BESICHTIGUNGSRECHT des Vermieters ausnahmsweise beschränkt oder sogar ausgeschlossen sein (**BGH WuM 2023, 403:** Wohnung als einzig verbleibender Schutzraum bei schwerwiegender psychischer Erkrankung).

Vorkaufsrecht, § 577 BGB

Jeder Mieter hat ein gesetzliches ⇨ VORKAUFSRECHT, wenn seine Wohnung in eine Eigentumswohnung umgewandelt oder ein ursprünglich auf einem Grundstück errichtetes Zweifamilienhaus später durch Realteilung in zwei Eigentumseinheiten aufgeteilt wird **(BGH WuM 2017, 36; WuM 2010, 513)**. Der Mieter muss über den Inhalt des Kaufvertrages zwischen dem Verkäufer und dem Kaufinteressenten sowie sein Vorkaufsrecht unterrichtet werden. Der Mieter hat dann das Recht, innerhalb von 2 Monaten ab Zugang der Mitteilung die Wohnung zu den im Kaufvertrag formulierten Bedingungen selber zu kaufen. Zur Ausübung des Vorkaufsrechts müssen alle Mieter eine schriftliche Erklärung gegenüber dem Vermieter abgeben. Diese sollte dem Vermieter mit Zugangsnachweis (per Einschreiben oder Gerichtsvollzieher) zugestellt werden. Eine notarielle Beurkundung ist nicht erforderlich.

Das Vorkaufsrecht besteht **nicht**, wenn der Vermieter die Wohnung an einen Familienangehörigen oder an einen Angehörigen seines Haushalts verkaufen will. Da das Vorkaufsrecht dem Mieter nur beim ersten Verkauf nach der Umwandlung zusteht, ist es damit endgültig entfallen **(BGH WuM 2007, 464)**. Die Veräußerung der Wohnung im Wege der Zwangsvollstreckung wird wie ein Verkaufsfall behandelt. Das Vorkaufsrecht wird dadurch hinfällig und kann bei einem späteren Verkauf nicht mehr ausgeübt werden **(BGH WuM 99, 400)**.

Ein Vorkaufsrecht entsteht in der Regel nicht, wenn erst die Erwerber Wohnungseigentum begründen sollen, und zwar auch dann nicht, wenn diese beabsichtigen, die neu geschaffenen Einheiten jeweils selbst zu nutzen (»Erwerbermodell«; **BGH WuM 2016, 369; WuM 2014, 98**). Ein Vorkaufsrecht bei Veräußerung eines noch ungeteilten Gesamtgrundstücks und beabsichtigter Teilung hat der Mieter ausnahmsweise nur dann, wenn der Verkäufer in dem mit dem Erwerber abgeschlossenen Kaufvertrag die Verpflichtung zur Aufteilung übernommen hat. Weiter setzt die Entstehung eines solchen Vorkaufsrechts voraus, dass die vom Vorkaufsrecht erfasste zukünftige Einzelfläche in dem Kaufvertrag bereits hinreichend bestimmt oder zumindest bestimmbar ist **(BGH WuM 2016, 429)**. Allein durch Aneinanderreihung gesellschaftsrechtlicher Verträge kann das Vorkaufsrecht aber nicht ausgehebelt werden **(BGH NJW 2012, 1354;** AG München WuM 2013, 680).

Hat der Mieter aber eine Wohnung gemietet, die schon bei der Anmietung eine Eigentumswohnung war, hat er kein Vorkaufsrecht.

Gemeinschaftsräume

Im Rahmen der Umwandlung passiert es häufig, dass Gemeinschaftsräume wie der Trockenraum oder der Dachboden einem bestimmten Eigentümer als Sondereigentum zugeordnet werden. Ebenso kann es sein, dass Keller und Wohnung des Mieters von zwei verschiedenen

Eigentümern gekauft werden. Dies berechtigt aber nicht dazu, die Rechte des Mieters einzuschränken. Er darf weiterhin seinen Keller benutzen und die Gemeinschaftsräume wie vorher mitbenutzen (LG Hamburg WuM 88, 127; LG Stuttgart WuM 88, 404; AG Köln WuM 86, 109; AG Nürnberg WuM 83, 144) ⇨ GARAGEN/STELLPLÄTZE.

Aus dem Grundsatz der Einheitlichkeit des Mietverhältnisses folgt, dass der Erwerber einer vermieteten Eigentumswohnung alleiniger Vermieter wird und in dieser Eigenschaft auch zuständig für mitvermietete Nebenräume ist, die im Gemeinschaftseigentum stehen **(BGH RE WuM 99, 390)**.

Mietzins

Allein wegen der Umwandlung einer Mietwohnung in eine Eigentumswohnung kann **keine** Mieterhöhung erfolgen. Der Vermieter muss auch hier die allgemeinen Regeln einhalten ⇨ MIETERHÖHUNG.

Besonderheiten bei umgewandelten geförderten Wohnungen

■ **Mitteilungspflicht**

Der Vermieter muss der zuständigen Stelle den Verkauf von belegungs- oder mietgebundenen Wohnungen unverzüglich schriftlich mitteilen; ebenso die Umwandlung solcher Wohnungen in Eigentumswohnungen.

■ **Zusätzlicher Kündigungsschutz**

Der Erwerber einer umgewandelten geförderten Wohnung ⇨ WOHNUNGSBAUFÖRDERUNG darf nicht wegen Eigenbedarfs kündigen, solange die Wohnung gebunden ist, sei es hinsichtlich der Belegung oder sei es hinsichtlich der Miete. Das entspricht praktisch einer vollständigen Kündigungssperre für Eigenbedarf, und zwar auch für den Käufer, der sozialwohnungsberechtigt ist.

Dieser grundsätzliche Schutz wird bei öffentlich geförderten Wohnungen allerdings durchbrochen, wenn die öffentlichen Darlehen vorzeitig vom früheren Eigentümer oder vom Erwerber der umgewandelten Wohnung zurückgezahlt werden.

In diesem Fall ist die Eigenbedarfskündigung für den Erwerber der umgewandelten Sozialwohnung nur während der sogenannten Nachwirkungsfrist der Bindungen ausgeschlossen, d.h. in der Regel für 10 Jahre.

Die Kündigungssperrfrist für Eigenbedarf bei umgewandelten Sozialmietwohnungen, für die die öffentlichen Darlehen vorzeitig zurückgezahlt wurden, beträgt somit in der Regel 10 Jahre, aber mindestens 3 bis 10 Jahre, je nach den allgemeinen örtlich maßgeblichen Regeln über die Kündigungssperrfrist (s. o.).

Bei Wohnungen, die nach dem Wohnraumförderungsgesetz gefördert wurden, kommt es darauf an, ob im Fall der vorzeitigen Rückzahlung laut Vertrag die Bindungen verkürzt werden.

■ **Übernahme öffentlicher Darlehen**
Werden Sozialmietwohnungen umgewandelt und veräußert, so müssen auch öffentliche Baudarlehen übernommen werden, wenn diese Mittel nicht vom Voreigentümer vollständig abgelöst worden sind. Es empfiehlt sich also hier, alle notwendigen Unterlagen (bei der Bewilligungsstelle oder dem bisherigen Eigentümer) einzusehen.

Sind die öffentlichen Mittel noch nicht zurückgezahlt, kann der Mieter die Wohnung nur dann erwerben und auch selbst nutzen, wenn ihm ein ⇨ WOHNBERECHTIGUNGSSCHEIN zusteht bzw. er von der Behörde eine Freistellungsbescheinigung erhält.

Umzug

Ein Umzug sollte gut vorbereitet und organisiert sein. Der Mieter muss unter anderem entscheiden, ob er ihn selbst durchführen oder eine Spedition beauftragen will. Wer einen Möbelspediteur beauftragen möchte, muss wissen, dass es keine tariflich festgelegten Preise gibt. Es lohnt sich deshalb, Preisvergleiche anzustellen. Die Preise richten sich nach der Entfernung zwischen den Umzugsorten, dem Umfang des Umzugsgutes, dem Aufwand für das Auf- und Abbauen, dem Stundenlohn für Packer und Fahrer sowie den Preisen für die Transportversicherung.

Folgende **Tipps** sollte der Mieter beachten:

■ Vor dem Auftrag an eine Spedition mehrere detaillierte **Kostenvoranschläge einholen**. Wer sich auf mündliche Aussagen verlässt, kann eine böse Überraschung erleben. Einem günstigen Angebot folgt oft eine viel höhere Rechnung.

■ Eine preiswerte Möglichkeit, den Umzug zu gestalten, bieten **Möbel-Mitfahrzentralen**. Sie nutzen Leerraum, den Möbelspediteure bei Rück- und Kurierfahrten zur Verfügung haben. Die Kosten betragen weniger als die Hälfte der üblichen Preise.

■ Schon vor dem Umzug sollte der Mieter den Keller, Speicher sowie die Rumpelkammer ausmisten; denn **Ausmisten** kann Fracht sparen und damit die Umzugskosten senken.

■ Wenn Sie den Hausrat selber verpacken, haftet für evtl. Beschädigungen nicht die Versicherung des Spediteurs. **Selbstverpacktes ist nicht versichert**.

■ Stellen Sie vor dem Umzug eine **Inventarliste** auf, damit Sie einen Überblick über Ihren gesamten Haushalt bekommen. Führen Sie auch die Gegenstände im Keller und in der Garage auf. Die Umzugsfirma benötigt genaue Angaben über den Umfang des Hausrats, um einen Kostenvoranschlag zu erstellen.

■ Wählen Sie nach Möglichkeit nicht den Monatsersten (besonders 1. April und 1. Oktober) für den Umzugstermin, denn das tun die meisten Leute. Bei Fernumzügen müssen Sie um den Monatsersten mit einem Tarifzuschlag rechnen. Zwischen dem **6.–13.** und dem **18.–24.** eines Monats liegen die **günstigeren** und **billigeren** Umzugstermine.

■ Wasch- und Spülmaschinen, Gas- und Elektroherde dürfen vom Möbelspediteur nicht ab- und anmontiert werden. Bestellen Sie deshalb **rechtzeitig Handwerker** für die alte und die neue Wohnung.

■ Führen Sie einen **Umzugskalender**, in den Sie sofort eintragen, was Ihnen im Laufe der Vorbereitungszeit einfällt, z. B.: Anmeldung bei der Meldebehörde, Zeitungen und Zeitschriften umbestellen, Telefon, Nachsendeantrag für die Post, Ummeldung von Radio und Fernsehen. Am Umzugstag Zähler ablesen lassen, Krankenkasse, Bank und Sparkasse, Schulbehörde sowie Versicherungsgesellschaften vom Wohnungswechsel verständigen, Pkw unverzüglich ummelden.

■ Benutzen Sie auch den **eigenen Pkw** für den Umzug, und laden Sie dort die **Notausrüstung** ein, z. B. Putzzeug, Werkzeug, Verbandszeug, Medikamente und Ausweispapiere. Zur Wohnungsübergabe ⇨ WOHNUNGSABNAHME.

Ersatz der Umzugskosten

Viele Mieter stellen sich die Frage, ob und unter welchen Voraussetzungen sie vom Vermieter Ersatz für die Kosten des Umzugs verlangen können. Grundsätzlich hat der Mieter darauf keinen Anspruch. Das gilt auch dann, wenn er auf Veranlassung des Vermieters auszieht, etwa nach einer berechtigten Kündigung wegen Eigenbedarfs. Der Mieter kann jedoch ausnahmsweise in folgenden Fällen Kostenersatz verlangen:

■ Wenn er die Erstattung der Umzugskosten mit dem Vermieter ausdrücklich vereinbart. Sie kann Teil der Abfindung sein, falls der Mieter auf Wunsch des Vermieters bereit ist, einen ⇨ MIETAUFHEBUNGSVERTRAG abzuschließen.

■ Nach einer ⇨ FRISTLOSEN KÜNDIGUNG durch den Mieter, zum Beispiel wegen erheblicher ⇨ GESUNDHEITSGEFÄHRDUNG.

■ Wenn der Vermieter eine Kündigung wahrheitswidrig begründet hat

(Schadensersatz wegen vorgetäuschten ➾ EIGENBEDARFS).

Achtung: Prüfen Sie, ob Sie die Umzugskosten von der Steuer abziehen können **(BFH NJW 2006, 3023).**

Unabdingbare Rechte des Mieters ➾ ALLGEMEINE GESCHÄFTSBEDINGUNGEN

Im BGB gilt grundsätzlich Vertragsfreiheit. Das bedeutet, dass gesetzliche Vorschriften durch den Mietvertrag geändert werden können. Dies geschieht häufig durch ➾ ALLGEMEINE GESCHÄFTSBEDINGUNGEN. Zum Schutz des Wohnraummieters gibt es aber eine Reihe von Vorschriften, die nicht zu seinem Nachteil abgeändert werden dürfen. Eine vertragliche Regelung, die das nicht beachtet, ist unwirksam. An ihre Stelle tritt die gesetzliche Regelung.

Zu den wichtigsten unabdingbaren Rechten gehören:

- das Recht des Mieters auf ➾ MIETMINDERUNG wegen Mängeln;
- die Begrenzung der ➾ MIETKAUTION auf maximal drei Nettokaltmieten, das Recht des Mieters, diese in drei Raten zu zahlen, und die Pflicht des Vermieters, sie von seinem übrigen Vermögen getrennt anzulegen und zugunsten des Mieters zu verzinsen;
- das Recht des Mieters auf Gestattung der ➾ UNTERMIETE;
- das Recht des Mieters auf Gestattung von Maßnahmen zur Herstellung der erforderlichen Barrierefreiheit ➾ MIETERMODERNISIERUNG;
- die Bedingungen, unter denen der Mieter Erhaltungs- und Modernisierungsmaßnahmen dulden muss (➾ MODERNISIERUNG);
- das Sonderkündigungsrecht des Mieters nach Zugang der Ankündigung einer ➾ MODERNISIERUNG;
- die Voraussetzungen für die Umlage und Erhöhung von ➾ BETRIEBSKOSTEN, auch bei ➾ CONTRACTING;
- die Voraussetzungen, unter denen der Vermieter ➾ MIETERHÖHUNGEN verlangen darf sowie das Sonderkündigungsrecht des Mieters nach Mieterhöhung ➾ MIETERKÜNDIGUNG;
- das Recht von Familienangehörigen oder Lebenspartnern, bei ➾ TOD DES MIETERS in den Mietvertrag einzutreten bzw. diesen fortzuführen, und das Recht der überlebenden Mitmieter auf außerordentliche Kündigung des Verjährungsfristvertrags;

- die Fortführung des Mietverhältnisses mit dem Erwerber bei Verkauf des Hauses oder der Wohnung (➯ HAUSVERKAUF UND MIETVERTRAG);
- die Regelungen über die zulässige Miethöhe bei Mietbeginn in angespannten Wohnungsmärkten (➯ MIETPREISBREMSE);
- das Recht des Mieters zur ➯ FRISTLOSEN KÜNDIGUNG aus wichtigem Grund;
- das Recht des Mieters, eine ➯ FRISTLOSE KÜNDIGUNG wegen Zahlungsverzugs unwirksam zu machen, indem er die Rückstände rechtzeitig ausgleicht;
- die Begrenzung der Gründe, die den Vermieter zur ➯ KÜNDIGUNG berechtigen;
- das Verbot der Kündigung zum Zweck der Mieterhöhung;
- die ➯ KÜNDIGUNGSFRISTEN bei der ordentlichen Kündigung;
- das Recht des Mieters zum Widerspruch gegen die Kündigung des Vermieters in Härtefällen (➯ KÜNDIGUNGSSCHUTZ/Unterpunkt Sozialklausel);
- die Voraussetzungen, unter denen ein ➯ ZEITMIETVERTRAG geschlossen werden kann;
- das ➯ VORKAUFSRECHT des Mieters bei ➯ UMWANDLUNG VON MIET- IN EIGENTUMSWOHNUNGEN;
- die Kündigungssperrfrist bei ➯ UMWANDLUNG VON MIET- IN EIGENTUMSWOHNUNGEN.

Untermiete ➯ UNTERMIETZUSCHLAG, ➯ WOHNGEMEINSCHAFT

Untermiete bedeutet, dass der Hauptmieter die Mietwohnung vollständig oder teilweise einem Dritten überlässt und hierfür in der Regel ein Entgelt verlangt.

Bei der Untermiete sind zwei Fälle zu unterscheiden:

1. Die vollständige Untervermietung der gesamten Wohnung.
2. Die Untervermietung eines Teils des Mietobjekts.

Für beide Fälle gilt: Der Mieter muss den Vermieter zunächst um **Erlaubnis** bitten, bevor er die Mieträume ganz oder teilweise einem Dritten überlässt.

Vollständige Untervermietung
Der Mieter hat keinen gesetzlichen Anspruch auf Erteilung einer Erlaubnis zur Untervermietung der gesamten Wohnung **(BGH WuM 2023, 686)**. Ein solcher Anspruch besteht nur für die Überlassung eines Teils der Mieträume.

Verweigert der Vermieter die Erlaubnis, kann der Mieter aber das Mietverhältnis mit einer Frist von 3 Monaten schriftlich **kündigen** (§ 540 Abs. 1 Satz 2 BGB). Ob er einen Anspruch auf Untermieterlaubnis hatte, ist unerheblich (LG Berlin ZMR 2000, 673). Dieses Sonderkündigungsrecht kann durch Formularklausel nicht ausgeschlossen werden (**BGH WuM 1995, 480**; LG Hamburg WuM 92, 689; LG Ellwangen WuM 82, 297). Es besteht auch bei einem befristeten Mietvertrag (☞ ZEITMIETVERTRAG) und ermöglicht es dem Mieter, sich vorzeitig aus dem Mietverhältnis zu lösen. Ist das Untermietinteresse vom Mieter allerdings nur vorgeschoben, um einen Kündigungsgrund zu schaffen, ist die Kündigung des Mieters rechtsmissbräulich und beendet das Mietverhältnis nicht (**BGH WuM 2010, 30**).

Voraussetzung für das Kündigungsrecht ist, dass der Mieter dem Vermieter einen konkreten Untermieter **benannt** hat. Er muss den Namen, Geburtsdatum und Beruf des Untermieters mitteilen (LG Berlin WuM 2021, 30). Angaben zu den Einkommensverhältnissen des Untermieters muss er nicht machen (LG Hamburg WuM 91, 585).

Lehnt der Vermieter auf Anfrage des Mieters eine Untervermietung **generell** ab, kann der Mieter auch dann kündigen, wenn er keinen konkreten Untermieter benannt hat (KG WuM 96, 696; LG Berlin ZMR 2001, 969; LG Hamburg NJW-RR 99, 664). Umgekehrt hat der Mieter keinen Anspruch auf eine generelle, nicht personenbezogene Untermieterlaubnis (**BGH GE 2012, 825**); wird diese verweigert, steht dem Mieter kein Sonderkündigungsrecht zu (LG Gießen WuM 97, 368).

Hat der Mieter dem Vermieter eine angemessene Frist zur Erteilung der Untermieterlaubnis an einen konkret genannten Untermieter gesetzt, und äußert sich der Vermieter innerhalb dieser Frist nicht, so gilt sein **Schweigen als Verweigerung,** und der Mieter kann kündigen (LG Berlin ZMR 2000, 673; OLG Köln WuM 2000, 597). Dies gilt nicht, wenn der Mieter in seiner Anfrage keinen Untermieter benannt hat. In diesem Fall darf das Schweigen des Vermieters innerhalb der gesetzten Frist nicht als generelle Verweigerung der Erlaubnis ausgelegt werden (OLG Koblenz WuM 2001, 272).

Der Mieter kann auch kündigen, wenn der Vermieter die Erlaubnis unter

Einschränkungen erteilt, auf die kein Anspruch besteht **(BGH ZMR 72, 277)**. Der Vermieter darf die Untermieterlaubnis aber unter Umständen von der Vereinbarung eines angemessenen ⮱ UNTERMIETZUSCHLAGS abhängig machen.

Kein Kündigungsrecht besteht, wenn der Vermieter einen wichtigen Grund hat, den benannten Untermieter abzulehnen, z.B. weil dieser mit dem Vermieter oder anderen Mietern verfeindet ist oder konkrete Anhaltspunkte dafür bestehen, dass dieser den Hausfrieden stören oder die Mietsache beschädigen wird (LG Berlin WuM 2021, 30) oder der Untermieter gegen seine polizeiliche Meldepflicht verstößt (AG Tempelhof-Kreuzberg WuM 2016, 623). Auch eine drohende Überbelegung der Mieträume kann ein wichtiger Grund sein. Die Zahlungsunfähigkeit des Untermieters (LG Berlin NZM 2002, 947) oder die voraussichtlich kurze Dauer der Untervermietung (LG Landshut WuM 96, 408) sind aber kein Grund, die Erlaubnis abzulehnen.

Teilweise Untervermietung
In den meisten Fällen will der Mieter nur **einen Teil** der Wohnung untervermieten. Der Mieter wohnt also noch selbst in der Wohnung oder gibt – bei vorübergehender Abwesenheit – den Gewahrsam nicht vollständig auf. Dies ist der Fall, wenn der Mieter persönliche Gegenstände in einem abgegrenzten Bereich der Wohnung zurücklässt, den nur er nutzen darf, und einen Wohnungsschlüssel behält. Diese Voraussetzungen können auch bei einer Einzimmerwohnung erfüllt sein **(BGH WuM 2023, 686)**. Mieter einer Einzimmerwohnung können sich also ihr Zuhause durch Untervermietung erhalten, solange sie einen Wohnungsschlüssel behalten und persönliche Dinge in einem verschlossenen Schrank lagern.

Nach dem Gesetz hat der Mieter einen **Anspruch** auf die Erlaubnis des Vermieters, einen Teil der Wohnung unterzuvermieten, wenn er ein berechtigtes Interesse an der Gebrauchsüberlassung hat und sein Interesse erst nach Vertragsabschluss entstanden ist (§553 Abs.1 Satz1 BGB).

Ein **berechtigtes Interesse** des Mieters ist anzunehmen, wenn er vernünftige wirtschaftliche oder persönliche Gründe benennen kann **(BGH WuM 2023, 751; WuM 2018, 153; WuM 2014, 489; RE WuM 85, 7)**. Das Interesse muss mit der Rechts- und Sozialordnung vereinbar sein **(BGH RE WuM 85, 7)**. Ein solches Interesse kann beispielsweise ein berufsbedingter Auslandsaufenthalt **(BGH WuM 2014, 489)**, aber auch eine mehrmonatige »Workation«, also eine Kombination aus Arbeit und Urlaub (LG Berlin WuM 2023, 531), sein. Die Angst vor Einsamkeit oder

der Wunsch, nach Auszug eines Mitbewohners nicht alleine leben zu wollen, begründen ebenfalls ein berechtigtes Interesse (**BGH WuM 2018, 153**; AG Hamburg WuM 90, 500). Ob der Mieter eine Untermieterlaubnis verlangen kann, wenn er aus **humanitären** Beweggründen einen Geflüchteten aufnehmen möchte, wird in der Rechtsprechung unterschiedlich gesehen (bejaht von LG Berlin WuM 2023, 481; verneint von AG München WuM 2023, 94). Streng genommen dient die Untervermietung in einem solchen Fall nicht dem Mieterinteresse, sondern dem Interesse des Menschen, den der Mieter unterstützen möchte. Innerhalb der »eigenen vier Wände« kann der Mieter aber sein Leben nach seinen Vorstellungen gestalten (**BGH WuM 2014, 489; WuM 85, 7**). Dazu gehört auch, dass er sein Leben zu Hause nach seinen ethischen Grundüberzeugungen ausrichten und Teile der Wohnung an einen Geflüchteten untervermieten kann, um diesen zu unterstützen (LG Berlin WuM 2023, 481).

Das Interesse des Mieters an der Untervermietung von Teilen der Wohnung kann **wirtschaftliche** Gründe haben. Dazu zählt der Wunsch, die Mietkosten durch eine Untervermietung zu reduzieren (**BGH WuM 2023, 751; WuM 2018, 153; WuM 2014, 489**; LG Stuttgart WuM 2019, 29; LG Berlin WuM 2018, 360). Dabei ist es nicht relevant, ob der Mieter die Wohnung als Haupt- oder Nebenwohnsitz nutzt. Wo der Mieter »wohnt«, ist seiner freien Entscheidung überlassen (**BGH WuM 2014, 489**). Das Recht auf Untervermietung setzt nicht voraus, dass der Mieter seinen Lebensmittelpunkt in der Wohnung behält (**BGH WuM 2023, 751; WuM 2006, 147**). Es reicht aus, wenn der Mieter ein Zimmer einer größeren Wohnung nutzt, um dort Einrichtungsgegenstände zu lagern oder die Mieträume gelegentlich zu Übernachtungszwecken (Urlaub, kurzzeitiger Aufenthalt) nutzt (**BGH WuM 2023, 751; WuM 2023, 686; WuM 2014, 489**). Der Mieter kann sich die Wohnung also als Zweitwohnung durch Untervermietung erhalten, wenn sie in der Nähe seines Arbeitsplatzes gelegen ist und er dort zwei bis drei Mal pro Woche übernachtet, um sich nächtliche Fahrten nach Hause zu ersparen (**BGH WuM 2023, 751**).

Das berechtigte Interesse muss nicht bei allen Mietern gegeben sein. Es reicht aus, wenn es bei einem von mehreren Mietern erfüllt ist (LG Berlin WuM 2021, 616).

Das Untermietinteresse des Mieters darf erst **nach** Abschluss des Mietvertrags entstehen. Daran fehlt es nach Ansicht des LG Berlin, wenn der Mieter bereits vor Abschluss des Mietvertrags beruflich im Ausland gearbeitet hat und er davon ausgehen musste, dass weitere Auslandseinsätze von mehrjähriger Dauer auf ihn zukommen werden (so LG Berlin WuM 2022, 490; zweifelhaft, denn das berechtigte Interesse des Mieters dürfte erst mit Beginn des jeweiligen Auslandseinsatzes entstehen).

Verstößt die vereinbarte Untermiete gegen die ⮱ MIETPREISBREMSE, hat der Mieter keinen Anspruch auf Gestattung der Untervermietung (LG Berlin WuM 2023, 690; LG Berlin WuM 2022, 489). Denn in diesem Fall hält sich der Mieter nicht an die Rechtsordnung. Die Vorschriften zur Mietpreisbremse binden auch den Mieter, der im Verhältnis zum Untermieter als Vermieter anzusehen ist (LG Berlin WuM 2022, 489). Macht der Mieter durch die Untervermietung einen Gewinn, indem er – im Vergleich zu seiner Miete – eine doppelt so hohe Untermiete verlangt, muss der Vermieter ihm die Erlaubnis nach Ansicht des LG Berlin nur erteilen, wenn der Mieter ihn an dem Gewinn beteiligt (LG Berlin WuM 2023, 690).

Erlaubnis muss eingeholt werden!
Auch wenn der Mieter ein berechtigtes Interesse an der Untervermietung hat, muss er immer erst den Vermieter um Erlaubnis bitten. Hierfür muss er dem Vermieter einen konkreten Untermieter benennen. Er hat keinen Anspruch auf eine personenunabhängige, generelle Untermieterlaubnis **(BGH GE 2012, 825; KG RE WuM 92, 350)**. Der Mieter muss den Namen, Geburtsdatum und Beruf des Untermieters mitteilen (LG Berlin WuM 2021, 30). Angaben zu den Einkommensverhältnissen des Untermieters muss er nicht machen (LG Hamburg WuM 91, 585).

Aus der Anfrage des Mieters sollte deutlich hervorgehen, dass der Mieter nur Teile der Mietsache und nicht die ganze Wohnung untervermieten möchte und seine Gründe erst nach Abschluss des Mietvertrags entstanden sind (LG Berlin WuM 2021, 615).

Der Mieter muss den Vermieter nicht unverzüglich um Erlaubnis bitten, sobald sein Untermietinteresse entsteht. Der Anspruch auf Untermieterlaubnis ist nicht verwirkt, wenn der Mieter die Erlaubnis erst nach einer längeren Zeit beantragt (AG Stuttgart WuM 2023, 693: nach über einem Jahr). Es kommt nur darauf an, dass das berechtigte Interesse des Mieters im Zeitpunkt des Antrags noch besteht.

Stützt der Mieter seinen Antrag auf wirtschaftliche Gründe, darf der Vermieter die Erteilung der Erlaubnis nicht davon abhängig machen, dass der Mieter ihm zuerst Nachweise über seine Einkommensverhältnisse wie z.B. einen aktuellen Leistungsbescheid des Jobcenters vorlegt (LG Berlin WuM 2018, 362). Der Mieter muss nur Einzelheiten zu seinen wirtschaftlichen Verhältnissen angeben, nicht jedoch Nachweise einreichen.

Aufnahme enger Familienangehöriger bedarf keiner Erlaubnis
Seine Familie darf der Mieter in die Wohnung aufnehmen, ohne den Vermieter zu fragen. Zur Familie zählen der Ehegatte, die Eltern **(BayObLG RE WuM 97, 603; BGH WuM 2013, 485)** oder Kinder des Mieters (LG Berlin WuM 2023, 203; AG Mitte WuM 2022, 273), auch wenn diese bereits volljährig sind und einen eigenen Haushalt geführt haben (LG Potsdam WuM 2012, 612). Das gilt allerdings nur, solange der Mieter die Wohnung selbst noch (mit-)bewohnt oder zumindest Mitgewahrsam ausübt, indem er einen Wohnungsschlüssel behält, ein Zimmer für sich belegt oder persönliche Gegenstände in der Wohnung lässt (LG Berlin WuM 2023, 203; LG Berlin ZMR 2018, 668). Der Mieter darf die Wohnung also nicht vollständig aufgeben und ohne Erlaubnis einem Familienangehörigen überlassen. Für die Aufnahme der Geschwister **(BayObLG RE WuM 84, 13)** oder des Lebensgefährten **(BGH WuM 2003, 688)** benötigt der Mieter stets die Erlaubnis des Vermieters. Diese gehören nach der Rechtsprechung nicht zum engen Familienkreis des Mieters.

Wohngemeinschaft
Allein aus der Tatsache, dass der Vermieter die Wohnung an eine Wohngemeinschaft vermietet hat, ist **nicht** zu schließen, dass der Vermieter dem **zukünftigen** Austausch von Mietern zugestimmt hat **(BGH WuM 2022, 403)**. Auch bei einer Wohngemeinschaft bedarf die Auswechslung eines Mieters der Zustimmung des Vermieters. Ist ein Anspruch auf Mieterwechsel im Mietvertrag nicht festgehalten, ist anhand der konkreten Umstände zu prüfen, ob ein solcher Anspruch besteht. Hat der Vermieter eine 6-Zimmerwohnung an mehrere Einzelpersonen vermietet und in der Folgezeit in vier Nachträgen zum Mietvertrag einem Mieterwechsel zugestimmt und die Mieter im Schriftverkehr als »Wohngemeinschaft« angeschrieben, bestehen hinreichende Indizien für einen Anspruch auf Zustimmung zum Austausch eines Mieters (LG Berlin WuM 2023, 22). Ist allerdings nicht sichergestellt, dass der neu in die WG eintretende Mieter in der Lage ist, der Mietzahlungsverpflichtung nachzukommen, kann der Vermieter den Mieterwechsel ablehnen (LG Berlin WuM 2023, 22).

Untervermietung darf für den Vermieter nicht unzumutbar sein
Der Vermieter darf die Erlaubnis zur teilweisen Gebrauchsüberlassung nur verweigern, wenn dafür in der Person des Untermieters ein wichtiger Grund besteht (z.B., weil dieser den Hausfrieden stört), die Wohnung übermäßig belegt würde oder dem Vermieter aus anderen Gründen die Gebrauchsüberlassung nicht zumutbar ist (s.o. Vollständige Untervermietung). Einer kirchlichen Einrichtung ist die Aufnahme des Lebensgefährten zur Gründung einer nichtehelichen Lebensgemeinschaft nicht unzumutbar **(OLG Hamm RE WuM 91, 668)**. Eine Wohnungsgenossen-

schaft kann die Untervermietung nicht mit der Begründung ablehnen, dass der Untermieter kein Genossenschaftsmitglied sei (AG Neukölln – 3 C 54/14). Andernfalls wäre eine Untervermietung bei Genossenschaftswohnungen faktisch ausgeschlossen.

Ohne Erlaubnis droht die Kündigung!
Der Mieter verstößt gegen seine Pflichten aus dem Mietverhältnis, wenn er die Mieträume ganz oder teilweise untervermietet, ohne die erforderliche Erlaubnis seines Vermieters einzuholen. Dies ist auch dann der Fall, wenn er einen Anspruch auf die Erteilung der Erlaubnis hat **(BGH WuM 2011, 169)**. Es kann im Einzelfall eine fristlose oder fristgemäße Kündigung des Vermieters wegen nicht genehmigter Untervermietung drohen. Hat der Mieter aber den Anspruch und die Erlaubnis zur Untervermietung rechtzeitig vor Überlassung der Mieträume an den Untermieter beim Vermieter beantragt, ist die Kündigung rechtmissbräuchlich **(BGH WuM 2023, 686)**. In diesem Fall kann der Vermieter eine fristlose oder eine ordentliche Kündigung nicht auf das Fehlen der Erlaubnis zur Untervermietung stützen. Denn der Vermieter hätte die Erlaubnis erteilen müssen, wenn er sich selbst vertragsgemäß verhalten hätte.

Vor einer ⇨ FRISTLOSEN KÜNDIGUNG muss der Vermieter den Mieter zunächst **abmahnen** und ihm die Gelegenheit geben, die nicht genehmigte Untervermietung zu beenden (LG Berlin WuM 2015, 421). Nach der Abmahnung muss der Mieter alles tun, damit der Untermieter auszieht; dazu gehört nicht nur eine Räumungsklage gegen den Untermieter, sondern auch der Versuch, ihn durch finanzielle Zuwendungen zum Auszug zu bewegen (LG Hamburg ZMR 2001, 39; LG Berlin NZM 99, 407).

Rechte des Mieters bei zu Unrecht verweigerter Erlaubnis
Wenn der Vermieter die Erlaubnis zu Unrecht verweigert, kann der Mieter Klage auf Erteilung der Erlaubnis einreichen oder das Mietverhältnis mit dreimonatiger Frist kündigen (zu diesem Sonderkündigungsrecht s.o. Vollständige Untervermietung). Daneben kann er vom Vermieter Schadensersatz für den entgangenen Untermietzins verlangen **(BGH WuM 2014, 489)**.

Eigentümer – Hauptmieter – Untermieter
Der Untermieter hat seinen Vertrag nur mit dem Hauptmieter. Zwischen Hauptvermieter (Eigentümer) und Untermieter besteht keine Vertragsbeziehung. Mit Beendigung des Hauptmietverhältnisses endet daher nicht automatisch auch das Untermietverhältnis zwischen Haupt- und Untermieter. Vielmehr richtet sich dies nach dem zwischen Hauptmieter und Untermieter geschlossenen Vertrag.

Allerdings hat der Hauptvermieter (Eigentümer) gegen den Untermieter einen Anspruch auf Herausgabe der Mieträume. Um diesen Anspruch vollstrecken zu können, ist allerdings ein eigener Räumungstitel gegen den Untermieter erforderlich; der Titel gegen den Hauptmieter genügt nicht **(BGH WuM 2003, 577).**

Hiervon gibt es jedoch drei wichtige Ausnahmen:

1. Der Untermieter kann sich gegenüber dem Hauptvermieter auf den Kündigungsschutz und auf die Sozialklausel berufen, wenn Hauptvermieter und Hauptmieter einverständlich zusammengearbeitet haben, um dem Untermieter den für den Wohnraum geltenden Kündigungsschutz abzuschneiden (AG Helmstedt WuM 89, 19).

2. Hat der Eigentümer (= Hauptvermieter) seine Wohnung einem **gewerblichen** Vermieter oder einem **Arbeitgeber** zur Weitervermietung überlassen und dieser die Wohnung weitervermietet, ist der Wohnungsmieter rechtlich Untermieter. In diesen Fällen führt die Beendigung des Hauptmietvertrages jedoch nicht zu Nachteilen für den Untermieter. Es bestehen vielmehr drei Möglichkeiten:

a) Der Eigentümer tritt anstelle des Zwischenvermieters in den Mietvertrag ein.

b) Der Eigentümer schaltet nahtlos einen neuen gewerblichen Zwischenvermieter ein, der dann das Mietverhältnis zu unveränderten Bedingungen übernimmt.

c) Der Eigentümer tritt zunächst selbst in den Mietvertrag ein und schaltet erst später einen neuen Zwischenvermieter ein, der dann das Mietverhältnis zu unveränderten Bedingungen fortsetzt.

Für alle Varianten gilt: Dem Untermieter steht gegenüber dem Eigentümer der volle Kündigungsschutz zu **(BGH WuM 2018, 161; WuM 2016, 221).**

3. Ebenso ist es, wenn der Zwischenmieter ein Arbeitgeber ist und der Eigentümer ihm gegenüber das Recht hat, auf den Inhalt des Endmietvertrages sowie die Auswahl des Endmieters (Arbeitnehmers) Einfluss zu nehmen (**BayObLG RE WuM 95, 645**; LG Duisburg NJW-RR 97, 1169).

Handelt es sich nicht um einen gewerblichen Zwischenvermieter, sondern z. B. um einen **gemeinnützig tätigen Verein**, muss man unterscheiden:

Beispiel 1: Ein gemeinnütziger Verein, dessen satzungsgemäße Aufgaben darin bestehen, Jugendliche aus zerrütteten Elternhäusern zu beraten und durch Sozialarbeiter zu betreuen, hat Wohnungen angemietet, um sie an von ihm betreute Jugendliche unterzuvermieten. Wenn in diesem Fall das Hauptmietverhältnis endet, tritt der Eigentümer nicht in die Mietverträge mit den Untermietern ein. Die Jugendlichen haben gegenüber dem Eigentümer also keinen Kündigungsschutz **(BGH WuM 96, 537**; KG Berlin GE 2014, 935). Der BGH begründet dies zum einen mit der engen Beziehung zwischen Haupt- und Untermieter und zum andern damit, dass der Vermieter die Wohnungen ohne Zwischenschaltung des Vereins dem auf dem allgemeinen Wohnungsmarkt benachteiligten Personenkreis gar nicht vermietet hätte **(BGH WuM 2016, 221)**.

Beispiel 2: Ein gemeinnütziger Verein, dessen satzungsgemäßer Zweck in der Förderung von künstlerischen Berufen besteht, hat neben Werkstätten und Ausstellungshallen auch Räume als Wohnungen an Künstler, die Mitglieder des Vereins sind, untervermietet. Hier hat der **BGH (WuM 2003, 563)** entschieden, dass der Vermieter nach Beendigung des Hauptmietvertrages nicht vom Untermieter die Wohnung herausverlangen kann, weil sich der Untermieter ihm gegenüber auf den gesetzlichen Kündigungsschutz für Wohnraummieter berufen kann. Anders als in Beispiel 1 ging es hier nicht um einen besonderen Personenkreis, an den der Vermieter sonst nicht vermietet hätte.

Kündigt der Eigentümer dem Zwischenvermieter wegen Eigenbedarfs, gelten diese Kündigungsgründe auch gegenüber dem Endmieter, wenn der Zwischenvermieter die Gründe »weitergibt« **(OLG Stuttgart RE WuM 93, 386)**.

Kündigung des Untermietvertrags
Kündigt der Hauptmieter das Untermietverhältnis, muss zwischen der vollständigen und der teilweisen Weitervermietung unterschieden werden:

■ Ist die Wohnung insgesamt untervermietet, hat der Untermieter dem Hauptmieter gegenüber den gleichen ⇨ KÜNDIGUNGSSCHUTZ wie sonst ein Mieter auch.

■ Ist nur ein Teil der Wohnung untervermietet, und sind die überlassenen Räume unmöbliert, gilt das Gleiche wie bei einer ⇨ EINLIEGERWOHNUNG. Der Hauptmieter kann dem Untermieter ohne Angaben von Gründen kündigen; er muss aber eine längere Kündigungsfrist von insgesamt 6 Monaten einhalten.

■ Hat der Hauptmieter dem Untermieter einen Teil der Wohnung möbliert überlassen, kann er dem Untermieter ohne Angabe von Gründen bis zum 15. eines Monats zum Ablauf des gleichen Monats kündigen.

Ausnahme: Wird das möblierte Zimmer an eine Familie zum dauerhaften Gebrauch untervermietet, gilt der gesetzliche ⇨ KÜNDIGUNGSSCHUTZ.

Untermietverhältnisse bei einer Gemeinde

Untermietverhältnisse mit einer juristischen Person des öffentlichen Rechts (z. B. einer Gemeinde) oder einem anerkannten privaten Träger der Wohlfahrtspflege schränken die Mieterrechte stark ein.

- Betroffen sind Mieter, die Wohnungen mieten, die ein privater Wohlfahrtsträger oder eine juristische Person des öffentlichen Rechts im Rahmen der durch Gesetz zugewiesenen Aufgaben (z. B. die Gemeinde) vorher selbst angemietet hat, um sie an Personen mit dringendem Wohnungsbedarf weiterzuvermieten. Rechtlich gesehen sind die Mieter hier Untermieter.
- Bei Vertragsabschluss muss die Gemeinde auf die Zweckbestimmung und den fehlenden Mieterschutz hinweisen.

Derartige Untermietverhältnisse zwischen Gemeinde und Wohnungssuchenden können von der Gemeinde jederzeit – unter Beachtung der ⇨ KÜNDIGUNGSFRIST – gekündigt werden. Gründe müssen nicht angegeben werden. Auf die Sozialklausel ⇨ KÜNDIGUNGSSCHUTZ oder auf ⇨ RÄUMUNGSFRISTEN kann sich der Untermieter nicht berufen.

Untermietzuschlag

Der Vermieter kann seine Erlaubnis zur Untervermietung von einer Mieterhöhung abhängig machen, wenn ihm die Zustimmung sonst nicht zumutbar ist. Die Mieterhöhung muss vereinbart werden, kann der Vermieter also nicht einseitig festlegen. Wann eine Erhöhung gerechtfertigt ist, wird von den Gerichten unterschiedlich beurteilt. Überwiegend wird verlangt, dass dem Vermieter eine Mehrbelastung, wie z. B. ein erhöhter Verwaltungsaufwand, höhere Betriebskosten oder eine stärkere Abnutzung der Räumlichkeiten entstehen muss (LG Berlin WuM 2022, 345; WuM 2019, 373); angemessen seien dann 5–30 Euro je Person und Monat (LG Berlin WuM 2019, 85; GE 2019, 1639). Nach anderer Ansicht darf der Vermieter pauschal 20% des Untermietzinses verlangen (LG Berlin GE 2016, 1093; AG Hamburg ZMR 2008, 213). Wenn die Aufnahme eines Untermieters jedoch nicht zu einer Erhöhung der ursprünglichen Zahl der Wohnnutzer zum Zeitpunkt des Einzugs führt, darf der Vermieter keinen Untermietzuschlag verlangen (LG Berlin WuM 2019, 85; WuM

2019, 373; AG Hamburg ZMR 2018, 53).

Wird im Mietvertrag bereits die Höhe eines etwaigen Untermietzuschlags festgelegt, ist diese Klausel unwirksam (LG Hannover WuM 83, 236; LG Mainz WuM 1982, 191; AG Hamburg WuM 1999, 600). Die Höhe richtet sich immer nach den Umständen des Einzelfalls.

Für Sozialwohnungen ist die Höhe des Untermietzuschlags gesetzlich geregelt. Er beträgt 2,50 Euro (bei zwei oder mehr Personen 5 Euro) monatlich (§ 26 Abs. 3 NMV 70). Ist der Mieter mit einer gerechtfertigten Mieterhöhung nicht einverstanden, gilt die Erlaubnis des Vermieters zur Untervermietung als verweigert.

Unterschrift ⇨ SCHRIFTFORM, ⇨ TEXTFORM

An vielen Stellen schreibt das Gesetz vor, dass Erklärungen in ⇨ SCHRIFTFORM abgegeben werden müssen. Das bedeutet, dass sie nur dann wirksam sind, wenn sie vom Erklärenden eigenhändig mit dem Namen unterschrieben oder mit dem Namen und einer qualifizierten elektronischen Signatur versehen sind (§ 126a BGB). Seit dem 1. 8. 2001 genügt vielfach die ⇨ TEXTFORM; die eigenhändige Unterschrift bzw. Signatur ist dann nicht erforderlich.

Die Frage, was eine Unterschrift ist, hat schon die höchsten Gerichte beschäftigt. Sie haben entschieden, dass die Unterschrift zwar nicht lesbar sein muss, aber charakteristische Merkmale aufweisen und die Identität des Unterschreibenden ausreichend kennzeichnen muss **(BGH NJW-RR 97, 760; NJW 82, 1467)**, mindestens einzelne Buchstaben müssen zu erkennen sein, willkürliche Linien genügen nicht **(BFH IR 2/84)**.

V

Verbrauchsabhängige Abrechnung ⇨ HEIZKOSTEN

Vereinbarte Förderung ⇨ SOZIALWOHNUNGEN, ⇨ WOHNUNGSBAUFÖRDERUNG

Verfahrenskosten ⇨ STREITWERT

Kommt es zu einem gerichtlichen Verfahren, entstehen hierfür Gebühren und Auslagen. Das Gericht trifft neben seiner Sachentscheidung (z.B. über die Berechtigung einer Kündigung oder Mieterhöhung) auch eine Entscheidung darüber, wer die Kosten des Verfahrens zu tragen hat. Grundsätzlich muss die **unterliegende Prozesspartei** die Kosten tragen.

Die Verfahrenskosten setzen sich aus den **Gerichtskosten** und den **Rechtsanwaltskosten** (Rechtsbeistandskosten) zusammen.

Die Gerichtskosten und die Rechtsanwaltskosten richten sich nach bestimmten Gebühren. Im Regelfall fallen in einem Prozess 3,0 Gerichts- und je Partei 2,5 Anwaltsgebühren an. Die Höhe der einzelnen Gebühren richtet sich nach dem (Gebühren-)**Streitwert**. Der Streitwert bei einer Zahlungsklage, bei der also ein bestimmter Geldbetrag eingeklagt wird (z.B. Mietkaution), richtet sich nach der Höhe des eingeklagten Geldbetrages. Bei einem **Räumungsprozess** bestimmt sich der Streitwert regelmäßig nach dem geschuldeten **Mietzins für ein Jahr**. Maßgeblich ist dabei die Jahresgrundmiete (ohne Nebenkostenvorauszahlungen); bei vereinbarten Nebenkostenpauschalen zzgl. der Pauschale; wenn die Nebenkosten in der Miete enthalten sind, die Jahresinklusivmiete.

Beispiel (anhand der ab 1.1.2021 geltenden Gebühren): Der Mieter zahlt monatlich 350 Euro Miete plus 100 Euro Nebenkostenvorauszahlung. Der Streitwert für eine Räumungsklage beträgt demnach 12 × 350 Euro = 4 200 Euro. Werden die Nebenkosten als Pauschale bezahlt, wird über sie also nicht abgerechnet, beträgt der Streitwert 12 × 450 Euro = 5 400 Euro.

Der Streitwert für eine Zustimmungsklage zur Mieterhöhung im Rahmen der ortsüblichen Vergleichsmiete ist der Erhöhungsbetrag eines Jahres, und der Streitwert für Mängelbeseitigungsklagen richtet sich nach dem angemessenen Jahresminderungsbetrag. Bei Klagen auf

Duldung von Modernisierungsmaßnahmen ist der Jahresbetrag der Mieterhöhung maßgeblich.

Auf der Grundlage des ermittelten Streitwerts setzt das Gericht nach Beendigung des Prozesses die Gerichts- und Anwaltskosten fest. Diese hat dann die unterlegene Partei zu zahlen.

Wichtig: Die **unterlegene** Partei hat neben den Gerichtskosten sowohl die Kosten des eigenen als auch die Kosten des gegnerischen Anwalts zu tragen. Das Kostenrisiko eines Prozesses sollte den Mieter nicht davon abschrecken, seinen berechtigten Anspruch durchzusetzen. Der Mieter sollte jedoch die in Betracht kommenden Gerichts- und Anwaltskosten vorher einkalkulieren ⇨ RECHTSSCHUTZ.

Beispiel:
Räumungsverfahren vor dem Amtsgericht

Streitwert: 5 400 Euro

(12 × 450 Euro Monatsmiete)

Gerichtskosten:
Eine Gerichtsgebühr beträgt 182 Euro.
Es fallen regelmäßig 3,0 Gerichtsgebühren an, sodass
ein Betrag von 546 Euro

erreicht wird. Hinzu kommen noch eventuelle Auslagen für Zeugen, Sachverständige, Reisekosten etc.

Rechtsanwaltskosten:
Eine 1,0 Anwaltsgebühr beträgt 390 Euro.
Es fallen regelmäßig eine 1,3 Verfahrensgebühr (507 Euro) und eine 1,2 Terminsgebühr (468 Euro) an, zusammen 975 Euro.
Hinzu kommen eine Pauschale für Post- und Telekommunikationsleistungen (höchstens 20 Euro) und 19% MwSt., somit insgesamt 1184,05 Euro. Weitere Auslagen (z.B. Reisekosten) sind denkbar.

Haben sowohl Mieter als auch Vermieter im Prozess einen Rechtsanwalt, fallen Kosten für zwei Anwälte an (2 x 1184,05 Euro).

Derjenige, der also den Räumungsprozess im Beispiel mit einem Streitwert von 5 400 Euro verliert, hat mindestens 2914,10 Euro an Gerichts- und Anwaltskosten in der 1. Instanz zu zahlen.

Kosten für einen Sachverständigen
Zu den Gerichtskosten zählen grundsätzlich nur die Kosten für ein vom Gericht in Auftrag gegebenes Sachverständigengutachten **(BGH GuT 2012, 271)**. Ein Gutachten, das der Vermieter vorprozessual in Auftrag

gegeben hat, um ein Mieterhöhungsverlangen zu begründen, muss von ihm selbst bezahlt werden, auch wenn er den Prozess gewinnt (LG Bremen WuM 84, 114; LG Frankenthal WuM 84, 114; LG Hannover WuM 83, 182).

Anders kann dies bei einem ⇨ SELBSTSTÄNDIGEN BEWEISVERFAHREN sein.

Verfassungsbeschwerde ⇨ GERICHTE

Nach Art. 93 Abs. 1 Nr. 4a GG hat jedermann das Recht, vor dem Verfassungsgericht wegen der Verletzung seiner Grundrechte durch die öffentliche Gewalt zu klagen – unter der Voraussetzung, dass der übrige Rechtsweg bereits ausgeschöpft ist. Gegen ein Urteil kann vor dem Verfassungsgericht nur vorgegangen werden, wenn **ausdrücklich** geltend gemacht wird, dass es gerade **Grundrechte** des Beschwerdeführers verletzt. Dass es als falsch oder ungerecht empfunden wird, genügt nicht!

Die Verfassungsbeschwerde ist erst zulässig, wenn der Rechtsweg bereits vollständig durchschritten wurde. Sie muss schriftlich eingelegt werden. Anwaltszwang besteht nicht für die Einlegung, wohl aber in einer mündlichen Verhandlung. Die genauen Voraussetzungen einer Verfassungsbeschwerde können unter https://www.bundesverfassungsgericht.de/DE/Verfahren/Wichtige-Verfahrensarten/Verfassungsbeschwerde/verfassungsbeschwerde_node.html nachgelesen werden.

Verjährung ⇨ HEIZKOSTEN

Auch im Mietrecht sind Ansprüche nicht zeitlich unbegrenzt durchsetzbar, sie können vielmehr verjähren. **Ausnahme:** Der Anspruch des Mieters auf Mängelbeseitigung verjährt während der Mietzeit nicht **(BGH WuM 2010, 238)**.

Dauer und Beginn der Verjährungsfrist
Die regelmäßige Verjährungsfrist beträgt **3 Jahre**. Im Mietrecht betrifft das zum Beispiel den Anspruch des Vermieters auf Zahlung der Miete (zum Saldo einer Nebenkostenabrechnung ⇨ BETRIEBSKOSTEN; ⇨ HEIZKOSTEN) und den Anspruch des Mieters auf Rückzahlung überhöhter Miete ⇨ MIETPREISÜBERHÖHUNG oder überzahlter Miete ⇨ MIETMINDERUNG.

Diese Frist **beginnt** mit dem Schluss des Jahres, in dem der Anspruch entstanden ist und der Gläubiger von den Umständen, die seinen Anspruch begründen, und der Person des Schuldners Kenntnis erlangt bzw. grob fahrlässig nicht erlangt **(BGH WuM 2007, 346)**.

Liegt ein rechtskräftiger Titel (Urteil, Vollstreckungsbescheid) vor, kann aus ihm noch 30 Jahre vollstreckt werden (§ 197 BGB).

Im Mietrecht gelten Sonderregelungen, die die allgemeinen Verjährungsvorschriften verdrängen. So verjährt der Anspruch auf Rückzahlung einer überhöht vereinbarten **Kostenmiete** in 4 Jahren nach der jeweiligen Leistung, spätestens aber 1 Jahr nach Ende des Mietverhältnisses (§ 8 Abs. 2 WoBindG). Anders ist es dagegen, wenn der Mieter Zahlungen zurückfordert, die er aufgrund einer unwirksamen Kostenmieterhöhung geleistet hat. Wie das **OLG Hamm (RE WuM 97, 543)** entschieden hat, handelt es sich hier um einen Bereicherungsanspruch nach § 812 BGB. Für ihn gilt die regelmäßige Verjährungsfrist von 3 Jahren (§ 195 BGB).

Hat der Mieter **Verwendungen** auf die Mietwohnung gemacht, verjährt sein Ersatzanspruch in **6 Monaten**. Dies gilt auch für den Anspruch des Mieters auf Wegnahme einer Einrichtung, mit der er seine Wohnung versehen hat. Die kurze Verjährungsfrist gilt auch für Ansprüche, die dem Mieter deshalb zustehen, weil sich herausstellt, dass sein Mietvertrag unwirksame Klauseln zu Schönheitsreparaturen enthält. Hat der Mieter dennoch renoviert oder einen Ausgleichsbetrag gezahlt, verjährt sein Rückforderungsanspruch nach 6 Monaten **(BGH WuM 2012, 445; WuM 2011, 363)**.

Die Verjährungsfrist dieser Ansprüche **beginnt** in der Regel mit der **Beendigung** des Mietverhältnisses **(BGH WuM 2012, 374)**. Wichtig: Das Mietverhältnis wird auch beendet, wenn der Vermieter die Wohnung bzw. das Haus verkauft. In diesem Fall beginnt der Lauf der Verjährungsfrist aber erst mit Kenntnis des Mieters von der Eintragung des Erwerbers im Grundbuch **(BGH WuM 2008, 402)**.

Ersatzansprüche des Vermieters wegen Veränderungen oder Verschlechterung der vermieteten Wohnung **(BGH WuM 2012, 95; WuM 89, 21)**, Mietausfalls (LG Berlin WuM 87, 24), vertragswidrigen Gebrauchs, unterlassener Instandhaltung **(BGH WuM 2014, 140)** sowie unterlassener Schönheitsreparaturen (LG Kassel WuM 89, 135; OLG Düsseldorf WuM 90, 344) verjähren ebenfalls nach **6 Monaten**, auch wenn sie sich aus einem Räumungsvergleich ergeben **(BGH GuT 2010, 229)**. Diese Frist gilt nicht, wenn eine **Wohnungseigentümergemeinschaft** den Mieter einer Eigentumswohnung auf Schadensersatz wegen einer Beschädigung des Gemeinschaftseigentums (z.B. des Aufzugs) in Anspruch nimmt **(BGH WuM 2011, 509)**; die Verjährungsfrist beträgt dann 3 Jahre.

Achtung: Die 6-monatige Verjährungsfrist kann vertraglich verlängert werden, allerdings nur durch eine individuelle Vereinbarung. Formularklauseln, mit denen die Frist auf 12 Monate verlängert oder der Fristbeginn für Ansprüche des Vermieters an das Ende des Mietvertrags (statt an die Rückgabe der Wohnung – s. u.) geknüpft werden soll, benachteiligen den Mieter unangemessen und sind daher unwirksam **(BGH WuM 2017, 703).**

Die Verjährungsfrist **beginnt** nicht mit der Beendigung des Mietverhältnisses, sondern in dem Augenblick, in dem der Vermieter von der Besitzaufgabe des Mieters weiß **(BGH WuM 2013, 729)** und freien Zugang zu den Räumen erhält, um sie auf vorhandene Fehler untersuchen zu können **(BGH WuM 2012, 95; WuM 2000, 419; WuM 92, 71).** Gibt der Mieter die Wohnung vorzeitig zurück, so beginnt die Verjährungsfrist bereits mit Rückerhalt der Mietsache und nicht erst mit dem Vertragsende zu laufen **(BGH WuM 2006, 319).** Die Verjährung beginnt auch dann mit der Rückgabe der Wohnung, wenn die Ansprüche erst zu einem späteren Zeitpunkt entstehen, z.B. wegen noch erforderlicher Fristsetzung bei Schönheitsreparaturen **(BGH WuM 2005, 126).** Für Schadensersatzansprüche des Vermieters läuft die Verjährung immer erst ab Rückerhalt der Wohnung. Ein Mieter kann sich daher im **laufenden Mietverhältnis** nicht erfolgreich auf eine Verjährung berufen und muss auch für Schäden aufkommen, deren Ursache er vor mehr als 30 Jahren gesetzt hat **(BGH WuM 2022, 668).**

Aufrechnung trotz Verjährung
Hat der Vermieter zu diesem Zeitpunkt noch nicht über die ⮳ MIETKAUTION abgerechnet, kann er der Forderung des Mieters, die Kaution zurückzuzahlen, fällige Schadensersatzansprüche (z. B. wegen Beschädigung des Teppichbodens) auch dann entgegenhalten, wenn sie bereits verjährt sind **(BGH RE WuM 87, 310).** Hat der Vermieter hingegen eine **Bürgschaft** erhalten, kann er nach Ablauf der Verjährungsfrist seine Ansprüche weder gegenüber dem Mieter noch gegenüber dem Bürgen geltend machen **(BGH WuM 98, 224).**

Hemmung der Verjährung
Der Ablauf der Verjährungsfrist kann gehemmt werden. Die Hemmung unterbricht die Verjährungsfrist, d.h., nach Wegfall des hemmenden Ereignisses läuft die restliche Verjährungsfrist weiter (§ 209 BGB). Die wichtigsten Maßnahmen, die zur Hemmung führen, sind Schritte zur Rechtsverfolgung von Ansprüchen (§ 204 BGB), z.B. Klageerhebung, Zustellung des ⮳ MAHNBESCHEIDS oder des Antrags auf Durchführung eines ⮳ SELBSTSTÄNDIGEN BEWEISVERFAHRENS. Fällt der letzte Tag der Verjährungsfrist auf einen Samstag, Sonntag oder Feier-

tag, genügt es, die Klage oder den Mahnbescheid am nächsten Werktag einzureichen **(BGH WuM 2008, 80)**.

Eine wirksame Klageerhebung hemmt die Verjährung auch dann, wenn zu diesem Zeitpunkt beispielsweise die für den Schadensersatzanspruch erforderliche Fristsetzung noch fehlt **(BGH WuM 2014, 140)**.

Der Mahnbescheid hemmt die Verjährung allerdings nur, wenn er den geltend gemachten Anspruch hinreichend deutlich bezeichnet **(BGH WuM 2008, 238; NJW 2001, 305**; LG Mannheim WuM 99, 460).

Auch in der Zeit, in der Vermieter und Mieter miteinander verhandeln, läuft die Verjährungsfrist nicht weiter (§ 203 BGB).

Neubeginn der Verjährung
Die Verjährung beginnt vollständig von vorn, wenn der Schuldner die Forderung anerkennt, z. B. durch Zahlung einer Rate, oder wenn eine Vollstreckungshandlung vorgenommen wird (§ 212 BGB).

Verkauf des Hauses/der Wohnung ⇨ HAUSVERKAUF UND MIETVERTRAG

Verkehrssicherungspflicht des Hauseigentümers ⇨ VERSICHERUNG

Der Vermieter muss alles Zumutbare tun, um Mieter und ihre Haushaltsangehörigen vor körperlichen und gesundheitlichen Schäden durch einen mangelhaften Zustand der Mietwohnung, des Mietgebäudes oder des Mietgrundstücks zu bewahren. Das bezeichnet man als Verkehrssicherungspflicht. Den Vermieter trifft diese Pflicht auch gegenüber jedem, der das Hausgrundstück betritt (Postbote, Besucher). Gefahrenquellen (z. B. in Hauszugängen, Treppenhaus) sind zu beseitigen, eine ausreichende Treppenhausbeleuchtung muss sichergestellt sein (OLG Koblenz WuM 97, 50).

Verletzt der Vermieter schuldhaft seine Sorgfaltspflichten, macht er sich schadensersatzpflichtig. Wenn auch nicht jeder Schaden, der beim Betreten des Hauses durch eine geringfügige Schadensquelle hervorgerufen wird, auf eine schuldhafte Verletzung der Verkehrssicherungspflicht zurückzuführen ist, stellen die Gerichte doch hohe Anforderungen an die Sorgfaltspflicht des Vermieters. Besonders sorgfältig müssen z. B. die Türverschlüsse bei einer Fahrstuhlanlage überprüft werden **(BGH BB 57, 166)**. Das Dach alle 3 Monate zu überprüfen, reicht aus (OLG Düsseldorf NJW-RR 2003, 885). Sanitäre Einrichtungen in den Mieträumen und elektrische Anlagen im Haus müssen ohne konkreten Anlass nicht geprüft werden **(BGH WuM 2008, 719**; OLG Frankfurt/M. ZMR 2003, 674); das Gleiche gilt für die Funktionstüchtigkeit ordnungsgemäß installierter Öfen **(BGH WuM 2011, 465)**.

Teppichbeläge in Treppenhäusern (OLG Köln NJWE-MietR 96, 178; LG Berlin GE 90, 865; LG Köln MDR 60, 48), ausgetretene Treppenstufen, Bohnerglätte **(BGH NJW 67, 154)** stellen ebenfalls besondere Gefahrenquellen dar. Allerdings müssen Nutzer eines Bürohauses mit einer nass gewischten Treppe rechnen (LG Gießen NJW-RR 2002, 1388). Zugänge zum Haus und zu öffentlichen Gehwegen muss man auch im Winter gefahrlos begehen können (**BGH NJW 52, 1050**; **WuM 70, 43**; LG Bückeburg GE 59, 270 ➯ SCHNEEFEGEN). Außenwände im Treppenhaus dürfen nicht mit gewöhnlichem Fensterglas versehen sein **(BGH WuM 94, 480)**; Gleiches gilt für Haustüren aus Glas (OLG Koblenz WuM 97, 376). Demgegenüber liegt keine Verletzung der Verkehrssicherungspflicht vor, wenn eine baurechtlichen Vorschriften entsprechende Zimmertür mit einem Glasausschnitt bei Vermietung an eine Familie mit Kleinkindern nicht mit Sicherheitsglas nachgerüstet wird **(BGH WuM 2006, 388)** ➯ SCHMERZENSGELD.

Erleidet der Mieter einen Schaden, obwohl er von der Gefahrenquelle weiß, entfällt ein Schadensersatzanspruch (OLG Düsseldorf WuM 2001, 446), zumindest muss er sich ein Mitverschulden anrechnen lassen (LG Hamburg WuM 88, 405).

Vermietergemeinschaft ➯ VOLLMACHT

Treten auf der Vermieterseite mehrere Personen auf (z. B. eine Erbengemeinschaft), kann ein Mietverhältnis wirksam nur von allen gekündigt werden, es sei denn, dass einer dem Mieter gegenüber zur Vornahme der Kündigung bevollmächtigt wird (**BGH MDR 64, 308**; LG Wiesbaden WuM 87, 392). Das Gleiche gilt bei einer Mieterhöhung (LG München I WuM 80, 110; LG Nürnberg-Fürth WuM 80, 125; AG Hamburg WuM 80, 58) sowie bei einer Abmahnung (LG Heidelberg NJW-RR 2001, 155).

Probleme ergeben sich, wenn im Kopf des Mietvertrages ➯ EHELEUTE ALS VERMIETER angegeben sind, die Unterschrift aber nur von einem der Ehepartner geleistet wird. Überwiegend kommen die Gerichte im Wege der Vertragsauslegung dann zu dem Ergebnis, dass beide Eheleute Vertragspartner sind, z. B. bei Mieterhöhungen oder Kündigungen also beide unterschreiben müssen (OLG Düsseldorf WuM 89, 326; LG Heidelberg WuM 97, 547; **a. A.** LG Baden-Baden WuM 97, 430).

Schließen sich mehrere Personen zu einer Gesellschaft bürgerlichen Rechts (GbR) zusammen, sind sie als GbR, also zusammen, Vermieter. Sie können ihre Rechte als BGB-Gesellschaft (sog. Außengesellschaft) auch gerichtlich wahrnehmen **(BGH WuM 2005, 791; WuM 2001, 134)**. Nach einem Gesellschafterwechsel wird der Mietvertrag mit der Gesellschaft in der neuen Zusammensetzung fortgesetzt **(BGH WuM 98, 341; KG Berlin RE WuM 98, 407)**.

Vermieterpfandrecht

Der Vermieter hat für alle Forderungen aus dem Mietverhältnis (z.B. Miete, Nebenkosten, Schadensersatzansprüche) ein Pfandrecht an den eingebrachten Sachen (z.B. Möbel, Wertsachen) des Mieters. Das Pfandrecht entsteht durch Einbringung der Sachen in die Mieträume; die Sachen müssen jedoch im Eigentum oder Miteigentum des Mieters stehen. **Unpfändbare** Sachen (z.B. Sachen des persönlichen Gebrauchs, Lebensmittelvorräte, Arbeitsmittel, normaler Hausrat, Haustiere, § 811 ZPO) unterliegen nicht dem Vermieterpfandrecht. Die allgemeinen Bestimmungen über das Pfandrecht (§ 1204 BGB) finden Anwendung.

Hat der Vermieter einen fälligen Anspruch gegen den Mieter aus dem Mietverhältnis, und verweigert der Mieter seine Erfüllung, kann der Vermieter dem Pfandrecht unterliegende Sachen des Mieters in entsprechendem Wert pfänden und versteigern lassen; dies gilt auch schon vor Beendigung des Mietverhältnisses. Für künftige Entschädigungsforderungen und den Mietzins für eine spätere Zeit als das laufende und folgende Mietjahr kann das Pfandrecht nicht geltend gemacht werden.

Hat der Vermieter Sachen des Mieters in Besitz genommen, muss er sie sorgfältig verwahren, weil er sonst ggf. schadensersatzpflichtig ist.

Das Pfandrecht des Vermieters **erlischt**, wenn er sein Recht aufgibt **(BGH WuM 2014, 558)** oder mit der Entfernung der Gegenstände von dem Grundstück, es sei denn, dass die Entfernung ohne Wissen oder unter Widerspruch des Vermieters geschieht. Dann kann der Vermieter binnen eines Monats die Rückschaffung verlangen; notfalls auch per ⇒ EINSTWEILIGER VERFÜGUNG (OLG Rostock WuM 2004, 471). Dies gilt allerdings nicht, wenn die Entfernung »den gewöhnlichen Lebensverhältnissen entspricht« oder die zurückbleibenden Sachen zur Sicherung ausreichen. Da der Vermieter das in der Regel mangels Besichtigungsrecht nicht beurteilen können wird, ist sein Anspruch eher ein »stumpfes Schwert«.

Zieht der Mieter aus, hat der Vermieter ein **Selbsthilferecht**, wenn der Mieter trotz Widerspruchs des Vermieters versucht, dem Pfandrecht unterliegende Sachen wegzuschaffen. Der Vermieter bzw. seine Hilfspersonen darf dann den Mieter notfalls mit Gewalt an der Wegschaffung hindern. Außerdem macht sich der Mieter u.U. strafbar. Der Vermieter darf den Mieter aber nicht vorsorglich daran hindern, seine Sachen zu entfernen, z.B. durch Sicherung der Haustür mit einem Steckschloss (OLG Karlsruhe NZM 2005, 542); das Selbsthilferecht berechtigt den Vermieter erst zum Eingreifen, wenn der Mieter mit der Entfernung eingebrachter Sachen beginnt. Immer ist der Grundsatz der Verhältnismäßigkeit zu beachten, sodass nicht bei kleinsten Forderungen und Außenständen Gewalt erlaubt ist.

Wichtig: Der Mieter kann die Geltendmachung des Vermieterpfandrechts durch **Sicherheitsleistung** (Hinterlegung eines Geldbetrags oder Wertgegenstands) beim **zuständigen Amtsgericht** abwenden.

Vermieterwechsel ⇨ HAUSVERKAUF UND MIETVERTRAG

Vermögensverfall des Mieters ⇨ INSOLVENZ

Meldet der Mieter wegen finanzieller Probleme ⇨ INSOLVENZ an, läuft ein bestehender Mietvertrag erst mal weiter. Ein Sonderkündigungsrecht des Vermieters wegen der Insolvenz gibt es nicht. Auch der Insolvenzverwalter kann auf die Wohnung des Mieters nur sehr begrenzt zugreifen. Allerdings besteht das Mietverhältnis zunächst »mit Wirkung für die Insolvenzmasse« weiter. Daher ist (nur) der Insolvenzverwalter oder Treuhänder entscheidungsbefugt.

Falls die Wohnung zum Zeitpunkt der Eröffnung des Insolvenzverfahrens **noch nicht überlassen** war – d.h., es besteht ein gültiger Mietvertrag, der Mieter hat die Wohnung aber noch nicht in Besitz genommen –, sind beide Seiten berechtigt, vom Vertrag zurückzutreten ⇨ RÜCKTRITT; allerdings kann der Mieter den Rücktritt nicht selbst erklären, sondern nur der Insolvenzverwalter oder Treuhänder.

In der Regel wird die Wohnung zum Zeitpunkt der Eröffnung des Insolvenzverfahrens dem Mieter **bereits überlassen** sein. Dann übernimmt der Insolvenzverwalter den Vertrag in dem Zustand, der bei Verfahrenseröffnung bestand. Eine bereits erklärte **und** dem Mieter zugegangene, erst zu einem späteren Zeitpunkt wirkende ⇨ KÜNDIGUNG – z.B. wegen aufgelaufener Zahlungsrückstände – bleibt wirksam. Die **laufende Miete** wird **vom Insolvenzverwalter** aus der Insolvenzmasse bezahlt; für den Monat der Insolvenzeröffnung ggf. anteilig **(BGH WuM 2021, 386)**. Reicht das vorhandene Einkommen bzw. Vermögen nicht aus, und laufen daher **nach Verfahrenseröffnung** neue Mietrückstände auf, kann der Vermieter nach den allgemeinen Regeln die Kündigung aussprechen. Der Vermieter kann vom Mieter **nach Verfahrenseröffnung** aber nicht mehr die Begleichung alter, also vor Verfahrenseröffnung entstandener Rückstände fordern; diese sind zur Insolvenztabelle anzumelden, werden also ggf. nur anteilig bezahlt. Die **Kündigung** wegen alter Rückstände ist nach Verfahrenseröffnung gem. § 112 InsO gleichfalls ausgeschlossen. Kündigungsrechte des Mieters, die vor Eröffnung entstanden sind, bestehen fort. **Achtung**: Andere Kündigungsgründe, die der Vermieter für sich in Anspruch nehmen kann – z. B. vertragswidriges Verhalten des Mieters oder ⇨ EIGENBEDARF – gelten auch bei Insolvenz des Mieters.

Häufig gibt der Insolvenzverwalter bzw. Treuhänder für die Wohnung eine sog. **Enthaftungserklärung** (§ 109 Abs. 1 Satz 2 InsO) ab. Mit einer Frist von 3 Monaten zum Monatsende haftet dann nicht mehr die Insolvenzmasse, sondern der Mieter persönlich; dieser ist damit wieder voll selbst verantwortlich **(BGH WuM 2014, 411)**. Auch hier gilt: Laufen **neue Mietrückstände** auf, kann der Vermieter kündigen; ggf. sind bei Kündigungen jetzt sogar alte Rückstände wieder zulasten des Mieters zu berücksichtigen **(BGH WuM 2015, 568)**. Die Kündigung ist nach Abgabe der Enthaftungserklärung dem Mieter gegenüber zu erklären **(BGH WuM 2014, 333)**. Diesem steht dann auch der Anspruch auf Rückzahlung der Kaution zu **(BGH WuM 2017, 296)**. Ohne Enthaftungserklärung wird eine zurückgezahlte Kaution zur Masse gezogen, d. h., das ausgezahlte Geld wird unter den Gläubigern verteilt **(BGH WuM 2019, 267)**.

Für die mit der Miete zu leistenden Vorauszahlungen für ⇨ BETRIEBSKOSTEN gilt nach Eröffnung des Verfahrens: Liegt der Abrechnungszeitraum **vor Eröffnung** des Verfahrens, sind Nachforderungen des Vermieters unabhängig davon, wann die Abrechnung erstellt wurde, einfache Insolvenzforderungen, die vom Insolvenzverwalter ggf. nur anteilig beglichen werden **(BGH WuM 2011, 282)**. Ansprüche des Mieters gegen den Vermieter auf **Betriebskostenrückzahlung** sind als sog. Masseforderungen an den Insolvenzverwalter zu zahlen, selbst wenn sie vor Verfahrenseröffnung entstanden sind. Nach Wirksamwerden einer **Enthaftungserklärung** (s. o.) sind die Betriebskosten wieder gegenüber dem Mieter abzurechnen **(BGH WuM 2014, 411)** und im Verhältnis Vermieter – Mieter auszugleichen.

Bei Insolvenz eines **Wohnungsgenossenschaftsmitglieds** besteht nach der (auch teilweisen!) Kündigung der Mitgliedschaft durch den Insolvenzverwalter ein Anspruch auf Auszahlung des Auseinandersetzungsguthabens an den Insolvenzverwalter, den die Genossenschaft nicht durch Satzung ausschließen kann **(BGH WuM 2018, 439)**.

Vermögensverfall des Vermieters ⇨ INSOLVENZ, ⇨ ZWANGSVERWALTUNG

Kommt der Vermieter seinen Zahlungsverpflichtungen nicht nach, kann dies Auswirkungen auf den Mieter haben. Besteht keine grundsätzliche Zahlungsunfähigkeit des Vermieters, kann den Gläubigern durch die Anordnung der ⇨ ZWANGSVERWALTUNG der Zugriff auf die Mieteinnahmen gewährt werden; der Zwangsverwalter tritt dann für die Dauer der Beschlagnahme in alle Rechte und Pflichten des Vermieters ein (§ 152 ZVG). Auch bei Zahlungsunfähigkeit und Insolvenz des Vermieters besteht das Mietverhältnis zu den vereinbarten Konditionen fort; wird ein Insolvenz- oder Zwangsverwalter eingesetzt, ist die Miete an diesen zu zahlen. Solange unklar ist, an wen die Miete gezahlt werden muss, ist die ⇨ HINTERLEGUNG DER MIETE zu empfehlen. Probleme für den Mieter kann es auch in weiteren Bereichen geben:

Mietvertrag und Kündigungsschutz
Weder Mieter noch Vermieter haben wegen der Insolvenz ein Sonderkündigungsrecht; die »üblichen« Gründe für eine ⇨ KÜNDIGUNG – z.B. Zahlungsverzug – können aber geltend gemacht werden. Vor Verfahrenseröffnung wirksam erklärte Kündigungen gelten weiter.

Achtung: Das Mietverhältnis besteht nicht mit Wirkung für die Insolvenzmasse fort, wenn der Mieter den Besitz an der Wohnung (z.B. wegen Bezugs einer Umsetzwohnung wegen Sanierung des Objektes) bei Eröffnung des Insolvenzverfahrens aufgegeben hatte **(BGH WuM 2015, 109)**.

Bei Insolvenz des **gewerblichen Zwischenvermieters** tritt der Eigentümer automatisch in den Mietvertrag ein; er kann aber auch einen neuen Zwischenvermieter einschalten ⇨ UNTERMIETE.

Wird das Objekt vom Insolvenzverwalter verkauft, bleibt der Mietvertrag gegenüber dem neuen Eigentümer zu denselben Konditionen bestehen. Es gilt der Grundsatz »Kauf bricht nicht Miete« ⇨ HAUSVERKAUF UND MIETVERTRAG. Der Erwerber hat jedoch bei Vorliegen eines berechtigten Interesses ein einmaliges Sonderkündigungsrecht (§ 111 InsO; bei Zwangsversteigerung: § 57 a ZVG; **BGH RE WuM 82, 178**), für das die ⇨ KÜNDIGUNGSFRISTEN der ordentlichen Kündigung gelten. Das Sonderkündigungsrecht nach § 57a ZVG hebelt vertragliche Kündigungsbeschränkungen aus **(BGH WuM 2021, 686)**!

Energie- und Wasserlieferungen
Ist nicht der Mieter, sondern der Vermieter Kunde des Versorgungsunternehmens, besteht die Gefahr, dass die Versorgung mit Strom, Gas, Fernwärme oder Wasser eingestellt wird, wenn dieser nicht mehr zahlt

⮱ VERSORGUNGSSPERRE. Bei Insolvenz oder in der Zwangsverwaltung ist anstelle des Vermieters der Insolvenz- bzw. Zwangsverwalter für die Energie- und Wasserversorgung der Mieter verantwortlich.

Mängel
Ansprüche des Mieters auf Beseitigung von Mängeln müssen aus der Insolvenzmasse **vollständig** erfüllt werden; dabei spielt es keine Rolle, ob der Mangel vor oder nach der Eröffnung des Insolvenzverfahrens entstanden ist **(BGH WuM 2003, 338)**.

Betriebskosten
Der Insolvenzverwalter übernimmt die Rechte und Pflichten des Vermieters. Deshalb muss er bei entsprechender Vereinbarung im Mietvertrag auch über die Betriebskosten abrechnen. Zu den Einzelheiten ⮱ BETRIEBSKOSTEN – Insolvenz des Vermieters.

Kaution
Der Vermieter ist gem. § 551 Abs. 3 BGB verpflichtet, die ⮱ MIETKAUTION insolvenzfest anzulegen, damit bei Vermögensverfall des Vermieters der Rückzahlungsanspruch des Mieters gesichert ist. Der Mieter darf die Zahlung der Kaution daher davon abhängig machen, dass der Vermieter ein insolvenzfestes Konto benennt und die Kaution getrennt von seinem eigenen Vermögen und nach außen erkennbar als treuhänderisch verwaltetes Vermögen anlegt **(BGH WuM 2015, 549; BGH WuM 2010, 752)**. Die treuhänderische Hinterlegung eines auf den Namen des Vermieters lautenden Sparbuchs genügt nicht (AG Homburg WuM 2015, 668). Nur wenn der Vermieter die Kaution getrennt von seinem Vermögen angelegt hat, steht dem Mieter bei Insolvenz des Vermieters daran ein Aussonderungsrecht zu **(BGH WuM 2008, 149)**; d.h., dass der Betrag nicht in die Insolvenzmasse fällt und der Mieter die gesamte Summe zurückerhält. Im Zweifelsfall sollte der Mieter den Vermieter spätestens, wenn er feststellt, dass sich dessen Vermögensverhältnisse verschlechtert haben, auffordern, ihm unverzüglich die sichere Anlage nachzuweisen. Erfolgt kein Nachweis, darf der Mieter den Kautionsbetrag zurückverlangen oder die Mietzinsansprüche mit der Kaution verrechnen, d.h., die Miete bis zur Höhe der eingezahlten Kaution zurückhalten **(BGH WuM 2008, 149)**. Er muss jedoch in jedem Fall diesen Betrag zugunsten des Vermieters zur Verfügung halten (AG Ludwigshafen WuM 87, 350; AG Itzehoe WuM 86, 63).

Bei einem **Hausverkauf** ist zunächst der Käufer für die Kaution verantwortlich, auch wenn er den Kautionsbetrag nicht erhalten hat **(BGH WuM 2012, 278)**. Ist der Käufer aber später z.B. vermögenslos, kann sich der Mieter wegen der Kaution auch an den früheren Vermieter wenden.

Handelt es sich bei dem insolvent gewordenen Vermieter um eine GmbH, kann der Mieter die Rückzahlung der Kaution auch vom Geschäftsführer persönlich verlangen, wenn die Kaution nicht insolvenzsicher angelegt worden ist (OLG Frankfurt WuM 89, 138; LG Hamburg ZMR 2002, 598).

Steht das Mietshaus unter ⇨ ZWANGSVERWALTUNG, muss der Zwangsverwalter dem Mieter bei Beendigung des Mietverhältnisses die Kaution aushändigen bzw. zurückzahlen, wenn auch die sonstigen Voraussetzungen der Kautionsrückgewähr vorliegen **(BGH WuM 2003, 630)**. Dies gilt sogar dann, wenn der Zwangsverwalter die Kaution vom Vermieter gar nicht erhalten hat.

Baukostenzuschuss
Hat der Vermieter mit dem Mieter im Mietvertrag eine Mietvorauszahlung (über Baukostenzuschuss) vereinbart, die zum Aufbau des Hauses verwendet wurde, ist diese nach Eröffnung des Insolvenzverfahrens über das Vermögen des Vermieters dem Insolvenzverwalter gegenüber beschränkt wirksam. Nach Eröffnung des Verfahrens muss der Mieter nicht die volle Miete zahlen **(BGH WuM 2012, 210)**. Der Bewohner eines ⇨ ALTENHEIMS, der einen Baukostenzuschuss gezahlt hat, kann dieses Geld im Falle einer Insolvenz nur dann zurückverlangen, wenn sein Heimvertrag in erster Linie ein Mietvertrag (nicht aber ein Dienst- oder Pflegevertrag) ist **(BGH NJW 82, 221)**.

Versicherung ⇨ RECHTSSCHUTZ

Der Mieter kann sich durch den Abschluss einer Versicherung vor den Folgen aus Schäden schützen, die er an den Gegenständen des Vermieters verursacht. Als mögliche Versicherungsarten kommen die **Privathaftpflichtversicherung** und die **Hausratversicherung** in Betracht. Ggf. können beide Versicherungsarten kombiniert werden.

Die **Privathaftpflichtversicherung** tritt für Schäden ein, die der versicherte Mieter am Eigentum des Vermieters verursacht, wenn und soweit solche sog. Mietsachschäden von der abgeschlossenen Versicherung umfasst sind. Vorsätzlich widerrechtlich herbeigeführte Schäden sind nie versichert (§ 103 VVG).

Achtung: Die Allgemeinen Versicherungsbedingungen sehen in der Regel vor, dass fremde Sachen von der Versicherung ausgeschlossen sind, die der Versicherungsnehmer (Mieter) gemietet, gepachtet oder geliehen hat. Der Mieter muss somit entweder die gemieteten Sachen durch einen gesonderten Versicherungsvertrag in den Versicherungsschutz einbeziehen oder bei Neuabschluss darauf achten, dass die gemieteten Sachen mit unter den Versicherungsschutz fallen (Vermerk auf der Versicherungspolice).

Achtung: Sind die Schäden des Vermieters durch eine Versicherung abgedeckt, die der Mieter im Rahmen der Nebenkosten anteilig bezahlt, haftet der Mieter nur bei Vorsatz oder grober Fahrlässigkeit **(BGH WuM 2015, 88; WuM 2006, 631; WuM 2006, 627; WuM 2006, 624; WuM 2006, 577; WuM 2005, 57)**. Das gilt auch dann, wenn der Mieter eine eigene Haftpflichtversicherung hat **(BGH WuM 2007, 144)**. Besucher des Mieters hingegen profitieren von dieser Versicherung nicht, selbst wenn der Mieter ihnen besondere Fürsorge schuldet (OLG Hamm MDR 2001, 275).

Mit der **Hausratversicherung** wird der gesamte Hausrat, also alle Sachen, die in einem Haushalt zur Einrichtung, zum Gebrauch oder zum Verbrauch dienen, erfasst. Mit der Hausratversicherung sind somit auch alle fremden Sachen (auch die des Vermieters) mitversichert. Versichert sind jedoch – anders als bei der Privathaftpflichtversicherung – nur Schäden, die verursacht wurden durch Feuer, Sturm, Leitungswasser, Einbruchdiebstahl und – nicht immer! – Glasbruch, soweit der Schaden nicht auf Vorsatz oder grobe Fahrlässigkeit zurückzuführen ist (§ 81 VVG). Ob z.B. Zuleitungen zu Wasch- oder Spülmaschinen geschlossen werden müssen, bevor man das Haus verlässt, um grobe Fahrlässigkeit zu vermeiden, hängt von den Umständen des Einzelfalls, z.B. dem Alter des Anwesens und der Versorgungsleitungen sowie der jahreszeitlichen Witterung ab (**BGH ZMR 2018, 813**; OLG Celle NZM 2021, 776). Nicht immer grob fahrlässig ist es, ein Erdgeschossfenster während einer einige Stunden dauernden Abwesenheit in Kippstellung zu belassen (OLG Hamm MDR 99, 225; OLG Hamburg NJW-RR 89, 797), die Wohnungstür tagsüber nur ins Schnappschloss zu ziehen (OLG Nürnberg NJW-RR 96, 1118; LG Karlsruhe WuM 92, 120), Fett auf dem Küchenherd zu erhitzen **(BGH WuM 2011, 575)** oder die Wohnung für eine Stunde zu verlassen, ohne eine fabrikneue Heizdecke auszuschalten **(OLG Düsseldorf WuM 2004, 461)**.

Ist in der Hausratversicherung eine Glasbruchversicherung enthalten, umfasst diese häufig nicht den Bruch von Mehrscheiben- und Isolierverglasungen. Will der Mieter dieses Risiko in die Versicherung einbeziehen, muss er hierüber ggf. eine gesonderte Vereinbarung mit der Versicherung treffen.

Wichtig: Da von der Hausratversicherung auch fremde Sachen erfasst werden, muss ständig darauf geachtet werden, dass keine Unterversicherung eintritt. Im Schadensfall kann eine Unterversicherung dazu führen, dass der Schaden nur anteilig ersetzt wird (§ 75 VVG).

Aufsicht und Beschwerdestelle
Bei Meinungsverschiedenheiten können sich Versicherungsnehmer an die BaFin (Bundesanstalt für Finanzdienstleistungsaufsicht), www.bafin.de, wenden. Viele Versicherer sind zudem Mitglied im Verein Versicherungsombudsmann e.V., www.versicherungsombudsmann.de.

Versorgungssperre

Wird die Stromversorgung wegen Zahlungsrückständen eingestellt, steht der Mieter vor ganz erheblichen tatsächlichen und rechtlichen Problemen. Entsprechendes gilt bei Sperrung von Wasser, Gas und Fernwärme. Dabei sind folgende Fallgestaltungen zu unterscheiden:

– Der **Mieter** hat einen eigenen Vertrag mit dem Versorgungsunternehmen, wie es bei Stromversorgung üblich ist, aber auch bei anderen Versorgungsbereichen vorkommt.

– Nicht der Mieter, sondern der **Vermieter** ist Vertragspartner des Versorgungsunternehmens, und der Vermieter legt die anfallenden Kosten über die Betriebskostenabrechnungen auf die Mieter um.

– Der Vermieter selbst sperrt die Versorgung und dreht dem Mieter die Heizung, den Strom oder das Wasser ab.

Mieter als Kunde des Versorgungsunternehmens
Zahlt der Mieter seine Rechnung nicht, darf das Versorgungsunternehmen die Versorgung einstellen (§ 33 der Allgemeinen Versorgungsbedingungen). Dieses Recht ist verfassungsgemäß **(BVerfG NJW 82, 1511)**, obwohl die Versorgungsunternehmen häufig eine Monopolstellung haben und ein Leben ohne Energie und Wasser kaum denkbar erscheint.

Empfehlung: Spätestens nach Anmahnung der offenstehenden Rechnungen sollte sich der zahlungsunfähige Mieter an das zuständige Sozialamt wenden, um die weitere Versorgung sicherzustellen (so auch **BVerfG NJW 82, 1511**). Liegt von dort eine entsprechende Zusage vor, ist die Liefersperre unzulässig (AG Steinfurt WuM 93, 204).

Bevor die Versorgung eingestellt werden darf, müssen bestimmte Voraussetzungen erfüllt sein:

1. Das Unternehmen muss den Zahlungsrückstand anmahnen.

2. Die Einstellung der Versorgung muss angedroht werden (unter Umständen zusammen mit der Mahnung).

3. Nach der Androhung hat das Unternehmen eine zweiwöchige Frist einzuhalten, bevor es die Liefersperre endgültig vollzieht. Für die Strom- und Gasversorgung beträgt die Frist vier Wochen.

4. Der Grundsatz der Verhältnismäßigkeit ist zu beachten. Es sind u. a. die Folgen der Einstellung für den Kunden und dessen zukünftige Zahlungsfähigkeit und -willigkeit zu berücksichtigen (AG Bad Homburg NJW-RR 97, 1080). Für die Stromversorgung besteht eine Bagatellgrenze von 100 Euro. Ist der Zahlungsrückstand geringer, darf der Strom nicht gesperrt werden (§ 19 Stromgrundversorgungsverordnung).

Das Versorgungsunternehmen darf die Stromlieferung nicht wegen Zahlungsrückständen aus einem früheren Vertragsverhältnis unterbrechen, wenn jetzt alle fälligen Zahlungen geleistet werden (LG Saarbrücken MDR 87, 54). Einige Gerichte vertreten allerdings die gegenteilige Auffassung (LG Bonn MDR 87, 844; LG Aachen NJW-RR 87, 443; LG Osnabrück NJW-RR 88, 498). Außerdem darf das Unternehmen die Stromversorgung nicht wegen einer Forderung einstellen, die 13 Jahre zurückliegt, wenn der Kunde seitdem immer pünktlich gezahlt hat (LG Hamburg WuM 90, 524). Schließlich darf nicht der Strom für die **Wohnung** gesperrt werden, wenn die Zahlungsrückstände für ein **gewerblich** genutztes Objekt bestehen **(BGH WuM 91, 436)**.

Achtung: Das Versorgungsunternehmen darf keine Liefersperre vornehmen, wenn der Mieter deshalb nicht zahlt, weil eine vom Unternehmen vorgenommene Erhöhung nicht der Billigkeit gem. § 315 BGB entspricht (LG Oldenburg WuM 2006, 162) ⇨ GAS- UND STROMPREISERHÖHUNG. Hält der Mieter die Versorgungssperre für unzulässig, sollte er sich zunächst beim Versorgungsunternehmen beschweren. Wenn das keinen Erfolg hat, kann er statt eines Gerichts die Schlichtungsstelle Energie anrufen ⇨ STREITSCHLICHTUNG.

Vermieter als Kunde des Versorgungsunternehmens
Führen unregelmäßige Zahlungen des Vermieters zu einer Liefersperre, etwa zu Stromabschaltungen, kann der Mieter in der Regel eine ⇨ FRISTLOSE KÜNDIGUNG aussprechen (LG Saarbrücken WuM 95, 159). Außerdem ist eine ⇨ MIETMINDERUNG gerechtfertigt, unter Umständen bis zu 100%.

Achtung: Zahlt der Vermieter die Rechnungen für Strom oder Gas nicht mehr, steht häufig die ⇨ INSOLVENZ bevor. Die Rechte des Mieters sind in einem Insolvenzverfahren oft eingeschränkt. Ein eingesetzter Insolvenzverwalter übernimmt aber die Verpflichtung aus dem Mietvertrag und muss die Versorgung aufrechterhalten ⇨ VERMÖGENSVERFALL DES VERMIETERS.

In erster Linie ist der Mieter aber daran interessiert, seine Grundversorgung aufrechtzuerhalten. Eine Mietminderung gibt ihm keinen Ausgleich für den Verzicht auf grundlegende Bedürfnisse des täglichen Lebens, gleichgültig, ob die Versorgung mit Wärme, Wasser oder Strom betroffen ist. Droht das Versorgungsunternehmen die Liefersperre an, kann der Mieter dies verhindern, indem er eine ⇨ EINSTWEILIGE VERFÜGUNG beim Amtsgericht beantragt (LG Bonn WuM 80, 231; AG Frankfurt/M. WuM 98, 42; AG Siegen WuM 96, 707). Dabei muss sichergestellt sein, dass der Mieter in Zukunft die Leistung des Versorgungsunternehmens bezahlt (LG Frankfurt/O. WuM 2002, 312). Mehrere Mieter im Haus müssen eine Notgemeinschaft bilden und gemeinsam die künftigen Zahlungen vornehmen. Es wird die Auffassung vertreten, dass das Versorgungsunternehmen entsprechende Verhandlungen mit den Mietern aufzunehmen habe (LG Aachen NJW-RR 88, 1522; AG Leipzig WuM 98, 673). Es ist aber zu bedenken, dass es insbesondere in großen Mietshäusern schwierig ist, Einigkeit mit allen Mietern zu erzielen.

Der Vermieter kann die direkte Zahlung an das Versorgungsunternehmen nicht verhindern (AG Münster WuM 95, 699). Das Unternehmen darf die weitere Lieferung nicht davon abhängig machen, dass die Mieter die noch offenstehenden Rechnungen des Vermieters bezahlen (LG Cottbus WuM 2000, 134; LG Aachen NJW-RR 88, 1522; LG Bonn WuM 80, 231).

Doch Vorsicht: Die Rechtslage wird von einigen Gerichten vollkommen anders beurteilt. Eine einstweilige Verfügung gegen das Versorgungsunternehmen dürfe grundsätzlich nicht erlassen werden. Die Mieter könnten die weitere Versorgung nur aufrechterhalten, wenn sie für die Zahlungsrückstände des Vermieters aufkämen (LG Münster WuM 2007, 274; LG Neuruppin WuM 2001, 346; LG Frankfurt/M. WuM 98, 495; LG Gera WuM 98, 496; AG Halle MietRB 2008, 6; AG Siegen WuM 98, 675; AG Jena WuM 98, 675; AG Wuppertal NJW-RR 89, 251). Die an das Versorgungsunternehmen gezahlten Beträge könnten die Mieter mit den Mietzahlungen verrechnen.

Diese Rechtsauffassung ist abzulehnen. Die Einstellung der Versorgung mit Gas, Fernwärme, Elektrizität oder Wasser führt zu untragbaren Verhältnissen, die die Mieter sogar in ihrer Gesundheit gefährden und die Wohnung nahezu unbewohnbar machen können. Der Vermieter ist von einer Liefersperre nicht unmittelbar betroffen, wenn er nicht selbst im Haus wohnt. Leidtragende sind die Mieter. Letztlich wird die Zwangslage der Mieter ausgenutzt, um Schulden des Vermieters einzutreiben.

Das Versorgungsunternehmen wälzt auf diese Weise das Insolvenzrisiko auf die Mieter ab. Trotz der Liberalisierung in Teilbereichen des Energiemarktes besteht häufig eine Art örtliche Monopolstellung des Versorgungsunternehmens. Es ist in den meisten Fällen nicht möglich, auf ein anderes Versorgungsunternehmen auszuweichen.

Den Mietern kann auch nicht zugemutet werden, die Schulden des Vermieters zu begleichen. Das setzt regelmäßig voraus, dass sich alle Mietparteien einig sind, auch hinsichtlich des Anteils, den jede zu tragen hat. Insbesondere in großen Mietshäusern ist dies kaum zu verwirklichen. Außerdem ist in vielen Mietverträgen ein Aufrechnungsverbot festgelegt und somit eine Verrechnung mit der Miete nicht zulässig. Schließlich besteht die Gefahr, dass der Mieter in rechtliche Auseinandersetzungen mit dem Versorgungsunternehmen hineingezogen wird.

Angesichts der schwerwiegenden Folgen einer Liefersperre ist dem Mieter deshalb das Recht zuzusprechen, sich gegen eine Einstellung der Grundversorgung rechtlich zur Wehr zu setzen und mit Erfolg eine einstweilige Verfügung gegen das Versorgungsunternehmen zu beantragen.

Darüber hinaus hat der Mieter die Möglichkeit, eine einstweilige Verfügung gegen den Vermieter zu beantragen und ihn auf diese Weise zu zwingen, die Grundversorgung für die Mieter aufrechtzuerhalten (AG Leipzig WuM 98, 495). Der Antrag kann bereits gestellt werden, nachdem das Versorgungsunternehmen die Liefersperre angedroht hat. Das Unternehmen informiert in der Regel die Mieter des Hauses von der bevorstehenden Liefersperre. Es ist allerdings zu bedenken, dass dieser Weg wenig erfolgversprechend ist, wenn die Insolvenz des Vermieters unmittelbar bevorsteht.

Ist das Mietverhältnis beendet, und nutzt der Mieter die Räume dennoch, weil er z. B. keine neue Wohnung gefunden hat, darf der Vermieter nach herrschender Auffassung der Gerichte allerdings eine Versorgungssperre vornehmen (KG Berlin NZM 2005, 65).

Der Vermieter sperrt die Versorgung
Einige Vermieter nehmen das Recht in die eigenen Hände, etwa wenn Mietrückstände bestehen, und stellen dem Mieter die Versorgung mit Wasser, Heizung oder Strom ab. Der BGH hat für ein **gewerbliches** Mietverhältnis entschieden, dass dies ausnahmsweise zulässig sei. Der Vermieter muss dem Mieter nicht weiter Energie liefern, wenn er kein Entgelt mehr erhält und ihm andernfalls ein stetig wachsender finanzieller Schaden droht **(BGH WuM 2009, 469)**. Dieses Urteil ist für ein Mietverhältnis ergangen, das der Vermieter bereits gekündigt hatte. Darüber

hinaus setzt der BGH voraus, dass der Vermieter den Mieter frühzeitig von der beabsichtigten Sperre unterrichtet, sodass dieser sich hierauf einstellen kann. Dann sieht der BGH die Einstellung der Versorgung nicht als »verbotene Eigenmacht« an.

Auf Wohnraummietverträge lässt sich diese Entscheidung des BGH nicht ohne weiteres übertragen. Wenn der Mieter seine Zahlungspflichten erfüllt, darf der Vermieter die Versorgung jedenfalls nicht unterbrechen (KG Berlin GE 2005, 1429; LG Koblenz WuM 2012, 140).

Das gilt auch, wenn der Mieter die Zustimmung zu einer Mieterhöhung verweigert (AG Pforzheim IMR 2017, 397).

Verteilerschlüssel ⮱ BETRIEBSKOSTEN, ⮱ HEIZKOSTEN

Vertragsgemäßer Gebrauch

Die Art und Weise, in der der Mieter seine Wohnung nutzt, ist selbstverständlich allein ihm überlassen. Der Vermieter kann ihm da grundsätzlich keine Vorschriften machen. Allerdings darf er die Wohnung natürlich nicht vertragswidrig nutzen, sonst kann der Vermieter ihn nach vergeblicher Abmahnung **(BGH WuM 2007, 387)** auf Unterlassung verklagen. In schwerwiegenden Fällen steht dem Vermieter sogar das Recht zur fristlosen Kündigung zu. Häufig ist es zwischen Vermieter und Mieter umstritten, was noch zum vertragsgemäßen Gebrauch gehört. So ist die Untervermietung grundsätzlich nur mit Erlaubnis des Vermieters zulässig. Allerdings hat der Mieter unter bestimmten Voraussetzungen einen Anspruch auf diese Erlaubnis ⮱ UNTERMIETE. Die Aufnahme von Eltern oder Kindern gehört normalerweise zum vertragsgemäßen Gebrauch der Wohnung, der Vermieter muss dazu also nicht gefragt werden **(BayObLG RE WuM 97, 603)**.

Der Einbau einer Sauna gehört nicht zum vertragsgemäßen Gebrauch und ist deshalb weder in der Loggia noch im Schlafzimmer ohne Einverständnis des Vermieters zulässig (LG Hannover WuM 84, 129; AG Dortmund WuM 85, 263). Das Gleiche gilt, wenn der Mieter in einer ofenbeheizten Wohnung eine Gasetagenheizung einbauen will **(BGH WuM 2011, 671)**. Auch die Aufbewahrung illegaler Betäubungsmittel ist vertragswidrig **(BGH WuM 2017, 10)**.

Eine Einbauküche hingegen kann der Vermieter dem Mieter nicht verwehren (LG Konstanz WuM 89, 67), auch nicht den Betrieb von Waschmaschine und Wäschetrockner (LG Freiburg NZM 2014, 305) ⮱ WASCHEN IN DER MIETWOHNUNG. Er darf auch eine Arbeitsplatte in der Küche mit Dübeln befestigen (AG Rheinbach NZM 2005, 822) und Schränke direkt an der Wand aufstellen (LG Gießen WuM 2014, 331). Ebenso ist das Aufstellen einer transportablen Duschkabine vertragsgemäß (LG Berlin WuM 90, 421). Auch Jalousien darf der Mieter anbringen, sowohl innen (AG Bremen WuM 2017, 456) als auch außen (AG Zeitz WuM 98, 16), ebenso eine Lichterkette an Fenster oder Balkon (LG Berlin MM 2012, 30). Der Mieter darf eine Fußmatte vor seiner Wohnungstür auslegen und z.B. schmutzige Schuhe darauf abstellen (OLG Hamm WuM 88, 413; LG Berlin MM 91, 264) ⇨ TREPPENHAUS. Der Mieter ist auch berechtigt, auf der Terrasse seines gemieteten Reihenhauses ein Pavillon-Zelt aufzustellen (LG Hamburg WuM 2007, 681) oder an dem zu seiner Wohnung gehörenden Balkon eine Markise (LG München I WuM 89, 556; AG Hamburg-Barmbek WuM 2014, 199; a.A. AG Köln ZMR 2018, 56), einen unauffälligen Sichtschutz (AG Köln WuM 99, 331) und eine Vorrichtung zum Wäschetrocknen anzubringen (LG Nürnberg-Fürth WuM 90, 199), nicht aber einen Vorhang zur vollständigen Verhüllung des Balkons (AG Münster WuM 2001, 445). Zur vertragsgemäßen Nutzung gehört auch das ⇨ RAUCHEN in der Wohnung **(BGH WuM 2008, 213; BGH WuM 2006, 513)**. Ebenso ist es dem Mieter erlaubt, neben seiner Terrasse Biotonnen aufzustellen (AG Hamburg-Blankenese WuM 2000, 181) und nachts Fensterrollläden zu betätigen (AG Düsseldorf WuM 2011, 173).

⇨ BERUFSAUSÜBUNG IN DER WOHNUNG, ⇨ BESUCH, ⇨ MIETERMODERNISIERUNG, ⇨ MUSIK IN DER WOHNUNG, ⇨ TIERHALTUNG, ⇨ UNTERMIETE

Vertragsstrafe ⇨ ALLGEMEINE GESCHÄFTSBEDINGUNGEN, ⇨ BEARBEITUNGSGEBÜHR, ⇨ WOHNUNGSVERMITTLUNG

Verwaltungskosten

Bei **freifinanzierten Wohnungen** sind Verwaltungskosten auch bei anders lautender vertraglicher Vereinbarung niemals umlagefähig **(OLG Karlsruhe RE WuM 88, 204; OLG Koblenz RE WuM 86, 50)** ⇨ BETRIEBSKOSTEN, anders bei Mietverträgen über gewerbliche Räume **(BGH NZM 2010, 279; NZM 2010, 123)**. Zu den nicht umlagefähigen Verwaltungskosten zählt z. B. die an den Hausmeister entrichtete Notdienstpauschale durch den Vermieter (**BGH WuM 2020, 83**; AG Charlottenburg WuM 2018, 208).

Zu Unrecht gezahlte Beträge kann der Mieter grundsätzlich zurückfordern (LG Hildesheim WuM 87, 50). Die Verjährungsfrist dafür beträgt 3 Jahre ⇨ VERJÄHRUNG. Im Einzelfall hilft der Mieterverein.

Davon zu unterscheiden ist die Vereinbarung, einen festen Betrag für Verwaltungskosten zu zahlen. Über ihn wird nicht abgerechnet, er gehört vielmehr zur Grundmiete. Eine Erhöhung ist nur im Rahmen der ortsüblichen Vergleichsmiete möglich (⇨ MIETERHÖHUNGEN).

Bei **Sozialwohnungen** ⇨ SOZIALMIETEN können Verwaltungskosten in der Wirtschaftlichkeitsberechnung angesetzt werden. Verwaltungskosten sind die Kosten der zur Verwaltung des Gebäudes (oder Wirtschaftseinheit) erforderlichen Arbeitskräfte und Einrichtungen. Die Pauschalen verändern sich alle 3 Jahre entsprechend dem Verbraucherpreisindex für Deutschland, festgestellt durch das Statistische Bundesamt. Sie betragen seit dem 1. Januar 2023 pro Wohnung 343,69 Euro und für Garagen (oder ähnliche Einstellplätze) je 44,83 Euro jährlich und für jede Eigentumswohnung 410,93 Euro.

Verwirkung

Bereits vor Eintritt der ⇨ VERJÄHRUNG können Ansprüche verwirkt sein. Entscheidend für die Verwirkung ist, dass vor der Geltendmachung der schutzwürdige Eindruck erweckt wird, der Berechtigte wolle sein Recht nicht mehr ausüben **(BGH WuM 2012, 317; WuM 2008, 225; WuM 2005, 581)**. Der Anwendungsbereich der Verwirkung ist auf Ausnahmefälle beschränkt (OLG Düsseldorf WuM 93, 411).

Um die Verwirkung eines Anspruchs anzunehmen, müssen sowohl das sogenannte Zeitmoment als auch das sogenannte Umstandsmoment vorliegen. Das Zeitmoment beinhaltet einen bestimmten Zeitrahmen. Das Umstandsmoment erfasst Kriterien im Verhalten des Gläubigers, aus denen sich der Wille ableiten lässt, dass er sein Recht nicht mehr geltend machen will. Je länger das Zeitmoment, desto geringere Anforderungen sind an das Umstandsmoment zu stellen und umgekehrt **(BGH WuM 2006, 55)**. Das Zeitmoment allein reicht für den Rechtsverlust nicht aus (AG Frankfurt/M. ZMR 2010, 123). Es müssen immer noch weitere Umstände hinzukommen. Das bedeutet, dass neben dem zeitlichen Ablauf Umstände erkennbar sein müssen, die beim Vertragspartner das Vertrauen gesetzt haben, der andere werde eine bestimmte Forderung nicht mehr geltend machen (**BGH NJW 2003, 824**; OLG Düsseldorf NZM 2003, 599). Die bloße Untätigkeit des Gläubigers reicht im Regelfall nicht aus. Mietforderungen sind nicht bereits verwirkt, weil der Vermieter diese nicht anmahnt (OLG Rostock NZM 2020, 376).

Verwirken können grundsätzlich alle Ansprüche, z.B. das Recht auf Mietminderung (AG Charlottenburg GE 2010, 129) oder Rückforderungen von Überzahlungen seitens des Mieters aus der Vergangenheit.

Auch eine Nebenkostennachforderung kann verwirkt sein, wenn der Vermieter jahrelang nicht auf Einwendungen des Mieters reagiert hat **(BGH WuM 2012, 317)** ⇨ BETRIEBSKOSTEN.

Aber nicht nur Zahlungsansprüche können verwirken. Hat der Vermieter jahrelang geduldet, dass der Mieter im Hausflur vor der Wohnung Schuhschränke und Besenschränke aufstellt, kann ein Anspruch des Vermieters auf Entfernung der Schränke verwirkt sein (AG Bergisch Gladbach WuM 94, 197). Auch das Halten eines kleinen Hundes in der Mietwohnung kann entgegen anders lautender vertraglicher Bestimmungen vertragsgemäß werden, wenn der Vermieter die unberechtigte Tierhaltung nicht alsbald abmahnt (LG Düsseldorf WuM 93, 604).

Auch der Anspruch aus einem Räumungstitel kann verwirken, wenn der Vermieter über 2 Jahre keine Zwangsvollstreckung aus dem Titel betreibt (AG Hamburg WuM 2008, 609). Von der Verjährung unterscheidet sich die Verwirkung insbesondere dadurch, dass das Gericht sie von Amts wegen beachten muss **(BGH NJW 66, 345)**, während die Verjährung nur dann zu berücksichtigen ist, wenn der Betroffene sich darauf beruft (§ 214 BGB).

Verzug ⇨ MÄNGEL DER WOHNUNG; ⇨ SCHÖNHEITSREPARATUREN

Oft hängt der Umfang der Rechte von Mieter und Vermieter davon ab, ob sich der andere in Verzug befindet. Zeigen sich z. B. in der Wohnung Mängel, kann der Mieter neben der ⇨ MIETMINDERUNG Schadensersatz verlangen, wenn der Mangel bereits bei Vertragsabschluss vorlag oder später aufgrund von Umständen entstanden ist, die der Vermieter zu vertreten hat.

Tritt hingegen ein Mangel im Laufe der Mietzeit auf, ohne dass der Vermieter dies zu vertreten hat, kann der Mieter erst dann Schadensersatz verlangen, wenn der Vermieter mit der Beseitigung in Verzug gerät und dem Mieter dadurch ein Schaden entsteht. Hierfür muss der Mieter den Vermieter unter Fristsetzung auffordern, die Mängel zu beseitigen; eine bloße Mängelanzeige ist nicht ausreichend (AG Neuss WuM 89, 565).

Auch das Recht des Mieters, einen Mangel selbst zu beseitigen und sich vom Vermieter die dafür erforderlichen Kosten ersetzen zu lassen, ist vom Verzug des Vermieters abhängig **(BGH WuM 2008, 147)** ⇨ ERSATZVORNAHME, ⇨ MÄNGEL DER WOHNUNG.

Die wichtigste Pflicht des Mieters ist die Zahlung der Miete. Zahlt der Mieter nicht zum vereinbarten Zeitpunkt, gerät er in Zahlungsverzug (§ 286 BGB) und riskiert eine ⇨ FRISTLOSE KÜNDIGUNG. Eine Mahnung des Vermieters ist nicht erforderlich, weil der Termin kalendermäßig festgelegt ist (z.B. »spätestens am 3. Werktag des Monats«).

Grundsätzlich hat der Mieter den Mietzins auf seine Kosten und Gefahr dem Vermieter an dessen Wohnsitz zu übermitteln (§ 270 BGB). Dazu genügt es, wenn der Mieter bis zum 3. Werktag des Monats – der Samstag zählt hier nicht als Werktag **(BGH WuM 2010, 495)** – seiner Bank den Überweisungsauftrag erteilt und sein Konto ausreichend gedeckt ist. Eine Klausel, nach der die Zahlung am 3. Werktag bereits auf dem Konto des Vermieters gutgeschrieben sein muss, ist unwirksam **(BGH WuM 2017, 31)**. Für die rechtzeitige Erteilung des Überweisungsauftrages ist der Mieter darlegungs- und beweispflichtig (§ 280 Abs. 1 Satz 2 BGB).

Der Mieter kommt mit der laufenden Miete nicht in Verzug, solange er rechtzeitig bis zum Fälligkeitstermin anweist und die Miete dem Vermieterkonto tatsächlich – wenn auch nach dem Fälligkeitstermin – gutgeschrieben wird. Bestreitet der Vermieter allerdings die Gutschrift auf seinem Konto, und kann der Mieter den Zahlungseingang nicht nachweisen, muss er unverzüglich noch einmal überweisen. Denn der Mieter gerät in Verzug, wenn er die Zahlung nicht unverzüglich erneut anweist, nachdem ihn der Vermieter auf den fehlenden Zahlungseingang hingewiesen hat (LG Berlin WuM 2023, 406). Der Mieter trägt also das Risiko, dass seine Zahlungsanweisung verloren geht.

Der Mieter kommt mit der Mietzahlung nur dann in Verzug, wenn er die verspätete Zahlung zu vertreten hat (§ 286 Abs. 4 BGB). Das ist wichtig, wenn der Mieter von seinem Recht zur ⇨ MIETMINDERUNG Gebrauch macht; denn eine berechtigte Mietminderung führt nicht zu einem Verzug. Die fehlerhafte Beratung seines Rechtsanwalts (OLG Köln WuM 98, 23) oder Mietervereins **(BGH WuM 2007, 24)** lässt den Verzug aber nicht entfallen. An einem Verschulden kann es aber fehlen, wenn der Mieter in eine schwere Depression gefallen ist und nicht in der Lage war, ausreichend Einkommen zu generieren (AG Münster WuM 2021, 178).

Hat der Mieter bei bargeldloser Überweisung nicht genügend Geld auf seinem Konto, geht dies zu seinen Lasten. Daran ändert sich auch nichts, wenn er schuldlos zahlungsunfähig geworden ist (Krankheit, Arbeitslosigkeit; § 276 BGB). In einem solchen Fall sollte man an den Vermieter wegen einer Stundung der Miete herantreten und prüfen, ob nicht Anspruch auf ⇨ SOZIALHILFE oder ⇨ WOHNGELD besteht.

Videoüberwachung

Häufig ist zu beobachten, dass sich Vermieter oder auch Mieter mithilfe einer Videoüberwachung im Hausflur oder im Bereich der Hauseingangs- oder Wohnungstür vor ungebetenen Gästen und Besuchern schützen wollen. Grundsätzlich sind derartige Überwachungssysteme nur zulässig, wenn sie zur Wahrnehmung des Hausrechts erforderlich sind, der Bewohner oder Besucher deutlich auf sie hingewiesen wird, die Aufnahmen nicht gespeichert werden und unter dem Gesichtspunkt des Persönlichkeitsschutzes (Recht auf informationelle Selbstbestimmung) die Interessen des Betroffenen nicht überwiegen (AG Köln ZMR 2022, 316). Im Regelfall stellt daher die Installation einer Videokamera im Aufzug des Mietshauses eine Persönlichkeitsverletzung des Mieters dar (KG Berlin WuM 2008, 663).

Unbedenklich ist die Videoüberwachung unter diesen Voraussetzungen regelmäßig dann, wenn sie dazu dient, die zeitgleiche Beobachtung an einem anderen Ort zu ermöglichen und damit die Funktion einer Wache an einem anderen Ort auszuüben (OLG Koblenz NJW-RR 99, 1394). Dafür gilt, dass nur derjenige Zugriff auf die Kamerabilder haben soll, der unmittelbar als berechtigter Nutzer betroffen ist. Der Monitor kann somit als elektronischer Türspion genutzt werden, damit sich die Bewohner ihren Besuch – nicht den des Nachbarn – vorher ansehen können.

Dieser Zweck ist nicht erfüllt, wenn vom Vermieter eine Videokamera so installiert wird, dass sie der Beobachtung der Wohnungseingangstür des Mieters dient (LG Berlin GE 91, 405). Ebenso unzulässig ist die heimliche Videoüberwachung der Zugänge und des Hinterhofes des Hauses (AG Tempelhof-Kreuzberg MM 2012, 30) sowie die Überwachung der Mülltrennung im Eingangsbereich (AG München ZMR 2014, 550). Der Vermieter darf die Hauseingangstür nicht mit einer Kamera überwachen, wenn andere Schutzmaßnahmen in Betracht kommen, z.B. eine zuverlässige und schnell schließende Eingangstür (LG Berlin WuM 2018, 654). Auch die Überwachung des Fahrradkellers kann rechtswidrig sein. Voraussetzung für einen Anspruch des Mieters auf Beseitigung der dort installierten Kamera ist aber, dass der Mieter auch ein Recht auf Nutzung des Fahrradkellers hat (AG Köpenick GE 2013, 1461). Dann läge auch eine Verletzung des Persönlichkeitsrechts des Mieters vor, die den Vermieter auch zum Schadensersatz verpflichtet. Eine Entschädigung in Geld ist jedoch nur möglich, wenn nach Gesamtabwägung aller Umstände im Einzelfall ein schwerwiegender Eingriff vorliegt (**BGH NJW 2005, 215**; LG Berlin WuM 2020, 38). Allgemein ist der Einbau von Überwachungssystemen regelmäßig als unzulässig anzusehen, wenn sie die Aufnahmen speichern oder einen Bereich erfassen, der über den »Hoheitsbereich« des Vermieters oder Mieters hinausgeht (OLG Karlsruhe WuM 2000, 128). Es spielt dann auch keine Rolle, ob die Kamera dauernd eingeschaltet ist oder nicht (LG Darmstadt NZM 2000, 360; AG Spandau WuM 2004, 214) oder ob die Kamera nur eine Attrappe ist (LG Berlin WuM 2018, 656; LG Bonn NZM 2005, 399; AG Lichtenberg WuM 2008, 331; **a. A.** LG Frankfurt WuM 2014, 162). Der Bewohner darf den Hauseingangsbereich mit einer Kamera nur überprüfen, wenn diese durch seinen Klingelknopf aktiviert wird (BayObLG GE 2005, 135; AG Schöneberg MM 2012, Heft 10, S. 29). Eine verdeckte Videoüberwachung ist immer unzulässig.

Es steht nicht im Belieben des Überwachenden, also des Mieters oder Vermieters, wie er mit Bildaufzeichnungen verfährt **(BGH NJW 95, 1955)**. Die in jeder Speicherung des Bildes liegende Verletzung des Persönlichkeitsrechts (Art. 2 GG i.V.m. Art. 1 GG) kann nur gerechtfertigt sein, wenn andere grundrechtlich geschützte Güter dem entgegenstehen und höher zu bewerten sind. Dies kann z. B. im Privatbereich nur dann angenommen werden, wenn der Mieter/Vermieter konkrete Anhaltspunkte dafür hat, dass unmittelbare Angriffe auf seine Person oder auf Mitbewohner bevorstehen (OLG Zweibrücken NJW 2004, 374; AG Lichtenberg GE 2005, 435) oder konkret zu befürchten sind und dem nicht anders zumutbar begegnet werden kann **(BGH NJW 95, 1955;** OVG Lüneburg – 11 LC 114/13; LG München ZWE 2012, 233; LG Bielefeld NJW-RR 2008, 327). Dabei darf die Überwachung aber nicht über den eigenen Grundstücksbereich hinausgehen und Teile öffentlicher Wege oder Nachbargrundstücke erfassen, weil der Eingriff in hochrangige Rechtsgüter unbeteiligter Dritter unverhältnismäßig wäre **(BGH NJW 95, 1955)**.

Vögel ⇨ TIERHALTUNG IN DER WOHNUNG

Das Aushängen von Futterglocken oder das Ausstreuen von Vogelfutter für Singvögel bei Frost und Schnee auf Außenfensterbänken liegt im Rahmen der vertragsgemäßen Nutzung und kann vom Vermieter nicht beanstandet werden (LG Berlin ZMR 2012, 440). Auch das Aufstellen eines Vogelhäuschens ist heute weit verbreitet und kann dem Mieter nicht verwehrt werden.

Anders ist es mit Tauben; von diesen Tieren gehen Verschmutzungen, Geräuschbelästigungen und Ungeziefergefahren aus (LG Berlin MM 95, 354). Das Füttern von Tauben darf der Vermieter dem Mieter deshalb untersagen (AG Frankfurt a. M. MietRB 2017, 67). Hält er sich nicht an dieses Verbot, kann ihm nach einer Abmahnung u. U. sogar fristlos gekündigt werden (LG Nürnberg WuM 2017, 150).

Stellt sich heraus, dass im Haus Tauben nisten, haben die Mieter einen

Anspruch darauf, dass der Vermieter die Nester entfernt. Wird der Balkon durch Taubenkot unbenutzbar, muss der Vermieter Taubenstachel anbringen oder Netze spannen (AG Augsburg WuM 2017, 318). Bis zur Beseitigung des Mangels kann die Miete um 10% gemindert werden (LG Berlin MM 95, 354). Führt die Untätigkeit des Vermieters zu gesundheitlichen Beeinträchtigungen, kommt sogar ein Schmerzensgeld in Betracht (LG Freiburg WuM 98, 212).

Vollmacht

Es ist nicht immer erforderlich, alles persönlich zu erledigen. So kann zum Beispiel ein Vermieter sich beim Abschluss eines Mietvertrags vertreten lassen oder seinen Verwalter, einen Rechtsanwalt oder den Haus- und Grundbesitzerverein bevollmächtigen, eine Kündigung auszusprechen oder eine Mieterhöhung zu verlangen. Dann muss aber dem Schreiben eine vom Vermieter eigenhändig unterschriebene Vollmacht im Original beigefügt sein. Fehlt die Urkunde, kann der Mieter das Schreiben ohne weitere Prüfung unverzüglich schriftlich zurückweisen **(BGH WuM 81, 258; OLG Hamm RE WuM 82, 204; OLG Celle WuM 82, 206)**. Das Schreiben hat dann keine Wirkung (LG Hamburg WuM 98, 725).

Weist der Mieter das Schreiben nicht unverzüglich zurück, oder kennt der Mieter die Bevollmächtigung schon von früher, schadet die fehlende Vollmacht allerdings nicht (LG Düsseldorf WuM 91, 588; LG Freiburg WuM 91, 689). Die Tatsache allein, dass der »Hausanwalt« des Vermieters die Kündigung ausgesprochen hat, macht die Vollmacht jedoch nicht entbehrlich (LG Hamburg WuM 87, 209).

➯ EHELEUTE ALS MIETER, ➯ KÜNDIGUNG, ➯ MIETERHÖHUNG, ➯ SCHRIFTFORM, ➯ UNTERSCHRIFT

Vollstreckungsschutz ➯ FRISTLOSE KÜNDIGUNG, ➯ KÜNDIGUNG, ➯ RÄUMUNGSFRIST

Ist der Mieter zur Räumung der Wohnung verurteilt, und sind die Möglichkeiten der Sozialklausel ➯ KÜNDIGUNGSSCHUTZ und der ➯ RÄUMUNGSFRIST ausgeschöpft, kann der Mieter evtl. noch Vollstreckungsschutz beantragen (§765a ZPO). Der Vollstreckungsschutzantrag ist spätestens 2 Wochen vor dem festgesetzten Räumungstermin beim Vollstreckungsgericht zu stellen; Ausnahmen gelten nur, wenn der Grund für die verspätete Stellung erst nach Beginn der Frist entstanden ist oder der Antragsteller ohne sein Verschulden gehindert war, den Antrag zu stellen; hieran stellen die Gerichte aber äußerst strenge Anforderungen: Bettlägerigkeit allein genügt nicht (OLG Köln NZM 2001, 495), wohl aber die fehlende Prozessfähigkeit **(BGH WuM 2011, 530)**. Der Antrag ist auch in der Insolvenz des Mieters möglich **(BGH WuM 2009, 314; WuM 2009, 141)**. Ist der Mieter prozessunfähig, kann nur sein gesetzlicher Vertreter Vollstreckungsschutz beantragen **(BGH WuM 2011, 530)**. Der Mieter kann auf den Vollstreckungsschutz des § 765a ZPO weder im Voraus – etwa im Mietvertrag – (LG Osnabrück WuM 80, 256) noch im Rahmen eines Räumungsvergleichs (LG Aachen WuM 1996, 568; OLG Hamm NJW 60, 104) wirksam verzichten.

Die Gewährung von Vollstreckungsschutz kommt nur in besonderen Ausnahmefällen in Betracht, wenn die Räumung gerade zum beabsichtigten Zeitpunkt aufgrund ganz besonderer Umstände eine Härte für den Mieter bedeuten und zu einem untragbaren Ergebnis führen würde **(BGH NJW-RR 2007, 417; NJW 2005, 1859)**. Eine solche besondere Härte ist insbesondere anzunehmen, wenn der Mieter an einer schweren **Erkrankung** leidet – auch psychischer Art – und durch die Räumung eine erhebliche Verschlechterung des Gesundheitszustands droht (**BGH WuM 2017, 51**; LG München I ZMR 2020, 654) oder der Erfolg einer Krankheitsbehandlung gefährdet wird **(BGH WuM 2011, 531)**. Auch ein **hohes Alter** verbunden mit Demenz oder erheblichen Gesundheitsschäden kann im Einzelfall eine sittenwidrige Härte begründen, wenn durch die Zwangsräumung mit einer Beschleunigung des gesundheitlichen Verfalls und einer Verkürzung der Lebenserwartung zu rechnen ist **(BGH NJW 2009, 3440; BVerfG NZM 2014, 583; BVerfG NZM 1998, 21)**. Das Bestehen einer lebensbedrohlichen Erkrankung wie einer Krebserkrankung und die mit jeder Zwangsräumung verbundenen physischen und psychischen Belastungen reichen für sich genommen nicht aus, um Vollstreckungsschutz zu erhalten **(BGH NJW-RR 2011, 419)**.

Vollstreckungsschutz kommt insbesondere in Betracht, wenn im Fall einer Räumung eine **Selbsttötung** des Mieters oder eines nahen Angehörigen, der mit ihm in der Wohnung lebt, ernsthaft zu befürchten ist **(BGH WuM 2011, 122; BVerfG WuM 2014, 478; BVerfG WuM 2020, 17)**. Ob eine Suizidgefahr tatsächlich konkret besteht, muss das Gericht durch Beweisaufnahme – ggf. durch Einholung eines Sachverständigengutachtens – klären (**BGH WuM 2011, 568; NZM 2010, 915; BVerfG WuM 2023, 335**). Aber selbst bei konkret bestehender Suizidgefahr muss das Gericht vor einer Einstellung der Räumungsvollstreckung prüfen, ob nicht **mildere** Maßnahmen wie die Inanspruchnahme ärztlicher oder therapeutischer Hilfe **(BGH WuM 2018, 51; NZM 2010, 915; NJW 2006, 505)** oder eine Unterbringung **(BGH NJW 2005, 1859; WuM 2011, 533)** ausreichen.

Schutz vor Räumungsvollstreckung ist jedoch nicht erst bei konkreter Suizidgefahr zu gewähren, sondern auch, wenn die Fortsetzung der Vollstreckung aus anderen Gründen eine konkrete Gefahr für das Leben des Mieters begründet. Einzubeziehen sind nicht nur die Gefahren während der Räumung, sondern auch im Anschluss an die Zwangsräumung (**BVerfG WuM 2022, 391**: chronische Angststörung und drohende Verschlechterung bis hin zur Suizidalität).

Auch eine in Kürze bevorstehende **Entbindung** kann ein Grund für Vollstreckungsschutz sein. Die Gerichte gewähren hier im Einzelfall Räumungsschutz während der gesetzlichen Mutterschutzfrist, also 6 Wochen vor und 8 Wochen nach der Entbindung (LG Hannover, Beschl. v. 16.9.2013 – 52 T 54/13; LG Heilbronn, Beschl. v. 7.5.2018 – II 3 T 12/18).

Der mit der Zwangsräumung verbundene Verlust der Wohnung und das **Fehlen einer Ersatzwohnung** begründen alleine keine besondere Härte. Dass der Mieter bei einer Zwangsräumung die Wohnung verliert, ist typische Folge der Vollstreckung. Auch ist es Sache der Ordnungsbehörden, ⇒ OBDACHLOSIGKEIT des Mieters durch Zuweisung einer Notunterkunft zu verhindern (OLG Oldenburg NJW 61, 2119; LG München I ZMR 2020, 654; LG Stuttgart GE 2021, 1063). Die Gerichte gewähren ausnahmsweise einen Vollstreckungsschutz, wenn der Mieter innerhalb von kurzer Zeit eine Ersatzwohnung beziehen kann und hierdurch ein doppelter Umzug binnen kurzer Zeit vermieden werden kann (LG Stuttgart GE 2021, 1063: 3 Monate; LG Berlin GE 2009, 1627: 6 Wochen; LG Osnabrück WuM 1980, 256: 4 Monate). Hierfür wird der Mieter den Mietvertrag über die neue Wohnung bei Gericht vorlegen müssen. Ausnahmsweise reicht bereits die konkrete Aussicht auf eine Ersatzwohnung, wenn keine vernünftigen Zweifel bestehen, dass die Ersatzwohnung an den Räumungsschuldner auch tatsächlich vermietet wird (LG München I WuM 2013, 625: schriftliche Bestätigung des Vermieters).

Bei einer Familie mit vier **schulpflichtigen** Kindern kann die Zwangsräumung wenige Wochen vor Schuljahresende eine Härte darstellen und eine Einstellung der Vollstreckung bis zum Schuljahresende gebieten (OLG Köln NJW-RR 95, 1163).

Achtung: Vollstreckungsschutz wird unter Berücksichtigung der Gläubigerinteressen grundsätzlich nicht in Betracht kommen, wenn die Zahlung der Nutzungsentschädigung während der Räumungsschutzzeit nicht sichergestellt ist (LG Hildesheim NJW-RR 95, 1164; LG München I ZMR 2020, 654; OLG Zweibrücken NZM 2002, 760), der Mieter sich trotz Kenntnis der Räumungsverpflichtung nicht intensiv um Ersatzwohnraum bemüht oder schwerwiegende Vertragsverstöße begangen hat (LG Heilbronn WuM 93, 364). Der Mieter sollte also sicherstellen, dass er die laufende Nutzungsentschädigung zahlt, und spätestens ab Kenntnis von der Räumungsverpflichtung intensiv nach einer Ersatzwohnung suchen ⇨ RÄUMUNGSFRIST.

Gibt das Gericht dem Antrag auf Vollstreckungsschutz statt, so kann es die Räumungsvollstreckung ganz oder teilweise aufheben, untersagen oder einstweilen einstellen. In absoluten Ausnahmefällen kann das Gericht die Vollstreckung auf **unbestimmte Zeit** einstellen, wenn eine Verringerung des Gesundheitsrisikos oder der Suizidgefahr auch in Zukunft ausgeschlossen erscheint **(BGH NJW-RR 2016, 583; BVerfG NJW-RR 2014, 1290)**. So kann bei einem 99-jährigen, suizidgefährdeten Mieter, der 38 Jahre in der Wohnung gelebt hat, eine unbefristete Einstellung der Räumungsvollstreckung geboten sein, wenn er aufgrund seines hohen Alters bei einem Wohnungswechsel seine Autonomie verlieren und zum Pflegefall werden würde **(BVerfG WuM 97, 591)**. Eine **befristete** Einstellung der Räumungsvollstreckung hat das Gericht regelmäßig mit Auflagen zu versehen, die das Ziel haben, die Gesundheit des Schuldners wiederherzustellen (**BGH NZM 2017, 820**). Bestehen sowohl beim Mieter als auch beim Vermieter eine Gefahr für Leben und Gesundheit, so muss das Gericht die Gefährdung für den Mieter im Falle einer Räumung und für den Vermieter im Falle einer Einstellung der Vollstreckung gegeneinander abwägen (**BGH WuM 2016, 573**: schwere psychische Erkrankung mit Selbstmordgefahr bei Mieter und Vermieter; **BGH WuM 2005, 136**: Mieter und Vermieter an Krebs erkrankt).

Auf Antrag des Mieters kann die Räumungsschutzzeit verlängert, aber auf Antrag des Vermieters auch verkürzt oder aufgehoben werden, § 765a Abs. 4 ZPO. Eine Verlängerung wird insbesondere geboten sein, wenn der Härtegrund fortbesteht. Ist der Mieter überraschend genesen, oder besteht aufgrund neuer Umstände ein dringender Wohnbedarf des Vermieters, kann eine Verkürzung oder Aufhebung des Vollstreckungsschutzes in Betracht kommen.

Hat der Gerichtsvollzieher die Wohnung bereits geräumt bzw. im Falle einer Berliner Räumung die Schlösser ausgetauscht, kann kein Antrag auf Räumungsschutz mehr gestellt werden **(BVerfG WuM 2023, 335; WuM 2022, 391)**. Denn mit dem Antrag kann nur eine drohende Räumung (vorübergehend) verhindert, nicht jedoch eine bereits erfolgte Zwangsräumung rückgängig gemacht werden.

Vorauszahlung ⇨ BETRIEBSKOSTEN, ⇨ HEIZKOSTEN

Vorkaufsrecht ⇨ UMWANDLUNG VON MIET- IN EIGENTUMSWOHNUNGEN

Das Vorkaufsrecht räumt dem Vorkaufsberechtigten die Möglichkeit ein, in einen Kaufvertrag einzutreten und anstelle des Käufers einen Gegenstand unter gleichen vertraglichen Bedingungen zu erwerben, wie sie der Vorkaufsverpflichtete mit einem Dritten vereinbart hatte. Der Vorkaufsberechtigte kann also den Käufer verdrängen, hat aber keinen Einfluss auf den Inhalt des Kaufvertrages; er muss ihn so übernehmen, wie er zwischen Verkäufer und Käufer ausgehandelt worden ist. Enthält der ursprüngliche Kaufvertrag Preisvergünstigungen, weil mehrere Wohnungen verkauft werden sollten, profitiert davon auch der Mieter, der das Vorkaufsrecht nur für seine Wohnung ausübt (OLG Düsseldorf WuM 98, 668).

Achtung: Macht der Mieter von seinem Vorkaufsrecht Gebrauch, endet das Mietverhältnis. Auf Sonderrechte aus dem Mietvertrag (z. B. Gartennutzung) kann sich der Käufer nur berufen, wenn sie sich auch aus dem Kaufvertrag einschl. Teilungserklärung und Gemeinschaftsordnung ergeben **(BGH WuM 2016, 341)**.

Das Vorkaufsrecht wird in der Regel vertraglich vereinbart. Ist das Vorkaufsrecht in einem Mietvertrag enthalten, bedarf dieser der notariellen Beurkundung. Fehlt es daran, ist im Zweifel auch der Mietvertrag nichtig **(BGH GE 94, 1049;** OLG Düsseldorf ZMR 2001, 101).

Bei Umwandlung zwingend
Mieter haben ein gesetzliches Vorkaufsrecht gem. § 577 BGB, wenn der Eigentümer die Wohnungen in Eigentumswohnungen umwandelt und an einen Dritten verkauft **(BGH WuM 2017, 36)**.

Ausnahme: Kein Vorkaufsrecht besteht, wenn der Vermieter die Wohnung an einen Familienangehörigen oder an einen Angehörigen seines Haushalts verkauft **(BGH WuM 2016, 369)**. Hat der Eigentümer zugunsten eines Familienangehörigen ein dingliches Vorkaufsrecht im Grundbuch eingetragen, so hat dieses Vorrang vor dem gesetzlichen Vorkaufsrecht des Mieters **(BGH WuM 2023, 558)**. Als Familienangehörige sind auch Ehegatten anzusehen, wenn sie geschieden sind **(BGH WuM 2023, 558; WuM 2020, 730)**.

Das Vorkaufsrecht ist nicht übertragbar, kann also nicht verkauft werden. Es erlischt aber nicht mit dem Tod des Mieters, sondern geht dann auf denjenigen über, mit dem das Mietverhältnis fortgesetzt wird ⇨ TOD DES MIETERS.

Um eine Entscheidungsgrundlage zu haben, muss der Mieter natürlich wissen, was im Kaufvertrag steht. Deshalb muss ihm der Vermieter oder der Käufer den Inhalt des Kaufvertrages mitteilen und ihn dabei auch darauf hinweisen, dass ihm ein Vorkaufsrecht zusteht. Der Vermieter muss den Mieter insbesondere vollständig über die mit dem Käufer vereinbarte Gegenleistung informieren (LG Berlin WuM 2023, 46). Unterrichtet er den Mieter nicht oder nur unvollständig, kann er sich schadensersatzpflichtig machen **(BGH WuM 2015, 240; WuM 2003, 281)**. Ein Schadensersatzanspruch besteht nicht, wenn der Mieter das Vorkaufsrecht nicht aufgrund der fehlenden Informationen, sondern aus anderen Gründen nicht weiterverfolgt hat (LG Berlin WuM 2023, 46). Der Verkäufer muss den Mieter genauso wie den Kaufinteressenten auf Mängel der Wohnung hinweisen (OLG Köln WuM 95, 266).

Viel Zeit für seine Entscheidung (und vor allem für die Finanzierung des Kaufs) bleibt dem Mieter nicht. Das Vorkaufsrecht steht ihm nur bis zum Ablauf von 2 Monaten seit dem Empfang der Mitteilung über die Veräußerungsabsicht zu.

Die im Gesetz genannte Frist zur Ausübung des Vorkaufsrechts von 2 Monaten wird mit der Übersendung eines abgeänderten Kaufvertragsangebots mit reduziertem Kaufpreis erneut in Gang gesetzt (OLG Karlsruhe WuM 96, 326) ⇨ UMWANDLUNG VON MIET- IN EIGENTUMSWOHNUNGEN.

Die Ausübung des Vorkaufsrechtes erfolgt durch **schriftliche** Erklärung aller Mieter gegenüber dem Verkäufer, muss also nicht notariell beurkundet werden. Das Vorkaufsrecht kann jedoch nur bei der ersten Veräußerung nach der Umwandlung ausgeübt werden **(BGH WuM 2007, 464)**. Die Veräußerung der Wohnung im Wege der Zwangsvollstreckung wird wie ein Verkaufsfall behandelt. Das Vorkaufsrecht wird dadurch hinfällig und kann bei einem späteren Verkauf nicht mehr ausgeübt werden **(BGH WuM 99, 400)**. Die Zwangsverwaltung hindert die Ausübung des Vorkaufsrechts nicht. Ein Anspruch auf Verschaffung des Eigentums richtet sich aber gegen den Eigentümer und nicht gegen den Zwangsverwalter. Dieser kann ggf. weiter Miete verlangen, solange der Eigentumswechsel nicht erfolgt ist **(BGH WuM 2009, 127)**.

Wird ein ganzes Haus verkauft, besteht kein Vorkaufsrecht **(BGH WuM 2014, 98; BayObLG RE WuM 92, 351)**. Ebenfalls kein Vorkaufsrecht hat derjenige Mieter, der keine Mietwohnung im Mehrfamilienhaus, sondern schon eine Eigentumswohnung anmietet. Das Vorkaufsrecht besteht aber dann, wenn eine Reihenhaussiedlung in einzelne Grundstücke aufgeteilt und diese mitsamt den Reihenhäusern einzeln verkauft werden **(BVerfG WuM 2011, 355; BGH WuM 2008, 415).**

Ein Vorkaufsrecht bei Veräußerung eines noch ungeteilten Gesamtgrundstücks und beabsichtigter Teilung hat der Mieter ausnahmsweise nur dann, wenn der Verkäufer in dem mit dem Erwerber abgeschlossenen Kaufvertrag die Verpflichtung zur Aufteilung übernommen hat. Weiter setzt die Entstehung eines solchen Vorkaufsrechts voraus, dass die vom Vorkaufsrecht erfasste zukünftige Einzelfläche in dem Kaufvertrag bereits hinreichend bestimmt oder zumindest bestimmbar ist **(BGH WuM 2016, 429).**

Wird der Mieter nicht korrekt über den Kaufvertrag und das Bestehen des Vorkaufsrechts informiert, oder wird der Käufer im Grundbuch abgesichert, bevor der Mieter seine Entscheidung trifft, läuft sein Vorkaufsrecht ins Leere. Ihm bleiben dann allenfalls Schadensersatzansprüche gegenüber dem Vermieter **(BGH WuM 2015, 240; WuM 2005, 660;** LG Berlin ZMR 2016, 545). Ist der Käufer noch nicht im Grundbuch eingetragen, kann der Mieter durch eine einstweilige Verfügung verhindern, dass Verkäufer und Käufer vollendete Tatsachen schaffen (OLG München WuM 2000, 120).

Vorkaufsrecht der Gemeinde

Die Gemeinde hat nach § 24 Abs. 1 Satz 1 Nr. 4 Baugesetzbuch (BauGB) ein gesetzliches **Vorkaufsrecht in Erhaltungsgebieten** (☞ STADTSANIERUNG). Die Gemeinde tritt danach bei einem Verkauf eines bebauten oder unbebauten Grundstücks an die Stelle eines Dritten – des potentiellen Käufers – zugunsten der Allgemeinheit ein. Das Vorkaufsrecht ist selbstverständlich nur möglich, wenn ein Eigentümer verkaufen will. Das Vorkaufsrecht bezieht sich auf den Verkauf eines gesamten Hauses. Der Verkauf von Eigentumswohnungen fällt nicht unter das kommunale Vorkaufsrecht.

Das Vorkaufsrecht hat immense Bedeutung für diejenigen Mieter, deren Haus zum Vorkaufsfall wird. Denn als neuer Vermieter tritt dann zumeist eine landeseigene Wohnungsbaugesellschaft ein, die oftmals mieterfreundlicher orientiert ist als private Wohnungsunternehmen.

Voraussetzungen des Vorkaufsrechts der Gemeinde

Der Verkäufer hat der Gemeinde den Inhalt des Kaufvertrags unverzüglich mitzuteilen. Dadurch erfährt die Gemeinde vom geplanten Verkauf und kann möglicherweise ihr Vorkaufsrecht ausüben. Das Vorkaufsrecht darf aber nur ausgeübt werden, wenn das **Wohl der Allgemeinheit** dies rechtfertigt, d.h., wenn durch den Kaufvertrag Erhaltungsziele beeinträchtigt werden. **Nicht** ausreichend ist hierfür die Vermutung, die **Höhe**

des Kaufpreises rechtfertige die Annahme einer unzulässigen Modernisierung oder Umwandlung in Wohneigentum (LG Berlin ZMR 2018, 286).

Das gemeindliche Vorkaufsrecht ist ausgeschlossen, wenn das Grundstück entsprechend den Zwecken der städtebaulichen Maßnahmen bebaut ist und genutzt wird und das Wohnhaus keine Mängel aufweist (§ 26 Nr. 4 BauGB). Liegen diese Voraussetzungen vor, so rechtfertigt die bloße Annahme, der Käufer werde das Haus in Zukunft unter Verstoß gegen die Erhaltungsziele nutzen, kein Vorkaufsrecht **(BVerwG WuM 2022, 58)**. Allein die Erwartung, dass der Käufer die Mieter zukünftig aus dem Gebiet verdrängen wolle, reicht also nicht.

Das Vorkaufsrecht muss binnen 3 Monaten nach Mitteilung des Kaufvertrags gegenüber dem Verkäufer ausgeübt werden (§ 28 Abs. 2 Satz 1 BauGB).

Verhinderung des Vorkaufs durch die Gemeinde
Der Käufer eines Hauses kann die Ausübung des Vorkaufsrechts durch Unterzeichnung einer **Abwendungsvereinbarung** verhindern (§ 27 Abs. 1 Satz 1 BauGB). In dieser Abwendungsvereinbarung wird u. a. in der Regel festgelegt, dass keine Veränderungen und Modernisierungen durchgeführt werden, die über die Herstellung des zeitgemäßen Ausstattungsstandards einer durchschnittlichen Wohnung im Quartier hinausgehen (z. B. keine zusätzlichen Balkone, keine Aufzüge), und dass die Mieterhöhung wegen Modernisierung gedeckelt wird.

Vorübergehender Gebrauch

Ist eine Wohnung nur zum »vorübergehenden Gebrauch« vermietet, sind viele Vorschriften, die den Schutz des Mieters bezwecken, nicht anwendbar. Dies hat seinen Grund darin, dass bei vorübergehendem Gebrauch der Mieter den Schutz dieser Regelungen nicht benötigt. Von Vermieterseite wird manchmal versucht, durch entsprechende Klauseln im Mietvertrag den Mieterschutz auszuhebeln. Es kommt aber nur darauf an, ob der Mieter seinen **Lebensmittelpunkt** dauerhaft in der Wohnung begründen will (LG Berlin WuM 2020, 163). Es genügt nicht, einfach »nur zum vorübergehenden Gebrauch« in den Mietvertrag zu schreiben (LG Berlin WuM 2021, 738). Vom vorübergehenden Gebrauch zu unterscheiden ist der befristete ⇨ ZEITMIETVERTRAG.

Typische Fälle des vorübergehenden Gebrauchs sind die Vermietung von **Hotelzimmern, Privatunterkünften oder Ferienwohnungen** bei **Urlaub, Kuraufenthalt, Messe, Montagetätigkeit (BVerfG NJW 79, 757)**. Vorübergehender Gebrauch liegt nicht deshalb vor, weil an Gastarbeiter bzw. Ausländer vermietet wird (LG Berlin WuM 2021, 738; LG

Hannover MDR 71, 762; AG Hamburg WuM 85, 145; **a.A.** AG Frankfurt ZMR 73, 149), selbst wenn nur eine beschränkte, aber verlängerungsfähige Aufenthaltserlaubnis vorliegt; ebenso bei privater Vermietung an Studenten für die Dauer des Studiums (OLG Bremen RE WuM 81, 8; OLG Hamm RE WuM 81, 5).

Folgende Mieterschutzregelungen gelten nicht, wenn eine Wohnung nur zum vorübergehenden Gebrauch vermietet ist:

■ die ⇨ MIETPREISBREMSE (§§ 556d bis 556g BGB; zur Annahme eines vorübergehenden Gebrauchs LG Berlin WuM 2021, 738)

■ die Vorschriften über ⇨ MIETERHÖHUNGEN bei Wohnraum (§§ 557 bis 561 BGB)

■ Vorschriften zum Mieterschutz bei der ⇨ KÜNDIGUNG von Wohnraum (§§ 568 Abs. 2, 573, 573a, 573d Abs. 1, 574 bis 575, 575a Abs. 1 BGB sowie

■ die Mieterschutzvorschriften bei der Begründung von Wohnungseigentum (§§ 577, 577a BGB; ⇨ UMWANDLUNG VON MIET- IN EIGENTUMSWOHNUNGEN, ⇨ VORKAUFSRECHT).

Vorvertrag

Nicht immer kommt es gleich zum Abschluss eines endgültigen Mietvertrags. Insbesondere wenn ein Neubau bei den Vertragsverhandlungen noch nicht fertig ist, der Mieter zur Finanzierung des Neubaus Baukostenzuschüsse, Mietvorauszahlungen, Mieterdarlehen o.Ä. zu erbringen hat oder die Vertragspartner sich über den Inhalt des endgültigen Vertrags noch nicht in allen Punkten einig sind (LG Limburg WuM 2013, 663), werden Vorverträge abgeschlossen. Vorverträge sind allerdings die Ausnahme; im Zweifel ist davon auszugehen, dass ein sofort wirksamer Hauptvertrag gewollt ist **(BGH NJWE-MietR 96, 54)**. Auch durch einen Vorvertrag wollen sich die Vertragspartner schon weitgehend binden und sind verpflichtet, am Zustandekommen des Hauptmietvertrags mitzuwirken **(BGH NZM 2007, 445)**. Ein Rücktritt kommt daher nur im Ausnahmefall in Betracht, etwa wenn das Vertrauen in den Vertragspartner dadurch nachhaltig erschüttert wird, dass dieser kurz vor Abschluss des Hauptvertrags alle bereits geklärten Regelungen neu verhandeln will (OLG Hamburg ZMR 2023, 786).

Ein Vorvertrag muss bereits die wesentlichen Punkte des späteren Mietvertrags zwischen den Parteien regeln; dazu gehören vor allem das Mietobjekt, der Mietzins und ggf. die Vertragsdauer **(BGH WuM 92, 685)**.

Ein Mietvorvertrag bedarf nicht der Schriftform **(BGH NZM 2007, 445)**.

W

Wärmedämmung

Die Wärmedämmung spielt für den Energiehaushalt des Gebäudes eine wichtige Rolle. Zum einen kann Wärmedämmung erheblich zur Energieeinsparung beitragen; zum anderen kann sie der Vermeidung von Feuchtigkeitsschäden dienen ⇨ FEUCHTIGKEIT, da sie einer Auskühlung der Gebäudeaußenwände entgegenwirkt.

Im Neubau ist eine bestimmte Wärmedämmung vorgeschrieben. Einzelheiten ergeben sich aus dem ⇨ GEBÄUDEENERGIEGESETZ. Dort gibt es aber auch einige wenige Vorschriften, die Anforderungen an den Wohnungsbestand stellen und daher Auswirkungen auf bestehende Mietverhältnisse haben können. Dazu gehört u. a. die Verpflichtung zur Aufrechterhaltung der energetischen Qualität.

Da diese Verpflichtung Instandsetzungscharakter hat, gelten die allgemeinen mietrechtlichen Regeln für den Fall, dass sich das Mietobjekt energetisch verschlechtert. Wenn z. B. eine ältere Dämmung schadhaft wird oder gar abfällt, wird das Haus bzw. die Wohnung mangelhaft, und der Mieter kann die Miete nach § 536 Abs. 1 BGB mindern und ggf. Schadensersatzansprüche gem. § 536 a Abs. 1 BGB geltend machen. Natürlich hat er auch einen Erfüllungsanspruch auf Wiederherstellung des vormals vorhandenen energetischen Zustands. Eine Mieterhöhung aufgrund einer solchen Maßnahme gem. § 559 BGB ⇨ MODERNISIERUNG scheidet für den Teil der Instandsetzung aus. Soweit der Vermieter aufgrund der Vorgaben des Gebäudeenergiegesetzes eine bessere Wärmedämmung als bisher anbringen muss, kann er wegen dieser energieeinsparenden Mehrkosten eine Mieterhöhung verlangen.

Die EU-Sanierungsrichtlinie sieht vor, dass ältere Gebäude energetisch saniert werden müssen, was eine bessere Wärmedämmung einschließt. In Deutschland gibt es dazu jedoch noch keine gesetzlichen Vorgaben.

Wärmepass ⇨ GEBÄUDEENERGIEGESETZ, ⇨ HEIZSPIEGEL

Wärmepumpe

Eine Wärmepumpe erzeugt Wärme mit erneuerbaren Energiequellen, die kostenfrei zur Verfügung stehen. Durch den Einsatz einer Wärmepumpe wird ein Wohngebäude klimafreundlich und unabhängig von fossilen Brennstoffen mit Wärme zur Beheizung und häufig auch zur Warmwasseraufbereitung versorgt. Energiequellen sind die Umgebungsluft, Grundwasser oder Erdwärme. Für den Betrieb wird jedoch viel Strom benötigt. In Wohngebäuden wird als Wärmequelle zumeist die Außenluft genutzt (Luftwärmepumpe). Der Einbau einer Erdwärmepumpe ist deutlich teurer. Sie kann aber effizienter betrieben werden, weil sie weniger Betriebsstrom benötigt als eine Luftwärmepumpe. Ergänzend zur Wärmepumpe wird zumeist eine zusätzliche Wärmequelle benötigt, die Spitzenbelastungen in der kalten Jahreszeit abdeckt. Das kann eine mit Gas, Öl oder Holz betriebene Heizung sein oder eine Elektroheizung.

Nachträglicher Einbau einer Wärmepumpe
Die Ersetzung einer Öl- oder Gasheizung durch eine Wärmepumpe ist eine ⇨ MODERNISIERUNG. Der Vermieter kann dies zum Anlass nehmen, die Miete zu erhöhen.

Regelmäßige Betriebsprüfung
Eine Wärmepumpe arbeitet am sparsamsten, wenn die Heizung mit möglichst niedrigen Temperaturen betrieben wird. Das ⇨ GEBÄUDEENERGIEGESETZ schreibt vor, dass der Hauseigentümer regelmäßig eine Betriebsprüfung durch eine sachkundige Person durchführen lassen muss. In Gebäuden mit mindestens sechs Wohnungen (oder anderweitig genutzten Nutzungseinheiten) müssen Wärmepumpen, die ab 2024 installiert werden, spätestens 2 Jahre nach Inbetriebnahme einer solchen Prüfung unterzogen werden. Danach ist sie alle 5 Jahre durchzuführen, wenn die Wärmepumpe keiner Fernkontrolle unterliegt. Dabei sind die Einstellungen und der Betriebszustand der Anlage zu kontrollieren. Diese Vorschriften dienen auch dem Schutz der Mieter, um unnötig hohe Heizkosten zu vermeiden.

Abrechnung der Heizkosten
Offene Fragen gibt es, wenn der Vermieter den Mietern für die erzeugte Wärme eine Abrechnung erstellt. Erzeugt jemand anderes die Erdwärme und liefert sie an den Vermieter, handelt es sich um ⇨ CONTRACTING.

Betreibt der Vermieter die Wärmepumpe selbst, darf er nur die Kosten abrechnen, die ihm entstanden sind. Brennstoffkosten fallen nicht an. Stattdessen benötigt die Anlage größere Mengen Strom. Die dafür anfallenden Kosten hat der Vermieter auf die Mieter nach den Vorgaben der Heizkostenverordnung umzulegen. Er darf aber, ähnlich wie bei einer ⇨ SOLARANLAGE, keinen Preis für selbst produzierte Wärme in Rechnung stellen.

Pflicht zur verbrauchsabhängigen Abrechnung: Der Vermieter ist grundsätzlich verpflichtet, den Verbrauch in jeder Wohnung zu erfassen und nach diesen Verbrauchswerten abzurechnen ⇨ HEIZKOSTEN. Die Ausnahme in der Heizkostenverordnung für Wärmepumpen, wonach der Vermieter die Kosten nicht nach dem in den Wohnungen erfassten Verbrauch abrechnen musste, ist zum Jahresende 2023 gestrichen worden. Für Abrechnungszeiträume, die ab 1.1.2024 beginnen, ist eine verbrauchsabhängige Abrechnung grundsätzlich vorgeschrieben. Der Vermieter muss bis zum 30.9.2025 in allen Wohnungen ⇨ HEIZKOSTENVERTEILER ODER WÄRMEZÄHLER sowie Warmwasserzähler installieren. Mit Beginn des folgenden Abrechnungszeitraums müssen die Mieter dann eine Abrechnung nach Verbrauch erhalten.

Aufteilung in Kosten für Heizung und Warmwasser: Versorgt die Wärmepumpe das Gebäude nur mit Heizwärme, nicht aber mit Wärme zur Erwärmung des Trinkwassers, ist die Abrechnung einfach zu erstellen. Der Vermieter kann die Stromkosten komplett nach dem vereinbarten oder von der Heizkostenverordnung vorgesehenen Verteilerschlüssel umlegen. Komplizierter ist es, wenn die Anlage zugleich Wärme für die Beheizung und die Wassererwärmung liefert und die Kosten nach dem individuellen Verbrauch abgerechnet werden sollen. Dann muss zunächst bestimmt werden, welcher Kostenanteil auf Beheizung und auf Warmwasser entfällt. Das lässt sich bewerkstelligen, indem ein Wärmezähler eingesetzt wird, der den Wärmeverbrauch für das Warmwasser misst. Ein solcher Zähler muss installiert sein, es sei denn, der Vermieter weist nach, dass der Aufwand dafür zu groß ist. Kann ausnahmsweise kein Wärmezähler installiert werden, darf nicht einfach nach einer Formel in der Heizkostenverordnung (§ 9) verfahren werden. Sie lässt sich auf die Aufteilung des Stromverbrauchs für eine Wärmepumpe nicht anwenden. Das Ergebnis der Formelberechnung ist mit 0,3 zu multiplizieren. Der Verein Deutscher Ingenieure (VDI) erarbeitet eine Richtlinie zur Aufteilung der Kosten für die verschiedenen Arten von Wärmepumpen. Sie wird als VDI-Richtlinie 2077, Blatt 3.4, erscheinen.

Warmwasserversorgung ⇨ LEGIONELLENPRÜFUNG

Der Vermieter muss in jedem Fall dafür sorgen, dass die Wohnung einem Mindeststandard genügt, der zeitgemäßes Wohnen ermöglicht **(BGH WuM 2004, 527)**. Dazu gehört die Versorgung mit Warmwasser. Eine Warmwasserversorgungsanlage ist das ganze Jahr über »rund um die Uhr« in Betrieb zu halten (AG Leonberg WuM 2022, 477). Der Vermieter kommt nur dann seinen vertraglichen Verpflichtungen nach, wenn ständig ausreichend warmes Wasser geliefert wird. Wird über einen längeren Zeitraum kein warmes Wasser geliefert, sondern nur zu Untertemperaturen, kann der Mieter die Miete mindern.

Welche Mindesttemperatur noch ausreichend ist, wird von den Gerichten unterschiedlich beurteilt; unter 40 °C liegt aber in jedem Fall ein Mangel vor (AG Leonberg WuM 2022, 477). Das LG Hamburg (WuM 78, 242) fand 40 °C bzw. 43 °C ausreichend; das AG München (WuM 2012, 668) forderte mindestens 45 °C. Unterhalb von 40 °C ist eine Mietminderung von 7,5% gerechtfertigt (AG Köln WuM 96, 701). Nach Ansicht des AG Schöneberg (MM 96, 401) ist es üblich, dass dem Mieter fließendes Warmwasser in der Küche und im Bad spätestens nach 10 Sekunden – höchstens 5 Liter Wasserverbrauch – mit einer Temperatur von 45 °C zur Verfügung steht. Wer 5 Minuten warten muss, bis das Wasser 40 °C warm ist, kann die Miete um 10% mindern. Wird das Wasser nur 36,5 °C warm, könnte damit allenfalls geputzt werden, diese Temperaturen sind aber zum Duschen und Baden ungeeignet.

Wartungskosten ⇨ BETRIEBSKOSTEN, ⇨ HEIZKOSTEN

Waschen in der Mietwohnung ⇨ VERSICHERUNG

Dem Mieter kann das Aufstellen einer Haushaltswaschmaschine in seiner Wohnung in der Regel nicht verwehrt werden, auch nicht bei vorhandener Waschanlage (LG Karlsruhe WuM 68, 107; LG Düsseldorf ZMR 60, 109; AG Hameln WuM 94, 426). Eine Klausel, die den Mieter verpflichtet, eine vorhandene Waschküche zu nutzen, ist unwirksam (LG Aachen NZM, 2004, 459; AG Eschweiler WuM 2013, 533).

Gegen Geräusche von Waschmaschinen oder Trocknern können die Nachbarn grundsätzlich keine Einwände erheben. Die Ruhezeiten sind einzuhalten (LG Freiburg NZM 2014, 305) ⇨ LÄRM.

Beim Betrieb einer Haushaltswaschmaschine ist besondere Sorgfalt geboten, damit nicht durch auslaufendes Wasser Schäden an der Wohnung oder darunterliegenden Räumen eintreten (OLG Hamm WuM 85, 253). Die Maschine muss fachgerecht installiert und die Zu- und Abläufe müssen gegen Auslaufen von Wasser gesichert sein. Auch bei fachgerechtem Anschluss hat der Mieter Kontrollpflichten (AG Hamburg-St. Georg ZMR 2017, 746). Kommt es zu einem Wasserschaden, weil ein porös gewordener Schlauch platzt, den der Mieter auch nach über 20 Jahren nicht hat überprüfen lassen, haftet der Mieter wegen dieser Pflichtverletzung (LG Hamburg WuM 2003, 318).

Stellt der Vermieter vertraglich eine Gemeinschaftswaschmaschine zur

Verfügung, darf er diese nicht einfach wieder entfernen, auch wenn sie nur noch ein Mieter nutzen will (AG Hamburg-Altona WuM 2007, 258).

Gehört zum Haus eine **Waschküche**, darf der Mieter sie grundsätzlich auch dann benutzen, wenn im Mietvertrag keine ausdrückliche Vereinbarung dazu enthalten ist **(BGH NZM 2023, 239)**. Um Überschneidungen zu verhindern, sollte die Hausordnung die einzelnen Benutzungszeiten regeln. An seinem Waschtag hat der Mieter das Recht auf Alleinbenutzung der Waschküche.

Wäschetrocknen ⇨ FEUCHTIGKEIT IN DER WOHNUNG

Der Mieter darf grundsätzlich einen Wäschetrockner in der Wohnung aufstellen. Zumindest in neueren Gebäuden gehört ein Wäschetrockner in der Wohnung zum Haushaltsgebrauch. Der Mieter darf ihn dort aufstellen und nutzen, wenn nichts anderes im Mietvertrag festgelegt ist (LG Freiburg NZM 2014, 305). Ist eine ordnungsgemäße Ablüftungsvorrichtung vorhanden, muss diese genutzt werden (AG Dortmund WuM 74, 177; AG Mülheim WuM 81, 12). Wer als Mieter die Luft lediglich mit einem Schlauch nach außen leitet, muss mit einem Verbot rechnen. Nachbarn, die in diesen Fällen durch Nebelschwaden des Wäschetrockners erheblich belästigt werden, können die Miete mindern (AG Köln WuM 90, 385: 10%). Die von diesen Geräten verursachten Geräusche sind von den Nachbarn hinzunehmen. Ruhezeiten müssen aber beachtet werden ⇨ LÄRM.

Kleinwäsche darf in der Wohnung getrocknet werden (LG Frankfurt WuM 90, 271), unter Umständen auch auf dem Balkon (LG Nürnberg-Fürth WuM 90, 199). Im Übrigen kommt es auf den Umfang des Wäschetrocknens an. Auch wenn ein Gemeinschaftstrockenraum vorhanden ist, darf Wäschetrocknen in der Wohnung nicht verboten werden, wenn sich der Umfang im Rahmen des Üblichen hält. Vielmehr gehört es zum vertragsgemäßen Gebrauch (LG Düsseldorf WuM 2008, 547). Gleiches gilt erst recht, wenn gar keine Trockenräume oder alternative Trocknungsmöglichkeiten existieren (AG Stuttgart WuM 2021, 418).

Und: Während des Betriebs eines Wäschetrockners muss der Mieter nicht ständig in der Wohnung bleiben (LG Saarbrücken WuM 89, 558).

Wasserzähler ⇨ BETRIEBSKOSTEN, ⇨ EICHPFLICHT, ⇨ HEIZKOSTENVERTEILER UND WÄRMEZÄHLER

Wegnahme von Einrichtungen ⇨ MIETERMODERNISIERUNG

Werkwohnung ⇨ BETRIEBSRAT

Unter einer Werkwohnung versteht man eine Wohnung, die aufgrund eines Dienst- oder Arbeitsverhältnisses einem Arbeitnehmer überlassen wird. Hierbei ist es unerheblich, ob der Vermieter der Arbeitgeber selbst oder ein anderer, z. B. ein Wohnungsunternehmen, ist, mit dem der Arbeitgeber Belegungsverträge (Werkförderungsverträge) abgeschlossen hat.

Zu unterscheiden ist zwischen Werkmiet- und Werkdienstwohnungen.

1. Werkmietwohnung
Das ist eine Wohnung, die einem Arbeitnehmer mit Rücksicht auf das Bestehen eines Arbeitsverhältnisses vermietet worden ist. Bei einer Werkmietwohnung bestehen zwei Rechtsverhältnisse, das Arbeitsverhältnis und das Mietverhältnis, **selbstständig nebeneinander**. Daher hat der Arbeitsvertrag grundsätzlich keinen Einfluss auf das Mietverhältnis, das sich somit nach den mietrechtlichen Bestimmungen richtet. Dies gilt auch bei nicht werkseigenen Wohnungen.

Grundsätzlich wird bei einer Werkmietwohnung von den Vertragspartnern gewollt sein, dass das Mietverhältnis mindestens für die Dauer des Arbeitsverhältnisses bestehen soll. Wird dies im Mietvertrag aber nicht eindeutig festgelegt, ist eine ⇨ KÜNDIGUNG nach den allgemeinen Regeln nicht ausgeschlossen. **Wichtig:** Wird eine Werkmietwohnung gekündigt, muss **immer** der ⇨ BETRIEBSRAT angehört werden und zustimmen, § 87 Abs. 1 Nr. 9 BetrVG! Dies gilt aber nur, solange das Arbeitsverhältnis nicht beendet ist (OLG Frankfurt a. M. WuM 1992, 525).

Wenn das Arbeitsverhältnis beendet wird, führt das wegen der Selbstständigkeit der Verträge nicht automatisch zur Beendigung des Mietverhältnisses. Erst eine wirksame Kündigung beendet das Mietverhältnis über eine Werkmietwohnung. Dabei ist die **Beendigung des Arbeitsverhältnisses** als solche noch **kein Kündigungsgrund**! Selbst wenn der Grund, der zur Beendigung des Arbeitsverhältnisses geführt hat, auch auf das Mietverhältnis durchschlägt (z. B. massive Pflichtverletzung, die das Vertrauensverhältnis zerstört), ist eine ausdrücklich erklärte Kündigung des Mietvertrags erforderlich, für welche die allgemeinen Regeln gelten.

Ist das Arbeitsverhältnis beendet – und erst dann! –, kann der Vermieter nach § 576 BGB kündigen; die Kündigung darf nicht vor dem Ende des Arbeitsverhältnisses zugehen. Für den Vermieter ist § 576 BGB vorteilhaft, weil sich dadurch die **Fristen** für die Kündigung verkürzen können.

Benötigt er den Wohnraum für einen anderen zur Dienstleistung Verpflichteten (Abs. 1 Nr. 1) – wobei es sich nicht um den »Nachfolger« des Mieters im Arbeitsverhältnis handeln muss –, kann er Wohnraum, der kürzer als 10 Jahre vermietet war, am 3. Werktag eines Kalendermonats zum Ablauf des übernächsten Monats kündigen. Noch stärker verkürzt sich die Frist, wenn das »Dienstverhältnis seiner Art nach die Überlassung von Wohnraum erfordert hat, der in unmittelbarer Nähe zur Arbeitsstätte steht, und der Wohnraum aus dem gleichen Grund für einen anderen zur Dienstleistung Verpflichteten benötigt wird« (Abs. 1 Nr. 2). Dies wäre z. B. typisch für Hausmeister- oder Pförtnerwohnungen; in diesem Fall muss der neue Mieter im Arbeitsverhältnis die gleiche **Funktion ausüben**. Hier kann bis zum 3. Werktag eines Kalendermonats bereits zum Monatsende dieses Monats gekündigt werden! Das erforderliche **berechtigte Interesse** an der Kündigung nach § 576 BGB liegt vor, wenn der Arbeitgeber die Wohnungen nach Maßgabe der o. g. Bestimmungen (sog. funktionsgebundene Werkwohnung, Abs. 1 Nr. 1 und Nr. 2) »benötigt«; es muss im Kündigungsschreiben **zwingend genannt werden**; sonst ist die Kündigung unwirksam! Wenn der Vermieter eine Warteliste mit Berechtigten führt, muss der Nachmieter nicht namentlich benannt werden (LG München I WuM 90, 153; LG Stuttgart WuM 90, 20). Der Vermieter darf, wenn er nach § 576 BGB kündigen möchte, nicht zu lange nach Ende des Arbeitsverhältnisses zuwarten; 6 Monate wären zu viel (LG Bochum WuM 92, 438; LG Aachen WuM 85, 149).

Bei **Mietverhältnissen auf bestimmte Zeit** kann vor Ablauf der Mietzeit auch bei Beendigung des Arbeitsverhältnisses nicht gekündigt werden.

Widerspruchsrecht des Mieters bei Werkmietwohnungen
Der Mieter einer gekündigten Werkmietwohnung kann aufgrund der Sozialklausel der Kündigung seines Mietverhältnisses widersprechen (☞ KÜNDIGUNGSSCHUTZ). Dabei sind auch die Interessen des Arbeitgebers zu berücksichtigen.

Handelt es sich bei der gekündigten Wohnung um eine funktionsgebundene Werkwohnung, steht dem Mieter kein Widerspruchsrecht zu. Der Mieter hat auch dann kein Widerspruchsrecht nach der Sozialklausel, wenn er von sich aus das Arbeitsverhältnis gekündigt hat, ohne dass der Arbeitgeber hierzu einen gesetzlich begründeten Anlass gegeben hat, oder wenn er dem Arbeitgeber einen gesetzlich begründeten Anlass zur Auflösung des Arbeitsverhältnisses gegeben hat (erhebliche Störung des Betriebsfriedens; LG Aachen WuM 85, 149; LG Ulm WuM 79, 244).

Mieterhöhung
Für die ⮱ MIETERHÖHUNG bei einer Werkmietwohnung gelten die allgemeinen Regeln. Ist die Miete bei Vertragsabschluss oder bei der letzten Anhebung unterhalb der ortsüblichen Vergleichsmiete angesetzt worden, muss der Abstand weiterhin gewahrt bleiben (LG München I WuM 99, 464).

2. Werkdienstwohnungen
Bei Werkdienstwohnungen stellt die Überlassung der Wohnung das Entgelt (oder einen Teil davon) für die Dienstleistung dar. Die gegenseitigen Rechte und Pflichten ergeben sich dabei nicht aus einem neben dem Arbeitsverhältnis bestehenden Mietvertrag, sondern aus dem Arbeitsverhältnis selbst **(BAG WuM 93, 353)**. Daher ist bei Streitigkeiten über Werkdienstwohnungen das Arbeitsgericht zuständig **(BAG WuM 2000, 362)**! Für die Dauer des Arbeitsverhältnisses kann die Wohnung nicht gekündigt werden (LG Frankfurt ZMR 67, 201).

Erst mit der Beendigung des Arbeitsverhältnisses entfällt die Verpflichtung des Arbeitgebers, dem Arbeitnehmer die Wohnung zu überlassen. Bei einem Betriebsübergang hingegen gehen auch die Rechte und Pflichten aus dem Mietvertrag auf den Erwerber über (ArbG Nürnberg WuM 2013, 239).

Der Arbeitnehmer kann den gesetzlichen Kündigungsschutz für sich in Anspruch nehmen, wenn er die Wohnung ganz oder überwiegend mit Einrichtungsgegenständen ausgestattet hat oder er in den Räumen mit seiner Familie oder mit Personen lebt, mit denen er einen auf Dauer angelegten gemeinsamen Haushalt führt. Das bedeutet:

Bestand ein **Arbeitsverhältnis auf unbestimmte Zeit**, ist der Arbeitgeber gezwungen, zusätzlich das Mietverhältnis zu kündigen. Dies setzt konkreten Betriebsbedarf voraus (LG Itzehoe WuM 85, 152). Der Vermieter kann dann mit den für Werkmietwohnungen geltenden verkürzten oder mit den normalen Kündigungsfristen kündigen.

Bei einem **Arbeitsverhältnis auf bestimmte Zeit** verliert der Arbeitnehmer mit Beendigung des Arbeitsverhältnisses auch das Recht zum Bewohnen der Werkdienstwohnung. Ein Kündigungsausspruch ist nicht erforderlich; der Mieter kann aber wie bei einem ⮱ ZEITMIETVERTRAG mit Kündigungsschutz 2 Monate vor Ablauf der Miet- und Arbeitszeit eine Fortsetzung des Mietverhältnisses verlangen, wenn der Vertrag vor dem 1.9.2001 abgeschlossen wurde.

Widerruf

In manchen Fällen stehen dem Mieter gegenüber seinem Vermieter Widerrufsrechte zu. Voraussetzung ist, dass der Mieter **Verbraucher** ist – das trifft auf Wohnraummieter praktisch immer zu – und der Vermieter ein **Unternehmer**. Letzteres ist der Fall, wenn eine Gesellschaft Vermieter ist, auch Großvermieter sind immer Unternehmer. Kein Unternehmer ist, wer nur im Rahmen seiner privaten Vermögensverwaltung, z.B. zur Altersvorsorge, eine oder einige wenige Wohnungen besitzt, die er selbst vermietet und verwaltet. Der Mieter muss ggf. beweisen, dass sein Vermieter Unternehmer ist (LG Berlin GE 2016, 1028).

Widerruf der Mietvertragsabschlusserklärung
Erfolgt der Vertragsabschluss außerhalb der Geschäftsräume des Vermieters (§ 312b BGB) oder im Rahmen des Fernabsatzes (§ 312c BGB, z.B. postalisch, telefonisch oder per Mail), hat der Mieter ein Widerrufsrecht. Dies kann insbesondere bei der Anmietung einer Wohnung aus der Ferne der Fall sein, nämlich immer dann, wenn die Wohnung vom Mieter nicht vor der Anmietung besichtigt wurde (LG Berlin WuM 2021, 725). Eine **digitale Besichtigung** genügt nicht, um das Widerrufsrecht auszuschließen! Ausreichend ist es aber wohl, wenn ein Beauftragter des künftigen Mieters die Wohnung persönlich in Augenschein genommen hat.

Widerruf von Vertragsänderungen im laufenden Mietverhältnis
Der Mieter kann Vertragsänderungen während des laufenden Mietverhältnisses (wie die Vereinbarung zusätzlicher Betriebskosten oder Modernisierungsvereinbarungen – **BGH WuM 2017, 406)** widerrufen, wenn diese außerhalb von Geschäftsräumen des Vermieters oder im Fernabsatz vereinbart wurden. Der Widerruf ist ausgeschlossen, wenn die Änderung notariell beurkundet oder in einem gerichtlichen Vergleich vereinbart wurde (AG Hanau WuM 2015, 543).

Kein Widerrufsrecht besteht, wenn der Mieter einer Mieterhöhung im Rahmen der ortsüblichen Vergleichsmiete zugestimmt hat **(BGH WuM 2018, 765)**.

Widerrufsfrist und Informationspflichten
Der Mieter hat 14 Tage Zeit, seine Erklärung zu widerrufen. Diese Frist beginnt erst zu laufen, wenn der Vermieter seinen umfassenden Informationspflichten unter anderem über die Bedingungen, das Verfahren und die Fristen des Widerrufs nachgekommen ist. Versäumt er dies, verlängert sich die Frist auf bis zu ein Jahr und 14 Tage.

Widerrufserklärung

Die Widerrufserklärung des Mieters erfolgt durch formlose Erklärung gegenüber dem Unternehmer; aus Beweisgründen empfiehlt es sich, z.B. per ⮱ EINSCHREIBEN zu widerrufen. Aus der Erklärung muss der Entschluss des Mieters zum Widerruf des Vertrags eindeutig hervorgehen. Der Widerruf muss keine Begründung enthalten.

Hinweis: Der Mieter kann das in Anlage 2 zu Artikel 246 a § 1 Abs. 2 Satz 1 Nr. 1 und § 2 Abs. 2 Nr. 2 EGBGB befindliche Musterwiderrufsformular benutzen.

Rechtsfolgen

Widerruft der Mieter seine Zustimmung zum Vertrag, hat er einen Anspruch auf Erstattung aller aufgrund dieses Vertrages gezahlten Leistungen **(BGH WuM 2017, 406)**. Widerruft er z.B. den Mietvertrag, darf er vom Vermieter alle bezahlten Mieten und die Kaution zurückfordern (LG Berlin WuM 2021, 725). Der Vermieter muss die Beträge innerhalb von 14 Tagen nach Zugang der Widerrufserklärung zurückzahlen. Ebenso darf der Mieter die erhöhte Miete zurückfordern, wenn er auf die verlangte Mieterhöhung schon Zahlungen geleistet und wirksam seine Zustimmung zur Mieterhöhung widerrufen hat.

Wiedereinweisung

Sind nach einer Kündigung die Möglichkeiten von ⮱ RÄUMUNGSFRIST und ⮱ VOLLSTRECKUNGSSCHUTZ ausgeschöpft, bleibt als letztes Mittel (VG Oldenburg 7 B 5615/13) die Wiedereinweisung in die Wohnung. Dabei wird der Vermieter von der zuständigen Ordnungsbehörde angewiesen, dem ehemaligen Mieter die Wohnung weiterhin zu überlassen. Da dies ein erheblicher Eingriff in das Eigentumsrecht des Vermieters ist, gelten für die Wiedereinweisung strenge Voraussetzungen, und sie ist nur für einen **begrenzten Zeitraum** – 2 bis max. 6 Monate, auf keinen Fall jedoch länger als im Einzelfall unbedingt erforderlich (OVG Lüneburg NJW 2010, 1094; OVG Greifswald NJW 2010, 1096; VG Kassel WuM 2016, 241) – möglich.

Voraussetzung ist, dass die Wohnung noch frei ist und die Gemeinde **nachweislich** weder andere eigene freie Unterkünfte zur Verfügung stellen noch anmieten kann, etwa in Hotels oder Ferienwohnungen (VG Kassel WuM 2016, 241; VG Köln – 22 L 1688/20), ggf. auch in Nachbargemeinden. Die Gemeinde ist auch nicht verpflichtet, Ersatzwohnraum zur Verfügung zu stellen, sondern nur eine **Notunterkunft**, die Schutz vor dem Wetter bietet und die notwendigsten Bedürfnisse abdeckt (VG Köln – 20 L 1334/07). Hausrat ist notfalls einzulagern.

Durch die Wiedereinweisung wird kein neues Mietverhältnis begründet. Die Nutzungsentschädigung für die Zeit der Wiedereinweisung muss die Gemeinde an den ehemaligen Vermieter zahlen; sie kann die Kosten jedoch vom Eingewiesenen zurückverlangen (VGH München DÖV 2017, 165). Die Gemeinde muss allerdings nicht für Schäden aufkommen, die der Eingewiesene in der Wohnung verursacht **(BGH WuM 2006, 164)**. Nach Ablauf der Einweisungszeit kann der Vermieter aus dem Räumungsurteil weiter vollstrecken; daneben ist aber auch die Gemeinde verpflichtet, die Wohnung frei zu machen **(BGH WuM 95, 720)**. Ggf. können Wiedereinweisung und Vollstreckungsschutz auch kombiniert werden (LG Lübeck WuM 2019, 601).

Windenergie ⇨ ERNEUERBARE ENERGIEN

Die Windenergie wird seit Jahrhunderten vom Menschen für seine Zwecke genutzt; zum einen zur Fortbewegung mit Segelschiffen oder Ballons, zum anderen zur Verrichtung mechanischer Arbeiten mithilfe von Windmühlen und Wasserpumpen.

Nach der Entdeckung der Elektrizität und der Erfindung des Generators lag auch der Gedanke der Nutzung der Windenergie zur Stromerzeugung nahe. Diese Arbeit leisten heute Windkraftanlagen (WKA). Nach dem Erneuerbare-Energien-Gesetz wird der so gewonnene Strom in das allgemeine Stromnetz geleitet und muss von den Stromversorgungsunternehmen zu einem bestimmten gesetzlich festgelegten Satz vergütet werden. Installiert der Vermieter eine derartige Anlage auf seinem Mietgrundstück, muss der Mieter die Maßnahme zwar dulden. Sie berechtigt den Vermieter aber nicht zu einer Mieterhöhung.

Wirtschaftlichkeitsberechnung ⇨ SOZIALMIETEN

Wirtschaftseinheit ⇨ BETRIEBSKOSTEN

Wohnberechtigung ⇨ SOZIALWOHNUNGEN, ⇨ SOZIALMIETEN, ⇨ WOHNUNGSBAUFÖRDERUNG

Wer eine geförderte Wohnung ⇨ WOHNUNGSBAUFÖRDERUNG anmieten will, benötigt einen Wohnberechtigungsschein (WBS). Dieser muss dem Vermieter vor Vertragsabschluss vorgelegt werden, sonst darf der die Wohnung nicht vergeben. Gesetzliche Grundlage hierfür ist das Wohnungsbauförderungsgesetz des Bundes.

Seit 2006 sind aber die Bundesländer für die Wohnraumförderung zuständig. Sie haben eigene Fördervorschriften erlassen und z.B. abweichende Einkommensgrenzen und Berechnungen festgelegt. Die nachfolgend aufgeführten Zahlen und Berechnungen beruhen auf den Regelungen des Wohnungsbauförderungsgesetzes des Bundes, das insoweit einen Rahmen vorgibt. Entscheidend sind aber die Regelungen der Länder.

1) Abhängig vom Einkommen

Im Regelfall ist die Wohnberechtigung vom Jahreseinkommen abhängig, und durch den WBS weist der Mieter nach, dass er mit seiner Familie die festgelegten Einkommensgrenzen nicht überschreitet und zum Bezug einer Wohnung berechtigt ist, die die in der Bescheinigung angegebene Wohnungsgröße (nach Fläche oder Zahl der Zimmer) nicht überschreitet.

Einkommensgrenze

Die Einkommensgrenze für den WBS ist von der Haushaltsgröße abhängig. Sie beträgt für einen
Einpersonenhaushalt 12 000 Euro,
Zweipersonenhaushalt 18 000 Euro
und erhöht sich für jede weitere zum Haushalt rechnende Person um 4 100 Euro; sind unter den zum Haushalt rechnenden Personen Kinder, kommt für jedes von ihnen nochmals ein Betrag von 500 Euro hinzu.

Die einzelnen Landesregierungen können durch Verordnung von diesen Einkommensgrenzen abweichen, um die örtlichen und regionalen wohnungswirtschaftlichen Verhältnisse zu berücksichtigen (z. B. für Haushalte mit Schwierigkeiten bei der Wohnraumversorgung oder zur Schaffung oder Erhaltung sozial stabiler Wohnungsstrukturen). Die von den einzelnen Bundesländern festgelegten Einkommensgrenzen weichen zum Teil stark von der Bundesregelung ab und weisen auch untereinander große Unterschiede auf. Hinzu kommen noch unterschiedliche Aufschläge und Toleranzen.

Berechnung des Einkommens

Einkommen ist die Summe dessen, was der Wohnungssuchende sowie die zu seiner Familie zählenden Angehörigen nach Abzug einiger Freibeträge an Einkommen im Jahr vorzuweisen haben. Dabei ist das Einkommen zugrunde zu legen, das in den 12 Monaten ab dem Monat der Antragstellung zu erwarten ist. Kann dieses nicht ermittelt werden, muss das Einkommen der letzten 12 Monate vor Antragstellung zugrunde gelegt werden.

Zum Jahreseinkommen gehören u. a. Gehalt/Lohn, Renten, Gewinne aus Land- und Forstwirtschaft, Gewerbebetrieb und selbstständiger Arbeit, Einkünfte aus Vermietung und Verpachtung sowie Einkünfte aus Kapitalvermögen (soweit sie 100 Euro übersteigen); Werbungskosten dürfen jeweils abgezogen werden.

Hinzu kommen aber noch einige Beträge, die zwar steuerfrei sind, aber trotzdem berücksichtigt werden. Dazu zählen z. B. der steuerfreie Betrag von Versorgungsbezügen, die steuerfreien Renten wegen Minderung der Erwerbsfähigkeit, Lohnersatzleistungen (Arbeitslosengeld, Kurzarbeitergeld usw.), die steuerfreien Zuschläge für Sonntags- oder Nachtarbeit, der vom Arbeitgeber pauschal besteuerte Arbeitslohn, Leistungen nach dem Unterhaltsvorschussgesetz und die Sozialhilfe, soweit sie über die Wohnkosten hinausgeht.

Achtung: Kinder- und Erziehungsgeld bleiben nach wie vor als Einkommen unberücksichtigt, BAFöG-Zuschüsse zählen zur Hälfte.

Pauschaler Abzug
Von dem oben genannten Einkommen darf ein pauschaler Abzug gemacht werden. Jeweils 10% abziehen darf derjenige, der

- Lohn- oder Einkommensteuer,
- Pflichtbeiträge zur gesetzlichen Krankenversicherung,
- Pflichtbeiträge zur gesetzlichen Rentenversicherung zahlt.

Wer anstelle der o. a. Pflichtbeiträge vergleichbare freiwillige Leistungen erbringt, darf diese einschließlich des Arbeitgeberanteils in tatsächlicher Höhe (höchstens aber jeweils 10% des o. g. Einkommens) abziehen.

Beiträge für eine private Altersvorsorge führen allerdings dann nicht zu einem Abzug, wenn – wie z. B. bei Beamten – eine im Wesentlichen beitragsfreie oder drittfinanzierte Alterssicherung besteht. Je nach persönlicher Situation beträgt der pauschale Abzug also 10%, 20% oder 30%.

Frei- und Abzugsbeträge
Alleinerziehende können für jedes Kind unter 12 Jahren, für das Kindergeld gezahlt wird, 600 Euro im Jahr abziehen, wenn sie wegen Berufstätigkeit oder Ausbildung nicht nur kurzfristig vom Haushalt abwesend sind.

Kinder, die ein eigenes Einkommen haben, können bis zu 600 Euro im Jahr abziehen, wenn sie mindestens 16, aber noch nicht 25 Jahre alt sind.

Für **Schwerbehinderte** darf ein Freibetrag von 4 500 Euro im Jahr geltend gemacht werden bei einem Grad der Behinderung von 100 oder von wenigstens 80, wenn sie häuslich pflegebedürftig sind.

Der Freibetrag liegt bei 2100 Euro bei einem Grad der Behinderung von unter 80, wenn der Schwerbehinderte häuslich pflegebedürftig ist.

Junge Ehepaare (beide Ehegatten müssen unter 40 Jahre sein) haben einen Freibetrag in Höhe von 4000 Euro bis zum Ablauf des 5. Kalenderjahres nach der Eheschließung.

Wer gesetzlich zu **Unterhaltsleistungen** verpflichtet ist, kann die aus diesem Grund gemachten Aufwendungen (Geld oder Sachwerte) abziehen; Obergrenze ist der Betrag, der in einer Unterhaltsvereinbarung (oder Unterhaltstitel oder Bescheid) festgelegt ist. Liegen diese nicht vor, gelten folgende Höchstbeträge:

– bis zu 3000 Euro für ein zum Haushalt rechnendes Familienmitglied, das auswärts untergebracht ist und sich in der Berufsausbildung befindet;

– bis zu 6000 Euro für einen nicht zum Haushalt rechnenden geschiedenen oder dauernd getrennt lebenden Ehegatten oder Lebenspartner;

– bis zu 3000 Euro für eine sonstige nicht zum Haushalt rechnende Person.

2) Wohnberechtigung bei Freimachen einer Wohnung
Unter bestimmten Voraussetzungen können auch Mieter mit einem höheren Einkommen einen WBS erhalten. Das gilt zum einen in den Fällen, in denen durch den Umzug eine andere öffentlich geförderte Wohnung frei wird, die

– pro Quadratmeter weniger Miete kostet oder

– die von der Familiengröße her angemessene Wohnfläche übersteigt;

auf das Einkommen kommt es dann nicht an.

3) Wohnberechtigung zur Vermeidung besonderer Härten
In Ausnahmefällen kann ein WBS ausgestellt werden, obwohl

– die an sich zulässige Wohnungsgröße überschritten wurde oder

– die Wohnung eigentlich einem bestimmten Personenkreis vorbehalten ist oder

– Personen berücksichtigt werden sollen, die keine Familienangehörigen sind.

Voraussetzung ist, dass durch den WBS eine besondere Härte vermieden wird (**BVerwG WuM 830,9128; WuM568, 6412**; OVG Münster WuM 73, 178). Auf diesem Weg kann z. B. eine kinderreiche Familie in zwei benachbarte Wohnungen einziehen, wenn eine Wohnung angemessener Größe in absehbarer Zeit nicht zur Verfügung steht.

Höhere Einkommensgrenzen beim 2. Förderweg

Der Bau von Wohnungen kann auch durch Aufwendungsdarlehen oder -zuschüsse gefördert worden sein ⇨ WOHNUNGSBAUFÖRDERUNG. Diese gelten nicht als öffentliche Mittel. Die geförderten Wohnungen sind daher keine Sozialwohnungen im engeren Sinn. Ungeachtet dessen gelten aber Mietpreis- und Belegungsbindungen. Da der Förderungsumfang nicht so hoch ist, liegen die Einkommensgrenzen um 60% höher:

Haushalt	Einkommensgrenze
1 Person	19 200 Euro
2 Personen	28 800 Euro
Für jede weitere Person	6 560 Euro

Unabhängig vom Einkommen darf eine solche Wohnung beziehen, wer eine öffentlich geförderte Wohnung frei macht.

Wohnungsgröße

Die Festlegung von angemessenen Wohnungsgrößen ist Aufgabe der einzelnen Bundesländer. Als Richtschnur gilt:

Alleinstehende	$45\,m^2$
2 Personen	2 Wohnräume oder $60\,m^2$
3 Personen	3 Wohnräume oder $75\,m^2$
4 Personen	4 Wohnräume oder $90\,m^2$

Für jeden weiteren zum Familienhaushalt zählenden Angehörigen erhöht sich die Wohnungsgröße um einen Raum oder um $15\,m^2$.

Die Länder sollen im Einzelfall auch besonderen Bedürfnissen Rechnung tragen und bei jungen Haushalten, bei sehr hoher Kinderzahl, bei schwerwiegenden Krankheits- und Pflegefällen oder wenn ein gesondertes Arbeitszimmer notwendig ist, ein Überschreiten der Grenze zulassen.

Geltungsdauer und Antragsberechtigung

Der WBS wird auf Antrag des Wohnungssuchenden von der zuständigen Stelle (z.B. vom kommunalen Wohnungsamt) für die Dauer von einem Jahr ausgestellt. Wenn innerhalb eines Jahres keine geförderte Wohnung gefunden wird, muss ein neuer WBS beantragt werden.

Zum Antrag berechtigt sind seit Januar 2002 nur Wohnungssuchende, die sich nicht nur vorübergehend in Deutschland aufhalten und die auch in der Lage sind, auf längere Dauer einen Wohnsitz zu begründen und einen selbstständigen Haushalt zu führen **(BVerwG WuM 2003, 579)**. Asylbewerber haben im Regelfall keinen Anspruch auf den WBS (OVG Münster WuM 97, 563).

Der WBS wird für den Wohnungssuchenden und seine Haushaltsangehörigen ausgestellt. Dazu gehören z. B. der Ehegatte, Kinder, Eltern und andere nahe Verwandte, die mit dem Antragsteller eine Wohn- und Wirtschaftsgemeinschaft führen; das können aber auch der gleichgeschlechtliche Lebenspartner ⇨ LEBENSPARTNERSCHAFT oder der Partner einer sonstigen auf Dauer angelegten Lebensgemeinschaft sein. Dabei werden nicht nur Personen berücksichtigt, die bereits zum Haushalt des Antragstellers gehören; es genügt, wenn jemand alsbald in den Haushalt aufgenommen werden soll.

Fehlende Wohnberechtigung
Hat der Vermieter eine geförderte Wohnung entgegen den Vorschriften an nicht Wohnberechtigte vermietet, muss er dem Mieter auf Verlangen der zuständigen Stelle wieder kündigen **(BayObLG RE WuM 85, 283; OLG Hamm RE WuM 82, 244).** Ob der Vermieter von der Belegungsbindung wusste, spielt keine Rolle. Kann der Vermieter durch eine Kündigung keine schnelle Beendigung des Mietverhältnisses erreichen (z. B. bei einem Zeitmietvertrag), kann die Behörde auch selbst vom Mieter die Räumung der Wohnung verlangen (BayVGH NJW-RR 88, 974).

In diesem Fall kann der Mieter, der selbst nicht wusste, dass die Wohnung nur mit WBS zu vermieten war, Schadensersatz fordern, z. B. Umzugskosten (AG Dortmund WuM 77, 263).

Veränderung der Einkommensverhältnisse
Wenn sich im Laufe der Mietzeit die Einkommensverhältnisse verbessern, ändert das nichts am Mietvertrag. Wer also Jahre nach dem Einzug keinen neuen WBS erhalten würde, weil die Familie deutlich mehr verdient oder die Kinder ausgezogen sind, muss deshalb nicht die Wohnung wieder verlassen. Je nach Wohnort und Landesregelung kann er dann aber zur Zahlung der ⇨ FEHLBELEGUNGSABGABE herangezogen werden.

Wohnfläche

Gesetzliche Vorschriften zur Berechnung der Wohnfläche gibt es nur für **preisgebundenen** Wohnraum; das sind die Regelungen der Wohnflächenverordnung bei Verträgen, die ab Januar 2004 geschlossen wurden, sowie die §§ 42–44 II. BV bei älteren Verträgen. Der BGH hat jedoch wiederholt entschieden, dass die Flächenberechnung bei **freifinanzierten** Wohnungen nach denselben Bestimmungen erfolgen kann, wenn nichts anderes vereinbart oder ortsüblich oder nach Art der Wohnung naheliegender ist **(BGH WuM 2023, 683; WuM 2021, 610; WuM 2019, 319; WuM 2009, 661; WuM 2007, 441)**. Allein der Begriff »Mietraumfläche« lässt nicht den Schluss zu, dass damit eine andere Berechnungsweise vereinbart sein soll **(BGH WuM 2010, 27)**. Es ist aber durchaus möglich festzulegen, dass bei einer Wohnung im ausgebauten Dach die Grundfläche ohne Abzug für Schrägen anzusetzen ist **(BGH WuM 2004, 337)** oder der Keller miteinberechnet wird, obwohl dieser als Wohnraum nicht öffentlich-rechtlich genehmigungsfähig wäre **(BGH WuM 2021, 610)**.

Zur Wohnfläche gehörende Grundflächen
Die Wohnfläche umfasst die Grundflächen aller Räume, die ausschließlich zu dieser Wohnung gehören, einschließlich Wintergärten, Balkone, Loggien, Dachgärten und Terrassen bzw. gedeckte Freisitze **(BGH WuM 2009, 733)**. Dabei zählt die Fläche von Terrassen oder Freisitzen nur dann (anteilig) mit, wenn diese an den vermieteten Wohnraum angrenzen **(BGH WuM 2009, 514)**.

Ebenfalls zur Wohnfläche zählt die Fläche von Räumen, die bauordnungswidrig sind (z.B. weil sie nicht die vorgeschriebene Höhe erreichen), aber als Wohnraum vermietet wurden und genutzt werden können **(BGH WuM 2010, 150; WuM 2009, 661; WuM 2009, 662)**.

Nicht berücksichtigt wird die Grundfläche von Zubehörräumen (z.B. Kellerräumen, Abstellräumen außerhalb der Wohnung, Waschküchen, Bodenräumen, Trockenräumen, Heizungsräumen, Garagen) und Geschäftsräumen. Haben die Parteien allerdings im Vertrag eine Quadratmeterangabe gemacht, die ausdrücklich auf die »Wohn-/Nutzfläche« bezogen ist und die Kellerräume als angemietete Räumlichkeit einschließt, findet die Wohnflächenverordnung insoweit keine Anwendung (LG Saarbrücken WuM 2022, 477).

Ermittlung der Wohnfläche
Die Grundfläche ist nach den lichten Maßen zwischen den Bauteilen zu ermitteln und schließt z.B. die Grundfläche von Einbaumöbeln, versetzbaren Raumteilern und fest eingebauten Gegenständen wie Öfen, Herden, Bade- oder Duschwannen ein.

Außer Betracht bleiben die Grundflächen von Schornsteinen, Vormauerungen und freistehenden Pfeilern und Säulen, wenn sie höher als 1,50 m sind und mehr als 0,1 m^2 aufweisen; von Treppen mit über drei Steigungen und deren Treppenabsätzen; von Türnischen unabhängig von deren tatsächlicher Nutzung als solche **(BGH WuM 2023, 683)**, von Fenster- und offenen Wandnischen, die bis zum Fußboden herunterreichen und max. 0,13 m tief sind.

Anrechnung der Grundfläche
Die Grundflächen von Räumen – dazu können auch Hobbyräume gehören **(BGH WuM 2007, 441)** – und Raumteilen mit einer lichten Höhe von mindestens 2 Metern werden vollständig angerechnet (bei einer lichten Höhe von mindestens 1 Meter und weniger als 2 Metern zur Hälfte, unter 1 Meter gar nicht).

Die Grundflächen von unbeheizbaren Wintergärten, Schwimmbädern und ähnlichen nach allen Seiten geschlossenen Räumen sind zur Hälfte anzurechnen.

Die Anrechnung der Grundfläche von Balkonen, Loggien, Dachgärten und gedeckten Freisitzen hängt mangels vertraglicher Regelung vom Vertragsbeginn ab. Bei Mietverträgen, die **bis Ende 2003** abgeschlossen worden sind, gelten die Regeln der II. Berechnungsverordnung. Danach dürfen diese Flächen bis zur Hälfte angerechnet werden, ohne dass es auf die Lage oder Nutzbarkeit ankommt **(BGH WuM 2009, 344)**.

Bei Verträgen, die **ab Januar 2004** abgeschlossen wurden, gilt die Wohnflächenverordnung; danach sind die genannten Flächen **in der Regel** zu einem Viertel, höchstens aber zur Hälfte anzurechnen. Hier können also Lage oder Nutzbarkeit eine Rolle spielen (AG Flensburg WuM 2012, 29).

Wenn es aber ortsüblich ist, z. B. Dachterrassen mit einem Viertel anzurechnen, hat diese Verkehrssitte Vorrang **(BGH WuM 2009, 344)**.

Auswirkungen der Wohnfläche auf Miete und Betriebskosten
Inwieweit sich Fehler bei der Wohnflächenberechnung auf Miete und Betriebskosten auswirken, hängt vom Umfang der Wohnflächenabweichung ab.

Abweichungen unter 10% berechtigen den Mieter jedenfalls dann zur ⇨ MIETMINDERUNG, wenn die Wohnungsgröße zugesichert war (OLG Dresden WuM 98, 144). Die bloße Flächenangabe im Vertrag ist jedoch noch keine Zusicherung, u. U. aber die Vereinbarung eines Quadratmeterpreises (OLG Düsseldorf GE 2012, 137; LG München I WuM 87, 217). Liegt keine Zusicherung vor, kann eine Abweichung unter 10% zwar einen Mangel darstellen. Jedoch muss der Mieter beweisen, dass die Flächenabweichung auch tatsächlich zu einer Minderung der Gebrauchstauglichkeit führt (**BGH WuM 2021, 97**; KG WuM 2015, 714 für die Gewerberaummiete; für die Wohnraummiete siehe bisher nur AG Dortmund ZMR 2014, 369). Allerdings wird dieser Beweis wohl schwer zu erbringen sein.

Ist die Wohnung mehr als **10%** kleiner, ist sie stets mangelhaft. Eine zusätzliche Darlegung über die Minderung der Gebrauchstauglichkeit ist dann nicht erforderlich **(BGH WuM 2021, 609; WuM 2016, 34; WuM 2005, 712; WuM 2004, 268)**. Das gilt auch dann, wenn ein Garten mitvermietet wird **(BGH WuM 2009, 733)**, der Vertrag eine »ca.«-Angabe enthält **(BGH WuM 2010, 240)**, möbliert vermietet wurde **(BGH WuM 2011, 213)** oder wenn sich die Wohnungsgröße nicht direkt aus dem Vertrag, sondern aus den vorvertraglichen Begleitumständen **(BGH WuM 2010, 480)** oder dem Umlageschlüssel für Betriebskosten (LG Osnabrück WuM 2010, 416) ergibt. Die Folge ist, der Mieter hat das Recht zur ⇨ MIETMINDERUNG. Die Höhe der Minderung richtet sich nach der Flächenabweichung; ist die Wohnung also 12% kleiner als vereinbart, darf die Miete auch um 12% gekürzt werden **(BGH WuM 2010, 240; WuM 2004, 336)**. In der Vergangenheit geleistete Zuvielzahlungen kann der Mieter zurückfordern, wenn noch keine ⇨ VERJÄHRUNG eingetreten ist (LG München I WuM 2014, 135; LG Münster ZMR 2008, 630; AG Koblenz WuM 2015, 443). Ob der Mieter weniger als die ortsübliche Miete zahlt, spielt keine Rolle (AG Winsen/Luhe WuM 2006, 192). **Achtung:** Keine Mietminderung gibt es, wenn ausdrücklich vereinbart ist, dass die Flächenangabe im Vertrag nicht verbindlich ist **(BGH WuM 2011, 11)**.

Der Mieter kann wegen dieses Mangels aber auch fristlos kündigen; eine vorherige Abmahnung des Vermieters ist nicht erforderlich, da dieser keine Abhilfe schaffen kann **(BGH WuM 2009, 349)**.

Dagegen kommt es bei **Mieterhöhungen** auf die tatsächliche Wohnfläche an **(BGH WuM 2021, 609; WuM 2016, 34)**. Ist die Wohnung kleiner als vertraglich vereinbart, muss der Vermieter das zugunsten des Mieters beachten, auch wenn die Abweichung weniger als 10% beträgt **(BGH WuM 2016, 34)**. Ist die Wohnung größer, profitiert davon der Vermieter. Er darf die größere Fläche zugrunde legen, muss allerdings die Kappungsgrenze beachten **(BGH WuM 2016, 34)** ⇨ MIETERHÖHUNG IM RAHMEN DER ORTSÜBLICHEN VERGLEICHSMIETE. Nur wenn der Vermieter eine geringere als die tatsächliche Fläche angegeben hat, um dem Mieter entgegenzukommen, kann darin ein Verzicht auf Mieterhöhungsspielraum liegen **(BGH WuM 2016, 34; WuM 2007, 452;** LG Berlin WuM 2013, 736).

Das Gleiche gilt für die Abrechnung von **Betriebskosten**, für die die Wohnfläche der Verteilerschlüssel ist. Auch hier ist die tatsächliche Fläche zugrunde zu legen. Wie der **BGH (WuM 2018, 425)** entschieden hat, treffen die Gründe, die er im Rahmen der Mieterhöhung genannt hat, ebenso auf die Betriebskostenabrechnung zu.

Wohngeld ⮳ SOZIALHILFE

Nach dem Wohngeldgesetz hat jeder Bürger unter den dort genannten Voraussetzungen Anspruch darauf, dass ihm zur Sicherung angemessenen und familiengerechten Wohnens ein Zuschuss gezahlt wird. Seit dem 1. Januar 2023 gilt das »Wohngeld Plus«. Deutlich mehr Haushalte haben nun Anspruch auf Wohngeld. Kosten für Heizung und Warmwasser werden über eine Heizkostenpauschale berücksichtigt. Der Mietzuschuss steigt um durchschnittlich 190 Euro pro Monat.

Wohngeld kann für alle Wohnungsarten (Alt- und Neubau, öffentlich oder freifinanziert) in allen Gemeinden und Landkreisen bezogen werden. Allerdings kommt Wohngeld nicht von selbst ins Haus; erforderlich ist ein **Antrag**.

Es gibt zwei Arten von Wohngeld:

- den Mietzuschuss (für Mieter und rechtlich Gleichgestellte) und
- den Lastenzuschuss (für selbstnutzende Eigentümer von Eigenheimen oder Eigentumswohnungen).

Für beide Zuschussarten gelten im Wesentlichen die gleichen Bestimmungen.

Wohngeld kann man nur beanspruchen, wenn die Wohnung auch tatsächlich bewohnt wird (VG Berlin GE 2003, 599). Der Anspruch auf Wohngeld kann nicht vererbt werden. Eine Pfändung ist seit Anfang 2005 nicht mehr möglich; ausgenommen ist die Pfändung des Vermieters wegen offener Mietforderungen (§ 54 Abs. 3 Nr. 2 a SGB I).

Das Wohngeld wird an den Antragsberechtigten gezahlt. Mit schriftlicher Einwilligung des Mieters kann das Wohngeld auch an den Vermieter gezahlt werden.

Mietzuschuss beantragen können:

1. Mieter einer Mietwohnung (Wohnwagen genügt nicht – VG Trier 2 K 1082/10);

2. Nutzungsberechtigte einer Genossenschaftswohnung;

3. Inhaber eines mietähnlichen Dauerwohnrechts;

4. Untermieter;

5. Bewohner von Wohnheimen, insbesondere Altenwohnheimen, Altenheimen und von Wohnteilen eines Altenkrankenheimes oder Altenpflegeheimes sowie gleichartiger Einrichtungen, die alte Menschen sowie pflegebedürftige und behinderte Volljährige nicht nur vorübergehend aufnehmen und betreuen;

6. wer Wohnraum im eigenen Mehrfamilienhaus bewohnt.

Kein Wohngeld erhalten:
1. Bezieher von Transferleistungen (ihre Wohnkosten werden im Rahmen dieser Leistung berücksichtigt); dazu gehören z. B.

- Bürgergeld nach dem SGB II;
- Leistungen für Auszubildende nach § 27 Abs. 3 SBG II;
- Grundsicherung im Alter und bei Erwerbsminderung nach dem SGB XII;
- Hilfe zum Lebensunterhalt nach dem SGB XII;
- ergänzende Hilfe zum Lebensunterhalt nach dem BVG;
- Leistungen nach dem Asylbewerberleistungsgesetz;

2. alleinstehende Wehrpflichtige, es sei denn, die Mietbeihilfe nach § 7 a Unterhaltssicherungsgesetz ist abgelehnt;

3. Haushalte, bei denen alle Mitglieder dem Grunde nach Anspruch auf BAföG haben (BAföG steht dem Grunde nach z. B. **nicht** zu, wenn die Förderungshöchstdauer überschritten, die Fachrichtung ohne wichtigen Grund gewechselt wurde oder das 30. Lebensjahr vollendet ist).

Außerdem besteht ein Wohngeldanspruch nicht, wenn das Wohngeld monatlich weniger als 10 Euro betragen würde oder die Inanspruchnahme missbräuchlich wäre, z. B. weil Vermögen vorhanden ist. Die Vermögensfreigrenzen betragen in der Regel 60 000 Euro für eine alleinstehende Person und 30 000 Euro für jedes weitere Haushaltsmitglied. Wer nach abgeschlossenem Studium ein sinnvolles weiteres Studium anschließt, statt sich um einen Arbeitsplatz zu bemühen, handelt nicht missbräuchlich (VG Berlin ZMR 2008, 671).

Antrag erforderlich
Das Wohngeld muss bei der örtlich zuständigen Wohngeldbehörde beantragt werden. In vielen Bundesländern ist die Beantragung auch online möglich. Es wird in der Regel ab dem Monat bewilligt, in dem der Antrag gestellt wurde. Besteht ein Haushalt aus mehreren Personen, legen diese fest, wer den Antrag stellt. Der Antragsteller wird in den Formularen als **wohngeldberechtigte Person** bezeichnet.

Antragsteller (und damit wohngeldberechtigte Person) kann auch jemand sein, der selbst vom Wohngeld ausgeschlossen ist (z. B. als Bezieher von Bürgergeld), aber mit mindestens einem zu berücksichtigenden Haushaltsmitglied eine Wohn- und Wirtschaftsgemeinschaft führt.

Wohngeld-Berechnung
Zur Prüfung des Wohngeldanspruchs und der Höhe des Wohngeldes sind folgende Faktoren zu ermitteln:

- die Anzahl der zu berücksichtigenden Haushaltsmitglieder,
- ihr monatliches Gesamteinkommen,
- die zu berücksichtigende Miete bzw. Belastung.

Auf der Internetseite des Bundesbauministeriums findet sich ein Wohngeldrechner, mit dem man die voraussichtliche Höhe des Wohngelds berechnen kann (www.bmwsb.bund.de/Webs/BMWSB/DE/themen/stadt wohnen/wohnraumfoerderung/wohngeld/wohngeldrechner-2023-artikel.html).

Haushaltsmitglieder
Zum Haushalt gehören der Antragsteller selbst, sein Ehegatte oder Lebenspartner, seine Eltern, Großeltern, Kinder und Pflegekinder, Enkel und Geschwister sowie sonstige Personen, die mit einem Haushaltsmitglied in gerader Linie oder zweiten oder dritten Grades in der Seitenlinie verwandt oder verschwägert sind. Voraussetzung ist jeweils, dass sie mit dem Antragsteller in einer **Wohn- und Wirtschaftsgemeinschaft** leben und die Wohnung, für die Wohngeld beantragt wird, den **Mittelpunkt der Lebensbeziehungen** darstellt.

Eine Wirtschaftsgemeinschaft liegt vor, wenn sich Personen ganz oder teilweise gemeinsam mit dem täglichen Lebensbedarf versorgen. Wenn mehrere Personen gemeinsam wohnen, wird vermutet, dass sie auch zusammen wirtschaften.

Achtung: Im Regelfall kann eine Person nicht zu zwei Haushalten gehören, da der Mittelpunkt der Lebensbeziehungen nur an einem Ort liegen kann. Das kann ausnahmsweise anders sein, wenn Eltern, die nicht nur vorübergehend getrennt leben, das gemeinsame Sorgerecht für ihre Kinder haben. Halten sie zusätzlichen Wohnraum für die Kinderbetreuung bereit (das muss nicht unbedingt ein eigenes Kinderzimmer sein), zählt jedes annähernd zu gleichen Teilen (mindestens ein Drittel zu zwei Drittel) betreute Kind bei beiden Eltern als Haushaltsmitglied.

Für die Wohngeldberechnung werden alle Haushaltsmitglieder berücksichtigt mit Ausnahme der o.g. Empfänger von Transferleistungen wie Bürgergeld usw.

Stirbt ein zu berücksichtigendes Mitglied des Haushalts, bleibt dies für 12 Monate nach dem Sterbemonat ohne Auswirkung auf die Zahl der

Haushaltsmitglieder, es sei denn, die Wohnung wird aufgegeben oder die Zahl der zu berücksichtigenden Haushaltsmitglieder erhöht sich mindestens auf den Stand vor dem Todesfall.

Das monatliche Gesamteinkommen

Für jedes zu berücksichtigende Haushaltsmitglied werden alle Jahreseinkommen (abzüglich der Freibeträge und der Abzugsbeträge für Unterhaltsleistungen) zusammengezählt und durch zwölf geteilt. Dabei ist das Einkommen zugrunde zu legen, das bei Antragstellung im Bewilligungszeitraum zu erwarten ist.

Dazu gehören alle zu versteuernden Einkünfte, wie z.B. Löhne, Gehälter, Urlaubsgeld, Weihnachtsgeld, Kapitaleinkünfte und Mieteinnahmen. Zum Jahreseinkommen gehört aber auch eine Reihe von steuerfreien Einnahmen, z.B. die steuerfreien Zuschläge für Sonntags- oder Nachtarbeit, der steuerfreie Betrag von Versorgungsbezügen, Kapitalerträge, soweit sie 100 Euro übersteigen, der vom Arbeitgeber pauschal besteuerte Arbeitslohn. Arbeitnehmer können von dem Gesamtbetrag den steuerlichen Freibetrag von 1000 Euro abziehen; wer höhere Werbungskosten geltend machen will, muss diese nachweisen. Maßgeblich sind insgesamt die positiven Einkünfte; ein Ausgleich mit negativen Einkünften aus anderen Einkunftsarten ist nicht zulässig.

Pauschaler Abzug

Von dem bis dahin ermittelten Einkommen wird ein pauschaler Abzug vorgenommen. Dadurch wird berücksichtigt, dass dieses Geld nicht ganz zur freien Verfügung steht, da noch Steuern und Sozialabgaben anfallen.

Der Pauschalabzug beträgt jeweils 10% für jede der folgenden Belastungen:

- Lohn- bzw. Einkommensteuer,
- Pflichtbeiträge zur gesetzlichen Kranken- und Pflegeversicherung,
- Pflichtbeiträge zur gesetzlichen Rentenversicherung.

Das bedeutet, ein Familienmitglied wird in die **erste Belastungsstufe** (pauschaler Abzug von 10%) eingeordnet, wenn es nur eine der Abgaben zu zahlen hat (z.B. Rentner, da diese Beiträge zur Krankenversicherung abführen müssen).

In die **zweite Belastungsstufe** (pauschaler Abzug von 20%) kommen Familienmitglieder, die zwei der genannten Abgaben leisten (z.B. Beamte sowie Erwerbstätige, die aufgrund ihres geringfügigen Verdienstes keine Steuern zahlen, aber freiwillig Beiträge zur Renten- und Krankenversicherung abführen).

In die **dritte Belastungsstufe** (pauschaler Abzug von 30%) werden die Arbeitnehmer eingeordnet, die sowohl Steuern zahlen als auch Beiträge zur Kranken- und Rentenversicherung leisten müssen.

Wer keine dieser Belastungen hat, wie z. B. Arbeitslose oder Hausfrauen, darf auf jeden Fall eine Grundpauschale von 6% abziehen.

Freibeträge für besondere Personengruppen

Vom Gesamteinkommen sind die folgenden jährlichen Freibeträge abzuziehen:

1. Für jedes **schwerbehinderte** zu berücksichtigende Haushaltsmitglied 1 800 Euro bei einem Grad der Behinderung von 100 oder von unter 100 bei häuslicher Pflegebedürftigkeit.

2. **Opfern nationalsozialistischer Verfolgung** steht ein Freibetrag von 750 Euro zu.

3. **Kinder** mit eigenem Einkommen, die noch nicht 25 Jahre alt sind, haben einen Freibetrag in Höhe des Einkommens, max. 1 200 Euro.

4. **Alleinerziehende** dürfen 1 320 Euro abziehen, wenn mindestens eines der im Haushalt lebenden Kinder noch nicht 18 Jahre alt ist und für dieses Kindergeld gewährt wird.

5. **Unterhaltszahlungen** (einschl. Sachwerte) zur Erfüllung gesetzlicher Unterhaltspflichten dürfen in der Höhe abgezogen werden, die in einer notariellen Urkunde oder einem Unterhaltstitel festgestellt worden ist; ohne Urkunde/Unterhaltstitel können nachgewiesene oder glaubhaft gemachte Aufwendungen in folgender Höhe abgezogen werden:

- bis zu 3 000 Euro für ein zum Haushalt rechnendes Familienmitglied, das auswärts wohnt und sich in Berufsausbildung befindet;
- bis zu 3 000 Euro für ein Kind, für das getrennt lebende Ehegatten das gemeinsame Sorgerecht haben, soweit der Unterhalt an das Kind als Haushaltsmitglied des anderen Elternteils geleistet wird;
- bis zu 6 000 Euro für den nicht zum Haushalt rechnenden geschiedenen Ehe- oder Lebenspartner;
- bis zu 3 000 Euro für eine sonstige nicht zum Haushalt rechnende Person.

Zu berücksichtigende Miete
Grundlage für die Wohngeldberechnung ist alles, was der Mieter für die Wohnung bezahlen muss, **außer**:

1. Heiz- und Warmwasserkosten (die Heizkosten werden mit einer Pauschale berücksichtigt, siehe unten)

2. Untermietzuschläge,

3. Zuschlag für eine teilgewerbliche Nutzung,

4. Vergütungen für die Überlassung von Möbeln mit Ausnahme von üblichen Einbaumöbeln.

Die übrigen Nebenkosten (z. B. Wasser, Müllabfuhr, Schornsteinfeger, Grundsteuer) werden zur Miete hinzugezählt, auch wenn die Kosten (z. B. für Müllabfuhr) direkt an die Stadt gezahlt werden.

Die Miete bleibt anteilig außer Betracht,

– soweit sie auf Wohnraum entfällt, der ausschließlich gewerblich oder beruflich genutzt wird;

– soweit sie auf Wohnraum entfällt, der einer Person überlassen ist, die nicht als Haushaltsmitglied zählt;

– soweit sie rechnerisch auf Personen entfällt, die keine Haushaltsmitglieder sind, aber deren Mittelpunkt der Lebensbeziehungen der Wohnraum ist und die nicht selbst wohngeldberechtigt sind;

– soweit sie rechnerisch auf Haushaltsmitglieder entfällt, die vom Wohngeld ausgeschlossen sind.

Die ermittelte tatsächlich gezahlte Miete wird jedoch nur dann in voller Höhe berücksichtigt, wenn sie bestimmte, vom Gesetzgeber festgelegte Höchstmieten nicht überschreitet. Wer mehr zahlt als den **Höchstbetrag**, erhält Wohngeld nicht nach der tatsächlichen Miete, sondern nur nach diesem Höchstbetrag.

Der Höchstbetrag (siehe TABELLE) richtet sich nach der sog. Mietenstufe der Gemeinde. Die Mietenstufe erfährt man beim örtlichen Mieterverein, bei der Wohngeldstelle oder im Internet z.B. unter https://www.wohngeld.org/mietstufe.html. Je höher die Mietenstufe ist, desto höher ist auch die berücksichtigungsfähige Höchstmiete (Werte siehe TABELLE).

Seit dem 1. 1. 2023 wird zu dem Höchstbetrag für Miete noch ein monatlicher Gesamtbetrag zur Heizkostenentlastung addiert (Werte siehe TABELLE). Er setzt sich aus einer Komponente für die CO_2-Bepreisung und für Heizkosten zusammen. Hintergrund für diese Heizkostenpauschale sind die stark steigenden Energiepreise. Ihre Höhe hängt von der Anzahl der Haushaltsangehörigen ab. Für ein Haushaltsmitglied werden 110,40 Euro, für zwei Haushaltsmitglieder 142,60 Euro, für drei Haushaltsmitglieder 170,20 Euro, für vier Haushaltsmitglieder 197,80 Euro, für fünf Haushaltsmitglieder 225,40 Euro und für jedes weitere Haushaltsmitglied weitere 27,60 Euro aufgerechnet. Die Heizkostenpauschale erhöht die berücksichtigungsfähige Höchstmiete und führt so zu mehr Wohngeld.

Beispiel (Werte siehe TABELLE):

Ein Alleinmieter zahlt in einer Gemeinde der Mietenstufe I eine Miete (ohne Heiz- und Warmwasserkosten) von 370 Euro. Für die Berechnung des Wohngeldes ist ein Höchstbetrag von 338 Euro zzgl. einer Entlastung für Heizkosten von 110,40 Euro – mithin eine Miete von insgesamt 448,40 Euro – zu berücksichtigen. Ohne den Zuschlag dürfte das Wohngeld nur anhand eines Höchstbetrags von 338 Euro berechnet werden.

Dauer der Wohngeldgewährung

Das Wohngeld wird in der Regel für 12 Monate bewilligt und kann auf bis zu 24 Monate verlängert werden. Soll das Wohngeld auch weiter bezogen werden, muss bis zum Ende des 1. Monats nach Ablauf des Bewilligungszeitraums ein neuer Antrag gestellt werden.

Um eine Unterbrechung der Wohngeldzahlung auszuschließen, empfiehlt es sich, den Antrag mindestens 2 Monate vor Ablauf des Bewilligungszeitraums zu stellen. Wird der Wohnraum nicht mehr vom Wohngeldempfänger oder von seinen Familienangehörigen genutzt, ist dies der Bewilligungsbehörde unverzüglich mitzuteilen.

Höchstbeträge für Miete und Belastung			
Anzahl der zu berücksichtigenden Haushaltsmitglieder	Mietenstufe	Höchstbetrag in Euro	Gesamtbetrag zur Entlastung bei den Heizkosten in Euro
1	I	338	110,40
	II	381	110,40
	III	426	110,40
	IV	478	110,40
	V	525	110,40
	VI	575	110,40
	VII	633	110,40
2	I	409	142,60
	II	461	142,60
	III	516	142,60
	IV	579	142,60
	V	636	142,60
	VI	697	142,60
	VII	767	142,60
3	I	487	170,20
	II	549	170,20
	III	614	170,20
	IV	689	170,20
	V	757	170,20
	VI	830	170,20
	VII	912	170,20
4	I	568	197,80
	II	641	197,80
	III	716	197,80
	IV	803	197,80
	V	884	197,80
	VI	968	197,80
	VII	1065	197,80

Höchstbeträge für Miete und Belastung			
Anzahl der zu berücksichtigenden Haushaltsmitglieder	Mietenstufe	Höchstbetrag in Euro	Gesamtbetrag zur Entlastung bei den Heizkosten in Euro
5	I	649	225,40
	II	732	225,40
	III	818	225,40
	IV	918	225,40
	V	1010	225,40
	VI	1106	225,40
	VII	1217	225,40
Mehrbetrag für jedes weitere zu berücksichtigende Haushaltsmitglied	I	77	27,60
	II	88	27,60
	III	99	27,60
	IV	111	27,60
	V	121	27,60
	VI	139	27,60
	VII	153	27,60

Erhöhung des Wohngeldes
Im laufenden Bewilligungszeitraum ist **auf Antrag** eine Erhöhung des Wohngeldes möglich, wenn

- sich die Zahl der zu berücksichtigenden Haushaltsmitglieder erhöht,
- sich die zu berücksichtigende Miete oder Belastung um mehr als 15% (auch rückwirkend) erhöht,
- sich das Gesamteinkommen der zu berücksichtigenden Haushaltsmitglieder um mehr als 15% verringert hat (z.B. bei Arbeitslosigkeit, Kurzarbeit, Invalidität, Altersrente).

Wichtig: Die Wohngelderhöhung zum Januar 2023 sowie der neue Heizkostenentlastungsbetrag werden automatisch berücksichtigt, also ohne Antrag.

Achtung: Das Wohngeld kann im laufenden Bewilligungszeitraum auch gekürzt werden. Wenn sich das Gesamteinkommen um mehr als 15% erhöht oder die Miete um mehr als 15% sinkt, muss der Mieter dies dem

Wohngeldamt melden. Dieses berechnet dann das Wohngeld neu. Die Beträge, die eine solche Mitteilungspflicht auslösen, sind auf dem Wohngeldbescheid ausdrücklich angegeben.

Wohngeldantrag abgelehnt, was nun?
Über die Ablehnung des Wohngeldes wird ebenso wie über die Bewilligung ein schriftlicher Bescheid erteilt, der mit einer Rechtsmittelbelehrung versehen sein muss. Diesen Bescheid kann der Mieter mit einem **Widerspruch** anfechten. Der Widerspruch ist **innerhalb eines Monats**, nachdem dem Mieter der Bescheid zugegangen ist, schriftlich oder zur Niederschrift der erlassenden Behörde zu erheben. Das Verfahren ist kostenfrei.

Wird dem Widerspruch nicht stattgegeben, ergeht ein Widerspruchsbescheid, der mit **verwaltungsgerichtlicher Klage** angefochten werden kann. Diese Klage muss **innerhalb eines Monats** nach Zustellung des Widerspruchsbescheides beim zuständigen Verwaltungsgericht erhoben werden.

Lastenzuschuss
Einen Lastenzuschuss kann der Eigentümer einer Eigentumswohnung, eines Eigenheimes, eines eigentumsähnlichen Dauerwohnrechts für die eigengenutzte Wohnung in der Regel unter den gleichen Voraussetzungen erhalten, wie dies beim Mietzuschuss der Fall ist.

Wohngemeinschaft

Leben mehrere Personen gemeinsam in einer Wohnung, ohne eine Familie oder (nicht-)eheliche Lebensgemeinschaft zu bilden, handelt es sich um eine Wohngemeinschaft (WG). Die Rechtsbeziehung der WG-Mitglieder zum Vermieter, aber auch untereinander, hängt von der vertraglichen Grundlage ab. Denn eine WG kann auf verschiedenen Wegen zustande kommen:

1. Wohl am häufigsten ist der Fall, dass der Vermieter mit allen Gründungsmitgliedern der WG einen Mietvertrag schließt und von Anfang an klar ist, dass es sich um eine WG handelt. Alle Mitglieder der WG sind gleichberechtigte Hauptmieter der Wohnung. Jeder Hauptmieter ist gegenüber dem Vermieter für die Miete in voller Höhe haftbar; im Falle der Nichtzahlung kann sich der Vermieter also den solventesten Mieter aussuchen und in Anspruch nehmen. Wer im sog. Innenverhältnis der Mieter untereinander welchen Anteil von der Miete/den Betriebskosten/der Kaution zahlt, können und müssen diese unter sich regeln. Der Vermieter muss alle rechtlich bedeutsamen Erklärungen wie Mieterhöhun-

gen oder Modernisierungsankündigungen allen WG-Mitgliedern gegenüber abgeben.

Nach Ansicht des Bundesgerichtshofs ist bei Vermietung an eine WG ein Anspruch auf Zustimmung zum **Mieterwechsel** nicht selbstverständlich **(BGH WuM 2022, 403)**. Dies soll von den Umständen des Einzelfalls abhängen; dafür spricht nach Ansicht des BGH z. B. die Vermietung an Studenten. Um Streitigkeiten zu vermeiden, sollte das Recht auf Mieterwechsel daher unbedingt im Vertrag festgehalten werden! Der Wechsel muss dem Vermieter vorab angezeigt werden (LG Berlin WuM 2016, 553); bei mangelnder Bonität darf er den neuen Mieter ablehnen (LG Berlin GE 2017, 421). Bei ungerechtfertigter Verweigerung kann eine Schadensersatzpflicht des Vermieters z. B. hinsichtlich der entgangenen Mietanteile bestehen (AG Gießen WuM 2021, 416).

Ist der Wechsel im Mietvertrag geregelt, scheiden ausziehende Mitbewohner beim Wechsel aus dem Vertrag aus; mit diesem Stichtag endet dann deren Haftung für Miete, Schäden usw. Ohne eine entsprechende Regelung im Mietvertrag kann es zu Problemen kommen, wenn sich die Mitglieder der WG nicht auf ein einheitliches Vorgehen einigen können. Schlimmstenfalls muss der Auszugswillige seine Mitbewohner auf Abgabe der Kündigung verklagen; wie dies im Einzelnen zu bewerkstelligen ist, ist umstritten; hierzu sollte unbedingt fachkundige Beratung in Anspruch genommen werden! Ein WG-Mitglied kann bei Auszug eine(n) von ihm geleistete(n) Kaution(steil) nicht vom Vermieter herausverlangen; ggf. muss er sich mit den anderen Mitgliedern auf eine Auszahlung verständigen. Die Kündigung des Mietvertrags insgesamt ist bei dieser Konstellation nur durch alle WG-Mitglieder gemeinsam möglich.

Der Vermieter muss eine Kündigung des Mietvertrags gegenüber allen Mitgliedern der WG erklären. Er kann eine Kündigung nicht auf Gründe stützen, die vor Eintritt der letzten WG-Mitglieder entstanden sind (LG Lübeck WuM 90, 294). Ebenso kann er ein WG-Mitglied nur für Schäden haftbar machen, die nach dessen Eintritt in den Vertrag verursacht wurden (AG Köln WuM 2016, 208).

2. Ebenfalls häufig ist der Fall, dass eine Person Mieter der Wohnung ist und dann Untermietverträge (⇨ UNTERMIETE) mit weiteren Personen abschließt. In dieser Konstellation schuldet dem Vermieter nur dieser Mieter allein die Miete und ggf. die Kaution; ob und in welcher Höhe er seinerseits von seinen Untermietern Miete fordert und eintreibt, ist allein seine Sache.

Achtung: Ohne Genehmigung des Vermieters darf nicht untervermietet werden; dies kann sogar ein Grund zur ⇨ KÜNDIGUNG sein! Ein Anspruch auf Genehmigung besteht nur, wenn **nach** Abschluss des Mietvertrags ein berechtigtes Interesse an der Untervermietung entstanden ist. Beim Vermieter ist unter Angabe des berechtigten Interesses und von Namen, Geburtsdatum, evtl. Beruf und derzeitiger Anschrift des gewünschten Untermieters die Genehmigung einzuholen; dies gilt auch beim Wechsel des Untermieters. Näheres – auch zum Mieterschutz der Untermieter, etwa bei Kündigung des Hauptmieters – unter ⇨ UNTERMIETE.

3. Eher selten kommt es vor, dass der Vermieter mit jedem Mitbewohner einen separaten Mietvertrag über einen Raum und die Mitnutzung der Gemeinschaftsräume schließt. In diesem Fall ist jeder Mietvertrag rechtlich selbstständig; keiner der Mieter haftet in irgendeiner Weise für die anderen. Allerdings haben die Mieter in diesem Fall auch keinen Einfluss darauf, mit wem sie die Wohnung teilen.

Tipp: Ausführliche Infos und Musterschreiben finden sich im **Ratgeber Wohngemeinschaften** des DMB, erhältlich unter www.shop.mieterbund.de.

Wohnheim ⇨ ALTENHEIM, ⇨ BETREUTES WOHNEN

Wohnungsabnahme ⇨ AUSZUG DES MIETERS

Zur Vermeidung von Auseinandersetzungen sollte sich der Mieter bei der Beendigung des Mietverhältnisses vom Vermieter die Rückgabe der Wohnung in vertragsgemäßem Zustand schriftlich bestätigen lassen. Gesetzlich vorgeschrieben ist eine Abnahme der Wohnung aber – entgegen der Meinung vieler Mieter – nicht. Es genügt die ordnungsgemäße ⇨ RÜCKGABE DER WOHNUNG.

Wohnungsübergabeprotokoll
Die Frage, in welchem Umfang ein Mieter bei Auszug aus seiner Wohnung Mängel zu beseitigen oder Schönheitsreparaturen durchzuführen hat, ist nicht nur eine rechtliche Frage, sondern in starkem Maße auch eine Frage des tatsächlichen Zustands der Wohnung. Böse Überraschungen können Mieter erleben, die nach Räumung der Wohnung dem Vermieter die Schlüssel übergeben, ohne sich vom Vermieter schriftlich die ordnungsgemäße Rückgabe der Wohnung bestätigen zu lassen. Um das zu verhindern, kann der Mieter vor Auszug aus der Wohnung mit dem Vermieter ein gemeinsames Wohnungsübergabeprotokoll aufstellen und vom Vermieter unterschreiben lassen. Der Vordruck eines solchen Übergabeprotokolls kann unter www.mieterbund.de kostenlos

heruntergeladen werden.

Sinn und Zweck der Übergabeverhandlung und der Aufnahme eines Protokolls ist es, späteren Streit über Vorhandensein und Art von Schäden zu vermeiden. Der Mieter kann später nicht für Schäden verantwortlich gemacht werden, die im Übergabeprotokoll nicht erwähnt sind (**BGH NJW 83, 446**; OLG Dresden ZMR 2023, 106; AG Pforzheim WuM 2005, 56). Der Vermieter kann auch nicht einwenden, dass bestimmte Mängel bei der Besichtigung nicht zu erkennen waren (LG Braunschweig WuM 97, 470).

Achtung: Für den Mieter besteht die Gefahr, dass er Arbeiten durchführen muss, die er an sich gar nicht schuldet. Der Mieter sollte im Übergabeprotokoll nicht einfach unterschreiben, dass er ⮱ SCHÖNHEITSREPARATUREN übernimmt. Zunächst muss geklärt werden, ob überhaupt eine Pflicht zur Renovierung besteht. Im Zweifel sollte die Rechtslage mithilfe des Mietervereins geklärt werden. Das Gleiche gilt für Schäden in der Wohnung. Auch hier sollte der Mieter nicht voreilig bestätigen, dass er dafür aufkommt. Fehlt die Unterschrift des Mieters unter dem Übergabeprotokoll, hat es keinerlei Beweiswert (AG München ZMR 2014, 374).

Erklärt der Vermieter oder dessen Beauftragter (z. B. Verwalter) sich nicht zu einer gemeinsamen Wohnungsbegehung und Aufstellung eines Protokolls bereit, sollte der Mieter auf jeden Fall durch einen Fachmann (Malermeister, Architekt) die Wohnung begutachten lassen. Ist dies nicht möglich, sollte der Mieter die geräumte Wohnung von Zeugen, z. B. auch einem Beauftragten des ⮱ MIETERVEREINS, besichtigen lassen. Außerdem empfiehlt es sich, Fotos anzufertigen, die den Zustand der Wohnung festhalten. Schließlich geht es nicht selten um mehrere tausend Euro, die den Aufwand rechtfertigen. Ist aufgrund bisheriger negativer Erfahrungen mit dem Vermieter bzw. Verwalter mit Schwierigkeiten zu rechnen, wird geraten, ein gerichtliches ⮱ SELBSTSTÄNDIGES BEWEISVERFAHREN über den Zustand der Wohnung bei Beendigung des Mietverhältnisses einzuleiten. Dazu sollte die Beratung des örtlichen ⮱ MIETERVEREINS in Anspruch genommen werden. Vermieter bzw. Mieter haben jedoch keinen Anspruch auf Ersatz der Kosten, die der Auftrag an einen Sachverständigen mit sich bringt, wenn ein neutraler Zeuge ausreicht, weil die Besichtigung der Wohnung keine besondere Sachkunde voraussetzt (LG Gießen WuM 85, 265).

Wohnungsaufsichtsgesetze

Einige Bundesländer haben zur Vermeidung allgemeiner Gesundheitsgefahren bei mangelhaften Wohnungen sog. Wohnungsaufsichtsgesetze erlassen. Damit haben die örtlich zuständigen Ordnungsbehörden die Möglichkeit, Vermieter bzw. Eigentümer zur Instandhaltung ihrer Häuser zu verpflichten. Sie können eingreifen, wenn das Gebäude oder die Wohnungen nicht wenigstens den Mindestanforderungen an erträgliche Wohnverhältnisse genügen, wenn erhebliche Sicherheitsmängel bestehen oder wenn kein ausreichender Schutz gegen Witterungseinflüsse oder Feuchtigkeit besteht. In Extremfällen kann eine Gemeinde ein Wohngebäude für unbewohnbar erklären. In diesem Fall muss auch der Mieter dem Folge leisten und ausziehen. Der Vermieter muss für eine anderweitige zumutbare Unterkunft sorgen, wenn er für die Unbewohnbarkeit verantwortlich ist. Bei höherer Gewalt, etwa durch Erdbeben oder Feuer, ist die Gemeinde für eine Notunterbringung zuständig. Bei verbotenem Leerstand entgegen der Zweckentfremdungsverordnung kann die Gemeinde anordnen, dass der Vermieter bzw. Eigentümer die Wohnräume wieder Wohnzwecken zuführt, also vermietet oder Bewohnern zur Verfügung stellt.

Wohnungsbauförderung ⇒ SOZIALMIETE, ⇒ SOZIALWOHNUNGEN, ⇒ WOHNBERECHTIGUNG

Welche Rechte und Pflichten für Mieter und Vermieter bei gefördertem Wohnraum gelten, hängt vom Zeitpunkt der Förderung und den abhängig davon jeweils geltenden Bedingungen ab.

1. Öffentlich geförderter Wohnungsbau (sog. erster Förderweg)
Seit den 50er Jahren fördert der Staat den Wohnungsbau mit öffentlichen Mitteln. Als Gegenleistung für die Fördermittel mussten die Bauherren eine Mietpreis- und Belegungsbindung eingehen. Das bedeutet, die Miete darf die Kostenmiete ⇒ SOZIALMIETE, SOZIALWOHNUNG nicht überschreiten, und die Wohnung darf nur an Personen vermietet werden, die wegen ihres niedrigen Einkommens berechtigt sind, eine Sozialwohnung zu beziehen ⇒ WOHNBERECHTIGUNG.

Diese Bindungen gelten während des gesamten Förderzeitraums, bleiben also so lange bestehen, bis die öffentlichen Mittel planmäßig oder vorzeitig zurückgezahlt sind.

Diese Art der Förderung gibt es seit 2003 nicht mehr. Aber für die bis dahin geförderten Wohnungen gilt das alte Recht bis zum Ende des Förderzeitraums weiter. In Baden-Württemberg ist das Prinzip der Kostenmiete zum 31.12.2008 außer Kraft getreten. Die zu diesem Zeitpunkt geschuldete Kostenmiete gilt als vertraglich vereinbarte Miete. ⇒ MIETERHÖHUNGEN auf die ortsübliche Vergleichsmiete sind möglich, gleichzeitig müssen dann aber die Begrenzungen kommunaler Satzungen eingehalten werden.

Rückzahlung öffentlicher Mittel
Die genannten Sozialbindungen müssen so lange beachtet werden, wie die Wohnungen als öffentlich gefördert gelten.

Wurde – wie meistens – ein Baudarlehen gewährt, muss dies nach einem vorgegebenen Tilgungsplan, zum Beispiel nach 30 Jahren, zurückgezahlt werden. Die geförderten Wohnungen gelten bis zum Ende des Jahres der vollständigen Rückzahlung als öffentlich gefördert.

Wurden die Fördermittel nur als Zuschüsse zur Deckung der laufenden Aufwendungen bewilligt, gelten die Wohnungen bis zum Ablauf des dritten Kalenderjahres nach Beendigung der Zahlungen als öffentlich gefördert.

Erfolgt die Förderung lediglich als Zuschuss zur Deckung der für den Bau einer Wohnung entstandenen Gesamtkosten, gilt die betreffende Wohnung bis zum Ablauf des 10. Kalenderjahres nach dem Jahr der Bezugsfertigkeit als öffentlich gefördert.

Bei einer Zwangsversteigerung gelten die Wohnungen, die mit Darlehen gefördert wurden, bis zum Ende des 3. Kalenderjahres nach Erteilung des Zuschlags als öffentlich gefördert, vorausgesetzt, die wegen der öffentlichen Mittel begründeten Grundpfandrechte erlöschen mit dem Zuschlag. Haben die Grundpfandrechte Bestand, bleibt es bei den allgemeinen Regeln. Wurden die zwangsversteigerten Wohnungen nur mit Zuschüssen gefördert, entfallen die Bindungen mit dem Zuschlag.

Nach Wegfall der Preisbindungen ist die zuletzt geschuldete Kostenmiete einschließlich eventueller Zuschläge, z.B. wegen Untervermietung, gewerblicher Nutzung oder Freistellung von Bindungen, weiterzuzahlen (**BGH WuM 2010, 490**).

Wichtig: Wird die öffentlich geförderte Wohnung umgewandelt, ist eine Eigenbedarfskündigung des Käufers ausgeschlossen, solange für die Wohnung Sozialbindungen bestehen ⇨ UMWANDLUNG VON MIET- IN EIGENTUMSWOHNUNGEN.

Sonderregelungen für die Bindungsdauer gelten bei **vorzeitiger Rückzahlung** der Fördermittel:

– Muss der Eigentümer ein Darlehen vorzeitig zurückzahlen, weil er gegen den Bewilligungsbescheid oder gegen den Darlehensvertrag verstoßen hat, bleiben die Bindungen bis zum Ablauf des Jahres bestehen, in dem die Mittel planmäßig zurückgezahlt worden wären, längstens jedoch bis zum Ablauf des 12. Kalenderjahres nach der Rückzahlung.

– Wird das Darlehen freiwillig vorzeitig zurückgezahlt, bleiben die Bindungen noch bis zum Ende des 10. Kalenderjahres nach der Rückzahlung bestehen, es sei denn, das Darlehen wäre planmäßig schon eher zurückgezahlt worden. Dies gilt auch dann, wenn es um ein öffentlich gefördertes Eigenheim geht, das zum Zeitpunkt der Rückzahlung nicht mehr vom Eigentümer selbst genutzt wird, sondern vermietet ist (**BVerwG WuM 2003, 297**).

– Wenn das ursprünglich auf eine Wohnung entfallende öffentliche Darlehen nicht höher war als 1550 Euro, fallen die Bindungen mit der Rückzahlung weg.

2. Förderung mit Aufwendungsbeihilfen (sog. zweiter Förderweg)
Als Alternative zum ersten Förderweg wurde ein zweiter Förderweg eröffnet. Hier ging es um die Förderung des Wohnungsbaus durch Aufwendungsbeihilfen, Aufwendungsdarlehen oder Aufwendungszuschüsse als nicht öffentliche Mittel zur Senkung der laufenden Aufwendungen des Vermieters. Seit 1972 erfolgt die Förderung degressiv gestaffelt, nimmt also schrittweise ab. Dies bedeutet, dass parallel dazu die Miete angehoben werden darf.

Ebenso wie beim ersten Förderweg gibt es auch beim zweiten Förderweg eine Mietpreisbindung; der Vermieter darf auch hier nicht mehr als die Kostenmiete verlangen ⇨ SOZIALMIETEN. Außerdem gilt eine Belegungsbindung. Die so geförderten Wohnungen dürfen nur an Personen vermietet werden, die entweder eine öffentlich geförderte Wohnung frei machen oder deren Einkommen die für den öffentlich geförderten Wohnungsbau geltenden Grenzen um höchstens 60% übersteigt.

Die Bindungen bestehen so lange, wie die laufenden Aufwendungen des Vermieters durch die Fördermittel vermindert werden.

3. Mit Wohnungsfürsorgemitteln geförderte Wohnungen
Bund, Länder und Gemeinden haben eine Fürsorgepflicht gegenüber den Angehörigen des öffentlichen Dienstes. Sie haben den Wohnungsbau daher auch mit Wohnungsfürsorgemitteln gefördert. Im Gegenzug ist der Bauherr verpflichtet, von seinen Mietern höchstens die Kostenmiete ⇨ SOZIALMIETEN zu fordern und der fördernden Stelle ein Wohnungsbesetzungsrecht einzuräumen. Die Dauer des Besetzungsrechts wird vertraglich vereinbart (z.B. auf 20 oder 30 Jahre); in dieser Zeit darf der Vermieter die geförderte Wohnung nur an konkret benannte Mieter vergeben. Die Bindung an die Kostenmiete dauert bis zum

Ablauf des Besetzungsrechts, auch wenn die Fördermittel vorzeitig zurückgezahlt werden.

4. Vereinbarte Förderung

Seit Februar 1989 gibt es die Förderungsmöglichkeit der vereinbarten Förderung. Trotz der Förderung handelt es sich hierbei um freifinanzierten Wohnraum, die Kostenmiete gilt nicht. Bauherren, die diese Förderungsmöglichkeit wählen, müssen je nach Bundesland unterschiedliche vertragliche Pflichten übernehmen. Die einzelnen Bundesländer legen z.B. fest, ob und ggf. welche Einkommensgrenzen zu beachten sind, wie hoch die Miete ist und welche Mieterhöhungsmöglichkeiten es gibt. Auch die Dauer dieser vertraglichen Bindung kann ausgehandelt werden, sie soll 15 Jahre nicht überschreiten. Kürzere Bindungen sind möglich.

Wenn der Vermieter eine ⇨ MIETERHÖHUNG fordert, muss er die gesetzlichen Vorschriften für Mieterhöhungen auf die ortsübliche Vergleichsmiete beachten und außerdem die vertraglichen Beschränkungen, z.B. eine Höchstmiete, einhalten (LG Berlin WuM 2016, 422; AG Hamburg WuM 2001, 588). Nach Ansicht des LG München I (NZM 2012, 802) soll der Vermieter seine Mieterhöhung nicht mit dem Mietspiegel, sondern nur mit einem Gutachten oder der Benennung von drei Vergleichswohnungen begründen können. Macht der Vermieter von einer zulässigen Mieterhöhungsmöglichkeit keinen Gebrauch, kann er dies bei einem Mieterwechsel nachholen und dann den entsprechend höheren Mietpreis vereinbaren (LG Freiburg WuM 2003, 696). Auch die Vereinbarung einer ⇨ STAFFELMIETE ist möglich, wenn das nicht in den Förderbedingungen ausgeschlossen ist.

Für Neubauten ab dem 1.10.1994 kann die vereinbarte Förderung auch in Abhängigkeit vom Einkommen erfolgen. Bei dieser einkommensorientierten Förderung erhält der Vermieter eine Grundförderung. Deren Höhe wird von den Bundesländern festgelegt, ist aber deutlich geringer als bei ⇨ SOZIALWOHNUNGEN. Im Gegenzug verpflichtet sich der Bauherr, Belegungsbindungen zu übernehmen und die vertraglich vereinbarten Regelungen zur Miethöhe einzuhalten. Neben der Grundförderung wird dem Vermieter eine Zusatzförderung gezahlt. Die Höhe dieser Förderung ist abhängig von dem Einkommen des Mieters. Je höher dessen Einkommen, desto geringer die Förderung, desto höher die Miete. Die Einzelheiten werden hier ebenfalls von den Bundesländern festgelegt.

Die Förderung kann auch im Rahmen von Modernisierungsmaßnahmen erfolgen und z.B. vorsehen, dass Mieter einer freifinanzierten Wohnung nicht mehr als die Durchschnittsmiete für öffentlich geförderte Wohnungen zahlen, wenn sie einen Wohnberechtigungsschein vorlegen **(BGH**

WuM 2011, 511).

Der Wohnungskäufer einer geförderten oder umgewandelten Wohnung ⮱ UMWANDLUNG VON MIET- IN EIGENTUMSWOHNUNGEN, ⮱ VORKAUFSRECHT darf sich gegenüber dem in der Wohnung lebenden Mieter nicht auf Eigenbedarf berufen, solange die Belegungs- und Mietbindung besteht.

Seit 2002/2003 erfolgt die Förderung auf der Grundlage des Wohnraumförderungsgesetzes. Die Inhalte der Förderung ergeben sich unmittelbar aus der ⮱ FÖRDERZUSAGE. Die im Rahmen der vereinbarten oder einkommensorientierten Förderung bereits errichteten Wohnungen werden aber, wie vertraglich festgelegt, weiter gefördert.

5. Soziale Wohnraumförderung
Seit 2002/2003 erfolgt die Förderung des Wohnungsbaus auf Antrag des Bauherrn nur noch durch eine ⮱ FÖRDERZUSAGE, entweder in Form eines Verwaltungsaktes oder durch einen öffentlich-rechtlichen Vertrag. Gesetzliche Grundlage hierfür ist das Wohnraumförderungsgesetz des Bundes. Im Rahmen der Föderalismusreform ist die Zuständigkeit für die Wohnraumförderung ab September 2006 jedoch auf die Bundesländer übergegangen. Diese haben das Recht, eigene Fördervorschriften zu erlassen. Solange dies in einem Bundesland nicht geschehen ist, gelten dort die Vorschriften des Wohnraumförderungsgesetzes als Bundesrecht weiter und werden auf die Wohnraumförderung des Landes angewandt. Von der Möglichkeit haben alle Länder Gebrauch gemacht. Dabei unterscheiden sich die Schwerpunkte der Landesgesetze, die Förderbedingungen und Einkommensgrenzen stark.

Die Förderzusage enthält u.a. Bestimmungen über die Höhe der Förderung, die Dauer der Gewährung, die Einhaltung von Einkommensgrenzen und Wohnungsgrößen sowie über die Folgen eines Eigentümerwechsels. Außerdem ergeben sich aus der Förderzusage Art, Höhe und Dauer der Mietbindungen sowie Art und Dauer der **Belegungsbindungen**, auch für den Fall der vorzeitigen Rückzahlung der Fördermittel.

Wohnungseigentum

Viele Mieter bewohnen Wohnungen in Häusern, die nicht einem einzelnen Eigentümer/Vermieter gehören, sondern im gemeinschaftlichen Eigentum mehrerer stehen. Die Rechtsverhältnisse dieser Eigentümer untereinander, die gemeinsame Verwaltung des gemeinschaftlichen Eigentums und die Rechte der Eigentümer der einzelnen Wohnungen regelt das »Gesetz über das Wohnungseigentum und über das Dauerwohnrecht«, kurz **Wohnungseigentumsgesetz** (WEG). Durch das **Wohnungseigentumsmodernisierungsgesetz** (WEMoG) wurde das WEG zum 1.12.2020 grundlegend geändert; auch im **Mietrecht des BGB** hat es dadurch Änderungen gegeben. Diese Änderungen haben zwar etliche alte Probleme geklärt, werfen aber andererseits viele neue Fragen auf, die die Rechtsprechung in den nächsten Jahren beschäftigen werden.

Wohnungseigentum bedeutet, dass das Gebäude und das Grundstück einer Wohnungseigentümergemeinschaft gemeinschaftlich gehören (sog. **Miteigentum**) und jeder Eigentümer außerdem das sog. **Sondereigentum** an »seiner« Wohnung hat (§ 1 WEG). Das Sondereigentum kann nur an abgeschlossenen Wohnungen oder Räumen begründet werden; neu eingeführt durch das WEMoG wurde außerdem die Möglichkeit, das Sondereigentum auf **Stellplätze** zu erstrecken. Daneben gibt es noch das sog. **Teileigentum**; dies ist Sondereigentum an Räumen, die nicht zu Wohnzwecken dienen (z.B. Laden- oder Praxisräume). Für Teile des Gemeinschaftseigentums, an denen kein Sondereigentum begründet werden kann (z.B. Gartenflächen, Spielplätze, Wasch- und Trockenräume), können die Eigentümer außerdem sog. **Sondernutzungsrechte** vereinbaren. Ein Sondernutzungsrecht gibt einem oder mehreren Eigentümern das Recht zur Nutzung des betreffenden Teils des Gemeinschaftseigentums unter Ausschluss der übrigen Eigentümer **(BGH WuM 2017, 227, 231)**.

Grundsätzlich gelten für Mieter von im Sondereigentum stehenden Wohnungen dieselben Regelungen wie für jeden anderen Wohnungsmieter, aber es gibt doch einige Besonderheiten zu beachten.

Mietvertrag und Rechte der Parteien

Jeder Sondereigentümer hat das Recht, mit seinem Sondereigentum so zu verfahren, wie er möchte (§ 13 Abs. 1 WEG), solange er sich dabei an die geltenden Gesetze hält und nicht die Rechte der anderen Eigentümer beeinträchtigt. Zu seinen Rechten gehört auch, seine Wohnung zu vermieten, an wen er möchte. Im Mietvertrag darf er auch die Mitnutzung des Gemeinschaftseigentums gestatten, soweit nicht Sondernutzungsrechte (s.o.) anderer Eigentümer daran bestehen.

Ein typisches Problem ist es, wenn Rechte, die das BGB-Mietrecht bzw. der jeweilige Mietvertrag dem Mieter geben, mit Regelungen kollidieren, die die Wohnungseigentümergemeinschaft sich selbst gegeben hat. So kann etwa die **Gemeinschaftsordnung**, mit der die Gemeinschaft die Regelungen für das Zusammenleben festlegt, Bestimmungen enthalten, die die Rechte des Vermieters einschränken; diese Rechte kann der Vermieter dann, weil er sie selbst nicht hat, auch nicht dem Mieter vertraglich überlassen. Verpflichtet er sich trotzdem im Mietvertrag dazu, kommt er in die »Zwickmühle« – er muss eigentlich, aber er darf nicht. Probleme bereiten auch Fälle, in denen die Gemeinschaft der Eigentümer **nach** Abschluss des Mietvertrags Regelungen trifft, die die Rechte des vermietenden Eigentümers beschränken, z.B. ein Verbot der Anbringung von »Katzennetzen« am Balkon oder eine Regelung, die das Musizieren zeitlich stärker einschränkt als die üblichen Ruhezeiten. Hat der Vermieter dies bisher gestattet oder geduldet, kann er es »mietrechtlich« nicht ohne weiteres verbieten, »wohnungseigentumsrechtlich« ist er aber selbst nicht mehr berechtigt und kann es daher auch nicht mehr erlauben. Zwar ist durch das WEMoG der bisherige § 14 Nr. 2 ersatzlos entfallen, der den Eigentümer ausdrücklich verpflichtete, für die Einhaltung der ihn selbst treffenden Pflichten durch »seine« Mieter zu sorgen. Selbst wenn man diese Verpflichtung nun aus dem Gemeinschaftsverhältnis ableitet, kann der Vermieter aber immer nur so weit seinen Mieter in die Pflicht nehmen, als dieser gegen den Mietvertrag verstößt. Damit kann ein Verstoß gegen die in dem WEG geltenden Regeln daher oft nicht abgestellt werden. Ein Kündigungsrecht steht ihm nicht zu, denn der Mieter hält sich ja an den Vertrag. Sog. **Änderungsklauseln** im Mietvertrag, nach denen z.B. die »jeweils geltende Hausordnung« auch für den Mieter bindend sein soll, sind AGB-rechtlich fast immer nach § 308 Nr. 4 BGB **unwirksam** ⇨ ALLGEMEINE GESCHÄFTSBEDINGUNGEN und helfen daher nicht weiter. Insofern nutzt es der Eigentümergemeinschaft oft wenig, gegen den vermietenden Miteigentümer vorzugehen.

Geht es um Rechte der Gemeinschaft, kommt auch ein Vorgehen der rechtsfähigen Gemeinschaft der Eigentümer (nicht: einzelner Eigentümer! **BGH WuM 2022, 240; BGH WuM 2022, 180; BGH WuM 2021, 637**) gegen den **Mieter** in Betracht. Dass die Wohnungseigentümer gegen Mieter von Sondereigentum grundsätzlich einen eigenen Unterlassungsanspruch haben können, hat der **BGH (WuM 2020, 48)** – allerdings im Jahr 2019 noch zur alten Rechtslage – entschieden. Außerdem können **einzelne Eigentümer**, in deren Rechte aus dem Sondereigentum der Mieter unmittelbar eingreift, auch direkt gegen den Mieter vorgehen; dies hat der BGH bereits zum neuen Recht entschieden **(BGH WuM 2022, 240; BGH WuM 2022, 180; BGH WuM 2021, 521)**. Dies soll selbst dann gelten, wenn es nicht ausschließlich um die Verletzung des Sondereigentumsrechts geht, sondern – praktisch durch dieselbe Handlung – **auch** das Gemeinschaftseigentum beeinträchtigt wird; allerdings kann der Einzeleigentümer dann nur sein eigenes Abwehrrecht durchsetzen. Die Beeinträchtigung des Gemeinschaftseigentums können auch in diesem Fall nur die Eigentümer als rechtsfähige Gemeinschaft abwehren. Ein Einzeleigentümer kann daher auch nicht »die Einhaltung der Hausordnung« o.Ä. vom Mieter verlangen.

Sonderfall: Duldungspflichten nach § 15 WEG für Erhaltungs- und Modernisierungsmaßnahmen
Grundsätzlich gelten für Duldungspflichten des Mieters von Eigentumswohnungen gegenüber dem Vermieter – z. B. ➯ BESICHTIGUNGSRECHT DES VERMIETERS – dieselben Regelungen wie bei anderen Mietern. Die Neufassung des WEG enthält mit § 15 daneben erstmals eine spezielle Regelung zu **Duldungspflichten des Mieters gegenüber der Gemeinschaft der Wohnungseigentümer**. Wer »Wohnungseigentum gebraucht, ohne Wohnungseigentümer zu sein« – was auf Mieter natürlich zutrifft – muss gegenüber der Gemeinschaft und einzelnen anderen Wohnungseigentümern zum einen rechtzeitig angekündigte **Erhaltungsmaßnahmen** und zum anderen **Modernisierungsmaßnahmen**, die 3 Monate vor Beginn in Textform angekündigt wurden, dulden. Die Ankündigung muss **von der Gemeinschaft** ausgesprochen werden, wenn diese die Maßnahmen durchführen lässt; will hingegen der Vermieter, ggf. mit Gestattung der Gemeinschaft, die Maßnahmen durchführen, muss er auch ankündigen. Was die Einzelheiten der Ankündigungen angeht, verweist das WEG auf die entsprechenden Regelungen im BGB-Mietrecht (§ 555a, §§ 555c, 555d). Letztlich treffen den Mieter hier also die gleichen Pflichten wie in jedem anderen Mietverhältnis ➯ INSTANDHALTUNG, INSTANDSETZUNG; ➯ MODERNISIERUNG.

Mängel
Der mietvertragliche Anspruch des Mieters auf Beseitigung von Mängeln seiner Wohnung richtet sich grundsätzlich immer gegen seinen Vertragspartner, den Vermieter. Ob der Mangel am Sondereigentum des Vermieters oder am Gemeinschaftseigentum besteht, spielt für den Anspruch des Mieters zunächst keine Rolle; seine Rechte richten sich immer nach dem Mietvertragsrecht ➯ MÄNGEL DER WOHNUNG. Allerdings kann es schwierig und vor allem langwierig werden, wenn der Mangel am Gemeinschaftseigentum besteht oder seine Beseitigung einen Eingriff in das Gemeinschaftseigentum erfordert. Dann nämlich wäre grundsätzlich die Gemeinschaft zuständig; der Vermieter dürfte also – außer in Notfällen – nicht selbst einen Handwerker beauftragen, sondern müsste einen entsprechenden Beschluss der Gemeinschaft herbeiführen, notfalls auf dem Klageweg **(BGH WuM 2005, 713)**. Grundsätzlich sind solche Teile des Gebäudes, die für dessen Bestand oder dessen Sicherheit erforderlich sind, und auch Anlagen und Einrichtungen, die zum gemeinschaftlichen Gebrauch vorgesehen sind, **immer**

Gemeinschaftseigentum; dies sieht das WEG zwingend vor. Um die Sache noch weiter zu verkomplizieren, kann es aber sein, dass in der sog. Teilungserklärung, mit der bei der erstmaligen Aufteilung des Wohnungseigentums die Rechte und Pflichten der einzelnen Eigentümer festgelegt werden, bestimmt ist, dass ein Sondereigentümer bei bestimmten Teilen, die nach WEG-Recht zwingend im Gemeinschaftseigentum stehen, trotzdem zur Instandhaltung verpflichtet ist (z.B. bei Schäden an Fenstern und Türen seiner Wohnung) – dann wäre der Vermieter doch wieder selbst zuständig. Außerdem ist eine Vereinbarung der Eigentümer möglich, dass Bestandteile des Gebäudes, die zum Sondereigentum gehören können, Gemeinschaftseigentum sein sollen – dann muss der Vermieter einen Beschluss der Gemeinschaft herbeiführen.

Betriebskosten
Durch das WEMoG wurde mit § 556a Abs. 3 BGB eine neue Regelung zum Umlagemaßstab der ⇨ BETRIEBSKOSTEN bei vermietetem Wohnungseigentum geschaffen. Danach gilt, wenn im Mietvertrag nichts anderes vereinbart ist, für die Umlage der Betriebskosten auf den Mieter der jeweils zwischen den Wohnungseigentümern vereinbarte Maßstab. Dies vereinfacht für den Vermieter die Umlage, weil er die Beträge aus der Abrechnung, die er selbst für sein Sondereigentum erhält, übernehmen kann. Nur wenn dies »billigem Ermessen« widerspricht, soll die Umlage wie in anderen Mietverhältnissen auch erfolgen. Dazu, was »unbillig« wäre, hat sich der Gesetzgeber nicht geäußert; dies wird dann im Einzelfall von den Gerichten entschieden werden müssen.

§ 556a Abs. 3 BGB gilt auch für bereits laufende Mietverhältnisse. Schwierigkeiten können sich daraus ergeben, dass der Mieter in der Regel gar nicht weiß, was die Gemeinschaft der Wohnungseigentümer hier vereinbart hat. Er ist gut beraten, den Vermieter hierzu zu befragen – wenn nicht schon bei Abschluss des Mietvertrags, dann spätestens, wenn die erste Betriebskostenabrechnung eintrifft. Insoweit hat der Mieter ein Belegeinsichtsrecht, zu dem erforderlichenfalls auch gehört, dass der Vermieter ihm seinen Anspruch auf Einsicht und Information gegenüber der Gemeinschaft aus § 18 Abs. 4 WEG abtritt, ihm also die Einsicht in die entsprechenden Unterlagen der Wohnungseigentümergemeinschaft ermöglicht (AG Siegen WuM 2023, 774).

Achtung: Ändert die Gemeinschaft den intern geltenden Umlagemaßstab, so gilt dies auch für die Umlage im Mietverhältnis! Die Wohnungseigentümergemeinschaft darf jedoch nicht den Heizkostenverteilungsschlüssel nach Ablauf des Abrechnungszeitraums rückwirkend ändern (LG Hamburg ZMR 2014, 740).

Auf keinen Fall darf der Vermieter einfach alle Betriebskosten, die auf sein Sondereigentum entfallen, an den Mieter »durchreichen«, denn die Kostentragungspflicht des Mieters setzt eine entsprechende Vereinbarung voraus, und auch die Regeln der Betriebskostenverordnung und der Heizkostenverordnung gelten. Zu den Einzelheiten ⮚ BETRIEBSKOSTEN.

Barrierefreiheit, Ladestation, Einbruchschutz
Durch das WEMoG wurde in das BGB auch ein neuer § 554 eingefügt, der dem Mieter einen Anspruch gibt, dass der Vermieter ihm zumutbare bauliche Veränderungen erlaubt, die dem **Gebrauch durch Menschen mit Behinderungen, dem Laden elektrisch betriebener Fahrzeuge oder dem Einbruchschutz** (geplant zudem: Installation und Betrieb von Steckersolargeräten, sog. Balkonkraftwerken) dienen ⮚ MIETERMODERNISIERUNG. Durch den neuen § 20 Abs. 2 Satz 1 und Abs. 3 WEG erfolgt eine Harmonisierung mit dem Wohnungseigentumsrecht derart, dass der Vermieter, wenn und soweit er dem Mieter gegenüber zur Erlaubnis für die o.g. Maßnahmen verpflichtet ist, dies auch gegenüber der Gemeinschaft – notfalls mit einer sog. Beschlussersetzungsklage nach § 44 Abs. 1 Satz 2 WEG – durchsetzen kann. Allerdings muss der Vermieter die Erlaubnis erst erteilen, sobald ein entsprechender Beschluss der Gemeinschaft gefasst wurde. Veränderungen, die eine grundlegende Umgestaltung der Eigentumsanlage bewirken oder einen anderen Eigentümer unbillig benachteiligen würden, muss die Gemeinschaft allerdings nicht gestatten (§ 20 Abs. 4 WEG).

Umwandlung
Bei der erstmaligen ⮚ UMWANDLUNG VON MIET- IN EIGENTUMSWOHNUNGEN kann es für Mieter zu Problemen kommen, da es in der Folge oftmals zu Luxussanierungen mit entsprechenden Mietsteigerungen oder Eigenbedarf kommt.

Wohnungsmängel ⮚ MÄNGEL DER WOHNUNG

Wohnungstausch

Ein Wohnungstausch liegt vor, wenn zwei Mieter sich darüber einig sind, dass jeder dem anderen seine Wohnung zur Verfügung stellen will. Diese Interessenlage findet sich häufig dann, wenn für den einen Mieter die Wohnung zu klein und für den anderen seine Wohnung zu groß ist. Nach geltendem Recht ist ein solcher Wohnungstausch aber nicht ohne Probleme. Dem Vermieter kann nämlich nicht einfach ein anderer Vertragspartner aufgezwungen werden. Ist der Vermieter daher mit dem

Wohnungstausch nicht einverstanden, scheitert die Angelegenheit. Ein Antrag der – inzwischen aufgelösten – Fraktion Die Linke im Bundestag, ein Recht auf Wohnungstausch einzuführen (BT-Drs. 20/6714), wurde gestellt, dürfte aber keine große Aussicht auf Erfolg haben.

Von Wohnungstausch spricht man auch, wenn man zu Urlaubszwecken (z.B. über Airbnb) anderen seine Wohnung zur Verfügung stellen will. Voraussetzung ist auch hier, dass der Vermieter dem »zeitlich befristeten« Wohnungstausch zustimmt, da die Wohnung sonst vertragswidrig genutzt wird. Zudem sollte man bedenken, dass nicht jeder Tauschpartner, den man z.B. über das Internet gefunden hat, sorgsam mit der Wohnung umgeht. Für Schäden haftet im Zweifel dann der Mieter. Unter Umständen kann auch eine verbotene ⇨ ZWECKENTFREMDUNG vorliegen.

Wohnungsübergabeprotokoll ⇨ WOHNUNGSABNAHME

Wohnungsvermittlung ⇨ MITWOHNZENTRALE

Bestellerprinzip
Seit 2015 gilt bei der Wohnungsvermittlung das Bestellerprinzip. Wer den Makler bestellt, muss zahlen. Der Mieter schuldet eine Maklerprovision nur, wenn er den Makler selbst beauftragt hat.

Erst Auftrag, dann Suche: Weitere Voraussetzung ist, dass der Makler ausschließlich aufgrund dieses Auftrags tätig wird und anschließend eine Wohnung beschafft, über die der Mietvertrag schließlich zustande kommt. Dazu muss er vom Vermieter oder einem anderen Berechtigten nach Abschluss des Maklervertrags ein Angebot einholen. Ein anderer Berechtigter kann der bisherige Mieter sein, der vom Vermieter die Erlaubnis erhalten hat, sich selbst um einen Nachmieter zu kümmern **(BGH WuM 2019, 534).**

Keine wirksame Auftragserteilung beim Besichtigungstermin: Einige Makler fordern den Mieter auf, einen Maklervertrag für eine bereits ins Auge gefasste oder besichtigte Wohnung zu unterschreiben. Das ist ungesetzlich! Für eine Wohnung, die der Mieter bereits kennt, kommt kein gültiger Suchauftrag zustande.

Meldet sich der Wohnungssuchende auf ein Online-Inserat, steht dem Makler keine Vermittlungsgebühr zu. Das gilt auch dann, wenn der Makler nur gegen Provision bereit war, den Mieter als Bewerber vorzuschlagen. Die gezahlte Provision muss er dem Mieter erstatten (AG Freiburg WuM 2017, 220).

Auch wenn der Vermieter dem Makler eine Wohnung zur Suche eines Mieters an die Hand gegeben hat, muss der Mieter keine Courtage zahlen.

Makler, die die Regeln des Bestellerprinzips nicht einhalten, können mit einem Bußgeld belegt werden.

■ Ein Maklervertrag ist nur dann gültig, wenn er in ⇨ TEXTFORM abgeschlossen wird. Durch die vorgeschriebene Form wird dem Wohnungssuchenden deutlich vor Augen geführt, dass er einen Vertrag schließt und bei erfolgreicher Vermittlung oder erfolgreichem Nachweis eine Vergütung fällig wird. Außerdem lassen sich dadurch Unklarheiten darüber vermeiden, ob und unter welchen Voraussetzungen die Vereinbarung mit dem Makler zustande gekommen ist. Mündliche Verträge sind unwirksam. Diese gesetzlichen Regelungen zum Schutz des Mieters dürfen nicht umgangen werden. Der Vermieter kann z. B. beim Abschluss des Mietvertrags nicht vertraglich festlegen, dass der Mieter die Maklercourtage übernimmt. Derartige Vereinbarungen sind ungültig.

■ Weitere Bedingung ist, dass der Wohnungsvermittler vom Vermieter oder einem anderen Berechtigten die Zustimmung erhalten hat, die Wohnung anzubieten. Das Gesetz will verhindern, dass der Makler Wohnungen anbietet, von denen er zufällig von anderen erfahren oder die er aus Anzeigen in Zeitungen oder im Internet entnommen hat. Dadurch sollen dem Wohnungssuchenden Zeit und Kosten für vergebliche Wohnungsbesichtigungen erspart werden.

Mieter müssen ausnahmsweise dann Provision zahlen, wenn der Makler nach Auftragserteilung durch den Mieter mit der Wohnungssuche beginnt. Beispielsweise dadurch, dass er dann eine Anzeige schaltet und sich daraufhin ein Vermieter mit einer passenden Wohnung meldet. Hier wird der Makler auf Bestellung des Mieters tätig. Beweispflichtig ist der Makler. Anders schon, wenn der Mieter einen Auftrag zur Wohnungsvermittlung erteilt hat und sich dann ein Vermieter an den Makler zwecks Mietersuche wendet. Dann muss der Mieter keine Provision zahlen. Dem Makler steht auch keine Vermittlungsgebühr zu, wenn er bereits vor der Beauftragung durch den Wohnungssuchenden mit dem Vermieter übereingekommen ist, dessen Wohnung anzubieten (AG Freiburg WuM 2017, 220).

■ Weitere wesentliche Voraussetzung für einen Provisionsanspruch des Maklers ist, dass es auch tatsächlich zum Abschluss eines Mietvertrages gekommen ist. Eine Provisionspflicht ist ausgeschlossen, wenn der Mietvertrag wegen Formnichtigkeit, Gesetzwidrigkeit, Sittenwidrigkeit, anfänglicher objektiver Unmöglichkeit, Anfechtung wegen Irrtums oder arglistiger Täuschung von Anfang an unwirksam ist.

Der Mieter kann die Vermittlungsprovision aber grundsätzlich nicht zurückverlangen, wenn er den Mietvertrag nach kurzer Zeit kündigt oder im Einvernehmen mit dem Vermieter wieder aufhebt **(BGH NZM 2005, 711)**. Der Provisionsanspruch des Maklers hängt nur vom Zustandekommen des Hauptvertrags ab, nicht aber davon, dass der Mieter in die Wohnung einzieht.

Die Rückforderung der Provision ist hingegen möglich, wenn der Mieter fristlos gekündigt hat oder auch eine Anfechtung wegen arglistiger Täuschung möglich gewesen wäre (so AG Trier WuM 99, 48 und AG Köln WuM 85, 297). Kann der Mieter den Makler nicht auf Rückerstattung in Anspruch nehmen, haftet unter Umständen der Vermieter auf Ersatz der Vermittlungsgebühr ⇨ FRISTLOSE KÜNDIGUNG (durch den Mieter). Der Vermieter muss die Provision zum Beispiel erstatten, wenn er den Mieter bewusst nicht darauf hingewiesen hat, dass die vermieteten Räume aus bauordnungsrechtlichen Gründen zu Wohnzwecken ungeeignet sind (LG Mannheim NZM 99, 406).

Tätigkeit des Maklers im Auftrag des Mieters
Dem Makler steht eine Provision nur zu, wenn er eine Wohnung nachgewiesen hat, er dem Mieter z.B. eine Adresse besorgt oder ein Exposé übergeben hat oder er eine Wohnung vermittelt hat, wenn er also z.B. dem Mieter die Wohnräume gezeigt oder mit dem Vermieter verhandelt hat (OLG Koblenz WuM 92, 319).

Der Makler hat die Wohnung nicht nachgewiesen oder vermittelt, wenn die Adresse dem Mietinteressenten schon vorher bekannt war. Wusste der Wohnungssuchende bereits, z.B. durch den Vermieter oder den Vormieter, dass ein neuer Mieter gesucht wird, ist der Abschluss des Mietvertrags nicht durch die Tätigkeit des Maklers zustande gekommen. Eine Klausel im Maklervertrag, mit der der Mieter bestätigt, er habe erstmalig Kenntnis von der Möglichkeit zur Anmietung durch den Makler erhalten, ist unwirksam (LG Lüneburg VuR 88, 52).

Neutralität des Maklers
■ Der Makler oder sonst ein Wohnungsvermittler bekommt keine Provision, wenn er selbst Eigentümer, Verwalter, Mieter oder Vermieter der Wohnung ist (§ 2 Abs.2 Nr.2 WoVermittG).

■ Der Makler erhält keine Provision, wenn er eine Sozialwohnung vermittelt oder nachgewiesen hat (§ 2 Abs. 3 WoVermittG); ebenso wenig bei einer Wohnung, die mit Aufwendungszuschüssen gefördert wurde (AG

Meppen WuM 91, 602).

■ Ist die Vereinbarung einer Maklerprovision unwirksam, steht sie dem Wohnungsvermittler nicht zu. Auch wenn der Mieter im Maklervertrag unterschrieben hat, dass er die Provision zahlt, kann sich der Makler darauf nicht stützen (AG Hamburg-Blankenese WuM 2015, 444). Hat der Mieter die Provision schon gezahlt, kann er sie zurückfordern (§ 5 WoVermittG, § 812 BGB) ➯ VERJÄHRUNG.

Sonstige Pflichten eines Wohnungsvermittlers
Der Makler bekommt nur dann eine Provision, wenn mit seiner Hilfe ein Mietvertrag zustande gekommen ist. Er erhält also nur ein Erfolgshonorar. Insbesondere darf er keine Vorschüsse fordern. Auch keine versteckten Vorschüsse, also keine Einschreibegebühren, Schreibgebühren oder Auslagenerstattungen o.Ä. **(BGH WuM 2010, 367)**. Außerdem darf ein Makler von Wohnungsinteressenten keine Gebühr für die Besichtigung der Wohnung verlangen (LG Stuttgart WuM 2016, 505).

Die Makler müssen immer deutlich darauf hinweisen, dass sie die Wohnung bloß vermitteln und nicht etwa selbst Vermieter sind. Besonders in Internet- oder Zeitungsanzeigen, auf Aushängetafeln usw. müssen sie immer ihren Namen und ihre Bezeichnung als Wohnungsvermittler angeben, damit ein Mieter keine unangenehmen Überraschungen erlebt (§ 6 Abs. 2 WoVermittG; OLG Köln WuM 93, 366; OLG Schleswig WuM 93, 681).

Die Makler müssen immer die Provision in einem Bruchteil oder einem Vielfachen der Monatsmiete ausdrücken.

Beispiel: Provision 2 Monatsmieten oder Vermittlungsgebühr $1^1/_2$ Monatsmieten (§ 3 Abs. 1 WoVermittG).

Wenn Makler Wohnungen anbieten, müssen sie immer die Miete und die Nebenkosten angeben (§ 6 Abs. 2 WoVermittG). Die Angabe der »Kaltmiete« ist nicht eindeutig genug (OLG Bremen WuM 93, 58; OLG Schleswig WuM 93, 59; **a.A.** OLG Braunschweig WuM 93, 59).

Verstößt der Makler hiergegen, bleibt zwar der Maklervertrag wirksam (OLG Karlsruhe NJW 76, 1408; **a.A.** LG Hannover NJW-RR 91, 1295). Der Makler verstößt aber gegen das Gesetz und kann eine Geldbuße bis zu 2 500 Euro bekommen (§ 8 WoVermittG). Zuständig ist das Ordnungsamt der Stadt oder die Kreisverwaltung/Landratsamt. Außerdem verstößt er gegen das Gesetz gegen unlauteren Wettbewerb **(BGH WuM 87, 325)**.

Darüber hinaus muss ein Makler in einer Immobilienanzeige den Energiekennwert und die Art des verwendeten Energieausweises mitteilen **(BGH WuM 2018, 169)** ➯ ENERGIEPASS (ENERGIEAUSWEIS).

Der Makler darf nicht jeden Preis verlangen!
Achtung: Die Maklerprovision ist auf höchstens 2 Monatsmieten (zuzüglich Umsatzsteuer) begrenzt; Nebenkosten, über die gesondert abzurechnen ist, bleiben dabei unberücksichtigt.

Wenn der Makler mehr verlangt, ist eine Geldbuße bis zu 25 000 Euro möglich (§ 8 WoVermittG). Auch hierfür ist wieder das Ordnungsamt zuständig (Stadtverwaltung, Kreisverwaltung, Landratsamt).

Vermittelt der Makler eine überteuerte Wohnung ⇨ MIETPREISBREMSE, ⇨ MIETPREISÜBERHÖHUNG, berechnet sich die Höhe der Maklerprovision nicht nach der vom Vermieter geforderten, sondern nach der maximal zulässigen Miete (LG Frankfurt WuM 96, 548; AG Braunschweig WuM 96, 275; AG Hamburg WuM 93, 742). Den zu viel gezahlten Teil der Provision kann der Mieter vom Makler zurückverlangen. Beispiel: Vereinbarte Miete ohne Nebenkostenvorauszahlung = 600 Euro; gezahlte Provision = 1 200 Euro + Mehrwertsteuer; höchstzulässige Miete (ortsübliche Miete + 20%) = 500 Euro; maximal zulässige Provision somit = 1 000 Euro + Mehrwertsteuer; Rückforderung des Mieters also = 200 Euro zuzüglich Mehrwertsteuer.

Abstandszahlung
Hierunter ist ein Entgelt zu verstehen, das der Nachmieter an den Vormieter, den Vermieter oder jemand anderen zahlen muss, damit der Vormieter die Wohnung frei macht. Die Zahlung ist also nur dafür gedacht, dass der Vormieter auszieht, ohne dass der Wohnungssuchende eine Gegenleistung erhält. Derartige Vereinbarungen sind nach dem Wohnungsvermittlungsgesetz unwirksam (§ 4 a WoVermittG). Der Nachmieter kann das gezahlte Geld zurückfordern.

Zulässig ist es aber, wenn sich der Vormieter seine nachgewiesenen Umzugskosten vergüten lässt. Zu den Umzugskosten gehören nicht nur die Kosten für den Möbelspediteur, sondern auch andere aufgrund des Umzugs anfallende Aufwendungen, etwa für die Renovierung der alten und der neuen Wohnung.

Ablösevereinbarung
Davon zu unterscheiden ist eine Ablösevereinbarung. Das ist ein Vertrag, durch den sich der Nachmieter verpflichtet, Möbel oder andere Einrichtungsgegenstände des Vormieters zu erwerben. Eine solche Vereinbarung ist grundsätzlich zulässig.

Nach Einführung des Bestellerprinzips besteht die Gefahr, dass der Vermieter seine gezahlte Maklerprovision wieder »reinholen« will und dem Mieter nahezu wertlose Möbel oder andere Einrichtungsgegenstände zu überhöhten Preisen verkauft. Zuweilen verlangt aber auch der Vormieter Wucherpreise, z.B. für seine alte Einbauküche oder einen verschlissenen Bodenbelag. Eine solche Vereinbarung ist unwirksam, soweit das Entgelt in einem auffälligen Missverhältnis zum Wert der überlassenen Gegenstände steht. Von einem auffälligen Missverhältnis ist auszugehen, wenn der Kaufpreis mehr als 50% über dem tatsächlichen Wert liegt. Bis zu dieser Höhe bleibt der Vertrag wirksam (**BGH WuM 97, 380;** KG Berlin GE 2004, 814; LG Traunstein NJW-RR 96, 1295).

Beispiel: Der Nachmieter zahlt für mehrere Möbelstücke eine Ablöse von 4000 Euro. Der Zeitwert beträgt nur 2000 Euro. Die Vereinbarung ist wirksam bis zu einem Betrag von 3000 Euro (2000 Euro + 50%). Die restlichen 1000 Euro kann der Nachmieter zurückfordern. Liegt der vereinbarte Preis hingegen nicht über der 50%-Grenze, ist das gesamte Geschäft wirksam. Der Mieter kann nichts zurückverlangen (OLG Köln WuM 2000, 555). Der Zeitwert der überlassenen Einrichtungsgegenstände ist anhand des Kaufpreises, des Alters und des Erhaltungszustands zu ermitteln (LG Wiesbaden WuM 97, 53). Maßgebend ist der Wert im eingebauten Zustand, nicht der Wert, der durch einen Verkauf nach dem Ausbau zu erzielen wäre (OLG Düsseldorf ZMR 98, 618).

Dieselben Grundsätze gelten, wenn sich der Vormieter andere Aufwendungen ersetzen lässt, z.B. für die Verlegung eines Bodenbelags (⇨ MIETERMODERNISIERUNG) oder Renovierungsarbeiten (**BGH WuM 97, 380;** AG Dortmund WuM 97, 54; **a.A.** AG Tempelhof-Kreuzberg WuM 96, 428). Diese Auffassung ist im Hinblick auf geleistete Schönheitsreparaturen bedenklich. Denn der Vormieter hat diese Arbeiten in der Regel aufgrund seiner mietvertraglichen Verpflichtung gegenüber dem Vermieter erbracht. Dann darf er diese Kosten auch nicht vom Nachmieter einfordern.

Verjährung

Der Anspruch auf Rückzahlung zu Unrecht gezahlter Maklerprovision oder Abstandszahlung verjährt in 3 Jahren.

Wichtig: Die Verjährungsfrist beginnt erst zu laufen, wenn der Mieter von den Umständen Kenntnis erlangt, die den Anspruch begründen. Außerdem beginnt die Verjährungsfrist immer erst mit dem Schluss des Jahres zu laufen, in dem der Anspruch entstanden ist ⇨ VERJÄHRUNG.

Beispiel: Im Jahr 2020 zahlt der Mieter die Maklercourtage. Im Jahr 2022 erfährt er, dass der Makler Verwalter der Wohnung ist. Die Verjährungsfrist beginnt mit Ende des Jahres 2022 zu laufen. Der Anspruch auf Rückzahlung ist am 1.1.2026 verjährt.

Wohnungsvermittlungsverein ⇨ MITWOHNZENTRALE
Wohnungsvermittlungsvereine, die gegen das Gesetz verstoßen, müssen von Amts wegen im Vereinsregister gelöscht werden (LG Lübeck WuM 90, 601). Sie verlangen von demjenigen, der eine Wohnung sucht, dass er ihrem Verein beitritt. Der Mitgliedsbeitrag beträgt oft 100 bis 200 Euro. Das ist aber lediglich ein verkappter Vorschuss für die angeblichen Vermittlungsversuche des Vereins. Daher ist der Mitgliedsbeitrag zu einem Wohnungsvermittlungsverein als erfolgsunabhängiges Vermittlungsentgelt im Sinne des Wohnungsvermittlungsgesetzes verbotswidrig. Mitglieder können den Beitrag zurückverlangen (AG Köln WuM 82, 332).

Der Deutsche Mieterbund hat die Erfahrung gemacht, dass diese »Wohnungsvermittlungsvereine« aus der Wohnungsnot ein Geschäft machen. Oft werden nur sehr teure Wohnungen angeboten, für die der Mieter eigentlich keinen Makler braucht, oder nur die Anzeigen aus der Zeitung abgeschrieben.

Geschäftemacher entwickeln viel Fantasie, um Wohnungssuchenden Geld aus der Tasche zu ziehen. Z.B. wird ein »Beratungshonorar« zur Unterstützung bei der Wohnungssuche kassiert; das ist unzulässig (AG Ulm WuM 93, 680). Auch für Adressendienste für Wohnungssuchende oder das Angebot, Suchanzeigen oder Angebote gegen Entgelt in Computerdatenbanken zu speichern und weiterzugeben, darf nach dem Wohnungsvermittlungsgesetz kein Geld verlangt werden (KG Berlin WuM 94, 621; LG Berlin GE 2003, 1020; MM 91, 126). Ebenfalls keine Provision gibt es, wenn der Wohnungssuchende individuell zugeschnittene Informationen erhält. Dazu gehören z.B. die Person des Vermieters, seine Telefonnummer und die detaillierte Beschreibung der Wohnung **(BGH WuM 2023, 303; WuM 2017, 293 u. 542).**

Als zulässig beurteilt der **BGH (NJW-RR 95, 880)** aber einen Schreibdienst für Wohnungssuchende, der nur Suchanfragen pauschal an Makler weiterleitet. Ebenfalls abgesegnet hat es der BGH, wenn dem Mietinteressenten eine Namensliste mit vermietungswilligen Personen übersandt wird, die er dann selbst anschreiben muss.

Viele Anbieter annoncieren im Internet und bieten unter dem Deckmantel besonders günstiger Wohnungsangebote die kostenpflichtige Aufnahme von Wohnungssuchenden mit ihrem Wohnungswunsch in eine Datenbank an, in der angeblich Vermieter nachsehen. Die Firma verspricht, dass die Vermieter sich dann direkt mit den suchenden Mietern in Verbindung setzen, sie selbst erbringt aber keine weitere Vermittlungstätigkeit. Bisher sind kaum Fälle bekannt, in denen ein Mieter dadurch eine Wohnung bekommen hat, lediglich das gezahlte Geld ist verloren. Leider sehen die Gerichte hierin bislang keine Umgehung des Wohnungsvermittlungsgesetzes. Nach der gleichen Masche arbeiten auch andere Firmen im Internet. Stellt sich heraus, dass das Geschäftsgebaren einer Firma gegen das Gesetz verstößt, wird häufig unter einem anderen Namen ein neues Unternehmen gegründet oder ein neues Internetportal eröffnet. Der Deutsche Mieterbund warnt davor, auf die Versprechungen solcher Firmen zu vertrauen, da sie bisher nie nachgewiesen haben, dass man mit ihrer Hilfe tatsächlich eine Wohnung findet.

Zu empfehlen sind dagegen die Wohnungsvermittlungsstellen, die es in einigen Städten bei der Stadtverwaltung gibt. Hier lohnt der Versuch.

Z

Zahlung unter Vorbehalt

Vor allem bei einer Mieterhöhung, aber auch bei ⇨ BETRIEBSKOSTEN und ⇨ MÄNGEL DER WOHNUNG beraubt der Mieter sich u.U. seiner Rechte, wenn er zahlt; denn Zahlung bedeutet evtl. Anerkenntnis (⇨ MIETERHÖHUNGEN).

Will der Mieter sich die Rückforderung seiner Zahlung für den Fall vorbehalten, dass die Schuld nicht oder nur zum Teil besteht, so muss er dies bei der Zahlung zu erkennen geben. Er sollte dann die Miete unter dem Vorbehalt der Rückforderung leisten und im Verwendungszweck seiner Überweisung den Zusatz »unter Vorbehalt« angeben.

Hat der Mieter unter Vorbehalt gezahlt und der Vermieter die Zahlung angenommen, muss der Mieter innerhalb einer angemessenen Frist zu erkennen geben, ob er auf seinem Rückforderungsrecht besteht oder seinen Vorbehalt fallen lässt. Macht er längere Zeit seinen Rückforderungsanspruch nicht geltend (mehrere Jahre), kann sein Rückforderungsrecht unter Umständen verwirkt (⇨ VERWIRKUNG) sein.

Zeitmietvertrag ⇨ AUSZUG DES MIETERS, ⇨ NACHMIETER

Wollen die Parteien einen befristeten Vertrag (Zeitmietvertrag) abschließen, der grundsätzlich mit Ablauf der vereinbarten Mietzeit endet, muss im Vertrag ein Befristungsgrund des Vermieters angegeben werden; fehlt dieser, kommt ein unbefristeter Mietvertrag zustande, der ordentlich gekündigt werden kann. Je nach Interessenlage der Parteien kann die Vertragsauslegung aber dazu führen, statt der unwirksamen Befristung einen beiderseitigen Kündigungsverzicht anzunehmen (**BGH WuM 2014, 148; WuM 2013, 617**; LG Fulda ZMR 2016, 203).

Der wirksame Zeitmietvertrag endet grundsätzlich erst mit Ablauf der vereinbarten Mietzeit, wenn er nicht außerordentlich gekündigt werden kann ⇨ FRISTLOSE KÜNDIGUNG.

Wichtig: Alle Zeitmietverträge, die **nach dem alten Recht** vor dem 1.9.2001 abgeschlossen wurden (maßgeblich ist das Datum des Vertragsabschlusses, nicht des Vertragsbeginns – **BGH WuM 2006, 620**), werden noch nach den alten Rechtsvorschriften abgewickelt, sie haben Bestandsschutz. Der Mieter kann dann u.U. noch nach Ablauf der ursprünglich vereinbarten Mietzeit eine Verlängerung fordern, wenn der Vermieter kein Recht zur Kündigung hat (Näheres s.u.).

Mieter und Vermieter können nur eine feste Laufzeit vereinbaren, wenn der Vermieter nach Ablauf dieser Mietzeit eine von drei gesetzlich zugelassenen weiteren **Verwendungsmöglichkeiten** in Anspruch nehmen will und wenn er dies dem Mieter bei Vertragsschluss bereits schriftlich mitteilt:

1. der Vermieter muss die Räume für sich, seine Familienangehörigen oder Angehörige seines Haushalts nutzen wollen, oder

2. er muss die Räume beseitigen oder so wesentlich verändern oder instand setzen wollen, dass die Maßnahmen durch eine Fortsetzung des Mietverhältnisses erheblich erschwert würden, oder

3. er muss die Räume an einen zur Dienstleistung Verpflichteten vermieten wollen.

Der Vermieter muss dem Mieter bei Vertragsschluss einen dieser Gründe schriftlich mitteilen. Tut er dies nicht, gilt der Vertrag automatisch als auf unbestimmte Zeit abgeschlossen, § 575 Abs. 1 Satz 2 BGB.

Die feste **Laufzeit** des Zeitmietvertrages können Mieter und Vermieter frei wählen. Der Mieter kann vom Vermieter 4 Monate vor Ablauf der Mietzeit verlangen, dass er ihm innerhalb eines Monats mitteilt, ob der Befristungsgrund noch besteht. Erfolgt die Mitteilung später, kann der Mieter eine Verlängerung des Mietverhältnisses um den Zeitraum der Verspätung verlangen. Hat der Vermieter seine Verwendungsabsicht zwischenzeitlich aufgegeben, kann der Mieter eine Verlängerung des Vertrages auf unbestimmte Zeit verlangen. Verschiebt sich der Zeitpunkt der weiteren Verwendung, kann der Mieter die Verlängerung des Vertrages um einen entsprechenden Zeitraum verlangen.

Die Verwendungsabsichten im Einzelnen: Die **Eigennutzung** geht weiter als die gesetzlichen Regelungen zum ⇨ EIGENBEDARF. Der Vermieter muss keinen Wohnbedarf nachweisen. Es genügt der bloße Wille, die vermieteten Räume nach Ablauf der Mietzeit wie angegeben zu nutzen.

Der zweite Befristungsgrund betrifft den **Abriss** oder totalen **Umbau** der Mieträume. Es genügt nicht, dass der Vermieter eine umfassende Sanierung oder Instandsetzung plant; zusätzlich ist erforderlich, dass die Baumaßnahmen durch eine Fortsetzung des Mietverhältnisses erheblich erschwert würden. Normale Modernisierungs- oder Instandsetzungsmaßnahmen reichen hierzu nicht aus, sie können also kein Grund für den Abschluss eines Zeitmietvertrags sein.

Durch den dritten Befristungsgrund ist eine Befristung auch möglich, wenn eine »normale« Wohnung erst nach Ablauf der Befristung als Werkwohnung genutzt werden soll.

Diese drei Befristungsgründe sind im Gesetz **abschließend** geregelt. Das bedeutet, dass der Vermieter nur zwischen diesen drei Gründen wählen kann und nicht etwa einen anderen Grund für den Abschluss eines Zeitmietvertrags vereinbaren darf. Die Mitteilung an den Mieter muss schriftlich erfolgen (LG Berlin WuM 2023, 104). Hierzu reicht es nicht aus, lediglich auf den Gesetzestext zu verweisen. Vielmehr muss der Vermieter einen **konkreten** Sachverhalt darlegen, sodass der Mieter später auch überprüfen kann, ob der Befristungsgrund tatsächlich noch vorliegt. Der Vermieter darf keinen allgemein gehaltenen Befristungsgrund »auf Vorrat« in den Vertrag hineinschreiben, um so den gesetzlichen Kündigungsschutz zu umgehen. Die spätere Verwendung muss konkret beschrieben werden (LG Hamburg WuM 92, 375; AG Potsdam WuM 2004, 491). Ein schlagwortartiger Hinweis auf »Badezimmereinbau«, »Zentralheizungseinbau«, »Dachausbau« (LG Münster WuM 2022, 225) oder »Komplettumbau der Wohnung« (LG Berlin GE 2023, 1010) genügt nicht; denn damit kann nicht begründet werden, wieso der Mieter nicht anschließend wieder einziehen kann. Auch die pauschale Begründung »Selbstnutzung durch Angehörige« (LG München WuM 94, 543) oder »Eigenbedarf des Vermieters oder Familienangehöriger des Vermieters« (LG Frankenthal, Urt. v. 26.1.2022 – 2 S 86/21) ist zu unbestimmt.

Ein wirksam abgeschlossener Zeitmietvertrag hat zur Konsequenz, dass während der fest vereinbarten Laufzeit weder der Vermieter noch der Mieter den Vertrag einseitig kündigen können (**Ausnahme:** Recht zur ⇨ FRISTLOSEN KÜNDIGUNG oder zur ⇨ SONDERKÜNDIGUNG). Eine vorherige Beendigung des Vertrages ist von den genannten Ausnahmen abgesehen nur durch einen einvernehmlichen Aufhebungsvertrag möglich. Nach Ablauf der vereinbarten Mietzeit hat der Mieter kein einseitiges Recht auf Verlängerung des Zeitmietvertrags. Er kann sich auch nicht auf Härtegründe nach der ⇨ SOZIALKLAUSEL berufen. Zieht er trotzdem nicht aus, muss der Vermieter ihn zwar auf Räumung verklagen, der Richter wird dem Mieter aber keine ⇨ RÄUMUNGSFRIST zusprechen, sondern nur in außergewöhnlichen Härtefällen ⇨ VOLLSTRECKUNGSSCHUTZ gewähren. Mieter und Vermieter sollten sich beide vor Abschluss eines Zeitmietvertrags gut überlegen, ob sie sich langfristig binden wollen, und der Mieter muss sich darüber im Klaren sein, dass er nach Ablauf der Mietzeit keinerlei ⇨ KÜNDIGUNGSSCHUTZ hat.

Wollen Mieter und Vermieter – trotz Fehlens eines Befristungsgrundes – einen Vertrag schließen, der über eine längere Zeit läuft, kann im Vertrag ein beiderseitiger **Ausschluss der Kündigungsmöglichkeit** für einen bestimmten Zeitraum vereinbart werden (**BGH WuM 2011, 35; WuM 2006, 220; WuM 2006, 152; WuM 2005, 346; WuM 2004, 157**). Damit wird ein ähnlicher Effekt erzielt wie beim Zeitmietvertrag: Vor Ablauf der Ausschlussfrist ist eine ordentliche Kündigung nicht möglich. Im Einzelnen kommt es darauf an, ob der Ausschluss formularmäßig oder individuell vereinbart wurde, ob er nur für den Mieter oder auch für den Vermieter gilt und ob er mit einer Staffelmiete verbunden ist oder nicht. ⇨ KÜNDIGUNG – Kündigungsausschluss, ⇨ STAFFELMIETE.

Bestandsschutz für Zeitmietverträge nach altem Recht:
Alle Zeitmietverträge, die vor dem Inkrafttreten des neuen Mietrechts, also bis zum 31.8.2001, abgeschlossen worden sind, richten sich hinsichtlich ihrer Abwicklung noch vollständig nach dem alten Recht.

Der alte Zeitmietvertrag **ohne Kündigungsschutz** hat viele Ähnlichkeiten mit dem neuen Zeitmietvertrag. Auch damals musste einer von drei Befristungsgründen im Vertrag genannt sein, entweder die Eigennutzung oder die Absicht, die Mieträume beseitigen oder so wesentlich verändern oder instand setzen zu lassen, dass die Maßnahmen durch die Fortsetzung des Mietverhältnisses erheblich erschwert würden, oder als dritte Möglichkeit die Absicht, die als Werkwohnung vermietete Wohnung nach Ablauf der festen Mietzeit an einen anderen Arbeitnehmer zu vermieten. Auch hier musste der Vermieter seine Verwendungsabsicht schon bei Vertragsschluss mitteilen. Wesentlicher Unterschied zur aktuellen Gesetzesfassung ist, dass solche Zeitmietverträge ohne Kündigungsschutz nach altem Recht nur für maximal 5 Jahre abgeschlossen werden durften.

Im Unterschied hierzu gibt es den alten Zeitmietvertrag **mit Kündigungsschutz**. Dieser Vertrag durfte ohne besondere Begründung für einen beliebigen Zeitraum abgeschlossen werden. Damit verzichtete der Mieter aber im Gegensatz zum Zeitmietvertrag ohne Kündigungsschutz nicht auf die Möglichkeit, nach Ablauf der fest vereinbarten Mietzeit eine Verlängerung zu fordern. Der Mieter kann spätestens 2 Monate vor Ablauf der Mietzeit durch schriftliche Erklärung vom Vermieter die **Fortsetzung** des Mietverhältnisses auf unbestimmte Zeit verlangen. Dies kann der Vermieter nur dann ablehnen, wenn er einen gesetzlich anerkannten Kündigungsgrund zur Beendigung des Vertrages geltend machen kann. Der Mieter genießt in diesem Fall vollen ⇨ KÜNDIGUNGSSCHUTZ. Er muss aber 2 Monate vor Ablauf der Mietzeit seinen Anspruch schriftlich anmelden. Kommt es dann zu einer Kündigung des Vermieters, hat der Mieter zusätzlich sämtliche Möglichkeiten des Widerspruchs nach der ⇨ SOZIALKLAUSEL.

Als dritte Möglichkeit gab es noch den alten Zeitmietvertrag mit Verlängerungsklausel, bei dem sich nach Ablauf der fest vereinbarten Mietzeit der Vertrag jeweils um eine bestimmte Zeit, z.B. ein Jahr, verlängert, wenn er nicht gekündigt wird. Die Voraussetzungen zur Beendigung eines solchen Vertrages sind unter ⇨ KÜNDIGUNG erläutert.

Zeitungsbote

Der Vermieter darf es dem Zeitungsboten nicht verbieten, die Tageszeitung bis zur Wohnungstür der Hausbewohner zu bringen (AG München WuM 86, 307). Er ist sogar verpflichtet, einen zusätzlichen Hausschlüssel zu übergeben, damit der Zusteller die Zeitung bereits vor 6.00 Uhr morgens in den Briefkasten des Mieters einwerfen kann (AG Mainz NJW-RR 2008, 100).

Zerstörung der Wohnung

Die Zerstörung ist zu unterscheiden von der Verringerung der Gebrauchstauglichkeit der Wohnung durch ⇨ MÄNGEL DER WOHNUNG, z.B. bei Beschädigungen der Wohnung/Mietsache. Maßgebliches Merkmal für die Zerstörung der Wohnung ist, dass eine Wiederherstellung der Wohnung durch Instandsetzungs- und Reparaturarbeiten (wie bei Beschädigungen) nicht mehr oder nur mit absolut unverhältnismäßigem Kostenaufwand möglich ist. Bei Abgrenzungsschwierigkeiten müssen die Kosten für eine Wiederherstellung der Wohnung, die Zumutbarkeit dieser Kosten, das Interesse des Mieters an der Überlassung der Wohnung sowie in begrenztem Maße auch das vorherige Verhalten der Vertragsparteien mit Bezug auf die Zerstörung zu einer dann zu fällenden gerechten und objektiven Abwägungsentscheidung herangezogen werden.

Denkbare Ursachen für die Zerstörung einer Wohnung können z.B. sein: Brand und Explosion; Naturkatastrophen wie ⇨ HOCHWASSER, Erdrutsch oder Erdbeben; Einsturz des Gebäudes u.Ä.

Für die Haftungsfragen sind vier Varianten zu unterscheiden:

1. Die Zerstörung kann keinem zugerechnet werden (Erdbeben).
In diesem Fall kann der Mieter weder die Überlassung der Wohnung noch die Wiederherstellung derselben verlangen. Der Vermieter hat somit keine Wiederaufbaupflicht; er kann jedoch auch nicht mehr den Mietzins vom Mieter fordern.

2. Die Zerstörung liegt im Verantwortungsbereich des Vermieters (defekte Gasleitung).

Zunächst bleibt es bei den Rechtsfolgen der ersten Variante. Weiterhin stehen dem Mieter jedoch auch noch Schadensersatzansprüche gegen den Vermieter zu, z. B. der Ersatz für alle Aufwendungen im Zusammenhang mit der Wohnungssuche und dem Umzug.

Der Vermieter kann seine Pflicht zum Ersatz von fahrlässig hervorgerufenen Schäden nicht formularmäßig im Mietvertrag ausschließen, auch dann nicht, wenn die Haftung des Vermieters für vorsätzlich oder grob fahrlässig herbeigeführte Schäden bestehen bleibt **(BGH RE WuM 2002, 141)** ⇨ ALLGEMEINE GESCHÄFTSBEDINGUNGEN. Nach Auffassung des LG Frankfurt (WuM 84, 214) kann die Schadensersatzpflicht des Vermieters aber durch individuelle Vereinbarung ausgeschlossen werden.

3. Die Zerstörung hat der Mieter zu vertreten (Mieter verursacht Brand).

Obwohl auch in diesem Fall der Mieter nicht die Wiederherstellung der Wohnung verlangen kann, steht dem Vermieter der Anspruch auf Mietzinszahlung weiterhin zu. Der Vermieter muss sich insofern nur das anrechnen lassen, was er infolge der Befreiung von seinen Überlassungspflichten einspart, wie z. B. die Vorleistung von Betriebskosten.

Eine ⇨ FRISTLOSE KÜNDIGUNG des Mietvertrages wegen der Nichtüberlassung der Wohnung ist durch den Mieter in diesen Fällen nicht möglich, wohl aber eine ordentliche ⇨ MIETERKÜNDIGUNG.

Daneben haftet der Mieter aber auch noch für über die Zerstörung der Wohnung hinaus entstandene Schäden (z. B. am Mietobjekt), wenn diese in einem unmittelbaren Zusammenhang mit der Zerstörung der Wohnung stehen. Hierzu gehört jedenfalls auch der entgangene Gewinn aus der nicht mehr möglichen Vermietung. Aufgrund der sog. versicherungsrechtlichen Lösung **(BGH WuM 2015, 88)** haftet der Mieter gegenüber der Haftpflichtversicherung des Vermieters grundsätzlich nur wegen Vorsatzes und grober Fahrlässigkeit. Hat die Versicherung des Vermieters den Schaden ersetzt und will nunmehr den Mieter in Regress nehmen, muss sie beweisen, dass der Mieter die Zerstörung grob fahrlässig oder vorsätzlich herbeigeführt hat.

4. Die Zerstörung kann beiden Vertragspartnern zugerechnet werden. In diesem Fall gilt das zu 2. und 3. Gesagte mit der Einschränkung, dass die beiderseitigen Verursachungsbeiträge zueinander in ein Verhältnis gesetzt und nach diesem Verhältnis die jeweiligen gegenseitigen Mietzins- und Schadensersatzansprüche des Vermieters und Mieters entsprechend gekürzt werden müssen.

Zinsabschlag ➯ MIETKAUTION (SICHERHEITSLEISTUNG)

Zinserhöhungen ➯ SOZIALMIETEN

Zinssenkung ➯ SOZIALMIETEN

Zurückbehaltungsrecht ➯ AUFRECHNUNG

Bei Vorliegen von Wohnungsmängeln (➯ MÄNGEL DER WOHNUNG) kann der Mieter die Miete kürzen (➯ MIETMINDERUNG). Häufig ist die Mietminderung allein aber kein wirksames Mittel, den Vermieter anzuhalten, den Mangel abzustellen. Deshalb darf der Mieter zusätzlichen Druck ausüben und einen weiteren Teil der Miete zurückhalten **(BGH WuM 2015, 568; WuM 2011, 12)**. Der Umfang des Zurückbehaltungsrechts ist abhängig von den Umständen des Einzelfalls. Der insgesamt einbehaltene Betrag muss in angemessener Relation zur Bedeutung des Mangels stehen und ist daher zeitlich und betragsmäßig begrenzt **(BGH WuM 2016, 98)**. So kann ein Einbehalt, der 3 bis 4 Monatsmieten übersteigt, unverhältnismäßig sein **(BGH WuM 2015, 568)**. In anderen Fällen kann er das Dreifache der Herstellungskosten betragen **(BGH WuM 2003, 439)**.

Da das Zurückbehaltungsrecht vor allem dazu dient, den Vermieter zur Vertragserfüllung anzuhalten, darf der Mieter es erst dann ausüben, wenn er den Vermieter vorher über den Mangel informiert hat **(BGH WuM 2011, 12)**. Außerdem muss der zurückgehaltene Teil **sofort** nachgezahlt werden, wenn der Vermieter den Mangel beseitigt hat oder das Mietverhältnis beendet ist **(BGH WuM 2015, 568)**. Der BGH ist zudem der Ansicht, dass das Zurückbehaltungsrecht dann entfällt, wenn es seinen Zweck, den Vermieter zur Erfüllung seiner vertraglichen Pflicht zu bewegen, nicht mehr erfüllen kann, weil dieser die Mangelbeseitigung endgültig verweigert **(BGH WuM 2015, 568)**. Dies führt de facto zu einer Entwertung des Zurückbehaltungsrechts als Druckmittel.

Verweigert der Vermieter zu Unrecht die Vorlage von Belegen zu den ➯ BETRIEBSKOSTEN, hat der Mieter ein Zurückbehaltungsrecht an den Nachzahlungen **(BGH WuM 2018, 288)**.

In Formularmietverträgen kann das Zurückbehaltungsrecht weder ausgeschlossen noch eingeschränkt werden, § 309 Nr. 2 BGB. Einzige Ausnahme: Das Zurückbehaltungsrecht aufgrund von Schadens- oder Aufwendungsersatzansprüchen oder wegen zu viel gezahlter Miete kann davon abhängig gemacht werden, dass der Mieter seine Absicht dem Vermieter mindestens einen Monat vor der Fälligkeit der Miete in ➯ TEXTFORM angezeigt hat.

Zwangsräumung ⇨ ZWANGSVOLLSTRECKUNG

Eine Zwangsräumung einer Wohnung darf nur ein ⇨ GERICHTSVOLLZIEHER auf der Grundlage eines gerichtlichen Räumungstitels durchführen. Der Räumungstitel gibt dem Vermieter aber keinen Anspruch auf die in der Wohnung verbliebenen Sachen des Mieters, denn diese bleiben sein Eigentum. Der Gerichtsvollzieher muss sie daher einlagern. Der Mieter muss hierfür zwar die Kosten tragen; der Vermieter muss dem Gerichtsvollzieher aber zuerst einen Vorschuss zahlen, damit dieser überhaupt tätig wird. Dies macht eine Räumung für den Vermieter unter Umständen recht teuer, zumal wenn bei dem Mieter »nichts zu holen« ist. Um Kosten zu sparen, erteilen Vermieter dem Gerichtsvollzieher daher oft nur einen **beschränkten Vollstreckungsauftrag** nach § 885a ZPO **(»Berliner Räumung«)**. Dabei wird vom Gerichtsvollzieher nur das Schloss ausgetauscht und der Schlüssel dem Vermieter ausgehändigt. Die Sachen des Mieters müssen noch einen Monat aufbewahrt werden, und er kann sie in der Zeit abfordern, danach kann der Vermieter sie hinterlegen, verwerten oder entsorgen. Gegenstände, an denen »kein Interesse besteht«, können auch sofort entsorgt werden; dies ist aber nicht ohne Risiko, falls der Vermieter sich bei der Bewertung irrt; dann kann er schadensersatzpflichtig werden (**BGH WuM 2010, 98; WuM 2006, 50**; LG Lübeck NZM 2010, 439).

Räumt der Vermieter ohne Gerichtstitel eigenmächtig die Wohnung des Mieters aus, haftet er dem Mieter für alle Schäden, unabhängig von einem Verschulden, auch in den Fällen, in denen der Mieter mit unbekanntem Aufenthaltsort abwesend ist **(BGH WuM 2010, 578)**. Räumt der Vermieter aus einem nur vorläufig vollstreckbaren Räumungsurteil, ist er dem Mieter zum Ersatz des Vollstreckungsschadens verpflichtet, wenn das Urteil später aufgehoben oder abgeändert wird (LG Berlin WuM 2021, 322).

Zwangsversteigerung

Wird ein Grundstück oder eine Wohnung zwangsversteigert, tritt der Erwerber in einen bestehenden Mietvertrag ein, wenn der frühere Eigentümer selbst Vermieter war **(BGH WuM 2010, 365)**. Der Erwerber hat ein Sonderkündigungsrecht und kann das Mietverhältnis mit gesetzlicher Frist (3 Monate) zum nächstzulässigen Termin kündigen (§ 57 a ZVG), auch wenn neben der Zwangsversteigerung die ⇨ ZWANGSVERWALTUNG angeordnet ist (OLG Frankfurt GE 2017, 589). Wird das Grundstück z.B. am 15.12. ersteigert, kann der Ersteher ein Mietverhältnis bis 4.1. des nächsten Jahres zum 31.3. kündigen. Eine ausdrückliche Angabe dieses Termins im Kündigungsschreiben ist nicht erforderlich **(BGH NJW-RR 96, 144)**.

Achtung: Eine vertragliche Kündigungsbeschränkung hilft dem Mieter in diesem Fall nicht weiter. Sie wird vom Sonderkündigungsrecht verdrängt **(BGH WuM 2021, 686)**!

War der Vermieter aber nicht mit dem ehemaligen Eigentümer identisch, tritt der Erwerber nur in Ausnahmefällen in den Mietvertrag ein **(BGH WuM 2010, 365)**.

Achtung: Hat der Mieter die Wohnung im Rahmen der gewerblichen Weitervermietung an einen Endmieter zu Wohnzwecken vermietet, kann der Erwerber vom Mieter nicht Räumung und Herausgabe der Wohnung verlangen; denn der Endmieter bleibt unbeschadet der wirksamen Kündigung gegenüber dem Mieter zu Besitz und Nutzung berechtigt (**BGH NZM 2014, 130**).

Verpasst der neue Vermieter den erstzulässigen Termin, entfällt grundsätzlich sein außerordentliches Kündigungsrecht. Dem Ersteher ist jedoch eine von den Umständen des Einzelfalls abhängige Überlegungsfrist zuzubilligen; das Sonderkündigungsrecht muss daher nicht immer zum ersten rechnerisch möglichen Termin ausgeübt werden (OLG Düsseldorf WuM 2002, 674).

Der Ersteher kann aber sein außerordentliches Kündigungsrecht nach § 57 a ZVG gegenüber einem Wohnraummieter nur ausüben, wenn er einen gesetzlich anerkannten Kündigungsgrund, also ein berechtigtes Interesse an der Beendigung des Mietverhältnisses, hat und dies auch in seinem Kündigungsschreiben angibt **(BGH RE WuM 82, 178)** ⇨ EIGENBEDARF.

Handelt es sich um eine umgewandelte Wohnung, muss gegebenenfalls auch die Kündigungssperrfrist eingehalten werden (BayObLG RE WuM 92, 424) ⇨ UMWANDLUNG VON MIET- IN EIGENTUMSWOHNUNGEN. Und: Die Kündigungssperrfrist bis zum Ende der Bindungen bei umgewandelten öffentlich geförderten Wohnungen gilt ebenfalls nach einer Zwangsversteigerung (AG Langenfeld WuM 92, 373).

Der Zwangsverwalter eines Grundstücks ist verpflichtet, vor Abschluss eines Mietvertrages den Mietinteressenten, auch ohne dessen entsprechende Nachfrage, auf das außerordentliche Kündigungsrecht eines Erstehers hinzuweisen (LG Ulm WuM 80, 31). Andernfalls macht er sich schadensersatzpflichtig.

Zwangsverwaltung ⇨ MIETKAUTION, ⇨ VOLLSTRECKUNGSSCHUTZ

Wenn ein Mietshaus unter Zwangsverwaltung gestellt wird, bedeutet das, dass Gläubiger des Eigentümers die Mieteinnahmen zur Befriedigung ihrer Forderungen beschlagnahmen lassen. Es wird ein Zwangsverwalter eingesetzt, der für die Dauer der Beschlagnahme in die Rechte und Pflichten aus den Mietverträgen in vollem Umfang eintritt (§ 152 ZVG); der Mietvertrag läuft weiter.

Der Zwangsverwalter muss sich um das Anwesen kümmern und den Eigentümer nach Möglichkeit vor Schaden bewahren **(BGH WuM 2005, 597)**. Der Mieter muss an den Zwangsverwalter zahlen, Zahlungen an den Eigentümer bzw. Vermieter haben keine »befreiende Wirkung«. Ausnahme: Der Mieter wusste nichts von der angeordneten Zwangsverwaltung (LG Berlin GE 94, 705). Es kann nicht mehr der Vermieter den Mieter auf Zahlung der Miete oder Nebenkosten in Anspruch nehmen (AG Osnabrück WuM 88, 27), sondern nur noch der Zwangsverwalter. Dies gilt auch für eine Nutzungsentschädigung **(BGH WuM 2003, 510)**. Grundsätzlich ist der Zwangsverwalter für einseitige Willenserklärungen des Mieters wie etwa dessen Kündigung allein empfangszuständig **(BGH WuM 2019, 81)**. Umgekehrt ist dieser aber auch verpflichtet, ein Guthaben aus einer Betriebskostenabrechnung auszuzahlen, selbst wenn die Vorauszahlungen seinerzeit noch zutreffend an den Vermieter geleistet wurden **(OLG Hamburg RE WuM 90, 10)**. Der Zwangsverwalter muss auch über Abrechnungszeiträume vor Beginn der Zwangsverwaltung abrechnen **(BGH WuM 2006, 402; WuM 2003, 390)**.

Für die **Mietkaution** gilt: Der Mieter kann vom Vermieter bei Beginn der Zwangsverwaltung die Aushändigung der Kaution an den Zwangsverwalter verlangen (LG Düsseldorf WuM 92, 542; LG Köln WuM 90, 427). Das gleiche Recht hat auch der Zwangsverwalter **(BGH WuM 2005, 405)**. Solange dies nicht geschehen ist, kann der Mieter dem Zwangsverwalter gegenüber aber keinen Schadensersatzanspruch wegen nicht gesetzmäßiger Anlage der Mietkaution durch den ehemaligen Vermieter geltend machen (AG Köln WuM 87, 351). Nach Ende des Mietverhältnisses muss der Zwangsverwalter die Kaution zurückzahlen, selbst dann, wenn er den Betrag gar nicht vom Vermieter erhalten hat **(BGH WuM 2005, 460; WuM 2003, 630)**. Hat der Mieter einer Eigentumswohnung die Mietkaution nicht an den Vermieter, sondern an den Verwalter des Wohnungseigentums entrichtet, ist der Zwangsverwalter berechtigt, die Überlassung der Mietkaution direkt von dem Verwalter zu fordern **(BGH WuM 2015, 747)**.

Ist die Zwangsverwaltung bereits beendet, kann der Zwangsverwalter nicht mehr auf Rückzahlung verklagt werden **(BGH WuM 2005, 463)**; das Gleiche gilt bei Beendigung des Mietverhältnisses vor dem Beginn der Zwangsverwaltung **(BGH WuM 2006, 403)**. Auch in Fällen, in denen das Grundstück verkauft und die Kaution früher an den Verkäufer gezahlt worden war, ist bei einer nachträglichen Zwangsverwaltung der Verwalter nur verpflichtet, die Kaution zurückzugeben, wenn der Käufer als Vermieter das müsste **(BGH WuM 2005, 404)**. Hat der Verkauf vor dem 1. 9. 2001 stattgefunden, müssen Käufer bzw. Zwangsverwalter die Kaution nur herausgeben, wenn sie diese tatsächlich vom Verkäufer erhalten haben **(BGH WuM 2005, 404)**.

Schließt der Zwangsverwalter einen Mietvertrag ab, tritt nach Aufhebung der Zwangsverwaltung der Eigentümer in das Mietverhältnis ein (LG Berlin GE 92, 1321).

Zwangsvollstreckung

Unter Zwangsvollstreckung versteht man ein staatliches Verfahren, mit dem der Gläubiger seine Ansprüche gegen den Schuldner auf Grundlage eines vollstreckbaren Titels zwangsweise durchsetzt. Die Zwangsvollstreckung darf nur durch staatliche Stellen betrieben werden. Die eigenmächtige Durchsetzung von Forderungen ist nur im engen Rahmen erlaubt ⇨ VERMIETERPFANDRECHT. Bei einer Zwangsvollstreckung werden Gelder oder Güter des Schuldners auch gegen seinen Willen gepfändet, bis die Schulden getilgt sind.

Das Vollstreckungsverfahren beginnt nur auf **Antrag** des Vollstreckungsgläubigers. Grundsätzliche Voraussetzung ist ein **Vollstreckungstitel** (z.B. ein Urteil, ein gerichtlicher Vergleich oder ein Vollstreckungsbescheid), der dem Schuldner **zugestellt** und mit einer Vollstreckungsklausel versehen sein muss. Das für die Vollstreckung zuständige Gericht ist das Amtsgericht. Die Zwangsvollstreckung selbst führt immer der Gerichtsvollzieher als offizieller Vertreter des Staates durch.

Bei einer **Sachpfändung** nimmt der Gerichtsvollzieher verwertbare Sachen (Geld, Wertgegenstände, Wertpapiere) des Schuldners in Besitz. Diese werden ggf. mit einer Pfandmarke (»Kuckuck«) beklebt. Die so gepfändeten Sachen werden anschließend versteigert, und aus dem Erlös wird der Gläubiger befriedigt. Der Schuldner darf die Pfandmarke nicht eigenmächtig entfernen, sonst macht er sich strafbar.

Aber: Nicht alles ist pfändbar. So dürfen die Wohnungseinrichtung (Bett nebst Matratze, Tisch, Stühle, Schrank, Teppich, Bekleidung), Haus- und Küchengeräte (Gas- oder Elektroherd, Warmwasserbereiter, Kaffeemaschine, Staubsauger, Kühlschrank, Waschmaschine), Telefon, Rundfunkgeräte, Fernseher nicht gepfändet werden. Auch Computer und Laptops sind unpfändbar (VG Gießen NJW 2011, 3179).

Bei der **Forderungspfändung** pfändet der Gerichtsvollzieher keine Gegenstände, sondern Forderungen, die der Schuldner gegenüber Dritten hat (z.B. Kontoguthaben, Lebensversicherungen, Schadensersatzansprüche). Häufigster Fall ist die Pfändung des Arbeitseinkommens. Der Arbeitgeber muss dann das Gehalt bis auf den Grundfreibetrag an den Gläubiger auszahlen. Der unpfändbare Grundbetrag beträgt seit dem 1.7.2023 monatlich 1 402,28 Euro netto pro Person und erhöht sich je nach Anzahl unterhaltsberechtigter Personen.

Legt der Mieter Berufung oder Einspruch gegen ein vorläufig vollstreckbares Räumungsurteil ein, so kann er gem. § 719 ZPO die **einstweilige Einstellung** der Zwangsvollstreckung auf Räumung beantragen, wenn sein Rechtsmittel Aussicht auf Erfolg hat. Eine vorläufige Einstellung der Zwangsvollstreckung in der **Revisionsinstanz** setzt zusätzlich voraus, dass dem Mieter durch die Vollstreckung ein nicht zu ersetzender Nachteil entstünde und kein überwiegendes Interesse des Gläubigers entgegensteht **(BGH WuM 2023, 303; WuM 2017, 293 u. 542)**. Hat der Mieter in der Berufungsinstanz keinen Vollstreckungsschutzantrag nach § 712 ZPO gestellt, ist eine einstweilige Einstellung der Zwangsvollstreckung in der Revisionsinstanz in der Regel ausgeschlossen **(BGH WuM 2023, 303; WuM 2017, 293 u. 542)**. Ob ein Antrag auf Vollstreckungsschutz noch in der **Berufungsinstanz** nachgeholt werden kann, wird in der Rechtsprechung unterschiedlich gesehen (dafür: OLG Stuttgart, Urt. v. 1.12.1997 – 5 U 101/97; OLG Zweibrücken, Urt. v. 1.10.2002 – 5 UF 58/02; dagegen: LG Berlin WuM 2023, 163; OLG Dresden, Beschl. v. 25.8.2015 – 5 U 1057/15). Die Zwangsvollstreckung aus einem Räumungstitel kann im Einzelfall unzulässig sein, wenn der Vermieter mehrere Jahre aus dem Urteil nicht vollstreckt und der Mieter dem weiteren Verhalten des Vermieters entnehmen durfte, dass dieser das Mietverhältnis fortsetzen wolle (OLG Hamm WuM 81, 147; LG Hamburg WuM 89, 32; AG Neubrandenburg WuM 2019, 463).

Zweckentfremdung

Von Zweckentfremdung spricht man, wenn Wohnraum zu anderen als Wohnzwecken genutzt wird. Als Zweckentfremdung gilt regelmäßig der Abriss oder der Leerstand von Wohnungen (ab einer bestimmten Dauer), die Überlassung einer Wohnung für andere Nutzungen (z.B. als Büro, Arztpraxis oder Anwaltskanzlei) oder die sonstige kurzfristige Vergabe des Wohnraums (z.B. an Feriengäste o.Ä., OVG NRW WuM 2021, 690, oder an Medizintouristen, OVG NRW WuM 2021, 52).

Sozialwohnungen dürfen nicht ohne Genehmigung der Wohnungsbehörde zu anderen als Wohnzwecken verwendet werden (§ 7 Abs. 3 WoBindG). Für Gebiete mit erheblichem Wohnungsfehlbestand können Landesgesetze den Kommunen aber auch für **alle anderen Wohnungen** die Möglichkeit einräumen, eine Zweckentfremdungssatzung zu erlassen (so z.B. in Baden-Württemberg, Bayern, Berlin, Hamburg und NRW). Ein vorrangiges berechtigtes Interesse des Eigentümers an der Genehmigung besteht, wenn der Wohnraum nicht mehr erhaltungswürdig ist oder wenn durch die Versagung der Genehmigung die Existenz des Eigentümers ernsthaft gefährdet würde, nicht aber, wenn eine Betriebserweiterung unter Aufgabe von Wohnraum lediglich besonders zweckmäßig ist (OVG Hamburg DVBl. 2012, 44). Die Genehmigung kann davon abhängig gemacht werden, dass der Vermieter Ersatzwohnraum an anderer Stelle schafft; diesen kann er auch in einem anderen Stadtviertel anbieten (OVG Münster WuM 96, 634). Er muss von der Qualität her mit dem zweckentfremdeten Wohnraum in etwa vergleichbar sein (OLG Frankfurt a.M. WuM 2003, 631); es können aber auch Eigentumswohnungen statt Mietwohnungen geschaffen werden (VGH Bayern WuM 2021, 225). Die Genehmigung zum Abbruch von Wohnraum kann neben der Schaffung von Ersatz mit der Auflage einer Ausgleichszahlung für den Fall verbunden werden, dass der Ersatzwohnraum nicht wie geplant geschaffen wird (OVG NRW WuM 2022, 329). Die Genehmigung darf nicht mit der Auflage verbunden werden, den Ersatzraum höchstens zum ortsüblichen Preis zu vermieten **(BVerwG WuM 98, 609)**. Wer eine Genehmigung beantragt und keinen Ersatzwohnraum anbietet, muss substantiiert darlegen, welche vorrangigen öffentlichen Interessen oder schutzwürdigen privaten Interessen die Zweckentfremdung rechtfertigen sollen. Endet die genehmigte Nutzung, muss für eine neuerliche Zweckentfremdung eine neue Genehmigung eingeholt werden (OVG Münster WuM 2008, 605).

Keine Zweckentfremdung liegt vor, wenn der Wohnraum zwar gewerblich genutzt wird, aber weiterhin auch zum Wohnen dient (BayObLG WuM 82, 218). Die Abgrenzung kann problematisch werden, wenn der Mieter einer Wohnung dort seinen Beruf ausübt ⇨ BERUFSAUSÜBUNG IN DER WOHNUNG. Homeoffice, die Einrichtung eines Arbeitszimmers oder die Durchführung wissenschaftlicher oder künstlerischer Arbeiten in der Wohnung sind keine Zweckentfremdung (BayObLG ZMR 82, 59). Wird hingegen Wohnraum als Büro mit Wohnmöglichkeit vermietet, liegt eine Zweckentfremdung vor (OLG Düsseldorf WuM 96, 55). Durch das

Zweckentfremdungsverbot wird auch Wohnraum geschützt, der wegen Mängeln oder Missständen zwar nicht mehr den durchschnittlich anzutreffenden Anforderungen entspricht und daher zumutbar nicht mehr bewohnt werden kann, der aber mit vertretbarem und zumutbarem Aufwand in einen bewohnbaren Zustand versetzt werden kann. Ein zumutbarer Aufwand liegt nicht mehr vor, wenn die erforderlichen finanziellen Mittel nicht innerhalb eines Zeitraums von 10 Jahren wieder erwirtschaftet werden können. Dabei bleibt der Wert der objektiv erforderlichen, aber durch Verschulden des Eigentümers unterbliebenen Unterhaltungsmaßnahmen unberücksichtigt (BayObLG WuM 95, 206).

Zweckentfremdung liegt vor, wenn Wohnraum wiederholt tage- oder wochenweise als Ferienwohnung oder zur Fremdenbeherbergung vermietet werden soll (Bay. VGH KommunalPraxis BY 2013, 39; OVG Berlin-Brandenburg GE 2016, 799; LG Berlin ZMR 2019, 277; VG Berlin 6 K 594.17). Die zeitweise Vermietung einer Wohnung als Ferienwohnung bedarf einer Genehmigung (VG Berlin MietRB 2016, 327). Allein die Nutzung einer Wohnung als Zweit- und nicht als Hauptwohnung ist jedoch keine Zweckentfremdung, sondern Wohnen und damit eine zweckgemäße Nutzung (Bay. VGH Vf. 32-VI-17; VG Berlin MietRB 2016, 327).

Das **Leerstehenlassen** von Wohnraum ist ebenfalls eine Zweckentfremdung (**BVerfG WuM 75, 90; BVerwG WuM 80, 159**; Hess. VGH WuM 90, 590). Will der Eigentümer den Wohnraum zügig umbauen, instand setzen oder modernisieren und ist die Wohnung deshalb bis zu 12 Monate unbewohnbar, steht leer oder kann aus anderen objektiven Gründen nicht mehr vermietet werden, liegt keine Zweckentfremdung vor (VG Berlin – 6 L 780.16).

Das Zweckentfremdungsverbot ist mit dem Grundgesetz vereinbar (**BVerfG WuM 75, 90**). In manchen Bundesländern kann eine Zweckentfremdung der zuständigen Behörde bereits online gemeldet werden. Verstößt der Vermieter gegen das Zweckentfremdungsverbot, kann er abhängig von der jeweiligen landesrechtlichen Regelung mit einer Geldbuße bis zu 500 000 Euro belegt werden.

Zweitwohnungssteuer

Eine solche Steuer kann vom Inhaber einer Zweitwohnung erhoben werden. Der **BFH (IIR 28/95)** hat im Jahr 1997 festgestellt, dass Städte und Gemeinden das Recht haben, eine besondere Aufwandsteuer von demjenigen zu erheben, der auf dem Gemeindegebiet eine Zweitwohnung für den persönlichen Lebensbedarf unterhält. Dies ist unabhängig davon, ob der Steuerpflichtige Eigentümer oder Mieter ist. Es spielt auch keine

Rolle, ob für das Grundstück des Betroffenen Kanalanschluss und Straßenbeleuchtung vorhanden sind (VG Gießen DWW 2012, 316). Sie darf auch für Gewerberäume erhoben werden, die zum Teil als Wohnung genutzt werden (BayVGH NZM 2014, 444), oder für eine bewohnbare Gartenhütte (VG Gießen DWW 2013, 316), für einen Dauercampingplatz oder wenn der Mieter im Seniorenwohnheim lebt, aber daneben noch eine Wohnung hat (Hessischer VGH DWW 2012, 114), nicht aber, wenn er im Pflegeheim wohnen muss (VG Gießen DWW 2011, 196).

Eine juristische Person darf jedoch nicht zu dieser Steuer herangezogen werden **(BFH DWW 2016, 153; BVerwG JZ 2001, 603)**. Auch ein Verheirateter, der aus beruflichen Gründen eine Zweitwohnung hält, während seine eheliche Wohnung in einer anderen Gemeinde liegt, muss keine Zweitwohnungssteuer zahlen **(BVerfG NJW 2005, 3556)**. Hingegen ist es nicht zu beanstanden, denjenigen steuerlich zu belasten, der die zweite Wohnung für das Getrenntleben vor der Scheidung nutzt (OVG Münster WuM 2007, 400).

Auch Studierende können – müssen aber nicht – zur Zweitwohnungssteuer herangezogen werden **(BFH DWW 2010, 235)**. Aber in sog. »Besucherfällen«, in denen ein Auszubildender oder Studierender mit auswärtiger Hauptwohnung am Ausbildungsort mit seiner Nebenwohnung in seinem ehemaligen Kinderzimmer in der elterlichen Wohnung gemeldet ist und sich dort nur gelegentlich zu Besuchszwecken aufhält, ist die Besteuerung unzulässig (VG Weimar 6 E 492/07WE; 6 E 971/05 WE). Im Einzelfall kommt es darauf an, welche Kriterien die örtliche Satzung vorsieht **(BVerwG – 9 C 13.07; 9 C 14.07; 9 C 15.07; NJW 2009, 1097)**. Voraussetzung für die Steuererhebung ist der Beschluss einer Satzung durch den Stadt- oder Gemeinderat. In der Satzung müssen Einheimische und Auswärtige gleich behandelt werden, eine Nichtheranziehung Einheimischer wäre rechtswidrig (OVG Schleswig ZAP 93, 1110).

Berechnungsgrundlage kann der Mietwert der Wohnung sein (OVG Schleswig-Holstein DWW 2019, 223). Ein Mieter, der weniger zahlt, hat keinen Anspruch darauf, dass nur die tatsächliche Miete zugrunde gelegt wird **(BVerwG NZM 2003, 448)**. Für die Festsetzung der Steuer darf aber nicht die gesamte Jahresrohmiete zugrunde gelegt werden, wenn aufgrund von vertraglichen Bindungen von vornherein feststeht, dass die Eigennutzung nur in wenigen Wochen des Jahres möglich ist **(BVerwG WuM 2000, 140)**.

Stichwortverzeichnis

G

T

U

V

Z

Ratgeber Wohngemeinschaften
C.H.BECK
Herausgegeben vom
Deutschen Mieterbund e.V.
DMB DEUTSCHER MIETERBUND
€ 6,90
Ratgeber
Wohngemein-
schaften
Rechte und Pflichten
in einer WG